Tobias Weltner

Microsoft Windows XP Professional – Das Handbuch

Tobias Weltner

Microsoft Windows XP Professional – Das Handbuch

Tobias Weltner: Microsoft Windows XP Professional – Das Handbuch
Microsoft Press Deutschland, Konrad-Zuse-Str. 1, D-85716 Unterschleißheim

15 14 13 12 11 10 9 8 7 6 5 4 3 2
06 05 04

ISBN 3-86063-072-5

Fachlektorat: Georg Weiherer, Münzenberg
Korrektorat: Jutta Alfes, Siegen (www.alfes.tv)
Satz: mediaService, Siegen (www.media-service.tv)
Umschlaggestaltung: Hommer DesignProduction, Haar
(www.HommerDesign.com)
Layout und Gesamtherstellung: Kösel, Krugzell (www.KoeselBuch.de)

Inhaltsverzeichnis

Vorwort

Vorwörter gehören den Autoren, und deshalb möchte ich dieses winzige Biotop des Buches dazu nutzen, Ihnen etwas über mich, die Entstehungsgeschichte dieses Buches und die »Kilo-Manie«zu erzählen.

Sie interessieren sich für Windows XP Professional und wollen wissen, was es alles besser kann als seine Vorgänger. Und wie sich die neuen Funktionen nutzen lassen. Von notorischer Zeitnot gebeutelt geht es Ihnen dabei vielleicht wie mir: so steht man dann vor 1.000-Seiten-Wälzern und ringt mit sich: einen dicken Schinken kaufen, der dann auch wirklich »alles« abdeckt? Klingt gut, aber wann soll man das alles eigentlich lesen? Und: steht wirklich alles drin in dem Ding?

Die »Kilo-Schinken«der heutigen Buchwelt haben prominente Vorfahren: auch Programme (und Betriebssysteme) werden immer speicherhungriger, und das nicht immer wegen neuer Funktionen. Viel Code wird aus Zeitgründen wiederverwendet, Inhalte verwandeln sich zur Füllmasse. Eine Masse, durch die Sie sich anschließend hindurchlesen müssen.

Wobei man es auch anders betrachten könnte: was wollen Sie einkaufen: Papier – oder Wissen? Die Menge des einen hat nicht zwangsläufig mit der Menge des anderen zu tun.

Ich möchte Sie deshalb einladen, dieses Buch ein wenig durchzublättern, bevor Sie sich entscheiden, und beim Kauf mit Verstand abzuwägen, weniger mit der Hand. Dies ist meine einzige Möglichkeit, dem Kilo-Trend entgegenzuwirken: Sie allein entscheiden über die Konzeption dieses und künftiger Werke.

Dass dieses Buch bei allem Bemühen nun doch die 700-Seiten-Marke überschritten hat, liegt vor allem an den vielen neuen, überraschenden und nützlichen Funktionen, die Windows XP Professional Ihnen bietet. Und natürlich daran, dass die reine Funktionsbeschreibung nur einen Teil des Buches ausmacht. Praxisexkurse sind natürlich ebenso wichtig.

Geholfen haben mir dabei die vielen Stammtischrunden mit Administratoren großer und auch ganz kleiner Firmen im Rahmen der Schulungen, die ich gebe. Hier wurde ich regelmäßig mit Fragen und Problemen aus dem Alltag bombardiert – die Antworten und Lösungen sind natürlich ebenfalls in dieses Buch mit eingeflossen.

Und damit möchte ich Sie einladen, Windows XP Professional gemeinsam mit mir zu erforschen. Ich kann Ihnen jetzt schon versprechen: es gibt viel Neues zu entdecken!

Herzlichst
Dr. Tobias Weltner

Einleitung

Windows XP steht für »eXPerience«, eine neue Form der Erfahrung im Umgang mit Computern. So jedenfalls drückt es die Marketing-Abteilung aus.

Sind Sie kein Fan markiger Slogans, dann könnte man es auch bodenständiger ausdrücken: Windows XP macht die Bedienung des Computers nicht nur erheblich leichter, es macht auch einfach sehr viel mehr Spaß. Weil endlich (fast) alles reibungslos funktioniert. ADSL-Internetanbindung? Eingebaut. Firewall für sicheres Internetsurfen? Schon drin. CD-ROMs oder Audio-CDs brennen? Geht. Abstürze und wackelige Systeme? Keine Spur mehr. Sicherheit und Privatsphäre? Eingebaut.

Und auch die Administratoren, also jene bedauernswerte Gesellschaftsschicht, die sich um den reibungslosen Betrieb des Rechnerparks zu kümmern hat, bekommen ihren Teil der Wunschliste: Fernverwaltung? Na klar. Auf den Bildschirm eines in Not geratenen Anwenders aufschalten? Knopfdruck genügt, jedenfalls dann, wenn's der Betriebsrat zulässt. Software-Ferninstallation? Geht auch. Neustarts bei Netzwerkänderungen oder Installationen? Nicht mehr nötig. Festplattenkontingente, Mount Points, vernünftige Programmstart-Berechtigungen? Alles schon drin bei Windows XP.

Windows XP Professional ist also weit mehr als nur eine einfachere Benutzeroberfläche über einem Windows 2000-Kernel. Es ist eine so rundum durchdachte Betriebssystemlösung, dass kaum noch Wünsche offen bleiben.

In diesem Buch lernen Sie all diese neuen Funktionen genau kennen. Verwenden Sie den »kleinen Bruder« von Windows XP Professional, nämlich Windows XP Home, dann stehen Ihnen einige Funktionen nicht zur Verfügung. Die Basis aber ist identisch.

Teil A
Die ersten Schritte

Haben Sie noch nie mit Windows gearbeitet, oder sind Sie von einer älteren Windows-Version auf Windows XP umgestiegen? Dann sind Sie in diesem Teil richtig. Hier lesen Sie auch, wie Windows XP auf einem neuen System installiert wird.

- In ▶ Kapitel 1 erfahren Sie schnell und übersichtlich, welche Neuerungen Windows XP mitbringt und was es besser kann als seine Vorgänger.
- Die Installation von Windows XP wird in ▶ Kapitel 2 ausführlich beschrieben. Hier lesen Sie, wie Sie Windows XP auf einem neuen System installieren, eine ältere Windows-Version aktualisieren und mehrere Betriebssysteme parallel verwenden.
- Das ▶ Kapitel 3 gibt Ihnen einen genauen Überblick über die Funktionsweise von Windows XP. Lesen Sie zuerst, wie der Startprozess hinter den Kulissen abläuft und welche Möglichkeiten Ihnen Bootmenü und Konfiguration geben. Schauen Sie sich dann den Anmeldeprozess an, mit dem Sie sich bei Windows XP als berechtigter Benutzer ausweisen. Außerdem erhalten Sie einen Überblick über die neue Benutzeroberfläche und eine Übersicht über die neuen Möglichkeiten, Windows XP zu beenden, einzufrieren oder den angemeldeten Benutzer schnell und ohne Abmeldung zu wechseln.
- In ▶ Kapitel 4 erfahren Sie, wie sich die Benutzeroberfläche anpassen lässt. Lernen Sie hier das neue Startmenü ganz genau kennen, sorgen Sie dafür, dass wichtige Programme schnell gestartet werden können, und stimmen Sie die Bedienung von Windows XP genau auf Ihre Bedürfnisse ab.

1 Windows XP – Übersicht

Herzlich willkommen zu Windows XP Professional! Bevor Sie in diesem Kapitel als Übersicht lesen, welche neuen Funktionen bei Windows XP Professional hinzugekommen sind und an wen sich dieses Betriebssystem richtet, zuerst die Antwort auf die meistgestellte Frage: Nein, Windows XP Professional ist nicht nur ein kosmetisches Update.

Windows XP Professional ist eine komplett neue Windows-Version, die so umfangreiche Neuerungen mitbringt, dass sich der Umstieg und Einsatz für jeden Windows-Benutzer lohnt – ganz gleich, ob bisher Windows 98, Windows NT oder Windows 2000 im Einsatz war.

Was ist Windows XP Professional?

Windows XP Professional ist nicht nur der Nachfolger von Windows 2000 Professional, sondern auch das empfohlene Betriebssystem für alle Benutzer von Windows 95, 98, Millennium und NT 4.0 Workstation, die anspruchsvolle Arbeiten mit dem Computer erledigen. Microsoft hat damit endlich den langgehegten Wunsch wahr gemacht und die verschiedenen Windows-Familien zu einem Produkt verschmolzen.

Technisch gesehen besteht das Fundament von Windows XP Professional aus dem bewährten Windows 2000-Kernel, also den Systembestandteilen, die bereits seit zwei Jahren in der Industrie mit großem Erfolg im Einsatz sind. Hinzugekommen ist nicht nur eine völlig neue Benutzeroberfläche, die sehr viel einfacher zu bedienen ist, sondern zahllose Neuerungen, die Sie gleich im Detail kennen lernen.

Unterschiede zu Windows XP Home

Die Windows XP Produktfamilie besteht aus zwei Mitgliedern: Windows XP Professional für den anspruchsvollen Profi sowie für Firmenarbeitsplätze und Windows XP Home für den Privathaushalt.

Windows XP Professional und Windows XP Home teilen sich eine gemeinsame Basis, sind also im Fundament identisch. Windows XP Professional verfügt darüber hinaus über zahlreiche Zusatzfunktionen, die sich an den Profi-Nutzer wenden.

Tabelle 1.1: Unterschiede zwischen XP Home und XP Professional

Funktion	Home	Professional
Neue und einfachere Benutzeroberfläche	X	X
Robustes Betriebssystem-Fundament mit File Protection, Side-by-Side-DLLs, Systemwiederherstellung und Update	X	X
Windows Media Player für digitale Medien	X	X
Heimnetzwerk-Assistent, um in wenigen Schritten ein Netzwerk aufzubauen	X	X
Windows Messenger, um online Nachrichten zwischen Bekannten und Kollegen auszutauschen	X	X
Help & Support mit automatischer Netzwerkanalyse, Geräteinventarisierung, Volltextsuche und Problemlöse-Assistenten	X	X
Exzellente Notebook-Unterstützung mit verbesserter ClearType-Darstellung und DualView-Support (Desktop wird auf zwei Bildschirme ausgedehnt, beide Bildschirme zeigen unterschiedliche Daten an)	X	X
Drahtlose Datenverbindungen über Infrarot und drahtlose Funknetzwerke	X	X
Remote Desktop – von anderen Rechnern auf den Firmenarbeitsplatz zugreifen, Heimarbeit erledigen, Administration		X
Offlinedateien – Netzwerkdaten lokal puffern und unterwegs nutzen		X
Schnellerer Start und Hibernation auf der Festplatte mit Standby und Ruhezustand	X	X
Mehrprozessorunterstützung – zwei Prozessoren gleichzeitig nutzen für anspruchsvolle Grafik- oder CAD-Anwendungen		X
Internet Connection Firewall schottet den Internetzugang zuverlässig vor unerwünschten Eindringlingen ab	X	X
Internet Datensicherheit mit Kontrolle über Cookies und Beschränkung von jugendgefährdenden Websites	X	X

▶

Funktion	Home	Professional
Verschlüsselndes Dateisystem, um sensible oder persönliche Daten zuverlässig vor fremden Augen abzuschirmen – auch denen eines Administrators		X
Zugangskontrolle zu Dateien und Ordnern, um festzulegen, wer welche Daten sehen und verwenden darf	(X)	X
Zentrale Administration und Fernverwaltung über das Netzwerk		X
Gruppenrichtlinien zur schnellen und umfassenden Konfiguration von Systemen im Unternehmen		X
Ferninstallation von Software über einen Windows 2000 Domänencontroller		X
Roaming Profiles, damit Benutzer ihren eigenen Desktop und eigene Daten auch dann verwenden können, wenn sie sich an einem anderen PC anmelden		X
Remote Installation Service (RIS), um Windows XP automatisch auf neuen Systemen über eine bootfähige Netzwerkkarte installieren zu können		X
Unterstützung für mehrsprachige Systeme und Umschaltung der Sprachunterstützung		X
Anbindung an Domänen		X
Dateisystemunterstützung für CD, DVD, FAT, FAT32, NTFS	X	X

Wo sind die Windows XP Server?

Es gibt keine XP Server-Versionen. Windows XP Professional arbeitet eng und nahtlos mit Windows 2000 Servern zusammen und kann also problemlos Windows 2000 Professional ersetzen. Ab 2002 werden darüber hinaus neue Server-Versionen zur Verfügung stehen, die .NET Server.

Neue Funktionen im Detail

Windows XP Professional hat beinahe in allen Bereichen dazu gewonnen. Schauen Sie sich an, was ab sofort mit Ihrem PC möglich ist.

Vereinfachte Installation und besseres Management

Die Verbesserungen beginnen bereits bei der Installation: die Windows XP-Installation lässt sich über Antwortdateien nicht nur automatisieren, sondern im Zusammenspiel mit einem Windows 2000 Server sogar komplett automatisieren. Der Installationsassistent ist außerdem noch einfacher bedienbar und unterstützt neben der Neuinstallation die Aktualisierung von *Windows 98, Millennium, NT 4.0 SP 6* und *2000 Professional*. Nach wie vor wird Multiboot unterstützt, also die parallele Verwendung verschiedener Betriebssysteme.

Die alten Einstellungen eines Rechners können über einen Assistenten konserviert und auf neue Systeme übertragen werden. Lesen Sie mehr in ▶ Kapitel 2.

Nach der Installation fällt die wesentlich schnellere Startphase angenehm auf. Das System ist in wenigen Sekunden einsatzbereit, und ein verbesserter Anmeldeschirm macht die Anmeldung auch für unerfahrene Anwender sehr einfach. Über Kontorücksetzungsdisketten wird zudem das Problem vergessener Kennworte entschärft. Lesen Sie mehr in ▶ Kapitel 3.

Administratoren können Windows XP Professional komplett fernverwalten. Partitionen und Systemeinstellungen lassen sich so nicht nur bequem über das Netzwerk einsehen und ändern. Der Administrator kann sich auch auf den Bildschirm eines anderen Windows XP-Systems aufschalten, dort Software installieren oder einem in Not geratenen Anwender unter die Arme greifen. Möglich wird dies durch die fest integrierten Terminaldienste. Lesen Sie mehr in ▶ Kapitel 14.

Die neue Benutzeroberfläche

Am augenfälligsten ist natürlich die neue bunt-freundliche Benutzeroberfläche. Lassen Sie sich nicht täuschen: sie ist nur eine von sehr vielen nützlichen Neuerungen und macht die Bedienung nicht nur für Anfänger einfacher. Auch Profis werden viele Aufgaben ab sofort übersichtlicher und bequemer erledigen können. Und wer unbedingt das klassische Windows-Look&Feel verwenden möchte, findet auch dafür die passenden Designs.

Das Startmenü ist nun zweigeteilt und merkt sich nicht nur die zuletzt verwendeten Dokumente, sondern auch die am häufigsten gebrauchten Programme. Es kann in allen Aspekten konfiguriert werden, so dass nur noch die Dinge im Startmenü erscheinen, die Sie wirklich brauchen (oder den Anwendern zeigen wollen).

Der Explorer zeigt Informationen nun in Kategorien an. Anstelle von unübersichtlich langen Dateilisten sind die Listen dann wie in einem Stichwortregister unterteilt, und der Arbeitsplatz zeigt Laufwerke getrennt nach Typ an.

Im Explorer stehen in Aufgabenlisten alle wichtigen Aufgaben zur Verfügung. Bilder können sofort ausgedruckt oder als Diashow angezeigt werden. Auch Multimedia-CDs und -DVDs lassen sich sofort mit dem passenden Programm öffnen.

Die Taskleiste zeigt nicht mehr unzählige Schaltflächen für alle geöffneten Fenster an, sondern gruppiert gleichartige Programmfenster. Die lassen sich so nun auch gruppenweise schließen.

Lesen Sie mehr zu den vielen weiteren Erleichterungen der Bedienung in ▶ Kapitel 4.

Programme verwenden – mit zusätzlicher Sicherheit

Endlich wird möglich, was Systemverantwortliche lange fordern: mit wenigen Klicks legen Sie fest, welche Programme Benutzer verwenden dürfen – und welche nicht. Anders als früher identifiziert Windows XP solche Programme anhand eines eindeutigen Hash-Wertes. Die alten Tricks, Programmdateien einfach umzubenennen, funktionieren also nicht mehr.

Über den fest integrierten Windows Installer lassen sich neue Programme endlich nicht nur zuverlässig installieren, sondern auch sauber entfernen. Und sollte ein Programm nicht mehr richtig funktionieren, dann kann der Windows Installer es automatisch reparieren.

Lesen Sie mehr zu diesen und vielen weiteren Neuerungen rund um Programme in ▶ Kapitel 5.

Multimedia – eine ganz neue Welt

Mit dem neuen Media Player wird Windows XP Professional zu einer einzigartigen Medienbibliothek. Der Media Player kann nicht nur weltweites Internetradio empfangen, sondern auch Audio-CDs auf Festplatte oder auf neue CDs brennen.

Digitalkameras und Scanner, die über einen WIA-Treiber verfügen, werden von Windows XP genauso behandelt wie ein Laufwerk: öffnen Sie Kamera oder Scanner im Arbeitsplatz, dann sehen Sie sofort die darin »enthaltenen« Bilder, können die Bilder auslesen oder ausdrucken.

Mehr zu Multimedia und den Neuerungen erfahren Sie in ▶ Kapitel 7.

Internet komplett – einschließlich ADSL und Sicherheit

Der erste Schritt ins Internet ist meist der schwierigste: Internetverbindungen über IDSN oder ADSL waren bisher eine knifflige Arbeit. Nicht so bei Windows XP.

Noch nie enthielt ein Windows-Betriebssystem eine umfangreichere Ausstattung für das Internet. Der Zugang wurde erheblich vereinfacht: ob über Modem, ISDN, ADSL oder LAN – mit nur wenigen Klicks richtet ein Assistent die Verbindung für Sie ein. Auch VPN-Verbindungen als Server oder Client lassen sich über LAN oder Internet einrichten, so dass Sie Zweigstellen über kostengünstige Internetanbindungen mit dem Firmennetzwerk verbinden können. All das verschlüsselt und auf Wunsch mit IPSec-Sicherheit.

Bei ISDN-Anbindungen unterstützt Windows XP nicht nur die Kanalbündelung, sondern auch die bedarfsweise Bündelung: der zweite Kanal wird nur dann aktiviert, wenn größere Datenmengen zu transferieren sind.

Alle Internetverbindungen lassen sich über die Internetfreigabe im Netzwerk freigeben. Und auch hier hat sich viel getan: andere Benutzer können ab sofort die Internetverbindung ferngesteuert trennen und genauso verwalten wie eine eigene lokale Verbindung.

Damit das Internet sicher bleibt, ist in Windows XP zudem eine Firewall integriert. Wird sie aktiviert, dann bleiben ungebetene »Gäste« aus dem Internet draußen.

Wie auch Sie in 10 Minuten mit dem Internet verbunden sind und die neuen Möglichkeiten voll ausschöpfen, lesen Sie ab ▶ Kapitel 8.

Gerätetreiber und -Installation

Nie hat ein Windows-Betriebssystem mehr Gerätetreiber unterstützt. Windows XP versteht nämlich nicht nur XP-Gerätetreiber, die die beste Leistung und höchste Sicherheit bieten, sondern auch die meisten Treiber, die für Windows 2000 geschrieben wurden, und sehr viele weitere Treiber, die für Windows 95/98 entwickelt wurden.

Die Treiberinstallation wurde grundsätzlich renoviert. Ältere Treiber lassen sich »probefahren«: Windows XP legt Systemwiederherstellungspunkte an und gewährleistet so, dass Sie das System in den Ausgangszustand zurückversetzen können, falls der ältere Treiber nicht so funktioniert wie gewünscht. Treiber können darüber hinaus jederzeit gegen neue Treiber ausgetauscht werden, und Infotools decken auf, wo sich vielleicht noch ältere Treiber verbergen.

Alle neuen XP-Treiber sind digital signiert. Das hilft nicht nur, XP-Treiber sicher zu erkennen. Die Signatur gewährleistet auch, dass sich der Treiber nicht »verändert« hat, seit er von Microsoft getestet wurde. Viren und Hersteller, die »Last-Minute-Änderungen« einbauen, haben so keine Chance mehr.

Wie Geräte und Treiber bei Windows XP verwaltet und installiert werden, lesen Sie in ▶ Kapitel 10.

Neue Netzwerkkonzepte – für Sicherheit ohne teure Experten

Viele Privathaushalte und Kleinbetriebe setzen inzwischen Netzwerke ein, um Computer miteinander zu verbinden, haben aber nicht das Budget, sich einen IT-Experten zu leisten, der das Netzwerk verwaltet.

Mit dem Netzwerkinstallations-Assistenten lässt sich ein eigenes kleines Netzwerk auch ohne großes Expertenwissen aufbauen, und durch die neue Gast-Anmeldung ist dieses Netzwerk ausgesprochen sicher. Alle Netzwerk-Benutzer werden dabei einem eingeschränkten Gast-Konto zugeordnet, und selbst wenn ein Hacker sich den Weg ins Netz bahnen sollte, kann er so im System wenig Schaden verursachen.

Darüber hinaus gibt es die einfache Dateifreigabe: ganz ohne komplizierte NTFS-Zugriffsrechte und Access Control Lists geben Sie hier einfach an, ob Daten privat sein sollen, oder ob andere die Daten mitnutzen dürfen. Den Rest regelt Windows XP.

Weiterer Vorteil des Heimnetzwerks: ältere Windows-Systeme wie Windows 95, 98 und Millennium lassen sich problemlos integrieren. Durch die Gast-Anmeldung ist ein Anmeldeformular nicht mehr nötig, und so werden viele Probleme mit IPC$-Dialogfeldern bei diesen Betriebssystemen bereits im Ansatz umgangen.

Nach wie vor steht natürlich auch die ungeschminkte Zugriffskontrolle wie bei Windows 2000 Systemen zur Verfügung. Wo genau die Unterschiede liegen und wie Sie zwischen beiden umschalten, lesen Sie in ▶ Kapitel 12.

Notebooks – Windows XP holt alles raus

Windows XP Professional eignet sich insbesondere für Notebook-Benutzer ideal. Durch die neuen Energiesparfunktionen lässt sich die wertvolle Akku-Lebensdauer maximal ausschöpfen. Mit Offlinedateien können wichtige Netzwerkdaten »mitgenommen« werden, wenn man sich auf Reisen befindet. Mit dem verschlüsselnden Dateisystem werden sensible Daten so gespeichert, dass sie selbst dann nicht gelesen werden können, wenn das Notebook verloren geht oder gestohlen wird. Zugriff hat nur derjenige, der die Dateien gespeichert hat. Und mit ClearType wird die Darstellungsqualität auf Flachbildschirmen spürbar erhöht.

DualView schließlich erlaubt Notebook-Benutzern den Luxus, den Desktop auf zwei Bildschirme auszudehnen – ganz ohne zweite Grafikkarte. Viele Notebook-Grafikkarten unterstützen bereits DualView und stellen dann am externen Monitorausgang ein anderes Bild dar als auf dem eingebauten Display.

Mehr zur Notebook-Unterstützung lesen Sie in ▶ Kapitel 15

Absturzsicherheit – Windows XP als VW Käfer

Ein stabiles System ohne Abstürze – das steht auf der Wunschliste der Anwender an erster Stelle.

Windows XP Professional erfüllt diesen Anspruch. Mit Windows File Protection werden die internen Systemdateien vor Änderungen geschützt. Side-by-Side-DLLs gestatten, mehrere DLL-Versionen parallel und ohne Versionskonflikte einzusetzen. Die Systemwiederherstellung überwacht fortlaufend das System und erstellt automatisch Prüfpunkte, zu denen Sie zurückkehren können, wenn nach einer Softwareinstallation oder aus anderem Grund etwas Unerwünschtes passiert.

Gerätetreiber werden überwacht, und sollten sie Probleme verursachen, erscheinen Hinweismeldungen mit den genauen Ursachen. So ist es leicht, den Schuldigen zu entlarven und gegen eine aktualisierte Treiberversion auszutauschen.

Sowohl Windows selbst als auch Anwendungen, die über den Windows Installer installiert wurden, können sich darüber hinaus selbst reparieren.

Alle Probleme – Abstürze, fehlende Dateiverknüpfungen, Treiberprobleme, fehlende Treiber – können auf Wunsch direkt über das Internet an Microsoft gemeldet werden. So werden Fehler und Probleme auf kürzestem Wege ausgebessert. Das Ergebnis steht Ihnen dann kostenlos als Windows Update-Funktion zur Verfügung.

Mehr zur Sicherheit lesen Sie in ▶ Kapitel 23.

Datenschutz und Zugriffssicherheit

Eine zweite Art der Sicherheit betrifft die Dinge, die Benutzer tun dürfen. Mit Windows XP legen Sie nicht nur fest, wer auf welche Dateien und Ordner zugreifen darf. Über Gruppenrichtlinien lassen sich alle wesentlichen Sicherheitseinstellungen festlegen, auf andere Computer übertragen und sogar rückverfolgen: lassen Sie sich übersichtlich anzeigen, welche Sicherheitseinstellungen aktiv sind.

Ein Analysetool deckt automatisch Sicherheitslücken auf und bietet an, diese sofort zu schließen. Mehr dazu lesen Sie ab ▶ Kapitel 20.

2 Windows XP installieren

Voraussetzungen für die Installation

Bevor Sie Windows XP Professional auf Ihrem System installieren, prüfen Sie die Grundvoraussetzungen:

- Erfüllt Ihr Computer die Hardware-Minimal-Anforderungen, und welche Voraussetzungen sind realistische Minimalanforderungen, um mit Windows XP Professional schnell und bequem arbeiten zu können?
- Erfüllen alle Programme, die Sie einsetzen, die Voraussetzungen, und ist gewährleistet, dass Sie diese Programme auch unter Windows XP Professional einsetzen können?

Hardware-Grundvoraussetzungen

Windows XP Professional setzt im Grunde auf denselben Hardware-Anforderungen auf, die auch schon für Windows 2000 Professional galten. Lediglich beim Speicherausbau empfiehlt Microsoft ein Minimum von 128 MB RAM.

Zwar läuft Windows XP Professional auch mit 64 MB RAM, aber dann müssen bereits vom Start an wichtige Windows-Dateien in der Auslagerungsdatei auf der Festplatte untergebracht werden, was den Computer stark ausbremst.

Planen Sie ohnehin den Neukauf, dann sollten Sie von vornherein 256 MB RAM einplanen.

Hier eine Liste der notwendigen Hardware:

Tabelle 2.1: Hardware-Grundvoraussetzungen für Windows XP Professional

Kategorie	Realistische Anforderung (technisches Minimum kann darunter liegen)
Festplatte	2 GB freier Speicher
Prozessor	Pentium III-Klasse
Speicher	128 MB RAM, bei aufwändigen Programmen wie Bildbearbeitung oder CAD teilweise deutlich mehr für maximale Leistung
Netzwerkkarte	10/100 Mbit Twisted-Pair, passend zu Ihrem Netzwerk
Zusätzlich	CD-ROM-Laufwerk, PCI/AGP-Grafikkarte mit mindestens 8 MB VRAM, Maus

Falls Sie ohnehin gerade ein neues System zusammenstellen, dann sollten Sie sich auch die Komponenten aus Tabelle 2.2 ansehen. Sie werden von Windows XP hervorragend unterstützt und sollten ebenfalls vorhanden sein, um alle Windows XP-Funktionen voll auszuschöpfen:

Tabelle 2.2: Empfohlene Zusatzhardware für Windows XP Professional

Kategorie	Beschreibung
DVD-Laufwerk	Zusammen mit DVD-Decoder lassen sich im Media Player Spielfilme abspielen
CD-RW-Laufwerk (Brenner)	Windows XP kann sowohl Audio- als auch Daten-CDs brennen
Infrarot-Sender	Über Infrarot kommuniziert Windows XP drahtlos und bequem mit anderen Windows-Rechnern und Geräten wie Druckern, die ebenfalls Infrarotsender verwenden
Zweite PCI-Grafikkarte	Windows XP unterstützt bis zu neun Grafikkarten, so dass der Desktop auf neun Bildschirme ausgedehnt werden kann. Zwei Bildschirme sind für professionelles und intensives Arbeiten optimal.
ADSL-Anschluss und zweite Netzwerkkarte	Für Internet-Vielnutzer bietet der ADSL-Zugang eine konkurrenzlos schnelle und kostengünstige Alternative. Zum Anschluss wird lediglich eine zweite Netzwerkkarte benötigt, die Software ist bereits bei Windows XP enthalten
Faxmodem	Unterstützt das Modem Faxein- und ausgang, dann ist mit der Windows XP Faxunterstützung Faxversand so leicht wie Ausdrucken auf dem Drucker

Installations-Varianten kennen lernen

Windows XP kann natürlich nicht nur komplett neu installiert werden, sondern aktualisiert auch auf Wunsch vorhandene Windows-Betriebssysteme. Die Aktualisierung wird für diese Betriebssysteme unterstützt:

- Windows 98, Millennium

- Windows NT 4.0 Workstation Service Pack 6
- Windows 2000 Professional

HINWEIS Eine Aktualisierung von Windows 95 wird nicht unterstützt.

Daneben unterstützt Windows XP Multiboot-Umgebungen. Wenn Sie möchten, können Sie also mehrere Betriebssysteme parallel installieren und beim Einschalten entscheiden, mit welchem Sie arbeiten wollen.

Daraus ergeben sich eine ganze Reihe von Installationsvarianten. Schauen Sie sich an, welche davon für Ihre Zwecke am besten geeignet ist:

- *Brandneues System:* starten Sie die Installation über die bootfähige Windows XP CD, und installieren Sie Windows XP frisch.
- *Vorhandenes Windows-System aktualisieren:* verwenden Sie Windows 98, Me, NT oder 2000, dann können Sie auf Windows XP Professional aktualisieren. Das bedeutet: alle alten Einstellungen werden übernommen, Programme brauchen nach der Aktualisierung nicht erneut installiert zu werden. Allerdings wird auch der gesamte mit der Zeit angewachsene Datenballast des Vorgängerbetriebssystems übernommen. Um zu aktualisieren, starten Sie das alte Betriebssystem und legen dann die Windows XP CD ein. Entscheiden Sie sich im Installationsprogramm für die Aktualisierung.
- *Parallelinstallation:* möchten Sie frisch mit Windows XP beginnen, nutzen bisher aber eine andere Windows-Version, dann installieren Sie Windows XP parallel zur vorhandenen Version in einen neuen Ordner. Im Boot-Menü können Sie sich dann für die Übergangszeit aussuchen, mit welchem Betriebssystem Sie starten möchten. Bei dieser Variante starten Sie ebenfalls das alte Betriebssystem und legen die Windows XP-CD ein. Entscheiden Sie sich dann für die Neuinstallation.
- *Vorhandenes System komplett renovieren:* Möglicherweise besitzen Sie bereits einen Windows-Rechner, aber dieser hat nicht mehr genügend Speicherplatz auf der Festplatte zur Verfügung. Oder Sie haben sich entschlossen, einen ganz neuen Rechner anzuschaffen. Mit dem Tool Übertragen von Dateien und Einstellungen können Sie in diesem Fall die persönlichen Einstellungen des alten Betriebssystems auslesen und speichern, zum Beispiel auf einem Netzwerk-Share oder auf einer CD-ROM. Anschließend installieren Sie Windows XP auf dem formatierten alten oder auf dem neuen Computersystem und lesen dann die gesicherten Einstellungen zurück. Zwar müssen Sie bei dieser Variante alle Programme, die Sie verwenden, neu installieren. Aber beinahe alle persönlichen Einstellungen wie Benutzerkonten, Kennwörter und Programmeinstellungen bleiben so erhalten.

Vorhandene Systeme testen

Besitzen Sie bereits ein Windows-Betriebssystem, dann testen Sie es auf Kompatibilität. Die Windows XP CD enthält dafür ein spezielles Testprogramm.

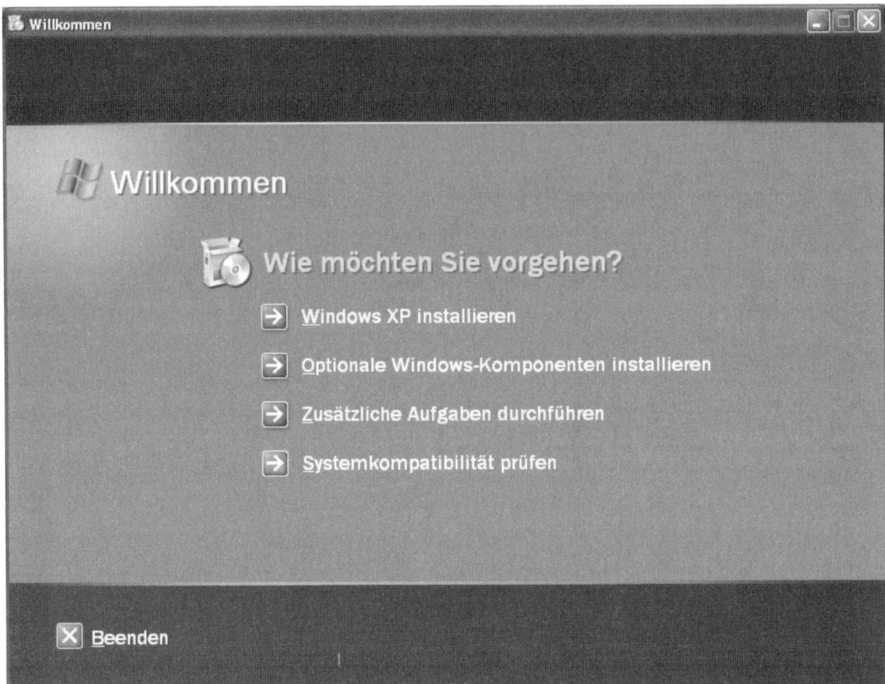

Abbildung 2.1: *Die Windows XP-CD enthält die Tools, die für Test und Installation nötig sind*

1. Legen Sie die Windows XP-CD ein. Nach einigen Sekunden sollte das Willkommensfenster sich öffnen. Geschieht dies nicht, dann ist der AutoPlay-Mechanismus Ihres CD-ROM-Laufwerks möglicherweise abgeschaltet. Öffnen Sie dann den Explorer, zum Beispiel über Win+E, öffnen Sie das CD-ROM-Laufwerk, in dem die Windows XP CD liegt, und rufen Sie manuell *Setup.exe* auf.
2. Klicken Sie auf *Systemkompatibilität prüfen*. Lassen Sie Ihr System jetzt per Klick auf *System automatisch überprüfen* testen. Möchten Sie einzelne Geräte nachschlagen, dann klicken Sie stattdessen auf *Kompatibilitätswebsite öffnen*. Hierzu brauchen Sie allerdings eine funktionierende Internetverbindung.
3. Der *Microsoft Windows-Updateratgeber* öffnet sich und beginnt die Analyse. Sobald er Inkompatibilitäten findet, erscheinen entsprechende Meldungen. Beheben Sie die Probleme, und führen Sie ihn dann erneut aus. Gibt der Ratgeber grünes Licht für die Installation, dann kann Windows XP installiert werden.

TIPP Der Assistent überprüft die Voraussetzungen, die für ein Update erfüllt sein müssen. Wollen Sie XP parallel zu anderen Betriebssystemen auf einer Festplattenpartition installieren, die noch genügend freien Speicherplatz bereitstellt, dann können Sie Speicherwarnungen wie aus Abbildung 2.2 ignorieren.

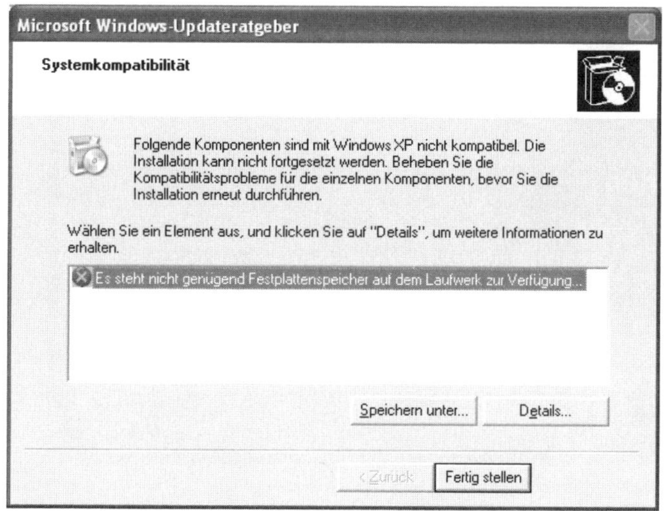

Abbildung 2.2: *Obwohl ein Update »nur« 400 MB Speicherplatz braucht, sind 2 GB eine solidere Grundlage*

Windows XP Professional installieren

Die Installation wird vom Installationsprogramm auf der Windows XP-CD bei allen Installationsvarianten im Grunde gleichartig durchgeführt. Entscheidend ist, wie Sie die Installation starten.

Sie verwenden bereits ein Windows-Betriebssystem

Starten Sie das bereits installierte Betriebssystem, und stellen Sie sicher, dass auf der Partition, auf der das Betriebssystem installiert ist, mindestens 400 MB freier Speicherplatz vorhanden sind. 400 MB sind die absolute Untergrenze. Unter realistischen Bedingungen sollten besser 800 MB oder mehr zur Verfügung stehen, damit Windows XP nach der Installation voll ausgeschöpft werden kann.

Legen Sie dann die Windows XP-CD ins Laufwerk. Nach einigen Sekunden erscheint das Willkommens-Fenster. Geschieht dies nicht, dann öffnen Sie das CD-ROM-Laufwerk im Explorer und starten *Setup.exe* manuell.

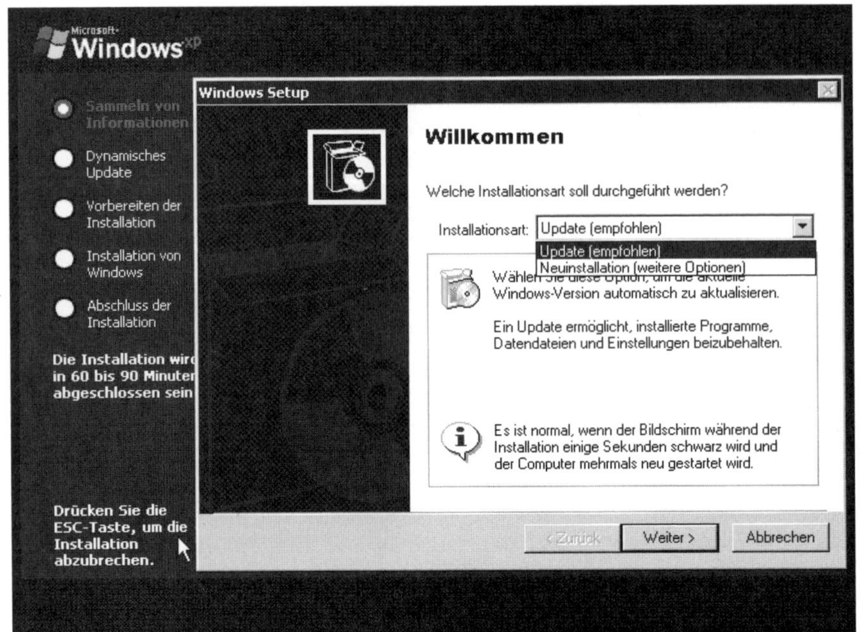

Abbildung 2.3: *Wählen Sie Update oder Neuinstallation*

Klicken Sie auf *Windows XP installieren*. Das Installationsprogramm startet. Wählen Sie die Option *Update*, wenn Sie das bestehende Betriebssystem auf Windows XP Professional aktualisieren wollen. Dabei werden alle alten Einstellungen übernommen. Oder wählen Sie *Neuinstallation*, wenn Sie Windows XP Professional in einer anderen Partition komplett neu installieren möchten. Das ist die richtige Wahl, wenn sich auf der Betriebssystem-Partition nicht mehr genügend Speicher befindet oder wenn Sie das alte Betriebssystem parallel zu Windows XP installieren möchten.

Stimmen Sie dann dem Lizenzvertrag zu, und geben Sie den CD-Key ein. Der befindet sich auf der Rückseite der CD-Box.

TIPP

Haben Sie sich für eine Neuinstallation entschlossen, dann klicken Sie anschließend auf die Schaltfläche *Erweiterte Optionen*, und legen Sie im Feld *...in diesen Ordner auf der Festplatte kopieren* fest, wo die neue Windows XP Installation gespeichert werden soll. Aktivieren Sie die Option *Installationslaufwerk und -partition während der Installation auswählen*.

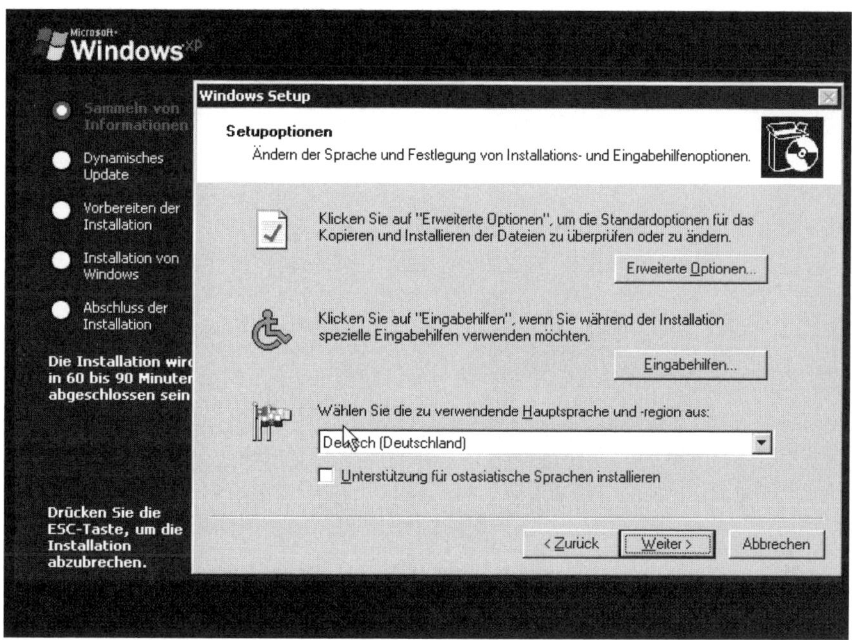

Abbildung 2.4: *Legen Sie fest, wo die neue Windows XP Professional-Version installiert wird*

Falls Sie über eine funktionierende Internetverbindung verfügen, kann der Installationsassistent nun im Internet nach aktualisierten Installationsdateien suchen. Dazu wählen Sie die Option *Aktualisierte Setupdateien downloaden*. Sie installieren auf diese Weise immer das aktuellste Windows XP. Steht keine Internetverbindung zur Verfügung, dann wählen Sie *Diesen Schritt überspringen und die Installation fortsetzen*.

Das Installationsprogramm kopiert nun die Dateien für den Installationsvorgang auf die Festplatte. Anschließend muss der Rechner neu gestartet werden. Der übrige Teil der Installation erfolgt zunächst in einem textbasierten Bildschirm.

Rechner ohne Betriebssystem installieren

Haben Sie sich einen brandneuen Computer geleistet, auf dem noch kein Betriebssystem vorhanden ist, dann legen Sie die Windows XP-CD ins CD-ROM Laufwerk und starten den Rechner. Ist das BIOS des Rechners so konfiguriert, dass von der CD-ROM gestartet werden kann, dann startet das Installationsprogramm automatisch.

Wird die Windows XP-CD dagegen beim Start ignoriert, dann muss das BIOS zuerst für CD-ROM-Boots konfiguriert werden. Weil sich das BIOS und das BIOS-Setup-Programm von Rechnertyp zu Rechnertyp stark unterscheidet, können die folgenden Schritte nur Anhaltspunkte geben.

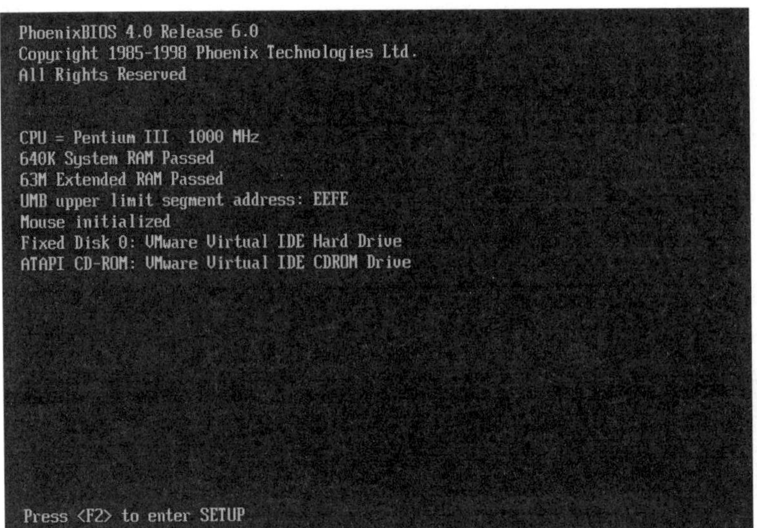

PhoenixBIOS 4.0 Release 6.0
Copyright 1985-1998 Phoenix Technologies Ltd.
All Rights Reserved
CPU = Pentium III 1000 MHz
640K System RAM Passed
63M Extended RAM Passed
UMB upper limit segment address: EEFE
Mouse initialized
Fixed Disk 0: VMware Virtual IDE Hard Drive
ATAPI CD-ROM: VMware Virtual IDE CDROM Drive
Press <F2> to enter SETUP

Abbildung 2.5: *Über eine besondere Taste wird das BIOS-Setup aufgerufen*

Direkt nach dem Einschalten erscheint auf dem Bildschirm meist ein Hinweis, wie das BIOS-Setup geöffnet werden kann. Drücken Sie dann die angegebene Taste, zum Beispiel F2. Die Taste Del entspricht der Taste Entf auf deutschen Tastaturen.

Suchen Sie dann im BIOS-Setup nach den Einstellungen für die Boot-Reihenfolge, und stellen Sie sicher, dass vom CD-ROM-Laufwerk gebootet werden kann. Anschließend müssen die Änderungen gespeichert werden. Fordert das BIOS-Setup zur Eingabe der Taste Y auf, dann drücken Sie Z. Das BIOS-Setup verwendet das englische Tastaturlayout.

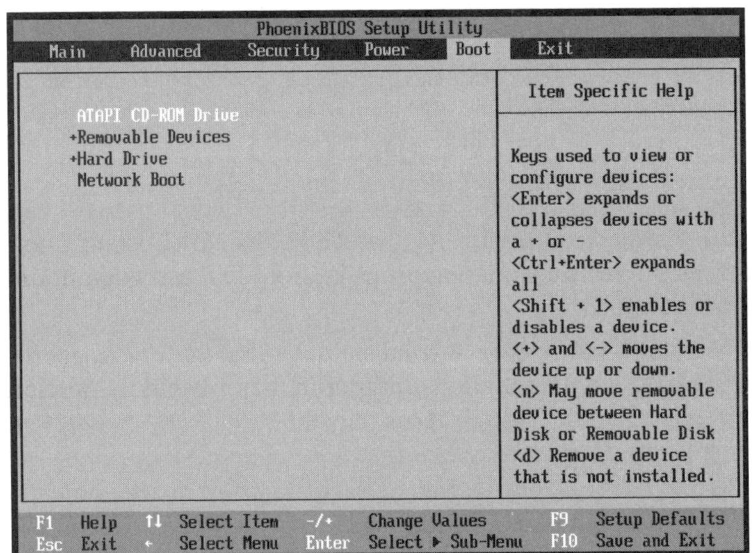

Abbildung 2.6: *Um direkt mit der Windows-CD zu booten, muss das CD-ROM-Laufwerk bootbar sein*

HINWEIS Kann Ihr Rechner nicht von CD-ROMs booten, dann kann Windows XP nicht direkt von der CD-ROM installiert werden. Sie müssen in diesem Fall entweder ein anderes Betriebssystem installieren und dann wie im vorangegangenen Abschnitt verfahren oder sich Boot-Disketten anlegen.

Sobald das Installationsprogramm von der CD gestartet ist, beginnt es damit, den Rechner zu überprüfen und setzt dann die Installation im Textbildschirm fort. Wie bei der Aktualisierungs-Installation werden Sie nun aufgefordert, den Lizenzbestimmungen zuzustimmen und den CD-Key einzugeben.

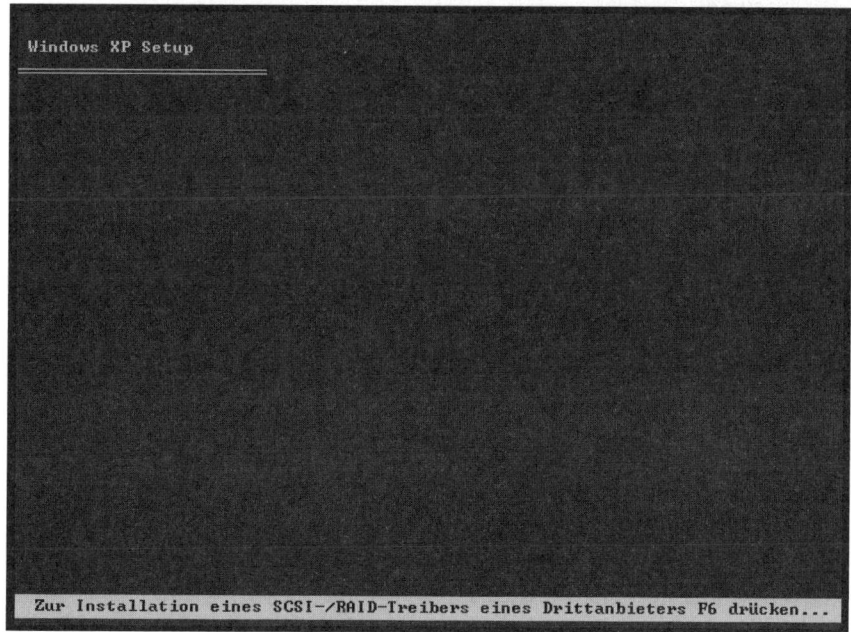

Abbildung 2.7: *Der weitere Installationsablauf findet im Textbildschirm statt*

Der weitere Installationsablauf

Der weitere Installationsablauf ist weitgehend selbsterklärend. Im ersten Teil werden die für die Installation nötigen Dateien ermittelt und dann in ein temporäres Verzeichnis der Festplatte kopiert. Danach beginnt die eigentliche Installation.

HINWEIS Bis zu diesem Punkt kann eine Aktualisierungs-Installation abgebrochen werden. Sobald das Installationsprogramm damit beginnt, Dateien zu installieren, wird bei der Aktualisierungsinstallation damit begonnen, das alte Betriebssystem zu verändern. Brechen Sie die Installation jetzt auf keinen Fall mehr ab.

Installationspartition und Dateisystem

Je nach Installationsart und Voreinstellungen werden Sie vor der eigentlichen Installation möglicherweise gefragt, auf welcher Partition Sie Windows XP installieren wollen und welches Dateisystem zum Einsatz kommen soll. Handelt es sich um ein brandneues System mit unformatierter Festplatte, dann erhalten Sie außerdem die Gelegenheit, die Festplatte zu partitionieren und zu formatieren.

Dies sind Dinge, die Sie bei der Auswahl der Partition bedenken sollten:

- Die Partition sollte über ausreichend Speicherplatz verfügen. Legen Sie neue Partitionen an, dann verwenden Sie eine Mindestgröße von möglichst nicht weniger als 2 GB (2000 MB).
- Installieren Sie mehrere Betriebssysteme parallel, dann muss jedes Betriebssystem in einer eigenen Partition untergebracht werden.

Und dies sind Dinge, die Sie bei der Auswahl des Dateisystems bedenken sollten:

- Windows XP unterstützt die Dateisysteme FAT, FAT32 und NTFS. Installieren Sie Windows XP allein auf einem System, verwenden also keine anderen Betriebssysteme parallel, dann entscheiden Sie sich für das moderne NTFS-Dateisystem.
- Sollen andere Betriebssysteme parallel verwendet werden, dann setzen Sie das FAT32-Dateisystem ein. Hierbei verlieren Sie aber viele moderne Funktionen, die Windows XP anbietet, einschließlich des Zugriffsschutzes auf private Daten. Eine Alternative wäre, Windows XP auf einer NTFS-Partition zu installieren, wenn mindestens noch eine FAT32-Partition zusätzlich vorhanden ist. NTFS-Partitionen sind für andere Betriebssysteme unsichtbar.
- Das Installationsprogramm bietet an, das Dateisystem zu ändern oder die Partition neu zu formatieren. Befinden sich auf der Partition wertvolle Daten, dann dürfen Sie diese Partition auf keinen Fall neu formatieren lassen. Bei einer Neuformatierung werden alle vorhandenen Daten auf der Partition gelöscht. Die Formatierung ist deshalb nur dann die richtige Wahl, wenn die Festplatte neu und damit noch unformatiert ist, oder wenn Sie absichtlich ein altes System komplett renovieren wollen und auf die schon vorhandenen Daten keinen Wert mehr legen.

Einem Netzwerk beitreten

Sobald das Installationsprogramm eine Netzwerkkarte entdeckt, wird die Netzwerkunterstützung installiert. Die sorgt dafür, dass Sie sofort im Netzwerk Daten mit anderen Computern austauschen können. Bei der

Installation haben Sie zwei Optionen: Sie können sich einer Domäne anschließen oder ein einfaches Peer-to-Peer-Netzwerk verwenden.

Nur wenn Sie in Ihrem Netzwerk einen Windows 2000 Domänencontroller betreiben, ist die Domänen-Option richtig. In allen anderen Fällen belassen Sie es bei der Voreinstellung.

Administrator-Kennwort einrichten

Noch während der Installation bekommen Sie Gelegenheit, dem internen und allmächtigen *Administrator*-Konto ein Kennwort zuzuweisen. Tun Sie dies unbedingt, weil sonst der Rechner ungeschützt ist. Notieren Sie das Kennwort und verwahren Sie es an einem sicheren Ort. Sie brauchen es, wenn das System aus irgendeinem Grunde repariert werden muss, zum Beispiel, weil Benutzerkennwörter vergessen wurden.

Zum Ende der Installation erhalten Sie darüber hinaus Gelegenheit, weitere Benutzerkonten anzulegen, die für die tägliche Arbeit dienen. Alle diese Benutzerkonten erhalten als Vorgabe ebenfalls Administrator-Status und sind nicht mit einem Kennwort geschützt. Dasselbe gilt für Benutzerkonten, die während einer Aktualisierung von Windows 98 oder Millennium übernommen wurden.

Eine der ersten Aufgaben nach erfolgreicher Installation sollte also sein, diesen Konten Kennwörter zuzuweisen und zu prüfen, ob die Konten wirklich Administrator-Status brauchen. Wie dies geschieht, lesen Sie in ▶ Kapitel 18.

Windows XP aktivieren

Nach der Installation startet Windows XP Professional, und Sie können sich in ▶ Kapitel 3 einen ersten Überblick über Bootvorgang, Anmeldung, Grundfunktionen und Abmeldung verschaffen. Windows XP Professional ist nun einsatzbereit, allerdings nur vorübergehend.

Erst wenn Sie Windows XP Professional über Internet oder Telefon aktivieren, kann es dauerhaft benutzt werden. Die Aktivierung überträgt keine persönlichen Daten und erlaubt es Microsoft auch nicht, Sie zurückzuverfolgen. Die Aktivierung sorgt aber dafür, dass Ihre Windows XP Kopie nicht mehr auf anderen Rechnern installiert werden kann.

TIPP Aktivieren Sie Windows XP Professional nicht, dann kann es nach Ablauf von 30 Tagen nicht mehr verwendet werden. Erst wenn Sie die Aktivierungskennziffer eingeben, wird es wieder freigeschaltet.

Möchten Sie Windows XP Professional später doch auf einem anderen System installieren, dann deinstallieren Sie es zuerst auf dem Ausgangssystem. Installieren Sie es dann auf dem neuen System, und aktivieren Sie Windows XP neu. Dasselbe ist notwendig, wenn sich die Hardware-Ausstattung in mehr als drei wesentlichen Kernpunkten ändert, weil Windows XP nun davon ausgeht, auf einem neuen System betrieben zu werden.

Einstellungen von alten Rechnern übertragen

Windows XP Professional enthält ein besonderes Tool, mit dem Sie die alten Einstellungen eines Computers auslesen und konservieren können. Anschließend haben Sie mehrere Möglichkeiten:

- Speichern Sie die konservierten Daten auf einer selbstgebrannten CD-ROM oder einer Netzwerkfreigabe. Reformatieren Sie die Festplatte des Rechners, und installieren Sie Windows XP Professional frisch auf dem System. Damit renovieren Sie das System sozusagen von Grund auf. Übertragen Sie anschließend die konservierten Einstellungen des früheren Betriebssystems, um die alten Einstellungen zurückzubekommen.
- Speichern Sie die konservierten Daten auf einer Netzwerkfreigabe, und lesen Sie die Einstellungen dann von einem anderen Rechner aus ein. So können Sie Ihre persönlichen Einstellungen auf ein neues Rechnersystem »mitnehmen«, falls Sie sich entschieden haben, einen neuen Rechner anzuschaffen.

HINWEIS

Das Tool überträgt keine Programmdateien und keine Kennwörter. Anders als bei der Aktualisierungsinstallation müssen Sie also hier alle verwendeten Programme neu installieren. DFÜ-Verbindungen und E-Mail-Konten werden zwar übernommen, aber die Kennwörter müssen erneut eingegeben werden.

Alte Einstellungen übertragen

Die Übertragung alter Einstellungen ist ein zweistufiger Prozess: zuerst werden die Daten auf dem alten System gesammelt und gespeichert. Danach können diese Daten auf einem anderen System (oder demselben System nach einer Grundformatierung) erneut eingelesen werden.

TIPP

Beim folgenden Vorgang können riesige Datenmengen entstehen. Das angegebene Laufwerk muss in der Lage sein, einige hundert Megabyte zu speichern. Möchten Sie ohne Pufferung Daten übertragen, dann richten Sie auf Quell- und Zielcomputer das Heimnetzwerk ein und starten Sie den Assistenten auf beiden Rechnern gleichzeitig. Jetzt können die Daten sofort von einem Rechner auf den anderen übertragen werden.

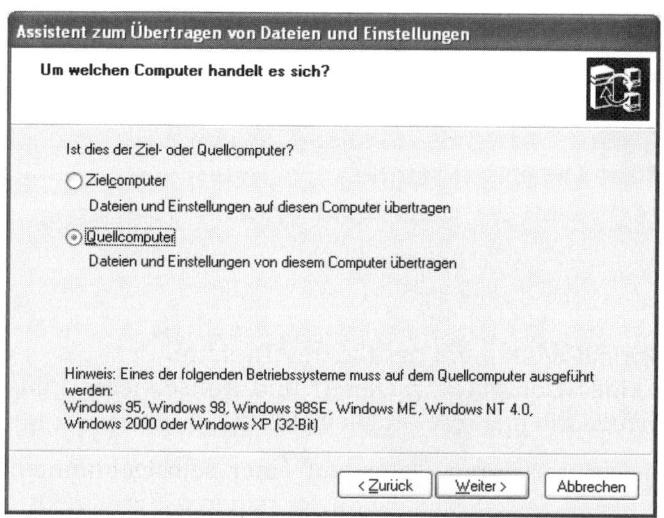

Abbildung 2.8: *Persönliche Einstellungen von anderen Computern übertragen*

1. Legen Sie die Windows XP-CD ins Laufwerk. Nach einigen Sekunden erscheint das Willkommens-Fenster. Erscheint es nicht, dann starten Sie im Explorer auf dem CD-ROM Laufwerk manuell *Setup.exe.*
2. Klicken Sie auf *Zusätzliche Aufgaben durchführen.* Klicken Sie dann auf *Dateien und Einstellungen übertragen.*
3. Der *Assistent zum Übertragen von Dateien und Einstellungen* öffnet sich. Klicken Sie auf *Weiter*, und wählen Sie die Option *Quellcomputer.*
4. Legen Sie fest, wo die Daten gespeichert werden sollen. Die Optionen *Direktes Kabel* und *Diskette* sind praktisch unbrauchbar, weil die Übertragungsgeschwindigkeiten viel zu gering sind und die Übertragung tagelang dauern könnte. Eine bessere Option ist *Anderer Datenträger.* Geben Sie hier entweder eine Festplatte oder ein freigegebenes Netzlaufwerk an. Klicken Sie auf *Weiter.*
5. Die Daten werden nun gesammelt. Dieser Vorgang kann einige Stunden dauern, bei geringen Datenmengen auch nur wenige Minuten.

Um die Daten auf einem anderen System zu reaktivieren, gehen Sie genauso vor, wählen diesmal aber als Option *Zielcomputer* und geben dann an, von wo die Daten geladen werden sollen.

Windows XP im Unternehmen installieren

In Unternehmen müssen häufig zahllose Rechner mit einem Betriebssystem ausgestattet werden. Die manuelle Installation ist hier keine Option.

Deshalb kann Windows XP Professional auch automatisiert installiert werden.

Automatik-Installation mit RIS und Images

Setzen Sie im Unternehmen Windows 2000 Domänencontroller ein, dann kann die Installation von Windows XP Professional komplett automatisiert werden.

Installieren Sie auf einem Prototypen Windows XP Professional und konfigurieren Sie es so, wie Sie es auf anderen Rechnern installieren möchten. Auch Anwendungssoftware kann bereits installiert werden. Legen Sie dann mit dem *SysPrep*-Tool eine Image-Datei an. Das Image kann dann über einen Windows 2000 Domänencontroller und den *Remote Installation Service* (RIS) anderen Rechnern zugewiesen werden.

Nötig hierfür ist lediglich ein Service-Boot des neuen Rechners über eine bootfähige Netzwerkkarte.

Unbeaufsichtigte Installation

Ohne Domänencontroller können Sie die Windows XP Installation zumindest so automatisieren, dass sie ohne Zwischenfragen automatisiert abläuft.

Mit dem *Setup-Manager* erstellen Sie Antwortdateien, die während der Installation vom Installationsprogramm gelesen werden. Die Windows XP-Installation kann so unbeaufsichtigt stattfinden, und Sie müssen nicht vor dem Bildschirm lauern, um im rechten Moment auf »Ja« zu klicken.

Diese Variante eignet sich also auch ideal für Händler und Support. Im Grunde nimmt der *Setup-Manager* die Fragen vorweg, die bei der Installation an verschiedenen Punkten auftauchen, und speichert Ihre Vorgaben in einer Antwortdatei.

Um die Antwortdatei zu nutzen, erstellen Sie entweder einen kompletten Installationsordner, der dann auch die Windows-Installationsdateien enthält und zum Beispiel als Netzwerkfreigabe eingerichtet werden könnte, oder Sie speichern die Antwortdatei auf einer Diskette.

Legen Sie diese Diskette ins Laufwerk, bevor Sie Windows XP installieren. Das Installationsprogramm erkennt die Diskette automatisch und übernimmt die Antworten daraus, anstatt ständig nachzufragen.

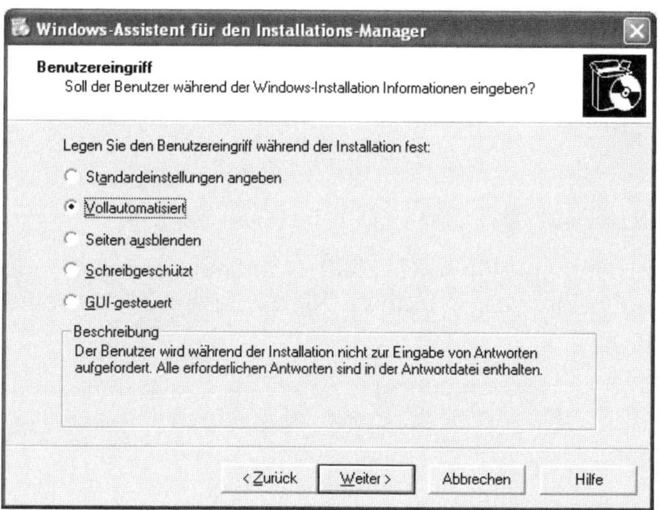

Abbildung 2.9: *Windows XP Installation automatisieren*

TIPP Die nötigen Tools finden Sie auf der Windows XP-CD in der Datei *Deploy.cab*. Öffnen Sie die Datei und kopieren Sie ihren Inhalt in einen neuen Ordner.

3 Start, Anmeldung und erster Überblick

Beginnen Sie Ihre Windows XP-Erfahrungen mit einem ersten Rundgang vom Einschalten bis zum Herunterfahren des Systems.

Direkt nach dem Rechnerstart erscheint das Bootmenü. Hier entscheiden Sie, welches Betriebssystem starten soll, falls Sie mehrere Betriebssysteme parallel installiert haben. Das Bootmenü öffnet auf Wunsch auch das Notfallmenü, mit dem Sie Windows XP reparieren können, falls es auf normalem Wege nicht mehr startet.

Sobald Windows XP gestartet ist, können Sie sich anmelden. Die Anmeldung sorgt dafür, dass nur berechtigte Benutzer Windows XP nutzen können und legt fest, welche Rechte der Benutzer hat und welche Funktionen oder Dateibereiche dem Benutzer vorenthalten werden.

Anschließend präsentiert Windows XP den Desktop des angemeldeten Benutzers. Lassen Sie sich kurz die wesentlichen Neuerungen zeigen, damit Sie sofort mit der Arbeit beginnen können.

Haben Sie Ihre Arbeit erledigt, dann wird es Zeit, Windows XP zu beenden. Mit *Ruhezustand*, *Schneller Benutzerumschaltung* und automatischen Fernwartungsbefehlen hat Windows XP auch hier viel Neues zu bieten.

Das Bootmenü verwenden

Nach dem Einschalten des Rechners und den BIOS-Tests des Computers erscheint das Bootmenü von Windows XP. Es wird nur übersprungen, wenn Sie entweder den Computer vorher in den Ruhezustand versetzt hatten oder wenn das Bootmenü explizit abgeschaltet wurde.

Das Bootmenü hat zwei Aufgaben:

- Verwenden Sie mehr als ein Betriebssystem, dann stellt das Bootmenü die vorhandenen Betriebssysteme zur Auswahl, und Sie können entscheiden, mit welchem Betriebssystem der Rechner starten soll. Das Bootmenü unterstützt beliebig viele Parallelinstallationen der Betriebssysteme Windows NT, 2000 und XP. Zusätzlich kann ein weiteres anderes Betriebssystem wie zum Beispiel Windows 98 oder DOS im Bootmenü geführt werden.
- Startet Windows XP nicht richtig, dann erreichen Sie über F8 das Notfallmenü. Hier können Sie Windows XP im *Abgesicherten Modus* starten oder die *Wiederherstellungskonsole* aktivieren. Eine Übersicht über alle Notfalloptionen finden Sie im ▶ Kapitel 23.

Suchen Sie sich das Betriebssystem aus, mit dem Sie starten wollen, oder warten Sie ab, bis das Bootmenü von allein das Standard-Betriebssystem startet. Das geschieht nach 30 Sekunden. Sie können diese Wartezeit aber jederzeit verkürzen.

Wurden Hardware-Profile eingerichtet, dann erscheint anschließend ein Auswahlmenü, aus dem Sie sich das gewünschte Hardwareprofil aussuchen können. Hardwareprofile sind dazu da, Geräte in bestimmten Szenarien abzuschalten.

Ein ausgedocktes Notebook zum Beispiel kann Geräte nicht verwenden, die an die Dockingstation angeschlossen sind. Diese Geräte werden dann im Ausgedockten Profil deaktiviert. Bei Notebooks und Dockingstationen erkennt Windows XP automatisch das aktuelle Profil und verzichtet auf das Auswahlmenü.

Und das könnten Sie jetzt sonst noch tun ...

- Legen Sie fest, von welchem Laufwerk der Rechner bootet: ▶ Seite 32
- Verkürzen Sie die Wartezeit des Bootmenüs, damit Windows XP schneller mit dem Standard-Betriebssystem startet: ▶ Seite 34
- Legen Sie ein anderes Betriebssystem im Bootmenü als Standard-Betriebssystem fest, oder ändern Sie die Reihenfolge, in der Einträge im Bootmenü erscheinen: ▶ Seite 34
- Schalten Sie das Bootmenü oder das Notfallmenü ab: ▶ Seite 34
- Erforschen Sie die Möglichkeiten des Notfallmenüs: ▶ Kapitel 23
- Reparieren Sie das Bootmenü, falls darin Einträge erscheinen, die auf längst deinstallierte Betriebssysteme verweisen: ▶ Seite 35
- Fügen Sie weitere Hardwareprofile hinzu: ▶ Kapitel 10

- Installieren Sie weitere Betriebssysteme parallel, und sorgen Sie dafür, dass diese Betriebssysteme ebenfalls im Bootmenü angezeigt werden: ▶ Seite 31

Mehrere Betriebssysteme parallel einrichten

Windows XP unterstützt ausdrücklich die parallele Verwendung mehrerer Betriebssysteme. In der Übergangszeit könnten Sie also durchaus ein älteres Windows 98 oder Windows 2000 parallel zu Windows XP betreiben und so zweigleisig fahren.

Um ein weiteres Betriebssystem zu installieren, starten Sie Windows XP und installieren dann das gewünschte Betriebssystem. Achten Sie darauf, das neue Betriebssystem in einer eigenen Partition oder einem eigenen Festplattenlaufwerk einzurichten, damit es nicht mit Windows XP kollidiert.

Weil der Bootmanager von Windows XP im Grunde identisch ist mit den Bootmanagern von Windows NT und Windows 2000, werden alle Installationen dieser Betriebssysteme harmonisch in dasselbe Bootmenü eingefügt.

Für Betriebssysteme, die nicht zur Windows NT-Familie gehören, gibt es Einschränkungen: das Bootmenü kann nur ein einziges solches Betriebssystem verwalten.

Der Grund ist eine technische Beschränkung: bei Betriebssystemen, die nicht Windows NT, Windows 2000 oder Windows XP betreffen, speichert das Bootmenü den Bootsektor des Fremdbetriebssystems in der Datei *Bootsec.sys*. Wählen Sie solch ein Betriebssystem im Bootmenü aus, dann restauriert der Bootmanager einfach den Bootsektor dieses Betriebssystems. Das Fremdbetriebssystem wird also durch diesen Trick restauriert und startet genau so, wie es dies tun würde, wenn es allein installiert wäre.

Der Trick sorgt dafür, dass Windows XP prinzipiell mit jedem beliebigen anderen Betriebssystem parallel installiert und betrieben werden kann. Weil es aber nur eine *Bootsec.dos*-Datei geben darf, kann auch nur ein Fremdbetriebssystem parallel verwendet werden.

Möchten Sie den Bootmanager von Windows XP entfernen, weil Sie zum Beispiel auf ein reines Windows 98-System zurückwechseln wollen, dann genügt es, den Master Boot Record der Startfestplatte mit dem Bootsektor des gewünschten Betriebssystems zu ersetzen. Tools wie FDISK sind dazu in der Lage.

Denken Sie daran: Fremdbetriebssysteme und ältere Windows-Versionen unterstützen nicht das moderne NTFS-Dateisystem, mit dem Windows XP am besten funktioniert. NTFS-Festplatten und Dynamische Disks, die von Windows XP eingerichtet wurden, bleiben für solche Betriebssysteme unsichtbar. Sind Sie auf Parallelinstallationen mit älteren Betriebssystemen angewiesen, dann verwenden Sie das FAT32-Dateisystem für alle Festplatten, die von diesen Betriebssystemen mitgenutzt werden sollen.

TIPP

Die Startphase technisch betrachtet

Direkt nach dem Einschalten des Systems übernimmt zunächst das Computer-BIOS die Regie. Was hier genau passiert, hängt vom BIOS des Mainboard-Herstellers ab. In aller Regel findet ein *Power On Self Test* (*POST*) statt, und das BIOS gibt Informationen über alle erkannten Plug&Play-Geräte aus.

Das BIOS entscheidet, von welchen Laufwerken aus gestartet wird. Möchten Sie von einer bootfähigen CD wie der Windows XP-CD aus starten, dann muss im BIOS-Setup die Bootreihenfolge entsprechend eingestellt werden. In den meisten Voreinstellungen ist das CD-ROM-Laufwerk kein Bootlaufwerk.

Verwenden Sie mehr als eine Grafikkarte, dann regelt das BIOS, welche Grafikkarte zur primären Grafikkarte wird. Auf dieser Karte werden dann die BIOS-Meldungen ausgegeben. In aller Regel werden PCI-Grafikkarten zur primären Grafikkarte, weil der PCI-Bus vor dem AGP-Bus gescannt wird. Das BIOS Setup moderner Computer enthält Einstellmöglichkeiten, mit denen sich die Reihenfolge zugunsten der AGP-Grafikkarte umkehren lässt.

Das Computer-BIOS und dessen Einstellungen erreichen Sie meist über eine Taste wie Del oder Entf, die gedrückt werden muss, wenn eine entsprechende Meldung auf dem Bildschirm erscheint. Fehlt solch ein Hinweis, dann halten Sie in der Startphase eine beliebige Taste fest und simulieren so einen Tastenklemmer. Die BIOS-Diagnose erkennt den Fehler und gibt spätestens jetzt einen Hinweis aus, wie das BIOS-Setup geöffnet werden kann.

Das BIOS-Setup spricht englisch und verwendet die englische Tastaturbelegung. Y und Z sind also vertauscht. Drücken Sie Z, wenn Sie zur Bestätigung ein »Y« eingeben sollen.

TIPP

Windows XP übernimmt …

Nachdem das BIOS seine Basisaufgaben erledigt hat, übergibt es die Kontrolle an das Betriebssystem. Weil das BIOS natürlich nicht wissen kann, welches Betriebssystem Sie verwenden, lädt es den *Master Boot Record* (MBR) der Festplatte. Hier ist vermerkt, welches Programm als nächstes starten soll.

Bei älteren Windows-Versionen, die auf der Grundlage von DOS arbeiteten, verwies der MBR auf die DOS-Umgebung, von der aus dann Windows nachgeladen wurde. Bei Windows XP startet der MBR dagegen NTLDR, den »NT Loader«.

NTLDR schaltet den Prozessor vom Real-Mode in den 32-Bit-Mode und startet die Minidriver für die unterstützten Dateisysteme. Diese Minidriver sorgen dafür, dass Windows XP die Dateisysteme FAT, FAT32 und NTFS verstehen kann.

Anschließend sucht NTLDR auf der aktiven Partition nach der Datei *Boot.ini*. Diese besondere Datei enthält die Startoptionen, die anschließend im Bootmenü angezeigt werden. *Boot.ini* enthält dazu die Startpfade aller installierten Windows-Versionen.

Nur wenn Sie das System in den Ruhezustand gefahren haben, wird *Boot.ini* nicht berücksichtigt. In diesem Fall sucht Windows nach der Datei *Hiberfil.sys*, die die eingefrorenen Speicherinformationen konserviert. Die Datei wird geöffnet, der Speicher aus dieser Datei wiederhergestellt, und anschließend setzt Windows XP seine Arbeit nahtlos an der Stelle fort, an der Sie es per Ruhezustand verlassen hatten.

Exkurs: *Boot.ini* ansehen

Schauen Sie sich die Datei *Boot.ini* näher an! Dazu wählen Sie im Startmenü den Eintrag *Ausführen* und geben ein: `notepad c:\boot.ini` Eingabe. Der Editor zeigt nun den Inhalt der *Boot.ini*-Datei. Im Abschnitt *[boot loader]* sehen Sie die Optionen, die das Bootmenü beim Windows-Start anzeigt.

TIPP *Boot.ini* ist eine Systemdatei und wird deshalb vom Explorer nicht angezeigt, und zwar auch dann nicht, wenn Sie den Explorer anweisen, versteckte Dateien anzuzeigen. *Boot.ini* erscheint erst dann, wenn Sie über das Systemsteuerungsmodul *Ordneroptionen* auf der Registerkarte *Ansicht* die Option *Geschützte Systemdateien ausblenden* abschalten. Die Option *Alle Dateien und Ordner anzeigen* muss zusätzlich aktiv sein.

Boot.ini – Multiboot mehrerer Windows-Versionen

Die Datei *Boot.ini* ist extrem wichtig. Fehlt sie, dann weiß NTLDR nicht, welche Windows-Versionen installiert sind und wo sie zu finden sind. Ohne *Boot.ini* kann das System nicht starten. Sie müssen die *Boot.ini*-Datei in diesem Fall mit der Wiederherstellungskonsole von Hand reparieren (▶ Kapitel 23).

Die *Boot.ini* regelt, welche Betriebssysteme im Bootmenü zur Auswahl stehen und welches davon vorgewählt ist. Möchten Sie künftig mit einem anderen Betriebssystem als Standard starten, oder haben Sie eine Windows-Installation gelöscht, dann wird es Zeit, die *Boot.ini*-Datei zu aktualisieren.

Die Reihenfolge der Einträge und den Standardeintrag legen Sie folgendermaßen fest:

1. Öffnen Sie das Startmenü, und klicken Sie mit der rechten Maustaste auf *Arbeitsplatz*. Wählen Sie *Eigenschaften*. Das Fenster *Systemeigenschaften* öffnet sich.
2. Aktivieren Sie die Registerkarte *Erweitert*. Klicken Sie im Bereich *Starten und Wiederherstellen* auf die Schaltfläche *Einstellungen*.
3. Das Fenster *Starten und Wiederherstellen* öffnet sich. Wählen Sie in der Liste *Standardbetriebssystem*: das Betriebssystem aus, das im Startmenü vorgewählt sein soll. Dieses Betriebssystem wird gestartet, wenn Sie keine andere Auswahl treffen.
4. Aktivieren Sie im Bereich *Systemstart* die Option *Anzeigedauer der Betriebssystemliste:*, und legen Sie dahinter fest, wie lang das Bootmenü angezeigt werden soll. Die Vorgabe sind 30 Sekunden, aber meist genügen 5 Sekunden vollauf. Das Startmenü lässt sich auch ganz abschalten, wenn Anwendern die Möglichkeit entzogen werden soll, ein anderes als das Standardbetriebssystem zu wählen.
5. Aktivieren Sie im Bereich *Systemstart* die Option *Anzeigedauer der Wiederherstellungsoptionen:*, und legen Sie fest, wie lange der Hinweis auf die Taste F8 zum Öffnen des Notfallmenüs angezeigt werden soll. Dieser Hinweis lässt sich zwar auch komplett abschalten, allerdings steht Ihnen dann das lebenswichtige Notfallmenü nicht mehr zur Verfügung.

Abbildung 3.1: Reihenfolge der Betriebssysteme im Bootmenü anpassen

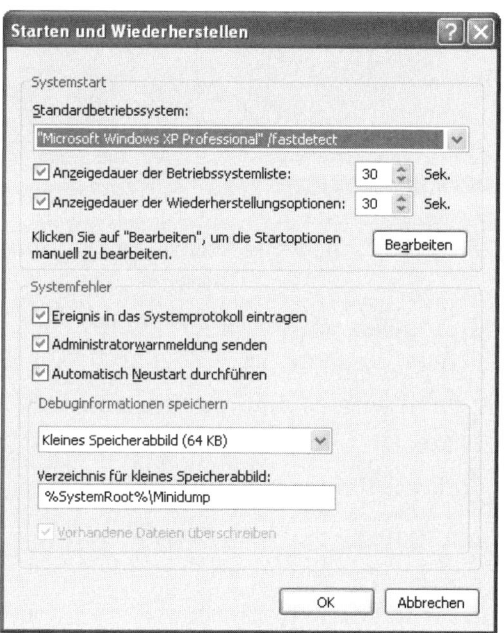

TIPP Möchten Sie einige Startoptionen nur vorübergehend aus Ihrem Startmenü ausblenden, dann editieren Sie *Boot.ini* über die Schaltfläche *Bearbeiten*. Alle Startoptionen, die sichtbar sein sollen, müssen in der Sektion *[boot loader]* stehen. Alle Einträge, die Sie deaktivieren, aber nicht löschen wollen, tragen Sie in eine neue Sektion namens *[irgendwas]* ein. Es genügt, nach dem letzten Eintrag, der im Startmenü erscheinen soll, die Zeile *[irgendwas]* einzufügen. Alle nachfolgenden Einträge werden damit aus dem Bootmenü gestrichen, weil Windows XP die Sektion *[boot loader]* damit als beendet ansieht.

Boot.ini reparieren

Problematischer wird es, wenn Fehler in der *Boot.ini* korrigiert werden sollen. Fehler entstehen zum Beispiel, wenn Sie eine alte Windows-Installation gelöscht haben. Die Startoption für die gelöschte Windows-Version wird dabei nicht aus der *Boot.ini* entfernt, und so enthält Ihr Bootmenü plötzlich Startoptionen, die gar nicht mehr funktionieren.

Über die Schaltfläche *Bearbeiten* im eben besprochenen Dialogfeld könnten Sie zwar die *Boot.ini*-Datei im Editor öffnen und von Hand anpassen. Davon ist aber abzuraten: selbst kleinste Fehler würden dafür sorgen, dass Windows XP beim nächsten Start an der fehlerhaften *Boot.ini* scheitert.

Einen sicheren Weg macht sich das versteckte Support-Tool *Msconfig* zunutze:

1. Wählen Sie im Startmenü *Ausführen*, und geben Sie ein: `msconfig` Eingabe. Das Fenster *Systemkonfigurationsprogramm* öffnet sich.
2. Aktivieren Sie die Registerkarte *BOOT.INI*. Sie sehen nun den Inhalt der *Boot.ini*-Datei. Klicken Sie auf die Schaltfläche *Alle Startpfade überprüfen*. Automatisch werden nun alle Einträge untersucht.
3. Meldet das Tool Fehler, dann lassen Sie die fehlerhaften Zeilen aus der *Boot.ini* streichen. Klicken Sie dann *OK*, und starten Sie Windows neu, um die Änderungen zu testen.
4. Funktioniert das Bootmenü wie gewünscht, dann können die Änderungen permanent gespeichert werden. Beim nächsten Windows-Start öffnet sich zunächst wieder das Systemkonfigurationsprogramm, denn es hat die Änderungen nur vorübergehend testweise eingerichtet.
5. Wählen Sie im Startmenü *Ausführen*, und geben Sie ein: `notepad c:\boot.ini` Eingabe. Der Inhalt der geänderten *Boot.ini* wird im Editor angezeigt. Markieren Sie den gesamten Text, und kopieren Sie ihn mit *Bearbeiten/Kopieren* in die Zwischenablage. Dann schließen Sie den Editor wieder.
6. Im Systemkonfigurationsprogramm wählen Sie die Registerkarte *Allgemein*. Aktivieren Sie im Bereich *Systemstartauswahl* die Option *Normaler Systemstart – Alle Gerätetreiber und Dienste laden*. Ihre Änderungen an der *Boot.ini* gehen dadurch wieder verloren, alle Testeinstellungen werden gelöscht. Schließen Sie das Fenster.
7. Öffnen Sie das Startmenü, und klicken Sie mit der rechten Maustaste auf *Arbeitsplatz*. Wählen Sie *Eigenschaften*. Das Fenster *Systemeigenschaften* öffnet sich.
8. Aktivieren Sie die Registerkarte *Erweitert*. Klicken Sie im Bereich *Starten und Wiederherstellen* auf die Schaltfläche *Einstellungen*. Das Fenster *Starten und Wiederherstellen* öffnet sich.
9. Klicken Sie im Bereich *Systemstart* auf die Schaltfläche *Bearbeiten*.
10. Der Editor öffnet sich und zeigt den Inhalt der alten *Boot.ini* an. Markieren Sie den gesamten Text mit Strg+A, und ersetzen Sie ihn dann mit Strg+V. Speichern Sie die Änderungen.

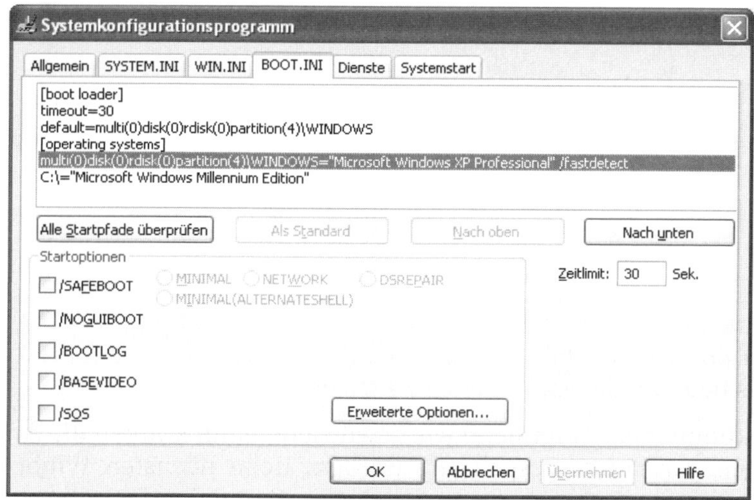

***Abbildung 3.2:** Boot.ini analysieren und ungültige Einträge entfernen*

TIPP Die *Boot.ini* lässt sich auch über die Wiederherstellungskonsole reparieren. Das kann wichtig werden, wenn Windows XP aufgrund einer defekten *Boot.ini* erst gar nicht startet. Mehr dazu lesen Sie in ▶ Kapitel 23.

Spezielle Startoptionen wählen

Bei der Durchsicht Ihrer *Boot.ini*-Datei sind Ihnen vielleicht die besonderen Startoptionen aufgefallen, mit denen Windows XP starten kann. Diese Startoptionen erscheinen auch im Systemkonfigurationsprogramm und können dort testweise einzelnen Starteinträgen der *Boot.ini* zugeordnet werden.

Die meisten Startoptionen entsprechen einem der besonderen Windows-Starts, die im Notfallmenü angeboten werden, wenn Sie F8 drücken.

***Tabelle 3.1:** Die Startoptionen der Notfall-Starts*

Option	Notfallmenü
/SAFEBOOT:MINIMAL /SOS /BOOTLOG /NOGUIBOOT	Abgesicherter Modus
/SAFEBOOT:NETWORK /SOS /BOOTLOG /NOGUIBOOT	Abgesicherter Modus mit Netzwerktreibern
/SAFEBOOT:MINIMAL(ALTERNATESHELL) /SOS /BOOTLOG /NOGUIBOOT	Abgesicherter Modus mit Eingabeaufforderung
/SAFEBOOT:DSREPAIR /SOS	Verzeichnisdienstwiederherstellung
/BOOTLOG	Startprotokollierung aktivieren
/BASEVIDEO	VGA- Modus aktivieren

Die Optionen lassen sich auch einzeln einsetzen und über *Msconfig.exe* testweise ausprobieren:

Tabelle 3.2: *Startoptionen der Boot.ini-Startdatei*

Option	Bedeutung
/BASEVIDEO	Der Standard-VGA-Treiber in der Auflösung 640x480 wird verwendet
/BAUDRATE=	Gibt die Übertragungsgeschwindigkeit an, wenn ein externer Debugger angeschlossen ist. Bei Modems beträgt die Vorgabe 9.600 Baud, bei seriellen Kabeln 19.200.
/CRASHDEBUG	Der Debugger wird aktiviert, sobald Kernel Fehler auftreten
/DEBUG	Der Debugger wird sofort aktiviert
/DEBUGPORT=	Gibt den seriellen Anschluss an, an den der externe Debugger angeschlossen ist
/MAXMEM:	Reduziert den Speicher künstlich
/NODEBUG	Es werden keine Debugger-Informationen gesammelt
/NUMPROC=	Reduziert die Zahl der verwendeten Prozessoren in einem Multiprozessorsystem
/FASTDETECT	Schaltet die Suche nach Mäusen am seriellen Port ab
/SOS	Gibt die Namen der geladenen Treiber auf den Bildschirm aus

TIPP

Die Datei *Boot.ini* kann über den Konsolenbefehl *Bootcfg* ebenfalls geändert werden. Mehr Hilfe erhalten Sie, wenn Sie im Startmenü *Ausführen* wählen, `cmd` **Eingabe** eingeben und dann eingeben: `bootcfg /?` **Eingabe**.

Windows merkt sich, mit welchen Startoptionen es gestartet wurde, und vermerkt diese Optionen in der Registry im Schlüssel *HKEY_LOCAL_MACHINE – SYSTEM – CurrentControlSet – Control – SystemStartOptions*. Programme – und natürlich auch Sie selbst – können mit *Regedit.exe* nachschauen, mit welchen Einstellungen eine laufende Windows-Sitzung gestartet wurde.

So würde ein Skript nach dieser Einstellung fragen:

Listing 3.1: *Per Skript aus der Registry die Startoptionen des Betriebssystems auslesen*

```
set wshshell = CreateObject("WScript.Shell")
key = "HKEY_LOCAL_MACHINE\SYSTEM\CurrentControlSet\Control\SystemStartOptions"

MsgBox "Startoptionen:" & vbCr & wshshell.RegRead(key)
```

Start des Betriebssystems

NTLDR startet nun das Betriebssystem, das Sie sich im Bootmenü ausgesucht haben. Verwenden Sie neben Windows XP Betriebssysteme wie Windows 95, 98 oder Millennium, dann hat Windows den Bootsektor dieser Betriebssysteme in der Datei *Bootsect.dos* konserviert.

Die Datei *Bootsect.dos* enthält also die Informationen, die normalerweise bei alleiniger Installation des Betriebssystems im Bootsektor der Festplatte stehen würden.

Wählen Sie solch ein älteres Betriebssystem aus, dann restauriert NTLDR den Bootsektor mit der *Bootsect.dos*-Datei, sodass das alte Betriebssystem wie gewohnt starten kann. Aus dieser Architektur wird verständlich, warum der Boot Loader von Windows XP nur maximal ein älteres Betriebssystem parallel akzeptiert. Sobald Sie ein weiteres älteres Betriebssystem installieren, überschreibt es die *Bootsect.dos*-Datei des anderen älteren Betriebssystems.

TIPP Möchten Sie Windows XP komplett deinstallieren und auch den Bootloader wieder entfernen, dann stellen Sie den ursprünglichen Master Boot Record wieder her. Sie könnten dazu mit einer Windows 98-Startdiskette starten und über `FDISK /MBR` den Master Boot Record wiederherstellen.

Wählen Sie dagegen Windows XP aus der Liste der Betriebssysteme aus, dann ruft NTLDR das Programm *Ntdetect.exe* auf. *Ntdetect* erkennt die augenblicklich angeschlossene Hardware.

Anschließend lädt NTLDR das Windows XP-Kernel (*Ntoskrnl.exe*) und die Hardware Abstraction Layer (*Hal.dll*) in den Speicher.

Sofern Sie mehr als ein Hardwareprofil verwenden, erscheint nun die Auswahlliste, aus der Sie sich das gewünschte Hardwareprofil aussuchen können.

Dann werden alle Gerätetreiber gestartet, die einen Startwert von 0 verwenden. Das Kernel wird initialisiert, und wenn Sie die Startoption */SOS* verwenden, gibt Windows XP parallel die Namen der Treiberdateien aus, die es startet.

Die Gerätetreiber mit dem Startwert von 0 werden nun initialisiert, und anschließend lädt und initialisiert NTLDR alle Gerätetreiber mit einem Startwert von 1.

Wurden Festplatten-Wartungsaufträge wie die Umstellung auf das NTFS-Dateisystem oder die Datenintegritätsprüfung zurückgestellt, weil Windows im laufenden Betrieb keinen exklusiven Zugriff auf das Laufwerk erhalten konnte, dann werden diese Prüfungen jetzt durchgeführt.

Der Anmeldeprozess

Windows XP ist nun gestartet und betriebsbereit. Der Anmeldebildschirm erscheint (*Lsass.exe*). Je nach Voreinstellung sehen Sie entweder den Willkommensbildschirm, auf dem jedes Benutzerkonto mit einem Piktogramm repräsentiert wird, oder ein Anmeldefenster. Wiederum abhängig von den Sicherheitseinstellungen erscheint das Anmeldefenster möglicherweise erst, wenn Sie Strg+Alt+Entf drücken.

Der Dienstemanager (*Screg.exe*) startet nun alle Dienste mit einem Startwert von 2 (automatischer Start).

WICHTIG

Sobald Sie sich erfolgreich angemeldet haben, speichert Windows XP die Einstellungen des Registry-Zweiges *HKEY_LOCAL_MACHINE – SYSTEM – CurrentControlSet* als letzte funktionierende Konfiguration ab. Tritt nach der Anmeldung ein Fehler auf, dann kann dieser Fehler nicht mehr über diese Startoption rückgängig gemacht werden.

Melden Sie sich deshalb nach umfangreichen Änderungen am System nicht sofort an, sondern warten Sie einige Minuten, bis das System komplett gestartet ist.

Bei Windows XP anmelden

Um mit Windows XP arbeiten zu können, müssen Sie sich anmelden. Der Anmeldeprozess sorgt dafür, dass Unbefugte den Computer nicht nutzen können. Außerdem werden Sie bei der Anmeldung einem ganz bestimmten Benutzerkonto zugeordnet. Windows XP weiß daraufhin, welche Dinge Sie tun dürfen und welche nicht.

Einfache Benutzer erhalten zum Beispiel nur ein eingeschränktes Benutzerkonto. Damit kann der Computer zwar für die alltägliche Routinearbeit genutzt werden, aber Änderungen an den Systemeinstellungen sind verboten. So verhindern Sie, dass Mitarbeiter oder Familienangehörige den Rechner ständig »verkonfigurieren«.

Solche Einschränkungen gelten nicht für Benutzer, die ein Konto des Typs *Computeradministrator* verwenden. Solche Benutzer dürfen alle Funktionen nutzen und können andere Benutzerkonten einschränken. Ein Administrator kann zum Beispiel dafür sorgen, dass normale Benutzer nur ganz bestimmte Programme verwenden dürfen. Er kann auch die Privatdaten der einzelnen Benutzer voneinander abriegeln, damit jeder Benutzer ungestört Datensicherheit genießt. Administratoren sind die »gute Seele« des Computers und sorgen für den reibungslosen Betrieb.

TIPP

Damit der Windows XP-Schutz nicht sofort ausgehebelt wird, sollten Sie erstens Benutzerkonten des Typs *Computeradministrator* sparsam vergeben und zweitens alle Konten mit Kennwörtern sichern. Als Vorgabe ist das genaue Gegenteil der Fall: alle Konten, die Sie während der Installation angelegt haben oder die beim Umstieg von Windows 9x-Rechnern übernommen wurden, sind nicht mit einem Kennwort gesichert und vom Typ Computeradministrator. Hier besteht also dringender Handlungsbedarf.

Der Anmeldevorgang ist denkbar einfach: Windows XP zeigt die Willkommensseite, auf der jedes Benutzerkonto aufgelistet ist. Um sich anzumelden, klicken Sie auf das Konto, an dem Sie sich anmelden wollen.

Ist das Konto kennwortgeschützt, dann erscheint ein Textfeld: geben Sie als Zugangsberechtigung das Kennwort ein. Schon erscheint der Windows-Desktop mit den ganz persönlichen Einstellungen des gewählten Benutzerkontos.

In Ausnahmefällen kann Windows XP so eingestellt sein, dass anstelle der Willkommensseite ein Anmeldedialogfeld erscheint. Möglicherweise müssen Sie zuerst Strg+Alt+Entf drücken, um es hervorzulocken. Im Anmeldefenster geht es nicht ganz so bequem zu: Benutzername und Kennwort müssen von Hand in die entsprechenden Felder eingetippt werden.

Und das könnten Sie jetzt sonst noch tun ...

- Legen Sie fest, ob zur Anmeldung die Willkommensseite oder das klassische Anmeldefenster erscheint: ▶ Seite 46
- Schützen Sie Ihr Benutzerkonto mit einem Kennwort: ▶ Kapitel 18
- Legen Sie neue Benutzerkonten an: ▶ Kapitel 18
- Bestimmen Sie, ob ein Benutzer eingeschränkt oder Computeradministrator ist: ▶ Kapitel 18
- Lassen Sie sich Hilfestellung geben, wenn Sie Ihr Kennwort vergessen haben: ▶ Seite 42
- Gestalten Sie die Willkommensseite, und legen Sie eigene Bilder und bessere Anmeldenamen fest: ▶ Seite 43
- Sorgen Sie dafür, dass Windows XP auch ohne Anmeldung heruntergefahren werden kann: ▶ Seite 48
- Schalten Sie die Anmeldung ganz ab, wenn Sie Windows XP allein verwenden und wenn der Rechner an einem sicheren Ort steht: ▶ Seite 50
- Erhöhen Sie die Anmeldesicherheit, indem Sie Kennwortlängen und eine Kennwortchronik vorschreiben: ▶ Kapitel 18
- Überwachen Sie fehlgeschlagene Anmeldungen, um Einbruchsversuche zu entdecken: ▶ Kapitel 18
- Sperren Sie Konten automatisch, wenn das Kennwort zu häufig falsch eingegeben wurde: ▶ Kapitel 18
- Schließen Sie gesperrte oder deaktivierte Konten wieder auf: ▶ Kapitel 18
- Melden Sie sich mit dem eingebauten *Administrator*-Konto an: ▶ Kapitel 23

TIPP

Was ist mit dem *Administrator*-Konto passiert?

Auch bei Windows XP gibt es das *Administrator*-Urkonto noch, das vom Betriebssystem bei der Installation automatisch angelegt wird. Allerdings erscheint dieses Konto auf dem Willkommens-Anmeldebildschirm nicht, und auch eine interaktive Anmeldung über dieses Konto wird nicht unterstützt. Es dient im Regelfall nur noch der Notfallanmeldung, wenn Windows XP im *Abgesicherten Modus* (▶ Kapitel 23) gestartet wird.

Das *Administrator*-Konto erscheint nur dann auf der Anmeldeseite und kann verwendet werden, wenn es kein anderes Benutzerkonto vom Typ *Computeradministrator* gibt.

Sobald Sie das erste selbst angelegte Benutzerkonto vom Typ *Computeradministrator* einrichten, blendet Windows XP das *Administrator*-Konto aus. Von nun an wacht Windows XP darüber, dass mindestens eines Ihrer eigenen Benutzerkonten vom Typ *Computeradministrator* erhalten bleibt. Stufen Sie also ein Konto zurück und machen es zu einem *Eingeschränkten Benutzer*, dann ist dies nur möglich, solange noch mindestens ein Konto des Typs *Computeradministrator* vorhanden ist. Das letzte Benutzerkonto vom Typ *Computeradministrator* wird also geschützt und kann nicht zu einem *Eingeschränkten Benutzer* gemacht werden.

Das *Administrator*-Konto wird nur dann nachträglich wieder reaktiviert, wenn Sie das letzte übrig gebliebene Konto vom Typ *Computeradministrator* löschen.

Mit der Willkommensseite anmelden

Um sich anzumelden, klicken Sie auf das gewünschte Benutzerkonto. Ist das Konto kennwortgeschützt, dann erscheint ein Textfeld, in das das Kennwort eingegeben wird.

Rechts vom Textfeld sehen Sie zwei Schaltflächen:

- Ein grüner Pfeil gibt allgemeine Hinweise, was zu tun ist, wenn Sie das Kennwort vergessen haben. Wurde zum Beispiel rechtzeitig eine Kennwortrücksetzungsdiskette angelegt, dann kann diese nun genutzt werden, um das vergessene Kennwort zu ändern.
- Ein blaues Fragezeichen gibt eine Eselsbrücke aus, die Ihnen helfen soll, sich an das Kennwort zu erinnern. Die Eselsbrücke wird zusammen mit dem Kennwort festgelegt. Weil sie nicht nur Ihnen, sondern auch potenziellen Einbrechern helfen kann, das Kennwort zu erraten, sollte die Eselsbrücke nicht allzu unkritisch eingesetzt werden.

Die Willkommensseite gestalten

Hauptinhalt der Willkommensseite sind die lokalen Benutzerkonten, die auf dem Rechner eingerichtet sind. Genau genommen zeigt die Willkommensseite alle Benutzerkonten an, die mindestens in einer der eingebauten Sicherheitsgruppen Mitglied sind.

Das Konto *Administrator* wird nicht auf der Willkommensseite angezeigt. Es erscheint dort nur, wenn Sie Windows XP im *Abgesicherten Modus* starten oder wenn es sonst kein lokales Konto des Typs *Computeradministrator* gibt.

Daneben lässt sich der Inhalt der Willkommensseite aber weiter gestalten:

- Bestimmen Sie, ob unten links der Befehl *Computer ausschalten* erscheinen soll. Er ermöglicht es jedermann, das System auch ohne vorherige Anmeldung (und damit Überprüfung seiner Berechtigung) herunterzufahren oder in den Ruhezustand zu versetzen: ▶ Seite 48
- Weisen Sie den Benutzerkonten andere Bilder zu, zum Beispiel echte Portraitaufnahmen der einzelnen Benutzer: ▶ Seite 43
- Zeigen Sie als Überschrift der Benutzerkonten anstelle des Anmeldenamens den echten Namen des Benutzers an: ▶ Seite 44
- Schützen Sie Konten mit einem Kennwort, und geben Sie dabei eine Eselsbrücke an, die erscheint, wenn Sie auf der Willkommensseite das blaue Fragezeichen-Symbol anklicken: ▶ Kapitel 18
- Legen Sie rechtzeitig eine Kontorücksetzungsdiskette an, mit der Sie Kennwörter restaurieren können, die Sie vergessen haben: ▶ Kapitel 18

Eigene Anmelde-Bilder verwenden

So gehen Sie vor, um Ihrem Benutzerkonto ein anderes Bild zuzuordnen:

1. Öffnen Sie das Startmenü. Am Oberrand des Startmenüs erscheint das Portraitfoto des Benutzers. Klicken Sie auf das Bild. Automatisch wird das Systemsteuerungs-Modul *Benutzerkonten* mit dem Dialog zur Auswahl des Benutzerbildes geöffnet.
2. Sie sehen jetzt eine Bilderauswahl. Suchen Sie sich eins der vorgegebenen Bilder aus, oder klicken Sie auf *Weitere Bilder suchen*, wenn Sie eigene Bilder verwenden möchten, die bereits auf Ihrer Festplatte oder einem anderen Datenträger gespeichert sind. Sie können auch auf Bild von Kamera oder Scanner übertragen wählen, um Bilder direkt einzuscannen oder aus einer Digitalkamera auszulesen.

3. Haben Sie das passende Bild ausgewählt, dann klicken Sie auf *Bild ändern*. Erledigt, schließen Sie alle Fenster wieder.

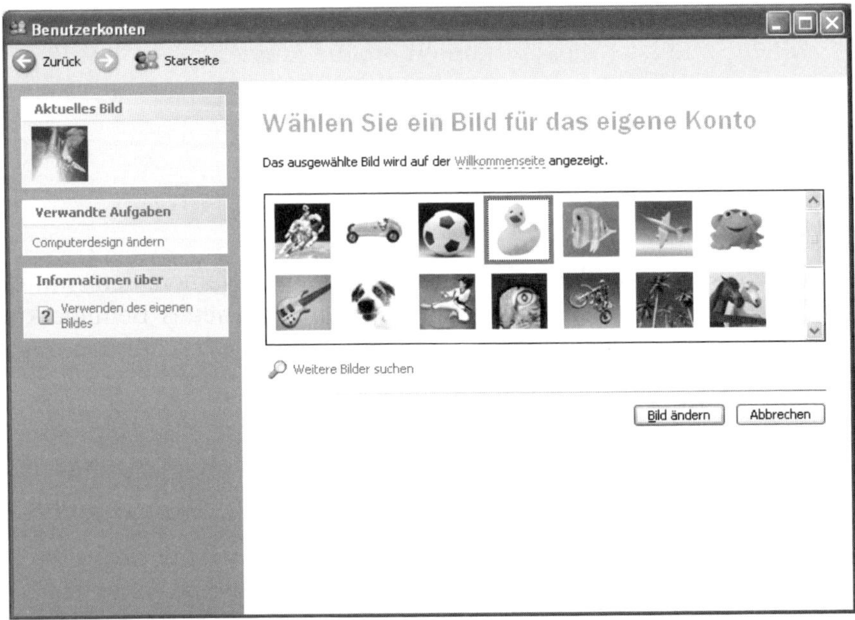

Abbildung 3.3: *Eigene Bilder für die Benutzerkonten auf der Willkommensseite festlegen*

Windows XP speichert die vorgegebenen Bilder an diesem Ort: *%SYSTEMDRIVE%\Dokumente und Einstellungen\All Users.Windows\Anwendungsdaten\Microsoft\User Account Pictures*.

Möchten Sie eigene Bilder in der Vorwahl-Liste anzeigen oder Bilder daraus löschen, dann wählen Sie im Startmenü *Ausführen*, geben `%systemdrive%` Eingabe ein und klicken sich zum angegebenen Ordner durch. Hierzu kann es nötig sein, versteckte Ordner zuerst sichtbar zu machen. Zuständig ist das Modul *Ordneroptionen* der Systemsteuerung mit dessen *Ansicht*-Registerkarte.

Bessere Anmeldenamen verwenden

Normalerweise zeigt der Willkommensbildschirm die Benutzerkonto-Namen an. Das kann unschön werden, wenn Firmen formale Anforderungen an Benutzernamen stellen und zum Beispiel Benutzerkonten *tweltner* oder *user1267* nennen.

Deswegen kann die Willkommensseite Benutzerkonten auch mit ganz anderen Freitext-Namen anzeigen. Den Text dürfen Sie sich frei auswählen:

1. Öffnen Sie erneut in der Systemsteuerung das Modul *Benutzerkonten*, klicken Sie auf *Konto ändern*, und wählen Sie das Benutzer-

konto aus, das Sie ändern wollen. Sind Sie kein Administrator, dann können Sie ohnehin nur Ihr eigenes Benutzerkonto ändern.

2. Klicken Sie auf *Eigenen Namen ändern*. Sie können nun einen neuen Namen für das Konto eingeben. Diese Einstellung betrifft nur die Anzeige des Kontos im Willkommensfenster. Der normale Benutzername bleibt unverändert.
3. Geben Sie den Namen ins Textfeld, und klicken Sie auf *Namen ändern*. Der neue Name ist aktiv. Melden Sie sich ab, um das Ergebnis zu bewundern.

Windows XP verwendet pro Benutzerkonto zwei Namen: den Anmeldenamen und den vollständigen Namen. Wird ein neues Benutzerkonto angelegt, dann setzt Windows XP beide Eigenschaften auf den angegebenen Kontonamen.

Durch die vorangegangenen Schritte haben Sie dafür gesorgt, dass der Eigenschaft *Vollständiger Name* ein neuer Name zugewiesen wird. Windows XP verwendet diesen Vollständigen Namen nicht nur auf der Willkommensseite. Auch im Explorer wird dieser Name nun für den Ordner des Benutzers angezeigt.

Mit dem klassischen Anmeldedialog anmelden

Das klassische Anmeldefenster steht auch bei Windows XP zur Wahl und ist sogar Pflicht, wenn Ihr Rechner Mitglied einer Domäne ist. Auf allen übrigen Systemen können Sie selbst entscheiden, ob zur Anmeldung die Willkommensseite oder das klassische Anmeldeformular erscheinen soll (▶ Seite 46).

Das klassische Anmeldeformular ist für die Anwender unbequemer, hat aber zwei Vorteile:

- Bei mehr als fünf eingerichteten Benutzerkonten wird die Willkommensseite unübersichtlich. Das klassische Anmeldefenster aber nicht. Hier geben die Benutzer ihren Benutzernamen in ein Textfeld ein.
- Legen Sie großen Wert auf Sicherheit, dann können Sie das Anmeldeformular so einstellen, dass es die Benutzerkonto-Namen nicht anzeigt. Einbrecher müssen so nicht nur das Kennwort erraten, sondern außerdem auch den Namen des Benutzerkontos, in das sie einbrechen wollen: ▶ Seite 48.

Klassische Anmeldung oder Willkommensseite?

Welche Form der Anmeldung Windows verwendet, bestimmen Sie auf diese Weise:

1. Wählen Sie im Startmenü *Systemsteuerung*, und öffnen Sie das Modul *Benutzerkonten*. Das Fenster *Benutzerkonten* öffnet sich.

2. Klicken Sie auf *Art der Benutzeranmeldung ändern*. Die folgende Seite regelt nicht nur die Art der Anmeldung, sondern auch, ob die *Schnelle Benutzerumschaltung* aktiv sein soll oder nicht. Ein Warnhinweis erscheint, falls Ihr Computer *Offlinedateien* verwendet (▶ Kapitel 15). In diesem Fall erhalten Sie Gelegenheit, die Offlinedateien abzuschalten, denn die schnelle Benutzerumschaltung funktioniert nur, wenn Offlinedateien nicht verwendet werden. Klicken Sie auf *OK*, wenn Sie die Offlinedateien abschalten wollen, ansonsten auf *Abbrechen*.

3. Möchten Sie die Willkommensseite verwenden, dann wählen Sie die entsprechende Option. Schalten Sie die Option dagegen ab, dann erscheint bei der nächsten Anmeldung das klassische Anmeldefenster.

- Ist die Willkommensseite aktiviert, dann ist das Sperren des Computers über Strg+Alt+Entf nicht möglich. Die Tastenkombination bringt nicht das gewohnte Sicherheits-Dialogfeld hervor, sondern nur die Taskliste.

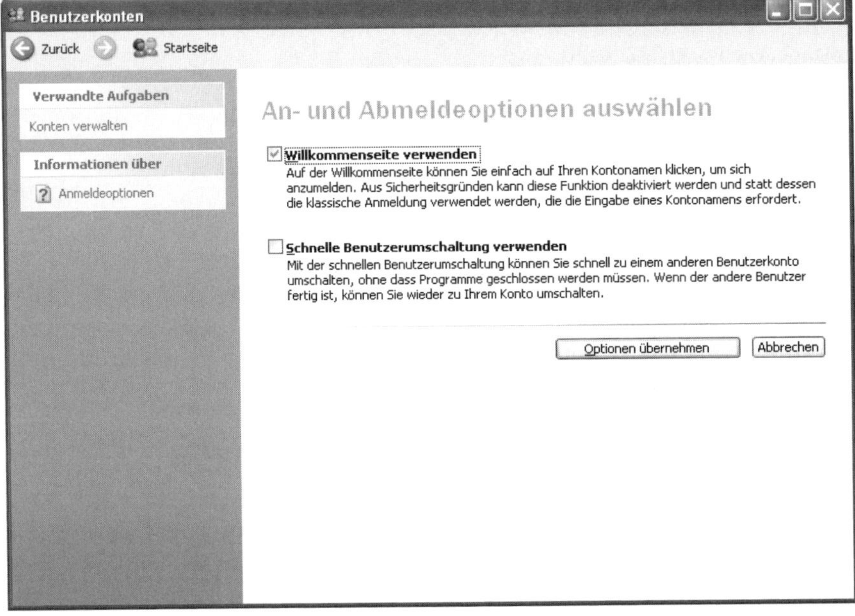

Abbildung 3.4: *Art des Anmeldefensters festlegen*

Klassisches Anmeldefenster hinzuziehen

Das klassische Anmeldefenster kann jederzeit auch von der Willkommens-Seite aus hinzugezogen werden. Drücken Sie dazu zweimal Strg+Alt+Entf, während die Willkommensseite angezeigt wird.

Windows XP öffnet das klassische Anmeldefenster.

Den klassischen Anmeldedialog konfigurieren

Das klassische Anmeldefenster bietet weitaus mehr Konfigurationsmöglichkeiten, als auf den ersten Blick denkbar ist:

- Legen Sie fest, ob das Anmeldefenster sofort erscheinen soll, oder ob der Anwender zuerst Strg+Alt+Entf drücken muss: ▶ Seite 47
- Bestimmen Sie, ob der Name des zuletzt angemeldeten Benutzers im *Benutzername*-Feld erscheinen soll oder lieber geheimgehalten wird: ▶ Seite 48
- Aktivieren oder deaktivieren Sie die Schaltfläche *Herunterfahren*, mit der Benutzer das System auch ohne Anmeldung herunterfahren oder in den Ruhezustand versetzen können: ▶ Seite 34

Anmeldedialog nur über sichere Tastenkombination anzeigen

Haben Sie sich bei der Anmeldung für das klassische Anmelde-Dialogfeld entschieden, dann bleibt die Frage, ob dieses Anmeldefenster sofort erscheinen soll oder nur über die besondere Tastenkombination Strg+Alt+Entf erscheint.

Natürlich ist es bequemer, das Anmeldefenster sofort und automatisch anzeigen zu lassen. Allerdings birgt dies eine Sicherheitslücke: ein Piratenprogramm könnte das Anmeldefenster nur simulieren und so den Anwender dazu verleiten, seinen Benutzernamen und sein Kennwort in das gefälschte Fenster einzugeben.

Auch wenn Sie an Piratenprogramme nicht recht glauben mögen: es gibt weitere Sicherheitslücken, die Sie sich sofort anschauen können. Trägt ein Benutzer zum Beispiel sein Kennwort ins Kennwort-Feld ein und wird just in diesem Moment zu einem Termin gerufen, dann löscht er das Kennwort-Feld einfach wieder und verlässt den Rechner. Kommt nun ein potenzieller Einbrecher an den Rechner, dann kann er über Strg+Z das gelöscht geglaubte Kennwort problemlos wieder erscheinen lassen – die Undo-Funktion des Textfelds macht es möglich.

Sind solche Sicherheitsbedenken für Sie ein Thema, dann sorgen Sie dafür, dass das Anmeldefenster nur erscheint, wenn der Anwender Strg+Alt+Entf drückt. Durch diese Tastenkombination wird ein interner Interrupt ausgelöst, der sich nicht von Piratenprogrammen abfangen lässt. Es ist also sichergestellt, dass das Anmeldefenster tatsächlich von Windows XP stammt. Und will ein Benutzer die Anmeldung abbrechen, dann genügt Esc, um das Fenster samt eingegebener Informationen sicher wieder verschwinden zu lassen.

So treffen Sie die Entscheidung:

1. Wählen Sie im Startmenü *Ausführen*, und geben Sie ein: `secpol.msc` Eingabe. Das Fenster *Lokale Sicherheitseinstellungen* öffnet sich.
2. Expandieren Sie in der linken Spalte den Zweig *Lokale Richtlinien/Sicherheitsoptionen*. Doppelklicken Sie rechts auf die Sicherheitseinstellung *Interaktive Anmeldung: Kein STRG+ALT+ENTF erforderlich*.
3. Aktivieren Sie die Option *Deaktiviert*, und klicken Sie auf *OK*.

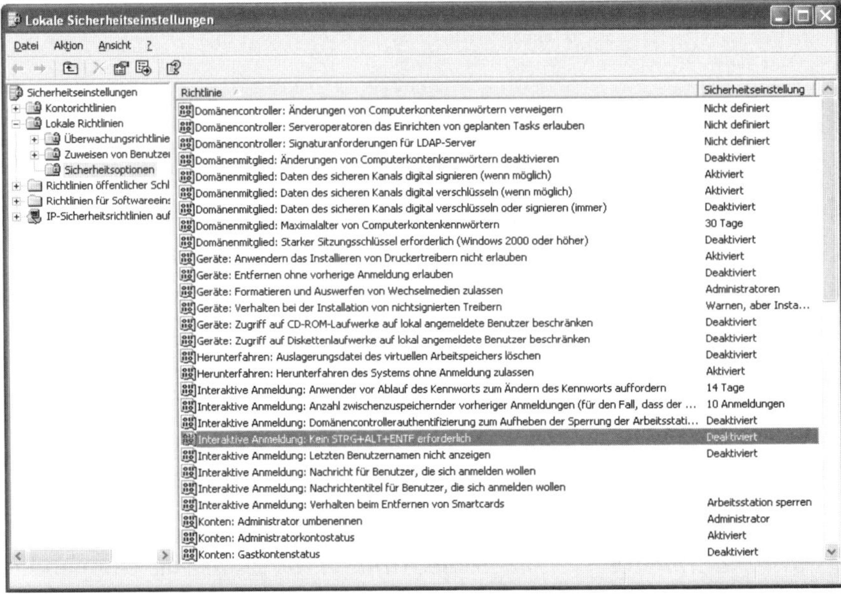

Abbildung 3.5: *Anmeldedialog nur über sichere Tastenkombination öffnen*

Das Benutzername-Feld löschen

Das klassische Anmelde-Dialogfeld hat einen eingebauten Service: es trägt automatisch ins Feld *Benutzername* den Benutzernamen des zuletzt angemeldeten Anwenders ein. Will sich dieser später noch einmal anmelden, dann braucht er nur noch das Kennwort einzugeben.

Auch dieser Service kann zur Sicherheitslücke werden, weil er erstens jedermann den Namen eines gültigen Benutzerkontos verrät und zweitens anzeigt, wer den Rechner zuletzt benutzt hat. Verwenden viele Personen den Rechner, dann wird der Service außerdem lästig, denn neue Benutzer müssen zuerst das Feld *Benutzername* löschen.

Deshalb können Sie Windows XP anweisen, den Service zu unterlassen und das Feld *Benutzername* leer zu lassen:

1. Wählen Sie im Startmenü *Ausführen*, und geben Sie ein: `secpol.msc` Eingabe. Das Fenster *Lokale Sicherheitseinstellungen* öffnet sich.
2. Expandieren Sie in der linken Spalte den Zweig *Lokale Richtlinien/ Sicherheitsoptionen*. Doppelklicken Sie rechts auf die Sicherheitseinstellung *Interaktive Anmeldung: Letzten Benutzernamen nicht anzeigen*.
3. Aktivieren Sie die Option *Deaktiviert*, und klicken Sie auf *OK*.

Das System ohne Anmeldung herunterfahren

Stellen Sie sich folgendes Szenario vor: die Rechner im Büro zeigen nach Dienstschluss den Willkommensbildschirm, weil sich alle Mitarbeiter abgemeldet haben. Um die Rechner herunterzufahren, müsste sich der Systemverantwortliche nun an jeden Rechner setzen, sich anmelden und könnte erst dann über das Startmenü den Rechner herunterfahren.

Besser wäre, wenn sich Systeme auch direkt von der Willkommensseite oder dem Anmeldedialog aus herunterfahren lassen könnten. Genau das ist möglich. So gehen Sie vor:

1. Wählen Sie im Startmenü *Ausführen*, und geben Sie ein: `secpol.msc` Eingabe. Das Fenster *Lokale Sicherheitseinstellungen* öffnet sich.
2. Expandieren Sie links den Zweig *Lokale Richtlinien/Sicherheitsoptionen*.
3. Markieren Sie in der rechten Spalte die Regel *Herunterfahren: Herunterfahren des Systems ohne Anmeldung zulassen*. Doppelklicken Sie auf die Regel. Das Fenster *Eigenschaften von Herunterfahren: Herunterfahren des Systems ohne Anmeldung zulassen* öffnet sich.
4. Aktivieren Sie die Option *Aktiviert*. Klicken Sie auf die Schaltfläche *OK*. Schließen Sie das Fenster wieder.
5. Melden Sie sich testweise ab. Der Willkommensbildschirm zeigt nun unten links die Option *Computer ausschalten* an. Verwenden Sie

das klassische Anmelde-Dialogfeld, dann wird die Schaltfläche *Herunterfahren* aktiv.

Sie sollten diese Sicherheitsoption nur dann nicht lockern, wenn es sich bei dem Rechner um einen wichtigen Server handelt, oder wenn Ihre Rechner relativ öffentlich zugänglich sind, damit nicht vorbeikommende Schaulustige Ihren halben Rechnerpark herunterfahren.

Was Sie jetzt sonst noch machen könnten ...

- Rechner automatisch nach festgelegter Zeit herunterfahren
- Rechner ferngesteuert von einem anderen System aus herunterfahren

Anmelde-Nachrichten einrichten

Vielleicht wollen Sie Benutzern bei der Anmeldung eine automatische Nachricht anzeigen. Soll immer dieselbe feste Meldung erscheinen, dann können Sie dazu ähnlich vorgehen wie eben. Öffnen Sie diesmal die Richtlinien *Interaktive Anmeldung: Nachrichtentitel für Benutzer, die sich anmelden wollen* und *Interaktive Anmeldung: Nachricht für Benutzer, die sich anmelden wollen*. So legen Sie Titeltext und Nachrichtentext eines Dialogfeldes fest, das fortan automatisch bei der Anmeldung erscheint.

Überhaupt keine Anmeldung verwenden

In seltenen Fällen ist die Windows-Anmeldung überflüssig: wird der Computer nur von einer Person benutzt, und steht der Computer an einem sicheren Ort wie einem abgeschlossenen Büro, dann ist der Anmeldebildschirm eine lästige Hürde, die gar nicht nötig ist.

Windows XP schaltet den Anmeldebildschirm automatisch ab und meldet Sie sofort an, wenn die folgenden Voraussetzungen gegeben sind:

- Sie haben nur ein einziges eigenes Benutzerkonto eingerichtet (die vordefinierten Konten wie *Administrator* oder *Gast* zählen nicht)
- Dieses Konto ist vom Typ *Systemadministrator*
- Das Konto ist nicht kennwortgeschützt

Möchten Sie nachträglich dafür sorgen, dass der Computer ohne Anmeldung durchstartet, dann gehen Sie so vor:

1. Melden Sie sich mit einem Konto an, das über Administrator-Rechte verfügt. Wählen Sie dann im Startmenü *Systemsteuerung*, und öffnen Sie das Modul *Benutzerkonten*. Das Fenster *Benutzerkonten* öffnet sich.

2. Klicken Sie auf *Konto ändern*, und suchen Sie sich das Konto aus, mit dem Windows XP sich automatisch anmelden soll. Wählen Sie *Kontotyp ändern* bzw. *Eigenen Kontotyp ändern*, und wählen Sie die Option *Computeradministrator*. Dann klicken Sie auf *Kontotyp ändern*.

3. Melden Sie sich ab: im Startmenü wählen Sie *Abmelden*. Melden Sie sich dann unter dem Konto an, unter dem Sie künftig automatisch angemeldet werden sollen und dem Sie eben gerade Administratorrechte zugewiesen haben. Rufen Sie dann wieder das *Benutzerkonten*-Modul der Systemsteuerung auf.

4. Unter *oder wählen Sie ein zu änderndes Konto* sehen Sie alle regulären Benutzerkonten, die auf dem System definiert sind. Eigentlich sollte es auf dem Rechner nur noch ein einziges Benutzerkonto geben, wenn Sie auf die Anmeldung verzichten. Sehen Sie (mit Ausnahme des vordefinierten Kontos *Gast*) weitere Konten, dann überlegen Sie kurz, wofür diese Konten da sind. Werden die Konten gar nicht gebraucht, dann löschen Sie sie. Tun Sie das aber nur, wenn Sie sich vollkommen sicher sind, dass diese Konten wirklich nie mehr gebraucht werden. Dazu klicken Sie die Konten jeweils an, klicken auf *Konto löschen* und müssen dann nur noch entscheiden, ob Sie die persönlichen Daten des Kontos retten oder mitlöschen wollen.

5. Im Fenster sehen Sie nun noch das Konto, unter dem Sie sich künftig automatisch anmelden wollen, das *Gast*-Konto sowie eventuell weitere Konten, die Sie nicht löschen wollten, weil Sie sie vielleicht später noch einmal brauchen. Damit die Automatikanmeldung klappt, müssen diese weiteren Konten nun deaktiviert werden. Notieren Sie sich die Namen der weiteren Konten. Dann schließen Sie das Fenster.

6. Öffnen Sie das Startmenü, und klicken Sie mit der rechten Maustaste auf *Arbeitsplatz*. Wählen Sie *Verwalten*. Das Fenster *Computerverwaltung* öffnet sich.

7. Expandieren Sie in der linken Spalte den Zweig *System/Lokale Benutzer und Gruppen/Benutzer*, und klicken Sie auf *Benutzer*. Rechts sehen Sie jetzt alle Benutzerkonten. Darunter sind auch zahlreiche vordefinierte Konten wie zum Beispiel *Gast*, *Administrator* und andere, die Sie nicht verändern dürfen. Nehmen Sie sich stattdessen die Liste von eben zur Hand, um die regulären Konten zu deaktivieren, die Sie zur Zeit nicht brauchen. Sie finden den Kontonamen entweder in der Spalte *Name* oder in der Spalte *Vollständiger Name*.

8. Doppelklicken Sie auf ein Konto, das Sie deaktivieren wollen. Aktivieren Sie die Option *Konto ist deaktiviert*. Klicken Sie auf *OK*. Das Konto wird in der Liste jetzt mit einem roten Warnpunkt markiert. Gehen Sie mit dem übrigen Konten ebenso vor, die auf Ihrer Liste stehen. Achtung: deaktivieren Sie keine eingebauten Konten wie *Gast* oder *Administrator*. Deaktivieren Sie auch nicht das Konto, mit dem Sie sich künftig automatisch anmelden wollen.
9. Wenn Sie fertig sind, schließen Sie das Fenster. Wählen Sie noch einmal im Startmenü *Systemsteuerung*, und öffnen Sie noch einmal das Modul *Benutzerkonten*. Jetzt sollten nur noch zwei Konten angezeigt werden: das Konto, mit dem Sie künftig automatisch angemeldet werden, und das *Gast*-Konto. Überprüfen Sie, ob das Anmeldekonto vom Typ *Computeradministrator* ist und nicht über einen Kennwortschutz verfügt.

Wenn Sie nun den Rechner neu starten, erscheint keine Anmeldeseite mehr. Sie werden sofort angemeldet.

Automatik-Anmeldung mit vordefiniertem Kennwort

Ein noch einfacherer Weg der Automatikanmeldung verwendet ein verstecktes und undokumentiertes Modul der Systemsteuerung. Damit wird es möglich, ein Benutzerkonto samt Kennwort für die automatische Anmeldung auszuwählen. Das Kennwort speichert Windows XP verschlüsselt und meldet Sie anschließend mit diesem Konto beim Start automatisch an.

1. Wählen Sie im Startmenü *Ausführen*, und geben Sie ein: `CONTROL USERPASSWORDS2` Eingabe.
2. Ein Dialogfenster erscheint. Aktivieren Sie die Option *Benutzer müssen Benutzernamen und Kennwort eingeben*. Wählen Sie dann in der Liste darunter das Benutzerkonto aus, mit dem Windows Sie künftig automatisch anmelden soll.
3. Schalten Sie nun die Option *Benutzer müssen Benutzernamen und Kennwort eingeben* aus. Klicken Sie auf *Übernehmen*.
4. Sie werden aufgefordert, das Anmeldekennwort für das ausgewählte Konto anzugeben und zu bestätigen. Klicken Sie auf *OK*, und klicken Sie noch einmal auf *OK*.

Künftig meldet Windows Sie unter dem ausgewählten Konto automatisch an. Wollen Sie diese Automatik später wieder abschalten, dann gehen Sie ebenso vor, lassen aber die Option *Benutzer müssen Benutzernamen und Kennwort eingeben* aktiviert.

Was Sie über ungeschützte Benutzerkonten wissen müssen ...

Ungeschützte Benutzerkonten, bei denen also kein Kennwort definiert ist, sind ein Sicherheitsrisiko. Windows XP trägt dem Rechnung: Konten ohne Kennwortschutz können als Vorgabe nicht zur Netzwerkanmeldung verwendet werden.

Wollen Sie diesen Schutz ausschalten, dann funktioniert das so:

1. Wählen Sie im Startmenü *Ausführen*, und geben Sie ein: `secpol.msc` Eingabe. Das Fenster *Lokale Sicherheitseinstellungen* öffnet sich.
2. Expandieren Sie in der linken Spalte den Zweig *Lokale Richtlinien/ Sicherheitsoptionen*. Klicken Sie auf *Sicherheitsoptionen*.
3. Doppelklicken Sie in der rechten Liste auf die Richtlinie *Konten: Lokale Kontenverwendung von leeren Kennwörtern auf Konsolenanmeldung beschränken*. Aktivieren Sie die Option *Deaktiviert*, und klicken Sie auf *OK*.

Eigene Textmeldungen im Anmeldefenster

Auf Wunsch kann das Anmeldefenster ganz eigene Textbotschaften an den Benutzer enthalten. So fügen Sie eigene Texte ins Anmeldefenster ein:

1. Öffnen Sie die lokalen Sicherheitsrichtlinien. Dazu wählen Sie im Startmenü *Ausführen* und geben ein: `SECPOL.MSC` Eingabe.
2. Doppelklicken Sie in der linken Spalte auf *Lokale Richtlinien - Sicherheitsoptionen*. Rechts sehen Sie nun die Einstellmöglichkeiten.
3. Doppelklicken Sie rechts auf die Richtlinie *Interaktive Anmeldung: Nachrichtentitel für Benutzer, die sich anmelden wollen*. Geben Sie dann den Text für die Titelleiste der Anmeldenachricht ein.
4. Verfahren Sie anschließend ebenso mit der Richtlinie *Interaktive Anmeldung: Nachricht für Benutzer, die sich anmelden wollen*. Geben Sie hier die Nachricht ein, die Windows vor der Anmeldung anzeigen soll.

Rundgang: Windows XP kennen lernen

Nach der Anmeldung erscheint der Windows XP-Desktop des angemeldeten Benutzers. Windows XP trennt die verschiedenen Benutzerkonten hermetisch voneinander und sorgt bei der Anmeldung dafür, dass die persönlichen Einstellungen des angemeldeten Benutzers aktiviert werden.

Diese Informationen sind im Benutzerprofil des angemeldeten Benutzerkontos gespeichert. Wollen Sie sich das Benutzerprofil näher ansehen, dann wählen Sie im Startmenü *Ausführen* und geben ein: `%userprofile%` Eingabe.

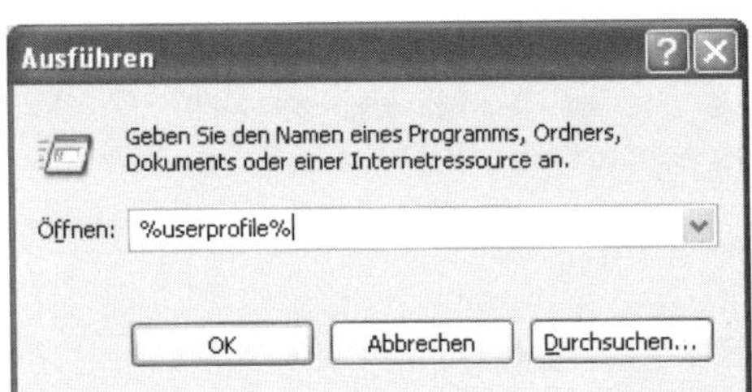

Abbildung 3.6: *Das aktuelle Benutzerprofil öffnen*

Haben Sie sich mit einem Konto angemeldet, das über Administrator-Rechte verfügt, dann können Sie auch im Startmenü *Arbeitsplatz* wählen. Das *Arbeitsplatz*-Fenster zeigt in der Kategorie *Auf diesem Computer gespeicherte Daten* die Benutzerdaten aller Benutzerkonten an, die lokal auf dem Rechner eingerichtet wurden.

Das Startmenü verwenden

Das Startmenü ist das zentrale Windows-Cockpit und stellt alle wichtigen Funktionen zur Verfügung.

In seiner linken Spalte sehen Sie oben alle Programme, die der Benutzer für wichtig erklärt hat. Darunter zeigt das Menü alle Programme an, die der Benutzer in letzter Zeit häufiger verwendet hat. Um ein Programm aus der unteren Liste in die obere permanente Liste einzufügen, klicken Sie es in der unteren Liste mit der rechten Maustaste an und wählen *An Startmenü anheften*.

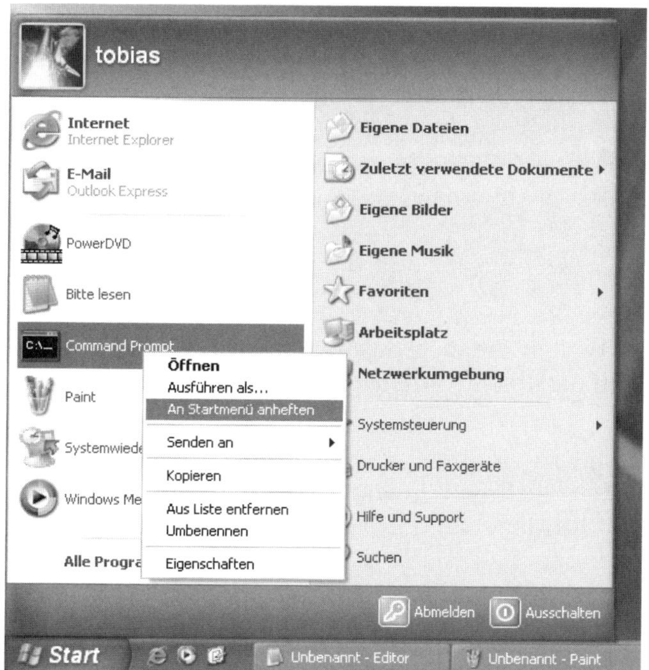

Abbildung 3.7: *Das neue Startmenü konfigurieren*

Ganz unten in der linken Spalte sehen Sie den Befehl *Alle Programme*. Er öffnet das aus älteren Windows-Versionen bekannte *Programme*-Menü, Ihr Programme-Archiv. Hier werden alle installierten Programme in Programmgruppen organisiert, und hier lassen sich auch solche Programme starten, die Sie längere Zeit nicht verwendet haben.

In der rechten Spalte des Startmenüs werden alle wichtigen Windows-Funktionen als Befehl aufgeführt. Welche Befehle das Startmenü hier anzeigt, kann über einen Rechtsklick auf die *Start*-Schaltfläche und *Eigenschaften* ausgewählt werden.

Klicken Sie auf *Anpassen* und dann auf die Registerkarte *Erweitert*, um in der Liste *Startmenüelemente* die Befehle auszuwählen, die im Startmenü angezeigt werden sollen.

Die Taskleiste einsetzen

Die Taskleiste am unteren Bildschirmrand zeigt alle wichtigen Informationen an. Neben der *Start*-Schaltfäche werden darin alle geöffneten Programmfenster angezeigt.

Sind sehr viele Programmfenster geöffnet, dann fasst Windows XP Programmfenster der gleichen Programmtypen in Gruppen zusammen. Alle Explorer-Fenster werden so über eine einzige Schaltfläche verwaltet, die per Klick ein Untermenü öffnet, aus dem sich das gewünschte Einzelfenster aussuchen lässt.

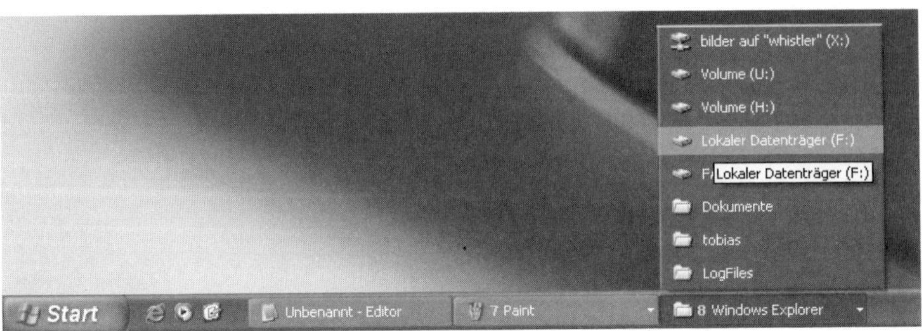

Abbildung 3.8: *Programme gleichen Typs werden in Gruppen verwaltet*

Ganz rechts befindet sich das Infofeld, das wichtige Geräteinformationen bereitstellt und auch die Uhrzeit anzeigt. Geräteinformationen, die zur Zeit nicht gebraucht werden, blendet Windows XP automatisch aus, um Platz zu sparen. In diesem Fall erscheint am linken Rand des Infofeldes eine Pfeil-Schaltfläche, mit der die versteckten Informationen angezeigt werden können.

Den Desktop nutzen

Der Desktop ist Ihr elektronischer Schreibtisch, auf dem sich Dateien, Verknüpfungen und andere wichtige Symbole griffbereit ablegen lassen. Der Desktop wird häufig von Fenstern verdeckt, aber über die Tastenkombination Win+D lassen sich alle Fenster vorübergehend aus dem Weg schaffen und auch wieder einblenden.

TIPP

Intern wird der gesamte Desktopinhalt aus zwei Ordnern zusammengesetzt. Alle persönlichen Dateien des Benutzers werden im Ordner *%USERPROFILE%\Desktop* gespeichert. Alle Dateien, die auf den Desktops aller Benutzer erscheinen sollen, speichert Windows XP im Ordner *%ALLUSERSPROFILE%\Desktop*.

Anders als bei früheren Windows-Versionen liegen auf dem Desktop bis auf den Papierkorb keine Systemsymbole mehr. Auf Wunsch können Systemsymbole wie *Arbeitsplatz* oder *Netzwerkumgebung* aber nach wie vor auf dem Desktop eingeblendet werden. Dazu öffnen Sie das Startmenü, klicken *Arbeitsplatz* oder *Netzwerkumgebung* mit der rechten Maustaste an und wählen *Auf dem Desktop anzeigen*.

Dateien und auch Programmsymbole lassen sich per Maus ganz einfach auf den Desktop legen. Öffnen Sie zum Beispiel das Startmenü, und ziehen Sie ein Programm aus der linken Spalte mit der rechten Maustaste auf den Desktop. Dort wählen Sie *Hierher kopieren*. Dasselbe funktioniert auch mit allen übrigen Programmen, wenn Sie im Startmenü *Alle Programme wählen.*

Ein Desktop-Bereinigungsassistent wacht darüber, dass der Desktop übersichtlich bleibt. Dateien, die Sie auf den Desktop gelegt haben, aber seit mehr als 60 Tagen nicht mehr verwenden, verschiebt der Assistent auf Wunsch in einen gemeinsamen Ordner namens *Nicht verwendete Desktop-Verknüpfungen* auf dem Desktop.

Abbildung 3.9: *Der Desktop wird von Windows XP auf Wunsch automatisch aufgeräumt*

Der Assistent wird automatisch alle 60 Tage ausgeführt. Wollen Sie den Desktop außer der Reihe sofort bereinigen, dann klicken Sie mit der rechten Maustaste auf eine freie Stelle des Desktops und wählen *Eigenschaften*. Das Fenster *Eigenschaften von Anzeige* öffnet sich. Klicken Sie auf die Registerkarte *Desktop*, dann auf die Schaltfläche *Desktop anpassen* und dann auf die Schaltfläche *Desktop jetzt bereinigen*.

Mit Laufwerken und Ordnern arbeiten

Das *Arbeitsplatz*-Fenster, das Sie über das Startmenü öffnen, ist wesentlich benutzerfreundlicher geworden: alle wichtigen Ordner und alle Laufwerke werden nach Kategorien sortiert angezeigt, und wenn Sie Ordner oder Laufwerke öffnen, erscheint links eine Infospalte mit den wichtigsten nützlichen Aufgaben. So wird es leicht, Dateien zu kopieren oder Bilder auszudrucken.

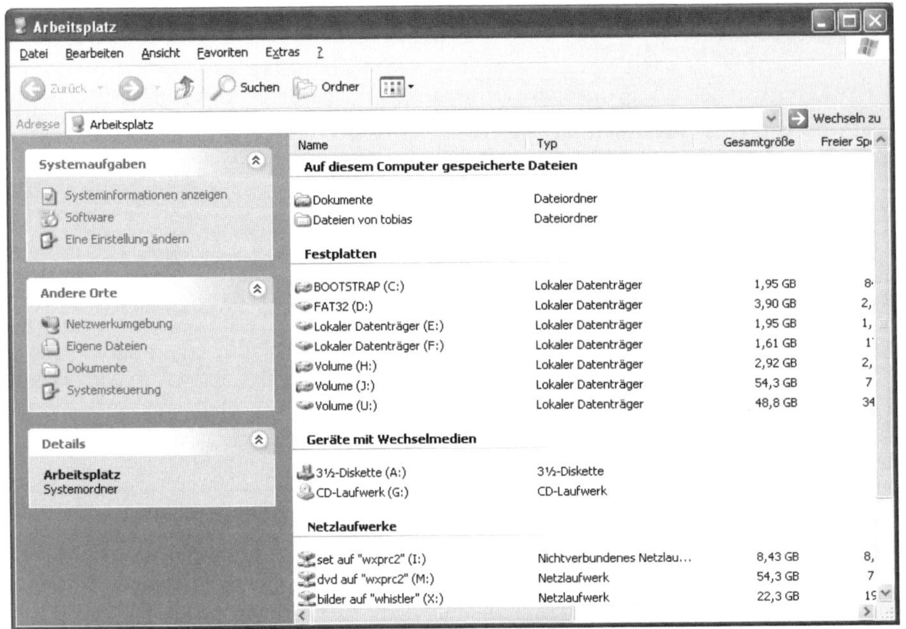

Abbildung 3.10: *Der Arbeitsplatz zeigt in übersichtlichen Kategorien alle Laufwerke und Daten*

Verantwortlich für diese neue übersichtliche Darstellung ist der Menübefehl *Ansicht/Symbole anordnen nach/In Gruppen anzeigen*. Mit den übrigen Optionen aus dem *Symbole anordnen nach*-Menü legen Sie fest, welche Kategorien angezeigt werden sollen. Um also im *Arbeitsplatz*-Fenster die Laufwerkstypen als Gruppenmerkmal zu verwenden, wählen Sie den Menübefehl *Ansicht/Symbole anordnen nach/Typ* und schalten zusätzlich die Option *In Gruppen anzeigen* ein.

Tastenkombinationen verwenden

Viele Windows-Funktionen sind über eigene Tastenkombinationen besonders bequem zu erreichen. Natürlich müssen Sie sich nicht alle Tastenkombinationen merken. Picken Sie sich einfach die Funktionen heraus, die Sie häufiger brauchen:

Tabelle 3.3: *Wichtige Windows-Tastenkombinationen*

Tastenkombination	Bedeutung
F1	Hilfe aufrufen
F2	Markiertes Element wird umbenannt
F3	Nach Dateien oder Ordnern suchen
F4	Klappt die Adressleiste im Explorer aus
F5	Aktualisiert das aktuelle Fenster. Haben Sie zum Beispiel eine andere Diskette eingelegt, dann zeigt der Explorer erst nach einer solchen Aktualisierung die neue Diskette an ▶

Tastenkombination	Bedeutung
F6	Springt zum nächsten Element im Fenster
F10	Markiert die Menüleiste
Alt+Tab	Halten Sie **Alt** fest und drücken **Tab**, dann öffnet sich ein Minifenster, das alle offenen Fenster anzeigt. Mit **Tab** markieren Sie das nächste Element, mit **Umschalt+Tab** das vorangegangene. Lassen Sie **Alt** los, dann wird das ausgewählte Fenster in den Vordergrund geholt.
Alt+Esc	Springt zum nächsten geöffneten Fenster
Alt+Eingabe	Schaltet ein Konsolenfenster in den Vollbildmodus oder ruft die Eigenschaftenseite des markierten Objekts auf, sofern vorhanden
Alt+F4	Schließt das aktive Fenster
Alt+Rück	Macht die letzte Dateiaktion rückgängig
Strg+C	Kopiert die Auswahl in die Zwischenablage
Strg+X	Kopiert die Auswahl in die Zwischenablage und markiert das Objekt zum Löschen. Sobald der Inhalt aus der Zwischenablage an einem neuen Ort eingefügt wird, löscht Windows XP das Originalobjekt
Strg+V	Fügt den Inhalt der Zwischenablage ein
Strg+A	Markiert alles
Strg+Esc	Öffnet das Startmenü
Win	Öffnet das Startmenü
Win+D	Macht alle Fenster unsichtbar und umgekehrt
Win+E	Öffnet den Explorer
Win+F	Öffnet das Suchen-Fenster
Win+L	Meldet den aktuellen Benutzer ab
Win+R	Ruft den Befehl *Ausführen* auf
Win+U	Ruft den Hilfsprogramm-Manager auf
Win+Pause	Öffnet die Systemeigenschaften
Strg+Win+F	Sucht nach Computern im Netzwerk

Windows sicher beenden

Haben Sie Ihre Arbeit erledigt, dann wird es Zeit, Windows XP zu beenden. Bei früheren Windows-Versionen hieß das: Sie mussten alle Programme schließen, dabei alle ungesicherten Dateien speichern und dann den Computer herunterfahren.

Windows XP hat sehr viel mehr anzubieten, wenn Sie den Computer nicht mehr brauchen:

- Möchten Sie anderen Benutzern die Gelegenheit geben, den Computer zu nutzen, dann wählen Sie im Startmenü *Abmelden*. Melden Sie sich ab, dann werden alle Programme beendet und Ihre Sitzung geschlossen. Haben Sie dagegen die *Schnelle Benutzerumschaltung* aktiviert (▶ Seite 62), dann wählen Sie nicht *Abmelden*, sondern *Benutzer wechseln*. Jetzt können andere Benutzer den Computer verwenden, während Ihre Sitzung samt Programmen und Dokumenten im Hintergrund unsichtbar weiterläuft. Ist die Mittagspause vorbei, oder wollen Sie später weiterarbeiten, dann melden Sie sich wieder an und befinden sich genau dort, wo Sie Windows XP verlassen haben. Alle Programme, Fenster und Dokumente sind noch genau an der Stelle, an der Sie sie verlassen haben.
- Wollen Sie nur kurz eine Pause einlegen und braucht sonst niemand den Computer zu nutzen, dann wählen Sie im Startmenü *Ausschalten* und wählen dann die Option *Standby*. Der Computer wird in den Stromsparmodus gefahren und verbraucht nur noch sehr wenig Energie. Sobald Sie weiterarbeiten wollen, rütteln Sie an der Maus oder drücken den Netzschalter. Schon wacht der Computer wieder auf, und Sie können sofort weiterarbeiten.
- Möchten Sie eine längere Pause einlegen oder für heute die Arbeit beenden, dann wählen Sie im Startmenü *Ausschalten*. Soll der Computer tatsächlich komplett heruntergefahren werden, dann klicken Sie auf *Ausschalten*. Dabei werden alle Programme beendet und alle Benutzer abgemeldet. Praktischer kann der Ruhezustand sein: dabei konserviert Windows XP alle laufenden Sitzungen samt Programmen auf der Festplatte und schaltet danach ebenfalls den Rechner aus. Der große Vorteil: wird der Rechner später wieder eingeschaltet, dann reaktiviert er sich genau an der Stelle, an der Sie ihn verlassen haben. Alle Sitzungen und alle laufenden Programme sind plötzlich wieder da, und Sie können nahtlos weiterarbeiten. Um den Computer in den Ruhezustand zu versetzen, wählen Sie im Startmenü *Ausschalten* und halten die Umschalt-Taste fest. Aus dem Befehl *Standby* wird so der Befehl *Ruhezustand*, den Sie anklicken. Bevor Sie den Ruhezustand verwenden können, muss dieser gegebenenfalls zuerst in den *Energieoptionen* der Systemsteuerung aktiviert werden (▶ Seite 64).

Schnelle Benutzerumschaltung kennen lernen

Bisher konnte immer nur ein Benutzer Windows nutzen. Wollte ein anderer Benutzer am Computer arbeiten, dann musste sich der aktuelle

Benutzer zuerst abmelden. Dabei wurden alle seine Programme geschlossen.

Mit der schnellen Benutzerumschaltung wird das anders. Ist sie aktiv, dann können Sie sich nicht nur abmelden, sondern alternativ einfach nur den Benutzer wechseln. Ihre laufende Sitzung bleibt so erhalten. Alle geöffneten Programme laufen weiterhin. Über die Willkommensseite kann sich aber dennoch ein anderer Benutzer anmelden und mit dem Computer arbeiten. Hat er seine Arbeit erledigt, dann können Sie Ihre still im Hintergrund weiterlaufende Sitzung wieder aufnehmen und genau dort weiterarbeiten, wo Sie aufgehört haben.

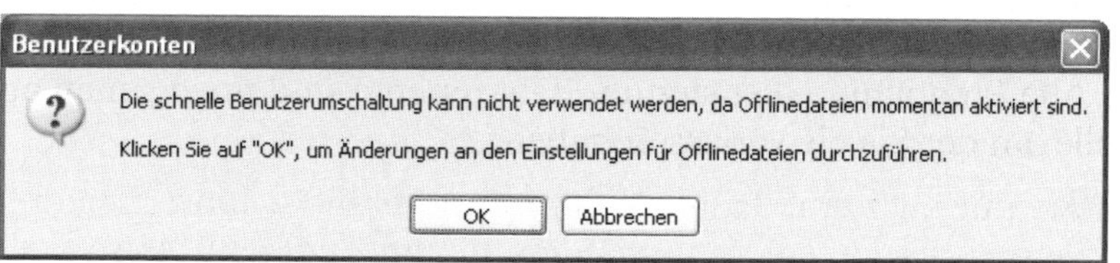

Abbildung 3.11: *Die schnelle Benutzerumschaltung funktioniert nur, wenn keine Offlinedateien verwendet werden*

Die schnelle Benutzerumschaltung ist nicht nur dann sinnvoll, wenn ein Familienmitglied kurz an den PC muss, um die Kontoauszüge abzuholen. Auch Administratoren profitieren davon. Hat ein normaler Anwender ein Problem, dann kann der Administrator kurz den Benutzer wechseln, sich selbst als Administrator anmelden, das Problem lösen, und sich wieder abmelden. Der Anwender findet sich anschließend nahtlos in seiner noch immer laufenden Sitzung wieder.

TIPP Drücken Sie Win+L, wenn Sie sich abmelden wollen!

Die schnelle Benutzerumschaltung kann nur aktiviert werden, wenn die folgenden Voraussetzungen gegeben sind:

- Es werden keine Offline-Dateien verwendet (▶ Kapitel 15).
- Der Rechner ist nicht Mitglied einer Domäne. Im Unternehmensbereich mit den dort üblichen Domänen-Netzwerken spielt die *Schnelle Benutzerumschaltung* deshalb keine Rolle.

Und das ändert sich, wenn Sie die Option *Schnelle Benutzerumschaltung* verwenden aktivieren:

- Meldet sich ein Benutzer per Klick auf *Abmelden* im Startmenü ab, dann kann er sich aussuchen, ob er seine Sitzung wirklich beenden möchte oder den Benutzer wechseln möchte. In jedem Fall erscheint anschließend der Anmeldebildschirm, sodass sich andere Benutzer anmelden können. Hatte sich der Benutzer für einen Benutzerwechsel entschieden, dann läuft seine Sitzung mit allen Programmen und Dateien still im Hintergrund weiter, und wenn sich der Benutzer später wieder anmeldet, findet er seine Arbeitsumgebung genauso vor, wie er sie verlassen hatte.

Es gibt aber auch Risiken:

- Wird der Rechner von einem Benutzer heruntergefahren, obwohl noch andere Sitzungen im Hintergrund aktiv sind, und setzt sich der Benutzer über die Warnung hinweg, die Windows XP ausgibt, dann gehen diese Sitzungen unweigerlich verloren – und zusammen mit ihnen alle ungesicherten Daten der anderen Benutzer. Setzen Sie die schnelle Benutzerumschaltung ein, dann sollten Sie deshalb vor einem Benutzerwechsel alle wichtigen laufenden Arbeiten speichern.

Schnelle Benutzerumschaltung aktivieren

So wird die schnelle Benutzerumschaltung aktiviert:

1. Öffnen Sie das Startmenü und wählen Sie *Systemsteuerung*. Öffnen Sie dann das Modul *Benutzerkonten*.
2. Klicken Sie auf *Art der Benutzeranmeldung ändern*. Das Fenster *Benutzerkonten* öffnet sich.
3. Wählen Sie die Option *Willkommensseite verwenden*. Wählen Sie dann die Option *Schnelle Benutzerumschaltung verwenden*. Sind bei Ihnen Offlinedateien aktiv, dann meldet Windows XP, dass diese Option erst zur Verfügung steht, wenn Offlinedateien abgeschaltet wurden. Das passende Dialogfeld erscheint, sodass Sie die Offlinedateien sofort aktivieren können.

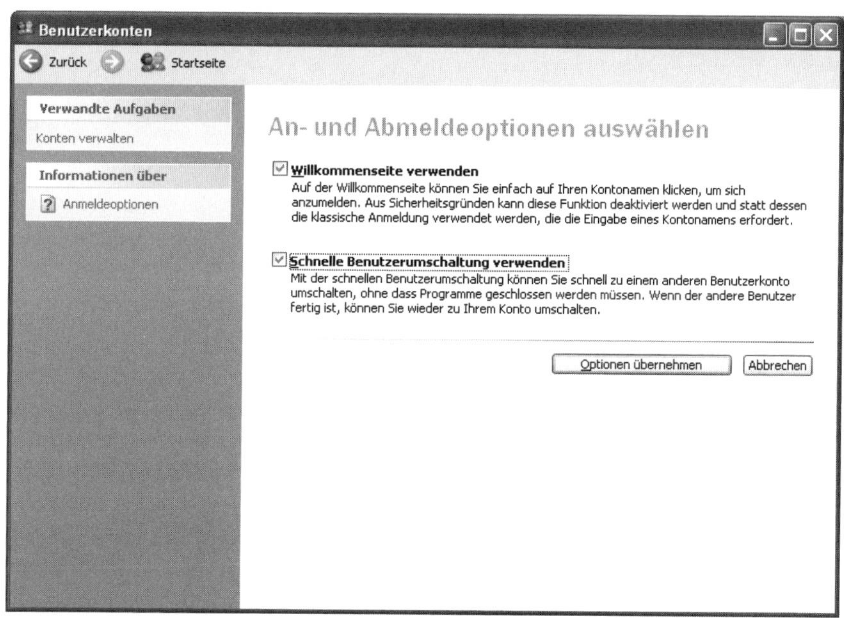

Abbildung 3.12: *Schnelle Benutzerumschaltung aktivieren*

Klicken Sie auf *Optionen übernehmen*. Die schnelle Benutzerumschaltung ist aktiv. Um sie auszuprobieren, wählen Sie im Startmenü *Abmelden* und klicken dann auf *Benutzer wechseln*.

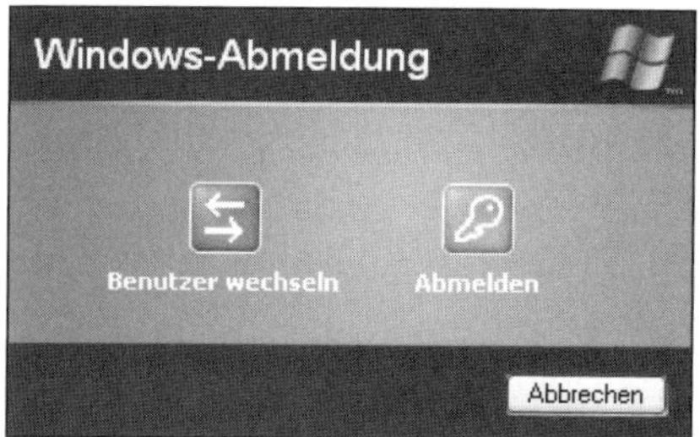

Abbildung 3.13: *Eigene Sitzung im Hintergrund weiterlaufen lassen mit dem Befehl* Benutzer wechseln

Alle angemeldeten Benutzer verwalten

Ist die schnelle Benutzerumschaltung aktiviert und haben Sie sich als Administrator angemeldet, dann können Sie die parallel laufenden Benutzersitzungen auch verwalten:

1. Drücken Sie Strg+Umschalt+Esc. Das Fenster *Windows Task-Manager* öffnet sich.
2. Aktivieren Sie die Registerkarte *Benutzer*. Diese wird allerdings nur angezeigt, wenn die schnelle Benutzerumschaltung aktiviert ist.
3. Jetzt sehen Sie alle Benutzersitzungen. Müssen Sie zum Beispiel ein System abschalten, obwohl noch andere Sitzungen laufen, dann

könnten Sie diese Sitzungen in der Liste auswählen und auf *Abmelden* klicken.

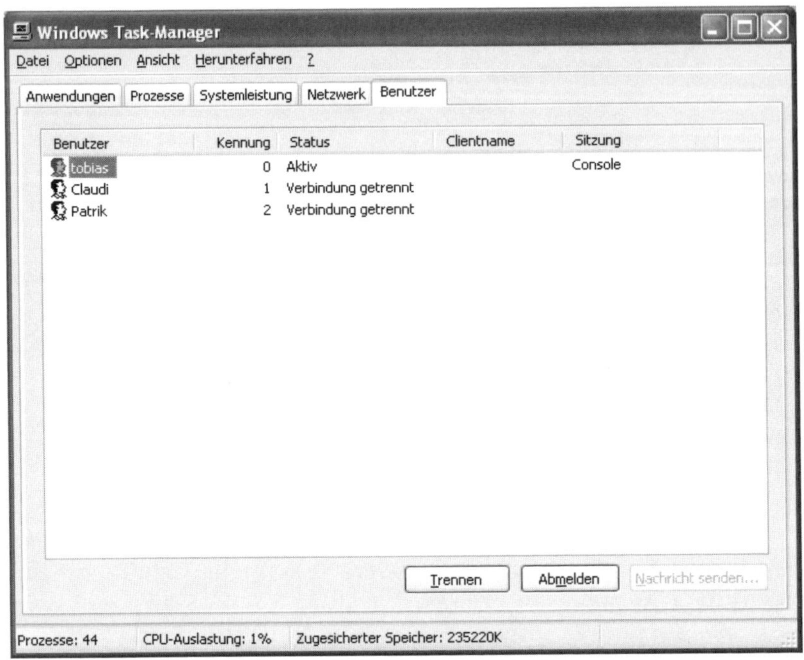

Abbildung 3.14: *Alle angemeldeten Benutzer in der Übersicht*

TIPP

Melden Sie fremde Sitzungen ab, dann werden alle darin laufenden Programme gewaltsam beendet, und der Benutzer verliert alle darin noch nicht gespeicherten Arbeiten. Das kann böses Blut geben. Daher zwei Regeln, die den Hausfrieden wahren: weisen Sie alle Benutzer an, ihre Arbeiten zu speichern, bevor Sie *Benutzer wechseln* aktivieren oder den Rechner längere Zeit verlassen. Und: muss ein Rechner abgeschaltet werden, obwohl andere Sitzungen noch im Hintergrund laufen, dann setzen Sie den Ruhezustand ein. Er konserviert alle Sitzungen, und beim Neustart stehen die Sitzungen samt Daten wieder zur Verfügung.

Den Ruhezustand aktivieren

Der Ruhezustand benötigt eine Pufferzone auf der Festplatte, wo er den aktuellen Speicherinhalt vor dem Ausschalten konservieren kann. Die Größe der Pufferzone entspricht der Größe des Hauptspeichers. Verfügt der Rechner also über 256 MB RAM, dann ist für den Ruhezustand ebenso viel Speicherplatz auf der Festplatte nötig.

Die Pufferzone wird automatisch als Datei *Hiberfil.sys* auf dem Windows-Laufwerk angelegt, wenn Sie den Ruhezustand aktivieren:

1. Wählen Sie im Startmenü *Systemsteuerung*, und öffnen Sie das Modul *Energieoptionen*. Das Fenster *Eigenschaften von Energieoptionen* öffnet sich.
2. Wählen Sie die Registerkarte *Ruhezustand*. Aktivieren Sie im Bereich *Ruhezustand* die Option *Ruhezustand aktivieren*.
3. Klicken Sie auf die Schaltfläche *OK*. Die Pufferdatei wird angelegt, und der Ruhezustand kann ab sofort verwendet werden.

Abbildung 3.15: *Der Ruhezustand muss aktiviert werden, bevor er einsatzbereit ist*

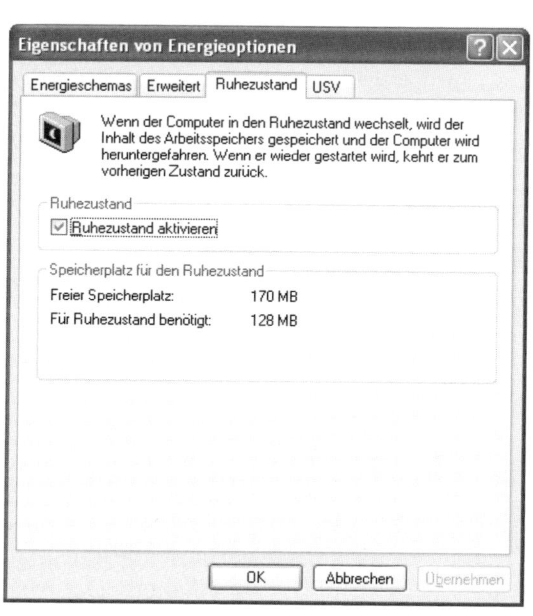

Auf gleiche Weise lässt sich der Ruhezustand auch wieder abschalten. Dabei wird die Datei *Hiberfil.sys* gelöscht und der Speicherplatz wieder freigegeben.

TIPP

Ruhezustand fehlt!

Der Ruhezustand funktioniert nur auf relativ modernen Rechnern, deren BIOS die entsprechenden Suspend-Funktionen zur Verfügung stellt. Bei älteren Rechnern hilft ein BIOS-Update vor der Windows XP-Installation. Windows XP schaltet den Ruhezustand automatisch ab, wenn Programme oder Gerätetreiber laufen, die sich nicht unterbrechen lassen.

Im Zweifelsfall lohnt es sich, in der Systemsteuerung das Modul *Energieoptionen* zu öffnen und darin nachzusehen, ob ein Register namens *APM* angezeigt wird. Ist es zu sehen, dann verwendet der Rechner nicht das neue ACPM-Powermanagement, sondern die ältere APM-Variante. Stellen Sie sicher, dass die Option *APM verwenden* aktiviert ist.

Der Ruhezustand ist so enorm praktisch, dass viele Anwender ihr System gar nicht mehr normal herunterfahren, sondern jeden Tag den Ruhezustand einsetzen. Das ist zwar verständlich. Gut ist es aber nicht.

Aus Sicht von Windows gibt es den Ruhezustand nämlich gar nicht: Windows wird in der Zeit des Ruhezustands einfach angehalten und merkt von dieser Unterbrechung nichts. Setzen Sie ständig den Ruhezustand ein, dann wäre dies so, als würden Sie Windows XP über Monate hinweg durchgehend laufen lassen.

Weil Programme ständig hier und dort kleinere Fehler machen und zum Beispiel Speicherplatz nicht komplett freigeben, sinkt so auf die Dauer die Systemleistung. Wenigstens einmal in der Woche, zum Beispiel vor dem Wochenende, sollten Sie deshalb Windows XP auf normalem Wege herunterfahren und dem System so die Möglichkeit geben, wieder frisch zu starten.

Wenn Sie die Tipps von ▶ Kapitel 5 beherzigen, werden dabei auch gleich die lästigen Wartungsarbeiten wie Defragmentierung der Festplatte durchgeführt.

4 Die Windows-Oberfläche gestalten

Die neue Windows XP-Benutzeroberfläche ist die wohl augenfälligste Änderung gegenüber älteren Windows-Versionen.

Windows XP ist einfacher zu bedienen als je eine Windows-Version zuvor. Lassen Sie sich durch das bunt-freundliche neue Ambiente nicht täuschen: vielfältige neue Funktionen helfen dabei, ohne großes Kopfzerbrechen sofort die richtigen Funktionen zu finden und erhöhen so die Produktivität, während die Einarbeitungszeit sinkt. Das macht nicht nur mehr Spaß, es senkt auch die Nebenkosten für Unternehmen ganz erheblich.

Das neue Startmenü kennen lernen

Das Startmenü wird über die *Start*-Schaltfläche am linken Rand der Taskleiste geöffnet. Alternativ können Sie auch Win oder Strg+Esc drücken. Das Startmenü ist das neue Informations-Cockpit, in dem alle wichtigen Windows-Funktionen erreichbar sind.

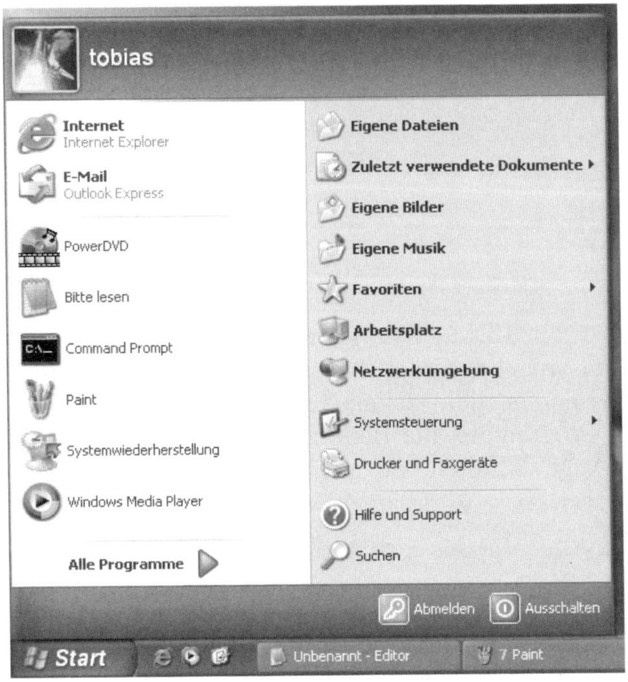

Abbildung 4.1: Das neue zweigeteilte Startmenü

Das Startmenü ist anders als bei früheren Windows-Versionen zweigeteilt:

- In der linken Spalte finden sich oben alle Programme, die Ihnen ganz besonders wichtig sind. Diese Programme ändern sich nur, wenn Sie es wünschen. Sie allein bestimmen, welche Programme hier angezeigt werden.
- Darunter finden sich alle Programme, mit denen Sie kürzlich gearbeitet haben. Diese Liste wird von Windows automatisch verwaltet. Sie können aber Einträge aus der unteren Liste sehr einfach in die obere permanente Liste überführen.
- Am unteren Rand der linken Spalte befindet sich der Befehl *Alle Programme*. Er öffnet das klassische Programme-Menü, so wie es erfahrene Windows-Benutzer seit langem kennen. Es ist sozusagen das Generalarchiv, aus dem Sie sich jedes beliebige installierte Programm aussuchen können. Damit dies übersichtlich bleibt, zeigt das neue Programme-Menü kürzlich installierte Programme in einer besonderen Farbe an.
- In der rechten Spalte finden sich alle wichtigen Windows-Befehle und -Funktionen. Sie werden auf den nächsten Seiten sehen, dass Windows XP diesen Bereich ganz auf Ihre Bedürfnisse abstimmt. Sie

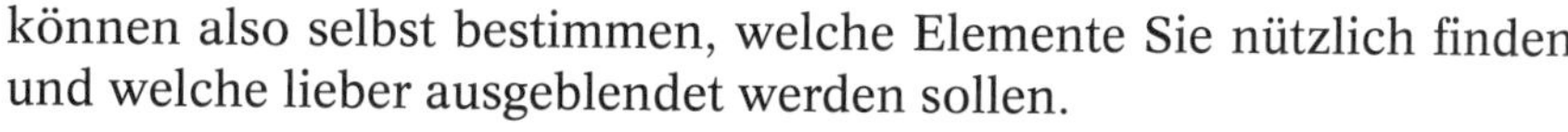
können also selbst bestimmen, welche Elemente Sie nützlich finden und welche lieber ausgeblendet werden sollen.

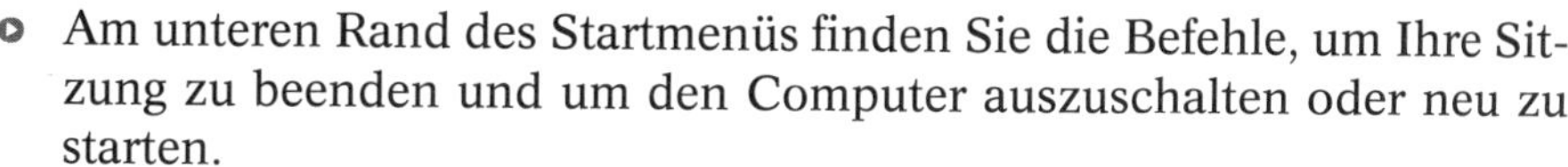
- Am unteren Rand des Startmenüs finden Sie die Befehle, um Ihre Sitzung zu beenden und um den Computer auszuschalten oder neu zu starten.

Wieso hat sich das Startmenü überhaupt verändert?

Das klassische Windows-Startmenü, das nach wie vor als Alternative zur Verfügung steht, hat sich prinzipiell bewährt. Allerdings platzten seine Menüs und Untermenüs nicht selten aus allen Nähten. Schuld daran waren die vielen Programme, die Benutzer mit der Zeit hinzuinstallierten, und deren Angewohnheit, für sich selbst neue Programmgruppen anzulegen.

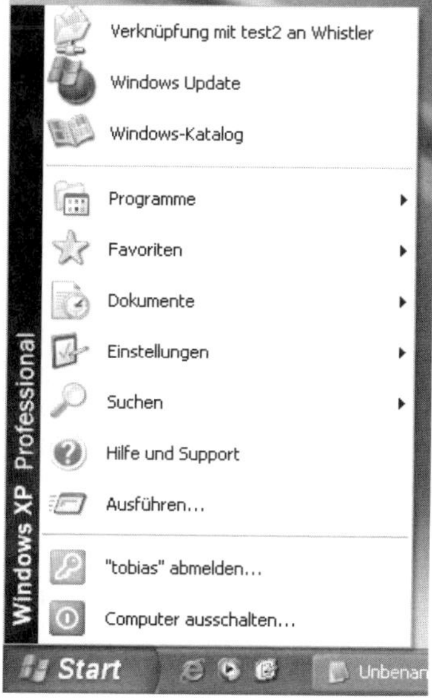

Abbildung 4.2: *Auch das klassische Startmenü steht weiterhin zur Verfügung*

So war es nicht ungewöhnlich, auf einem älteren Windows-System zig Programmgruppen zu finden. Eine Ordnungsfunktion kam den Gruppen dadurch nicht mehr zu.

Das klassische Startmenü verwenden

Wenn Sie als Windows-Umsteiger das klassische Startmenü liebgewonnen haben und sich nicht an das neue Bedienkonzept gewöhnen möchten, dann aktivieren Sie einfach das alte Startmenü:

1. Klicken Sie mit der rechten Maustaste auf die Uhrzeitanzeige der Taskleiste, und wählen Sie *Eigenschaften*.
2. Aktivieren Sie die Registerkarte *Startmenü*. Wählen Sie dann die Option *Klassisches Startmenü*, und klicken Sie auf *Anpassen*, wenn Sie die Feinjustierungsoptionen für das klassische Startmenü sehen wollen. Die entsprechen den Optionen, die Ihnen für das Startmenü in früheren Windows-Versionen ebenfalls zur Verfügung gestanden haben.
3. Wollen Sie lieber wieder zum neuen XP-Startmenü zurückkehren, dann aktivieren Sie die Option *Startmenü*.

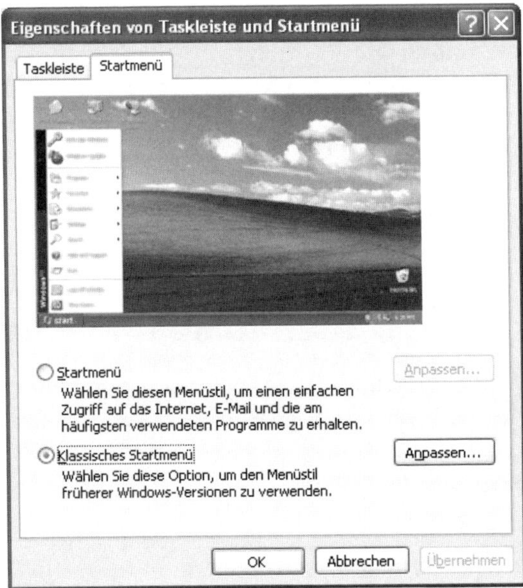

Abbildung 4.3: *Zwischen klassischem und neuem Startmenü umschalten*

Wollen Sie auch die übrigen Windows-Elemente wie Desktop und Fenster im klassischen Windows-Outfit erscheinen lassen, dann schauen Sie sich die Designs näher an (▶ Seite 112). Windows XP bringt neben seinen neuen freundlichen und farbenfrohen Designs auch die klassischen Windows-Designs früherer Windows-Generationen mit.

Programme bequem starten

Die eigentlichen Aufgaben lösen Sie mit Programmen. Deshalb kommt es darauf an, Programme möglichst schnell und bequem starten zu können. Das ist eine der besonderen Stärken des neuen Start-Menüs. Die gesamte linke Spalte beschäftigt sich nur mit diesem Thema: dem Programmstart.

So gehen Sie vor, um ein Programm zu starten:

1. Öffnen Sie das Startmenü. Schauen Sie oben links in die Liste Ihrer Lieblingsprogramme. Wird das benötigte Programm hier aufgeführt, dann klicken Sie darauf. Schon wird es gestartet.
2. Ist das benötigte Programm (noch) nicht in der Lieblingsliste aufgeführt, dann schauen Sie in die Automatikliste darunter. Haben Sie das Programm häufiger benutzt, dann zeigt Windows es hier an.
3. Ist das Programm auch hier nicht zu finden, dann erst machen Sie es wie bei früheren Windows-Versionen: klicken Sie auf *Alle Programme*. Nun öffnet sich das klassische Programme-Menü, und Sie können sich das Programm aus der betreffenden Programmgruppe aussuchen.

TIPP Wollen Sie ein Dokument öffnen, an dem Sie kürzlich gearbeitet haben, dann klicken Sie auf *Zuletzt verwendete Dokumente* rechts oben im Startmenü. Wird das Dokument hier aufgeführt, dann brauchen Sie es nur anzuklicken, und schon startet Windows XP nicht nur das passende Programm, sondern lädt auch gleich das Dokument ins Programm. Sie können anschließend sofort daran weiterarbeiten.

Wichtige Programme besser erreichbar machen

Alle Programme, mit denen Sie häufiger zu tun haben, gehören in die Liste Ihrer Lieblingsprogramme, links oben im Startmenü. Erscheint ein Programm in der Automatikliste darunter, dann klicken Sie es mit der rechten Maustaste an und wählen *An Startmenü anheften*. Schon wird es in die permanente Lieblingsliste aufgenommen.

Vielleicht haben Sie keine Lust, erst lange darauf zu warten, bis Windows XP häufig verwendete Programme in der linken Startmenüliste anzeigt. Sie können deshalb auch jedes andere Programm ans Startmenü anheften und so in die Lieblingsliste übernehmen. Dazu wählen Sie *Alle Programme*, klicken sich bis zum gewünschten Programm durch, und klicken es dann mit der rechten Maustaste an. Wählen Sie auch hier *An Startmenü anheften*.

Brauchen Sie ein Programm nicht mehr so häufig, dann entfernen Sie es aus der Lieblingsliste, damit diese übersichtlich und schlank bleibt. Dazu klicken Sie das Programm mit der rechten Maustaste an und wählen *Aus Liste entfernen*.

Was Sie jetzt sonst noch tun könnten ...

- Blenden Sie in der Taskleiste eine Schnellstartleiste ein, und bestücken Sie die Schnellstartleiste mit allen Programmen, die Ihnen wichtig sind: ▶ Seite 86
- Räumen Sie das Programme-Menü auf, und legen Sie eigene Programmgruppen an, um Ihr Programme-Archiv sauber und aufgeräumt zu halten: ▶ Seite 76
- Legen Sie wichtige Programme direkt als Symbol auf den Desktop: ▶ Seite 75
- Lassen Sie Programme automatisch starten, wenn Sie sich anmelden: ▶ Kapitel 5
- Sorgen Sie als Administrator dafür, dass bestimmte Programme nicht mehr ausgeführt werden dürfen: ▶ Kapitel 5
- Installieren Sie neue Programme hinzu, oder entfernen Sie Programme, die niemand mehr braucht: ▶ Kapitel 5
- Sorgen Sie dafür, dass zeitkritische Programme mehr Rechenzeit bekommen als andere Programme: ▶ Kapitel 5
- Entfernen Sie Programme aus dem Speicher, die sich aufgehängt haben und nicht mehr reagieren: ▶ Kapitel 5

Die Programm-Automatik des Startmenüs feinjustieren

Fabrikfrisch funktioniert das neue Startmenü bereits einwandfrei, aber vielfältige Optionen sind dazu da, es noch bequemer einzurichten. So gehen Sie vor:

1. Klicken Sie mit der rechten Maustaste auf die Uhrzeitanzeige der Taskleiste, und wählen Sie *Eigenschaften*.
2. Aktivieren Sie die Registerkarte *Startmenü*, und klicken Sie dann auf die Schaltfläche *Anpassen*.

Abbildung 4.4: *Das Startmenü kann in weiten Bereichen angepasst werden*

Internetprogramme konfigurieren

Internet und Email sind heutzutage wichtige Grundfunktionen, und so blendet das Startmenü auf Wunsch immer die dafür nötigen Programme ein.

Möchten Sie, dass ein Internetbrowser im Startmenü angezeigt wird, dann aktivieren Sie die Option *Internet* und legen dahinter fest, welcher Browser angezeigt werden soll.

Dasselbe können Sie über die Option *E-Mail* für E-Mail-Empfangsprogramme tun.

Wichtige Programme automatisch anzeigen

In der linken Spalte des Startmenüs zeigt Windows die Programme an, die Sie am häufigsten verwendet haben. Im Bereich *Programme* legen Sie fest, wie viel Programme in dieser Liste maximal angezeigt werden.

Per Klick auf *Liste löschen* kann die Liste geleert werden.

Wichtige Dokumente automatisch anzeigen

Auf Wunsch protokolliert Windows XP nicht nur die von Ihnen am häufigsten verwendeten Programme, sondern auch die von Ihnen zuletzt verwendeten Dateien.

1. Klicken Sie mit der rechten Maustaste auf die Uhrzeitanzeige der Taskleiste, und wählen Sie *Eigenschaften*.

2. Aktivieren Sie die Registerkarte *Startmenü*, und klicken Sie dann auf die Schaltfläche *Anpassen*.
3. Aktivieren Sie die Registerkarte *Erweitert*. Unten im Bereich *Zuletzt verwendete Dokumente* wählen Sie die Option *Zuletzt verwendete Dokumente auflisten*.
4. Wollen Sie die Dokumentenliste löschen, dann klicken Sie auf *Liste löschen*.
5. Klicken Sie auf *OK*. Wenn Sie das Startmenü das nächste Mal öffnen, finden Sie darin den neuen Befehl *Zuletzt verwendete Dokumente*.

Das Menü *Alle Programme* verwenden

Alle Programme, die Sie installieren, werden im Programme-Menü vermerkt. Dieses Menü öffnet sich, wenn Sie im Startmenü auf *Alle Programme* klicken.

Im Programme-Menü finden Sie also auch Anwendungen, die Sie seit langer Zeit nicht mehr verwendet haben. Weil sich im Programme-Menü mit der Zeit sehr viele Programme und Gruppen ansammeln, lohnt es sich, die neuen Methoden kennen zu lernen, um darin Ordnung zu halten.

Neuzugänge besonders hervorheben

Auf Wunsch markiert das Programme-Menü kürzlich installierte Programme mit einer besonderen Farbe. Haben Sie neue Programme installiert, dann finden Sie diese Programme anschließend auf einen Blick im Programme-Menü wieder. Die besondere Hervorhebung wird folgendermaßen aktiviert:

1. Klicken Sie mit der rechten Maustaste auf die Uhrzeitanzeige der Taskleiste, und wählen Sie *Eigenschaften*.
2. Aktivieren Sie die Registerkarte *Startmenü*, und klicken Sie dann auf die Schaltfläche *Anpassen*.
3. Aktivieren Sie die Registerkarte *Erweitert*. Wählen Sie dann die Option *Zuletzt installierte Programme hervorheben*. Klicken Sie auf *OK*.

__Abbildung 4.5:__ Kürzlich installierte Programme werden im Programme-Menü farblich markiert

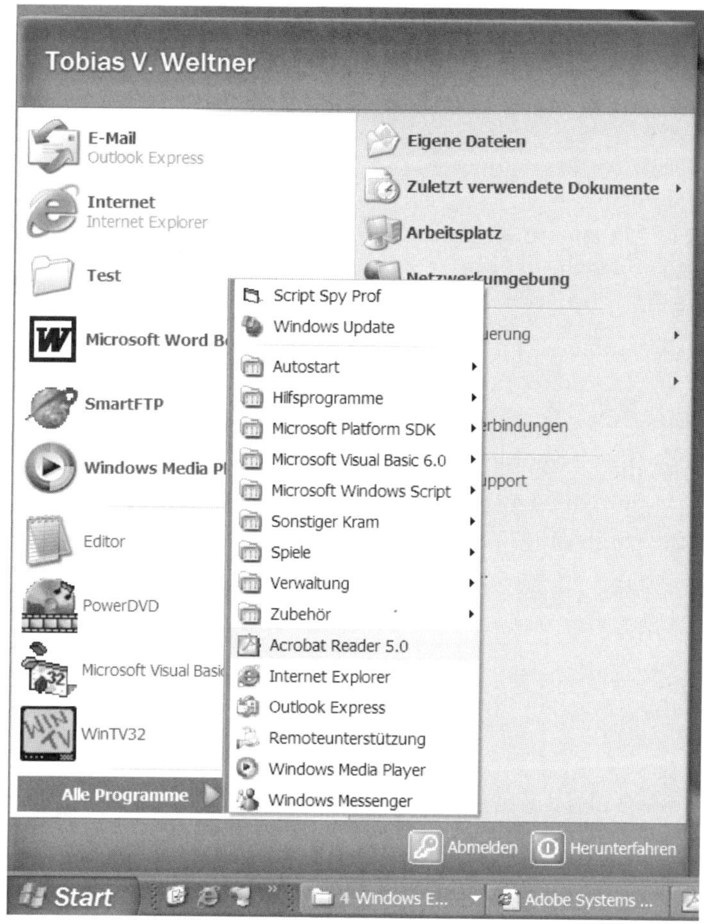

Reihenfolge der Einträge anpassen

Alle Einträge im Programme-Menü sind beweglich: möchten Sie die Reihenfolge der Gruppen oder Einträge ändern, dann klicken Sie den Eintrag an, den Sie verschieben wollen, und halten die linke Maustaste fest.

Verschieben Sie nun den Eintrag nach oben oder unten. Sie können ihn auch in eine Untergruppe einfügen. Ein waagrechter schwarzer Balken zeigt an, wo der Eintrag eingefügt wird, wenn Sie die linke Maustaste loslassen.

Passen Sie dabei auf, Einträge nicht aus dem Startmenü herauszuziehen, denn auch das ist möglich. Allerdings würde der Eintrag anschließend im Programme-Menü fehlen.

Wollen Sie den Inhalt des Menüs oder einer Programmgruppe wieder alphabetisch sortieren, dann klicken Sie mit der rechten Maustaste im Startmenü auf die betreffende Programmgruppe und wählen im Kontextmenü den Eintrag *Nach Namen sortieren*.

Möchten Sie einen Eintrag auf den Desktop legen oder in die Schnellstartleiste einfügen, dann ziehen Sie ihn nicht mit der linken, sondern mit der rechten Maustaste aus dem Menü an den gewünschten Ort. Sobald Sie die Maustaste loslassen, öffnet sich ein Kontextmenü. Darin wählen Sie *Hierher kopieren*.

TIPP

Ist Ihnen ein Verschiebe-Malheur passiert, dann drücken Sie Strg+Z. Dadurch wird die letzte Dateiaktion rückgängig gemacht.

Möchten Sie nicht, dass Einträge im Programme-Menü beweglich sind, dann schalten Sie die Verschiebemöglichkeit ab:

1. Klicken Sie mit der rechten Maustaste auf die Uhrzeitanzeige der Taskleiste, und wählen Sie *Eigenschaften*.
2. Aktivieren Sie die Registerkarte *Startmenü*, und klicken Sie dann auf die Schaltfläche *Anpassen*.
3. Aktivieren Sie die Registerkarte *Erweitert*. Schalten Sie in der Liste *Startmenüelemente* die Option *Ziehen und Ablegen aktivieren* ab. Klicken Sie auf *OK*.

Programme-Menü besser organisieren

Das Programme-Menü organisiert Ihre Programme in Programmgruppen, die so ähnlich funktionieren wie Dateiordner: alles, was thematisch zusammengehört, liegt in einer gemeinsamen Programmgruppe.

Leider ist das meist blanke Theorie, weil die meisten Programme bei ihrer Installation eine eigene Programmgruppe eröffnen und sich darin niederlassen. Deshalb haben Sie die Möglichkeit, Ihre Programme besser zu organisieren.

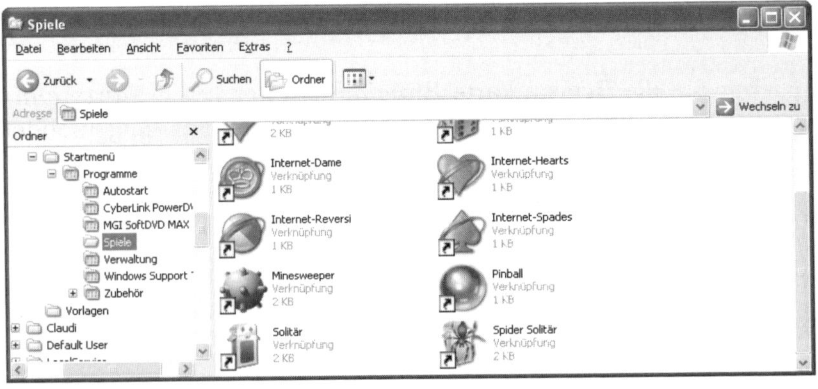

Abbildung 4.6: *Programme-Menü mit Hilfe des Explorers neu organisieren*

Dazu klicken Sie die *Start*-Schaltfläche mit der rechten Maustaste an. Wählen Sie im Kontextmenü *Explorer.* Ein zweispaltiger Explorer öffnet sich. Links sehen Sie, wo Windows XP Ihr Startmenü intern aufbewahrt. Klicken Sie in der linken Spalte auf das Pluszeichen vor dem Ordner *Programme.*

Jetzt können Sie Programmgruppen oder einzelne Einträge per Maus von einem Ordner in einen anderen kopieren oder verschieben. Verwenden Sie dazu die rechte Maustaste, dann erscheint nach jeder Transportaktion ein Menü, aus dem Sie die Transportart aussuchen können.

Über *Datei/Neu/Ordner* legen Sie sich bequem neue Programmgruppen an.

TIPP Wählen Sie anstelle von *Explorer* den Befehl *Explorer/Alle Benutzer,* dann können Sie die Programmgruppen organisieren, die bei allen Benutzern gemeinsam ins Programme-Menü eingeblendet werden.

Windows-Funktionen über das Startmenü erreichen

Die rechte Spalte des Startmenüs gewährt Ihnen den bequemen Zugriff auf alle wichtigen Windows-Funktionen. Während also die linke Spalte für fremde Programme da ist, gehört die rechte Spalte zu Windows XP.

Welche Funktionen die rechte Spalte anzeigt, bestimmen wiederum Sie. Das Startmenü kann also maßgeschneidert werden und zeigt nur die Funktionen an, die Sie auch wirklich brauchen.

So gehen Sie vor, um auszuwählen, welche Windows-Funktionen im Startmenü angezeigt werden:

1. Klicken Sie mit der rechten Maustaste auf die *Start*-Schaltfläche, und wählen Sie im Kontextmenü *Eigenschaften.* Das Fenster *Eigenschaften von Taskleiste und Startmenü* öffnet sich.
2. Aktivieren Sie die Option *Startmenü.* Klicken Sie auf die Schaltfläche *Anpassen.* Das Fenster *Startmenü anpassen* öffnet sich.
3. Aktivieren Sie die Registerkarte *Erweitert.* In der Liste *Startmenüelemente* sehen Sie nun alle Befehle, die im Startmenü eingeblendet werden können.

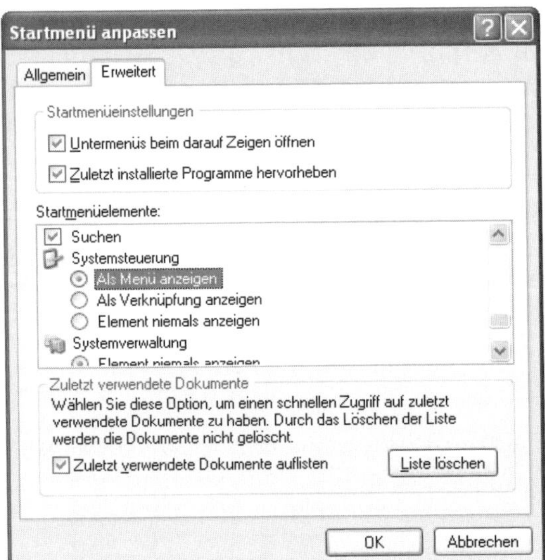

Abbildung 4.7: *Sie bestimmen, welche Befehle das Startmenü anzeigt und welche nicht*

Systemsteuerung als Ausklappmenü

Wie vielfältig die Möglichkeiten sind, zeigt der Befehl *Systemsteuerung*. Er öffnet normalerweise ein Fenster mit den Modulen, die Windows XP Teilbereiche feinjustieren.

Das neue Startmenü überlässt Ihnen nicht nur die Entscheidung, ob Sie diesen Befehl wirklich brauchen. Wenn Sie die Systemsteuerung verwenden möchten, dann haben Sie zudem die Möglichkeit, die einzelnen Module der Systemsteuerung als übersichtliches Untermenü zu öffnen. Und das ist gut so.

Das Fenster der Systemsteuerung erfüllt nämlich nur einen einzigen Zweck: es soll Ihnen die verfügbaren Module anzeigen, damit Sie darauf klicken können. Anschließend lungert das Fenster nur noch herum und wird nicht mehr gebraucht. Mühsam muss es erst wieder von Hand geschlossen werden. Das geht auch einfacher:

1. Wählen Sie in der Liste *Startmenüelemente* den Eintrag *Systemsteuerung*, und aktivieren Sie die Option *Als Menü anzeigen*. Dann klicken Sie auf *OK*.
2. Öffnen Sie das Startmenü: in seiner rechten Spalte zeigt es wie gewünscht den Befehl *Systemsteuerung* an. Klicken Sie darauf, dann öffnet sich kein separates Fenster, sondern nur ein Untermenü, aus dem Sie sich bequem das gewünschte Modul der Systemsteuerung aussuchen können. Elegant.

3. Trotzdem behalten Sie die Möglichkeit, bei Bedarf auch das offizielle Systemsteuerungs-Fenster anzuzeigen. Dazu klicken Sie einfach mit der rechten Maustaste im Startmenü auf Systemsteuerung und wählen *Öffnen*.

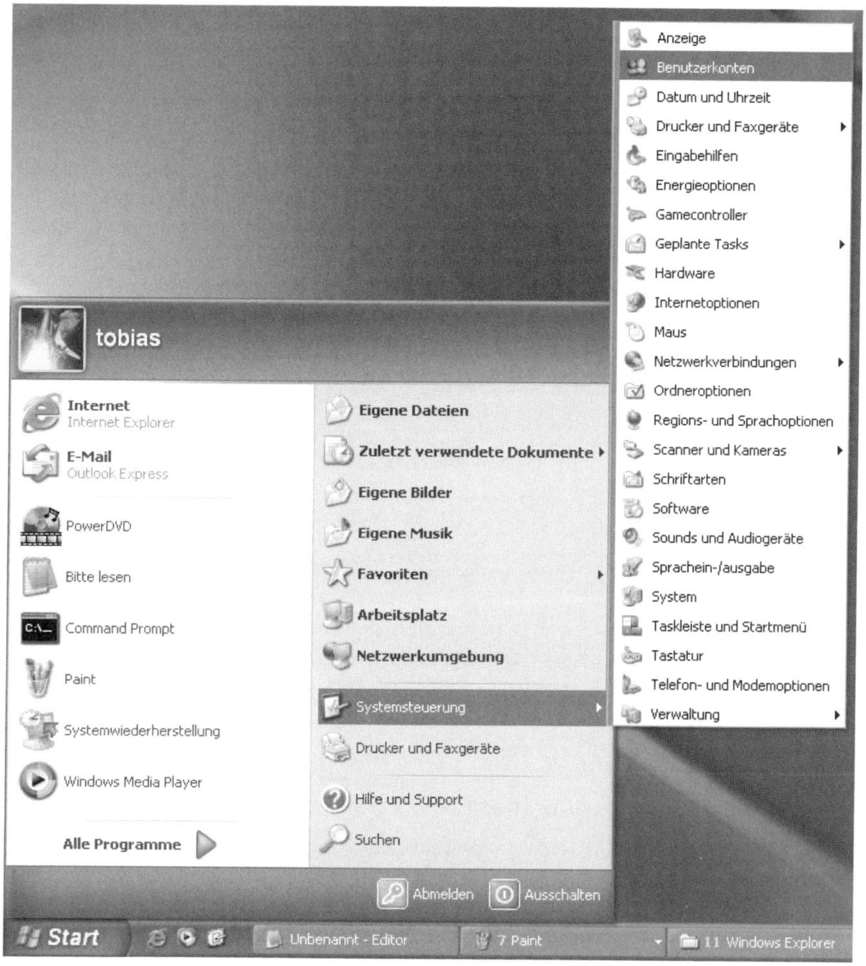

Abbildung 4.8: *Auf Wunsch öffnet die Systemsteuerung seine Module als Untermenü*

Startmenü-Befehle, die als Ausklappmenü angezeigt werden können

Die folgenden Startmenü-Befehle verhalten sich ähnlich wie die Systemsteuerung und können als Ausklappmenü angezeigt werden:

Befehl	Bedeutung
Arbeitsplatz	Zeigt alle Laufwerke und wichtige Ordner an
Eigene Bilder	Zeigt Bilder an, die Sie aus Digitalkameras oder via Scanner eingelesen haben
Eigene Dateien	Zeigt den Inhalt des persönlichen Ordners an
Eigene Musik	Zeigt alle Musikdateien an, die Sie mit dem Windows Media Player aus dem Internet heruntergeladen oder von Audio CDs kopiert haben
Netzwerkverbindungen	Zeigt alle Netzwerkverbindungen an, also alle Netzwerkkarten, DFÜ-Verbindungen und VPN-Einwahlverbindungen

***Tabelle 4.1:** Startmenü-Befehle, die per Untermenü angezeigt werden können*

Startmenü-Befehle für normale Anwender

Wollen Sie hauptsächlich mit Windows XP arbeiten, ohne die internen Systemeinstellungen zu verwalten, dann richten Sie Ihr Startmenü zum Beispiel so ein:

1. Klicken Sie mit der rechten Maustaste auf die Start-Schaltfläche, und wählen Sie Eigenschaften. Das Fenster *Eigenschaften von Taskleiste und Startmenü* öffnet sich.
2. Aktivieren Sie die Option *Startmenü*. Klicken Sie auf die Schaltfläche *Anpassen*.
3. Das Fenster *Startmenü anpassen* öffnet sich. Aktivieren Sie die Registerkarte *Erweitert*.
4. Wählen Sie in der Liste *Startmenüelemente* die Option *Arbeitsplatz/Als Verknüpfung anzeigen*. Schalten Sie die Option *Befehl "Ausführen"* ab. Schalten Sie auch *Drucker und Faxgeräte* ab.
5. Wählen Sie *Eigene Bilder/Als Verknüpfung anzeigen* und *Eigene Dateien/Als Verknüpfung anzeigen*.
6. Wählen Sie *Eigene Musik/Als Verknüpfung anzeigen* und aktivieren Sie die Option *Hilfe und Support*. Schalten Sie *Menü "Favoriten"* ein.
7. Aktivieren Sie die Option *Netzwerkumgebung*, und wählen Sie *Netzwerkverbindungen/Element niemals anzeigen*.
8. Aktivieren Sie die Option *Suchen*.
9. Wählen Sie *Systemsteuerung/Element niemals anzeigen*. Wählen Sie *Systemverwaltung/Element niemals anzeigen*.
10. Aktivieren Sie die Option *Ziehen und ablegen*. Dann klicken Sie auf *OK* und noch einmal auf *OK*.

Startmenü-Befehle für Administratoren

Sind Sie mehr als nur einfacher Computeranwender und müssen Sie hin und wieder das System verwalten, dann sollten Sie Ihr Startmenü in folgender Weise erweitern:

1. Klicken Sie mit der rechten Maustaste auf die *Start*-Schaltfläche, und wählen Sie *Eigenschaften*. Das Fenster *Eigenschaften von Taskleiste und Startmenü* öffnet sich.
2. Aktivieren Sie die Option *Startmenü*. Klicken Sie auf die Schaltfläche *Anpassen*.
3. Das Fenster *Startmenü anpassen* öffnet sich. Aktivieren Sie die Registerkarte *Erweitert*.
4. Wählen Sie in der Liste *Startmenüelemente* die Option *Arbeitsplatz/Als Verknüpfung anzeigen*. Aktivieren Sie die Option *Befehl "Ausführen"* sowie die Option *Drucker und Faxgeräte*.
5. Wählen Sie *Eigene Bilder/Element niemals anzeigen* und *Eigene Dateien/Als Verknüpfung anzeigen*.
6. Wählen Sie *Eigene Musik/Element niemals anzeigen* und aktivieren Sie die Option *Hilfe und Support*. Schalten Sie *Menü "Favoriten"* ab.
7. Aktivieren Sie die Option *Netzwerkumgebung*, und wählen Sie *Netzwerkverbindungen/Als Menü "Verbinden mit" anzeigen*.
8. Aktivieren Sie die Option *Suchen*.
9. Wählen Sie *Systemsteuerung/Als Menü anzeigen*. Wählen Sie *Systemverwaltung/Im Menü "Alle Programme" und im Startmenü anzeigen*.
10. Aktivieren Sie die Option *Ziehen und ablegen*. Dann klicken Sie auf *OK* und noch einmal auf *OK*.

Öffnen Sie nun Ihr Startmenü. Es ist jetzt für Administratoren optimal eingerichtet:

WICHTIG Die meisten Konfigurationen und Einstellungen, die Ihnen in diesem Buch begegnen, setzen voraus, dass Sie sich mit Administrator-Berechtigungen angemeldet und Ihr Startmenü wie eben beschrieben eingerichtet haben.

Die Taskleiste konfigurieren

Während das Start-Menü alle Befehle anzeigt, um neue Dinge in Angriff zu nehmen, zeigt die Taskleiste Informationen über alle bereits laufenden Programme und Geräte an. Die Taskleiste ist der Streifen am unteren Bildschirmrand. So ist die Taskleiste aufgebaut:

Ganz links findet sich das Startmenü, über das alle wesentlichen Windows-Funktionen zur Verfügung stehen. Ganz rechts findet sich das Infofeld, in dem neben der Uhrzeit wichtige Gerätefunktionen angezeigt werden.

Dazwischen ist Platz für die Fensterleiste, die alle geöffneten Fenster über Schaltflächen anzeigt. Ein Klick auf die Schaltfläche bringt das gewünschte Fenster ganz bequem in den Vordergrund. Noch ein Klick versteckt es wieder. Ein Rechtsklick liefert zusätzliche Befehle, über die Fenster zum Beispiel geschlossen werden können.

Im mittleren Bereich der Taskleiste können zusätzliche Informationen angezeigt werden: Symbolleisten wie zum Beispiel die Schnellstartleiste zeigen wichtige Programme an.

Neuerungen bei Windows XP

Im Grunde funktioniert die Taskleiste von Windows XP genauso wie bei den Vorgängerversionen. Die Neuerungen liegen im Detail und entschärfen ein wesentliches Problem: früher konnte es leicht passieren, dass der Taskleiste der Platz ausging. Wurden sehr viele Programmfenster geöffnet, dann schrumpften die Schaltflächen der Fenster auf mikroskopische Größe.

Die Taskleiste von Windows XP geht mit dem Bildschirmplatz deshalb wesentlich intelligenter und sparsamer um:

- Programmgruppen: wird der Platz in der Taskleiste eng, dann fasst Windows XP ähnliche Programme zu Programmgruppen zusammen. Alle Instanzen des Explorers werden dann zum Beispiel über eine einzige Schaltfläche dargestellt, und wenn Sie auf diese Schaltfläche klicken, erscheint ein Menü und listet die einzelnen Fenster dieser Kategorie auf. Auch das Fenstermanagement wird so viel einfacher: Alle Fenster einer Programmgruppe lassen sich per Rechtsklick auf die Schaltfläche der Gruppe zum Beispiel übersichtlich nebeneinander anordnen oder ganz einfach schließen. So wird es endlich möglich, mit nur einem einzigen Klick alle Explorer-Fenster oder alle Instanzen des Editors zu schließen, anstatt mühsam zig Fenster einzeln auszuklicken.
- Infofeld: Im Infofeld der Taskleiste werden normalerweise die Betriebszustände von Geräten wie Modem oder Drucker angezeigt, aber viele Programme haben ebenfalls von diesem Bereich Besitz ergriffen und zeigen darin ihre Funktionen an. Die meiste Zeit

schlummern solche Symbole nur und werden eigentlich gar nicht gebraucht. Windows XP blendet deshalb inaktive Gerätesymbole aus und zeigt nur noch die Symbole dauerhaft an, die augenblicklich eine wichtige Funktion erfüllen. Das spart nicht nur Platz, sondern schärft auch den Blick für das Wesentliche. Wollen Sie alle Gerätesymbole sehen, dann klicken Sie lediglich auf den kleinen Pfeil am linken Rand des Gerätefeldes. Über diesen Pfeil lassen sich inaktive Gerätesymbole auch wieder ausblenden.

Neue XP-Funktionen ein- und ausschalten

Die neuen Platzspar-Funktionen der Taskleiste lassen sich ein- und ausschalten. Schalten Sie die Funktionen aus, dann benimmt sich die Taskleiste ganz genauso wie bei älteren Windows-Versionen:

1. Klicken Sie mit der rechten Maustaste auf die Uhrzeitanzeige der Taskleiste, und wählen Sie *Eigenschaften*.
2. Schalten Sie die Option *Ähnliche Elemente gruppieren* aus, wenn Sie nicht wollen, dass die Taskleiste ähnliche Programme bei Platzmangel unter einer gemeinsamen Schaltfläche gruppiert.
3. Schalten Sie die Option *Inaktive Symbole ausblenden* ab, wenn Sie nicht wollen, dass Windows XP inaktive Symbole im Gerätefeld ausblendet.
4. Klicken Sie auf *Anpassen*, wenn Sie sehen wollen, welche Gerätesymbole Windows XP für inaktiv hält und deshalb ausblendet. Klicken Sie auf *OK*.

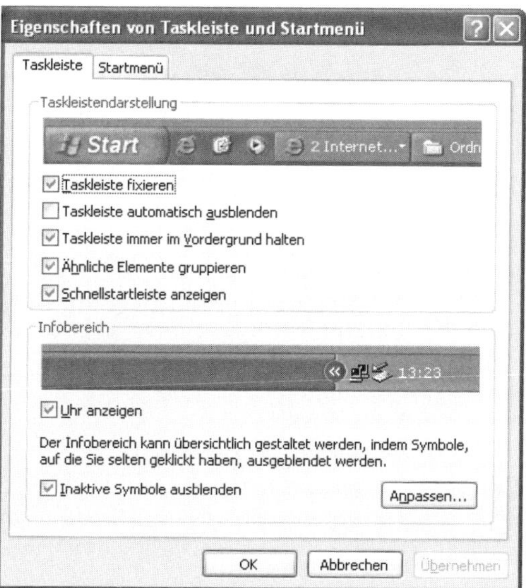

Abbildung 4.9: *Festlegen, wie sich die Taskleiste verhalten soll*

Festlegen, wann Programmgruppen angezeigt werden

Normalerweise fasst die Taskleiste Programm-Schaltflächen nur dann in Gruppen zusammen, wenn der Platz eng wird. Das ist eigentlich schade. Schließlich lassen sich Programme über die Programmgruppen ideal verwalten. Ein Rechtsklick auf eine Programmgruppe und *Gruppe schließen* schließt zum Beispiel alle Programmfenster dieser Gruppe auf einmal.

Schöner wäre es deshalb, festzulegen, wann Programmgruppen in der Taskleiste verwendet werden sollen. Die nächste Anleitung zeigt, wie Sie dafür sorgen, dass Windows XP automatisch Programmgruppen in der Taskleiste verwendet, sobald mindestens zwei Programme gleichen Typs geöffnet sind.

WICHTIG

Die Änderungen sind nur über manuelle Einträge in der Registry Datenbank möglich. Nehmen Sie diese Änderungen nur als versierter Anwender vor. Fehler in der Registry können Windows XP unbrauchbar machen.

1. Wählen Sie im Startmenü *Ausführen*, und geben Sie ein: `regedit` Eingabe. Der Registrierungseditor öffnet sich.
2. Expandieren Sie in der linken Spalte den Zweig *HKEY_CURRENT_USER\Software\Microsoft\Windows\CurrentVersion\Explorer\Advanced*. Klicken Sie auf *Advanced*.
3. Kontrollieren Sie, ob rechts der Eintrag *TaskbarGroupSize* angezeigt wird. Falls nicht, klicken Sie mit der rechten Maustaste in der linken Spalte auf *Advanced* und wählen *Neu/DWORD-Wert*. Nennen Sie den Wert `TaskbarGroupSize` Eingabe.
4. Doppelklicken Sie in der rechten Spalte auf *TaskbarGroupSize*, und weisen Sie ihm die Zahl der gleichartigen Programme zu, die mindestens geöffnet sein müssen, damit diese Programme in der Taskleiste als Gruppe angezeigt werden. Geben Sie zum Beispiel `2` Eingabe ein.
5. Die Änderungen werden wirksam, sobald Sie sich ab- und wieder anmelden. Ab sofort werden Programme als Gruppe in der Taskleiste geführt, sobald mindestens zwei gleichartige Programme geöffnet sind.

Die Taskleiste umgestalten

Die Taskleiste ist variabel und kann mit der Maus umgebaut werden. Sie können die Taskleiste zum Beispiel an einem anderen Bildschirmrand andocken, die Reihenfolge der Elemente vertauschen, die Taskleiste breiter machen oder Symbolleisten darin einblenden.

Damit so was nicht versehentlich geschieht, ist die Taskleiste normalerweise fixiert: die Maus kann erst dann zum Designtool werden, wenn Sie die Fixierung der Taskleiste vorübergehend abschalten:

1. Klicken Sie mit der rechten Maustaste auf die Uhrzeitanzeige der Taskleiste, und wählen Sie *Eigenschaften*.
2. Schalten Sie die Option *Taskleiste fixieren* ab. Jetzt kann die Taskleiste umgestaltet werden. Sie sehen links bzw. oben neben jedem Einzelelement eine geriffelte Linie.
3. Ziehen Sie die geriffelte Linie, um den Bereich neu aufzuteilen. Klicken Sie mit der rechten Maustaste auf eine geriffelte Linie, um weitere Optionen zu sehen.
4. Ziehen Sie eine geriffelte Linie auf eine freie Stelle des Desktops, um diesen Teil aus der Taskleiste auszudocken. Manche Teile lassen sich nicht ausdocken, aber sowohl horizontal als auch vertikal neu anordnen.
5. Vergessen Sie nicht, die Taskleiste anschließend wieder zu fixieren.

Mehr Platz für die Taskleiste

Normalerweise befindet sich die Taskleiste am unteren Bildschirmrand und ist eine Zeile hoch. Genügt der Platz nicht, oder möchten Sie die Taskleiste an einem anderen Bildschirmrand andocken, dann gehen Sie so vor:

1. Klicken Sie mit der rechten Maustaste auf die Uhrzeitanzeige rechts in der Taskleiste. Schalten Sie die Option *Taskleiste fixieren* ab, damit Sie die Taskleiste neu positionieren können.
2. Bringen Sie den Mauszeiger an den Übergang zwischen Taskleiste und Desktop. Halten Sie die linke Maustaste fest. Nun können Sie die Breite der Taskleiste mit der Maus anpassen. Nebenbei sehen Sie, dass die Uhrzeitanzeige der Taskleiste den neuen Platz sofort ausnutzt und nun zusätzlich zur Uhrzeit auch Wochentag und Datum anzeigt.
3. Möchten Sie die Taskleiste an einem anderen Bildschirmbereich andocken, dann bringen Sie die Maus auf die Uhrzeitanzeige und halten die linke Maustaste fest.
4. Ziehen Sie die Taskleiste nun an den gewünschten Bildschirmrand. Die Taskleiste wird dort angedockt. Passen Sie die Breite der Leiste neu an.

5. Sieht die Taskleiste gut aus, dann fixieren Sie sie wieder, um ungewollte Änderungen an ihrer Größe zu vermeiden: klicken Sie mit der rechten Maustaste auf die Uhrzeitanzeige, und aktivieren Sie die Option *Taskleiste fixieren*.

Taskleiste nur bei Bedarf einblenden

Der neue Platzgewinn Ihrer Taskleiste geht natürlich zulasten des Desktops. Ein guter Kompromiss ist deshalb, die Taskleiste nur dann anzuzeigen, wenn sie wirklich gebraucht wird. Arbeiten Sie dagegen mit Ihren Programmen, wird die Taskleiste versteckt:

1. Klicken Sie mit der rechten Maustaste auf die Uhrzeitanzeige der Taskleiste, und wählen Sie *Eigenschaften*.
2. Aktivieren Sie die Option *Taskleiste automatisch ausblenden*, und klicken Sie auf *OK*.

Die Taskleiste erscheint jetzt nur noch, wenn Sie mit der Maus den Bildschirmrand berühren, an dem sie angedockt ist, oder indem Sie Win oder Strg+Esc drücken.

Die Schnellstartleiste verwenden

Das Startmenü stellt bereits einen kleinen Bereich für Ihre Lieblingsprogramme bereit: ▶ Seite 71. Der Platz ist aber limitiert, und wenn Sie mehr als nur eine handvoll Programme anzeigen wollen, dann setzen Sie zusätzlich die Schnellstartleiste ein.

Die Schnellstartleiste wird in der Taskleiste eingeblendet. Alle Programme, die Ihnen wichtig sind, können darin als Symbol angezeigt werden, und möchten Sie ein Programm starten, dann klicken Sie einfach auf das entsprechende Symbol der Schnellstartleiste.

Schnellstartleiste einblenden

Zuerst muss die Schnellstartleiste eingeblendet werden. Das geschieht so:

1. Klicken Sie mit der rechten Maustaste auf die Uhrzeitanzeige der Taskleiste, und wählen Sie *Eigenschaften*.
2. Aktivieren Sie die Option *Schnellstartleiste anzeigen*.

Neue Programme in die Schnellstartleiste einbauen

Die Schnellstartleiste wird eingeblendet und ist anfangs mit einer Reihe von Programmsymbolen gefüllt. Jetzt kommt es darauf an, die Schnellstartleiste mit den Programmen zu füllen, die Sie wirklich brauchen:

1. Öffnen Sie das Startmenü, und wählen Sie *Alle Programme*. Das Programme-Menü öffnet sich.
2. Suchen Sie sich darin ein Programm aus, das Sie häufig benötigen. Klicken Sie es mit der rechten Maustaste an, und wählen Sie *Kopieren*.
3. Klicken Sie dann mit der rechten Maustaste auf eine freie Stelle in der Schnellstartleiste, oder klicken Sie auf die geriffelte Begrenzungslinie links oder oberhalb der Schnellstartleiste. Im Kontextmenü wählen Sie *Öffnen*.
4. Ein Ordner öffnet sich und zeigt Ihnen den Inhalt der Schnellstartleiste: Verknüpfungen! Wählen Sie *Bearbeiten/Einfügen*, um eine neue Verknüpfung auf das Programm einzufügen, das Sie eben ausgesucht haben.
5. Löschen Sie bei dieser Gelegenheit alle Verknüpfungen im Ordner, die Sie nicht brauchen. Dann schließen Sie den Ordner.
6. Die Schnellstartleiste zeigt nun Ihr neues Programm an. Ein Klick auf das Programmsymbol genügt, um es zu starten.

Weitere Symbolleisten verwenden

Neben der Schnellstartleiste gibt es weitere Leisten, die in die Taskleiste eingeblendet werden können. Ob Sie diese weiteren Symbolleisten tatsächlich praktisch finden, können nur Sie allein bestimmen. Finden Sie es einfach heraus, und blenden Sie die übrigen Leisten testweise ein:

1. Klicken Sie mit der rechten Maustaste auf die Uhrzeitanzeige der Taskleiste, und wählen Sie *Eigenschaften*.
2. Öffnen Sie das Menü *Symbolleisten*. Jetzt sehen Sie alle Symbolleisten und können Leisten ein- und ausblenden.
3. Brauchen Sie zum Beispiel keine Sprachumschaltung, dann blenden Sie die Symbolleiste *Eingabegebietsschemaleiste* aus.

Laufwerke in der Taskleiste anzeigen

Haben Sie genügend Platz in der Taskleiste, dann lassen sich darin zum Beispiel all Ihre Laufwerke einblenden. Das funktioniert so:

4. Klicken Sie mit der rechten Maustaste auf die Uhrzeitanzeige der Taskleiste, und wählen Sie *Symbolleisten*. Klicken Sie auf *Neue Symbolleiste*. Wählen Sie als Ursprung für die neue Symbolleiste *Arbeitsplatz* aus.
5. Eine neue Symbolleiste erscheint. Sie trägt den Namen *Arbeitsplatz*. Damit Sie die Leiste anpassen können, klicken Sie noch einmal mit der rechten Maustaste auf die Uhr und stellen sicher, dass die Option *Taskleiste fixieren* nicht gewählt ist.
6. Damit echte Laufwerkssymbole in der Symbolleiste angezeigt werden, klicken Sie auf die geriffelte Linie links oder oben neben der Symbolleiste und schalten die Optionen *Text anzeigen* und *Titel anzeigen* ab.
7. Verbreitern Sie die neue Symbolleiste so weit, wie Sie mögen. Alle Symbole, die in der Symbolleiste keinen Platz haben, werden als Ausklappmenü angezeigt, wenn Sie den Doppelpfeil am rechten Ende der Symbolleiste anklicken.
8. Vergessen Sie nicht, nach allen Änderungen wieder die Option *Taskleiste fixieren* zu wählen, damit die geriffelten Kontrollleisten am linken Rand der Symbolleisten verschwinden und Mausaktionen keine versehentlichen Änderungen verursachen.

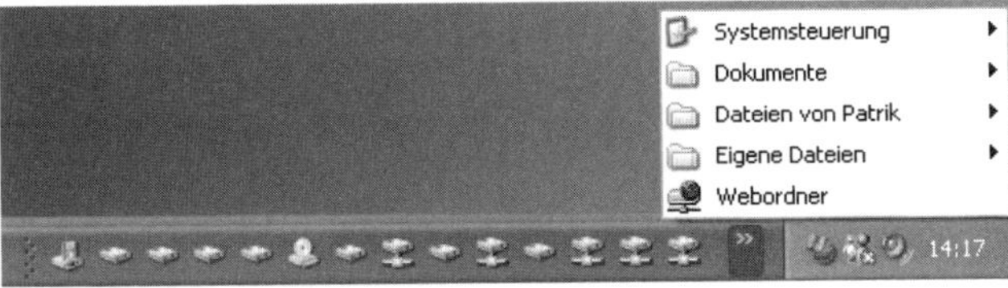

Abbildung 4.10: *Zusatz-Symbolleisten in die Taskleiste einbauen*

Symbolleisten verschieben und an anderen Bildschirmseiten andocken

Am linken Rand jeder Symbolleiste sehen Sie eine geriffelte Verschiebeleiste. Mit ihr können Sie die Breite der Symbolleiste regeln. Am besten geht das über einen Doppelklick. Doppelklicks auf die Verschiebeleiste schalten automatisch um zwischen schmaler, normaler und maximaler Breite. Sie können die Breite aber auch feinstufiger regeln, indem Sie die Verschiebeleiste mit der Maus nach links oder rechts bewegen.

Ziehen Sie die Verschiebeleiste »über« eine andere Symbolleiste hinweg, dann tauschen die beiden Leisten die Plätze.

Die neue Symbolleiste muss nicht in der Taskleiste eingedockt bleiben. Symbolleisten können auch als »Floating Window« auf dem Bildschirm liegen oder an einem anderen Bildschirmrand angedockt werden:

Die ersten Schritte

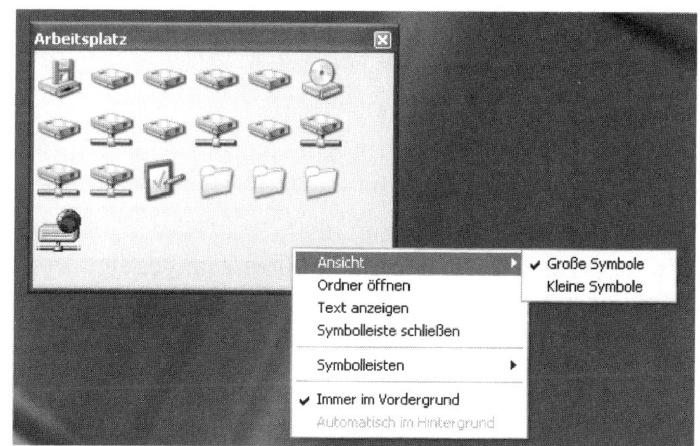

Abbildung 4.11: *Symbolleisten können auch als »Floating Window« auf den Desktop gelegt werden*

1. Ziehen Sie die Symbolleiste an der geriffelten Linie aus der Taskleiste auf eine freie Stelle des Desktops, dann wird sie zu einer frei schwebenden Symbolleiste. Ist der Desktop von Fenstern verdeckt, dann drücken Sie zuerst Win+D.
2. Ziehen Sie die frei schwebende Symbolleiste weiter an einen Bildschirmrand, dann kann die Symbolleiste dort als weitere Leiste angedockt werden.
3. Über einen Rechtsklick auf eine freie Stelle einer solchen angedockten zusätzlichen Symbolleiste erreichen Sie die Befehle *Immer im Vordergrund* und *Automatisch im Hintergrund.* Sind beide Optionen aktiv, dann wird auch diese angedockte Symbolleiste nur bei Bedarf angezeigt, also dann, wenn Sie den Bildschirmrand anklicken, an dem die Leiste angedockt ist.

TIPP Denken Sie daran, die Option *Taskleiste fixieren* zuerst abzuschalten, bevor Sie sich an Umgestaltungen wagen. Erst wenn die Option über einen Rechtsklick auf die Uhr in der Taskleiste ausgeschaltet ist, erscheinen die geriffelten Verschiebeleisten der Symbolleisten.

Klicken Sie mit der rechten Maustaste auf eine freie Stelle der Symbolleiste oder des Floating Windows, dann öffnet sich ein Kontextmenü mit weiteren Optionen. Wollen Sie zum Beispiel verhindern, dass eine ausgedockte Symbolleiste von anderen Fenstern überdeckt wird, dann aktivieren Sie die Option *Immer im Vordergrund.*

Große Symbole in Taskleiste und Startmenü

Sowohl das Startmenü als auch die Taskleiste gibt es als Normal- und als Maxiausführung. Verwenden Sie eine hohe Bildschirmauflösung und sind deshalb die Schaltflächen etwas klein geraten, dann wählen Sie einfach als Ansicht *Große Symbole*:

1. Klicken Sie die Start-Schaltfläche mit der rechten Maustaste an, und wählen Sie *Eigenschaften*. Das Fenster *Eigenschaften von Taskleiste und Startmenü* öffnet sich.
2. Aktivieren Sie die Option *Startmenü*. Klicken Sie auf die Schaltfläche *Anpassen*.
3. Das Fenster *Startmenü anpassen* öffnet sich. Aktivieren Sie im Bereich *Symbolgröße für Programme* die Option *Große Symbole*. Klicken Sie zweimal auf die Schaltfläche *OK*.

Möchten Sie die Schnellstartleiste ebenfalls mit großen Symbolen anzeigen, dann klicken Sie mit der rechten Maustaste auf den geriffelten Streifen am linken Rand der Schnellstartleiste und wählen im Kontextmenü *Ansicht/Große Symbole*.

Was Sie jetzt sonst noch tun könnten ...

Ihre gestalterischen Anpassungen der Taskleiste sind nun abgeschlossen. Trotzdem gibt es noch viele interessante Dinge, die Sie mit der Taskleiste tun können und die auf den nächsten Seiten beschrieben werden:

- Uhrzeitanzeige ein- und ausblenden
- Uhrzeit und Datum einstellen
- Uhrzeit und Datum mit einem Internetserver sekundengenau abgleichen
- Geheime Konfigurationen und Konfigurationsverbote

Den Bildschirm voll ausschöpfen

Startmenü, Taskleiste und Desktop sind nur die gestalterischen Elemente, die Windows auf dem Bildschirm anzeigt. Wie viel Platz der Bildschirm bietet, ob der Bildschirm klar und ruhig oder flimmernd angezeigt wird und wie viel Farben Windows zur Anzeige verwenden kann, das wird anderswo festgelegt.

Genau diese Bildschirmeinstellungen lohnen sich ganz besonders. Mit nur wenigen Klicks können Monitor und Grafikkarte zeigen, was wirklich in ihnen steckt. Zur Belohnung verbessert sich die Bildqualität in

vielen Fällen ganz dramatisch, und die Arbeit vor dem PC führt nicht mehr zu Kopfschmerzen und roten Augen.

Die Auflösung ändern

Die Auflösung bestimmt, wie viel Platz Sie auf dem Bildschirm zur Verfügung haben. Was natürlich eigentlich Unsinn ist, denn natürlich kann sich der Monitor nicht aufplustern und stellt immer eine feste Bildschirmgröße zur Verfügung. Die Auflösung bestimmt aber, aus wie viel Bildpunkten das Bild besteht. Je mehr Punkte es sind, desto feiner und detailreicher wird das Bild.

Die optimale Auflösung ist nicht immer automatisch die größtmögliche Auflösung. Sie richtet sich vor allen Dingen nach der tatsächlichen Größe des Bildschirms und der Qualität der Grafikkarte. Hier ist es am besten, verschiedene Auflösungen auszuprobieren und dann selbst zu entscheiden, welche Auflösung am besten gefällt.

TIPP Etwas anderes ist dies bei Flachbildschirmen und Notebooks. Weil Flachbildschirme für jeden Bildschirmpunkt einen leuchtenden Transistor verwenden, ist ihre Auflösung fest vorgegeben. Wählen Sie eine andere Auflösung als die physikalisch vorgegebene, dann leidet meist die Bildqualität erheblich, weil die Auflösung interpoliert werden muss und Bildpunkte nun verschluckt oder von mehr als einem Leuchtpunkt angezeigt werden.

So wird die Auflösung geändert:

1. Klicken Sie mit der rechten Maustaste auf eine freie Stelle des Desktops, und wählen Sie *Eigenschaften*.
2. Aktivieren Sie die Registerkarte *Einstellungen*. Nun sehen Sie den Schieberegler *Bildschirmauflösung*.
3. Stellen Sie mit dem Schieberegler eine neue Auflösung ein, und klicken Sie *Übernehmen*, um die Auflösung zu testen.
4. Windows stellt die Auflösung testweise um. Wenn Sie nicht innerhalb von 15 Sekunden im Bestätigungs-Dialogfeld auf *Ja* klicken, wird automatisch die alte Auflösung eingestellt. Ist das Bild nach der Umstellung fehlerhaft, dann sollten Sie nicht so lange warten, sondern sofort auf Esc drücken.

Abbildung 4.12: Legen Sie die Bildschirmauflösung des Monitors fest

Sonderbare Dinge, die Ihnen passieren können ...

Die Änderung der Bildschirmauflösung klappt nicht immer reibungslos. Hier die häufigsten Probleme:

- Der Schieberegler bewegt sich nicht: Ihre Grafikkarte wurde nicht erkannt.
- Der Monitor kann die neue Auflösung nicht anzeigen: Ihr Monitor ist nicht leistungsfähig genug.
- Nachdem die Auflösung erhöht wurde, sind weniger Farben sichtbar: der Speicherplatz der Grafikkarte ist sehr knapp bemessen, sodass die Farbtiefe reduziert werden musste, um die neue größere Auflösung im Grafikkartenspeicher unterzubringen.
- Der Schieberegler zeigt nicht alle Auflösungen an, die meine Grafikkarte unterstützt: Ihr Monitor unterstützt einige der höheren Auflösungen nicht, die deshalb zu seinem Schutz ausgeblendet wurden.

Treten andere Fehler auf, dann klicken Sie im Dialogfeld auf Problembehandlung. Ein Assistent begleitet Sie durch die wesentlichen Einstellungs- und Konfigurationsmöglichkeiten und liefert dann eine Lösung.

Für flimmerfreie Bilder sorgen

Bei klassischen Röhrenmonitoren kann es besonders bei höheren Bildschirmauflösungen zu unangenehmem Flimmern kommen. Flimmern entsteht immer dann, wenn die Bildwiederholfrequenz zu niedrig ist, um die Phosphorschicht des Monitors schnell genug aufzufrischen.

Bei Flachbildschirmen gibt es das Flimmer-Problem dagegen nicht. Flachbildschirme verwenden keinen Elektronenstrahl, sondern feste »Lämpchen«, die immer leuchten und deshalb nicht flimmern können.

So sorgen Sie bei Röhrenmonitoren für flimmerfreie Bilder:

1. Klicken Sie mit der rechten Maustaste auf eine freie Stelle des Desktops, und wählen Sie *Eigenschaften*.
2. Aktivieren Sie die Registerkarte *Einstellungen*, und klicken Sie dann auf *Erweitert*.
3. Aktivieren Sie die Registerkarte *Monitor*. In der Ausklappliste *Bildschirmaktualisierungsrate* wählen Sie eine Wiederholfrequenz von mindestens 70 Hz aus.
4. Klicken Sie auf *Übernehmen*. Die neue Einstellung wird testweise aktiviert. Gefällt Ihnen das Ergebnis, dann klicken Sie auf *Ja*. Kann der Monitor dagegen kein Bild anzeigen oder hören Sie sogar Pfeifgeräusche, dann drücken Sie sofort Esc.

Die höchstmögliche Bildwiederholfrequenz ist nicht automatisch die beste. Erstens muss der Monitor überhaupt in der Lage sein, die gewählte Frequenz anzuzeigen. Und zweitens belastet eine unnötig hohe Bildwiederholfrequenz den Monitor überflüssig stark. Zudem kann es passieren, dass eine sehr hohe Bildwiederholfrequenz die Leistungsfähigkeit des RAMDAC-Bausteins der Grafikkarte in Grenzbereiche bringt und das Bild deshalb flau oder unscharf erscheint.

Abbildung 4.13: *Verhindern Sie Flimmern durch ausreichende Bildschirmaktualisierungsrate*

Wählen Sie die Bildwiederholfrequenz deshalb nach persönlichem Gefühl und Eindruck aus und weniger nach numerischen Werten. Achten Sie nur darauf, dass die Frequenz mindestens 70 Hz beträgt.

Windows XP filtert Einstellungen automatisch heraus, die Ihren Monitor beschädigen könnten. Dies funktioniert allerdings nur dann richtig, wenn der Monitor korrekt erkannt wurde. Welcher Monitor erkannt wurde, sehen Sie im Feld *Monitortyp*.

Mitunter ist ein Monitor leistungsfähiger als seine INF-Datei, und es werden dann unnötigerweise Einstellungen ausgefiltert, die eigentlich problemlos funktionieren würden. Wollen Sie den Schutzmechanismus abschalten und auf eigenes Risiko andere Einstellungen ausprobieren, dann deaktivieren Sie die Option *Modi ausblenden*, die von diesem Monitor nicht angezeigt werden. Dies ist nur möglich, wenn Sie als Administrator angemeldet sind.

ClearType: Kantenglättung für Bildschirmschriften

Die Bildqualität lässt sich weiter verbessern, indem Kantenglättungsverfahren angewendet werden. Die sorgen dafür, dass unschöne Treppcheneffekte vor allen Dingen bei größeren Schriften ausgeglichen werden. Erreicht wird dies über eine optische Täuschung: die Treppchen werden durch Bildpunkte unterschiedlicher Helligkeit ersetzt.

Schriftenglättung gab es bereits bei früheren Windows-Versionen. Neu ist die ClearType-Technologie, die sich speziell an TFT-Panels richtet. So wird die Kantenglättung mit dem optimalen Glättungsverfahren aktiviert:

1. Klicken Sie mit der rechten Maustaste auf eine freie Stelle des Desktops, und wählen Sie *Eigenschaften*.
2. Aktivieren Sie die Registerkarte *Darstellung* und klicken Sie dann auf die Schaltfläche *Effekte*.
3. Aktivieren Sie die Option *Folgende Methode zum Kantenglätten von Bildschirmschriftarten verwenden.*
4. Wenn Sie über einen herkömmlichen Monitor verfügen, dann stellen Sie in der Ausklappliste darunter ein: *Standard*. Ansonsten lautet die richtige Wahl *ClearType*.
5. Klicken Sie auf *OK*. Die Kantenglättung ist aktiv.

Damit die Kantenglättung funktionieren kann, muss die Grafikkarte genügend Farben für die optische Täuschung bereitstellen können. Kantenglättung funktioniert deshalb nur, wenn Sie die Grafikkarte auf mehr als 256 Farben eingestellt haben.

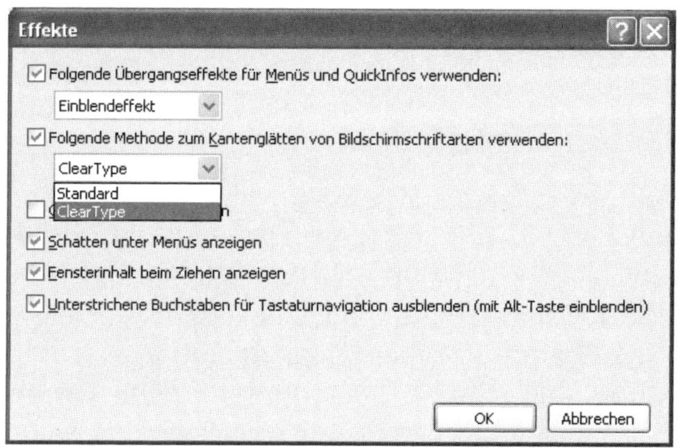

Abbildung 4.14: *Verwenden Sie Kantenglättungsoptionen wie ClearType, um die Bildqualität zu verbessern*

ClearType auch für den Willkommens-Bildschirm

ClearType wird in den individuellen Benutzereinstellungen der Registry aktiviert, steht also erst dann zur Verfügung, wenn sich ein Benutzer angemeldet hat, der *ClearType* aktiviert hatte. Der Willkommens-Anmeldebildschirm verwendet also *ClearType* nicht.

Dieses Manko lässt sich beheben, indem die *ClearType*-Einstellungen für den *.Default*-Benutzer manuell in der Registry aktiviert werden. Dieser Benutzer ist aktiv, solange sich noch kein »echter« Benutzer an Windows XP angemeldet hat.

WICHTIG Die folgenden Änderungen an der Registry sollten nur von versierten Anwendern durchgeführt werden. Fehler können dazu führen, dass Windows XP nicht mehr richtig funktioniert.

So gehen Sie vor, um *ClearType* für den Willkommensbildschirm zu aktivieren:

1. Wählen Sie im Startmenü *Ausführen*, und geben Sie ein: `regedit` Eingabe. Der Registrierungseditor öffnet sich.
2. Expandieren Sie in der linken Spalte den Zweig *HKEY_USERS – .DEFAULT – Control Panel – Desktop* und klicken Sie auf *Desktop*. In der rechten Spalte sehen Sie jetzt die Einträge dieses Zweigs.
3. Stellen Sie sicher, dass es dort die beiden Einträge *FontSmoothing* und *FontSmoothingType* gibt. Falls diese Einträge fehlen, dann klicken Sie in der linken Spalte den Eintrag *Desktop* mit der rechten Maustaste an, wählen *Neu* und dann für den Schlüssel *FontSmoothing Zeichenfolge* und für den Schlüssel *FontSmoothingType*

DWORD-Wert. Geben Sie den Schlüsseln die entsprechenden Namen.

4. Doppelklicken Sie auf die beiden Schlüssel, und weisen Sie beiden Schlüsseln den Wert 2 zu.

Mehr Farben für den Bildschirm

Grafikkarten stellen nicht immer automatisch alle verfügbaren Farben dar. Besonders bei älteren Grafikkarten mit weniger als 4 MB Bildschirmspeicher war es oft nötig, die Farbtiefe zu senken, um genügend Speicherplatz für höhere Auflösungen zu gewinnen.

Bei modernen Grafikkarten ist dieses Limit unwichtig geworden. Hier spielen nur noch Performance-Erwägungen eine Rolle. Je mehr Farben die Grafikkarte anzeigt, desto mehr Daten müssen bewegt werden, wenn Fenster verschoben oder Bildschirmelemente aufgefrischt werden. Angesichts der enormen Leistung moderner Grafikkarten ist aber auch dieser Grund für niedrige Farbtiefen eher theoretischer Natur.

So stellen Sie die Farbtiefe ein:

1. Klicken Sie mit der rechten Maustaste auf eine freie Stelle des Desktops, und wählen Sie *Eigenschaften*.
2. Aktivieren Sie die Registerkarte *Einstellungen*. Nun sehen Sie die Ausklappliste *Farbqualität*.
3. Wählen Sie die gewünschte Farbqualität aus. Es sollte mindestens die Qualitätsstufe *Mittlere (16 Bit)* sein.

Zeigt die Ausklappliste nur 16 oder 256 Farben an, dann wurde Ihre Grafikkarte nicht erkannt (▶ Kapitel 10).

Bei einer Farbqualität von weniger als 16 Bit funktioniert Windows XP zwar, aber es kommt zu Einschränkungen:

- Bei der Umschaltung von Programmen kommt es zu Farbflackern und Fehlfarben, weil die Programme nun Farbpaletten verwenden, die jeweils umgeschaltet werden.
- Fortgeschrittene Bildqualitäts-Verbesserungen wie die Kantenglättung der Bildschirmschriftarten sind abgeschaltet, und Icons erscheinen in erheblich verminderter Qualität.

Bildschirm-Umschaltung ohne Neustart

Als Vorgabe können Sie alle Parameter der Bildschirmeinstellungen im laufenden Betrieb ändern und brauchen Windows dazu nicht neu zu starten. Was für Windows XP kein Problem ist, kann für laufende Programme durchaus zum Problem werden. Sie werden unter Umständen nicht richtig angezeigt.

In diesen Fällen könnten Sie von Hand das problematische Programm beenden und neu starten, und dies ist in aller Regel der beste Weg. Dennoch gibt es auch die Möglichkeit, Windows XP die schnelle Umschaltung von Bildschirmeinstellungen zu verbieten und stattdessen einen Neustart vorzuschreiben:

1. Klicken Sie mit der rechten Maustaste auf eine freie Stelle des Desktops, und wählen Sie *Eigenschaften*.
2. Aktivieren Sie die Registerkarte *Einstellungen* und klicken Sie dann auf die Schaltfläche *Erweitert*.
3. Auf der Registerkarte *Allgemein* finden Sie die notwendigen Optionen. Soll Windows bei jeder Änderung der Bildschirmeinstellungen neu starten, dann wählen Sie die Option *Neustart vor dem Übernehmen der neuen Anzeigeneinstellungen*.
4. Klicken Sie auf *OK*.

Abbildung 4.15: *Legen Sie fest, ob Windows die Bildschirmeinstellungen ohne Neustart übernimmt*

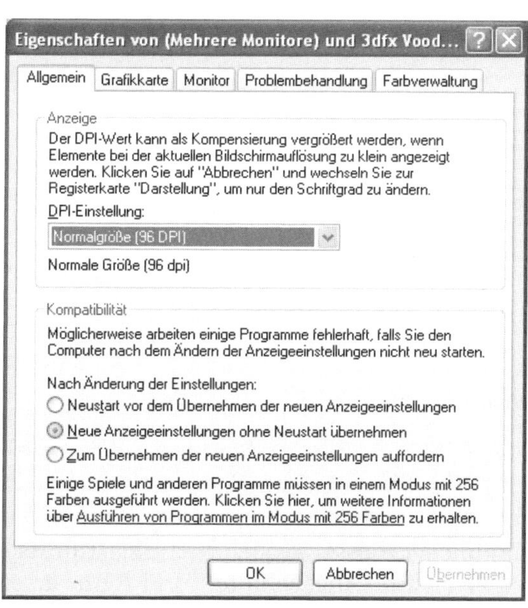

Mehrere Grafikkarten und Bildschirme verwenden

Windows XP kann bis zu neun Grafikkarten gleichzeitig ansteuern. Damit lässt sich der Bildschirm auf bis zu neun Monitore ausdehnen. So was ist nicht nur für Multimedia-Anwendungen und Bildwände interessant. Auch jeder ernsthafte Computeranwender profitiert davon, wenngleich hier meist nicht neun, sondern nur zwei oder drei Grafikkarten zum Einsatz kommen.

Setzen Sie mehr als eine Grafikkarte ein, dann steht Ihnen für die Arbeit sehr viel mehr Platz zur Verfügung. CAD-Anwender und Webdesigner könnten auf einem Bildschirm zeichnen, während der zweite Bildschirm die Zeichenwerkzeuge anzeigt oder nebenbei die Emails verwaltet.

TIPP

Auch Notebook-Benutzer können diesen neuen Luxus nutzen. Zwar kann man in Notebooks nicht einfach eine zweite Grafikkarte einbauen, aber viele Notebooks verwenden bereits Grafikkarten mit zwei Monitorausgängen. Normalerweise dient der externe Monitorausgang dazu, den Bildschirm an einen Projektor anzuschließen. Bei modernen Notebooks kann die Grafikkarte aber so programmiert werden, dass der externe Monitoranschluss nicht das gleiche Bild liefert wie der eingebaute Monitor: mit Dual Monitor lässt sich so der Desktop auf zwei Monitore ausdehnen, den eingebaute Notebook-Monitor und einen zweiten externen Monitor.

Voraussetzungen für Multimonitorbetrieb

Der Multimonitorbetrieb setzt nur zwei Dinge voraus: unterstützt werden ausschließlich PCI-Grafikkarten (einschließlich AGP). Ältere ISA-Grafikkarten und viele direkt auf dem Mainboard integrierte Grafikkarten lassen sich nicht verwenden. Und: die Grafikkarten müssen über einen Windows XP- oder Windows 2000-Treiber verfügen.

Bei Notebooks und dem Dual Monitor Betrieb muss die eingebaute Grafikkarte über ausreichend Videospeicher verfügen und in der Lage sein, den externen Monitor separat anzusteuern. Die Dual Monitor Funktionen werden von Windows XP dann angeboten, sobald tatsächlich ein zweiter Monitor angeschlossen ist.

TIPP Haben Sie mehr als eine Grafikkarte in den Rechner eingebaut, aber nicht an jede Grafikkarte einen Monitor angeschlossen, dann kann es sein, dass der Rechner beim Start mehrmals piept. Das ist das interne Warnsignal des BIOS-Checks. Es meldet nur, dass kein Monitor an die Grafikkarte angeschlossen ist. Während dies bei Einzelmonitorsystemen ein ernstes Problem darstellen würde, kann Ihnen die Pieperei egal sein, solange zumindest an der primären Grafikkarte ein Monitor angeschlossen ist. Die primäre Grafikkarte ist die, die den Startbildschirm anzeigt, wenn Windows startet.

Welche Grafikkarte wird zur primären Grafikkarte?

Bevor Windows XP startet und alle Grafikkarten in Betrieb nimmt, ist nur eine einzige Grafikkarte aktiv. Sie zeigt den Startbildschirm und alle wichtigen Startmeldungen an. Wer entscheidet, welche Grafikkarte in der Startphase verwendet wird?

Diese Entscheidung trifft das Computer BIOS ganz am Anfang der Startphase, wenn es die Plug&Play-Geräte erkennt. Dabei scannt es zuerst den PCI-Bus. Die erste Grafikkarte, die es hier findet, wird zur primären Grafikkarte. Verwenden Sie mehrere PCI-Grafikkarten, und möchten Sie, dass eine andere Grafikkarte zur primären Grafikkarte wird, dann tauschen Sie die beiden Steckkarten einfach gegeneinander aus. Nun wird die andere Grafikkarte zuerst gefunden.

AGP-Grafikkarten werden immer nach PCI-Grafikkarten erkannt, weil das BIOS zuerst den PCI-Bus und erst dann den AGP-Bus durchsucht. Weil aber AGP-Grafikkarten in der Regel die neueren und leistungsfähigeren Grafikkarten sind, möchte man häufig diese Karten als primäre Karten einsetzen. Das funktioniert auch: im BIOS-Setup des Rechners finden Sie fast immer eine Option, um AGP-Grafikkarten vor PCI-Grafikkarten erkennen zu lassen.

Zusätzliche Grafikkarten aktivieren

Alle eingebaute Grafikkarten werden über die *Eigenschaften der Anzeige* verwaltet und können dort auch aktiviert werden. So gehen Sie vor:

1. Klicken Sie mit der rechten Maustaste auf eine freie Stelle des Desktops, und wählen Sie *Eigenschaften*. Das Fenster *Eigenschaften von Anzeige* öffnet sich.
2. Aktivieren Sie die Registerkarte *Einstellungen*. Im oberen Teil finden Sie die Liste *Ordnen Sie die Monitorsymbole so an, dass sie der physikalischen Anordnung Ihrer Monitore entsprechen*. Darin werden alle Grafikkarten angezeigt, die Windows XP verwenden kann.

3. Grafikkarten, die derzeit nicht verwendet werden, stellt Windows XP als abgedunkelten und geriffelten Monitor dar. Bringen Sie die Maus über solch einen Monitor, dann erscheint der ToolTip *Nicht aktiv*.

4. Um einen nicht aktiven Monitor zu verwenden, klicken Sie ihn an. Aktivieren Sie die Option *Windows-Desktop auf diesem Monitor erweitern*. Das Monitorsymbol wird jetzt aktiviert, der Monitor wird eingeschaltet.

5. Die Monitorsymbole in der oberen Liste sind verschiebbar. Ordnen Sie die Monitorsymbole so an, wie Ihre echten Monitore gruppiert sind. Sie können den Desktop horizontal oder auch vertikal ausdehnen.

6. Verwenden die Grafikkarten unterschiedliche Bildschirmauflösungen, dann sind die Monitorsymbole unterschiedlich groß. Ordnen Sie die Monitore nebeneinander an, dann achten Sie darauf, dass sie am unteren Rand ausgerichtet sind, denn ansonsten »springt« die Maus, wenn Sie sie von einem Monitor auf den nächsten ziehen.

7. Sind Sie verwirrt und wissen nicht mehr, welcher echte Monitor welchem Monitorsymbol im Dialogfeld entspricht, dann klicken Sie auf eins der Monitorsymbole und halten die Maustaste fest. Windows blendet die Kennzahl auf den Monitor ein. Sie können auch auf *Identifizieren* klicken. Jetzt werden die Kennzahlen auf allen Monitoren eingeblendet.

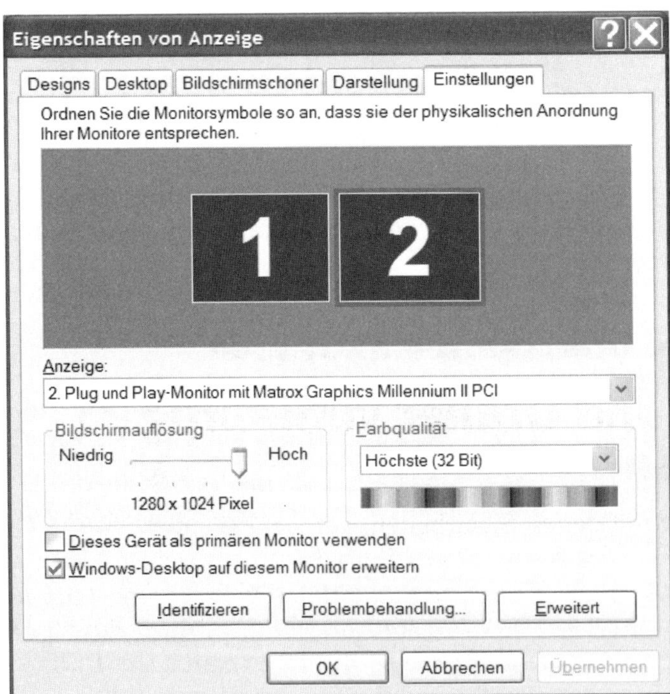

Abbildung 4.16: *Den Desktop auf mehrere Monitore ausdehnen*

Einzelne Grafikkarten konfigurieren

Jede einzelne Grafikkarte kann separat und unabhängig von den anderen Grafikkarten konfiguriert werden: Bildschirmauflösung, Farbtiefe und Bildwiederholfrequenz werden genauso festgelegt wie bei einem System mit nur einer einzelnen Grafikkarte.

Achten Sie nur darauf, vor Einstellungsänderungen zuerst im Dialogfeld auf den gewünschten Monitor zu klicken oder ihn in der Ausklappliste *Anzeige* auszuwählen.

TIPP Viele visuelle Effekte wie zum Beispiel die Kantenglättung der Bildschirmschriftarten funktionieren nur, wenn die Grafikkarte mehr als 256 Farben anzeigen kann. Verwenden Sie mehr als eine Grafikkarte, und ist nur eine davon auf 256 Farben oder weniger eingestellt, dann werden diese visuellen Effekte für alle Grafikkarten abgeschaltet.

Den primären Monitor festlegen

Eine Grafikkarte wird von Windows XP automatisch zum Primären Monitor erklärt. Diese Einstellung legen Sie mit der Option *Dieses Gerät als primären Monitor verwenden* fest. Die Option ist nur bei Monitoren wählbar, die nicht bereits primärer Monitor sind.

Der primäre Monitor ist eine extrem wichtige Einstellung:

- Alle Systemmeldungen werden auf diesem Monitor angezeigt. Schalten Sie also nicht immer alle angeschlossenen Monitore ein, dann sollte der Monitor, mit dem Sie am häufigsten arbeiten, primärer Monitor sein.
- Noch wichtiger: TV-Karten und DVD-Player spielen Filme auf dem primären Monitor ab. Unterstützt der Grafikkartentreiber des Primären Monitors keinen Overlay-Modus, dann können Filme und TV nicht angezeigt werden. Suchen Sie sich in diesem Fall eine der anderen Grafikkarten als primären Monitor aus, und versuchen Sie es erneut.

Fenster und Ordner vernünftig einstellen

Fast alle Dinge, mit denen Sie arbeiten, verpackt Windows XP in Fenstern – daher auch der Name dieses Betriebssystems. Fenster sind aber längst nicht mehr reine Platzhalter auf dem Bildschirm. Über visuelle Effekte wird die Bedienung intuitiver, und intelligente Aufgabenlisten in Ordnerfenstern helfen dabei, sofort die richtigen Befehle zu finden.

Fenster beim Verschieben anzeigen

Noch aus Zeiten leistungsschwacher Grafikkarten stammt die Technik des Gummibands: werden Fenster verschoben, erscheint zunächst nur eine Art Gummiband, das die Position des Fensters nach der Verschiebeaktion skizziert.

Wesentlich schöner und intuitiver ist die Möglichkeit, Fenster mit vollem Inhalt zu verschieben:

1. Klicken Sie mit der rechten Maustaste auf eine freie Stelle des Desktops, und wählen Sie *Eigenschaften*.
2. Aktivieren Sie die Registerkarte *Darstellung*. Klicken Sie auf *Effekte*. Aktivieren Sie die Option *Fensterinhalt beim Ziehen anzeigen*, und klicken Sie auf *OK*.
3. Öffnen Sie zur Kontrolle ein Programmfenster und verschieben Sie es. Das Fenster wird jetzt mit vollem Inhalt verschoben. Nur wenn das Programmfenster maximiert ist und den gesamten Bildschirm füllt, muss es zuerst über einen Doppelklick auf die Titelleiste verkleinert werden.

Individuelle Ordnersymbole verwenden

Ordnersymbole müssen nicht mehr einheitlich gelbe Symbole tragen, und das ist gut so. Wichtige Ordner können mit individuellen Ordnericons ausgerüstet werden. Diese Icons springen dem Anwender dann sofort ins Auge und grenzen wichtige Dinge von unwichtigen Dingen ab.

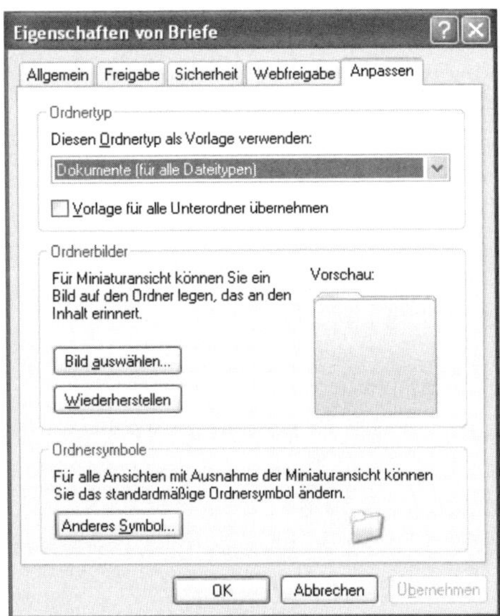

Abbildung 4.17: *Ordnern neue Symbole zuweisen*

Windows XP bietet dabei zwei unterschiedliche Lösungen:

- Das Ordnersymbol kann durch ein beliebiges anderes Icon ersetzt werden.
- Zusätzlich kann der Ordner in der Miniaturansicht mit einer Overlay-Grafik individualisiert werden.

So gehen Sie vor, um einem Ordner ein individuelles Icon zu geben:

1. Legen Sie zuerst testweise einen Ordner auf dem Desktop an: Rechtsklick und *Neu/Ordner* im Kontextmenü aufrufen.
2. Klicken Sie den neuen Ordner mit der rechten Maustaste an, und wählen Sie *Eigenschaften*. Aktivieren Sie die Registerkarte *Anpassen*.

TIPP Im Internet erhalten Sie kostenlos tausende von alternativen Icons, die Sie für Ihre Ordner einsetzen können. Internetadressen finden Sie zum Beispiel, wenn Sie eine Suchseite wie *www.altavista.com* aufsuchen und dort nach *Icon Download* suchen.

Ordnericons lassen sich außerdem synthetisieren. Dabei verwendet Windows XP ein reguläres gelbes Ordnericon und blendet darüber eine Grafik Ihrer Wahl ein. Ein Ordner, der Rechnungen enthält, könnte so durch ein gelbes Ordnersymbol mit einer daraufprojizierten Rechnung repräsentiert werden. Diese Variante funktioniert allerdings nur, wenn der Ordner in einem anderen Ordner angezeigt wird, bei dem über das Ansicht-Menü die Miniaturansicht eingeschaltet ist.

So gehen Sie vor:

1. Legen Sie zuerst testweise einen Ordner auf dem Desktop an: Rechtsklick und *Neu/Ordner* im Kontextmenü aufrufen. Klicken Sie den neuen Ordner mit der rechten Maustaste an, und wählen Sie *Eigenschaften*.
2. Aktivieren Sie die Registerkarte *Anpassen*. Klicken Sie auf die Schaltfläche *Anderes Symbol*. Ein Auswahlfenster öffnet sich.
3. Wählen Sie das neue Ordnersymbol aus. Im oberen Textfeld kann der Name einer anderen Icon-Bibliothek angegeben werden. Klicken Sie auf *OK*.
4. Klicken Sie noch einmal auf *OK*. Der Ordner ändert sein Icon.

Möchten Sie das individuelle Ordnericon später wieder durch ein normales Ordnericon ersetzen, dann gehen Sie vor wie oben und klicken im Icon-Auswahlfenster auf die Schaltfläche *Wiederherstellen*.

Und so erhält der Ordner ein Grafik-Overlay in der Miniaturansicht:

1. Legen Sie auf dem Desktop einen Testordner an: Rechtsklick, *Neu/Ordner*. Öffnen Sie den Ordner, und legen Sie darin einen weiteren Ordner an: Rechtsklick, *Neu/Ordner*.
2. Klicken Sie diesen neuen Ordner mit der rechten Maustaste an, und wählen Sie *Eigenschaften*. Aktivieren Sie die Registerkarte *Anpassen*.
3. Klicken Sie auf die Schaltfläche *Bild auswählen*. Ein *Öffnen*-Dialog erscheint. Suchen Sie nun Ihr Bild aus. Bilder finden Sie zum Beispiel im Ordner *Eigene Dateien/Eigene Bilder/Beispielbilder*.
4. Markieren Sie das Bild, das Sie als Overlay einsetzen wollen, und klicken Sie auf *Öffnen*. Das Dialogfeld zeigt eine Vorschau des neuen Ordnersymbols: ein gelbes Ordnersymbol, in das die ausgewählte Grafik eingefügt ist. Klicken Sie auf *OK*.
5. Das neue Ordnersymbol erscheint nur, wenn der Ordner in der Miniaturansicht angezeigt wird. Schalten Sie deshalb in diese Ansicht um: *Ansicht/Miniaturansicht*. Das neue Symbol erscheint.

Wollen Sie das Overlay-Icon später wieder entfernen, dann gehen Sie vor wie oben und klicken auf die Schaltfläche *Wiederherstellen*.

TIPP

Die Overlay-Icons eignen sich hervorragend dazu, den Ordner *Eigene Dateien* besser verwaltbar zu machen. Öffnen Sie diesen Ordner, und schalten Sie ihn mit *Ansicht/Miniaturansicht* in die Miniaturansicht. Legen Sie dann für alle Themenbereiche, mit denen Sie arbeiten, eigene Ordner an. Geben Sie diesen Ordnern dann individuell abgestimmte Overlay-Icons. So finden Sie Ihre Dokumente künftig wesentlich einfacher, weil die Ordner-Symbole bereits optisch den Inhalt versinnbildlichen.

Dateierweiterungen ausblenden

Windows XP identifiziert Dateien anhand ihrer Namensendung, der Extension. Die Extension wird über einen Punkt an den Dateinamen angeheftet.

Für den Alltagsbetrieb sollte diese Namensänderung versteckt werden, weil sie nicht nur unschön aussieht, sondern beim Umbenennen von Dateien auch Probleme verursachen kann. Ist die Dateiextension sichtbar, dann muss sie beim Umbenennen von Hand an den neuen Dateinamen angefügt werden. Andernfalls ist der Dateityp für Windows XP nicht mehr bekannt, und die Datei kann nicht länger wie gewohnt geöffnet werden.

So sorgen Sie dafür, dass Dateiextensionen ausgeblendet werden:

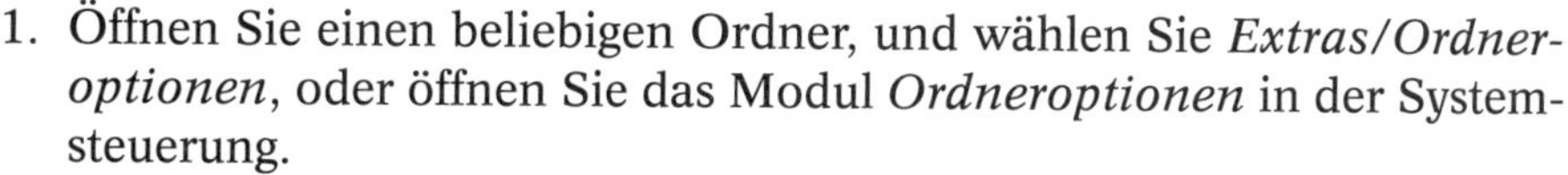

1. Öffnen Sie einen beliebigen Ordner, und wählen Sie *Extras/Ordneroptionen*, oder öffnen Sie das Modul *Ordneroptionen* in der Systemsteuerung.
2. Aktivieren Sie die Registerkarte *Ansicht*. Wählen Sie die Option *Erweiterungen bei bekannten Dateitypen ausblenden*.
3. Klicken Sie auf *OK*. Dateiextensionen werden jetzt versteckt.

Systemdateien verstecken

Ordnerfenster zeigen nicht alle Dateien an. Systemdateien, die für den Betrieb von Windows unbedingt notwendig sind, werden ebenso ausgeblendet wie Dateien, die als »versteckt« markiert sind.

Möchten Sie alle Dateien sehen, die in einem Ordner gespeichert sind, muss diese Sperre abgeschaltet werden. Empfehlenswert ist das allerdings nur für technisch versierte Anwender. Normalanwender können mit den ausgeblendeten Dateien ohnehin nichts anfangen und sollten deshalb erst gar nicht in die Lage versetzt werden, diese Dateien zu ändern.

So werden alle Dateien in einem Ordner angezeigt:

1. Öffnen Sie einen beliebigen Ordner, und wählen Sie *Extras/Ordneroptionen*, oder öffnen Sie das Modul *Ordneroptionen* in der Systemsteuerung.
2. Aktivieren Sie die Registerkarte *Ansicht*. Schalten Sie die Option *Geschützte Systemdateien ausblenden* aus. Nach einer Sicherheitsabfrage werden so Dateien sichtbar, die zu dem Betriebssystem gehören.
3. Schalten Sie die Option *Alle Dateien und Ordner anzeigen* ein, die sich im Zweig *Versteckte Dateien und Ordner* befindet. Klicken Sie auf *OK*.

Dateien und Ordner, die normalerweise versteckt sind, werden jetzt mit einem leicht abgeblendeten Symbol angezeigt.

TIPP Anders als früher ist es nicht mehr nötig, versteckte Dateien einzublenden, um nach ihnen suchen zu können. Die Windows-Dateisuche enthält eine spezielle Option, um auch versteckte Dateien in die Suche mit einzubeziehen, unabhängig davon, ob die Dateien und Ordner normalerweise sichtbar sind oder nicht.

Anders als bei früheren Windows-Versionen verwendet Windows XP zwei Sicherheitshebel, um sensible Dateien und Ordner unsichtbar zu machen. Systemdateien werden separat von versteckten Dateien ausgeblendet.

Möchten Sie selbst Dateien und Ordner verstecken, dann klicken Sie die Datei oder den Ordner mit der rechten Maustaste an und wählen *Eigenschaften*. Aktivieren Sie die Option *Versteckt*, und klicken Sie auf *OK*.

Abhängig von den oben getroffenen Einstellungen wird die Datei oder der Ordner nun entweder unsichtbar oder abgeblendet angezeigt.

TIPP

Das *Versteckt*-Attribut ist nicht dazu gedacht, sicherheitsrelevante Daten zu schützen. Wie Sie gesehen haben, können versteckte Daten jederzeit sichtbar gemacht werden. Möchten Sie sensible Daten schützen, dann verwenden Sie Zugriffsberechtigungen oder das verschlüsselnde Dateisystem (▶ Kapitel 19).

Bessere (und bequemere) Mausbedienung

Wenn Sie glauben, mit der Maus könne man ohnehin nur auf Dinge zeigen, dann lassen Sie sich überraschen, welche zusätzlichen Einstellmöglichkeiten es bei Windows XP gibt, um die Maus noch bequemer und präziser bedienbar zu machen!

Neben Mausrad, Ortungsfunktion, KlickEinrasten und Mausschatten können Sie zum Beispiel entscheiden, ob Sie Programme mit dem klassischen Doppelklick oder lieber mit einfachem Klick öffnen wollen.

Einfacher oder Doppelklick?

Wollen Sie den klassischen Doppelklick verwenden, oder möchten Sie Programme lieber wie von Internetbrowsern her bekannt mit einem einfachen Klick starten?

- Der klassische Doppelklick ist für Anfänger traditionell ein großes Problem: Anfänger müssen ihren Zeigefinger an das schnelle Klicken erst gewöhnen. Klappt der Doppelklick nach etwas Übung dann endlich, hat er zur Belohnung handfeste Vorteile: möchten Sie Dateien nicht öffnen, sondern nur markieren, dann genügt dafür ein einfacher Klick.
- Der Einfachklick ist wesentlich leichter zu beherrschen. Allerdings wird es nun schwieriger, Dateien zu markieren. Per Klick geht das jetzt nicht mehr, denn der einfache Klick wird ja bereits zum Öffnen verwendet. Stattdessen muss die Maus über der Datei, die markiert werden soll, einen Moment geparkt werden. Das kostet nicht nur

Zeit, es funktioniert auch nur dann, wenn das Fenster, in dem Dateien markiert werden sollen, im Vordergrund liegt. Dateien auf dem Desktop lassen sich nur markieren, wenn der Desktop zuvor mit der Maus angeklickt wurde.

So legen Sie fest, ob Programme per Doppelklick oder mit einem einfachen Klick geöffnet werden:

1. Wählen Sie im Startmenü *Systemsteuerung*, und öffnen Sie das Modul *Ordneroptionen*.
2. Aktivieren Sie im Bereich *Markieren von Elementen* die Option *Öffnen durch einfachen Klick (Markieren durch Zeigen)*, wenn Sie den einfachen Klick verwenden wollen. Darunter können Sie dann entscheiden, ob anklickbare Objekte immer unterstrichen werden sollen oder nur dann, wenn sich die Maus über ihnen befindet.
3. Aktivieren Sie im Bereich *Markieren von Elementen* die Option *Öffnen durch Doppelklick (Markieren durch einfachen Klick)*, wenn Sie lieber den klassischen Doppelklick verwenden wollen.

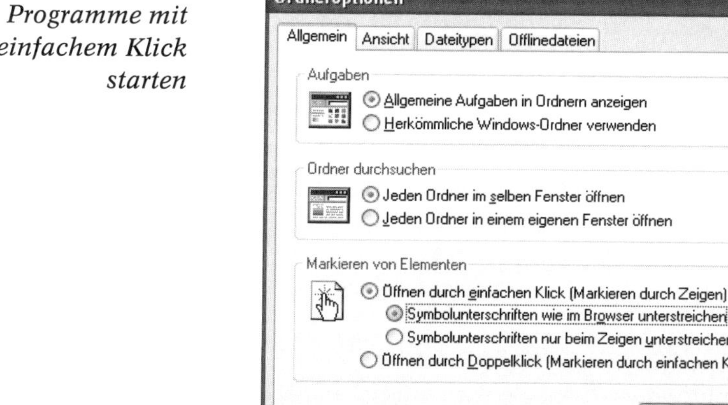

***Abbildung 4.18:** Programme mit einfachem Klick starten*

Doppelklickgeschwindigkeit einstellen

Haben Sie sich für den klassischen Doppelklick entschieden, dann sollten Sie als nächstes die Doppelklickgeschwindigkeit feinjustieren. Diese Einstellung regelt, wie schnell zwei Klicks aufeinander folgen müssen, um als Doppelklick zu gelten:

1. Wählen Sie im Startmenü *Systemsteuerung*, und öffnen Sie das Modul *Maus*. Das Fenster *Eigenschaften von Maus* öffnet sich.
2. Im Feld *Doppelklickgeschwindigkeit* sehen Sie einen Schieberegler, mit dem die Doppelklickgeschwindigkeit eingestellt wird. Doppelklicken Sie auf das Ordnersymbol rechts daneben, um den Doppelklick auszuprobieren.

Ziehen Sie den Schieberegler nicht zu weit nach links. Doppelklicks funktionieren sonst zwar auch bei zwei sehr langsam aufeinanderfolgenden Klicks, aber dafür verschmelzen nun als Einzelklick gedachte Klicks zu Doppelklicks.

Drag&Drop vereinfachen

Per Drag&Drop werden Objekte mit der Maus verschoben. Normalerweise müssen Sie dazu die Maus über ein Objekt bringen, die linke Maustaste festhalten und dann das Objekt ans Ziel ziehen. Sobald Sie die Maustaste loslassen, wird das Objekt fallen gelassen.

Dieses Manöver kann Anfängern Kopfzerbrechen bereiten, weil es für sie nicht gerade einfach ist, die Maus zu manövrieren und dabei fortwährend die Maustaste gedrückt zu halten.

Deshalb bietet Windows XP auf Wunsch die *KlickEinrasten*-Funktion. Um ein Objekt zu verschieben, klicken Sie es einfach an. Es bleibt an der Maus kleben, bis Sie noch einmal die Maustaste klicken. So wird KlickEinrasten aktiviert:

1. Wählen Sie im Startmenü *Systemsteuerung*, und öffnen Sie das Modul *Maus*. Das Fenster *Eigenschaften von Maus* öffnet sich.
2. Aktivieren Sie im Bereich *KlickEinrasten* die Option *KlickEinrasten aktivieren*.
3. Klicken Sie im Bereich *KlickEinrasten* auf die Schaltfläche *Einstellungen*. Legen Sie nun mit dem Schieberegler fest, wie lange die Maustaste gedrückt werden muss, um KlickEinrasten einzuschalten.

TIPP

KlickEinrasten ist für Anfänger ideal, kann aber erfahrene Anwender zur Verzweiflung bringen: ständig bleibt die Maus an der Auswahl »kleben« und lässt erst los, wenn die Maustaste erneut geklickt wird. Schalten Sie *KlickEinrasten* in solchen Fällen besser schleunigst wieder aus.

Abbildung 4.19: Mit KlickEinrasten vereinfachen sich Drag&Drop-Operationen

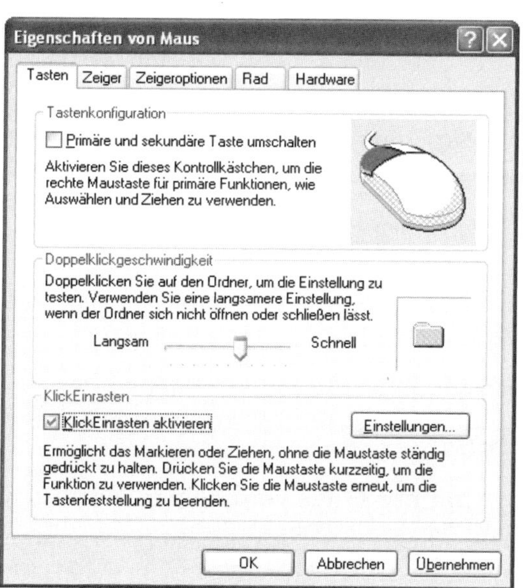

Andere Mauszeiger verwenden

Ihr Mauszeiger muss kein weißer Pfeil bleiben. Sie können den Mauszeiger durch andere Designs ersetzen. Auf den schlecht lesbaren älteren LCD-Panels haben sich beispielsweise animierte Mauszeiger bewährt. So bekommen Sie neue Mauszeiger:

1. Wählen Sie im Startmenü *Systemsteuerung*, und öffnen Sie das Modul *Maus*. Das Fenster *Eigenschaften von Maus* öffnet sich.
2. Aktivieren Sie die Registerkarte *Zeiger*. Suchen Sie sich nun aus der Ausklappliste ein Mausschema aus. Mausschemas legen nicht nur einen Mauszeiger fest, sondern das gesamte Set der verwendeten Mauszeiger.
3. Über die Liste *Anpassen* können Sie die einzelnen Mauszeiger weiter anpassen und individuell zusammenstellen.
4. Möchten Sie, dass sich der Mauszeiger mit einem Schatteneffekt vom Desktop abhebt, dann wählen Sie die Option *Zeigerschatten aktivieren*.

Den Mauszeiger besser sichtbar machen

Auf großen Bildschirmen ist es nicht immer leicht, den kleinen Mauszeiger zu entdecken. Windows XP bietet zwei Gegenmaßnahmen: die Mausspur und die Positionsortung. Daneben können Sie den Mauszeiger ausblenden lassen, wenn er gerade nicht gebraucht wird.

- Mausspur: die Maus zieht einige Schattenzeiger hinter sich her. So wird die Mausbewegung auch auf trägen oder schlecht lesbaren LCD-Panels sichtbar.
- Positionsortung: drücken Sie Strg, dann erscheinen konzentrische Kreise um den Mauszeiger und weisen so auf die Position des Mauszeigers hin.

So wählen Sie diese Optionen:

1. Wählen Sie im Startmenü *Systemsteuerung*, und öffnen Sie das Modul *Maus*. Das Fenster *Eigenschaften von Maus* öffnet sich.
2. Aktivieren Sie die Registerkarte *Zeigeroptionen*. Wählen Sie im Bereich *Sichtbarkeit* die Option *Mausspur anzeigen*, und geben Sie dahinter die Länge der Mausspur an.
3. Aktivieren Sie im Bereich *Sichtbarkeit* die Option *Zeigerposition beim Drücken der STRG-Taste anzeigen*. Drücken Sie nun Strg, dann zeigt Windows XP die Mausposition an.
4. Aktivieren Sie im Bereich *Sichtbarkeit* die Option *Zeiger bei Tastatureingaben ausblenden*. Die Maus wird jetzt unsichtbar, solange Sie Text eingeben.

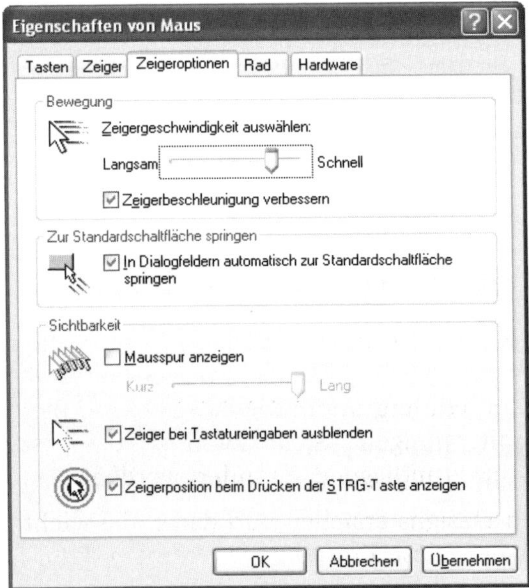

Abbildung 4.20: *Zahlreiche neue Funktionen erleichtern die Mausbedienung erheblich*

Maussteuerung präziser machen

Haben Sie Schwierigkeiten, die richtigen Objekte mit der Maus »anzupeilen«, dann verbessern Sie die Maus-Navigation! Auf Wunsch springt die Maus in Dialogfeldern automatisch zur vorgewählten Schaltfläche, sodass Sie nur noch zu klicken brauchen. Die Maussteuerung selbst lässt sich ebenfalls feinjustieren.

1. Wählen Sie im Startmenü *Systemsteuerung*, und öffnen Sie das Modul *Maus*. Das Fenster *Eigenschaften von Maus* öffnet sich.
2. Aktivieren Sie die Registerkarte *Zeigeroptionen*. Wählen Sie im Bereich *Zur Standardschaltfläche springen* die Option *In Dialogfeldern automatisch zur Standardschaltfläche springen*, wenn Sie wollen, dass die Maus automatisch zur vorgewählten Schaltfläche in Dialogfeldern springt.
3. Aktivieren Sie im Bereich *Bewegung* die Option *Zeigerbeschleunigung verbessern*, wenn Sie eine präzisere Maussteuerung wünschen. In den meisten Fällen müssen Sie zusätzlich die Zeigergeschwindigkeit mit dem Schieberegler erhöhen: ziehen Sie den Regler dazu nach rechts.

Verfügt Ihre Maus über ein Rädchen, dann aktivieren Sie die Registerkarte *Rad*. Jetzt können Sie festlegen, was passieren soll, wenn Sie am Rad drehen. Aktivieren Sie im Bereich *Bildlauf* die Option *Folgende Anzahl Zeilen:*, und geben Sie an, um wie viel Zeilen der Bildschirminhalt gescrollt werden soll, wenn Sie das Rad bewegen. Nicht alle Programme unterstützen Mausräder. Sie werden das Mausrad deshalb nur in manchen Programmfenstern wirklich nutzen können.

Windows besser aussehen lassen

Der schnellste Weg, den Windows Desktop in neuem Licht erscheinen zu lassen, sind Desktop Designs. Desktop Designs fassen alle Detaileinstellungen wie zum Beispiel Hintergrundbild und Cursorformen in einem Paket zusammen. Mit wenigen Klicks kann so das visuelle Erscheinungsbild des Desktops grundlegend verändert werden.

TIPP Firmen können ihre eigenen Designs erstellen und darin alle wichtigen Einstellungen zusammenfassen. Diese Einstellungen können dann über Themes-Dateien an alle Windows XP-Rechner im Unternehmen weitergegeben werden.

Ein Design verwenden

So weisen Sie dem Desktop ein neues Design-Paket zu:

1. Klicken Sie mit der rechten Maustaste auf eine freie Stelle des Desktops und wählen Sie *Eigenschaften*, oder öffnen Sie das Modul *Anzeige* aus der Systemsteuerung.
2. Aktivieren Sie die Registerkarte *Designs*.
3. Wählen Sie das gewünschte Design aus der Liste *Designs* aus, und klicken Sie auf *Übernehmen*. Das Erscheinungsbild des Desktops wird geändert.

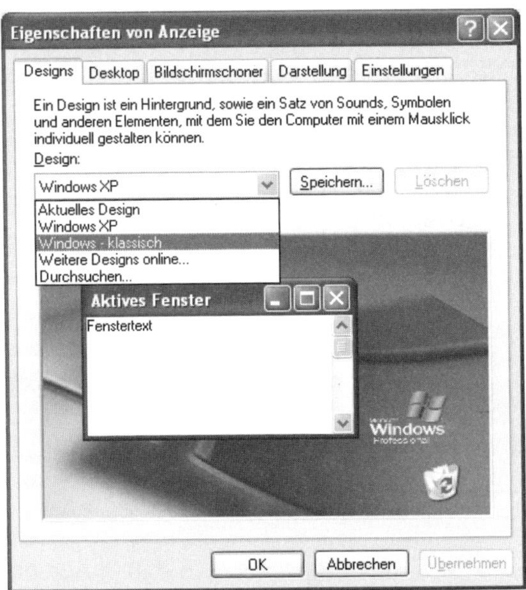

Abbildung 4.21: *Klassisches Windows-Design gefällig? Über Designs eine Sache von Sekunden*

Die Liste enthält neben vorgefertigten Designs einige besondere Befehle:

Befehl	Bedeutung
Aktuelles Design	Das aktuell zugewiesene Design
Weitere Designs online	Stellt eine Internetverbindung her und öffnet die Design-Webseite von Microsoft, von wo weitere Design-Pakete heruntergeladen werden können
Durchsuchen	Öffnet ein Dialogfeld, um weitere Designs auszuwählen, die in anderen Ordnern gespeichert sind

Tabelle 4.2: *Besondere Befehle in der Designs-Auswahlliste*

Eigene Designs erstellen

Neben den vorgefertigten Designs können Sie auch eigene maßgeschneiderte Designs entwerfen. Dazu ändern Sie zunächst die Einzelaspekte Ihres Desktop-Designs. Schauen Sie in den folgenden Abschnitten zum Beispiel, wie Sie Hintergrundbild oder Schriftgröße des Desktops ändern.

Sobald Ihr Desktop wie gewünscht aussieht, kehren Sie zurück zur Registerkarte *Design* und klicken auf *Speichern*. Geben Sie einen Namen für Ihr neues Design an. Es erscheint zusammen mit den übrigen Designs in der Ausklappliste.

Exkurs

Schauen Sie sich Schritt für Schritt an, wie ein eigenes Desktop-Design entsteht:

1. Klicken Sie mit der rechten Maustaste auf eine freie Stelle des Desktops und wählen Sie *Eigenschaften*. Aktivieren Sie dann die Registerkarte *Designs*, und wählen Sie das Design aus, das Ihrem Geschmack am nächsten kommt.
2. Klicken Sie auf *Übernehmen*. Das neue Design wird aktiviert. Rufen Sie die Registerkarte *Desktop* auf, und suchen Sie sich ein anderes Hintergrundbild aus. Klicken Sie auf *Übernehmen*. Das neue Hintergrundbild erscheint.
3. Aktivieren Sie erneut die Registerkarte *Designs*. In der Liste *Designs* steht nun *Geändertes Design*, denn Sie haben Details des Designs (das Hintergrundbild) verändert.
4. Klicken Sie auf *Speichern*, um Ihr geändertes Design unter einem neuen Namen zu speichern. Der Ordner *Eigene Dateien* wird geöffnet. Geben Sie ins Feld *Dateiname* einen Namen für das neue Design ein, zum Beispiel `test`. Klicken Sie auf *Speichern*.
5. Der neue Name erscheint in der *Designs*-Liste. Wählen Sie ein anderes Design aus der Liste aus, und klicken Sie auf *Übernehmen*. Das neue Design wird aktiviert.
6. Wählen Sie in der *Designs*-Liste Ihr eben gespeichertes neues Design namens »Test« aus, und klicken Sie auf *Übernehmen*. Ihr neues Design ist wieder da, kann also jederzeit reaktiviert werden. Schließen Sie das Dialogfeld.
7. Öffnen Sie das Startmenü, und klicken Sie rechts oben auf *Eigene Dateien*. Ihr persönlicher Ordner öffnet sich. Im Ordner liegt Ihr neues Design namens »Test«. Öffnen Sie die Datei.

8. Das *Designs*-Dialogfeld öffnet sich automatisch, und falls das Fenster zuvor nicht bereits geöffnet war, wird in der *Designs*-Liste das von Ihnen geöffnete Design angezeigt.
9. Klicken Sie auf *OK*, um das Design zu übernehmen. Sie können also direkt von einer *themes*-Datei ins Dialogfeld gelangen und dieses Design aktivieren. Schließen Sie das Dialogfeld.
10. Kehren Sie zurück in den Ordner *Eigene Dateien*. Ziehen Sie Ihre Design-Datei aus dem Ordner *Eigene Dateien* auf den Desktop. Sollte die Datei dabei nicht aus dem Ordner *Eigene Dateien* verschwinden, dann wissen Sie, dass Desktop und der Ordner *Eigene Dateien* auf unterschiedlichen Laufwerken gespeichert sind. Löschen Sie in diesem Fall zusätzlich Ihre Design-Datei im Ordner *Eigene Dateien* per Rechtsklick und *Löschen*.
11. Öffnen Sie erneut das *Designs*-Dialogfeld über einen Rechtsklick auf eine freie Stelle des Desktops und *Eigenschaften*. Aktivieren Sie die Registerkarte *Designs*.
12. Ihr neues Design erscheint nicht mehr in der Liste *Designs*. In dieser Liste werden nur *themes*-Dateien angezeigt, die sich im Ordner *Eigene Dateien* befinden.

Technische Information zu Designs

Designs liegen als Datei mit der Extension *.theme* vor. Eigene Designs, die Sie über Speichern angelegt haben, werden im Ordner *Eigene Dateien* gespeichert. Diese Design-Dateien können Sie anschließend leicht an andere Computerbenutzer weitergeben. Diese brauchen die Designs nur in ihrem *Eigene Dateien*-Ordner zu speichern und können das Design anschließend wie oben beschrieben aktivieren.

Design-Dateien enthalten nur die eigentlichen Konfigurationseinstellungen, aber nicht die Ressourcen. Legt das Design zum Beispiel ein neues Hintergrundbild fest, dann ist das neue Hintergrundbild nicht Teil des Designs und erscheint nur dann wie gewünscht, wenn das Hintergrundbild auf dem betreffenden Computer vorhanden ist.

Möchten Sie also Designs an andere weitergeben, dann denken Sie daran, auch alle damit verbundenen Ressourcen wie Bilder oder Cursortypen mitzuliefern.

Klassische Verschönerungen für den Desktop

Viele Verschönerungsmöglichkeiten des Desktops sind aus älteren Windows-Versionen sattsam bekannt. Diese Möglichkeiten gibt es auch bei Windows XP. Sie werden hier kurz zusammengefasst:

TIPP Alle Einstellungen erreichen Sie, indem Sie mit der rechten Maustaste auf eine freie Stelle des Desktops klicken und Eigenschaften wählen. Aktivieren Sie dann im Dialogfeld die in der folgenden Tabelle angegebene Registerkarte.

Tabelle 4.3: *Verschönerungsmöglichkeiten, die es bei älteren Windows-Versionen auch schon gab*

Aktion	Registerkarte	Bemerkungen
Desktop-Farbe ändern	Desktop	Suchen Sie die Farbe in der Ausklappliste *Farbe* aus. Desktop-Farben erscheinen nur, wenn kein Hintergrundbild aktiv ist.
Hintergrundbild	Desktop	Suchen Sie sich das Hintergrundbild in der Liste *Hintergrund* aus, oder klicken Sie auf *Durchsuchen*, um eine Grafik anzugeben, die in einem anderen Ordner liegt. Mit der Liste *Ausrichtung* legen Sie fest, ob die Grafik musterartig, in Originalgröße oder auf die Desktopgröße angepasst dargestellt werden soll.
Farben der Fenster, Schriftarten, Feineinstellungen	Darstellung	Suchen Sie sich ein Schema aus der Liste *Fenster und Schaltflächen* aus, und schauen Sie sich das Resultat per Klick auf *Übernehmen* an. Möchten Sie ein Schema feinjustieren, dann klicken Sie auf *Erweitert*, klicken im schematisierten Desktop auf das gewünschte Element und nehmen die Feineinstellung vor.

Ungewöhnliche Tricks mit Hintergrundbildern

Hintergrundbilder lassen sich auch direkt über die gewünschten Bilder aktivieren. So gehen Sie vor:

1. Wählen Sie im Startmenü *Suchen*, und wählen Sie die Option *Dokumente*. Geben Sie ins Suchfeld ein: `*.jpg`. Starten Sie die Suche über einen Klick auf *Suchen*.
2. Windows sucht nun alle *Jpeg*-Grafiken heraus, die sich auf Ihrem System befinden. Das Suchen-Fenster zeigt die Grafiken als Vorschau.

3. Möchten Sie eine Grafik als neues Desktop-Hintergrundbild verwenden, dann klicken Sie die Grafik mit der rechten Maustaste an und wählen Sie *Als Desktophintergrund verwenden*.
4. Feineinstellungen können Sie anschließend wie gewohnt im *Desktop*-Register des Anzeige-Fensters vornehmen.

Ähnliches ist mit Bildern möglich, die Sie im Internet gefunden haben. Gefällt Ihnen eine Grafik, die auf einer Webseite im Internet Explorer angezeigt wird? Dann klicken Sie die Grafik mit der rechten Maustaste an, und wählen Sie *Als Desktophintergrund verwenden*. Die Grafik wird automatisch auf Ihren Rechner kopiert und als neues Hintergrundbild aktiviert.

Das Malprogramm Paint bietet außerdem in seinem *Datei*-Menü die Befehle *Als Hintergrund (Fläche)* und *Als Hintergrund (Zentriert)*. Damit werden selbstgemalte Hintergrundbilder möglich. Beide Befehle stehen allerdings erst dann zur Verfügung, wenn Sie das Bild gespeichert haben.

Und auch eingescannte Bilder oder Fotos aus einer Digitalkamera lassen sich leicht zum neuen Desktop-Hintergrundbild machen.

Ungewöhnliche Tricks mit Darstellungs-Optionen

Über die Registerkarte *Darstellung* haben Sie allerfeinste Kontrolle über alle Fensterelemente und Desktop-Elemente. Wie weitreichend diese Kontrolle geht, schauen Sie sich am besten selbst an:

1. Klicken Sie mit der rechten Maustaste auf eine freie Stelle des Desktops, und wählen Sie *Eigenschaften*.
2. Aktivieren Sie die Registerkarte *Darstellung*, und suchen Sie sich in der Liste *Fenster und Schaltflächen* das Schema *Windows – klassisch* aus.

TIPP Die folgenden Feinabstimmungen werden nur beim Schema *Windows – klassisch* unterstützt.

3. Suchen Sie sich das passende Farbschema aus der Liste *Farbschema* aus.
4. Klicken Sie auf *Erweitert*. Klicken Sie dann im schematisierten Desktop auf das Element *Aktives Fenster*. In der Liste *Element* erscheint dessen Name: *Titelleiste des aktiven Fensters*.

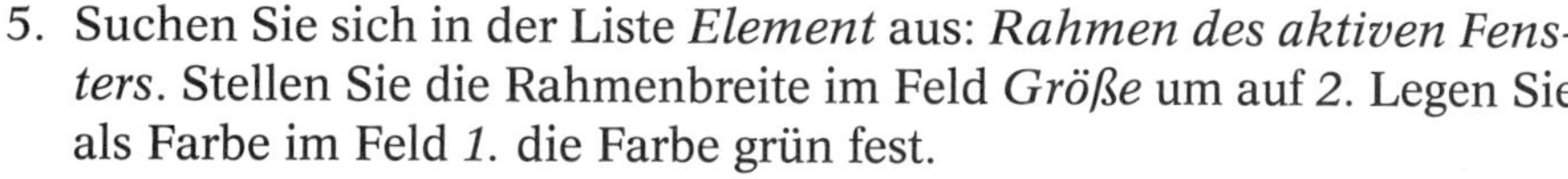

5. Suchen Sie sich in der Liste *Element* aus: *Rahmen des aktiven Fensters*. Stellen Sie die Rahmenbreite im Feld *Größe* um auf *2*. Legen Sie als Farbe im Feld *1.* die Farbe grün fest.
6. Wählen Sie sich in der Liste *Element* aus: *Rahmen des inaktiven Fensters*. Legen Sie als Farbe im Feld *1.* die Farbe rot fest.
7. Klicken Sie auf *OK* und *Übernehmen*. Die Einstellungen werden aktiviert.

Ab sofort haben inaktive Fenster einen roten Fensterrahmen und das aktive Fenster einen grünen.

Möchten Sie die Voreinstellungen zurückbekommen, dann aktivieren Sie die Registerkarte *Designs* und wählen in der *Designs*-Liste aus: *Aktuelles Design*. Klicken Sie auf *Übernehmen*.

Große Schriftarten

Haben Sie die Bildschirmauflösung stark erhöht oder können Sie die Schrift auf dem Desktop aus anderen Gründen nicht bequem lesen? So einfach werden Schriften vergrößert:

1. Klicken Sie mit der rechten Maustaste auf eine freie Stelle des Desktops, und wählen Sie im Kontextmenü *Eigenschaften*.
2. Aktivieren Sie die Registerkarte *Darstellung*. Stellen Sie in der Liste *Schriftgrad* die gewünschte Schriftgröße ein, zum Beispiel *Sehr große Schriftarten*.
3. Klicken Sie auf *Übernehmen*. Die Schriften erscheinen nun in stark vergrößerten Buchstaben, sowohl auf dem Desktop als auch in den Menüs und Titelleisten der Fenster.

Desktop-Systemsymbole einblenden

Anders als bei früheren Windows-Versionen liegen auf dem Desktop bis auf den Papierkorb keine Systemsymbole mehr. Der Desktop kann komplett von Ihnen gestaltet werden. Dennoch haben sich viele Anwender an Systemsymbole wie *Arbeitsplatz* oder die *Netzwerkumgebung* auf dem Desktop gewöhnt. Deshalb können Sie solche Systemsymbole nachträglich jederzeit wieder auf den Desktop einblenden:

1. Klicken Sie mit der rechten Maustaste auf eine freie Stelle des Desktops, und wählen Sie *Eigenschaften*.
2. Aktivieren Sie die Registerkarte *Desktop*, und klicken Sie auf *Desktop anpassen*.

3. Im oberen Bereich *Desktopsymbole* haben Sie nun die Möglichkeit, *Arbeitsplatz* oder *Netzwerkumgebung* wieder einzublenden.

4. Möchten Sie den Systemsymbolen ein anderes Aussehen geben, dann suchen Sie das Symbol in der Liste darunter aus, und klicken auf *Anderes Symbol*. Mit *Wiederherstellen* wird das Originalsymbol wiederhergestellt.

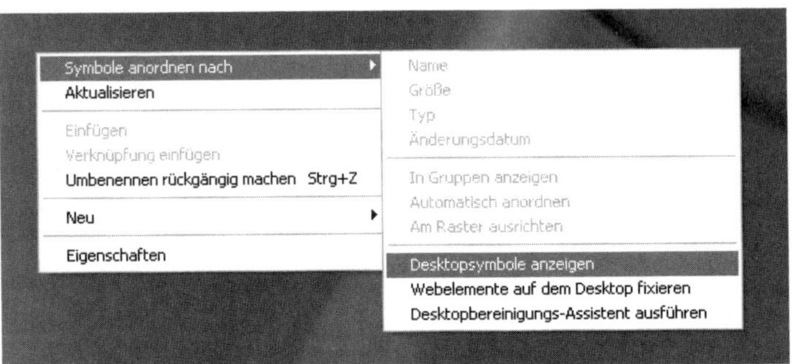

Abbildung 4.22: *Alle Desktop-Symbole ausblenden*

TIPP

Möchten Sie sämtliche Desktopsymbole zeitweise ausblenden, weil Sie zum Beispiel Ihr Desktop-Hintergrundbild genießen oder Webinhalte sehen wollen? Dann klicken Sie mit der rechten Maustaste auf eine freie Stelle des Desktops und wählen im Kontextmenü *Symbole anordnen nach/Desktopsymbole anzeigen*. Über denselben Befehl werden die Desktopsymbole auch wieder sichtbar gemacht.

Geheime Desktop-Einstellungen

Neben den allgemeinen Desktop-Einstellungen gibt es zahlreiche weitere Einstellmöglichkeiten, die aber weitestgehend im Verborgenen liegen. Wo Sie diese Feineinstellungen und geheimen Hebel finden, lesen Sie jetzt.

Tabelle 4.4: *Versteckte Einstellungen, um den Desktop zu gestalten*

Einstellmöglichkeiten	Wie Sie hingelangen
Effekte für Menüs, Fenster mit vollem Inhalt verschieben, Menüschatten	Rechtsklick auf Desktop, *Eigenschaften*, Registerkarte *Darstellung*, Schaltfläche *Effekte*
Fensteranimationen, Transparente Beschriftungen auf dem Desktop	*Systemsteuerung*/Modul *System*/Registerkarte *Erweitert*/Schaltfläche *Einstellungen* im Bereich *Systemleistung*
Elemente auf dem Desktop ausblenden, Verbote und Einschränkungen wie zum Beispiel Active Desktop abschalten	Gruppenrichtlinien (▶ Kapitel 20)

Uhrzeit und Datum einstellen

Die Uhrzeit und das Datum lassen sich jederzeit anpassen, indem Sie die Uhr am rechten Ende der Taskleiste doppelklicken. Allerdings wacht Windows XP darüber, wer an der Uhr dreht. Nur Administratoren sind dazu berechtigt, weil Uhrzeit und Datum systemweite Einstellungen sind, die alle Benutzer betreffen, und weil ein in einer Active Directory-Domäne eingebundener Computer durch falsche Uhrzeit sogar Schaden anrichten kann.

Auf Wunsch hält Windows XP die Uhrzeit über das Internet sogar sekundengenau aktuell. Dazu doppelklicken Sie auf die Uhrzeitanzeige in der Taskleiste und klicken dann auf das Register *Internetzeit*.

Ein neues Fenster erscheint und meldet, wann – wenn überhaupt – Windows XP die Uhrzeit das nächste Mal mit einem Zeitserver des Internets abgleicht. Per Klick auf *Jetzt aktualisieren* wird die Uhrzeit sofort angepasst. Voraussetzung dafür ist, dass Sie über eine Internetverbindung verfügen und wenigstens das Datum stimmt.

Geht die Uhrzeit Ihres Rechners ständig falsch, dann muss die interne BIOS-Puffer-Batterie gewechselt werden.

Ob die Taskleiste überhaupt eine Uhr anzeigt, bestimmen Sie per Rechtsklick auf eine freie Stelle der Taskleiste und *Eigenschaften*. Schalten Sie die Option *Uhr anzeigen* ein oder aus.

Windows-Feineinstellungen auf andere Computer übertragen

Verwenden Sie mehr als einen Computer, dann wird es lästig, zig Feineinstellungen für alle Rechner zum Beispiel eines Schulungsraumes von Hand immer und immer wieder neu einzustellen. Für solche Zwecke gibt es die Gruppenrichtlinien.

Gruppenrichtlinien fassen alle Einstellungen in einem Set zusammen. Setzen Sie einen Domänencontroller ein, dann können Sie Gruppenrichtlinien einzelnen Benutzern oder Abteilungen zuweisen. Ohne Domänencontroller können Sie zumindest eine gemeinsame Gruppenrichtlinie für alle Benutzer einsetzen und diese auch auf andere Computer übertragen.

Ein weiterer Vorteil der Gruppenrichtlinien: alle hier getroffenen Einstellungen sind besonders geschützt und können nur von Administratoren verändert werden. Schüler in einem Schulungsraum haben so schlechte Karten, die einmal verhängten Einschränkungen und Anpassungen wieder eigenmächtig auszuhebeln.

Desktop-Einstellungen in den Gruppenrichtlinien

Die Einstellmöglichkeiten, die die Gruppenrichtlinien bieten, gehen in vielen Bereichen über das weit hinaus, was die Dialogfelder anzubieten haben. Schauen Sie sich zum Beispiel an, welche Feineinstellungen die Gruppenrichtlinien für den Desktop erlauben:

1. Wählen Sie im Startmenü *Ausführen* und geben Sie ein: `gpedit.msc` Eingabe. Das Fenster *Gruppenrichtlinie* öffnet sich.
2. Expandieren Sie links den Zweig *Benutzerkonfiguration/Administrative Vorlagen/Desktop*. Klicken Sie auf *Desktop*. Rechts sehen Sie bereits eine Vielzahl von Regeln.
3. Öffnen Sie die Regel *Papierkorbsymbol vom Desktop entfernen* per Doppelklick. Das Fenster *Eigenschaften von Papierkorbsymbol vom Desktop entfernen* öffnet sich.
4. Aktivieren Sie die Registerkarte *Erklärung*. Das Fenster erklärt Ihnen nun detailliert, was diese Regel bewirkt und wie sie eingestellt wird.

Gruppenrichtlinien auf andere Computer übertragen

Die Gruppenrichtlinien-Einstellungen, die Sie mit dem Gruppenrichtlinien-Editor vornehmen, wirken sich bei der nächsten Benutzeranmeldung aus. Intern speichert Windows XP die Einstellungen in zwei *Registry.pol*-Dateien, und diese Dateien können Sie auch auf andere Windows XP-Rechner übertragen, um dort ebenfalls die konfigurierten Einstellungen wirksam werden zu lassen. Im Detail wird dies in ▶ Kapitel 20 beschrieben.

Oder aber Sie konfigurieren das Gruppenrichtlinien-Snap-In so, dass es nicht die Einstellungen Ihres eigenen Computers anzeigt, sondern einen fremden Computer verwaltet. Wie dies geschieht, wird in ▶ Kapitel 20 beschrieben.

Teil B Windows XP verwenden

In diesem Teil lernen Sie den Umgang mit Programmen und Dateien kennen. Einige mitgelieferte Windows XP Zusatzprogramme für Multimedia werden ausführlich vorgestellt:

- In ▶ Kapitel 5 erfahren Sie, wie neue Programme hinzuinstalliert und alte Programme entfernt werden. Hier lernen Sie auch den Windows Installer und die mitgelieferten Zubehör-Programme kennen. Auch die neuen Sicherheitsoptionen werden ausführlich beschrieben, die es Ihnen erstmals ermöglichen festzulegen, welche Programme einzelne Benutzer ausführen dürfen und welche nicht.
- Das ▶ Kapitel 6 erläutert den Umgang mit Dateien und Ordnern. Hier lesen Sie, mit welchen neuen Funktionen wie zum Beispiel den Ordner-Aufgabenlisten Windows XP die Arbeit mit abgespeicherten Dokumenten stark vereinfacht. Auch die neuen Ansicht-Optionen des Explorers wie zum Beispiel die Kategorienansicht und der eingebaute CD-ROM-Brenner werden Ihnen in diesem Kapitel vorgestellt.
- Die Welt des Multimedia mit DVD-Video, Internetradio und Audio-CD-Erstellung sind Thema im ▶ Kapitel 7. Lernen Sie kennen, welche neuen Möglichkeiten Ihnen der Windows Media Player eröffnet und wie Sie den PC zur zentralen Medienbibliothek ausbauen.

5 Programme starten, installieren und verwalten

B

Programme sind das Herz von Windows XP: mit Programmen erledigen Sie Ihre Aufgaben, und die auf Ihrem Computer installierten Programme entscheiden, wie flexibel Sie den Computer ausnutzen können.

Vor der Nutzung steht bei den meisten Programmen die Installation. Hierbei werden nicht nur die Programmdateien auf die Festplatte kopiert, sondern zahlreiche Feineinstellungen in der internen Windows-Registry vermerkt. Lesen Sie in diesem Kapitel, wie Programme mit klassischen Installationsprogrammen und dem neuen *Windows Installer* installiert werden, und wie Sie auch ältere Programme mit Hilfe des Kompatibilitätsmodus bei Windows XP installieren können.

Verwenden Sie Windows XP in der Firma oder in Schulungsumgebungen, dann werden die Softwareeinschränkungen wichtig: damit hier nicht jeder munter x-beliebige Programme installiert und ausführt, können Administratoren ganz genau bestimmen, welche Programme erlaubt sind und welche nicht. Zudem kann das Benutzerprofil so eingestellt werden, dass Programme, die in den privaten Ordnern des Benutzers gespeichert sind, nicht mehr ausgeführt werden. Selbst wenn sich also ein Benutzer die neuesten Spiele aus dem Internet lädt, kann er diese nur noch speichern, nicht mehr ausführen.

Ebenfalls wichtig ist die Überwachung laufender Programme. Hierbei finden Sie nicht nur heraus, welche Programme die meiste Prozessorleistung verschlingen, Sie können Programmen auch andere Prioritäten zuweisen und Videobearbeitungssoftware zum Beispiel in *Echtzeit*-Priorität ausführen. Aufgehängte Programme, die nicht mehr reagieren, lassen sich natürlich aus dem Speicher entfernen. Das alles funktioniert nicht nur lokal, sondern auch ferngesteuert auf anderen Systemen.

Brauchen Sie häufig immer wieder dieselben Programme, dann schauen Sie sich außerdem die vielfältigen Möglichkeiten an, Programme automatisch zu starten. Dazu gehört nicht nur die altbekannte *Autostart*-Gruppe. Programme können über An- und Abmeldeskripte auch automatisiert bei der Anmeldung eines Benutzers oder beim Herunterfahren des Rechners ausgeführt werden. Auf diese Weise ließe sich der Computer zum Beispiel defragmentieren, bevor er sich nach dem Herunterfahren abschaltet. Ein Beispiel dazu finden Sie später in diesem Kapitel.

Professionelle Nutzer finden außerdem Informationen über Dienste, also spezielle Programme, die auch ohne Benutzeranmeldung laufen und allgemeine Dienstleistungen bereitstellen. Hier erfahren Sie auch, wie Sie normale Programme unter anderen Benutzerkonten ausführen können.

TIPP

Möchten Sie nur wissen, wie Sie Programme möglichst bequem und effektiv starten, dann schauen Sie in ▶ Kapitel 3.

Neue Programme installieren

Fast alle neuen Programme müssen zunächst installiert werden, bevor sie verwendet werden können. Bei der Installation werden nicht nur die Programmdateien auf die Festplatte übertragen, sondern auch vielfältige Feineinstellungen des Programms in die Registry eingetragen.

Die benutzerspezifischen Feineinstellungen werden in der Registry im Zweig *HKEY_CURRENT_USER – Software – Herstellername – Programmname* gespeichert, die allgemeinen Einstellungen im Zweig *HKEY_LOCAL_MACHINE – Software – Herstellername – Programmname.*

Programminstallationen waren bei älteren Windows-Versionen kritisch, weil die Installation eines neuen Programms Einfluss auf andere schon installierte Programme haben konnte. Häufig tauschten Programme gemeinsam genutzte Systemkomponenten gegen neuere Versionen aus, und ältere Programme hatten anschließend Schwierigkeiten, mit diesen neuen Versionen zurechtzukommen. Das Ergebnis waren Abstürze und Schutzverletzungen.

Windows XP kennt solche Probleme nicht mehr. Einerseits hat es aufgerüstet und setzt eine ganze Armada von Schutzmechanismen ein, um zu verhindern, dass Programminstallationen allgemein genutzte Programmteile oder Einstellungen verändern (▶ Seite 130). Andererseits müssen alle mit dem Windows 2000- oder Windows XP-Logo versehenen Programme den neuen *Windows Installer* Dienst zur Installation einsetzen.

Programme manuell installieren

Beinahe alle modernen Programme werden auf CD oder DVD ausgeliefert und sind mit einem Autoplay-Programm ausgerüstet: sobald Sie die CD oder DVD ins Laufwerk legen, startet bereits der Installationsprozess.

Sollte dies nicht geschehen, dann kann die Installation auch von Hand gestartet werden:

1. Wählen Sie im Startmenü *Systemsteuerung*, und öffnen Sie das *Software*-Modul. Das Fenster *Software* öffnet sich.
2. Klicken Sie in der linken Spalte auf *Neue Programme hinzufügen*. Klicken Sie dann rechts auf die Schaltfläche *CD oder Diskette*. Das Fenster *Programm von Diskette oder CD installieren* öffnet sich.
3. Legen Sie nun die Programm-CD ins Laufwerk, und entfernen Sie alle übrigen Datenträger aus Wechselplattenlaufwerken. Dann klicken Sie auf *Weiter*.
4. Windows XP durchsucht nun die eingelegten Datenträger auf typische Installationsdateien. Konnten Installationsprogramme gefunden werden, dann beginnt die Programminstallation. Nur falls der Assistent keine typischen Installationsdateien finden konnte, werden Sie aufgefordert, selbst den Namen des Installationsprogramms anzugeben.

TIPP Klicken Sie auf die Schaltfläche *Windows Update* und verfügen Sie über einen Internetanschluss, dann werden Sie mit der Update-Seite von Microsoft verbunden. Von hier aus können Sie kostenlos weitere Zubehörprogramme für Windows XP nachinstallieren.

Exkurs: Der Windows Installer

Vor der Einführung von Windows 2000 herrschte auf dem Sektor der Programminstallationen Anarchie. Jeder Programmhersteller konnte sein eigenes Installationsprogramm entwerfen, und die Folge waren nicht nur verwirrende Bedienung der Installationsoberflächen, sondern auch unsaubere Installationen und noch unsauberere Deinstallationen.

Aus diesem Grund hat Microsoft den *Windows Installer* eingeführt, ein neues und einheitliches Verfahren, um Software auf Windows-Rechnern zu installieren und sauber zu deinstallieren. Zwar können Sie nach wie vor auch konventionelle *Setup.exe*-Installationsprogramme zur Installation einsetzen. Sicherer aber ist die Verwendung der neuen *Windows Installer*-Pakete mit der Extension *.msi*.

TIPP

.msi-Softwarepakete können über die Gruppenrichtlinien automatisch ferninstalliert werden. Dies ist besonders bei Netzwerken mit Domänencontroller sinnvoll: sobald sich ein Benutzer anmeldet, dem eine bestimmte Software noch fehlt, wird sie auf seinem Rechner ohne Zutun des Administrators vollautomatisch von einem Netzwerkshare installiert.

Übersicht: welche Programme sind installiert?

Möchten Sie sich einen Überblick darüber verschaffen, welche Programme augenblicklich auf Ihrem Computer installiert sind, dann klicken Sie in der linken Spalte des *Software*-Fensters auf *Programme ändern oder entfernen*.

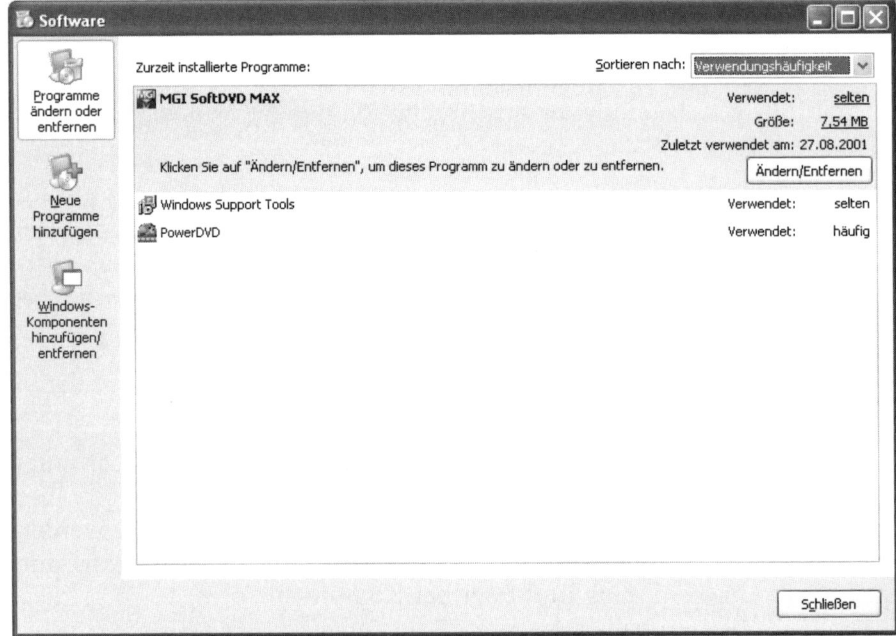

Abbildung 5.1: *Übersichtlich alle installierten Programme und deren Verwendungshäufigkeit sehen*

Jetzt sehen Sie eine Liste der gesamten Software, die auf Ihrem Rechner installiert ist.

- Über das Feld *Sortieren nach* kann die Liste sortiert werden. Wählen Sie hier *Verwendungshäufigkeit*, dann zeigt die Liste selten genutzte Programme zuerst an. Geht der Speicherplatz der Festplatte zur Neige, dann prüfen Sie, ob Sie die selten genutzten Programme überhaupt noch brauchen.
- Klicken Sie einen Eintrag in der Liste an, dann erscheint entweder eine Schaltfläche namens *Ändern/Entfernen*. Sie wissen dann, dass dieses Programm nicht über den Windows Installer installiert wurde. Ein Klick auf die Schaltfläche startet das herstellereigene Installationsprogramm, das die Software entfernt und möglicherweise auch Optionen zur Nachinstallation von Features bietet. Erscheinen hingegen zwei separate Schaltflächen namens *Ändern* und *Entfernen*, dann wurde diese Software vom Windows Installer installiert. Änderungen an den Software-Einstellungen und Deinstallation der Software werden vom Installer separat verwaltet.

Software deinstallieren

Benötigen Sie Programme nicht mehr, dann sollten Sie sie entfernen. Das spart nicht nur Speicherplatz, sondern beschleunigt auch das System. Viele Programme starten still und heimlich beim Windows-Start mit und stellen Dienstleistungen zur Verfügung. Einige Programme übertragen sogar regelmäßig Nutzungsdaten ins Internet. Jedes installierte Programm, das Sie eigentlich überhaupt nicht benötigen, ist überflüssiger Ballast und ein potenzielles Sicherheitsrisiko.

Um ein Programm permanent zu löschen, wählen Sie im *Software*-Fenster *Programme ändern oder entfernen*, klicken das betreffende Programm in der Liste an und klicken dann auf *Entfernen* bzw. *Ändern/Entfernen*.

Ist die *Entfernen*-Schaltfläche vorhanden, dann wird das Programm vom *Windows Installer* beseitigt. Hier ist eine saubere Deinstallation fast immer gewährleistet.

Wird eine *Ändern/Entfernen*-Schaltfläche angezeigt, dann übernimmt ein herstellereigenes Programm die Deinstallation. Häufig bleiben hierbei Daten auf dem Rechner zurück oder können nicht entfernt werden, weil sie in Benutzung sind. Oft braucht das Deinstallationsprogramm auch Ihre Unterstützung und fragt bei Komponenten nach, ob es diese wirklich entfernen soll. Das passiert immer dann, wenn das zu entfernende Programm gemeinsam genutzte Komponenten verwendet hat, die also auch von anderen Programmen mitgenutzt werden dürfen. Hier ist es überhaupt nicht einfach zu entscheiden, ob die Komponente tatsächlich gelöscht werden soll. Möglicherweise kann anschließend ein anderes Programm dann ebenfalls nicht mehr ausgeführt werden.

Solchen Problemen gehen Sie künftig aus dem Weg, wenn Sie Software mit dem Windows 2000- oder Windows XP-Logo einsetzen. Solche Programme verwenden immer den *Windows Installer*, der automatisch dafür sorgt, dass alle überflüssigen Daten und Eintragungen bei der Deinstallation sicher entfernt werden.

Windows-Zubehörprogramme installieren

Windows XP bringt auf seiner CD eine ganze Reihe von Zusatzfunktionen mit, die nicht auf jedem Computer gebraucht werden. Diese Komponenten werden also nur bei Bedarf hinzuinstalliert. Der Internet Information Server (Webserver) ist ein wichtiges Beispiel.

Welche Zusatzprogramme sind installiert?

Um herauszufinden, welche Windows Zubehörprogramme augenblicklich auf Ihrem System installiert sind, klicken Sie im *Software*-Fenster auf *Windows-Komponenten hinzufügen/entfernen*. Windows benötigt jetzt einige Sekunden, um die Liste zusammenzustellen.

Vor jedem Zubehör, das installiert und betriebsbereit ist, findet sich ein Optionskästchen mit Haken. Besteht das Zubehörpaket intern aus weiteren Paketen, dann kann das Häkchen auf grauem Grund erscheinen. Sie wissen dann, dass dieses Paket nur teilweise installiert ist. Ein Klick auf die Schaltfläche *Details* zeigt dann an, welche Teile ausgewählt sind und welche nicht.

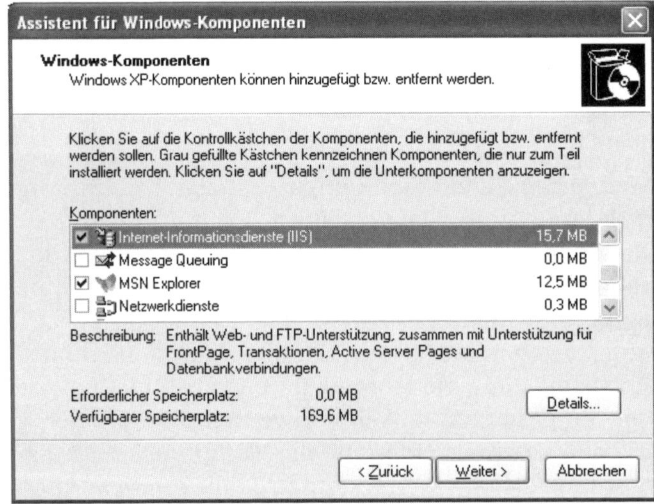

Abbildung 5.2: *Alle mit einem Häkchen versehenen Komponenten sind installiert*

Neue Zubehör-Programme hinzuinstallieren

Um neue Zubehörprogramme hinzuzuinstallieren, genügt es, das Häkchen im Optionskästchen vor der gewünschten Komponente zu setzen. Umgekehrt können auf diese Weise natürlich auch Zubehör-Programme deinstalliert werden, die Sie ohnehin nicht brauchen oder die Sie Anwendern nicht zur Verfügung stellen wollen: beispielsweise die Windows-Spiele wie Solitär.

Die Programme der Programmgruppe *Zubehör* zum Beispiel konfigurieren Sie, indem Sie *Zubehör und Dienstprogramme* wählen, auf *Details* klicken, *Zubehör* wählen, und noch einmal auf *Details* klicken.

Zubehör-Programme verstecken (und sichtbar machen)

Die Liste der Zubehör-Programme, die Ihnen das Dialogfeld anzeigt, ist keineswegs vollständig. Windows XP blendet eine Reihe von Zubehör-Programmen einfach aus, weil es davon ausgeht, dass diese sowieso auf jedem System gebraucht werden.

Umgekehrt wird auch ein Schuh daraus: vielleicht wollen Sie verhindern, dass Mitarbeiter Spiele spielen und haben deshalb die Spiele deinstalliert. Was aber hindert Mitarbeiter daran, die Spiele einfach wieder zu installieren? Zwar könnten Sie die Ausführung der Spiele generell verbieten (▶ Seite 130). Ein mindestens ebenso effektiver Weg wäre aber, die Spiele einfach in der Zubehör-Liste unsichtbar zu machen.

Abbildung 5.3: Sysoc.inf *legt fest, welche Einträge in der Zubehörliste sichtbar sind*

```
sysoc.inf - Editor
Datei Bearbeiten Format Ansicht ?
[Version]
Signature = "$Windows NT$"
DriverVer=07/01/2001,5.1.2526.0

[Components]
NtComponents=ntoc.dll,NtOcSetupProc,,4
WBEM=ocgen.dll,OcEntry,wbemoc.inf,hide,7
Display=desk.cpl,DisplayOcSetupProc,,7
Fax=fxsocm.dll,FaxOcmSetupProc,fxsocm.inf,,7
NetOC=netoc.dll,NetOcSetupProc,netoc.inf,,7
iis=iis.dll,OcEntry,iis.inf,,7
com=comsetup.dll,OcEntry,comnt5.inf,hide,7
dtc=msdtcstp.dll,OcEntry,dtcnt5.inf,hide,7
IndexSrv_System = setupqry.dll,IndexSrv,setupqry.inf,,7
TerminalServer=TsOc.dll, HydraOc, TsOc.inf,hide,2
msmq=msmqocm.dll,MsmqOcm,msmqocm.inf,,6
ims=imsinsnt.dll,OcEntry,ims.inf,,7
fp_extensions=fp40ext.dll,FrontPage4Extensions,fp40ext.inf,,7
AutoUpdate=ocgen.dll,OcEntry,au.inf,hide,7
msmsgs=msgrocm.dll,OcEntry,msmsgs.inf,hide,7
RootAutoUpdate=ocgen.dll,OcEntry,rootau.inf,,7
IEAccess=ocgen.dll,OcEntry,ieaccess.inf,,7


Games=ocgen.dll,OcEntry,games.inf,,7
AccessUtil=ocgen.dll,OcEntry,accessor.inf,,7
CommApps=ocgen.dll,OcEntry,communic.inf,HIDE,7
MultiM=ocgen.dll,OcEntry,multimed.inf,HIDE,7
AccessOpt=ocgen.dll,OcEntry,optional.inf,HIDE,7
Pinball=ocgen.dll,OcEntry,pinball.inf,HIDE,7
MSWordPad=ocgen.dll,OcEntry,wordpad.inf,HIDE,7
ZoneGames=zoneoc.dll,ZoneSetupProc,igames.inf,,7


[Global]
WindowTitle=%WindowTitle%
WindowTitle.StandAlone="*"
```

Welche Komponenten die Zubehörliste anzeigt, bestimmt die Datei *SYSOC.INF*. Schauen Sie doch mal rein!

1. Wählen Sie im Startmenü *Ausführen*, und geben Sie ein: `notepad %windir%\inf\sysoc.inf` Eingabe.
2. In der Kategorie *[Components]* sehen Sie jetzt alle Komponenten, die es gibt. Lautet das vorletzte Argument einer Komponente *HIDE*, dann versteckt Windows sie. Möchten Sie zum Beispiel die Spiele verstecken, dann suchen Sie die Zeile, die mit *Games=* beginnt, und setzen als vorletztes Argument *HIDE*. Die Zeile könnte dann so lauten: *Games=ocgen.dll,OcEntry,games.inf,HIDE,7*
3. Speichern Sie die Datei mit *Datei/Speichern*. Erledigt.

Natürlich könnten auf diese Weise auch ganz neue Elemente in die Zubehör-Liste aufgenommen werden.

Möchten Sie die Zubehör-Liste so ändern, dass die Änderungen schon bei der Windows XP Erstinstallation greifen, dann kopieren Sie den *I386*-Ordnerinhalt der CD auf die Festplatte. Fügen Sie die geänderte *Sysoc.inf*-Datei hinzu, und benennen Sie die vorhandene Datei *Sysoc.in_* um in *Sysoc.bak*. Installieren Sie Windows XP dann aus dem Festplattenordner oder Netzwerkshare.

TIPP Experten können das Tool *Sysocmgr.exe* einsetzen, um die Zubehör-Optionen automatisiert zu ändern.

Programm-Nutzung einschränken

Eins der größten Probleme für Computeradministratoren ist die Einschränkung von bestimmten Programmen. In älteren Windows-Versionen war es nur schwer möglich, Anwendern zu verbieten, bestimmte Programme auszuführen. Zwar konnten die Gruppenrichtlinien die Ausführung bestimmter Programm-Namen verhindern, aber findige Anwender brauchten die Programme nur umzubenennen, um sie doch noch auszuführen.

Windows XP kann die Nutzung unerwünschter Programme wirkungsvoll verhindern. Dazu wird ein Hash des Programms erstellt, der Größe und Inhalt der Programmdatei abstrahiert. Die Programmdatei kann so auch dann noch sicher erkannt werden, wenn sie umbenannt oder an einen anderen Ort kopiert wird.

Darüber hinaus ist es mit Windows XP leicht, die Ausführung bestimmter oder aller Programme von bestimmten Orten aus zu verbieten. Ein Administrator kann so dafür sorgen, dass Anwender nur die offiziellen Programme ausführen können. Programme, die sich die Anwender in ihre eigenen Ordner zum Beispiel aus dem Internet heruntergeladen haben, lassen sich nicht mehr starten.

Softwareeinschränkung aktivieren

Als Vorgabe ist die Softwareeinschränkung deaktiviert. Um die Programmausführung zu überwachen und bestimmte Programme zu verbieten, muss die Softwareeinschränkung zuerst betriebsbereit gemacht werden:

1. Wählen Sie im Startmenü *Systemsteuerung*, öffnen Sie den Ordner *Verwaltung*, und öffnen Sie die *Lokale Sicherheitsrichtlinie*. Das Fenster *Lokale Sicherheitseinstellungen* öffnet sich.
2. Klicken Sie in der linken Spalte auf *Richtlinien für Softwareeinschränkung*. In der rechten Spalte meldet Windows XP, dass keine Richtlinien definiert sind.
3. Klicken Sie mit der rechten Maustaste auf *Richtlinien für Softwareeinschränkung*, und wählen Sie *Neue Richtlinien erstellen*. Die Richtlinien werden eingefügt.
4. Öffnen Sie in der rechten Spalte die Richtlinie *Erzwingen*. Das Fenster *Eigenschaften von Erzwingen* öffnet sich. Aktivieren Sie die Option *Alle Softwaredateien außer Bibliotheken (z. B. DLLs)*, damit nur die Programme selbst kontrolliert werden, aber nicht ihre Grundbausteine, die DLLs. Wollen Sie auch die Verwendung von DLLs kontrollieren, dann ist dafür ein enormer Konfigurationsaufwand nötig. Sie müssten nämlich zuerst analysieren, welche Programme sich welche DLLs teilen, damit sichergestellt ist, dass auch wirklich nur die Programme eingeschränkt werden, die Sie sich ausgesucht haben.
5. Aktivieren Sie die Option *Alle Benutzer außer den lokalen Administratoren*. So sorgen Sie dafür, dass die Einschränkungen nur für normale Benutzer gelten, aber nicht für Administratoren. Klicken Sie auf *OK*.
6. Doppelklicken Sie auf *Designierte Dateitypen*. Das Fenster *Eigenschaften von Designierte Dateitypen* öffnet sich. Sie sehen jetzt eine Liste von Dateiextensionen. Diese Dateitypen werden von Windows überwacht. Über *Hinzufügen* können weitere Dateitypen der Liste zugefügt werden. Klicken Sie auf *OK*.
7. Doppelklicken Sie auf *Vertrauenswürdigen Herausgeber*. Das Fenster *Eigenschaften von Vertrauenswürdigen Herausgebern* öffnet sich.

8. Aktivieren Sie die Option *Administratoren des lokalen Computers*. So ist sichergestellt, dass nur Administratoren bestimmen dürfen, welche Softwarehersteller vertrauenswürdig sind. Klicken Sie auf *OK*.

9. Klicken Sie in der linken Spalte auf Sicherheitsebenen. Doppelklicken Sie dann rechts auf *Nicht eingeschränkt*. Das Fenster *Eigenschaften von Nicht eingeschränkt* öffnet sich.

10. Falls die Schaltfläche *Als Standard wählbar* ist, dann klicken Sie darauf. So wird festgelegt, dass als Standard alle Programme ausführbar sind, die nicht besonders gesperrt wurden. Möchten Sie die Vorgabe umdrehen und nur solche Programme nutzbar machen, die speziell freigeschaltet werden, dann öffnen Sie stattdessen die Richtlinie *Nicht erlaubt* und klicken auf *Als Standard*. Dann allerdings läuft auf dem Rechner fast nichts mehr, und Sie müssten zuerst alle wesentlichen Programme frei schalten.

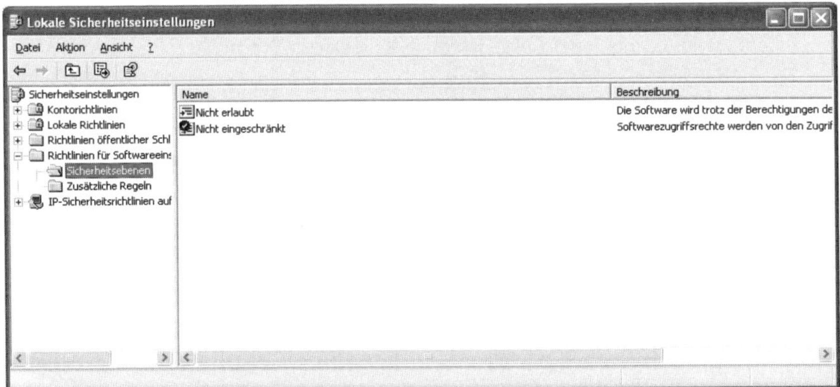

Abbildung 5.4: *Softwareeinschränkung aktivieren*

Ausführung eines Programms verbieten

Wie gehen Sie nun vor, um ein bestimmtes Programm zu sperren? Als Beispiel soll das Programm *Regedit.exe* gesperrt werden. Der Registrierungseditor erlaubt direkten Zugriff auf die Windows-Registry, und auch wenn die sicherheitsrelevanten Schlüssel besonders gesichert sind, sollten normale Anwender dieses Tool nicht verwenden dürfen.

Alle besonderen Sperrungen und Zulassungen werden über den Unterordner *Zusätzliche Regeln* definiert.

1. Um das Programm *Regedit.exe* zu sperren, klicken Sie *Zusätzliche Regeln* mit der rechten Maustaste an und wählen *Neue Hashregel*. Das Fenster *Neue Hashregel* öffnet sich.

2. Klicken Sie auf die Schaltfläche *Durchsuchen*. Ein Fenster erscheint, mit dem Sie das Programm aussuchen können, das gesperrt werden soll. Geben Sie ein: `%windir%` **Eingabe**. Der Windows-Ordner wird angezeigt. Geben Sie nun ein: `regedit.exe` **Eingabe**.

3. Im Feld *Dateihash* hat Windows eine eindeutige Identifikationsnummer aus der *Regedit.exe*-Datei erzeugt. Legen Sie im Feld *Sicherheitsstufe* nun fest: *Nicht erlaubt*.

4. Tragen Sie ins Feld *Beschreibung* einen Hinweis ein, wofür diese Regel gedacht ist, zum Beispiel: `Registrierungseditor darf von normalen Benutzern aus Sicherheitsgründen nicht verwendet werden`. Dann klicken Sie auf *OK*.

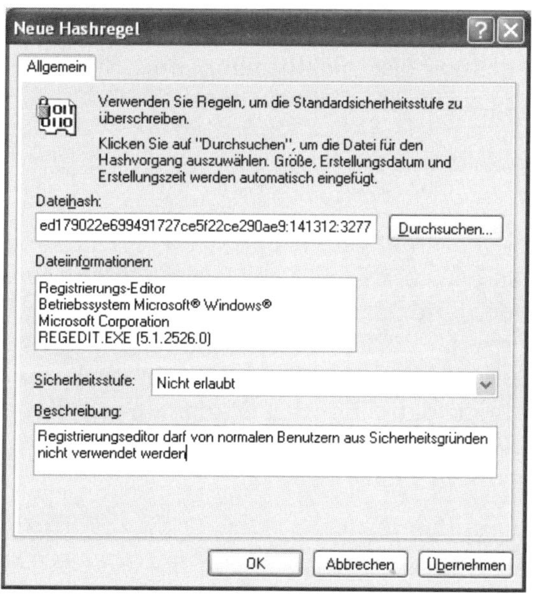

Abbildung 5.5: *Verhindern, dass normale Anwender den Registrierungseditor verwenden*

TIPP Die Einstellungen werden erst wirksam, wenn Sie sich ab- und neu anmelden.

Das Programm *Regedit.exe* ist nun für alle normalen Benutzer gesperrt. Administratoren können es weiterhin nutzen, weil diese Benutzer wie eben gezeigt von den Einschränkungen ausgenommen sind.

Weil die Einschränkung nicht aufgrund des Programmnamens kontrolliert wird, sondern aufgrund des Programminhaltes (Hashregel), können Anwender verbotene Programme an andere Orte kopieren oder umbenennen – das Verbot bleibt nach wie vor wirksam.

Programmausführung von bestimmten Orten aus verbieten

Ein besonderes Sicherheitsrisiko sind Programme, die Anwender selbst aus dem Internet heruntergeladen oder von einer CD aus installiert haben. Über die Zugriffsberechtigungen der Ordner können Sie zwar dafür sorgen, dass normale Anwender keine Programme im offiziellen Programme-Ordner installieren dürfen. Jeder Benutzer verfügt aber natürlich über seinen *Eigene Dateien*-Ordner und den Desktop. Hier kann er speichern, was er will, also auch Programme.

Damit Anwender von diesen Orten aus keinen Unsinn anstellen können, verbieten Sie einfach generell die Programmausführung aus den Benutzerprofilen heraus.

1. Wählen Sie im Startmenü *Systemsteuerung* und dann *Verwaltung*. Öffnen Sie die *Lokale Sicherheitsrichtlinie*, und expandieren Sie in der linken Spalte *Richtlinien für Softwareeinschränkung*. Klicken Sie mit der rechten Maustaste auf den Unterordner *Zusätzliche Regeln*, und wählen Sie *Neue Pfadregel*.
2. Das Fenster *Neue Pfadregel* öffnet sich. Klicken Sie auf die Schaltfläche *Durchsuchen*. Das Fenster *Nach Datei oder Ordner suchen* öffnet sich. Wählen Sie den Ordner aus, aus dem heraus keine Programme mehr gestartet werden dürfen. Wollen Sie zum Beispiel die Programmausführung aus den privaten Ordnern eines Benutzers heraus generell unterbinden, dann doppelklicken Sie auf *Arbeitsplatz* und wählen dann *Dokumente von Benutzername*. Klicken Sie auf *OK*. Der Pfadname wird ins Feld eingetragen.
3. Diesen Pfad können Sie nun feinjustieren. Klicken Sie ins Feld, und entfernen Sie den letzten Bestandteil namens *Eigene Dateien*. Damit wird das gesamte Benutzerprofil gesperrt, also auch der Desktop. Entfernen Sie zudem den Benutzernamen, dann gilt das Verbot für alle Benutzerprofile, also für alle Benutzer.
4. Stellen Sie im Feld *Sicherheitsstufe* ein: *Nicht erlaubt*. Ins Feld *Beschreibung* tragen Sie ein: `Programmausführung aus persönlichen Ordnern heraus verbieten`. Dann klicken Sie auf *OK*.

Ab sofort können Programme aus den persönlichen Ordnern heraus nicht mehr gestartet werden – eine böse Überraschung für viele Anwender!

So testen Sie den Erfolg:

1. Melden Sie sich als normaler Benutzer an. Im Startmenü wählen Sie *Ausführen* und geben ein: `%windir%` Eingabe. Der Windows-Ordner öffnet sich.

2. Suchen Sie die Datei *Notepad.exe*, und doppelklicken Sie darauf. Der Editor startet.
3. Ziehen Sie *Notepad.exe* mit der rechten Maustaste auf den Desktop, und wählen Sie im Kontextmenü *Hierher kopieren*. Auf dem Desktop liegt jetzt eine Kopie.
4. Öffnen Sie die Kopie, die stellvertretend ein beliebiges Programm repräsentiert, dass sich der Anwender beschafft hat. Windows XP verbietet die Ausführung. Der Anwender kann keinerlei Programme mehr aus seinen persönlichen Ordnern heraus aufrufen. Dasselbe gilt auch für Skripte.

Kumulative Einstellungen

Zwei verschiedene Regeltypen haben Sie inzwischen kennen gelernt: die Hashregel, die eine Programmdatei unmissverständlich identifiziert, und die Pfadregel, die den Ort festlegt, von dem aus ein Programm gestartet wird.

Zusätzlich gibt es zwei weitere Regeltypen, die ähnlich funktionieren:

- Zertifikatregeln verwenden Zertifikate von Softwareherstellern, denen vertraut wird. Alle Programme, die mit diesem Herstellerzertifikat signiert sind, können gemeinsam erlaubt oder verboten werden. So wäre es möglich, die gesamte Microsoft-Software auf einem ansonsten eingeschränkten System zu erlauben.
- Die Internetzonenregel legt fest, ob Programme direkt über das Internet ausgeführt werden dürfen. Abhängig von der Internetzone, in die die Website eingeordnet ist (▶ Kapitel 9), kann die Programmausführung erlaubt oder verboten werden.

Diese vier Regeltypen können miteinander kollidieren. Was, wenn die Ausführung eines Programms über die Hashregel erlaubt ist, das Programm aber in einem Ordner liegt, für den die Ausführung verboten ist?

Hier gilt eine einfache Vorfahrtsregel: speziellere Richtlinien stechen allgemeinere Richtlinien. Im eben skizzierten Fall würde also die Hashregel vor der Pfadregel Vorrang genießen. Der Vorrang wird in dieser Reihenfolge gewährt: Hashregel – Zertifikatregel – Pfadregel – Internetzonenregel.

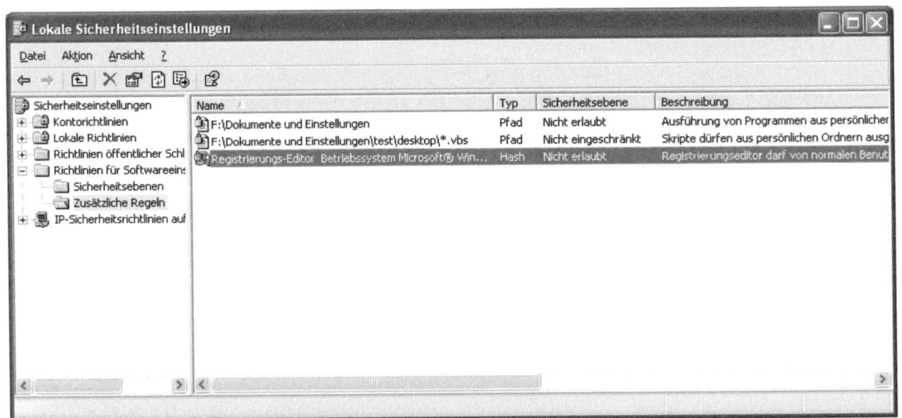

Abbildung 5.6: *Multiple Regeln lassen sich kombinieren*

Das können Sie ausnutzen. Haben Sie zum Beispiel eben die Programmausführung aus den persönlichen Ordnern der Benutzer heraus verboten und möchten nun dafür sorgen, dass die Benutzer zumindest Skripte ausführen können, dann legen Sie eine weitere Pfadregel für die Benutzerprofile an und erlauben hier die Ausführung von Programmen mit der Extension *.vbs*. Weil die Angabe einer Programmextension genauer ist als die Angabe eines bloßen Ordners, erhält diese Richtlinie Vorrang vor der allgemeinen Pfadregel.

TIPP

Pfadregeln, die Jokerzeichen verwenden, gelten nur für den betreffenden Ordner, nicht für die Unterordner. Sie müssen die Richtlinie also für jeden Ordner einzeln eintragen, aus dem heraus Skripte ausführbar sein sollen.

1. Expandieren Sie im Fenster *Lokale Sicherheitseinstellungen* in der linken Spalte *Richtlinien für Softwareeinschränkung* und klicken Sie mit der rechten Maustaste auf *Zusätzliche Regeln*. Wählen Sie *Neue Pfadregel*.

2. Das Fenster *Neue Pfadregel* öffnet sich. Klicken Sie auf die Schaltfläche *Durchsuchen*. Das Fenster *Nach Datei oder Ordner suchen* öffnet sich. Klicken Sie auf *Arbeitsplatz* und dann auf *Dokumente von Benutzername*. Klicken Sie auf *OK*.

3. Der Pfadname des Profils wird ins Feld eingetragen. Klicken Sie ins Feld, und entfernen Sie *Eigene Dateien*. Im Feld steht nun nur noch ein Pfadname wie *D:\Dokumente und Einstellungen\Mueller*. Fügen Sie an: *Desktop*.vbs*. Der Pfadname lautet jetzt also beispielsweise *D:\Dokumente und Einstellungen\Mueller\desktop*.vbs*.

4. Im Feld *Sicherheitsstufe* tragen Sie ein: *Nicht eingeschränkt*. Ins Feld *Beschreibung* schreiben Sie: `VBS-Skripte sind vom Verbot ausgenommen und dürfen in privaten Ordnern gestartet werden.` Dann klicken Sie auf *OK*.

Ab sofort kann der Benutzer Mueller von seinem Desktop aus wieder VBS-Skripte ausführen. Andere Programme bleiben tabu. Kopiert er das Skript vom Desktop in seinen Ordner *Eigene Dateien*, dann kann das Skript nicht mehr ausgeführt werden. Die Richtlinie erlaubt die Ausführung von VBS-Dateien nur im Desktop-Ordner.

Programme im Kompatibilitätsmodus

Die allermeisten Programme werden sofort und ohne Probleme auf Windows XP ausgeführt werden können. Windows XP unterstützt prinzipiell die folgenden Programm-Typen:

- DOS-Programme, solange die DOS-Programme nicht direkt auf Hardware zugreifen
- 16-Bit-Windows 3.x-Programme
- Programme, die für Windows 95, 98 und Millennium entwickelt wurden
- Windows NT 4.x-Programme
- Alle Programme, die für Windows 2000 entwickelt wurden

Damit eröffnet sich Windows XP vom Start weg eine enorme Programm-Basis. Trotzdem ist nicht alles praktisch möglich, was theoretisch möglich erscheint:

- Programme, die nicht für Windows XP geschrieben wurden, testen womöglich die Betriebssystemversion, und weil sie mit Windows XP nichts anzufangen wissen, verweigern sie den Dienst.
- Programme greifen tief in die Betriebssystem-Architektur eines bestimmten Windows-Betriebssystems ein. Zu dieser Sorte gehören die vielfältigen Disk Tools, Optimizer und andere systemnahe Programme. In den meisten Fällen funktionieren solche Programme nicht mehr.
- Spiele und Grafikanwendungen, die OpenGL-Grafiktreiber erfordern, werden unter Windows XP nicht funktionieren, weil Windows XP keine OpenGL-Grafiktreiber mehr verwendet. Sie können aber nach wie vor OpenGL-Grafiktreiber anderer Hersteller einsetzen.

Programmen eine andere Windows-Version vorgaukeln

Lässt sich ein Programm nicht installieren, oder funktioniert es nicht einwandfrei, dann stehen die Chancen dennoch nicht schlecht, es zum Laufen zu bewegen. Windows XP kann solchen Programmen nämlich eine ältere Windows-Version vorgaukeln. Weil die Programme nun nichts mehr von Windows XP sehen, laufen die meisten anschließend reibungslos.

So gaukeln Sie einem Programm eine andere Windows-Version vor:

1. Suchen Sie sich ein Programm heraus, das nicht mit Windows XP mitgeliefert wurde. Wählen Sie zum Beispiel im Startmenü *Ausführen*, geben Sie `%programfiles%` Eingabe ein, und öffnen Sie den Ordner eines Fremdanbieters.
2. Klicken Sie die Programmdatei mit der rechten Maustaste an, und wählen Sie *Eigenschaften*. Aktivieren Sie die Registerkarte *Kompatibilität*.
3. Wählen Sie im Bereich *Kompatibilitätsmodus* die Option *Programm im Kompatibilitätsmodus ausführen für:* aus. In der Liste darunter legen Sie die Windows-Version fest, die dem Programm vorgegaukelt werden soll.
4. Im Bereich *Anzeigeeinstellungen* stehen weitere Einschränkungen zur Auswahl, die angebracht sind, wenn das Programm nicht richtig dargestellt werden kann.
5. Klicken Sie auf *OK*, und starten Sie das Programm testweise. Läuft es jetzt, dann belassen Sie es bei den Einstellungen, andernfalls experimentieren Sie mit den Einstellungen weiter.

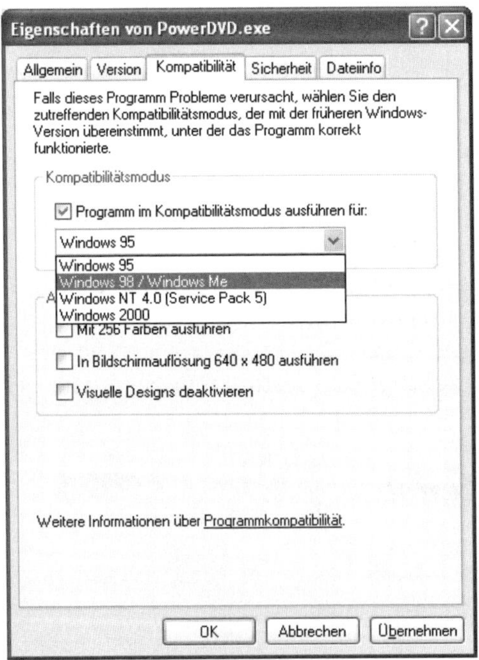

Abbildung 5.7: *Ältere Programme können im Kompatibilitätsmodus ausgeführt werden*

Lässt sich ein Programm erst gar nicht installieren, dann gehen Sie ganz genauso vor, nur stellen Sie diesmal die Kompatibilitätseinstellungen nicht beim Programm selbst ein, sondern bei dessen Installationsprogramm. Meist heißt es *Setup.exe* oder *Install.exe*.

B

Windows XP verwenden

Laufende Programme verwalten und beenden

Es gibt viele gute Gründe, laufende Programme zu verwalten. Möglicherweise hat sich ein Programm aufgehängt und reagiert nicht mehr. Sie brauchen dann Werkzeuge, um solche Programme aus dem Speicher zu werfen, ohne das übrige System in Mitleidenschaft zu ziehen.

Oder aber das Gesamtsystem ist hakelig geworden und reagiert nur noch träge. Schauen Sie nach, warum das so ist und welches Programm den Prozessor nicht zur Ruhe kommen lässt.

Umgekehrt geht das natürlich auch: weisen Sie einem kritischen Programm mehr Prozessorpriorität zu, damit Videoaufnahmen oder andere zeitkritische Vorgänge unterbrechungsfrei ablaufen können.

Alle laufenden Programme in der Übersicht

Der Task-Manager verwaltet alle laufenden Programme. Ihn erreichen Sie über Strg+Alt+Entf oder über einen Rechtsklick auf die Uhr im Info-Bereich der Taskleiste. Wählen Sie im Kontextmenü *Task-Manager*. Sie können auch im Startmenü *Ausführen* wählen und eingeben: `taskmgr.exe` Eingabe. Oder Sie drücken Strg+Umschalt+Esc.

TIPP Der Task-Manager ist ein besonderes Fenster und liegt immer im Vordergrund. Solange der Task-Manager angezeigt wird, können Sie kaum in anderen Programmen weiterarbeiten, es sei denn, Sie schalten diese Sonderbehandlung ab: *Optionen/Immer im Vordergrund*. Minimieren Sie das Fenster des Task-Managers, dann überwacht er weiter die Systemleistung, und Sie sehen im Info-Bereich der Taskleiste einen grünen Balken. Der zeigt an, wie ausgelastet der Prozessor gerade ist. Mit *Ansicht/Aktualisierungsgeschwindigkeit* bestimmen Sie, wie genau der Task-Manager dies tut.

Sichtbare Programmfenster

Alle sichtbaren Programmfenster erscheinen in der Taskliste, die Sie sehen, wenn Sie die Registerkarte *Anwendungen* aktivieren. Anwendungen entsprechen komplexen Anwendungsprogrammen, die intern meist aus einer Vielzahl von Einzelprozessen bestehen.

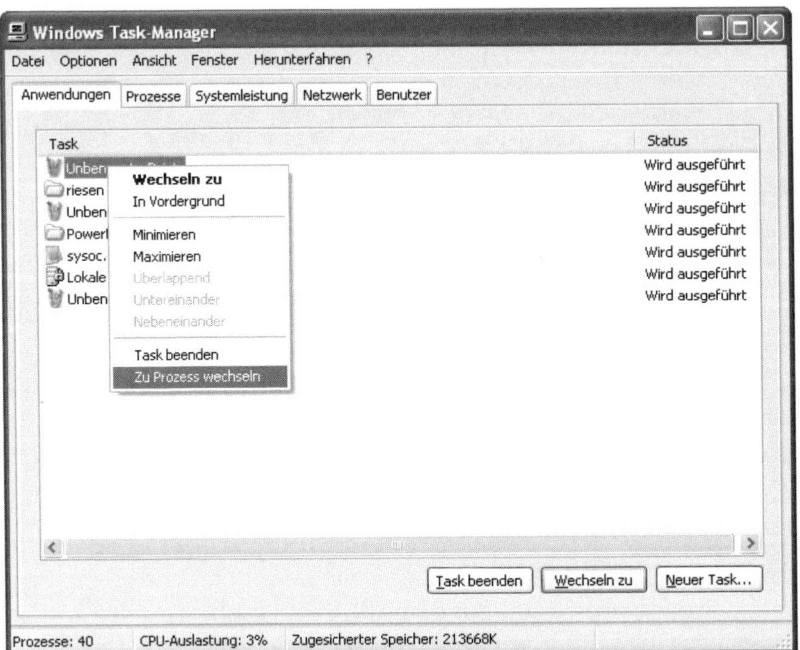

Abbildung 5.8: *Alle laufenden Programme in der Übersicht*

In der Spalte *Status* wird der aktuelle Zustand des Programms angezeigt. *Wird ausgeführt* bedeutet, dass keine besonderen Vorkommnisse registriert wurden. *Reagiert nicht* dagegen bedeutet, dass das Programm seit längerer Zeit nicht mehr auf Anweisungen reagiert und entweder stark beschäftigt bis überlastet ist oder aber in einer Endlosschleife oder einem anderen Programmfehler gefangen ist.

Programme, die nicht mehr reagieren, sollten zuerst auf friedliche Weise beendet werden: knipsen Sie das Programmfenster des Programms aus. Sollte das Programm darauf nicht reagieren, dann springt Windows XP in die Bresche und fragt nach, ob das Programm sofort beendet werden soll. Es wird dann gewaltsam aus dem Speicher entfernt. Alle im Programm noch nicht gesicherten Daten und Arbeiten gehen dabei allerdings verloren.

Nur wenn diese Abschalt-Notautomatik ebenfalls nicht mehr funktioniert, sollten Sie das Programm in der Anwendungen-Liste anklicken und dann auf *Task beenden* klicken.

Die Einzelprozesse begutachten

Die Registerkarte *Prozesse* listet alle Einzelprozesse auf. Einzelprozesse sind entweder Bestandteil einer laufenden Anwendung, oder es handelt sich um Programme ohne eigenes Fenster.

Skripte, die vom Windows Script Host ausgeführt werden, gehören zum Beispiel in diese Kategorie. Wollen Sie ein Skript beenden, dann können Sie sein Fenster nirgends sehen und es also auch nicht ausknipsen. In der *Prozesse*-Liste finden Sie für jedes laufende Skript eine Instanz des Programms *Wscript.exe*. Klicken Sie es in der Liste an und klicken dann auf *Prozess beenden*, dann wird das Skript sofort beendet.

In erster Linie zeigt die *Prozesse*-Liste, wo eigentlich genau die Rechenleistung Ihres Prozessors versickert. In der Spalte CPU-Auslastung wird für jeden Prozess angegeben, wie viel Prozent der CPU-Kapazität seine Anforderungen ausmachen.

Klicken Sie auf die Spaltenüberschrift *CPU-Auslastung*, dann wird die Liste nach diesem Kriterium sortiert, und Sie sehen übersichtlich immer die Prozesse zuerst, die am meisten Leistung verlangen. Noch ein Klick sortiert in umgekehrter Reihenfolge.

Abbildung 5.9: *Prozesse anzeigen und Prozesspriorität erhöhen*

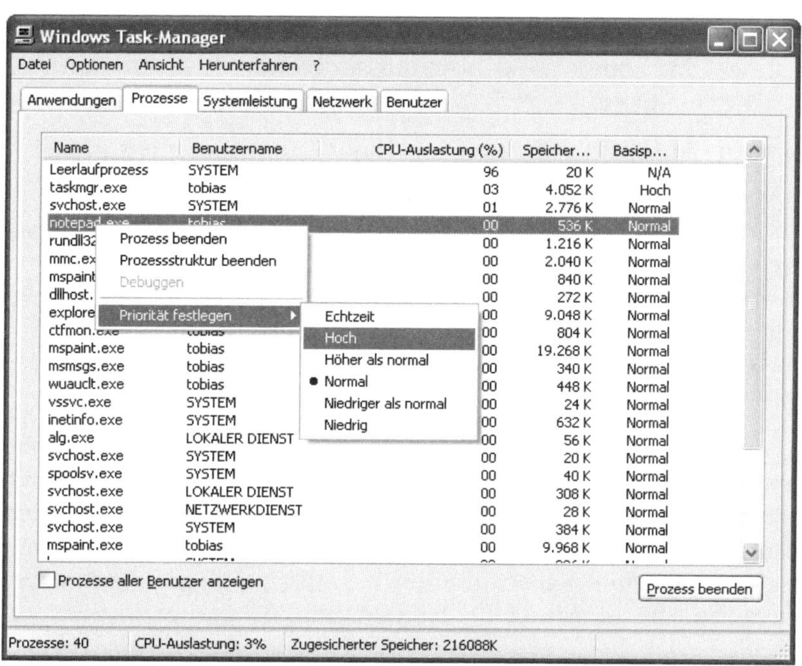

TIPP Reagiert Ihr System nur noch träge und zäh, dann finden Sie auf diese Weise heraus, welche Prozesse die CPU-Leistung in die Knie zwingen. Beenden Sie das verantwortliche Programm dann möglichst auf normalem Wege. Nur im Notfall sollten Sie die Schaltfläche *Prozess beenden* einsetzen.

Denken Sie daran, dass in der Prozesse-Liste auch zahlreiche Prozesse des Betriebssystems angezeigt werden, während die Anwendungen-Liste normalerweise leer ist, wenn Sie keine eigenen Programme gestartet haben.

TIPP

Über die Option *Prozesse aller Benutzer anzeigen* entscheiden Sie, ob nur Ihre eigenen Prozesse oder die Prozesse aller Benutzer angezeigt werden sollen. Ist auf Ihrem System die Schnelle Benutzerumschaltung aktiv, dann könnten andere Benutzersitzungen im Hintergrund laufen, und mit ihnen zahlreiche Programme.

Anwendungen und Prozesse – so hängen beide zusammen

Hinter jeder Anwendung steckt mindestens ein Prozess – und dass diese Erkenntnis nicht nur akademischer Natur ist, sehen Sie gleich, wenn es darum geht, einem Programm mehr Rechenzeit zu gewähren.

Aktivieren Sie im Task-Manager die Registerkarte *Anwendungen*. Um zu sehen, welcher Prozess sich hinter einer Anwendung verbirgt, klicken Sie eine Anwendung in der Liste mit der rechten Maustaste an und wählen im Kontextmenü *Zu Prozess wechseln*.

Sofort wird in die *Prozesse*-Seite umgeschaltet, und Sie sehen den Prozess. Dem können Sie nun mehr (oder weniger) Rechenzeit zuweisen. Bevor Sie das tun, sollten Sie etwas genauer über Prioritäten Bescheid wissen.

Prioritäten legen – beinahe wie im echten Leben – fest, wer bevorzugt behandelt wird und wer nicht. Normalerweise sind alle Windows-Programme gleich und laufen in der Prioritätsstufe *Normal*. Windows XP verteilt die Rechenzeit gleichmäßig an alle Programme.

Manchmal kann so viel Gerechtigkeit stören. Arbeiten Sie zum Beispiel mit einem Videobearbeitungsprogramm, dann können oder wollen Sie es sich nicht leisten, dass diese Videobearbeitung hin und wieder ruckelt und zuckelt, nur weil ein anderes Programm sein Quantum Rechenzeit beansprucht. In solchen Fällen können Sie ausgewählten Programmen eine höhere Priorität zuordnen. Sie werden dann bevorzugt mit Rechenzeit versorgt.

Das Ganze lässt sich bis hin zur Prioritätsstufe *Echtzeit* hochtreiben: Programme in dieser Stufe bekommen Rechenzeit sofort in dem Moment, wo sie sie brauchen. Was schön klingt, kann ernste Nebenwirkungen haben, denn ganz so unwichtig sind die übrigen Programme ja nun auch nicht gerade. Laufen rechenintensive Programme in der Stufe *Echtzeit*, dann wird das Gesamtsystem hakelig und kann sogar zeitweise überhaupt nicht mehr reagieren, weil nun auch interne Windows-Komponenten kaum noch Rechenzeit zugewiesen bekommen.

Gehen Sie also verantwortungsvoll mit Ihrer Macht um. So wird die Priorität eines Prozesses geändert:

1. Aktivieren Sie die Registerkarte *Prozesse*, und klicken Sie dann mit der rechten Maustaste auf den *Prozess*.
2. Wählen Sie *Priorität festlegen*, und suchen Sie sich dann die gewünschte Prioritätsstufe aus.

Um auf einen Blick zu sehen, welche Priorität den einzelnen Prozessen von Hause aus zugeordnet ist, passen Sie am besten noch gleich die Infospalten an. Dazu wählen Sie *Ansicht/Spalten auswählen*. Das Fenster *Spalten auswählen* öffnet sich.

Aktivieren Sie die Option *Basispriorität*, und klicken Sie auf *OK*.

Die meisten Anwendungen laufen in normaler Prioritätsstufe, aber einige Systemkomponenten (einschließlich des Task-Managers) nutzen die Prioritätsstufe *Hoch*.

Skriptgesteuerte Übersichten generieren

Auch via Skript lassen sich alle laufenden Programme analysieren und auflisten. Das Skript aus Listing 5.1 generiert eine Liste mit den Programmnamen und den zugehörigen ProcessIDs. Speichern Sie das Skript als *Report.vbs* und führen Sie es dann aus.

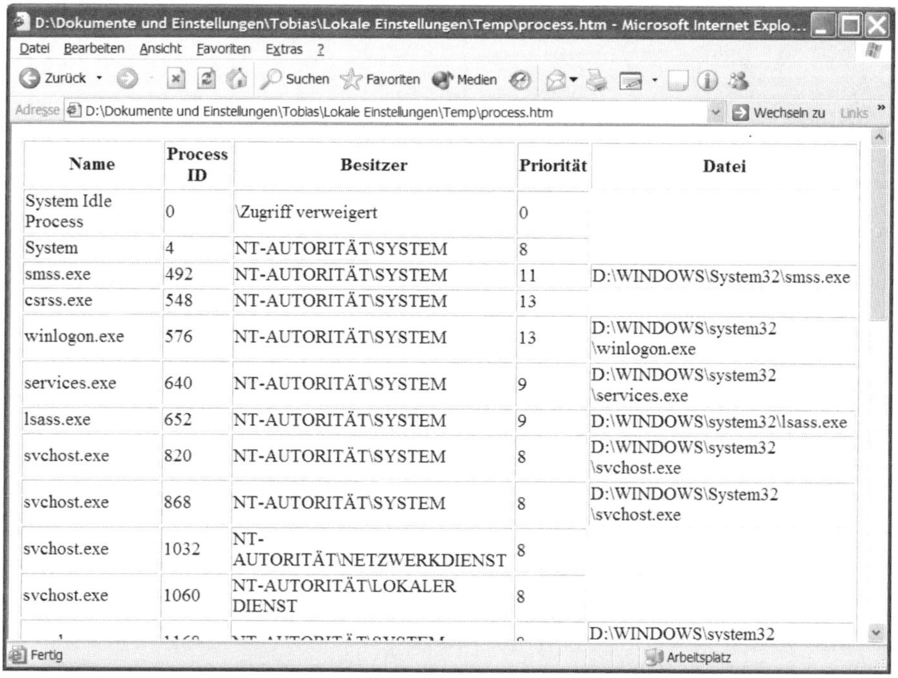

Abbildung 5.10: *Reports laufender Programme als HTML per Skript generieren*

D:\Dokumente und Einstellungen\Tobias\Lokale Einstellungen\Temp\process.htm - Microsoft Internet Explo...

Datei Bearbeiten Ansicht Favoriten Extras ?

Zurück · Suchen · Favoriten · Medien

Adresse D:\Dokumente und Einstellungen\Tobias\Lokale Einstellungen\Temp\process.htm · Wechseln zu · Links

Name	Process ID	Besitzer	Priorität	Datei
System Idle Process	0	\Zugriff verweigert	0	
System	4	NT-AUTORITÄT\SYSTEM	8	
smss.exe	492	NT-AUTORITÄT\SYSTEM	11	D:\WINDOWS\System32\smss.exe
csrss.exe	548	NT-AUTORITÄT\SYSTEM	13	
winlogon.exe	576	NT-AUTORITÄT\SYSTEM	13	D:\WINDOWS\system32 \winlogon.exe
services.exe	640	NT-AUTORITÄT\SYSTEM	9	D:\WINDOWS\system32 \services.exe
lsass.exe	652	NT-AUTORITÄT\SYSTEM	9	D:\WINDOWS\system32\lsass.exe
svchost.exe	820	NT-AUTORITÄT\SYSTEM	8	D:\WINDOWS\system32 \svchost.exe
svchost.exe	868	NT-AUTORITÄT\SYSTEM	8	D:\WINDOWS\System32 \svchost.exe
svchost.exe	1032	NT-AUTORITÄT\NETZWERKDIENST	8	
svchost.exe	1060	NT-AUTORITÄT\LOKALER DIENST	8	
[illegible]	[illegible]	[illegible]	[illegible]	D:\WINDOWS\system32

Fertig · Arbeitsplatz

```
Set wmi = GetObject("winmgmts:root/CIMV2")
Set fs = CreateObject("Scripting.FileSystemObject")
Set wshshell = CreateObject("WScript.Shell")

Set temp = fs.GetSpecialFolder(2)
Set tempfile = temp.CreateTextFile("process.htm", _
    true)
tempfile.writeline "<html><body><table border=1>"
tempfile.writeline "<tr><th>Name</th><th>Process ID<" _
   & "/th><th>Besitzer</th><th>Priorität</th><th>Dat" _
   & "ei</th></tr>"
wql = "select * from Win32_Process"
Set result = wmi.ExecQuery(wql)

For each instance in result
    user = ""
    domain = ""
    retval = instance.GetOwner(user, domain)
    If retval = 2 then
        user = "Zugriff verweigert"
    End If
    tempfile.writeline "<tr><td>" & instance.name & _
    "</td><td>" & instance.processID & "</td><td>" & _
    domain & "\" & user & "</td><td>" & _
    instance.Priority & "</td><td>" & _
    instance.ExecutablePath & "</td></tr>"
Next

tempfile.writeline "</table></body></html>"
tempfile.close

temppath = fs.Buildpath(temp.path, "process.htm")
wshshell.Run """" & temppath & """"
```

Listing 5.1: *Eine Übersicht aller laufenden Programme generieren*

Programme automatisiert beenden

Programme lassen sich via Skript automatisiert beenden. Geben Sie dazu entweder den Programmnamen oder die eindeutige Programm-ID (PID) ein.

WICHTIG

Werden Programme per Skript beendet, dann entspricht dies der Schaltfläche *Task beenden* im Task-Manager. Die Programme werden also gewaltsam sofort beendet. Etwaige nicht gespeicherte Dokumente gehen dabei verloren.

Um zum Beispiel alle Instanzen des Editors zu schließen, verwenden Sie das Skript aus Listing 5.2. Speichern Sie es als *Terminate.vbs*, und führen Sie es aus.

Listing 5.2: Alle Instanzen des Editor-Programms per Skript beenden

```
Set wmi = GetObject("winmgmts:root/CIMV2")
wql = "select * from Win32_Process where name='notepad.exe'"
Set result = wmi.ExecQuery(wql)
anzahl = 0
For each instance in result
        anzahl = anzahl + 1
        instance.Terminate 0
Next

MsgBox anzahl & " Programme beendet."
```

Wollen Sie ein spezifisches Programm beenden, dann brauchen Sie ein eindeutiges Kennzeichen dieses Programms. Windows weist jedem Programm beim Start eine eindeutige PID zu. Über die kann das ausgewählte Programm ebenfalls beendet werden.

Das Skript aus Listing 5.3 startet eine Instanz des Notepad-Editors und merkt sich die PID, die Windows dem Prozess zuweist. Anschließend kann diese ausgewählte Notepad-Instanz geschlossen werden. Alle übrigen Notepad-Instanzen, die möglicherweise ausgeführt werden, bleiben erhalten. Speichern Sie das Skript als *Test.vbs*, und führen Sie es aus.

Listing 5.3: Programme per Skript starten und beenden

```
Set wmi = GetObject("winmgmts:root/CIMV2")

Set proc = wmi.Get("win32_process")
ret = proc.create("notepad.exe",,,pid)
MsgBox "Habe Notepad gestartet. PID=" & pid, vbInformation + vbSystemModal

wql = "select * from Win32_Process where processID=" & pid
Set result = wmi.ExecQuery(wql)

For each instance in result
        instance.Terminate 0
Next

MsgBox "Habe Notepad mit der ProcessID=" & pid & " beendet."
```

Programmstarts automatisieren

Programmstarts lassen sich auf ganz unterschiedliche Weise automatisieren: Skripte können Programme bei Bedarf starten. Windows XP kann wichtige Programme automatisch mitstarten, wenn es selbst startet. Und über das Systemsteuerungs-Modul *Geplante Tasks* können regelmäßige Aufgaben in bestimmten Zeitintervallen ebenfalls automatisch ausgeführt werden.

Programme mit anderer Priorität ausführen

Normalerweise werden Programme per Maus und Doppelklick gestartet. Alternativ können Sie hierfür aber auch den Befehl *START* einsetzen. Er bietet mehr Kontrolle und kann dem Programm zum Beispiel eine höhere Priorität zuweisen.

So gehen Sie vor, um ein Programm mit hoher Priorität in einem maximierten Fenster zu starten:

1. Wählen Sie im Startmenü *Ausführen*, und geben Sie ein: `cmd /c start /max /high notepad.exe` Eingabe. Der Editor startet in einem maximierten Fenster und erhält eine hohe Priorität.
2. Öffnen Sie den Task-Manager, wenn Sie die zugewiesene Priorität kontrollieren wollen.

Dasselbe ist auch über Verknüpfungen möglich. Wollen Sie ein Videobearbeitungsprogramm immer mit hoher Priorität ausführen, dann gehen Sie so vor:

1. Klicken Sie mit der rechten Maustaste auf eine freie Stelle des Desktops, und wählen Sie *Neu/Verknüpfung*. Das Fenster *Verknüpfung erstellen* öffnet sich.
2. Im Feld *Geben Sie den Speicherort des Elements ein* tragen Sie `cmd /c start.exe /max /high`, dann ein Leerzeichen und schließlich den Pfadnamen des Programms ein.
3. Aktivieren Sie die Option *Weiter* >. Im Feld *Geben Sie den Namen für die Verknüpfung ein*: geben Sie der neuen Verknüpfung einen passenden Namen. Klicken Sie auf die Schaltfläche *Fertig stellen*.

Die Verknüpfung funktioniert zwar bereits, aber hat noch ein unschönes Icon. Das Icon stammt aus *Cmd.exe*, dem ersten Befehlsteil, den Sie angegeben hatten. *CMD* ist die Konsole, aus der heraus *START* aufgerufen werden muss.

Um der Verknüpfung ein besseres Icon zuzuweisen, klicken Sie sie mit der rechten Maustaste an und wählen *Eigenschaften*. Aktivieren Sie die Registerkarte *Verknüpfung*.

Klicken Sie auf die Schaltfläche *Anderes Symbol*. Im Feld *Nach Symbolen in dieser Datei suchen* geben Sie den Namen der Programmdatei an, die Sie starten. Suchen Sie sich dann das Original-Programm-Icon aus, und klicken Sie auf *OK*.

TIPP

Wollen Sie alle Optionen sehen, die *START* zu bieten hat, dann wählen Sie im Startmenü *Ausführen*, geben `cmd` Eingabe und dann `start /?` Eingabe ein.

Programme ferngesteuert auf anderen Rechnern ausführen

Via Script und WMI können Programme ebenfalls gestartet werden. Weil WMI netzwerkfähig ist, können Sie so Programme sogar auf anderen Rechnern starten.

Das Skript aus Listing 5.4 startet den Editor in maximiertem Fenster und hoher Prioritätsklasse auf dem eigenen Rechner. Speichern Sie das Skript als *Priority.vbs*, und rufen Sie es auf.

***Listing 5.4:** Programme per Skript mit erhöhter Priorität starten*

```
Normal = 32
Leerlauf = 64
Hoch = 128
Echtzeit = 256
Below_Normal = 16384
Above_Normal = 32768

Set win32_process = GetObject("winmgmts:root/CIMV2:W" _
   & "in32_Process")
Set pinfo = GetObject("winmgmts:root/CIMV2:Win32_Pro" _
   & "cessStartup")
pinfo.ShowWindow = 3
pinfo.PriorityClass = hoch
retval = win32_process.Create("notepad.exe", "c:\", _
    pinfo, pid)
If retval=0 then
    MsgBox "Programm wurde mit Process-ID " & pid & _
    " gestartet!", vbInformation + vbSystemModal
else
    MsgBox "Programm konnte nicht gestartet werden.", _
    vbExclamation + vbSystemModal
End If
```

Nur wenige Änderungen sind notwendig, damit das Programm stattdessen auf dem Bildschirm eines anderen Rechners erscheint (Listing 5.5). Speichern Sie das Skript als *Remote.vbs*, passen Sie den Rechnernamen des Zielrechners an, und führen Sie es aus.

Allerdings hat sich hier das Verhalten von WMI gegenüber anderen Windows-Versionen entscheidend verändert: die Programme, die Sie remote starten, erscheinen nicht in der interaktiven Sitzung. Stattdessen führt Windows XP solche Programme in einer separaten Sitzung im Hintergrund aus.

Das Programmfenster des gestarteten Programms ist also unsichtbar, und nur im Task Manager sehen Sie, dass das Programm tatsächlich gestartet wurde. Damit ist der Einsatzbereich von remote gestarteten Programmen bei Windows XP auf solche Programme beschränkt, die ohne Benutzereingaben auskommen.

```
rechnername = "wxprc2"

Normal = 32
Leerlauf = 64
Hoch = 128
Echtzeit = 256
Below_Normal = 16384
Above_Normal = 32768

' Typelib for WMI Scripting Interface
Set wbem = CreateObject("WbemScripting.SWbemLocator")
Set wmi = wbem.ConnectServer(rechnername,"root/cimv2","Tobias","test")
Set win32_process = wmi.Get("win32_process")
'Set win32_process = GetObject("winmgmts://" & _
'    rechnername & "/root/CIMV2:Win32_Process")
Set pinfo = GetObject("winmgmts:root/CIMV2:Win32_Pro" _
   & "cessStartup")
pinfo.ShowWindow = 3
pinfo.PriorityClass = hoch
'pinfo.CreateFlags = 4
pinfo.WinstationDesktop = "\WinSta0\Default"
retval = win32_process.Create("notepad.exe", "c:\", _
    pinfo, pid)
If retval=0 then
    MsgBox "Programm wurde mit Process-ID " & pid & _
    " gestartet!", vbInformation + vbSystemModal
else
    MsgBox "Programm konnte nicht gestartet werden.", _
    vbExclamation + vbSystemModal
End If
```

***Listing 5.5:** Programme ferngesteuert auf anderen Rechnern ausführen*

Programme automatisch beim Windows-Start mitstarten

Sind bestimmte Programme für Sie geradezu unverzichtbar, dann können solche Programme automatisch gestartet werden, wenn Windows startet. Der Autostart kann über verschiedene Wege erfolgen:

- Fügen Sie eine Verknüpfung auf das Programm in die besondere Programmgruppe *Autostart* ein. Alle Verknüpfungen in dieser Gruppe werden ausgeführt, sobald Windows startet und sich der betreffende Benutzer anmeldet.
- Starten Sie Programme über Logon-Skripte. Logon-Skripte werden bei der Benutzeranmeldung ausgeführt.
- Lassen Sie Programme über den Registry-Key *Run* starten. Auf diese Weise schirmen Sie den Programmstart besonders gut ab. Programme lassen sich so entweder beim Computerstart oder bei der Anmeldung einzelner Benutzer starten.

Programmverknüpfungen in die Autostart-Gruppe einfügen

So gehen Sie vor, um ein Programm in die *Autostart*-Gruppe einzufügen:

1. Öffnen Sie das Startmenü, und klicken Sie auf *Alle Programme*. Suchen Sie sich dann das Programm heraus, das künftig bei der Anmeldung automatisch gestartet werden soll. Klicken Sie dazu das Programm im Menü mit der rechten Maustaste an, und wählen Sie *Kopieren*.

2. Klicken Sie jetzt die Programmgruppe *Autostart* mit der rechten Maustaste an. Möchten Sie, dass das Programm nur bei der Anmeldung des aktuellen Benutzers gestartet wird, dann wählen Sie *Öffnen*. Wollen Sie dagegen, dass das Programm bei jeder Benutzeranmeldung ausgeführt wird, dann wählen Sie *Öffnen/Alle Benutzer*.

3. Wählen Sie *Bearbeiten/Verknüpfung einfügen*. Die Verknüpfung erscheint als Kopie im Ordner. Schließen Sie das Fenster, und melden Sie sich ab und wieder an. Das Programm wird gestartet.

Möchten Sie den Autostart später wieder deaktivieren, dann wählen Sie im Startmenü *Alle Programme*, öffnen die *Autostart*-Programmgruppe, klicken den Eintrag des Programms mit der rechten Maustaste an und wählen *Löschen*.

Wollen Sie dagegen feingradiger bestimmen, wie das Programm gestartet wird, dann gehen Sie ebenso vor, wählen aber anstelle von *Löschen* den Kontextmenü-Befehl *Eigenschaften*:

- Legen Sie im Feld *Ausführen* fest, mit welcher Fenstergröße das Programm starten soll. Damit Autostart-Programme nicht direkt nach der Anmeldung den Bildschirm bedecken, ist hier die Option *Minimiert* ideal.
- Wollen Sie das Programm unter einem anderen Benutzerkonto ausführen, zum Beispiel unter einem Administrator-Konto, dann klicken Sie auf *Erweitert* und wählen die Option *Unter anderen Anmeldeinformationen ausführen*. Beim Start des Programms erscheint dann das Dialogfeld *Ausführen als* und fragt nach, unter welchem Benutzernamen das Programm ausgeführt werden soll.

Programme mithilfe von Logon-Skripten ausführen

Windows XP führt auf Wunsch Skripte aus, wenn der Rechner hoch- oder heruntergefahren wird und wenn sich Anwender an- oder abmelden. Diese Skripte können für vielfältige Zwecke eingesetzt werden. Eben haben Sie beispielsweise gesehen, wie ein Skript externe Programme starten kann.

Ein anderer Zweck ist die An- und Abmeldeprotokollierung. Diese kann zwar auch über das Auditing (▶ Kapitel 19) eingerichtet werden, aber Skripte bieten weit mehr Flexibilität und könnten zum Beispiel Netzlaufwerke einrichten, Meldungen versenden oder Hinweise ausgeben.

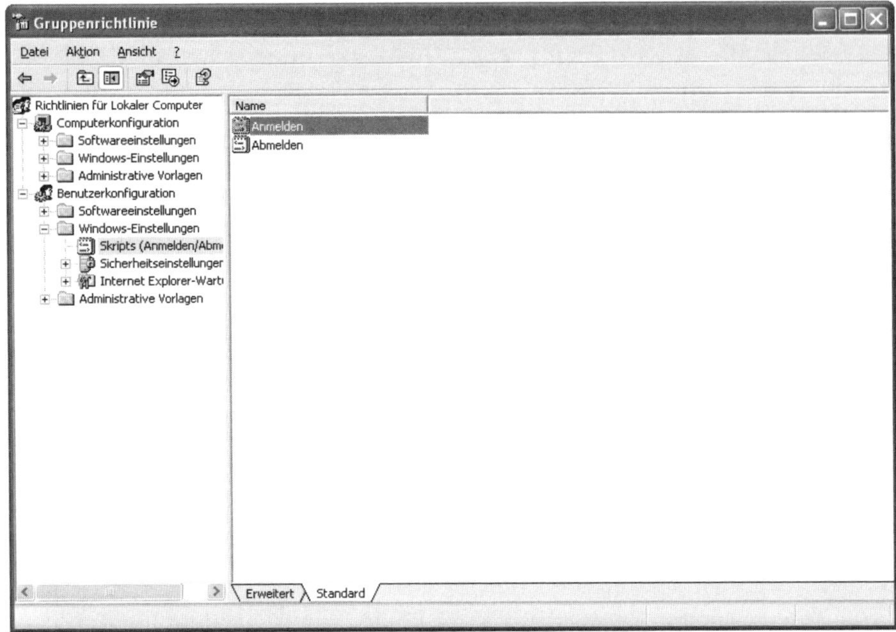

Abbildung 5.11: *Skripte beim An- und Abmelden ausführen*

Verwenden Sie Windows XP ohne einen Domänencontroller, dann gibt es allerdings eine wesentliche Einschränkung: Alle Skripte gelten für alle Benutzer gleich. Es ist nicht möglich, Skripte individuellen Benutzern zuzuordnen. Wollen Sie dies, dann benötigen Sie einen Domänencontroller mit Active Directory. Im Active Directory können Sie dann die Skripte über eine Gruppenrichtlinie einrichten, die Sie einzelnen Benutzern oder ganzen Organisationseinheiten zuweisen.

Im folgenden Beispiel aus Listing 5.6 soll bei der Anmeldung eines Benutzers ein Skript ausgeführt werden, dass den Namen des Benutzers und die Anmeldezeit in einer Textdatei protokolliert. Diese Aufgabe leistet das folgende Skript:

Listing 5.6: *Anmeldungen in einer Textdatei protokollieren*

```
set fs = CreateObject("Scripting.FileSystemObject")
set wshshell = CreateObject("WScript.Shell")

meldung = "%USERNAME% hat sich angemeldet: " & now
meldung = wshshell.ExpandEnvironmentStrings(meldung)

set logfile = fs.OpenTextFile("c:\logons.txt", 8, true)
logfile.WriteLine meldung
logfile.close
```

Speichern Sie das Skript als *C:\Logon.vbs*, und führen Sie es testweise per Doppelklick aus. Das Ergebnis ist die Datei *C:\Logons.txt*, die Sie im Editor öffnen. Tatsächlich hat das Skript den aktuellen Benutzernamen und die Zeit in diese Datei geschrieben, und jedes Mal, wenn Sie das Skript erneut starten, wird ein neuer Eintrag hinzugefügt.

Jetzt muss nur noch dafür gesorgt werden, dass dieses Skript bei der Anmeldung von Benutzern automatisch ausgeführt wird. Dazu gehen Sie so vor:

1. Wählen Sie im Startmenü *Ausführen*, und geben Sie ein: `gpedit.msc` Eingabe. Das Fenster *Gruppenrichtlinie* öffnet sich.
2. Expandieren Sie links den Zweig *Benutzerkonfiguration/Windows-Einstellungen/Skripts (Anmelden/Abmelden)*. Doppelklicken Sie dann in der rechten Spalte auf *Anmelden*.
3. Das Fenster *Eigenschaften von Anmelden* öffnet sich. Klicken Sie auf die Schaltfläche *Hinzufügen*, um ein neues Skript in die Liste aufzunehmen. Das Fenster *Hinzufügen eines Skripts* öffnet sich.
4. Klicken Sie auf die Schaltfläche *Durchsuchen*. Geben Sie nun das Skript von oben ein, suchen Sie also nach *C:\Logon.vbs*, und wählen Sie diese Skriptdatei aus. Die Datei wird in die Liste aufgenommen.
5. Schließen Sie alle Fenster per Klick auf *OK*, und melden Sie sich ab und wieder an. Werfen Sie einen Blick in die Datei *C:\Logons.txt*. Tatsächlich wurde die neue Anmeldung nun automatisch protokolliert.

Abbildung 5.12: *Anders als früher können beliebig viele Skripte laufen*

Die Skripte, die Sie in der Liste festlegen, werden nacheinander in der angegebenen Reihenfolge abgearbeitet. Möchten Sie, dass die Skripte synchron, also gleichzeitig, ausgeführt werden, dann ändern Sie die entsprechende Richtlinie in den Gruppenrichtlinien.

TIPP

Festplatten-Defragmentierung beim Herunterfahren

Auf gleiche Weise lassen sich Skripte einrichten, die bei der Abmeldung eines Benutzers ausgeführt werden. Dazu öffnen Sie lediglich den Eintrag *Abmelden* anstelle von *Anmelden*. Mit den so gewonnenen Informationen könnten Sie zum Beispiel berechnen, wie lange welche Benutzer angemeldet waren.

Möchten Sie Skripte beim Starten oder Herunterfahren des Computers ausführen, dann ist dafür der Zweig *Computerkonfiguration/Windows-Einstellungen/Skripts (Start/Herunterfahren)* zuständig.

Vielleicht wollen Sie vor dem Herunterfahren ein Backup anlegen oder die Laufwerke defragmentieren. Speichern Sie zum Beispiel das Skript aus Listing 5.7 als *Defrag.vbs* ab, und richten Sie es als Herunterfahren-Skript ein. Schon defragmentiert Windows XP alle Festplatten, sobald das System heruntergefahren wird.

```
antwort = MsgBox("Wollen Sie Ihre Laufwerke defragmentieren?", _
    vbYesNo+vbQuestion+vbSystemModal)
If antwort = vbYes then
    Set wshshell = CreateObject("WScript.Shell")
    Set fs = CreateObject("Scripting.FileSystemObject") _
    Set drives = fs.Drives
    For each drive in drives
        If drive.drivetype=2 then
            cmd = "defrag " & drive.driveletter & ":" _
            & " -f -v"
            res = wshshell.Run(cmd,1,true)
        End If
    Next
End If
```

Listing 5.7: Alle Festplatten des Systems der Reihe nach defragmentieren

Fahren Sie dann das System herunter: wählen Sie im Startmenü *Ausschalten*, und klicken Sie auf *Ausschalten*. Windows XP meldet Sie ab, und anschließend erscheint der Hinweis: *Skripts zum Herunterfahren werden ausgeführt* .... Das Defragmentierungs-Skript öffnet dann die Konsole und defragmentiert alle vorhandenen Festplatten.

Wollen Sie das Konsolenfenster unsichtbar ausführen, dann ändern Sie das Skript etwas: ersetzen Sie im *Run*-Befehl die Kennziffer *1* durch *0*. Dann allerdings haben Sie keine Möglichkeit, die Defragmentierung durch Schließen des Konsolenfensters vorzeitig abzubrechen.

TIPP In den vorangegangenen Beispielen wurden die Skripte der Einfachheit halber im Ordner *C:* gespeichert. Verwenden Sie auf Produktivsystemen besser die offiziellen Skriptordner. Die finden Sie im Ordner *%WINDIR%\SYSTEM32\GroupPolicy* als *\Machine\Scripts\Shutdown*, *\Machine\Scripts\Startup*, *\User\Scripts\Logon* und *\User\Scripts\Logoff*.

Programmstarts via Registry

Auch über die Registry lassen sich Programme starten, und dieser Weg wird häufig von Programmen beschritten, die sich automatisch aktivieren wollen. Kenntnisse über die betreffenden Registry-Keys sind also nicht nur interessant, um eigene Programme versteckt zu starten, sondern auch, um unliebsame fremde Programme nicht länger automatisch mitstarten zu müssen.

- Alle Programme, die im Zweig *HKEY_LOCAL_MACHINE – SOFTWARE – Microsoft – Windows – CurrentVersion – Run* vermerkt sind, werden bei jeder Benutzeranmeldung ausgeführt.
- Alle Programme, die im Zweig *HKEY_CURRENT_USER – SOFTWARE – Microsoft – Windows – CurrentVersion – Run* vermerkt sind, werden nur bei dem betreffenden Benutzer bei seiner Anmeldung gestartet

TIPP Beide Zweige sind geschützt. Nur Administratoren können den Inhalt ändern. Normale Anwender haben also keine Möglichkeit, autostartende Programme, die hier vermerkt sind, über den Registrierungseditor zu entfernen.

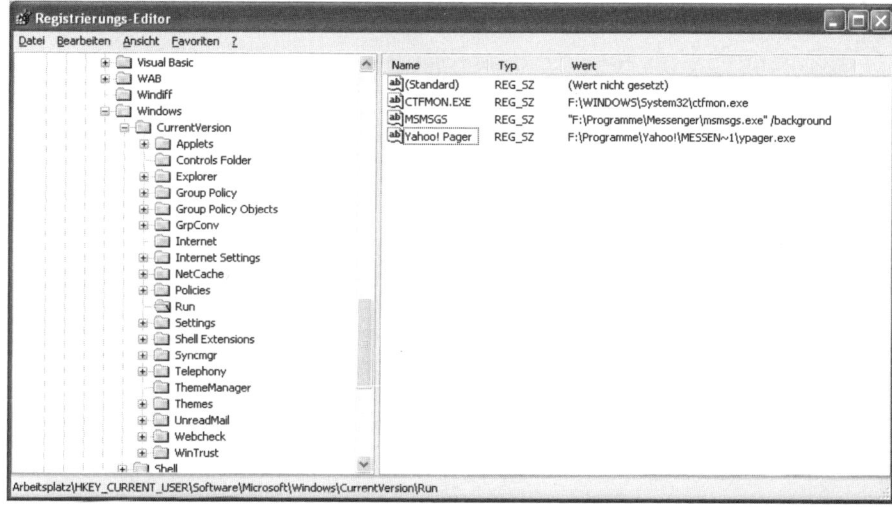

Abbildung 5.13: *Programme versteckt und geschützt über die Registry automatisch starten*

Und so wird ein Programm in einem der Zweige eingetragen:

1. Wählen Sie im Startmenü *Ausführen*, und geben Sie ein: `regedit` Eingabe. Der Registrierungseditor öffnet sich.
2. Expandieren Sie links einen der beiden oben genannten Zweige. Klicken Sie auf *Run*.
3. Klicken Sie nun mit der rechten Maustaste auf eine freie Stelle in der rechten Spalte, und wählen Sie *Neu/Zeichenfolge*. Ein neuer Eintrag erscheint, dem Sie einen beliebigen Namen geben können.
4. Doppelklicken Sie auf den neuen Eintrag. Geben Sie dann den Pfadnamen des gewünschten Programms an. Liegt das Programm in einem der Systemordner, dann genügt auch der reine Programmname. Tragen Sie zum Beispiel testweise `notepad.exe` Eingabe ein, um den Editor zu starten.

Melden Sie sich ab und wieder an, um den Effekt zu testen.

Die Übersicht behalten: welche Programme starten automatisch?

Sie haben gesehen: es gibt ganz unterschiedliche Möglichkeiten, Programme automatisch zu starten. Wer soll da noch die Übersicht behalten?

Deshalb gibt es ein verstecktes Tool, dass alle autostartenden Programme auflistet und auch angibt, wie diese Programme gestartet werden. So können Sie unliebsame Autostarts nun leicht unterbinden:

1. Wählen Sie im Startmenü *Ausführen*, und geben Sie ein: `msconfig` Eingabe. Das Fenster *Systemkonfigurationsprogramm* öffnet sich.
2. Aktivieren Sie die Registerkarte *Systemstart*. Sie sehen nun alle autostartenden Programme. In der Spalte *Pfad* ist angegeben, wie das Programm gestartet wird. Hier finden Sie entweder den zuständigen Registry-Zweig oder die Angabe der Autostartgruppe.
3. Über die Kontrollkästchen vor den Einträgen können Sie autostartende Programme testweise vorübergehend deaktivieren. Nicht immer ist nämlich klar, was ein fremdes Autostart-Programm eigentlich tut und wie wichtig es für den reibungslosen Betrieb ist.

Dauerhafte Deaktivierungen müssen allerdings manuell direkt vor Ort, also in der Registry oder der Autostartgruppe, erfolgen, denn solange Sie Optionen des Systemkonfigurationsprogramms aktivieren, erscheint bei jedem Windows-Start eine Hinweismeldung.

Abbildung 5.14:
Alle Autostarts in der Übersicht

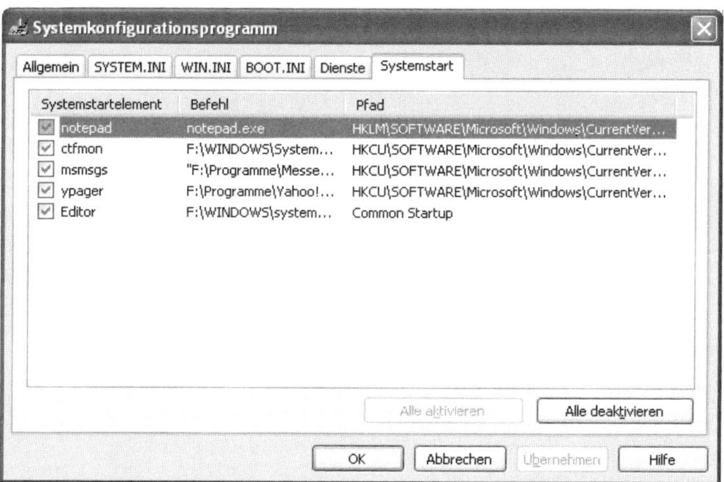

Das Systemkonfigurationsprogramm ist nur für Testläufe gedacht, nicht zur dauerhaften Konfiguration des Systems.

Geplante Tasks – Programme in regelmäßigen Intervallen ausführen

Dienstprogramme wie die Defragmentierung der Laufwerke, Backups oder ein ausführlicher Viren-Scan müssen in regelmäßigen Intervallen ausgeführt werden. Genau dafür gibt es die Geplanten Tasks. Hinter diesem Systemsteuerungsmodul steckt so etwas wie ein elektronischer Terminplaner, der Programme zu festgelegten Zeitpunkten startet.

Um zu sehen, welche Programme auf Ihrem System automatisch in Intervallen ausgeführt werden, wählen Sie im Startmenü *Systemsteuerung*, gehen Sie auf *Leistung und Verwaltung* und öffnen *Geplante Tasks*:

- Desktopbereinigungsmonitor: dieser Eintrag findet sich als Vorgabe für jedes Benutzerkonto. Hinter dem Desktopbereinigungsmonitor steckt ein Assistent, der den Desktop auf Datenmüll untersucht. Alle Dateien (nicht Ordner), die auf dem Desktop liegen und längere Zeit nicht genutzt wurden, werden von ihm auf Wunsch aufgeräumt und in einem zentralen Ordner gespeichert. So bleibt der Desktop auch bei unordentlichen Benutzern einigermaßen übersichtlich.
- Hilfsdiensteplaner: dieser Eintrag sorgt dafür, dass das System in regelmäßigen Intervallen Systemwiederherstellungspunkte anlegt. Geht etwas schief oder wurde das System versehentlich beschädigt, dann kann mit Hilfe der Systemwiederherstellung der nächstgelegene Prüfpunkt ausgewählt und das System auf diesen Stand zurückversetzt werden (▶ Kapitel 23).

Eigene Programme in Intervallen ausführen

Um eigene Programme vom Geplante Tasks-Manager zeitgesteuert auszuführen, öffnen Sie *Geplanten Task hinzufügen*. Das Fenster *Assistent für geplante Tasks* öffnet sich.

1. Klicken Sie auf die Schaltfläche *Weiter >*. Suchen Sie sich das Programm aus, das in regelmäßigen Intervallen gestartet werden soll. Erscheint es nicht in der Liste, dann klicken Sie auf *Durchsuchen*, um selbst danach zu suchen. Wollen Sie zum Beispiel die Festplatte *C:* jeden dritten Tag defragmentieren lassen, dann klicken Sie auf Durchsuchen und geben ein: `%windir%\system32\defrag.exe` **Eingabe**.
2. Geben Sie der Aufgabe einen Namen: `Festplatte C: defragmentieren`. Aktivieren Sie die Option *Täglich*.
3. Aktivieren Sie die Option *Weiter >*. Aktivieren Sie die Option *Jeden* und stellen Sie dahinter *3ten Tag* ein. Die Festplatte wird dann jeden dritten Tag defragmentiert. Klicken Sie auf die Schaltfläche *Weiter >*.
4. Geben Sie das Benutzerkonto und zugehörige Kennwort ein, unter dem diese Aufgabe ausgeführt werden soll. Es muss sich um ein Administrator-Konto handeln.
5. Aktivieren Sie die Option *Erweiterte Eigenschaften für diesen Task beim Klicken auf "Fertig stellen" öffnen*. Aktivieren Sie die Option *Fertig stellen*.
6. Klicken Sie ins Feld *Starten*, um die Befehlszeile anzupassen, denn Defrag soll wissen, welches Laufwerk es putzen soll. Fügen Sie dahinter also ein Leerzeichen und den Laufwerksbuchstaben ein. Aktivieren Sie die Option *OK*. Bestätigen Sie noch einmal das Kennwort des Benutzerkontos, unter dem diese Aufgabe ausgeführt wird.

In der Aufgabenliste erscheint nun Ihr neuer Eintrag. Dahinter steht, wann dieser Task ausgeführt wird. Über einen Rechtsklick können Sie die Aufgabe testweise jederzeit von Hand ausführen lassen.

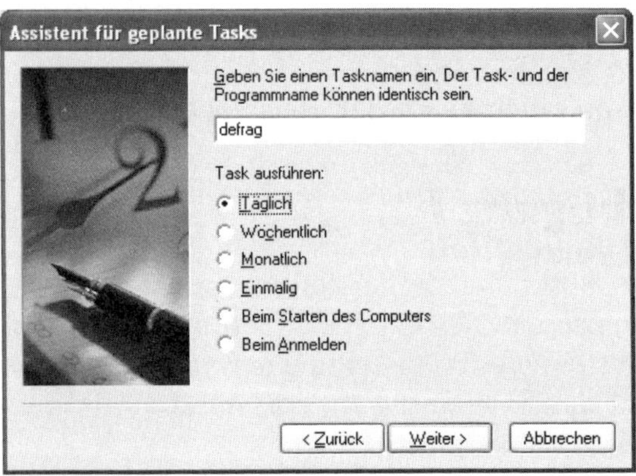

Abbildung 5.15: *Festplattendefragmentierung täglich ausführen*

Alle Tasks werden im Ordner *%SYSTEMROOT%\tasks* als *.job*-Dateien gespeichert. Der elektronische Terminkalender, der diese *.job*-Dateien zur rechten Zeit ausführt, ist der *Schedule*-Dienst (*Taskplaner*). Er wird normalerweise automatisch beim Windows-Start mitgestartet. Haben Sie diesen Dienst deaktiviert, dann werden keine geplanten Tasks mehr ausgeführt.

Von der Kommandozeile aus können Programme nach wie vor mit dem *AT*-Befehl zeitgesteuert ausgeführt werden.

Programme unter anderem Benutzernamen ausführen

Normalerweise erkennt Windows bei der Anmeldung, wer Sie sind und welche Rechte Ihrem Konto gewährt werden. Alle Programme und Tools, die Sie anschließend starten, dürfen nur die Dinge tun, die Ihrem Benutzerkonto gestattet sind.

Zusätzlich gibt es jedoch die Möglichkeit, einzelne Programme ausnahmsweise unter einem anderen Benutzerkonto auszuführen. Das ist ausgesprochen sinnvoll:

- Stellen Sie sich vor, Sie leisten als Administrator einem normalen Benutzer Hilfestellung. Um schnell und ohne Neuanmeldung privilegierte Funktionen aufrufen zu können, die dem Benutzer normalerweise verwehrt wären, starten Sie das entsprechende Microsoft Management Snap-In in der laufenden Sitzung des Benutzers unter dem Namen Ihres Administrator-Kontos.
- Auch als Administrator sollten Sie Ihre alltäglichen Arbeiten nicht mit einem Administrator-Konto durchführen, sondern mit einem eingeschränkten Konto. So verhindern Sie, dass Viren übermäßiges Unheil anrichten können und minimieren generell den potenziellen Missbrauch. Dennoch können Sie jederzeit auch geschützte Windows-Funktionen verwenden, indem Sie die notwendigen Programme im Namen eines Administrator-Kontos aufrufen.

Schauen Sie sich die Technik an einem typischen Beispiel an.

Administratorberechtigung für ausgewählte Programme

Angenommen, Sie müssen hin und wieder Änderungen an den Rechten oder Kennwörtern von Benutzerkonten verwalten und benötigen dazu Administrator-Rechte. Wie können Sie dies bequem tun, ohne ständig ein Administrator-Konto verwenden zu müssen?

Zum Beispiel so:

1. Melden Sie sich als eingeschränkter Benutzer an. Verwenden Sie also kein Benutzerkonto, das ohnehin bereits Administrator-Rechte besitzt, denn in diesem Abschnitt geht es darum, nicht ständig mit vollen Administrator-Rechten aktiv zu sein.
2. Um ein Programm unter anderem Benutzernamen ausführen zu können, benötigen Sie eine Verknüpfung auf das Programm. Legen Sie sich deshalb zuerst die passende Verwaltungskonsole an. Dazu wählen Sie im Startmenü *Ausführen* und geben ein: `mmc` Eingabe. Eine leere Microsoft Management Console erscheint.
3. Wählen Sie *Datei/Snap-In hinzufügen/entfernen*. Das Fenster *Snap-In hinzufügen/entfernen* öffnet sich.
4. Aktivieren Sie die Registerkarte *Eigenständig*, und klicken Sie dann auf Hinzufügen. Das Fenster *Eigenständiges Snap-In hinzufügen* öffnet sich.
5. Wählen Sie sich in der Liste das gewünschte Snap-In aus. Möchten Sie Benutzerkonten verwalten, dann wählen Sie zum Beispiel das Snap-In *Lokale Benutzer und Gruppen*. Klicken Sie dann auf *Hinzufügen*.
6. Abhängig von der Art des Snap-Ins öffnet sich nun womöglich das Fenster *Zielcomputer auswählen*. Legen Sie hier fest, auf welchen Computer sich das Snap-In beziehen soll. In aller Regel ist *Lokaler Computer* die richtige Wahl.
7. Klicken Sie auf *Schließen* und dann auf *OK*. Das neue Snap-In ist einsatzbereit. Allerdings wird es bislang noch im Namen des angemeldeten eingeschränkten Benutzers ausgeführt. Das bemerken Sie spätestens, wenn Sie links den Zweig *Benutzer* expandieren, ein Konto doppelklicken und dann versuchen, eine privilegierte Aktion durchzuführen, zum Beispiel ein Konto mit der Option *Konto ist deaktiviert* zu sperren. Weil Ihnen die Administrator-Rechte fehlen, sind Ihnen diese Aktionen verwehrt.
8. Deshalb legen Sie nun eine Verknüpfung auf die neu angelegte Management Console an. Dazu wählen Sie *Datei/Speichern* und geben einen Namen ein, zum Beispiel *Benutzerverwaltung*. Schließen Sie dann das Fenster.
9. Ihr neues Snap-In finden Sie ab sofort in der Programmgruppe *Verwaltung*: öffnen Sie das Startmenü, wählen Sie *Alle Programme/ Verwaltung* und öffnen Sie dann Ihre MMC unter dem Namen, den Sie beim Speichern verwendet haben.

10. Natürlich hat sich noch immer nichts an Ihren Berechtigungen geändert. Noch immer läuft die Konsole unter dem Benutzerkonto des aktuell angemeldeten Benutzers. Schließen Sie das Fenster.
11. Wählen Sie nun im Startmenü *Alle Programme/Verwaltung*, und klicken Sie den Eintrag für Ihre Konsole diesmal im Menü mit der rechten Maustaste an. Im Kontextmenü wählen Sie *Ausführen als*. Das Fenster *Ausführen als* öffnet sich.
12. Aktivieren Sie die Option *Folgender Benutzer:*. Wählen Sie dann in der Liste *Benutzername*: den Namen des Kontos, unter dem dieses Programm ausgeführt werden soll, zum Beispiel *Administrator*, und geben Sie das passende Kennwort ein. Dann klicken Sie auf *OK*.
13. Wieder startet die Management Console, und diesmal verfügen Sie über die Rechte des Kontos, das Sie eben angegeben haben. War es ein Administrator-Konto, dann können Sie nun uneingeschränkt schalten und walten – obwohl Sie sich nach wie vor in der Sitzung eines eingeschränkten Benutzers befinden.

Programme immer mit anderen Benutzerinformationen starten

Der Programmstart über einen Rechtsklick und *Ausführen als* ist nur für Ausnahmesituationen gedacht – im Alltagsbetrieb ist dieses Verfahren viel zu aufwändig. Deshalb haben Sie zusätzlich die Möglichkeit, Programme immer unter einem anderen Benutzerkonto auszuführen.

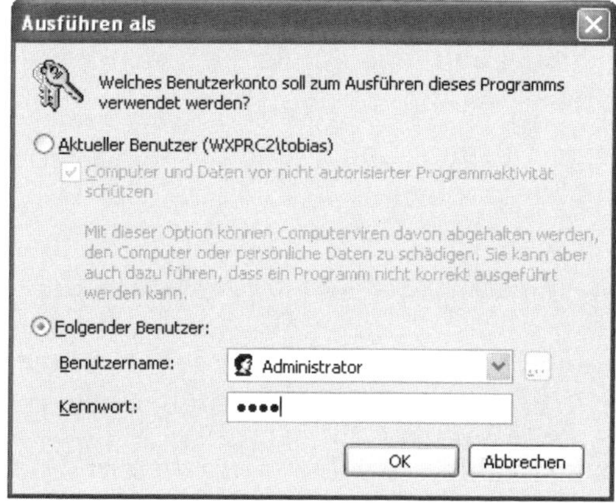

Abbildung 5.16: *Programme im Namen eines anderen Benutzers ausführen*

Alles, was Sie dafür brauchen, ist eine Verknüpfung auf das Programm. Wenn Sie wie eben gezeigt eine neue Management Konsole für die Benutzerverwaltung eingerichtet haben, könnten Sie zum Beispiel so vorgehen, um eine Verknüpfung darauf anzulegen:

1. Öffnen Sie das Startmenü und wählen Sie *Alle Programme/Verwaltung*. Klicken Sie das Programm, auf das Sie eine Verknüpfung anlegen wollen, mit der rechten Maustaste an und wählen Sie *Kopieren*.
2. Klicken Sie nun die Programmgruppe *Verwaltung* mit der rechten Maustaste an, und wählen Sie *Öffnen*. Die Programmgruppe öffnet sich.
3. Wählen Sie *Bearbeiten/Verknüpfung einfügen*. Eine neue Verknüpfung wird eingefügt. Drücken Sie F2, um ihr einen neuen Namen zu geben, zum Beispiel `Benutzerverwaltung Admin`. Drücken Sie **Eingabe**. Erledigt.

Schließen Sie alle Fenster. Wenn Sie nun im Startmenü *Alle Programme/Verwaltung* öffnen, sehen Sie Ihre neue Admin-Verknüpfung. Die klicken Sie nun mit der rechten Maustaste an und wählen *Eigenschaften*. Das Fenster *Eigenschaften von Benutzerverwaltung Admin* öffnet sich.

Klicken Sie auf *Erweitert*. Das Fenster *Erweiterte Eigenschaften* öffnet sich. Wählen Sie nun die Option *Unter anderen Anmeldeinformationen ausführen*. Klicken Sie dann auf *OK* und gleich noch einmal auf *OK*. Erledigt.

Wenn Sie das nächste Mal im Startmenü *Alle Programme/Verwaltung* wählen und die neue Verknüpfung anklicken, erscheint automatisch das Fenster *Ausführen als*, in dem Sie das gewünschte Benutzerkonto samt Kennwort eingeben können.

TIPP

Windows XP zeigt im Startmenü zuvorkommend an, dass ein neuer Eintrag ins Startmenü eingefügt wurde.

Aus Sicherheitsgründen ist es nicht möglich, Benutzername und Kennwort fest in eine Verknüpfung hineinzucodieren.

Mit dem *RunAs*-Befehl Verknüpfungen anlegen

Hinter dem Kontextmenü-Befehl *Ausführen als*, den Sie gerade eingesetzt haben, steckt eigentlich der *RunAs*-Befehl, der Ihnen auch separat zur Verfügung steht, um Programme unter einem anderen Benutzerkonto auszuführen.

Versuchen Sie doch mal dies:

1. Wählen Sie im Startmenü *Ausführen*, und geben Sie ein: `runas /user:Administrator cmd` **Eingabe**.
2. Ein Konsolenfenster öffnet sich und fragt nach dem Kennwort für das Administrator-Konto. Wenn Sie das richtige Kennwort eingeben, können Sie im Konsolenfenster als Administrator arbeiten.

3. Zum Beweis geben Sie nun ein: `set` Eingabe. Die Umgebungsvariablen werden aufgelistet. Wie Sie sehen, zeigen *USERNAME* und *USERPROFILE* korrekt das Administratorkonto an, und Sie können nun alle Befehle und Programme im Namen des Administrators aufrufen.
4. Geben Sie zum Beispiel `mmc` Eingabe ein und fügen Sie ein beliebiges Snap-In so wie in ▶ Kapitel 22 beschrieben hinzu. Es wird anschließend mit Administratorrechten ausgeführt.

RunAs können Sie sich auch für Verknüpfungen zunutze machen. So lassen sich ausgewählte Programme unter festgelegten Benutzernamen ausführen. Nur noch das passende Kennwort muss vor der Benutzung eingegeben werden:

1. Klicken Sie mit der rechten Maustaste auf eine freie Stelle des Desktops, und wählen Sie *Neu/Verknüpfung*. Das Fenster *Verknüpfung erstellen* öffnet sich.
2. Geben Sie ins Feld ein: `runas /user:Administrator`. Fügen Sie ein Leerzeichen und dann den Namen des Programms an, das Sie starten wollen. Klicken Sie dann auf *Weiter*.
3. Geben Sie der neuen Verknüpfung einen Namen, und klicken Sie dann auf *Fertig stellen*. Eine neue Verknüpfung erscheint auf dem Desktop.
4. Klicken Sie die neue Verknüpfung auf dem Desktop dann mit der rechten Maustaste an, und wählen Sie im Kontextmenü *Eigenschaften*. Das Fenster *Eigenschaften ...* öffnet sich.
5. Klicken Sie auf *Anderes Symbol*. Das Fenster *Anderes Symbol* öffnet sich. Geben Sie ins obere Textfeld `Shell32.dll` oder den Namen einer anderen Icon-Bibliothek ein, und drücken Sie Eingabe. Wählen Sie sich dann ein passendes Icon aus, und klicken Sie *OK*. Klicken Sie noch einmal auf *OK*. Die neue Verknüpfung ist einsatzbereit.
6. Öffnen Sie die neue Verknüpfung. Ein Konsolenfenster öffnet sich und fragt nach dem Kennwort des vereinbarten Benutzerkontos. Anschließend wird das von Ihnen festgelegte Programm im Kontext dieses Benutzerkontos gestartet.

TIPP Enthält der Befehlsname, den Sie an *RunAs* verfüttern, Leerzeichen, dann stellen Sie den Pfadnamen in Anführungszeichen!

Dasselbe funktioniert auch mit dem eingebauten *Ausführen als*-Dialog:

1. Klicken Sie mit der rechten Maustaste auf eine freie Stelle des Desktops, und wählen Sie *Neu/Verknüpfung*. Das Fenster *Verknüpfung erstellen* öffnet sich.

2. Geben Sie ins Feld den Namen des gewünschten Programms ein, zum Beispiel `mmc %windir%\system32\compmgmt.msc` **Eingabe**.

3. Geben Sie als Name ein: `Computerverwaltung` **Eingabe**. Eine neue Verknüpfung erscheint. Klicken Sie sie mit der rechten Maustaste an, und wählen Sie *Eigenschaften*.

4. Klicken Sie auf *Erweitert*, und aktivieren Sie die Option *Unter anderen Anmeldeinformationen ausführen*. Dann klicken Sie auf *OK*. Klicken Sie noch einmal auf *OK*.

5. Öffnen Sie nun die Verknüpfung über einen Doppelklick. Das Fenster *Ausführen als* öffnet sich, und Sie können sich dialogfeldgestützt ein Benutzerkonto aussuchen, unter dem das Programm ausgeführt werden soll.

Befindet sich das Programm, das Sie gern unter einem anderen Benutzerkonto verfügbar machen wollen, bereits im *Programme*-Menü, dann geht es sogar noch einfacher:

1. Öffnen Sie das Startmenü und wählen Sie *Alle Programme*. Klicken Sie sich im Programme-Menü zu dem gewünschten Programm durch.

2. Klicken Sie das gewünschte Programm mit der rechten Maustaste an und wählen Sie *Kopieren*. Klicken Sie dann mit der rechten Maustaste an den Ort, wo Sie die *Verknüpfung einfügen* wollen, also zum Beispiel eine freie Stelle des Desktops, und wählen Sie Verknüpfung einfügen.

3. Klicken Sie die Verknüpfung mit der rechten Maustaste an, wählen Sie *Eigenschaften*, klicken Sie auf *Erweitert*, und aktivieren Sie die Option *Unter anderen Anmeldeinformationen ausführen*. Fertig!

Empfehlungen

Als Administrator empfehle ich Ihnen, sich selbst ein eingeschränktes Benutzerkonto anzulegen. Anschließend öffnen Sie im Startmenü *Alle Programme/Verwaltung*, und klicken alle Verknüpfungen in der Verwaltung-Programmgruppe mit der rechten Maustaste an. Wählen Sie jeweils *Eigenschaften*, und aktivieren Sie für diese Verknüpfungen die alternative Benutzeranmeldung.

So können Sie für die alltägliche Arbeit mit einem sicheren eingeschränkten Benutzerkonto arbeiten, und wenn Sie tatsächlich einmal administrative Aufgaben zu erledigen haben, erscheint automatisch das *Ausführen als*-Dialogfeld, damit Sie Verwaltungsprogramme als Administrator ausführen können.

Stehen ausführlichere Administrationsaufgaben an, dann verwenden Sie die *Schnelle Benutzerumschaltung*, um sich vorübergehend mit einem Administratorkonto anzumelden:

1. Wählen Sie im Startmenü *Abmelden* und klicken Sie auf *Benutzer wechseln*. Diese Option steht nur zur Verfügung, wenn Sie die *Schnelle Benutzerumschaltung* aktiviert haben (▶ Kapitel 3).
2. Melden Sie sich mit einem Administratorkonto an, und erledigen Sie Ihre Administrator-Aufgaben. Melden Sie sich dann wieder ab, und wählen Sie diesmal die Option *Abmelden*, um die Sitzung zu beenden.
3. Melden Sie sich wieder unter Ihrem eingeschränkten Benutzerkonto an. Alle Programme und Dateien, mit denen Sie vor der Umschaltung gearbeitet haben, sind noch genau dort, wo Sie sie verlassen haben, und Sie können nahtlos weiterarbeiten.

Dienste verwalten

Dienste sind besondere Programme, die allgemeine Funktionen bereitstellen. Diese Funktionen sind unabhängig von angemeldeten Benutzern. Eine Dienstleistung, die Sie eben kennen gelernt haben, ist der Taskplaner, der Programme zu festgelegten Zeiten startet, und zwar auch dann, wenn gar kein Benutzer angemeldet ist. Andere Dienste sind für die Benutzeranmeldung, den Internetdienst, Dynamische Disks und viele weitere integrale Funktionen von Windows XP zuständig.

Dienste unterscheiden sich in diesen wesentlichen Punkten von normalen Programmen:

- Dienste können gestartet, pausiert und gestoppt werden. Dienste lassen sich manuell starten oder werden bereits beim Windows-Start automatisch gestartet.
- Dienste können unter dem Systemkonto oder unter dem Konto eines bestimmten Benutzers ausgeführt werden. Damit sind die Dienste unabhängig vom gerade angemeldeten Benutzer und können immer die vorgesehene Aufgabe ausführen.
- Dienste können Abhängigkeiten definieren, also zum Beispiel andere Dienste nennen, die gestartet sein müssen, damit dieser Dienst arbeiten kann. Sind die Voraussetzungen nicht gegeben, dann startet der Dienst nicht.

Dienste starten und stoppen

Alle Dienste werden von einem speziellen MMC-Snap-In verwaltet:

1. Wählen Sie im Startmenü *Ausführen*, und geben Sie ein: `services.msc` Eingabe. Das Fenster *Dienste* öffnet sich.
2. Doppelklicken Sie auf einen Dienst, um sein *Eigenschaften*-Fenster zu öffnen. Im Feld *Beschreibung* lesen Sie, wofür der Dienst da ist.
3. Über die Schaltflächen lassen sich Dienste manuell starten, anhalten und beenden. Dies sollten Sie allerdings nur dann ausprobieren, wenn Sie sich über die Konsequenzen im Klaren sind. Im Feld *Starttyp* wird festgelegt, ob der Dienst automatisch gestartet wird.
4. Aktivieren Sie die Registerkarte *Anmelden*. Hier wird festgelegt, unter welcher Identität der Dienst ausgeführt wird. Daneben können Sie Dienste bestimmten Hardwareprofilen zuordnen und zum Beispiel Dienste nur dann starten lassen, wenn ein Notebook in der Docking Station eingedockt ist.

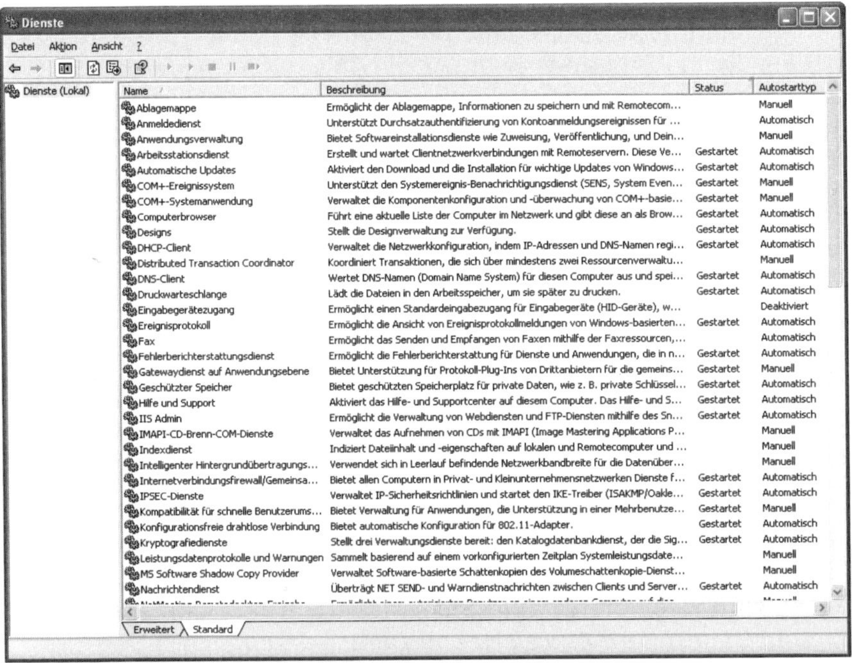

***Abbildung 5.17:** Dienste kontrollieren, starten und stoppen*

5. Aktivieren Sie die Registerkarte *Wiederherstellen*. Hier wird bestimmt, was passieren soll, wenn der Dienst nicht gestartet werden kann. Hat Windows XP zum Beispiel zweimal vergeblich versucht, einen wichtigen Dienst zu starten, dann können Sie bestimmen, dass der Rechner neu gestartet wird. Alternativ können Sie auch ein ande-

res Programm ausführen lassen und über dieses Programm (oder Skript) Notfallmeldungen an einen Administrator senden lassen.

6. Aktivieren Sie die Registerkarte *Abhängigkeiten*. Jetzt sehen Sie, welche Voraussetzungen erfüllt sein müssen, damit der Dienst arbeiten kann. Manche Dienste setzen voraus, dass andere Dienste bereits gestartet sind.

Dienste automatisch starten und stoppen

Dienste können über den *NET* Kommandozeilenbefehl gestartet und gestoppt werden. So gehen Sie vor, um zu sehen, welche Dienste augenblicklich laufen:

1. Wählen Sie im Startmenü *Ausführen*, und geben Sie ein: `cmd` **Eingabe**. Die Konsole öffnet sich.
2. Geben Sie ein: `net start` **Eingabe**. Die Namen der laufenden Dienste werden ausgegeben.

Über `net start "Dienstname"` werden Dienste gestartet. `net stop "Dienstname"` beendet Dienste. Und mit `net help start` **Eingabe** erhalten Sie weitere Hilfestellung.

Wollen Sie alle Dienste sehen, die es gibt, dann öffnen Sie *Regedit.exe* und expandieren den Zweig *HKEY_LOCAL_MACHINE\SYSTEM – CurrentControlSet – Services*. Öffnen Sie dann jeden Unterordner, und suchen Sie in der rechten Spalte nach dem Eintrag *DisplayName*. Nicht jeder Dienst verfügt über diesen Eintrag. Der Name, der in *DisplayName* genannt wird, wird von *NET* verwendet.

Bevor Sie Dienste konfigurieren ...

Wenn Sie einen Dienst stoppen, dann werden automatisch auch alle Dienste gestoppt, die von diesem Dienst abhängig sind.

Weisen Sie einem Dienst nicht das lokale Systemkonto zu, sondern einen bestimmten Benutzer, dann stellen Sie sicher, dass dieser Benutzer über das Windows-Grundrecht *Als Dienst anmelden* verfügt. Dieses Recht wird über die *Lokale Sicherheitsrichtlinie* und hier im Zweig *Lokale Richtlinien/Zuweisen von Benutzerrechten* gewährt.

6 Mit Dateien und Ordnern arbeiten

Beinahe alles, was Sie mit dem Computer erarbeiten – Bilder, Briefe, Datenbanken – wird als Datei auf der Festplatte gesichert. Das war natürlich auch schon bei älteren Windows-Versionen so.

Die Handhabung und Organisation dieser Dateien wurde von Windows XP aber geradezu dramatisch vereinfacht. Heute braucht niemand mehr Computerexperte zu sein, um seine wichtigen Daten übersichtlich zu gliedern und schnell wiederzufinden. Mit wenigen Mausklicks legen Sie nicht nur neue Dateien und Ordner an, sondern können Ihre Arbeitsergebnisse auch ebenso leicht per E-Mail oder Infrarotverbindung an andere Personen versenden.

Mit Dateien arbeiten – der Windows XP-Ansatz

Natürlich können Sie auch bei Windows XP Dateien und Ordner im Explorer verwalten. Eine genaue Kenntnis der Ordnerstrukturen ist aber nicht mehr nötig. Das *Arbeitsplatz*-Fenster zeigt alle wichtigen Orte im Dateisystem übersichtlich an.

Wählen Sie im Startmenü *Arbeitsplatz*, dann öffnet sich ein Fenster und zeigt mehrere Kategorien an:

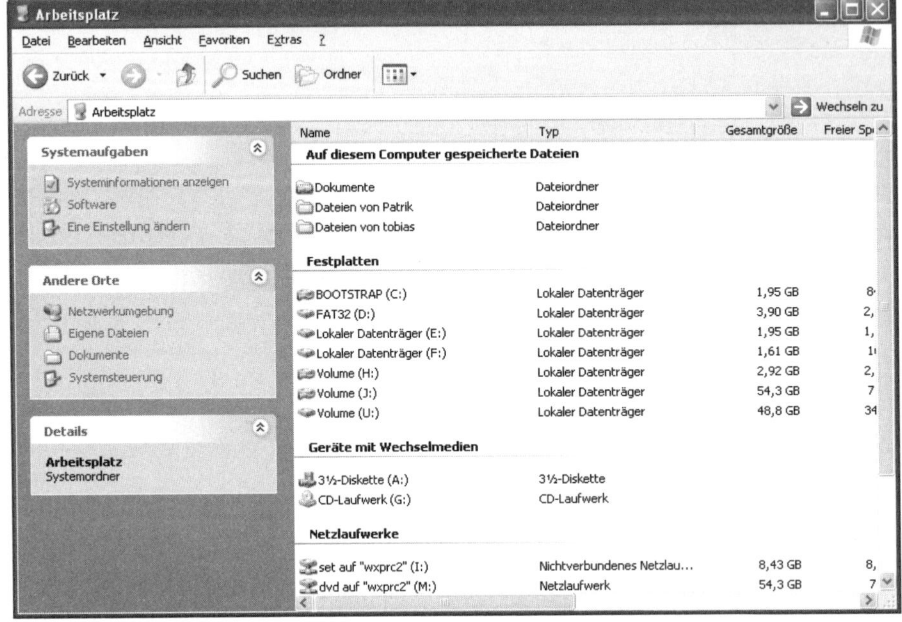

Abbildung 6.1: *Alle wichtigen Daten lassen sich direkt über das* Arbeitsplatz-*Fenster verwalten*

- In der Kategorie *Auf diesem Computer gespeicherte Daten* erscheinen mindestens zwei Ordner: *Dokumente* ist der gemeinsame Dokumente-Ordner aller Benutzer. Hier können Daten zwischen Benutzern ausgetauscht werden, weil jeder Benutzer Zugriff auf den zentralen Dokumente-Ordner hat. Außerdem wird der Ordner *Eigene Dateien* als *Dateien von Benutzername* angezeigt. Haben Sie sich als Administrator angemeldet, dann werden auch die Dokumente-Ordner der übrigen Benutzer in dieser Kategorie angezeigt.
- Die Kategorie *Festplatten* zeigt übersichtlich alle Festplatten des Systems an.
- In der Kategorie *Geräte mit Wechselmedien* führt das *Arbeitsplatz*-Fenster alle Laufwerke mit auswechselbaren Datenträgern auf, also Diskettenlaufwerke ebenso wie CD-ROM- und DVD-Laufwerke.
- Die Kategorie *Netzlaufwerke* zeigt Netzwerkordner an, die Sie als Netzlaufwerk eingerichtet haben (▶ Kapitel 14).
- In der Kategorie *Andere* finden sich alle übrigen speziellen Ordner, zum Beispiel *Webordner*.

TIPP

Sollte Ihr *Arbeitsplatz*-Fenster die Laufwerke nicht nach Kategorien einteilen, dann schauen Sie auf ▶ Seite 194, wie Sie diese Ansicht aktivieren.

Festlegen, was im Arbeitsplatz-Fenster angezeigt wird

Sie haben gesehen: Das *Arbeitsplatz*-Fenster zeigt nicht nur Laufwerke an, sondern auch wichtige Ordner wie die Benutzerprofile und die Systemsteuerung. Welche zusätzlichen Informationen der *Arbeitsplatz* tatsächlich anzeigt, bestimmt die Windows Registry-Datenbank. Versierte Anwender können darin manuelle Änderungen vornehmen und so zum Beispiel die Kategorie *Auf diesem Computer gespeicherte Daten* oder die Systemsteuerung ausblenden.

WICHTIG Die folgenden Änderungen sollten nur von versierten Anwendern durchgeführt werden. Fehleinträge in der Registry können Windows XP unbrauchbar machen.

1. Wählen Sie im Startmenü *Ausführen*, und geben Sie ein: `regedit` Eingabe. Der Registrierungseditor öffnet sich.

2. Expandieren Sie in der linken Spalte diesen Schlüssel: *HKEY_LOCAL_MACHINE\SOFTWARE\Microsoft\Windows\CurrentVersion\Explorer\MyComputer\NameSpace*. Doppelklicken Sie auf *NameSpace*. Darunter erscheinen einige Einträge, die bereits eingeblendeten Informationen entsprechen. Der Zweig *DelegateFolders* verwaltet Kategorien wie *Auf diesem Computer gespeicherte Daten*.

3. Damit Sie Änderungen später wieder rückgängig machen können, legen Sie eine Sicherheitskopie des Zweigs an, den Sie gleich ändern. Dazu klicken Sie den Schlüssel *NameSpace* mit der rechten Maustaste an und wählen *Exportieren*. Das Fenster *Registrierungsdatei exportieren* öffnet sich.

4. Im Bereich *Exportbereich* ist die Option *Ausgewählte Teilstruktur* aktiviert, und darunter steht der Schlüssel, den Sie ausgewählt haben. Geben Sie einen Dateinamen an, und speichern Sie den Schlüssel in einer *.reg*-Datei.

Löschen Sie nun alle Unterschlüssel des *Namespace*-Schlüssels, die Sie nicht im Arbeitsplatz anzeigen wollen.

5. Tabelle 6.1 zeigt, welcher Schlüssel für welches Element zuständig ist.

6. Wollen Sie im *Arbeitsplatz*-Fenster nur noch Laufwerke anzeigen, dann löschen Sie alle Unterschlüssel des *NameSpace*-Schlüssels. Die Änderungen treten in Kraft, sobald Sie ein neues *Arbeitsplatz*-Fenster öffnen oder seinen Inhalt mit F5 aktualisieren.

Möchten Sie den ursprünglichen Zustand wiederherstellen, dann öffnen Sie die *.reg*-Datei, die Sie eben angelegt haben, und lassen die Originaleinstellungen zurück in die Registry lesen.

Schlüssel	Zuständig für
{BDEADF00-C265-11D0-BCED-00A0C90AB50F}	Webfreigaben
Controls	Systemsteuerung
DelegateFolders\{59031a47-3f72-44a7-89c5-5595fe6b30ee}	Auf diesem Computer gespeicherte Daten
DelegateFolders\{E211B736-43FD-11D1-9EFB-0000F8757FCD}	Digitalkameras und Scanner

Tabelle 6.1: *Zusatzinformationen, die der Arbeitsplatz einblenden kann*

Eigene Dateien – Ihr ganz persönlicher Privatbereich

Der spezielle Ordner *Eigene Dateien* ist Ihr ganz persönlicher Speicherbereich: alles, was Sie hier speichern, bleibt anderen Benutzern verborgen. Jedenfalls dann, wenn Sie das sichere NTFS-Dateisystem einsetzen und Windows beauftragt haben, persönliche Datenbereiche abzuschotten.

Sie erreichen den Ordner *Eigene Dateien* über das Startmenü, das *Arbeitsplatz*-Fenster und auf Wunsch auch über ein Icon auf dem Desktop:

1. Klicken Sie mit der rechten Maustaste auf eine freie Stelle des Desktops, und wählen Sie *Eigenschaften*. Das Dialogfeld *Eigenschaften von Anzeige* öffnet sich.
2. Aktivieren Sie die Registerkarte *Desktop*. Klicken Sie auf die Schaltfläche *Desktop anpassen*. Das Dialogfeld *Desktopelemente* öffnet sich.

Abbildung 6.2: *Systemsymbole auf dem Desktop anzeigen*

3. Aktivieren Sie im Bereich *Desktopsymbole* die Option *Eigene Dateien*, und klicken Sie auf *OK*.

Alle modernen Programme speichern Dokumente in diesem Ordner, wenn Sie nicht explizit einen anderen Ordner angeben.

Im Ordner *Eigene Dateien* finden Sie die Ordner *Eigene Bilder* und *Eigene Musik*. Im Ordner *Eigene Bilder* werden alle Bilddaten gespeichert, die Sie zum Beispiel eingescannt, gezeichnet oder von einer Digitalkamera übertragen haben. Im Ordner *Eigene Musik* speichert Windows XP alle Musikdateien, die Sie mit dem Media Player aus dem Internet oder von einer Audio-CD auf die Festplatte kopieren.

Wo der Ordner *Eigene Dateien* tatsächlich gespeichert ist

Windows XP speichert den Ordner *Eigene Dateien* in Ihrem Benutzerprofil. Das Benutzerprofil speichert alle Ihre benutzerspezifischen Einstellungen. Sie erreichen Ihr Profil zum Beispiel, indem Sie im Startmenü *Ausführen* wählen und eingeben: `%userprofile%` Eingabe.

Öffnen Sie dann im Profil den Ordner *Eigene Dateien*, oder schauen Sie sich an, welche weiteren Informationen in Ihrem Profil lagern. Sie können mit Rück auch in den übergeordneten Ordner wechseln und sehen nun die Benutzerprofile der übrigen Benutzerkonten.

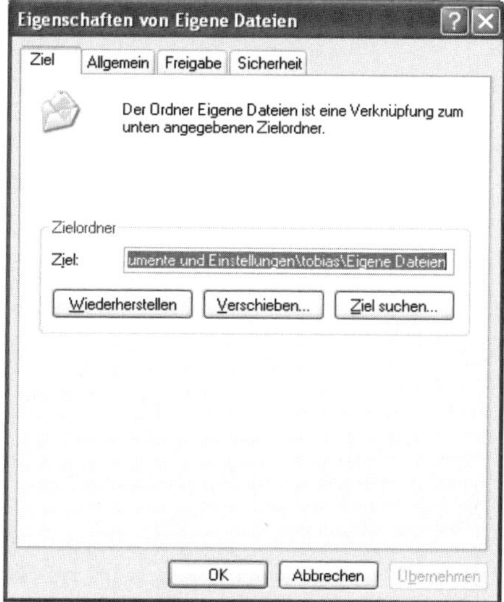

Abbildung 6.3: *Feststellen, wo eigene Dateien tatsächlich gespeichert werden*

TIPP Wenn Windows die Benutzerprofile sichert und Sie nicht zufällig über Administrator-Rechte verfügen, dann können Sie den neuen Einbruchschutz sofort ausprobieren. Ist die Sicherheit aktiviert, dann verwehrt Ihnen Windows XP den Zutritt zu fremden Benutzerkonten: *Zugriff verweigert*.

Wann ist der Ordner *Eigene Dateien* wirklich spionagesicher?

Sobald Sie das erste Benutzerkonto mit einem Kennwort ausstatten und damit zum Ausdruck bringen, dass Ihr System gegen Unbefugte gesichert sein soll, bietet Windows XP an, die Benutzerprofile aller Benutzer zu sichern. Diese Sicherheit basiert auf dem NTFS-Dateisystem mit seinen Zugriffsberechtigungen und wird deshalb nur dann angeboten, wenn Ihre Festplatten – oder zumindest die Partition, auf der die Benutzerprofile gespeichert sind – das NTFS-Dateisystem verwendet.

Windows XP sorgt dann dafür, dass Benutzerprofile nur noch vom jeweiligen Eigentümer und von Administratoren eingesehen werden dürfen.

Wollen Sie von Hand dafür sorgen, dass ein Ordner nur noch von Ihnen selbst genutzt werden kann, oder möchten Sie nachschauen, wie die automatische Sicherung der Benutzerprofile in Wirklichkeit funktioniert, dann gehen Sie so vor:

1. Stellen Sie sicher, dass die Einfache Dateifreigabe aktiv ist. Dazu wählen Sie im Startmenü *Systemsteuerung* und öffnen dann das Modul *Ordneroptionen*. Aktivieren Sie die Registerkarte *Ansicht* und wählen Sie die Option *Einfache Dateifreigabe verwenden*. Klicken Sie auf *OK*.
2. Wählen Sie im Startmenü *Ausführen*, oder drücken Sie Win+R. Im *Ausführen*-Dialogfeld geben Sie ein: `%USERPROFILES%` Eingabe. Sie sehen jetzt den Ordner mit den Daten Ihres Benutzerprofils.
3. Drücken Sie die Rück-Taste. Jetzt sehen Sie die Ordner aller Benutzerprofile. Klicken Sie den Ordner Ihres Profils mit der rechten Maustaste an, und wählen Sie *Freigabe und Sicherheit*.
4. Schauen Sie nach, ob die Option *Diesen Ordner nicht freigeben* aktiviert ist. Wenn diese Option aktiv ist, dann wird dieser Ordner samt seiner Unterordner geschützt.
5. Um zu sehen, was dabei genau passiert, schalten Sie die einfache Dateifreigabe wieder ab. Klicken Sie danach den Ordner noch einmal mit der rechten Maustaste an und wählen Sie *Eigenschaften*. Aktivieren Sie die Registerkarte *Sicherheit*.
6. Sie sehen jetzt, welche Personen Zugriff auf den Ordner haben. Ist der Ordner gesichert worden, dann stehen in der Liste nur noch Sie selbst und das System.

Auf diese Weise können nur Ordner gesichert werden, die auf Laufwerken mit dem NTFS-Dateisystem gespeichert sind. Denken Sie daran: in Ordnern, die auf eben gezeigte Weise gesichert wurden, können mit der einfachen Dateifreigabe keine Unterordner im Netzwerk freigegeben werden. Haben Sie also Ihr Benutzerprofil auf diese Weise gesichert, dann können Sie keine Ordner auf dem Desktop oder im *Eigene Dateien*-Ordner mehr freigeben. Der gesamte Inhalt Ihres Benutzerprofils bleibt privat.

Eine Ausnahme besteht nur, wenn Sie die einfache Dateifreigabe ausschalten oder das MMC-Snap-In *Computerverwaltung* dazu verwenden, Ordner freizugeben.

Mehr zu Zugriffsrechten und wie Sie sie kontrollieren, lesen Sie in ▶ Kapitel 19. Mehr zu Netzwerkfreigaben lesen Sie in den Kapiteln ▶ 12 bis 14.

Neue Ordner anlegen: Eigene Dateien übersichtlich organisieren

Alles, was Sie mit Programmen erarbeiten, landet als Vorgabe in Ihrem Ordner *Eigene Dateien*. Damit es darin nicht bald wie in einer Studentenbude aussieht, sollten Sie den Inhalt des Ordners rechtzeitig durch weitere Ordner gliedern.

Dazu öffnen Sie *Eigene Dateien* und klicken dann mit der rechten Maustaste auf eine freie Stelle im Ordner. Wählen Sie *Neu/Ordner*, und geben Sie dem neuen Ordner einen treffenden Namen.

TIPP Alle neuen Ordner, die Sie anlegen, erhalten zunächst das einheitliche gelbe Ordnersymbol. Damit Sie Ordner besser voneinander unterscheiden können, haben Sie aber die Möglichkeit, den Ordnern nachträglich ganz individuelle Symbole zuzuweisen. Die Ordner *Eigene Bilder* und *Eigene Musik* zeigen, wie so etwas aussehen kann. Mehr Informationen zur Verschönerung von Ordnericons lesen Sie in ▶ Kapitel 4.

In der linken Spalte des Explorer-Fensters sehen Sie eine Info-Spalte. In der Liste Datei- und Ordneraufgaben zeigt Windows XP die gebräuchlichsten Aufgaben rund um Dateien und Ordner.

Neue Dateien anlegen

Um eine neue Datei anzulegen, brauchen Sie kein Programm zu starten. Es genügt, den Ordner zu öffnen, in dem Sie die neue Datei anlegen wollen:

1. Öffnen Sie zum Beispiel den Ordner *Eigene Dateien*. Klicken Sie dann mit der rechten Maustaste auf eine freie Stelle darin, und wählen Sie im Kontextmenü *Neu*. Jetzt erscheint eine Liste, aus der Sie sich den gewünschten Dateityp aussuchen können. Wählen Sie zum Beispiel *Bitmap*.

2. Geben Sie der neuen Datei einen passenden Namen, zum Beispiel `Testbild` Eingabe. Wenn Sie die Datei anschließend öffnen, startet Windows automatisch das passende Programm, um den Inhalt der Datei anzuzeigen und ihn zu bearbeiten.
3. Wählen Sie stattdessen *Textdokument*, dann wird ein einfaches Textdokument angelegt, das mit dem Editor geöffnet wird. Am besten legen Sie testweise Dateien von allen angebotenen Dateitypen an, um zu sehen, welche Programme dahinterstecken.

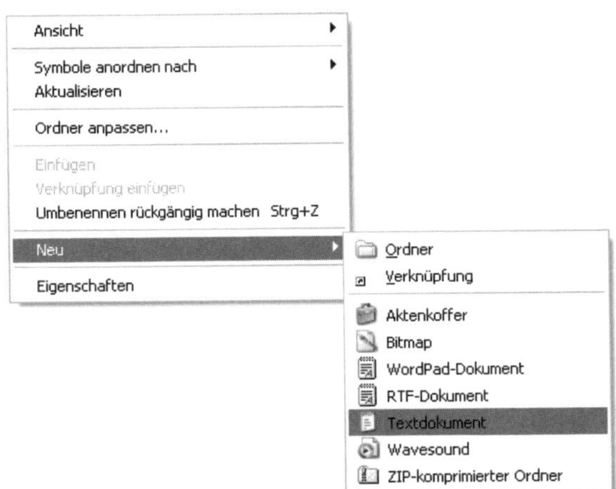

Abbildung 6.4: *Neue Dateien per Rechtsklick und Neu anlegen*

TIPP

Das *Neu*-Menü erreichen Sie auch über das *Datei*-Menü des Explorer-Fensters. Nicht alle Programme registrieren ihre Dokumenttypen im *Neu*-Menü. Fehlt darin ein für Sie wichtiger Dokumenttyp, dann bleibt Ihnen nichts anderes übrig, als wie in alten Tagen zuerst das Programm zu starten, das diesen Dokumenttyp verwendet, und dann das Dokument vom Programm aus am gewünschten Ort zu speichern.

Selbst bestimmen, welche Dateitypen das *Neu*-Menü anbietet

Moderne Programme registrieren sich von selbst im *Neu*-Menü. Ältere Programme dagegen nicht. Es kann also durchaus vorkommen, dass Sie im *Neu*-Menü wichtige Dateitypen vermissen.

Wenn Sie möchten, können Sie deshalb selbst weitere wichtige Dokumente ins *Neu*-Menü integrieren. Weil es dafür kein besonderes Werkzeug gibt, sind manuelle Eingriffe in der Registry nötig. Die sollten nur von versierten Anwendern durchgeführt werden, denn Fehler in der Registry können Windows XP unbrauchbar machen.

So fügen Sie einen neuen Dokumenttyp in das *Neu*-Menü ein:

1. Finden Sie zuerst heraus, welche Dateiextension zu dem Dateityp gehört, den Sie ins *Neu*-Menü einfügen wollen. Dazu legen Sie eine

Datei des gewünschten Typs mit dem betreffenden Programm an und speichern sie auf dem Desktop oder an anderer Stelle.

2. Sorgen Sie nun dafür, dass Windows XP die Dateiextension der Datei anzeigt. Dazu wählen Sie im Startmenü *Systemsteuerung* und öffnen das Modul *Ordneroptionen*. Aktivieren Sie die Registerkarte *Ansicht*, und schalten Sie die Option *Erweiterungen bei bekannten Dateitypen ausblenden* ab. Schauen Sie sich nun die neu angelegte Datei noch einmal im Explorer oder auf dem Desktop an. Die Extension wird jetzt angezeigt.
3. Starten Sie nun den Registrierungseditor. Dazu wählen Sie im Startmenü *Ausführen* oder drücken Win+R und geben ein: `regedit` Eingabe.
4. Expandieren Sie in seiner linken Spalte den Zweig *HKEY_CLASSES_ROOT\Extension*. Wollen Sie zum Beispiel VBS-Skriptdateien über das *Neu*-Menü anlegen, dann expandieren Sie den Zweig *HKEY_CLASSES_ROOT\.vbs*. Doppelklicken Sie auf den Schlüssel *.vbs*.
5. Klicken Sie mit der rechten Maustaste auf den Schlüssel *.vbs*, und wählen Sie *Neu* und *Schlüssel*. Ein neuer Schlüssel wird eingefügt. Den nennen Sie `ShellNew` und bestätigen mit der Eingabe-Taste.
6. Klicken Sie jetzt mit der rechten Maustaste auf *ShellNew*, und wählen Sie *Neu/Zeichenfolge*. In der rechten Spalte entsteht ein neuer Eintrag. Den nennen Sie `FileName` und bestätigen mit der Eingabe-Taste.
7. Doppelklicken Sie in der linken Spalte auf den neuen Eintrag *FileName*, und geben Sie als Name ein: `vbstemplate.vbs` Eingabe.
8. Schließen Sie den Registrierungseditor wieder, klicken Sie auf eine freie Stelle des Desktops, und drücken Sie F5, um den Desktop zu aktualisieren. Klicken Sie dann mit der rechten Maustaste auf eine freie Stelle des Desktops, und wählen Sie *Neu*. Tatsächlich werden jetzt auch VBScript-Dateien im *Neu*-Menü angeboten.

Nicht alle Dateitypen funktionieren auf Anhieb. Bisher verwendet Windows XP nämlich eine leere Datei als Vorgabe. Manche Programme wie zum Beispiel Microsoft Office setzen voraus, dass die leere Anfangsdatei eine bestimmte Struktur besitzt. Vielleicht wollen Sie auch neue Dateien auf einer bestimmten vorgefertigten Vorlage basieren lassen. In diesem Fall passen Sie den Eintrag *FileName* entsprechend an, so dass er auf die Vorlagendatei verweist.

Geben Sie hier nur den Dateinamen ein, so wie im Beispiel eben, dann geht Windows XP davon aus, dass die Vorlagendatei im Ordner *Vorlagen* innerhalb des allgemeinen Benutzerprofils liegt. Um eine neue Vorlage darin zu speichern, wählen Sie zum Beispiel im Startmenü *Ausführen* oder drücken Win+R und geben ein: `%ALLUSERSPROFILE%\Vorlagen` Eingabe.

Soll die Vorlage nur für einen bestimmten Benutzer gelten, dann speichern Sie sie im *Vorlagen*-Ordner innerhalb des Benutzerprofils des Kontos. Der Ordner *Vorlagen* muss dann eventuell noch erstellt werden, denn er existiert nicht automatisch.

Neben dem Eintrag *FileName* unterstützt das *Neu*-Menü weitere Einträge:

Eintrag	Bedeutung
FileName	Einfacher Dateiname verweist in den Ordner *%ALLUSERSPROFILE%\ Vorlagen*. Ein Pfadname kann auch eine spezielle Datei an einem anderen Ort angeben. Diese Datei wird als Vorlage verwendet.
NullFile	Als Vorlage wird immer eine leere einfache Datei verwendet.
Command	Legt keine neue Datei an, sondern führt den angegebenen Befehl aus. So funktioniert zum Beispiel der Eintrag *Verknüpfung* im *Neu*-Menü.
DATA	Legt Binärdaten fest, die in die neue leere Datei eingefügt werden, zum Beispiel eine Dateisignatur oder ein anderes Erkennungsmerkmal, das der Dateityp erfordert.

Dateien verschieben und kopieren

Möchten Sie zum Beispiel eine Datei in Ihren neuen Ordner verschieben, um sie darin aufzubewahren, dann markieren Sie die Datei mit der Maus und klicken dann in der Aufgabenliste auf *Datei verschieben*.

Das Dialogfeld *Elemente verschieben* öffnet sich. Der Ordner, in dem sich die Datei momentan befindet, ist markiert. Suchen Sie sich nun den Ordner aus, in den Sie die Datei verschieben wollen, und klicken Sie auf *Verschieben*.

Finden Sie keinen passenden Ordner für die Datei, dann können Sie auch auf *Neuen Ordner erstellen* klicken und zuerst einen passenden Ordner anlegen.

Wenn Sie Dateien verschieben, dann wechselt die Datei nur den Ort, an dem sie aufbewahrt wird. Kopieren Sie eine Datei, dann erhalten Sie eine identische Fassung. Um zum Beispiel eine Sicherheitskopie einer Datei anzulegen, klicken Sie in der Aufgabenliste auf *Datei kopieren* und suchen dann nur noch den Ort aus, wo die Sicherheitskopie aufbewahrt werden soll – ein Diskettenlaufwerk zum Beispiel.

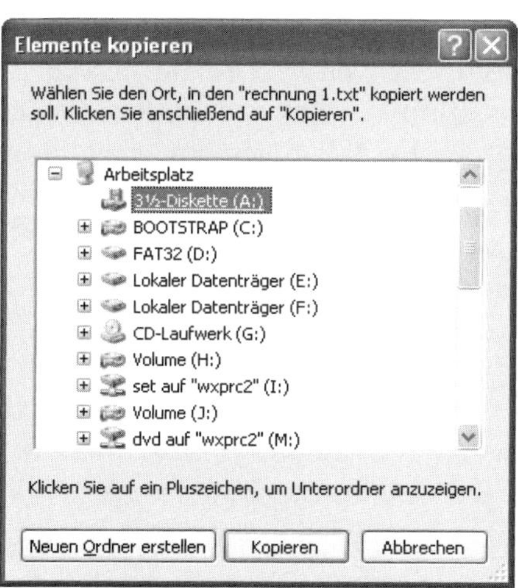

Abbildung 6.5: *Dateien kopieren – mit neuen Dialogfeldern ein Kinderspiel*

B

Windows XP verwenden

Dateien verschieben wie zu Opas Zeiten

Natürlich können Sie auch weiterhin Dateien wie früher üblich transportieren. Dazu ziehen Sie die Datei mit der rechten Maustaste an den neuen Ort und wählen dann im Kontextmenü, ob verschoben oder kopiert werden soll. An den neuen Ort? Moment mal!

Genau hier entstanden die größten Probleme: damit Sie Dateien per Drag & Drop transportieren können, muss das Ziel der Transportaktion in Sicht sein. Deshalb öffnen die neuen Transportbefehle aus der Aufgabenliste ab sofort zuvorkommend ein Zielsuch-Fenster, in dem Sie sich das Ziel der Transportaktion bequem einstellen können.

Etwas praktikabler war die alte Transport-Taktik, Dateien und Ordner per Zwischenablage zu transportieren. Intuitiv war das Verfahren indes nicht: klicken Sie die Datei(en) oder Ordner mit der rechten Maustaste an und wählen Sie *Kopieren*, wenn Sie kopieren wollen, und *Ausschneiden*, wenn Sie verschieben wollen. Wechseln Sie dann in den Zielordner, und wählen Sie hier *Bearbeiten/Einfügen*.

Mit dem *Senden an*-Menü Dateien »beamen«

Dateien und Ordner lassen sich über das *Senden an*-Menü blitzschnell an ausgewählte Orte beamen oder verwandeln. Hier ein paar typische Szenarien:

- Sie wollen eine Sicherheitskopie einer Datei auf einer Diskette speichern? Klicken Sie die Datei mit der rechten Maustaste an, wählen Sie *Senden an* und dann das gewünschte Laufwerk, zum Beispiel *3½-Diskette (A:)*.

- Sie wollen eine Datei als E-Mail versenden? Klicken Sie die Datei mit der rechten Maustaste an, wählen Sie *Senden an* und dann *E-Mail-Empfänger*. Sofern Sie bereits Ihren E-Mail-Account startklar gemacht haben, wird die Datei an ein E-Mail-Formular angehängt und kann sofort an andere E-Mail-Nutzer abgeschickt werden.
- Sie wollen eine besonders große Datei wie zum Beispiel ein großes Bild als E-Mail versenden? Gehen Sie vor wie eben. Windows XP erkennt das Problem und bietet an, das Bild zu verkleinern. Bitmap-Bilder, die sehr speicherhungrig sind, werden dabei automatisch ins sehr viel kleinere JPEG-Format konvertiert. Aus einer fast 2 MB großen Bitmap-Bilddatei wird so eine 30 KB kleine JPEG-Datei, der Speicherbedarf wurde also beinahe um den Faktor 70 verringert.
- Sie wollen ein Programm oder eine andere große Nicht-Bilddatei speicherplatzschonend per E-Mail übertragen? Oder Sie wollen das Format und die Qualität einer Bilddatei nicht verändern? Klicken Sie die Datei mit der rechten Maustaste an, wählen Sie *Senden an* und dann *ZIP-komprimierten Ordner*. Windows verpackt die Datei in ein ZIP-Archiv. Aus der 2 MB großen Grafik wird so ein 80 KB großes ZIP-Archiv. Das können Sie anschließend per Rechtsklick und Auswahl von *Senden an/E-Mail-Empfänger* im Kontextmenü auf die Reise schicken.
- Sie möchten eine Datei per Infrarot auf einen Computer übertragen, der sich in der Nähe befindet? Auch kein Problem: Rechtsklick/*Senden an/Computer in Reichweite*.

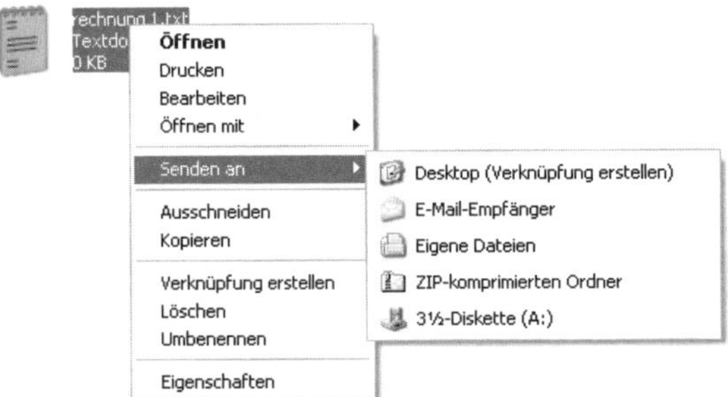

Abbildung 6.6: *Über* Senden an *lassen sich Dateien besonders leicht an andere Orte transportieren*

TIPP

Das *Senden an*-Menü funktioniert auch in den meisten *Öffnen-* und *Speichern unter*-Dialogfeldern. Sie können also auch hier quasi nebenbei Sicherheitskopien anlegen oder eine Datei per E-Mail versenden.

Senden an-Menü erweitern

Das *Senden an*-Menü ist eigentlich nur ein ganz normaler Ordner, in dem Verknüpfungen liegen. Sie können die Reiseziele, die das *Senden an*-Menü anzeigt, deshalb sehr einfach um neue Ziele ergänzen.

So gehen Sie zum Beispiel vor, um ein neues Laufwerk als Reiseziel ins Senden an-Menü zu übernehmen:

1. Öffnen Sie im Startmenü *Arbeitsplatz*. Jetzt sehen Sie alle Laufwerke, die auf Ihrem System verfügbar sind.
2. Wählen Sie im Startmenü *Ausführen*, und geben Sie ein: `%userprofile%\sendto` Eingabe. Ein Ordner öffnet sich. Siehe da: darin befinden sich alle Reiseziele, die *Senden an* anzeigt.
3. Ziehen Sie nun das Laufwerk, das Sie ins *Senden an*-Menü integrieren wollen, mit der rechten Maustaste aus dem *Arbeitsplatz*-Fenster ins *Sendto*-Fenster und wählen Sie dort *Verknüpfung(en) hier erstellen*.
4. Wenn Sie mögen, dann geben Sie der neuen Verknüpfung noch einen besseren Namen: klicken Sie die Verknüpfung mit der rechten Maustaste an, und wählen Sie *Umbenennen*. Unter dem Namen, den Sie jetzt eingeben, wird das neue Ziel im *Senden an*-Menü aufgeführt.

Das *Senden an*-Menü enthält nicht nur einfache Reiseziele, sondern auch eine ganze Reihe komplexerer Sende-Funktionen. Eben haben Sie gesehen, dass Sie mit E-Mail-Empfänger Dateien als Anhänge an E-Mails anfügen können. Mit einfachen Verknüpfungen lässt sich so etwas nicht bewerkstelligen.

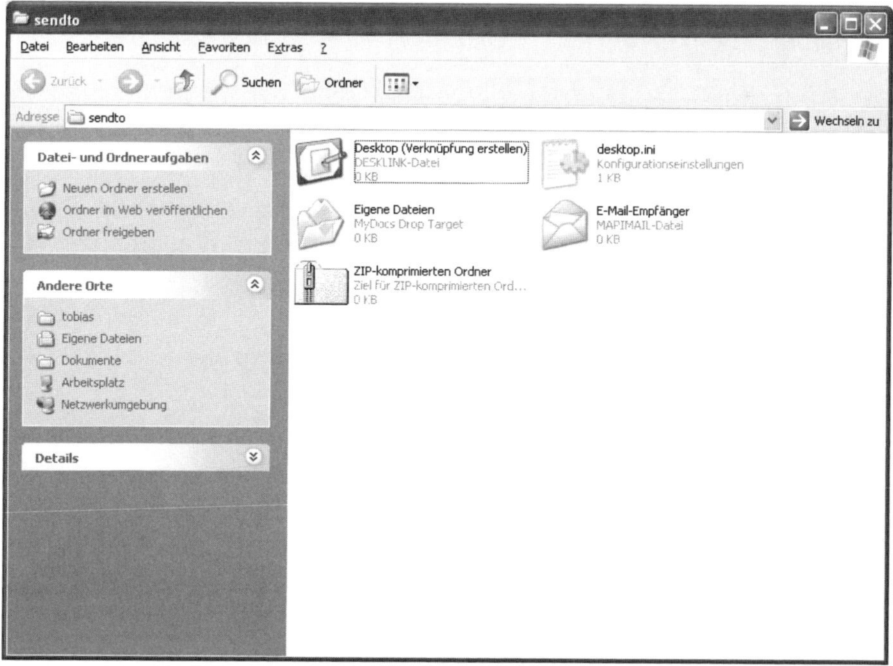

Abbildung 6.7: *Das Innenleben des* Senden an-*Menüs ist ein ganz normaler Ordner*

Hier sind besondere Verknüpfungen im Einsatz. Sie werden ausschließlich durch ihre Datei-Extension charakterisiert und stellen einen so genannten *Drop-Handler* bereit. Wird eine Datei auf ihnen abgeladen, dann wird der *Drop-Handler* aktiviert und tut, was er tun soll. Zum Beispiel eine Datei an E-Mails anhängen.

Dateierweiterung	Funktion
.DeskLink	Verknüpfung auf Desktop anlegen
.MAPIMail	Als Anhang an E-Mail anfügen
.mydocs	Verknüpfung in *Eigene Dateien*-Ordner einfügen
.ZFSendToTarget	ZIP-Datei anlegen

Tabelle 6.2: *Besondere Dateierweiterungen mit Drop-Handlern*

Machen Sie dazu diesen einfachen Test:

1. Sorgen Sie dafür, dass die Dateiextensionen sichtbar werden. Dazu wählen Sie im Startmenü *Systemsteuerung* und öffnen *Ordneroptionen*. Aktivieren Sie die Registerkarte *Ansicht*, und schalten Sie die Option *Erweiterungen bei bekannten Dateitypen ausblenden* ab. Klicken Sie auf *OK*.
2. Klicken Sie mit der rechten Maustaste auf eine freie Stelle des Desktops, und wählen Sie *Neu/Textdatei*. Eine neue Textdatei wird erstellt. Nennen Sie sie `ZIP.ZFSendToTarget` **Eingabe**.
3. Eine Sicherheitsabfrage erscheint. Klicken Sie auf *Ja*. Die Datei wird zu einem ZIP-Ordner. Es handelt sich aber nicht um ein normales ZIP-Archiv. Das bemerken Sie, wenn Sie das Symbol per Doppelklick zu öffnen versuchen. Es weigert sich und meldet, dass es dazu da ist, selbst ZIP-Dateien zu erstellen.
4. Ziehen Sie eine Datei auf das Symbol, dann wird sie sofort in eine ZIP-Datei gleichen Namens verpackt. So also funktionieren die *Senden an*-Erweiterungen.

Skripte im *Senden an*-Menü einsetzen

Die Erkenntnisse können Sie sich zunutze machen: Das *Senden an*-Menü leitet also in Wirklichkeit nur die Dateinamen der Dateien an die ausgewählte Verknüpfung weiter. Spezielle *Drop-Handler* können zusätzliche Funktionen anbieten.

Was spricht also dagegen, Skripte im *Senden an*-Menü unterzubringen, die dann die Dateiinformationen lesen und genau die Aktionen durchführen, die Sie wollen? Natürlich nichts.

Das nächste Skript zeigt, wie so etwas geht. Es ermittelt die Gesamtgröße der Datei(en) und Ordner, die Sie per *Senden an* an das Skript senden.

1. Wählen Sie im Startmenü *Ausführen*, und geben Sie ein: `notepad` **Eingabe**. Der Editor startet. Geben Sie nun das Skript aus Listing 6.1 ein.
2. Wählen Sie *Datei/Speichern unter*, und geben Sie als Dateiname ein: `%userprofile%\sendto\Gesamtgröße.vbs` **Eingabe**. Dann schließen Sie den Editor.

Wenn Sie nun eine Datei oder einen Ordner mit der rechten Maustaste anklicken und *Senden an* wählen, dann erscheint im Menü auch Ihr Skript *Gesamtgröße*. Wählen Sie es aus, dann erscheint ein Dialogfeld und meldet die Gesamtgröße.

Versuchen Sie dasselbe mit mehreren markierten Dateien und/oder Ordnern! Auch hier wird die Gesamtgröße angegeben.

Listing 6.1: *Gesamtgröße von Dateien und Ordnern als* Senden an-*Befehlserweiterung*

```
gesamt = 0
fc1 = 0
fc2 = 0

set fs = CreateObject("Scripting.FileSystemObject")

' Argumente lesen
set args = WScript.Arguments

' Jede Datei/jeden Ordner untersuchen
for each arg in args
  ' Ist es eine Datei?
  if fs.FileExists(arg) then
     set file = fs.GetFile(arg)
     fc1 = fc1 + 1
     gesamt = gesamt + file.size
  ' Ist es ein Ordner?
  elseif fs.FolderExists(arg) then
     set folder = fs.GetFolder(arg)
     fc2 = fc2 + 1
     gesamt = gesamt + folder.size
  end if
next

' Meldung ausgeben
text = "Untersucht wurden " & fc1 & " Dateien und " & fc2 & " Ordner." & vbCr
if gesamt < 1024^2 then
  text = text & "Die Gesamtgröße beträgt " & FormatNumber(gesamt/1024,2) & " KB."
else
  text = text & "Die Gesamtgröße beträgt " & FormatNumber(gesamt/1024^2,2) & " MB."
end if
MsgBox text, vbInformation, "Ergebnis"
```

Dateien mit dem passenden Programm öffnen

Dateien sind nur die Transportcontainer Ihrer Daten und völlig nutzlos, wenn es Ihnen nicht gelingt, den Inhalt der Datei sichtbar zu machen. Das ist mit Windows XP denkbar einfach. Es genügt, die Datei zu öffnen. Windows erkennt automatisch, welches Programm den Inhalt anzeigen kann, und startet das passende Programm.

Dieser Service funktionierte zwar bereits bei älteren Windows-Versionen, war aber häufiger Anlass für Flüche. Er setzt nämlich voraus, dass es genau ein Programm gibt, das die Datei anzeigen kann. Nicht mehr, und nicht weniger.

Sobald Sie weitere Programme hinzuinstallieren, die ebenfalls den betreffenden Dateityp anzeigen können, kommt es zu Streitereien, und in der Regel setzte sich das Programm durch, das zuletzt installiert wurde – ob Sie damit einverstanden waren oder nicht.

Deshalb schlichtet Windows XP dieses Problem ab sofort auf zwei unterschiedliche Arten:

- Über den Kontextbefehl *Öffnen mit* können Sie alle Programme aussuchen, mit denen Sie einen bestimmten Dateityp gern öffnen. Sie können Dateien also ab sofort mit mehr als nur einem Programm öffnen und selbst bestimmen, welche Programme in der *Öffnen mit*-Liste geführt werden.
- Das Standard-Programm, das eine Datei öffnet, wenn Sie kein besonderes Programm auswählen, wird nicht mehr zwischen den verfügbaren Programmen ausgeknobelt. Sie bekommen die Hoheitsgewalt zurück und können mit wenigen Klicks selbst bestimmen, welches Programm Sie hauptsächlich nutzen, um mit einem bestimmten Dateityp zu arbeiten.
- Kennt Windows XP kein Programm, das den betreffenden Dateityp öffnen kann, dann fragt es nach: entweder geben Sie selbst das richtige Programm an, wenn Sie es kennen, oder Sie beauftragen Windows XP, im Internet nachzuschlagen, welche Programme für die fragliche Dateiextension infrage kommen.

Abbildung 6.8: *Öffnen Sie Dokumente wie HTML-Webseiten mit ganz unterschiedlichen Programmen*

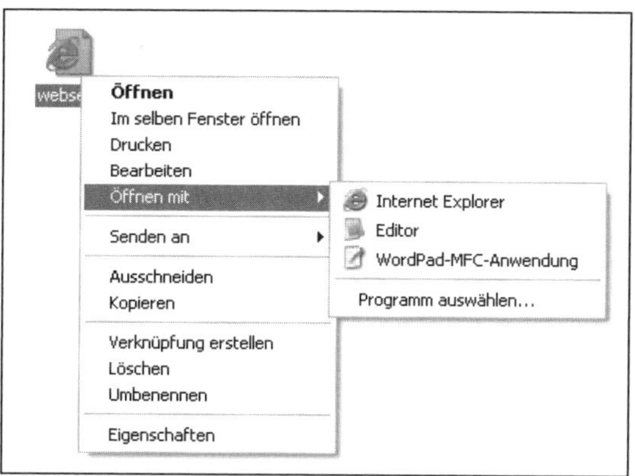

So arbeiten Sie mit dem *Öffnen mit*-Menü:

1. Klicken Sie die Datei, die Sie öffnen wollen, mit der rechten Maustaste an, und wählen Sie *Öffnen mit*. Jetzt sehen Sie alle Programme, von denen Windows weiß, dass Sie den Dateityp öffnen können.
2. Ist die Liste leer, dann erscheint ein Auswahlfenster, mit dem Sie selbst weitere Programme in die Liste einfügen können. Das Auswahlfenster erscheint auch, wenn Sie in der Liste *Programm auswählen* anklicken.

Wie Windows den Dateityp erkennt

Die Art einer Datei wird durch ihre Dateiextension bestimmt. Die Dateiextension besteht aus einer Reihe von Buchstaben, die über einen Punkt an den Dateinamen angehängt werden. Normalerweise blendet Windows die Dateiextension aus, sodass sie unsichtbar bleibt. Und das ist gut so, denn so wird verhindert, dass die Dateiextension aus Versehen verändert wird.

Welche Auswirkungen das hat, schauen Sie sich am besten an einem kleinen Beispiel an:

1. Legen Sie im Ordner *Eigene Dateien* eine leere Textdatei an: Rechtsklick/*Neu/Textdokument*. Nennen Sie die Datei `test` Eingabe.
2. Öffnen Sie die Datei. Schreiben Sie nun in die Datei: `MsgBox "Hallo"`.
3. Speichern Sie die Datei mit *Datei/Speichern*, und schließen Sie den Editor wieder. Wenn Sie die Datei nun öffnen, startet automatisch der Editor.
4. Werfen Sie nun einen Blick hinter die Kulissen, und weisen Sie Windows an, die normalerweise unsichtbaren Dateiextensionen anzuzeigen. Dazu wählen Sie im Explorer-Fenster *Extras/Ordneroptionen*.

5. Das Dialogfeld *Ordneroptionen* öffnet sich. Aktivieren Sie die Registerkarte *Ansicht*, und schalten Sie die Option *Erweiterungen bei bekannten Dateitypen ausblenden* ab. Dann klicken Sie auf *OK*.

6. Sie sehen jetzt hinter dem Dateinamen die Extension *.txt*. Sie bewirkt, dass Windows die Datei als einfache Textdatei ansieht und im Editor öffnet.

7. Klicken Sie die Datei an, und wählen Sie in der Aufgabenliste *Datei umbenennen*. Sie können auch F2 drücken. Der gesamte Dateiname einschließlich Extension wird markiert.

8. Geben Sie als neuen Namen ein: `test.vbs` Eingabe. Damit ändern Sie die Extension von *txt* auf *vbs*. Ein Warnhinweis erscheint und meldet, dass die Datei möglicherweise unbrauchbar wird, wenn Sie den Dateityp ändern. Klicken Sie auf *Ja*, um sich über die Warnung hinwegzusetzen.

9. Die Datei hat nun ihr Symbol gewechselt. Windows sieht in ihr nun keine einfache Textdatei mehr, sondern ein Skript. Öffnen Sie die Datei.

10. Nun wird nicht mehr der Inhalt der Datei angezeigt, sondern der Windows Script Host führt den Inhalt aus. Haben Sie in die Datei den Befehl `MsgBox "Hallo"` geschrieben, dann erscheint jetzt eine Nachrichtenbox mit der Meldung *Hallo*. Steht in der Datei Text, den der Script Host nicht verstehen kann, dann erscheint eine Fehlermeldung.

11. Blenden Sie die Dateiextensionen jetzt wieder aus, indem Sie die Option *Erweiterungen bei bekannten Dateitypen ausblenden* wieder aktivieren.

Sie haben gesehen, wie wichtig die Dateiextension ist, damit Windows den Inhalt von Dateien richtig interpretiert und an die passenden Programme verfüttert.

Sollte Windows einmal auf eine Datei mit einer vollkommen unbekannten Dateiextension stoßen, dann öffnet sich ein besonderes Fenster.

Abbildung 6.9: Bei unbekannten Dateitypen kann Windows Hilfe aus dem Internet anfordern

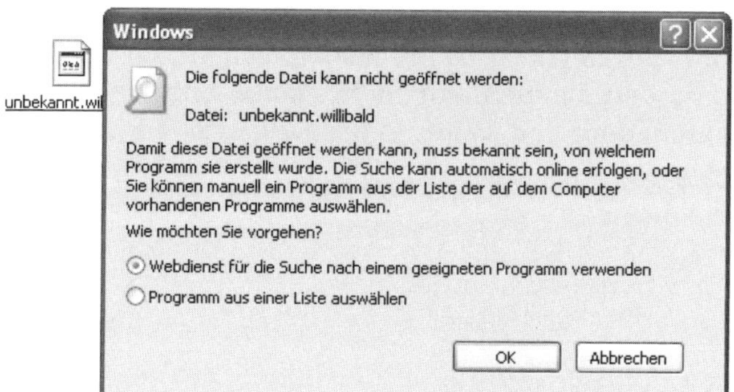

Verfügen Sie über einen Internetanschluss, dann können Sie die Option *Webdienst für die Suche nach einem geeigneten Programm verwenden* wählen. Windows fragt dann im Internet nach, welches Programm für den angegebenen Dateityp zuständig sein könnte.

Wählen Sie *Programm aus einer Liste auswählen*, dann präsentiert Ihnen Windows XP die bereits installierten Programme, sodass Sie versuchen können, die unbekannte Datei mit einem dieser Programme zu öffnen.

Wie das *Öffnen mit*-Menü wirklich funktioniert

Jedes Mal, wenn Sie über *Öffnen mit* eine Datei mit einem neuen Programm öffnen, macht sich Windows eine Notiz in der Windows Registry. Die Liste der angebotenen Programme wird also automatisch um alle Programme erweitert, die Sie mit *Öffnen mit* jemals ausgewählt haben.

Abbildung 6.10: In der Registry merkt sich Windows XP, welche Öffnen mit-*Programme Sie verwenden*

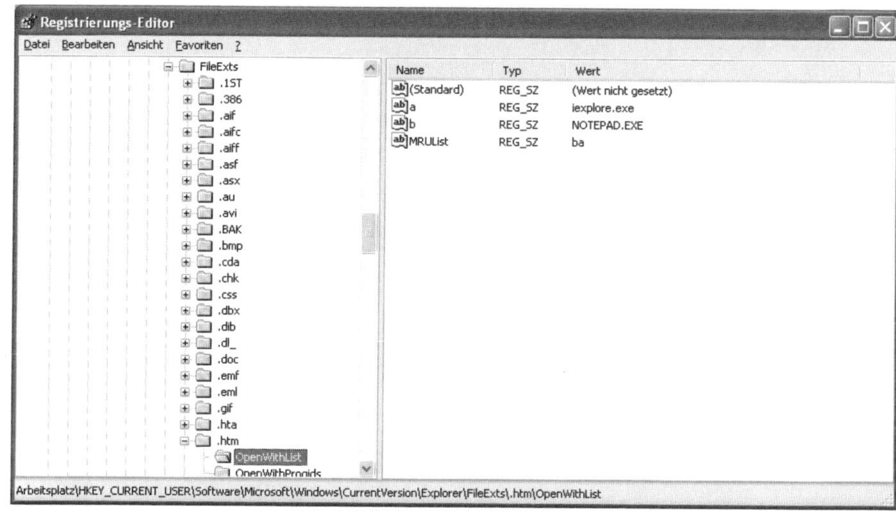

Leider enthält Windows XP keinen Befehl, um die Programmliste zu löschen, die *Öffnen mit* anzeigt. Haben Sie also versehentlich ein Programm ausgesucht, dass den Dateityp gar nicht richtig anzeigen kann, dann bleibt das Programm dennoch weiter in der *Öffnen mit*-Liste.

Hier hilft, die Liste direkt in der Registry auszudünnen. Das geschieht so:

1. Starten Sie den Registrierungseditor. Dazu wählen Sie im Startmenü *Ausführen* und geben ein: `regedit` Eingabe.
2. Klicken Sie auf den obersten Eintrag in der linken Spalte: *Arbeitsplatz*. Dann wählen Sie *Bearbeiten/Suchen*. Das Fenster *Suchen* öffnet sich. Ins Feld *Suchen nach* geben Sie ein: `FileExts`.
3. Aktivieren Sie im Bereich *Suchoptionen* nur die Option *Schlüssel*. Aktivieren Sie außerdem die Option *Ganze Zeichenfolge vergleichen*. Klicken Sie dann auf *Weitersuchen*.
4. Einen Moment später ist der Schlüssel *FileExts* markiert. Öffnen Sie ihn per Doppelklick. Jetzt sehen Sie die Dateitypen, für die Windows XP ein *Öffnen mit*-Menü angelegt hat. Möchten Sie zum Beispiel sehen, welche Befehle im *Öffnen mit*-Menü der einfachen Textdateien angezeigt werden, dann suchen Sie den Unterschlüssel *.txt* heraus und doppelklicken auf ihn.
5. Schauen Sie in den Schlüssel *OpenWithList*, um die Programme zu sehen, die im *Öffnen mit*-Menü angezeigt werden. Entfernen Sie in der rechten Spalte die Programmeinträge per Rechtsklick/*Löschen*, die Sie aus der *Öffnen mit*-Liste streichen wollen. Sie können auch den gesamten *OpenWithList*-Schlüssel entfernen, damit das *Öffnen mit*-Menü wieder in den Ausgangszustand versetzt wird und alle Anpassungen entfernt werden.

TIPP

Über einen Rechtsklick auf *OpenWithList* und *Exportieren* können Sie diese Information als Textdatei exportieren. So lässt sich die *Öffnen mit*-Liste später wieder restaurieren oder auf einen anderen Computer übertragen. Die *Öffnen mit*-Liste ist nicht unbedingt leer, wenn Sie den *OpenWithList*-Schlüssel entfernen. Windows XP fügt darin unter Umständen automatisch installierte Programme ein und restauriert den *OpenWithList*-Schlüssel automatisch.

Wie das Standardprogramm eines Dateityps festgelegt wird

Das *Öffnen mit*-Menü ist praktisch, wenn Sie ein und denselben Dateityp immer wieder mit ganz unterschiedlichen Programmen bearbeiten.

Web-Designer öffnen damit zum Beispiel HTML-Webseiten wahlweise mit FrontPage, dem Internet Explorer und dem einfachen Texteditor.

Wollen Sie dagegen einen Dateityp fast immer nur mit einem bestimmten Programm öffnen, und startet Windows XP als Vorgabe stets ein anderes Programm, dann wird das *Öffnen mit*-Menü zu einer lästigen Notlösung. Besser wäre es, von vornherein ein anderes Programm als Standard für diesen Dateityp festzulegen.

Abbildung 6.11: *Dateitypen permanent mit einem anderen Programm öffnen*

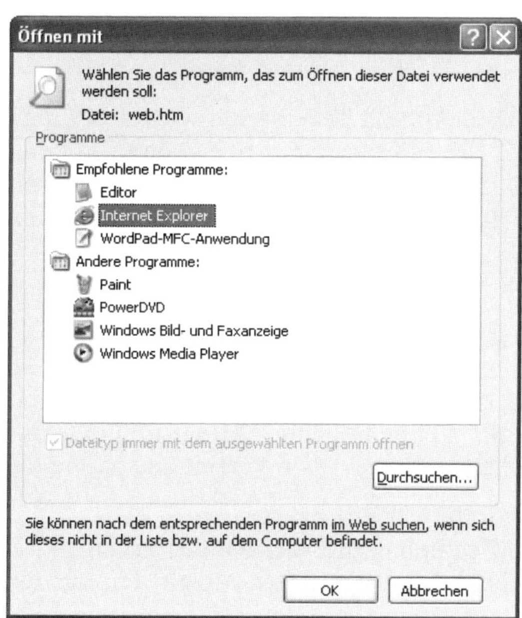

Genau das ist problemlos möglich. Schauen Sie sich das folgende Beispiel an:

1. Legen Sie eine neue Textdatei an. Wenn Sie die Datei öffnen, startet der einfache Texteditor.
2. Vielleicht möchten Sie Textdateien lieber mit dem komfortableren WordPad anzeigen. Dazu klicken Sie die Textdatei mit der rechten Maustaste an und wählen zunächst *Öffnen mit*. Wählen Sie aus der Liste *WordPad* aus, oder suchen Sie sich über *Andere Programme* ein anderes Programm aus, mit dem Sie künftig Textdateien anzeigen wollen.
3. Verläuft der Test gut, und kann das von Ihnen ausgewählte Programm Textdateien vernünftig anzeigen, dann sorgen Sie dafür, dass Textdateien künftig immer von diesem Programm geöffnet werden. Dazu klicken Sie die Textdatei mit der rechten Maustaste an und wählen *Eigenschaften*.

4. Aktivieren Sie die Registerkarte *Allgemein* und klicken Sie dann auf die Schaltfläche *Ändern*. Suchen Sie sich nun das Programm aus, das künftig für Textdateien zuständig sein soll. Suchen Sie nur Programme aus, die unter *Empfohlene Programme* aufgeführt werden. Hier listet das Dialogfeld alle Programme auf, die Sie mindestens einmal per *Öffnen mit* testweise eingesetzt haben. Wählen Sie zum Beispiel *WordPad* aus, und klicken Sie auf *OK*.
5. Öffnen Sie die Textdatei nun per Doppelklick, dann öffnet sich WordPad und zeigt die Datei an. Sie brauchen nun also nicht mehr den Umweg über das *Öffnen mit*-Menü einzuschlagen.
6. Wollen Sie zu einem späteren Zeitpunkt Textdateien wieder mit dem ursprünglich vorgesehenen Originalprogramm öffnen, dann klicken Sie die Textdatei erneut mit der rechten Maustaste an und wählen *Eigenschaften*. Klicken Sie auf *Ändern*, und stellen Sie wieder den Editor als Programm ein.

Mit dem Explorer arbeiten

Der Explorer ist ein Multitalent und das universale Datensichtgerät von Windows XP. Im Explorer werden zum Beispiel Ordnerinhalte angezeigt, aber der Explorer kann ebenso gut virtuelle Verzeichnisse wie die Systemsteuerung oder Schriftarten anzeigen.

Wollen Sie die Laufwerke Ihres Rechners untersuchen, dann wählen Sie im Startmenü *Arbeitsplatz*. Klicken Sie *Arbeitsplatz* mit der rechten Maustaste an und wählen Explorer, dann öffnet der Explorer eine zweite Navigationsspalte.

Über Win+E erreichen Sie den Explorer am schnellsten. **TIPP**

Arbeitsplatz öffnet sich mit Verzögerung

Sollte sich das *Arbeitsplatz*-Fenster auf Ihrem Rechner nur mit einer mehrsekündigen Verspätung öffnen, dann wissen Sie, dass es Probleme gab, einige der darin angezeigten Laufwerke oder Ordner zu erreichen.

Die Schuldigen sind fast immer Netzlaufwerke, also simulierte Festplatten, die eigentlich auf einen freigegebenen Ordner eines anderen Computers verweisen. Öffnen Sie *Arbeitsplatz*, dann versucht Windows XP, alle Netzlaufwerke zu erreichen, um festzustellen, ob sie betriebsbereit sind. Gelingt dies nicht, zum Beispiel, weil der betreffende Server gar nicht eingeschaltet ist, dann wartet Windows XP einige Sekunden lang auf die Netzantwort des Servers. Erst wenn die Antwort nach Verstreichen dieser Frist nicht empfangen ist, geht Windows XP davon aus, dass das Netzlaufwerk nicht erreichbar ist, und markiert es mit einem roten Kreuz.

Wenn also bei Ihnen das *Arbeitsplatz*-Fenster nur nach längerer Wartezeit öffnet, dann schauen Sie darin nach, ob Netzlaufwerke mit roter Markierung vorhanden sind. Falls ja, sollten Sie sich überlegen, diese Netzlaufwerke zu löschen: Rechtsklick und *Trennen* genügt.

Sind Netzlaufwerke nicht die Schuldigen, dann können auch Laufwerke die Verzögerung verursachen, die erst eine Anlaufzeit benötigen, um zu funktionieren. DVD-Laufwerke müssen möglicherweise erst auf Touren kommen, bevor die eingelegte DVD erkannt werden kann. Entfernen Sie in diesem Fall alle überflüssigen Wechselmedien aus Ihren Laufwerken.

Die *Ansicht*-Optionen nutzen

Wie der Explorer Inhalte anzeigt, überlässt er Ihnen. Gleich fünf verschiedene Arten sind möglich und werden über das *Ansicht*-Menü gewählt:

Tabelle 6.3: *Die* Ansicht-*Optionen des Explorers*

Ansicht	Beschreibung
Miniaturansicht	Jede Datei wird als Vorschau angezeigt. Bei Bilddateien sehen Sie also den Bildinhalt.
Kacheln	Ein neuer Ansichtmodus bei Windows XP: Zusätzlich zum Datei-Symbol werden alle wichtigen Eckdaten als Infotext angezeigt.
Symbole	Jede Datei wird mit einem großen Symbol angezeigt. Der Explorer verhält sich jetzt wie der Desktop, der eigentlich auch nur ein besonderer Explorer-Ordner ist.
Liste	Alle Dateien werden als Liste aufgeführt, sodass möglichst viele Dateien auf einmal zu sehen sind.
Details	Der Explorer zeigt jede Datei in einer Zeile an und liefert in mehreren Spalten maximale Informationen über die technischen Eckdaten.

Spezielle Details zur Miniaturansicht

Die Minaturansicht liest jede einzelne Datei und versucht, aus ihrem Inhalt eine Vorschaugrafik zu erstellen. Enthält ein Ordner Grafikdateien, dann »bastelt« die Miniaturansicht sogar aus den enthaltenen Grafiken ein Ordnersymbol.

Weil das etliche Zeit in Anspruch nehmen kann, erscheinen die Vorschaugrafiken erst nach und nach. Damit Sie nicht jedes Mal so lange warten müssen, speichert Windows XP die erstellten Vorschaugrafiken in der versteckten Datei *Thumbs.db*.

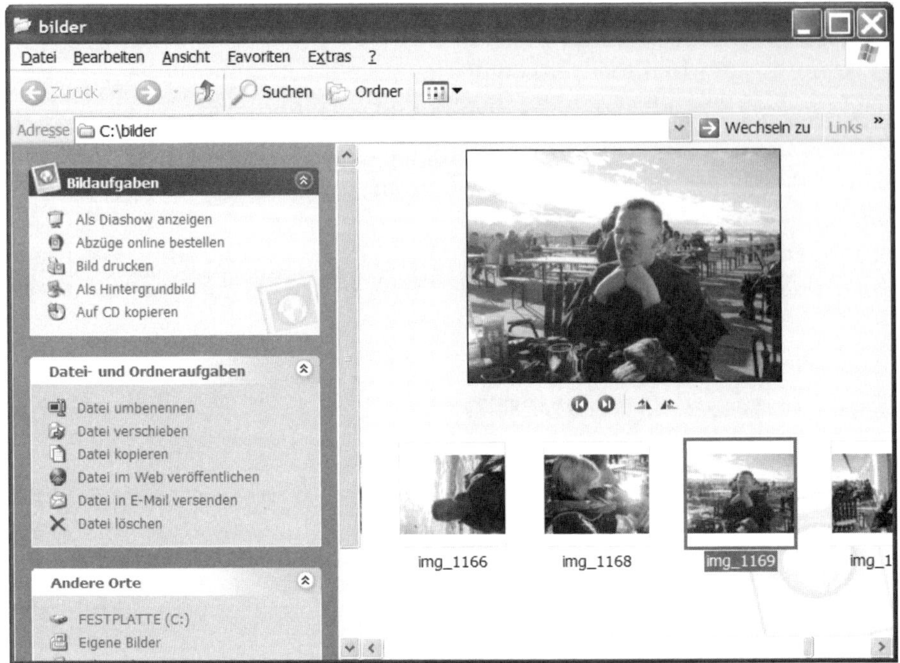

***Abbildung 6.12:** Bilder als Vorschau und mit Bildbearbeitungsfunktionen anzeigen*

Öffnen Sie Miniaturansicht-Ordner nur ganz sporadisch, dann hat dieses Verfahren einen Nachteil: jeder Ordner enthält eine *Thumbs.db*-Datei, die Speicherplatz belegt, aber nur sehr selten wirklich gebraucht wird. In solchen Fällen sollten Sie überlegen, die *Thumbs.db*-Pufferung abzuschalten. Die Miniaturansicht merkt sich so die Vorschaugrafiken nicht mehr, legt also keine *Thumbs.db*-Dateien mehr an. Das kostet zwar etwas mehr Zeit, weil die Vorschau jetzt jedes Mal neu generiert wird, aber dafür sparen Sie sich eine Menge Speicherplatz:

1. Wählen Sie im Startmenü *Systemsteuerung*, und öffnen Sie das Modul *Ordneroptionen*. Aktivieren Sie die Registerkarte *Ansicht*.
2. Aktivieren Sie die Option *Miniaturansichten nicht zwischenspeichern*.

TIPP

Werden in einem Ordner Bilder angezeigt, dann hält das *Ansicht*-Menü eine weitere Option bereit: *Filmstreifen*. In dieser Ansicht wird das ausgewählte Bild besonders groß angezeigt, und Windows XP blendet Schaltflächen für Bildbearbeitungsfunktionen ein. Per Rechtsklick auf ein Bild und *Vorschau* öffnet sich ein noch größeres separates Vorschaufenster.

Spezielle Details zur *Details*-Ansicht

Die *Details*-Ansicht ist richtig, wenn Sie maximale Informationen über den Inhalt eines Ordners brauchen. Dazu stellt der Explorer die Informationen spaltenweise dar.

Die Spaltenüberschriften können mit der Maus verbreitert werden. Drücken Sie Strg und + auf dem numerischen Tastenblock (nicht die normale +-Taste), dann werden die Spalten automatisch auf optimale Breite getrimmt. Die Spaltenreihenfolge kann ebenfalls mit der Maus geändert werden.

Abbildung 6.13: *Die* Details-*Ansicht verrät, wofür System-DLLs da sind und in welcher Version sie vorliegen*

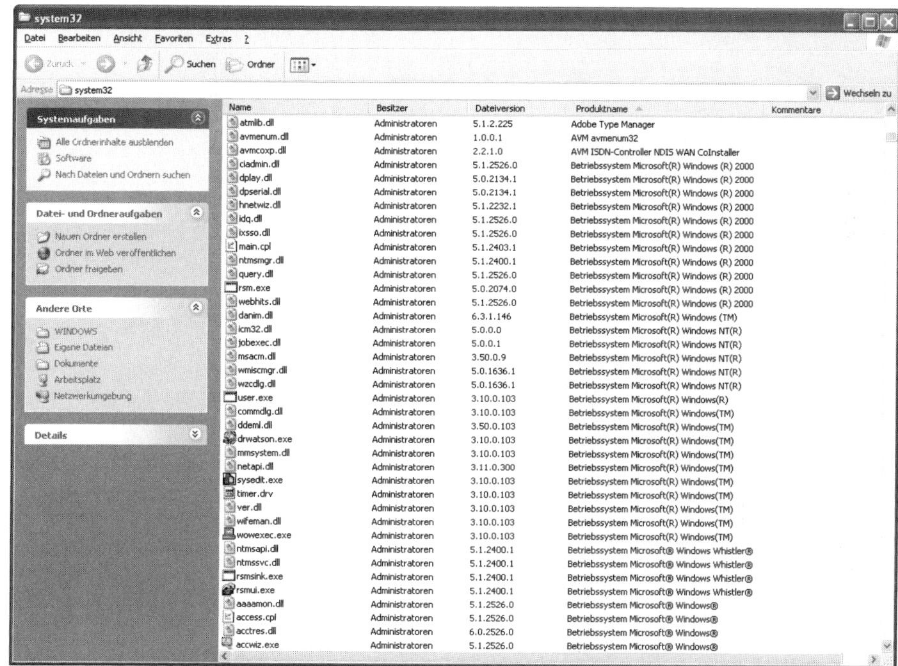

Klicken Sie auf eine Spaltenüberschrift, dann sortiert der Explorer den Ordnerinhalt nach diesem Kriterium, und ein Pfeil in der Spaltenüberschrift zeigt die Richtung der Sortierung an. Noch ein Klick dreht die Sortierrichtung um.

Der Explorer kann sogar noch weitere Informationsspalten einblenden. Speichern Sie in einem Ordner beispielsweise Winword-Textdokumente, dann könnten Sie sich im Explorer zusätzlich die Autorennamen und die Seitenzahlen anzeigen lassen.

Um weitere Informationen einzublenden, klicken Sie mit der rechten Maustaste auf eine Spaltenüberschrift und wählen die gewünschte Kategorie aus. Oder Sie wählen *Weitere*. Das Dialogfeld *Details auswählen* öffnet sich. Jetzt sehen Sie wirklich restlos alle Informationskategorien, die eingeblendet werden können.

TIPP

Welche Informationen sichtbar sind, hängt auch davon ab, welche Art von Informationen der Explorer anzeigt. Öffnen Sie zum Beispiel die Systemsteuerung und wählen *Ansicht/Details*, dann wird eine *Kommentare*-Spalte eingeblendet, die Ihnen verrät, wofür die einzelnen Module der Systemsteuerung gut sind.

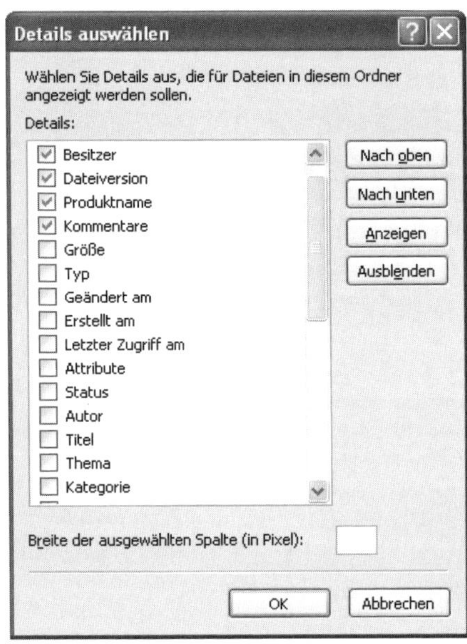

Abbildung 6.14: *Wählen Sie aus, welche Zusatzinfos die* Details-*Ansicht anzeigt*

Zusätzliche Spalten einblenden

Der Explorer kann eine zweite Spalte einblenden, die zum Beispiel bei der Navigation hilft. Dazu wählen Sie *Ansicht/Explorerleiste/Ordner*. Noch einfacher geht es, wenn Sie den Ordner, den Sie öffnen wollen, mit der rechten Maustaste anklicken und *Explorer* wählen.

Neben der *Ordner*-Spalte gibt es weitere Hilfen, die der Explorer einblenden kann. Alle Optionen erreichen Sie über *Ansicht/Explorerleiste*:

Tabelle 6.4: *Die Zusatzspalten des Explorers*

Spalte	Beschreibung
Suchen	Blendet die Suchseite ein. Erscheint auch, wenn Sie F3 drücken.
Favoriten	Blendet die Liste der Lieblingswebseiten ein, die Sie im Internet Explorer festgelegt haben.
Medien	Öffnet den Media Player und zeigt aktuelle Medien, die im Internet zur Verfügung stehen. ▶

Spalte	Beschreibung
Verlauf	Zeigt die Websites an, die Sie kürzlich besucht haben.
Tipps und Tricks	Blendet eine Extrakolumne ein, in der aktuelle Tipps rund um den Explorer angezeigt werden.
Diskussionen	Stellt eine Verbindung zu einem Diskussions-Server her, sodass Sie Anmerkungen zu Ordnern und Dokumenten mit anderen Benutzern austauschen können.

Alle Zusatzspalten können über das x-Symbol in der rechten oberen Ecke ähnlich wie ein Fenster jederzeit geschlossen werden.

Aufgabenlisten in Fenstern anzeigen

Der Explorer zeigt nicht nur Informationen an, er liefert außerdem in einer Infospalte Aufgabenlisten mit den typischen Aufgaben, die Anwender mit den angezeigten Daten lösen wollen.

Speichert ein Ordner beispielsweise Urlaubsbilder, die Sie aus einer Digitalkamera übertragen haben, dann fanden Sie in früheren Windows-Versionen höchstens eine lange Dateiliste mit den kryptischen Dateinamen. Bei Windows XP dagegen ist das ganz anders:

- Miniaturansicht: Die Bilder werden als kleine Vorschaugrafiken angezeigt. Das Bild, das Sie markiert haben, wird besonders groß angezeigt und lässt sich drehen und wenden.
- Aufgabenlisten: In der linken Spalte finden Sie maßgeschneidert alle Befehle rund um Bildbearbeitung. Sie könnten Bilder sofort ausdrucken oder daraus eine Diashow machen.

Wie funktioniert diese Automatik? Wie lässt sie sich ein- und ausschalten?

Damit Ordnerfenster überhaupt eine linke Spalte mit häufig gebrauchten Funktionen und Befehlen anbieten, muss diese Infospalte eingeschaltet sein:

1. Wählen Sie im Startmenü *Systemsteuerung*, und öffnen Sie das Modul *Ordneroptionen*.
2. Aktivieren Sie im Bereich *Aufgaben* die Option *Allgemeine Aufgaben in Ordnern anzeigen*. Ordnerfenster zeigen nun die Aufgabenlisten an.
3. Möchten Sie die Aufgabenlisten ausblenden, weil Sie zum Beispiel nur eine geringe Auflösung verwenden und der Platz auf dem Bildschirm knapp ist, dann aktivieren Sie im Bereich *Aufgaben* die Option *Herkömmliche Windows-Ordner verwenden*.

Und woher weiß Windows XP, welche Aufgabenlisten es anzeigen soll? Einfache Antwort: es analysiert die Art der Daten, die im Ordner lagern, und verwendet dann eine seiner typischen Vorlagen. Solche Vorlagen können Sie auch von Hand aktivieren:

1. Öffnen Sie den Ordner, den Sie anpassen wollen, und wählen Sie dann *Ansicht/Ordner anpassen*.
2. Wählen Sie in der Ausklappliste *Diesen Ordnertyp als Vorlage verwenden* die gewünschte Vorlage aus. Enthält Ihr Ordner beispielsweise Bilder, dann wählen Sie die Vorlage *Fotoalbum*.
3. Klicken Sie auf *OK*. Der Ordner verwendet die neue Vorlage und zeigt links oben in seiner Aufgabenliste spezifische Lösungen rund um Bilder und Fotos an.

TIPP Die früher von Windows verwendeten Ordnervorlagen in der Datei *folder.htt* sind nicht mehr vorhanden. Benutzer können Ordner also nicht länger über eigene HTML-Schablonen anpassen.

Explorer-Darstellung in Kategorien

Schon ältere Windows-Versionen waren in der Lage, das Explorer-Fenster nach Kategorien zu gruppieren. Zuständig ist der Befehl *Ansicht/Symbole anordnen nach*.

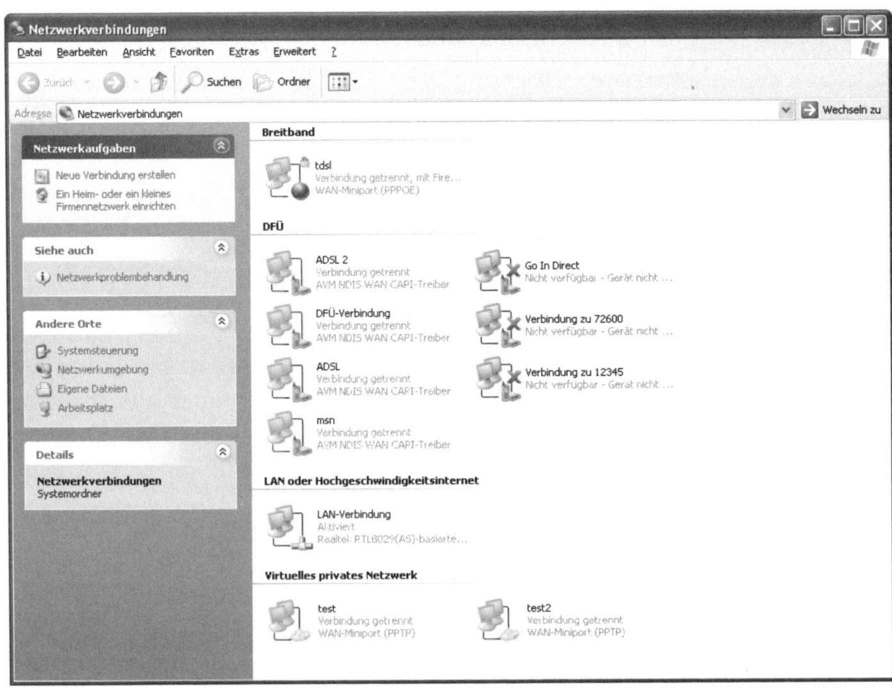

Abbildung 6.15: Explorer-Fenster übersichtlich in Kategorien anzeigen

Die Informationen, die der Explorer anzeigt, lassen sich ab sofort aber auch in Kategorien gruppieren, und das erhöht die Übersicht ganz gewaltig. Möglich macht das der neue Befehl *In Gruppen anzeigen*.

Wählen Sie zum Beispiel im *Arbeitsplatz*-Fenster *Ansicht/Symbole anordnen nach/Typ* und *Ansicht/Symbole anordnen nach/In Gruppen anzeigen*, dann werden die unterschiedlichen Laufwerkstypen übersichtlich in Gruppen angezeigt.

Dasselbe Prinzip funktioniert auch in allen übrigen Explorer-Fenstern. So könnten Sie Ihre Netzwerkverbindungen oder ganz normale Dokumente-Ordner ebenfalls in Kategorien anzeigen lassen.

Wichtige Tastenkombinationen

Die folgenden Tastenkombinationen können helfen, schneller mit dem Explorer zu arbeiten:

Tabelle 6.5: *Wichtige Tastenkombinationen im Explorer*

Tastenkombination	Erklärung
Pos1	Markiert den ersten Eintrag im Fenster.
Ende	Markiert den letzten Eintrag im Fenster.
Entf	Löscht den markierten Eintrag.
Umschalt+Entf	Löscht den markierten Eintrag unwiderruflich (Umgehung des Papierkorbs): nützlich für sensible Dokumente, die restlos gelöscht werden sollen, oder um Speicherplatz sofort freizugeben.
F4	Klappt die Adressleiste aus.
F5	Aktualisiert die Explorer-Ansicht. Wichtig, wenn Sie Disketten gewechselt haben.

Nach verschollenen Dateien suchen

Hin und wieder kommt es vor, dass Dateien abhanden kommen. Sie wissen nicht mehr genau, in welchem Ordner die Datei lagert. In diesen Fällen hilft die eingebaute Such-Funktion weiter. Sie wurde grundlegend überarbeitet, damit Sie ohne großes Kopfzerbrechen an Ihre Dateien kommen.

Die Suchfunktion erreichen Sie über den Befehl *Suchen* im Start-Menü. Wissen Sie bereits, dass die gesuchte Datei in einem bestimmten Ordner wie zum Beispiel *Eigene Dateien* lagert, dann können Sie die Suche stark beschleunigen, indem Sie nur diesen Ordner und seine Unterordner durchkämmen lassen. Dazu öffnen Sie den Ordner und drücken dann F3.

TIPP

Bevor Sie aufwändig nach Dateien suchen, schauen Sie doch mal unauffällig in Ihr Startmenü. Öffnen Sie darin *Zuletzt verwendete Dokumente*, dann sehen Sie sofort alle Dokumente, an denen Sie kürzlich gearbeitet haben. Fehlt der Befehl im Startmenü, dann blenden Sie ihn ein: ▶ Kapitel 4.

Eine Volltext-Suche ausprobieren

Hier ein bekanntes Szenario: in Ihrem Ordner *Eigene Dateien* lagern mittlerweile unzählige Dateien. Am Telefon hängt der Steuerberater, der gern den genauen Wortlaut einer Rechnung wissen möchte, die Sie an die Firma Wonzel gestellt haben. Das wiederum wirft Sie aus der Bahn, denn alles, was Sie noch wissen, ist: diese Datei wurde irgendwann irgendwo im Ordner *Eigene Dateien* abgelegt.

TIPP

Wenn Sie dieses Beispiel live mitverfolgen wollen, dann »verstecken« Sie irgendwo in Ihrem *Eigene Dateien*-Ordner eine Text- oder Word-Datei, in der das Wort *Wonzel* vorkommt.

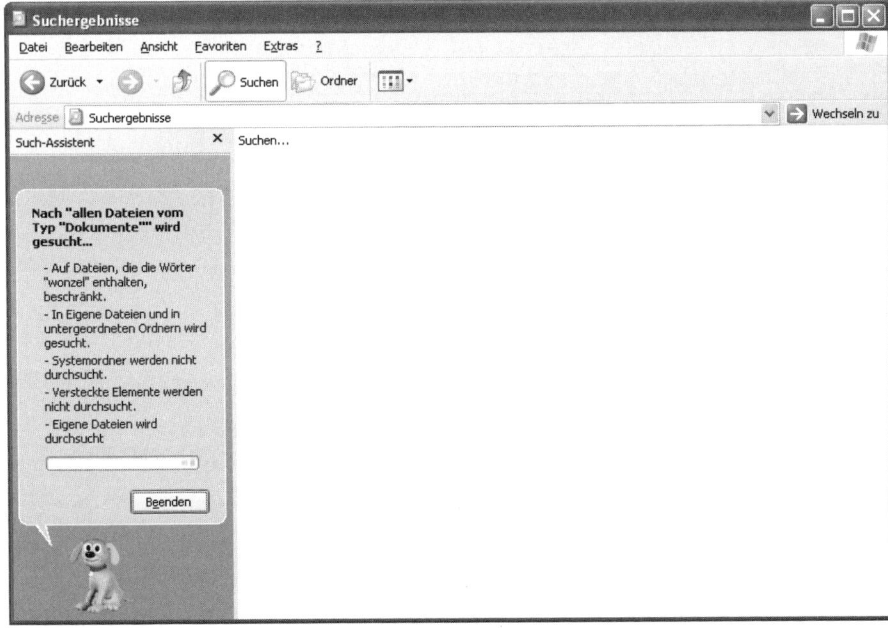

Abbildung 6.16: *Schnell und einfach verlorengegangene Dokumente wiederfinden*

So finden Sie die Datei schnell und sicher wieder:

1. Öffnen Sie den Ordner *Eigene Dateien*, denn darin muss sich die Rechnung irgendwo befinden. Drücken Sie F3, oder klicken Sie auf *Suchen*.
2. Windows blendet die Suchspalte ein und fragt, wonach Sie suchen. Klicken Sie auf *Dokumente*.

3. Jetzt möchte Windows wissen, wann die gesuchte Datei zum letzten Mal geändert wurde. Weil Sie das nicht mehr wissen, wählen Sie *Unbekannt*. Geben Sie nun den Teil des Dokumentennamens ein, an den Sie sich noch erinnern. Dummerweise können Sie sich auch daran nicht mehr im Mindesten erinnern.
4. Deshalb klicken Sie auf *Erweiterte Suchoptionen verwenden*. Jetzt können Sie ein Wort oder einen Begriff eingeben, der im gesuchten Dokument vorkommt. Heureka: geben Sie den Firmennamen ein, an den Sie die Rechnung gestellt haben: *Wonzel*.
5. Dann klicken Sie auf Suchen. Der Suchvorgang beginnt. Er kann je nach Größe des Ordners, den Sie durchsuchen, durchaus ein paar Minuten dauern. Versuchen Sie, den Steuerberater bei Laune zu halten.
6. Irgendwann jedoch wird das gesuchte Dokument gefunden, selbst dann, wenn es sich in der hinterletzten Ecke des *Eigene Dateien*-Ordners versteckt hat. Jedenfalls dann, wenn es irgendwo das gesuchte Wort enthält.

Bei jeder erfolgreichen Suche sollten Sie sich anschließend fragen, wieso Sie eigentlich suchen mussten. Suchen sind ein Indiz dafür, dass Ihre Daten nicht übersichtlich genug in Ordnern und Unterordnern gegliedert sind.

Im Beispiel wäre es jetzt an der Zeit, im Ordner *Eigene Dateien* einen neuen Ordner namens *Rechnungen* anzulegen und dann die wiedergefundene Datei direkt aus dem *Suchen*-Fenster in den neuen *Rechnungen*-Ordner zu verschieben. Damit Sie beim nächsten Anruf Ihres Steuerberaters nicht schon wieder suchen müssen.

So geht das á la Windows XP:

1. Weil die Suche beendet ist, klicken Sie links auf *Ja, Suche beenden*. Klicken Sie dann die gefundene Datei mit der rechten Maustaste an, und wählen Sie *Übergeordneten Ordner öffnen*. So wird die gefundene Datei in ihrem Ordner angezeigt. Die Datei ist bereits markiert.
2. In der Datei- und Ordneraufgaben-Liste am linken Rand klicken Sie auf *Datei verschieben*. Das Dialogfeld *Elemente verschieben* öffnet sich.
3. Klicken Sie auf *Eigene Dateien*. Dann klicken Sie auf die Schaltfläche *Neuen Ordner erstellen*.
4. Ein neuer Ordner erscheint. Geben Sie ihm den Namen *Rechnungen*. Dann klicken Sie auf die Schaltfläche *Verschieben*.

Fertig: wenn Sie nun den Ordner *Eigene Dateien* öffnen, befindet sich darin ein neuer Ordner namens *Rechnungen*, und die wiedergefundene Datei ist bereits in diesen Ordner eingeordnet.

Die Feineinstellungen der Suche festlegen

Sicher ist Ihnen bereits der kleine gelbe Spürhund aufgefallen, der am unteren Rand der Such-Spalte angezeigt wird. Er ist nur eine und noch dazu eine der weniger produktiven Errungenschaften der neuen Such-Funktion.

Die Suchfunktion gab es schon bei früheren Windows-Versionen, aber gerade Normalanwender hatten ihre liebe Not, dem Computer verständlich zu machen, wonach sie eigentlich suchten. Das Ergebnis waren entweder ellenlange Suchergebnisse, weil neben dem wirklich gesuchten Dokument unzählige weitere gefunden wurden – die Suchkriterien waren schlicht nicht treffgenau eingestellt. Oder aber das gewünschte Dokument wurde gar nicht gefunden, weil die Anwender nicht wussten, wie sie es beschreiben sollten.

Microsoft hat sich deshalb entschlossen, den Suchassistenten menschenfreundlicher zu gestalten. Computerprofis werden das zunächst argwöhnisch beäugen, aber erstens ist das alte nüchterne Suchformular nach wie vor vorhanden: ein Klick auf *Allen Dateien und Ordnern* reicht aus. Und zweitens werden selbst eingefleischte Profis feststellen müssen, dass der Assistent höchst brauchbare Suchergebnisse produziert.

Das Prinzip ist einfach: wird auf *Bildern, Musik oder Videos* geklickt, dann findet der Assistent Multimediadateien. Klickt man auf *Dokumente*, dann werden alle Formen von textbasierenden Dokumenten gefunden, also neben Textverarbeitungen auch Excel-Spreadsheets und andere Formate.

Bemerkenswert ist, dass der Suchassistent auch ZIP-Archive in die Suche mit einschließt. Gefunden werden also auch Dateien, die eigentlich in einer ZIP-Datei verpackt sind. Und wer häufiger textbasierende Suchabfragen benötigt, zum Beispiel, weil riesige Dokumentenarchive nach Stichworten durchsucht werden müssen, der kann den Indexdienst aktivieren und bekommt so blitzschnelle Volltextabfragen.

Damit die Suche möglichst angenehm vonstatten geht, sollte jeder Benutzer die Feineinstellungen justieren. Dazu öffnen Sie ein Suche-Fenster, zum Beispiel über den Befehl *Suchen* im Startmenü.

1. Klicken Sie in der Sprechblase des Spürhundes aus *Bevorzugte Einstellungen ändern*. Jetzt können Sie sich aussuchen, ob Sie lieber bierernst ohne animierte Figur suchen wollen, oder ob Sie noch mehr Spaß wünschen und sich lieber eine andere Figur engagieren.

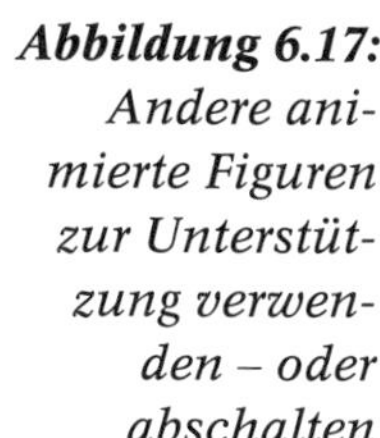

Abbildung 6.17: Andere animierte Figuren zur Unterstützung verwenden – oder abschalten

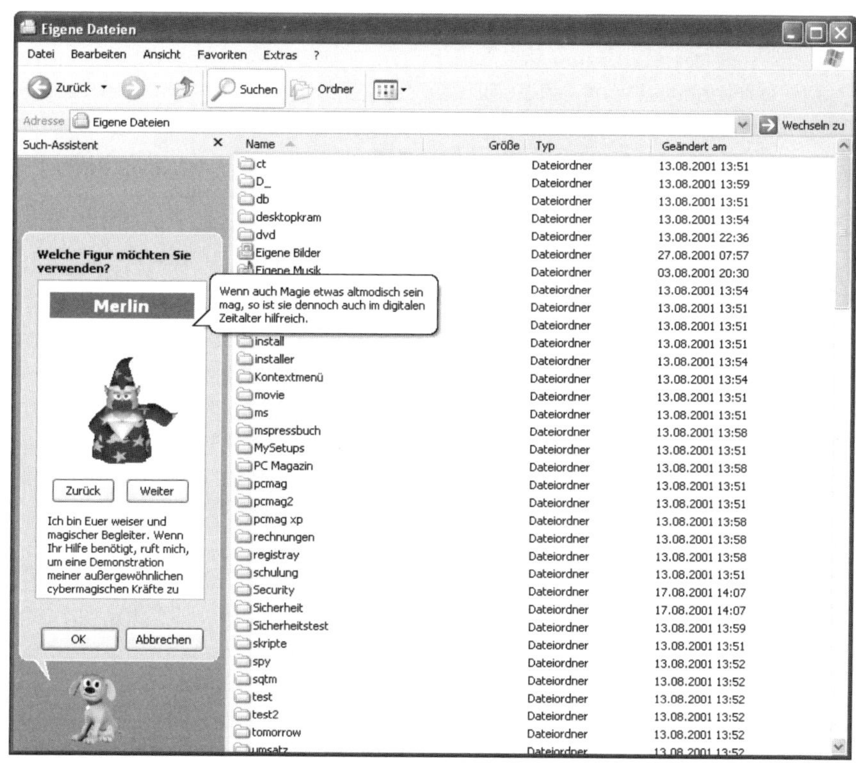

2. Schon wesentlich folgenschwerer ist die Frage, ob die Suche den Indexdienst verwenden soll. Klicken Sie auf *Indexdienst verwenden*, dann können Sie den Indexdienst zu- oder abschalten. Leichtfertig sollten Sie dies auf keinen Fall tun. Lesen Sie zuerst im nächsten Abschnitt, was es mit dem Indexdienst auf sich hat.

3. Möchten Sie nicht mit den vorgefertigten beiden Suchformen *Multimedia/Textbasiert* arbeiten, und nutzen Sie stattdessen lieber das klassische Suchformular, dann wählen Sie die Option *Datei- und Ordnersuchverhalten ändern*. Entscheiden Sie sich für *Erweitert*, dann sieht das Suchformular von Anfang an so aus, als hätten Sie *Allen Dateien und Ordnern* angeklickt.

TIPP Solange ein Suchfenster geöffnet ist und die Suchergebnisse anzeigt, aktualisiert Windows XP das Suchergebnis fortwährend. Legen Sie also neue Dateien an, die den Suchkriterien entsprechen, dann tauchen diese Dateien auch nachträglich im Suchergebnis auf. Deshalb ist es wichtig, Suchfenster nach Gebrauch umgehend wieder zu schließen. Bleiben die Fenster dagegen geöffnet, dann verwendet das System nicht unerhebliche Systemressourcen, um die Suchergebnisse auf aktuellem Stand zu halten.

Indexdienst verwenden

Die Suche nach Stichworten in Dateien dauert leider recht lange, denn Windows muss während der Suche alle infrage kommenden Dateien öffnen und lesen. Außerdem kann auf diese Weise immer nur ein einzelnes Stichwort gesucht werden. Die Suche nach Dokumenten, in denen bestimmte Stichworte an unterschiedlichen Stellen vorkommen und andere Stichworte ausgeschlossen sind, ist so nicht möglich.

Echte Volltextrecherchen werden aber möglich, wenn der Indexdienst aktiviert wird. Dieser Dienst erstellt im Hintergrund automatisch ein Stichwortverzeichnis aller Dateien. Wird später nach Stichworten gesucht, dann verwendet Windows dieses Stichwortverzeichnis. Die Suchergebnisse stehen auf diese Weise binnen Sekunden zur Verfügung, und nun können auch fortgeschrittene »boolesche« Suchen durchgeführt werden, bei denen mit *AND* und *NOT* mehrere Stichworte verknüpft oder Stichworte ausgeschlossen werden.

TIPP

Damit der Indexdienst Dokumente lesen und daraus Stichworte ableiten kann, braucht er Dokumentenfilter für den jeweiligen Dokumententyp. Der Indexdienst bringt solche Filter für HTML- und Text-Dateien sowie für Microsoft Office Dokumente (Word, Excel, Outlook-Emails, etc) mit. Sollen andere Dokumenttypen ebenfalls indiziert werden, zum Beispiel Adobe Acrobat Reader Texte, dann müssen die entsprechenden Dokumentenfilter dieser Hersteller nachinstalliert werden. Steht kein spezieller Dokumentenfilter für einen Dokumententyp zur Verfügung, dann setzt der Indexserver seinen allgemeinen Filter ein, der aber den Dokumenteninhalt nur sehr viel ungenauer oder gar nicht in Stichworte und Dokumenteneigenschaften übersetzen kann.

Der Indexdienst sollte nicht leichtfertig aktiviert werden. Er beansprucht Speicherplatz und Rechenzeit. Nur wenn Sie häufig nach Stichworten suchen, ist dieser Aufwand gerechtfertigt. Und auch dann kommt es darauf an, den Indexdienst so zu konfigurieren, dass seine Stichwortlisten nur die Festplattenbereiche umfassen, in denen tatsächlich wichtige Daten lagern.

Den Indexdienst einschalten

Den Indexdienst können Sie nicht sofort nutzen. Nachdem Sie den Dienst aktiviert haben, benötigt er Stunden, um den Grundindex zu erstellen. Am besten aktivieren Sie den Dienst abends und lassen den Rechner dann über Nacht am Index arbeiten.

Abbildung 6.18: *Die Leistungsoptionen regeln, wie schnell der Index aktualisiert wird*

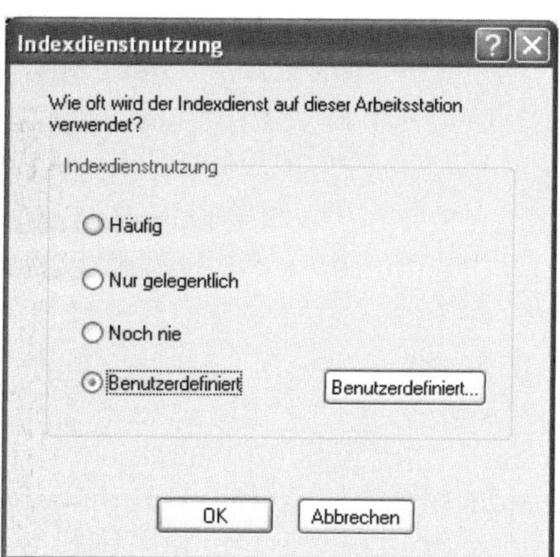

So wird der Indexdienst aktiviert:

1. Wählen Sie im Startmenü *Suchen*. Das Dialogfeld *Suchergebnisse* öffnet sich.
2. Klicken Sie links in der Aufgabenliste auf *Bevorzugte Einstellungen ändern*. Klicken Sie dann auf *Indexdienst verwenden*. Jetzt wählen Sie die Option *Ja, Indexdienst aktivieren*.
3. Klicken Sie dann auf *Change Indexdiensteinstellungen (Erweitert)*. Das Dialogfeld *Indexdienst* öffnet sich.
4. Wählen Sie *Aktion/Alle Tasks/Leistung optimieren*. Diese Option steht nur zur Verfügung, wenn der Indexdienst noch nicht läuft. Das Dialogfeld *Indexdienstnutzung* öffnet sich.
5. Aktivieren Sie im Bereich *Indexdienstnutzung* die Option *Benutzerdefiniert*. Klicken Sie dann auf die Schaltfläche *Benutzerdefiniert*. Das Dialogfeld *Gewünschte Leistung* öffnet sich.
6. Mit dem Schieberegler *Indizierung* bestimmen Sie, wann der Indexdienst den Index aktualisiert. Wählen Sie *Sofort*, dann werden Dateiänderungen sofort im Index berücksichtigt, allerdings verlangsamt sich dadurch die Rechenleistung. Wählen Sie dagegen *Verzögert*, dann aktualisiert Windows den Index erst, wenn Sie den Rechner nicht aktiv nutzen. Wird ein System intensiv genutzt, dann hinkt der Index bei dieser Einstellung den tatsächlichen Gegebenheiten deutlich nach. Am besten testen Sie den Indexdienst zunächst mit der mittleren Schieberegler-Position. Klicken Sie dann auf *OK*.
7. Blenden Sie nun die linke Navigationsspalte per Klick auf ▣ ein. Als Vorgabe verwendet Windows zwei Stichwortkataloge: *System* (für die lokale Festplatte) und *Web* (für alle Ordner, die vom Webserver freigegeben werden).

8. Klicken Sie in der linken Spalte auf *Indexdienst auf lokalem Computer*. Rechts sehen Sie nun, wie weit der Indexdienst mit seiner Indexerstellung gediehen ist. Noch ist in dieser Ansicht nichts zu sehen. Aktivieren Sie den Indexdienst über *Aktion/Starten*.
9. Die Festplatte rumort, und nach einigen Sekunden füllt sich die Liste in der rechten Spalte. Der Indexdienst beginnt nun, die Stichwortlisten zu erstellen.

Welche Verzeichnisse vom Indexdienst berücksichtigt werden, sehen Sie, wenn Sie in der linken Spalte den *System*-Katalog öffnen und dann auf *Verzeichnisse* doppelklicken. Schauen Sie sich die Verzeichnisse kritisch an. Verzeichnisse, in denen sich ohnehin keine Dokumente befinden, nach denen Sie suchen würden, sollten Sie aus der Indizierung herausnehmen.

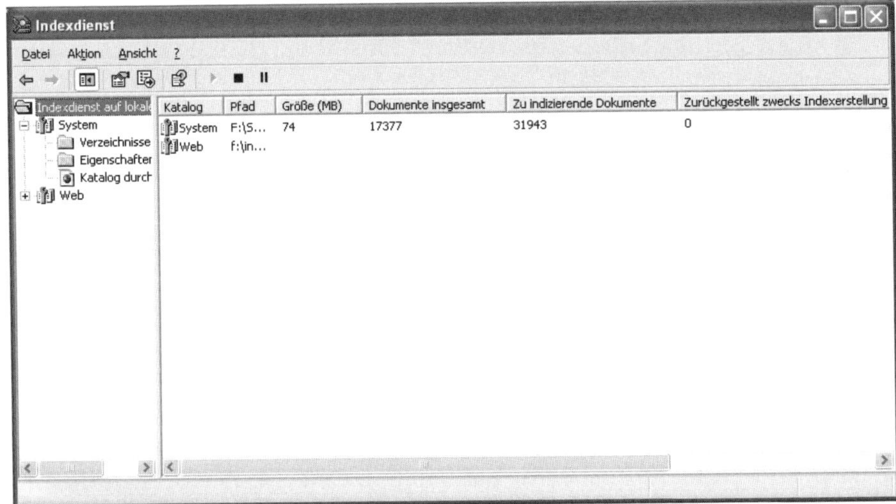

Abbildung 6.19: *Der Indexdienst scannt alle im Ordner* Verzeichnisse *angegebenen Dateien*

Dazu doppelklicken Sie auf den Eintrag. Das Dialogfeld *Verzeichnis hinzufügen* öffnet sich. Aktivieren Sie im Bereich *Indexaufnahme* die Option *Nein*. Klicken Sie auf die Schaltfläche *OK*.

Möchten Sie dafür sorgen, dass der Indexdienst nur den Ordner *Eigene Dateien* durchsucht, dann nehmen Sie nur den Ordner *Dokumente und Einstellungen* in den Index auf.

TIPP

Haben Sie den *Internet Information Server* installiert, dann erscheint zusätzlich der Katalog *Web*, der für die veröffentlichten Webordner zuständig ist. Verwenden Sie in Ihren Webseiten die Suchfunktion des Indexservers überhaupt nicht, dann schalten Sie diesen Katalog ab. Dazu klicken Sie mit der rechten Maustaste auf den Katalog *Web* und wählen *Alle Tasks/Beenden*.

Der Indexdienst klammert einige Stichworte aus seinen Stichwortlisten aus, und das ist sinnvoll. Nicht aufgenommen werden so genannte Noise-Words, also Füllworte und Worte ohne besondere Bedeutung. Welche Worte das für deutsche Dokumente sind, können Sie sich anzeigen lassen. Dazu wählen Sie im Startmenü *Ausführen* und geben ein: `notepad %Systemroot%\system32\Noise.deu` Eingabe. Wie Sie sehen, handelt es sich dabei um eine reine Textdatei mit den Ausnahmeworten. Diese Datei kann somit leicht um Worte ergänzt werden, die Sie ebenfalls nicht im Index verschlagworten wollen.

Mit dem Indexdienst suchen

Die Suchfunktion verwendet automatisch den Indexdienst, wenn er zur Verfügung steht. Solange allerdings Windows den Index aktualisiert, sucht die Suchfunktion sicherheitshalber auf klassische Art. Volltextrecherchen dauern also nach wie vor eine halbe Ewigkeit.

Sie können Windows aber zwingen, den Indexdienst auch dann zu verwenden, wenn der Index nicht zu 100% aktuell ist. Für realistische Resultate sollten Sie aber zumindest warten, bis der Indexdienst nach seiner Aktivierung wenigstens einmal einen Grundindex erstellt hat, weil sonst die Suchabfragen keine sinnvollen Ergebnisse bringen und nur enttäuschen.

1. Wählen Sie im Startmenü *Suchen*. Klicken Sie auf *Allen Dateien und Ordnern*.
2. Klicken Sie ins Feld *Ein Wort oder ein Begriff innerhalb der Datei*. Geben Sie ein: `$contents wonzel` Eingabe. Die Suche startet, und wenn Sie genau hinsehen, dann bemerken Sie, dass die Statusangabe nun von indexbasiertem Suchen spricht.
3. Die Suche dauert nur wenige Sekunden. Ob sie ein Resultat liefert, hängt davon ab, ob der Index bereits Ihre Beispieldatei mit dem Wort *wonzel* indiziert hat oder nicht. Über das Schlüsselwort *$contents* haben Sie Windows gezwungen, den Index für die Suche zu verwenden. Sobald Sie den Indexserver für die Suche einsetzen, brauchen Sie den Suchbereich nicht mehr so eng einzuschränken wie möglich. Sie können durchaus im Feld *Suchen* in die Einstellung *Lokale Festplatten* verwenden. Gesucht wird dann in allen Ordnern, die der Indexserver bei seiner Indexerstellung berücksichtigt hat.

TIPP Denken Sie daran: wenn der Indexdienst den Index vollständig aktualisiert hat, verwendet das Suchen-Fenster den Indexdienst automatisch. Gefunden werden dann nur noch die Dateien, die im Katalog des Indexservers aufgenommen sind. Verzeichnisse, die Sie nicht haben indizieren lassen, sind nun »blind spots«. Stört Sie das, dann können Sie diese Verzeichnisse nachträglich in den Indexdienst-Katalog aufnehmen lassen oder den Indexdienst wieder abschalten.

Die Abfragesprache des Indexdiensts

Der Indexdienst verwendet eine einfache Suchsprache. Mit ihr können Sie Volltextabfragen formulieren.

Tabelle 6.6: Abfrage-Operatoren des Index-Dienstes

Operator	Erklärung
AND	Beide Stichworte müssen vorkommen. Beispiel: Rechnung AND Wonzel.
OR	Mindestens eins der beiden Stichworte muss vorkommen. Beispiel: Rechnung AND (Wonzel OR Kuhn).
NOT	Das Schlüsselwort darf nicht vorkommen. Beispiel: Rechnung AND NOT Wonzel.
NEAR	Beide Schlüsselworte müssen nahe beieinander vorkommen. Beispiel: Rechnung NEAR Wonzel. Gefunden werden nur Dokumente, in denen der Firmenname Wonzel in unmittelbarer Nähe des Wortes Rechnung vorkommt. Werden die Begriffe an unterschiedlichen Stellen des Dokuments genannt, dann wird das Dokument nicht gemeldet.

Neben Stichworten, die in Dateien enthalten sind, kann der Indexdienst auch nach typischen Dateimerkmalen suchen. Dafür gibt es die Eigenschaften-Schlüsselworte:

Tabelle 6.7: Allgemeine Schlüsselworte für Dateieigenschaften

Eigenschaft	Erklärung
@filename	Name des Dokuments
@size	Größe des Dokuments in Bytes
@write	Datum und Uhrzeit der letzten Änderung

Wollen Sie also alle Dokumente finden, die mindestens ein Mbyte groß sind, dann geben Sie ins Feld *Ein Wort oder ein Begriff innerhalb der Datei* ein:

```
@size > 1000000
```

WICHTIG

Wie Sie sehen, wird dieses Feld umfunktioniert, wenn der Indexdienst zur Verfügung steht. Es dient dann der Eingabe der besonderen Suchabfrage-Befehle.

Daneben gibt es Eigenschaften, die nicht in allen Dokumenten gespeichert werden, aber trotzdem vom Indexdienst berücksichtigt werden:

Tabelle 6.8: Spezielle Schlüsselworte für Office-Dokumenttypen

Eigenschaft	Erklärung
@DocTitle	Titel des Dokuments
@DocSubject	Thema des Dokuments ▶

Eigenschaft	Erklärung
@DocAuthor	Verfasser des Dokuments
@DocKeywords	Stichworte im Dokument, die als solche kenntlich gemacht wurden
@DocComments	Kommentare

Diese Eigenschaften sind zum Beispiel in Microsoft Office Dokumenten gespeichert. Klicken Sie eine geschlossene Datei mit der rechten Maustaste an und wählen Sie *Eigenschaften*. Sie sehen dann die Registerkarte *Dateiinfo*, über die Sie diese Spezialinformationen lesen, aber auch verändern können.

Wollen Sie nach allen Dokumenten suchen, in denen Kuno Klöver als Autor genannt wird, dann verwenden Sie diese Abfrage:

```
@DocAuthor = "Kuno Klöver"
```

Festlegen, wo der Indexdienst sucht

Die Frage, welche Laufwerke und Ordner der Indexdienst überhaupt prüft und in sein Stichwortverzeichnis aufnimmt, wurde bereits kurz angeschnitten. Diese Frage ist von allergrößer Wichtigkeit: Schließen Sie wahllos alle Laufwerke ein, dann können Sie zwar keine Datei verpassen, aber der Indexdienst und sein Stichwortkatalog werden unnötig groß, langsam und unhandlich.

Der bessere Weg ist, selbst festzulegen, welche Daten suchwürdig sind und welche nicht. Dabei wird grundsätzlich unterschieden:

- Ordner, die sich auf einem Laufwerk mit FAT- oder FAT32-Dateisystem befinden, können nur direkt im Indexdienst-Snap-In hinzugefügt oder ausgeschlossen werden.
- Ordner, die auf einem Laufwerk mit NTFS-Dateisystem gespeichert sind, lassen sich viel bequemer handhaben. Hier genügt es, den Ordner mit der rechten Maustaste anzuklicken und *Eigenschaften* zu wählen. Klicken Sie auf *Erweitert*, und bestimmen Sie dann mit der Option *Inhalt für schnelle Dateisuche indizieren*, ob dieser Ordner vom Indexdienst berücksichtigt wird oder nicht.

FAT(32)-Ordner im Indexdienst berücksichtigen

So gehen Sie vor, um Ordner im Indexdienst ein- oder auszuschließen, die auf einem FAT- oder FAT32-Laufwerk gespeichert sind:

1. Klicken Sie im Startmenü *Arbeitsplatz* mit der rechten Maustaste an, und wählen Sie *Verwalten*. Das Dialogfeld *Computerverwaltung* öffnet sich.
2. Expandieren Sie links *Dienste und Anwendungen*, und doppelklicken Sie auf *Indexdienst*. Doppelklicken Sie dann auf den Katalog *System*. Öffnen Sie den Ordner *Verzeichnisse*. Rechts sehen Sie jetzt alle Ordner, die vom Indexdienst berücksichtigt werden oder explizit ausgeschlossen sind.
3. Um einen neuen FAT- oder FAT32-Ordner hinzuzufügen, klicken Sie Verzeichnisse mit der rechten Maustaste an und wählen *Neu/Verzeichnis*. Das Dialogfeld *Verzeichnis hinzufügen* öffnet sich. Klicken Sie auf die Schaltfläche *Durchsuchen*, und suchen Sie den Ordner heraus, den Sie indizieren lassen wollen. Aktivieren Sie im Bereich *Indexaufnahme* die Option *Ja*. Dann klicken Sie auf *OK*.
4. Möchten Sie verhindern, dass Unterordner indiziert werden, die in einem indizierten Ordner liegen, dann gehen Sie ebenso vor, stellen diesmal den Unterordner ein und wählen die Option *Nein*. Der Unterordner wird so ausdrücklich nicht indiziert, obwohl er Teil eines indizierten Ordners ist.

Denken Sie daran:

- Ordner, die auf einem NTFS-Laufwerk lagern, werden direkt über ihre Eigenschaften-Seite in den Index einbezogen oder daraus entfernt.
- Webseiten, die vom Webserver publiziert werden, werden im Web-Katalog indiziert. Das Internet Informationsdienste-Snap-In aus dem Systemsteuerungs-Modul *Verwaltung* regelt bei diesen Ordnern, ob sie indiziert werden oder nicht.

Dateien komprimieren

Durch die Kompression von Dateien gewinnen Sie Speicherplatz auf dem Datenträger. Kompression spielt also vor allen Dingen dann eine Rolle, wenn der Speicherplatz auf dem Datenträger knapp wird.

Jede Form der Kompression kommt mit dem Preis, dass die Dateien vor der Benutzung zuerst wieder dekomprimiert werden müssen. Die Kompression sollte also nur auf solche Daten angewendet werden, die Sie nicht häufig verwenden, beispielsweise Bildarchive oder sehr alte Daten, die nur noch „für alle Fälle“ vorgehalten werden.

TIPP Dateien können nur dann über die eingebaute NTFS-Kompression komprimiert werden, wenn der Datenträger eine Clustergröße von maximal 4 KB verwendet. Dies ist die Vorgabe. Nur wenn Sie in der Datenträgerverwaltung explizit manuell eine größere Clustergröße vereinbart haben, ist die Kompression abgeschaltet.

Die folgenden Kompressionsmöglichkeiten haben Sie:

- Setzen Sie das NTFS-Dateisystem ein, dann können einzelne Dateien oder ganze Ordner komprimiert werden. Der Speicherplatzgewinn hängt stark von der Art der Dateien ab, hält sich aber in Grenzen. Stark unkomprimierte Dateien, wie zum Beispiel als BMP-Grafik abgespeicherte Bildschirmfotos, lassen sich auf ein zehntel der Ursprungsgröße komprimieren. Ohnehin effizient gespeicherte Grafiken wie JPG-Fotos liefern dagegen kaum einen Speichergewinn. Die komprimierten Dateien und Ordner können normal weiterverwendet werden.
- Die eingebauten ZIP-Archive erlauben eine sehr viel stärkere Kompression, der Speicherplatzgewinn fällt also höher aus. Allerdings lassen sich die Dateien im ZIP-Archiv nur noch sehr beschränkt nutzen und müssen in den meisten Fällen zuerst wieder ausgepackt werden. Damit eignen sich ZIP-Archive vor allem dazu, ältere Projekte und Dateien zu archivieren oder Daten vor dem Versand via Email oder Diskette als handliches ZIP-Archiv zu verpacken.

Dateien und Ordner manuell komprimieren

Auf NTFS-Datenträgern lassen sich Dateien und Ordner jederzeit manuell komprimieren (und auch wieder dekomprimieren). Möglich ist dies per Maus über das *Eigenschaften*-Dialogfenster der Datei/des Ordners oder aber von der Konsole aus mit dem Befehl *COMPACT*.

Darüber hinaus kann der Datenträger-Bereinigungsassistent die NTFS-Kompression sehr intelligent automatisieren. Er komprimiert auf Wunsch alle Dateien eines Datenträgers, die Sie seit mindestens 50 Tagen nicht mehr verwendet haben. So lassen sich mit sehr geringem Aufwand all diejenigen Dateien komprimieren, die Sie wahrscheinlich nicht mehr allzu häufig verwenden.

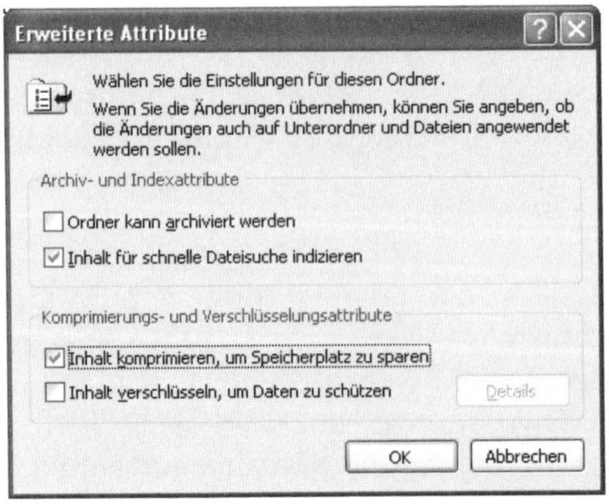

Abbildung 6.20: Selten gebrauchte Dateien und Ordner lassen sich platzsparend komprimieren

So speichern Sie den Inhalt eines Ordners im platzsparenden Format:

1. Klicken Sie den Ordner mit der rechten Maustaste an, und wählen Sie *Eigenschaften*. Klicken Sie auf die Schaltfläche *Erweitert*. Fehlt diese Schaltfläche, dann wissen Sie, dass der Ordner nicht auf einem NTFS-Dateisystem gespeichert ist.
2. Das Dialogfeld *Erweiterte Attribute* öffnet sich. Aktivieren Sie im Bereich *Komprimierung oder Verschlüsselung* die Option *Inhalt komprimieren, um Speicherplatz zu sparen*. Klicken Sie dann auf *OK*.
3. Falls der Ordner nicht leer ist, erscheint das Dialogfeld *Änderungen der Attribute bestätigen*. Aktivieren Sie die Option *Änderungen für diesen Ordner, Unterordner und Dateien übernehmen*, damit der gesamte Inhalt des Ordners komprimiert wird.
4. Öffnen Sie den Ordner. Sein Inhalt wird jetzt in blauer Schrift angezeigt, um zu signalisieren, dass diese Dateien und Ordner komprimiert sind. Ist die Schrift nicht blau, dann wählen Sie *Extras/Ordneroptionen*, Aktivieren Sie die Registerkarte *Ansicht*, und wählen Sie die Option *Verschlüsselte oder komprimierte NTFS-Dateien in anderer Farbe anzeigen*. Dann klicken Sie auf *OK*.

TIPP

NTFS-Ordner und -Dateien können wahlweise komprimiert oder verschlüsselt werden. Beides gleichzeitig ist nicht möglich.

Der Grad der Komprimierung hängt stark von der Art der Datei ab, die Sie komprimieren. Die folgende Tabelle zeigt Anhaltspunkte:

Dateityp	Kompressionsgrad
Textdateien	50%
Bilddateien	0%-90%
Programme	50%

Bilder im unkomprimierten BMP-Format lassen sich beispielsweise sehr stark schrumpfen, während Grafiken in Bildformaten wie JPG (Fotos) kaum einen Speicherplatzgewinn bringen, denn diese Grafikformate verwenden bereits intern effektive Komprimierungsalgorithmen.

Den Speicherplatzgewinn der Kompression ermitteln Sie folgendermaßen:

1. Klicken Sie die komprimierte Datei mit der rechten Maustaste an, und wählen Sie *Eigenschaften*.
2. Klicken Sie auf das Register *Allgemein*. Hinter *Größe* sehen Sie die Original-Dateigröße, hinter *Größe auf Datenträger* die tatsächlich verwendete Größe auf dem Datenträger.

Ist die tatsächlich verwendete Dateigröße kleiner als die Originalgröße, dann konnte die Datei durch die Kompression verkleinert werden. Ist die tatsächlich verwendete Dateigröße größer als die Originalgröße, dann ist die Datei unkomprimiert. Der Größenunterschied liegt dann an den Clustern des Datenträgers, also den kleinsten nutzbaren Speicherarealen. Eine Datei verwendet immer ein Vielfaches der Clustergröße.

TIPP Die NTFS-Komprimierung besitzt den entscheidenden Vorteil, dass Sie mit den komprimierten Dateien ganz normal weiterarbeiten können. Windows XP dekomprimiert die Dateien transparent im Hintergrund, wenn Sie sie verwenden.

Wesentlich mehr Speichergewinn liefert allerdings die ZIP-Komprimierung. Legen Sie sich ein neues ZIP-Archiv an und speichern die Dateien darin, so wird weitaus mehr Speicherplatz eingespart. Allerdings können Sie die Dateien in ZIP-Archiven nicht mehr ohne weiteres weiterverwenden. Vor der Nutzung müssen die Dateien zuerst aus dem ZIP-Archiv wieder ausgepackt werden.

ZIP-Archive sind also nur dann eine Alternative, wenn Sie sehr alte und kaum mehr benötigte Projektdateien archivieren oder Dateien zum Beispiel per Email oder Datenträger an andere weitergeben wollen.

Alte Dateien automatisch komprimieren

Die Kompression alter Daten ist eine gute Idee, nur hat kaum jemand Zeit, die Gigabytes an Festplatten-Daten daraufhin durchzusehen und alte Dateien zu komprimieren. Andererseits sollte bei Platzmangel nicht einfach die ganze Festplatte komprimiert werden, weil das Öffnen von komprimierten Daten länger dauert und das System so verlangsamt würde.

Eine ideale Lösung ist die automatische Laufwerksbereinigung. Wird sie auf NTFS-Laufwerken ausgeführt, dann bietet sie an, alle Dateien automatisch zu komprimieren, die seit mindestens 50 Tagen nicht mehr benutzt worden sind. So gehen Sie vor:

1. Öffnen Sie im Startmenü *Arbeitsplatz*, und klicken Sie das NTFS-Laufwerk mit der rechten Maustaste an, das Sie komprimieren wollen. Wählen Sie *Eigenschaften*. Stellen Sie sicher, dass hinter *Dateisystem*: tatsächlich NTFS angegeben wird, denn die Datenkompression, die durchgeführt werden soll, ist auf FAT- und FAT32-Laufwerken nicht möglich.

2. Wollten Sie das gesamte Laufwerk komprimieren, dann könnten Sie die Option *Laufwerk komprimieren, um Speicherplatz zu sparen* aktivieren und auf *Übernehmen* klicken. Das allerdings würde alle Dateien komprimieren, auch die Dateien, die häufig gebraucht werden.

3. Eine cleverere Alternative ist die Schaltfläche *Bereinigen*. Das Dialogfeld *Datenträger bereinigen* öffnet sich. Es prüft, wie sich Speicherplatz sparen ließe. Sofern Sie einen NTFS-Datenträger ausgewählt haben, braucht der Assistent am weitaus längsten bei der Aufgabe *Alte Dateien komprimieren*, denn hier untersucht er alle Dateien einzeln, um festzustellen, wann die Dateien das letzte Mal gelesen wurden. Auf Nicht-NTFS-Laufwerken erledigt der Assistent seine Arbeit viel schneller, weil dort gar nicht erst nach komprimierbaren Dateien gesucht wird.

4. Nach einiger Zeit hat der Assistent seine Berechnungen durchgeführt und präsentiert nun Spar-Potenziale. Auf großen NTFS-Laufwerken ist ein Einsparpotenzial von mehreren Gigabyte nichts ungewöhnliches. Den Löwenanteil macht die Sparmethode *Alte Dateien komprimieren* aus.

5. Wählen Sie in der Liste *Alte Dateien komprimieren* aus. Klicken Sie dann unten auf *Optionen*. Jetzt öffnet sich ein Dialogfeld, und Sie können festlegen, wie lange Dateien ungenutzt herumliegen müssen, bevor der Reinigungsassistent vorschlägt, diese Dateien einzumotten.

6. Um die Dateien zu komprimieren, wählen Sie die Option *Alte Dateien komprimieren* und prüfen auch die anderen angebotenen Optionen kritisch. Klicken Sie dann auf *OK*.

Kompression über Kommandozeile festlegen

Mit dem Befehl *Compact* finden Sie Detailinformationen über komprimierte Ordner heraus, zum Beispiel den Kompressionsgrad. Noch viel wichtiger aber: über *Compact* können schnell größere Mengen von Dateien komprimiert werden.

Vielleicht haben Sie den Festplatten-Bereinigungsassistenten verwendet, um alte Dateien zu komprimieren. Daraufhin wurden hunderte von Dateien an unterschiedlichsten Orten auf der Festplatte komprimiert. Haben Sie sich diese Entscheidung später anders überlegt, und würden Sie gern die Kompression sämtlicher Dateien rückgängig machen, dann wäre dies per Dialogfeld ein hoffnungsloses Unterfangen. Nicht aber, wenn Sie *Compact* einsetzen.

So gehen Sie vor, um alle Dateien des Laufwerks D: unkomprimiert zu speichern:

1. Wählen Sie im Startmenü *Ausführen*, und geben Sie ein: `cmd` Eingabe. Das Konsolenfenster öffnet sich.

Geben Sie diesen Befehl ein: `compact /u /i /s:d:\` Eingabe.

Nun werden sämtliche Ordner und Dateien des Laufwerks D:\ (Option /s) dekomprimiert (Option /u), und falls Fehler auftreten, wird mit der nächsten Datei fortgefahren (Option /i).

Dateien in ZIP-Archiven unterbringen

Neben der NTFS-Kompression gibt es ZIP-Archive. Die funktionieren unabhängig vom Dateisystem über ein externes Kompressionsprogramm. Windows XP enthält einen eingebauten ZIP-Kompressionsmechanismus, der sogar nahtlos in den Explorer integriert ist und so die Illusion vermittelt, ZIP-Archive seien normale Ordner.

Dies ist aber in Wirklichkeit nicht der Fall. ZIP-Archive sind Dateien, die die darin enthaltenen komprimierten Dateien aufbewahren. Sie können ZIP-Archive also zwar im Explorer wie einen normalen Ordner öffnen, um die darin enthaltenen Dateien zu sehen, Sie können ZIP-Archive aber nicht aus den *Öffnen*- und *Speichern unter*-Dialogfenstern heraus ansprechen. Dateien, die in einem ZIP-Ordner lagern, müssen also in aller Regel ausgepackt und in einem normalen Ordner gespeichert werden, bevor Sie damit arbeiten können.

TIPP Die integrierte ZIP-Unterstützung wird auch von der Dateisuche verwendet. Suchen Sie also nach einer verschollenen Datei, dann werden auch ZIP-Archive und deren Inhalte in der Suche berücksichtigt. Das Suchergebnis listet also unter Umständen Dateien auf, die sich in einem ZIP-Archiv befinden.

ZIP-Archive sind dann eine gute Idee, wenn Sie sehr alte Dateien archivieren wollen und wenn Sie Dateien platzsparend per Email oder Datenträger an andere weitergeben müssen.

ZIP-Unterstützung aktivieren oder abschalten

Die integrierte ZIP-Unterstützung wird von der Datei *ZIPFLDR.DLL* geleistet, und über diese Datei kann die ZIP-Unterstützung jederzeit ein- und ausgeschaltet werden. Das Ausschalten der ZIP-Unterstützung ist zum Beispiel sinnvoll, wenn ZIP-Lösungen anderer Anbieter bevorzugt werden.

Um die ZIP-Unterstützung abzuschalten, wählen Sie im Startmenü *Ausführen* und geben ein: `REGSVR32 /U ZIPFLDR.DLL` Eingabe. Wollen Sie die Unterstützung aktivieren, verwenden Sie den Befehl `REGSVR32 ZIPFLDR.DLL` Eingabe.

Neben ZIP-Archiven unterstützt Windows XP ausserdem so genannte *CAB*-Archive, die Kabinettdateien. In diesen CAB-Archiven speichert Windows beispielsweise die mitgelieferten Gerätetreiber und andere Installationsdateien. CAB-Archive können dank der integrierten CAB-Unterstützung wie Ordner geöffnet werden. Die CAB-Unterstützung wird von der Datei *CABVIEW.DLL* geleistet. Um die CAB-Unterstützung abzuschalten, wählen Sie im Startmenü *Ausführen* und geben ein: `REGSVR32 /U CABVIEW.DLL` Eingabe. Die Unterstützung kann über `REGSVR32 CABVIEW.DLL` Eingabe aktiviert werden.

Ordner als ZIP-Archiv verpacken

Wollen Sie einen gesamten Ordner als ZIP-Archiv verpacken, dann klicken Sie den Ordner mit der rechten Maustaste an. Wählen Sie *Senden an – ZIP-komprimierter Ordner.*

Schon legt Windows XP eine neue ZIP-Datei an, die genauso heisst wie der Originalordner. Darin enthalten ist der Ordner samt Inhalt.

Der Originalordner existiert weiter. Echten Speicherplatzgewinn erhalten Sie erst, wenn Sie den Originalordner anschließend löschen. Übrig bleibt das ZIP-Archiv mit den komprimierten Ordnerinhalten.

Mit diesem Archiv können Sie nun eine Menge Dinge tun:

- Per Rechtsklick auf das Archiv und *Senden an* könnten Sie es als Email versenden oder auf eine Diskette oder einen CD-Rohling kopieren.
- Öffnen Sie das Archiv, dann sehen Sie den Inhalt und können einzelne Dateien aus dem Archiv auspacken, indem Sie sie aus dem Archiv in einen normalen Ordner ziehen. Umgekehrt lässt sich das Archiv nachträglich mit weiteren Dateien und Ordnern beladen.

Wollen Sie den gesamten archivierten Ordner später wieder auspacken, zum Beispiel, weil Sie eine ZIP-Datei per Email empfangen haben oder

Ihre archivierten Dateien später selbst wieder brauchen, dann gehen Sie so vor:

1. Klicken Sie die Archiv-Datei mit der rechten Maustaste an, und wählen Sie *Alle extrahieren*.
2. Der Assistent zum Entpacken öffnet sich und schlägt vor, den Inhalt des Archivs im selben Ordner unter dem Archivnamen anzulegen. Klicken Sie auf *Weiter*. Der Ordner wird ausgepackt.

Selbstentpackende Archive erstellen

ZIP-Archive setzen voraus, dass der Empfänger solche ZIP-Dateien lesen und auspacken kann. Bei Windows XP ist das der Fall, aber bei älteren Windows-Versionen fehlt die eingebaute ZIP-Unterstützung. Sie lässt sich zwar durch Tools von Drittanbietern wie *www.winzip.com* nachrüsten, doch gibt es auch einen anderen Weg.

Windows XP kann nämlich alternativ selbstentpackende ZIP-Archive erstellen. Die benehmen sich wie ein Programm, enthalten also nicht nur die komprimierten Dateien, sondern auch das zum Auspacken nötige Auspackprogramm.

Hierfür setzen Sie das undokumentierte Werkzeug *IEXPRESS.EXE* ein. So erstellen Sie ein selbstentpackendes Archiv:

1. Wählen Sie im Startmenü *Ausführen*, und geben Sie ein: `IEXPRESS` **Eingabe**. Das Tool startet.
2. Klicken Sie auf *Weiter*, wählen Sie die Option *Extract Files Only*, und klicken Sie auf *Weiter*.
3. Geben Sie einen Namen für das Archiv ein. Dieser Name erscheint später in der Titelleiste des Auspackprogramms. Klicken Sie auf *Weiter*.
4. Wählen Sie die Option *Prompt User with*, und geben Sie eine Frage ein, die dem Benutzer vor dem Auspacken gestellt wird, beispielsweise `Wollen Sie dieses Archiv jetzt auspacken?` Klicken Sie auf *Weiter*.
5. Wählen Sie die Option *Do not display a license*, und klicken Sie auf *Weiter*.
6. Klicken Sie auf *Add*, und markieren Sie die Dateien, die verpackt werden sollen. Es können mehrere Dateien auf einmal markiert werden. Klicken Sie dann auf *Weiter*.
7. Wählen Sie die Option *Default*, und klicken Sie auf *Weiter*.

8. Wählen Sie die Option *Display a message*, und geben Sie die Meldung an, die nach dem Auspacken erscheinen soll. Klicken Sie auf *Weiter.*
9. Geben Sie an, wo das selbstentpackende Archiv gespeichert werden soll und wie es heisst. Dazu klicken Sie zum Beispiel auf *Browse*, wählen *Eigene Dateien* und geben einen Namen für das Archiv ein. Klicken Sie auf *Weiter.*
10. Wählen Sie die Option *Don't save*, und klicken Sie auf *Weiter.* Klicken Sie noch einmal auf *Weiter.* Ein Konsolenfenster öffnet sich und komprimiert die ausgewählten Dateien. Wenig später ist das selbstentpackende Archiv fertig. Klicken Sie auf *Fertig stellen*.

TIPP

Voraussetzung für die Verpackung von Dateien ist, dass keine der Dateien geöffnet ist. Sollte das Verpackungsprogramm beim Verpacken also Fehler melden, dann prüfen Sie, ob nicht irgendein Programm eine der Dateien, die Sie verpacken wollen, anzeigt.

Das selbstentpackende Archiv kann wie ein normales Programm gestartet werden, eine ZIP-Unterstützung ist auf dem auspackenden Computer also überflüssig. Das Entpackprogramm kann auf Wunsch sogar einen Zielordner anlegen, in dem die Dateien ausgepackt werden.

Viele Email-Programme wie zum Beispiel Outlook verbieten den Versand von Programmen. Wollen Sie Ihr selbstentpackendes Archiv also per Email versenden, dann sollten Sie das Programm pro forma zu einer nicht ausführbaren Datei machen. Dazu geben Sie dem Archiv einfach eine andere Dateiextension und weisen im Email-Text darauf hin, dass der Empfänger dem Archiv nach dem Empfang wieder die EXE-Extension zuweisen muss.

So ändern Sie die Dateiextension:

1. Wählen Sie in der Systemsteuerung das Modul *Ordneroptionen*, und klicken Sie auf das Register *Ansicht*. Schalten Sie dann die Option *Erweiterungen bei bekannten Dateitypen ausblenden* aus. Klicken Sie auf *OK.*
2. Windows blendet nun hinter den Dateinamen die Dateiextensionen ein. Klicken Sie Ihr Archiv mit der rechten Maustaste an, und wählen Sie *Umbenennen*. Ändern Sie die Extension *EXE*, die Programme kennzeichnet, um in die Extension *TXT.* Auf die Warnmeldung von Windows antworten Sie mit einem Klick auf *Ja*.
3. Klicken Sie das Archiv nun mit der rechten Maustaste an, und wählen Sie *Senden an – Email-Empfänger.* Versenden Sie die Datei nun als Email, und vergessen Sie nicht, den Empfänger im Email-Text darauf hinzuweisen, die ursprüngliche *EXE*-Dateiextension später wieder einzurichten.

Dateien verschlüsseln

Dateien und Ordner, die auf einem NTFS-Laufwerk gespeichert sind, können verschlüsselt werden. Besonders sensible Daten lassen sich so chiffrieren. Nur noch Sie selbst können anschließend diese Daten lesen. Andere Benutzer einschließlich der ansonsten allmächtigen Administratoren können dies nicht mehr.

Warum sollte man Dateien und Ordner verschlüsseln? Schließlich bietet das NTFS-Dateisystem ohnehin die Sicherheitseinstellungen, mit denen Sie festlegen können, wer die Daten lesen darf und wer nicht.

Der Schutz des NTFS-Dateisystems hat aber leider Grenzen, und genau hier beginnt die Verschlüsselung interessant zu werden: hat ein Außendienstmitarbeiter zum Beispiel hoch sensible Firmendaten auf sein Notebook gespeichert und reist damit zum Kunden, und kommt ihm dabei sein Notebook abhanden, dann könnte der Finder auf diesem Notebook eine neue Windows-Version installieren und dann als Administrator die ehemals per NTFS geschützten sensiblen Firmendaten auslesen. Liegen die sensiblen Daten dagegen in einem verschlüsselten Ordner, dann ist das nicht mehr möglich.

Verschlüsselung aktivieren

Besonders sensible Dateien lassen sich zusätzlich zum NTFS-Zugriffsschutz verschlüsseln. Zuständig ist das »Verschlüsselnde Dateisystem« (EFS, Encrypting File System).

1. Um den Inhalt eines Ordners zu verschlüsseln, klicken Sie den Ordner mit der rechten Maustaste an und wählen *Eigenschaften*. Ein Dialogfeld erscheint. Aktivieren Sie die Registerkarte *Allgemein*.
2. Klicken Sie auf die Schaltfläche *Erweitert*. Das Dialogfeld *Erweiterte Attribute* öffnet sich.
3. Aktivieren Sie im Bereich *Komprimierung oder Verschlüsselung* die Option *Inhalt verschlüsseln, um Daten zu schützen*. Klicken Sie zweimal auf *OK*.
4. Das Dialogfeld *Änderungen der Attribute bestätigen* öffnet sich. Aktivieren Sie die Option *Änderungen für diesen Ordner, Unterordner und Dateien übernehmen*. Klicken Sie dann auf *OK*. Das Dialogfeld *Attribute übernehmen* öffnet sich und führt die Verschlüsselung durch.

Verschlüsselte Ordner verhalten sich für den Anwender wie ganz normale Ordner und sind ebenso leicht zu bedienen. Fremde Benutzer –

einschließlich Administratoren – haben keinen Zugriff auf die verschlüsselten Daten.

Auch die Verschlüsselung kann über Kommandozeilenbefehle geregelt werden. Zuständig ist der Befehl *Cipher.*

Neuerungen des EFS in Windows XP

Das EFS wurde in zwei wesentlichen Aspekten gegenüber Windows 2000 erweitert:

- Offline-Dateien: auf Wunsch verschlüsselt EFS automatisch Offline-Dateien, also Daten, die Sie von einem Netzlaufwerk im Unternehmensnetzwerk lokal puffern. Die Offline-Dateien-Verschlüsselung wird zusammen mit den übrigen Offline-Dateien-Optionen aktiviert.
- Gemeinsame Nutzung: einzelne Dateien – aber nicht ganze Ordner – können so verschlüsselt werden, dass mehrere Personen die Dateien gemeinsam nutzen können. Voraussetzung ist, dass alle Personen bereits mindestens einmal selbst Dateien verschlüsselt haben, weil nur dann für alle Personen vom System ein EFS-Schlüssel angelegt worden ist.

Wollen Sie mehr als einer Person den Zugriff auf eine verschlüsselte Datei ermöglichen, dann klicken Sie die verschlüsselte Datei mit der rechten Maustaste an und wählen *Eigenschaften*. Klicken Sie auf *Erweitert*. Hinter der Verschlüsselungsoption sehen Sie die Schaltfläche *Details*, die nur bei Dateien, aber nicht bei Ordnern wählbar ist.

Klicken Sie auf Details, dann öffnet sich ein Fenster und zeigt die Zertifikate der Benutzer an, die auf diese Datei zugreifen dürfen. Über *Hinzufügen* können die Zertifikate anderer Benutzer hinzugefügt werden.

Lesen Sie mehr über das verschlüsselnde Dateisystem in ▶ Kapitel 19.

Dateiattribute verwenden

Unabhängig vom Dateisystem gibt es Dateiattribute, die für alle Dateien gelten, ganz gleich, auf welchem Dateisystem sie gespeichert sind:

- *Schreibgeschützt*: Wird eine Datei als schreibgeschützt markiert, dann ist sie zwar nicht gegen das Löschen gefeit, aber Windows XP erlaubt nun nicht mehr, dass die Datei geändert wird. Der Schreibschutz eignet sich deshalb besonders gut für Dateien, die Sie nur als Vorlage verwenden wollen. Wird die Vorlage verändert und gespeichert, dann zwingt Windows XP den Benutzer, die geänderte Vorlage unter einem neuen Namen zu speichern. Das Original bleibt also unverändert.

- *Versteckt*: Ist eine Datei mit dem Versteckt-Attribut ausgerüstet, dann zeigt der Explorer sie je nach Grundeinstellung entweder gar nicht oder nur mit einem abgeblendeten Symbol an. Das *Versteckt*-Attribut ist vor allen Dingen für das System wichtig, um seine internen Bestandteile vor Anwendern zu verstecken.

Schreibschutz aktivieren

Ist das *Schreibgeschützt*-Attribut einer Datei aktiviert, dann hat Windows Hemmungen, diese Datei zu verändern. Und genau das kann erwünscht sein oder genau umgekehrt für ratlose Gesichter sorgen:

- Dateien, die Sie direkt von einer CD-ROM kopiert haben, behalten das *Schreibgeschützt*-Attribut, das bei CD-ROMs üblich ist. Sie können solche Dateien also nicht verändern und müssen mit allen möglichen und unmöglichen Fehlermeldungen rechnen, wenn die Dateien Teil eines Programms waren. Lösung: Entfernen Sie das *Schreibgeschützt*-Attribut aller Dateien, die Sie von einer CD-ROM kopieren.
- Briefvorlagen: Sie haben sich mit viel Mühe eine Briefvorlage zusammengestellt, aber bei der nächstbesten Gelegenheit wurde aus der Vorlage versehentlich ein Brief, die Vorlage ist nicht mehr zu gebrauchen. Um das künftig zu verhindern, setzen Sie das *Schreibgeschützt*-Attribut, sobald die Vorlage bestens aussieht. Sie kann dann nicht mehr mit *Datei/Speichern* überschrieben werden. Stattdessen erscheint das *Speichern unter*-Dialogfeld und verlangt, die Datei unter einem anderen Namen zu speichern. Die Vorlage bleibt also dank des *Schreibgeschützt*-Attributes eine Vorlage.

Das *Schreibgeschützt*-Attribut wird zugänglich, wenn Sie eine Datei mit der rechten Maustaste anklicken und *Eigenschaften* wählen. Sie können auch mehrere Dateien markieren (Strg festhalten) und dann das Attribut für alle Dateien gemeinsam setzen oder löschen. Das funktioniert auch mit Ordnern und Ordnerinhalten, zum Beispiel solchen, die Sie von einer CD-ROM kopiert haben.

TIPP Ein weiteres Attribut wird auf diese Weise sichtbar: *Versteckt*. Ist dieses Attribut aktiviert, dann zeigt der Explorer die Datei oder den Ordner entweder gar nicht mehr oder nur noch mit abgeblendetem Icon an – anhängig von den Einstellungen, die Sie im Systemsteuerungs-Modul *Ordneroptionen* auf der *Ansicht*-Registerkarte gemacht haben.

Dateien und Ordner auf CD-ROMs brennen

Windows XP macht es endlich möglich: Daten können direkt auf CD-Rohlinge gebrannt werden, ganz ohne Zusatzsoftware. Diese Neuerung war längst überfällig, denn bei den heutigen Datenmengen sind Disketten und ZIP-Drives heillos überfordert.

Zwar ist die in Windows XP integrierte Brennsoftware kein Allround-Talent und kann zum Beispiel keine 1:1-CD-Kopien anlegen. Dafür ist die Software nahtlos in den Windows Explorer integriert, lässt sich leicht bedienen und brennt zuverlässig und schnell Dateien im Multisession-Modus auf Rohlinge.

Dateien auf einen CD-Rohling brennen

Liegt ein CD-Rohling in einem CD-W oder CD-RW-Laufwerk (Brenner), dann wird dieses Laufwerk für den Explorer plötzlich beschreibbar. Sie können andere Dateien oder ganze Ordner auf das Icon des Brenners ziehen oder per Rechtsklick und Auswahl von *Senden an* an den Brenner senden.

Windows XP speichert diese Daten in einem temporären Speicherbereich auf der Festplatte. Sie können den Inhalt der selbstgebrannten CD also ganz in Ruhe zusammenstellen.

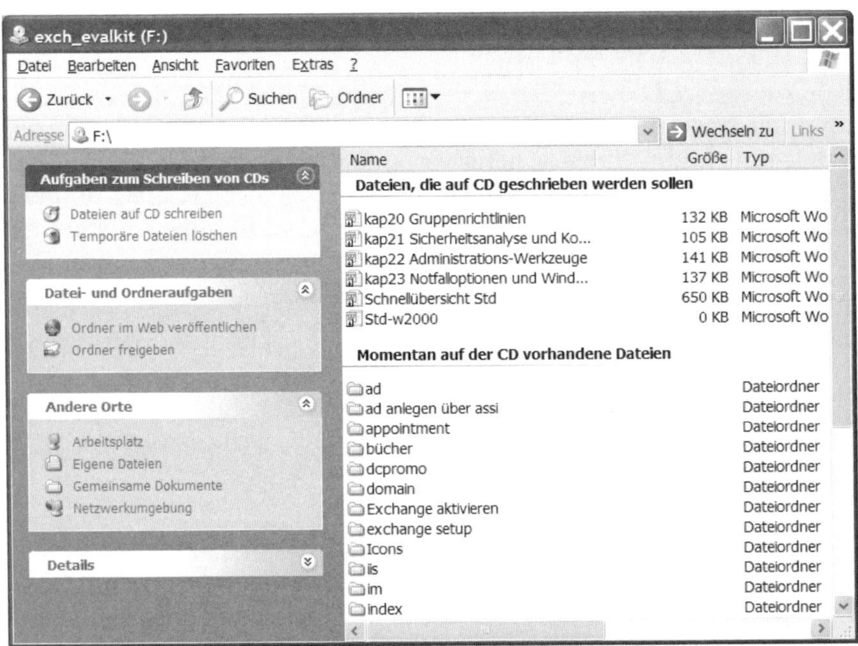

Abbildung 6.21: *Alle Dateien, die auf CD-ROM geschrieben werden sollen, werden zunächst gepuffert*

Öffnen Sie den CD-Brenner im *Arbeitsplatz*-Fenster, dann sehen Sie eine zweigeteilte Ansicht. Oben sehen Sie die Dateien, die auf die CD gebrannt werden sollen, und darunter die Dateien, die sich vielleicht schon auf der CD befinden.

1. Um den Brennvorgang zu starten, wählen Sie links in der Aufgabenliste *Dateien auf CD schreiben*. Ist die Aufgabenliste nicht zu sehen, dann knipsen Sie die Explorerspalte zuerst aus. Wollen Sie die Daten, die Sie für den Brennvorgang ausgesucht haben, doch nicht auf CD brennen, dann klicken Sie auf *Temporäre Dateien löschen*.

2. Das Dialogfeld *Assistent zum Schreiben von CDs* öffnet sich. Geben Sie der CD einen Namen, aber vermeiden Sie Leerzeichen. Aktivieren Sie die Option *Assistent nach Abschluss des Schreibvorgangs schließen*. Diese Option ist wichtig, denn solange der Assistent sein Fenster nicht geschlossen hat, zeigt der Explorer den neu gebrannten CD-Inhalt nicht richtig an.

3. Klicken Sie auf die Schaltfläche *Weiter* >. Die Daten werden jetzt auf die CD geschrieben. Solange der Brennvorgang andauert, sollten Sie den Computer nicht intensiv nutzen und schon gar keine Vorgänge starten, die die Festplatte erheblich nutzen. Reißt der Datenstrom des Brennvorgangs auch nur ein einziges Mal ab, dann wird die selbstgebrannte CD unbrauchbar. Allerdings ist die Brennsoftware, die Windows XP einsetzt, erstaunlich unempfindlich.

4. Nachdem der Brennvorgang abgeschlossen ist, schließt der Assistent sein Fenster. Geschieht das nicht automatisch, dann knipsen Sie es von Hand aus. Öffnen Sie dann im *Arbeitsplatz*-Fenster das CD-Laufwerk mit der gebrannten CD. Die neuen Dateien wurden hinzugefügt.

Weil die Brennsoftware CDs im Multisession-Modus beschreibt, können Sie Rohlinge immer wieder mit neuen Daten beschicken, also mehrfach beschreiben. Bei normalen Rohlingen ist das Löschen von Dateien nicht möglich. Gleichnamige Dateien ersetzen zwar scheinbar ältere Dateien, in Wirklichkeit aber werden die neuen Dateien der CD hinzugefügt und die älteren nicht mehr im CD-Inhaltsverzeichnis geführt.

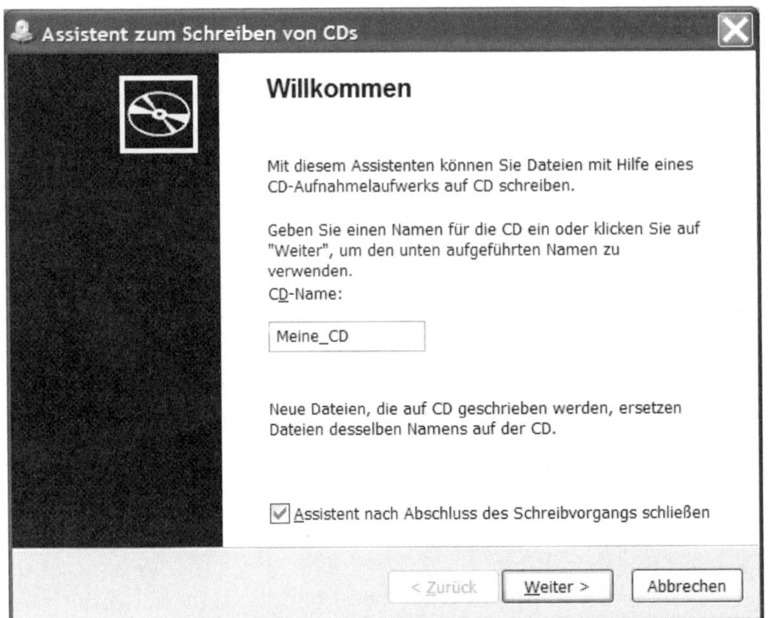

Abbildung 6.22: *Vermeiden Sie Leerzeichen im Namen, den Sie der CD zuweisen*

Wollen Sie Daten gleich auf mehrere CDs brennen, dann aktivieren Sie nicht die Option *Assistent nach Abschluss des Schreibvorgangs schließen*. Der Assistent fragt dann nach dem Brennvorgang, ob Sie eine weitere CD beschreiben wollen.

TIPP

Bilder, die im Ordner *Eigene Bilder* aufbewahrt werden, lassen sich besonders leicht auf CD brennen. Wählen Sie in der Liste *Bildaufgaben* einfach *Alle Elemente auf CD kopieren*. Dasselbe gilt für alle Ordner, in denen Sie die Bilder-Vorlage einsetzen (▶ Seite 193).

Was Sie jetzt sonst noch machen können ...

Musik-CDs brennen: ▶ Kapitel 7

Feineinstellungen für den Brennvorgang festlegen

Ob ein CD-Brenner tatsächlich CD-Rohlinge beschreiben darf, und welche Brenn-Geschwindigkeit zum Einsatz kommen soll, das wird in den Feineinstellungen des CD-Brenners festgelegt.

Hier bestimmen Sie auch, auf welchem Laufwerk die zu brennenden Daten gesammelt werden. Auf diesem Laufwerk muss bis zu 1 GB freier Speicherplatz vorhanden sein.

Abbildung 6.23: *Legen Sie die Feineinstellungen des Brennvorganges fest*

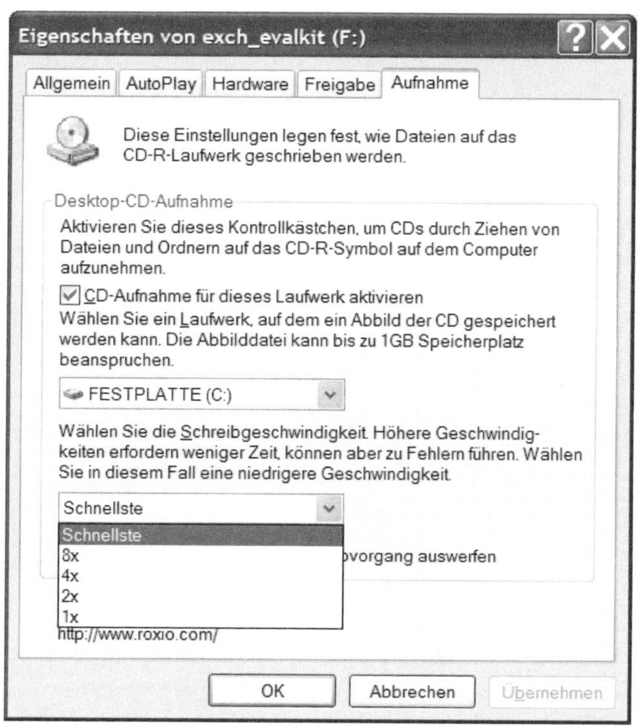

So kommen Sie hin:

1. Öffnen Sie im Startmenü *Arbeitsplatz*, und klicken Sie das CD-Laufwerk mit der Brennfunktion mit der rechten Maustaste an. Wählen Sie *Eigenschaften*.
2. Aktivieren Sie die Registerkarte *Aufnahme*. Wählen Sie im Bereich *Desktop-CD-Aufnahme* die Option *CD-Aufnahme für dieses Laufwerk aktivieren*. Legen Sie dann fest, auf welchem Laufwerk die temporären Dateien gespeichert werden sollen. Um eine komplette CD zu brennen, müssen auf diesem Laufwerk bis zu 1 GB Speicherplatz frei verfügbar sein.
3. Legen Sie dann fest, mit welcher Geschwindigkeit gebrannt werden soll. Reduzieren Sie die Brenngeschwindigkeit, wenn Sie feststellen, dass selbstgebrannte Rohlinge immer wieder unbrauchbar oder unlesbar sind.

Aktivieren Sie im Bereich *Desktop-CD-Aufnahme* die Option *CD automatisch nach dem Schreibvorgang auswerfen*, wenn Sie wollen, dass die CD-Schublade nach erfolgreichem Brennvorgang von selbst ausfährt.

TIPP

Setzen Sie zum Brennen von CDs Programme von Drittanbietern ein, dann schalten Sie die in Windows XP integrierte Brennfunktion aus. Hersteller von Computern mit CD-RW-Laufwerken, also wiederbeschreibbaren CD-Laufwerken, liefern Geräte häufig mit eigenen Brenner-Lösungen aus, und auch hier ist dann die integrierte Windows XP-Brennfunktion abgeschaltet.

7 Mit digitalen Medien arbeiten

B

Windows XP verwenden

Bedeutete »Multimedia« einst, dass sich zehn begeisterte Anwender um einen 10-Sekunden-Film in Briefmarkengröße drängelten und dies revolutionär fanden, so ist Multimedia bei Windows XP ein echter Nutzfaktor moderner Computer geworden.

Wer sich früher einen Weltempfänger und teure Antennenanlagen geleistet hat, der kann heute mit Media Player und Internet die exotischsten Radiostationen aus der Südsee oder den aktuellen Polizeifunk aus Los Angeles abhören.

Anstatt für die nächste Party kofferweise Musik-CDs mitzuschleppen, genügt heute ein PC mit mittlerweile üblicher Gigabyte-Festplatte: darauf lassen sich die Top-Tracks hunderter CDs speichern und je nach Stimmung oder Party-Lage automatisiert über Abspiellisten wiedergeben. Steht zufällig noch ein Projektor in der Nähe, dann wirft Windows XP auch gleich esoterische Visualisierungen der laufenden Musik an die Decke und stiehlt so altbackenen Lichtorgeln die Show.

Überhaupt kann die ganze Multimedia-Verwaltung direkt in der persönlichen Medienbibliothek stattfinden. Von dort aus lassen sich auf

Wunsch auch Audio-CDs brennen oder der Digital-Walkman mit der Musik für die abendliche Jogging-Tour beladen.

Und auch DVD-Filme sind für Windows XP kein größeres Problem mehr: so lässt sich die stundenlange Bahnfahrt mit dem neuesten Hollywood-Streifen versüssen, und jedes Notebook wird zum Movie-Center. Über Surround-Soundkarten lässt sich zusätzlich echter 3D-Kinoklang von allen Seiten aktivieren.

Die wohl verblüffendste Neuerung ist aber die leichte Bedienbarkeit. Windows XP erkennt Multimedia-CDs und DVDs von selbst und fragt sofort nach, was Sie damit tun wollen. Umständlich das passende Programm herauszusuchen – diese Zeiten sind längst vorbei!

Klänge auf dem PC wiedergeben

Damit Ihr PC Klänge wiedergeben kann, benötigt er nicht nur eine Soundkarte und angeschlossene Lautsprecher. Windows XP muss zudem richtig eingestellt sein, damit Klänge auch wirklich zu hören sind. Und damit die Klänge nicht nur blechern klingen, sondern richtig gut, setzen Sie am besten auch gleich die Klangverbesserungsoptionen von Windows XP ein.

Lautstärke und Klangquellen festlegen

Die wohl wichtigste Grundeinstellung ist die Lautstärkeregelung der Soundkarte. Ist die Lautstärke zu niedrig eingestellt, dann hören Sie gar nichts. Das gleiche gilt, wenn die Soundkarte abgeschaltet ist: mit der *Ton aus*-Option sorgen Sie dafür, dass der PC keinen Mucks mehr von sich gibt, zum Beispiel vorübergehend während eines wichtigen Telefonats oder dauerhaft in einem Großraumbüro.

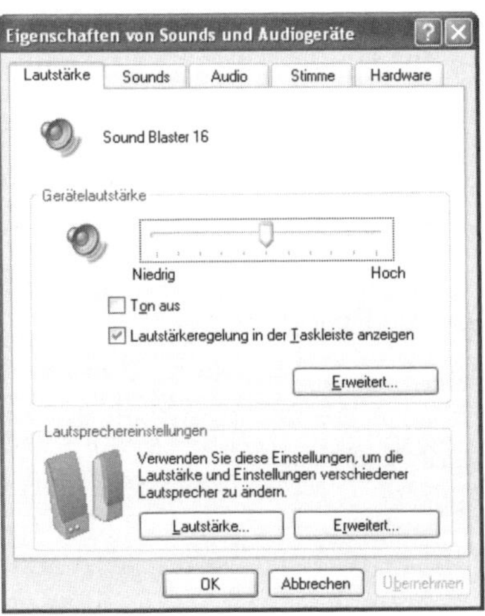

Abbildung 7.1: *Bevor Klänge funktionieren, muss die Grundlautstärke festgelegt werden*

Fast ebenso wichtig ist die Feinjustierung der einzelnen Tonquellen. Windows XP verwendet separate Lautstärkeregler für die eingebauten WAV-Sounds, für CD-Audio und andere Soundquellen, die Sie an die Soundkarte angeschlossen haben.

Sorgen Sie deshalb zuerst dafür, dass die Lautstärkeregelung im Infofeld der Taskleiste angezeigt wird:

1. Wählen Sie im Startmenü *Systemsteuerung*, und öffnen Sie das Modul *Sounds und Audio*. Das Dialogfeld *Eigenschaften von Sounds und Audiogeräte* öffnet sich.
2. Aktivieren Sie im Bereich *Gerätelautstärke* die Option *Lautstärkeregelung in der Taskleiste anzeigen*. Schalten Sie die Option *Ton aus* ab. Mit dem Schieberegler legen Sie die allgemeine Lautstärke fest. Jedesmal, wenn Sie den Regler bewegen, erklingt ein Testklang.
3. Klicken Sie im Bereich *Gerätelautstärke* auf die Schaltfläche *Erweitert*.
4. Das Dialogfeld *Lautstärkeregelung* öffnet sich. Jetzt sehen Sie die Detail-Lautstärkeregler. Sorgen Sie dafür, dass die Regler für *Wave* und *CD-Audio* nach oben gezogen sind. *WAV* ist für die eingebauten Windows-Klänge zuständig, *CD-Audio* für Musik-CDs und DVD-Videos.
5. Schließen Sie das Dialogfeld wieder.

Lautsprechertyp wählen

Wenn Sie möchten, können Sie bei dieser Gelegenheit auch gleich die Lautsprechereinstellungen kontrollieren.

1. Klicken Sie im Bereich *Lautsprechereinstellungen* auf die Schaltfläche *Lautstärke*. Jetzt können Sie die Lautsprecherlautstärke separat für den rechten und den linken Lautsprecher festlegen.
2. Klicken Sie im Bereich *Lautsprechereinstellungen* auf die Schaltfläche *Erweitert*. Suchen Sie in der Ausklappliste den Lautsprechertyp aus, den Sie verwenden.

Lautstärkeeinstellungen über Infosymbol

Ihre Grundeinstellungen lassen sich jederzeit ändern. Haben Sie eben die Option *Lautstärkeregelung in der Taskleiste anzeigen* aktiviert, dann erscheint im Infobereich der Taskleiste ein Lautsprechersymbol.

Klicken Sie auf das Symbol, dann klappt ein Minimenü aus, mit dem Sie die Gesamtlautstärke regeln und die Soundkarte über Ton aus stummschalten.

Doppelklicken Sie auf das Symbol, dann öffnet sich das Mischpult mit den Eingangsquellen, sodass Sie die Einzellautstärken der Eingangsquellen neu festlegen können.

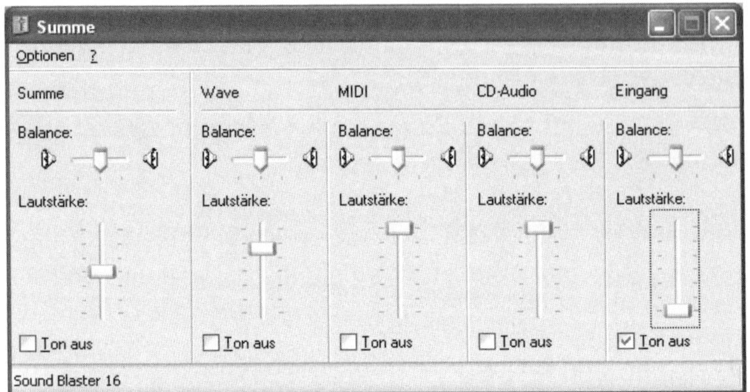

Abbildung 7.2: *Jeder Eingabekanal kann separat geregelt oder abgeschaltet werden*

Ich höre nichts ...

Erklingt überhaupt kein Sound, dann stimmen entweder die Lautstärkeeinstellungen nicht, oder die Soundkarte ist nicht richtig erkannt worden. Schauen Sie dann im Gerätemanager nach, ob Fehlermeldungen angezeigt werden (▶ Kapitel 10).

Andere Möglichkeit: Sie haben die Lautsprecher nicht oder nicht richtig angeschlossen. Achten Sie darauf, den Klinkenstecker in die richtige Buchse einzustecken. Leider verwenden die Ein- und Ausgänge der Soundkarte identische Klinkenbuchsen, sodass es leicht zu Verwechslungen kommen kann. Sind die Klinkenbuchsen farbcodiert, dann verwenden Sie die grüne Buchse.

Erklingt nur von bestimmten Geräten wie zum Beispiel Audio-CD kein Sound, dann ist entweder der Lautstärkeregler für dieses Gerät nicht hoch genug eingestellt oder die *Ton aus*-Option gewählt.

Überprüfen Sie die Lautstärkeeinstellungen wie eben beschrieben. Oder aber es liegt ein Einbaufehler vor: CD-ROM-Laufwerke und DVD-Laufwerke müssen über ein spezielles Audiokabel mit der Soundkarte verbunden sein. Wurde dieses Kabel vergessen, dann kann die Soundkarte keine Audio-CDs oder DVDs wiedergeben.

Auf Wunsch hilft Ihnen ein Problemlösungs-Assistent:

1. Wählen Sie im Startmenü *Systemsteuerung*, und öffnen Sie das Modul *Sounds und Audiogeräte*. Das Dialogfeld *Eigenschaften von Sounds und Audiogeräte* öffnet sich.
2. Aktivieren Sie die Registerkarte *Hardware*. Klicken Sie in der Liste *Geräte* auf Ihre Soundkarte. Klicken Sie im Bereich *Geräteeigenschaften* dann auf die Schaltfläche *Problembehandlung*.
3. Das Fenster *Hilfe- und Supportcenter* öffnet sich. Darin wird der Problemlöse-Assistent für Klänge angezeigt. Er stellt Ihnen nun einfache Fragen und versucht so, das Problem einzugrenzen und eine Lösung anzubieten.

Abbildung 7.3: *Ein Assistent hilft, wenn nichts zu hören ist*

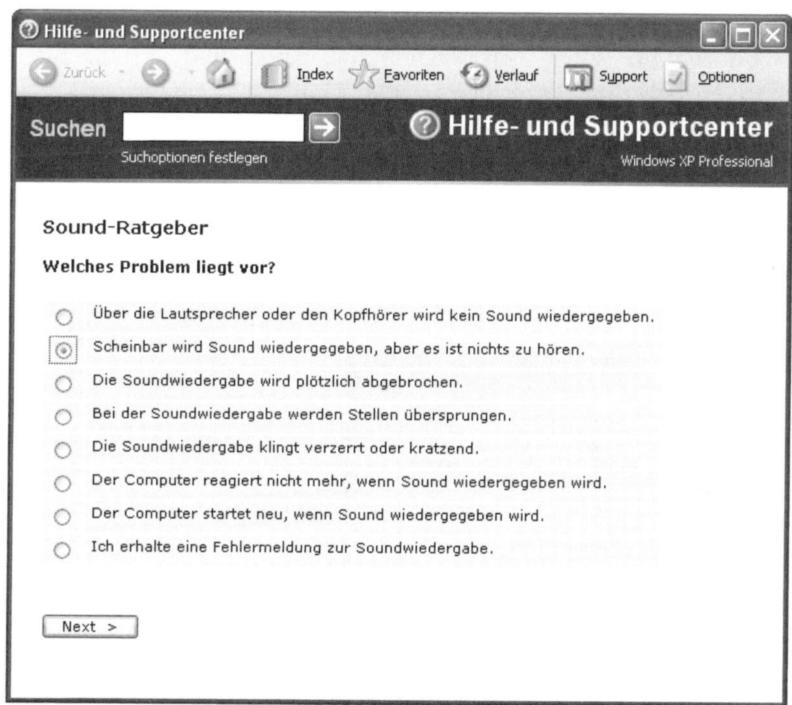

Was Sie jetzt noch tun könnten ...

- Nutzen Sie die Klangverbesserungsoptionen wie WOW-Effekt und Equalizer, die der Media Player bereitstellt.
- Aktivieren Sie Sound-Schemas, damit Windows das Öffnen von Menüs oder Fenstern geräuschvoll untermalt.

Soundschema: Windows-Ereignisse mit Klängen untermalen

Ist Ihre Soundkarte einsatzbereit, dann können Sie die Windows-Oberfläche noch realistischer machen. Grafisch simuliert Windows bereits 3D-Effekte: Schaltflächen erscheinen zum Beispiel eingedrückt, wenn Sie darauf klicken. Mit Soundunterstützung fügen Sie jetzt noch die entsprechenden Klicksounds hinzu, sodass tatsächlich der Eindruck entsteht, einen echten Schalter zu bedienen.

Ein Soundschema aussuchen

So aktivieren Sie eines der vordefinierten Soundschemas:

1. Wählen Sie im Startmenü *Systemsteuerung*, und öffnen Sie das Modul *Sounds und Audiogeräte*. Das Dialogfeld *Eigenschaften von Sounds und Audiogeräte* öffnet sich.
2. Aktivieren Sie die Registerkarte *Sounds*. Suchen Sie sich jetzt ein Schema in der Liste *Soundschema* aus. Haben Sie vorher bereits ein Schema manuell angepasst, dann bietet Windows XP an, das aktuelle Schema unter einem neuen Namen zu speichern. Das ist auch über die Schaltfläche *Speichern unter* jederzeit möglich.

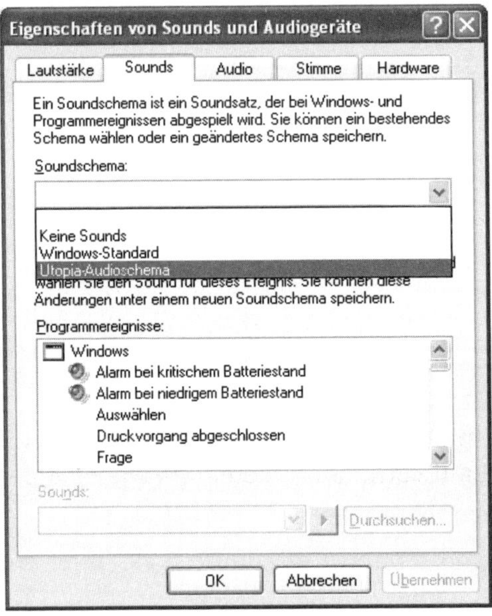

Abbildung 7.4: *Legen Sie andere Klänge für die Windows-Ereignisse fest*

3. Das neue Schema ist aktiv. In der Liste *Programmereignisse* sehen Sie nun alle Ereignisse, die mit einem Klang hinterlegt werden kön-

nen. Ereignisse, denen ein Klang zugeordnet ist, sind mit einem Lautsprechersymbol markiert. Klicken Sie einen solchen Befehl in der Liste an, dann können Sie anschließend unten auf die Wiedergabe-Schaltfäche mit dem schwarzen Pfeil klicken, um sich den zugeordneten Klang vorspielen zu lassen.

Eigene Schemas entwickeln

Möchten Sie einem Ereignis einen neuen Klang zuweisen, dann suchen Sie sich den Klang aus der Ausklappliste *Sounds* aus. Sie können auch auf *Durchsuchen* klicken und die Klangdatei selbst heraussuchen.

Das Dialogfeld *Audiodatei für Menü-Popup suchen* öffnet sich. Seine Besonderheit: bevor Sie eine Klangdatei wählen, können Sie sie kurz anhören. Dazu wählen Sie die Datei im Dialogfeld aus und klicken dann auf den Wiedergabe-Knopf im *Test*-Feld.

Haben Sie ein Schema auf diese Weise angepasst, dann klicken Sie auf *Speichern unter*, um es unter einem neuen Namen abzuspeichern.

TIPP Möchten Sie keine Klanguntermalung, dann wählen Sie das Schema *Keine Sounds*.

Was Sie jetzt noch machen könnten ...

- Nehmen Sie eigene Klänge mit dem Audiorecorder auf, und verwenden Sie diese Klänge zur Klanguntermalung. Den Audiorecorder finden Sie im Startmenü in der Programmgruppe *Alle Programme/ Zubehör/Unterhaltungsmedien*.

Multimedia-CDs öffnen

Windows XP erkennt Multimedia-CDs automatisch: legen Sie eine Musik-CD oder Video-DVD ins Laufwerk, dann analysiert Windows XP vollautomatisch dessen Inhalt. Anschließend erscheint ein Dialogfeld und schlägt von ganz allein vor, mit welchem Programm Sie die Multimedia-Inhalte anzeigen können.

Verfügt Ihr Computer zum Beispiel über ein DVD-Laufwerk, und legen Sie eine Video-DVD in dieses Laufwerk, dann bietet das Dialogfeld drei Optionen an:

- *DVD-Video wiedergeben mit Windows Media Player (setzt einen installierten DVD-Decoder voraus)*
- *Ordner öffnen, um Dateien anzuzeigen*
- *Keine Aktion durchführen*

Haben Sie DVD-Wiedergabeprogramme anderer Anbieter installiert, dann werden auch diese in der Liste angezeigt.

TIPP

Der Windows Media Player ist eigentlich ein Trittbrettfahrer, was das Abspielen von DVD-Spielfilmen betrifft. Er bringt keinen eigenen DVD-Decoder mit. Haben Sie andere DVD-Abspiel-Software (wie zum Beispiel *PowerDVD*) installiert, dann ist ein DVD-Decoder auf Ihrem System vorhanden. Nun plötzlich kann auch Windows Media Player DVD-Spielfilme anzeigen.

Um den DVD-Film anzuschauen, wählen Sie zum Beispiel die Option *DVD-Video wiedergeben mit Windows Media Player.* Aktivieren Sie zusätzlich die Option *Immer die ausgewählte Aktion durchführen*, dann merkt sich Windows Ihre Wahl. Legen Sie künftig DVD-Videos ins Laufwerk, dann passiert automatisch und ohne weitere Rückfrage genau das, was Sie sich ausgesucht haben.

Enthält eine CD Bilder, dann werden andere passende Optionen angezeigt: Sie können die Bilder dann auf die Festplatte kopieren, ausdrucken oder eine Diashow präsentieren lassen.

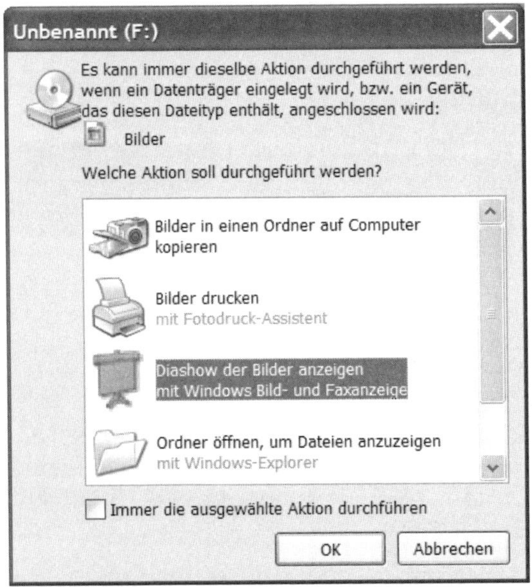

Abbildung 7.5: *Windows erkennt die Daten auf DVD/CD und bietet passende Abspielmöglichkeiten*

Besonderheiten im Umgang mit DVD-Filmen

Meldet der Windows Media Player Fehler, wenn Sie versuchen, eine DVD abzuspielen, oder erscheint die DVD-Darstellung in DVD-Playern anderer Hersteller hakelig und mit minderer Qualität, dann ist daran in den meisten Fällen ein ungeeigneter Grafikkarten-Treiber schuld.

DVDs können vom Media Player nur im Overlay-Modus angezeigt werden. Hierbei blendet die Grafikkarte das Bild in den normalen Bildschirm ein. DVD-Player anderer Hersteller können DVDs zusätzlich in einem Kompatibilitätsmodus anzeigen, allerdings erscheinen die DVD-Filme dann unscharf und hakelig.

Der Overlay-Modus steht nur zur Verfügung, wenn die Grafikkarte und ihr Treiber ihn unterstützen. Außerdem kann stets nur ein Programm den Overlay-Modus nutzen. Bei Problemen mit der DVD-Wiedergabe starten Sie Windows XP deshalb am besten neu, um zu verhindern, dass andere Programme den Overlay-Modus blockieren. Bleibt das Problem bestehen, dann sollten Sie den Grafikkarten-Treiber aktualisieren.

Nutzen Sie mehr als eine Grafikkarte, dann können Sie außerdem probieren, ob vielleicht eine der anderen Grafikkarten Overlay unterstützt. Klicken Sie dazu mit der rechten Maustaste auf eine freie Stelle des Desktops, wählen Sie *Eigenschaften* und aktivieren Sie die Registerkarte *Einstellungen*. Klicken Sie dann einen der angezeigten Bildschirme an und wählen Sie die Option *Dieses Gerät als primären Monitor verwenden*. Ist die Option abgeblendet, dann wissen Sie, dass dieser Monitor bereits primärer Monitor ist.

AutoPlay-Modus steuern

Was allerdings ist zu tun, wenn das automatische Auswahlmenü erst gar nicht erscheint? Und was, wenn Sie sich im Auswahlmenü eine Option ausgesucht haben und *Immer die ausgewählte Aktion durchführen* gewählt haben, später aber lieber doch eine andere Option nutzen wollen?

Beide Probleme hängen meist eng zusammen, denn wenn bei Ihnen erst gar kein Auswahldialog erscheint, dann ist ebenfalls nur eine der verfügbaren Optionen dauerhaft vorgewählt: *Keine Aktion durchführen* sorgt dafür, dass kein Dialogfeld erscheint und nichts passiert.

Glücklicherweise ist es sehr einfach, den AutoPlay-Modus auch nachträglich umzuändern. Das machen Sie so:

1. Wählen Sie im Startmenü *Arbeitsplatz*, oder drücken Sie Win+E. Ein Fenster öffnet sich und zeigt Ihnen unter anderem alle Laufwerke an.
2. Klicken Sie das Laufwerk, das Sie ändern wollen, mit der rechten Maustaste an, und wählen Sie *Eigenschaften*. Dann aktivieren Sie die Registerkarte *AutoPlay*. Fehlt es, dann haben Sie ein Laufwerk gewählt, das ohnehin keinen AutoPlay-Mechanismus unterstützt. Er wird nur von Laufwerken mit auswechselbarem Datenträger unterstützt, bei dem das Laufwerk bei Medienwechseln Windows infor-

miert. Dazu gehören CD- und DVD-Laufwerke, aber keine Disketten- und Festplattenlaufwerke.

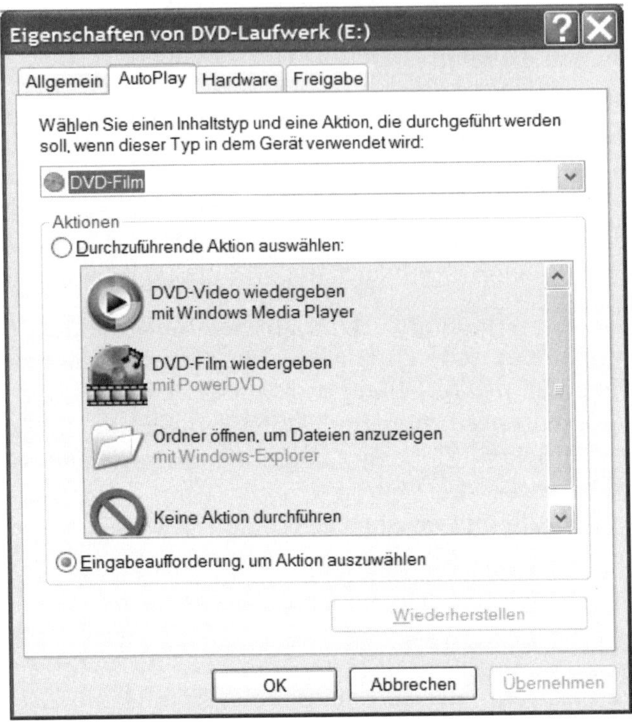

Abbildung 7.6: *Pro Laufwerk kann festgelegt werden, was passieren soll, wenn eine bestimmte Datenart eingelegt wird*

3. Wählen Sie in der Ausklappliste ganz oben den Medientyp, den Sie konfigurieren wollen, zum Beispiel *DVD-Film* oder *Musik-CD*.
4. Wenn Sie möchten, dass immer eine spezielle Aktion passiert, sobald solche Medien eingelegt werden, dann wählen Sie die Option *Durchzuführende Aktion auswählen* und klicken dann auf eine der angebotenen Optionen.
5. Wollen Sie den AutoPlay-Mechanismus ganz abschalten, dann gehen Sie genauso vor und wählen die Aktion *Keine Aktion durchführen*.
6. Möchten Sie dagegen von Fall zu Fall entscheiden, dann wählen Sie die Option *Eingabeaufforderung, um Aktion auszuwählen*. Klicken Sie dann auf *OK*. Erledigt.

TIPP

Halten Sie die Umschalt-Taste fest, während Sie ein Medium einlegen, dann wird der AutoPlay-Mechanismus nicht ausgeführt. Sie müssen die Taste allerdings so lange festhalten, bis das Medium von Windows XP komplett geladen wurde.

Hilft dies nicht, dann kann noch eine andere Ursache eine Rolle spielen: Der AutoPlay-Mechanismus funktioniert nur, wenn Windows einen der

Multimedia-Medientypen erkennt. Hin und wieder speichern Anbieter von DVD-Filmen zusätzliche Materialien auf der DVD. In diesem Fall nimmt Windows XP an, es handele sich um eine reguläre Daten-DVD, und das Multimedia-Dialogfenster erscheint erst gar nicht.

In diesem Fall starten Sie den Media Player von Hand: wählen Sie im Startmenü *Alle Programme/Zubehör/Unterhaltungsmedien/Windows Media Player.* Wählen Sie dann im Menü *Wiedergabe/DVD- oder Audio-CD*, und suchen Sie den Datenträger aus, in dem sich die DVD befindet.

Musik genießen

Windows XP kann hervorragend mit Musik und Audio-CDs umgehen: die Musikstücke lassen sich längst nicht nur wiedergeben, sondern zum Beispiel auch auf der Festplatte speichern oder auf einen CD-Rohling kopieren. Wer mag, kann sich unkompliziert mit Internet-Radio- und – Fernseh-Stationen verbinden lassen und aus dem Internet Musikstücke herunterladen.

Kernstück ist der neue Windows Media Player, ein Multitalent zur Darstellung und Verwaltung von Multimedia-Dateien.

Mit dem Windows Media Player können Sie die folgenden Dinge tun:

- Spielen Sie Musik ab und lassen Sie die Musik dabei durch psychedelische Visualisierungen grafisch untermalen. Die Musik kann von einer Audio-CD, der Festplatte oder direkt aus dem Internet stammen.
- Verbessern Sie die Klangqualität Ihrer Lautsprecher radikal, indem Sie fortschrittliche Technologien wie SRS TruBass, WOW-Effekt oder den klassischen Equalizer einsetzen. Es wird Sie verblüffen, wie diese Mechanismen die Klangqualität selbst auf einfachsten Computerlautsprechern spürbar verbessern.
- Kopieren Sie Ihre Lieblings-Stücke von der CD auf die Festplatte, wenden Sie dabei Datenkompression an, um die Festplatte nicht mit Daten zu überfluten, und hören Sie künftig Musik auch ohne die passenden CDs zur Hand zu haben.
- Lassen Sie über das Internet die Titelnamen der Musikstücke ermitteln, damit Sie künftig sofort sehen, welches Lied von welchem Interpreten gerade gespielt wird.
- Verwalten Sie Ihre Musikstücke übersichtlich in der Medienbibliothek, und ordnen Sie die Tracks zum Beispiel nach Interpret, Album oder Genre.

- Übertragen Sie Musikstücke auf tragbare Medienplayer, und füttern Sie so zum Beispiel vor dem täglichen Jogging den Walkman mit den aktuellsten Musik-Tracks.
- Brennen Sie Ihre Lieblings-Tracks auf CD-Rohlinge, und stellen Sie so genau die Musikstücke zusammen, die Sie am besten finden.

Beschäftigen Sie sich intensiver mit dem Windows Media Player, dann sollten Sie ihn besser erreichbar machen:

1. Öffnen Sie das Startmenü und wählen Sie *Alle Programme/Zubehör/Unterhaltungsmedien*.
2. Klicken Sie mit der rechten Maustaste auf *Windows Media Player*, und wählen Sie im Kontextmenü *An Startmenü anheften*. Schließen Sie das Menü durch einen Druck auf Esc.
3. Brauchen Sie künftig den Media Player, dann öffnen Sie das Startmenü. Sie finden den Media Player jetzt links oben in der Liste Ihrer wichtigen Programme und können Ihn per Klick starten, ohne das Programme-Menü ausklappen zu müssen.

Media Player als normales Fenster anzeigen

Bevor Sie die vielfältigen Funktionen des Media Players genauer kennenlernen, sollten Sie sich zunächst mit dem Programmfenster selbst anfreunden. Es benimmt sich nämlich anders als normale Windows-Fenster und nutzt so genannte Skins.

Mit ihnen kann das Fenster von seriös bis poppig umgestaltet werden, was faszinierend aussieht, aber ein Problem mit sich bringt: je nachdem, welche Skin Ihr Media Player gerade verwendet, ändert sich auch sein Gesicht – und damit seine Bedienung. Deshalb sollten Sie Ihren Media Player wenigstens übergangsweise auf die folgende Art einstellen.

Nur dann ist gewährleistet, dass sich Ihr Media Player auch genauso verhält, wie es in den nächsten Abschnitten beschrieben wird.

Abbildung 7.7: *Der Media Player kann die ungewöhnlichsten Formen annehmen*

So sorgen Sie dafür, dass der Media Player in einem normalen Fenster erscheint und Sie alle Optionen und Befehle leicht erreichen:

1. Wählen Sie im Startmenü *Alle Programme/Zubehör/Unterhaltungsmedien/Windows Media Player*. Das Programm startet, und sofort fällt auf, das sein Fenster nicht eben rechteckig ist. Der Media Player verwendet eine völlig eigene Fensterform.
2. Trotzdem erscheint ein normaler Fensterrahmen, wenn Sie die Maus über das Fenster in Richtung unsichtbarer Menüleiste bewegen. Allerdings muss dazu das Fenster des Media Players auch aktiv sein. Sorgen Sie dafür, dass die Fensterschaltfläche des Media Players unten in der Taskleiste eingedrückt erscheint.
3. Damit die Menüleiste zumindest für die Zeit Ihrer Experimente immer sichtbar ist, wählen Sie *Ansicht/Vollmodusoptionen/Menüleiste anzeigen* oder drücken Strg+M. Jetzt benimmt sich der Media Player wie ein reguläres Fenster.
4. Über *Ansicht/Designmodus* verwandelt sich das Media Player-Fenster vollends. Schalten Sie diesen Modus zunächst mit Strg+1 ab, denn er verwirrt, wenn Sie die Funktionen des Media Players entdecken wollen. Später können Sie über Design-Auswahl Ihrem Media Player die unterschiedlichsten Skins überstülpen und mit Strg+2 in den Design-Modus wechseln.

TIPP Über die Schaltfläche *Weitere* am oberen Rand der *Design*-Auswahlliste können Sie sich mit dem Internet verbinden und weitere Skins herunterladen.

Musik abspielen

Sie haben viele Wege, Klangdateien in den Medienplayer einzufüttern. Legen Sie zum Beispiel eine Audio-CD ins Laufwerk, dann wird der Windows Media Player über den eben beschriebenen AutoPlay-Modus automatisch aktiviert – es sei denn, Sie haben den AutoPlay-Modus für Audiodateien von Hand geändert.

Sind Sie mit dem Internet verbunden, dann klicken Sie auf Medienseite, und schon landen Sie auf der Medienseite von Microsoft. Musikstücke, Videos und sogar Radiostationen stehen Ihnen so zur Verfügung.

Und haben Sie Musik auf Ihre Festplatte gespeichert, dann finden Sie sie in der Medienbibliothek, fein säuberlich nach Interpret, Album und Genre getrennt. Mit *Extras/Nach Medien suchen* können Sie jederzeit Multimedia-Dateien, die irgendwo auf Ihrer Festplatte verstreut sind, in die Medienbibliothek einsortieren.

Klang-Wiedergabequalität verbessern

Die Klangqualität besonders von eingebauten PC-Lautsprechern ist meist nicht überragend. Mit einigen Optionen des Windows Media Players läßt sich die Klangqualität erheblich verbessern.

Die Art der Lautsprecher wählen

Verraten Sie Windows XP zuerst, was für einen Lautsprecher-Typ Sie verwenden:

1. Wählen Sie im Startmenü *Systemsteuerung* und öffnen Sie dann das Modul *Sounds und Audiogeräte*. Das Dialogfeld *Eigenschaften von Sounds und Audiogeräte* öffnet sich.
2. Aktivieren Sie die Registerkarte *Lautstärke*. Klicken Sie dann im Bereich *Lautsprechereinstellungen* auf die Schaltfläche *Lautstärke*, und legen Sie die Grundlautstärke für Ihre Soundkarte fest. Klicken Sie auf die Schaltfläche *OK*.
3. Klicken Sie im Bereich *Lautsprechereinstellungen* auf die Schaltfläche *Erweitert*. Das Dialogfeld *Erweiterte Audioeigenschaften* öffnet sich.
4. Wählen Sie das Lautsprecher-Setup, das dem Setup des Computers am ehesten entspricht, aus der Liste *Lautsprecher-Setup*: aus. Aktivieren Sie dann die Registerkarte *Systemleistung*.
5. Schieben Sie die Schieberegler *Hardwarebeschleunigung*: und *Konvertierungsqualität*: nach rechts, um die bestmögliche Leistung zu erzielen. Klicken Sie dann auf *OK*.
6. Aktivieren Sie zum Schluß noch im Bereich *Gerätelautstärke* die Option *Lautstärkeregelung in der Taskleiste anzeigen*. Im Gerätefeld der Taskleiste wird dann ein Lautsprechersymbol eingeblendet, mit dem Sie die Lautstärke der Soundkarte jederzeit justieren oder auch den Ton ganz abschalten können. Klicken Sie auf die Schaltfläche *OK*. Erledigt.

Windows Media Player Klangverbesserungsfunktionen

Anschließend können Sie die fortschrittlichen Klangverbesserungsmechanismen im Windows Media Player aktivieren. Das funktioniert so:

1. Öffnen Sie eine Audio-Datei, legen Sie eine Musik-CD ins Laufwerk oder wählen Sie im Startmenü *Alle Programme/Zubehör/Unterhaltungsmedien/Windows Media Player*. Das Fenster *Windows Media Player* öffnet sich.

2. Klicken Sie nun links auf die Kategorie *Medienbibliothek*. Wählen Sie *Audio/Alle Audiodateien*, und suchen Sie sich rechts eine Audiodatei aus. Der Media Player spielt die Audiodatei ab. Wenn Sie diesen Befehl zum ersten Mal verwenden, fragt der Player nach, ob er Ihre Festplatte nach Medien durchsuchen soll. Klicken Sie auf *Nein*. Über *Extras/Nach Medien* suchen oder F3 können Sie das später jederzeit nachholen.

3. Wählen Sie jetzt im *Ansicht*-Menü *Wiedergabe-Tools*, und wählen Sie *SRS-WOW-Effekte*. Falls das Menü des Media Players nicht zu sehen ist, dann klicken Sie auf eine freie Stelle des Media Player-Fensters (keine Schaltfläche) und bewegen die Maus in Richtung Menüleiste. Sie wird eingeblendet.

4. Experimentieren Sie nun mit den Klangeffekten, und verschieben Sie im unteren Bereich den Schieberegler für *TruBass* und *WOW-Effekt*. Klicken Sie auf *Aus*, um diese Effekte zu aktivieren, falls sie abgeblendet erscheinen.

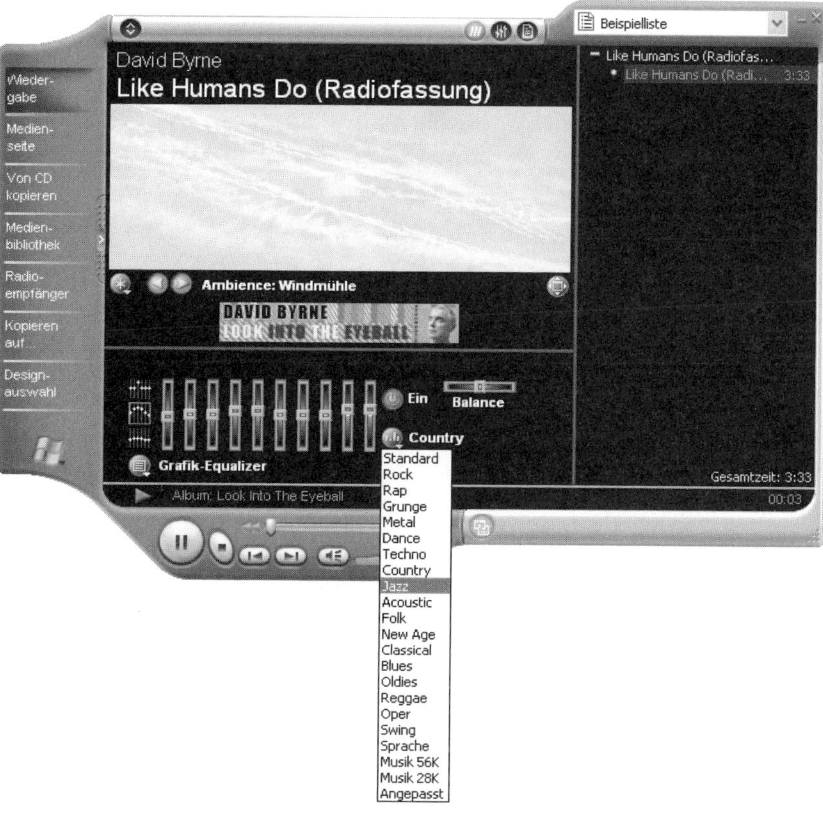

Abbildung 7.8: *Verbessern Sie Klangqualität durch das Schema, das dem Genre am besten entspricht*

5. Über die *Menü*-Schaltfläche schalten Sie um zum Grafik-Equalizer, oder Sie wählen im Hauptmenü *Ansicht/Wiedergabe-Tools/Grafik-Equalizer*. Suchen Sie sich eine angepasste Verlaufsform aus, indem Sie auf *Angepasst* klicken und dann das Klang-Genre auswählen, das Sie am häufigsten hören. Anschließend können Sie die Schieberegler feinjustieren.
6. Achten Sie auf die drei Schieberegler-Optionen links von den Schiebereglern. In der Voreinstellung bewegen sich alle Schieberegler, wenn Sie einen bewegen. Sie können Schieberegler aber auch unabhängig voneinander bewegen, wenn Sie zuvor diese Schieberegler-Option anklicken.

TIPP

Es kann einen kleinen Augenblick dauern, bis die Änderungen im Klang hörbar werden. Wenn Sie also die Schieberegler des Grafik-Equalizers geändert haben, warten Sie zwei Sekunden, um den Effekt zu beurteilen.

Mit Audio-CDs arbeiten

Sobald Sie eine Audio-CD ins Laufwerk legen, bekommen Sie über den AutoPlay-Mechanismus geeignete Wiedergabeprogramme angeboten, oder das passende Wiedergabeprogramm startet automatisch.

TIPP

Sollte aus irgendeinem Grund die Audio-CD nicht als solche erkannt werden, dann starten Sie den Windows Media Player manuell wie auf ▶ Seite 233 beschrieben.

Der Media Player versucht automatisch, die Namen der Musiktitel auf Audio-CDs mit Hilfe des Internets zu ermitteln, wenn Sie mit dem Internet verbunden sind. Sie sehen dann in der Titelliste die tatsächlichen Namen der Musik-Stücke.

Nicht alle Audio-CDs können auf diese Weise eindeutig identifiziert werden. Wollen Sie den Erkennungsprozess von Hand auslösen, dann klicken Sie links auf die Kategorie *Von CD kopieren* und dann auf Namen abrufen. Kann die CD nicht automatisch erkannt werden, dann werden Sie nach zusätzlichen Informationen und Suchkriterien gefragt.

Visualisierungen untermalen die Musik

Der Media Player zeigt als Vorgabe die Kategorie *Wiedergabe* an und spielt die Musik ab. Die Musik wird dabei grafisch visualisiert. Über die Schaltflächen unterhalb der Visualisierung können Sie sich andere Visualisierungen aussuchen. Und mit *Extras/Visualisierungen downloaden* haben Sie die Möglichkeit, weitere Visualisierungen aus dem Internet zu installieren.

Wird die *Vollbild*-Schaltfläche angezeigt, dann können Sie die Visualisierungen auch bildschirmfüllend genießen. Mit Alt+Eingabe können Sie ebenfalls zwischen Normal- und Vollbildmodus wechseln.

TIPP Über *Extras – Optionen* und die Registerkarte *Visualisierungen* erhalten Sie nicht nur einen guten Überblick über alle installierten Visualisierungen, Sie können außerdem über die Schaltfläche *Eigenschaften* viele Feineinstellungen wie zum Beispiel die Bildqualität anpassen. Nicht alle Visualisierungen bieten allerdings eine *Eigenschaften*-Seite an.

Musik-Stücke auf die Festplatte kopieren

Möchten Sie Musik hören, ohne jedes Mal die passende CD zur Hand zu haben und das CD-ROM-Laufwerk zu blockieren? Dann kopieren Sie Ihre Lieblings-Tracks einfach auf die Festplatte. Der Media Player fügt die Tracks automatisch in die Medienbibliothek ein:

1. Legen Sie zunächst fest, in welcher Qualität die Musik kopiert werden soll. Haben Sie ausreichend freien Festplattenspeicher, dann können Sie sich eine höhere Qualität erlauben als bei bedrängten Platzverhältnissen. Wählen Sie *Extras/Optionen*, und aktivieren Sie die Registerkarte *Musik kopieren*.
2. Im Bereich *Kopiereinstellungen* legen Sie die Qualitätsstufe mit einem Schieberegler fest. Unterhalb des Schiebereglers sehen Sie sofort, wieviel Speicherplatz eine gesamte CD in dieser Einstellung ungefähr erfordern würde.
3. Als Vorgabe speichert der Media Player die Musikstücke im Microsoft-eigenen *WMA*-Format. Über die Ausklappliste *Dateiformat* können Sie aber auch das gebräuchlichere *MP3*-Format erstellen lassen. Mit der Schaltfläche *Vergleichen* erreichen Sie eine Internetseite, wo Sie sich den Qualitätsunterschied der verschiedenen Formate vorführen lassen können.
4. Haben Sie alle Einstellungen kontrolliert, dann klicken Sie auf *OK*. Im Media Player klicken Sie dann auf den Bereich *Von CD kopieren*. Aktivieren Sie dann das Kontrollkästchen vor den Stücken, die Sie auf die Festplatte kopieren wollen.
5. Klicken Sie auf *Musik kopieren*, um die Tracks auf die Festplatte zu übertragen. Ein Fenster erscheint und informiert Sie, dass zur Zeit ein Kopierschutz aktiv ist. Er sorgt dafür, dass die von Ihnen auf der Festplatte erzeugten Musikdateien nur von Ihnen selbst abgespielt und nicht etwa massenhaft weitergegeben werden können. Wenn Sie sich sicher sind, dass die Audio-CD nicht urheberrechtlich geschützt ist, oder wenn Sie die Musik für den eigenen Gebrauch und in Einklang mit dem Urheberrecht auf anderen Computern einsetzen wol-

len, können Sie den Kopierschutz auch abschalten: Aktivieren Sie die Option *Inhalt nicht schützen*.

6. Der Kopiervorgang kann eine Weile dauern. In der Übersicht sehen Sie einen transparenten Balken hinter dem jeweiligen Musikstück, das gerade kopiert wird.
7. Sobald der Kopiervorgang abgeschlossen ist, können Sie die Audio CD aus dem Laufwerk entfernen und in den Bereich Medien-Bibliothek wechseln. Dort finden Sie Ihre kopierten Musikstücke sortiert unter Album, Interpret oder Genre. Um Musik künftig ohne Audio-CD zu hören, klicken Sie einfach mit der rechten Maustaste auf den gewünschten Musik-Track oder das gesamte Album und wählen *Wiedergabe*.
8. Über *Namen abrufen* oder *Namen aktualisieren* können Sie via Internet den Namen des Albums und seiner Titel neu erkennen lassen. Und über Info wechseln Sie auf eine Internetseite mit den aktuellen Informationen über das Album und lesen sogar eine Album-Kritik.
9. Wechseln Sie in den Bereich *Wiedergabe*, wenn Sie die Musik mit Visualisierungen untermalt genießen wollen. Über *Ansicht/Wiedergabe-Tools* legen Sie fest, welche Einstellmöglichkeiten in dieser Ansicht eingeblendet werden.

Wissenswertes zu MPEG3

Microsoft hat ein eigenes Kompressionsformat namens WMA entwickelt und verwendet dieses in Windows XP. Daneben gibt es das weit verbreitete MPEG3-Kompressionsformat, das vom Media Player aus Kompatibilitätsgründen ebenfalls unterstützt wird. Allerdings nur mit Einschränkungen. Sie können MPEG3-Dateien mit dem Media Player wiedergeben, allerdings neue Multimediadateien nur eingeschränkt in MPEG3-Dateien konvertieren. Dahinter steckt ähnlich wie bei der DVD-Wiedergabe eine lizenzrechtliche Problematik.

Wählen Sie im Media Player *Extras/Optionen* und aktivieren Sie die Registerkarte *Musik kopieren*, dann brauchen Sie in der Ausklappliste *Dateiformat* nur noch *MP3* einzustellen, und schon sehen Sie das Problem: die Qualität, in der Musik kopiert werden kann, ist auf 56 Kbit/s beschränkt. Sollte *MP3* gar nicht in der Liste auftauchen, dann ist überhaupt kein MPEG3-Codec installiert.

Sind Sie auf MPEG3-Dateien angewiesen, dann können Sie allerdings ein externes MPEG3-Codec installieren, das von Drittanbietern bereitgestellt wird. Damit der Media Player dieses Codec verwendet, sind einige Eintragungen in der Registry nötig:

Im Zweig *HKEY_LOCAL_MACHINE\SOFTWARE – Microsoft – MediaPlayer – Settings – MP3Encoding* fügen Sie vier *DWORD*-Werte namens *LowRate, MediumRate, MediumHighRate* und *HighRate* ein und weisen diesen dann die Werte *DACO, FA00, 1F400* und *2ee00* zu.

Musik auf eigene CDs brennen und auf tragbare Geräte übertragen

Der Windows Media Player kann Musik aus Ihrer Medien-Bibliothek auf andere Geräte übertragen:

- Sie können Musikstücke auf einen CD-Rohling brennen, wenn Ihr Computer über einen CD-Brenner verfügt.
- Sie können Musikstücke auch auf tragbare MP3-Player und ähnliche Geräte übertragen und diese Geräte zum Beispiel vor einer Reise oder dem täglichen Jogging mit Ihren Lieblingsstücken beladen.

Eigene Audio-CDs brennen

Bevor Sie eigene Audio-CDs brennen, müssen Sie verstehen, wie Windows XP diese CDs anlegt. Kopiert werden können nur Musik-Stücke, die in Ihrer Medien-Bibliothek lagern. Bevor Sie also eine Audio-CD kopieren können, müssen Sie dessen Stücke zuerst wie eben gezeigt auf Ihre Festplatte kopieren.

Dabei werden die Musikstücke entweder ins WMA- oder ins MP3-Format konvertiert, um Platz zu sparen. Das hat gute und schlechte Auswirkungen:

- Sind die Original-Musik-CDs kopiergeschützt, dann können Sie die Musikstücke nicht auf CDs brennen. Der weitverbreitete Missbrauch und das Raubkopieren von Audio-CDs haben in der Vergangenheit einen so großen Schaden verursacht, dass die Musikindustrie dazu übergegangen ist, alle aktuellen Musik-CDs zu schützen.
- Musik-Stücke können nur in der Qualität auf eine CD gebrannt werden, in der Sie die Stücke auf Ihre Festplatte kopiert haben. Möchten Sie hochqualitative Audio-CDs brennen, dann wählen Sie das WMA-Format und die höchste Qualitätsstufe (▶ Seite 239).
- Werden Musikstücke auf eine CD gebrannt, dann konvertiert der Media Player die Musikstücke und speichert sie als normale Audio-CD-Tracks auf dem CD-Rohling. So ist gewährleistet, dass Sie die Audio-CD auch mit ganz normalen CD-Playern abspielen können. Allerdings werden die Tracks nun wieder ebenso speicherhungrig wie bei der ursprünglichen Audio-CD.

- Wollen Sie den Speicherplatz-Spareffekt von WMA- und MP3-Dateien ausnutzen, dann brennen Sie die Stücke direkt auf einen CD-Rohling. Jetzt passen rund zehn normale Audio-CD-Inhalte auf einen einzigen CD-Rohling. Allerdings können die Stücke nun nicht mehr von normalen CD-Spielern wiedergegeben werden, sondern nur noch von Geräten, die WMA- und MP3-Format unterstützen.
- Erstellen Sie mit dem Media Player eine Audio-CD, dann wird die Musik mehrfach konvertiert: beim Speichern auf der Festplatte verwandelt der Media Player die Musik ins WMA- oder MP3-Format, und beim Brennen auf CD werden die Tracks wieder in normale Audio-Tracks zurückkonvertiert. Dabei kann die Qualität etwas leiden. Wollen Sie identische Kopien ohne Qualitätsverlust anlegen, dann benötigen Sie ein normales CD-Kopierprogramm wie Nero Burning Rom.
- Die CD-ROM-Brennfunktion des Media Players hat allerdings auch Vorteile gegenüber einem klassischen CD-ROM-Kopierprogramm: so kann der Media Player beliebige Tracks ganz unterschiedlicher CDs mischen. Auch stehen Ihnen Audio-Dateien für den Brennvorgang zur Auswahl, die Sie vielleicht aus ganz anderen Quellen wie zum Beispiel dem Internet bezogen haben. Mit dem Media Player können Sie also Ihre ganz persönlichen Musik-Kollektionen zusammenstellen.
- Haben Sie die Musikstücke mit aktiviertem Kopierschutz in Ihre Medien-Bibliothek eingefügt, dann können die Stücke nur auf Ihrem eigenen Computer abgespielt werden.

So kopieren Sie Musik aus Ihrer Medien-Bibliothek auf einen CD-Rohling:

1. Legen Sie den CD-Rohling in Ihren CD-Brenner. Wechseln Sie im Media Player dann in den Bereich *Kopieren auf*.
2. Stellen Sie als Zielgerät in der Liste *Auf dem Gerät* Ihren CD Brenner ein. Links stellen Sie in der Liste *Zu kopierende Mediendateien* das Album oder die Stücke ein, die Sie kopieren wollen. Möchten Sie Musikstücke ganz unterschiedlicher Alben zu einer neuen CD zusammenstellen, dann wählen Sie *Alle Audiodateien*. Jetzt sehen Sie in der Liste alle Audio-Dateien, die sich in Ihrer Medienbibliothek befinden.
3. Wählen Sie mit dem Optionsfeld vor den Tracks jene aus, die kopiert werden sollen. Als Voreinstellung sind alle Tracks markiert.
4. Klicken Sie dann rechts oben auf *Musik kopieren*. Die ausgewählten Musikstücke werden jetzt in ein neues Format kopiert. Anschließend beginnt der eigentliche Brennvorgang.

TIPP Der CD-Brennvorgang ist ein kritischer Prozess, der nicht unterbrochen werden darf, weil sonst der CD-Rohling zerstört würde. Achten Sie deshalb darauf, während des Brennvorgangs keine besonders rechenintensiven Aufgaben durchzuführen oder intensiv auf die Festplatte zuzugreifen, damit der Datenstrom nicht abreißt.

Nachdem der Brennvorgang abgeschlossen ist, steht in der Spalte Status *Typ passt nicht*. Diese Angabe finden Sie immer dann, wenn im CD-Brenner eine nicht beschreibbare CD liegt. Und genau das ist nun der Fall: aus Ihrem CD-Rohling ist eine Audio-CD geworden.

Das bedeutet: Sie können mit dem Media Player nachträglich keine weiteren Musikstücke auf einen CD-Rohling kopieren. Nach dem Brennvorgang wird der Rohling abgeschlossen und verhält sich danach wie eine normale Audio-CD.

Musik auf tragbare Geräte übertragen

Der Kopiervorgang auf tragbare Geräte funktioniert prinzipiell genauso wie die Übertragung auf einen CD-Rohling.

Schließen Sie das Gerät an, stellen Sie sicher, das das Gerät eingeschaltet ist, und stellen Sie das Gerät im Media Player in der Liste *Auf dem Gerät* ein.

Allerdings wird hier die Spalte *Status* besonders wichtig. Steht in ihr *Typ passt nicht*, dann liegen die Daten der Musikstücke in einem Format vor, das vom tragbaren Gerät nicht unterstützt wird.

Musikstücke in komprimierter Form auf CD brennen

Der Media Player speichert alle Musikstücke in komprimierten Datenformaten wie *WMA* oder *MP3*. Wollen Sie eine CD erstellen, die die Musikstücke in diesem Format speichert, dann gehen Sie so vor:

1. Legen Sie einen Rohling in Ihren CD-ROM-Brenner ein.
2. Wählen Sie im Startmenü *Eigene Musik*. Ein Explorer-Fenster öffnet sich und zeigt den Ordner an, in dem der Media Player Ihre Musik auf der Festplatte speichert. Alben sind in Ordnern zusammengefasst. Öffnen Sie den Ordner, in dem sich das gewünschte Musikstück befindet.
3. Klicken Sie das Musikstück mit der rechten Maustaste an, und wählen Sie *Senden an*. Im Untermenü suchen Sie sich Ihren CD-ROM-Brenner aus. Die Datei wird in die Brennliste des Laufwerks eingetragen. Im Gerätefeld der Taskleiste erscheint ein Symbol, und eine Sprechblase informiert Sie, dass Dateien zum Brennen ausgewählt wurden.

4. Wählen Sie weitere Stücke aus, die natürlich auch aus anderen Alben stammen können. Wenn Sie alle Stücke ausgewählt haben, klicken Sie auf das CD-Brenner-Symbol im Gerätefeld der Taskleiste. Sie können ebenso gut im Startmenü *Arbeitsplatz* wählen und Ihr CD-ROM-Brenner-Laufwerk öffnen.

5. Ein Explorer-Fenster öffnet sich. Darin sehen Sie oben die Dateien, die sich noch nicht auf der CD befinden und jetzt auf die CD gebrannt werden sollen. Darunter sehen Sie die Liste der Dateien, die sich möglicherweise bereits auf der CD befinden.

6. Klicken Sie links in der Aufgabenliste auf Dateien auf CD schreiben. Das Fenster *Assistent zum Schreiben von CDs* öffnet sich. Geben Sie der CD einen Namen, aber vermeiden Sie Leerzeichen im Namen. Aktivieren Sie die Option *Assistent nach Abschluss des Schreibvorgangs schließen*. Dann klicken Sie auf *Weiter*.

7. Der Brennvorgang beginnt, und die ausgewählten Dateien werden auf die CD geschrieben. Das Explorer-Fenster zeigt anschließend den neuen Inhalt der CD, und Windows XP erkennt die CD als Audio-CD. Das AutoPlay-Fenster öffnet sich deshalb und fragt, mit welchem Programm Sie die Audio-Dateien anhören wollen. Wählen Sie zum Beispiel *Wiedergabe mit Windows Media Player*, und klicken Sie auf *OK*.

TIPP

Windows XP verwendet bei dieser Form des Brennens Multisession-Betrieb. Sie können also später weitere Musikstücke auf die CD brennen und das solange fortsetzen, bis die CD-ROM voll ist.

Weil die Musikstücke nun als *WMA*- oder *MP3*-Dateien vorliegen, können normale CD-Player solche CDs nicht abspielen. Computer oder spezielle CD-Walkmans mit WMA- oder MP3-Unterstützung dagegen können die CDs lesen und abspielen – auf diese Weise lassen sich rund zehn Stunden Musik in annähernder CD-Qualität auf einer einzigen konventionellen CD-ROM unterbringen.

TIPP

Der eingebaute CD-ROM-Brenn-Assistent von Windows XP kann nur Dateien auf CD-Rohlinge brennen, aber keine sonstigen Binärdaten. Deshalb ist es mit ihm nicht möglich, 1:1-Kopien von CD-ROMs anzulegen, also beispielsweise Audio-CDs direkt zu kopieren. Zwar können Sie normale Audio-CDs im *Arbeitsplatz*-Fenster mit der rechten Maustaste anklicken und *Öffnen* wählen. Sie würden dann sogar die einzelnen Musik-Tracks sehen und könnten diese auch auf einen Rohling brennen. Allerdings wäre dies Verschwendung, weil die sichtbaren Dateien nur wenige Bytes groß sind und Trackinformationen speichern. Die eigentlichen Musikstücke liegen als Binärdatenblöcke auf der Audio-CD, die für den Brenn-Assistenten unsichtbar sind.

Internet-Radio und Internet-Musik

Der Windows Media Player verwandelt Ihren PC auf Wunsch in einen reinrassigen Weltempfänger. Neben deutschen Radiostationen haben Sie so Zugriff auf weltweites Musikprogramm und können sich auch exotische Karibikklänge oder den neuesten Polizeifunk aus den USA anhören. Als Antenne dient dabei das Internet. Voraussetzung für ungetrübte Wiedergabe ist also eine schnelle Internetanbindung. Am besten funktioniert das mit Breitbandzugängen wie xDSL (▶ Kapitel 8).

Radiostationen aussuchen

Starten Sie den Windows Media Player über das Startmenü. Ist er darin nicht aufgeführt, dann wählen Sie *Alle Programme/Windows Media Player.*

1. Wählen Sie links in der Menüspalte *Radioempfänger.* Jetzt sehen Sie eine Auswahl an Radiosendern. Klicken Sie auf *My Stations*, um Ihre persönlichen Lieblingsstationen zu sehen, oder auf *Recently Played Stations*, um Stationen zu sehen, die Sie sich kürzlich angehört haben. Beide Listen sind anfangs natürlich noch leer.
2. Rechts in der Spalte *Find More Stations* befindet sich das Tuning-Rad Ihres Weltempfängers: hier finden Sie weitere Radiostationen. Suchen Sie sich einfach das gewünschte Themengebiet aus.
3. Anschließend wird eine Liste der infrage kommenden Stationen angezeigt. Klicken Sie eine Station in der Liste an, dann bekommen Sie die Möglichkeit, die Station in Ihre Favoritenliste einzufügen oder anzuhören. Entweder wird in der Liste direkt ein *Play*-Link angezeigt, oder aber Sie müssen zuerst die Webseite des Radiosenders besuchen und dann dort den passenden Link finden und anklicken.
4. Sobald die Musik gespielt wird, sollten Sie im Media Player auf die Wiedergabeseite wechseln. Schalten Sie die untermalenden Visualisierungen ab, denn die können den Empfang beeinträchtigen: *Ansicht/Visualisierungen/Albumcover.*
5. Wählen Sie dann *Ansicht- Wiedergabe-Tools/Grafik-Equalizer.* Wählen Sie dann rechts von den Schiebereglern mit der Auswahltaste das passende Klangschema, zum Beispiel *Rock* oder *Swing*.

Abbildung 7.9: *Weltweit Radiostationen empfangen – das Internet fungiert als Antennenmast*

TIPP

Rechts in der Wiedergabeliste sehen Sie bei vielen Radiostationen das aktuelle Programm. Der Titel, der gerade gespielt wird, ist markiert.

In den Radiolisten werden Sie zwar sehr viele Radiostationen finden, aber längst nicht alle, die es weltweit gibt. Möchten Sie sich zum Beispiel live in den Polizeifunk amerikanischer Großstädte einklinken, dann besuchen Sie *www.apbnews.com* oder andere spezialisierte Webseiten.

Wie Radioprogramme übertragen werden

Die Radioprogramme, die Sie sich aussuchen, werden als Datenstream übertragen. Abhängig von der Bandbreite dieses Datenstreams ist die Klangqualität. Die Radioliste zeigt die Bandbreite der Radiostation an, zum Beispiel 56K oder 28,8K. Je höher die Bandbreite, desto besser das Klangerlebnis.

Allerdings setzt die Bandbreite voraus, dass die Daten auch in dieser Geschwindigkeit übertragen werden können. Modem- und ISDN-Verbindungen haben bei Bandbreiten jenseits von 28,8K Probleme. Die Wiedergabe wird dann hakelig oder bricht sekundenlang ab.

Verbinden Sie sich mit einer Radiostation, dann zeigt der Mediaplayer genau an, was passiert: der Server der Radiostation wird kontaktiert, eine Verbindung aufgebaut und dann die ersten Sekunden gepuffert. Anschließend beginnt die Wiedergabe.

Abhängig von Ihrer Internetanbindung und der »Verkehrssituation« im Internet kann die Verbindung zu Radiostationen schwierig werden oder ganz unmöglich sein. Suchen Sie sich dann einfach eine andere Station aus, oder versuchen Sie es später neu.

Mit Scannern und Digitalkameras arbeiten

Scanner und digitale Kameras werden von Windows XP über ein spezielles Modul der Systemsteuerung verwaltet. Dazu wählen Sie im Startmenü *Systemsteuerung* und öffnen dann das Modul *Scanner und Kameras*. Das Fenster *Scanner und Kameras* öffnet sich. Es zeigt Ihnen alle Scanner und Kameras an, die installiert sind und über passende Windows XP-Treiber verfügen.

Neue Scanner oder Kameras installieren

Haben Sie Scanner oder Kameras an den PC angeschlossen, die plug&play-fähig sind, und verfügt Windows XP über die passenden Treiber, dann werden die Geräte automatisch installiert. In allen anderen Fällen klicken Sie links in der Aufgabenliste auf *Bildverarbeitungsgerät hinzufügen*.

1. Das Dialogfeld *Assistent für die Scanner- und Kamerainstallation* öffnet sich. Aktivieren Sie die Option *Weiter >*.
2. Suchen Sie sich den Hersteller und das Modell des Gerätes aus der Liste aus, und klicken Sie auf *Weiter*. Das Gerät wird installiert und anschließend in der Liste angezeigt.

Leider wird nicht jede Digitalkamera und jeder Scanner bereits mit Windows XP Treibern ausgeliefert, und das ist schade.

Verfügt das Gerät nämlich über einen Windows XP Treiber, dann wird es nicht nur im *Arbeitsplatz*-Fenster angezeigt, sondern benimmt sich sogar wie ein Datenlaufwerk: Sie können eine Digitalkamera also direkt im *Arbeitsplatz*-Fenster öffnen und sehen sofort die Bilder, die in der Kamera gespeichert sind. Sie können die Bilder jetzt aus dem Fenster an andere Orte ziehen oder mit der Aufgabenliste in der linken Spalte des Fensters Kameraeinstellungen kontrollieren.

Ältere Gerätetreiber nutzen

Verfügt das Gerät nicht über einen XP-Treiber, dann können Sie es höchstwahrscheinlich dennoch nutzen. Installieren Sie dazu die Software, die dem Gerät beilag.

Diese Software richtet in aller Regel einen so genannten TWAIN-Treiber ein. TWAIN-Treiber wurden früher dazu verwendet, um Scanner und Kameras einheitlich anzusteuern.

Zwar wird Windows XP das Gerät nun nicht im *Arbeitsplatz*-Fenster aufführen, und es kann auch nicht einfach wie ein Datenträger geöffnet und ausgelesen werden. Wenigstens aber sind TWAIN-fähige Programme in der Lage, das Gerät anzusteuern und Bilder zu lesen.

Das mitgelieferte Malprogramm Paint aus der *Zubehör*-Programmgruppe ist ein Beispiel dafür. Mit dem Befehl *Datei/Von Scanner oder Kamera* kann jedes installierte TWAIN-Gerät ausgewählt werden. Der herstellerspezifische Treiber öffnet sich dann und erlaubt, Bilder zu übertragen oder Kameraeinstellungen zu ändern.

Teil C
Mit dem Internet verbinden

Nie war es einfacher, sich mit dem Internet zu verbinden und alle Internet-Möglichkeiten maximal auszuschöpfen. Windows XP bringt nicht nur die nötigen Zugangswege für Modem, ISDN, ADSL und LAN mit, es enthält auch bereits alle nötigen Internet-Programme.

- In ▶ Kapitel 8 lesen Sie, wie Sie sich schnell und zielgerichtet mit dem Internet verbinden. Ganz gleich, ob Sie dazu Modem, ISDN-Karte, ADSL-Adapter oder einen Router einsetzen: lassen Sie sich zeigen, wie Windows XP in weniger als 10 Minuten Ihren Internetzugang eingerichtet hat. Weitere Schwerpunkte sind die neuen XP-Funktionen wie zum Beispiel die Internet-Firewall, mit der Sie den Computer vor Hackerangriffen schützen, und die verbesserte Internetfreigabe, mit der sich alle Computer eines Netzwerks einen einzelnen Internetzugang teilen.
- Das ▶ Kapitel 9 zeigt Ihnen, wie Sie die Internetverbindung maximal ausschöpfen. Hier lesen Sie, wie Email-Konten eingerichtet, Newsgroups besucht und die neueste Software heruntergeladen wird. Auch FTP-Dateitransfer zur eigenen Website und Internetradio sind wichtige Themen.

8 Internetzugang einrichten

Selten war es einfacher, den Computer mit dem Internet zu verbinden. Für Modem- und ISDN-Einwahl gibt es unbürokratische und preisgünstige Einwahlnummern, bei denen Sie sich nicht extra anmelden müssen. Gezahlt wird nach sekundengenauer Abrechnung, und das Internetvergnügen kostet nur wenige Pfennig pro Minute.

Legen Sie mehr Wert auf Geschwindigkeit, dann nutzen Sie einfach xDSL. Mit dieser Breitbandtechnik wird das Internet rasant schnell, und Windows XP enthält alles, was Sie zur xDSL-Anbindung brauchen. Gibt es noch kein xDSL in Ihrer Nähe, dann kann Windows XP zumindest zwei ISDN-Kanäle bündeln und so die doppelte Geschwindigkeit erreichen – entweder immer, oder nur dann, wenn größere Datenmengen herunterzuladen sind.

Um also in den nächsten 10 Minuten online zu sein, brauchen Sie lediglich ein Modem, eine ISDN-Karte oder einen xDSL-Zugang – und Windows XP. Die entsprechenden Anleitungen samt Einwahlnummern und Feinjustierung finden Sie in diesem Kapitel. Nehmen Sie sich eine Uhr zur Hand!

Es ist aber noch weitaus mehr möglich. Lernen Sie die neue Internet Verbindungsfreigabe kennen. Mit ihr kann der Internetanschluss – ob per Modem, ISDN oder High-Speed-xDSL – mit mehreren Computern gleichzeitig genutzt werden. Windows XP hat die Internet Verbindungsfreigabe geradezu revolutioniert. Endlich ist es möglich, auch von mitnutzenden Computern aus die Internetverbindung nach Gebrauch zu beenden, und Windows XP erkennt automatisch und von ganz allein, sobald sich im Internet ein Computer mit freigegebenem Internetanschluss befindet. So wird Internet endlich zum ungetrübten Vergnügen.

Und damit auch keine unangenehmen Nebenwirkungen drohen, enthält Windows XP zu guter Letzt sogar eine Firewall. Die sorgt automatisch dafür, dass Sie zwar ins Internet kommen, aber umgekehrt keine Hacker über das Internet Ihnen einen Besuch abstatten. Wie Sie die Firewall aktivieren, wie die Firewall funktioniert und welchen Schutz sie bietet, ist ebenfalls ein wichtiges Thema dieses Kapitels.

Im nächsten Kapitel lesen Sie dann, was Sie alles mit Ihrer neuen Internetverbindung anfangen können.

Internetverbindung einrichten

Das Internet ist eigentlich nichts weiter als ein weltweites Netzwerk und unterscheidet sich technisch nicht von Ihrem eigenen Netzwerk, sofern Sie eines benutzen. Um im Internet auf Informationspirsch gehen zu können, brauchen Sie lediglich eine Verbindung in dieses weltweite Netz.

Die Internetverbindung kann auf unterschiedliche Art erfolgen. Die gebräuchlichsten Methoden sind:

- Über ein Modem nutzen Sie die Telefonleitung als Zugangsweg. Das Modem muß dazu einen Internet-Provider anrufen, der die Verbindung ins Internet herstellt. Die Daten werden vom Modem in akustische Signale verwandelt, die wie normale Sprachinformationen analog übertragen werden. Das reduziert die maximal mögliche Übertragungsgeschwindigkeit auf 56 Kbit/s.
- Über eine ISDN-Karte wird ebenfalls die Telefonleitung als Zugangsweg genutzt, allerdings werden die Daten nicht in analoge Signale umgewandelt, sondern direkt digital übertragen. Hiermit sind maximal 64 Kbit/s möglich. Zwei ISDN-Kanäle lassen sich zusammenschalten, was bei doppelten Telefonkosten eine maximale Geschwindigkeit von 128 Kbit/s liefert.
- Über eine Netzwerkkarte und xDSL nutzen Sie ebenfalls die Telefonleitung als Zugangsweg. Die Daten werden aber nicht auf herkömmlichem Weg über die Telefonleitung transportiert, sondern wenden eine neuartige Technik an, die wesentlich höhere Übertragungsgeschwindigkeiten möglich macht. Beim verbreiteten asynchronen DSL (ADSL) können Sie Daten mit bis zu 712 Kbit/s empfangen und in normaler ISDN-Geschwindigkeit mit bis zu 64 Kbit/s senden. Synchrone DSL-Verbindungen (SDSL) erlauben gleich hohe Geschwindigkeiten in beiden Richtungen.

- Router sind Netzwerkgeräte, die über eine Standleitung oder über xDSL eine Internetverbindung herstellen können und über eine eigene IP-Adresse in Ihrem Netzwerk verfügen. Alle Computer im Netzwerk können über den Router ins Internet gelangen, ohne selbst einen Internetzugang zu gebrauchen. Die IP-Adresse des Routers wird dabei als Gateway konfiguriert: kann eine IP-Adresse nicht im lokalen Netzwerk aufgelöst werden, wird sie über das Gateway und den Router ins Internet umgelenkt.
- Über die Internet Verbindungsfreigabe von Windows XP können andere Computer via Netzwerk auf einen freigegebenen herkömmlichen Internetanschluss eines anderen Computers zugreifen. So angebundene Computer senden ihre Anfrage also zuerst über das eigene Netzwerkkabel an den Rechner mit der Internetfreigabe, der die Anfrage dann über seinen eigenen Internetanschluss ins Internet weiterleitet. Die Internetfreigabe funktioniert damit sehr ähnlich wie ein Router.

Internetzugang per Modem einrichten

Der Internetzugang per Modem ist am anspruchslosesten, denn jede herkömmliche Telefonleitung genügt. Allerdings ist die mögliche maximale Geschwindigkeit hier am geringsten.

Installieren Sie zuerst wie in ▶ Kapitel 10 beschrieben das Modem und testen Sie es. Funktioniert das Modem einwandfrei, dann kann die Internetverbindung eingerichtet werden. So gehen Sie vor:

1. Wählen Sie im Startmenü *Systemsteuerung*, und öffnen Sie das Modul *Internetoptionen*. Das Dialogfeld *Eigenschaften von Internet* öffnet sich.
2. Aktivieren Sie die Registerkarte *Verbindungen*. Klicken Sie im Bereich *DFÜ- und VPN-Einstellungen* auf die Schaltfläche *Hinzufügen*.
3. Das Dialogfeld *Assistent für neue Verbindungen* öffnet sich. Aktivieren Sie die Option *In ein privates Netzwerk einwählen*.
4. Aktivieren Sie die Option *Weiter* >. Nun werden Sie nach der Rufnummer gefragt, die das Modem anrufen soll. Geben Sie hier entweder die Rufnummer Ihres Internet-Providers an, oder verwenden Sie die Universalrufnummer des Microsoft-Dienstes *MSN*. Er verbindet Sie ohne komplizierte Anmeldung direkt mit dem Internet. Die Abrechnung erfolgt im Sekundentakt über die Telefonrechnung. Die Einwahlnummer von MSN lautet: *01088 0192658*.

5. Klicken Sie auf die Schaltfläche *Weiter >*. Geben Sie der Verbindung einen Namen, zum Beispiel MSN-Zugang. Aktivieren Sie die Option *Fertig stellen*.
6. Das Dialogfeld *MSN-Zugang Einstellungen* öffnet sich. Geben Sie den Benutzernamen und das Kennwort Ihres Internetproviders ein. Für MSN lauten beide Angaben »msn«.
7. Klicken Sie auf *OK*. Die neue Verbindung erscheint in der Liste *DFÜ- und VPN-Einstellungen*. Werden in der Liste mehrere Verbindungen aufgeführt, dann klicken Sie die Hauptverbindung an und klicken dann auf *Als Standard*. Windows verwendet nun diese Verbindung, um Sie ins Internet zu verbinden.
8. Klicken Sie auf *OK*. Die Internetverbindung per Modem ist eingerichtet.

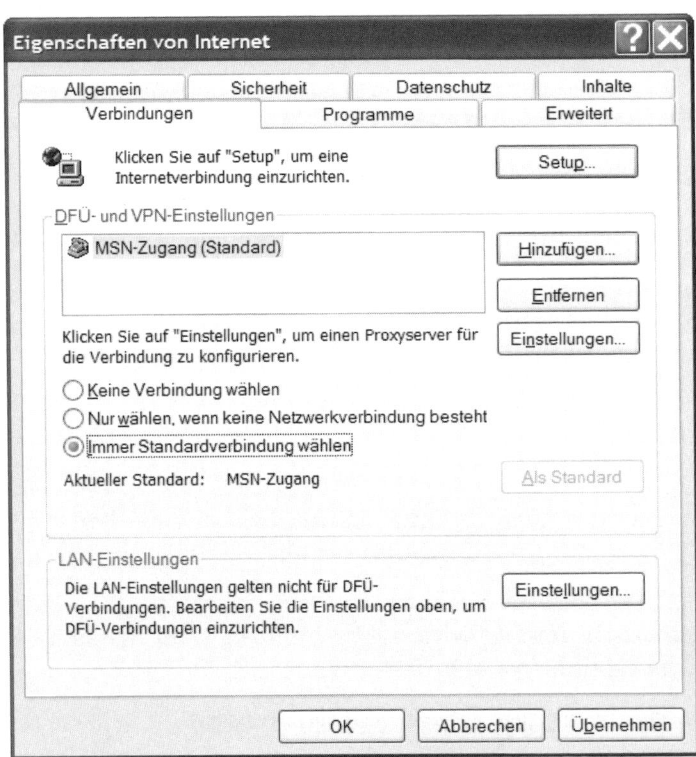

Abbildung 8.1: *Richten Sie sich eine Internet-Einwahlverbindung über Modem oder ISDN ein*

Internetverbindung via Handy

Windows XP unterstützt die Infrarotschnittstelle, sofern Ihr Computer mit solch einer Schnittstelle ausgerüstet ist. Bei vielen Notebooks ist das der Fall, und selbst bei herkömmlichen Desktop-PCs kann eine Infrarotschnittstelle zum Beispiel über die serielle Schnittstelle für wenig Geld nachgerüstet werden.

Da auch die meisten modernen Handys eine eingebaute Infrarotschnittstelle besitzen, kann Windows XP Ihr Handy mit großer Wahrscheinlichkeit drahtlos via Infrarot erkennen und als Modem installieren. Damit gestaltet sich der lebenswichtige Email-Abruf aus dem Hotelzimmer denkbar einfach, weil nun nicht mehr mit Steckkarten und der Hotel-Telefonanlage herumhantiert werden muß.

Die folgenden Dinge sind zu beachten:

- Bei den meisten Handys muss die Infrarotschnittstelle zuerst im Menü aktiviert werden. Lokalisieren Sie anschließend die Infrarotfensterchen am Handy und an Ihrem Computer, und legen Sie das Handy so neben den Computer, dass eine Sichtverbindung zwischen beiden Infrarotschnittstellen besteht.
- Sobald Windows XP das Infrarotsignal des Handys erkennt, beginnt die automatische Installation. Das Handy wird als Modem installiert. Sie können anschließend eine ganz normale DFÜ-Einwahlverbindung einrichten und Ihr Handy als Modem verwenden.
- Die meisten Mobilfunkbetreiber erlauben Internetzugang über das Handy nur über ihre eigenen Zugangsnummern. Erfragen Sie bei Ihrem Mobilfunkbetreiber, welche Nummer Sie wählen müssen und ob eine vorherige Freischaltung nötig ist. Normale DFÜ-Verbindungen über Handy leisten nur eine vergleichsweise langsame Übertragungsrate von 9600 Bits pro Sekunde, sind also fast sieben Mal langsamer als ISDN. Alternativ bieten viele Mobilfunkbetreiber aber auch schnellere Übertragungsverfahren an, die allerdings meist zuerst beantragt werden müssen und teurer sind.
- Verwenden Sie im Heimnetz das Netzwerk als Internetzugang, dann achten Sie darauf, dass im Systemsteuerungs-Modul *Internetoptionen* auf der Registerkarte *Verbindungen* die Option *Immer Standardverbindung wählen* aktiviert ist, damit das Handy tatsächlich für die Verbindung genutzt wird.

Internetverbindung über ISDN-Karte

Die Internetverbindung über eine ISDN-Karte unterscheidet sich nur unwesentlich von der Konfiguration über ein Modem. Schließlich ändert sich lediglich das Gerät, das den Internet Provider anruft.

Stellen Sie sicher, dass Sie die ISDN-Karte korrekt installiert und konfiguriert haben: ▶ Kapitel 10.

Gehen Sie anschließend vor wie bei der Konfiguration des Modems, und verwenden Sie zur Verbindungsherstellung anstelle des Modems die ISDN-Karte.

Kanalbündelung: mehrere ISDN-Kanäle gleichzeitig einsetzen

Eins können ISDN-Karten besser als Modems: die Übertragungsgeschwindigkeit ist höher. Während der Geschwindigkeitsunterschied moderat ausfällt, wenn man 56K-Modems mit einer einfachen ISDN-Verbindung vergleicht, fällt der Unterschied geradezu dramatisch aus, wenn ISDN seinen Turbo zuschaltet.

Hinter diesem Turbo steckt die Kanalbündelung. Dabei verwendet die ISDN-Karte nicht eine einzelne Einwahlverbindung, sondern nutzt gleich beide ISDN-Kanäle. So sind Geschwindigkeiten bis zu 128 Kbit/s möglich.

Die Kanalbündelung verdoppelt nicht nur die Übertragungsgeschwindigkeit, sondern auch die Telefonkosten. Windows XP bietet deshalb an, die Kanalbündelung nicht immer zu verwenden, sondern nur, wenn es sich auch wirklich lohnt. Normale Websites besucht die ISDN-Karte dann mit einfacher Verbindung, aber wenn ein langwieriges Download ansteht, schaltet sie automatisch die zweite Leitung hinzu. Ist das Download abgeschlossen, wird die zweite Leitung wieder aufgelegt.

Abbildung 8.2: *ISDN-Karten können bei Bedarf mit dem zweiten Kanal die Geschwindigkeit verdoppeln*

Ob – und wenn ja, wann – die ISDN-Karte den zweiten Kanal nutzen soll, legen Sie auf diese Weise fest:

1. Wählen Sie im Startmenü *Systemsteuerung* und öffnen Sie das Modul *Netzwerkverbindungen*. Ein Dialogfeld öffnet sich und zeigt die DFÜ- und die LAN-Verbindungen an. Klicken Sie die DFÜ-Verbindung, die Ihre ISDN-Karte nutzt, mit der rechten Maustaste an. Wählen Sie *Eigenschaften*.
2. Aktivieren Sie die Registerkarte *Allgemein*. In der Liste *Verbindung herstellen über:* werden die verfügbaren ISDN-Kanäle angezeigt. Wählen Sie beide Leitungen. Aktivieren Sie die Option *Alle Geräte wählen dieselbe Nummer*, es sei denn, Ihr Provider hat Ihnen unterschiedliche Einwahlnummern für die ISDN-Kanalbündelung gegeben.
3. Aktivieren Sie die Registerkarte *Optionen*. Im Feld *Mehrere Geräte* können Sie sich nun aussuchen, wann der zweite ISDN-Kanal zugeschaltet wird: nie, immer oder bei Bedarf.
4. Haben Sie die Option *Geräte nur falls erforderlich wählen* ausgesucht, dann klicken Sie anschließend auf *Konfigurieren*, um festzulegen, was »erforderlich« bedeutet.
5. Ein neues Dialogfeld öffnet sich, in dem Sie bestimmen, wann der zweite Kanal automatisch zugeschaltet wird und wann er wieder automatisch abgeschaltet wird. Klicken Sie auf *OK*.

TIPP Informieren Sie sich bei Ihrem Internetprovider, ob Kanalbündelung unterstützt wird. Unterstützt Ihr Provider die doppelte Einwahl nicht, dann scheitert die ISDN-Karte bei dem Versuch, sich mit dem zweiten Kanal einzuwählen.

Abbildung 8.3: *Bestimmen Sie, wann der zweite ISDN-Kanal zugeschaltet wird*

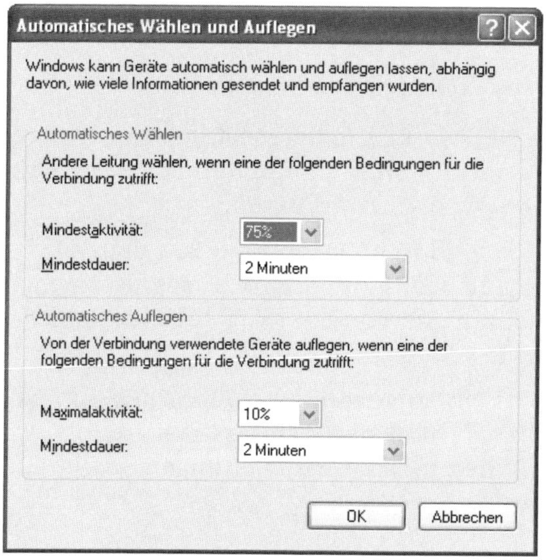

Internetverbindung über xDSL und Breitband

Modem- und ISDN-Verbindungen sind Auslaufmodelle: diese Formen der Internetverbindung belegen nicht nur eine wertvolle Telefonleitung, sie sind auch vergleichsweise teuer und langsam.

Wesentlich praktischer sind xDSL-Verbindungen, hinter denen die neue ADSL-Technik steckt. ADSL ist ein asymmetrisches Übertragungsverfahren: Sie selbst empfangen Internetdaten mit bis zu 12facher ISDN-Geschwindigkeit. Informationen, die Sie ans Internet senden, verwenden einfache ISDN-Geschwindigkeit.

ADSL-Verbindungen sind damit nicht nur wesentlich schneller als herkömmliche Einwahlverbindungen, sie sind für Vielnutzer auch wesentlich günstiger. Fast alle großen Telekommunikationsfirmen bieten Flat Rates für ADSL an, mit denen der PC rund um die Uhr mit dem Internet verbunden ist. Extrakosten wie etwa Telefongebühren fallen nicht an.

TIPP

In aller Regel teilen sich die ADSL-Kosten in zwei Anteile auf: den Anteil für die Nutzung von ADSL als Transportstrecke der Daten, und den Anteil für den Internetprovider, der Sie ins Internet bringt. Bei TSDL der Telekom beispielsweise zahlen Sie einerseits eine Grundgebühr für den TDSL-Zugang und andererseits eine Flatrate für die unlimitierte Nutzung von T-Online als Internetanbieter.

Mit Windows XP wird es buchstäblich kinderleicht, xDSL zu nutzen. Nie war es einfacher, einen xDSL-Zugang einzurichten und startklar zu machen.

xDSL Voraussetzungen

Dies sind die Voraussetzungen, um xDSL nutzen zu können:

- Der Rechner muss mit einer Netzwerkkarte ausgestattet sein. Wollen Sie den Rechner zusätzlich mit anderen Computern im Netzwerk verbinden, dann brauchen Sie zwei Netzwerkkarten.
- Sie benötigen einen ISDN-Telefonanschluss und müssen den xDSL-Anschluss extra beantragen. Ob xDSL in Ihrem Anschlussbereich bereits unterstützt wird, erfahren Sie von Ihrem Telekommunikationsanbieter.
- An den ISDN-Anschluss wird ein so genannter Splitter angeschlossen, der die ISDN-Telefonkanäle und den xDSL-Kanal trennt. An den Splitter wird das NTBA der ISDN-Telefonleitungen sowie ein xDSL-Modem angeschlossen.

- Das xDSL-Modem wird über ein Netzwerkkabel mit der Netzwerkkarte des Computers verbunden, der xDSL nutzen soll.

xDSL-Zugang einrichten

Nachdem Sie den Computer mit dem xDSL-Modem verbunden haben, muss der Zugang nur noch eingerichtet werden. Dies geschieht so:

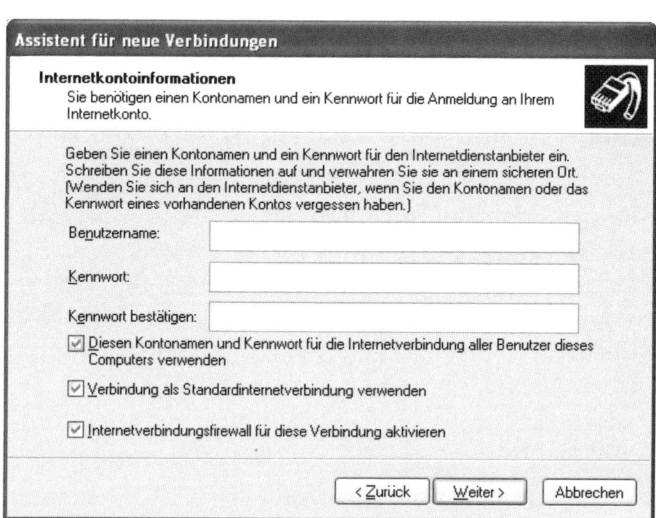

Abbildung 8.4: *TDSL-Breitband-Verbindungen lassen sich mit Windows XP in wenigen Schritten in Betrieb nehmen*

1. Wählen Sie im Startmenü *Systemsteuerung* und öffnen Sie das Modul *Netzwerkverbindungen*. Ein Dialogfeld öffnet sich und zeigt alle Netzwerkverbindungen an, die Sie eingerichtet haben.
2. Wählen Sie *Datei/Neue Verbindung*. Das Dialogfeld *Assistent für neue Verbindungen* öffnet sich. Klicken Sie auf *Weiter* >. Aktivieren Sie die Option *Verbindung mit dem Internet herstellen*. Klicken Sie auf *Weiter* >.
3. Aktivieren Sie die Option *Verbindung manuell einrichten*. Aktivieren Sie die Option *Weiter* >. Aktivieren Sie die Option *Verbindung über eine Breitbandverbindung herstellen, die Benutzername und Kennwort erfordert*. Klicken Sie auf *Weiter* >.
4. Geben Sie einen Namen für die Verbindung an, zum Beispiel xDSL, und klicken Sie auf *Weiter* >.
5. Geben Sie nun den Benutzernamen ein, mit dem Sie sich bei xDSL anmelden. Diesen Namen entnehmen Sie den Unterlagen, die Sie bei der xDSL-Einrichtung bekommen haben. Bei TDSL setzt sich der Benutzername zusammen aus der Anschlusskennung, der T-Online-Nummer, der Zahl *0001* und dem Zusatz *@t-online.de*.

6. Geben Sie das Kennwort für die Verbindung ein, und bestätigen Sie es im Feld darunter. Aktivieren Sie die Option *Diesen Kontonamen und Kennwort für die Internetverbindung aller Benutzer dieses Computers verwenden*, damit alle Benutzer diese Verbindung verwenden können.
7. Aktivieren Sie die Option *Verbindung als Standardinternetverbindung verwenden*, damit diese Verbindung automatisch verwendet wird, wenn sich ein Programm mit dem Internet verbinden will.
8. Aktivieren Sie die Option *Internetverbindungsfirewall für diese Verbindung aktivieren*, um den Computer vor Hackerangriffen aus dem Internet zu schützen. Dann klicken Sie auf *Weiter* > und *Fertig stellen*.

Die Verbindung ist nun eingerichtet. Im Dialogfeld *Netzwerkverbindungen* richtet Windows XP die neue Kategorie *Breitband* ein. Per Doppelklick auf die Verbindung in dieser Kategorie beginnt der Verbindungsaufbau, der Benutzername und Kennwort überprüft und anschließend die Verbindung herstellt. Schon befinden Sie sich über einen High Speed-Anschluss im Internet.

Was Sie jetzt noch tun könnten ...

xDSL-Anschluss mit mehreren Computern nutzen.

Internetverbindung testen und feinjustieren

Jetzt, wo Ihr Internetzugang eingerichtet sind, ist es Zeit für einen ersten Verbindungstest. Dazu wählen Sie im Startmenü *Ausführen* und geben eine Internetadresse ein, zum Beispiel `www.scriptinternals.de` Eingabe.

Das Dialogfeld *DFÜ-Verbindung* öffnet sich. In der Liste *Verbinden mit:* ist die DFÜ-Verbindung eingetragen, die Sie als Standard gewählt haben. Möchten Sie eine andere Verbindung nutzen, dann wählen Sie sie in der Ausklappliste aus.

Klicken Sie auf die Schaltfläche *Verbinden*. Das Modem wählt die Nummer, die Sie angegeben haben. Sobald die Verbindung hergestellt ist, werden Benutzername und Kennwort überprüft. Wurden Sie als berechtigter Benutzer erkannt, dann wird die Verbindung aktiviert, und der Internet Explorer zeigt die Website an, die Sie angegeben haben.

Abbildung 8.5: Stellen Sie per Modem oder ISDN eine Internetverbindung her

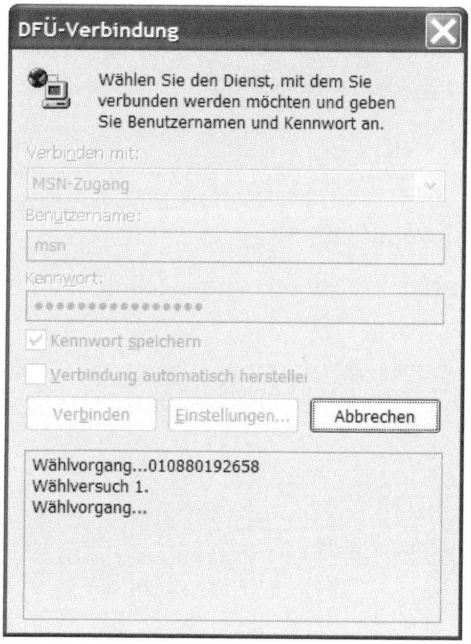

DFÜ-Verbindung
Wählen Sie den Dienst, mit dem Sie verbunden werden möchten und geben Sie Benutzernamen und Kennwort an.
Verbinden mit:
MSN-Zugang
Benutzername:
msn
Kennwort:
Kennwort speichern
Verbindung automatisch herstellen
Verbinden
Einstellungen...
Abbrechen
Wählvorgang...010880192658
Wählversuch 1.
Wählvorgang...

Im Gerätefeld der Taskleiste erscheint ein Verbindungssymbol, und eine Sprechblase zeigt an, mit welcher Geschwindigkeit Sie verbunden sind.

Möchten Sie die Internetverbindung wieder abschalten und das Modem auflegen lassen, dann klicken Sie dieses Verbindungssymbol mit der rechten Maustaste an und wählen *Verbindung trennen*. Wählen Sie dagegen *Status*, dann sehen Sie einen aktuellen Status Ihrer Verbindung: seit wann Sie online sind und wieviel Daten transferiert wurden. Diese Informationen sehen Sie auch, wenn Sie die Maus über dem Verbindungssymbol parken.

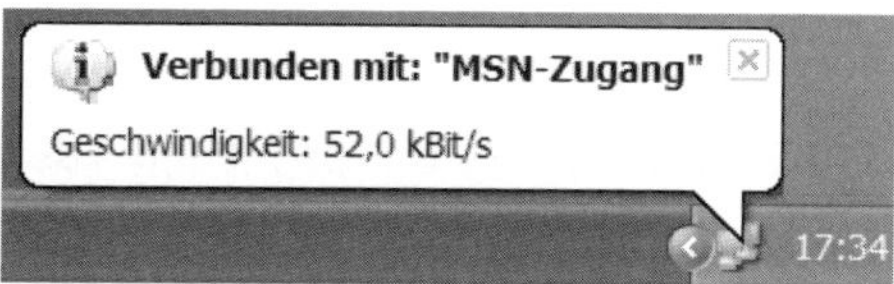

Abbildung 8.6: Sobald die Verbindung hergestellt ist, zeigt Windows das Verbindungssymbol an

Verbunden mit: "MSN-Zugang"
Geschwindigkeit: 52,0 kBit/s
17:34

Proxy-Server verwenden

Manche Firmen und auch Internetprovider verwenden Proxies, um Internetverbindungen schneller zu machen. Ein Proxy ist ein Server, der die Anfragen nach Webseiten entgegennimmt. Der Proxy schaut dann nach, ob die angeforderte Seite vielleicht schon einmal angefordert wurde und in seinem Speicher liegt.

Falls ja, liefert er sofort die Seite aus dem Puffer zurück. Falls nein, lädt er die Seite aus dem Internet, gibt sie an den Anforderer weiter und speichert sie auch gleich für spätere Anfragen in seinem Puffer.

Proxies erfüllen damit zwei Aufgaben: sie minimieren die Verbindungen ins Internet, zum Beispiel bei teuren Einwahlverbindungen, und sie können in gewissem Grade filtern, welche Internetseiten den Anwendern zugänglich gemacht werden und welche nicht.

Möchten (oder müssen) Sie einen Proxy einsetzen, dann gehen Sie so vor:

1. Wählen Sie im Startmenü *Systemsteuerung* und öffnen Sie das Modul *Internetoptionen*. Aktivieren Sie die Registerkarte *Verbindungen*.
2. Verwenden Sie eine Einwahlverbindung, dann klicken Sie im Bereich *DFÜ- und VPN-Einstellungen* auf die Schaltfläche *Einstellungen*. Greifen Sie über das Netzwerk auf das Internet zu, dann klicken Sie im Bereich *LAN-Einstellungen* auf *Einstellungen*.
3. Aktivieren Sie die Option *Proxyserver für diese Verbindung verwenden*, und geben Sie den Servernamen oder die IP-Adresse des Proxyservers sowie seine Portnummer an.
4. Klicken Sie auf *Erweitert*, wenn der Proxyserver für unterschiedliche Protokolle unterschiedlich konfiguriert wird. Hier können Sie auch eine Liste mit Adressen angeben, die auf keinen Fall vom Proxyserver kommen sollen, sondern direkt angefordert werden.

Wichtige Internet-Feineinstellungen

Hat der erste Verbindungstest funktioniert, und verwenden Sie Modem oder ISDN zur Einwahl, dann sollten Sie noch einige Feineinstellungen vornehmen. Diese Feineinstellungen sind sehr wichtig, denn sie sorgen dafür, dass Ihre Telefonrechnung nicht in unangenehme Höhen schießt.

Außerdem aktivieren diese Feineinstellungen einige Sicherheitsfunktionen, die dafür sorgen, dass Ihr Computer nicht Ziel von Internet-Hackern werden kann. Diese Sicherheitseinstellungen sind umso wichtiger, je länger Sie mit dem Internet verbunden sind, und bei Nutzern einer Flat Rate geradezu unverzichtbar.

Internetverbindung automatisch beenden

Damit die Internetverbindung nicht stundenlang die Telefongebühren in die Höhe treibt, nur weil Sie ganz vergessen haben, dass Sie noch mit dem Internet verbunden sind, sollten Sie die Verbindung so einstellen, dass sie nach einer festgelegten Leerlaufzeit von allein auflegt. Bei dieser Gelegenheit regeln Sie auch gleich, was passieren soll, wenn der Anschluss besetzt ist, den Modem oder ISDN-Karte anrufen.

1. Öffnen Sie im Startmenü die *Systemsteuerung* und darin das Modul *Internetoptionen*. Aktivieren Sie die Registerkarte *Verbindungen*.
2. Wählen Sie die Internetverbindung in der Liste *DFÜ- und VPN-Einstellungen* aus. Klicken Sie im Bereich *DFÜ- und VPN-Einstellungen* auf die Schaltfläche *Einstellungen*.
3. Das Dialogfeld *MSN-Zugang Einstellungen* öffnet sich. Klicken Sie im Bereich *DFÜ-Einstellungen* auf die Schaltfläche *Eigenschaften*.
4. Aktivieren Sie die Option *Symbol bei Verbindung im Infobereich der Taskleiste anzeigen*, damit Sie im Gerätefeld der Taskleiste sehen, dass eine Internetverbindung besteht, und sie dort auch wieder beenden können.
5. Aktivieren Sie die Registerkarte *Optionen*. Im Feld *Anzahl der Wahlwiederholungen*: legen Sie fest, wie oft und in welchen Abständen gewählt werden soll, wenn der Anschluss besetzt ist.
6. Im Feld *Leerlaufzeit, nach der aufgelegt wird*: legen Sie fest, wann notfallmässig aufgelegt werden soll. 5 Minuten sind ein guter Wert bei Verbindungen, die nach Zeit abgerechnet werden. Bei Flatrate-Verträgen ohne Zeitbegrenzung ist diese Einstellung weniger entscheidend.
7. Aktivieren Sie im Bereich *Wahlwiederholungsoptionen* die Option *Wählvorgang wiederholen, falls Verbindung getrennt wurde*, damit die Verbindung automatisch wiederhergestellt wird, falls sie unterbrochen wird. Klicken Sie dann auf *OK*.
8. Aktivieren Sie im Bereich *DFÜ-Einstellungen* dann die Option *Erweitert*. Das Dialogfeld *Erweiterte Einstellungen für DFÜ-Netzwerk* öffnet sich.
9. Aktivieren Sie die Option *Verbindung nach*, und stellen Sie ein, nach wieviel Minuten Leerlauf Windows die Verbindung trennen soll. Aktivieren Sie außerdem die Option *Verbindung trennen, wenn diese nicht mehr benötigt wird*. Klicken Sie auf *OK*. Klicken Sie dann noch einmal auf *OK*.

Internet-Firewall aktivieren

Internetverbindungen haben eine dunkle Seite, die viele Anwender gar nicht kennen: Internetverbindungen bringen nicht nur Sie ins Internet, sondern auch das Internet zu Ihnen.

Das bedeutet: über eine Internetverbindung können nicht nur Sie dem Internet Besuche abstatten. Umgekehrt können auch beliebige fremde Internetnutzer Ihrem Computer – meist unliebsame – Besuche abstatten. Und wieso? Weil die Internetverbindung nichts weiter ist als ein Brückenschlag zwischen zwei Netzwerken. In welcher Richtung die Daten über diesen Brückenschlag reisen, ist nicht vorgeschrieben.

Erschrecken Sie nicht: in den nächsten Minuten zeige ich Ihnen, wie Internet-Hacker Ihre Internetverbindung nutzen können, um sich mit Ihrem Computer zu verbinden und sensible Daten auszuspionieren. Natürlich erfahren Sie anschließend auch, was Sie dagegen unternehmen können.

Firewall testen

So gehen Sie vor, um sich einen Überblick über die Einbruchsmöglichkeiten in Ihr System zu verschaffen:

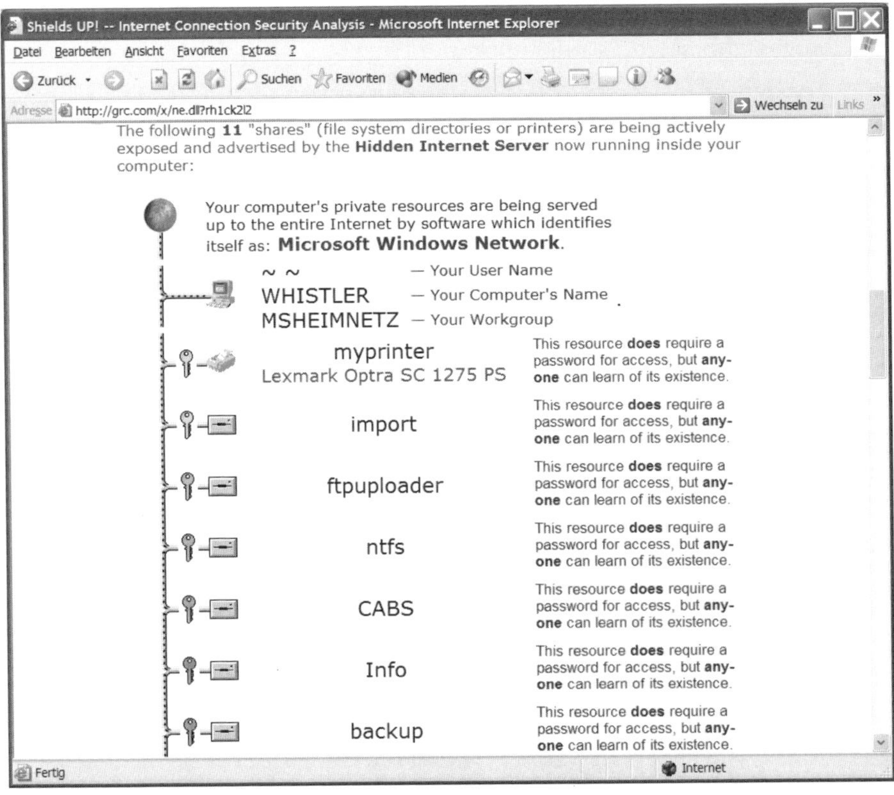

Abbildung 8.7: *Erschreckend: ohne Sicherheitsvorkehrungen können Eindringlinge Ihr System entern*

1. Wählen Sie im Startmenü *Ausführen*. Geben Sie dann diese Internetadresse ein: `https://grc.com/x/ne.dll?bh0bkyd2`

2. Die Internetverbindung wird über Modem oder ISDN-Karte hergestellt. Klicken Sie auf den Link *Test My Shields!*
3. Die Website versucht nun, Ihr System anzugreifen. Erschrecken Sie nicht: bei vielen Systemen gelingt es der Website, umfangreiche Informationen über Ihr System zu ermitteln und sogar auf freigegebene Ordner in Ihrem Netzwerk zuzugreifen. Erschreckend.
4. Klicken Sie anschließend auf *Probe My Ports!* Jetzt werden die Ports Ihres Computers gescannt. Auch hier finden sich auf den meisten Systemen erhebliche Sicherheitslücken, die es Angreifern erlauben, sich direkt mit Ihrem Dateisystem zu verbinden. Hätten Sie das gedacht?
5. Schließen Sie den Internet Explorer, und unterbrechen Sie die Internetverbindung.

Hat dieser Test ergeben, dass Ihr System über das Internet verletzlich ist, so wiegt diese Erkenntnis umso schwerer, je länger Sie mit dem Internet verbunden sind. Nutzer der so genannten Flat Rates, die beinahe ständig mit dem Internet verbunden sind, müssen damit rechnen, dass Internet Hacker früher oder später ihre IP-Adressen herausfinden und dann das gesamte System lahmlegen. Wie kommt sowas?

Die Einwahlverbindung ins Internet ist nichts weiter als ein Brückenschlag von einem Netzwerk in ein anderes. Diese Verbindung ist nach beiden Seiten offen. Nicht nur Sie können das Internet besuchen, sondern andere Internetnutzer können ebenso gut Ihr System besuchen.

Normalerweise sollte dies kein Problem sein. Ist Ihr System ordentlich geschützt, dann dürften Eindringlinge keine Chance haben. Leider nur sind viele Systeme nicht ordentlich geschützt. Windows XP kann zwar zum Hochsicherheitstrakt werden, doch die wenigsten Anwender wissen, wie alle Sicherheitslücken gestopft werden können.

Deshalb gibt es Firewalls. Der Begriff Firewall lehnt sich an den Begiff des Eisernen Vorhangs an, den jeder Theaterbesucher kennt. Der Eiserne Vorhang schützt das Publikum im Falle eines Bühnenbrands. Firewalls schützen Sie vor unerwünschtem Funkenschlag aus dem Internet.

Firewalls kontrollieren penibel, welche Daten in welcher Richtung fliessen. Entdeckt die Firewall Daten, die versuchen, gegen die Stromrichtung Zugang zu Ihrem Computer zu bekommen, dann verschluckt es diese einfach.

Bislang waren Sie selbst dafür verantwortlich, eine ordentliche Firewall einzurichten. Hersteller ließen sich entsprechende Geräte oder Software-Produkte teuer bezahlen. Windows XP bringt eine Firewall von

Hause aus mit. Sie brauchen sie nur noch zu aktivieren und können dann den Einbruchstest von eben wiederholen. Sie werden entdecken: alle zuvor gefundenen Schlupflöcher der Internet-Piraten werden von der Firewall wirkungsvoll gestopft.

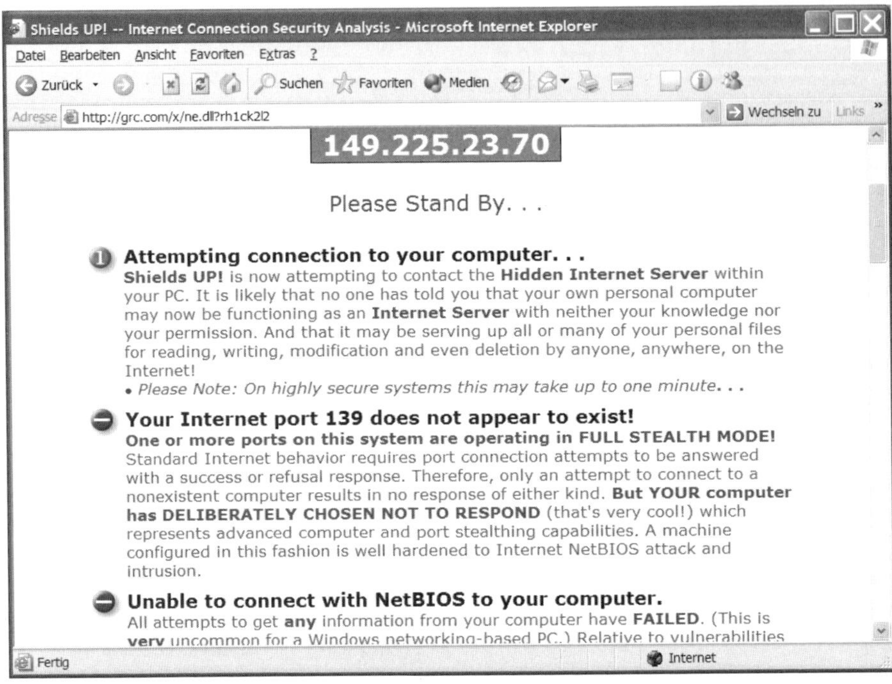

Abbildung 8.8: *So sollte der Sicherheitscheck aussehen, wenn die Firewall aktiviert ist*

Bevor Sie die Firewall aktivieren, sollten Sie auch deren Nebenwirkungen bedenken: Firewalls dürfen nur für DFÜ-Verbindungen oder Netzwerkkarten eingerichtet werden, deren alleinige Aufgabe es ist, den Computer mit dem Internet zu verbinden. Sie könnten Firewalls theoretisch auch für Netzwerkkarten aktivieren, die den Datenverkehr im internen Heimnetzwerk regeln. Wenn Sie das tun, behindern Sie allerdings den internen Datenverkehr in Ihrem eigenen Netzwerk.

Firewall für DFÜ-Verbindungen aktivieren

So aktivieren Sie die Firewall für DFÜ-Verbindungen:

1. Wählen Sie im Startmenü *Systemsteuerung*, und öffnen Sie das Modul *Internetoptionen*. Aktivieren Sie die Registerkarte *Verbindungen*.

2. Wählen Sie in der Liste *DFÜ- und VPN-Einstellungen* die DFÜ-Verbindung, die Sie mit einer Firewall schützen wollen. Dann klicken

Sie im Bereich *DFÜ- und VPN-Einstellungen* auf die Schaltfläche *Einstellungen*.

3. Klicken Sie im Bereich *DFÜ-Einstellungen* auf die Schaltfläche *Eigenschaften*. Ein Dialogfeld öffnet sich. Aktivieren Sie die Registerkarte *Erweitert*.

4. Aktivieren Sie im Bereich *Internetverbindungsfirewall* die Option *Diesen Computer und das Netzwerk schützen, indem das Zugreifen auf diesen Computer vom Internet eingeschränkt oder verhindert wird*. Die Firewall wird aktiviert. Klicken Sie auf *OK*, bis alle Dialogfelder geschlossen sind.

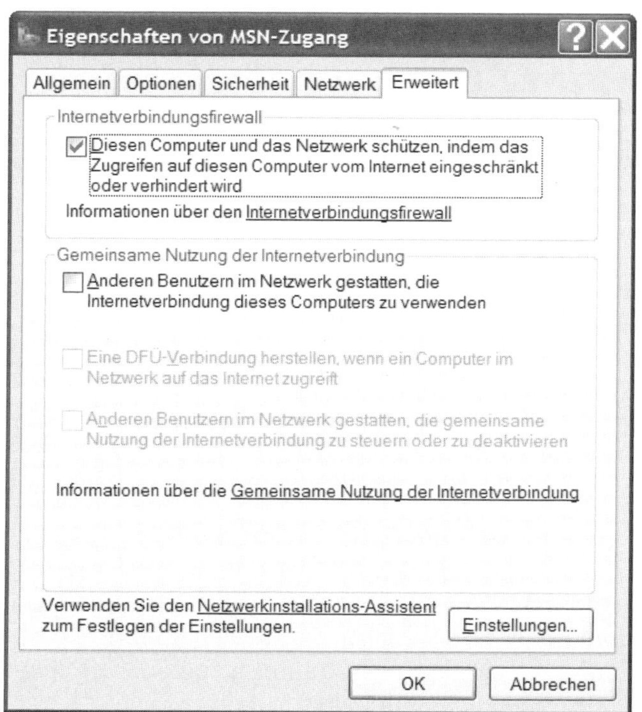

Abbildung 8.9: *Die Internet-Firewall sorgt mit nur einem Klick für Internetsicherheit*

Wiederholen Sie nun den Einbruchsversuch von eben. Sie werden jetzt beruhigt feststellen, dass alle Sicherheitslücken behoben sind. Denken Sie einen Moment still daran, welche Risiken Sie mit diesen wenigen Klicks beseitigt haben und wieviele Benutzer älterer Windows-Versionen und anderer Betriebssysteme sich nach wie vor diesem Risiko bei täglichen Surfabenteuern aussetzen, ohne es überhaupt zu ahnen.

TIPP

Die Internet Firewall kann im Modul *Netzwerkverbindungen* der Systemsteuerung für jeden Netzwerkadapter separat aktiviert werden. Bei Netzwerkadaptern, die Sie für die interne Kommunikation im Netzwerk verwenden, darf die Firewall nicht aktiviert werden, weil Sie sonst in Ihrem eigenen Netzwerk nicht mehr machen könnten, was Sie wollen. Alle Netzwerkadapter, die einen Zugang zur Aussenwelt herstellen, sollten dagegen mit der Firewall geschützt werden. Dazu zählen nicht nur die DFÜ-Verbindungen, die von Modem oder ISDN-Karte genutzt werden. Verwenden Sie xDSL, dann wird DSL ebenfalls über eine Netzwerkkarte eingerichtet. Ihr Computer verwendet also zwei Netzwerkkarten, eine für DSL und eine für das eigene Netzwerk. Bei der Netzwerkkarte, die DSL anbindet, sollte die Firewall aktiviert werden.

Internetzugang über das Netzwerk

Der Zugang zum Internet kann entweder direkt über Modem oder ISDN-Karte erfolgen. Oder aber Sie verbinden sich indirekt mit dem Internet. Dabei nutzen Sie eine Internetverbindung, die ein anderer Computer oder ein anderes Gerät herstellt.

Router sind Geräte, die über eine eigene IP-Adresse im Netzwerk angesprochen werden können und Anfragen in ein anderes Netzwerk umleiten, zum Beispiel ins Internet. Möchten Sie also Ihr gesamtes Netzwerk mit dem Internet verbinden, dann könnten Sie sich einen Router anschaffen und den Router via Modem, ISDN oder xDSL ans Internet anbinden. Alle Computer im Netzwerk könnten dann über den Router ins Internet gelangen.

Es geht aber auch ohne Router und Extra-Investition. Ein Windows XP Computer kann auf Wunsch in die Rolle eines solchen Routers schlüpfen. Das Prinzip ist einfach: Der Windows XP-Computer muss nur über eine funktionierende Internetverbindung verfügen. Andere Computer leiten ihre Internetanfragen an diesen Computer weiter, der sie freundlicherweise an seinen Internetzugang umleitet.

Dieses Verfahren wird Internetfreigabe genannt. Ein Windows XP Computer macht also seine Internetverbindung öffentlich, damit sie von allen übrigen Computern im Netzwerk mitgenutzt werden kann.

Ganz gleich, ob Sie einen Router oder die Internetfreigabe verwenden: die folgenden Dinge sind wichtig:

- Der Router oder der Computer mit der Internetfreigabe verfügt über eine eigene IP-Adresse. Jeder Computer, der sich darüber ins Internet verbinden will, muss diese IP-Adresse erreichen, also anpingen können. Wie Sie die Verbindung zu anderen Computern mittels PING überprüfen, wird in ▶ Kapitel 13 beschrieben.

- Damit Internetanfragen über den Router oder die Internetfreigabe weitergeleitet werden, muss die IP-Adresse des Routers oder Computers mit Internetfreigabe als Gateway eingerichtet werden.

Verwenden Sie einen echten Router, dann überspringen Sie den nächsten Abschnitt einfach. Möchten Sie sich keinen Router anschaffen, dann lesen Sie im nächsten Abschnitt, wie Sie dafür sorgen, dass Windows XP die Rolle des Routers übernimmt und stellvertretend anderen Computern in Ihrem Netzwerk den Zugang ins Internet verschafft. Anschließend lesen Sie, wie die übrigen Computer konfiguriert werden müssen, um über den – echten oder simulierten – Router ins Internet zu gelangen.

Internetfreigabe einrichten

Die Internetfreigabe ist eine praktische Windows XP-Funktion, um ein gesamtes Heimnetzwerk über einen gemeinsamen Zugang ans Internet anzubinden. Allerdings kann nicht jeder die Internetfreigabe wirklich nutzen:

- Die Internetfreigabe funktioniert nur im Heimnetzwerk. Wird die Internetfreigabe eingerichtet, dann konfiguriert Windows XP die IP-Adressen um und verwendet die IP-Adressen aus dem Bereich des Heimnetzwerks. Sind Sie darauf angewiesen, IP-Adressen statisch (fest) zu vergeben, dann können Sie die Internetfreigabe nicht nutzen.
- Der Computer, auf dem Sie die Internetfreigabe einrichten, erhält immer die IP-Adresse *192.168.0.1* und die Subnetzmaske *255.255.0.0*. Alle Computer im Netzwerk müssen IP-Adressen aus dem Adreßblock des APIPA verwenden und optimalerweise IP-Adressen automatisch zuweisen. Bestehende IP-Konfigurationen gehen durch die Aktivierung der Internetfreigabe verloren. Ihr gesamtes Netzwerk muss anschließend möglicherweise umkonfiguriert werden.

Die Internetfreigabe sollte deshalb nur dann eingerichtet und genutzt werden, wenn Sie ein kleines eigenes Netzwerk betreiben und die IP-Adressen der Computer selbst festlegen können. Für Firmen und Kleinbetriebe eignet sich die Internetfreigabe dagegen meist nicht. Hier ist ein Router die bessere Alternative.

Systemwiederherstellungspunkt setzen

Wenn Sie die Internetfreigabe aktivieren, dann ändert der Internetfreigabe-Assistent automatisch die TCP/IP-Einstellungen Ihres Rechners. Notieren Sie sich eventuell die aktuellen Einstellungen für IP-Adresse und Subnetzmaske, bevor Sie die Internetfreigabe aktivieren. Sie können auch einen Systemwiederherstellungspunkt setzen, bevor Sie die Internetfreigabe aktivieren, damit Sie später über die Systemwiederherstellung die Einstellungen rückgängig machen können.

1. Wählen Sie im Startmenü *Alle Programme/Zubehör/Systemprogramme/Systemwiederherstellung*. Das Dialogfeld *Systemwiederherstellung* öffnet sich.
2. Wählen Sie die Option *Einen Wiederherstellungspunkt erstellen*. Klicken Sie dann auf *Weiter*.
3. Geben Sie als Beschreibung ein: `Internetfreigabe`. Klicken Sie auf *Erstellen*. Windows legt eine Sicherheitskopie seiner Einstellungen an. Das kann einige Sekunden dauern. Klicken Sie dann auf *Schließen*.

Internetfreigabe aktivieren

Bevor Sie Ihren Internetzugang im Netzwerk freigeben, testen Sie Ihre Internetverbindung. Sie müssen in der Lage sein, sich problemlos ins Internet einwählen zu können.

So wird die Internetfreigabe auf einem Rechner eingerichtet, der bereits über eine funktionierende Anbindung ans Internet verfügt:

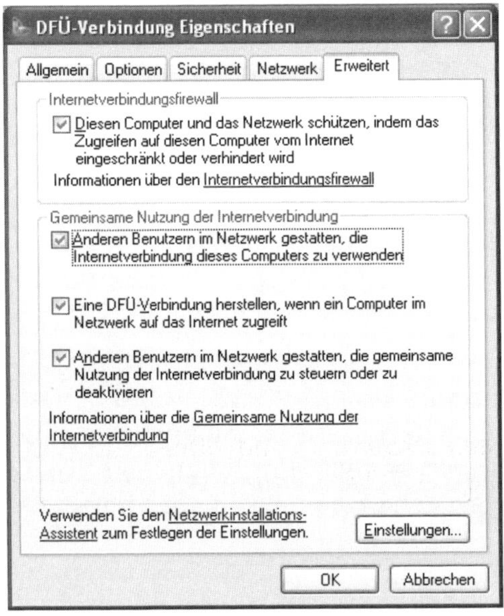

Abbildung 8.10: *Geben Sie Ihren Internetzugang für das ganze Netzwerk frei*

1. Wählen Sie im Startmenü *Systemsteuerung*, und öffnen Sie *Internetoptionen*. Das Dialogfeld *Eigenschaften von Internet* öffnet sich.

2. Aktivieren Sie die Registerkarte *Verbindungen*. Klicken Sie in der Liste *DFÜ- und VPN-Einstellungen* auf die DFÜ-Verbindung, die Sie freigeben wollen. Klicken Sie dann auf die Schaltfläche *Einstellungen*.

3. Ein weiteres Dialogfeld öffnet sich. Klicken Sie im Bereich *DFÜ-Einstellungen* auf die Schaltfläche *Eigenschaften*.

4. Noch ein Dialogfeld öffnet sich. Aktivieren Sie die Registerkarte *Erweitert*, und wählen Sie im Bereich *Gemeinsame Nutzung der Internetverbindung* die Option *Anderen Benutzern im Netzwerk gestatten, die Internetverbindung dieses Computers zu verwenden*.

5. Das Dialogfeld *Netzwerkverbindungen* öffnet sich. Es meldet: *Der Benutzername und das Kennwort für diese Verbindung konnten nicht für alle Benutzer gespeichert werden. Daher kann diese Verbindung nur von der gemeinsamen Nutzung der Internetverbindung angewählt werden, wenn Sie angemeldet sind ...*

6. Klicken Sie zweimal auf die Schaltfläche *OK*. Das Dialogfeld *Netzwerkverbindungen* öffnet sich. Eine Meldung erscheint: *Durch die Aktivierung der gemeinsamen Nutzung der Internetverbindung wird der LAN-Adapter auf die IP-Adresse "192.168.0.1" festgelegt. Eventuell gehen dabei Verbindungen zu anderen Computern im Netzwerk verloren ...*

7. Klicken Sie auf die Schaltfläche *Ja*. Klicken Sie auf *OK*, bis alle Dialogfelder geschlossen sind.

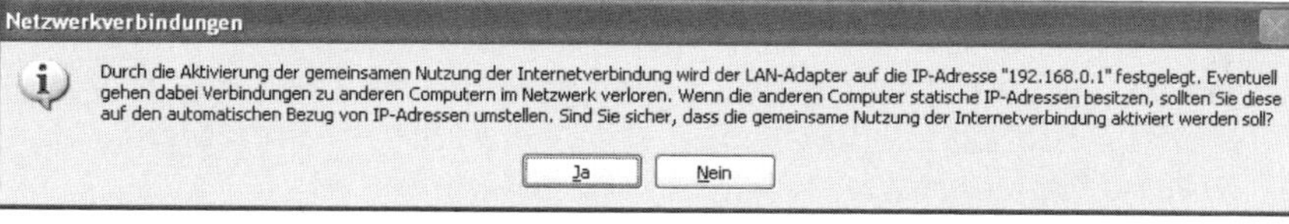

Abbildung 8.11: *Die Internetfreigabe schreibt zwingend bestimmte IP-Adressen voraus und funktioniert nur im Heimnetzwerk*

Die Internetfreigabe ist nun auf Ihrem Computer aktiviert. Erstes Indiz dafür ist, dass sich die IP-Adresse Ihres Computers im Netzwerk geändert hat. Schauen Sie mal:

1. Wählen Sie im Startmenü *Systemsteuerung*, und öffnen Sie *Netzwerkverbindungen*. Klicken Sie *LAN-Verbindung* mit der rechten Maustaste an, und wählen Sie Eigenschaften. Das Dialogfeld *Eigenschaften von LAN-Verbindung* öffnet sich.

2. Doppelklicken Sie in der Liste *Diese Verbindung verwendet folgende Elemente*: das *Internetprotokoll (TCP/IP)*. Ihr Computer verwendet jetzt die feste IP-Adresse *192.168.0.1* mit der Subnetzmaske *255.255.255.0*. Notieren Sie sich diese IP-Adresse. Sie benötigen sie

gleich, wenn Sie versuchen, von anderen Computern im Netzwerk aus die freigegebene Internetverbindung zu nutzen.

- Es darf im Netzwerk nur einen Computer mit Internetverbindungsfreigabe geben. Weil dieser Computer immer die IP-Adresse *192.168.0.1* erhält, käme es ansonsten zu Adreßkonflikten.
- Verlangt der Internetzugang einen Benutzernamen und ein Kennwort, dann können andere Computer nur dann eine Internetverbindung herstellen, wenn der augenblicklich angemeldete Benutzer diesen Benutzernamen und dieses Kennwort in seinem Profil gespeichert hat. Der beste Weg, dies sicherzustellen: melden Sie sich auf dem Rechner mit der Internetverbindungsfreigabe unter verschiedenen Benutzernamen an, und rufen Sie jeweils eine Website auf. Dabei wird die Internetverbindung hergestellt, und Sie haben die Möglichkeit, Benutzername und Kennwort für diese Verbindung zu speichern.

Internetverbindungsfreigabe nutzen

Haben Sie eine Internetverbindungsfreigabe im Netzwerk eingerichtet, dann sorgen Sie als nächstes dafür, dass andere Computer über den freigegebenen Internetzugang ins Internet gelangen können.

So gehen Sie vor:

1. Wählen Sie im Startmenü *Alle Programme/Zubehör/Kommunikation/Netzwerkinstallations-Assistent*. Der Assistent startet. Klicken Sie auf *Weiter*.
2. Wählen Sie dann die Option *Dieser Computer stellt eine Internetverbindung über einen anderen Computer im Netzwerk oder ein lokales Gateway her*. Klicken Sie auf *Weiter*.
3. Übernehmen Sie den Computernamen, und klicken Sie auf *Weiter*. Auch den Arbeitsgruppennamen sollten Sie übernehmen, denn Sie wollen nicht das Netzwerk verändern, sondern nur die Internetfreigabe nutzen.
4. Klicken Sie auf *Weiter*. Der Assistent nimmt die nötigen Einstellungen vor. Zum Schluss bietet der Assistent an, sich auf Diskette zu vervielfältigen, damit Sie ihn auch auf Computern mit älteren Windows-Versionen ausführen können. Der Assistent muss auf allen Computern in Ihrem Netzwerk ausgeführt werden, die die Internetfreigabe nutzen sollen.

Das Ergebnis Ihrer Konfiguration sehen Sie, wenn Sie im Startmenü *Systemsteuerung* und dann *Netzwerkverbindungen* wählen. Ein neues

Gateway taucht auf und meldet automatisch, welcher Computer die Internetverbindung herstellt.

Doppelklicken Sie auf dieses Gateway, dann wählt sich der Computer mit dem freigegebenen Internetzugang ins Internet ein. Sie können nun über dessen Internetzugang surfen. Die Internetverbindung wird natürlich auch dann automatisch hergestellt, wenn Sie im Internet Explorer eine Web-Adresse angeben. Sie brauchen dazu nicht das Dialogfeld der Netzwerkverbindungen zu öffnen.

Wo Sie aber einmal da sind, sollten Sie unbedingt noch ein paar Feineinstellungen vornehmen. Welche, verrät der nächste Abschnitt.

Internetverbindung ferngesteuert kappen

Fremde Internetverbindungen sind eine feine Sache: auf Kosten eines anderen Benutzers kann man nach Herzenslust im Internet surfen. Was meist aber gar nicht der Fall ist, denn die Kosten trägt die ganze Familie oder das ganze Büro. Deshalb ist es von größter Wichtigkeit, die Internetfreigabe vernünftig einzusetzen. Und dazu gehört auch, die Internetverbindung wieder zu kappen, wenn sie nicht mehr gebraucht wird.

Verwenden Sie eine normale Internetverbindung, dann erscheint während der Verbindung ein Symbol im Gerätefeld der Taskleiste und weist Sie darauf hin, dass Sie mit dem Internet verbunden sind. Über einen Rechtsklick auf dieses Symbol und Verbindung trennen können Sie die Einwahlverbindung jederzeit unterbrechen und brauchen nicht abzuwarten, bis die Leerlauftrennung die Verbindung nach einigen Minuten von selbst kappt – wenn Sie die Leerlauftrennung überhaupt aktiviert haben.

Damit solch ein Symbol auch bei Computern erscheint, die die Internetverbindungsfreigabe mitnutzen, und damit die Anwender dieser Computer also die fremde Internetverbindung ebenfalls kappen können, wenn sie sie nicht mehr brauchen, gehen Sie so vor:

1. Wählen Sie im Startmenü *Systemsteuerung*, und öffnen Sie das Modul *Netzwerkverbindungen*. Die Internetfreigabe wird unter der Überschrift *Internetgateway* geführt.

2. Klicken Sie ihr Symbol mit der rechten Maustaste an, und wählen Sie *Eigenschaften*. Aktivieren Sie dann die Option *Symbol bei Verbindung im Infobereich anzeigen*. Klicken Sie auf *OK*.

Das ist bereits alles. Ab sofort erscheint auch auf diesen Rechnern das Verbindungssymbol, und per Rechtsklick auf das Symbol kann die freigegebene Internetverbindung ferngesteuert getrennt werden.

Vorsicht: Auto-Einwahl!

Fremde Personen können freigegebene Internetverbindungen nur nutzen, wenn dabei nicht zuerst Dialogfelder auf dem Rechner aufspringen, die die Internetverbindung freigeben. Windows hat die Einwahl deshalb so konfiguriert, dass jede Internetanforderung aus dem eigenen Netzwerk sofort einen Wählvorgang auslöst.

Welche Folgen das haben kann, werden Sie spätestens dann erleben, wenn Sie zu einer Website wie *www.microsoft.com* gesurft sind und dann die Internetverbindung über einen Rechtsklick auf das Verbindungssymbol und *Verbindung trennen* abgebrochen haben.

Weil der Browser die Website nach wie vor anzeigt, stehen die Chancen gut, dass kurze Zeit später erneut ins Internet eingewählt wird. Der Grund ist simpel: viele Websites enthalten Werbebanner und andere aktive Elemente, die von selbst in Zeitabständen neue Daten nachfordern. Weil der Internetzugang bei Bedarf hergestellt wird, kommt es zur erneuten Einwahl.

Schließen Sie deshalb alle Browserfenster, bevor Sie die Internetverbindung trennen. Und beobachten Sie Ihr System einige Tage kritisch. Die Internetverbindungsfreigabe ist ausgesprochen praktisch, aber besonders, wenn Sie keine Flat Rate nutzen, sondern über die Verbindungszeit abrechnen, kann der unkritische Einsatz die Telefonkosten in unangenehme Regionen treiben.

Modem-Aktivität protokollieren

Wollen Sie sich einen Überblick darüber verschaffen, wie oft Ihr Modem eigentlich online geht, dann nutzen Sie die Modem-Protokollierung:

1. Wählen Sie im Startmenü *Systemsteuerung* und dann *Telefon- und Modemoptionen*. Das Dialogfeld *Telefon- und Modemoptionen* öffnet sich.
2. Aktivieren Sie die Registerkarte *Modems*. Wählen Sie das Modem aus, das Sie überwachen wollen, und klicken Sie auf die Schaltfläche *Eigenschaften*.
3. Aktivieren Sie die Registerkarte *Diagnose*. Wählen Sie im Bereich *Protokollierung* die Option *An Protokoll anhängen*, damit das Modemprotokoll nicht bei jedem Windows-Start neu angelegt, sondern fortgeführt wird. Damit das Protokoll nicht irgendwann monströse Ausmaße annimmt, sollten Sie sich gleich einen gelben PostIt-Notizzettel an den Monitor heften, der Sie daran erinnert, die Protokollierung irgendwann auch wieder abzuschalten.

4. Klicken Sie im Bereich *Protokollierung* auf die Schaltfläche *Protokoll anzeigen*. Jetzt sehen Sie das aktuelle Protokoll. Wählen Sie *Datei/Speichern unter*, um zu sehen, unter welchem Namen es gespeichert wird. So können Sie es später auch direkt öffnen und auswerten.

Abbildung 8.12: *Windows protokolliert jede Modem-Aktivität und zeigt, wie lange Sie online waren*

```
ModemLog_Creatix V.90 HaM - Editor
Datei  Bearbeiten  Format  Ansicht  ?
08-27-2001 17:44:54.319 - Datei: D:\WINDOWS\System32\tapisrv.dll, Version 5.1.2505
08-27-2001 17:44:54.319 - Datei: D:\WINDOWS\System32\unimdm.tsp, Version 5.1.2505
08-27-2001 17:44:54.319 - Datei: D:\WINDOWS\System32\unimdmat.dll, Version 5.1.2505
08-27-2001 17:44:54.319 - Datei: D:\WINDOWS\System32\uniplat.dll, Version 5.1.2505
08-27-2001 17:44:54.319 - Datei: D:\WINDOWS\System32\drivers\modem.sys, Version 5.1.2505
08-27-2001 17:44:54.319 - Datei: D:\WINDOWS\System32\modemui.dll, Version 5.1.2505
08-27-2001 17:44:54.329 - Datei: D:\WINDOWS\System32\mdminst.dll, Version 5.1.2505
08-27-2001 17:44:54.329 - Modemtyp: Creatix V.90 HaM
08-27-2001 17:44:54.329 - Pfad für Modeminformationsdatei: oem1.inf
08-27-2001 17:44:54.329 - Abschnitt in Modeminformationsdatei: HaM
08-27-2001 17:44:54.329 - Übereinstimmende Hardwarekennung:
pci\ven_1813&dev_4000&subsys_00000000&rev_02
08-27-2001 17:44:54.430 - 115200,8,N,1, ctsfl=1, rtsctl=2
08-27-2001 17:44:54.430 - Modem initialisieren
08-27-2001 17:44:54.440 - Senden: AT<cr>
08-27-2001 17:44:54.460 - Empfangen: AT<cr>
08-27-2001 17:44:54.460 - Befehlsanzeige
08-27-2001 17:44:54.640 - Empfangen: <cr><lf>OK<cr><lf>
08-27-2001 17:44:54.640 - Interpretierte Antwort: OK
08-27-2001 17:44:54.650 - Senden: AT&F Q0 X4 S0=0 &D2 &C1 &S0 V1 W4<cr>
08-27-2001 17:44:54.670 - Empfangen: AT&F Q0 X4 S0=0 &D2 &C1 &S0 V1 W4<cr>
08-27-2001 17:44:54.670 - Befehlsanzeige
08-27-2001 17:44:55.151 - Empfangen: <cr><lf>OK<cr><lf>
08-27-2001 17:44:55.151 - Interpretierte Antwort: OK
08-27-2001 17:44:55.161 - Senden: ATS7=60S30=0L0M3+ES=3,0,2;%C1+DS=3,0;&K3 X4<cr>
08-27-2001 17:44:55.181 - Empfangen: ATS7=60S30=0L0M3+ES=3,0,2;%C1+DS=3,0;&K3 X4<cr>
08-27-2001 17:44:55.181 - Befehlsanzeige
08-27-2001 17:44:55.691 - Empfangen: <cr><lf>OK<cr><lf>
08-27-2001 17:44:55.691 - Interpretierte Antwort: OK
08-27-2001 17:44:55.691 - Auf Anruf warten
08-27-2001 17:44:55.701 - Senden: at+vcid=1<cr>
08-27-2001 17:44:55.721 - Empfangen: at+vcid=1<cr>
08-27-2001 17:44:55.721 - Befehlsanzeige
08-27-2001 17:44:55.932 - Empfangen: <cr><lf>OK<cr><lf>
08-27-2001 17:44:55.932 - Interpretierte Antwort: OK
08-27-2001 17:44:55.942 - Senden: ATS0=0<cr>
08-27-2001 17:44:55.962 - Empfangen: ATS0=0<cr>
```

Internetfreigabe feinjustieren – wer darf was?

Anfangs verhält sich Windows sehr liberal, was die freigegebene Internetverbindung anbelangt: andere Netzwerknutzer können die freigegebene Internetverbindung genauso steuern, aufbauen und auch trennen, als wäre es ihre eigene. Im privaten Heimnetzwerk ist das auch sinnvoll.

Anders sieht es zum Beispiel in einem Schulungsraum aus. Hier wollen Sie vielleicht vermeiden, dass die Verbindung ständig auf- und abgebaut wird. Vielleicht möchten Sie auch nur dann Internetverbindungen zulassen, wenn Sie die Internetverbindung zur Verfügung stellen. Geht das? So wird's gemacht:

1. Wählen Sie im Startmenü *Systemsteuerung* und dann *Netzwerkverbindungen*. Das Dialogfeld *Netzwerkverbindungen* öffnet sich.
2. Im Bereich *DFÜ-Verbindung* sehen Sie die eingerichteten DFÜ-Verbindungen. Klicken Sie die Verbindung, die Sie im Netzwerk freigegeben haben, mit der rechten Maustaste an und wählen Sie

Eigenschaften. Freigegebene Internetverbindungen sind mit einer servierenden Hand markiert.

3. Aktivieren Sie die Registerkarte *Erweitert*. Jetzt sehen Sie Ihr Waffenarsenal, um die Internetfreigabe zu steuern:

Tabelle 8.1: *Steuerungsoptionen für die Internetfreigabe*

Option	Wirkung
Anderen Benutzern im Netzwerk gestatten, die Internetverbindung dieses Computers zu verwenden.	Hauptschalter: ist diese Option gewählt, dann können andere Netzwerkcomputer die Internetverbindung mitnutzen – sofern sie richtig konfiguriert sind. Wie das geschieht, haben Sie gerade gelesen. Ist die Option abgeschaltet, dann kann niemand Ihre Internetverbindung mitnutzen.
Anderen Benutzern im Netzwerk gestatten, die gemeinsame Nutzung der Internetverbindung zu steuern oder zu deaktivieren.	Ist diese Option aktiv, dann wird die Internetverbindung aufgebaut, sobald irgendjemand im Netzwerk Zugang zum Internet braucht. Ist die Option nicht aktiv, dann können andere Netzwerkbenutzer Ihre Internetverbindung nur dann mitnutzen, wenn Sie selbst sie gerade aufgebaut haben. Haben Sie keine Lust auf Internet, dann kann auch niemand sonst über Ihre Internetverbindung surfen.

TIPP

Haben Sie die Internetverbindungsfreigabe so eingerichtet, dass andere Netzwerkteilnehmer Ihre Verbindung nur mitnutzen, aber nicht selbst auf- oder abbauen dürfen? Dann achten Sie mal auf das Infofeld in der Taskleiste anderer Netzwerkcomputer, wenn Sie sich ins Internet einwählen! Sobald Sie Ihre eigene Internetverbindung hergestellt haben, taucht bei allen übrigen Computern im Netzwerk, die Ihre Internetverbindung mitnutzen düfen, ein Verbindungssymbol auf. Eine Sprechblase informiert jetzt alle Benutzer, dass ein Internetzugang zur Verfügung steht, und schon kann das kollektive Surfen beginnen.

Internetverbindungsfreigabe dauerhaft aufheben

Erinnern Sie sich? Nur ein einziger Computer darf in Ihrem Netzwerk die Internetfreigabe anbieten, weil diesem Computer die spezielle IP-Adresse *192.168.0.1* zugewiesen wird.

Möchten Sie Ihren Internetzugang anderen nicht mehr zur Verfügung stellen, dann sollten Sie nicht nur die Verbindungsfreigabe abschalten, sondern auch dafür sorgen, dass Ihr Computer diese spezielle IP-Adresse wieder freigibt. Falls andere Computer in die Rolle des Internet-Gateways schlüpfen wollen. So wird's gemacht:

1. Wählen Sie im Startmenü *Systemsteuerung* und dann *Netzwerkverbindungen*. Das Dialogfeld *Netzwerkverbindungen* öffnet sich.

2. Klicken Sie die freigegebene DFÜ-Verbindung mit der rechten Maustaste an, und wählen Sie *Eigenschaften*. Aktivieren Sie die Registerkarte *Erweitert*.
3. Deaktivieren Sie im Bereich *Gemeinsame Nutzung der Internetverbindung* die Option *Anderen Benutzern im Netzwerk gestatten, die Internetverbindung dieses Computers zu verwenden*. Klicken Sie auf *OK*.
4. Klicken Sie nun im Dialogfeld *Netzwerkverbindungen* mit der rechten Maustaste auf das Symbol *LAN-Verbindung*. Wählen Sie *Eigenschaften*.
5. Doppelklicken Sie in der Liste *Diese Verbindung verwendet folgende Elemente*: auf *Internetprotokoll (TCP/IP)*. Windows hat bei der Abschaltung der Internetfreigabe automatisch die TCP/IP-Einstellungen restauriert, die galten, bevor Sie die Internetfreigabe aktiviert hatten. Stellen Sie sicher, dass dem Computer nicht mehr die IP-Adresse *192.168.0.1* zugewiesen ist.
6. Werfen Sie jetzt einen Blick in die *Netzwerkverbindungen*-Fenster der übrigen Computer im Netzwerk: das Internet-Gateway ist spurlos verschwunden. Vollautomatisch.

Internetverbindung über Router einrichten

Verwenden Sie einen Router, um ins Internet zu gelangen, dann brauchen Sie dessen IP-Adresse. Ferner muss Ihr Netzwerk so konfiguriert sein, dass Sie auf die IP-Adresse des Routers auch zugreifen können. Der Router darf also nicht eine IP-Adresse aus einem ganz anderen Adress-Segment verwenden (▶ Kapitel 13).

Prüfen Sie zuerst, ob der Router von Ihrem Computer aus erreichbar ist. Dazu pingen Sie seine IP-Adresse an. Gelingt dies, dann tragen Sie die IP-Adresse des Routers als Gateway ein:

1. Wählen Sie in der Systemsteuerung *Netzwerkverbindungen*, und klicken Sie das Symbol Ihrer LAN-Verbindung mit der rechten Maustaste an. Wählen Sie *Eigenschaften*. Das Dialogfeld *Eigenschaften von LAN-Verbindung* öffnet sich.
2. Doppelklicken Sie in der Liste *Diese Verbindung verwendet folgende Elemente*: auf *Internetprotokoll (TCP/IP)*.
3. Tragen Sie die IP-Adresse des Routers ins Feld *Standardgateway* ein. Dies ist nur möglich, wenn Sie IP-Adressen fest vergeben. Beziehen Sie IP-Adressen automatisch von einem DHCP-Server, dann muss der DHCP-Server so konfiguriert werden, dass er die IP-Adresse des

Routers als Gateway weitergibt. Verwenden Sie dagegen die automatische private IP-Adressvergabe, bei der sich Windows selbst eine IP-Adresse gibt, dann können Sie kein Gateway konfigurieren.

4. Tragen Sie als DNS-Server die IP-Adressen der Internet-DNS-Server Ihres Internetproviders ein. Tun Sie das nicht, dann kann Windows die Namen der Websites wie zum Beispiel *www.microsoft.com* nicht auflösen, also nicht in die zugehörigen IP-Adressen verwandeln. Ohne DNS-Server können Sie nur Websites über IP-Adressen erreichen.

5. Klicken Sie auf *OK*, bis alle Dialogfelder geschlossen sind. Nun müssen Sie nur noch dafür sorgen, dass Windows das Gateway auch nutzt und nicht etwa weiterhin per Modem wählt, wenn Sie eine Internetverbindung brauchen. Dazu wählen Sie im Startmenü *Systemsteuerung* und öffnen *Internetoptionen*. Das Dialogfeld *Eigenschaften von Internet* öffnet sich.

6. Aktivieren Sie die Registerkarte *Verbindungen*. Markieren Sie im Bereich *DFÜ- und VPN-Einstellungen* die Option *Keine Verbindung wählen*. So ist sichergestellt, dass Windows das Gateway verwendet. Eine Alternative wäre höchstens die Option *Nur wählen, wenn keine Netzwerkverbindung besteht*. Damit verwenden Sie eine herkömmliche DFÜ-Verbindung als Notfall-Fallback, falls der Router oder das Netzwerk ausfallen sollten.

Klicken Sie im Bereich *LAN-Einstellungen* auf die Schaltfläche *Einstellungen*. Das Dialogfeld *Einstellungen für lokales Netzwerk (LAN)* öffnet sich. Prüfen Sie die Einstellungen. Wenn Sie oder Ihr Internetprovider nicht einen separaten Proxyserver betreiben, sollten keine Optionen gewählt sein. Klicken Sie auf *OK*.

9 Das Internet nutzen

Im vorangegangenen Kapitel haben Sie sich erfolgreich mit dem Internet verbunden. Lesen Sie in diesem Kapitel, welche Möglichkeiten Sie jetzt haben. Mit Windows XP können Sie längst nicht nur Webseiten besuchen.

- Über den Instant Messenger sehen Sie sofort, ob Freunde und Bekannte online sind, und können mit ihnen dann Textbotschaften austauschen.
- Mit Outlook Express richten Sie sich schnell und einfach eigene E-Mail-Konten ein und können dann Nachrichten und Dateien in alle Welt versenden – und natürlich auch empfangen.
- Sie haben Fragen zu einem speziellen Thema? Dann besuchen Sie eines der vielen News-Foren und diskutieren Sie weltweit über Mode, Technik oder besondere Hobbies. Natürlich können Sie auch eigene Newsgroups ins Leben rufen.

Im Internet surfen

Der Internet Explorer 6 ist fester Bestandteil von Windows XP. Natürlich können Sie auch Internet-Browser anderer Hersteller verwenden, doch der Internet Explorer bietet zahlreiche Sicherheitsfunktionen, die Sie so nicht in anderen Browsern finden und die dabei helfen, sicher und ohne überraschende Nebenwirkungen das Internet zu nutzen.

Um eine Website zu besuchen, wählen Sie zum Beispiel im Startmenü *Ausführen* und geben den Namen der gewünschten Website ein, zum Beispiel `www.scriptinternals.de` Eingabe.

Alternativ kann der Internet Explorer auch direkt im Startmenü aufgerufen werden. Geben Sie dann die gewünschte Zieladresse in die Adressleiste ein.

Internet Browser anderer Hersteller nutzen

Windows XP überlässt es Ihnen, welchen Internet Browser Sie für Surf-Abenteuer im Internet nutzen wollen. Der Internet Explorer 6 ist nur ein Vorschlag. So stellen Sie den gewünschten Browser ein:

1. Klicken Sie mit der rechten Maustaste auf die *Start*-Schaltfläche in der Taskleiste, und wählen Sie *Eigenschaften*. Das Fenster *Eigenschaften von Taskleiste und Startmenü* öffnet sich.
2. Aktivieren Sie die Option *Startmenü*. Klicken Sie auf die Schaltfläche *Anpassen*.
3. Aktivieren Sie im Bereich *im Startmenü anzeigen* die Option *Internet:*. In der Ausklappliste dahinter kann der gewünschte Browser eingestellt werden. Er wird dann im Startmenü als Browser angeboten.

Abbildung 9.1: *Legen Sie fest, welcher Internet-Browser im Startmenü angezeigt wird*

Sicherheitszonen: Welchen Websites vertrauen Sie?

Besuche im Internet sorgen nicht nur für Vergnügen: beim Besuch fremder Websites ist es wichtig, dass von den angezeigten Websites keine Gefahr für Ihr System ausgeht.

Viele vor allen Dingen bunte und animierte Websites verwenden Plug-Ins, um das Weberlebnis aufzupeppen. Solche Plug-Ins sind ausführbare Programme. Gestatten Sie einem Plug-In ausgeführt zu werden, dann öffnen Sie unter Umständen auch Viren und anderen zweifelhaften Programmen den Weg zu Ihren Daten.

Deshalb regelt der Internet Explorer ganz genau, welche Websites potenziell unsichere Plug-Ins ausführen dürfen:

1. Wählen Sie im Startmenü *Systemsteuerung*, und öffnen Sie das Modul *Internetoptionen*. Das Fenster *Eigenschaften von Internet* öffnet sich.
2. Aktivieren Sie die Registerkarte *Sicherheit*. Oben sehen Sie nun eine Liste der verfügbaren Webinhaltszonen. Mit diesen Zonen können Sie Internetsites besser gruppieren in Sites, denen Sie vertrauen, Sites, denen Sie nicht vertrauen, und neuen Sites, die Sie noch nicht kennen.
3. Um die generellen Sicherheitseinstellungen für alle Sites festzulegen, die Sie noch nicht kennen, wählen Sie in der Liste *Internet*. Dann klicken Sie im Bereich *Sicherheitsstufe dieser Zone* auf die Schaltfläche *Stufe anpassen*.
4. Wählen Sie in der Ausklappliste eine vordefinierte Sicherheitsstufe aus, zum Beispiel *Hoch*. Dann klicken Sie auf *Zurücksetzen*. Die vielen einzelnen Sicherheitseinstellungen werden nun auf diese Stufe eingestellt.
5. Wenn Sie mögen, können Sie die einzelnen Sicherheitsoptionen nun noch von Hand feinjustieren. Klicken Sie auf *OK*.

Abbildung 9.2: Internetzonen regeln, wie viel Vertrauen Sie Websites schenken

Die wohl wesentlichsten Sicherheitsoptionen drehen sich allesamt um ActiveX-Controls. Anders als Java-Applets, die technisch so eingeschränkt sind, dass von ihnen keine Gefahr ausgehen kann, sind ActiveX-Controls im Grunde eigenständige Windows-Programme. Diese Controls können potenziell also alles, was auch ein normales Windows-Programm tun kann, beispielsweise die Festplatte löschen. Sie sollten aus diesem Grunde unbekannten Websites niemals erlauben, ActiveX-Controls auszuführen.

Sicherheitszonen verstehen

Der Internet Explorer legt automatisch vier Sicherheitszonen an, die helfen sollen, Internetsites mit den für Sie passenden Berechtigungen auszustatten:

Tabelle 9.1: Sicherheitszonen des Internet Explorers

Sicherheitszone	Wirksam für
Internet	Alle Internet-Webseiten, die Sie keiner anderen Gruppe zugeordnet haben
Lokales Intranet	Alle Webseiten, die von einem Webserver direkt aus Ihrem Netzwerk stammen (Intranet)
Vertrauenswürdige Sites	Websites, denen Sie uneingeschränkt vertrauen (zum Beispiel Markenhersteller)
Eingeschränkte Sites	Websites, denen Sie überhaupt nicht vertrauen und die besonders stark eingeschränkt sein sollen

Mit Ausnahme der Zone *Internet*, in die ohnehin alle Websites fallen, die in keine der anderen Zonen eingeordnet sind, verfügen alle weiteren Zonen über die Schaltfläche *Sites*. Die regelt, welche Website zu welcher Zone gehören soll.

Haben Sie zum Beispiel die Zone *Internet* gut abgesichert und stoßen bei Ihren Surfabenteuern auf eine Website eines renommierten Markenherstellers, die nicht richtig funktioniert, weil die hohen Sicherheitsanforderungen der Zone *Internet* die Controls der Site nicht starten lassen, dann könnten Sie diese Website in die Zone *Vertrauenswürdige Sites* einordnen und so die Sicherheit nur für diese ausgewählte Site lockern:

1. Klicken Sie auf *Vertrauenswürdige Sites*. Klicken Sie auf die Schaltfläche *Sites*. Das Dialogfeld *Vertrauenswürdige Sites* öffnet sich.
2. Schalten Sie die Option *Für Sites dieser Zone ist eine Serverüberprüfung (https:) erforderlich* ab. Ist die Option aktiviert, dann können keine normalen Websites der Liste hinzugefügt werden, sondern nur solche mit sicherer SSL-Verbindung.
3. Geben Sie die Webadresse der Site in das Textfeld ein, und klicken Sie auf *Hinzufügen*. Die Site wird in die Liste aufgenommen.

Die *Liste der Vertrauenswürdigen Sites* hilft Ihnen natürlich nur, wenn Sie vorher oder anschließend der Zone *Vertrauenswürdige Sites* wie eben beschrieben Sicherheitseinstellungen zuweisen, die nicht genauso hart eingeschränkt sind wie die der *Internet-Zone*.

Cookies: wer darf Ihre Besuche wiedererkennen?

Das Internet ist ein anonymer Schauplatz: Websites können Sie nicht wiedererkennen, wenn Sie morgen oder in zwei Wochen die gleiche Website noch einmal besuchen. Vielen Surfern ist das ganz recht, aber diese Anonymität kann auch unerwünschte Folgen haben.

Websites können Sie nämlich grundsätzlich nie wiedererkennen, also auch dann nicht, wenn Sie einfach nur eine andere Seite der Website besuchen. Das ist schlecht, denn stellen Sie sich nur vor, Sie besuchen eine Online-Buchhandlung und möchten sich in Ruhe einen Warenkorb zusammenstellen. Dabei springen Sie von Seite zu Seite, und normalerweise würde jede Seite Sie als Neukunden neu erkennen. Ein Warenkorb wäre so unmöglich.

Die Industrie hat sich deshalb mehrere Lösungen einfallen lassen, um Kunden im Internet doch noch wiederzuerkennen:

- Intelligente Websites wie zum Beispiel ASP-Seiten sind in der Lage, sich die IP-Adresse des Besuchers zu merken. Weil alle Anfragen zumindest der laufenden Sitzung von dieser IP-Adresse aus gestellt werden, kann der Kunde wiedererkannt werden.
- Websites übertragen Erkennungscodes mit der URL der Folgeseiten. Klicken Sie einen Link an, dann erscheinen hinter der URL der neuen Seite sonderbare Zeichen. Die werden von der neuen Seite gelesen, der Erkennungscode des Kunden wird also von Seite zu Seite weitergegeben. Ähnliches funktioniert auch unsichtbar: die Informationen werden als verstecktes Formularfeld weitergegeben.
- Viele Websites gehen über zu Online-Anmeldungen, bei denen Sie sich via Benutzername und Kennwort zuerst ausweisen müssen. Damit diese Anmeldung nicht bei jeder neuen Seite erneut fällig wird, müssen aber auch solche Sites auf eine der genannten anderen Technologien zusätzlich zugreifen. *.NET Passport*, das Sie gleich kennen lernen werden, ist hierbei nur eine neue Technik, um die Anmeldung zu vereinfachen.
- Am einfachsten und weitverbreitetsten sind allerdings Cookies: dabei werden kleine Datenpakete auf Anweisung der Website von Ihrem Browser auf der Festplatte gespeichert und bei jedem neuen Besuch der Website an diese zurückgeschickt. Mit Cookies lassen sich Kunden am zuverlässigsten wiedererkennen.

Cookies und ihre wahre Bedrohung

Cookies gerieten sehr schnell nach ihrer Erfindung in Verruf, und dies weitestgehend zu Unrecht. Eine Computerzeitschrift hatte seinerzeit die Technik der Cookies nicht richtig verstanden und malte allerhand Horrorszenarien aus. In der Folge lehnen bis heute viele Anwender Cookies ab und fühlen sich durch sie ausspioniert. Eine Klarstellung ist deshalb überfällig, bevor Sie lesen, wie Sie mit dem Internet Explorer 6 Cookies und deren Verwendung selbst kontrollieren.

Cookies sind ein idealer Weg, um Websites zu erlauben, kleine Informationsmengen auf Ihrem Computer zu hinterlegen. Die Websites haben – ob mit oder ohne Cookies – keinerlei Möglichkeit, Daten selbst auf Ihrer Festplatte zu speichern. Stattdessen können sie Ihren Browser nur bitten, bestimmte Daten aufzubewahren.

Der Browser entscheidet dann selbst, ob er diese Anforderung annimmt, und speichert die Daten anschließend gegebenenfalls an einem speziellen Ort der Festplatte.

Wird die Website später erneut angesurft, dann erinnert sich der Browser an die in Verwahrung genommenen Daten und sendet sie zurück an die Website. Das ist alles.

Die Website kann also nur die Daten lesen, die sie ursprünglich selbst an den Browser gesendet hat. Sie kann keinesfalls andere Daten ausspionieren oder gar Festplatteninhalte verändern. Und noch wichtiger: der Browser sendet die gespeicherten Daten nur an die Website zurück, die die Daten gesendet hatte. Fremde Websites kommen also an die Cookies anderer Websites nicht heran und können daraus auch keine Marktstudien oder Käufergewohnheiten ableiten.

Damit sind Cookies im Grunde viel sicherer und bieten viel mehr Privatsphäre als alle anderen Formen der Kundendatenspeicherung. Allerdings gibt es durchaus auch Missbrauchsversuche:

Große Unternehmen, die viele verschiedene Websites betreiben und zum Beispiel Werbebanner schalten, können die Cookie-Informationen in internen Datenbanken bündeln und so doch noch Surfgewohnheiten herausfinden. Besuchen Sie Website A und später Website B, und gehören beide zum selben Konzern, dann könnte dieser die separaten Besuchsinformationen der beiden Websites in einem eigenen Datenbankserver gemeinsam erfassen und auswerten. Diese Missbrauchsmöglichkeit hat allerdings nichts mit den Cookies selbst zu tun und steht auch bei den übrigen Alternativverfahren zur Wahl.

Mit Cookies leben

Glücklicherweise gibt es eine einfache Lösung, um sicher mit Cookies leben zu können. Moderne Browser wie der Internet Explorer bieten nämlich zwei verschiedene Cookie-Sorten an:

- Normale Cookies: diese Cookies werden auf der Festplatte gespeichert und verfallen erst nach dem vom Absender angegebenen Verfallsdatum, häufig erst in 100 Jahren. Der Browser sendet diese Informationen also auch nächste Woche oder im nächsten Jahr noch an die Absenderwebsite, sollten Sie sie später noch einmal besuchen.
- Temporäre Cookies: diese Cookies existieren nur im Speicher des Browsers. Schließen Sie den Browser, dann sind die Cookies weg. Die Cookies dienen also nur dazu, Online-Warenkörbe und Site-Navigation anzubieten, solange Sie Websites besuchen, die aus mehr als einer Seite bestehen.

Abbildung 9.3: *Legen Sie fest, welche Art von Cookies Sie akzeptieren – falls überhaupt*

Schalten Sie normale Cookies ab und lassen temporäre Cookies eingeschaltet, dann endet Ihr Käuferverhalten spätestens in dem Moment, wo Sie den Browser schließen.

Wie der Internet Explorer mit Cookies umgehen soll, wenn Sie Websites besuchen, die keiner der übrigen Sicherheitszonen zugeordnet sind, legen Sie so fest:

1. Wählen Sie im Startmenü *Systemsteuerung* und öffnen Sie das Modul *Internetoptionen*. Das Fenster *Eigenschaften von Internet* öffnet sich.
2. Aktivieren Sie die Registerkarte *Datenschutz*. Mit einem Schieberegler können Sie jetzt bestimmen, wie der Internet Explorer Cookie-Anforderungen bearbeiten soll. Die Voreinstellung ist *Mittel*.
3. Klicken Sie auf *Erweitert*, um die Cookie-Einstellungen von Hand zu justieren. Das Fenster *Erweiterte Datenschutzeinstellungen* öffnet sich.
4. Aktivieren Sie im Bereich *Cookies* die Option *Automatische Cookiebehandlung aufheben*. Möchten Sie die temporären Cookies immer erlauben, die nach dem Beenden des Internet Explorers von allein wieder verschwinden, dann aktivieren Sie im Bereich *Cookies* die Option *Sitzungscookies immer zulassen*.

5. Wollen Sie einen Hinweis erhalten und von Fall zu Fall entscheiden, wenn Cookies geschrieben werden sollen, dann aktivieren Sie im Bereich *Cookies* die Option *Eingabeaufforderung*.

Einzelne Websites lassen sich von diesen Anordnungen ausnehmen. Möchten Sie also Cookies von bestimmten Websites immer oder nie annehmen, dann klicken Sie auf *Bearbeiten*.

Zensur: Websites mit bestimmten Inhalten verbieten

Dass die Inhalte der Websites im Internet nicht immer mit geltendem deutschen Recht konform gehen, ist allgemein bekannt. Deshalb gibt es Filter: Websites können ihren Inhalt in verschiedenen Kategorien wie Gewalt, Nacktaufnahmen, etc. klassifizieren. Sie haben dann die Möglichkeit, bestimmte Kategorien zu sperren, was natürlich vor allem dem Jugendschutz dient, aber auch für ein besseres Betriebsklima sorgen kann.

Klassifiziert sich eine Website erst gar nicht, dann wird sie ebenfalls gesperrt.

Wird diese Art der Filterung aktiviert, dann muss dabei ein Kennwort angegeben werden. Nur über dieses Kennwort kann die Filterung später verändert oder wieder abgeschaltet werden. Geht das Kennwort verloren, dann kann der Filter nicht mehr abgeschaltet werden.

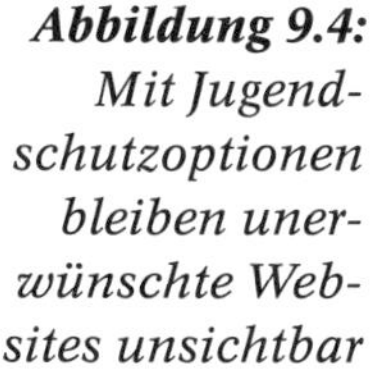

Abbildung 9.4: *Mit Jugendschutzoptionen bleiben unerwünschte Websites unsichtbar*

So werden die Filter aktiviert:

1. Wählen Sie im Startmenü *Systemsteuerung* und öffnen Sie das Modul *Internetoptionen*. Das Fenster *Eigenschaften von Internet* öffnet sich.
2. Aktivieren Sie die Registerkarte *Inhalte*. Wählen Sie im Bereich *Inhaltsratgeber* die Option *Aktivieren*.
3. Das Fenster *Inhaltsratgeber* öffnet sich. Sie können nun auf der Registerkarte *Filter* die allgemeinen Filterkriterien festlegen. Suchen Sie sich dazu eine Kategorie aus, und ziehen Sie den Schieberegler auf die gewünschte Schwere der Einschränkung.
4. Aktivieren Sie die Registerkarte *Gebilligte Sites*. Alle Websites, die Sie hier über einen Klick auf *Immer* vermerken, werden vom Filter ausgenommen. Alle Websites, die Sie über die Schaltfläche *Nie* in die Liste aufnehmen, werden auf jeden Fall gesperrt.
5. Aktivieren Sie die Registerkarte *Allgemein*. Deaktivieren Sie im Bereich *Benutzeroptionen* die Option *Zugang auf ungefilterte Sites zulassen*. So stellen Sie sicher, dass Websites ohne Klassifikation automatisch gesperrt werden. Viele harmlose Websites, die nie im Leben daran gedacht haben, ihren Inhalt zu klassifizieren, werden nun allerdings ebenfalls unerreichbar. Sie können solche Sites aber über die Registerkarte *Gebilligte Sites* freischalten.
6. Aktivieren Sie im Bereich *Benutzeroptionen* die Option *Supervisor kann durch Kennworteingabe Benutzern ermöglichen, Inhalte trotz Beschränkung anzuzeigen.*, wenn Sie Ausnahmen zulassen wollen. Wird eine gesperrte Website angesurft, dann erscheint ein Dialog und ermöglicht die Anzeige trotz Verbots, wenn das Supervisor-Kennwort bekannt ist.

Sobald Sie die Einstellungen per Klick auf *OK* wirksam werden lassen, werden Sie aufgefordert, ein Kennwort anzugeben. Dieses Kennwort ist Ihr einziger Schlüssel, um die Einstellungen später wieder abzuschalten oder zu verändern. Das Kennwort verhindert natürlich gleichzeitig, dass findige Kids die Einstellungen einfach wieder abschalten.

Filterbeschränkungen von Hand aufheben

Sollte das Supervisor-Kennwort abhanden kommen, dann besteht keine offizielle Möglichkeit mehr, die Webseiten-Filterung abzuschalten. In diesem Fall kann ein Benutzer mit Administrator-Rechten die Filter nur noch manuell in der Windows-Registry löschen:

1. Wählen Sie im Startmenü *Ausführen*, und geben Sie ein: `regedit` Eingabe. Der Registrierungseditor startet und zeigt den Inhalt der

Windows Registry an. Expandieren Sie links den Zweig *HKEY_LOCAL_MACHINE – SOFTWARE – Microsoft – Windows – CurrentVersion – policies – Ratings*

2. Klicken Sie mit der rechten Maustaste auf das Ordnersymbol *Ratings*, und wählen Sie *Löschen*. Der Eintrag wird entfernt. Das Kennwort wird auf diese Weise gelöscht, aber nicht die Filter. Legen Sie ein neues Kennwort an, und schalten Sie dann mit dem neuen Kennwort die Beschränkungen auf offiziellem Wege wieder ab.

Der *Policies*-Unterschlüssel, in dem die Beschränkung gespeichert wird, ist bei Windows XP besonders geschützt. Nur Administratoren können ihn löschen. So wird verhindert, dass einfache Benutzer den Schutz über den direkten Zugriff auf die Registry aushebeln. Allerdings unterstreicht dieser Umstand wieder einmal, wie wichtig es ist, nicht jeden Benutzer mit einem Computeradministrator-Benutzerkonto auszustatten.

Programme und Dateien herunterladen

Das Internet ist nicht nur ein Tummelplatz für Websites. Ein wesentliches zweites Standbein sind Datei-Downloads. Programme, neueste Gerätetreiber, Zubehör und natürlich auch Multimedia-Inhalte wie Musik und Video können sehr einfach auf den eigenen Rechner heruntergeladen werden.

Allerdings ist das nicht immer risikofrei. Besonders Programme, die Sie aus dem Internet downloaden, müssen vor dem ersten Testlauf unbedingt von einem aktuellen Virenscanner auf Unbedenklichkeit geprüft werden.

Sobald Sie einen Link anklicken, der den Download auslöst, erscheint deshalb ein Dialogfeld. Hier können Sie sich entscheiden, ob die Datei geöffnet oder gespeichert werden soll. Entscheiden Sie sich immer für das Speichern! Nur so haben Sie die Möglichkeit, die fremde Datei zuerst mit einem Virenscanner zu prüfen.

Setzen Sie Downloads niemals unkritisch ein. Sie sind das wichtigste Tor zur Computerkriminalität. Jüngste Beispiele waren nicht nur Viren, sondern auch Downloads von Rotlichtseiten, die die internen DFÜ-Einstellungen so veränderten, dass künftig und unbemerkt Interneteinwahlen über kostspielige 0190-Nummern stattfanden.

Programme und Treiber finden

Wie findet man die aktuellsten Gerätetreiber und Programme? Ein einfacher Weg sind Suchseiten wie *www.altavista.com*. Geben Sie hier alle Informationen ein, die Sie kennen, zum Beispiel `Creatix Modem Driver Download` **Eingabe**.

Ein anderer Weg sind die Support-Seiten der Hersteller wie zum Beispiel *www.sony.de*. Suchen Sie hier nach Download-Sektionen.

Suchseiten existieren auch speziell für Programme oder Treiber, beispielsweise *www.shareware.de* oder *www.treiber.de*.

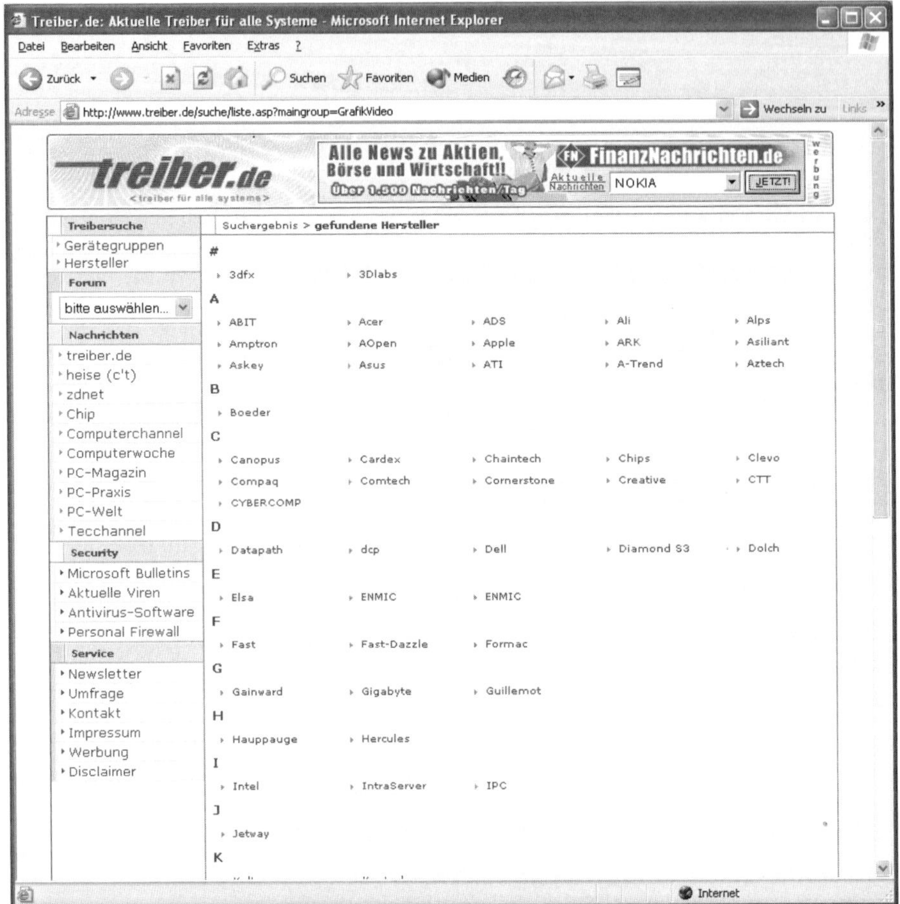

Abbildung 9.5: Treiber für fast jedes Gerät – im Internet werden Sie fündig

Mit FTP eigene Websites verwalten

Neben dem HTTP-Protokoll (*Hypertext Transfer Protokoll*), das Webseiten überträgt, ist das FTP-Protokoll (*File Transfer Protocol*) weit verbreitet. Mit FTP lassen sich Ordner im Internet bereitstellen. Anwender können dann mit geeigneten FTP-Browsern diese Ordner ansehen, Dateien auf die eigene Festplatte kopieren oder selbst eigene Dateien auf den Internetserver hochladen. Genau das ist wichtig, wenn Sie eigene Webseiten im Internet publizieren wollen.

Der Explorer unterstützt FTP, zumindest eingeschränkt. Dazu geben Sie lediglich die FTP-Adresse des FTP-Servers ein, zum Beispiel `ftp.microsoft.com` Eingabe.

Falls der FTP-Server ein Kennwort fordert, haben Sie die Möglichkeit, sich mit eingeschränkten Rechten über die Option *Anonym anmelden* anonym anzumelden oder sich mit Benutzername und Kennwort auszuweisen. Das funktioniert auch später noch über *Datei/Anmelden als*.

Nicht-öffentliche FTP-Server weisen die anonyme Anmeldung zurück.

TIPP Der Explorer unterstützt nicht alle FTP-Server. Klappt die Verbindungsaufnahme nicht, oder sehen Sie bloß den FTP-Ordnerinhalt, ohne Dateien herunter- oder heraufladen zu können, dann besorgen Sie sich einen der zahlreichen kostenlos im Internet verfügbaren FTP-Browser, beispielsweise *http://www.smartftp.com/*.

C

Mit dem Internet verbinden

Wichtige Tastenkombinationen

Viele Funktionen des Internet Explorers lassen sich besonders bequem über Tastenkombinationen erreichen.

Tabelle 9.2: *Tastenkombinationen des Internet Explorers*

Tastenkombination	Erklärung
F11	Schaltet um zwischen normaler Ansicht und Vollbildansicht
Esc	Bricht die Darstellung einer Website ab, zum Beispiel, wenn der Öffnen-Prozess zu lange dauert
Rück	Schaltet zur vorangegangenen Seite um
Alt+Pfeil links	Schaltet zur vorangegangenen Seite um
Alt+Pfeil rechts	Schaltet zur nächsten Seite um, wenn Sie vorher Seiten zurückgesprungen sind
Alt+Pos1	Stellt die Startseite dar
Strg+D	Fügt die aktuelle Seite in die Favoriten-Liste ein
Strg+E	Öffnet die Such-Spalte
Strg+F	Sucht nach einem Stichwort auf der Seite
Strg+L	Öffnet ein Fenster, in das Sie den Namen einer neuen Webseite eingeben können
Strg+N	Öffnet ein neues Browserfenster
Strg+P	Druckt den aktuellen Frame oder die gesamte Seite
Strg+S	Speichert die Seite
Strg+W	Schließt das Browserfenster

.NET Passport – eine Identität im Web einrichten

Das Internet ist anonym und wird es sicher auch bleiben. Genau diese Anonymität aber birgt Probleme: spätestens, wenn Sie sich an einer Premium Content Website anmelden oder online einkaufen wollen, müssen Sie irgendwann Ihre Identität enthüllen.

Bisher war das weder besonders sicher noch besonders benutzerfreundlich. Meist lauerte bei der Erstanmeldung ein umfangreiches Formular auf Sie, in dem Ihre persönliche Lebensgeschichte und Daten wie Adresse und Lieferanschrift erfragt wurden. Anschließend bekamen Sie einen Anmeldenamen und ein geheimes Kennwort zugewiesen, um sich beim Anbieter anzumelden.

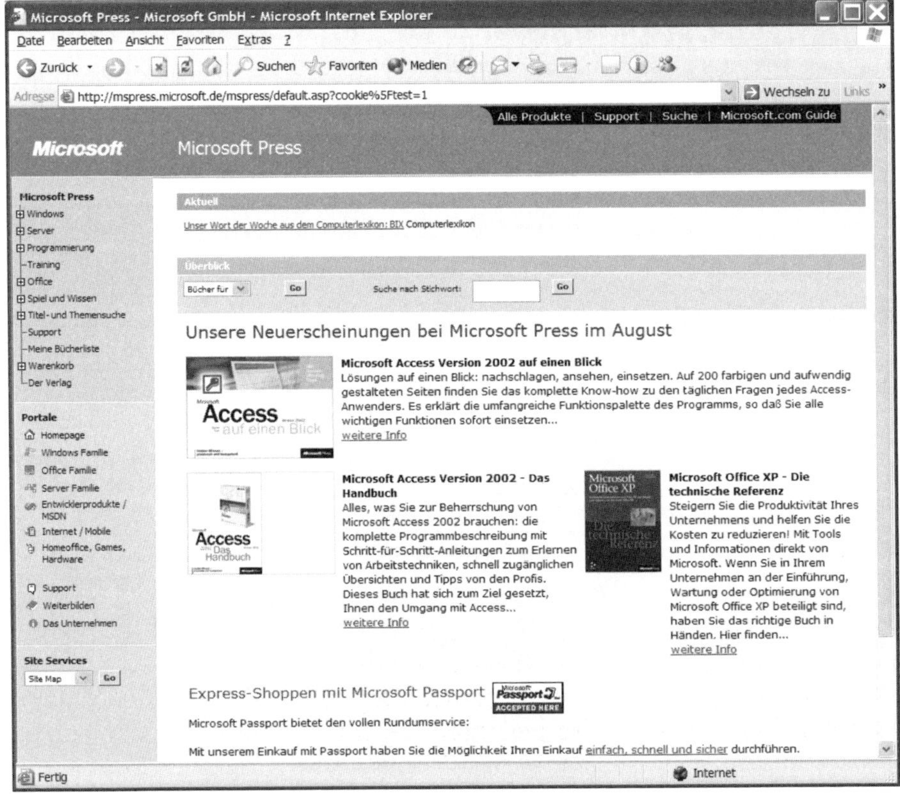

Abbildung 9.6: *.NET Passport im Einsatz bei MS Press: schnell und sicher online shoppen*

In der Praxis blieben diese geheimen Kennworte allerdings meist nicht lange geheim, weil jeder Anbieter eigene Anmeldungen durchführte und Sie sich mit der Zeit unzählige Kennworte merken mussten. Meist kleisterten dann zahlreiche PostIt-Notizen mit Kennwörtern an dem Monitor, oder die Kennworte gerieten in Vergessenheit, sodass Sie sich schon wieder neu anmelden mussten.

Mit *.NET Passport* wird das anders. Hier registrieren Sie sich zentral bei einem Internetdienst und hinterlegen dort Ihre Adressangaben. Anschließend wird Ihnen auch hier ein Benutzername und ein Kennwort ausgestellt, aber diesmal besteht keine Gefahr, dass Sie es vergessen: der Benutzername ist eine E-Mail-Adresse, die Sie verwenden.

Haben Sie kein E-Mail-Konto, dann können Sie sich kostenlos eines einrichten. Und das Kennwort wird auf Wunsch direkt von Windows XP verwaltet. Mit der Windows-Anmeldung wird gleichzeitig Ihr Passport-Konto freigeschaltet.

Haben Sie sich einmal ein .NET Passport eingerichtet, dann brauchen Sie sich bei Websites, die .NET Passport verwenden, nicht mehr jedes Mal von Hand anzumelden. Stattdessen klicken Sie einfach auf den speziellen *.NET Passport anmelden*-Button. Schon werden Sie als derjenige identifiziert, der Sie sind, und können einkaufen oder kostenpflichtige Websites besuchen.

Bedeutet dies, dass Sie mit der Einrichtung eines .NET Passports die liebgewonnene Anonymität im Internet aufgeben? Nein, diese Gefahr besteht nicht, denn Sie werden nicht plötzlich von jeder Website erkannt. Nur wenn Sie sich zu erkennen geben wollen und den Anmeldebutton der Website anklicken, wird der Schleier gelüftet, und Sie sind nicht mehr anonym.

Einen eigenen .NET Passport einrichten

.NET Passports sind an E-Mail-Konten gekoppelt. Sie benötigen also eine E-Mail-Adresse, um sich einen .NET-Passport einzurichten. Entweder haben Sie schon eine, oder Sie legen bei dieser Gelegenheit gleich ein kostenloses Hotmail-E-Mail-Konto an.

TIPP Ein Hotmail-Konto lohnt sich auch dann, wenn Sie schon andere E-Mail-Konten verwenden. Weil Hotmail-Konten über das Internet abgefragt werden können, sind Sie damit überall auf der Welt erreichbar und brauchen höchstens ein Internet Café. Sind Sie im Urlaub, dann könnten Sie beispielsweise bei Ihrem regulären E-Mail-Anbieter einen »Nachsendeantrag« stellen, sodass E-Mails an Ihr Hotmail-Konto weitergeleitet werden. Außerdem sind Hotmail-Konten nahtlos in den Windows Messenger integriert, den Sie gleich kennen lernen. Er meldet sofort, wenn neue E-Mails in Ihr Hotmail-Konto eintrudeln. Für normale E-Mail-Konten kann er diesen Service nicht bieten.

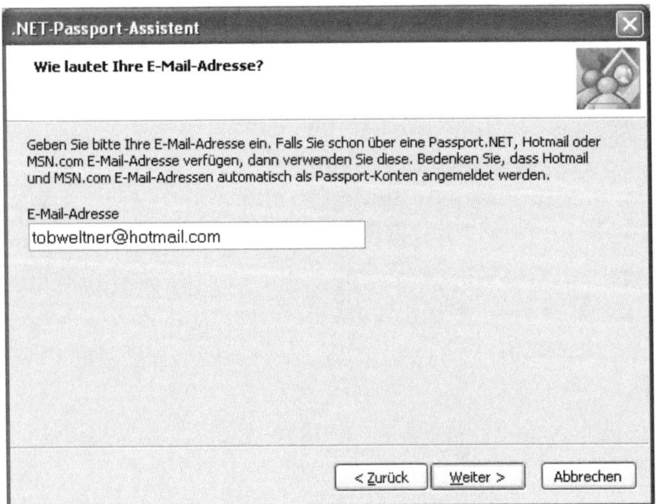

Abbildung 9.7: *.NET-Passport bietet Ihnen Mehrwerte im Internet und sorgt für sichere Anmeldung*

So richten Sie sich einen .NET-Passport ein, wenn Sie bereits über eine E-Mail-Adresse verfügen:

1. Wählen Sie im Startmenü *Systemsteuerung* und öffnen Sie *Benutzerkonten*. Wenn Sie als Administrator angemeldet sind, dann klicken Sie auf *Konto ändern* und wählen anschließend Ihr eigenes Konto aus.
2. Klicken Sie dann auf *Eigenes Konto für .NET-Passport einrichten*. Das Fenster *.NET-Passport-Assistent* öffnet sich. Möchten Sie sehen, wie Ihre Privatsphäre geschützt wird, dann klicken Sie auf *Datenschutzrichtlinie ansehen*. Klicken Sie danach auf *Weiter*.
3. Haben Sie bereits ein E-Mail-Konto, dann wählen Sie die Option *Ja, ein bestehendes E-Mail-Konto verwenden*. Klicken Sie auf *Weiter*, und geben Sie die E-Mail-Adresse ein, für die Sie einen Passport anlegen wollen.
4. Wurde bereits ein Passport angelegt, dann werden Sie aufgefordert, Ihr Kennwort einzugeben. Wurde für das E-Mail-Konto noch kein Passport angelegt, dann werden Sie gebeten, ein mindestens acht Zeichen langes Kennwort einzugeben. Wiederholen Sie die Eingabe im Feld darunter.
5. Aktivieren Sie die Option *Automatische Anmeldung bei diesem Computer*, damit Sie Ihr .NET Passport-Konto sofort nutzen können, wenn Sie sich bei Windows XP angemeldet haben. Dann klicken Sie auf *Weiter*.
6. Falls Sie Ihr Kennwort vergessen sollten, können Sie es über eine geheime Frage und die dazu passende richtige Antwort an die

E-Mail-Adresse gemailt bekommen, die Sie als Passport verwenden. Wählen Sie sich dazu eine geheime Frage aus, und geben Sie die Antwort ein. Dann klicken Sie auf *Weiter*.

7. Der Assistent überprüft nun, ob die von Ihnen angegebene E-Mail-Adresse gültig ist. Anschließend ist Passport einsatzbereit.

Und so richten Sie .NET-Passport ein, wenn Sie noch kein E-Mail-Konto besitzen:

1. Wählen Sie im Startmenü *Systemsteuerung* und öffnen Sie *Benutzerkonten*. Wenn Sie als Administrator angemeldet sind, dann klicken Sie auf *Konto ändern* und wählen anschließend Ihr eigenes Konto aus.
2. Klicken Sie dann auf *Eigenes Konto für .NET-Passport einrichten*. Das Fenster *.NET-Passport-Assistent* öffnet sich. Möchten Sie sehen, wie Ihre Privatsphäre geschützt wird, dann klicken Sie auf *Datenschutzrichtlinie ansehen*. Klicken Sie danach auf *Weiter*.
3. Wählen Sie die Option *Nein*, und klicken Sie auf *Weiter*. Sie erhalten jetzt die Gelegenheit, sich ein kostenloses Hotmail-Konto einzurichten. Füllen Sie dazu den Fragebogen aus. Klicken Sie dann auf *Anmelden*.
4. Ihr Konto wird eingerichtet. Merken Sie sich die E-Mail-Adresse, die Sie sich ausgesucht haben, und Ihr Kennwort. Sie werden beides gleich brauchen.
5. Klicken Sie auf *Weiter Hotmail*. Jetzt sehen Sie die Nutzungsbedingungen. Klicken Sie am unteren Rand der Seite auf *Ich stimme zu*.
6. Sie können sich nun kostenlos Abonnements aussuchen, wenn Sie elektronische Hauswurfsendungen der Anbieter erhalten wollen. Klicken Sie auf *Weiter*.
7. Jetzt sehen Sie Ihren Postkasten. Darin befindet sich bereits eine erste E-Mail. Um sie anzusehen, klicken Sie auf den entsprechenden Link. Schließen Sie dann den Internet Explorer.
8. Kehren Sie zurück zum .NET-Passport-Assistenten. Klicken Sie auf *Weiter*. Geben Sie jetzt die E-Mail-Adresse ein, die Sie sich gerade angelegt haben. Dann klicken Sie auf *Weiter*.
9. Geben Sie nun das Kennwort ein, das Sie eben vereinbart haben. Wählen Sie die Option *Automatische Anmeldung bei diesem Computer*, damit Passport automatisch aktiviert wird, wenn Sie sich bei Windows XP anmelden. Klicken Sie auf *Weiter*. Noch ein Klick auf *Fertigstellen*, und Sie haben erfolgreich ein eigenes .NET Passport eingerichtet.

Mit dem Windows Messenger arbeiten

Was Ihnen die Anmeldung bei .NET Passport für Vorteile verschafft, erkennen Sie, sobald der Windows Messenger startet. Wenn dies nicht automatisch passiert, dann wählen Sie im Startmenü *Alle Programme/ Windows Messenger.*

Abbildung 9.8: *Der Messenger hält Sie über E-Mail und Kontaktliste ständig auf dem Laufenden*

Der Messenger meldet Sie mit Ihrem Passport direkt im Internet an. Sie können über den Messenger nicht nur Ihr Hotmail-E-Mail-Konto überwachen und bekommen sofort Nachricht, wenn neue E-Mails eintrudeln. Sie können auch schauen, ob Freunde, Kollegen oder Bekannte online sind, und sich dann mit ihnen unterhalten.

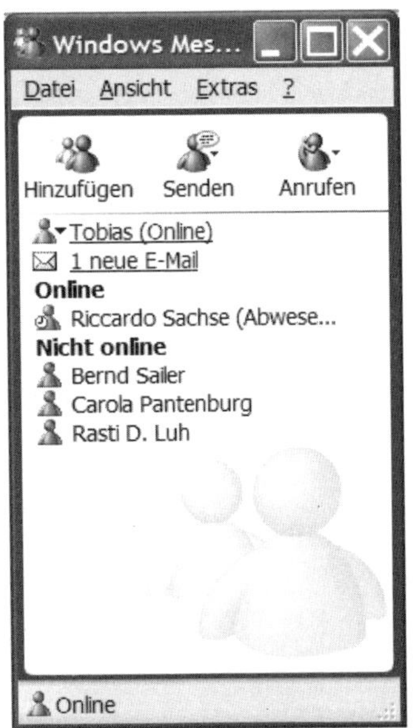

Abbildung 9.9: *Online mit Bekannten chatten – der Messenger meldet, wer anwesend ist*

Die Kontaktliste mit Freunden und Bekannten füllen

Damit der Messenger Sie informiert, wenn Freunde und Bekannte online sind, müssen Sie dem Messenger zuerst verraten, wer Ihre Freunde und Bekannte eigentlich sind.

Dazu klicken Sie auf die Schaltfläche *Hinzufügen*. Kennen Sie die E-Mail-Adresse der gewünschten Personen, dann wählen Sie die Option *Nach der E-Mail-Adresse oder dem Benutzernamen*. Falls nicht, dann ist die Option *Nach einem Kontakt suchen* richtig.

Sie können dann nach Vorname, Name und anderen Kriterien suchen lassen und werden fündig, sofern sich die Person ins Hotmail-Mitgliederverzeichnis hat aufnehmen lassen. Das ist die Voreinstellung bei der Anmeldung eines Hotmail-Kontos, aber diese Voreinstellung kann auch abgeschaltet werden.

Haben Sie die gesuchte Person gefunden, dann kann sie nicht direkt in die Kontaktliste aufgenommen werden. Hotmail gibt die E-Mail-Adressen seiner Mitglieder nicht heraus. Sie haben aber die Möglichkeit, der Person eine Nachricht zukommen zu lassen.

Anders ist das, wenn Sie in Ihrem eigenen Adressbuch gesucht haben. In diesem Fall kann die Person sofort in die Kontaktliste eingefügt werden. Sobald sich die Person mit dem Windows Messenger anmeldet, erscheint die Person in der Kategorie *Online*, und Sie können ein Gespräch anzetteln.

E-Mails mit dem Messenger verwalten

Verwenden Sie eine Hotmail-E-Mail-Adresse als Passport, dann hilft der Messenger auch bei der elektronischen Post. Gehen neue E-Mails für Sie ein, dann werden Sie sofort im Messenger darüber informiert und können über einen Link direkt in den Posteingang wechseln, um die neue Post zu lesen.

Verwenden Sie dagegen eine andere E-Mail-Adresse, dann zeigt der Messenger zumindest einen Link, über den Sie ins E-Mail-Programm Outlook Express wechseln können. Sie sehen aber nicht, ob und wie viel neue E-Mails für Sie eingegangen sind.

TIPP Diese Ungleichbehandlung ist kein böser Wille, sondern liegt an unterschiedlichen technischen Voraussetzungen. Hotmail-Konten sind webbasierte E-Mail-Konten, die über reguläre Webseiten verwaltet werden. Normale E-Mail-Konten verwenden einen POP-E-Mail-Server, der nur über E-Mail-Programme wie Outlook Express abgefragt werden kann.

E-Mails senden und empfangen: Outlook Express

Outlook Express ist – neben vielen anderen Dingen – ein E-Mail-Verwaltungsprogramm. Hier können Sie all Ihre E-Mail-Adressen eintragen und dann mit Outlook Express nachschauen, ob neue Post angekommen ist. Natürlich versendet Outlook Express auch eigene E-Mails und kann Dateien an die Mails anhängen.

Nebenbei verwaltet es Ihr persönliches Adressbuch, und je länger Sie mit dem Programm arbeiten, desto mehr Adressen und Kontakte werden eingefügt.

TIPP

Verwenden Sie ein Hotmail-Konto, dann können Sie dieses zwar über Webseiten verwalten, aber bequemer und schneller geht es mit Outlook Express. Und weil der Platz für Ihre Nachrichten bei Hotmail auf 2 MB beschränkt ist, können Sie mit Outlook Express eingegangene Nachrichten zudem auf Ihre Festplatte kopieren und so neuen Raum für neue Mitteilungen schaffen.

E-Mail-Konto bei Outlook Express einrichten

Bevor Outlook Express ein E-Mail-Konto abfragen oder darüber E-Mails senden kann, muss das Konto zuerst eingerichtet werden.

- Bei klassischen E-Mail-Konten brauchen Sie dazu die Adresse des Mail-Eingangsservers und des Mail-Ausgangsservers. Außerdem müssen Sie natürlich Ihren Benutzernamen und Ihr Kennwort wissen. All diese Angaben erhalten Sie von Ihrem E-Mail-Anbieter.
- Bei Hotmail-Konten brauchen Sie die E-Mail-Adresse und das geheime Kennwort, das Sie bei der Einrichtung des Kontos vereinbart haben.

So wird ein neues E-Mail-Konto eingefügt:

1. Starten Sie Outlook Express, zum Beispiel über sein Symbol in der Schnellstartleiste oder im Startmenü direkt.
2. Wählen Sie *Extras/Konten*. Das Fenster *Internetkonten* öffnet sich. Aktivieren Sie die Registerkarte *E-Mail*. Jetzt sehen Sie alle E-Mail-Konten, die bereits eingerichtet sind.
3. Um ein neues E-Mail-Konto in die Liste einzufügen, klicken Sie auf *Hinzufügen* und wählen *E-Mail*. Ein Fenster öffnet sich und möchte wissen, unter welchem Namen ausgehende E-Mails abgeschickt werden sollen. Geben Sie sich hier einen treffenden Namen, und klicken Sie auf *Weiter*.
4. Geben Sie dann die E-Mail-Adresse des Kontos an. Klicken Sie auf *Weiter*. Jetzt bestimmen Sie, was für eine Art von E-Mail-Konto Sie einrichten wollen. Handelt es sich um ein normales E-Mail-Konto, dann wählen Sie *POP3*. Geben Sie die Adresse des Posteingangsservers und des Postausgangsservers an. Handelt es sich um ein Hot-

mail-Konto, dann wählen Sie *HTTP* und stellen als Dienstanbieter ein: *Hotmail*.

5. Klicken Sie auf *Weiter*. Nun werden Sie nach Ihrem Kennwort gefragt. Geben Sie es ein. Das Konto ist nun bei Outlook Express registriert.

Abbildung 9.10: *E-Mail-Konto bei Outlook Express einrichten*

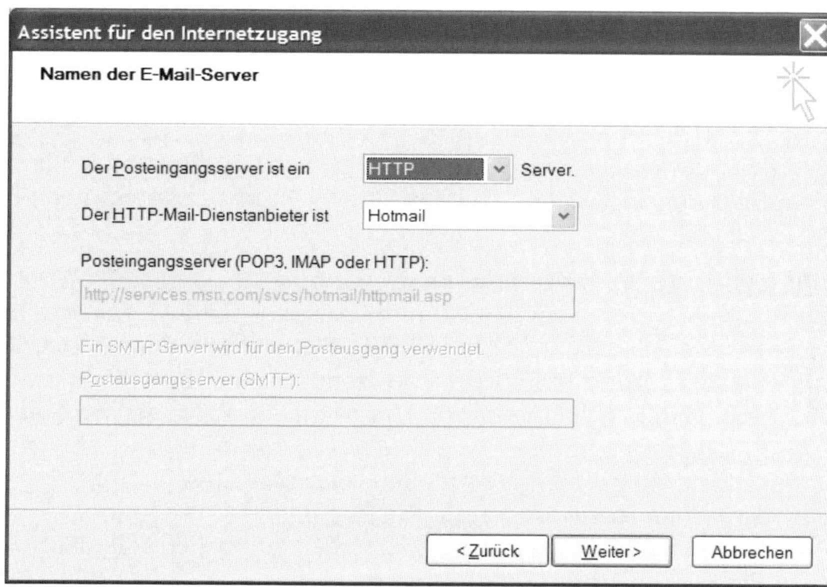

C

Mit dem Internet verbinden

E-Mail-Konten abfragen

Alle E-Mail-Konten werden gemeinsam abgefragt, sobald Sie auf die Schaltfläche *Senden/Empfangen* klicken. Zielen Sie dabei mit der Maus auf den kleinen Pfeil am rechten Rand der Schaltfläche, dann öffnet sich ein Untermenü, sodass sich auch nur einzelne ausgewählte Konten abfragen lassen.

Werden E-Mail-Konten abgefragt, dann stellt Outlook Express eine Verbindung ins Internet her und versendet bei dieser Gelegenheit auch gleich alle E-Mails, die Sie in der Zwischenzeit verfasst haben.

Die folgenden Feineinstellungen sind dabei wichtig:

Festlegen, wann der Posteingang überprüft wird

Als Vorgabe prüft Outlook Express den Nachrichteneingang automatisch alle 30 Minuten. Nutzer einer Flatrate mit ständiger Internetanbindung möchten möglicherweise früher über neue Post informiert werden und können das Intervall deshalb verkürzen.

Wer dagegen jede Internetverbindung einzeln bezahlen muss, sollte das Intervall eventuell verlängern und genau festlegen, ob Outlook Express selbst eine Internetverbindung aufbauen darf oder nur dann nach Post sucht, wenn Sie sowieso mit dem Internet verbunden sind.

1. Wählen Sie *Extras/Optionen*. Das Fenster *Optionen* öffnet sich.
2. Aktivieren Sie die Registerkarte *Allgemein*. Wählen Sie die Option *Beim Start von Outlook Express Nachrichten senden und empfangen*, wenn Sie möchten, dass Outlook Express direkt nach dem Start den Posteingang prüft. Diese Option ist sinnvoll.
3. Aktivieren Sie die Option *Nachrichteneingang alle*, und stellen Sie dahinter ein, in welchen Zeitabständen Outlook Express neue Post suchen soll.
4. In der Liste *Falls gerade keine Verbindung mit dem Internet besteht*: wählen Sie aus, was Outlook Express tun soll, wenn es beim Start entdeckt, dass Sie nicht mit dem Internet verbunden sind. Wollen Sie, dass Outlook Express auf jeden Fall eine Internetverbindung herstellt, dann ist die Option *DFÜ-Verbindung beim Offlinearbeiten herstellen* richtig. Soll sich Outlook Express nur dann einwählen, wenn Sie Daten übertragen wollen, dann ist *DFÜ-Verbindung nur beim Onlinearbeiten herstellen* richtig. Und wenn Outlook Express die Internetverbindung gar nicht von allein herstellen soll, dann wählen Sie *Keine Verbindung herstellen*.
5. Möchten Sie Internetverbindungen so kurz wie möglich halten, dann aktivieren Sie die Registerkarte *Verbindung*. Wählen Sie die Option *Nach dem Senden bzw. dem Empfangen auflegen*. So trennt Outlook Express die Internetverbindung sofort, wenn es seine Arbeiten erledigt hat. Das passiert allerdings nun auch dann, wenn jemand anderes die Internetverbindung aufgebaut hat. Surfen Sie zum Beispiel, und Outlook Express kontrolliert nebenbei die Post, dann legt es anschließend die Internetverbindung lahm, und Sie müssen sich neu einwählen, um weitersurfen zu können.
6. Klicken Sie auf *OK*.

Sendeverzögerungen – wie lange dürfen Sendungen warten?

Wenn Sie selbst E-Mails verfassen, dann speichert Outlook Express die neue Post zuerst im Ordner Postausgang. Die E-Mails werden erst dann verschickt, wenn der Posteingang das nächste Mal geprüft wird. So verhindern Sie, dass Outlook Express nach jeder fertiggeschriebenen E-Mail eine Internetverbindung aufbaut.

Bei Anwendern, die sowieso ständig ans Internet angeschlossen sind oder die Interneteinwahlen nicht einzeln bezahlen müssen, ist diese

Sparmoral eher hinderlich, denn neue E-Mails werden jetzt unnötig lange im Posteingang zwischengelagert.

So bestimmen Sie, ob E-Mails sofort oder erst bei nächster Gelegenheit versendet werden:

1. Wählen Sie *Extras/Optionen*. Das Fenster *Optionen* öffnet sich. Aktivieren Sie die Registerkarte *Senden*.
2. Aktivieren Sie die Option *Nachrichten sofort senden*, wenn neue E-Mails sofort verschickt werden sollen.
3. Wenn Sie außerdem möchten, dass Outlook Express Ihr Adressbuch wie ein Privatsekretär erweitert, dann aktivieren Sie außerdem die Option *Adresse beim Antworten in das Adressbuch übernehmen*. Jede E-Mail, die Sie ab sofort versenden, wird jetzt mit dem Adressbuch abgeglichen, und wenn der Empfänger darin noch nicht vermerkt ist, fügt Windows ihn automatisch hinzu.

E-Mails lesen

Neu eingegangene E-Mails landen stets im Ordner *Posteingang*. Eine Ausnahme gilt nur, wenn Sie Regeln definiert haben. Dann landen beispielsweise alle E-Mails mit einer bestimmten Betreff-Zeile oder von einem besonderen Absender in einem speziellen Ordner.

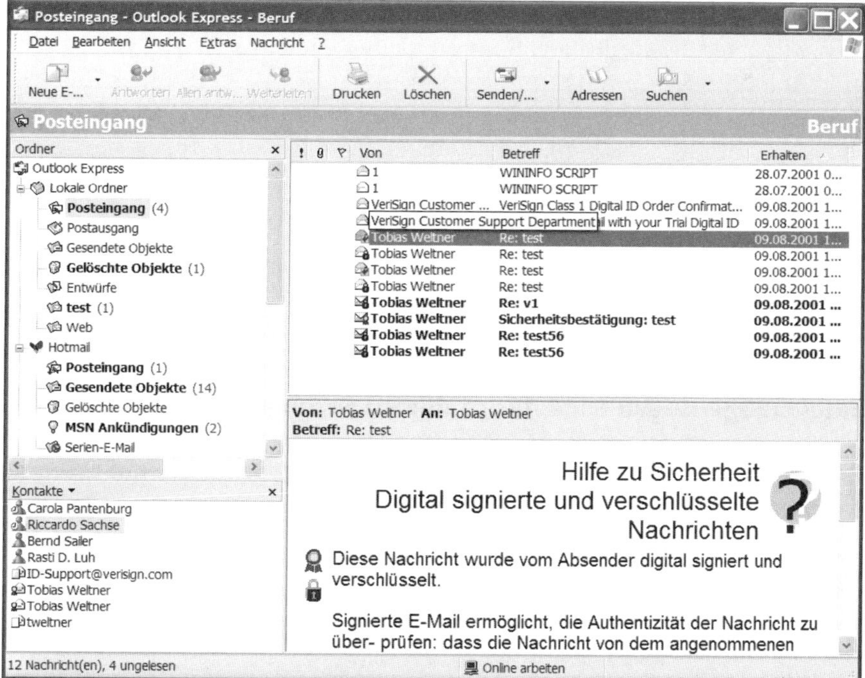

Abbildung 9.11: *Outlook Express unterstützt neben normaler E-Mail auch verschlüsselte Nachrichten*

Links in der Ordnerleiste sehen Sie alle Ordner, die es gibt. Ordner, die noch ungelesene Post enthalten, sind fettgedruckt und zeigen in Klammern die Anzahl der ungelesenen Nachrichten an.

Um neue Post zu lesen, öffnen Sie den Ordner *Posteingang*.

TIPP

Beachten Sie, dass normale POP3-E-Mailkonten über den Knoten *Lokale Ordner* verwaltet werden, während HTTP-basierte Web-Konten wie Hotmail über einen eigenen Knoten angezeigt werden.

Das hat technische Gründe: bei normalen POP3-Konten laden Sie die Nachrichten auf Ihre lokale Festplatte herunter, und deshalb befindet sich der Posteingang im Bereich der Lokalen Ordner. Web-basierte E-Mail-Konten werden auf Internetservern gespeichert. Alle Nachrichten und Ordner, die Sie also im Zweig *Hotmail* sehen, liegen eigentlich auf solch einem Internetserver. Möchten Sie die Nachrichten auf Ihren Computer übertragen, dann ziehen Sie die Nachrichten in einen Ihrer Lokalen Ordner.

Wenn Sie einen Ordner öffnen, dann wird die darin enthaltene E-Mail spaltenweise angezeigt. Ein rotes Ausrufungssymbol kennzeichnet besonders dringende E-Mails. Eine Büroklammer signalisiert, dass an die E-Mail Dateien angehängt sind. In der Fähnchen-Spalte können Sie selbst Nachrichten per Klick markieren, auf die Sie vielleicht später noch unbedingt reagieren wollen.

TIPP

Klicken Sie auf eine Spaltenüberschrift, dann sortiert Outlook Express den Inhalt des Ordners nach diesem Kriterium. Noch ein Klick sortiert in umgekehrter Reihenfolge. Spalten lassen sich auch neu anordnen: dazu ziehen Sie Spalten nach links oder rechts, um sie in neuer Reihenfolge anzuordnen. Über einen Rechtsklick auf eine Spalte oder Spalten, blenden Sie Spalten ganz aus oder wieder ein.

Ungelesene E-Mails werden mit einem geschlossenen Briefumschlag markiert und sind fettgedruckt. Haben Sie die E-Mail mindestens 5 Sekunden geöffnet, dann sieht Outlook Express sie als gelesen an und zeigt einen geöffneten Briefumschlag.

Anhänge bearbeiten

Haben Sie eine E-Mail empfangen, an die Dateien angehängt sind, dann werden diese Dateien in der E-Mail in einer separaten Zeile aufgeführt. Um die Anhänge zu öffnen, doppelklicken Sie in der Zeile auf die entsprechende Datei.

Outlook Express bietet Ihnen dann an, die Datei zu öffnen oder zu speichern. Bei Dateien, die Programmcode enthalten, erscheint außerdem eine eindringliche Warnung, und das aus gutem Grund.

Öffnen Sie einen Anhang, der in Wirklichkeit ein Programm oder ein Skript ist, dann würde der Programmcode sofort unter Ihrem Benutzernamen ausgeführt. Ein Skript, das die Festplatte löschen möchte, könnte dies dann tun, und zwar auch dann, wenn der Absender das Skript »I love you« genannt hat.

Sie sollten deshalb Anhänge nicht öffnen, wenn Outlook eine Warnung anzeigt. Speichern Sie den Anhang lieber als Datei und untersuchen Sie die Datei anschließend mit einem Virenscanner, bzw. schauen Sie sich den Skriptcode in einem Editor an. Im Zweifelsfall verwerfen Sie die übersandte Datei lieber.

E-Mails versenden

Über die Schaltfläche *Neue E-Mail* schreiben Sie eigene neue E-Mails. Klicken Sie dagegen auf den kleinen Pfeil am rechten Rand der Schaltfläche, dann öffnet sich ein Menü mit Briefvorlagen. Briefvorlagen funktionieren wie bedrucktes Briefpapier und stehen für die verschiedensten Anlässe zur Auswahl.

Abbildung 9.12: *Neben normalen E-Mails unterstützt Outlook Express auch verschiedene Briefpapiere*

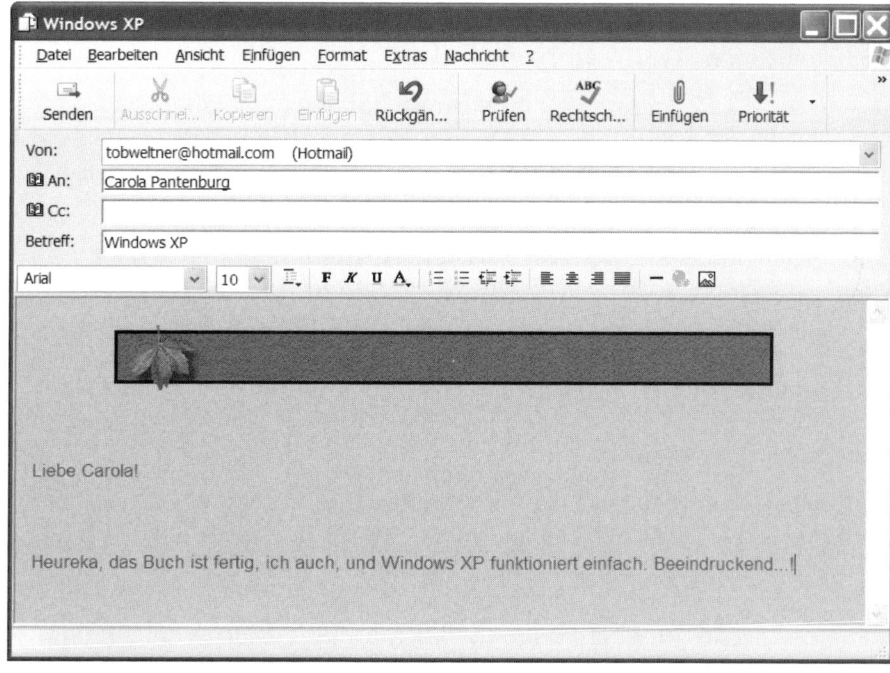

Absender und Empfänger

Legen Sie im *Von*-Feld fest, über welches E-Mail-Konto die Nachricht versendet werden soll. Suchen Sie sich hier ein Konto aus, mit dem Sie auch tatsächlich E-Mails versenden können.

TIPP

Hotmail-Konten können E-Mails versenden, allerdings sind Anhänge auf eine maximale Größe von 2 MB beschränkt. Andere Dienstanbieter handhaben den E-Mail-Versand unterschiedlich, um zu verhindern, dass E-Mail-Konten zum massenhaften Versand von Werbemails missbraucht werden. CompuServe beispielsweise erlaubt das Versenden von E-Mails nur, wenn Sie sich über eine der CompuServe-Einwahlnummern ins Internet eingewählt haben. *Epost* erlaubt Ihnen E-Mail-Versand erst, wenn Sie zuvor Ihre E-Mail abgefragt und sich dabei als registrierter Benutzer ausgewiesen haben.

Tragen Sie ins *An*-Feld die E-Mail-Adresse des Empfängers ein. Ist der Empfänger bereits im Adressbuch gespeichert, dann können Sie auch dessen normalen Namen eingeben oder auf das Adressbuch-Symbol klicken und den Empfänger im Adressbuch nachschlagen.

Das *Cc*-Feld steht für »Carbon Copy«, eine Anlehnung an das altbewährte Kohlepapier. Alle Empfänger, die in dieser Liste stehen, bekommen eine Kopie der E-Mail zugeschickt.

Das *Betreff*-Feld muss zwar nicht ausgefüllt werden, aber weil es die erste Information ist, die der E-Mail-Empfänger in seinem Posteingang liest, sollten Sie hier stichwortartig eintragen, worum es bei Ihrer E-Mail eigentlich geht.

Noch einfacher geht es, wenn Sie eine E-Mail empfangen haben und darauf antworten wollen. Klicken Sie in diesem Fall auf *Antwort*, dann wird die Adresse des Absenders automatisch eingetragen. Die ursprüngliche E-Mail erscheint außerdem unter der Überschrift *Original Message*, damit der Empfänger weiß, auf welche E-Mail Sie sich beziehen.

Die Nachricht verfassen

Verfassen Sie nun Ihre E-Mail-Nachricht. Haben Sie im *Format*-Menü *Rich Text (HTML)* ausgesucht oder eine Briefvorlage gewählt, dann wird die E-Mail als HTML-Seite versendet. Sie können dann Schriftarten und -größen sowie Farben einsetzen, beinahe wie in einem Textverarbeitungsprogramm. Die entsprechenden Einstellmöglichkeiten befinden sich zwischen Betreff-Zeile und dem Nachrichtentext.

Wollen Sie Dateien an die Nachricht anhängen, dann ziehen Sie die Dateien einfach in das Nachrichtenfeld hinein. Outlook Express fügt sie automatisch ein.

TIPP Sie können so viele Dateien an eine E-Mail anheften, wie Sie mögen. Allerdings sollten Sie die Dateigrößen im Auge behalten. Nachrichten ab einer Größe von mehr als 300 KB werden für viele Empfänger zum Ärgernis, weil das Herunterladen der Nachricht nun bei einer Modemverbindung sehr lange dauert. Anhänge ab einer Größe von 1 MB können komplett scheitern, weil E-Mail-Provider die Maximalgröße der Anhänge häufig auf einen Wert zwischen 1 und 2 MB beschränken. Größere Mails werden abgelehnt. Versenden Sie größere Datenmengen, dann sollten Sie die Daten nicht direkt an eine E-Mail anhängen, sondern zuerst in einem ZIP-Archiv verpacken. Das reduziert die Dateigröße je nach Datentyp auf bis zu einem Hundertstel der Originalgröße.

Die E-Mail absenden

Ist die Nachricht fertiggestellt, dann klicken Sie auf *Senden*. Je nach Voreinstellung landet die Nachricht dann entweder zuerst im *Postausgang*-Ordner und wird versendet, sobald Sie das nächste Mal mit dem Internet verbunden sind, oder die Nachricht wird sofort verschickt.

In den Voreinstellungen speichert Outlook Express eine Kopie der E-Mail im Ordner *Gesendete Objekte*. So können Sie auch später noch sehen, wann Sie welchen Personen was für Nachrichten gesendet haben.

E-Mail-Nachrichten übersichtlich verwalten

Unter Umständen erreichen Sie täglich zig E-Mails. Deshalb ist es wichtig, rechtzeitig Vorkehrungen zu treffen, um E-Mails vernünftig zu organisieren:

- Legen Sie weitere Ordner an, in denen Sie E-Mails nach Themen oder Gruppen aufbewahren.
- Definieren Sie Regeln, damit Outlook Express automatisch neu eingehende E-Mails in die entsprechenden Ordner verschiebt.

Neue Ordner anlegen

Möchten Sie einen neuen Ordner anlegen, dann klicken Sie in der linken Spalte mit der rechten Maustaste auf *Lokale Ordner* und wählen *Neuer Ordner*. Ein neuer Ordner erscheint, und Sie können ihm sofort den passenden Namen zuweisen.

Anschließend öffnen Sie den Ordner, in dem Ihre E-Mails lagern, zum Beispiel den *Posteingang*. Ziehen Sie jetzt alle Nachrichten, die Sie in den neuen Ordner ausgliedern wollen, aus dem Ordner in die linke Spalte auf den neuen Ordner. Outlook Express verschiebt die Nachricht.

Der Ordner *Posteingang* sollte nur das gemeinsame Eingangsportal Ihrer eingehenden E-Mails sein. Verschieben Sie E-Mails nach dem Lesen sofort in einen speziellen Ordner, um Ordnung zu wahren und den Posteingang frei zu halten. Besonders wenn Sie Hotmail-Konten verwenden, ist das wichtig. Der Platz im Posteingang ist hier nämlich auf 2 MB beschränkt, und wenn Sie den Posteingang nicht rechtzeitig selbst von Ballast befreien, löscht Hotmail irgendwann selbst alte Nachrichten, um Platz für neue zu schaffen. **TIPP**

Regeln verschieben Nachrichten automatisch

Natürlich könnten Sie alle eingehenden Nachrichten von Hand öffnen und in die passenden Ordner verschieben, aber auf Dauer ist das Unbequem. Spätestens nach einem kleinen Urlaub stapeln sich im Posteingang unsortiert Unmengen von E-Mails.

Deshalb können Sie Regeln einrichten. Die bestimmen automatisch, welche E-Mails in welchen Ordnern aufbewahrt werden sollen:

1. Wählen Sie *Extras/Nachrichtenregeln/E-Mail*. Das Fenster *Neue E-Mail-Regel* öffnet sich.
2. Legen Sie in der oberen Liste eine neue Regel fest. Möchten Sie zum Beispiel E-Mails einer bestimmten Person immer im Ordner *Privat* speichern, dann wählen Sie hier aus: *Enthält den Absender "Absender" in der "Von:"-Zeile*. Sie können auch mehrere Kriterien auswählen.
3. Wählen Sie im nächsten Feld aus, was mit Nachrichten passieren soll, die dem Kriterium entsprechen. Möchten Sie die Nachricht in einen Ordner verschieben, dann wählen Sie *In den Ordner "..." verschieben*. Sie sehen aber auch: Unerwünschte E-Mails könnten ebenso gut automatisch gelöscht werden.
4. Im dritten Feld legen Sie die Feineinstellungen fest. Alle Informationen, die noch angegeben werden müssen, werden als Link dargestellt. Klicken Sie auf den jeweiligen Link, um zum Beispiel anzugeben, von welchem Absender die Nachricht stammen soll und in welchen Ordner sie kopiert werden muss.
5. Ins vierte Feld gehört ein Name für die Regel. Klicken Sie auf *OK*. Die neue Regel ist einsatzbereit.

Abbildung 9.13: *Regeln automatisieren den Posteingang und verteilen Mails zum Beispiel auf verschiedene Ordner*

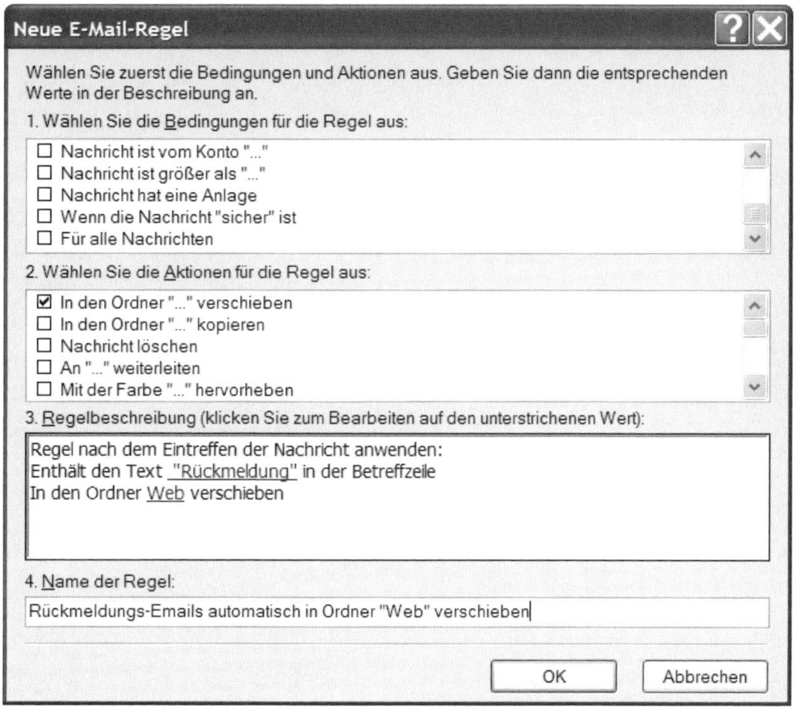

Nachrichten suchen

Hin und wieder kann es vorkommen, dass Sie zwar noch ganz genau wissen, eine bestimmte E-Mail erhalten zu haben, diese aber einfach nicht mehr auffindbar ist. In solchen Fällen kann Outlook Express Ihnen bei der Suche behilflich sein.

1. Klicken Sie auf die *Suchen*-Schaltfläche, oder wählen Sie *Bearbeiten/Suchen/Nachricht*. Das Fenster *Nachricht suchen* öffnet sich.
2. Klicken Sie auf die Schaltfläche *Durchsuchen*, um festzulegen, wo gesucht werden soll. Möchten Sie überall suchen, dann wählen Sie *Lokale Ordner*. Klicken Sie auf *OK*.
3. Aktivieren Sie die Option *Unterordner einbeziehen*, damit auch Nachrichten gefunden werden, die sich in einem Unterordner verstecken. Danach legen Sie fest, wonach gesucht werden soll. Dazu stehen Ihnen alle Felder zur Verfügung, die in E-Mails vorkommen. Möchten Sie nach einer E-Mail suchen, die eine bestimmte Person an Sie geschickt hat, dann tragen Sie dessen Absender ins *Von*:-Feld ein. Suchen Sie dagegen nach einem Stichwort im Nachrichtentext, dann geben Sie es ins Feld *Nachricht* ein.

4. Starten Sie die Suche per Klick auf *Durchsuchen*. Die infrage kommenden Nachrichten werden jetzt angezeigt. Öffnen Sie eine Nachricht per Doppelklick, dann können Sie sofort darauf antworten.

Empfangsbestätigungen anfordern

E-Mails werden mit nur wenigen Klicks zu Einschreiben mit Rückschein: wenn Sie wissen wollen, ob und wann Ihre E-Mail den Empfänger erreicht hat, dann wählen Sie vor dem Absenden *Extras/Lesebestätigung anfordern*. Ist die Nachricht digital signiert, dann können Sie auch *Extras/Sicherheitsbestätigung anfordern* auswählen.

Empfängt der Adressat die E-Mail und öffnet sie, dann erhalten Sie – ebenfalls per E-Mail – eine Lesebestätigung. Allerdings nicht immer.

Lesebestätigungen sind ein Eingriff in die Privatsphäre. Schließlich will nicht jeder kundtun, ob und wann er E-Mails liest. Deshalb können Sie selbst entscheiden, wie Ihr Outlook Express mit Lesebestätigungs-Anforderungen umgehen soll:

1. Wählen Sie *Extras/Optionen*, und aktivieren Sie die Registerkarte *Bestätigungen*.
2. Möchten Sie, dass automatisch alle E-Mails, die Sie versenden, eine Bestätigung anfordern, dann aktivieren Sie die Option *Lesebestätigung für alle gesendeten Nachrichten anfordern*. Sie erhalten jetzt aber unter Umständen für jede gesendete E-Mail eine Bestätigungsmail zurück.
3. Im Bereich *Versenden von Lesebestätigungen* legen Sie fest, wie Outlook Express mit Lesebestätigungen umgehen soll, die andere anfordern. Wählen Sie die Option *Keine Lesebestätigungen senden*, dann wird diese Anforderung geflissentlich ignoriert. Aktivieren Sie die Option *Bei Anforderung einer Lesebestätigung benachrichtigen*, die zugleich die Vorgabe ist, dann erscheint ein Fenster und meldet, dass der Absender gern eine Lesebestätigung hätte. Anschließend entscheiden Sie von Fall zu Fall, ob Sie den Wunsch erfüllen oder nicht. Aktivieren Sie die Option *Immer Lesebestätigung senden*, dann wird automatisch immer eine Bestätigung zurückgesendet, wenn sie angefordert war.
4. Sicherheitsbestätigungen prüfen, ob die digital signierte Nachricht in einwandfreiem Zustand beim Empfänger angekommen ist. Klicken Sie auf die Schaltfläche *Sicherheitsbestätigungen*. Ein Fenster öffnet sich, in dem Sie sich aussuchen können, ob und wann Outlook Express Sicherheitsbestätigungen sendet.

E-Mails sicher versenden

Im Grunde kann jeder E-Mails unter fremdem Namen versenden. Wollen Sie sicherstellen, dass der Empfänger einer E-Mail überprüfen kann, dass die E-Mail tatsächlich von Ihnen stammt und ihr Inhalt nicht verändert wurde, dann brauchen Sie ein digitales Zertifikat.

Solche Zertifikate funktionieren wie ein Personalausweis, und um ein Zertifikat zu bekommen, müssen Sie es bei einem Zertifizierungsdienst beantragen. Je nach Sicherheitsstufe des Zertifikats ist es dafür nötig, dem Zertifizierungsdienst gegenüber Ihre Identität nachzuweisen. Ohne diesen Aufwand hätten Zertifikate sonst wenig Sinn.

So beantragen Sie ein eigenes digitales E-Mail-Zertifikat:

1. Wählen Sie *Extras/Optionen*. Aktivieren Sie die Registerkarte *Sicherheit*.
2. Klicken Sie auf die Schaltfläche *ID anfordern*. Eine Website öffnet sich und liefert Ihnen die Links zu Diensten, die digitale Zertifikate ausstellen. Viele Anbieter offerieren kostenlose Testzertifikate, die für einen gewissen Zeitraum gültig sind.
3. Nachdem Sie ein Zertifikat bei einem der Dienstanbieter angefordert haben, erhalten Sie in aller Regel eine Bestätigungs-E-Mail. Darin wird beschrieben, wie das neue Zertifikat aktiviert wird. Denken Sie daran: Zertifikate werden für spezifische E-Mail-Adressen ausgestellt und funktionieren nur, wenn E-Mails über diese Adresse versendet werden.

E-Mails mit Zertifikaten fälschungssicher machen

Sobald das neue Zertifikat auf Ihrem System installiert ist, können Sie Outlook Express anweisen, Ihre E-Mails damit zu sichern. Dazu haben Sie zwei Möglichkeiten:

- Möchten Sie E-Mail nur von Fall zu Fall signieren, oder verwenden Sie mehrere E-Mail-Konten, bei denen nicht jedes Konto ein digitales Zertifikat besitzt, dann ändern Sie die Grundeinstellungen von Outlook Express nicht. Signieren Sie E-Mails bei Bedarf von Hand. Dazu verfassen Sie die E-Mail und wählen dann *Extras/Digital signieren*. Rechts neben dem *Von*-Feld erscheint zur Bestätigung ein rotes Signatursymbol.
- Wollen Sie nicht jedes Mal an das Signieren denken müssen, sondern alle E-Mails automatisch digital signieren, dann weisen Sie Outlook Express an, alle ausgehenden E-Mails zu signieren. Wenn Sie das tun,

können Sie allerdings keine E-Mails mehr über Konten versenden, für die Sie kein digitales Zertifikat installiert haben.

So sorgen Sie dafür, dass alle ausgehenden E-Mails signiert werden:

1. Wählen Sie *Extras/Optionen*, und aktivieren Sie die Registerkarte *Sicherheit*.
2. Wählen Sie die Option *Alle ausgehenden Nachrichten digital signieren*. Klicken Sie dann auf *Erweitert*.
3. Aktivieren Sie die Option *Eigene digitale ID beim Senden signierter E-Mail hinzufügen*. Aktivieren Sie die Option *Absenderzertifikate automatisch dem Adressbuch hinzufügen.*.
4. Im Feld *Auf zurückgezogene digitale IDs prüfen* aktivieren Sie die Option *Nur wenn online*. Diese Einstellung betrifft nicht Ihre eigenen Zertifikate, sondern die anderer Benutzer, die Ihnen E-Mails senden. Sollten ihre Zertifikate ungültig werden, weil der Absender sie aufgegeben hat oder Missbrauch festgestellt wurde, dann wird Ihr System nun davon in Kenntnis gesetzt und akzeptiert solche zurückgezogenen Zertifikate nicht mehr.
5. Klicken Sie auf die Schaltfläche *OK*, bis alle Fenster geschlossen sind.

Wenn Sie nun E-Mails versenden, werden Sie eine Reihe von Neuerungen kennen lernen:

- Hinter dem *Von*:-Feld erscheint immer ein rotes Signatur-Symbol, um anzuzeigen, dass diese E-Mail signiert versendet wird. E-Mails können jetzt nicht mehr unsigniert versendet werden.
- Beim Versenden der E-Mail meldet Outlook Express, dass auf Ihr Zertifikat zugegriffen wird. Dies ist eine Sicherheitsvorkehrung, die immer passiert, wenn der private (geheime) Schlüssel des Zertifikats verwendet wird, um in Ihrem Namen eine Nachricht zu signieren. Ohne die Änderungen in den Grundeinstellungen geschieht dies nur, wenn Sie explizit eine E-Mail signieren lassen.

Der Empfänger Ihrer signierten E-Mail sieht in seinem Outlook Express Eingangspostfach Ihre E-Mail mit einem Briefumschlag-Symbol, das ebenfalls das rote Signatursymbol trägt. Wird die E-Mail geöffnet, dann meldet das Programm, dass es sich um eine signierte E-Mail handelt. Sollte die E-Mail nicht vom angegebenen Empfänger stammen, oder sollte der Inhalt nachträglich verändert worden sein, dann erhalten Sie entsprechende Warnmeldungen. Treten keine Warnmeldungen auf, dann ist sichergestellt, dass die Nachricht tatsächlich vom angegebenen Absender stammt.

Wie Signaturen funktionieren

Signaturen sind nur dann überhaupt nützlich, wenn sie von einem Dienst ausgestellt werden, dem alle trauen. Ein Personalausweis wird deshalb von jedermann akzeptiert, weil alle der Bundesregierung vertrauen.

Digitalen Zertifikaten, die von einem der offiziellen Anbieter stammen, wird ebenfalls allgemein vertraut. Man geht also davon aus, dass Zertifikate, die als Absender einen offiziellen Zertifikatdienst tragen, von diesem nicht leichtfertig vergeben werden.

Welchen Dienstanbietern Ihr System traut, ist im Systemsteuerungs-Modul *Internetoptionen* festgelegt:

1. Wählen Sie im Startmenü *Systemsteuerung* und öffnen Sie dann *Internetoptionen*. Aktivieren Sie die Registerkarte *Inhalte*.
2. Klicken Sie im Bereich *Zertifikate* auf die Schaltfläche *Zertifikate*.
3. Das Fenster *Zertifikate* öffnet sich. Aktivieren Sie die Registerkarte *Vertrauenswürdige Stammzertifizierungsstellen*. In einer Liste sehen Sie nun alle Dienstanbieter, denen Ihr System traut.
4. Streichen Sie einen Anbieter aus dieser Liste, dann werden die von ihm herausgegebenen Zertifikate auf Ihrem System wertlos und nicht mehr anerkannt.

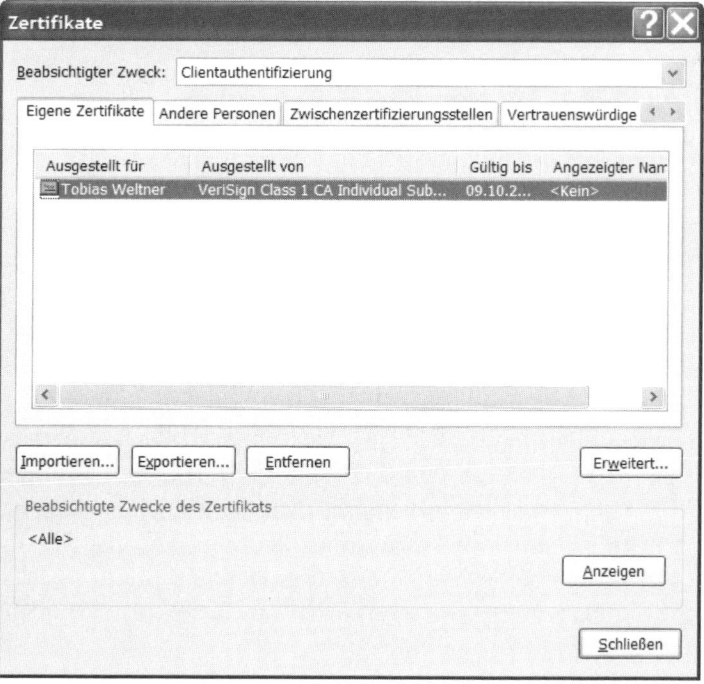

Abbildung 9.14: *Alle Zertifikate werden von Windows im zentralen Zertifikatspeicher aufbewahrt*

Immer, wenn Sie ein eigenes neues Zertifikat beantragen, landet dieses bei der Installation in Ihrem persönlichen Zertifikatspeicher. Dies finden Sie im Dialogfeld von oben auf der Registerkarte *Eigene Zertifikate*.

E-Mails verschlüsseln

Heute werden immer mehr Informationen per E-Mail verschickt, und darunter sind auch handfeste firmeninterne Geheimnisse. Auf dem Weg vom Absender zum Empfänger durchläuft die E-Mail in aller Regel mehrere Mailserver. Normale E-Mails werden hier zwischengespeichert und sind im Klartext lesbar. Eine Sicherheitslücke, die vielen Unternehmen vollkommen unbewusst ist.

Digitale Zertifikate helfen nicht nur, den Absender einer E-Mail eindeutig zu identifizieren. Sie können auch zur Verschlüsselung eingesetzt werden. Dabei gilt dieses Prinzip:

- Um eine E-Mail-Nachricht verschlüsseln zu können, brauchen Sie den öffentlichen Teil des Digitalen Zertifikats des Empfängers. Haben Sie also eine digital signierte E-Mail erhalten, dann können Sie die Antwort auf jeden Fall verschlüsseln. Dazu wählen Sie *Extras/Verschlüsseln*. Ohne den öffentlichen Teil des Empfängerzertifikates können Sie Nachrichten nicht verschlüsseln. Outlook Express weist Sie dann darauf hin, dass Ihnen das Empfängerzertifikat fehlt.
- Haben Sie den öffentlichen Teil des digitalen Zertifikats des Empfängers in Ihrem Adressbuch gespeichert, dann können Sie alle E-Mails – nicht nur Antworten auf signierte Post – an diesen Empfänger verschlüsseln. Damit das digitale Zertifikat möglichst all Ihrer E-Mail-Partner in Ihrem Adressbuch gespeichert wird, wählen Sie in Outlook Express *Extras/Optionen*, aktivieren die Registerkarte *Sicherheit* und klicken auf die Schaltfläche *Erweitert*. Aktivieren Sie hier die Option *Absenderzertifikate automatisch dem Adressbuch hinzufügen*.
- Verfügt Ihr eigenes E-Mail-Konto nicht über ein digitales Zertifikat, dann können andere Anwender Ihnen keine verschlüsselten Nachrichten schicken. Alle E-Mails, die Sie empfangen, sind unverschlüsselt.
- Versenden Sie verschlüsselte E-Mails, ohne über ein eigenes digitales Zertifikat zu verfügen, dann werden die von Ihnen verschlüsselt gesendeten E-Mails zwar wie normale E-Mails im Ordner *Gesendete Objekte* als Kopie aufbewahrt, aber diese Kopien sind für Sie unlesbar. Nur wenn Sie selbst auch ein digitales Zertifikat installiert haben, wird die Nachricht so verschlüsselt, dass sowohl Sie als auch der Empfänger sie entschlüsseln können.

Daraus leiten sich ein paar einfache Regeln ab, wenn Sie Ihre E-Mail-Kommunikation möglichst sicher abwickeln wollen:

- Beantragen und installieren Sie digitale Zertifikate für all Ihre E-Mail-Konten, und sorgen Sie dafür, dass auch Ihre E-Mail-Partner digitale Zertifikate für ihre Konten einrichten.
- Senden Sie sich jeweils eine unverschlüsselte, aber signierte E-Mail. So tauschen Sie den öffentlichen Teil Ihrer Zertifikate aus. Haben Sie die Adressbuchoption oben aktiviert, dann werden die Partner-Zertifikate automatisch in Ihrem Adressbuch gespeichert.
- Ab sofort können Sie mit Ihren Partnern signierte und verschlüsselte E-Mails austauschen. Über *Extras/Optionen* und das *Sicherheit*-Register legen Sie nun am besten fest, dass alle ausgehenden Nachrichten sowohl signiert als auch verschlüsselt werden. Diese Optionen sollten Sie aber nur setzen, wenn alle E-Mail-Partner digitale Zertifikate besitzen und Ihnen diese Zertifikate wie eben beschrieben haben zukommen lassen. Andernfalls verwenden Sie lieber die Bedarfsverschlüsselung, wählen also nach dem Erstellen einer E-Mail *Extras/Verschlüsseln* und/oder *Extras/Digital signieren*.
- Windows XP enthält keine Begrenzung der Verschlüsselungstiefe mehr, aber ältere Windows-Versionen einschließlich Windows 2000 sind unter Umständen aufgrund veralteter Exportrichtlinien der USA auf eine Verschlüsselungstiefe von 40 Bit limitiert. Falls Outlook Express auf solchen Systemen die niedrige Verschlüsselungstiefe als mögliches Sicherheitsrisiko moniert, installieren Sie das aktuelle Service Pack, um die Limitierung aufzuheben.

Details der Verschlüsselung regeln

Abschließend lohnt sich ein Blick in die Feineinstellung der digitalen Zertifikate. Wurde einem Ihrer E-Mail-Konten ein digitales Zertifikat zugeordnet, dann können Sie auf die folgende Weise die Einstellungen kontrollieren und ändern:

1. Wählen Sie *Extras/Konten*, und aktivieren Sie die Registerkarte *E-Mail*. Sie sehen jetzt alle E-Mail-Konten, die bei Outlook Express registriert sind. Wählen Sie das Konto aus, das Sie prüfen wollen.
2. Klicken Sie auf die Schaltfläche *Eigenschaften*. Ein Fenster öffnet sich. Aktivieren Sie die Registerkarte *Sicherheit*.
3. Sie sehen nun, ob und falls ja, welches Zertifikat dem Konto zugeordnet ist. Im unteren Teil sehen Sie, welches Zertifikat die Ver- und Entschlüsselung regelt. Darunter kann der Verschlüsselungsalgorithmus gewählt werden.

Wichtige Tastenkombinationen

Outlook Express kann über die folgenden Tastenkombinationen besonders schnell bedient werden:

Tabelle 9.3: Tastenkombinationen von Outlook Express

Tastenkombination	Beschreibung
Entf	Löscht die markierte E-Mail
Alt+Eingabe	Zeigt die gesamten Eigenschaften wie zum Beispiel den ansonsten versteckten Header einer E-Mail an
Strg+F	Leitet eine E-Mail weiter
Strg+I	Öffnet den Posteingang
Strg+M	Sendet neue E-Mails und prüft eingegangene E-Mails
Strg+P	Druckt die markierte E-Mail
Strg+U	Springt zur nächsten ungelesenen E-Mail
Strg+Umschalt+B	Öffnet das Adressbuch
Eingabe	Öffnet die markierte E-Mail
Strg+Q	Markiert eine E-Mail als gelesen
F7	Prüft die Rechtschreibung einer selbstverfassten E-Mail

In Newsgroups mitdiskutieren

Newsgroups sind zwanglose Diskussionsgruppen rund um dieses oder jenes. Zu vielen Themen und Hobbies gibt es bereits passende Gruppen, und sollte ausgerechnet Ihr Spezialgebiet noch nicht vertreten sein, dann können Sie auch eine eigene Diskussionsgruppe ins Leben rufen.

Um in Newsgroups mitdiskutieren zu können, brauchen Sie einen Newsserver, also eine Internetadresse, über die Sie die Newsgroups aussuchen und ihre Inhalte ansehen können. Viele Internetprovider bieten eigene Newsserver an. Daneben gibt es kostenlose öffentliche Newsserver wie zum Beispiel *msnews.microsoft.com*.

Abbildung 9.15: msnews.microsoft.com *ist ein kostenloser technisch orientierter Newsserver*

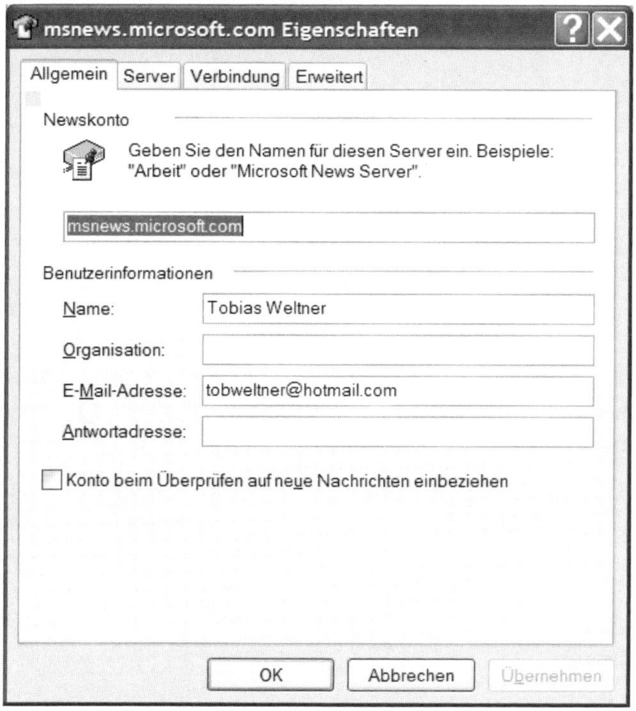

So richten Sie einen Newsserver ein:

1. Starten Sie Outlook Express. Wählen Sie *Extras/Konten*. Das Fenster *Internetkonten* öffnet sich.
2. Aktivieren Sie die Registerkarte *News*, um zu sehen, ob bei Ihnen bereits Newsserver eingetragen sind. Ist die Liste leer, dann fügen Sie einen neuen Newsserver hinzu. Klicken Sie auf *Hinzufügen/News*.
3. Nun werden Sie gefragt, unter welchem Namen Ihre Beiträge zu Newsgroups erscheinen sollen. Klicken Sie auf *Weiter*.
4. Geben Sie jetzt eine E-Mail-Adresse ein, unter der Sie zu erreichen sind. Andere Newsgroup-Teilnehmer, die Ihre Beiträge lesen, können Ihnen dann nicht nur öffentlich über die Newsgroup antworten, sondern auch direkt und geheim. Wenn Sie hier Ihre E-Mail-Adresse angeben, müssen Sie allerdings auch damit rechnen, künftig Werbe-E-Mails zu erhalten. Klicken Sie auf *Weiter*.
5. Jetzt wird es Zeit, die Adresse des News-Servers anzugeben. Wenn Sie keinen anderen News-Server kennen, dann geben Sie ein: `msnews.microsoft.com`. Dieser Newsserver ist öffentlich, behandelt aber hauptsächlich Themen rund um Microsoft-Technologie. Newsgroups

zum Thema Kindererziehung oder Unkrautvernichtung im Garten werden Sie kaum finden.

6. Klicken Sie auf *Weiter* und auf *Fertig stellen*. Klicken Sie dann auf *Schließen*. Outlook Express bietet Ihnen jetzt an, die Newsgroups anzusehen, die es auf dem Newsserver gibt. Klicken Sie auf *Ja*.
7. Der Downloadprozess kann ein paar Sekunden dauern. Anschließend öffnet sich das Fenster *Newsgroupabonnements*. Newsgroups, die Sie interessieren, »abonnieren« Sie per Doppelklick. Ein Abonnement kostet nichts und bedeutet nur, dass die Newsgroup in Ihrer Liste angezeigt wird. Sie können auch ein Suchwort ins Feld *Newsgroups mit folgendem Inhalt anzeigen*: eingeben und sehen dann alle Gruppen, in deren Name das Wort vorkommt. Geben Sie zum Beispiel das Stichwort `windowsxp` ein!
8. Die Gruppen, die Sie ausgewählt haben, erscheinen künftig in der linken Spalte unter dem Knoten des Newsservers, den Sie angegeben haben. Um Nachrichten in den Gruppen zu sehen, doppelklicken Sie auf die Gruppe. Outlook Express lädt nun die Kopfdaten der Nachrichten aus dem Internet. Die Kopfdaten entsprechen den Überschriften einer Nachricht.
9. Möchten Sie einen Beitrag lesen, dann doppelklicken Sie in der rechten Spalte auf den gewünschten Eintrag.

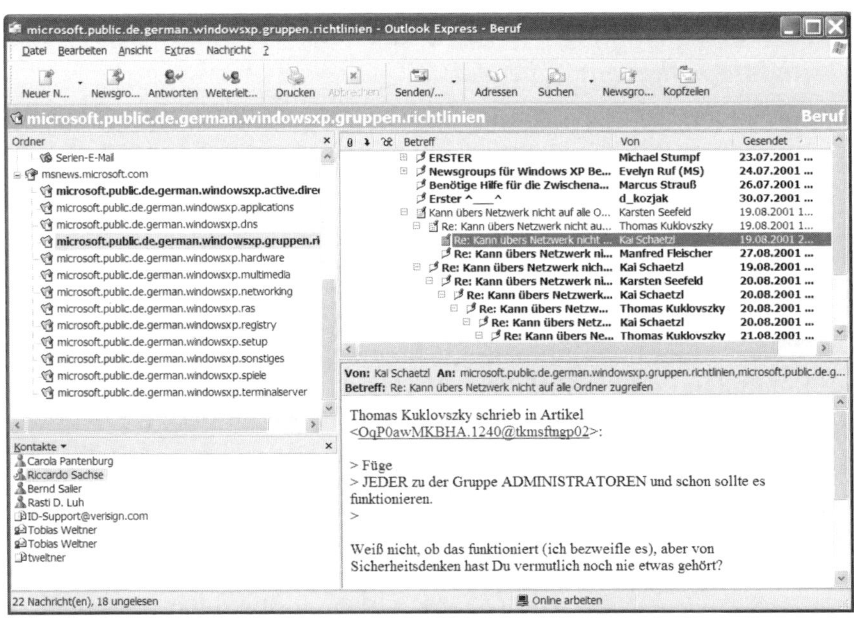

Abbildung 9.16: *In Newsgroups finden Sie Antworten auf (fast) alle Fragen*

Auf einen Beitrag antworten

Möchten Sie auf einen Beitrag antworten, dann klicken Sie auf die Schaltfläche *Newsgroup antworten*.

Ein Formular ähnlich wie bei E-Mails erscheint. Kontrollieren Sie zuerst, an welche Newsgroups Ihr Beitrag geht. Dazu schauen Sie ins Feld *Newsgroups*. Hin und wieder werden hier mehr als eine Newsgroup genannt. Um zu verhindern, dass Ihre Nachricht in mehreren Gruppen erscheint, streichen Sie in diesem Feld alle unerwünschten Gruppen.

Wollen Sie nicht der ganzen Newsgroup öffentlich antworten, sondern lieber dem Verfasser des Beitrags eine E-Mail senden, dann klicken Sie auf die Schaltfläche *Antworten*. Ihre Nachricht geht nun direkt an die E-Mail-Adresse des Verfassers.

Über *Weiterleiten* können Sie den Beitrag an Kollegen oder Bekannte weiterleiten.

Und was, wenn Sie der Newsgroup eine neue eigene Frage stellen wollen? Dann klicken Sie die gewünschte Gruppe in der linken Spalte an und klicken danach auf die Schaltfläche *Neuer Newsgroup-Beitrag*. So rufen Sie einen eigenen Diskussionsfaden ins Leben.

Outlook Express Identitäten nutzen

Outlook Express unterscheidet zwischen verschiedenen Identitäten – oder Benutzern. Nutzen Sie Ihren Computer zum Beispiel sowohl privat als auch beruflich, dann werden Sie dabei ganz unterschiedliche E-Mail-Konten abfragen und möchten vielleicht auch nicht, dass berufliche und private E-Mails vermischt werden.

Deshalb gibt es Identitäten. Darunter sind verschiedene Outlook Express-Konfigurationen zu verstehen. Anfangs arbeitet Outlook Express mit der Identität *Hauptidentität*. Möchten Sie für den Privatbereich eine neue Identität einrichten dann gehen Sie vor wie im nächsten Abschnitt beschrieben.

Neue Identitäten anlegen

So fügen Sie neue Identitäten zum Beispiel für den Privatgebrauch hinzu:

1. Öffnen Sie Outlook Express, und wählen Sie *Datei/Identitäten/Identitäten verwalten*. Das Fenster *Identitäten verwalten* öffnet sich.

2. Anfangs steht in der Identitätenliste nur die vorgegebene Identität *Hauptidentität*. Klicken Sie auf die Schaltfläche *Eigenschaften*, um ihr einen besseren Namen geben zu können.
3. Fügen Sie dann eine neue Identität hinzu: Klicken Sie auf die Schaltfläche *Neu*. Das Fenster *Neue Identität* öffnet sich. Geben Sie den Namen einer weiteren Identität an, zum Beispiel `Privat`.
4. Aktivieren Sie die Option *Beim Start eines Programms diese Identität benutzen:*, und stellen Sie in der Liste die Identität ein, die verwendet werden soll, wenn andere Programme wie der Internet Explorer aufgefordert werden, E-Mails zu versenden. In der Liste *Wenn Sie in einem Programm keine Identität wählen können, diese Identität benutzen*: stellen Sie die Hauptidentität ein. Dann klicken Sie auf *Schließen*.

Eine neue Identität annehmen

Ab sofort können Sie bequem zwischen unterschiedlichen Identitäten wechseln. Dazu wählen Sie in Outlook Express lediglich *Datei/Identität wechseln* und suchen sich die Identität aus, die Outlook Express annehmen soll.

TIPP

Der Identitätswechsel kann nur funktionieren, wenn keine Nachrichtenfenster mehr geöffnet sind, die ungespeicherte Nachrichten enthalten.

Outlook Express verschwindet kurz und startet dann neu. Alle Konfigurationen wie E-Mail-Konten und Newsgroups der vorherigen Identität sind nun verschwunden, und Sie können Outlook Express für die neue Identität komplett neu einrichten.

Künftig wechseln Sie dann mit wenigen Klicks zwischen unterschiedlichen Arbeitsumgebungen.

Outlook Express-Nachrichten sichern und wiederherstellen

E-Mail-Nachrichten und das Adressbuch, die in Outlook Express gespeichert sind, stellen für viele Unternehmen einen unschätzbaren Wert dar. Welche Bedeutung diese Kontakte haben, wird aber vielfach erst bewusst, wenn diese Daten aufgrund eines Crashs verloren gehen oder wenn ein neuer Rechner angeschafft wird, auf dem diese Kontakte natürlich nicht vorhanden sind.

Das in Windows XP integrierte Backup-Programm sichert zwar auf Wunsch auch die Daten von Outlook Express, aber häufig entsteht der

Wunsch, die Postfächer und Adressinformationen separat zu sichern oder auf einen anderen Computer zu übertragen.

Outlook Express enthält keine Exportfunktion, um diese Daten in Dateiform zu speichern. Ein Export ist nur vorgesehen, um von Outlook Express auf das kommerzielle Produkt Outlook oder einen Exchange Server zu wechseln. Trotzdem können die Outlook Express Nachrichten und Adressen über einige Kniffe gesichert und auf andere Systeme übertragen werden.

WICHTIG Die folgenden Verfahrensweisen sind keine offiziellen Outlook Express Funktionen und werden deshalb auch nicht von Microsoft unterstützt. Bevor Sie diese Verfahren einsetzen, machen Sie sich mit deren Wirkung auf einem Testsystem vertraut, und sichern Sie Ihre Nachrichten und Outlook Express über offizielle Backup-Verfahren. Es kann keine Garantie für die ordnungsgemäße Funktion übernommen werden. Haftung für möglicherweise auftretenden Datenverlust kann nicht übernommen werden.

Wie Outlook Express Nachrichten speichert

Outlook Express speichert alle Nachrichtenordner als *.dbx*-Dateien in einem versteckten Ordner. Diesen Ordner erreichen Sie aber nicht direkt, sondern nur über einige Winkelzüge:

1. Öffnen Sie Outlook Express. Klicken Sie in der linken Spalte einen beliebigen Ordner unterhalb des Knotenpunkts *Lokale Ordner* mit der rechten Maustaste an, und wählen Sie *Eigenschaften*. Ein Fenster öffnet sich.
2. Unter *Dieser Ordner ist in folgender Datei gespeichert*: wird der Speicherort dieses Ordners angegeben. Allerdings ist der Pfadname meist zu lang, um komplett angezeigt zu werden. Klicken Sie an den Anfang des Pfadnamens, halten Sie die linke Maustaste fest, und ziehen Sie die Maus nach rechts, bis der ganze Pfadname markiert ist.
3. Lassen Sie die linke Maustaste los, und klicken Sie nun mit der rechten Maustaste auf den markierten Pfadnamen. Wählen Sie *Kopieren*.
4. Wählen Sie nun im Startmenü *Ausführen*. Klicken Sie mit der rechten Maustaste in die Befehlszeile, und wählen Sie *Einfügen*. Der Pfadname wird ins Textfeld eingefügt.
5. Löschen Sie den Namen des Ordners, der auf *.dbx* endet, sodass nur noch der Pfadname des Ordners im Feld steht. Dann drücken Sie Eingabe. Der Explorer öffnet ein Fenster und zeigt den Inhalt des versteckten Ordners an. Darin finden Sie alle Outlook Express Ordner sowie etliche Konfigurationsdateien.

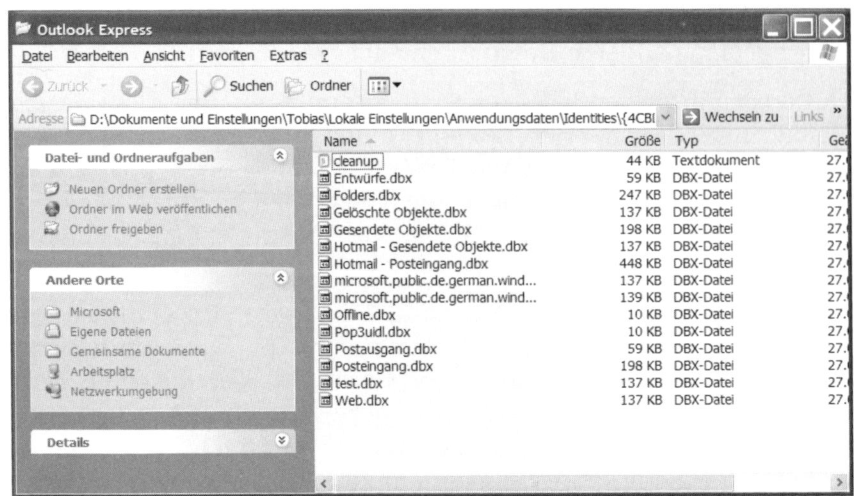

Abbildung 9.17: *Alle Outlook Express-Ordner sind in einem versteckten Ordner gespeichert*

Outlook Express-Ordner sichern

Bevor Sie die Outlook Express-Ordner sichern, die Ihnen der versteckte Ordner anzeigt, sollten Sie die Ordnerdateien zuerst komprimieren. Dazu gehen Sie so vor:

1. Schließen Sie alle Outlook Express-Fenster. Klicken Sie dann in der linken Spalte auf den Ordner *Lokale Ordner*.
2. Wählen Sie *Datei/Ordner/Alle Ordner komprimieren*. Erledigt.

Nun können Sie eine Sicherheitskopie des Ordners anlegen:

1. Markieren Sie den gesamten Ordnerinhalt, und klicken Sie mit der rechten Maustaste auf eine der markierten Dateien. Wählen Sie dann *Senden an/ZIP-komprimierter Ordner*. Der gesamte Ordnerinhalt wird in eine ZIP-Datei verpackt. Der Name der ZIP-Datei wird aus einer der verpackten Dateien abgeleitet. Klicken Sie deshalb die ZIP-Datei anschließend mit der rechten Maustaste an, wählen Sie *Umbenennen*, und nennen Sie die ZIP-Datei `Outlook Express Backup`.
2. Ziehen Sie die ZIP-Datei dann mit der rechten Maustaste auf den Desktop, und wählen Sie *Hierher verschieben*. Das Backup ist angelegt.

Sicherungskopien wiederherstellen

Möchten Sie später einzelne Mailordner oder Ihre gesamte Ordnerstruktur wiederherstellen, dann öffnen Sie zunächst wie eben gezeigt den versteckten Mailordner. Drücken Sie auf Rück, um eine Ordnerebene nach oben zu wechseln. Sie sehen nun den Ordner *Outlook Express*.

Klicken Sie den Ordner Outlook Express mit der rechten Maustaste an, und wählen Sie *Senden an/Desktop (Verknüpfung erstellen)*. Eine neue Verknüpfung auf diesen Ordner taucht auf dem Desktop auf.

Schließen Sie Outlook Express, und melden Sie sich ab. Verwenden Sie nicht die Option *Benutzer wechseln*, falls diese angeboten wird. Dann melden Sie sich wieder an. So stellen Sie sicher, dass kein Programmteil von Outlook Express mehr ausgeführt wird und Dateien im Mailordner blockiert.

Öffnen Sie nun die ZIP-Datei mit Ihrem Backup, und öffnen Sie auch den Mail-Ordner über die Verknüpfung, die Sie auf dem Desktop angelegt haben. Sie können jetzt Mailordner aus der Sicherungskopie in den Outlook Express-Ordner ziehen und die alten oder fehlerhaften Dateien so überschreiben.

Wollen Sie die Sicherungskopie komplett reaktivieren, dann löschen Sie den Inhalt des Outlook Express Ordners und kopieren dann den gesamten Inhalt des Backup-Ordners.

Starten Sie anschließend Outlook Express, um die wiederhergestellten Ordner zu sehen.

TIPP Sie können auf diese Weise keine völlig neuen Ordner in Outlook Express einfügen. *Folders.dbx* speichert die Ordnerstruktur, und wenn neue Ordner darin nicht vorkommen, dann werden diese auch nicht angezeigt.

Nachrichtenordner auf andere Computer übertragen

Das eben beschriebene Verfahren eignet sich auch dazu, Nachrichtenordner auf einen anderen Windows XP Rechner zu übertragen. Dazu legen Sie zunächst wie beschrieben das Backup als ZIP-Datei auf dem Rechner an, der die Nachrichten bisher speicherte. Kopieren Sie die ZIP-Datei auf den Zielrechner.

Anschließend legen Sie sich auf dem Zielrechner wie ebenfalls beschrieben eine Verknüpfung auf den versteckten Mailordner an. Melden Sie sich ab und wieder an. Öffnen Sie dann den Mail-Ordner, und löschen Sie seinen Inhalt. Achtung: dabei gehen alle Nachrichten verloren, die auf diesem Rechner in Outlook Express bereits gespeichert waren.

Ersetzen Sie dann den Ordnerinhalt mit dem Inhalt der ZIP-Datei, und starten Sie Outlook Express.

Adressbuchinformationen sichern und übertragen

Glücklicherweise kann das Adressbuch mit seinen Kontakten auf einfacherem Wege exportiert, gesichert oder auf einen anderen Computer übertragen werden. So legen Sie eine Sicherungskopie an:

1. Öffnen Sie das Adressbuch über die Schaltfläche *Adressen*. Wählen Sie dann *Datei/Exportieren/Adressbuch (WAB)*. Geben Sie einen Ort an, wo die Adressbuchdatei gespeichert werden soll.

2. Kopieren Sie die *WAB*-Datei auf den Zielrechner. Dort starten Sie Outlook Express und wählen *Datei/Importieren/Adressbuch*. Geben Sie den Ort der *WAB*-Datei an. Die Adressen werden ins Adressbuch eingelesen.

Eigene Websites mit dem Webserver einrichten

Windows XP Professional enthält einen kompletten Webserver, über den Sie eigene Websites im eigenen Netzwerk (Intranet) oder im Internet veröffentlichen können.

- Veröffentlichungen im Internet setzen voraus, dass Ihr Rechner ständig mit dem Internet verbunden ist und über eine statische IP-Adresse verfügt.
- Veröffentlichungen im eigenen Netzwerk (Intranet) setzen voraus, dass andere Computer die IP-Adresse Ihres Rechners erreichen können.
- Daneben eignet sich der Webserver auch dazu, Websites, die für das Internet bestimmt sind, zu entwickeln und zu testen. Diese Websites können anschließend zum Beispiel über FTP oder Tools wie FrontPage auf einen öffentlichen Webserver kopiert werden.

Und dies leistet der Internet Information Server für Sie:

- Herkömmliches Upload von Dateien über FTP
- Herkömmliche HTML-Webseiten über HTTP
- Dynamische Webseiten mit Server-Side-Scripting über ASP
- Dynamische Webseiten mit neuester Server-Side-Scripting Technologie und Common Language Runtime über ASP .NET

In diesem Kapitel lesen Sie, wie der Webserver in Betrieb genommen wird. Für weitergehende Informationen über ASP und Internet Information Server sei auf spezielle Fachliteratur verwiesen (z.B. Microsoft Press: Active Server Pages lernen und beherrschen).

Den Webserver betriebsbereit machen

Als Vorgabe wird der Internet Information Server nicht installiert. Bevor Sie ihn verwenden können, muss er zuerst von der Windows XP-CD aus installiert werden:

1. Wählen Sie im Startmenü *Systemsteuerung*, und öffnen Sie das Modul *Software*. Das Fenster *Software* öffnet sich.
2. Klicken Sie auf *Windows-Komponenten hinzufügen/entfernen*. Der Assistent analysiert, welche Komponenten bereits installiert sind und welche hinzugefügt werden können.
3. Das Fenster *Assistent für Windows-Komponenten* öffnet sich. Klicken Sie in der Liste der Zubehörkomponenten auf *Internet-Informationsdienste (IIS)*, und klicken Sie dann auf die Schaltfläche *Details*.
4. Jetzt sehen Sie die Einzelkomponenten, aus denen der IIS besteht. Ist auf Ihrer Festplatte genügend freier Speicher vorhanden, dann wählen Sie alle Optionen aus. Eine Minimal-Webserver-Konfiguration benötigt zumindest die Komponenten *Gemeinsame Dateien*, *Snap-In Internet-Informationsdienste* sowie *WWW-Dienst*.
5. Klicken Sie auf *OK*, und lassen Sie die Komponente installieren. Hierzu ist unter Umständen die Windows XP-CD erforderlich.

Das Webserver-Cockpit kennen lernen

Sobald der IIS installiert ist, finden Sie im Fenster *Computerverwaltung* ein neues Snap-In, das die Funktion des Webservers steuert:

1. Öffnen Sie das Startmenü, und klicken Sie mit der rechten Maustaste auf *Arbeitsplatz*. Wählen Sie *Verwalten*. Das Fenster *Computerverwaltung* öffnet sich.
2. Expandieren Sie in der rechten Spalte den Knoten *Dienste und Anwendungen*, und doppelklicken Sie auf *Internet-Informationsdienste*.
3. Darunter erscheint zumindest der Ordner *Websites*. Er regelt, wie der Webserver Webseiten im Netzwerk serviert. Öffnen Sie den Ordner.
4. Eine Website ist bereits angelegt und heißt *Standardwebsite*. Darunter finden sich alle Ordner, die im Basisverzeichnis des Webservers liegen, sowie alle freigegebenen Webordner, die anderswo liegen können.
5. Um festzustellen, wo der Basisordner des Webservers sich tatsächlich befindet, klicken Sie mit der rechten Maustaste auf Standardwebsite

und wählen *Eigenschaften*. Das Fenster *Eigenschaften von Standardwebsite* öffnet sich.

6. Aktivieren Sie die Registerkarte *Basisverzeichnis*. Hinter *Lokaler Pfad*: ist der Ordner angegeben, in dem die Basisordner und -Seiten dieser Website lagern.
7. Schließen Sie das Fenster wieder. Kontrollieren Sie jetzt, ob der Webserver bereits läuft. Dazu klicken Sie noch einmal den Eintrag *Standardwebsite* mit der rechten Maustaste an. Wenn im Kontextmenü *Starten* grau hinterlegt ist, dann wird der WWW-Dienst ausgeführt.

Webseiten vom Webserver abrufen

Sobald der Webserver läuft, können andere Personen Webseiten von Ihrem Computer abrufen. Als ersten Testlauf können Sie das auch direkt von Ihrem Rechner aus tun und verwenden anstelle des Rechnernamens oder seiner IP-Adresse den Begriff *localhost*.

Um zum Beispiel festzustellen, welche Daten der Webserver über sein Basisverzeichnis anzubieten hat, wählen Sie im Startmenü *Ausführen* und geben ein: `http://localhost` Eingabe.

Der Internet Explorer öffnet sich. Weil Sie das erste Mal eine Website von Ihrem Webserver abrufen, kann es einige Sekunden dauern, bis all seine Dienste startklar sind. Anschließend sehen Sie die vorgefertigte Begrüßungsseite. Zusätzlich öffnet sich eine weitere Instanz des Internet Explorers und zeigt das Handbuch an.

Soeben haben Sie eine Seite aus dem Basisverzeichnis abgerufen. Im Fenster der Computerverwaltung haben Sie gesehen, dass es außerdem eine Reihe von virtuellen Ordnern gibt. Einer davon heißt *iishelp*, und wenn Sie `http://localhost/iishelp` Eingabe eingeben, dann erreichen Sie immer das IIS-Hilfe-Handbuch.

Wollen Sie Ihre Webpräsenz übersichtlich gliedern, dann können Sie eigene Webseiten in separaten Ordnern auf beliebigen NTFS-Laufwerken speichern. Um den Inhalt dieser Ordner über den Webserver zu veröffentlichen, legen Sie lediglich eine Webfreigabe an (▶ Kapitel 14).

Teil D Neue Geräte installieren

Ihr Computer wird durch zusätzliche Hardware noch leistungsfähiger. Und auch eingebaute Hardware wie zum Beispiel Festplatten lassen sich durch Feinabstimmungen noch besser einsetzen.

- In ▶ Kapitel 10 erfahren Sie, wie Windows XP neue Geräte erkennt und was zu tun ist, wenn diese Erkennung einmal nicht wie gewünscht funktioniert. Hier erfahren Sie auch, wie Sie sicherstellen, dass nur XP-getestete Treiber zum Einsatz kommen, welche Gerätetreiber mit Windows XP funktionieren und wie Treiber aktualisiert werden. Ein Schwerpunkt bildet der Gerätemanager, mit dem Gerätefehler erkannt und behoben werden, sowie die vielfältigen Tools und Reporting-Funktionen von Windows XP. Die liefern Ihnen auf Knopfdruck ausführliche Analyseberichte.
- Das ▶ Kapitel 11 beschäftigt sich ausführlich mit Datenträgern. Hier lesen Sie, worin die Unterschiede zwischen FAT32- und NTFS-Dateisystemen bestehen, wie das NTFS-Dateisystem und die damit verbundene Zugriffssicherheit aktiviert wird. Mit der Datenträgerverwaltung erhalten Sie außerdem Einsicht in die Partitionierung, können Festplattenpartitionen ändern und die neuen Möglichkeiten der Dynamischen Disks kennen lernen – beispielsweise die Vergrößerung eines Volumes im laufenden Betrieb. Auch Kontingente und Mount Points werden in diesem Kapitel vorgestellt.

10 Geräte installieren und verwalten

Windows XP versucht, seine Umgebung – also die an den Computer angeschlossenen oder eingebauten Geräte – möglichst automatisch zu erkennen.

Möglich ist das aber nur für Geräte, die über einen Anschluss mit dem Computer verbunden sind, der plug&play-fähig ist. Dazu zählen PCMCIA-Slots, USB-Anschlüsse, PCI-Steckplätze, Infrarotanbindungen und Druckerschnittstellen. Nicht automatisch erkannt werden Geräte, die ältere Anschlüsse verwenden: serielle Schnittstelle und ISA-Steckplätze beispielsweise.

Erkennt Windows XP ein neues Gerät an einem der plug&play-fähigen Anschlüsse, dann sucht es in seinem internen *INF*-Ordner nach einer für dieses Gerät passenden Installationsdatei. Windows XP bringt hunderte solcher Dateien mit, die stellvertretend tausende von Geräten erkennen können.

Die *INF*-Datei bestimmt dann, wie die Gerätetreiber für dieses Gerät zu installieren sind. Fehlt die *INF*-Datei für das Gerät, dann fragt Windows

XP nach der Hersteller-CD, kann also seinen Bestand an INF-Dateien jederzeit aktualisieren und erweitern, um noch mehr Geräte automatisch installieren zu können.

Bei der Treiberinstallation für das neue Gerät werden dann die Treiberdateien in den Ordner *%WINDIR%\system32* kopiert. Alle Treiber-Einstellungen werden in der Windows-Registry unter einem der beiden Zweige eingetragen: *HKEY_LOCAL_MACHINE\SYSTEM – CurrentControlSet – Control* bzw. *HKEY_LOCAL_MACHINE\SYSTEM – CurrentControlSet – Services*. Die dynamisch erkannten Plug&Play-Geräte selbst werden unter dem Zweig *HKEY_LOCAL_MACHINE – SYSTEM – CurrentControlSet – Enum* aufgelistet.

Gerätetreiber – ein Überblick

Damit Windows XP Geräte erkennen und verwenden kann, benötigt es die passenden Gerätetreiber. Gerätetreiber sind spezielle Programme, die auf sehr tiefer Ebene die Verbindung herstellen zwischen Geräteanschluss und Windows XP.

Steht der passende Gerätetreiber nicht zur Verfügung, dann kann Windows XP das Gerät nur in der Kategorie *Unbekanntes Gerät* einordnen und ruhig stellen. Damit das Gerät wie geplant funktioniert, muss der Treiber später nachinstalliert werden.

Glücklicherweise bringt Windows XP eine umfangreiche Treiberbibliothek mit, in der viele aktuelle Gerätetypen enthalten sind. Die eigentlichen Gerätetreiber befinden sich in einem komprimierten Archiv namens *Driver.cab*, das im Ordner *%WINDIR%\Driver Cache\i386* zu finden ist. Die Installationsanweisungen für die Geräte befinden sich dagegen in den hunderten von INF-Dateien im Ordner *%WINDIR%\INF*.

Kennt Windows XP das Gerät, weil es über die nötige INF-Datei und alle darin genannten Treiberdateien verfügt, dann wird das Gerät vollautomatisch erkannt und alle Gerätetreiber installiert. Der Anwender bekommt von der Geräteinstallation nichts mit. Eine Sprechblase erscheint lediglich zum Schluss und informiert den Anwender, dass ein neues Gerät zur Verfügung steht.

Exkurs: Mit der Treiberbibliothek vertraut machen

Werfen Sie mal einen Blick hinter die Kulissen, und erforschen Sie in den nächsten fünf Minuten, wie Treiberinstallationen und Geräteregistrierung wirklich funktionieren. Dieses Wissen hilft enorm dabei, Geräteinstallationen zu verstehen und bei Problemen die richtigen Schritte einzuleiten.

Woher »weiß« Windows XP, was es tun soll, wenn es ein neues Gerät entdeckt? Schauen Sie sich die *INF*-Dateien mit den Installationsanweisungen genauer an! Dazu wählen Sie im Startmenü *Ausführen* und geben ein: `%windir%\inf` Eingabe. Der Ordner mit den *.inf*-Dateien öffnet sich. Sie könnten nun *.inf*-Dateien mit dem Editor öffnen und einen Blick hineinwerfen. Oder Sie lassen sich Informationen heraussuchen.

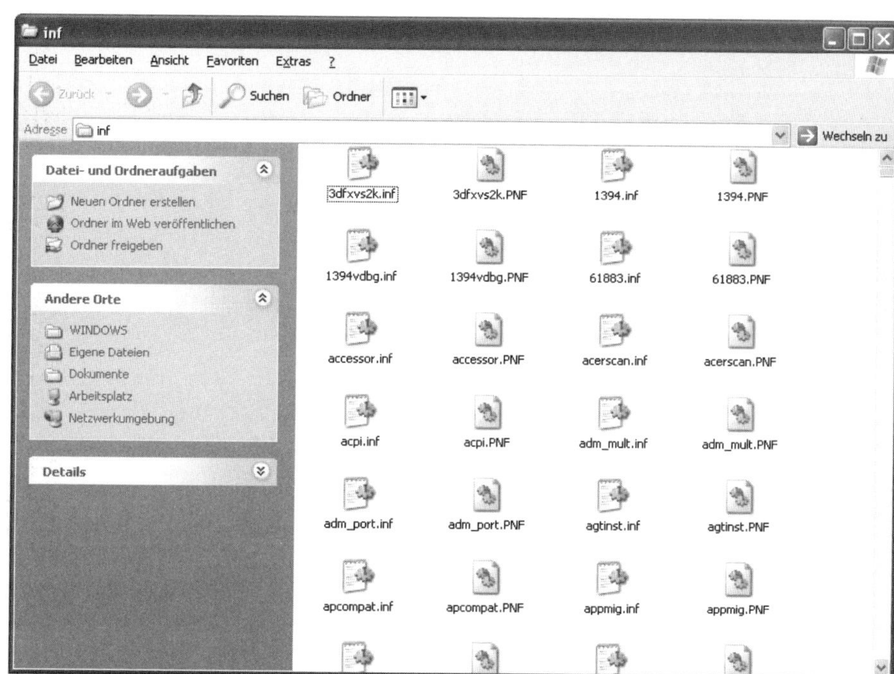

Abbildung 10.1: *Im* INF-*Ordner lagern die Informationen, die verraten, wie Geräte installiert werden*

Dazu drücken Sie F3, um die Such-Spalte einzublenden, und klicken auf *Allen Dateien und Ordnern*. Suchen Sie dann nach `*.inf` und geben Sie ins zweite Textfeld als Suchbegriff `ISDN` ein. Schon werden alle INF-Dateien aufgelistet, die ISDN-Karten installieren.

Oder Sie lassen sich zeigen, wie aktuell bei Ihnen vorhandene Geräte installiert worden sind. Dazu öffnen Sie den Geräte-Manager: öffnen Sie das Startmenü, klicken Sie *Arbeitsplatz* mit der rechten Maustaste an und wählen Sie im Kontextmenü *Verwalten*. Ein Fenster öffnet sich. Klicken Sie in der linken Spalte auf den Knoten *System/Geräte-Manager*. Rechts sehen Sie jetzt alle Gerätekategorien.

Öffnen Sie die Kategorie, die Sie interessiert, und geben Sie den Gerätenamen – zum Beispiel *Standard-Diskettenlaufwerkcontroller* oder *Canon PowerShot-Pro70-Digitalkamera* – als Suchtext im INF-Ordner ein. Schon werden die passenden Installationsanweisungen gefunden: *Fdc.inf* bzw. *Stillcam.inf*.

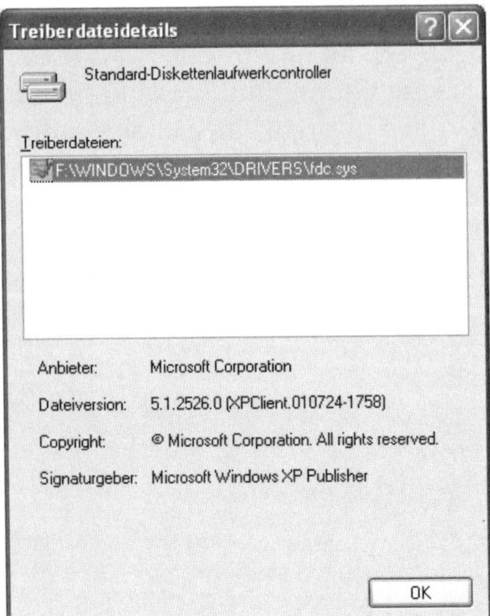

Abbildung 10.2: *Der Geräte-Manager verrät, welche Treiberdateien im Einsatz sind*

Öffnen Sie zum Beispiel *Fdc.inf*, dann entdecken Sie, dass diese Datei die Installation aller Diskettenlaufwerke regelt, die von Windows NT alias Windows 2000 alias Windows XP unterstützt werden.

Die erste erstaunliche Erkenntnis ist bereits die spezielle URL des Disketten-Troubleshooters: *hcp://help/tshoot/tsdrive.htm*. Wählen Sie im Startmenü *Ausführen* und geben diese URL ein, dann erscheint der Assistent für Diskettenprobleme direkt und ohne große Suche.

Die Installation der Diskettenlaufwerke ist recht übersichtlich: Die Sektion *[fdc_copyfiles]* listet nur eine einzige notwendige Datei namens *Fdc.sys* auf.

Und wo befindet die sich? Sie ist Teil der eingebauten Treiberbibliothek, in der sich auch die Installationsdateien für tausende anderer Geräte befinden, die bei Bedarf aus der Bibliothek geholt und installiert werden können. Wollen Sie einen Blick in die Treiberbibliothek werfen, dann wählen Sie im Startmenü *Ausführen* und geben ein: `%windir%\Driver Cache\i386\driver.cab` Eingabe. Siehe da: *Fdc.sys* liegt neben vielen anderen Dateien auch darin.

Da in beinahe jeden Computer ein Diskettenlaufwerk eingebaut ist, wird *Fdc.sys* sicher auch bei Ihnen installiert worden sein. Was ist aus den Installationsanweisungen aus der Datei *Fdc.inf* und der Treiberdatei *Fdc.sys* geworden?

Abbildung 10.3: Fdc.inf *enthält alle Informationen, um den Diskettencontroller zu installieren*

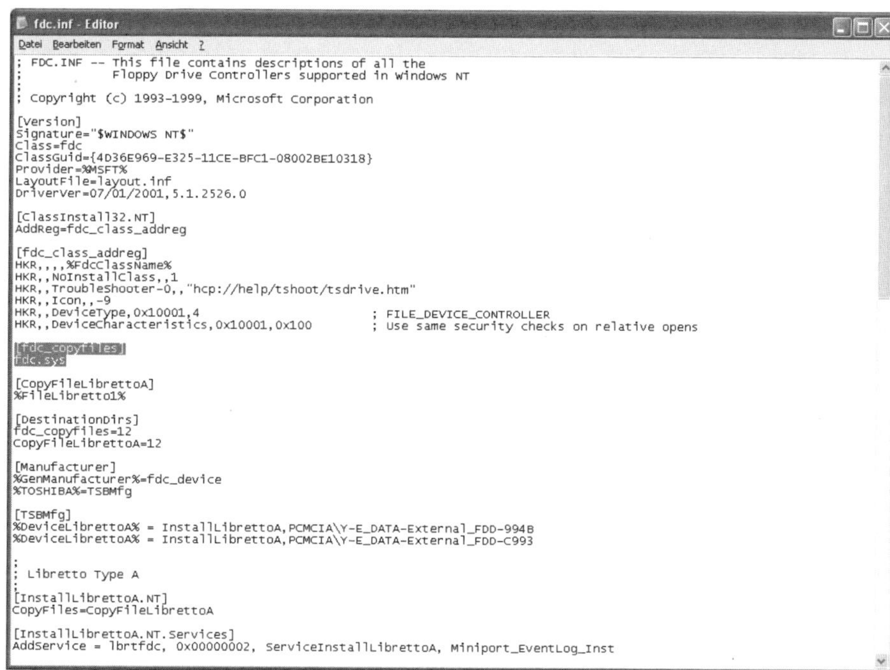

```
fdc.inf - Editor
Datei  Bearbeiten  Format  Ansicht  ?
; FDC.INF -- This file contains descriptions of all the
;            Floppy Drive Controllers supported in Windows NT
;
; Copyright (c) 1993-1999, Microsoft Corporation

[Version]
Signature="$WINDOWS NT$"
Class=fdc
ClassGuid={4D36E969-E325-11CE-BFC1-08002BE10318}
Provider=%MSFT%
LayoutFile=layout.inf
DriverVer=07/01/2001,5.1.2526.0

[ClassInstall32.NT]
AddReg=fdc_class_addreg

[fdc_class_addreg]
HKR,,,,%FdcClassName%
HKR,,NoInstallClass,,1
HKR,,TroubleShooter-0,,"hcp://help/tshoot/tsdrive.htm"
HKR,,Icon,,-9
HKR,,DeviceType,0x10001,4                     ; FILE_DEVICE_CONTROLLER
HKR,,DeviceCharacteristics,0x10001,0x100      ; Use same security checks on relative opens

[fdc_copyfiles]
fdc.sys

[CopyFileLibrettoA]
%FileLibretto1%

[DestinationDirs]
fdc_copyfiles=12
CopyFileLibrettoA=12

[Manufacturer]
%GenManufacturer%=fdc_device
%TOSHIBA%=TSBMfg

[TSBMfg]
%DeviceLibrettoA% = InstallLibrettoA,PCMCIA\Y-E_DATA-External_FDD-994B
%DeviceLibrettoA% = InstallLibrettoA,PCMCIA\Y-E_DATA-External_FDD-C993

;
; Libretto Type A
;
[InstallLibrettoA.NT]
CopyFiles=CopyFileLibrettoA

[InstallLibrettoA.NT.Services]
AddService = lbrtfdc, 0x00000002, ServiceInstallLibrettoA, Miniport_EventLog_Inst
```

Dazu öffnen Sie den Registrierungseditor *Regedit.exe* und schauen nach, was in der Registry eingetragen wurde. Öffnen Sie den Zweig *HKEY_LOCAL_MACHINE – SYSTEM – CurrentControlSet – Services\Fdc.*

DisplayName in der rechten Spalte verrät, dass es sich bei *Fdc.sys* um den *Diskettencontrollertreiber* handelt, und *ImagePath* meldet, wo sich die Treiberdatei befindet. Windows XP speichert alle Treiberdateien im Ordner *System32* und darin im Ordner *Drivers.*

Der Unterschlüssel *Enum* listet alle Instanzen der betreffenden Gerätekategorie auf. Hier finden Sie also für jedes tatsächlich vorhandene Diskettenlaufwerk einen eigenen Eintrag. Der wiederum verweist auf den detaillierten Eintrag für das Diskettenlaufwerk im Zweig *HKEY_LOCAL_MACHINE\SYSTEM – CurrentControlSet – Enum – ACPI – PNP0700.*

Natürlich brauchen Sie normalerweise nicht die Windows-Registry von Hand zu durchsuchen, um an solche Informationen zu kommen. Alle Geräte werden vom Geräte-Manager übersichtlich verwaltet. Wollen Sie herausfinden, welche Dateien ein Gerät verwendet, wo diese gespeichert sind und ob die Dateien für Windows XP signiert sind, dann gehen Sie zum Beispiel so vor:

1. Öffnen Sie das Startmenü, klicken Sie *Arbeitsplatz* mit der rechten Maustaste an und wählen Sie *Verwalten*. Das Fenster *Computerverwaltung* öffnet sich.
2. Klicken Sie in der linken Spalte auf *System/Geräte-Manager*. Rechts sehen Sie jetzt alle Gerätekategorien. Öffnen Sie zum Beispiel die Kategorie *Diskettencontroller*.
3. Nun sehen Sie alle Geräte, die dieser Kategorie entsprechen. Doppelklicken Sie auf *Standard-Diskettenlaufwerkcontroller*. Das Fenster *Eigenschaften von Standard-Diskettenlaufwerkcontroller* öffnet sich.
4. Klicken Sie im Bereich *Gerätestatus* auf *Problembehandlung*, dann öffnet sich der Problemratgeber für diese Gerätekategorie. Eben haben Sie bereits gesehen, dass es sich dabei in Wirklichkeit um eine spezielle URL handelt, die in der INF-Datei des Gerätes angegeben ist: *hcp://help/tshoot/tsdrive.htm*.
5. Aktivieren Sie die Registerkarte *Treiber*. Klicken Sie auf die Schaltfläche *Treiberdetails*. Das Fenster *Details über Treiberdateien* öffnet sich und verrät Ihnen, welche Dateien das Gerät verwendet und wo die Dateien lagern. Steht vor der Treiberdatei ein Zertifikatsymbol, dann ist diese Datei signiert und für den Betrieb mit Windows XP geprüft.

Unbekannte Geräte und fehlende Gerätetreiber

Was aber, wenn Windows XP das Gerät nicht »kennt«, das Sie installieren wollen? So etwas wird zwangsläufig vorkommen, denn Windows XP kann nur die Geräte kennen, die auf dem Markt erhältlich waren, als Windows XP selbst auf den Markt kam. Neue Geräte, die später erscheinen, sind für Windows XP zwangsläufig unbekannt.

Eben haben Sie das Grundkonzept der Geräteinstallation schon kennen gelernt: *INF*-Dateien regeln den Installationsablauf, und Treiberdateien werden in den Windows-Ordner kopiert. Das System ist also erweiterbar. Soll Windows XP neue Geräte erkennen können, dann sind dazu neue *INF*-Dateien und Treiber nötig.

- Über Windows Update (▶ Kapitel 23) kann sich Windows XP automatisch modernisieren und dabei prüfen, ob neue *INF*-Dateien herausgekommen sind.
- Lag dem Gerät ein Installationsprogramm auf CD oder Diskette bei, dann kopiert dieses in der Regel die nötigen neuen *INF*-Dateien in den *INF*-Ordner. Anschließend kann das Gerät dann von Windows XP erkannt werden.

- Stößt Windows XP auf ein Gerät, für das es keine *INF*-Datei parat hat, dann öffnet sich ein Dialogfeld, und Windows XP fragt als letzte Möglichkeit Sie, von wo es die *INF*-Datei für dieses Gerät laden soll. Sie könnten dann eine Hersteller-CD einlegen, die dem Gerät beilag, oder den aktuellsten Gerätetreiber vom Hersteller aus dem Internet herunterladen, in einen Ordner auspacken und dann diesen Ordner angeben.

INF-Dateien sind aber nur die halbe Miete. Sie regeln nur, welche Dateien für das Gerät nötig sind. Die Dateien selbst, die Gerätetreiber, müssen natürlich ebenfalls vorhanden sein. Und zwar in der richtigen Version.

Von früher kennen Sie das Debakel vielleicht: Gerätetreiber gab es für jede Windows-Version, und Treiber für Windows 95 vertrugen sich nicht mit Windows NT. Jede Windows-Version wollte eigene Gerätetreiber haben.

Welche Treiber kann Windows XP verwenden?

Mit *WDM* (*Windows Driver Model*) hat Microsoft bereits vor einiger Zeit eine neue universellere Form der Treiber-Architektur ins Leben gerufen, und davon profitieren Sie jetzt.

Windows XP kann beinahe alle Gerätetreiber nutzen, die für Windows 2000 konzipiert wurden. Aber auch viele Windows 98- und Windows NT-Treiber werden von Windows XP akzeptiert. Damit stellt Windows XP einen Kompatibilitäts-Weltrekord auf und verfügt vom Start weg über die beste Treiberunterstützung, die je eine Windows-Version vorweisen konnte.

Ob alles, was technisch möglich ist, allerdings auch gut und vorteilhaft ist, sei dahingestellt. Ältere Gerätetreiber, die für eine andere Windows-Version geschrieben wurden, mögen zwar funktionieren, sind aber trotzdem nur eine Notlösung für die Übergangszeit und sollten so bald wie möglich durch »echte« Windows XP-Gerätetreiber ersetzt werden.

Häufig unterstützen die älteren Gerätetreiber nicht alle Möglichkeiten, und das führt zu unangenehmen Einschränkungen:

- Geräte können nicht voll ausgereizt werden. Grafikkarten unterstützen möglicherweise keinen Overlay-Modus, können also keine DVD-Spielfilme oder TV-Karten anzeigen, oder unterstützen nicht den Multi-Monitor-Betrieb, mit dem sich der Desktop auf mehrere Grafikkarten und Monitore erweitern lässt.
- Geräte sind nicht Standby-fähig, der Computer kann nicht mehr in den energiesparenden Standby-Modus versetzt werden, oder der Ruhezustand funktioniert nicht mehr

- Gerätetreiber enthalten Macken, die vielleicht nur unter besonderen Bedingungen auffallen und dann zu sporadischen Blue Screens und Abstürzen führen.

Windows XP enthält deshalb einige Mechanismen, die es Ihnen erleichtern, ältere Treiber übergangs- oder testweise möglichst sicher einzusetzen und trotzdem so bald wie möglich auszusortieren:

- Soll ein Treiber installiert werden, der nicht für Windows XP entwickelt wurde, dann erscheint eine Warnmeldung. Installieren Sie den Treiber trotzdem, dann legt Windows XP zuerst einen Systemprüfpunkt an, damit das System notfalls in den Ausgangszustand zurückversetzt werden kann. Prüfpunkte festlegen: ▶ Kapitel 23.
- Hängt sich das System auf und ist ein Gerätetreiber daran schuld, dann erscheint beim nächsten Start eine Warnmeldung, die darauf hinweist, welcher Gerätetreiber den Crash verursacht hat. Spätestens jetzt sollten Sie sich einen aktuellen Gerätetreiber suchen und den alten Treiber ersetzen oder das Gerät deaktivieren. Stabilität hat Vorrang. Geräte deaktivieren: ▶ Seite 352, Gerätetreiber aktualisieren: ▶ Seite 336.
- Möchten Sie sich einen Überblick verschaffen, wo überall in Ihrem System alte Treiber ihren Dienst versehen, dann listet Windows XP auf Wunsch alle Treiber auf und meldet dabei, in welcher Version der Treiber vorliegt und ob er für Windows XP signiert ist. Treiberliste ansehen: ▶ Seite 336.

Treibersignaturen: »Gute« und »schlechte« Treiber

Von außen sieht man einem Treiber natürlich nicht an, ob er gut oder schlecht ist, also absturzsicher läuft oder Probleme bereitet. Deshalb schaut Microsoft in Gerätetreiber hinein und testet sie auf Windows XP Systemen. Besteht ein Treiber diesen Test, dann wird die Treiberdatei signiert.

Microsoft bestätigt ihr sozusagen mit einer elektronischen Unterschrift, dass dieser Treiber problemlos unter Windows XP läuft. Die elektronische Signatur stellt außerdem sicher, dass der Treiberinhalt sich nicht nachträglich ändern kann. Weder Viren noch Firmen können dem einmal getesteten und signierten Treiber nachträglich »den letzten Schliff« geben oder unerwünschte »Extras« einbauen. Ein signierter Treiber erreicht Sie immer in dem Zustand, in dem er auch die Testlabs von Microsoft durchlaufen hat.

Abbildung 10.4: *Legen Sie fest, welche Treiberarten Windows XP akzeptiert*

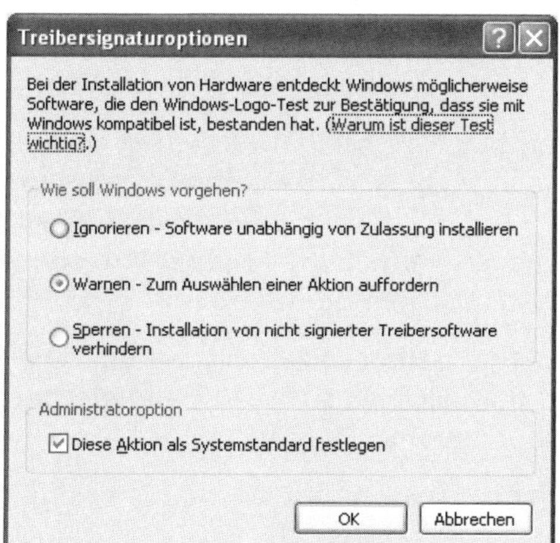

Die Treibersignatur kommt gleich dreimal zum Einsatz:

- Bei der Installation prüft Windows XP, ob der Treiber signiert ist. Falls ja, wird der Treiber installiert. Falls nein, hängt es von Ihren Feineinstellungen ab, ob Sie Windows XP erlaubt haben, unsignierte Treiber zu installieren. Dazu gleich mehr.
- Durch die Signatur wird sichergestellt, dass die Treiberdatei nicht verändert wurde. Windows XP überprüft signierte Treiber auf Veränderungen und bricht die Installation sofort ab, sollte die Prüfsumme der Datei nicht stimmen. Unsignierte Treiber bieten diesen Schutz nicht.
- Nach der Installation merkt sich Windows XP, welche Treiber signiert sind und welche nicht. So können Sie jederzeit potenzielle Probleme erkennen und nach und nach alle nicht-signierten Treiber durch signierte Treiber austauschen.

Wieso sind nicht alle Treiber signiert?

Irgendwann werden alle wesentlichen Gerätetreiber signiert zur Verfügung stehen. Der Testprozess braucht jedoch Zeit, und Windows XP hat den Markt ja gerade erst betreten.

Während bei früheren Windows-Versionen Treiberknappheit am Anfang für Frust gesorgt hat, ist das bei Windows XP ganz anders: Hier stehen vom Start weg alle wichtigen Gerätetreiber zur Verfügung, und die Treibersignierung stellt sicher, dass Sie moderne von älteren Treibern unterscheiden und Ihr System nach und nach komplett auf Windows XP Technologie umstellen können.

Erlauben Sie die Installation kompatibler Treiber

Windows XP kennt drei Warnstufen bei der Installation neuer Treiber. Entweder werden nicht-signierte Treiber ignoriert. Sie können dann nur signierte Treiber einsetzen. Manche Geräte lassen sich in dieser Einstellung nicht installieren, aber zumindest können Sie sicher sein, dass keine nicht-signierten Treiber Ihr System stören könnten.

Oder Windows XP warnt, bevor solche Treiber installiert werden. Dies ist in der Praxis die beste Wahl, weil Sie jetzt von Fall zu Fall entscheiden können, ob nicht-signierte Treiber installiert werden.

Sie können die Signaturen auch ganz ignorieren und jeden Treiber ohne weitere Hinweise installieren lassen.

So legen Sie fest, wie Gerätetreiber installiert werden:

1. Öffnen Sie das Startmenü und klicken Sie mit der rechten Maustaste auf *Arbeitsplatz*. Wählen Sie *Eigenschaften*. Das Fenster *Systemeigenschaften* öffnet sich.
2. Aktivieren Sie die Registerkarte *Hardware*. Klicken Sie im Bereich *Geräte-Manager* auf die Schaltfläche *Treibersignierung*. Das Fenster *Treibersignaturoptionen* öffnet sich.
3. Aktivieren Sie im Bereich *Wie soll Windows vorgehen?* die Option *Warnen/Zum Auswählen einer Aktion auffordern*.
4. Aktivieren Sie im Bereich *Administratoroption* die Option *Aktion als Systemstandard festlegen*. Klicken Sie dann auf *OK* und noch einmal auf *OK*.

TIPP

Auch wenn Windows XP eindringlich warnt: Sie können nicht-signierte Treiber durchaus einsetzen und müssen dies häufig zumindest übergangsweise auch tun, um bestimmte Geräte überhaupt nutzen zu können. Sollte der nicht-signierte Treiber Probleme verursachen, dann lesen Sie in ▶ Kapitel 23, wie Sie mit der Systemwiederherstellung den Ausgangszustand wiederherstellen. Treiber-»Probefahrten« sind mit Windows XP kein Problem mehr, weil sich Treiber jederzeit wieder spurlos aus dem System entfernen lassen.

Veraltete Treiber finden und ersetzen

Gute Provisorien halten ewig. Nicht-signierte Gerätetreiber leider oft ebenfalls.

Damit diese Provisorien nicht ewig auf Ihrem System bleiben, lohnt es sich, von Zeit zu Zeit zu prüfen, welche Treiber nicht-signiert sind, und dann den Herstellern der betroffenen Geräte einen Besuch im Internet abzustatten, um herauszufinden, ob es nicht inzwischen signierte Gerätetreiber gibt.

So finden Sie heraus, ob Ihr System alte Treiber verwendet:

1. Wählen Sie im Startmenü *Ausführen*, und geben Sie ein: `msinfo32` Eingabe. Das Fenster *Systeminformationen* öffnet sich.
2. Expandieren Sie links den Zweig *Softwareumgebung/Signierte Treiber*. Die Liste der Treiber wird zusammengestellt. Das kann etliche Sekunden dauern. Sollte keine Liste erscheinen, dann wählen Sie *Ansicht/Aktualisieren*.
3. Sobald die Liste erscheint, klicken Sie auf die Spaltenüberschrift *Signiert*, um nach dieser Spalte zu sortieren. Alle Treiber, die nicht signiert sind, werden in dieser Spalte mit *Nein* angezeigt.
4. Notieren Sie sich den Gerätenamen, der in der Spalte Gerätename angezeigt wird. Sie können auch mit Strg+A alle Einträge markieren und mit Strg+C in die Zwischenablage kopieren. Von dort könnten die Angaben dann in den Editor oder ein Textverarbeitungsprogramm übertragen und ausgedruckt werden.

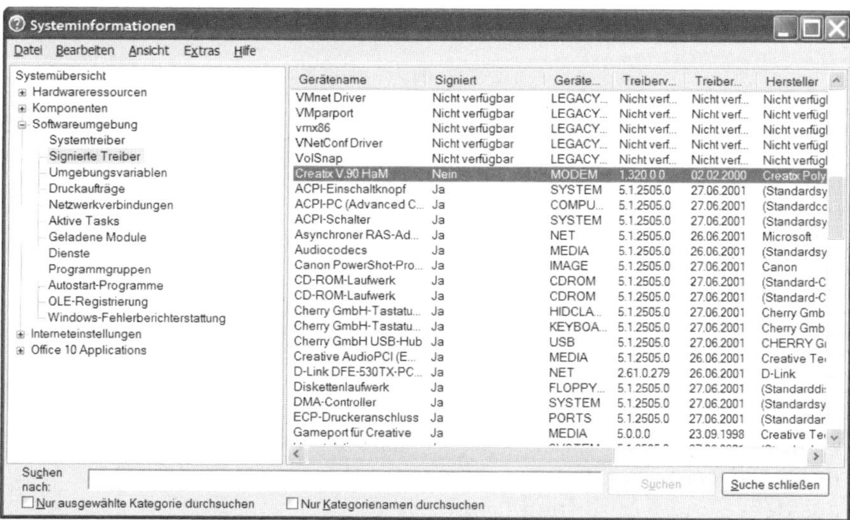

Abbildung 10.5: *Finden Sie heraus, welche Treiber nicht signiert sind*

Und so aktualisieren Sie einen Treiber:

So werden Gerätetreiber aktualisiert:

1. Öffnen Sie den Geräte-Manager. Dazu öffnen Sie das Startmenü, klicken mit der rechten Maustaste auf *Arbeitsplatz* und wählen *Ver-*

walten. Das Fenster *Computerverwaltung* öffnet sich. Klicken Sie auf *System/Geräte-Manager.*

2. Öffnen Sie dann die Gerätekategorie, aus der das Gerät stammt, das Sie mit einem neuen Treiber versehen wollen. Öffnen Sie per Doppelklick das *Eigenschaften*-Fenster des Gerätes, für das Sie einen neuen Treiber verwenden wollen.
3. Über die Registerkarte *Treiber* wechseln Sie zu den Gerätetreibern, die Windows für dieses Gerät verwendet. Klicken Sie auf *Treiberdetails*, um die Treiberdateien zu sehen. Achten Sie in der Liste auf das Symbol vor den Treiberdateien: Zeigt es ein symbolisches Zertifikat an, dann ist dieser Treiber für die Verwendung mit Windows XP geprüft und zugelassen.

Abbildung 10.6: *Über Aktualisieren kann der Treiber eines Gerätes auf den neuesten Stand gebracht werden*

4. Klicken Sie auf *Aktualisieren*, wenn Sie den Treiber eines Gerätes austauschen wollen. Haben Sie sich zum Beispiel vom Hersteller einen aktuellen Gerätetreiber besorgt, dann können Sie diesen nun gegen den alten Treiber austauschen. Aktivieren Sie die Option *Software von einer Liste oder bestimmten Quelle installieren (für fortgeschrittene Benutzer)*, aktivieren Sie die Option *Nicht suchen, sondern den zu installierenden Treiber selbst wählen*, und klicken

Sie auf die Schaltfläche *Datenträger*. Jetzt können Sie den Ordner angeben, wo Sie den aktuellen Gerätetreiber gespeichert haben. Dies könnte eine CD des Herstellers sein oder ein Ordner, in dem Sie den Gerätetreiber von der Homepage des Herstellers aus dem Internet heruntergeladen haben.

TIPP Sollte sich nach der Installation eines neuen und vermeintlich aktuelleren Treibers herausstellen, dass der neue Treiber gar nicht richtig funktioniert oder andere Probleme bereitet, dann klicken Sie auf *Installierter Treiber*. Windows XP merkt sich nämlich den zuletzt verwendeten Treiber und kann ihn wiederherstellen.

Zuordnung von Hardware-Ressourcen

Auch die moderne Plug&Play-Automatik ändert nichts daran, dass Geräte bestimmte Hardware-Ressourcen benötigen, damit sie funktionieren. Anders als früher brauchen Sie sich aber nicht mehr selbst um Interrupts, E/A-Adressen und Gerätekonflikte zu kümmern. Plug&Play-Geräte müssen auch nicht mehr über Steckbrücken (Jumper) fest auf bestimmte Werte eingestellt werden.

Plug&Play nimmt Ihnen diese lästige und fehlerträchtige Arbeit ab.

Welche Ressourcen Ihre Geräte nutzen, finden Sie auf diese Weise heraus:

1. Öffnen Sie den Gerätemanager, dazu öffnen Sie das Startmenü, klicken mit der rechten Maustaste auf *Arbeitsplatz* und wählen *Verwalten*. Klicken Sie auf *System/Geräte-Manager*.

2. Öffnen Sie eine Gerätekategorie und öffnen Sie dann das Gerät, das Sie interessiert, per Doppelklick. Ein Fenster mit den Eigenschaften erscheint.

3. Falls dem Gerät Ressourcen zugeordnet sind, dann sehen Sie die Registerkarte *Ressourcen*. Klicken Sie darauf, dann nennt der Geräte-Manager im Feld *Ressourceneinstellungen* die Ressourcen, die diesem Gerät zugewiesen sind.

4. Im Feld *Gerätekonflikt* werden Konflikte angezeigt, die auftreten können, wenn zwei oder mehr Geräte dieselben Ressourcen beanspruchen. Normalerweise einigen sich Geräte friedlich, und die Plug&Play-Automatik weist den Geräten automatisch freie Einstellungen zu.

5. Ist die Option *Automatisch konfigurieren* nicht gewählt, dann können die Einstellungen über die Schaltfläche *Einstellung ändern* von Hand verändert werden. Bei Geräten, die von Windows XP automatisch verwaltet werden, ist das allerdings nicht möglich.

Abbildung 10.7: *Kontrollieren Sie, welche Ressourcen den Geräten zugeteilt wurden*

Windows XP zeigt Ihnen auch den umgekehrten Blickwinkel, also nicht aus Sicht eines Gerätes, sondern aus Sicht einer Hardware-Ressource. So könnten Sie zum Beispiel herausfinden, welche Geräte sich einen bestimmten Interrupt teilen:

1. Wählen Sie im Startmenü *Ausführen*, und geben Sie ein: `MSINFO32` Eingabe. Das Fenster *Systeminformationen* öffnet sich.
2. Expandieren Sie in der linken Spalte den Knoten Hardwareressourcen, und klicken Sie auf *IRQ*. Jetzt sehen Sie rechts, welchen Interrupts welche Geräte zugeordnet sind.

Es ist vollkommen normal, dass sich einige Geräte Interrupts teilen. Vor der Erfindung der Plug&Play-Automatik war eines der größten Probleme bei der Geräteinstallation, einen freien Interrupt zu finden, weil es nur 16 Interrupts gibt und viele davon vom System selbst gebraucht werden. Dank Plug&Play können sich mehrere Geräte einen Interrupt teilen, und so wurde das Problem der Gerätekonflikte wirkungsvoll bekämpft.

Welche Geräte sich Ressourcen teilen, sehen Sie, wenn Sie in der linken Spalte *Konflikte/Gemeinsame Nutzung* anklicken.

Abbildung 10.8: Vergabe der Interrupts systemweit prüfen

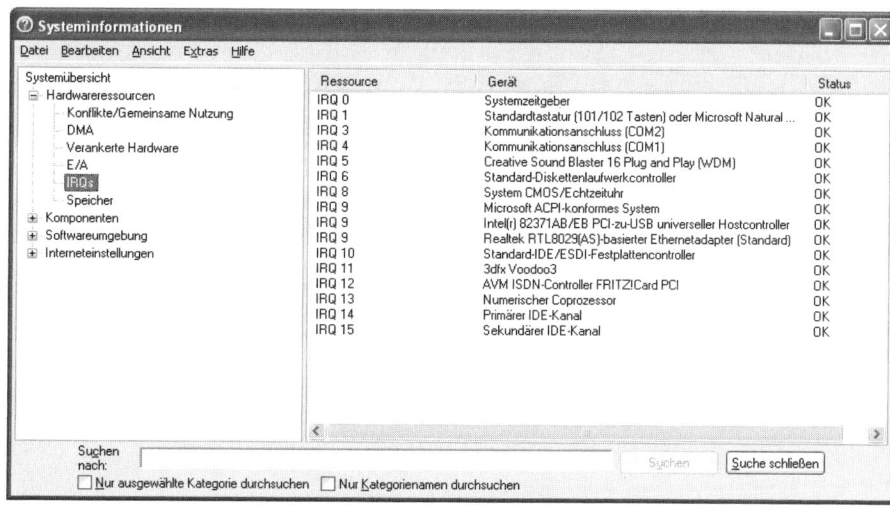

DirectX-Spieletreiber überprüfen

Windows XP enthält die komplette DirectX 8.1 Multimediaunterstützung. DirectX ist eine Schnittstelle, die es Programmen ermöglicht, Grafik, Sound und Eingabegeräte wie Joysticks schnell und hardwarenah anzusteuern.

Um zu überprüfen, ob die DirectX Treiber mit der eingebauten Hardware funktionieren, verwenden Sie das Tool *Dxdiag*. So starten Sie die Überprüfung:

1. Wählen Sie im Startmenü *Ausführen*, und geben Sie ein: `DXDIAG` Eingabe. Das Fenster *DirectX-Diagnoseprogramm* öffnet sich und zeigt allgemeine Systemparameter wie zum Beispiel den Prozessor und seine Geschwindigkeit an. Während der Überprüfung kann der Bildschirm einige Male flackern.
2. Aktivieren Sie die Registerkarte *DirectX-Dateien*. Im Feld *Anmerkungen* werden alle Unregelmäßigkeiten aufgeführt. Sind sämtliche DirectX-Dateien vorhanden, dann steht hier *Es wurden keine Probleme gefunden*.
3. Aktivieren Sie die Registerkarte *Anzeige*. Verwenden Sie mehr als eine Grafikkarte, dann finden Sie für jede Grafikkarte eine separate *Anzeige*-Registerkarte vor. Sie können nun *DirectDraw* und *Direct3D* testen. Kommt es zu Problemen, dann wissen Sie, dass Ihre Grafikkarte diese Funktionen nicht unterstützt. Die Funktionen lassen sich dann über die *Deaktivieren*-Schaltflächen abschalten.

4. Aktivieren Sie die Registerkarte *Sound*. Sie können nun die Soundwiedergabe testen. Hören Sie keinen Sound, dann klicken Sie auf die Registerkarte *Weitere Hilfe* und dort auf die Schaltfläche *Sound*. Der Problemlösungs-Assistent für Soundprobleme öffnet sich und hilft Ihnen dabei, die Probleme einzugrenzen und zu lösen.

5. Aktivieren Sie die Registerkarte *Musik*. Mit der Schaltfläche *DirectMusic* lässt sich auch diese Funktion testen. Getestet wird hier die MIDI-Wiedergabe. Wiederholen Sie den Test mit allen MIDI-Geräten, die in der Liste Mit diesem Anschluss testen angegeben sind, und wählen Sie dann das Gerät aus, mit dem die MIDI-Klänge am besten wiedergegeben werden.

6. Aktivieren Sie die Registerkarte *Eingabe*. Sie sehen jetzt alle Eingabegeräte, die Windows XP erkannt hat.

7. Aktivieren Sie die Registerkarte *Netzwerk*. Klicken Sie auf *DirectPlay testen*. Das Fenster *DirectPlay testen* öffnet sich. Möchten Sie testen, ob Sie mit einem anderen Computer im Netzwerk Spiele spielen können, dann wählen Sie *DirectPlay8-TCP/IP-Dienstanbieter* aus. Ins Feld *Benutzername* geben Sie ein: `COMPUTER1`. Aktivieren Sie die Option *Neue Sitzung erstellen*. Klicken Sie auf die Schaltfläche *OK*. Das Fenster *DxDiag DirectPlay-Chat* öffnet sich.

8. Wechseln Sie nun zu dem Computer, mit dem zusammen Sie Netzwerkspiele spielen wollen, und rufen Sie auch hier *Dxdiag* auf. Aktivieren Sie die Registerkarte *Netzwerk*, und klicken Sie auf *DirectPlay testen*. Wählen Sie *DirectPlay8-TCP/IP-Dienstanbieter*, und wählen Sie die Option *Bestehender Sitzung beitreten*. Ins Feld *Benutzername* tragen Sie ein: `COMPUTER2`. Klicken Sie auf *OK*.

9. Geben Sie nun den Namen des ersten Computers an, mit dem Sie in Kontakt treten wollen. Das Fenster Sitzungsliste erscheint und zeigt die Namen der laufenden Testsitzungen an. Wählen Sie eine Sitzung aus, und klicken Sie auf *Teilnehmen*.

10. Wenn die Netzwerkverbindung korrekt eingerichtet ist, können sich die beiden Computer nun Textnachrichten schicken.

Abbildung 10.9: Automatisch die DirectX-Spieletreiber prüfen

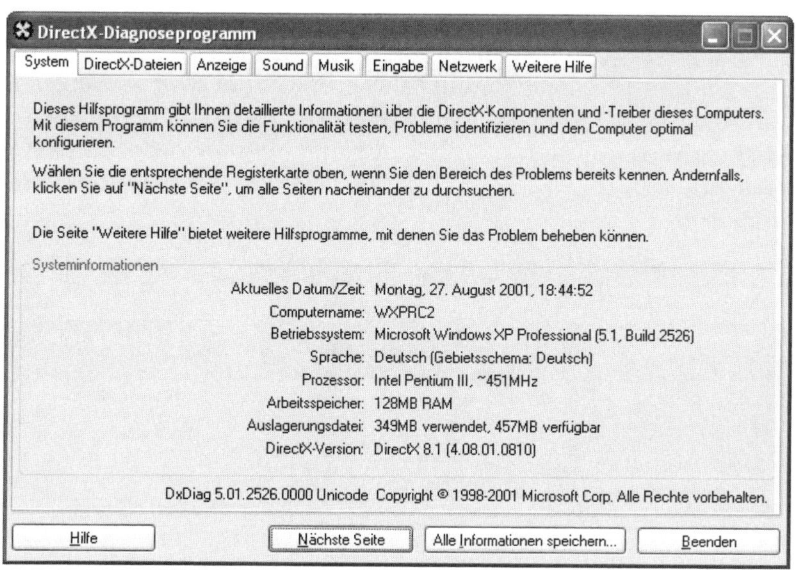

Neue Geräte installieren

Geräte, die Sie über eine moderne Schnittstelle anschließen, senden ein Signal an Windows XP. Windows XP kann daraufhin das Gerät automatisch erkennen und schaut in seiner Treiber-Datenbank nach, ob es das Gerät kennt.

Falls ja, wird es ohne weiteres zutun automatisch installiert. Moderne Schnittstellen sind zum Beispiel PCI-Steckkarten, PCMCIA-Steckkarten bei Notebooks und Geräte mit USB-Anschluss.

Abbildung 10.10: Windows XP erkennt Plug&Play-Hardware automatisch

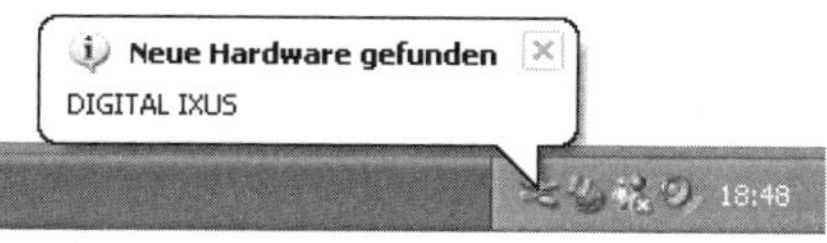

Geräte, die Sie über eine ältere Schnittstelle anschließen, werden nicht automatisch erkannt. Windows kann solche Geräte nur dann erkennen, wenn Sie Windows XP explizit auffordern, auch ältere Schnittstellen zu scannen. Aber auch dann werden neue Geräte an diesen Schnittstellen nicht immer erkannt. In diesem Fall können Sie das Gerät manuell installieren: verraten Sie Windows den Typ des Gerätes. Ältere Schnittstellen sind zum Beispiel die seriellen Schnittstellen und ISA-Steckkarten.

In jedem Fall muss das Gerät angeschlossen und eingeschaltet sein, um von Windows XP erkannt zu werden.

TIPP

Möchten Sie eine Inventarliste der gesamten Hardware anzeigen, die auf Ihrem Rechner bereits installiert ist, dann wählen Sie im Startmenü *Hilfe und Support* und klicken auf den Link *Tools zum Anzeigen von Computerinformationen und Ermitteln von Fehlerursachen verwenden*. Klicken Sie dann in der Tools-Liste auf *Computerinformation* und rechts auf *Informationen über auf diesem Computer installierte Hardware anzeigen*.

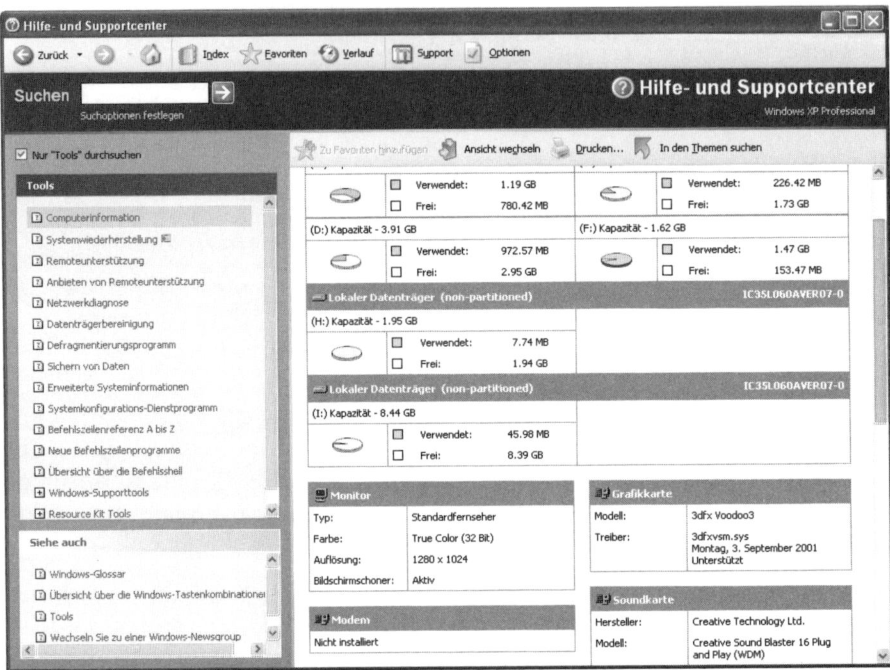

Abbildung 10.11: *Ausführliche Informationen über sämtliche eingebauten Geräte*

Automatische Geräte-Erkennung

Entdeckt Windows XP ein neues Gerät, dann beginnt es automatisch den Installationsprozess. Windows XP erkennt neue Geräte beim Systemstart. Schnittstellen wie USB werden fortlaufend überwacht, hier erkennt Windows neue Geräte auch im laufenden Betrieb.

Wollen Sie den Erkennungsprozess von Hand anstoßen, dann gehen Sie so vor:

1. Klicken Sie im Startmenü *Arbeitsplatz* mit der rechten Maustaste an, und wählen Sie *Eigenschaften*. Das Fenster *Systemeigenschaften* öffnet sich.

2. Aktivieren Sie die Registerkarte *Hardware*. Klicken Sie im Bereich *Geräte-Manager* auf die Schaltfläche *Geräte-Manager*. Das Fenster *Geräte-Manager* öffnet sich.

3. Sie sehen nun eine baumartige Auflistung der gesamten bereits erkannten Hardware. Um nach neuer Hardware suchen zu lassen, klicken Sie den obersten Knotenpunkt mit der rechten Maustaste an und wählen im Kontextmenü *Nach geänderter Hardware suchen.*

Nachdem Windows XP ein neues Gerät erkannt hat, schaut es in seiner Gerätedatenbank nach. Diese Datenbank besteht aus dem speziellen Ordner *INF.* Darin lagern unzählige *INF*-Dateien, die Geräte und Gerätegruppen charakterisieren und wissen, wo die entsprechenden Gerätetreiber lagern.

Findet Windows XP die passende *INF*-Datei für das neu erkannte Gerät, dann kann es das Gerät vollautomatisch installieren. Ist keine *INF*-Datei zu finden, dann bittet Windows XP Sie um Unterstützung.

TIPP Genau dies ist der Grund, warum Sie in vielen Installationsanweisungen den Hinweis finden, vor dem Einbau des Gerätes zuerst das herstellerspezifische Installationsprogramm auszuführen. Dieses Programm kopiert die *INF*-Datei des Gerätes in die Gerätedatenbank von Windows und ermöglicht so eine anschließende reibungslose Installation.

Automatische Installation mit Rückfragen

Erkennt Windows XP ein Gerät, für das es noch keine passende *INF*-Datei besitzt, dann erscheint ein Dialogfeld und bittet um Unterstützung:

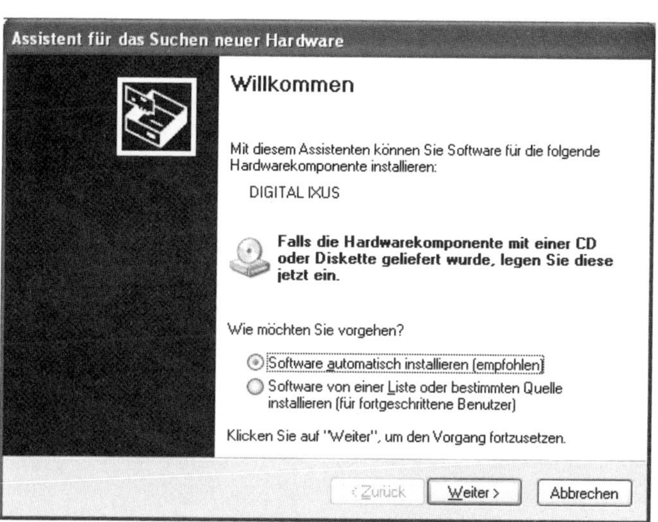

Abbildung 10.12: *Versuchen Sie zuerst, neue Hardware automatisch installieren zu lassen*

1. Das Fenster *Assistent für das Suchen neuer Hardware* öffnet sich. Es nennt den Namen des erkannten Gerätes und fragt, wie weiter vorgegangen werden soll. Aktivieren Sie die Option *Software auto-*

matisch installieren (empfohlen). Klicken Sie auf die Schaltfläche *Weiter >*.

2. Der Assistent sucht nun nach einem passenden Treiber für das Gerät. Dieser Vorgang kann einige Sekunden dauern. Anschließend wird der gefundene Treiber installiert.
3. Handelt es sich um einen älteren Treiber, der noch nicht mit Windows XP getestet wurde, dann erscheint das Fenster *Hardwareinstallation* und meldet das Malheur. Windows XP warnt eindringlich, diesen Treiber zu installieren, weil er möglicherweise Probleme bereitet. Trotzdem können Sie per Klick auf die Schaltfläche *Installation fortsetzen* den Treiber testweise installieren. Windows legt daraufhin automatisch einen Systemwiederherstellungspunkt an, um bei Problemen schnell und einfach die Treiberinstallation rückgängig machen zu können.
4. Nur wenn der Assistent keinen Gerätetreiber finden konnte, haben Sie die Möglichkeit, selbst einen Ort anzugeben, von wo der Treiber geladen werden soll. Schauen Sie im Zweifelsfall in ▶ Kapitel 9: dort wird gezeigt, wie Sie sich fehlende Treiber über das Internet besorgen.

Konnte weder automatisch noch manuell ein passender Treiber gefunden werden, dann lässt sich das Gerät nicht verwenden. Sie können aber eine Mitteilung an Microsoft senden, damit die benötigten Gerätetreiber möglichst bald bereitgestellt werden.

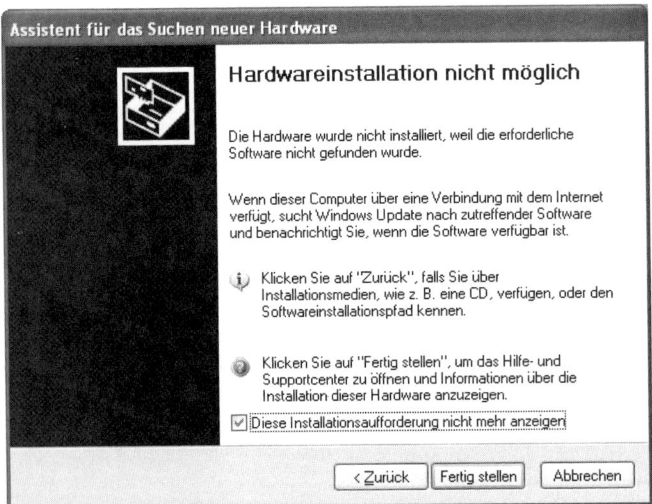

Abbildung 10.13: *Fehlt ein Treiber, dann können Sie eine Mitteilung an Microsoft senden*

Eine andere Alternative: Sie besuchen die Webseite des Geräteherstellers und schauen dort nach, ob ein Treiber angeboten wird.

TIPP Windows fügt Geräte, für die es keine Treiber finden konnte, im Geräte-Manager in die Kategorie *Andere Geräte* ein und markiert das Gerät mit einem gelben Warnsymbol. Die Kategorie *Andere Geräte* ist normalerweise versteckt und erscheint nur, wenn Sie das Gerät erneut anschließen. Um das Gerät komplett neu erkennen zu lassen, löschen Sie das Gerät in der Kategorie *Andere Geräte* via Rechtsklick und *Deinstallieren*.

Geräte manuell installieren

Werden neue Geräte von Windows XP überhaupt nicht erkannt, dann sollte Sie das misstrauisch machen: ist das Gerät richtig angeschlossen und eingeschaltet? Windows XP erkennt beinahe alle Geräte automatisch, wenn sie korrekt an den Computer angeschlossen sind. Allerdings gibt es Ausnahmen:

- Geräte, die an die serielle Schnittstelle angeschlossen werden, erkennt Windows XP nicht automatisch. Das könnten zum Beispiel externe Modems oder Infrarotschnittstellen sein.
- Drucker, die über die parallele Schnittstelle angeschlossen werden und entweder nicht bidirektional kommunizieren können oder über ein unidirektionales Druckerkabel angeschlossen wurden, werden ebenfalls nicht erkannt. Damit Windows XP Drucker erkennen kann, muss ein Datenaustausch nicht nur vom Computer zum Drucker, sondern auch in umgekehrter Richtung möglich sein.
- Ältere Steckkarten, die über einen ISA-Steckplatz eingebaut werden, ignoriert Windows XP ebenfalls. ISA-Steckplätze unterstützen kein Plug & Play. Die Karten müssen von Hand konfiguriert und installiert werden. Allein aus diesem Grund, aber auch wegen der schlechteren Leistung der ISA-Karten, sollten Sie möglichst nur noch PCI-Steckkarten verwenden. Moderne Rechner bieten ohnehin keine ISA-Steckplätze mehr an.

Erkennt Windows ein Gerät nicht von allein, dann schauen Sie zuerst in den folgenden Kapiteln nach, ob es für den betroffenen Gerätetyp besondere Installationsanweisungen gibt. Modems zum Beispiel kann Windows XP doch noch automatisch erkennen, allerdings muss die Erkennung zuerst aktiviert werden.

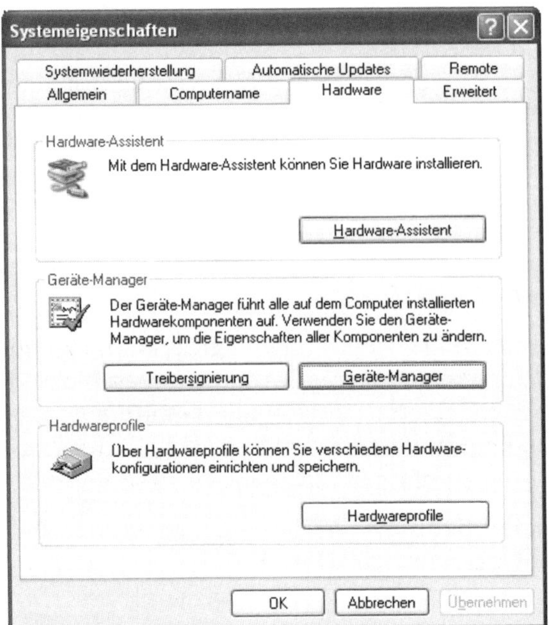

Abbildung 10.14: *Mit dem Hardware-Assistenten werden Geräte installiert, die Windows nicht automatisch erkennt*

Hilft das nicht, dann rufen Sie den Hardware-Assistenten zu Hilfe:

1. Klicken Sie im Startmenü Arbeitsplatz mit der rechten Maustaste an und wählen Sie Eigenschaften. Sie können auch Win+Pause drücken. Das Fenster *Systemeigenschaften* öffnet sich.
2. Aktivieren Sie die Registerkarte *Hardware*. Klicken Sie im Bereich *Hardware-Assistent* auf die Schaltfläche *Hardware-Assistent*. Das Fenster *Hardware-Assistent* öffnet sich. Er macht unmissverständlich klar: lag dem Gerät eine Installations-CD bei, dann verwenden Sie diese, um das Gerät zu installieren. Andernfalls klicken Sie auf Weiter.
3. Der Assistent sucht nun nach neuen Geräten. Anschließend fragt er nach, ob das neue Gerät bereits angeschlossen wurde. Kontrollieren Sie, ob alle Verbindungen wackelfrei sitzen und ob externe Geräte auch eingeschaltet sind. Aktivieren Sie die Option *Ja, die Hardware wurde bereits angeschlossen*. Klicken Sie auf die Schaltfläche *Weiter >*.
4. Jetzt sehen Sie eine Liste aller Geräte, die auf dem Computer bereits erkannt worden sind. Prüfen Sie, ob das Gerät, das Sie installieren wollen, möglicherweise bereits erkannt worden ist und nur nicht richtig funktioniert. Wenn Sie Ihr Gerät in der Liste entdecken, dann wechseln Sie jetzt zu ▶ Seite 351.

5. Wählen Sie in der Liste den Eintrag *Neue Hardware hinzufügen*. Kicken Sie auf *Weiter*. Beauftragen Sie dann Windows XP, zunächst automatisch nach neuen Geräten zu suchen. Aktivieren Sie die Option *Nach neuer Hardwarekomponente automatisch suchen und installieren (empfohlen)*. Klicken Sie auf *Weiter*.
6. Bei diesem Suchlauf geht Windows XP über die normale Plug & Play-Erkennung hinaus und scannt aktiv alle Anschlüsse, die sich normalerweise nicht selbst bei Gerätewechseln melden.
7. Konnte der Assistent bei diesem ausführlichen Suchlauf neue Gerätschaften finden, dann erhalten Sie jetzt die Möglichkeit, diese zu installieren. Wurden dagegen keine neuen Geräte entdeckt, dann haben Sie zumindest die Möglichkeit, Hersteller und Gerätetyp von Hand auszuwählen. Bei einigen Geräten wie passiven Infrarotschnittstellen, die an die serielle Schnittstelle angeschlossen wurden, ist das der einzige Weg.
8. Wählen Sie dazu aus der Liste zuerst den Typ des Gerätes aus, zum Beispiel Infrarotgeräte. Klicken Sie auf Weiter. Jetzt sehen Sie alle Treiber, die Windows in seiner Gerätedatenbank finden kann und die dem ausgewählten Gerätetyp entsprechen. Wählen Sie links den Gerätehersteller und rechts den Gerätetyp. Signierte – also für Windows XP zugelassene – Treiber sind mit einem Zertifikatsymbol markiert, unsignierte Treiber zeigen ein Warnsymbol an.

Haben Sie Schwierigkeiten bei der Installation spezieller Geräte, dann schauen Sie in die entsprechenden folgenden Abschnitte: hier wird die Installation verschiedener Gerätetypen detailliert beschrieben.

Wieso fehlen in der Liste Gerätetypen?

Zu Anfang dieses Kapitels haben Sie den *INF*-Ordner kennen gelernt und gesehen, dass dort Installationsanweisungen für tausende von Gerätetypen lagern. Wieso werden in den Listen des Geräte-Assistenten nur sehr viel weniger Gerätetypen angeboten?

In der Vergangenheit zeigte der Assistent alle Gerätetypen an, für die es im *INF*-Ordner *INF*-Dateien gab. Die Folge waren nicht nur unübersichtliche Listen, sondern häufig versuchten Anwender auch verzweifelt, Plug&Play-Gerätetreiber von Hand zu installieren.

Dabei war dieser Versuch vollkommen sinnlos. Wäre das Plug&Play-Gerät korrekt angeschlossen gewesen, dann hätte Windows es längst automatisch installiert. Deshalb zeigt der Assistent nur noch die Gerätetypen, die nicht automatisch erkannt und installiert werden können.

Driver.cab zentral im Netzwerk nutzen

Windows XP bringt die Treiberdateien für unzählige Gerätschaften gleich mit. Das ist praktisch. Praktisch ist auch, dass diese Treiberdateien bei der Windows-Installation direkt auf die Festplatte kopiert werden. So bleibt es Ihnen erspart, jedes Mal die Windows-CD hervorzukramen, nur weil neue Geräte erkannt oder Windows-Komponenten nachinstalliert werden sollen.

Weniger praktisch ist allerdings die Größe der Treiberbibliothek. Die Datei *%windir%\Driver Cache\i386\driver.cab* ist beinahe 80 MB groß.

Bei Festplatten im Gigabyte-Bereich mag dies keine besondere Rolle mehr spielen. Ist Speicherplatz aber ein Thema, dann stellt sich die Frage, warum es die *Driver.cab*-Datei eigentlich auf jedem Windows XP-System geben muss. In einem Netzwerk würde es genügen, die Datei in einem Share bereitzustellen. Man könnte sie auch auf eine CD brennen und nur bei Bedarf einlegen.

Beides ist möglich. Ändert die *Driver.cab*-Datei ihren Aufenthaltsort, dann müssen Sie Windows XP lediglich mitteilen, wo die Datei künftig zu finden ist. Das passiert in der Registry: *HKEY_LOCAL_MACHINE – SOFTWARE – Microsoft – Windows – CurrentVersion – Setup – DriverCachePath* legt fest, wo *Driver.cab* lagert.

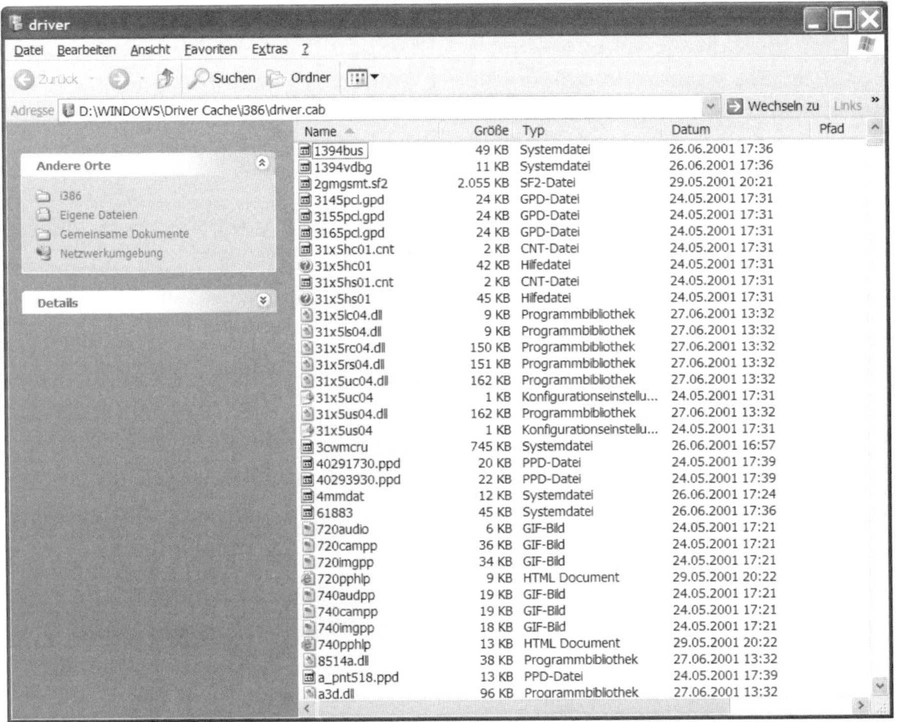

Abbildung 10.15: *In der Datei* Driver.cab *lagern die Gerätetreiber, die Windows von Hause aus mitbringt*

Notfall: Missglückte Geräteinstallationen reparieren

Die Geräteinstallation ist ein kritischer Prozess: Gerätetreiber, die Sie installiert haben, werden häufig bereits während des Windows-Starts geladen, und wenn die Treiber nicht korrekt funktionieren, dann startet Windows XP im Extremfall überhaupt nicht mehr.

Um diese Probleme zu entschärfen, haben Sie eine Reihe von Notfalloptionen zur Auswahl:

- Windows startet nicht mehr: Nutzen Sie das Notfallmenü, und starten Sie Windows mit der letzten funktionierenden Konfiguration (▶ Kapitel 23).
- Bei der Treiberinstallation wurden geschützte Windows-Dateien gegen neue Versionen ausgetauscht, die nicht richtig funktionieren. Sofern Windows nicht mehr richtig funktioniert, starten Sie es im *Abgesicherten Modus* (▶ Kapitel 23). Lassen Sie dann die Originaldateien wiederherstellen. Dazu wählen Sie im Startmenü *Ausführen* und geben ein: `sfc /scannow` Eingabe. Oder »spulen« Sie das System mit dem Systemwiederherstellungs-Tool auf den nächstgelegenen Prüfpunkt zurück. Hilft das nicht, dann legen Sie die Windows-CD ins Laufwerk und wählen die Windows-Reparatur.
- Nach der Installation eines nicht signierten Treibers kommt es zu sporadischen Fehlern oder Blue Screens. Deinstallieren Sie den Treiber, oder spulen Sie das System auf einen Systemwiederherstellungspunkt zurück, der vor der Treiberinstallation angelegt wurde (▶ Kapitel 23).

Mit dem Geräte-Manager arbeiten

Mitunter lief die Geräteinstallation zwar reibungslos ab, aber das Gerät funktioniert anschließend trotzdem nicht.

Starten Sie in solch einem Fall Windows XP vorsichtshalber neu. Funktioniert das Gerät anschließend immer noch nicht, dann schauen Sie im Geräte-Manager nach, wo das Problem liegt.

Der Geräte-Manager ist die zentrale Inventurliste aller erkannten Geräte. Hier erfahren Sie, welche Geräte erkannt worden sind und ob die Geräte augenblicklich funktionieren.

So öffnen Sie den Geräte-Manager:

1. Klicken Sie im Startmenü *Arbeitsplatz* mit der rechten Maustaste an und wählen Sie *Eigenschaften*, oder drücken Sie Win+Pause. Das Fenster *Systemeigenschaften* öffnet sich.
2. Aktivieren Sie die Registerkarte *Hardware*. Klicken Sie im Bereich *Geräte-Manager* auf die Schaltfläche *Geräte-Manager*. Das Fenster *Geräte-Manager* öffnet sich.
3. Sie sehen nun eine baumartige Struktur, die die erkannten Geräte nach Kategorien sortiert anzeigt. Eine besondere Kategorie heißt *Unbekannte Geräte*. In dieser Kategorie fasst Windows XP alle Geräte zusammen, die es zwar erkannt hat, für die es aber keine Treiber finden konnte. Solche Geräte funktionieren nicht. Damit Windows XP diese Geräte erneut erkennt, entfernen Sie die Geräte per Rechtsklick und *Deinstallieren* aus der Kategorie *Unbekannte Geräte*.
4. Um ein Gerät näher zu untersuchen, öffnen Sie seine Kategorie und doppelklicken dann auf das Gerät. Die Eigenschaften-Seite des Gerätes öffnet sich, und im Feld *Gerätestatus* sehen Sie sofort, ob das Gerät einwandfrei funktioniert oder nicht. Wird ein Fehler gemeldet, dann klicken Sie im Bereich *Gerätestatus* auf die Schaltfläche *Problembehandlung*. Der zuständige Problemlöse-Assistent wird geöffnet, der Ihnen bei der weiteren Fehlersuche behilflich ist.

Geräte deinstallieren

Geräte, die Sie nicht mehr benötigen und zum Beispiel ausbauen wollen, sollten aus dem Geräte-Manager entfernt werden. Windows XP geht sonst davon aus, dass das Gerät weiterhin vorhanden ist, aber nicht richtig funktioniert.

Wollen Sie zum Beispiel die vorhandene Grafikkarte gegen eine andere Grafikkarte austauschen, dann entfernen Sie die vorhandene Grafikkarte aus dem Geräte-Manager. Fahren Sie Windows XP dann herunter, bauen Sie die Grafikkarten um, und starten Sie den Rechner neu. Windows XP erkennt die neue Grafikkarte.

Geräte entfernen Sie im Geräte-Manager über einen Rechtsklick auf das Gerät und *Deinstallieren*.

TIPP Gerätetreiber dürfen nur von Mitgliedern der Gruppe der *Administratoren* entfernt werden.

Geräte vorübergehend deaktivieren

Werden Geräte deinstalliert, dann können solche Geräte erst wieder nach einer kompletten Neuinstallation verwendet werden.

Hin und wieder sollen Geräte aber nur vorübergehend nicht genutzt werden. Gründe könnten zum Beispiel Hardware-Konflikte sein: zwei Geräte vertragen sich nicht miteinander, oder ein Gerät verwendet alte Treiber und behindert so die Energiesparoptionen. Der Rechner lässt sich nicht in den Standby-Modus oder Ruhezustand versetzen, solange das Gerät verwendet wird.

Vielleicht wollen Sie Geräte auch einfach nur »ruhig stellen«. Deinstallieren Sie ein Gerät, das sich nach wie vor im Computer befindet oder daran angeschlossen ist, dann würde es spätestens beim nächsten Windows-Start neu erkannt.

Auf der Eigenschaften-Seite der Geräte im Geräte-Manager finden Sie die Liste Geräteverwendung. Hier können Sie sich aussuchen, ob ein Gerät verwendet werden soll oder nicht. Geräte, die Sie vorübergehend abgeschaltet haben, erscheinen im Gerätemanager mit einem roten Warnsymbol.

TIPP Sie können die meisten Geräte im laufenden Betrieb deaktivieren und aktivieren. Ein Neustart ist für die meisten Gerätekategorien nicht nötig.

Mit Hardware-Profilen arbeiten

Die vorübergehende Geräte-Deaktivierung wird noch vielseitiger, wenn Sie verschiedene Hardwareprofile anlegen. Windows XP fragt dann bereits beim Start, welches Hardwareprofil Sie verwenden wollen. Geräte können im Geräte-Manager für alle vorhandenen Geräteprofile separat deaktiviert oder aktiviert werden.

Auf diese Weise könnten Sie zum Beispiel ein Hardwareprofil namens Videobearbeitung anlegen, in dem alle Videoschnittgeräte aktiviert sind, und ein weiteres namens Büro, in dem diese speziellen Geräte nicht aktiviert sind.

TIPP Bei Notebooks mit Dockingstation legt Windows XP automatisch zwei Profile an, eins für den eingedockten Zustand und eins für den ausgedockten Zustand. Die Umschaltung zwischen diesen Profilen passiert automatisch, sobald Sie das Gerät ein- oder ausdocken. Sie können so alle Geräte im ausgedockten Profil deaktivieren, die an die Dockingstation angeschlossen sind und unterwegs nicht zur Verfügung stehen.

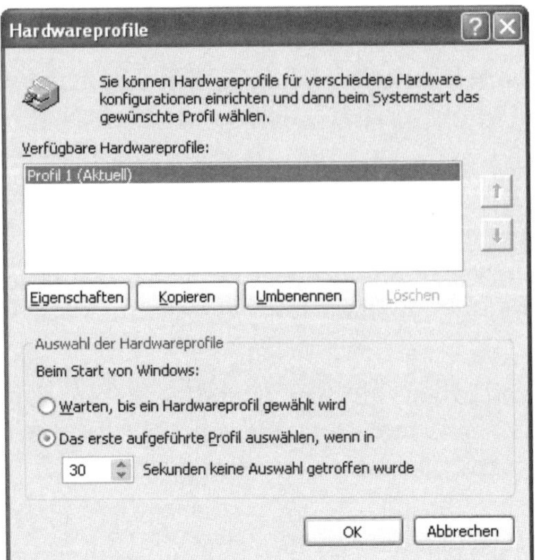

Abbildung 10.16: *Geräteprofile schalten Gerätegruppen in besonderen Situationen ab*

So legen Sie weitere Hardwareprofile an:

1. Klicken Sie im Startmenü mit der rechten Maustaste auf *Arbeitsplatz* und wählen Sie *Eigenschaften*. Das Fenster *Systemeigenschaften* öffnet sich.
2. Aktivieren Sie die Registerkarte *Hardware*. Klicken Sie im Bereich *Hardwareprofile* auf die Schaltfläche *Hardwareprofile*. Das Fenster *Hardwareprofile* öffnet sich.
3. In der Liste *Verfügbare Hardwareprofile*: sehen Sie die bereits vorhandenen Profile. Bei normalen Computern ist nur ein Profil vorhanden, bei Notebooks mit Dockingstation finden Sie meist bereits zwei Profile, eins für den eingedockten Zustand und eins für den ausgedockten.
4. Wählen Sie ein Profil, und klicken Sie auf die Schaltfläche *Eigenschaften*. Aktivieren Sie die Option *Dies ist ein tragbarer Computer*, wenn Sie ein Notebook verwenden, und legen Sie fest, ob eine Dockingstation verfügbar ist oder nicht. Bei normalen PCs brauchen Sie diese Einstellungen nicht durchzuführen.
5. Geben Sie dem vorhandenen Profil einen besseren Namen. Dazu wählen Sie das Profil in der Liste aus und klicken auf *Umbenennen*. Nennen Sie das Profil zum Beispiel `Standard`.
6. Legen Sie ein weiteres Profil an, indem Sie auf *Kopieren* klicken. Geben Sie dem neuen Profil einen Namen. Das neue Profil verwendet genau dieselben Geräte, die das Ausgangsprofil verwendet. Es ist (noch) eine identische Kopie.

7. Bevor Sie das neue Profil feinjustieren, legen Sie fest, wie das Hardwareprofil ausgesucht wird. Dazu aktivieren Sie im Bereich *Auswahl der Hardwareprofile* die Option *Das erste aufgeführte Profil auswählen, wenn in …* und legen dahinter fest, für wie viel Sekunden das Auswahlmenü angezeigt werden soll. So verhindern Sie, dass Windows XP nach dem Einschalten ewig auf die Auswahl eines Hardwareprofils wartet. Mit den Pfeiltasten rechts von der Profil-Liste bringen Sie das Profil an die oberste Listenposition, das beim Windows-Start automatisch ausgewählt werden soll, wenn Sie innerhalb der festgelegten Frist kein Profil auswählen.
8. Klicken Sie auf die Schaltfläche *OK*. Schauen Sie sich die Wirkung des neuen Profils an. Klicken Sie im Bereich *Geräte-Manager* auf die Schaltfläche *Geräte-Manager*.

9. Das Fenster *Geräte-Manager* öffnet sich. Öffnen Sie die Eigenschaften-Seite eines Gerätes, und schauen Sie unten in die Liste Geräteverwendung. Sie haben jetzt die Möglichkeit, das Gerät zu aktivieren, im aktuellen Profil abzuschalten oder in allen Profilen abzuschalten.
10. Um Ihr neues Profil zu aktivieren, starten Sie Windows XP neu. Beim Neustart erscheint das Auswahlmenü für Hardwareprofile. Suchen Sie sich das neue Profil aus, und starten Sie Windows. Deaktivieren Sie dann im Geräte-Manager alle Geräte, die nicht in diesem Profil verwendet werden sollen.

Dienste in Profilen abschalten

Auch Dienste können über Profile separat verwaltet werden. Dienste sind spezielle Programme, die im Hintergrund laufen und bestimmte Dienstleistungen anbieten.

Um alle Dienste zu sehen, die auf Ihrem System zur Verfügung stehen, öffnen Sie im Startmenü die *Systemsteuerung*, öffnen den Ordner *Verwaltung* und öffnen dann das Modul *Dienste*.

Um einen Dienst in einem Hardwareprofil zu deaktivieren, doppelklicken Sie auf den gewünschten Dienst in der Liste und aktivieren dann die Registerkarte *Anmelden*. In der Liste *Dienst für folgende Hardwareprofile aktivieren bzw. deaktivieren*: suchen Sie sich das gewünschte Profil aus und können den Dienst dann in diesem Profil mit den Schaltflächen *Aktivieren* und *Deaktivieren* selektiv ein- oder ausschalten.

Installierte Hardware überprüfen

Windows XP kann die gesamte installierte Hardware einem Statusreport unterziehen. So sehen Sie sofort, welche Geräte funktionieren und welche nicht. Über Links können Sie bei Problemen sofort in den zuständigen Problemlöse-Assistenten wechseln und auch feststellen, welche Gerätetreiber zur Zeit nicht signiert sind und deshalb ein Update gebrauchen könnten.

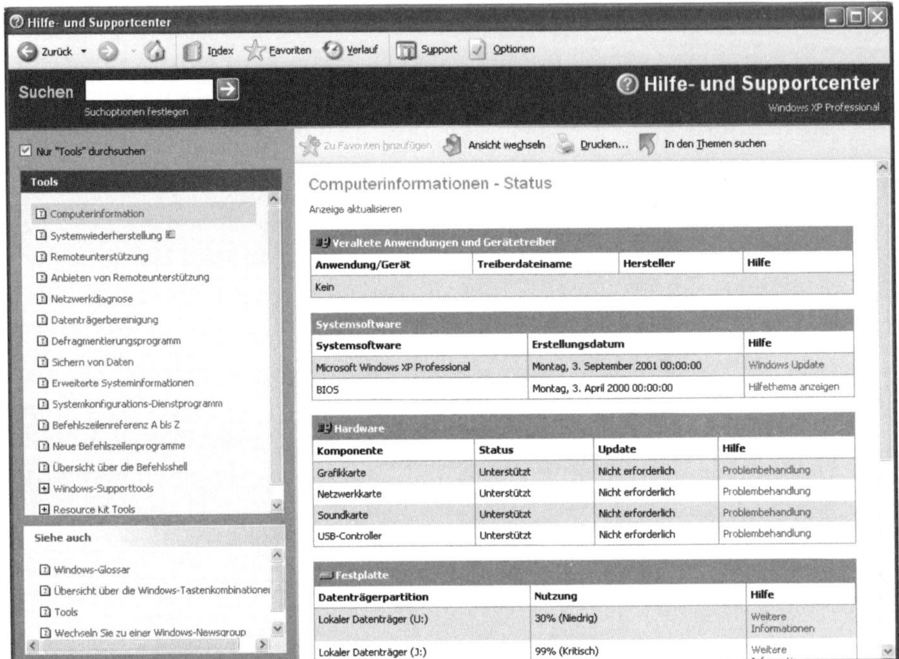

Abbildung 10.17: Statusreports bieten einen schnellen und kompletten Systemüberblick

Daneben zeigt Windows XP auf Wunsch die Zuordnung von Interrupts und I/O-Adressen aller Geräte an.

All diese Informationen stehen nicht nur für das eigene System zur Verfügung. Administratoren können auch andere Systeme im Netzwerk auf diese Weise untersuchen und zum Beispiel feststellen, wie alt das BIOS der Rechner ist oder wie viel Platz auf den Festplatten noch zur Verfügung steht.

Statusreports und Inventurlisten generieren

So legen Sie einen automatischen Statusreport an:

1. Wählen Sie im Startmenü *Hilfe und Support*. Das Fenster *Hilfe- und Supportcenter* öffnet sich.
2. Klicken Sie rechts auf den Link *Tools*. Links sehen Sie nun in der Liste Tools alle Tools, die Windows XP Ihnen anzubieten hat. Wählen Sie *Computerinformation*.
3. Klicken Sie rechts nun auf den Link *Status der Systemhardware und –software anzeigen*. Der Assistent stellt die Informationen zusammen und zeigt dann den Report an. Über das Drucken-Symbol kann dieser Report sofort ausgedruckt werden.
4. Eine ausführliche Inventurliste erhalten Sie, wenn Sie stattdessen den Link *Informationen über auf diesem Computer installierter Hardware anzeigen* wählen.
5. Klicken Sie stattdessen auf *Erweiterte Systeminformationen anzeigen*, dann bekommen Sie noch mehr Auswahlmöglichkeiten, die Tabelle 10.1 beschreibt.

Neue Geräte installieren

Tabelle 10.1: *Auswahlmöglichkeiten, um weitere Informationen über den Computer anzuzeigen*

Befehl	Bedeutung
Detaillierte Systeminformationen (Msinfo32.exe) anzeigen	Ruft das Tool *Msinfo32.exe* auf, das detaillierte Systeminformationen in verschiedenen Kategorien anzeigt, beispielsweise IRQ-Zuordnung, DMA und Speicherbedarf
Aktive Dienste anzeigen	Generiert eine Liste mit allen Diensten und deren Status
Angewendete Gruppenrichtlinien anzeigen	Zeigt, welche Gruppenrichtlinien aus welchen Quellen effektiv auf diesem Computer Wirkung zeigen. Besonders wenn der Computer Mitglied einer Domäne ist und von dort Gruppenrichtlinien empfängt, kann es schwierig werden herauszufinden, wo bestimmte Einschränkungen eigentlich festgelegt wurden. Mit Hilfe dieses Berichts und dem Tool Richtlinienergebnissatz-Dienstprogramm, das unten über einen Link ausgeführt werden kann, verschaffen Sie sich die nötige Übersicht. Mehr zu Gruppenrichtlinien lesen Sie in ▶ Kapitel 20. ▶

Befehl	Bedeutung
Fehlerprotokoll anzeigen	Liefert ein Fehlerprotokoll der letzten Anwendungsfehler. Das Fehlerprotokoll stammt aus dem Ereignisprotokoll der Anwendungen. Über die Ereignisanzeige können Sie Einträge im Protokoll löschen.
Informationen über einen anderen Computer anzeigen	Alle Reports können auch zur Fernwartung eines anderen Computers eingesetzt werden. Wählen Sie diese Option, dann können Sie den Namen des gewünschten Zielcomputers angeben. Dieser Computer muss WMI ausführen, braucht also kein Windows XP Computer zu sein. Auch Windows 2000 Computer und andere Windows-Computer, bei denen WMI nachgerüstet wurde, lassen sich so fernwarten. Sie benötigen allerdings Zugriffsrechte als Administrator. Windows XP-Systeme, die die Gast-Authentifizierung verwenden, können nicht auf diese Weise ferngewartet werden.

ACPI- und Multiprozessorunterstützung

Windows XP ist extrem modular aufgebaut, um auf einer möglichst breiten Computerhardware-Basis laufen zu können. Bindeglied zwischen der Hardware und den Windows-Funktionen ist die HAL (*Hardware Abstraction Layer*).

Die HAL, die Windows XP verwendet, muss genau zur verwendeten Hardware passen. Arbeiten Sie mit einem Einprozessorsystem und rüsten es mit zusätzlichen Prozessoren aus, dann muss die HAL entsprechend angepasst werden, damit die neuen Prozessoren auch tatsächlich Arbeit bekommen.

Gleiches gilt für Stromsparmechanismen wie Standby und Ruhezustand. Sie setzen voraus, dass der Computer ACPI (*Advanced Configuration and Power Interface*) unterstützt. Bei der Installation versucht Windows XP genau dies zu ermitteln und installiert dann je nach Ergebnis entweder die HAL für den Standard-PC (ohne ACPI) oder die HAL für den ACPI-PC. Auf Standard-PCs schaltet sich der Computer zum Beispiel nach dem Herunterfahren nicht von allein aus, bei ACPI-PCs dagegen schon.

Auch hier kann Handarbeit nötig werden. Wissen Sie genau, dass Ihr Computer ACPI unterstützt, und wurde dennoch die HAL für einen Standard-PC installiert, dann können Sie nachträglich die HAL ändern.

WICHTIG Änderungen an der HAL sind kritisch, denn hierbei werden fundamentalste Windows-Dateien ausgetauscht. Haben Sie die falsche oder ungeeignete HAL ausgesucht, dann startet Windows XP nicht mehr, und Sie müssen das System entweder neu installieren oder die HAL mit der Wiederherstellungskonsole von Hand reparieren. Ändern Sie die HAL also nur, wenn Sie sich absolut sicher sind und entsprechende Backups angelegt haben.

So wird die HAL des Computers verändert:

1. Öffnen Sie das Startmenü und klicken Sie mit der rechten Maustaste auf *Arbeitsplatz*. Wählen Sie *Verwalten*. Das Fenster *Computerverwaltung* öffnet sich.
2. Expandieren Sie *System/Geräte-Manager*, und klicken Sie auf *Geräte-Manager*. Öffnen Sie dann die Kategorie *Computer*.
3. Sie sehen jetzt, welche HAL augenblicklich installiert ist. Verfügt Ihr Computer über Energiesparoptionen, dann erscheint er als *ACPI-PC*, ansonsten als *Standard-PC*.
4. Doppelklicken Sie auf den Eintrag, der unter Computer angezeigt wird, also auf *ACPI-PC* oder *Standard-PC*. Ein Fenster öffnet sich. Aktivieren Sie die Registerkarte *Treiber*.
5. Klicken Sie auf die Schaltfläche *Aktualisieren*. Aktivieren Sie die Option *Software von einer Liste oder bestimmten Quelle installieren (für fortgeschrittene Benutzer)*.
6. Klicken Sie auf *Weiter >*. Aktivieren Sie die Option *Nicht suchen, sondern den zu installierenden Treiber selbst wählen*. Klicken Sie auf *Weiter >*.
7. Suchen Sie nun die HAL aus, die Sie installieren wollen. Hat der Hersteller der Computerhardware eine HAL herausgegeben, dann klicken Sie auf Datenträger.
8. Die HAL wird installiert. Das System muss anschließend neu gestartet werden.

Modems installieren und testen

Modems werden in der Regel extern über die serielle Schnittstelle angeschlossen und fallen damit in die Kategorie der Geräte, die Windows XP nicht automatisch erkennt. Weil solche Modems aber auch bei modernen Computern noch weit verbreitet sind, enthält Windows XP einen speziellen Assistenten, der bei der Einrichtung hilft und angeschlossene Modems aktiv suchen und erkennen kann.

Modems, die per PCMCIA-Steckkarte (Notebooks) oder als internes Modem mit einer PCI-Steckkarte eingebaut werden, erkennt Windows XP dagegen automatisch beim Start. Voraussetzung hier ist lediglich, dass Windows XP den passenden Gerätetreiber zur Verfügung hat. Installieren Sie also gegebenenfalls vor dem Einbau die entsprechenden Gerätetreiber.

Modems werden über das Modul *Telefon- und Modemoptionen* der Systemsteuerung verwaltet. Rufen Sie dieses Modul zum ersten Mal auf, und ist kein Modem installiert, dann beginnt Windows XP sofort, nach angeschlossenen Modems zu suchen. Wollen Sie später erneut neue Modems finden lassen, dann gehen Sie so vor:

1. Wählen Sie im Startmenü *Systemsteuerung*, und öffnen Sie das Modul *Telefon- und Modemoptionen*. Das Fenster *Telefon- und Modemoptionen* öffnet sich.
2. Aktivieren Sie die Registerkarte *Modems*. Sie sehen jetzt eine Liste aller erkannten und installierten Modems. Um neue Modems zu erkennen, klicken Sie auf *Hinzufügen*. Das Fenster *Hardware-Assistent* öffnet sich.
3. Sorgen Sie dafür, dass die Option *Modem auswählen (Keine automatische Erkennung)* nicht gewählt ist, damit Windows XP zuerst versucht, das neue Modem selbst zu erkennen. Klicken Sie auf die Schaltfläche *Weiter* >.
4. Windows XP prüft nun die seriellen Anschlüsse. Ist daran ein neues Modem angeschlossen, und ist das Modem auch tatsächlich eingeschaltet, dann wird es erkannt und in einer Liste angezeigt. Sie können es nun installieren lassen.
5. Wurde kein neues Modem entdeckt, dann bietet der Hardware-Assistent Ihnen die Möglichkeit, das Modem von Hand zu installieren. Dazu geben Sie den passenden Treiber an und legen fest, wie das Modem angeschlossen ist.

Sollte Windows XP ein angeschlossenes und eingeschaltetes Modem nicht automatisch erkennen, dann bringt die manuelle Installation des Treibers meist gar nichts. In fast allen Fällen sind Anschlussfehler oder nicht vorhandene spezielle Treiber für das Modem der Grund. Lässt sich ein Modem partout nicht installieren, dann beschaffen Sie sich vom Hersteller des Geräts aktuelle Windows XP Modemtreiber.

Feststellen, ob das Modem einwandfrei funktioniert

Windows XP enthält sogar eine eingebaute Modem-Diagnose. Sie prüft ein angeschlossenes Modem und verrät, ob die Verbindung zwischen Computer und Modem funktioniert. Über die Verbindung vom Modem zum Telefonnetz sagt dieser Test allerdings nichts aus.

1. Im Fenster *Telefon- und Modemoptionen* aktivieren Sie die Registerkarte *Modems*. Doppelklicken Sie dann auf das Modem, das Sie prüfen wollen. Die Eigenschaften-Seite des Modems öffnet sich.

2. Aktivieren Sie die Registerkarte *Diagnose*. Klicken Sie im Bereich *Modeminformation* auf die Schaltfläche *Modem abfragen*. Windows XP fragt nun das Modem ab. Das Ergebnis wird in der unteren Liste angezeigt.

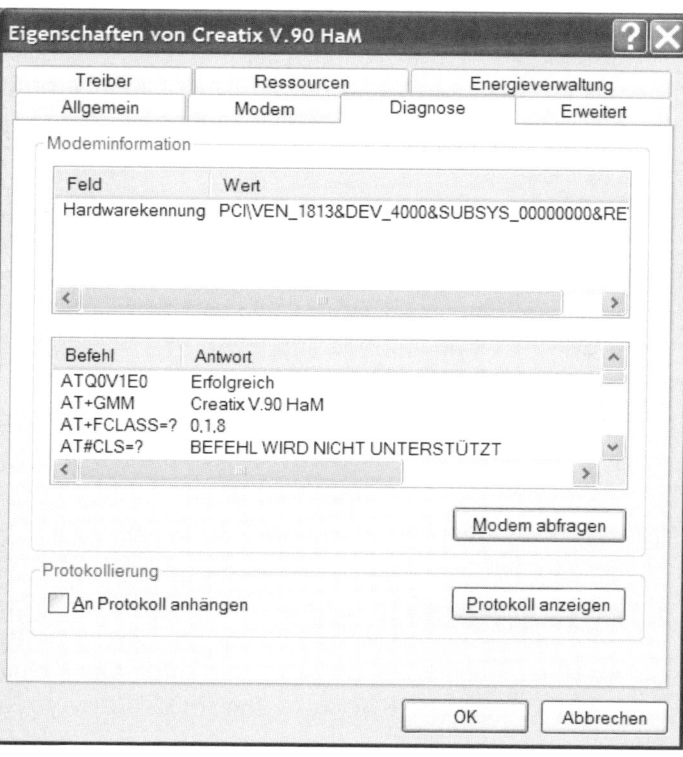

Abbildung 10.18: *Windows kann Funktion und Fähigkeiten angeschlossener Modems prüfen*

Das Ergebnis der Modemabfrage verrät nicht nur, ob das Modem insgesamt betriebsbereit ist. Es meldet auch, welche speziellen Funktionen das Modem unterstützt und ob es zum Beispiel ein Faxmodem ist, über das konventionelle Faxe versendet werden können (Tabelle 10.2).

Ans Modem gesendeter Befehl	Beschreibung der Antwort
ATQ0V1E0	Die Anfrage an das Modem wird eingeleitet
AT+GMM	Abfrage des Gerätenamens
AT+FCLASS=?	Zeigt alle Fax-Klassen an, die das Modem unterstützt. Wird hier nichts angezeigt, dann kann das Modem keine Faxe versenden
AT#CLS=?	Prüft, ob das Modem den Rockwell Befehlssatz für Sprachkommunikation unterstützt
AT+GCI=?	Prüft, für welches Land das Modem konfiguriert ist. Je nach Land und gesetzlichen Bestimmungen sind Modems unterschiedlich konfiguriert und dürfen beispielsweise die Wahlwiederholung bei Besetzt nur in längeren Intervallen durchführen
ATIx	Ruft weitere herstellerspezifische Informationen über das Gerät ab

***Tabelle 10.2:** AT-Diagnosebefehle der Modem-Diagnostik*

Sie selbst können weitere AT-Befehle an Ihr Modem richten und brauchen dafür nur ein Terminalprogramm. Welche AT-Befehle Ihr Modem unterstützt, entnehmen Sie seiner Dokumentation.

Muss das Modem mit AT-Befehlen zuerst in einen bestimmten Zustand versetzt werden, damit Sie Verbindungen damit aufbauen können, dann aktivieren Sie in der Eigenschaften-Seite des Modems die Registerkarte *Erweitert*. Sie können nun eigene Initialisierungsbefehle in ein Textfeld eingeben, die an das Modem gesendet werden, bevor es eine Verbindung herstellt.

Bleiben Fragen offen oder Probleme bestehen, dann aktivieren Sie die Registerkarte *Allgemein* und klicken dort auf die Schaltfläche *Problembehandlung*. Ein Assistent versucht nun, durch Fragen und Antworten sowie aktive Systemanalyse Ihr Problem einzugrenzen und zu lösen.

ISDN-Karten installieren

ISDN-Karten zu installieren war bisher kein großer Spaß. Die Hersteller verwendeten ganz unterschiedliche Konzepte, um ISDN-Karten in Windows zu integrieren.

Neben den Gerätetreibern musste eine CAPI installiert werden, die die Befehle für die Ansteuerung der ISDN-Karte bereitstellte. Modemsimulatoren (zum Beispiel *cFos* oder andere *Fossil*-Treiber) oder Netzwerkkartensimulatoren mussten dann auf diese CAPI eingestellt werden. Die Simulatoren schließlich mussten in der DFÜ-Verbindung als Pseudo-Modem eingetragen werden. Nicht besonders intuitiv.

Bei Windows XP wird dies ganz anders, zumindest dann, wenn Sie eine ISDN-Karte einbauen, die von Windows XP automatisch erkannt wird. Dann nämlich erscheint nur noch ein freundlicher Assistent, der die Telefonnummer(n) wissen will, auf die die ISDN-Karte bei eingehenden Anrufen reagieren soll. Das ist alles.

Die ISDN-Karte braucht sich bei Windows XP nicht mehr als Modem zu verkleiden und erscheint dann auch nicht im Telefon- und Modemoptionen-Dialogfeld. Stattdessen können Internet- und andere Einwählverbindungen die beiden ISDN-Kanäle direkt ansprechen. Und das ist gut so, denn schließlich können ISDN-Karten erheblich mehr leisten als Modems.

Sie haben zum Beispiel die Möglichkeit, immer oder nur bei großen Downloads den zweiten ISDN-Kanal zuzuschalten und so die Internetgeschwindigkeit glatt zu verdoppeln. Mehr dazu lesen Sie im ▶ Kapitel 8.

Welche ISDN-Karten werden unterstützt?

Stehen Sie noch vor der Anschaffung einer ISDN-Karte, dann prüfen Sie kurz, welche Geräte mit Windows XP nahtlos zusammenarbeiten und über die nötigen Treiber verfügen.

1. Wählen Sie im Startmenü *Hilfe und Support*. Das Fenster öffnet sich.
2. Klicken Sie rechts in der Kategorie *Eine Aufgabe auswählen* auf *Nach kompatibler Hardware oder Software für Windows XP suchen*. Windows prüft, ob eine Internetverbindung hergestellt werden kann, denn die Kompatibilitätsangaben werden täglich aktualisiert und direkt aus dem Internet geladen. Was natürlich hinderlich ist, wenn Sie noch über gar keine Internetverbindung verfügen, weil Sie sich ja gerade erst eine ISDN-Karte anschaffen wollen. In diesem Fall müssten Sie Bekannte oder Ihren Händler bitten, die Kompatibilitätsliste für Sie zu beschaffen.
3. Sie können nun nach Stichworten suchen. Geben Sie zum Beispiel ein: *ISDN*, und klicken Sie auf *Suchen*.
4. Das Ergebnis sind 102 ISDN-Karten und -Adapter, für die Treiber bereitstehen.

TIPP In der Übergangszeit zeigt die Liste nur Geräte an, die mit Windows 2000 getestet wurden. Da Windows 2000 und Windows XP aber ein beinahe identisches Gerätemodell verwenden, können Sie in aller Regel davon ausgehen, dass Geräte mit Windows 2000 Treibern auch unter Windows XP funktionieren. Die Treiber sind höchstens noch nicht XP-signiert und rufen deshalb bei der Installation möglicherweise eine Warnung hervor.

Neue Geräte installieren

Drucker und Faxgeräte installieren

Lokale Drucker werden in aller Regel über einen parallelen Druckerport angeschlossen. Handelt es sich um einen modernen Drucker mit bidirektionaler Kommunikation, und verwenden Sie zum Anschluss ein bidirektionales Druckerkabel, dann kann Windows den Drucker automatisch erkennen.

Das Gleiche gilt für Drucker, die mit einer drahtlosen Infrarotschnittstelle ausgerüstet sind. Verfügt Ihr PC ebenfalls über solch eine Schnittstelle, und stören keine Hindernisse die Infrarotverbindung, dann wird der Drucker automatisch erkannt.

Sorgen Sie lediglich dafür, dass der Drucker eingeschaltet und online ist. Windows XP erkennt solche Drucker im laufenden Betrieb.

Möchten Sie einen lokalen Drucker von Hand installieren oder auf einen Netzwerkdrucker zugreifen, dann verwenden Sie das Modul Drucker und Faxgeräte aus der Systemsteuerung. Die Installation von Netzwerkdruckern wird ausführlich in ▶ Kapitel 14 beschrieben.

TIPP

Ist in Ihren Rechner ein Faxmodem installiert, dann können Sie einen Faxdrucker installieren. Er funktioniert genau wie ein normaler Drucker, »druckt« aber nicht auf Papier, sondern sendet das Dokument via Faxmodem an ein Faxgerät. Falls Windows XP den Faxdrucker noch nicht automatisch installiert hat, können Sie dies manuell in der Aufgabenliste des *Drucker und Faxgeräte*-Fensters tun. Aufpassen: Faxe, die Sie über ein analoges Faxmodem an ein ISDN-Faxgerät übertragen, werden je nach Konfiguration des ISDN-Telefonanschlusses gegebenenfalls nicht akzeptiert.

So wird ein lokaler Drucker manuell installiert:

1. Wählen Sie im Startmenü *Systemsteuerung*, und öffnen Sie das Modul *Drucker und Faxgeräte*. Sie sehen jetzt alle installierten Drucker und Faxmodems, sowie mindestens den Eintrag *Drucker hinzufügen*. Wird er nicht als Symbol angezeigt, dann schauen Sie links in die Liste Druckeraufgaben.
2. Wählen Sie *Drucker hinzufügen*. Das Fenster *Druckerinstallations-Assistent* öffnet sich.
3. Aktivieren Sie die Option *Lokaler Drucker, der an den Computer angeschlossen ist*. Deaktivieren Sie die Option *Plug + Play-Drucker automatisch ermitteln und installieren*, denn Sie wollen den Drucker ja von Hand installieren und nicht automatisch erkennen lassen. Dann klicken Sie auf *Weiter*.

4. Bestimmen Sie jetzt, wie der Drucker angeschlossen ist. Fast alle Drucker verwenden dazu die erste (und meist einzige) Druckerschnittstelle, die *LPT1:* heißt. Die Ausklappliste stellt aber zusätzlich eine Vielzahl weiterer Anschlussmöglichkeiten zur Verfügung, und sogar eine Datei kann als »Druckeranschluss« fungieren: der Drucker braucht dann nicht wirklich vorhanden zu sein. Stattdessen wird das Druckergebnis in der Datei gespeichert, kann dann zum Beispiel zu einem Belichtungsservice geschickt und dort reproreif ausgegeben werden.

5. Klicken Sie auf *Weiter*. Nun können Sie sich Druckerhersteller und -Typ aussuchen. Ist Ihr Drucker nicht in der Liste aufgeführt, dann haben Sie mehrere Möglichkeiten: klicken Sie auf *Windows Update*, um im Internet nach neuen Treibern zu forschen. Besuchen Sie die Website des Druckerherstellers, um dort nach Treibern zu fahnden. Haben Sie Treiber herunterladen können, dann klicken Sie auf *Datenträger*, um diese Treiber auszuwählen. Das tun Sie auch, wenn dem Drucker eine CD oder Diskette mit Treibern beilag.

6. Ist der gewählte Druckertreiber schon auf Ihrem System installiert, dann erscheint eine Sicherheitsabfrage. Aktivieren Sie die Option *Vorhandenen Treiber beibehalten (empfohlen)*. Klicken Sie dann auf *Weiter*.

7. Nun können Sie dem neuen Drucker einen Namen geben. Unter diesem Namen erscheint er später in der Auswahlliste, die erscheint, wenn Sie Dokumente ausdrucken. Möchten Sie, dass der neue Drucker in dieser Liste vorausgewählt ist und verwendet wird, wenn Sie nicht explizit einen anderen Drucker auswählen, dann aktivieren Sie die Option *Ja*. Klicken Sie auf *Weiter*.

8. Wollen Sie anderen Netzwerkbenutzern ermöglichen, auf Ihrem Drucker auszudrucken, dann geben Sie den Drucker nun frei. Dazu weisen Sie dem Drucker einen Freigabenamen zu. Unter diesem Namen wird er im Netzwerk künftig angezeigt. Klicken Sie auf *Weiter*.

9. Ist der Drucker betriebsbereit, dann lassen Sie zum Abschluss eine Testseite ausgeben. Aktivieren Sie die Option *Ja*. Klicken Sie auf *Weiter*.

10. Der Assistent fasst die Angaben zusammen. Um den Drucker zu installieren, klicken Sie auf Fertig stellen. Erst jetzt wird die Testseite an den Drucker gesendet. Windows fragt nach, ob das Ergebnis zufriedenstellend ist. Geben Sie dem Drucker einige Minuten Zeit, um aufzuwärmen und die Testseite auszugeben. Erscheint die Testseite nicht, oder ist die Druckqualität ungenügend, dann klicken Sie auf *Problembehandlung*. Ein Assistent hilft jetzt dabei, die Fehlerquelle zu finden und zu beheben.

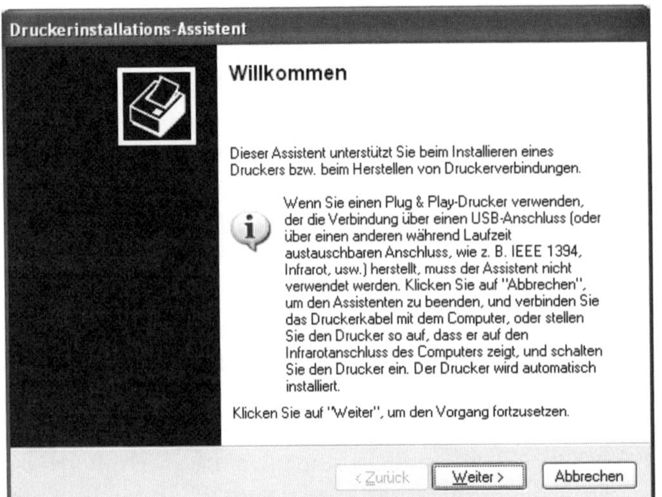

Abbildung 10.19: *Ein Assistent hilft bei der Drucker-Installation*

Druckaufträge verwalten

Solange Ihr Computer Druckaufträge an einen Drucker sendet, erscheint im Infobereich der Taskleiste ein Druckersymbol. Ist es mit einem roten Punkt markiert, dann wissen Sie, dass es Probleme gegeben hat, den Auftrag an den Drucker zu verfüttern. Doppelklicken Sie auf das Symbol, dann öffnet sich ein Fenster und zeigt alle noch anstehenden Druckaufträge und deren Status an.

Wollen Sie einen Druckauftrag aus der Liste löschen, dann klicken Sie ihn mit der rechten Maustaste an und wählen Abbrechen. Nach einigen Sekunden verschwindet der Auftrag aus der Liste.

Sobald Druckaufträge vollständig an den Drucker versendet sind, verschwindet das Symbol aus dem Infobereich, und Sie haben keinen Einfluss mehr auf den Druckvorgang. Weil die meisten modernen Drucker große eigene Pufferspeicher verwenden, kann der Ausdruck noch eine Weile auf sich warten lassen.

Feineinstellungen für optimale Druckqualität

Es lohnt sich, nach erfolgreicher Druckerinstallation etwas Zeit in die Feinkonfiguration des Gerätes zu investieren. Häufig lässt sich so die Druckqualität noch beträchtlich steigern.

Gerade Tintenstrahldrucker verfügen über verschiedene Qualitätsstufen, wobei steigende Druckqualität meist längere Ausdruckzeiten zur Folge haben. Hier ist Experimentieren gefragt.

Abbildung 10.20: Nach der Installation sollte der Drucker feinjustiert werden

So gehen Sie vor, um die Feineinstellungen des Druckers zu kontrollieren:

1. Wählen Sie im Startmenü *Systemsteuerung* und öffnen Sie das Modul *Drucker und Faxgeräte.*
2. Klicken Sie den Drucker, den Sie konfigurieren wollen, mit der rechten Maustaste an, und wählen Sie *Eigenschaften*. Ein Fenster öffnet sich.
3. Aktivieren Sie die Registerkarte *Erweitert*. Hier können Sie festlegen, in welcher Zeit der Drucker zur Verfügung steht. Wesentlich wichtiger sind aber die Spooler-Einstellungen. Wird der Spooler aktiviert, dann speichert Windows die Druckaufträge auf der Festplatte und sendet sie über einen separaten Thread an den Drucker. Der Druckauftrag gilt damit bereits dann als ausgeführt, wenn er im Spooler zwischengespeichert wird, und Programme brauchen nicht auf die Fertigstellung des Ausdruckes zu warten. Ist der Festplattenspeicher knapp, dann schalten Sie den Spooler ab: Aktivieren Sie die Option *Druckaufträge direkt zum Drucker leiten*.
4. Klicken Sie auf die Schaltfläche *Standardwerte*. Ein neues Fenster öffnet sich. Hier regeln Sie die Standardeinstellungen des Druckers. Auf der Registerkarte *Papier/Qualität* können Sie bei Farbdruckern beispielsweise aussuchen, ob Ausdrucke standardmäßig in Farbe oder in Schwarzweiß gedruckt werden sollen.

5. Möchten Sie Druckaufträge durch eine Trennseite voneinander abgrenzen, damit Sie später leichter erkennen können, wo neue Druckaufträge beginnen, dann klicken Sie auf *Trennseite*. Das Fenster *Trennseite* öffnet sich.
6. Klicken Sie auf die Schaltfläche *Durchsuchen*. Suchen Sie sich nun als Trennseite eine *.sep*-Datei aus. Einige Beispieldateien befinden sich bereits im *System32*-Ordner. Verwendet Ihr Drucker die Seitenbeschreibungssprache PostScript, dann wählen Sie die Datei *Pscript.sep* aus. PCL-Drucker verwenden *Pcl.sep*.

Mehrere Drucker gleichzeitig: Drucker-Pools aktivieren

Sind Sie darauf angewiesen, sehr viele Druckaufträge auszugeben, dann können Sie sich Drucker-Pools aufbauen. Drucker-Pools bestehen aus mehreren Druckern, die alle über den gleichen Druckertreiber ansprechbar sein müssen. Windows leitet Druckaufträge dann an den Drucker weiter, der gerade am wenigsten zu tun hat.

So aktivieren Sie einen Drucker-Pool:

1. Öffnen Sie in der *Systemsteuerung Drucker und Faxgeräte*, und klicken Sie den ersten Drucker, der Mitglied im Druckerpool sein soll, mit der rechten Maustaste an. Wählen Sie *Eigenschaften*.
2. Aktivieren Sie die Registerkarte *Anschlüsse*. Sie sehen nun eine Liste der zur Verfügung stehenden Druckeranschlüsse. Normalerweise kann hier nur ein Anschluss gewählt werden.
3. Aktivieren Sie die Option *Druckerpool aktivieren*. Wählen Sie jetzt alle Anschlüsse aus, an denen Drucker angeschlossen sind, die über den Druckertreiber des ausgewählten Druckers angesprochen werden können. Es muss sich also nicht um identische Drucker handeln, sondern es würde genügen, dass alle Drucker PostScript-fähig sind oder dieselbe PCL-Druckersprache verstehen.
4. Klicken Sie auf die Schaltfläche *Übernehmen*. Sofern Sie mindestens zwei Anschlüsse ausgewählt haben, ist der Drucker-Pool nun aktiviert.

TIPP

Wollen Sie eine Testseite ausgeben, nachdem Sie Einstellungen verändert haben, dann aktivieren Sie die Registerkarte *Allgemein* und klicken dort auf die Schaltfläche *Testseite drucken*.

Internet-Druckerverwaltung verwenden

Haben Sie den *Internet Information Server* (Webserver) in der Systemsteuerung über *Software – Windows-Komponenten hinzufügen/entfernen* aktiviert, dann können Ihre Drucker auch über das Intra- oder Internet verwaltet werden.

Dazu verbinden Sie sich lediglich mit *http://computername/printers*. Anstelle von *computername* verwenden Sie entweder den Computernamen oder seine IP-Adresse.

Hinter dieser URL steckt eine vordefinierte ASP-Webanwendung, die die lokal installierten Drucker, Druckerwarteschlangen und Geräteeigenschaften als dynamische Webseiten repräsentiert.

Feineinstellungen für Faxgeräte

Haben Sie ein Faxmodem als Faxdrucker eingerichtet, dann legt Windows XP zusätzlich die Programmgruppe *Zubehör/Kommunikation/Fax* an. Darin finden Sie drei nützliche Programme.

Mit *Fax senden* jagen Sie Kurzfaxe los, ohne eine Extraanwendung aufrufen zu müssen. Mit dem *Faxdeckblatt-Editor* entwerfen Sie neue Fax-Deckblätter. Am wichtigsten ist aber die *Fax-Konsole*. Sie öffnet das Fenster *Faxclientkonsole*, mit dem alle Feineinstellungen des Faxmodems geregelt werden.

Durch Aufruf des Menübefehls *Extras/Fax konfigurieren* starten Sie den *Faxkonfigurations-Assistent*. Er regelt, welches Gerät zum Faxversand verwendet wird. Zeigt er gar kein Faxgerät an, dann ist entweder kein Faxmodem installiert, oder die Installation ist schief gelaufen. Das kann passieren, wenn die Faxunterstützung installiert wurde, bevor das Faxmodem installiert wurde. Deinstallieren Sie in diesem Fall das Faxmodem, und installieren Sie es neu.

Der Faxkonfigurations-Assistent legt auch fest, ob Ihr Faxgerät nur Faxe versenden darf, oder ob es auch Anrufe entgegennimmt. Wählen Sie die Option *Empfangen aktivieren*, dann muss zusätzlich bestimmt werden, ob das Faxmodem von allein abheben darf oder nicht.

Ist das Faxmodem an eine eigene Telefonleitung mit spezieller Faxnummer angeschlossen, dann ist die *Automatische Anrufannahme* die richtige Wahl. Teilen sich Faxmodem und Telefon eine Leitung, dann sollten Sie darauf lieber verzichten oder zumindest die automatische Rufannahme erst nach etlichen Klingelversuchen erlauben, weil sonst das Faxmodem abnimmt, bevor Sie es tun können, und Ihre Anrufer nur noch Pieptöne zu hören bekommen.

Die Faxclientkonsole organisiert auch den Versand ausstehender Faxnachrichten. In seinen Listen sehen Sie also, wann welche Nachrichten versendet wurden.

Über den Menübefehl *Extras/Faxdruckerkonfiguration* werden weitere wichtige Einstellungen vorgenommen. Aktivieren Sie die Registerkarte *Allgemein* und klicken Sie auf die Schaltfläche *Druckereinstellungen*, um die Faxqualität festzulegen. Als Vorgabe werden Faxe mit der Einstellung *200 dpi* versendet, was sehr einfachen Faxgeräten entspricht, aber für kurze Übertragungszeiten sorgt.

Aktivieren Sie die Registerkarte *Geräte* und klicken Sie dann auf die Schaltfläche *Eigenschaften*, um die Absenderkennung anzugeben und festzulegen, wann die preiswerten Telefontarife gelten. Faxe können dann gesammelt und zeitversetzt zu den preiswerten Zeiten versendet werden. Hier legen Sie auch fest, wie oft die Faxsoftware das Senden versuchen soll, wenn der Zielanschluss besetzt ist oder das Fax nicht ordnungsgemäß empfängt.

Grafikkarten installieren

Moderne Grafikkarten sind so leistungsstark und verfügen über so viel internen Video-Speicher, dass eine Umrüstung für die reine Büroarbeit kaum nötig ist. Selbst die bescheidendsten Standard-Grafikkarten bieten heute mehr als genügend Videoleistung.

Wird der Computer dagegen für Bildbearbeitung, Spiele, CAD-Anwendungen oder Multimedia eingesetzt, dann spielt der Grafikchip der Karte mit seinen speziellen 3D-Bearbeitungsfunktionen eine wichtige Rolle. Bei CAD-Anwendungen kann die Grafikkarte sogar mehr zur Gesamtleistung eines Systems beitragen als der Prozessor.

Häufiger wird es vorkommen, dass zusätzliche Grafikkarten nachgerüstet werden, um den Desktop zu vergrößern. Windows XP unterstützt bis zu neun PCI-Grafikkarten gleichzeitig. Weil die meisten Mainboards so viele PCI-Steckplätze gar nicht bieten, werden in der Regel zwei oder drei Grafikkarten gleichzeitig eingebaut.

Der unschlagbare Vorteil: Der Desktop kann jetzt auf mehrere Monitore ausgedehnt werden, was die Arbeitsfläche enorm vergrößert. Anstatt riesige Monitor-Ungetüme oder sehr teure Großmonitore einsetzen zu müssen, können Anwender ihr Arbeitsfeld so auf zwei oder drei handelsübliche Monitore ausdehnen. Zwei preiswerte 15 Zoll TFT-Flachbildschirme bieten so erheblich mehr Platz als ein sündteures 18 Zoll Panel.

Während auf einem Monitor gezeichnet wird, kann ein anderer die Zeichenwerkzeuge darstellen oder den Email-Eingang überwachen. Wie Sie den Multimonitor-Betrieb aktivieren, lesen Sie im ▶ Kapitel 4.

Windows XP unterstützt nur PCI-Grafikkarten im Multimonitor-Betrieb. Diese Karten sind Plug&Play-fähig, die Grafikkarte wird also automatisch nach dem Einbau erkannt. Verfügt Windows nicht über die passenden Gerätetreiber für die Grafikkarte, dann wird die Karte im einfachen VGA-Modus installiert. Die Folge: es steht nur die Grundauflösung von 640 × 480 bei 16 oder 256 Farben zur Verfügung.

USB/PCMCIA-Geräte installieren

Der USB-Port gehört zu den neueren Anschlussmöglichkeiten und ist voll Plug&Play-fähig. Dasselbe gilt für den etwas älteren PCMCIA-Slot, der bei Notebooks zum Standard gehört und scheckkartenförmige Erweiterungskarten aufnimmt.

USB- und PCMCIA-Geräte dürfen im laufenden Betrieb angeschlossen werden. Windows XP erkennt sie sofort, und sofern die nötigen Treiber bereits installiert sind, kann das Gerät sofort genutzt werden.

Schließen Sie ein USB- oder PCMCIA-Gerät zum ersten Mal an, dann erscheint der Installations-Assistent und hilft dabei, die Gerätetreiber zu installieren.

Rein technisch gesehen dürfen USB- und PCMCIA-Geräte auch im laufenden Betrieb wieder vom PC getrennt werden. Allerdings ist das nicht bei allen Gerätetypen wirklich erlaubt.

Geräte, die zum Beispiel Laufwerksfunktionen übernehmen, dürfen nicht ohne weiteres aus dem System entfernt werden, weil möglicherweise Datenverlust die Folge wäre.

Lesegeräte für Speicherchips zum Beispiel schreiben Daten nicht sofort auf den Speicherchip, sondern über einen Puffer erst dann, wenn das System nicht ausgelastet ist. Würde solch ein Laufwerk sofort vom PC getrennt, nachdem Daten auf den Chip kopiert wurden, dann wären möglicherweise noch nicht alle Daten auf dem Chip angekommen.

USB/PCMCIA-Geräte im laufenden Betrieb entfernen

Deshalb blendet Windows XP im Infofeld der Taskleiste ein besonderes Symbol ein, solange Geräte angeschlossen sind, die nicht sofort entfernt werden dürfen.

Klicken Sie auf dieses Symbol, dann erscheint ein Menü und bietet an, die Geräte sicher zu entfernen. Wählen Sie das Gerät aus, das Sie entfernen wollen, dann sorgt Windows XP dafür, dass das Gerät kontrolliert aus dem System gelöst wird und meldet, sobald Sie es vom PC trennen dürfen.

Klicken Sie das Symbol mit der rechten Maustaste an, dann öffnet sich das Fenster *Hardware sicher entfernen*. Sie sehen jetzt alle Geräte, die nur vorübergehend an den PC angeschlossen sind. Aktivieren Sie die Option *Gerätekomponenten anzeigen*, dann sehen Sie, welche logischen Geräte sich hinter dem angezeigten Gerät verbergen, zum Beispiel das Laufwerk eines Flash-USB-Laufwerks für Digitalkamera-Speicherkarten.

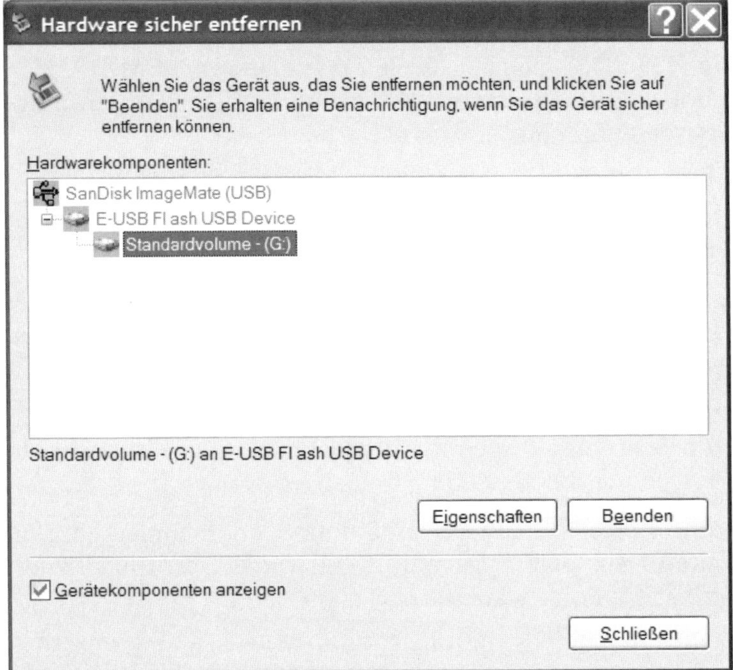

Abbildung 10.21: *Warnen Sie Windows XP, bevor Sie Plug&Play-Geräte im laufenden Betrieb entfernen*

Über die Schaltfläche *Eigenschaften* öffnen Sie die Eigenschaften-Seiten des Gerätes mit allen technischen Einzelheiten und der Schaltfläche *Problembehandlung*, falls Sie Probleme mit diesem Gerät lösen wollen.

Die Schaltfläche *Beenden* ist die richtige Wahl, wenn Sie ein Gerät entfernen wollen. Windows trennt es dann kontrolliert vom System.

11 Laufwerke verwalten

Laufwerke und hier insbesondere die Festplatten sind die wohl wertvollsten Bauteile Ihres Rechners. Alle übrigen Teile des Rechners gibt es notfalls beim Ersatzteilhandel, aber Ihre persönlichen Daten bringt Ihnen niemand zurück.

In diesem Kapitel lesen Sie, wie Laufwerke aufgebaut sind und wie Sie sie konfigurieren. Sie erfahren, wie Sie ältere Laufwerke auf das NTFS-Dateisystem umstellen und neue Festplatten nachrüsten. Von dieser Konfiguration hängt es ab, wie sicher Ihre Daten sind. Nur wenn Sie das NTFS-Dateisystem verwenden, können Sie den Zugriff auf sensible Daten beschränken.

Aber auch die Wartung der Laufwerke nimmt Raum ein. Regelmäßige Wartung sorgt dafür, dass Windows XP auf die Daten schnellstmöglich zugreifen kann und hilft, drohende Ausfälle rechtzeitig zu erkennen.

Volume Management kennenlernen

Windows XP verwendet ebenso wie schon Windows 2000 ein neues Volume Management. Das Volume Management verwaltet Massenspeicher und kann über die Datenträgerverwaltung bedient werden.

Die Datenträgerverwaltung erreichen Sie zum Beispiel auf diesem Wege:

1. Klicken Sie im Startmenü mit der rechten Maustaste auf *Arbeitsplatz*, und wählen Sie *Verwalten*. Die *Computerverwaltung* öffnet sich.
2. Klicken Sie in der linken Spalte auf *Datenträgerverwaltung*. Rechts erscheint die Datenträgerverwaltung. Im oberen Teil werden die verwalteten physischen Datenlaufwerke angezeigt. Im unteren Teil sehen Sie die Aufteilung des im oberen Teil markierten Datenträgers.

Hauptaufgabe der Datenträgerverwaltung ist die Aufteilung der Festplatten in mehrere Abschnitte, die Partitionen oder Volumes, sowie die Formatierung der Partitionen oder Volumes mit einem Dateisystem wie *FAT*, *FAT32* oder *NTFS*.

Neuerungen bei der Datenträgerverwaltung

Festplatten mit hoher Speicherkapazität werden häufig in mehrere unabhängige Bereiche aufgeteilt, die sich anschließend wie eigenständige Festplatten verhalten. So lassen sich zum Beispiel Betriebssystem und Daten in unterschiedlichen und voneinander abgeschotteten Bereichen unterbringen.

Traditionell wurden diese Bereiche in Form von Partitionen eingerichtet. Dieses von DOS stammende Aufteilungsprinzip gibt es immer noch. Zusätzlich kann die Datenträgerverwaltung Festplatten aber auch in so genannte Dynamische Disks umwandeln und dann anstelle der Partitionen so genannte Volumes verwenden.

Als Anwender stehen Sie also vor der Entscheidung, ob Ihre Festplatten in der klassischen Weise aufgeteilt oder als Dynamische Disk betrieben werden sollte. Hier einige Entscheidungshilfen:

- Dynamische Disks sind der modernere Ansatz. Die Volumes können nachträglich vergrößert und auch auf weitere physische Festplatten ausgedehnt werden.
- Gegen Dynamische Disks sprechen nur zwei Überlegungen: verwenden Sie auf demselben Rechner ältere Betriebssysteme, dann können diese nicht auf die Dynamischen Disks zugreifen. Dynamische Disks

werden erst ab Windows 2000 unterstützt. Und: auf Notebooks werden Dynamische Disks grundsätzlich nicht unterstützt.

Verwenden Sie also Multiboot-Szenarien, oder setzen Sie ein Notebook ein, dann verzichten Sie auf Dynamische Disks. In allen anderen Fällen sind sie die bessere Alternative.

Wie Sie Basis-Festplatten in Dynamische Disks umwandeln, und wie Sie Festplatten mit Partitionen oder Volumes in mehrere Abschnitte unterteilen, lesen Sie in den weiteren Abschnitten dieses Kapitels.

Laufwerke renovieren oder neu hinzufügen

Ganz gleich, ob Sie eine alte Festplatte renovieren oder eine neue Festplatte nachrüsten wollen: die nötigen Arbeitsschritte sind dabei immer gleich:

- Bauen Sie die Festplatte in Ihr System ein. Was dabei zu beachten ist, lesen Sie stichpunktartig gleich.
- Entfernen Sie alte Partitionen, wenn es sich um eine gebrauchte Festplatte handelt. Dabei gehen alle Daten verloren, die in diesen Partitionen gespeichert waren. Das Löschen von Partitionen ist Grundvoraussetzung, um die Festplatte neu zu organisieren.
- Legen Sie fest, ob die Festplatte abwärtskompatible alte *Basis-Disks* mit DOS-konformen Partitionen verwenden soll oder ob Sie die Festplatte als moderne *Dynamische Disk* einrichten wollen.
- Bestimmen Sie die Platzaufteilung auf der Festplatte, indem Sie sie in Partitionen untergliedern. Dieser Schritt erfordert sorgfältige Planung, weil Partitionen nachträglich nicht mehr verkleinert werden können, ohne dass dabei alle darin gespeicherten Daten verloren gehen. Dynamische Disks können dagegen Partitionen nachträglich im laufenden Betrieb und ohne Datenverlust vergrößern. Bei der Partitionserstellung haben Sie die Wahl, der Partition einen Laufwerksbuchstaben zuzuweisen oder sie über eine andere Partition als »Bereitgestellten Datenträger« mitzunutzen.
- Nachdem Sie Partitionen eingerichtet haben, müssen diese mit einem Dateisystem formatiert werden. Hier können Sie sich für das abwärtskompatible alte FAT-Dateisystem oder das leistungsstarke und einbruchssichere NTFS-Dateisystem entscheiden. Auch diese Entscheidung will wohlüberlegt sein. Zwar können FAT-Partitionen nachträglich in NTFS-Partitionen umgewandelt werden, sind dann aber leistungsärmer als von vornherein als NTFS angelegte Partitio-

nen. Dieser Mangel lässt sich nachträglich nicht mehr beheben. Die Umwandlung von NTFS nach FAT ist nicht möglich.

Neue Festplatten einbauen

Der Einbau neuer Festplatten beginnt bereits bei der richtigen Auswahl des Festplattentyps. Festplatten sind ein wesentlicher Performance-Faktor und mitunter stärker an der Gesamtgeschwindigkeit des Rechners beteiligt als Prozessor oder Videokarte. Schließlich werden ständig Daten zwischen Festplatte und Hauptspeicher hin und her transferiert.

Auswahlkriterien

Hier einige Punkte, die bei der Auswahl der leistungsstärksten Platte helfen:

- Entscheiden Sie sich wenn möglich für die größte angebotene Plattenkapazität. Festplatten mit 60 oder 80 GB muten anfangs zwar etwas überdimensioniert an, doch wird dieser Platz schneller gebraucht als gedacht. Parallelinstallationen mehrerer Betriebssysteme, das Speichern von Musik- und Videodaten und auch sinnvolle neue Einrichtungen wie die Systemwiederherstellung sind nur möglich, wenn Ihre Festplatte(n) ausreichend Spielraum anbieten.
- Festplatten gibt es als SCSI- und als IDE-Geräte. SCSI-Festplatten benötigen meist einen zusätzlichen Controller, der einen Steckplatz belegt, sind teurer, und ihr früherer Vorteil der höheren Leistung ist inzwischen von den preiswerten IDE-Platten wettgemacht und teils übertroffen worden. SCSI-Festplatten sind allerdings sinnvoll, wenn Sie mehr als vier Festplatten einbauen müssen oder spezielle Hardware wie Hot-Plug-RAID-Arrays aufbauen wollen. Hierbei werden Daten parallel auf mehreren Platten gespeichert, und sollte eine Platte ausfallen, dann kann sie ohne Datenverlust im laufenden Betrieb ausgewechselt werden. In allen anderen Fällen entscheiden Sie sich am besten für die handelsüblichen IDE-Festplatten.
- Die Geschwindigkeit einer Festplatte kann grob an der Umdrehungsgeschwindigkeit der Scheibe abgeschätzt werden. Festplatten mit einer Geschwindigkeit von 5600 U/min sind also bereits aus technischen Erwägungen heraus langsamer als solche mit 7200 U/min. Daneben ist entscheidend, ob die Festplatte einen integrierten Datenpuffer besitzt. Nicht vergessen werden sollten ergonomische Aspekte wie die Lautstärke der Betriebsgeräusche der Festplatte. Spätestens wenn Sie den ganzen Tag an einem laut pfeifenden PC arbeiten müssen, wird die Leistung der Platte zur Nebensache.

Der Einbau

Beinahe alle handelsüblichen Computer verfügen über zwei integrierte IDE-Controller. An diese Controller werden Festplatten, CD-ROMs und DVD-Laufwerke angeschlossen. Maximal zwei Geräte pro Controller, also vier insgesamt, sind möglich.

Der Einbau und Anschluss der Geräte ist relativ unkompliziert. Über ein Flachbandkabel lassen sich an jeden Controller zwei Geräte anschließen. Allerdings liegt die Tücke im Detail:

- Bevor Sie Festplatten – oder Laufwerke generell – ein- oder ausbauen, fahren Sie Windows XP komplett herunter. Achten Sie darauf, dass das System sich nicht im *Ruhezustand* befindet. Windows XP erkennt Festplattenänderungen nur beim Start. Befand sich das System im Ruhezustand und wird anschließend reaktiviert, dann sind neue Festplatten unsichtbar. Starten Sie Windows XP in diesem Fall neu.
- Festplatten und CD-ROM- oder DVD-Laufwerke sollten möglichst nicht an einem gemeinsamen Controller angeschlossen sein, weil die langsameren Laufwerke die schnelleren ausbremsen. Wenn keine anderen Gründe dagegen sprechen, dann schließen Sie CD- und DVD-Laufwerk an einen und die Festplatte(n) an den anderen Controller an.
- Jedes Gerät – ob CD-Laufwerk, DVD-Spieler oder Festplatte – muss einzeln über kleine Steckbrücken korrekt konfiguriert sein. Dabei sind drei Einstellungen möglich: Master, Slave und Slave present. Betreiben Sie nur ein Gerät am Controller, dann muss dieses als Master eingestellt sein. Werden zwei Geräte angeschlossen, dann muss eines als Slave present und das andere als Slave eingestellt werden. Andernfalls erkennt der Computer die Laufwerke nicht.
- Festplatten entwickeln beim Betrieb große Wärme. Steigt die Wärme auf mehr als 80 Grad an, dann leidet die Lebensdauer drastisch. Sorgen Sie beim Einbau nach Möglichkeit für ausreichenden Abstand der Platten zueinander, und halten Sie sie fern von anderen Wärmeproduzenten wie den Videokarten. Systeme mit großer Wärmeproduktion (mehrere Grafikkarten, mehr als zwei Festplatten, stromfressende Prozessoren) sollten unter Umständen mit zusätzlichen Lüftern ausgestattet werden. Meist ist an der inneren Frontseite der Gehäuse dafür bereits ein Platz vorgesehen.

Nach dem Einbau oder der Umkonfiguration der Laufwerke passiert der erste Funktionstest bereits während des Einschaltens. Der BIOS-Bildschirm erscheint kurz und meldet, welche Laufwerke das BIOS erkannt hat. Hier müssen alle von Ihnen eingebauten IDE-Laufwerke genannt werden. Geschieht dies nicht, dann liegt ein Einbaufehler vor.

Anschließend startet Windows XP wie gewohnt. Die neuen Festplatten werden allerdings vom Explorer nicht angezeigt. Sie sind noch nicht partitioniert worden. Das ist der nächste Arbeitsschritt.

Laufwerke partitionieren

Fabrikneue Festplatten sind nichts weiter als Magnetscheiben. Damit Windows darauf Daten speichern kann, müssen die Laufwerke partitioniert werden.

Partitionen teilen den Platz eines Laufwerks auf in separate Kompartimente, die anschließend wie separate Festplatten über eigene Laufwerksbuchstaben angesprochen werden. Dies ist auch der Grund, warum in vielen Computern scheinbar mehrere Festplatten existieren, in Wirklichkeit aber nur eine physikalische Festplatte ihren Dienst tut – mit allen Auswirkungen auf Datensicherheit und Ausfallschutz.

Bei der Partitionierung sind die folgenden Punkte zu beachten:

- Investieren Sie Zeit, und planen Sie Partitionen sorgfältig. Nachträgliche Änderungen sind äußerst aufwändig, weil hierbei in der Regel die Daten, die in der Partition gespeichert sind, zerstört werden.
- Teilen Sie Ihre Festplatte(n) so auf, dass Sie mindestens über zwei Partitionen verfügen: eine für das Betriebssystem, und eine andere für Ihre Daten. So kann das Betriebssystem völlig separat von den wertvollen persönlichen Daten gewartet und bei Bedarf sogar neu installiert werden. Diese Aufteilung ist aber nur sinnvoll, wenn die Partitionen jeweils mindestens 2 GB groß sind. Haben Sie diesen Platz nicht, dann »zwängen« Sie das System nicht in eine zu kleine Partition. Denken Sie daran, dass im laufenden Betrieb große Auslagerungsdateien und temporäre Daten auf der Festplatte gespeichert werden.
- Falls die Möglichkeit besteht, setzen Sie mindestens zwei Festplatten ein: Installieren Sie Windows XP in einer Partition auf der Festplatte A und nutzen für Programme und Daten eine andere Partition der Festplatte B. Verwenden Sie nur eine einzelne Festplatte dafür, dann geht Leistung verloren. Beide Partitionen befinden sich dann auf derselben Festplatte, und die Schreib-/Lese-Köpfe müssen ständig zwischen dem Bereich der einen und dem Bereich der anderen Partition hin und her wechseln.

TIPP

Beinahe alle Funktionen und Aufgaben, die Sie gleich mit der grafischen Benutzeroberfläche erledigen, lassen sich auch über den Kommandozeilen-Befehl *DISKPART* automatisieren.

Aktuelle Partitionierung der Festplatte erforschen

Das, was Ihnen der Explorer in seinem Arbeitsplatz-Fenster (Win+E) anzeigt, ist eigentlich nur Illusion: die Laufwerke, die Sie hier sehen, sind nicht unbedingt echte Laufwerke. Dass hinter RAM-Disks und Netzlaufwerken keine Festplatten stecken, ist vielen Anwendern vollkommen klar, aber dass auch lokale Festplatten in Wirklichkeit häufig nur logische Ansichten sind, ist weniger bekannt.

Sie besuchen deshalb gleich die Datenträgerverwaltung. Die gewährt Ihnen einen ungeschminkten Blick auf alle Laufwerke, die in Ihren Rechner eingebaut sind, und so erkennen Sie, welche Festplatten, die der Explorer Ihnen vorgaukelt, in Wirklichkeit gemeinsam auf ein und derselben physikalischen Festplatte untergebracht sind.

Abbildung 11.1: Die Datenträgerverwaltung regelt, wie Festplattenplatz aufgeteilt wird

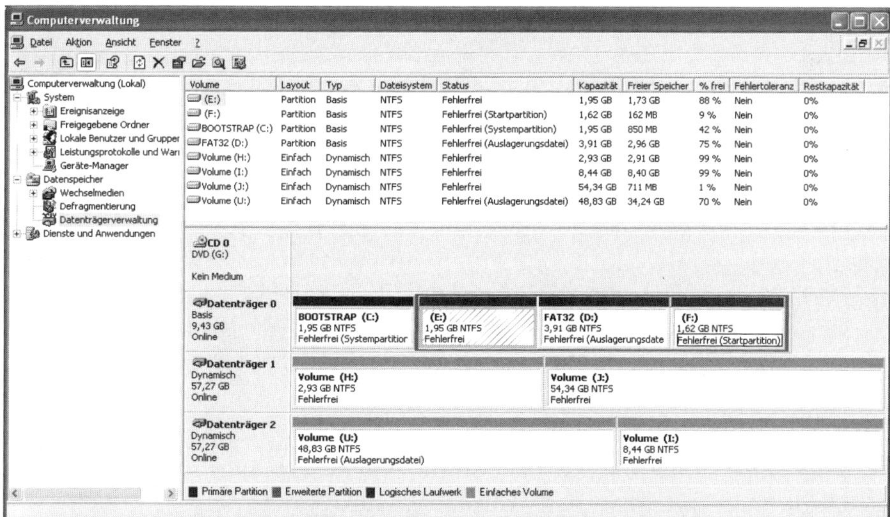

1. Öffnen Sie das Startmenü und klicken Sie mit der rechten Maustaste auf *Arbeitsplatz*. Wählen Sie im Kontextmenü dann *Verwalten*. Das Fenster *Computerverwaltung* öffnet sich.

2. Expandieren Sie in der linken Spalte den Zweig *Datenspeicher/ Datenträgerverwaltung*, und klicken Sie auf *Datenträgerverwaltung*. Nach ein paar Sekunden sehen Sie rechts die Aufteilung Ihrer Festplatte(n).

3. Im oberen Teil des Fensters sehen Sie die Laufwerke aus der Sicht des Betriebssystems. Hier werden alle Laufwerke aufgelistet, die über einen eigenen Laufwerksbuchstaben ansprechbar sind.

4. Im unteren Teil des Fensters sehen Sie die physikalischen Laufwerke, also die echten Datenträger. Klicken Sie in der oberen Liste einen Eintrag an, dann wird das korrespondierende physikalische Laufwerk in der unteren Liste schraffiert angezeigt.

Schauen Sie sich nun an, welche logischen Laufwerke auf welchen physikalischen Festplatten untergebracht sind:

- Steht in der oberen Liste in der Spalte *Restkapazität* ein Wert größer als 0%, dann wissen Sie, dass ein Teil dieser Festplatte noch ungenutzt ist und partitioniert werden kann. Solange Sie dies nicht tun, bleibt der angezeigte Anteil der Festplatte ungenutzt und ist also verschwendet.
- Schauen Sie nach, wie viel tatsächlich vorhandene Festplatten es in Ihrem System gibt und welche logischen Laufwerke sich diese Festplatten teilen. Teilen sich zum Beispiel Laufwerk C: und Laufwerk D: gemeinsam den Datenträger 0, dann wissen Sie schon jetzt, dass es relativ sinnlos wäre, Daten des Laufwerks C: als Sicherungskopie auf Laufwerk D: zu speichern. Bei einem Ausfall der Festplatte wären beide logischen Laufwerke verloren, Originale ebenso wie Sicherungskopien.
- Schauen Sie in der oberen Liste in der Spalte *Dateisystem* nach, welches Dateisystem Ihre logischen Festplattenlaufwerke verwenden. CD-ROM-Laufwerke verwenden immer das CDFS-Dateisystem, DVD-Laufwerke das UDF-Format, aber Festplatten können wahlweise die Dateisysteme FAT, FAT32 oder NTFS einsetzen. Alle Festplatten, die nicht NTFS verwenden, sind Sicherheitsrisiken, weil Daten, die auf solchen Laufwerken gespeichert sind, ungeschützt von jedem beliebigen Benutzer gelesen werden können.
- Prüfen Sie in der oberen Liste in der Spalte *Typ*, was für eine Art von Partitionen Ihre logischen Festplattenlaufwerke verwenden. Steht hier *Basis*, dann verwenden Sie das klassische von DOS abgeleitete Partitionierungsschema mit Primären und Erweiterten Partitionen. Wesentlich flexibler ist das mit Windows 2000 eingeführte *Dynamisch*-Schema, denn hier können Sie bei Platzmangel Partitionen im laufenden Betrieb vergrößern und sogar auf andere Festplatten ausdehnen.
- Erforschen Sie in der unteren Liste den Aufbau Ihrer physischen Festplatten. Häufig werden Sie die Entdeckung machen, dass auf den Festplatten versteckte kleine Bereiche vorhanden sind, die vom Computerhersteller eingerichtet wurden und Installationsdaten für eine OEM-Version des Betriebssystems enthalten. Solche Bereiche können gelöscht und den übrigen Partitionen zugeschlagen werden.
- Machen Sie sich in der unteren Liste mit der Farbcodierung der angezeigten Bereiche vertraut, und verschaffen Sie sich einen Überblick,

welche Primären und Erweiterten Partitionen und Logischen Laufwerke es bei Ihnen gibt.

- Schauen Sie in der oberen Liste in die Spalte *Status*. Identifizieren Sie Systempartition und Startpartition. Der Rechner startet mit der Systempartition, und Ihre aktive Windows-Fassung ist auf der Systempartition gespeichert.

Partitionen löschen

Wollen Sie eine alte Festplatte neu partitionieren, dann brauchen Sie Platz für die neuen Partitionen. Dieser Platz entsteht, wenn Sie alte Partitionen löschen. Weil hierbei alle Daten verloren gehen, die in dieser Partition gespeichert sind, ist das ein heikles Unterfangen.

Wesentlich einfacher ist das Nachrüsten einer neuen Festplatte. Haben Sie sich für diese Variante entschieden, dann können Sie sofort im nächsten Abschnitt weiterlesen.

WICHTIG Bevor Sie eine Partition löschen, klicken Sie mit der rechten Maustaste auf die Partition und wählen *Öffnen*. Der Explorer zeigt jetzt den Inhalt an. Kontrollieren Sie sorgfältig, ob diese Partition tatsächlich keine wertvollen Daten mehr enthält. Legen Sie notfalls zuerst ein Backup an. Sobald die Partition gelöscht wird, sind die Daten unrettbar verloren.

Um die Partition zu löschen, klicken Sie sie mit der rechten Maustaste an und wählen *Partition löschen* bzw. *Volume löschen*, je nachdem, ob die Festplatte eine Basis-Disk oder ein Dynamischer Datenträger ist.

Eine Warnung erscheint, und anschließend ist die Partition verschwunden. Ihr Platz wird jetzt als *Nicht zugeordnet* bezeichnet. Dieser nicht zugeordnete Platz ist das Material, aus dem neue Partitionen entstehen können. Bevor Sie das tun, sollten Sie unter den gebotenen Vorsichtsmaßnahmen alle weiteren Partitionen löschen, die überflüssig für Sie sind.

Dynamische Disks oder Basis-Disks?

Bevor Sie neue Partitionen anlegen, wartet schon wieder eine Grundsatzfrage auf Sie: Wünschen Sie Basis-Disks oder Dynamische Disks? Diese Frage ist wichtig, weil von ihr abhängt, was für Partitionen angelegt werden.

TIPP Haben Sie eine neue Festplatte eingebaut und Windows XP neu gestartet, dann erscheint automatisch ein Assistent und fragt, für welche Partitionierungsart Sie sich entscheiden. Auch wenn es möglich ist, Basis-Disks nachträglich in Dynamische Disks umzuwandeln, sollten Sie sich möglichst von vornherein für Dynamische Disks entscheiden.

Basis-Disks – was ist das?

Basis-Disks gibt es nur noch aus Gründen der Abwärtskompatibilität. Sie verwenden das uralte DOS-konforme Partitionierungsprinzip mit den Elementen Primärer Partition, Erweiterter Partition und Laufwerken. Diese Partitionen sind schwieriger einzurichten, weil Sie die richtige Partitions-Sorte wählen müssen, und die Partitionen sind starr. Einmal eingerichtete Partitionen können nachträglich nicht vergrößert werden.

Der einzige Vorteil der Basis-Disks ist ihre Abwärtskompatibilität. Ältere Windows-Versionen und andere Betriebssysteme, die Sie parallel auf Ihrem Rechner ausführen, können nur mit Laufwerken zusammenarbeiten, die auf einer Basis-Disk angelegt sind.

Spielt das für Sie keine Rolle, dann entscheiden Sie sich gegen Basis-Disks.

Dynamische Disks – wo liegen die Neuerungen?

Dynamische Disks sind seit Windows 2000 der neue Aufteilungsstandard für Festplatten. Auf einer Dynamischen Disk werden keine Partitionen im klassischen Sinne mehr angelegt, sondern Volumes. Alle Volumes sind gleichartig, es wird also nicht wie bei Basis-Disks zwischen verschiedenen Partitionsarten unterschieden.

Volumes können kombiniert werden und auf diese Weise dynamisch wachsen. Geht der Platz in einem Volume zur Neige, dann kann bei freiem (nicht zugeordneten) Festplattenplatz dort ein weiteres Volume angelegt und dem in Platznot geratenen zugeschlagen werden. Das funktioniert auch über Laufwerksgrenzen hinweg und entspricht einem *Übergreifenden Volume*.

TIPP

Volumes, die als System- oder Startpartition markiert sind, auf denen also Windows eingerichtet ist, können nicht nachträglich erweitert werden. Und auch Dynamische Disks, die von Windows 2000 aus Basis-Partitionen erstellt und später nach Windows XP migriert werden, lassen sich nicht erweitern.

Insgesamt erleichtern Dynamische Disks die Handhabung sehr. Allerdings kann eine einmal als Dynamische Disk eingerichtete Festplatte nicht mehr in eine Basis-Disk zurückverwandelt werden. Dies gelingt nur, wenn zuvor alle Volumes auf der Festplatte gelöscht werden.

Eine Basis-Disk kann dagegen jederzeit und ohne Datenverlust in eine Dynamische Disk umkonvertiert werden.

WICHTIG Dynamische Disks werden nur unterstützt, wenn der Dienst für Dynamische Disks beim Systemstart gestartet wurde. Bei normalen PCs geschieht dies automatisch, aber bei Notebooks ist der Dienst abgeschaltet. Notebooks können also normalerweise keine Dynamischen Disks einsetzen, und Microsoft unterstützt Dynamische Disks auf Notebooks auch nicht.

Ob Dynamische Disks erlaubt sind oder nicht, bestimmt dieser Registry-Schlüssel:

HKEY_LOCAL_MACHINE\SYSTEM – CurrentControlSet – Services – dmload – Start

Ist er auf *0* eingestellt, dann startet der Dienst automatisch, ist er auf *4* eingestellt, dann wird der Dienst nicht gestartet. Die Wirkung macht sich erst nach einem System-Neustart bemerkbar.

Schalten Sie den Dienst ab, obwohl Sie bereits Dynamische Disks eingerichtet haben, dann verlieren Sie den Zugriff auf die entsprechenden Volumes. Der Zugriff wird erst wieder möglich, wenn Sie den Dienst erneut starten lassen und das System dazu neu booten.

So wird festgelegt, ob Dynamische Disks bei Ihnen eine Option sind oder nicht:

1. Wählen Sie im Startmenü *Ausführen*, und geben Sie ein: `REGEDIT` Eingabe. Der Registrierungseditor startet.
2. Expandieren Sie links den Zweig *HKEY_LOCAL_MACHINE – SYSTEM – CurrentControlSet – Services – dmload*, und klicken Sie auf *dmload*.
3. In der rechten Spalte sehen Sie nun die Einträge. Einer davon heißt *Start*. Doppelklicken Sie auf *Start*. Weisen Sie dem Eintrag den Wert *0* zu, um den Dienst beim nächsten Systemstart mitzustarten, und *4*, um ihn abzuschalten.

Dynamische Disks verfügen über eine wichtige Einschränkung, die wichtig wird, wenn Sie ein Multiboot-System betreiben, also mehrere Betriebssysteme parallel installieren. Pro physikalischer Festplatte mit Dynamischer Disk ist nur ein einziges Betriebssystem erlaubt. Setzen Sie Basis-Disks ein, dann kann pro Partition jeweils ein separates Betriebssystem installiert werden.

Für Basis-Disk oder Dynamische Disk entscheiden

Bei neu eingebauten Festplatten wartet bereits ein Assistent auf Sie, um nachzufragen, welche Partitionierungstechnik verwendet werden soll. Bei bereits vorhandenen Festplatten gehen Sie so vor:

1. Klicken Sie im Startmenü mit der rechten Maustaste auf *Arbeitsplatz*, und wählen Sie *Verwalten*. Das Fenster *Computerverwaltung* öffnet sich.
2. Expandieren Sie links *Datenspeicher/Datenträgerverwaltung*, und klicken Sie auf *Datenträgerverwaltung*. Rechts sehen Sie die aktuelle Laufwerksaufteilung. Maximieren Sie das Fenster, denn Sie brauchen Platz.
3. Festplatten vom Typ Basis konvertieren Sie in eine Dynamische Disk, indem Sie in der grafischen Ansicht mit der rechten Maustaste auf den gewünschten Datenträger in der ersten Spalte klicken. Wählen Sie *In dynamischen Datenträger konvertieren*, allerdings nur, wenn Sie sich der oben genannten Konsequenzen bewusst sind und verschmerzen können, dass andere Betriebssysteme nun nicht mehr auf die Laufwerke dieser Festplatte zugreifen können.
4. Festplatten vom Typ Dynamisch lassen sich auf gleiche Weise mit dem Befehl *In einen Basisdatenträger konvertieren* in eine Basis-Disk zurückverwandeln. Allerdings ist dieser Befehl in der Praxis selten anwendbar, denn er kann nur dann gewählt werden, wenn sämtliche Volumes der betroffenen Festplatte gelöscht wurden. Festplatten, die Daten enthalten, können nicht in eine Basis-Disk zurückverwandelt werden.

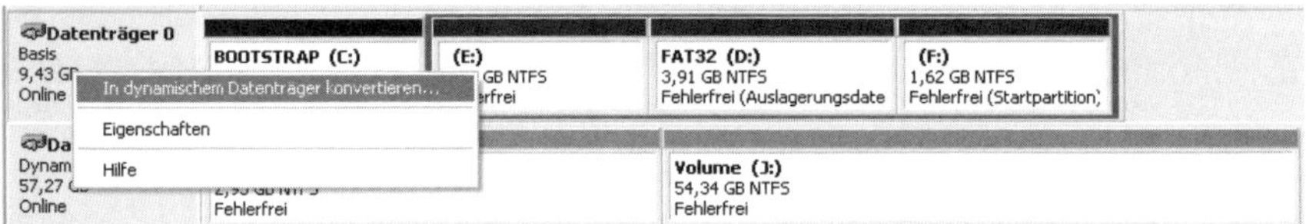

Abbildung 11.2: *Eine Basis-Disk in einen dynamischen Datenträger verwandeln*

TIPP

Bei bereits vorhandenen Festplatten spielt eigentlich nur die Umwandlung einer Basis-Disk in eine Dynamische Disk eine Rolle. Diese Umwandlung kann sich allein schon deshalb lohnen, weil sich neue Partitionen auf einer Dynamischen Disk sehr viel bequemer anlegen lassen als auf der klassischen Basis-Disk.

Der letzte Schritt besteht im Anlegen neuer Partitionen bzw. Volumes. Diese entsprechen dann den Festplattenlaufwerken, die der Explorer anzeigt und mit denen Sie künftig arbeiten.

Neue Volumes auf Dynamischen Disks anlegen

Klicken Sie lediglich mit der rechten Maustaste in einen nicht zugeordneten (freien) Bereich der Festplatte, und wählen Sie *Neues Volume*.

Ein Assistent erscheint. Steht nur auf einer Festplatte nicht zugeordneter freier Speicher zur Verfügung, dann kann nur ein einfaches Volume erstellt werden. Andernfalls sind auch die Optionen *Übergreifend* und *Stripeset* wählbar:

***Tabelle 11.1:** Verschiedene Volume-Typen, die von Dynamischen Disks unterstützt werden*

Art des Volumes	Beschreibung
Einfach	Laufwerk nutzt den Platz auf einer einzelnen Festplatte
Übergreifend	Das Laufwerk kann freien Speicher mehrerer Festplatten nutzen. Haben Sie zum Beispiel auf zwei Festplatten nicht zugeordnete Bereiche von 300 MB und 700 MB, dann kann daraus ein übergreifendes Volume mit einer Größe von maximal 1000 MB erstellt werden. Der Anwender merkt später nicht, dass sein Laufwerk sich in Wirklichkeit auf mehrere Festplatten erstreckt.
Stripeset	Das Laufwerk speichert die Daten auf zwei unterschiedlichen Festplatten und ordnet sie dabei so an, dass schneller auf die Daten zugegriffen werden kann. Dabei macht sich das Stripeset zunutze, dass jede Festplatte über einen eigenen Datenkanal verfügt. Theoretisch lässt sich die Leistung so verdoppeln. Praktisch setzen spürbare Leistungsgewinne aber voraus, dass die beiden Festplatten an unterschiedliche Festplattencontroller angeschlossen sind. Ein Stripeset, dass zwei Festplatten benutzt, die über dasselbe Flachbandkabel angeschlossen sind, erhöht die Leistung deshalb nicht wesentlich. Die maximale Größe des Stripesets richtet sich nach dem kleineren freien Speicherplatz der beiden beteiligten Festplatten. Stehen auf Festplatte A also 2000 MB zur Verfügung und auf Festplatte B 4500 MB, dann kann das Stripeset maximal 2x2000 MB groß sein.

Neue Geräte installieren

Der Assistent zeigt nun zwei Listen an. Die Listen zeigen alle nicht zugeordneten Festplattenbereiche Ihres Systems.

***Abbildung 11.3:** Ein einfaches Volume auf einer dynamischen Disk anlegen*

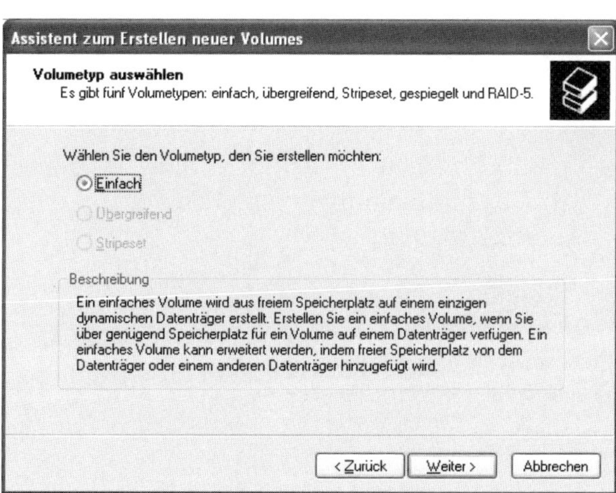

Haben Sie sich für ein *Einfaches Volume* entschieden, dann kann in der Liste *Ausgewählt* nur ein Datenträger eingefügt werden. Einfache Volumes nutzen nur den Speicherplatz einer einzelnen Festplatte. Legen Sie im Feld unten fest, wie viel Speicherplatz Sie dem Volume zuordnen wollen.

Haben Sie sich dagegen für ein übergreifendes Volume entschieden, dann können Sie mehrere Datenträger in die Liste *Ausgewählt* einfügen. Klicken Sie anschließend jeden Datenträger in der Liste an, und legen Sie jeweils unten fest, wie viel Speicherplatz Sie dem Volume zuordnen wollen. Die Gesamtgröße wird direkt unter der *Ausgewählt*-Liste angezeigt.

Und wollen Sie ein Stripeset anlegen, dann müssen Sie zwei Datenträger in die *Ausgewählt*-Liste einfügen, weil Stripesets immer zwei verschiedene Festplatten verwenden. Die maximale Größe des Stripesets richtet sich nach dem kleineren der beiden Speicherblöcke, die Sie ausgewählt haben, weil Stripesets immer zwei gleich große Festplattenbereiche nutzen.

TIPP

Ein Einfaches Volume muss nicht immer ein Einfaches Volume bleiben. Sie können es später leicht in ein Übergreifendes Volume verwandeln, indem Sie ihm zusätzlichen Platz eines anderen Festplattenlaufwerks zuweisen.

Lesen Sie im nächsten Abschnitt, wie Laufwerksbuchstabe und Dateisystem Ihres neuen Volumes festgelegt werden. Dies geschieht nämlich bei Volumes und bei Partitionen auf gleiche Weise.

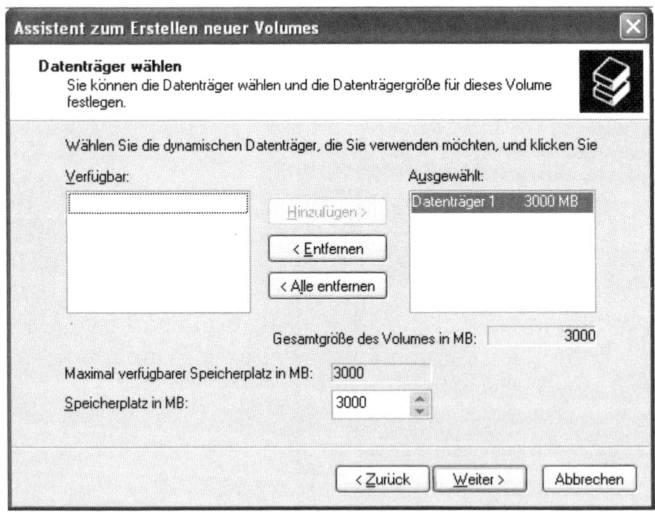

Abbildung 11.4: *Bestimmen Sie, wie viel Speicherplatz das neue Volume einnehmen soll*

Partitionen auf Basis-Disks anlegen

Klicken Sie mit der rechten Maustaste auf einen nicht zugeordneten freien Bereich einer Basis-Disk. Wählen Sie dann *Neue Partition*. Ein Assistent erscheint.

Er bietet Ihnen drei verschiedene Partitionstypen an:

***Tabelle 11.2:** Partitionstypen, die von Basis-Disks unterstützt werden*

Partitionstyp	Bedeutung
Primäre Partition	Der klassische Partitionstyp. Bis zu vier Primäre Partitionen sind erlaubt. Und genau dies ist die wesentliche Einschränkung der Basis-Disks: Festplatten von 40 oder mehr GB werden selten in nur vier Bereiche eingeteilt.
Erweiterte Partition	Die Erweiterte Partition ist eine Notlösung, um die Festplatte doch noch in mehr als vier Partitionen unterteilen zu können. Pro Festplatte darf es nur eine Erweiterte Partition geben. Sie selbst ist nur ein Platzhalter, in dem beliebig viele weitere Logische Laufwerke den Platz unter sich aufteilen. Richten Sie eine Erweiterte Partition ein, dann sind nur noch maximal drei zusätzliche Primäre Partitionen möglich.
Logisches Laufwerk	Diese Option legt in einer vorhandenen Erweiterten Partition ein neues Laufwerk an. Die Option ist nur verfügbar, wenn Sie bereits eine Erweiterte Partition angelegt haben, dann mit der rechten Maustaste darin Freien Speicherplatz angeklickt haben und Neues logisches Laufwerk wählen.

TIPP In aller Regel legt man sich drei Primäre Partitionen und eine Erweiterte Partition an. Anschließend kann die Erweiterte Partition mit beliebig vielen Logischen Laufwerken weiter unterteilt werden. Brauchen Sie dagegen Abwärtskompatibilität zu DOS oder Windows 9x/Me, dann dürfen Sie nur eine primäre und eine erweiterte Partition anlegen. Zusätzlich angelegte primäre Partitionen werden von diesen älteren Betriebssystemen ignoriert.

Sobald Sie sich für den Partitionstyp entschieden haben, möchte der Assistent wissen, wie viel Speicherplatz der Partition zugewiesen werden soll.

Wollen Sie die Festplatte zum Beispiel in acht gleich große Abschnitte unterteilen, dann legen Sie jeweils drei primäre Partitionen an und weisen diesen jeweils ein Achtel der Festplattenkapazität zu. Danach legen Sie eine erweiterte Partition an und weisen ihr fünf Achtel der Kapazität zu. Dann legen Sie in der erweiterten Partition fünf logische Laufwerke an und weisen diesen jeweils ein Achtel der Kapazität zu.

Sollten Sie planen, das Volume später mit dem stark veralteten FAT-Dateisystem zu formatieren, dann überschreiten Sie nicht die Maximalgröße von 2000 MB. Bei allen anderen Dateisystemen darf das Volume so groß werden, wie Sie wünschen.

TIPP

Als nächstes wird festgelegt, wie Sie die neue Partition nutzen können und welches Dateisystem zum Einsatz kommt:

Laufwerksbuchstabe und Dateisystem festlegen

Nachdem die Details des Volumes oder der Partition festgelegt sind, fragt der Assistent nach, wie dieses Laufwerk erreichbar gemacht werden soll:

Tabelle 11.3: Verschiedene Methoden, um auf Partitionen oder Volumes zuzugreifen

Zugriffsart	Bemerkungen
Laufwerksbuchstabe	Das Laufwerk wird klassisch über einen eigenen Laufwerksbuchstaben angesprochen, erscheint also als eigenständiges Laufwerk im Explorer. Es stehen allerdings nur 26 Laufwerksbuchstaben zur Verfügung.
Bereitstellung	Das Laufwerk erscheint nicht als eigenständiges Laufwerk im Explorer. Stattdessen wird es in einen Ordner eines anderen NTFS-Laufwerks eingeblendet. So kann die Zahl der Laufwerke, die im Explorer erscheinen, reduziert werden. Volumes können direkt ins Benutzerprofil eines Benutzers eingeblendet werden und sind dann nur für diesen Benutzer sichtbar. Andere Benutzer bemerken gar nichts von der Existenz dieses Volumes.
Keine	Das Laufwerk kann nicht genutzt werden und muss später zu Ende konfiguriert werden.

Zum Abschluss muss das Laufwerk formatiert werden. Erst dann kann Windows darauf Daten speichern.

Als Dateisystem bietet der Assistent bei Dynamischen Disks nur das NTFS-Dateisystem an. Die älteren Dateisysteme FAT und FAT32 werden auf Basis-Disks ebenfalls unterstützt.

Tabelle 11.4: Dateisysteme, die auf Festplatten unterstützt werden

Dateisystem	Empfehlung
FAT	Uraltes Dateisystem, das nur noch gebraucht wird, wenn alte DOS-Versionen, Windows 3.1 oder Windows 95 parallel betrieben werden sollen. Das FAT-Dateisystem kann maximal 2 GB große Partitionen lesen. Formatieren Sie eine größere Partition mit FAT, dann funktioniert dies zwar, aber nur, weil Windows XP die Clustergrößen entsprechend anpasst. Solche FAT-Laufwerke sind von anderen Betriebssystemen nicht mehr lesbar. Es gibt kaum einen sinnvollen Grund, FAT einzusetzen
FAT32	Einfaches Dateisystem, das gebraucht wird, wenn parallel Windows 98 oder Millennium eingesetzt wird. Hier gibt es die 2 GB Grenze von FAT nicht mehr. Ebenso wie FAT ist aber auch FAT32 ein unsicheres Dateisystem. Daten können nicht vor Unbefugten gesichert werden. Jeder Benutzer darf alle Daten lesen, schreiben, verändern oder löschen.
NTFS	Mit Windows NT eingeführtes und mit Windows 2000 überarbeitetes Industriestandard-Dateisystem. Dieses Dateisystem kann von Windows NT mit aktuellem Service Pack, Windows 2000 und natürlich Windows XP gelesen werden. NTFS bietet Datenzugriffsschutz, Datenverschlüsselung, Datenkomprimierung und Datenausfallsicherheitsfunktionen. Windows XP sollte falls irgend möglich Datenträger mit NTFS-Dateisystem nutzen

Bei der Auswahl des Dateisystems sind diese Punkte ebenfalls wichtig:

- Netzwerkzugriffe auf NTFS-Laufwerke sind auch von älteren Windows-Versionen aus möglich. Nur der direkte Zugriff als parallel installiertes Betriebssystem scheitert.
- FAT- und FAT32-Laufwerke können auch nachträglich noch ins NTFS-Dateisystem konvertiert werden. FAT32 ließe sich so übergangsweise weiter nutzen. Eine gute Idee ist das aber trotzdem nicht: Neben den Sicherheitsrisiken sind nachträglich umgewandelte NTFS-Laufwerke weniger leistungsstark als solche, die von vornherein mit NTFS formatiert wurden. Außerdem werden bei der Konversion keine neuen Berechtigungen vergeben. Haben Sie Windows XP zunächst auf einem FAT32-Laufwerk installiert und wandeln dies dann später in NTFS um, dann fehlen nach wie vor die Sicherheitseinstellungen der Windows-Ordner, die ja ursprünglich auf dem FAT32-Laufwerk nicht eingerichtet werden konnten.
- NTFS-Laufwerke können nachträglich nur durch Neuformatierung in FAT oder FAT32 verwandelt werden. Dabei gehen alle Daten des Laufwerks verloren.

- Selbstverständlich kann man mehrere Partitionen einrichten und einige davon für die Umstiegszeit mit FAT32 formatieren. Zumindest die Partition, in der Windows XP installiert wird, sollte aber NTFS nutzen.

Einige weitere Feineinstellungen sind möglich:

- Experten können die Größe der Zuordnungseinheiten variieren. Die Zuordnungseinheiten legen fest, in welchen Portionen Daten im Volume gespeichert werden. Je größer die Zuordnungseinheiten sind, desto weniger neigt das Volume zur Fragmentierung. Allerdings belegen Dateien mindestens den Platz einer Zuordnungseinheit – auch dann, wenn sie nur ein Byte enthalten.
- Die Volumebezeichnung entspricht dem Namen des Volumes, so wie es im Explorer später angezeigt wird.
- Die Formatierung einer größeren Festplatte kann Stunden dauern. Sie lässt sich mit der Option *Schnellformatierung* durchführen auf wenige Sekunden abkürzen. Allerdings wird jetzt keine Oberflächenprüfung mehr durchgeführt, die defekte Areale erkennt und blockiert. Fabrikneue Festplatten sollten deshalb mindestens einmal auf herkömmliche Weise formatiert werden.
- Dient das Volume nur der Lagerung wenig benutzter Daten, dann kann NTFS angewiesen werden, alle Daten der Festplatte zu komprimieren. Weil die Daten beim Lesen entkomprimiert werden müssen, kommt es zu einem Leistungsverlust. Programme, Windows und häufig genutzte Daten sollten nicht komprimiert gespeichert werden.

Der Assistent fasst Ihre Angaben zusammen und führt sie aus, wenn Sie auf Fertig stellen klicken. Das Volume und damit Ihr neues Laufwerk sind jetzt einsatzbereit.

Spiegelung und RAID-Systeme

RAID steht für *Redundant Array of Inexpensive Disks* und beschreibt ein Verfahren, mit dem Festplatten ausfallsicher gemacht werden. Das Grundprinzip ist immer gleich: die Daten werden gleichzeitig auf mehreren Festplatten gespeichert.

RAID 1 ist das einfachste Verfahren und wird auch als Spiegelung bezeichnet: zwei Festplatten speichern parallel und werden vom System wie eine Festplatte behandelt. Fällt eine Platte aus, dann kann nahtlos mit der verbliebenen weitergearbeitet werden.

Windows XP Professional unterstützt RAID-Funktionen nicht. Lediglich Stripesets zur Leistungsverbesserung sind möglich, die aber keine

Fehlertoleranz bieten. Gespiegelte Festplatten und andere RAID-Verfahren werden nur von Windows-Servern (NT, 2000, .NET) angeboten.

Benötigen Sie dieses Maß an Datensicherheit, dann können Sie entweder ein zentrales Netzlaufwerk auf einem dieser Server-Betriebssysteme einrichten, wo sensible Daten ausfallsicher untergebracht werden, oder Sie greifen auf Hardwarelösungen zurück. RAID-fähige Festplattencontroller kümmern sich dann von allein darum, Daten parallel zu speichern und sind in vielen Fällen außerdem Hot-Plug-fähig; defekte Laufwerke lassen sich im laufenden Betrieb auswechseln.

TIPP Vielleicht wundern Sie sich, warum das Kontextmenü von Volumes auf Dynamischen Disks den Befehl *Spiegelung hinzufügen* anbietet (sofern auf einer zweiten Festplatte genügend nicht zugeordneter Platz frei ist) – wenn auch abgeblendet. Der Grund ist simpel: das Computerverwaltung-Snap-In kann nicht nur dazu genutzt werden, den eigenen Computer zu warten. Auf Wunsch lässt sich damit auch ein Windows 2000 Server fernverwalten. Da dieser RAID-Unterstützung anbietet, müssen diese Funktionen also auch auf einem Windows XP Professional System bedienbar sein. Mehr zur Fernwartung lesen Sie im ▶ Kapitel 14.

Laufwerke nachträglich vergrößern

Hin und wieder kann es vorkommen, dass eine ursprünglich eingerichtete Partition zu klein wird und der Speicherplatz darauf nicht mehr ausreicht. Die Partition muss also vergrößert werden, und zwar möglichst so, dass die schon auf der Partition vorhandenen Daten nicht verloren gehen.

Windows XP bietet Ihnen zwei verschiedene Mechanismen hierzu an:

- Partitionen oder Volumes, die das NTFS-Dateisystem verwenden, unterstützen Mount Points. Hier können Sie andere Partitionen oder Volumes (die nicht das NTFS-Dateisystem unterstützen müssen) über einen leeren Ordner einblenden. Ist der Platz auf Laufwerk C:\ beispielsweise knapp geworden, und verfügt ein anderes Laufwerk noch über ausreichenden Platz, dann können Sie dieses andere Laufwerk in Laufwerk C:\ als Unterordner einblenden. Vorteil: die eingeblendeten fremden Laufwerke können später wieder entfernt werden, der gesamte Prozess ist reversibel. Allerdings wächst auf diese Weise nicht der gesamte Speicherplatz der Partition, sondern Sie fügen nur zusätzlichen Speicherplatz in einem neuen Unterordner hinzu.
- Volumes auf Dynamischen Disks können nahtlos und im laufenden Betrieb wachsen. Entweder schlagen Sie dem Volume Platz auf derselben Festplatte zu. Dann bleibt das Volume ein *Einfaches Volume*.

Oder Sie schlagen dem Volume Platz einer anderen Festplatte zu. Dann wird das *Einfache Volume* automatisch zu einem *Übergreifenden Volume*. Vorteil: Volumes lassen sich nachträglich so erweitern, als verfüge das Laufwerk plötzlich einfach über mehr Speicher. Allerdings ist der Vorgang nicht umkehrbar. Der Speicherplatz, der dem Volume zusätzlich zugewiesen wurde, verschmilzt mit dem Volume und kann nicht mehr einzeln herausgelöst werden. Volumes können also nur wachsen, nicht schrumpfen. Und: fällt bei einem *Übergreifenden Volume* auch nur eine an ihm beteiligte Festplatte aus, dann ist das gesamte Volume einschließlich seiner Daten zerstört.

Mount Points: Laufwerke vorübergehend vergrößern

Stellen Sie sich vor, in Ihrem Ordner *Eigene Dateien* ist nicht mehr genügend Platz vorhanden, um umfangreiche Multimedia-Archive unterzubringen. Auf einer anderen Festplatte dagegen ist noch genügend Platz vorhanden.

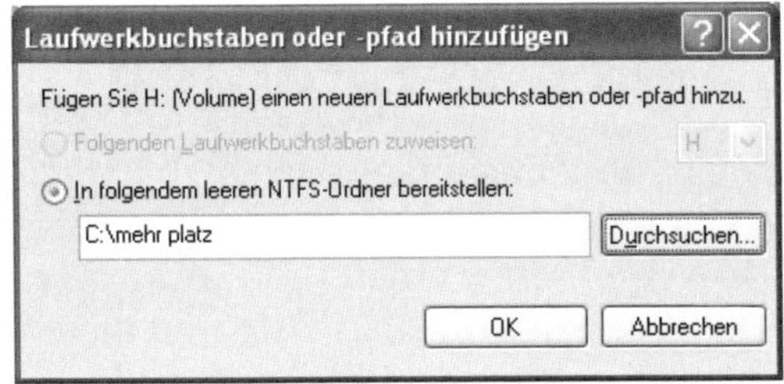

Abbildung 11.5: *Stellen Sie Festplattenspeicher in einem NTFS-Ordner zur Verfügung*

So gehen Sie vor, um vorübergehend oder dauerhaft zusätzlichen Speicherplatz bereitzustellen:

1. Öffnen Sie das Fenster *Computerverwaltung*, zum Beispiel über *Ausführen* im Startmenü und `compmgmt.msc` Eingabe. Stellen Sie in der oberen Liste sicher, dass das Laufwerk, das Sie vergrößern wollen, das NTFS-Dateisystem verwendet. Wenn Sie Ihren Ordner *Eigene Dateien* vergrößern wollen und das System nicht umkonfiguriert haben, dann befindet sich dieser Ordner auf dem Laufwerk, das in der Liste mit Startpartition gekennzeichnet ist. Nur wenn dieses Laufwerk NTFS verwendet, können Sie fortfahren. Das Laufwerk, dessen Speicherplatz Sie zusätzlich nutzen wollen, braucht dagegen nicht unbedingt das NTFS-Dateisystem einzusetzen.
2. Klicken Sie in der oberen Liste das Laufwerk, dessen Speicherplatz Sie nutzen wollen, mit der rechten Maustaste an, und wählen Sie im Kontextmenü *Laufwerksbuchstaben und -pfade ändern*. Ein Fens-

ter öffnet sich, und darin wird der Laufwerksbuchstabe angezeigt, der diesem Laufwerk zugeordnet ist.

3. Klicken Sie auf die Schaltfläche *Hinzufügen*. Ein weiteres Fenster öffnet sich. Aktivieren Sie die Option *In folgendem leeren NTFS-Ordner bereitstellen:*. Sie könnten nun auf Durchsuchen klicken und den Ort einstellen, wo Sie den zusätzlichen Platz gebrauchen können.

4. Allerdings ist die Sache nicht immer so einfach. Wenn Sie zum Beispiel mehr Platz in Ihrem Ordner *Eigene Dateien* einfügen wollen, dann müssen Sie zuerst wissen, wo dieser Ordner überhaupt gespeichert wird. Das finden Sie zum Beispiel so heraus: Drücken Sie Win+E oder wählen Sie im Startmenü *Arbeitsplatz*, und klicken Sie dann den besonderen Ordner *Eigene Dateien* mit der rechten Maustaste an. Das Fenster *Eigenschaften von Eigene Dateien* öffnet sich. Im Feld *Ziel*: lesen Sie nun den Ort, an dem sich dieser Ordner befindet, und können jetzt den Ordner im Fenster *Nach Laufwerkpfad suchen* einstellen.

5. Sobald Sie im Fenster *Nach Laufwerkpfad suchen* den Ordner eingestellt haben, wo der zusätzliche Speicherplatz gebraucht wird, klicken Sie auf die Schaltfläche *Neuer Ordner*. Ein neuer Ordner wird angelegt. Geben Sie diesem Ordner einen passenden Namen, zum Beispiel Zusatzspeicher. In diesem Ordner blendet Windows XP den Speicherplatz des zusätzlichen Laufwerks ein.

Abbildung 11.6: *Das Volume wird als Laufwerk in einem NTFS-Ordner eingeblendet*

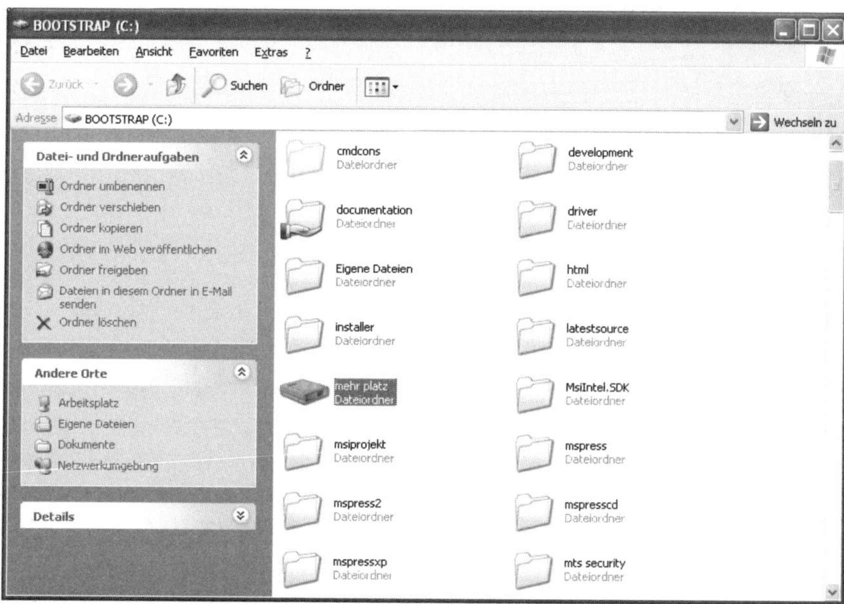

6. Schließen Sie die Dialogfelder per Klick auf *OK*. Besuchen Sie anschließend Ihren Ordner *Eigene Dateien* – oder den Ort, an dem Sie zusätzlichen Speicherplatz eingeblendet haben. Aus dem Ordner, den Sie per Klick auf *Neuer Ordner* angelegt haben, ist ein Laufwerkssymbol geworden, und wenn Sie diesen »Ordner« öffnen, beamt Windows XP Sie direkt auf das andere Laufwerk.

Empfehlungen

- Mount Points funktionieren nur, wenn das Ziellaufwerk das Dateisystem NTFS verwendet.
- Um ein anderes Laufwerk einzublenden, braucht Windows XP einen leeren Ordner. Andere Laufwerke können nicht in Ordner eingeblendet werden, die bereits Daten enthalten.
- Weil stets das gesamte fremde Laufwerk in dem Mount Point angezeigt wird, ist es häufig sinnvoller, eine neue Festplatte nachzurüsten und diese in viele kleinere Partitionen zu unterteilen. Diesen Partitionen weisen Sie keine Laufwerksbuchstaben zu, sondern verwenden den Speicherplatz nur dafür, ihn über Mount Points in andere Laufwerke einzublenden. Der Speicherplatz ist dann nur über den Mount Point erreichbar.
- Umgekehrt können Sie über mehrere Mount Points auch ein und denselben Speicherbereich von vielen Orten aus erreichen.
- Über den Konsolenbefehl *MOUNTVOL* können Mount Points ebenfalls verwaltet werden. Und über den Konsolenbefehl *DISKPART* lassen sich Partitionierungen automatisieren.

Übergreifende Volumes auf Dynamischen Disks

Volumes auf dynamischen Datenträgern können im laufenden Betrieb erweitert werden. Anders als bei den Mount Points wird hier das gesamte Volume vergrößert. Zur Vergrößerung kann nicht zugeordneter Festplattenspeicher beliebiger Festplatten verwendet werden. Setzen Sie zusätzliche Festplatten ein, dann verwandelt sich das einfache Volume automatisch in ein übergreifendes Volume.

Vergrößerungen, die Sie einmal angelegt haben, lassen sich nicht mehr rückgängig machen. Das vergrößerte Volume kann nur noch insgesamt gelöscht werden. Haben Sie ein übergreifendes Volume erstellt, das also mehrere Festplatten umfasst, dann genügt der Ausfall einer einzigen beteiligten Festplatte, um das gesamte Volume zu zerstören.

So vergrößern Sie ein Volume:

1. Öffnen Sie die Datenträgerverwaltung, und klicken Sie das Volume, das Sie vergrößern wollen, mit der rechten Maustaste an. Im Kontextmenü wählen Sie *Volume erweitern*.
2. Das Fenster *Assistent zum Erweitern von Volumes* erscheint. Klicken Sie auf *Weiter*. Suchen Sie sich nun die Festplatte aus, von der Sie zusätzlichen Speicherplatz beziehen wollen, und legen Sie die Größe der Erweiterung fest. Dann klicken Sie auf *Weiter* und *Fertig stellen*.

Das NTFS-Dateisystem einsetzen

Das Dateisystem regelt den Zugriff auf die Daten, die auf einem Laufwerk lagern. Es gibt mehrere unterschiedliche Dateisysteme, denn die Laufwerkstypen und die historische Entwicklung haben unterschiedliche Anforderungen entstehen lassen:

***Tabelle 11.5:** Dateisysteme, die Windows XP unterstützt*

Dateisystem	Erklärung
CDFS	Spezielles Dateisystem für CD-Laufwerke. Nicht veränderbar.
UDF	Spezielles Dateisystem für DVD-Laufwerke. Nicht veränderbar.
FAT	Veraltetes Dateisystem für Festplatten und Disketten aus DOS- und Windows 95-Zeiten. Partitionen können maximal 2 GB groß sein. Kein Zugriffsschutz für Dateien.
FAT32	Einfaches Dateisystem für Festplatten und Disketten ohne Zugriffsschutz für Dateien.
NTFS	Standard-Dateisystem für Windows XP: robust, leistungsfähig. Dateien können vor unbefugtem Zugriff geschützt werden.

Welches Dateisystem ein Laufwerk verwendet, verrät Ihnen entweder die Datenträgerverwaltung (▶ Seite 379). Oder Sie wählen im Startmenü *Arbeitsplatz* und klicken dann mit der rechten Maustaste auf ein Laufwerk. Wählen Sie im Kontextmenü *Eigenschaften*. Aktivieren Sie die Registerkarte *Allgemein*. Nun sehen Sie nicht nur die Platzverhältnisse auf dem Laufwerk, sondern auch das aktuelle Dateisystem wird genannt.

TIPP Festplatten, die nicht das NTFS-Dateisystem verwenden, sondern FAT32 oder – noch fataler – FAT, sollten möglichst bald auf das NTFS-Dateisystem umgestellt werden.

Auf NTFS-Dateisystem umstellen

Zuerst die gute Nachricht: Windows XP kann Festplatten jederzeit auf das leistungsfähige NTFS-Dateisystem umstellen, und zwar ohne Datenverlust.

Die weniger gute Nachricht: Dieser Vorgang ist nicht umkehrbar. Sie können also ein NTFS-Laufwerk später nicht mehr mit Bordmitteln ins FAT32- oder FAT-Dateisystem zurückverwandeln, es sei denn, Sie formatieren die gesamte Partition neu und opfern dabei alle darauf gespeicherten Daten.

Und noch einen weiteren Haken gibt es: Konvertieren Sie ein Laufwerk nachträglich auf NTFS, dann ist dies zwar immer noch besser, als mit den veralteten FAT32- oder FAT32-Dateisystemen weiterzuarbeiten, es ist aber nicht ganz so gut, als würden Sie ein NTFS-Laufwerk direkt erstellen.

Konvertierte NTFS-Laufwerke sind nicht ganz so leistungsfähig wie Laufwerke, die direkt mit NTFS formatiert wurden. Das liegt an der *Master File Table* (*MFT*). Sie ist sozusagen das Inhaltsverzeichnis eines NTFS-Laufwerks und listet alle Dateien und Ordner darauf. NTFS-Laufwerke, die direkt mit Windows XP erstellt werden, speichern die MFT in einem zusammenhängenden geschützten Bereich, der nicht so leicht fragmentiert werden kann wie bei klassischen NTFS-Laufwerken.

TIPP

Windows XP fragt während der Installation, ob Sie das NTFS-Dateisystem verwenden wollen und ob das Laufwerk mit NTFS neu formatiert werden soll. Befinden sich auf dem Laufwerk keine lebenswichtigen Daten, dann gehen Sie auf dieses Angebot ein, anstatt später das Laufwerk separat auf NTFS umzustellen. So kommen Sie in den Genuss der optimalen Performance.

Die Vorteile des NTFS-Dateisystems

Das NTFS-Dateisystem bietet Ihnen eine ganze Reihe wesentlicher Vorteile gegenüber anderen Dateisystemen:

- Sie gewinnen Speicherplatz: NTFS speichert Daten effektiver als zum Beispiel das FAT-Dateisystem, sodass das Laufwerk nach der Konversion wieder über mehr freien Speicherplatz verfügt. Insbesondere die Clustergröße spielt dabei eine Rolle: Cluster sind die kleinsten Speichereinheiten des Dateisystems. Jede Datei – sei sie auch noch so klein – belegt mindestens einen Cluster. Die folgende Tabelle zeigt: bei einer Datenträgergröße von 3 GB verwenden FAT32 und NTFS dieselbe Clustergröße, bei einem Datenträger der Größe 30 GB dagegen speichert NTFS mit Clustern, die nur ein Viertel der Größe der

FAT32-Cluster ausmachen. Hier gewinnen Sie also Speicherplatz hinzu, wenn Sie von FAT32 auf NTFS umstellen.

Datenträgergröße	FAT	FAT32	NTFS
–64 MB	1 KB	512 Byte	512 Byte
–128 MB	2 KB	1 KB	512 Byte
–256 MB	4 KB	2 KB	512 Byte
–512 MB	8 KB	4 KB	512 Byte
–1 GB	16 KB	4 KB	1 KB
–2 GB	32 KB	4 KB	2 KB
–4 GB	64 KB	4 KB	4 KB
–8 GB		4 KB	4 KB
–16 GB		8 KB	4 KB
–32 GB		16 KB	4 KB
–2 TB			4 KB

- Sie gewinnen Sicherheit: Daten, die auf NTFS-Laufwerken gespeichert sind, können mit Vorhängeschlössern versehen werden, die dafür sorgen, dass private Daten auch wirklich privat bleiben: ▶ Kapitel 19.
- NTFS ist zuverlässiger: bei FAT-Datenträgern wird der Bootsektor nicht gesichert. Kommt es in diesem Bereich zu einer Beschädigung, dann kann das System nicht mehr gestartet werden. Bei Fehlern in der Dateizuordnungstabelle muss das Dateisystem manuell mit *CHKDSK* repariert werden, während NTFS (und auch FAT32) automatisch eine Sicherheitskopie verwendet. Kommt es beim Ersetzen einer Datei zu einem Fehler, dann sind alte und neue Dateiversion verloren, während NTFS die alte Datei erst löscht, wenn die neue korrekt angelegt ist (transaktionsbasierte Arbeitsweise). Und während FAT-Datenträger defekte Festplattencluster nur bei der kompletten Neuformatierung oder Überprüfung des Datenträgers entdecken und sperren, reagiert NTFS auch im laufenden Betrieb auf solche Hardwarefehler und sperrt die als unzuverlässig erkannten Festplattenbereiche automatisch.
- Dynamische Kompression: Dateien, die Sie nicht so häufig benötigen, können komprimiert werden, lassen sich also besonders speicherschonend aufbewahren. Auf Wunsch identifiziert Windows XP ältere und wenig gebrauchte Dateien sogar automatisch für Sie und komprimiert diese Daten: ▶ Kapitel 19.

- Verschlüsselndes Dateisystem: Sehr sensible Daten lassen sich ab sofort zusätzlich verschlüsseln. So ist sichergestellt, dass niemand – auch kein Administrator – diese Dateien mehr lesen kann.
- Mount Points: Geht der Speicher eines NTFS-Laufwerks zur Neige, dann können Speicherbereiche anderer Laufwerke in diese Laufwerke eingeblendet werden: ▶ Seite 391.
- Limits sprengen: NTFS erlaubt praktisch unbegrenzte Datei- und Partitionsgrößen:

	FAT	FAT32	NTFS
Maximale Datenträgergröße	2 GB	Windows 9x/Me 127,5 GB, Windows 2000/XP: 32 GB	2 TB (XP 64 Bit 16,7 Mio TB)
Maximale Dateigröße	2 GB	4 GB	Unbegrenzt
Maximale Dateianzahl	65524	4 Millionen	4 Milliarden
Maximale Dateieinträge im Stammverzeichnis	512	Unbegrenzt	Unbegrenzt

Die Nachteile von NTFS

In einigen wenigen Fällen sollten Sie NTFS nicht oder nicht auf allen Festplatten einsetzen:

- Ältere Betriebssysteme wie Windows 95, 98 und Millennium können das NTFS-Dateisystem nicht erkennen. Wenn Sie solche Betriebssysteme noch parallel nutzen und von Fall zu Fall mit Windows XP oder einem dieser Betriebssysteme arbeiten, dann dürfen Sie nur solche Partitionen auf NTFS umstellen, die für die älteren Betriebssysteme nicht wichtig sind. Für fremde Betriebssysteme wie Linux gilt dies ebenfalls. Der Netzwerkzugriff auf freigegebene Ordner ist völlig unabhängig vom gewählten Dateisystem. Windows 95-Clients können also problemlos auf ein freigegebenes NTFS-Laufwerk eines Windows XP-Rechners zugreifen.

Betriebssystem	FAT	FAT32	NTFS	NTFS5
MS-DOS	X			
Windows 95	X			
Windows 95 OSR 2	X	X		
Windows 98	X	X		
Windows NT	X		X	
Windows NT 4.0 ab Service Pack 4	X		X	X

▶

Betriebssystem	FAT	FAT32	NTFS	NTFS5
Windows 2000	X	X	X	X
Windows XP	X	X	X	X

- Sehr alte Computer – und hier vor allen Dingen Notebooks – verwenden spezielle Programme für interne Funktionen wie Power Management und Festplattenansteuerung, die im Boot Sektor von FAT-Laufwerken gestartet werden. Stellen Sie solche Rechner auf NTFS um, dann können die Service-Programme nicht mehr gestartet werden. Im schlimmsten, allerdings auch seltensten Fall verlieren Sie dadurch den Zugriff auf die Festplatte. Konsultieren Sie im Zweifelsfall den Hardware-Hersteller. Allerdings sind Rechner aus der betroffenen Generation ohnehin in den meisten Fällen nicht für Windows XP geeignet, da hier noch 80486-Prozessoren und 8 MB Hauptspeicher gebräuchliche Konfigurationen waren.

Die Umstellung vornehmen

Die Konvertierung eines FAT32- oder FAT-Laufwerks erfolgt mit dem Befehl *Convert* im Konsolenfenster:

1. Wählen Sie im Startmenü *Ausführen*, und geben Sie ein: `cmd` Eingabe. Ein Konsolenfenster öffnet sich.
2. Um zum Beispiel das Laufwerk C: zu konvertieren, geben Sie ein: `convert c: /fs:ntfs` Eingabe.
3. Zur Sicherheit müssen Sie nun die Datenträgerbezeichnung dieses Laufwerks eingeben. Die finden Sie heraus, indem Sie im Startmenü *Arbeitsplatz* wählen, das gewünschte Laufwerk mit der rechten Maustaste anklicken und dann *Eigenschaften* wählen. Die *Datenträgerbezeichnung* steht im obersten Textfeld des Dialogfeldes.
4. Sollten andere Laufwerke oder Programme zur Zeit auf dieses Laufwerk zugreifen, dann fragt Windows nach, ob es diese Zugriffe gewaltsam beenden soll. Antworten Sie hier sicherheitshalber immer mit `N` Eingabe.
5. Sollte Windows keinen exklusiven Zugriff auf das Laufwerk erhalten können, weil andere Programme parallel auf das Laufwerk zugreifen, dann fragt Windows nach, ob Sie das Laufwerk während des nächsten Systemstarts konvertieren wollen. Wählen Sie `J` Eingabe. Die Konvertierungsanforderung wird dann vermerkt, und Sie sollten Windows XP anschließend neu starten, um die Konvertierung durchführen zu lassen.

TIPP

Nachdem das Laufwerk konvertiert wurde, sollten Sie es möglichst bald defragmentieren. Die Konversion ändert die Speicherblöcke, in denen Daten gespeichert werden, und führt dazu, dass das Laufwerk erheblich fragmentiert wird. Erst nach der Defragmentierung kann das neue NTFS-Laufwerk mit voller Leistung arbeiten.

NTFS-Konvertierung mit optimaler Performance

Die Konvertierung eines FAT32-Datenträgers zu NTFS kann dann problematisch werden, wenn die Festplatte bereits randvoll ist. Schuld ist die *Master File Table* (*MFT*), in der bei NTFS die Dateinamen der auf dem Datenträger gespeicherten Daten eingetragen werden.

Diese MFT muss während der Konversion eingerichtet werden. Ist das Laufwerk bereits sehr voll oder stark fragmentiert, dann wird die MFT ebenfalls von Anfang an fragmentiert. Dies führt mindestens zu Leistungseinbußen, im Extremfall kann das System nicht gestartet werden.

Aus diesem Grund sollten erfahrene Anwender die Umstellung durch einige Zusatzschritte optimieren:

1. Defragmentieren Sie das Laufwerk, bevor Sie es umstellen. Sorgen Sie dafür, dass mindestens ein Achtel der Laufwerkskapazität frei ist. Bei einer 20 GB großen Partition sollten also mindestens 21474836480 / 8 = 2684354560 Bytes frei sein und nach der Defragmentierung zusammenhängend vorliegen.
2. Reservieren Sie diesen Speicherplatz durch eine Platzhalterdatei. Dazu öffnen Sie mit `CMD` Eingabe die Konsole und geben ein: `fsutil file createnew c:\mft.dat 2684354560` Eingabe. Dieser Befehl legt eine 2684354560 Bytes große Datei namens *c:\mft.dat* an. Ersetzen Sie C:\ durch den Laufwerksbuchstaben des Laufwerks, das Sie umstellen wollen.
3. Übergeben Sie die Platzhalterdatei dann an *CONVERT*, damit es in diesem zusammenhängenden Bereich die MFT anlegt und so eine Fragmentierung verhindert: `CONVERT C: /FS:NTFS /CVTAREA:C:\MFT.DAT` Eingabe.

Laufwerke defragmentieren

Festplatten speichern fortwährend Daten und löschen sie wieder. Es herrscht also ein ständiges Kommen und Gehen. Je voller das Laufwerk insgesamt wird, desto schwieriger wird es für Windows XP, für neue Dateien Platz zu finden. Freier Speicherplatz liegt dann nur noch dort vor, wo kürzlich alte Dateien gelöscht wurden, und so kann es sein, dass größere Dateien nicht mehr in einem Stück zusammenhängend gespeichert werden können, sondern in mehrere Bruchstücke unterteilt an ganz unterschiedlichen Orten auf der Festplatte gespeichert werden müssen.

Dies nennt man Fragmentierung. Klar ist, dass der Zugriff auf fragmentierte Daten sehr viel langsamer passiert, weil der Festplattencontroller viele unterschiedliche Orte auf der Festplatte ansteuern muss, um die gesamte Datei zu lesen.

Aus diesem Grund sollten Festplatten regelmäßig defragmentiert werden. Dabei werden die belegten Festplattenbereiche wieder von den nicht belegten Bereichen entheddert, und fragmentierte Dateien können wieder zusammenhängend in einem Stück gespeichert werden.

TIPP Der Defragmentierungsprozess kann bei einem sehr unaufgeräumten Laufwerk extrem lange dauern und einige Stunden umfassen. Führen Sie ihn am besten nachts durch, wenn Sie den Rechner nicht brauchen, denn zwar können Sie während einer laufenden Defragmentierung weiterarbeiten, aber der Rechner ist stark beschäftigt und deshalb langsamer als gewöhnlich. Defragmentieren Sie Ihre Laufwerke künftig regelmäßig, dann benötigt der Aufräumprozess nur noch sehr viel weniger Zeit.

Der eingebaute Defragmentierer benötigt unter Umständen mehrere Durchläufe, bis eine sehr unaufgeräumte Festplatte wieder optimal defragmentiert ist. Voraussetzung für die Defragmentierung ist, dass mindestens 15% Festplattenspeicher auf dem Datenträger frei sind. Soll die Defragmentierung automatisiert werden, verwenden Sie den Kommandozeilenbefehl *DEFRAG*.

Defragmentierung mit der grafischen Oberfläche

So lassen Sie ein Laufwerk aufräumen, damit Windows XP die Daten des Laufwerks schnell und problemlos lesen kann:

1. Leeren Sie zuerst den Papierkorb, zum Beispiel über einen Rechtsklick und *Papierkorb leeren*. Schließlich wollen Sie vermeiden, dass nach der aufwändigen Aufräumaktion das Leeren eines umfangreich gefüllten Papierkorbs sofort wieder neue Löcher in die sorgsam aufgeräumte Datenlandschaft schießt.
2. Öffnen Sie dann das Startmenü und klicken Sie mit der rechten Maustaste auf *Arbeitsplatz*. Wählen Sie im Kontextmenü *Verwalten*. Das Fenster *Computerverwaltung* öffnet sich.
3. Expandieren Sie links den Zweig *Datenspeicher/Defragmentierung*, und klicken Sie auf *Defragmentierung*.
4. Rechts oben sehen Sie nun die Festplattenlaufwerke. Wählen Sie per Klick das Laufwerk aus, das Sie aufräumen lassen wollen. Schauen Sie in die Spalte *% freier Speicherplatz*. Sind nur noch weniger als

15% Speicherplatz auf dem Laufwerk frei, dann kann das Defragmentierungsprogramm nicht mehr optimal arbeiten, weil ihm Arbeitsplatz für die Aufräumaktion fehlt. In diesem Fall sollten Sie zuerst auf dem Laufwerk Speicherplatz freigeben (▶ Seite 412).

5. Klicken Sie nun unten auf die Schaltfläche *Defragmentieren*. Die Festplatte wird überprüft. Im Bereich *Geschätzte Datenträgerverwendung vor der Defragmentierung* sehen Sie anschließend einen Farbstreifen, der anzeigt, wie stark die Daten derzeit zerstückelt sind. Rote Areale zeigen zerrissene Dateien an.
6. Im unteren Farbstreifen können Sie den Erfolg der Aufräumaktion begutachten und sehen, wie sich die roten Areale langsam verringern und wie Windows die Daten neu anordnet.
7. Der Aufräumprozess lässt sich jederzeit unterbrechen und auch anhalten. Halten Sie den Prozess an, weil Sie zum Beispiel den Computer für wichtige Arbeiten brauchen, dann können Sie die Defragmentierung später erneut starten. Die Festplatte ist dann zwar noch nicht komplett aufgeräumt, aber doch wenigstens so weit, wie das Aufräumprogramm bis zum Abbruch gekommen ist.

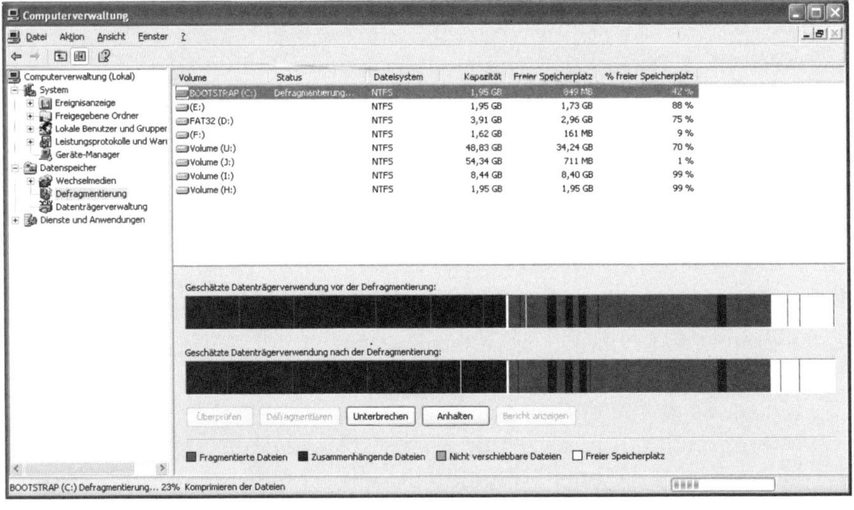

Abbildung 11.7: *Defragmentieren, um Dateien in einem Stück zu speichern*

TIPP

Auch aus dem *Arbeitsplatz*-Fenster heraus können Sie den Defragmentierungsprozess starten: Klicken Sie dazu ein Laufwerk mit der rechten Maustaste an, wählen Sie *Eigenschaften*, und aktivieren Sie dann die Registerkarte *Extras*. Jetzt brauchen Sie nur noch auf *Jetzt defragmentieren* zu klicken.

Der Einsatz von *Defrag* zur automatischen Defragmentierung

Die Defragmentierung kann auch über die Befehlskonsole mit dem Befehl *Defrag* ausgeführt werden:

1. Wählen Sie im Startmenü *Ausführen*, und geben Sie ein: `cmd` Eingabe. Ein Konsolenfenster öffnet sich.
2. Geben Sie ein: `defrag /?` Eingabe. Sie erhalten Hilfsinformationen.
3. Möchten Sie beispielsweise Laufwerk C:\ defragmentieren, und zwar auch dann, wenn der darauf freie Speicherbereich kleiner ist als 15%, dann geben Sie diesen Befehl ein: `defrag c: -f -v` Eingabe.
4. Die Defragmentierung beginnt und kann jederzeit über Strg+C unterbrochen werden.

TIPP Möchten Sie die Defragmentierung regelmäßig automatisch durchführen, dann verwenden Sie das Modul *Geplante Tasks* aus der Systemsteuerung, um den Befehl von Windows in festgelegten Intervallen ausführen zu lassen (▶ Kapitel 5).

Mehrere Laufwerke gleichzeitig defragmentieren

Die Defragmentierung ist an sich schon ein lästiger Faktor, weil dieser Prozess so lange dauern kann. Noch lästiger ist, dass das mitgelieferte Defragmentierungswerkzeug immer nur ein Laufwerk defragmentiert und nicht die Möglichkeit kennt, gleich mehrere oder alle Laufwerke wenigstens zur Defragmentierung vorzusehen.

Selbst wenn Sie also Festplatten nachts defragmentieren lassen, wenn niemand den Computer verwendet, kann pro Nacht nur eine einzige Festplatte defragmentiert werden.

Per Skript lässt sich dieses Manko jedoch umgehen. Über das Kommandozeilen-Tool *Defrag* oder über das Automationsmodell der Management Console lassen sich auf diese Weise doch noch alle Festplatten nacheinander defragmentieren. Auf Wunsch schaltet sich der Rechner anschließend sogar aus.

Die einfachste Variante setzt den Befehl *defrag* ein. Das *Scripting.FileSystemObject* ermittelt zudem, welche Festplatten es auf Ihrem System gibt, und via WMI kann der Rechner anschließend abgeschaltet werden:

```
antwort = MsgBox("Möchten Sie, dass der Rechner nach" _
   & " der Defragmentierung ausgeschaltet wird?", _
    vbYesNo + vbQuestion + vbSystemModal, "Abschalten?")

If antwort = vbYes then
    MsgBox "Beenden Sie alle Programme, und speichern " _
   & " Sie alle ungesicherten Daten! Beginnen Sie " _
   & "erst dann die Defragmentierung!", vbExclamation
End If

Set wshshell = CreateObject("WScript.Shell")
Set fs = CreateObject("Scripting.FileSystemObject")
Set drives = fs.Drives
For each drive in drives
    If drive.drivetype=2 then
        cmd = "defrag " & drive.driveletter & ": -f -v"

        res = wshshell.Run(cmd,1,true)
    End If
Next

If antwort = vbYes then
    Shutdown
else
    MsgBox Defragmentierung abgeschlossen.", _
    vbInformation + vbSystemModal, "Fertig"
End If

Sub Shutdown
    Set inst = GetObject("winmgmts:{(Shutdown)}") _
    .InstancesOf("win32_operatingsystem")

    For each os in inst
        On Error Resume Next
        result = os.Win32Shutdown(8+16,0)
        On Error Goto 0
        exit For
    Next
End Sub
```

Listing 11.1: *Alle Festplatten mit DEFRAG defragmentieren*

Möchten Sie lieber die grafische Benutzeroberfläche der MMC-Konsole sehen, dann lässt auch diese sich automatisieren. Diese Variante setzt aber voraus, dass Sie den Computer wirklich in Ruhe lassen.

Klicken Sie nicht in Fenster, und arbeiten Sie nicht weiter, weil das Skript notwendige Eingaben über *SendKeys* an das Defragmentierungs-Fenster senden muss. Dies geht schief, wenn Sie andere Fenster in den Vordergrund rücken.

Listing 11.2: Alle Festplatten mit der Defragmentierungs-MMC defragmentieren

```
Set wshshell = CreateObject("WScript.Shell")
Set fs = CreateObject("Scripting.FileSystemObject")
Set shell = CreateObject("Shell.Application")
shell.MinimizeAll
Set drives = fs.drives
drivecount = 0
For each drive in fs.drives
    If drive.DriveType=2 then
        drivecount = drivecount + 1
    End If
Next
wshshell.Popup "Es werden " & drivecount & " Laufwerke " _
   & " defragmentiert...",5,"Auto-Defrag", _
    vbInformation

' Verbindung mit MMC aufnehmen
Set objmmc = CreateObject("MMC20.Application")

' Eine MMC laden
nm = "dfrg.msc"
objmmc.UserControl=1
objmmc.Show
objmmc.Load nm
objmmc.document.activeview.scopetreevisible=false

Set node = objmmc.document.ActiveView.ActiveScopeNode
Set ocx = objmmc.document.ActiveView.ControlObject

wshshell.SendKeys "{TAB}{TAB}"
For x = 1 to drivecount
    wshshell.AppActivate "Defragmentierung"
    Wait
    wshshell.SendKeys "{DOWN}"
Next
If wshshell.Popup("Defragmentierung abgeschlossen. " _
   & "Das System wird in 30 Sekunden heruntergefahren" _
   & " und abgeschaltet, wenn Sie nicht auf Abbrechen " _
   & " klicken!", 30, "Herunterfahren", vbInformation _
    + vbOKCancel + vbSystemModal + _
    vbDefaultButton2)<>vbCancel then Shutdown

Sub Wait
     objmmc.document.activeview.ExecuteScopeNodeMenuItem _
    "Defragmentieren"
    Do
        antwort = wshshell.Popup("Das System wird " _
   & "automatisch defragmentiert! Bitte klicken Sie " _
   & "nicht in die Fenster, weil sonst der Prozess " _
   & "gestört wird!" & vbCr & "Sie können den Computer " _
   & "im Moment nicht benutzen." & vbCr & "Möchten " _
   & "Sie den automatischen Defragmentierungsprozess " _
   & "vorzeitig beenden, dann klicken Sie auf Abbrechen!", _
        5, "Wichtiger Hinweis!", vbInformation + _
```

```
    vbOKCancel + vbSystemModal + vbDefaultButton2)
        If antwort = vbCancel then WScript.Quit
        wshshell.Sendkeys "j"
        If ocx.isDefragInProcess=0 then exit Do
    Loop
    WScript.Sleep 1000
    wshshell.SendKeys "%s"
    wscript.sleep 1000
End Sub

Sub Shutdown
    Set inst = GetObject("winmgmts:{(Shutdown)}")_
    .InstancesOf("win32_operatingsystem")

    For each os in inst
        On Error Resume Next
        result = os.Win32Shutdown(8+16,0)
        On Error Goto 0
        exit For
    Next
End Sub
```

Laufwerke auf Fehler überprüfen

Datenfehler entstehen in aller Regel durch einen der beiden Mechanismen:

- Ein Programm ist abgestürzt, während es gerade Daten auf der Festplatte gespeichert hat. Weil dieser Vorgang mittendrin unterbrochen wurde, liegen auf der Festplatte nun halbfertige Dateien, auf die nicht zugegriffen werden kann, die aber Speicherplatz belegen.
- Die Festplatte zeigt Ermüdungserscheinungen und speichert Daten nicht mehr zuverlässig.

Um solche Fehler zu beheben und Ermüdungserscheinungen der Festplatte rechtzeitig genug zu bemerken, sollten Festplatten regelmäßig geprüft werden. Das funktioniert so:

1. Wählen Sie im Startmenü *Arbeitsplatz*, und klicken Sie das Laufwerk, das Sie prüfen wollen, mit der rechten Maustaste an. Im Kontextmenü wählen Sie *Eigenschaften*.
2. Aktivieren Sie die Registerkarte *Extras*. Das Fenster *Eigenschaften von [Name des Datenträgers]* öffnet sich.

3. Aktivieren Sie im Bereich *Fehlerüberprüfung* die Option *Jetzt prüfen*. Das Fenster *Überprüfung des Datenträgers [Name des Datenträgers]* öffnet sich.

4. Aktivieren Sie im Bereich *Optionen für die Datenträgerprüfung* die Option *Dateisystemfehler automatisch korrigieren*, damit Windows Fehler nicht nur meldet, sondern auch behebt.

5. Aktivieren Sie im Bereich *Optionen für die Datenträgerprüfung* die Option *Fehlerhafte Sektoren suchen/wiederherstellen* nur dann, wenn Sie möchten, dass das Prüfprogramm auch die Teile des Datenträgers prüft, die wegen früherer Fehler gesperrt worden sind. Sollte das Prüfprogramm der Meinung sein, dass diese Bereiche gar nicht fehlerhaft sind, werden die Bereiche wieder freigegeben. Das kann riskant sein, weil Festplattenareale normalerweise nicht grundlos gesperrt werden und weil einmal entdeckte Festplattenfehler normalerweise nicht von selbst verschwinden.

6. Klicken Sie auf *Starten*. Die Überprüfung beginnt. Sollte Windows melden: *Die Überprüfung des Datenträgers konnte nicht durchgeführt werden, weil das Datenträgerprüfprogramm exklusiven Zugriff auf einige Windows-Dateien auf dem Datenträger haben muss. Soll die Überprüfung des Datenträgers beim nächsten Systemstart durchgeführt werden?* , dann konnte Windows nicht exklusiv auf den Datenträger zugreifen, vermutlich, weil es sich um die System- oder Startpartition handelt. Klicken Sie in diesem Fall auf *Ja*, damit die Prüfung beim nächsten Systemstart durchgeführt wird.

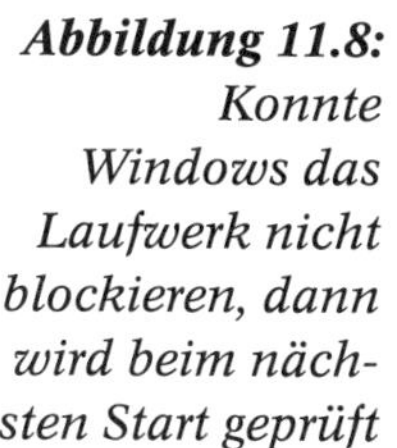

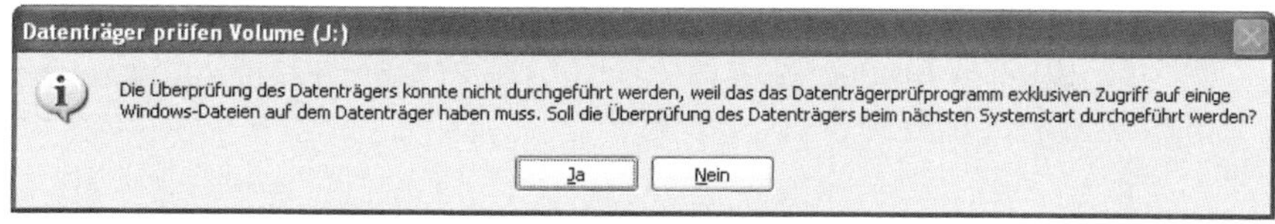

Abbildung 11.8: *Konnte Windows das Laufwerk nicht blockieren, dann wird beim nächsten Start geprüft*

TIPP Windows prüft Festplatten automatisch, wenn das System nicht ordnungsgemäß heruntergefahren worden ist, zum Beispiel wegen eines schweren System-Crashs. Die Überprüfung kann auch über den Befehl *Chkdsk* gestartet werden.

Konsolenbefehle für die Datenträger-Reparatur

Alternativ stehen Ihnen die folgenden Konsolenbefehle zur Wartung der Laufwerke zur Verfügung:

Befehl	Verwendung
CHKDSK	Repariert einen Datenträger. `CHKDSK C: /F /R /X` überprüft und korrigiert beispielsweise das Laufwerk C:. Mit der Option */?* erhalten Sie eine Übersicht sämtlicher Optionen und ihrer Bedeutungen.
CHKNTFS	Windows XP prüft beim Systemstart automatisch alle Laufwerke, bei denen das Dirty-Bit gesetzt ist, also Fehler zu vermuten sind. Wollen Sie ein Laufwerk auf jeden Fall beim nächsten Systemstart prüfen lassen, dann verwenden Sie diesen Befehl: `CHKNTFS C: /C`
FSUTIL	Ändert wichtige interne Einstellungen für das Dateisystem.

Schreib-Cache der Laufwerke abschalten

Festplatten sind häufig schuld daran, dass Ihr Computer stark ausgebremst wird. Das liegt daran, dass Prozessor und Hauptspeicher sehr viel schneller arbeiten als Daten auf eine Festplatte geschrieben oder von ihr gelesen werden könnten. Das System muss also immer wieder auf die langsame Festplatte warten.

Damit sich dieser Zeitverlust im Rahmen hält, setzt Windows Tricks ein und puffert Festplattendaten im schnellen Hauptspeicher. Zwei verschiedene Puffer-Arten gibt es:

- Ein Lese-Cache liest bei Festplattenzugriffen immer vorsorglich etwas mehr Daten von der Festplatte, sodass diese Daten sofort bereitstehen, wenn auf sie zugegriffen werden soll. Diese Form des Caches ist vollkommen unproblematisch, kann allerdings wertvollen RAM-Speicher blockieren, wenn Sie Ihre Datenträger nicht regelmäßig defragmentieren.
- Ein Schreib-Cache puffert Daten, die eigentlich auf das Laufwerk geschrieben werden sollen, zuerst im RAM-Speicher und schreibt die Daten erst dann auf den Datenträger, wenn das System nicht mehr ganz so viel zu tun hat. Programme brauchen also nicht auf den Schreibvorgang zu warten. Dieser Cache erhöht die Systemleistung erheblich, ist aber etwas riskant: Bei einem Absturz oder beim Herausnehmen eines Wechselplattendatenträgers kann es passieren, dass die Daten noch gar nicht auf das Laufwerk geschrieben wurden und so verloren gehen.

Daraus leiten sich zwei einfache Regeln ab:

- Bei Festplatten, also bei Laufwerken, deren Datenträger nicht entnehmbar ist, kann und sollte der Schreibcache eingeschaltet werden. Nur wenn Sie Software-Entwickler sind und damit rechnen müssen, dass Ihr System häufig bei Probeläufen Ihrer Software abstürzt, darf der Cache nicht aktiviert sein.

- Bei allen Laufwerken mit herausnehmbaren Datenträgern sollte der Schreibcache abgeschaltet sein.

So legen Sie fest, ob der Schreibcache eines Laufwerks ein- oder ausgeschaltet sein soll:

1. Wählen Sie im Startmenü *Arbeitsplatz*, und klicken Sie das Laufwerk mit der rechten Maustaste an. Wählen Sie im Kontextmenü *Eigenschaften*.
2. Aktivieren Sie die Registerkarte *Hardware*. Suchen Sie sich in der Liste das physische Laufwerk aus, für das Sie den Schreib-Cache kontrollieren wollen. Klicken Sie im Bereich *Geräteeigenschaften* auf die Schaltfläche *Eigenschaften*.
3. Ein weiteres Fenster öffnet sich. Aktivieren Sie die Registerkarte *Richtlinien*. Schalten Sie im Bereich *Schreibcache und sicheres Entfernen* die Option *Schreibcache auf dem Datenträger aktivieren* ein oder aus. Klicken Sie dann auf die Schaltfläche *OK*.

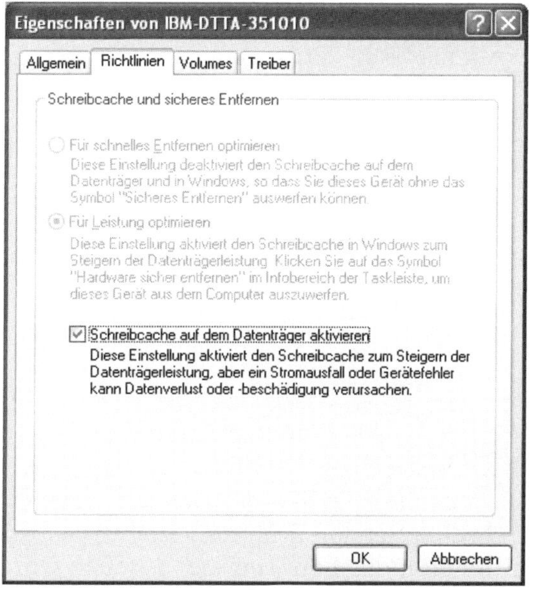

Abbildung 11.9: *Schreibcache auf Wechselmedien immer abschalten*

TIPP Denken Sie daran: Das Ausschalten des Schreib-Caches vermindert die Systemleistung erheblich. Der Schreib-Cache kann nur pro physischem Laufwerk ein- oder ausgeschaltet werden, nicht pro Partition.

Leistungsoptionen der Laufwerke prüfen

Windows XP liefert Ihnen auf Wunsch detaillierte Informationen über die Einstellungen Ihrer Laufwerke und vor allen Dingen der Zugriffsart. Mit diesen Informationen können Sie feststellen, ob Ihre IDE-Festplatten mit der maximalen Geschwindigkeit arbeiten, oder ob Einbau- oder Konfigurationsfehler die Festplatten ausbremsen.

DMA-Zugriff auf IDE-Festplatten prüfen

Moderne Festplatten und Festplattencontroller unterstützen den so genannten *DMA* (*Direct Memory Access*)-Zugriff. Früher war der DMA-Zugriff eine Domäne der *SCSI-Laufwerke* und bescherte solchen Festplatten einen immensen Leistungsvorteil gegenüber den preiswerteren IDE-Festplatten. Seit IDE-Festplatten aber ebenfalls DMA unterstützen, ist ihre Leistung nicht mehr schlechter als bei SCSI-Festplatten.

Der DMA-Zugriff entlastet vor allen Dingen den Prozessor. Der Prozessor muss den Datenverkehr zwischen Festplatte und Speicherbänken nun nicht mehr selbst regeln und kann sich deshalb um seine eigentlichen Aufgaben kümmern, nämlich Programme mit maximaler Geschwindigkeit ausführen.

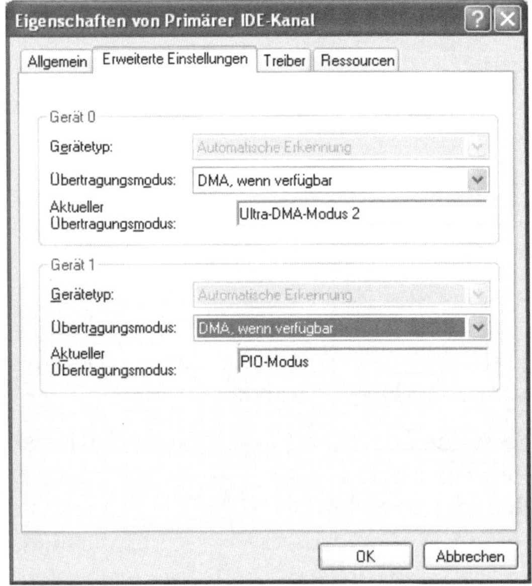

Abbildung 11.10: *Laufwerke im schnellen DMA-Modus belasten den Prozessor am wenigsten*

Windows XP kontrolliert automatisch, ob Controller und Festplatte den DMA-Modus unterstützen. Ist das der Fall, dann wird DMA automatisch aktiviert.

Bei älteren Festplatten steht DMA möglicherweise nicht zur Verfügung. In diesem Fall schaltet Windows XP DMA ab, was zu erheblich schlechterer Leistung führt. Aber auch Anschlussfehler können dazu führen, dass DMA nicht verwendet werden kann.

Haben Sie die Festplatte zusammen mit einem anderen Gerät an ein und denselben Controller angeschlossen, und verhindert das andere Gerät den DMA-Modus, dann leidet darunter unter Umständen auch die Leistungsfähigkeit der Festplatte.

So finden Sie heraus, ob Ihre Laufwerke DMA verwenden und welcher DMA-Modus angewendet wird:

1. Öffnen Sie das Startmenü und klicken Sie mit der rechten Maustaste auf *Arbeitsplatz*. Wählen Sie *Eigenschaften*. Sie können auch Win+Pause drücken. Das Fenster *Systemeigenschaften* öffnet sich.
2. Aktivieren Sie die Registerkarte *Hardware*. Klicken Sie im Bereich *Geräte-Manager* auf die Schaltfläche *Geräte-Manager*. Das Fenster *Geräte-Manager* öffnet sich.
3. Suchen Sie in der Geräteliste die Kategorie, die Ihrem Festplattencontroller entspricht. Die Kategorie heißt in der Regel *IDE ATA/ ATAPI-Controller*. Öffnen Sie die Kategorie per Doppelklick.
4. Doppelklicken Sie dann auf *Primärer IDE-Kanal*. Das Fenster *Eigenschaften von Primärer IDE-Kanal* öffnet sich.
5. Aktivieren Sie die Registerkarte *Erweiterte Einstellungen*. An jeden IDE-Kanal können bis zu zwei Datenträger angeschlossen werden. Entsprechend zeigt das Fenster die Einstellungen für Gerät 0 (Master) und Gerät 1 (Slave).
6. Im Feld *Aktueller Übertragungsmodus*: steht der Übertragungsmodus, der zur Zeit angewendet wird. Steht hier *DMA-Modus*, dann ist DMA aktiv. Steht hier sogar *Ultra-DMA-Modus*, dann verwendet Ihr System den besonders schnellen DMA-Modus.
7. Schauen Sie sich auf gleiche Weise auch den Sekundären IDE-Kanal an. Er entspricht dem zweiten Festplattencontroller.

Verwenden Ihre Laufwerke nicht den DMA-Modus, dann prüfen Sie, ob in der Liste *Übertragungsmodus*: die Einstellung DMA, wenn verfügbar, gewählt ist. Steht hier *Nur PIO*, dann wird das Laufwerk gezwungen, den alten und sehr viel langsameren PIO-Übertragungsmodus zu verwenden.

Nur PIO ist nur dann die richtige Einstellung, wenn Sie wissen, dass das angeschlossene Laufwerk DMA nicht unterstützt und falsch erkannt wird. Normalerweise erkennt Windows XP in der Einstellung DMA, wenn verfügbar, von allein, ob ein Laufwerk DMA-fähig ist oder nicht.

Systeminformationen zu Laufwerken und Controllern

Mit dem versteckten Systeminformations-Tool gewinnen Sie noch mehr Detaileinblicke und können zum Beispiel herausfinden, wie schnell CD-ROM-Laufwerke Daten transferieren und welche IRQs (Interrupts) die Laufwerkscontroller in Beschlag nehmen. Diese Informationen lassen sich zur Systemdokumentation auch ausdrucken.

1. Wählen Sie im Startmenü *Ausführen*, und geben Sie ein `MSINFO32` **Eingabe**. Das Fenster *Systeminformationen* öffnet sich.
2. Expandieren Sie links den Zweig *Komponenten/CD*. Jetzt sehen Sie rechts alle Informationen zu Ihren CD-ROM- und DVD-Laufwerken.
3. Öffnen Sie die Kategorie *Komponenten/Speichergeräte*, und klicken Sie auf *IDE*. Nun sehen Sie alle IDE-Laufwerkscontroller. Klicken Sie auf *SCSI*, um SCSI-Controller zu begutachten, falls solche in Ihrem System eingebaut sind.
4. Ein Klick auf *Laufwerke* listet die Laufwerksbuchstaben und Laufwerksdetails Ihrer lokalen Laufwerke auf. Dies ist eine Darstellung aus dem Blickwinkel des Explorers.
5. Klicken Sie dagegen auf *Datenträger*, dann sehen Sie die physischen Laufwerke. Dies ist eine Darstellung aus dem Blickwinkel der Datenträgerverwaltung. Hier erfahren Hardware-Fetischisten Informationen wie Sektoren pro Spur, Zylinder insgesamt und andere technische Eckdaten der Laufwerke.

Laufwerke aufräumen und Speicherplatz freigeben

Speicherplatz auf Festplatten ist kostbar, und erstaunlicherweise sind auch Gigabyte große Festplatten schneller gefüllt als geplant. Randvolle Festplatten verhindern nicht nur, dass Sie eigene Dinge darauf speichern können. Randvolle Festplatten haben auch äußerst unerwünschte Nebenwirkungen für den reibungslosen Betrieb:

- Sinkt der freie Speicherplatz auf unter 200 MB, dann schaltet Windows XP die Systemwiederherstellung ab. Es werden keine Prüfpunkte mehr angelegt, und im Notfall kann Windows XP nicht mehr mit der Systemwiederherstellung repariert werden. Außerdem stehen der Auslagerungsdatei nun eventuell nicht mehr genügend freie Kapazitäten zur Verfügung, sodass Sie Fehlermeldungen erhalten, wenn mehrere Programme gleichzeitig laufen.

- Sinkt der freie Speicherplatz auf unter 15% der Gesamtgröße, dann kann das Defragmentierungswerkzeug nicht mehr optimal arbeiten, und Festplatten lassen sich nicht mehr vollständig defragmentieren.
- Sinkt der freie Speicherplatz auf unter 50 MB, dann steht unter Umständen noch nicht einmal mehr die Druckerspooler-Datei zur Verfügung, und Sie können nicht mehr ausdrucken.

Aus diesen Gründen ist es wichtig, den Speicherhaushalt der Festplatten im Auge zu behalten und von Zeit zu Zeit aufzuräumen.

Für Ihre persönlichen Daten in den Ordnern Eigene Dateien und Desktop sind Sie selbst verantwortlich. Hier können nur Sie selbst entscheiden, welche Dateien wichtig sind und welche inzwischen gelöscht werden könnten.

Für alle anderen Dateien hält Windows XP einen speziellen Assistenten bereit, der dabei hilft, überflüssige Systemdateien zu entfernen.

TIPP Über Kontingente können Sie einzelnen Benutzern vorschreiben, wie viel Speicherplatz sie auf der Festplatte maximal nutzen dürfen. So verhindern Sie, dass ein MPEG3-Musikliebhaber die gemeinsam genutzte Festplatte in rasanter Geschwindigkeit bis zum Rand mit Musikdateien füllt und die übrigen Nutzer kaum noch Platz für eigene Daten haben. Denken Sie auch daran, dass gelöschte Dateien zuerst in den Papierkorb kopiert werden. Erst wenn Sie den Papierkorb per Rechtsklick und Papierkorb leeren wirklich ausleeren, wird der Speicherplatz freigegeben und gutgeschrieben.

Festplattenbereinigungs-Assistent verwenden

Geht der Speicherplatz einer Festplatte extrem zur Neige, dann ruft Windows XP den Aufräum-Assistenten automatisch zu Hilfe. So weit sollten Sie es allerdings nicht kommen lassen und schon vorher regelmäßig die Festplatten putzen:

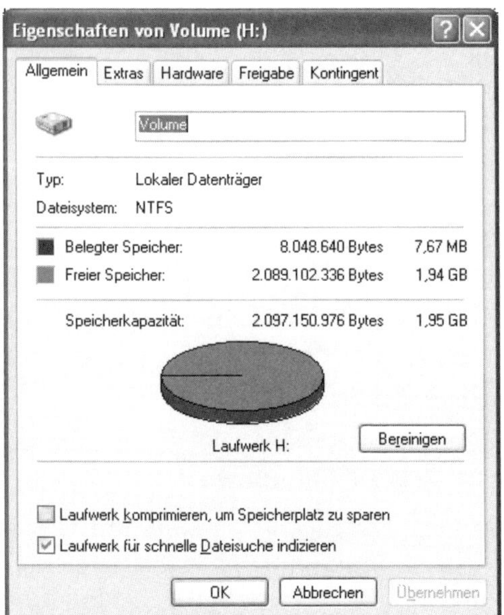

Abbildung 11.11: *Ein Klick auf* Bereinigen *startet den Bereinigungs-assistenten*

1. Wählen Sie im Startmenü *Arbeitsplatz*. Das Fenster *Arbeitsplatz* öffnet sich. Klicken Sie die Festplatte, die Sie bereinigen wollen, mit der rechten Maustaste an, und wählen Sie *Eigenschaften*.
2. Ein Fenster öffnet sich. Aktivieren Sie die Registcrkarte *Allgemein*, und klicken Sie dann auf die Schaltfläche *Bereinigen*.
3. Ein Assistent öffnet sich und berechnet, wo überall Speicherplatz freigegeben werden könnte. Auf Laufwerken mit dem NTFS-Dateisystem kann dieser Vorgang etliche Minuten dauern, weil hier wesentlich mehr Speicherspar-Möglichkeiten zur Verfügung stehen als auf FAT-Laufwerken.
4. Anschließend sehen Sie ein Fenster. In der Liste *Zu löschende Dateien* sehen Sie alle Bereiche, die der Assistent gefunden hat, und dahinter steht, wie viel Speicherplatz sich mit diesem Bereich gewinnen lässt. Wählen Sie alle Bereiche aus, die Sie löschen wollen, und klicken Sie auf *OK*.
5. Auf der Registerkarte *Weitere Optionen* bekommen Sie noch mehr Reinigungsoptionen angezeigt. Klicken Sie im Bereich *Windows-Komponenten* auf die Schaltfläche *Bereinigen*, wenn Sie schauen wollen, ob Windows-Komponenten installiert sind, die Sie gar nicht brauchen.
6. Klicken Sie im Bereich *Installierte Programme* auf die Schaltfläche *Bereinigen*, wenn Sie prüfen wollen, ob sonstige Programme auf

Ihrem Rechner installiert sind, die schon längst nicht mehr von Ihnen genutzt werden.

7. Klicken Sie im Bereich *Systemwiederherstellung* auf die Schaltfläche *Bereinigen*, wenn Sie alle bis auf den letzten Systemprüfpunkt löschen wollen.

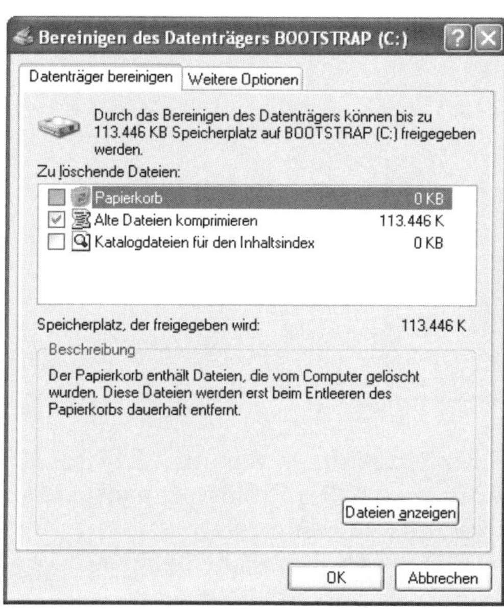

Abbildung 11.12: *Suchen Sie sich aus, welche Daten gelöscht oder komprimiert werden sollen*

TIPP Sie können den Assistenten auch direkt aufrufen: Wählen Sie im Startmenü *Ausführen* und geben Sie ein: `cleanmgr` Eingabe.

Festplatten-Kontingente aktivieren

Teilen ist schön, solange es dabei gerecht zugeht. Bei der Nutzung von Festplattenkapazität war das bisher nicht der Fall. Über die NTFS-Zugriffsrechte regeln Sie zwar in epischer Breite, welcher Benutzer auf welche Dateien und Ordner zugreifen darf. Hat ein Benutzer aber erst einmal Schreibberechtigung auf einen Ordner, dann kann er darin so viel speichern wie er will. Im Extremfall füllt so ein einzelner Nutzer in Minuten eine ganze Firmenfestplatte mit MPEG3-Musikdateien oder Videos.

Windows XP verwendet deshalb – ebenso wie Windows 2000 – Festplattenkontingente. Ist die Kontingentüberwachung scharfgeschaltet, dann notiert sich Windows XP penibel, wie viel Speicherplatz einzelne Benutzer auf der Festplatte belegt haben und ob das Limit eingehalten wird.

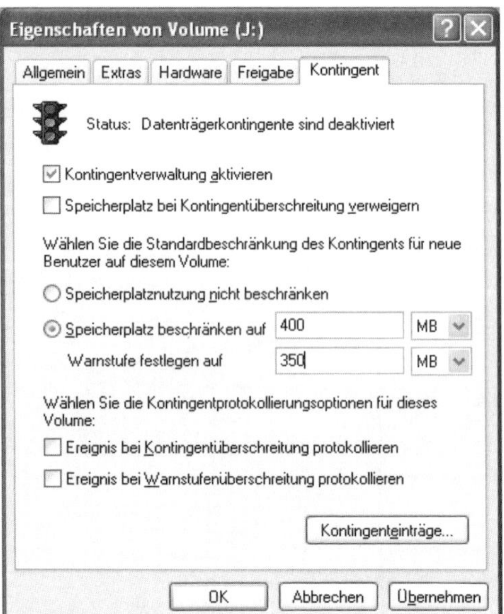

Abbildung 11.13: *Das Kontingentsystem muss aktiviert werden, bevor Speicherplatz rationiert wird*

Kontingente stehen nur auf Festplatten zur Verfügung, die das NTFS-Dateisystem verwenden, weil nur das NTFS-Dateisystem den Besitzer einer Datei vermerkt. Auf einem FAT32-Laufwerk wüsste die Kontingentverwaltung nicht, welchen Benutzern sie welche Dateien zuordnen sollte.

Kontingente aktivieren und Speicherplatz beschränken

So gehen Sie vor, um die Kontingentüberwachung zu aktivieren:

1. Öffnen Sie im Startmenü *Arbeitsplatz*, und klicken Sie dann das Laufwerk, das Sie überwachen lassen wollen, mit der rechten Maustaste an. Wählen Sie *Eigenschaften*.
2. Ein Fenster öffnet sich. Aktivieren Sie die Registerkarte *Kontingent*. Wählen Sie die Option *Kontingentverwaltung aktivieren*.
3. Aktivieren Sie die Option *Speicherplatz bei Kontingentüberschreitung verweigern*, wenn Sie »harte« Kontingente einrichten wollen. Ist das Limit überschritten, dann kann der Benutzer keine weiteren Daten mehr speichern, so als wäre die Festplatte tatsächlich voll.
4. Aktivieren Sie die Option *Speicherplatz beschränken auf*, und geben Sie dahinter die allgemeine Beschränkung und die allgemeine Warnstufe an, die für alle Benutzer gelten sollen, denen Sie keine besonderen Werte zugewiesen haben. Aktivieren Sie die Option

nicht, wenn Sie die Kontingentverwaltung nur als Analysetool einsetzen wollen, um zu sehen, wer wie viel Daten speichert.

5. Klicken Sie auf die Schaltfläche *Kontingenteinträge*. Eine Liste öffnet sich. In der Spalte *Anmeldename* sehen Sie die Namen der Benutzer, die protokolliert werden. Wird hier nur eine Nummer angegeben, die mit *S-xxx* beginnt, dann warten Sie einen Moment: Windows XP löst die SID des Benutzerkontos dann auf und zeigt den Klartextnamen. Nur wenn Sie mehrere Windows-Installationen parallel verwenden und sich Daten von Benutzern einer anderen Windows-Installation ebenfalls auf der Festplatte befinden, bleiben SIDs unaufgelöst.

6. In der Spalte Speicher belegt vermerkt die Liste, wie viel Speicher die Nutzer belegen. Möchten Sie die Einstellungen für einen bestimmten Benutzer anpassen, dann doppelklicken Sie auf ihn in der Liste. Möchten Sie einen neuen Benutzer in die Liste aufnehmen, dann wählen Sie *Kontingent/Neuer Kontingenteintrag*.

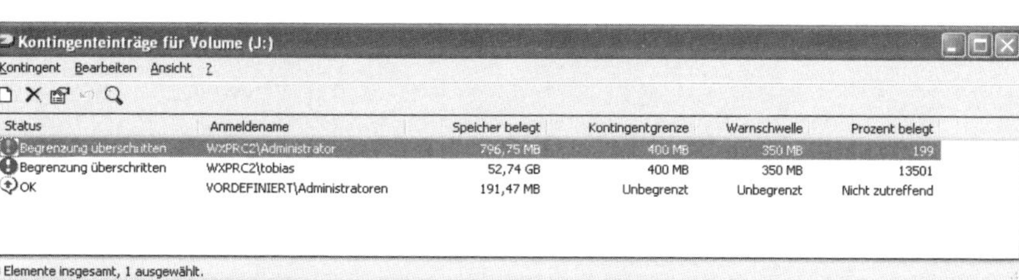

Abbildung 11.14: *Die Speichernutzung kann für jeden Benutzer überwacht oder limitiert werden*

Seien Sie etwas vorsichtig, wenn Sie Kontingente einsetzen. Beschränken Sie den Speicherplatz zum Beispiel auf wenige hundert Megabyte und weisen nur einzelnen Benutzerkonten großzügigere Ausnahmen zu, dann können unerwartete Fehler die Folge sein. Haben Sie zum Beispiel den Internet Information Server als Webserver im Einsatz, dann geht diesem nun möglicherweise der Speicherplatz aus. Er meldet alle anonymen Webbesucher mit einem speziellen *IUSR_*-Konto an. Gleiches gilt für andere Benutzerkonten, die möglicherweise interne Aufgaben übernehmen.

TIPP Die Kontingentüberwachung braucht natürlich etwas Rechenzeit, denn schließlich muss Windows XP die Nutzung der Dateien überwachen. Schalten Sie sie deshalb wieder ab, wenn Sie sie nicht wirklich brauchen. Möchten Sie die Kontingentüberwachung nur dazu nutzen, um gelegentlich nachzusehen, welche Benutzer wie viel Speicherplatz belegen, dann aktivieren Sie die Kontingentüberwachung nur vorübergehend.

Spezialbefehle für die Dateisystem-Konfiguration

Spezialisten können mit dem Konsolenbefehl *FSUTIL* zahlreiche Einstellungen des Dateisystems verändern. Die Einstellmöglichkeiten werden im Folgenden erläutert. Allerdings sollten diese Einstellungen tatsächlich nur dann verändert werden, wenn die Konsequenzen abgeschätzt werden können. Vor Experimenten wird ausdrücklich gewarnt, weil das Abweichen von den Systemstandards ungewünschte Nebeneffekte bei anderen Windows-Systemfunktionen wie beispielsweise der Systemwiederherstellung, der Dateisuche und dem Betrieb älterer Software haben kann.

Der Konsolenbefehl *FSUTIL* verlangt zwei Argumente. Das erste Argument legt den Befehl fest, der ausgeführt werden soll:

Befehl	Bedeutung
behavior	Erweiterte NTFS-Einstellungen ändern.
dirty	Kontrolle des Dirty-Bits der Festplatten. `Fsutil set dirty c:` setzt das Dirty-Flag des Laufwerks C:, so dass dieses Laufwerk beim nächsten Systemstart überprüft wird.
file	Systemfunktionen auf Dateiebene. `Fsutil file createnew c:\test.txt 1000` legt eine 1000 Bytes große Datei namens *c:\test.txt* an.
fsinfo	Informationen zu logischen Datenträgern und Dateisystem. `Fsutil fsinfo` zeigt die Informationskategorien an, die Sie abfragen können.
hardlink	Legt einen Hardlink an. Ein Hardlink benimmt sich exakt so wie das Original, auf das er verweist. `Fsutil hardlink create d:\test.txt c:\test.txt` legt den Hardlink *d:\test.txt* an, der auf die bereits existierende Datei *c:\test.txt* verweist. Nach Anlegen des Hardlinks erscheint die Datei an zwei Stellen im Dateisystem.
objectid	Verwaltet Object-IDs.
quota	Verwaltet Datenträgerkontingente und Kontingenteinträge. `Fsutil quota` liefert die Optionen, die Sie haben, um die Kontingentverwaltung einzuschalten und Kontingenteinträge zu verwalten.
reparsepoint	Verwaltet NTFS-Analysepunkte.
sparse	Verwaltet Dateien geringer Dichte.
usn	Verwaltet das NTFS-Änderungsjournal.
volume	Verwaltet Speicherplatz auf logischen Datenträgern.

Behavior-Einstellungen

Mit dem Befehl behavior erfragen oder setzen Sie spezielle NTFS-Einstellungen:

```
Fsutil behavior query parameter
Fsutil behavior set parameter wert
```

Wählen Sie beispielsweise im Startmenü *Ausführen* und geben Sie `CMD` **Eingabe** ein, um die Konsole zu öffnen. Geben Sie dann ein: `fsutil behavior query disable8dot3` **Eingabe**. So erfahren Sie, ob die alten abwärtskompatiblen 8.3-Dateinamen unterstützt werden.

Parameter	Bedeutung
disable8dot3	1, wenn das Dateisystem die abwärtskompatiblen 8.3-Dateinamen nicht mehr erzeugen und mitspeichern soll. Ältere Programme können dann ggfs. nicht mehr ordnungsgemäß ausgeführt werden.
allowextchar	1, wenn auch Sonderzeichen aus dem Unicode-Zeichensatz in Dateinamen erlaubt sein sollen.
disablelastaccess	1, wenn das Dateisystem das Datum des letzten Dateizugriffs nicht mehr protokollieren soll. Dies beschleunigt das Dateisystem, allerdings sind einige Systemwiederherstellungsfunktionen nun nicht mehr funktionstüchtig.
quotanotify	Intervallgröße in Sekunden, in denen das Datenträgerkontingent-System Überschreitungen der Kontingente ins Systemprotokoll einträgt. Die Vorgabe lautet 3600, also eine Stunde. Wird 0 angegeben, dann werden Überschreitungen nicht mehr protokolliert.
mftzone	Bestimmt die reservierte Größe der Master File Table (MFT) in Achteln der Datenträgergröße. Standard ist 1, das Maximum beträgt 4.

Teil E Umgang mit Netzwerken

Über ein Netzwerk arbeiten Computer noch effizienter zusammen und können nicht nur Daten gemeinsam nutzen. Netzwerke erlauben auch die Kommunikation und Fernwartung anderer Systeme. Speziell für Notebooks enthält Windows XP zudem mit den Offlinedateien und der alternativen Netzwerkanmeldung zwei wesentliche Neuerungen.

- In ▶ Kapitel 12 wird Schritt für Schritt ein Netzwerk aufgebaut. Hier erfahren Sie, was es mit der neuen einfachen Dateifreigabe und der Gast-Anmeldung auf sich hat und wie Sie selbst entscheiden, ob Sie die klassische oder die neue vereinfachte Netzwerksicherheit nutzen.
- Das ▶ Kapitel 13 zeigt Ihnen einen Blick hinter die Kulissen. Hier erfahren Sie, wie Netzwerke auch ohne Assistent von Hand eingerichtet und feinabgestimmt werden. Themen umfassen Netzwerkprotokolle, die Einrichtung multipler IP-Adressen, Gateways und die Namensauflösung über DNS oder WINS.
- Welche Möglichkeiten ein funktionierendes Netzwerk bietet, zeigt ▶ Kapitel 14. Hier lesen Sie, wie Netzlaufwerke und Webfreigaben im Netzwerk eingerichtet werden. Die Netzwerkumgebung mit dem neuen WorkgroupCrawler werden ebenso vorgestellt wie die umfangreichen Fernwartungsmöglichkeiten mit der Microsoft Management Console, Automationsskripten, Remoteunterstützung und Remotedesktop. Damit wird es einfach, von einer zentralen Stelle aus Systeme neu zu starten oder Administrationsaufgaben durchzuführen.

- Spezielle Netzwerkfunktionen (und andere wichtige Konfigurationen) für Notebook-Benutzer sind Thema in ▶ Kapitel 15. Hier lernen Sie die Offlinedateien kennen, mit denen Netzwerkdaten auch dann noch genutzt werden können, wenn die Netzwerkverbindung längst nicht mehr besteht.

12 Ein Netzwerk einrichten

Netzwerke sind die »Daten-Autobahnen« zwischen Ihren Rechnern. Über Netzwerke lassen sich aber nicht nur Dateien und Ordner austauschen. Auch Videokonferenzen, Hilfestellung mit Remoteunterstützung und die gemeinsame Gerätenutzung sind nützliche Anwendungsbeispiele.

So können sich Computer dank Netzwerk Geräte wie Drucker oder Internetzugang teilen und diese gemeinsam nutzen.

Windows XP hat den Aufbau eines Netzwerks mit seinem neuen Netzwerk-Assistenten so einfach wie möglich gemacht. Nur ein paar Klicks sind nötig, um mehrere Computer miteinander zu verbinden. Fachwissen? Nicht erforderlich.

So was ist zwar schön, aber vielleicht wollen Sie doch etwas mehr über die Hintergründe der Netzwerke wissen. Die ungeschminkte Wahrheit über TCP/IP, IP-Adressen, Subnetzmasken und den Netzwerkaufbau finden Sie im nächsten Kapitel. Dort erfahren Sie, wie Sie dafür sorgen können, dass Windows XP seine kinderfreundliche Assistentenmaske lüftet und die wahren Bedieneinstellungen des Netzwerks freigibt. Dort lesen Sie auch, was zu tun ist, wenn der Heimnetzwerkassistent Murks gebaut hat oder das Heimnetzwerk nicht wie geplant funktioniert.

Möchten Sie dagegen gar kein »echtes« Netzwerk aufbauen, sondern nur schnell und einfach Daten zwischen zwei Computern austauschen, dann lesen Sie ab ▶ Seite 450, wie das Infrarot-Netzwerk von Windows XP funktioniert. Einzige Voraussetzung dafür sind Infrarotschnittstellen, über die beide Computer verfügen müssen. Anschließend lassen sich Daten drahtlos und ohne großen Aufwand von einem Computer zum anderen beamen.

Ein kleines Netzwerk aufbauen

Der Netzwerkinstallations-Assistent hilft dabei, schnell und unkompliziert das Netzwerk zu konfigurieren. Sein Einsatz ist richtig, wenn Sie kleinere in sich geschlossene Netzwerke aufbauen möchten und den Assistenten auf allen beteiligten Computern ausführen.

Möchten Sie dagegen die Netzwerkeinstellungen schrittweise von Hand konfigurieren, einen Computer in ein bestehendes Netzwerk einbinden oder Einstellungen des Assistenten nachträglich verändern, dann lesen Sie das nächste Kapitel.

TIPP

Verwenden Sie in Ihrem Netzwerk nicht nur Windows XP Rechner, sondern auch ältere Windows-Versionen, dann können Sie den Assistent auch auf diesen Windows-Rechnern ausführen. Er befindet sich auf der Windows XP-CD. Der Assistent bietet außerdem an, eine Installationsdiskette zu erstellen, mit der Sie anschließend andere Windows-Systeme konfigurieren können.

Erster Schritt: Netzwerk-Komponenten installieren

Bevor Sie das Netzwerk einrichten, müssen zunächst die Hardware-Voraussetzungen für das Netzwerk geschaffen werden:

- Jeder Computer muss mit einer Netzwerkkarte ausgerüstet werden. Netzwerkkarten gibt es nicht nur als Festeinbau, sondern auch extern mit USB-Anschluss oder als PCMCIA-Steckkarte für Notebooks. Alle Netzwerkkarten müssen dieselbe Netzwerkgeschwindigkeit unterstützen. Am flexibelsten sind 10/100-Mbit-Netzwerkkarten, die sich auf die nötige Geschwindigkeit automatisch einstellen.
- Alle Netzwerkkarten müssen über CAT5-Netzwerkkabel verbunden werden. Diese Netzwerkkabel ähneln ISDN-Telefonkabeln, dürfen aber nicht mit diesen verwechselt werden. ISDN-Telefonkabel sind nicht gut genug abgeschirmt und führen zu Störungen und Leistungsminderung.
- Alle Netzwerkkabel werden auf der einen Seite mit der Netzwerkkarte und auf der anderen Seite mit einem Hub verbunden. Ein Hub

funktioniert wie eine Mehrfachsteckdose für Netzwerkkabel und muss ebenfalls die Geschwindigkeit unterstützen, die auch die Netzwerkkarten verwenden. Eine direkte Verbindung mit nur einem Kabel zwischen zwei Computern ist nur möglich, wenn hierfür ein spezielles Cross-Over-Netzwerkkabel verwendet wird. Dann kann auf einen Hub verzichtet werden.

TIPP Im professionellen Umfeld und bei der Planung größerer Netzwerke können vielfältige weitere Geräte wie Switches, Firewalls und Router nötig werden, die den Datenverkehr lenken und Datenpakete intelligent in die Netzwerkzweige leiten, wo sie erwartet werden, anstatt das gesamte Netzwerk zu belasten.

Hier sind unter Umständen auch Wake-On-LAN-Netzwerkkarten mit Boot-Fähigkeit ratsam. Solche Netzwerkkarten können den Rechner aus dem Standby-Modus wecken, sobald ein Netzwerkbenutzer versucht, auf diesen Rechner zuzugreifen. Und über die Boot-Fähigkeit kann direkt nach dem Rechner-Einschalten ein Service Boot ausgelöst werden.

Befindet sich ein Windows 2000-Domänencontroller im Netzwerk, der Betriebssystem-Images anbietet, dann kann auf diese Weise mit minimalem Aufwand ein Betriebssystem auf fabrikneue Rechner aufgespielt werden. Hinweise zum Einbau neuer Geräte finden Sie im ▶ Kapitel 10.

Mit dem Heimnetzwerkassistenten das Netzwerk einrichten

Der Heimnetzwerk-Assistent macht die Konfiguration des Netzwerks einfach, indem er alle wichtigen Fragen stellt und danach die nötigen technischen Einstellungen vornimmt. Dabei konfiguriert der Heimnetzwerk-Assistent weitaus mehr als nur die reinen Netzwerkeinstellungen.

Zusätzlich wird von ihm das *Gast*-Konto freigeschaltet und dem *Gast*-Konto erlaubt, Netzwerkverbindungen einzugehen. Beides ist zwingend nötig, damit Windows XP die neue Gast-Anmeldung nutzen kann, von der Sie gleich mehr hören.

TIPP Wollen Sie Ihr Netzwerk nicht mit dem Heimnetzwerk-Assistenten einrichten, dann müssen Sie auch die Voraussetzungen für die Gast-Anmeldung von Hand einstellen. Wie das geschieht, lesen Sie ab ▶ Seite 448. Sorgen Sie außerdem dafür, dass Ihre Internetverbindung mit der Internet-Firewall abgesichert wird (▶ Kapitel 8). Tun Sie das nicht, dann sind alle mit der *Einfachen Dateifreigabe* freigegebenen Ordner auch für fremde Internetanwender sichtbar, solange Sie mit dem Internet verbunden sind. Diese anonymen Internetnutzer könnten die gleichen Dinge mit den Ordnerinhalten tun, die auch den Anwendern in Ihrem lokalen Netzwerk erlaubt sind. Die aktivierte Internet-Firewall verhindert dies.

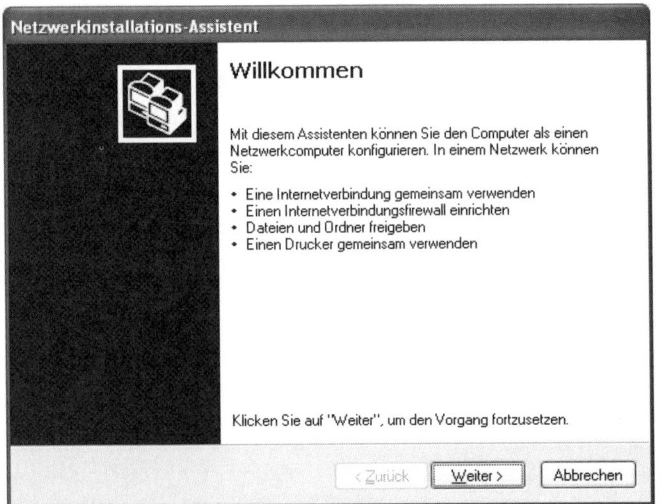

Abbildung 12.1: *Der Netzwerkinstallations-Assistent richtet kleinere Netzwerke automatisch ein*

So wird ein Heimnetzwerk mit dem Assistenten eingerichtet:

1. Wählen Sie im Startmenü *Alle Programme/Zubehör/Kommunikation/Netzwerkinstallations-Assistent.* Das Fenster *Netzwerkinstallations-Assistent* öffnet sich. Klicken Sie auf die Schaltfläche *Weiter >.*

2. Nun fordert Sie der Assistent auf, zu überprüfen, ob alle Vorarbeiten erledigt sind. Dazu können Sie eine Prüfliste öffnen und der Reihe nach durchgehen. Haben Sie die Netzwerkkarten installiert und die Kabel korrekt verbunden, dann klicken Sie auf Weiter.

3. Nun wird ermittelt, wie Ihr Computer an das Internet angebunden ist, wenn überhaupt. Welche Optionen Sie hier wählen, hängt von der Art des Internetanschlusses ab, den Sie einsetzen. Wie Modem-, ISDN-, ADSL- und LAN-Anbindungen ans Internet eingerichtet werden, lesen Sie im Detail in ▶ Kapitel 8. Aktivieren Sie die Option *Dieser Computer verfügt über eine direkte Verbindung mit dem Internet. Andere Computer im Netzwerk verwenden die freigegebene Internetverbindung dieses Computers.*, wenn Ihr Computer via Modem, ISDN oder x-DSL direkt mit dem Internet verbunden ist. Aktivieren Sie die Option *Dieser Computer stellt eine Internetverbindung über einen anderen Computer im Netzwerk oder einen lokalen Gateway her.*, wenn Ihr Computer keine eigene Internetverbindung besitzt, aber über das Netzwerk mit dem Internet verbunden ist. Aktivieren Sie die Option *Andere Methode*, und klicken Sie auf *Weiter*, wenn Ihr Computer gar nicht mit dem Internet verbunden ist oder wenn die angebotenen Optionen nicht zutreffend sind. Sie sehen dann weitere Optionsmöglichkeiten.

4. Klicken Sie auf *Weiter*. Nun können Sie dem Computer eine Beschreibung geben. Wichtiger ist der Computername. Dieser Name muss eindeutig sein und darf keinem anderen Computer im Netzwerk ebenfalls zugewiesen werden. Klicken Sie auf die Schaltfläche *Weiter* >.
5. Geben Sie nun einen Arbeitsgruppennamen an. Vorgeschlagen wird *MSHEIMNETZ*, und Sie sollten diesen Namen übernehmen. Klicken Sie auf die Schaltfläche *Weiter* >.
6. Der Assistent fasst die Angaben noch einmal zusammen. Wenn Sie das Heimnetzwerk so auf Ihrem Rechner konfigurieren wollen, dann klicken Sie auf die Schaltfläche *Weiter* >.
7. Der Assistent konfiguriert nun den Computer. Dieser Vorgang kann einige Sekunden dauern. Anschließend können Sie sich entscheiden, wie Sie weiter vorgehen wollen: Lassen Sie eine Netzwerkinstallationsdiskette erstellen, dann können damit weitere Rechner konfiguriert werden. Der Netzwerkinstallations-Assistent befindet sich aber auch auf der Windows XP-CD, und wenn Sie diese Option wählen, verrät Ihnen der Assistent, wie er direkt von der CD gestartet wird.
8. Klicken Sie zum Schluss auf *Fertig stellen*. Dieser Rechner ist nun für das Heimnetzwerk konfiguriert.

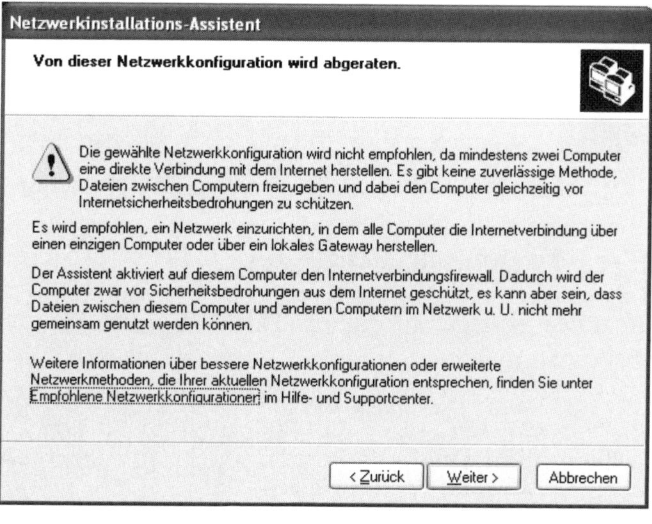

Abbildung 12.2: *Der Assistent warnt, falls Ihre Auswahl eine Sicherheitslücke enthält*

Weitere Rechner mit der Installationsdiskette konfigurieren

Haben Sie vom Assistenten eine Installationsdiskette anlegen lassen, dann gehen Sie jetzt so vor:

1. Legen Sie die Diskette in den Computer, der als nächstes konfiguriert werden soll. Im Startmenü wählen Sie *Arbeitsplatz* und öffnen dann das Diskettenlaufwerk.

2. Rufen Sie *Netsetup* auf. Einige Dateien werden auf dem Rechner installiert, und eventuell ist ein Neustart nötig. Bei Windows XP Rechnern startet dagegen sofort der Installationsassistent.

3. Folgen Sie den Anweisungen des Assistenten wie eben beschrieben, um auch diesen Computer für das Netzwerk zu konfigurieren.

TIPP

Wenden Sie weder die Installationsdiskette noch eine fremde Windows XP-CD bei Rechnern an, die eine Betaversion von Windows XP verwenden. Hier kann es zu Inkompatibilitäten kommen, weil Betaversionen vorläufige Programmversionen verwenden, die mit den Treibern inkompatibel sein können, die der Assistent der finalen Version installiert.

Weitere Rechner mit der Windows XP-CD konfigurieren

Haben Sie die Windows XP-CD griffbereit, dann legen Sie diese CD ins Laufwerk des Rechners, der als nächster konfiguriert werden soll. Nach einigen Sekunden öffnet sich das Willkommen-Fenster. Geschieht dies nicht, dann öffnen Sie die CD im Explorer und starten das Programm *Setup* von Hand per Doppelklick.

1. Klicken Sie auf *Zusätzliche Aufgaben durchführen*. Klicken Sie dann auf *Kleines Firmen- oder Heimnetzwerk einrichten*.

2. Der Assistent startet. Gehen Sie nun vor wie eben beschrieben, um auch diesen Rechner für das Netzwerk zu konfigurieren.

Das Heimnetzwerk testen

Haben Sie alle Rechner eingerichtet, dann können Sie Ihr Heimnetzwerk sofort ausprobieren:

1. Wählen Sie im Startmenü *Netzwerkumgebung*. Ein Fenster öffnet sich und zeigt Ihnen alle freigegebenen Ordner in Ihrem Heimnetzwerk an, die Sie erreichen können. Dieser Vorgang kann eine Weile dauern, wenn Rechner im Netzwerk nicht eingeschaltet sind, zu denen früher schon eine Verbindung bestand, weil Windows XP dann einige Sekunden auf diese Rechner wartet.

2. Klicken Sie links in der Liste *Netzwerkaufgaben* auf *Arbeitsgruppencomputer anzeigen*. Jetzt sehen Sie alle Computer Ihres Heimnetzwerks.

3. Öffnen Sie einen Computer in dieser Ansicht, dann sehen Sie alle freigegebenen Ordner und Geräte dieses Computers. Der Netzwerkinstallations-Assistent hat bereits alle Drucker und den Ordner *Gemeinsame Dokumente* freigegeben.

Funktioniert Ihr Heimnetzwerk wie geplant, dann entdecken Sie nun die Möglichkeiten Ihres neuen Netzwerks in ▶ Kapitel 13. Wollen Sie sich dagegen näher anschauen, was der Heimnetzwerkassistent hinter den Kulissen getrieben hat, und wie Sie die Netzwerkeinstellungen von Hand ändern, dann ist das nächste Kapitel ebenfalls für Sie richtig.

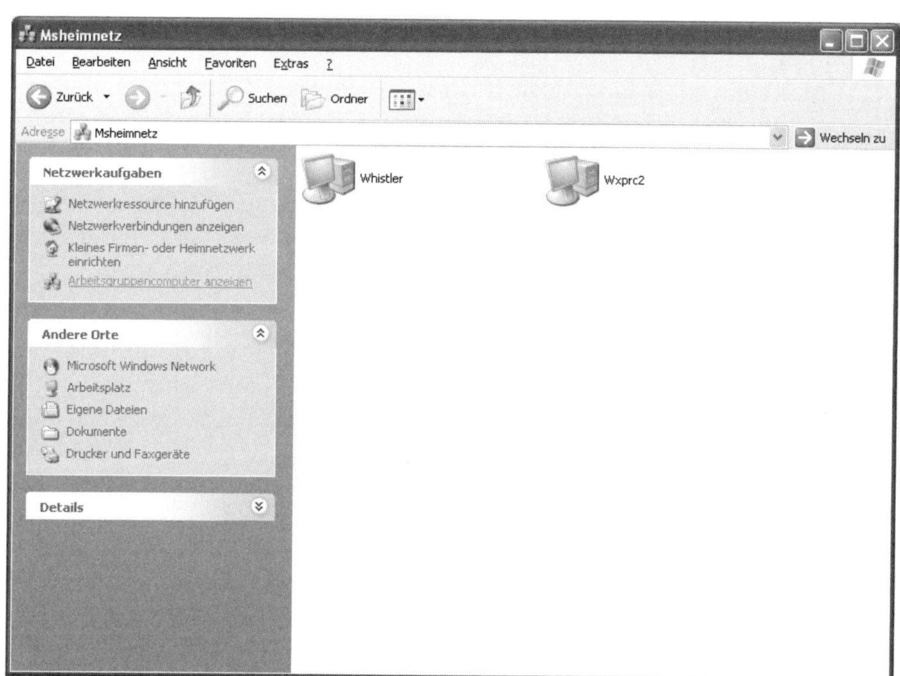

Abbildung 12.3: *Die Netzwerkumgebung zeigt alle Netzwerkrechner an, die online sind*

Netzwerkprobleme im Heimnetzwerk meistern

Der Heimnetzwerk-Assistent funktioniert nur dann reibungslos, wenn Sie ihn auf einem frischen System ausführen. Wurde das Netzwerk bereits konfiguriert, dann kann er nicht mehr alle Einstellungen automatisch einstellen, und Verbindungsprobleme können die Folge sein.

Ist Ihnen das passiert, dann verwenden Sie die folgenden Strategien, um Konfigurationsfehler zu finden und zu korrigieren.

Netzwerkumgebung zeigt nur eigenen Computer an

Werden andere Computer nicht in der Netzwerkumgebung angezeigt, dann warten Sie ein paar Minuten. Die Netzwerkumgebung funktioniert wie ein Netzwerk-Telefonbuch, und ein Dienst muss zuerst prüfen, welche Computer eingeschaltet und erreichbar sind. Dieser Vorgang kann ein paar Minuten dauern.

Wollen Sie so lange nicht warten, dann können Sie die Netzwerkverbindung auch von Hand und ohne den Suchdienst aufbauen:

1. Finden Sie zuerst den Computernamen des Rechners heraus, den Sie erreichen wollen. Dazu öffnen Sie beim Zielcomputer das Startmenü und klicken mit der rechten Maustaste auf *Arbeitsplatz*.
2. Wählen Sie *Eigenschaften*. Das Fenster *Systemeigenschaften* öffnet sich. Aktivieren Sie die Registerkarte *Computername*.
3. Hinter *Computername*: wird nun der Name des Computers angegeben. Zum Namen gehört nicht der Punkt am Ende des Namens. Lassen Sie diesen Punkt weg.
4. Wählen Sie nun auf dem Computer, von dem aus Sie eine Verbindung herstellen wollen, im Startmenü *Ausführen*. Geben Sie zwei umgekehrte Schrägstriche und dann den Computernamen ein, also zum Beispiel `\\TEST62` Eingabe.
5. Der Rechner versucht nun, über das Netzwerk eine Verbindung zum Computer *TEST62* aufzubauen. Gelingt dies, dann öffnet sich ein Explorer-Fenster, und Sie sehen die auf diesem Rechner freigegebenen Ressourcen.

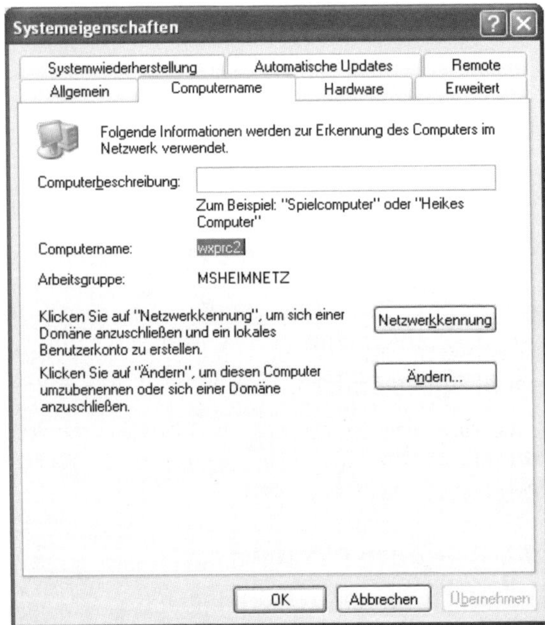

Abbildung 12.4: *Hier finden Sie den Netzwerknamen Ihres Computers heraus*

Kann die Verbindung nicht hergestellt werden, dann ergibt sich eine mehrsekündige Wartepause, in der der Rechner nach dem Zielrechner sucht. Anschließend erscheint eine Fehlermeldung. Kann der Zielrechner nicht erreicht werden, dann liegen ernsthafte Verbindungsprobleme vor. In den meisten Fällen ist eine falsche Konfiguration des TCP/IP-Protokolls schuld, die sich leicht beheben lässt. Aber auch Verkabelungsfehler und nicht eingeschaltete Computer können Schuld sein.

Ein Computer wird nicht angezeigt, wenn ich Arbeitsgruppencomputer anklicke

Der Befehl *Arbeitsgruppencomputer anzeigen* im Fenster *Netzwerkumgebung* zeigt alle Computer an, die Mitglied in derselben Arbeitsgruppe sind. In welcher Arbeitsgruppe ein Computer Mitglied ist, wird bei der Konfiguration des Netzwerks festgelegt, kann aber auch nachträglich geändert werden. Jeder Computer kann nur Mitglied in einer einzigen Arbeitsgruppe oder einer Domäne sein.

So prüfen Sie die Mitgliedschaft in einer Arbeitsgruppe und ändern diese:

1. Öffnen Sie das Startmenü und klicken Sie mit der rechten Maustaste auf *Arbeitsplatz*. Im Kontextmenü wählen Sie *Eigenschaften*.
2. Das Fenster *Systemeigenschaften* öffnet sich. Aktivieren Sie die Registerkarte *Computername*. Jetzt sehen Sie hinter *Arbeitsgruppe:*, in welcher Arbeitsgruppe Ihr Computer Mitglied ist.
3. Wollen Sie Mitglied in einer anderen Arbeitsgruppe sein, dann klicken Sie auf die Schaltfläche *Ändern*. Das Fenster *Computernamen ändern* öffnet sich. Aktivieren Sie im Bereich *Mitglied von* die Option *Arbeitsgruppe:*. Dahinter geben Sie den Namen der Arbeitsgruppe ein, in der Ihr Computer geführt werden soll. Dann klicken Sie auf *OK*.

TIPP Zwar können Sie auch den Computernamen nachträglich ändern, sollten dies aber möglichst nicht tun. Andere Netzwerkbenutzer haben womöglich Verknüpfungen auf Ihre freigegebenen Ordner und Geräte angelegt. Diese Verknüpfungen würden ins Leere laufen, wenn Sie den Namen Ihres Computers nachträglich ändern.

Die neuen Einstellungen werden erst nach einem Neustart wirksam, weil sich Ihr Rechner neu ans Netzwerk anmelden muss.

Die Netzwerkumgebung zeigt einen Computer überhaupt nicht an

Werden zwar die meisten, aber nicht alle Computer in der Netzwerkumgebung angezeigt, dann prüfen Sie, ob Sie die nicht aufgeführten Computer direkt erreichen können (siehe vorangegangene Rezepte).

Wenn ich versuche, auf einen freigegebenen Ordner zuzugreifen, wird mir mitgeteilt, dass mir die erforderlichen Berechtigungen fehlen, oder es erscheinen andere sonderbare Fehlermeldungen

Das einfache Heimnetzwerk verwendet die *Gast-Authentifizierung*: alle Netzwerkzugriffe werden über das spezielle *Gast*-Benutzerkonto abgewickelt. Diese Form des Netzwerkzugriffs ist besonders sicher und einfach, weil Eindringlinge im Namen des *Gast*-Kontos keinen nennenswerten Schaden anrichten können.

Allerdings funktioniert das Netzwerk nur dann richtig, wenn alle beteiligten Computer die *Gast-Authentifizierung* verwenden. Wurde das Netzwerk bereits von Hand umkonfiguriert, dann kann es sein, dass die Gast-Authentifizierung nicht mehr eingeschaltet ist. Im ▶ Kapitel 13 lesen Sie, wie Sie die Authentifizierungsart wählen und ausführlich testen.

Bleiben die Probleme bestehen, dann stellen Sie sicher, dass der freigegebene Ordner, auf den Sie zugreifen wollen, auch tatsächlich mit dem Freigabeassistenten freigegeben wurde. Wurde der Ordner auf andere Weise freigegeben, dann sind seine NTFS-Zugriffsberechtigungen unter Umständen noch so eingestellt, dass dem *Gast*-Konto kein Zugriff gewährt wird.

Weitere Fehlermöglichkeiten liegen im Benutzerkonto, das Sie verwenden. Wenn Sie auf einen fremden Computer zugreifen und dort nicht die *Gast*-Anmeldung aktiv ist, dann werden Sie unter Ihrem aktuellen Benutzernamen angemeldet. Gibt es auf dem Zielrechner ein Konto mit diesem Namen, dann überprüft Windows XP Ihr Anmeldekennwort und gestattet den Zugriff nur, wenn das Kennwort Ihres Kontos mit dem Kennwort des Kontos auf dem Zielsystem übereinstimmt. Gibt es auf dem Zielsystem kein Benutzerkonto Ihres Namens, dann öffnet sich ein Fenster, in das Sie den Benutzernamen und das Kennwort eines Kontos eingeben müssen, das auf dem Zielsystem vorhanden ist.

Eine weitere Falle lauert bei Benutzerkonten, für die kein Kennwort festgelegt wurde. Solche Konten dürfen aus Sicherheitsgründen keine Netzwerkzugriffe durchführen. Legen Sie in diesem Fall zuerst ein Kennwort für das Konto fest.

Die »Einfache Dateifreigabe« verstehen

Das Heimnetzwerk verwendet eine besondere Form der Netzwerkanmeldung: alle Benutzer, die über das Netzwerk zugreifen, werden dem Konto *Gast* zugeordnet. Das löst gleich mehrere Probleme in einfachen Netzwerken:

- Eindringlinge können als Nutzer des stark eingeschränkten *Gast*-Benutzerkontos das System nicht beschädigen, selbst wenn diese Eindringlinge einen ungesicherten Hintereingang in das System gefunden haben.
- Alle Netzwerkbenutzer werden in einen Topf geworfen. Komplizierte Zugangsberechtigungen für einzelne Benutzer oder verschiedene Gruppen müssen nicht eingerichtet werden. Die Freigabe von Ordnern im Netzwerk ist auch für Anfänger einfach und mit wenigen Klicks zu lösen.
- Eine Benutzeranmeldung ist nicht mehr nötig, weil nicht zwischen unterschiedlichen Netzwerkbenutzern unterschieden wird. Damit können auch Benutzer von Windows 95, 98 und Millennium freigegebene Ordner auf Windows XP-Systemen nutzen, ohne verwirrende Anmeldedialoge zu sehen.

Professionelle Netzwerker werden allerdings auch eine Reihe von Einschränkungen bemängeln, die sich aus der Vereinfachung zwingend ergeben:

- Weil nicht mehr zwischen unterschiedlichen Netzwerkbenutzern unterschieden wird, können Administratoren nicht mehr mit erhöhten Privilegien via Netzwerk auf Windows XP Systeme zugreifen. Die administrativen Freigaben wie zum Beispiel *C$*, über die ein Administrator auf das Laufwerk C:\ zugreifen konnte, funktionieren nicht mehr.
- Es kommt zu teils verwirrenden Anmeldedialogen, wenn versucht wird, auf geschützte Ordner zuzugreifen. Ganz gleich, welcher Benutzername und welches Kennwort eingegeben wird: der Zugriff wird stets verweigert. Das ist natürlich kein Wunder, denn intern leitet Windows XP den Benutzer auf das *Gast*-Konto um, das auf die geschützten Ordner keinen Zugriff hat.
- Werden Ordner nicht mit dem Freigabe-Assistenten freigegeben, dann kann der Zugriff via Netzwerk auf solche Ordner ebenfalls in ständigen »Zugriff verweigert«-Meldungen enden. Nur der Assistent passt die lokalen NTFS-Zugriffsberechtigungen automatisch so an, dass das *Gast*-Konto darauf zugreifen kann.

Einfache Dateifreigabe abschalten

Deshalb können Sie selbst entscheiden, welche Form der Netzwerkanmeldung Windows XP verwenden soll: die neue einfache oder die klassische Anmeldung:

1. Wählen Sie im Startmenü *Systemsteuerung* und öffnen Sie das Modul *Ordneroptionen*. Das Fenster *Ordneroptionen* öffnet sich.
2. Aktivieren Sie die Registerkarte *Ansicht*. Schalten Sie die Option *Einfache Dateifreigabe verwenden* ab, wenn Sie die klassische Anmeldung verwenden möchten.

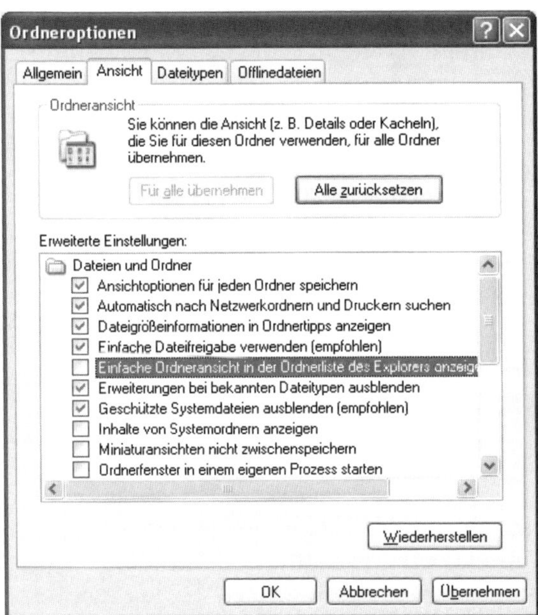

Abbildung 12.5: *Diese unscheinbare Option ändert das Netzwerkverhalten grundlegend*

Wenn Sie die einfache Dateifreigabe abschalten, dann ändern sich die folgenden Dinge:

- Anwender, die über das Netzwerk auf Ihren Rechner zugreifen wollen, müssen sich mit einem gültigen Benutzernamen und Kennwort ausweisen. Der Benutzername muss einem Benutzerkonto entsprechen, das auf Ihrem Rechner angelegt ist.
- Sie sind selbst dafür verantwortlich, die Zugriffsberechtigungen für freigegebene Ordner zu setzen. Deshalb ändert sich das Freigabe-Dialogfeld, das Sie sehen, wenn Sie Ordner im Netzwerk freigeben. Mit ihm können Sie jetzt nur noch den Ordner freigeben. Hilfsoptionen wie *Netzwerkbenutzer dürfen Dateien verändern*, die die Zugriffsrechte für die *Jeder*-Gruppe automatisch setzen, fehlen jetzt.

Dafür erscheint auf der Eigenschaften-Seite des Ordners die zusätzliche Registerkarte *Sicherheit*, über die Sie die Zugriffsberechtigungen selbst in jedem gewünschten Detail setzen können.

- Ganz wichtig: Haben Sie Ordner im Netzwerk freigegeben, während die einfache Dateifreigabe abgeschaltet war, und schalten Sie die einfache Dateifreigabe später wieder ein, dann sind diese Ordner nicht mehr über das Netzwerk nutzbar, es sei denn, Sie haben explizit der Gruppe *Jeder* Zugriffsrechte gewährt.

In der Praxis haben sich die folgenden Empfehlungen bewährt, um Sicherheitsproblemen aus dem Weg zu gehen:

- Haben Sie weder Lust noch Interesse, die Feineinstellungen des Netzwerks zu verwalten, dann verwenden Sie den Netzwerkinstallations-Assistent, um das Netzwerk einzurichten. Geben Sie Ordner anschließend nur über den Freigabe-Assistenten frei: ein Rechtsklick auf den Ordner und die Option *Freigabe und Sicherheit* wählen genügt. Windows kümmert sich jetzt nahtlos und im Hintergrund um alle wichtigen Einstellungen.
- Benötigen Sie volle Kontrolle über das Netzwerk und den Netzwerkzugriff, dann verzichten Sie auf den Netzwerkinstallations-Assistenten. Richten Sie Ihr Netzwerk auf klassische Weise ein. Wie dies geschieht, ist im nächsten Kapitel beschrieben. Schalten Sie die einfache Dateifreigabe ab.

Auf den folgenden Seiten finden Sie einige Szenarien, um die neue Gast-Anmeldung zu testen und vollends zu verstehen.

Die Gast-Anmeldung testen

Ist die Gast-Anmeldung aktiv, dann sind alle besonders geschützten Freigaben nicht mehr erreichbar. Probieren Sie dies aus, indem Sie sich von einem anderen System aus mit der administrativen Freigabe *C$* Ihres Systems verbinden:

1. Wählen Sie im Startmenü *Ausführen*, und geben Sie ein: `\\Rechnername\C$` **Eingabe**. Ersetzen Sie »Rechnername« durch den Namen eines Rechners in Ihrem Netzwerk.
2. Ein Anmeldefenster erscheint, und zwar unabhängig davon, ob Sie Administrator sind oder gewöhnlicher Benutzer. Die *Gast*-Anmeldung unterscheidet nicht zwischen Netzwerkbenutzern.
3. Ganz gleich, welches Benutzerkonto und welches Kennwort Sie eingeben: eine Verbindung wird nicht hergestellt. Sie werden auf dem Zielrechner automatisch auf das *Gast*-Konto umgeleitet, das keinen Zugriff auf die geschützte Freigabe *C$* hat.

Abbildung 12.6: *Dieses Dialogfeld erscheint, wenn Sie geschützte Ressourcen auf einem Rechner mit Gast-Anmeldung öffnen wollen – eine Verbindung ist nicht möglich*

TIPP

Schalten Sie die Option *Einfache Dateifreigaben verwenden* ab, dann funktioniert das Beispiel von eben plötzlich. Allerdings nicht sofort: Erst wenn Sie sich ab- und wieder anmelden, werden die neuen Einstellungen wirksam. Der Grund: Es besteht noch eine laufende Netzwerksitzung, die nach wie vor die alten Einstellungen verwendet. Beenden Sie die laufende Sitzung manuell, dann werden die Einstellungen sofort wirksam.

Neue freigegebene Ordner anlegen

Legen Sie nun über den offiziellen Freigabe-Assistenten einen neuen freigegebenen Ordner an. Sorgen Sie zunächst dafür, dass Windows XP auch tatsächlich den einfachen Freigabe-Assistenten verwendet. Nur mit ihm lassen sich funktionierende Freigaben im Heimnetzwerk garantieren:

1. Wählen Sie im Startmenü *Systemsteuerung*, und öffnen Sie das Modul *Ordneroptionen*. Das Fenster *Ordneroptionen* öffnet sich.

Abbildung 12.7: *Geben Sie Ordner frei und bestimmen Sie, ob andere den Ordnerinhalt verändern dürfen*

2. Aktivieren Sie die Registerkarte *Ansicht*. Wählen Sie die Option *Einfache Dateifreigabe verwenden*. Dann klicken Sie auf *OK*.

Nun legen Sie sich einen neuen freigegebenen Ordner an:

1. Klicken Sie mit der rechten Maustaste auf eine freie Stelle des Desktops, und wählen Sie *Neu/Ordner*. Nennen Sie den neuen Ordner TEST.
2. Klicken Sie den neuen Ordner mit der rechten Maustaste an, und wählen Sie *Freigabe und Sicherheit*. Aktivieren Sie die Registerkarte *Freigabe*.
3. Aktivieren Sie im Bereich *Netzwerkfreigabe und -sicherheit* die Option *Diesen Ordner im Netzwerk freigeben*. Ist diese Option nicht wählbar und wird im unteren Teil des Fensters gemeldet, dass das Netzwerk bei Ihnen aus Sicherheitsgründen noch nicht aktiviert ist, dann haben Sie den Netzwerkinstallations-Assistenten noch nicht ausgeführt. Lesen Sie unten, was hinter dieser Meldung steckt.
4. Aktivieren Sie im Bereich *Netzwerkfreigabe und -sicherheit* die Option *Netzwerkbenutzer dürfen Dateien verändern*, um anderen Netzwerkbenutzern zu erlauben, den Inhalt des freigegebenen Ordners zu verändern. Klicken Sie dann auf *OK*.
5. Der freigegebene Ordner wird mit einer servierenden Hand gekennzeichnet. Wechseln Sie nun zu einem anderen Computer, und verbinden Sie sich von dort aus zu dem freigegebenen Ordner.
6. Wählen Sie auf dem fremden Computer im Startmenü zum Beispiel *Ausführen*, und geben Sie ein: \\COMPUTERNAME\TEST Eingabe.

Ein Explorer-Fenster öffnet sich, und Sie erhalten ohne weiteren Anmeldedialog Zugriff auf den freigegebenen Ordner. Über *Datei/Neu/Textdatei* könnten Sie darin zum Beispiel eine Textdatei anlegen, denn Sie besitzen Vollzugriff.

Die Freigabe-Optionen sind abgeblendet!

Unter Umständen können Sie den Ordner auf Ihrem Desktop gar nicht freigeben, weil die Option *Diesen Ordner im Netzwerk freigeben* abgeblendet ist.

Im unteren Teil des Fensters finden Sie die Erklärung: Die Optionen sind abgeblendet, weil ein übergeordneter Ordner dies verbietet. Sind Ihre persönlichen Daten geschützt, dann umfasst dieser Schutz auch die Ordner *Eigene Dateien* und *Desktop*. Sie können dann keine Ordner freigeben, die in Ihrem Benutzerprofil lagern. Dieser Schutz ist gewollt und wird von Windows XP automatisch eingerichtet, sobald Sie das erste Benutzerkonto mit einem Kennwort schützen. Der Schutz erstreckt sich nicht nur auf die Benutzerprofile. Auch Ordner, die innerhalb von Systemordnern wie dem Windows-Ordner liegen, lassen sich mit der Einfachen Dateifreigabe nicht freigeben.

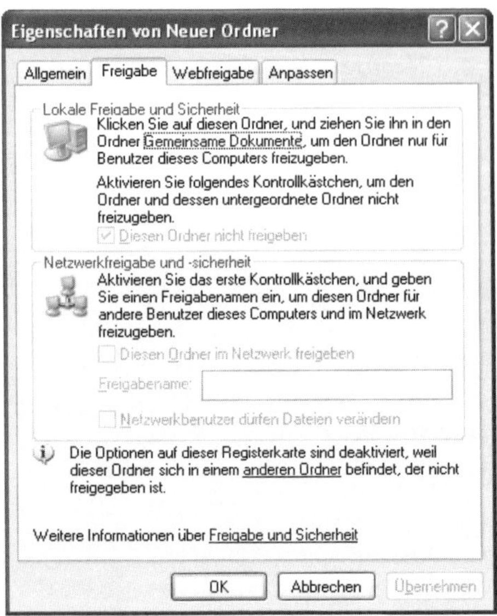

Abbildung 12.8: *Unterordner eines geschützten Ordners können nicht freigegeben werden*

Welcher Ordner ist wohl der »übergeordnete« Ordner, in dem der Desktop liegt und der die Freigabe verhindert? Um das herauszufinden, klicken Sie einfach im unteren Teil des Dialogfeldes im Bereich der Erklärung auf den Link *anderen Ordner*. Jetzt öffnet sich das Freigabefenster des übergeordneten Ordners, der für die Einschränkung verantwortlich ist.

Der Name des übergeordneten Ordners trägt den Namen Ihres Benutzerkontos: es ist Ihr Benutzerprofil. Wollen Sie künftig in der Lage sein, Ordner in Ihrem Profil für andere freizugeben, dann schalten Sie die Option *Diesen Ordner nicht freigeben* ab. Klicken Sie auf *OK*. Die Ordnerberechtigungen der Unterordner werden geändert.

Wiederholen Sie das Beispiel von eben. Sie müssen nun höchstens noch auf *Klicken Sie hier, wenn Sie sich des Sicherheitsrisikos bewusst sind, aber Dateien dennoch freigeben möchten, ohne den Assistenten auszuführen* klicken, um die Freigabe zu aktivieren.

Der Hintergrund dieser Warnung ist einfach: Haben Sie den Netzwerkinstallations-Assistenten nicht ausgeführt, dann wurde die Internet-Firewall Ihres Internetzugangs nicht aktiviert. Fremde Internetnutzer könnten jetzt auf Ihre Freigaben ebenfalls zugreifen. Erscheint die Warnung bei Ihnen, dann schalten Sie unbedingt die Internet-Firewall von Hand ein: ▶ Kapitel 8.

Jetzt können Sie den Ordner im Beispiel von eben freigeben.

- Alle Unterordner des Benutzerprofils (einschließlich *Eigene Dateien* und *Desktop*) sind normalerweise über die Option *Diesen Ordner nicht freigeben* geschützt. Erst wenn diese Option im Benutzerprofil-Ordner abgeschaltet wird, können Ordner im Netzwerk freigegeben werden, die im Benutzerprofil lagern.
- Systemordner sind ebenfalls geschützt und können nicht freigegeben werden.
- Alle sonstigen Ordner können jederzeit freigegeben werden, solange Sie die nötigen Berechtigungen dazu haben. Natürlich können Sie als Normalanwender keine Ordner in den Profilen anderer Benutzer freigeben.
- Haben Sie nicht den Netzwerkinstallations-Assistenten verwendet oder aus anderen Gründen die Internet-Firewall Ihres Internetanschlusses nicht aktiviert, dann erscheint eine zusätzliche Sicherheitswarnung, über die Sie sich explizit hinwegsetzen müssen, um Ordner freigeben zu können. Die Warnung hat ernste Hintergründe: Weil die einfache Dateifreigabe den Zugriff auf Netzwerkfreigaben über die *Jeder*-Gruppe regelt, erlaubt sie anonyme Anmeldungen. Solange Sie mit dem Internet verbunden sind und keine Firewall verwenden, könnte jeder aus dem Internet heraus Ihre Freigaben mitnutzen.

WICHTIG Die Verwendung der einfachen Dateifreigabe ohne gleichzeitige Verwendung der Internet Firewall ist ein enormes Sicherheitsrisiko.

Ausgewählte Inhalte in freigegebenen Ordnern schützen

Geben Sie einen Ordner frei, dann wird sein gesamter Inhalt einschließlich aller Unterordner freigegeben. Probieren Sie das zunächst aus:

1. Öffnen Sie den Ordner, den Sie auf Ihrem Desktop freigegeben haben. Legen Sie darin einen neuen Ordner an: *Datei/Neu/Ordner*. Nennen Sie diesen Ordner `Test2`.
2. Wechseln Sie zum anderen Computer, der sich bereits mit dem freigegebenen Ordner verbunden hatte. Hier ist Ihr neu angelegter Ordner *Test2* bereits aufgetaucht. Auch auf diesen Ordner haben Sie nun ferngesteuert volle Zugriffsrechte und könnten zum Beispiel auch in ihm neue Dateien anlegen.
3. Möchten Sie verhindern, dass der neue Ordner *Test2* freigegeben ist, obwohl er sich in einem freigegebenen Ordner befindet, dann wechseln Sie zurück zu dem Computer, der den Ordner freigibt. Klicken Sie den neuen Ordner mit der rechten Maustaste an, und wählen Sie im Kontextmenü *Freigabe und Sicherheit*.

4. Das Freigabefenster öffnet sich, das den Zugriff auf Ordner über das Netzwerk regelt. Aktivieren Sie im Bereich *Lokale Freigabe und Sicherheit* die Option *Diesen Ordner nicht freigeben*. Diese Option ist abgeblendet, wenn der Ordner nicht auf einem NTFS-Laufwerk gespeichert ist. Unterordner können nur auf NTFS-Laufwerken gesperrt werden. Auf anderen Laufwerken sind Unterordner immer freigegeben.
5. Klicken Sie auf *OK*. Wechseln Sie nun zurück zu dem Computer, der über das Netzwerk auf Ihren Ordner zugreift. Dort ist der Zugriff auf den neuen Ordner plötzlich verboten.

Identifizierung im Heimnetzwerk verstehen

Um zu verstehen, wie Windows XP im einfachen Heimnetzwerk die Sicherheit garantiert, machen Sie ein weiteres Experiment. Legen Sie ferngesteuert über das Netzwerk in einem freigegebenen Ordner eine Textdatei an.

Wechseln Sie dann zu dem Rechner, der den Ordner freigibt, und öffnen Sie den freigegebenen Ordner. Die Datei liegt darin.

Um herauszufinden, unter welchem Benutzerkonto Windows XP den Netzwerkbenutzer führt, der diese Datei gerade angelegt hat, lassen Sie sich die Sicherheitseinstellungen der Datei zeigen. Das funktioniert allerdings nur, wenn der freigegebene Ordner auf einem NTFS-Laufwerk gespeichert ist:

1. Schalten Sie um von der einfachen Benutzerführung in die klassischen Sicherheits-Dialoge. Dazu wählen Sie im Explorer-Fenster *Extras/Ordneroptionen* und aktivieren Sie die Registerkarte *Ansicht*.
2. Schalten Sie die Option *Einfache Dateifreigabe verwenden* ab. Klicken Sie auf *OK*.
3. Klicken Sie nun die vom Netzwerkbenutzer angelegte Datei mit der rechten Maustaste an und wählen Sie *Eigenschaften*. Aktivieren Sie die Registerkarte *Sicherheit*.
4. Klicken Sie auf die Schaltfläche *Erweitert*. Das Fenster *Erweiterte Sicherheitseinstellungen für Neu Textdokument* öffnet sich. Aktivieren Sie die Registerkarte *Besitzer*. Im Feld *Aktueller Besitzer dieses Elements*: lesen Sie, wer diese Datei angelegt hat: *Gast*. Windows XP hat den Netzwerkbenutzer also unabhängig von seiner tatsächlichen Identität dem *Gast*-Konto zugeordnet.
5. Schließen Sie alle Fenster wieder.

Abbildung 12.9: *Alle Netzwerkzugriffe werden auf die Identität »Gast« umgelenkt, wenn die einfache Dateifreigabe aktiv ist*

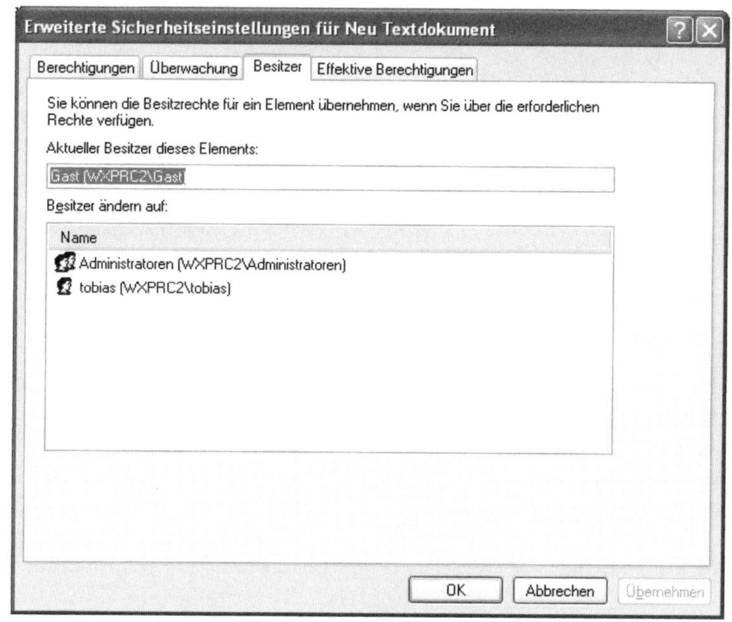

Bevor Sie die Option *Einfache Dateifreigabe verwenden* wieder aktivieren, sollten Sie noch ein weiteres Experiment unternehmen:

1. Klicken Sie den auf Ihrem Desktop freigegebenen Ordner mit der rechten Maustaste an, und wählen Sie *Freigabe und Sicherheit*. Aktivieren Sie die Registerkarte *Freigabe*.
2. Das Dialogfeld sieht nun ganz anders aus als zuvor. Da Sie die Option *Einfache Dateifreigabe verwenden* abgeschaltet haben, sehen Sie nun in das ungeschminkte Gesicht des klassischen *Freigabe*-Dialogs. Dieses Dialogfeld verrät Ihnen weitaus mehr Informationen, zum Beispiel auch, wie Windows XP den Zugriff auf den Ordner im Netzwerk sichert. Klicken Sie auf die Schaltfläche *Berechtigungen*.
3. Jetzt sehen Sie, dass Windows XP auf der Registerkarte *Freigabeberechtigungen* der Gruppe *Jeder Vollzugriff* gewährt hat. Dies erklärt, warum jeder vom Netzwerk aus auf diesen Ordner zugreifen und darin auch Änderungen vornehmen darf.
4. Es erklärt aber noch nicht, wie Windows XP den Zugriff auf neu angelegte Ordner im freigegebenen Ordner wieder unterbunden hat. Um das herauszufinden, schließen Sie das Fenster. Öffnen Sie den freigegebenen Ordner auf dem Desktop, und klicken Sie den Ordner mit der rechten Maustaste an, den Sie eben aus der Freigabe wieder herausgenommen haben. Wählen Sie *Eigenschaften*.

5. Aktivieren Sie die Registerkarte *Sicherheit*. Diese ist nur vorhanden, wenn der Ordner auf einem NTFS-Laufwerk gespeichert ist. In der Sicherheitsliste sehen Sie, dass Windows XP nur noch dem *System* und dem Besitzer der Datei Zugriff gewährt. Da alle Netzwerkbenutzer das Konto *Gast* verwenden, hat das Netzwerk keinen Zugriff auf diesen Ordner mehr.

6. Wiederholen Sie diese Schritte zur Kontrolle an einem Ordner, dem Sie nicht die Freigabe entzogen haben. Legen Sie notfalls kurz einen neuen Ordner in Ihrem freigegebenen Ordner an. Hier zeigen die Sicherheitseinstellungen, dass auch *Administratoren* und vor allen Dingen die Gruppe *Jeder* Zugriff haben.

7. Klicken Sie einen solchen Eintrag in der oberen Liste an, dann sind die Häkchen in der unteren Liste in der Spalte *Zulassen* abgedunkelt und nicht änderbar. Diese Berechtigungen wurden also nicht neu gesetzt. Sie wurden vom übergeordneten Ordner geerbt.

8. Woher die Vererbungen stammen, finden Sie als nächstes heraus. Klicken Sie auf die Schaltfläche *Erweitert*. Ein neues Fenster öffnet sich.

9. In der Liste Berechtigungseinträge sehen Sie, woher die Berechtigungen stammen. Der *Vollzugriff* für *Jeder* stammt – anders als all die übrigen Berechtigungen – von dem Ordner, den Sie freigegeben haben. Der Freigabe-Assistent hat diesen Eintrag also angelegt.

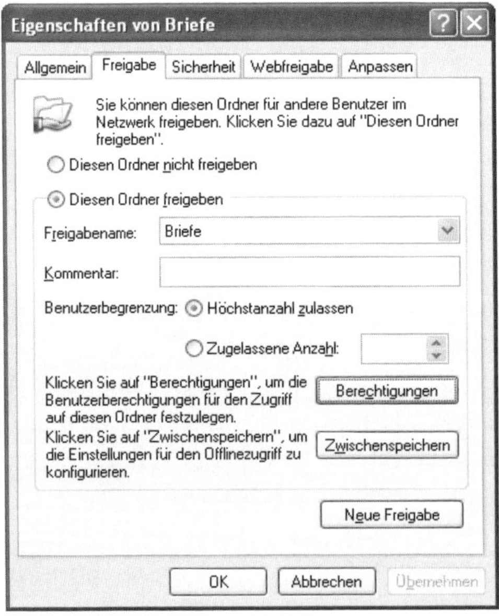

Abbildung 12.10: *Ohne einfache Dateifreigabe sieht das* Freigabe-*Dialogfeld so aus, und Zugriffsberechtigungen müssen von Hand angelegt werden*

Probleme mit Freigaben meistern

Und genau diese Erkenntnisse sind von größter Wichtigkeit: Geben Sie Ordner nämlich nicht über den Freigabe-Assistenten frei, sondern auf anderem Wege, dann wird der Ordner zwar im Netzwerk korrekt freigegeben, aber die NTFS-Zugriffsberechtigungen werden nicht so eingestellt, wie sie für die Gast-Anmeldung notwendig wären.

Auch das sollten Sie sich genauer ansehen. Wenn Sie den bisherigen Beispielen gefolgt sind, dann ist die Option *Einfache Dateifreigabe verwenden* abgeschaltet. Legen Sie nun einen Ordner an, ohne den Freigabe-Assistenten zu verwenden:

1. Legen Sie einen neuen Ordner auf dem Desktop an: Rechtsklick/*Neu/Ordner*. Nennen Sie ihn `Klassisch`.
2. Klicken Sie den Ordner mit der rechten Maustaste an, und wählen Sie *Freigabe und Sicherheit*. Aktivieren Sie die Registerkarte *Freigabe*.
3. Der klassische Freigabe-Dialog erscheint. Aktivieren Sie die Option *Diesen Ordner freigeben*. Klicken Sie dann auf *OK*. Der Ordner ist freigegeben.
4. Versuchen Sie sich nun, von einem anderen System aus mit diesem Ordner zu verbinden. Die Verbindung scheitert mit der Meldung, dass Ihnen Berechtigungen fehlen. Der Grund ist klar: in aller Regel wird der Gruppe *Jeder* kein Zugriff gewährt. Dies passiert erst, wenn Sie den Freigabe-Assistenten verwenden.
5. Schalten Sie deshalb die einfache Dateifreigabe wieder ein: In einem beliebigen Explorer-Fenster wählen Sie *Extras/Optionen*, klicken auf *Ansicht* und schalten die Option *Einfache Dateifreigabe verwenden* wieder ein. Dann klicken Sie auf *OK*.
6. Klicken Sie nun den eben freigegebenen Ordner auf Ihrem Desktop noch einmal mit der rechten Maustaste an. Wählen Sie wieder *Freigabe und Sicherheit*, und aktivieren Sie die Registerkarte *Freigabe*.
7. Diesmal erscheint wieder der Freigabe-Assistent. Deaktivieren Sie im Bereich *Netzwerkfreigabe und -sicherheit* die Option *Diesen Ordner im Netzwerk freigeben*, falls die Option gewählt ist, und wählen Sie sie erneut. Klicken Sie auf die Schaltfläche *Übernehmen*.
8. Versuchen Sie nun erneut, sich mit dem freigegebenen Ordner zu verbinden. Nun klappt die Verbindung, denn der Freigabe-Assistent hat dem Ordner ein Zugriffsrecht für die Gruppe *Jeder* erteilt.

Sicherheitsoptionen von Hand anpassen

Sie haben gesehen: das Heimnetzwerk verwendet ein einfaches, aber effektives Sicherheitssystem. Der Zugriff auf im Netzwerk freigegebene Ordner und Dateien wird über die Gruppe *Jeder* geregelt. Bewahren Sie Ihre Daten auf einem NTFS-Laufwerk auf, dann können Sie mit dem Freigabe-Assistenten steuern, ob die Gruppe *Jeder* Zugriff auf freigegebene Ordner haben soll oder nicht. Sie können auch steuern, wie weit die Zugriffsrechte gehen sollen, ob also Daten nur gelesen oder auch verändert werden dürfen.

Diese Zugriffsrechte lassen sich von Hand selbstverständlich feinjustieren. Zum Beispiel enthält der Assistent nur die Möglichkeit, Unterordner in freigegebenen Ordnern zu sperren. Dateien dagegen erhalten ihre Zugriffsrechte von dem Ordner, in dem sie gespeichert sind.

Im folgenden Szenario soll ein Ordner geschaffen werden, in dem Netzwerknutzer frei schalten und walten dürfen. Nur eine einzelne Datei im Ordner namens *Readme.txt* soll so geschützt werden, dass andere Netzwerkbenutzer diese Datei lesen, aber nicht verändern können.

1. Legen Sie auf Ihrem Desktop einen neuen Ordner an: Rechtsklick/*Neu/Ordner*. Nennen Sie den Ordner `Archiv`. Geben Sie diesen Ordner dann wie eben beschrieben mit dem Freigabe-Assistenten frei, und prüfen Sie, ob Sie von anderen Rechnern aus auf den Ordner zugreifen und darin Dateien speichern können.

2. Wechseln Sie zurück zu dem Computer, auf dem Sie den Ordner freigegeben haben, öffnen Sie den Ordner, und legen Sie eine eigene Datei darin an: Rechtsklick/*Neu/Textdatei*. Nennen Sie die Datei `Readme`. Öffnen Sie die Textdatei, und schreiben Sie Text hinein. Speichern Sie ihn dann mit *Datei/Speichern*.

3. Damit Sie jetzt die Zugriffsrechte auf diese Datei verändern können, muss die *Einfache Dateifreigabe* wieder abgeschaltet werden. Klicken Sie anschließend die Datei mit der rechten Maustaste an, und wählen Sie *Eigenschaften*.

4. Aktivieren Sie die Registerkarte *Sicherheit*. Wie erwartet hat die Gruppe *Jeder* vollen Zugriff auf die Datei. Klicken Sie auf die Schaltfläche *Erweitert*.

5. Deaktivieren Sie die Option *Berechtigungen übergeordneter Objekte auf untergeordnete Objekte, sofern anwendbar, vererben. Diese mit den hier definierten Einträgen mit einbeziehen.*. Damit sorgen Sie dafür, dass die Textdatei ihre Berechtigungen nicht mehr von dem Ordner bezieht, in dem sie gespeichert ist, sondern selbst kontrolliert. Das Fenster *Sicherheit* öffnet sich.

6. Klicken Sie auf die Schaltfläche *Kopieren*, um die bisher vererbten Rechte direkt in der Datei zu verwalten. Klicken Sie auf *OK*.
7. Die Häkchen in der Spalte *Zulassen* sind plötzlich nicht mehr abgeblendet. Klicken Sie in der oberen Liste auf *Jeder*, denn diese Gruppe regelt, wie Netzwerkbenutzer diese Datei nutzen dürfen. Schalten Sie dann die Berechtigungen für *Ändern* und *Schreiben* aus. Klicken Sie auf *OK*.
8. Greifen Sie jetzt von einem Netzwerkrechner aus auf den freigegebenen Ordner zu. Darin befindet sich Ihre Datei *Readme.txt*. Sie können diese Datei nun öffnen und ihren Inhalt lesen. Sobald Sie aber versuchen, die Datei zu speichern oder zu löschen, wird der Zugriff verweigert.

Gerade haben Sie gesehen, wie nützlich es sein kann, selbst Hand an die NTFS-Zugriffsberechtigungen zu legen. Für die meisten Anwendungsfälle genügt die Automatik, die das Heimnetzwerk benutzt, aber wenn Ihnen diese Automatik in Einzelfällen nicht flexibel genug ist, haben Sie jetzt gesehen, wie Sie die NTFS-Zugriffsrechte von Hand anpassen und feinjustieren. Mehr zu den NTFS-Zugriffsrechten lesen Sie im ▶ Kapitel 19.

WICHTIG Die NTFS-Zugriffsrechte regeln nicht nur, wie Netzwerkbenutzer auf die damit geschützten Ordner, Dateien und Objekte zugreifen dürfen. Die NTFS-Zugriffsrechte regeln auch, was lokal angemeldete Benutzer tun dürfen und was nicht. Beschränken Sie sich deshalb bei eigenen Experimenten stets auf die Gruppe Jeder, die die Netzwerkbenutzer repräsentiert. Andernfalls kann es Ihnen passieren, dass Sie sich selbst oder andere Benutzer ausschließen. Ist Ihnen das bereits passiert, dann lesen Sie in ▶ Kapitel 19, wie Sie versehentlich gesperrte Dateien und Ordner wieder aufschließen.

Freigaben über Computerverwaltung

Auch über die Computerverwaltung lassen sich Freigaben einrichten. Hier bietet Ihnen das Dialogfeld verschiedene Vorschläge für die Zugangsberechtigungen an. Diese Vorschläge haben aber nur dann einen Sinn, wenn Sie nicht die einfache Dateifreigabe verwenden, weil sonst ja ohnehin alle Netzwerk-Anwender unter demselben Gast-Konto geführt werden und eine weitere Differenzierung der Zugriffsberechtigungen sinnlos wäre.

1. Klicken Sie im Startmenü mit der rechten Maustaste auf Arbeitsplatz, und wählen Sie *Verwalten*. Das Fenster *Computerverwaltung* öffnet sich.

2. Expandieren Sie links den Zweig *Freigegebene Ordner*, und klicken Sie mit der rechten Maustaste auf *Freigaben*. Wählen Sie *Neue Freigabe*.
3. Geben Sie den Ordner an, den Sie freigeben wollen, sowie den Freigabenamen. Klicken Sie auf *Weiter*.
4. Jetzt können Sie aus verschiedenen typischen Zugriffsberechtigungen auswählen.

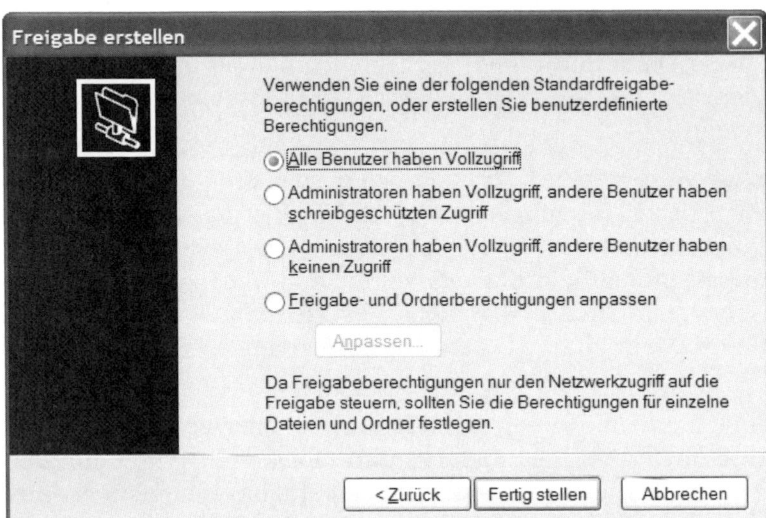

Abbildung 12.11: *Typische Zugriffsberechtigungen für freigegebene Ordner wählen*

Gast-Authentifizierung und klassische Authentifizierung

In professionellen Netzwerken kann es viele gute Gründe geben, die *Gast-Authentifizierung* abzuschalten, zum Beispiel, weil Administratoren wie bei früheren Windows-Versionen mit ihren erhöhten Privilegien über das Netzwerk auf Windows XP zugreifen wollen, oder weil generell Netzwerknutzer mit individuell unterschiedlichen Berechtigungen arbeiten können sollen.

Bevor Sie die *Gast-Authentifizierung* abschalten, sollten Sie sich allerdings auch der Konsequenzen bewusst sein:

- Die *Gast-Authentifizierung* beschränkt wirkungsvoll den Zugriff auf den Rechner vom Netzwerk aus. Schalten Sie diesen Sicherheitsmechanismus aus, dann müssen Sie selbst über strikte Freigabeberechtigungen und die Vergabe sicherer Kennwörter dafür sorgen, dass keine unbefugten Personen über das Netzwerk in den Rechner eindringen können.

- Ohne die *Gast-Authentifizierung* versucht Windows XP jeden Netzwerkbenutzer zu erkennen. Das führt dazu, dass bei der Herstellung einer Netzwerkverbindung Anmeldefenster erscheinen können. Bei älteren Windows-Betriebssystemen wie 95, 98 und Millennium gibt es jedoch keine sichere Benutzerauthentifizierung, und die Anmeldefenster akzeptieren nur ein Kennwort, aber keinen Benutzernamen. Benutzer solcher Windows-Versionen müssen also von vornherein mit dem richtigen Benutzernamen angemeldet sein und können diesen nachträglich nicht eingeben.

TIPP Grundsätzlich sollten Sie die *Gast-Authentifizierung* einschalten und sehen, wie weit Sie damit kommen. Entstehen Probleme, zum Beispiel, weil Sie als Administrator Systeme fernverwalten wollen oder weil Sie Benutzern unterschiedliche Netzwerkberechtigungen zuweisen müssen, dann ist es immer noch früh genug, die *Gast-Authentifizierung* abzuschalten.

Die Gast-Authentifizierung abschalten

Schauen Sie sich die Wirkung dieser Abschaltung an einem konkreten Beispiel an:

1. Greifen Sie von einem Netzwerkrechner aus auf eine geschützte administrative Freigabe Ihres Computers zu. Wenn Ihr Computer den Netzwerknamen *Comp12* trägt, dann wählen Sie auf dem Netzwerkrechner im Startmenü *Ausführen* und geben ein: `\\Comp12\C$` Eingabe.
2. Ein Anmeldedialog erscheint, denn der Zugriff auf *C$* ist geschützt. Da der Zielrechner den Anwender wegen der Gast-Authentifizierung immer als *Gast* erkennt, bleibt der Zugriff verweigert, ganz gleich, welche Benutzernamen und Kennwörter Sie eingeben.
3. Schalten Sie nun auf dem Zielrechner die Gast-Authentifizierung ab. Dazu wählen Sie im Startmenü *Verwaltung/Lokale Sicherheitsrichtlinie*.
4. Expandieren Sie links den Zweig *Lokale Richtlinien/Sicherheitsoptionen*. Wählen Sie rechts die Richtlinie: *Netzwerkzugriff: Modell für gemeinsame Nutzung und Sicherheitsmodell für lokale Konten*. Öffnen Sie die Richtlinie per Doppelklick. Das Fenster *Eigenschaften von Netzwerkzugriff: Modell für gemeinsame Nutzung und Sicherheitsmodell für lokale Konten* öffnet sich.
5. Aktivieren Sie die Registerkarte *Lokale Sicherheitseinstellung*. In der Ausklappliste ist eingestellt: *Nur Gast/lokale Benutzer authentifizieren sich als Gast*. Stellen Sie stattdessen ein: *Klassisch/lokale Benutzer authentifizieren sich als sie selbst*. Klicken Sie auf *OK*.

6. Versuchen Sie nun erneut, von einem Netzwerkcomputer auf die administrative Freigabe zuzugreifen. Prinzipiell ist dies nun möglich. Wird stattdessen noch immer der Zugriff verweigert, dann ist daran die laufende Netzwerksitzung schuld, die noch besteht und in der Sie noch als *Gast* geführt werden. Löschen Sie diese Sitzung also.
7. Dazu klicken Sie im Startmenü mit der rechten Maustaste auf *Arbeitsplatz* und wählen *Verwalten*. Expandieren Sie links den Zweig *System/Freigegebene Ordner/Sitzungen*. Rechts sehen Sie alle laufenden Sitzungen und in der Spalte *Gast*, ob diese Sitzung als *Gast*-Anmeldung geführt wird. Entfernen Sie alle Sitzungen per Rechtsklick und *Sitzung schließen*. Versuchen Sie nun erneut, sich mit der administrativen Freigabe zu verbinden. Sofern Sie auf dem Netzwerkrechner als Administrator angemeldet sind oder ein Administrator-Benutzerkonto samt Kennwort auf dem Zielsystem angeben, wird Ihnen der Zugriff gewährt.

Sie haben gleich eine Reihe wesentlicher Punkte entdeckt:

- Nur wenn die Gast-Authentifizierung abgeschaltet ist, können Sie sich als bestimmte Person anmelden und deren Rechte nutzen.
- Die Umschaltung von Gast-Authentifizierung auf klassisch und umgekehrt zeigt erst Wirkung, wenn sich Netzwerknutzer neu anmelden. Laufende Netzwerksitzungen bleiben im alten Status. Wollen Sie also, dass die Umschaltung sofort wirksam wird, dann beenden Sie anschließend alle laufenden Netzwerksitzungen anderer Computer.

TIPP

Die Richtlinie *Eigenschaften von Netzwerkzugriff: Modell für gemeinsame Nutzung und Sicherheitsmodell für lokale Konten* ist gleichbedeutend mit der Einstellung *Einfache Dateifreigabe verwenden*, die Sie sehen, wenn Sie in einem Explorer-Fenster *Extras/Optionen* wählen und die Register *Ansicht* in den Vordergrund holen. Ist die Option aktiviert, dann wird die Richtlinie auf *Nur Gast/lokale Benutzer authentifizieren sich als Gast* eingestellt, ist sie deaktiviert, dann wird die Richtlinie auf *Klassisch/lokale Benutzer authentifizieren sich als sie selbst* eingestellt.

Die Gast-Authentifizierung einschalten

Die Gast-Authentifizierung wird auf prinzipiell demselben Wege wieder eingeschaltet, wie Sie sie eben ausgeschaltet haben.

Allerdings funktioniert die *Gast-Authentifizierung* nicht, wenn Sie sie auf diese Weise zum ersten Mal einschalten. Sie funktioniert nur dann, wenn sie früher schon einmal aktiv war und durch den Netzwerkinstallations-Assistenten freigeschaltet wurde.

Woran liegt das? Die Gründe sind eigentlich naheliegend:

- Die *Gast-Authentifizierung* leitet alle Netzwerkanmeldungen auf das *Gast*-Konto um. Weil dieses Konto anfangs deaktiviert ist, bekommen Netzwerknutzer stets die Meldung ein Konto sei deaktiviert. Erst wenn Sie das *Gast*-Konto aktivieren, kann Windows XP die Netzwerknutzer auf dieses Konto umleiten. Der Warnhinweis im Freigabe-Assistenten, der von »gesperrten Netzwerkfunktionen« spricht, bezieht sich genau auf diese Aktivierung. Ist das *Gast*-Konto deaktiviert, dann erscheint der Hinweis, sonst nicht.
- Alle Zugriffe auf freigegebene Ressourcen werden über das *Gast*-Konto abgewickelt. Allerdings ist es dem *Gast*-Konto normalerweise verboten, sich über das Netzwerk anzumelden. Nur die lokale Anmeldung ist erlaubt. In den Vorgaben erhalten Netzwerkbenutzer also die Meldung, Richtlinien verbieten die Anmeldung über das Netzwerk. Damit die Gast-Authentifizierung reibungslos funktioniert, muss dem Gast-Konto also zusätzlich erlaubt werden, sich über das Netzwerk anzumelden.

Beide Einstellungen werden vom Netzwerkinstallations-Assistenten automatisch vorgenommen. Ebenso gut ist das aber auch manuell möglich:

Gast-Konto aktivieren

So gehen Sie vor, um das Gast-Konto zu aktivieren:

1. Klicken Sie im Startmenü *Arbeitsplatz* mit der rechten Maustaste an, und wählen Sie *Verwalten*. Das Fenster *Computerverwaltung* öffnet sich.
2. Expandieren Sie links den Zweig *System/Lokale Benutzer und Computer/Benutzer*, und klicken Sie auf *Benutzer*.
3. Doppelklicken Sie auf das Konto *Gast* in der rechten Spalte. Deaktivieren Sie die Option *Konto ist deaktiviert*, und klicken Sie auf *OK*. Das Konto ist freigeschaltet. Der Warnhinweis im Freigabe-Assistenten erscheint jetzt nicht mehr, und Ordner können nun über ihn freigegeben werden.

Netzwerkanmeldung für das Gast-Konto erlauben

Nun muss dem Gast-Konto nur noch erlaubt werden, sich über das Netzwerk anzumelden. Das geschieht so:

1. Wählen Sie in der *Systemsteuerung Verwaltung/Lokale Sicherheitsrichtlinie*. Das Fenster *Lokale Sicherheitseinstellungen* öffnet sich.

2. Expandieren Sie links den Zweig *Lokale Richtlinien/Zuweisen von Benutzerrechten*, und klicken Sie auf *Zuweisen von Benutzerrechten*.
3. Öffnen Sie rechts die Richtlinie *Zugriff vom Netzwerk auf diesen Computer verweigern*, und streichen Sie das Konto *Gast* aus der Liste.

Daten drahtlos per Infrarot versenden

Infrarot-Schnittstellen sind eine besondere Form des Netzwerks: mit ihnen können Sie schnell und unkompliziert Daten zwischen zwei Computern übertragen. Ohne große Konfiguration. Ohne Stecker, Kabel und unzählige Fehlerquellen. Damit eignet sich die Infrarotverbindung ideal, um während Kongressen, bei Kundenterminen oder Treffen mit Kollegen Informationen auszutauschen.

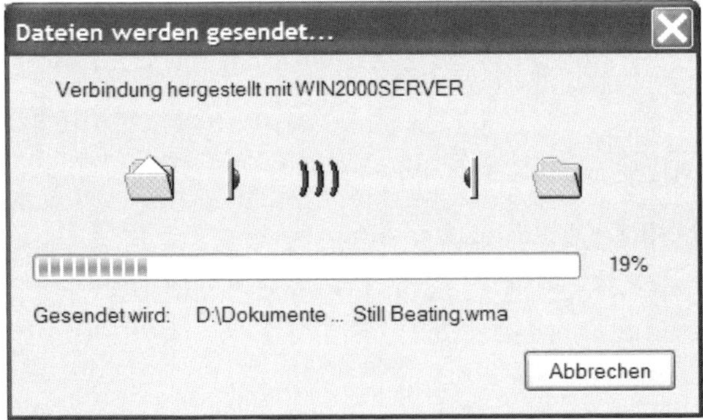

Abbildung 12.12: *Via Infrarot lassen sich Dateien drahtlos und unkompliziert übertragen*

Unterstützung für Infrarotschnittstellen ist bereits weit verbreitet, denn auch Windows 98, Millennium und 2000 unterstützen diesen Standard.

Damit Infrarotverbindungen funktionieren, muss nur sichergestellt sein, dass beide Computer eine Infrarotschnittstelle besitzen. Anschließend genügt es, die beiden Computer so auszurichten, dass die Infrarotsensoren eine optische Verbindung aufbauen können, also sich ungehindert »ansehen« können.

TIPP

Die meisten modernen Notebooks sind mit Infrarot-Schnittstellen ausgerüstet. Bei normalen Desktop-PCs ist das nicht der Fall. Sie können aber auch solche PCs infrarotfähig machen. Infrarot-Sendeempfänger sind preisgünstig zu haben und lassen sich zum Beispiel an die serielle Schnittstelle anschließen. Mehr zur Installation solcher Geräte lesen Sie in ▶ Kapitel 10.

Infrarot-Schnittstelle konfigurieren

Ist eine Infrarot-Schnittstelle eingebaut, dann brauchen Sie strenggenommen nichts weiter zu konfigurieren. Sobald sich zwei Computer mit aktivierter Infrarotschnittstelle zu nahe kommen, nehmen sie Verbindung miteinander auf.

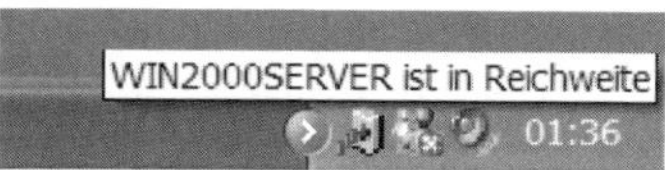

Abbildung 12.13: *Ein Infrarot-Symbol erscheint, sobald ein anderer Rechner in Reichweite ist*

Dennoch lohnt es sich, die Feineinstellungen der Infrarotschnittstelle kennen zulernen, und sei es nur, um sicherzugehen, dass die Schnittstelle die maximal mögliche Geschwindigkeit verwendet und nicht künstlich ausgebremst wird.

So gelangen Sie zu den Feineinstellungen der Infrarotschnittstelle:

1. Öffnen Sie im Startmenü die Systemsteuerung und wählen Sie *Drahtlose Verbindung*. Das Fenster *Drahtlose Verbindung* öffnet sich.

2. Aktivieren Sie die Registerkarte *Infrarot*. Wählen Sie im Bereich *Dateiübertragungsoptionen* mindestens die Option *Anderen Benutzern die Dateiübertragung mit Infrarotkommunikation gestatten* aus, damit andere Computer Ihrem Computer Daten senden dürfen. Aktivieren Sie im Bereich *Dateiübertragungsoptionen* außerdem die Option *Beim Empfangen von Dateien benachrichtigen*, damit Sie sehen, wann Ihnen jemand per Infrarot Daten senden möchte. Und aktivieren Sie die Option *Symbol für Infrarotaktivität in der Taskleiste anzeigen*, damit andere infrarotfähige Computer in Ihrer Nähe angezeigt werden und Sie Daten an diese Computer senden können.

3. Aktivieren Sie anschließend die Registerkarte *Hardware*. Im Feld *Geräte*: sehen Sie die Infrarotgeräte, die die drahtlose Verbindung verwenden. Ist die Liste leer, dann ist keine Infrarotschnittstelle installiert, und die drahtlose Verbindung funktioniert nicht.

4. Klicken Sie im Bereich *Geräteeigenschaften* auf die Schaltfläche *Eigenschaften*. Ein Fenster öffnet sich. Im Feld *Gerätestatus* sollten Sie nun lesen: Das Gerät ist betriebsbereit. Werden dagegen Fehler angezeigt, dann klicken Sie im Bereich *Gerätestatus* auf die Schaltfläche *Problembehandlung*, um den Problemlöse-Assistenten zu öffnen und das Geräteproblem zu lösen.

5. Achten Sie darauf, dass in der Ausklappliste *Geräteverwendung*: steht: *Gerät verwenden (aktivieren)*. Nun aktivieren Sie die Registerkarte *IrDA-Einstellungen*.
6. Wählen Sie im Feld *Maximale Verbindungsrate* die höchstmögliche Übertragungsgeschwindigkeit. Diese Geschwindigkeit sollte nur dann verringert werden, wenn die Datenübertragung häufig wegen Fehler abgebrochen wird.

Infrarot-Schnittstellen gibt es in unterschiedlichen Qualitäts- und Geschwindigkeitsklassen. Einfache Schnittstellen erlauben Geschwindigkeiten bis zu 115.200 Bits pro Sekunde (14 KB/s). Schnelle Infrarotschnittstellen können Daten mit bis zu 4 Millionen Bits pro Sekunde übertragen (500 KB/s).

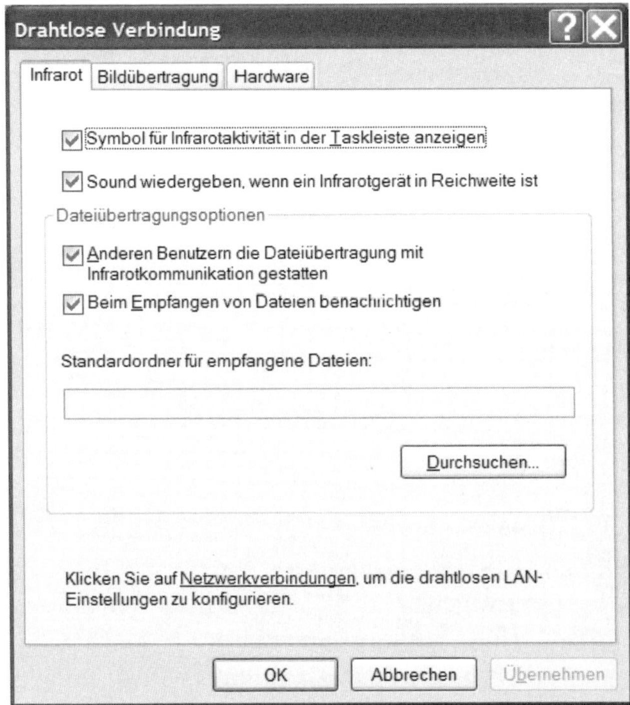

Abbildung 12.14: *Hier aktivieren Sie die Infrarot-Datenübertragung*

Nutzen Sie die drahtlose Verbindung häufiger oder für große Datenmengen, dann lohnt sich die Investition in eine schnelle Infrarotschnittstelle. Die Übertragung nutzt immer den kleinsten gemeinsamen Nenner und richtet sich also nach der jeweils langsameren Infrarotschnittstelle.

Daten per Infrarot übertragen

Bringen Sie die beiden Computer, die Daten miteinander austauschen wollen, so in Kontakt, dass die beiden Infrarotsensoren sich ungehindert »ansehen« können. Augenblicke später erscheint im Gerätefeld der Taskleiste beider Computer ein Infrarotsymbol.

1. Bringen Sie den Mauszeiger über das Infrarot-Symbol, dann zeigt ein ToolTip den Namen des Computers an, der sich in Reichweite befindet.
2. Klicken Sie auf das Symbol, wenn Sie Daten an diesen Computer senden wollen. Das Fenster *Drahtlose Verbindung* öffnet sich.
3. Wählen Sie die Datei oder den Ordner aus, den Sie an den anderen Computer senden wollen. Klicken Sie auf die Schaltfläche *Senden*.
4. Das Fenster *Dateien werden gesendet* öffnet sich und zeigt den Fortschritt des Datentransports an. Allerdings werden die Daten nicht sofort übertragen. Zuerst muss der andere Computer dazu seine Erlaubnis erteilen.
5. Deshalb erscheint beim Zielcomputer das Fenster *Drahtlose Verbindung*. Sie werden darin gefragt, ob Sie Dateien annehmen wollen, die Ihnen per Infrarot gesendet werden. Klicken Sie auf die Schaltfläche *Ja*, wenn Sie jede einzelne Datei einzeln bestätigen wollen, oder auf *Ja, alle*, wenn Sie alle Dateien annehmen wollen, falls es mehrere sind.
6. Das Fenster *Dateien empfangen* öffnet sich und zeigt den Fortschritt an. Sind alle Daten übertragen, dann klicken Sie auf *Schließen*.
7. Auf dem sendenden Computer erscheint ebenfalls eine abschließende Erfolgsmeldung. Klicken Sie auch hier auf *Schließen*. Der Datentransport wurde schnell und unbürokratisch abgewickelt.

Die übertragenen Dateien landen direkt auf Ihrem Desktop. Wollen Sie sie an einem anderen Ort speichern, dann öffnen Sie das Modul *Drahtlose Verbindung* in der Systemsteuerung, aktivieren die Registerkarte *Infrarot* und klicken im Bereich *Dateiübertragungsoptionen* auf die Schaltfläche *Durchsuchen*. Sie können nun einen anderen Standardort angeben, der die Dateien speichert, die per Infrarot gesendet werden.

Solange ein anderer infrarotfähiger Computer in der Nähe ist, erscheint ein weiterer Befehl im *Senden an*-Menü. Sie können Daten also auch über einen Rechtsklick auf Dateien oder Ordner und *Senden an* an den anderen Computer senden.

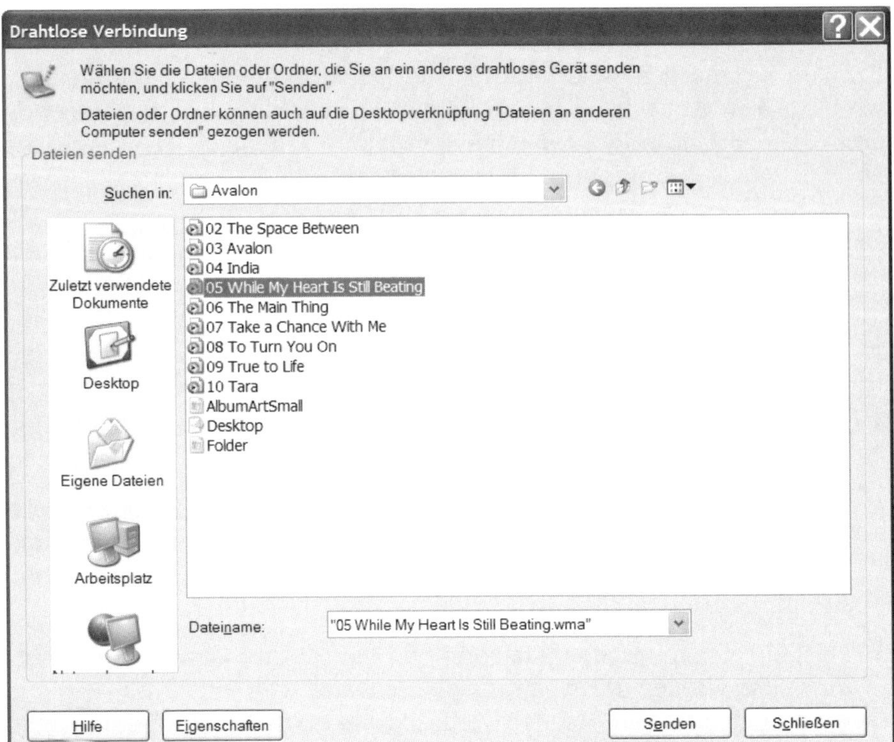

Abbildung 12.15: Geben Sie an, welche Dateien an den anderen Rechner gesendet werden sollen

Windows XP im Unternehmens-Netzwerk

In größeren Netzwerken ist die Benutzerverwaltung auf einzelnen Computern kaum möglich: es wäre viel zu aufwändig, auf allen Rechnern im Unternehmen einzeln die nötigen Benutzerkonten einzurichten, und auch die Softwareverteilung und die übrigen Sicherheitseinstellungen sollten hier zentral an einer Stelle möglich sein.

Genau dies geschieht, wenn Sie im Netzwerk einen Windows 2000 Server betreiben, den Sie mit dem Befehl `DCPROMO` zu einem Active Directory Domänencontroller gemacht haben.

Künftig können sich alle Clients – also auch alle Windows XP Professional-Rechner – zentral an diesem Domänencontroller anmelden und von dort die nötigen Sicherheitsinformationen beziehen. Beinahe die gesamte Administration kann nun also am Domänencontroller erledigt werden.

Windows XP Professional an einer Domäne betreiben

Damit Windows XP Professional sich an einer Domäne anmelden kann, muss es vom Workgroup-Modus in den Domänen-Modus umgeschaltet werden. Diese Umschaltung ist bei Windows XP Home nicht möglich.

So gehen Sie vor, um Windows XP Professional an einer Domäne anzumelden:

1. Melden Sie sich als lokaler Administrator bei Windows XP Professional an. Klicken Sie dann im Startmenü mit der rechten Maustaste auf *Arbeitsplatz*, und wählen Sie *Eigenschaften*.
2. Klicken Sie auf das Register *Computername*. Klicken Sie dann auf die Schaltfläche *Ändern*.
3. Tragen Sie ins obere Feld den Computernamen ein. Wählen Sie dann unten die Option *Domäne*, und geben Sie darunter den Namen des Domänencontrollers an, so wie er von DNS aufgelöst wird. Klicken Sie auf *OK*.
4. Nun werden Sie aufgefordert, ein Benutzerkonto samt Kennwort anzugeben. Dieses Konto muss in der Domäne bereits existieren und über das Recht verfügen, Sie als neues Mitglied in die Domäne aufzunehmen. Nach einem Neustart ist die Domänenanmeldung aktiv.

Sobald Windows XP Professional für den Domänenbetrieb eingerichtet ist, verwendet es das klassische Anmeldeformular. Das Willkommensfenster und die Schnelle Benutzerumschaltung stehen nicht mehr zur Verfügung.

Sie können sich im klassischen Anmeldefenster nun nach wie vor lokal oder aber am Domänencontroller anmelden. Zuständig ist das unterste Auswahlfenster. Ist es nicht zu sehen, dann klicken Sie im Anmeldefenster auf *Optionen*.

Gruppenrichtlinien in der Domäne

Die meisten Sicherheitseinstellungen des Rechners werden über die Gruppenrichtlinien verwaltet. Bei einem lokalen Rechner, der nicht an einer Domäne angemeldet ist, handelt es sich dabei nur um die lokale Gruppenrichtlinie. Die können Sie einsehen und ändern, indem Sie im Startmenü *Ausführen* wählen und eingeben: `GPEDIT.MSC` Eingabe. Alle Einstellungen, die Sie hier treffen, gelten für alle lokalen Benutzer gleichermaßen.

Ist der Rechner dagegen Mitglied einer Active Directory Domäne, dann können auf dem Domänencontroller beliebig viele weitere Gruppenrichtlinien definiert werden. Im Active Directory werden Abteilungen und Gruppen mit so genannten Organisationseinheiten repräsentiert. Jeder Organisationseinheit können beliebig viele separate Gruppenrichtlinien zugeordnet werden. Die Abteilung Buchhaltung kann also eine andere Gruppenrichtlinie (und damit zum Beispiel eine andere Liste zu verteilender Software) verwenden als die Abteilung Marketing.

Bei der Anmeldung am Domänencontroller ermittelt Windows, in welcher Organisationseinheit der anmeldende Benutzer geführt wird. Anschließend werden alle für diesen Benutzer relevanten Gruppenrichtlinien angewendet. Die lokale Gruppenrichtlinie wird nur noch in den Einstellungen wirksam, die nicht bereits von einer der Domänengruppenrichtlinien definiert wurden, hat also die geringste Priorität.

Die neuen Windows XP ADM-Dateien verwenden

Ein wesentlicher Bestandteil der Gruppenrichtlinie sind die *Administrativen Vorlagen*, die unzählige Richtlinien enthalten. Hinter diesen Richtlinien stecken Registry-Einträge, die bei früheren Windows-Versionen von *POLEDIT.EXE* verwaltet wurden.

Bei Windows XP sind viele neue Richtlinien hinzugekommen, die auf Windows 2000 Systemen noch fehlen. Möchte man also von einem Windows 2000 Domänencontroller aus neue Windows XP Systeme verwalten, dann zeigen die Gruppenrichtlinien des Domänencontrollers die neu hinzugekommenen *Administrative Vorlagen*-Richtlinien für XP nicht an.

Die Lösung: suchen Sie im versteckten *%WINDIR%\INF*-Ordner Ihres XP-Systems nach den ADM-Dateien (z.B. *SYSTEM.ADM*), die die Registry-Einträge beschreiben. Kopieren Sie diese Dateien auf den Domänencontroller, und ersetzen Sie dort die alten Windows 2000-ADM-Dateien mit den neuen XP-ADM-Dateien.

Schon stehen Ihnen auf dem Domänencontroller auch die neuen XP-Richtlinien zur Verfügung, zumindest diejenigen, die in den Zweigen *Administrative Vorlagen* verwaltet werden.

TCP/IP-Kommandozeilentools

Windows XP enthält zahlreiche Konsolenbefehle, um das Netzwerkprotokoll TCP/IP zu steuern und zu analysieren.

Konsolenbefehle einsetzen

Um einen der folgenden Konsolenbefehle einzusetzen, wählen Sie im Startmenü *Ausführen* und geben ein: `CMD` **Eingabe**. Geben Sie dann den Befehlsnamen ein, und drücken Sie **Eingabe**.

Die Konsole meldet nun die Syntax des Befehls, listet also alle erlaubten Optionen und Argumente auf.

Befehl	Verwendung
ARP	Verwaltung der Zuordnungstabelle der physikalischen MAC-Adressen der Netzwerkkarten und der zugewiesenen IP-Adressen. `ARP -a` zeigt zum Beispiel die aktuellen Einträge der Tabelle an.
FINGER	Liefert Informationen über die Nutzer des Systems zurück.
FTP	FTP-Client, mit dem Dateien via FTP empfangen und versendet werden können.
HOSTNAME	Meldet den Computernamen im Netzwerk.
IPCONFIG	Zeigt die derzeitigen IP-Adresszuweisungen an und kann IP-Einträge aktualisieren lassen.
LPQ	Verwaltet LPQ-Server.
LPR	Sendet einen in einer Datei gespeicherten Druckauftrag an einen Drucker.
NETSTAT	Zeigt die aktiven Netzwerkverbindungen des Computers an. `NETSTAT -s` liefert einen Statusreport über die Netzwerkverbindungen.
NSLOOKUP	Ruft DNS-Informationen ab. Geben Sie hierzu den Rechner- oder Domänennamen an, zu dem Sie weitere Informationen vom DNS-Server abrufen wollen. **STRG+C** bricht den Befehl ab.
PING	Prüft die Verbindung zu einem anderen Computer. `PING 10.10.10.12` prüft beispielsweise, ob die Verbindung zum Rechner *10.10.10.12* möglich ist.
ROUTE	Verwaltet die Routing-Tabelle. `ROUTE PRINT` gibt die aktuelle Routing-Tabelle aus.
RSH	Führt Programme auf anderen Computern aus.
TRACERT	Liefert die Zwischenstationen, die Datenpakete auf dem Weg zu einem Zielsystem nehmen. `TRACERT www.scriptinternals.de` liefert zum Beispiel die Verbindungspunkte, über die Sie mit der angegebenen Webseite verbunden werden.

13 Ein professionelles Netzwerk betreiben

Die Einschränkungen des Heimnetzwerkes sind für Sie nicht akzeptabel, oder Sie wollen selbst genau wissen, welche Einstellungen und Konfigurationen der Assistent klammheimlich im Hintergrund für Sie vornimmt? Dann ist dieses Kapitel richtig für Sie. Es zeigt detailliert, welche Netzwerkeinstellungen wichtig sind, damit das Netzwerk wie geplant funktioniert.

Dem Netzwerkinstallations-Assistenten in die Karten geschaut

Der Netzwerkinstallations-Assistent funktioniert wie eine Black Box und lässt sich nicht in die Karten schauen. Diese Benutzerfreundlichkeit kann mitunter störend sein, denn der Netzwerkinstallations-Assistent ist nicht für jedes Netzwerk geeignet.

Müssen Sie sich in ein bestehendes Netzwerk einklinken, dann ist oft Handarbeit gefragt. Die aber scheitert häufig, weil Netzwerksicherheit bei Windows XP vollkommen anders geregelt wird als noch bei Vorgängerversionen.

Sie können deshalb entweder den Netzwerkinstallations-Assistenten ausführen und das Netzwerk anschließend von Hand nachkonfigurieren. Oder Sie schauen sich an, was der Netzwerkinstallations-Assistent hinter den Kulissen wirklich treibt, und nehmen dieselben Einstellungen von Hand vor.

TIPP

Wollen Sie ein Netzwerk so konfigurieren, wie das unter Windows 2000 oder Windows NT üblich war, dann schalten Sie die einfache Dateifreigabe aus. Dazu wählen Sie im Startmenü *Systemsteuerung*, öffnen *Ordneroptionen*, aktivieren Sie die Registerkarte *Ansicht* und schalten die Option *Einfache Dateifreigabe verwenden* ab.

Das treibt der Netzwerkinstallations-Assistent

Der Assistent nimmt die folgenden Einstellungen vor, die für das Funktionieren des Netzwerks unerlässlich sind:

- Die TCP/IP-Adresse der Rechner wird auf APIPA-Adressierung umgeschaltet. Die Netzwerkrechner weisen sich also selbst eine eindeutige IP-Adresse aus dem Heimnetzwerkbereich zu. Konsequenz: Nur Rechner, die ebenfalls über den Heimnetzwerkassistenten konfiguriert wurden, oder die ebenfalls IP-Adressen aus dem Heimnetzwerk-Adressbereich verwenden, können angesprochen werden.
- Die einfache Dateifreigabe wird aktiviert. Alle Benutzer, die sich über das Netzwerk anmelden, werden dem Benutzerkonto *Gast* zugeordnet. Konsequenz: Administratoren, die via Netzwerk auf einen Rechner zugreifen, sind ebenfalls nur »Gast«-Benutzer, alle Netzwerk-Anwender werden gleich behandelt und verfügen über keinerlei privilegierte Rechte. Zugriff auf Administrative Freigaben und Fernverwaltung von Rechnern wird unmöglich.
- Damit die einfache Dateifreigabe Netzwerkbenutzer überhaupt dem Gast-Konto zuordnen können, wird das *Gast*-Konto aktiviert (es ist normalerweise deaktiviert), und dem *Gast*-Konto werden Netzwerkzugriffe erlaubt.
- Existiert im Netzwerk ein Rechner mit freigegebener Internetverbindung, und soll der Rechner diese Verbindung mitnutzen, dann wird das Gateway des Rechners auf die IP-Adresse des Rechners mit der freigegebenen Internetverbindung eingestellt. Anfragen, die nicht im lokalen Netzwerk beantwortet werden, wandern so durch das Gateway ins Internet.
- Für Internetverbindungen wird die *Internet Freigabe* aktiviert. Dies ist zwingend nötig, weil Freigaben mit der Einfachen Dateifreigabe über das Konto *Jeder* verwaltet werden.
- Schließlich ändert der Assistent die Zugriffsberechtigungen der Benutzerprofile und Systemordner.
- Bedacht werden sollte außerdem, dass die vorgegebenen Sicherheitseinstellungen Netzwerkverbindungen für Konten verbieten, denen kein Kennwort zugewiesen ist, wenn die einfache *Gast-Authentifizierung* abgeschaltet ist.

Der Anfang von allem: das TCP/IP-Protokoll konfigurieren

Netzwerke können nur dann funktionieren, wenn die beteiligten Computer dieselbe Sprache sprechen. Im Netzwerk werden diese Sprachen Protokoll genannt. Ein Protokoll legt genau fest, wie die Netzwerkcomputer miteinander Daten austauschen.

Windows XP verwendet als Standardprotokoll das TCP/IP-Protokoll. Andere Protokolle stehen zwar ebenfalls noch zur Verfügung, aber das TCP/IP-Protokoll hat sich bewährt und bietet die beste Leistung bei der größten Flexibilität. Das wird auch durch die Tatsache deutlich, dass nicht nur größere Firmen, sondern sogar das gesamte weltweite Internet dieses Protokoll verwenden.

TIPP Windows XP verwendet automatisch *NetBIOS over TCP/IP*, wenn dem Rechner eine statische IP-Adresse zugewiesen ist oder wenn ein DHCP-Server sich zu dieser Frage nicht äußert. Diese Einstellung kann in der TCP/IP-Protokollkonfiguration über die Registerkarte *Erweitert* geändert werden.

Der größte Nachteil des TCP/IP-Protokolls ist seine relativ komplizierte Konfiguration. Ist TCP/IP nicht 100% korrekt konfiguriert, dann kann sich Ihr Computer nicht mit anderen Netzwerkcomputern verbinden. Deshalb finden Sie in diesem Kapitel alle wichtigen Details, die Sie über das TCP/IP-Protokoll wissen müssen.

IP-Adresse des Rechners festlegen

Wesentlicher Punkt bei der Konfiguration des TCP/IP-Protokolls ist die Vergabe einer IP-Adresse für jeden Rechner im Netzwerk. Die IP-Adresse identifiziert dabei jeden Computer eindeutig, und es muss peinlich darauf geachtet werden, ein und dieselbe IP-Adresse nicht versehentlich mehr als einem Computer zuzuordnen.

Um diesen Prozess zu vereinfachen, gibt es gleich eine Reihe von Konfigurationsmöglichkeiten, aus denen Sie sich eine aussuchen müssen:

- APIPA – automatische IP-Adressvergabe: Legen Sie keine feste IP-Adresse fest, dann weisen sich Windows-Computer automatisch selbst IP-Adressen aus einem festgelegten Bereich zu. Genau dies geschieht zum Beispiel, wenn Sie den Heimnetzwerk-Assistenten verwenden. Diese Automatik geht solange gut, bis Rechner im Netzwerk auftauchen, die IP-Adressen aus einem anderen Bereich verwenden. Zwischen diesen und den Rechnern, die sich selbst IP-Adressen zugewiesen haben, kann keine Verbindung aufgebaut werden. Deshalb funktioniert das Heimnetzwerk nur so lange reibungslos, wie alle Rechner im Netzwerk mit dem Heimnetzwerk Assistenten eingerichtet wurden.

- DHCP (*Dynamic Host Configuration Protocol*) – automatische IP-Adressvergabe über einen Server: In größeren Netzwerken kann ein DHCP-Server zentral IP-Adressbereiche (Pools) verwalten und weist dann allen Computern im Netzwerk automatisch garantiert eindeutige IP-Adressen aus diesem Pool zu. Dies ist eine ausgesprochen flexible Variante, die aber einen DHCP-Server (zum Beispiel Windows 2000 Server) voraussetzt.
- Feste IP-Adressen: In kleineren Netzwerken kann es die Verwaltung und Fehlersuche erleichtern, jedem Computer eine feste eindeutige IP-Adresse zuzuweisen. Weil sich diese IP-Adresse nicht mehr ändert, behalten Sie einen genauen Überblick über die zugewiesenen IP-Adressen. Neue Rechner, die sich ins Netzwerk einklinken, zum Beispiel Notebooks, müssen aber ebenfalls eine IP-Adresse aus dem verwendeten Adresspool zugewiesen bekommen, bevor diese Rechner im Netzwerk Verbindung finden. Feste IP-Adressen sind also zumeist nicht nur an kleinere Netzwerke gebunden, sondern setzen außerdem voraus, dass die Rechner im Netzwerk nicht häufig wechseln.

Welche Variante Sie auch immer einsetzen, entscheidend ist aus Sicht von TCP/IP nur, welche IP-Adresse letztendlich einem Rechner zugewiesen wurde. Ob Sie die manuell, über APIPA oder DHCP zuweisen, ist TCP/IP herzlich egal.

Mehrere IP-Adressen und Gateways einrichten

Windows XP kann eine Netzwerkkarte an mehr als eine IP-Adresse binden. Auch sind mehrere Gateways möglich. Ein Gateway ist die IP-Adresse eines anderen Rechners, der den Brückenschlag zu anderen Netzwerken herstellt, zum Beispiel ein Router oder ein Windows XP-Rechner mit Internetfreigabe.

Um mehrere IP-Adressen für einen Netzwerkadapter anzugeben, wählen Sie in der Liste der Netzwerkkomponenten das *TCP/IP-Protokoll* aus und klicken auf *Eigenschaften* und dann *Erweitert*.

Jetzt können weitere IP-Adressen und beliebig viele Gateways eingetragen werden.

Geben Sie mehr als ein Gateway ein, dann versucht Windows XP die Gateways der Reihe nach in der von *Metrik* angegebenen Reihenfolge.

Abbildung 13.1: Mehrere IP-Adressen oder Gateways pro Netzwerkkarte einrichten

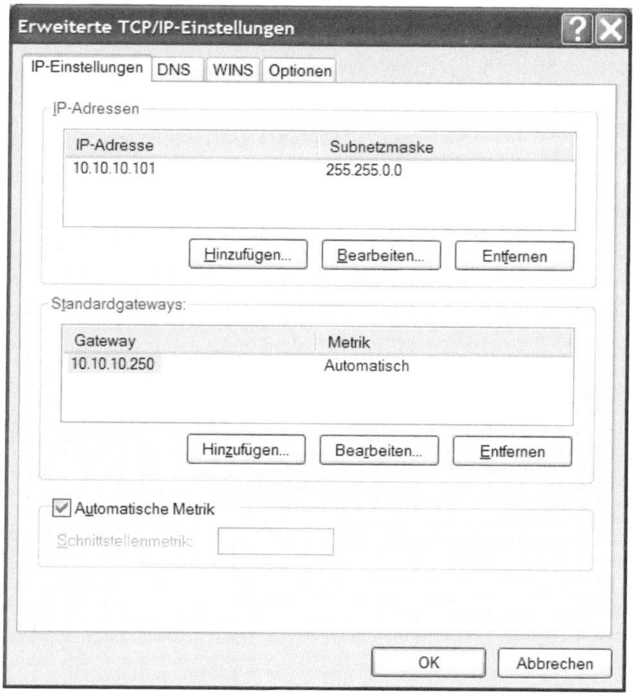

Erweiterte TCP/IP-Einstellungen
IP-Einstellungen | DNS | WINS | Optionen
IP-Adressen
IP-Adresse | Subnetzmaske
10.10.10.101 | 255.255.0.0
Hinzufügen... | Bearbeiten... | Entfernen
Standardgateways:
Gateway | Metrik
10.10.10.250 | Automatisch
Hinzufügen... | Bearbeiten... | Entfernen
Automatische Metrik
Schnittstellenmetrik:
OK | Abbrechen

Aktuell vergebene IP-Adressen überprüfen

Bevor Sie selbst IP-Adresseinstellungen verändern, verschaffen Sie sich einen Überblick, welche IP-Adressen den Computern Ihres Netzwerkes auf welchem Wege zugewiesen wurden.

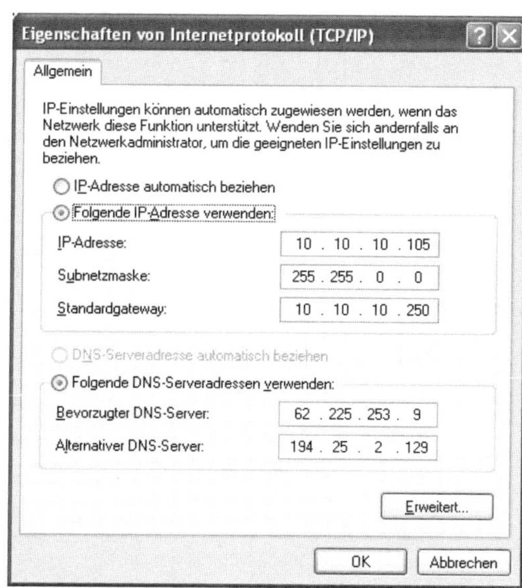

Abbildung 13.2: Dieser Rechner verwendet eine statische (feste) IP-Adresse, die sich nicht ändert

So gelangen Sie zu den Feineinstellungen des Netzwerkprotokolls:

1. Öffnen Sie das Startmenü und wählen Sie *Systemsteuerung*. Öffnen Sie dann das Modul *Netzwerkverbindungen* und darin *LAN-Verbindung*. Das Fenster *Status von LAN-Verbindung* öffnet sich.
2. Klicken Sie auf die Schaltfläche *Eigenschaften*. Das Fenster *Eigenschaften von LAN-Verbindung* öffnet sich. In der Liste *Diese Verbindung verwendet folgende Elemente*: sehen Sie alle installierten Netzwerk-Komponenten. Darunter sollte sich auch der Eintrag *Internetprotokoll (TCP/IP)* befinden. Wählen Sie diesen Eintrag aus.
3. Klicken Sie auf die Schaltfläche *Eigenschaften*. Das Fenster *Eigenschaften von Internetprotokoll (TCP/IP)* öffnet sich.

Sie sehen nun, wie der Computer seine IP-Adresse erhalten hat:

***Tabelle 13.1:** Arten, wie Computer IP-Adressen erhalten können*

Gewählte Option	Bedeutung
IP-Adresse automatisch beziehen	Windows XP versucht, einen DHCP-Server zu erreichen und von ihm eine IP-Adresse zu bekommen. Gelingt dies innerhalb von 60 Sekunden nicht, dann schaut Windows XP auf die Einstellungen der Registerkarte Alternative Konfiguration. Ist hier *Automatisch zugewiesene, private IP-Adresse* aktiv, dann weist sich Windows XP selbst eine IP-Adresse aus dem AIPA-Pool zu. Andernfalls verwendet es die benutzerdefinierten Angaben.
Folgende IP-Adresse verwenden	Eine fest zugewiesene IP-Adresse wird verwendet, die von Hand zugewiesen wurde und sich nicht automatisch ändern kann

Wird die IP-Adresse manuell zugewiesen, dann finden Sie in den Feldern IP-Adresse und Subnetzmaske die entsprechenden Angaben. Wird die IP-Adresse automatisch zugewiesen, dann zeigt Windows XP diese IP-Adresse nicht im Dialogfeld an. Um trotzdem herauszufinden, welche IP-Adresse Ihr Rechner augenblicklich verwendet, gehen Sie so vor:

1. Wählen Sie im Startmenü *Ausführen*, und geben Sie ein: `cmd` **Eingabe**. Ein Konsolenfenster öffnet sich.
2. Geben Sie ein: `ipconfig` **Eingabe**. IP-Adresse und Subnetzmaske aller aktiven Netzwerkkarten werden ausgegeben.

TIPP

Hier werden Sie vielleicht eine Überraschung feststellen: Haben Sie sich gerade via Modem oder ISDN ins Internet eingewählt, dann listet *Ipconfig* neben den »echten« Netzwerkkarten auch virtuelle Netzwerkkarten auf, nämlich die DFÜ-Verbindungen ins Internet. Die verhalten sich wie normale Netzwerkkarten, verfügen also auch über eine IP-Adresse. Die IP-Adresse der DFÜ-Verbindung stammt in aller Regel von dem Internetprovider, den das Modem oder die ISDN-Karte angerufen hat. Über diese IP-Adresse ist Ihr Computer weltweit erreichbar, solange die Einwahlverbindung besteht.

Noch mehr Informationen erhalten Sie auf diesem Weg:

1. Wählen Sie im Startmenü *Systemsteuerung*, und öffnen Sie das Modul *Netzwerkverbindungen*. Sie sehen jetzt alle Netzwerkverbindungen, die Ihr Computer nutzt.
2. Öffnen Sie *LAN-Verbindung* per Doppelklick. Das Fenster *Status von LAN-Verbindung* öffnet sich. Aktivieren Sie die Registerkarte *Netzwerkunterstützung*.
3. Darin werden nicht nur aktuell zugewiesene IP-Adresse und Subnetzmaske angezeigt. Hinter *Adresstyp:* wird auch angegeben, wie Ihr Rechner zu dieser IP-Adresse gekommen ist. Hat sich Windows XP diese Adresse selbst gegeben, dann steht hier *Automatisch zugewiesene private IP-Adresse*, ansonsten *vom DHCP Server zugewiesen* oder *Manuell konfiguriert*.

Abbildung 13.3: *Detailinformationen zur Netzwerkkarte abfragen*

4. Über Details finden Sie auch die MAC-Adresse des Netzwerkadapters heraus. Die MAC-Adresse ist fest in der Netzwerkkarte gespeichert und kann nicht verändert werden.

5. Mit der Schaltfläche *Reparieren* können alle Netzwerkeinstellungen überprüft und aktualisiert werden. Dies ist angebracht, wenn sich das Netzwerk aufgrund von umfangreicher Neukonfiguration möglicherweise in einem undefinierten Zustand befindet.

Verbindung zu anderen Computern testen

Prüfen Sie als nächstes, ob die Verbindung via TCP/IP zu anderen Computern in Ihrem Netzwerk funktioniert. Der einfachste Weg hierzu ist der *Ping*-Befehl. Sie benötigen lediglich die IP-Adresse des Computers, den Sie testweise erreichen wollen:

1. Wählen Sie im Startmenü *Ausführen*, und geben Sie ein: `cmd` Eingabe. Ein Konsolenfenster öffnet sich.
2. Geben Sie ein: `ping 127.0.0.1` Eingabe. Diese spezielle IP-Adresse repräsentiert immer Ihren eigenen Computer. *Ping* sollte hier vier Antworten melden, wenn Ihre Netzwerkkarte korrekt funktioniert.
3. Geben Sie ein: `ping IP-Adresse des Zielrechners` Eingabe, also zum Beispiel `ping 169.254.12.66` Eingabe. Klappt die Verbindung, dann werden auch hier vier Antworten gemeldet.
4. Meldet *Ping* dagegen ohne Verzögerung »Zielhost nicht erreichbar«, dann haben Sie eine IP-Adresse angegeben, die aus dem aktuellen Netzwerk nicht erreichbar ist. Die Subnetzmaske, die Sie verwenden, ist für die gewählte IP-Adresse nicht gültig. Kontrollieren Sie in diesem Fall, ob alle Computer in Ihrem Netzwerk dieselbe Subnetzmaske verwenden.
5. Meldet *Ping* »Zeitüberschreitung der Anforderung«, dann kann die gewählte IP-Adresse zwar prinzipiell erreicht werden, aber es gibt keinen Computer im Netzwerk, der auf diese IP-Adresse reagiert. Können Hardwarefehler und Verkabelungsprobleme ausgeschlossen werden, dann prüfen Sie, ob der Zielrechner die angegebene IP-Adresse tatsächlich verwendet, online und richtig konfiguriert ist.

IP-Adressen und Subnetzmasken richtig einstellen

Weisen Sie IP-Adressen von Hand zu, dann sind Sie selbst dafür verantwortlich, die richtigen IP-Adressen und passenden Subnetzmasken auszuwählen. Lesen Sie in diesem Fall, was es mit diesen beiden Angaben genau auf sich hat und wie Sie die richtigen Werte einstellen.

IP-Adressen bestehen aus vier Zahlen im Wertebereich von 0 bis 255. Die IP-Adresse hat eine duale Aufgabe: sie identifiziert sowohl das Netzwerk als auch den einzelnen Computer. Möglich wird das durch die Subnetz-Maske. Sie »maskiert« die Bits der IP-Adresse, die das Netzwerk angeben. Alle übrigen nicht-maskierten Bits der IP-Adresse werden zur Kennzahl des Computers.

Schauen Sie sich das bei der IP-Adresse 10.200.12.6 und der zugehörigen Subnetzmaske 255.0.0.0 an. Werden beide Zahlen binär dargestellt, dann ergibt sich dieses Bild:

Tabelle 13.2: *Zusammenhang zwischen IP-Adresse und Subnetzmaske*

IP-Adresse	00001010110010000000110000000110
Subnetzmaske	11111111000000000000000000000000
Ergebnis Netzwerk-ID	00001010 = 10
Ergebnis Computer-ID	110010000000110000000110 = 200.12.6

Daraus leiten sich drei einfache, aber wichtige Regeln ab:

- Jeder Computer im Netzwerk benötigt eine eigene, individuelle IP-Adresse.
- Jeder Computer im Netzwerk, der mit einem anderen Computer kommunizieren soll, muss dieselbe Subnetzmaske verwenden.
- Die Zahlen der IP-Adresse, die die Subnetzmaske maskiert, müssen bei allen Computern gleich sein.

Eine vierte Regel ist nicht minder wichtig: Hat Ihr Netzwerk Anschluss an das öffentliche Internet, dann dürfen Sie intern keine IP-Adressen vergeben, die öffentlich sind und durch die IANA-Organisation fremden Websites und Organisationen bereits zugewiesen sind. Andernfalls riskieren Sie größten Ärger.

Glücklicherweise gibt es im TCP/IP-Adressraum ausdrücklich gekennzeichnete Bereiche, die nicht im Internet verwendet werden dürfen und deshalb gefahrlos für eigene lokale Netzwerke bereitstehen. Diese Netzwerk-Adressbereiche werden nicht geroutet, also nicht ins Internet weitergeleitet.

Ohne Kopfzerbrechen IP-Adressen und Subnetzmasken zuweisen

Die Tabelle 13.3 zeigt die privaten Adressräume, die für LANs verwendet werden dürfen. Suchen Sie sich daraus einen Adressbereich aus, und achten Sie darauf, bei allen Rechnern dieselbe angegebene Subnetzmaske einzustellen.

Außerdem müssen alle IP-Adressen, die Sie manuell zuweisen, mit den Ziffern beginnen, die in der Spalte Zwingende IP-Bestandteile angegeben sind.

Die übrigen noch freien Zahlen dürfen, wenn nicht anders angegeben, Zahlen zwischen 0 und 255 verwenden. Achten Sie lediglich darauf, als letzte Zahl der IP-Adresse nicht 0 zu verwenden, weil dies die Broadcast-Adresse ist, die verwendet wird, um Nachrichten an alle Mitglieder eines Netzes zu schicken.

TIPP

Der Adressraum 169.254.0.1 bis 169.254.255.254 wird von APIPA (Automatic Private IP Addressing) verwendet: Windows-Computer, die keine feste IP-Adresse zugewiesen bekommen haben und auch von keinem DHCP-Server eine dynamische Adresse erhalten konnten, weisen sich selbst eine freie Adresse aus diesem Bereich zu.

Tabelle 13.3: Private Adressbereiche, die in eigenen TCP/IP-Netzen gefahrlos genutzt werden können

Adressbereich	Subnetzmaske	Zwingende IP-Bestandteile	Bemerkungen
10.0.0.0 – 10.255.255.255	255.0.0.0	10.x.y.z	Class A-Netz
169.254.0.1 – 169.254.255.254	255.255.0.0	169.254.x.y	Class B-Netz, wird von APIPA verwendet (Windows-Netzwerke)
172.16.0.0 – 172.31.255.255	255.240.0.0	172.(x).y.z	Class C-Netz. Der IP-Adress-Wert in (x) muss einen Wert zwischen 16 und 31 verwenden
192.168.0.0 – 192.168.255.255	255.255.0.0	192.168.x.y	Class B-Netz

IP-Adressen von Hand zuweisen

IP-Adressen sollten nur dann von Hand zugewiesen werden, wenn es dafür wichtige Gründe gibt. Wichtige Gründe sind zum Beispiel Netzwerkcomputer, deren IP-Adresse unbedingt in einem bestimmten Adressbereich liegen muss.

Haben Sie die Internetverbindungsfreigabe aktiviert, über die ein Computer seinen Internetzugang anderen Rechnern im Netzwerk zugänglich macht, dann ist dies ein solcher wichtiger Grund, und Windows XP weist dem Rechner automatisch eine feste IP-Adresse zu. Nur so ist klar, wo sich der allgemeine Internetzugang befindet. Würde der Rechner eine ständig wechselnde dynamische IP-Adresse verwenden, dann hätten die übrigen Rechner größte Schwierigkeiten, Schritt zu halten und stets die passende IP-Adresse zu ermitteln.

In allen anderen Fällen sollten Sie Windows erlauben, IP-Adressen automatisch zu vergeben. So brauchen Sie sich nicht um Adresskonflikte und neu ins Netzwerk hinzukommende Computer mehr zu kümmern. Windows vergibt sich automatisch eine neue dynamische IP-Adresse, wenn es entdeckt, dass die gewählte Adresse bereits von einem anderen Computer verwendet wird.

Haben Sie sich entschlossen, IP-Adressen manuell zuzuweisen, dann stehen Ihnen dazu zwei Wege zur Verfügung:

- Wählen Sie die Option *Folgende IP-Adresse verwenden*, dann verwendet Windows immer die angegebene IP-Adresse. Dies ist die richtige Entscheidung für fest installierte Computer.
- Verwenden Sie dagegen ein Notebook, dann kann es passieren, dass Sie damit unterwegs sind und sich vielleicht auch einmal in ein fremdes Netzwerk einklinken. In diesem Fall sollten Sie die Option *IP-Adresse automatisch beziehen* wählen. Dadurch erscheint die zusätzliche Registerkarte *Alternative Konfiguration*. Hier wählen Sie die Option *Benutzerdefiniert* und geben die feste IP-Adresse ein. Ihr Computer verwendet nun ebenfalls die von Ihnen fest vorgegebene IP-Adresse. Nur wenn Sie sich in ein fremdes Netzwerk einklinken, in dem es einen DHCP-Server gibt, der IP-Adressen verteilt, wird nicht Ihre feste IP-Adresse verwendet, sondern die vom DHCP-Server zugewiesene Adresse. Ihr Notebook kann sich in solchen Netzwerken also vollautomatisch richtig konfigurieren.

DNS-Serveradressen angeben

Die Konfiguration des TCP/IP-Protokolls besteht – das haben Sie gesehen – aus der Auswahl einer eindeutigen IP-Adresse und der dazu passenden Subnetzmaske. Allerdings werden Computer im Netzwerk selten über diese IP-Adresse angesprochen. Stattdessen wird der Computername verwendet oder, besonders im Internet, ein Domänenname wie `www.scriptinternals.de`. Das ist nicht nur benutzerfreundlicher, sondern auch zwingend notwendig, wenn IP-Adressen dynamisch zugewiesen werden und also gar nicht feststehen.

Im eigenen lokalen Netzwerk stehen zwei Mechanismen zur Verfügung, um Klartextnamen in IP-Adressen umzuwandeln: *WINS* und *DNS*. Während *WINS* ein Auslaufmodell alter Windows-Generationen ist und nur noch aus Kompatibilitätsgründen unterstützt wird, ist *DNS* der weltweite Standard, der auch im Internet zum Einsatz kommt.

Das Prinzip ist einfach: Wird ein Klartextname angegeben, dann kontaktiert Windows XP den *DNS*-Server und bittet ihn, den Namen aufzulösen, also die IP-Adresse herauszufinden, die hinter dem Namen steckt.

Der *DNS*-Server kann dies entweder direkt tun, wenn er diese Informationen selbst besitzt (zum Beispiel im internen Firmennetz), oder er kontaktiert nach festen Regeln andere *DNS*-Server, die für andere Netzbereiche zuständig sind (zum Beispiel Internet). Das Ergebnis ist in beiden Fällen gleich, nur der Zeitbedarf variiert: Der *DNS*-Server liefert die IP-Adresse an Windows XP zurück, so dass die Verbindung hergestellt werden kann, oder aber die Meldung *Host unbekannt* erscheint. Dann ist der angegebene Name nicht vergeben.

Konfigurieren Sie ein eigenes Netzwerk, dann geben Sie als *DNS*-IP-Adresse die IP-Adresse Ihres eigenen *DNS*-Servers ein, typischerweise ein Domänencontroller auf Windows 2000 Server-Basis. Betreiben Sie keinen eigenen *DNS*-Server, dann erfolgt die Namensauflösung wie in alten Tagen über *WINS*.

Besonders wichtig wird die Angabe des *DNS*-Servers, wenn Sie Ihr Netz über einen Router ans Internet anbinden. Dann nämlich müssen als *DNS*-Server die Namensserver des Internetproviders angegeben werden. Andernfalls können Sie sich nur über IP-Adressen mit Internetseiten verbinden, während Klartextnamen nicht gefunden werden.

Möchten Sie mehr als zwei DNS-Serveradressen verwenden, dann klicken Sie im Eigenschaftenfenster des TCP/IP-Protokolls auf die Schaltfläche *Erweitert* und aktivieren anschließend die Registerkarte *DNS*.

Netzwerkzugriffe überwachen

Windows XP protokolliert alle laufenden Netzwerkzugriffe und führt Listen über alle freigegebenen Ordner. Mit wenig Aufwand kann so jederzeit geprüft werden, welche Benutzer gerade auf Ihren Rechner zugreifen und welche Ordner öffentlich zugänglich sind.

Freigegebene Ordner kontrollieren

Zwar markiert der Explorer freigegebene Ordner mit einer servierenden Hand. Trotzdem kann es schwierig werden, den Überblick über alle freigegebenen Ordner zu wahren. Alle freigegebenen Ordner in einer übersichtlichen Liste sehen Sie so:

1. Klicken Sie im Startmenü mit der rechten Maustaste auf *Arbeitsplatz*, und wählen Sie im Kontextmenü *Verwalten*. Das Fenster *Computerverwaltung* öffnet sich.
2. Expandieren Sie links den Zweig *System/Freigegebene Ordner/Freigaben*, und klicken Sie auf Freigaben. Rechts sehen Sie nun alle freigegebenen Ordner.

3. Doppelklicken Sie auf eine Freigabe in der rechten Spalte, um das *Eigenschaften*-Fenster zu öffnen. Nun können Sie die Freigabeeinstellungen feinjustieren und zum Beispiel den Freigabenamen ändern oder die Höchstzahl der gleichzeitigen Benutzer einschränken.
4. Aktivieren Sie die Registerkarte *Sicherheit*, dann sehen Sie die aktuellen Zugriffsberechtigungen für diesen Ordner. Denken Sie daran, dass Netzwerkbenutzer im einfachen Heimnetzwerk immer über die Gruppe Jeder repräsentiert werden.
5. Klicken Sie eine Freigabe in der rechten Liste mit der rechten Maustaste an, dann können Sie über *Freigabe aufheben* Freigaben zentral entfernen.

Abbildung 13.4: *Alle freigegebenen Ordner in der Übersicht*

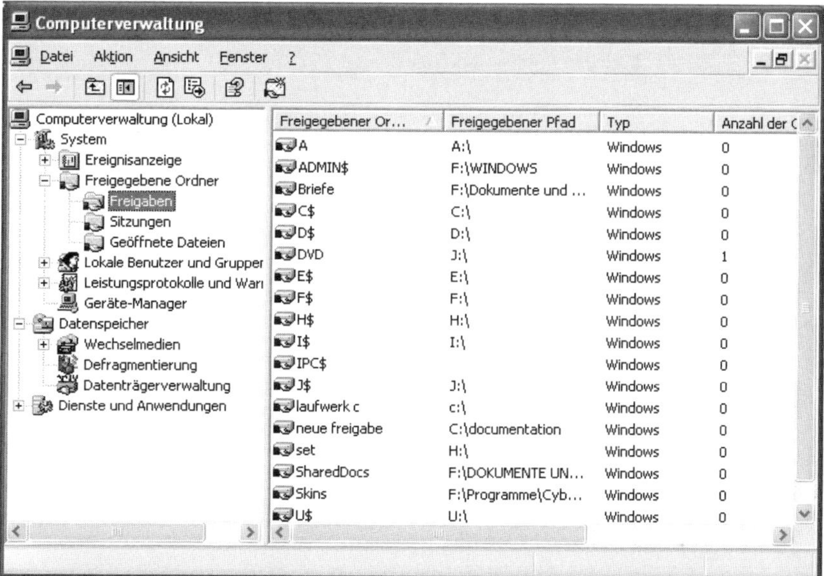

Administrative Freigaben

Einige Freigaben sind bereits vom System eingerichtet worden. Der Freigabename solcher Freigaben endet mit dem $-Zeichen. Diese Freigaben sind versteckt. Sie erscheinen nicht in der Netzwerkumgebung. Sie sind zudem besonders gesichert: Zugriff ist nur möglich, wenn der Benutzer über Administrator-Rechte verfügt. Administrative Freigaben ermöglichen es dem Administrator, ohne Vorbereitungen sofort Systeme über das Netzwerk zu warten.

Alle Festplattenlaufwerke werden über administrative Freigaben zugänglich gemacht, die den Laufwerksbuchstaben des Laufwerks tragen. Alle Druckertreiber sind über die Freigabe *print$* zugänglich. Sollten andere Systeme einen bei Ihnen freigegebenen Drucker mitverwenden wollen, dann können sich diese Systeme über *print$* die nötigen Druckertreiber beschaffen. Wollen Sie die auf Ihrem System vorhandenen administrativen Freigaben prüfen, dann wählen Sie beispielsweise im Startmenü *Ausführen* und geben ein: `\\127.0.0.1\print$`. Schon öffnet sich der Ordner mit den Druckertreibern.

- Administrative Freigaben sind über das Netzwerk unzugänglich, wenn Sie das Heimnetzwerk mit der Gast-Authentifizierung wählen, weil hier alle Netzwerkbenutzer einschließlich der Administratoren als Gast erscheinen.
- Sie selbst können eigene Freigaben ebenfalls in der Netzwerkumgebung verstecken, indem Sie ein *$*-Zeichen an den Freigabenamen anhängen.

Alle laufenden Netzwerkverbindungen sehen

Interessiert es Sie, welche Benutzer zur Zeit Netzwerkverbindungen zu Ihrem Computer aufgebaut haben, dann gehen Sie so vor:

1. Klicken Sie im Startmenü mit der rechten Maustaste auf *Arbeitsplatz*, und wählen Sie im Kontextmenü *Verwalten*. Das Fenster *Computerverwaltung* öffnet sich.
2. Expandieren Sie links den Zweig *System/Freigegebene Ordner/Sitzungen*, und klicken Sie auf Sitzungen. Rechts sehen Sie nun alle aktiven Netzwerkverbindungen zu Ihrem Rechner.
3. Die rechte Spalte meldet nicht nur, welcher Benutzer mit Ihrem System verbunden ist, sondern auch, seit wann das der Fall ist und ob dieser Benutzer als *Gast* oder als er selbst angemeldet ist. Auch die Anzahl der von ihm momentan geöffneten Dateien wird aufgeführt.
4. Diese Liste dient nicht nur dazu, die Sicherheit zu gewährleisten. Wollen Sie Ihren Rechner herunterfahren, dann können Sie über diese Liste feststellen, ob andere Netzwerkbenutzer davon betroffen sind und eventuell Daten verlieren würden. Haben andere Benutzer Dateien auf Ihrem System geöffnet, dann sollten Sie diese Benutzer vorwarnen, bevor Sie Ihr System herunterfahren.

Netzwerksitzungen sofort beenden

Da Sie das Hausrecht über Ihren Computer ausüben, können Sie Sitzungen jederzeit zwangsweise schließen. Dazu klicken Sie eine Sitzung mit der rechten Maustaste an und wählen *Sitzung schließen*. Die Sitzung wird sofort beendet.

Ein wichtiger Grund, Sitzungen von Hand zu schließen, sind Änderungen Ihrer Sicherheitseinstellungen. Haben Sie von klassischer auf Gast-

Authentifizierung umgeschaltet, dann gelten diese Einstellungen beispielsweise erst für künftige Netzwerksitzungen. Die vorher bereits laufenden Sitzungen sind nicht betroffen und sollten von Hand geschlossen werden, damit die neuen Einstellungen für alle sofort wirksam werden.

Alle geöffneten Dateien sehen

Ebenfalls in der Management Console finden Sie den Knoten *Geöffnete Dateien*, der sich in derselben Gruppe befindet wie Freigaben und Sitzungen. Jetzt sehen Sie eine Liste aller Dateien, die von Netzwerkbenutzern augenblicklich auf Ihrem Rechner geöffnet worden sind.

Dazu zählen auch Dateien, die nur kurz geöffnet werden, um zum Beispiel den Ordnerinhalt eines freigegebenen Ordners aufzulisten.

Virtuelles Privates Netzwerk (VPN)

Das *Virtuelle Private Netzwerk* (VPN) ist eine sehr einfach zu handhabende Möglichkeit, um Zweigstellen oder Außendienstmitarbeiter über öffentliche Netzwerke mit Ihrem Netzwerk zu verbinden.

Innerhalb der Firma ist es natürlich leicht, Netzwerkkabel zu verlegen und eine eigene Netzwerkinfrastruktur aufzubauen. Was aber, wenn Sie auch Filialen in Ihr Netzwerk einbeziehen wollen, die hunderte von Kilometern entfernt angesiedelt sind? Was, wenn Sie aus dem Hotelzimmer heraus auf das Firmennetzwerk zugreifen wollen? Hier wird sofort klar, dass solche Verbindungen nicht über eigene Netzwerkkabel geleitet werden können.

Brauchen sie auch gar nicht. Schließlich gibt es öffentliche Kabel. Telefonleitungen zählen ebenso dazu wie das beinahe weltweit verfügbare und preiswerte Internet. Ein beliebiger Internetzugang genügt, um sich weltweit kostengünstig mit dem heimischen Firmennetzwerk zu verbinden.

Der Zugriff auf öffentliche Netzwerke birgt dabei zunächst ein entscheidendes Sicherheitsrisiko: Während Sie im eigenen Netzwerk selbst bestimmen können, wer sich daran anschließt, gelten in öffentlichen Netzen andere Hoheitsregeln.

Ein Ausweg ist das *Virtuelle Private Netzwerk* (VPN). Es baut »Tunnel« durch öffentliche Netze auf. Ihre Daten werden also speziell verpackt, verschlüsselt und gesichert, bevor sie durch das öffentliche Netz reisen.

Die Bestandteile des VPN

Ein VPN besteht immer aus zwei Teilen: dem Client, der auf das Firmennetzwerk zugreifen möchte, und einem VPN Server, der direkt ans Firmennetz angeschlossen ist und die Anfrage des Clients entgegennimmt.

Als VPN-Client kommt jedes VPN-fähige Betriebssystem infrage. Neben Windows XP gehören auch Windows 2000 und andere Windows-Versionen dazu.

Als *VPN-Server* kommen Windows 2000 und Windows XP Rechner infrage. Damit Computer VPN-Verbindungen annehmen können, müssen sie zuerst freigeschaltet werden. Außerdem müssen VPN-Server über eine feste öffentliche IP-Adresse ansprechbar sein, wenn die Verbindung über das Internet laufen soll:

- Server direkt mit Internet verbunden: Ist dem Server eine öffentliche IP-Adresse zugewiesen, dann kann er unmittelbar und rund um die Uhr als VPN-Server eingesetzt werden.
- Server über Router und Firewall mit Internet verbunden: Der Server ist aus dem Internet heraus unsichtbar, kann also nicht über das Internet als VPN-Server angesprochen werden.
- Server über Modem mit dem Internet verbunden, Einwahl geschieht bei Bedarf: Server ist als VPN-Server erreichbar, solange die Modemverbindung steht. Allerdings weisen die meisten Internernetprovider bei jeder Einwahl eine andere IP-Adresse zu. VPN-Verbindungen müssen die jeweils aktuelle IP-Adresse des Servers angeben. Ein Außendienstler müsste also kurz in der Firma anrufen, die Verbindung herstellen lassen und sich dann die aktuelle IP-Adresse durchgeben lassen.
- Server ist nicht mit dem Internet verbunden: Über ein Modem kann der Server direkte Anrufe entgegennehmen und Außendienstler auf Wunsch auch zurückrufen.

TIPP

Obwohl VPN-Verbindungen normalerweise nur für Firmen gedacht sind, die im Internet über eine feste IP-Adresse dauerhaft zu erreichen sind, können Sie VPN auch privat nutzen. Eine ganz normale Internet-Einwahlverbindung genügt. Sie werden im folgenden Szenario sehen, wie Sie die temporäre IP-Adresse herausfinden, die Ihr Internetprovider Ihnen automatisch bei der Einwahl zugewiesen hat. Über diese Adresse können sich Bekannte oder Kollegen mit Ihrem Rechner (und damit mit Ihrem gesamten Netzwerk) verbinden, solange die Einwahl besteht.

Eine VPN-Verbindung aufbauen

Schauen Sie sich die Möglichkeiten von VPN an einem Szenario an. Möchten Sie das Szenario selbst nachvollziehen, dann brauchen Sie die folgende Ausstattung:

- Einen Computer mit Windows XP, der sich über Modem oder ISDN-Karte direkt ins Internet einwählt und als VPN-Server agiert
- Einen Computer mit Windows XP, der auf beliebige Art Zugriff auf das Internet hat und als VPN-Client agiert

Zwischen den beiden Computern sollte keine Netzwerkverbindung bestehen, denn die soll ja exemplarisch über das Internet aufgebaut werden.

Wollen Sie das Beispiel live mit einem Bekannten oder Kollegen durchspielen, dann brauchen Sie lediglich einen Windows XP Rechner mit Modem- oder ISDN-Zugang zum Internet. Nachdem Sie diesen Rechner im ersten Teil als VPN-Server eingerichtet haben, könnten Sie einen Kollegen bitten, sich über das Internet mit Ihrem Netzwerk zu verbinden.

Den Server konfigurieren

Als Vorgabe akzeptiert Windows XP keine VPN-Verbindungen oder eingehenden Anrufe am Modem. Bevor Sie also VPN verwenden können, muss der Rechner zuerst vorbereitet werden.

Dabei wird der RAS- und Routing-Dienst gestartet und die nötigen Sicherheitseinstellungen vorgenommen, die festlegen, wer remote auf den Rechner zugreifen kann. All das geschieht über sehr einfach zu bedienende Assistenten:

1. Wählen Sie im Startmenü *Systemsteuerung*, und öffnen Sie das Modul *Netzwerkverbindungen*. Das Fenster *Netzwerkverbindungen* öffnet sich.
2. Wählen Sie *Datei/Neue Verbindung*. Das Fenster *Assistent für neue Verbindungen* öffnet sich. Aktivieren Sie die Option *Weiter* >. Aktivieren Sie die Option *Eine erweiterte Verbindung einrichten*.
3. Aktivieren Sie die Option *Weiter* >. Aktivieren Sie die Option *Eingehende Verbindungen zulassen*. Aktivieren Sie die Option *Weiter* >. Der RAS- und Routingdienst wird gestartet.
4. Wählen Sie die Verbindung(en) aus, über die auf den Rechner zugegriffen werden soll. Hier wählen Sie also Ihr Modem oder die ISDN-Karte aus. Dann klicken Sie auf *Weiter*.

5. Aktivieren Sie die Option *VPN-Verbindungen zulassen*. Aktivieren Sie die Option *Weiter >*. Klicken Sie ins Optionskästchen vor den Benutzernamen der Liste *Benutzer, denen die Verbindung gestattet ist*, denen Sie die Einwahl erlauben wollen. Klicken Sie auf die Schaltfläche *Weiter >*.

6. Aktivieren Sie die Option *Weiter >*. Aktivieren Sie die Option *Fertig stellen*. Im Fenster Netzwerkverbindungen erscheint eine neue Kategorie namens Eingehende Verbindung. Der Server ist nun bereit, VPN-Verbindungen entgegenzunehmen.

Stellen Sie nun über Modem oder ISDN-Karte die Verbindung ins Internet her. Sobald Sie mit dem Internet verbunden sind, ermitteln Sie die IP-Adresse, unter der Sie zu erreichen sind:

1. Wählen Sie im Startmenü *Ausführen*, und geben Sie ein: `cmd` Eingabe. Die Konsole öffnet sich.

2. Geben Sie ein: `ipconfig` Eingabe. Nun werden alle IP-Adressen aufgelistet, die den Netzwerkkarten zugeordnet sind. Darunter ist auch die temporäre IP-Adresse, die die DFÜ-Verbindung verwendet.

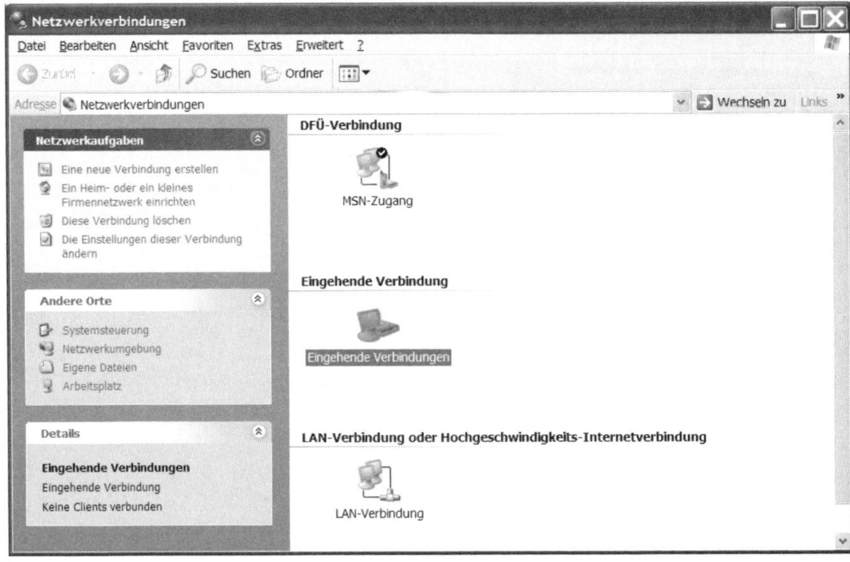

Abbildung 13.5: *RAS-Server werden in den Netzwerkverbindungen als »Eingehende Verbindung« bezeichnet*

Auf den VPN-Server zugreifen

Nun kann ein fremdes System via VPN auf Ihren Rechner zugreifen. Der fremde Anwender muss dazu nur die IP-Adresse kennen, die Sie gerade ermittelt haben, und sich bei der Anmeldung mit einem gültigen Benutzernamen und Kennwort ausweisen. Welche Benutzerkonten VPN-Berechtigung haben, das haben Sie eben gerade festgelegt.

1. Wählen Sie im Startmenü *Systemsteuerung*, und öffnen Sie das Modul *Netzwerkverbindungen*.
2. Wählen Sie *Datei/Neue Verbindung*. Das Fenster *Assistent für neue Verbindungen* öffnet sich. Klicken Sie auf die Schaltfläche *Weiter* >.
3. Aktivieren Sie die Option *Verbindung mit dem Netzwerk am Arbeitsplatz herstellen*.
4. Klicken Sie auf *Weiter* >. Aktivieren Sie die Option *VPN-Verbindung*.
5. Aktivieren Sie die Option *Weiter* >. Geben Sie einen treffenden Namen für die Verbindung ein. Klicken Sie auf die Schaltfläche *Weiter* >.
6. Sind Sie ständig mit dem Internet verbunden, dann aktivieren Sie die Option *Keine Anfangsverbindung automatisch wählen*. Wählen Sie sich dagegen via Modem oder ISDN ins Internet ein, dann aktivieren Sie die Option *Automatisch diese Anfangsverbindung wählen:* und geben die DFÜ-Verbindung an, über die Sie sich ins Internet einwählen wollen.
7. Geben Sie nun die IP-Adresse des VPN-Servers an. Die haben Sie eben bei der Einrichtung des Servers ermittelt. Denken Sie daran, dass sich die IP-Adresse des Servers bei einer Modem- oder ISDN-Einwahl bei jedem Einwahlvorgang ändert!
8. Klicken Sie auf *Weiter* > und dann auf *Fertig stellen*.

Das Verbindungsfenster erscheint. Dieses Fenster erreichen Sie auch über das Fenster Netzwerkverbindungen. Hier hat Windows XP die neue Kategorie Virtuelles privates Netzwerk eingerichtet. Darin liegen alle eingerichteten VPN-Verbindungen bereit und müssen nur noch per Doppelklick aktiviert werden.

1. Geben Sie Ihren Benutzernamen und Ihr Kennwort ein. Benutzername und Kennwort müssen mit einem Benutzerkonto übereinstimmen, das auf dem VPN-Server existiert und dem Sie wie eben beschrieben auf dem VPN-Server gestattet haben, VPN-Verbindungen herzustellen. Klicken Sie auf Verbinden. Die Verbindung wird hergestellt.
2. Sie können nun mit dem fremden Netzwerk arbeiten, so als seien Sie direkt mit ihm verbunden. Wählen Sie zum Beispiel im Startmenü Ausführen, geben Sie \\ ein und dann den Computernamen des VPN-Servers. Wenig später öffnet sich ein Fenster und zeigt alle freigegebenen Ressourcen an.

3. Klicken Sie in der Aufgabenliste auf Arbeitsgruppencomputer anzeigen, um auch die übrigen Computer im Netzwerk zu sehen.
4. Haben Sie Ihre Aufgaben erledigt, dann trennen Sie die VPN-Verbindung wieder. Dies kann entweder über das Verbindungssymbol im Infofeld der Taskleiste geschehen oder über Netzwerkverbindungen aus der Systemsteuerung. Ein Rechtsklick und Trennen genügt.

Denken Sie daran: Verfügt Ihr Server nicht über eine eigene permanente IP-Adresse im Internet, dann müssen Sie die jeweils aktuelle IP-Adresse des Servers dem Client mitteilen.

Ein Außendienstler könnte also kurz in der Zentrale anrufen und um VPN-Zugang bitten. Ein Administrator stellt dann die Internetverbindung her, ermittelt mit *Ipconfig* die jeweilige IP-Adresse der DFÜ-Verbindung und teilt diese dem Außendienstler mit. Der kann dann im Fenster Netzwerkverbindungen per Rechtsklick auf seine VPN-Verbindung und Eigenschaften die IP-Adresse aktualisieren und dann die Verbindung herstellen.

Sollte die Verbindungsaufnahme scheitern, dann setzen Sie den VPN-Server neu auf. So wird der VPN-Server deinstalliert:

1. Wählen Sie im Startmenü *Systemsteuerung*, und öffnen Sie das Modul *Netzwerkverbindungen*. Ist ein VPN-Server installiert, dann sehen Sie jetzt die Kategorie *Eingehende Verbindung*.
2. Klicken Sie die Verbindung, die Sie löschen wollen, mit der rechten Maustaste an, und wählen Sie *Löschen*. Die Verbindung wird entfernt, und wenn dies der letzte oder einzige VPN-Server war, dann entfernt Windows XP die Kategorie *Eingehende Verbindung* und deaktiviert den RAS- und Routing-Dienst.

Feineinstellungen des VPN-Servers

Haben Sie einen VPN-Server eingerichtet und eingehende Verbindungen über ein Modem oder ISDN-Karte zugelassen, dann reagiert der VPN-Server nicht nur auf Internetverbindungen einer laufenden Internetsitzung. Wird der Rechner direkt angerufen, dann heben Modem oder ISDN-Karte sogar ab und nehmen den Anruf entgegen. VPN-Verbindungen sind damit nicht nur über Internet möglich, sondern auch über (potenziell sicherere, aber teurere) Telefonleitungen.

Werden Telefonleitungen eingesetzt, dann kann die Sicherheit weiter gesteigert werden: auf Wunsch ruft der VPN-Server den Außendienstler unter einer vorher festgelegten Rückrufnummer zurück. Das spart nebenbei Kosten, weil die Firma nun bezahlt. Alternativ kann auch eine variable Rückrufnummer vereinbart werden. Außendienstler können so die Hotel-Zimmernummer angeben, unter der sie erreichbar sind, und brauchen nicht die teuren Hotelgebühren zu akzeptieren.

So wird der VPN-Server konfiguriert:

1. Wählen Sie im Startmenü *Systemsteuerung*, und öffnen Sie das Modul *Netzwerkverbindungen*. Doppelklicken Sie in der Kategorie *Eingehende Verbindungen* auf die gewünschte VPN-Server-Verbindung. Ein Fenster öffnet sich.
2. Aktivieren Sie die Registerkarte *Benutzer*. Jetzt sehen Sie alle Benutzer, denen der Zugriff via VPN auf diesen Server gestattet wurde. Wählen Sie einen Benutzer in der Liste aus, und klicken Sie auf *Eigenschaften*. Noch ein Fenster öffnet sich.
3. Aktivieren Sie die Registerkarte *Rückruf*. Wählen Sie die Option *Anrufer gestatten, die Nummer für den Rückruf einzurichten*. Der Außendienstler kann so die Rückrufnummer selbst bestimmen. Möchten Sie aus Sicherheitsgründen nur feste Rückrufnummern erlauben, zum Beispiel die Privatnummer eines Heimarbeiters, dann aktivieren Sie die Option *Immer folgende Nummer für den Rückruf verwenden:* und geben die Nummer ein.

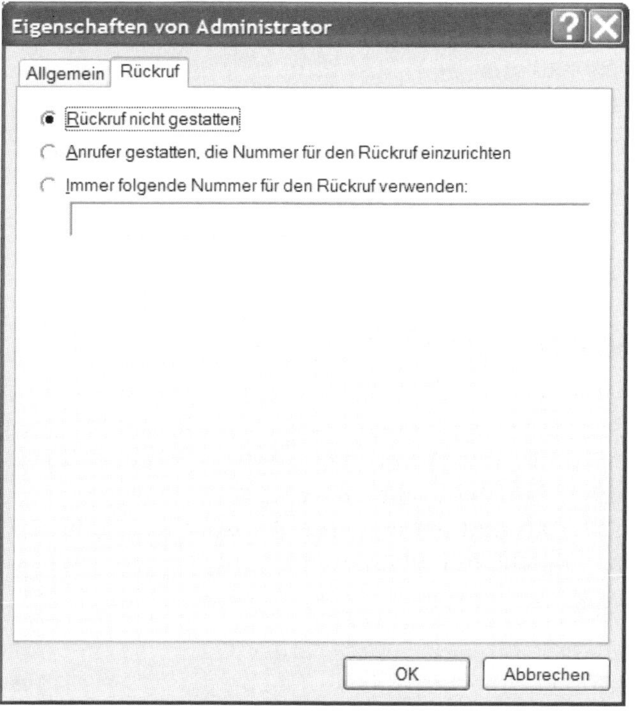

Abbildung 13.6: *Rückrufmöglichkeit aus Sicherheits- oder Kostengründen*

E

Umgang mit Netzwerken

Feineinstellungen des VPN-Clients

VPN gibt es in zwei Geschmacksrichtungen:

- das *PPTP* (*Point-to-Point-Tunnelling-Protocol*) ist das ältere Übertragungsverfahren. Es verwendet *MPPE* (*Microsoft Point-to-Point Encryption*), um die Daten zu sichern, während sie über das öffentliche Netzwerksegment reisen.
- Das *L2TP* (*Layer 2 Tunneling Protocol*) ist das neuere Übertragungsverfahren, das zur Datensicherung auf dem Industriestandard *IPSec* aufbaut. Es kann nur eingesetzt werden, wenn der VPN-Server Computerzertifikate unterstützt. In aller Regel muss dazu ein Windows 2000 Server verwendet werden.

Welche Art von VPN-Verbindung verwendet werden soll, bestimmt der Client. Die Vorgabe ist Automatisch: bietet der Server L2TP, dann wird dieses Verfahren gewählt, ansonsten wird auf das einfachere PPTP ausgewichen.

So bestimmen Sie selbst, welche VPN-Verbindungsart verwendet wird:

1. Wählen Sie im Startmenü *Systemsteuerung* und öffnen Sie *Netzwerkverbindungen*.
2. Klicken Sie in der Kategorie *Virtuelles privates Netzwerk* mit der rechten Maustaste auf die VPN-Verbindung, die Sie konfigurieren wollen, und wählen Sie *Eigenschaften*. Ein Fenster öffnet sich.
3. Aktivieren Sie die Registerkarte *Netzwerk*. In der Ausklappliste *VPN-Typ* können Sie sich nun die VPN-Verbindungsmethode aussuchen. L2TP funktioniert allerdings nur, wenn der VPN-Server dieses Verfahren auch unterstützt.

VPN hinter den Kulissen

Wie funktioniert der VPN-Brückenschlag eigentlich technisch? Dem Rätsel kommen Sie auf die Spur, wenn Sie eine VPN-Verbindung herstellen und dann auf dem Client oder dem Server über `cmd` **Eingabe** ein Konsolenfenster öffnen. Geben Sie ein: `ipconfig` **Eingabe**.

Sie sehen jetzt, dass Windows XP eine virtuelle Netzwerkkarte eingerichtet hat. Auf dem Client wird dabei als Gateway die IP-Adresse der virtuellen Netzwerkkarte des Servers verwendet.

Sprechen Sie anschließend Netzwerkressourcen an, die im eigenen Netzwerk nicht zu finden sind, dann geht die Anfrage an das Gateway. VPN überträgt die Anfrage an die IP-Adresse des VPN-Servers. Dort wird sie empfangen und weiterbearbeitet. VPN funktioniert damit wie eine Gateway-Anbindung eines anderen Subnetzes.

14 Im Netzwerk arbeiten

Ein funktionierendes Netzwerk ist ungeheuer flexibel. Sie können damit nicht nur Daten zwischen Computern austauschen. Die Möglichkeiten gehen weit darüber hinaus.

Ein wichtiges Thema ist zum Beispiel die Fernwartung. Firmen müssen unter Umständen zig oder hunderte von Arbeitsplätzen verwalten, und damit die berüchtigte »Turnschuh-Administration« nicht teure Arbeitszeit verschenkt, bietet Windows XP geradezu revolutionäre Fernwartungsmöglichkeiten.

Über *Remoteunterstützung* kann sich der Administrator (oder ein anderer berechtigter Benutzer) auf den Bildschirm eines hilfesuchenden Mitarbeiters aufschalten und ihm bei der Lösung seiner Probleme helfen. Und mit der *Microsoft Management Console* (MMC) verwalten Administratoren Festplattenpartitionen, Freigaben und Sicherheitsrichtlinien nicht nur des eigenen Computers, sondern jedes Windows XP oder 2000-System ist damit verwaltbar. Die Netzwerkverbindungen machen es möglich.

Teure Geräte lassen sich effektiv gemeinsam nutzen: Drucker und Internetzugänge können im Netzwerk freigegeben werden, die Fax-Unterstützung von Windows XP Professional dagegen leider nicht.

Heimarbeiter können von zu Hause aus über eine Internet- oder Einwahlverbindung und *Remotedesktop* Kontakt zum Firmen-PC aufnehmen und ferngesteuert mit seinem Bildschirm arbeiten, so, als säßen sie am Arbeitsplatz. Dasselbe ist natürlich auch Administratoren möglich, die im Notfall schnell von zu Hause aus eingreifen können, wenn in der Firma etwas schiefgelaufen ist.

Und da Windows XP einen kompletten Webserver mitbringt, sind auch Intranets möglich: Firmeninterne Webseiten halten alle Mitarbeiter auf dem Laufenden, und über Webfreigaben können Ordner so freigegeben werden, dass auch Windows-fremde Systeme wie Unix oder Apple darauf zugreifen können.

Mit der Netzwerkumgebung arbeiten

Die Netzwerkumgebung ist der »Explorer für das Netzwerk«. Über die Netzwerkumgebung sehen Sie also, welche Computer im Netzwerk verfügbar sind und welche Ressourcen sie freigeben.

Netzwerkumgebung besser erreichbar machen

Weil die Netzwerkumgebung häufig gebraucht wird, sollten Sie sie optimal erreichbar machen.

So bestimmen Sie, ob die Netzwerkumgebung im Startmenü sichtbar ist oder nicht:

1. Klicken Sie mit der rechten Maustaste auf die Uhr in der Taskleiste, und wählen Sie *Eigenschaften*. Das Fenster *Eigenschaften von Taskleiste und Startmenü* öffnet sich.
2. Aktivieren Sie die Registerkarte *Startmenü*. Wählen Sie die Option *Startmenü*, und klicken Sie auf die Schaltfläche *Anpassen*. Das Fenster *Startmenü anpassen* öffnet sich.
3. Aktivieren Sie die Registerkarte *Erweitert*. In der Liste *Startmenüelemente*: wählen Sie die Option *Netzwerkumgebung*. Klicken Sie dann auf *OK*. Klicken Sie nochmals auf *OK*.
4. Öffnen Sie das Startmenü: Rechts oben wird nun der Befehl *Netzwerkumgebung* gezeigt.

Möchten Sie die Netzwerkumgebung wie bei früheren Windows-Versionen als Symbol auf den Desktop legen, dann machen Sie es so:

1. Haben Sie die Netzwerkumgebung bereits im Startmenü eingeblendet, dann öffnen Sie das Startmenü und klicken mit der rechten

Maustaste auf *Netzwerkumgebung*. Wählen Sie im Kontextmenü *Auf dem Desktop anzeigen*. Fertig!

2. Ansonsten klicken Sie mit der rechten Maustaste auf eine freie Stelle des Desktops, und wählen Sie *Eigenschaften*. Das Fenster *Eigenschaften von Anzeige* öffnet sich.

3. Aktivieren Sie die Registerkarte *Desktop*. Klicken Sie dann auf die Schaltfläche *Desktop anpassen*. Das Fenster *Desktopelemente* öffnet sich.

4. Aktivieren Sie die Registerkarte *Allgemein*. Wählen Sie im Bereich *Desktopsymbole* die Option *Netzwerkumgebung*. Nun klicken Sie auf *OK* und noch einmal auf *OK*. Die Netzwerkumgebung liegt als Symbol auf dem Desktop.

Sie können die Netzwerkumgebung auch als Symbol in die Schnellstartleiste der Taskleiste einfügen:

1. Blenden Sie die Netzwerkumgebung – wenigstens vorübergehend – auf dem Desktop ein. Klicken Sie das Symbol dort mit der rechten Maustaste an und wählen Sie *Verknüpfung erstellen*.

2. Eine neue Verknüpfung zur Netzwerkumgebung erscheint. Diese können Sie nun in die Schnellstartleiste ziehen oder an jedem anderen Ort im Dateisystem verankern.

Die Netzwerkumgebung kennen lernen

Die Netzwerkumgebung macht es leicht, auf andere Netzwerkcomputer zuzugreifen:

- Öffnen Sie die Netzwerkumgebung, dann zeigt sie Ihnen alle freigegebenen Ressourcen aller Computer im Netzwerk an, auf die Sie zugreifen können.
- Klicken Sie in der Liste *Netzwerkaufgaben* auf *Arbeitsgruppencomputer anzeigen*, dann sehen Sie alle erreichbaren Netzwerkcomputer, die in derselben Arbeitsgruppe wie Ihr Computer geführt werden.
- Klicken Sie in der Liste *Netzwerkaufgaben* auf *Netzwerkverbindungen anzeigen*, dann sehen Sie den oder die physikalischen Netzwerkadapter, die Ihr Computer verwendet, um auf das Netzwerk zuzugreifen. Sie können dann die technischen Feineinstellungen wie zum Beispiel die TCP/IP-Konfiguration kontrollieren oder eine Netzwerk-Bridge zwischen mehreren Netzwerkadaptern herstellen.
- Klicken Sie Netzwerkumgebung mit der rechten Maustaste an und wählen *Computer suchen*, dann können Sie nach einem Computernamen oder einer IP-Adresse suchen. Ist der Computer erreichbar,

dann wird er angezeigt, und Sie können den Computer öffnen, um die von ihm freigegebenen Ressourcen zu sehen.

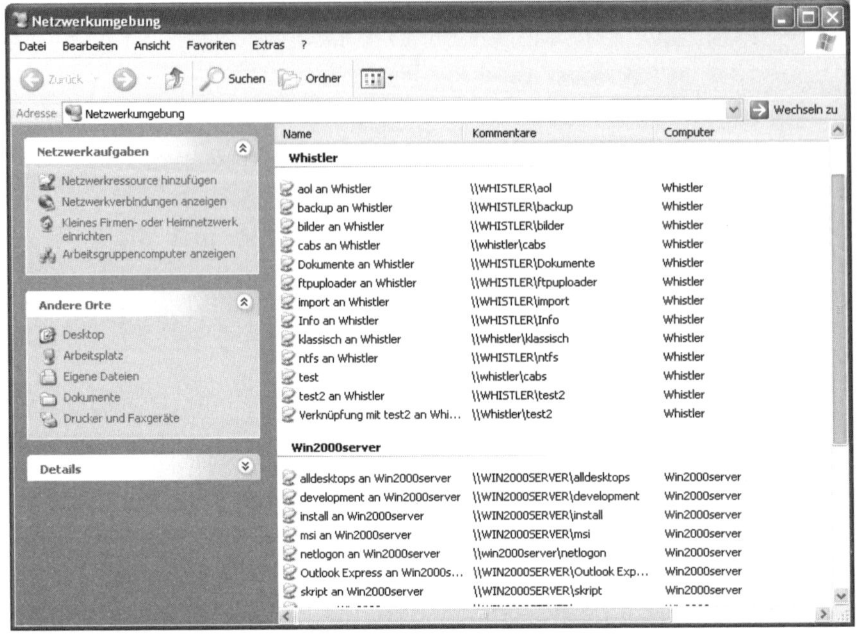

Abbildung 14.1: *Die Netzwerkumgebung ermittelt automatisch alle verfügbaren Freigaben und freigegebenen Drucker*

WorkgroupCrawler – automatisch Freigaben anzeigen

Um auf freigegebene Ordner anderer Computer zuzugreifen, brauchen Sie das Netzwerk noch nicht einmal selbst zu durchsuchen. Die Netzwerkumgebung tut dies automatisch für Sie. Das Ergebnis – die Liste aller erreichbaren freigegebenen Ordner und Geräte im Netzwerk – erscheint automatisch, wenn Sie die Netzwerkumgebung öffnen. Öffnen Sie eine der angezeigten Ressourcen, dann wird eine Verbindung zum betreffenden Computer hergestellt, und Sie können sofort mit der freigegebenen Ressource arbeiten.

Hinter den Kulissen scannt Windows XP das Netzwerk in regelmäßigen Intervallen und notiert sich dabei alle freigegebenen Ordner, die es finden kann. Das Ergebnis ist die Liste, die die Netzwerkumgebung anzeigt.

Diese Liste ist nur eine Vorgabe. Wenn Sie die Liste nicht pflegen, kann sie auf Dauer gerade in größeren Netzwerken überdimensionale Ausmaße annehmen und unübersichtlich werden. So pflegen Sie die Liste:

1. Öffnen Sie die *Netzwerkumgebung*. Sie sehen nun alle Freigaben, die Windows XP jemals gefunden hat.

2. Verschaffen Sie sich einen Überblick, welche Freigaben für Sie nützlich sind und welche nicht. Freigaben, die Sie nicht gebrauchen können, löschen Sie per Rechtsklick und *Löschen*. So wird die Liste ausgedünnt und zeigt nur noch die Freigaben an, die wichtig für Sie sind.
3. Freigaben, die wichtig für Sie sind, sollten einen besseren Namen bekommen. Dazu klicken Sie die Freigabe in der Netzwerkumgebung mit der rechten Maustaste an und wählen *Umbenennen*. Nun können Sie der Freigabe einen treffenden Namen geben.
4. Werden später irgendwo im Netzwerk weitere Ressourcen freigegeben, dann fügt Windows XP die neuen Freigaben in die Liste ein, und Sie können wiederum entscheiden, ob Sie diese Vorgaben behalten oder lieber löschen wollen.
5. Werden Freigaben im Netzwerk aufgehoben, dann streicht Windows XP diese Freigaben automatisch aus der Liste. Das passiert allerdings erst mit einiger Verzögerung, denn Windows XP streicht Freigaben erst, wenn sie über einen längeren Zeitraum nicht mehr verfügbar sind. So wird verhindert, dass Freigaben aus der Liste gestrichen werden, nur weil der freigebende Computer momentan offline und ausgeschaltet ist.

Freigaben, die Sie aus der Liste gestrichen haben, werden von Windows XP nicht mehr eingefügt. Eine ausgedünnte Liste bleibt also ausgedünnt und wird nicht etwa später von Windows XP wiederhergestellt.

Möchten Sie Freigaben zurückbekommen, die Sie gelöscht haben, dann haben Sie drei Möglichkeiten zur Auswahl:

- Klicken Sie in der Liste *Netzwerkaufgaben* auf *Netzwerkressource hinzufügen*. Jetzt können Sie freigegebene Ordner des Netzwerks, aber auch Internet-Sites in die Netzwerkumgebung einfügen.
- Verbinden Sie sich mit einem Netzwerkrechner, und klicken Sie die freigegebene Ressource mit der rechten Maustaste an. Wählen Sie *Kopieren*. Dann öffnen Sie die Netzwerkumgebung und wählen *Bearbeiten/Verknüpfung einfügen*.
- Greifen Sie direkt in die Registry ein, und sorgen Sie dafür, dass der *WorkgroupCrawler* alle Freigaben neu erkennt.

Freigaben automatisch neu erkennen lassen

Der WorkgroupCrawler merkt sich alle Freigaben, die er entdeckt hat, und macht sich jeweils eine Notiz in der Windows-Registry. Hier wird der Freigabename und der Zeitpunkt festgehalten, an dem die Freigabe zum ersten Mal gefunden wurde.

Freigaben, die in der Registry vermerkt sind, werden nicht neu in die *Netzwerkumgebung* eingefügt. Damit wird verständlich, was bei der Anpassung der Freigabeliste tatsächlich passiert:

Windows XP erkennt neue Freigaben, macht sich eine Notiz in der Registry und fügt eine Verknüpfung auf die Freigabe in den versteckten Ordner *Netzwerkumgebung* ein, der in Ihrem Benutzerprofil liegt. Sie können sich diesen Ordner jederzeit ansehen, indem Sie im Startmenü *Ausführen* wählen und eingeben: `%USERPROFILE%\Netzwerkumgebung` Eingabe. Der Ordner enthält die Verknüpfungen, die die Netzwerkumgebung anzeigt.

Löschen Sie nun Verknüpfungen aus der Netzwerkumgebung, dann streicht Windows die Verknüpfungen aus diesem Ordner und zeigt sie nicht mehr an. Der WorkgroupCrawler stößt zwar weiterhin auf die von Ihnen gelöschten Freigabeordner, aber weil sich bereits eine Notiz in der Registry befindet, wird keine neue Verknüpfung angelegt. Ihre Liste bleibt, wie sie ist.

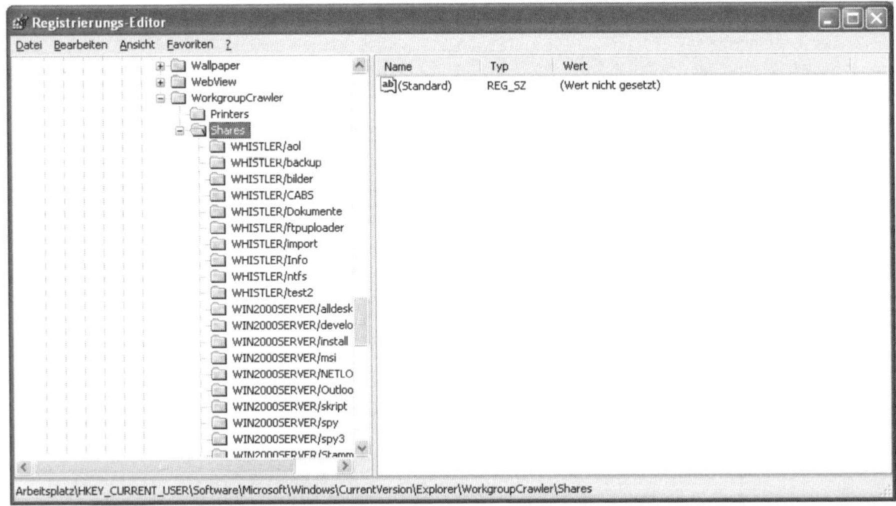

Abbildung 14.2: *Hier speichert der Crawler, welche Ordner und Drucker er schon gefunden hat*

Möchten Sie also erreichen, dass der WorkgroupCrawler Freigaben wieder anzeigt, die Sie früher aus der Netzwerkumgebung gestrichen haben, dann löschen Sie die Notiz des Crawlers in der Registry:

1. Öffnen Sie den Registrierungseditor. Dazu wählen Sie im Startmenü *Ausführen* und geben ein: `REGEDIT` Eingabe. Das Fenster *Registrierungs-Editor* öffnet sich.

2. Wählen Sie *Bearbeiten/Suchen*. Das Fenster *Suchen* öffnet sich.

3. Geben Sie den Suchbegriff `WorkgroupCrawler` ein. Aktivieren Sie im Bereich *Suchoptionen* die Option *Schlüssel*, und deaktivieren Sie die Optionen *Werte* und *Daten*.
4. Aktivieren Sie die Option *Ganze Zeichenfolge vergleichen*. Klicken Sie dann auf *Weitersuchen*.
5. Nach einem Moment wird in der linken Spalte der Ordner *WorkgroupCrawler* gefunden. Öffnen Sie ihn per Doppelklick. Öffnen Sie dann seinen Unterordner *Shares*.
6. Jetzt sehen Sie alle Freigaben, auf die der Crawler jemals gestoßen ist. Löschen Sie die Ordner, die den Freigaben entsprechen, die Sie neu erkennen lassen wollen. Möchten Sie, dass der Crawler alle Freigaben neu erkennt, dann löschen Sie den gesamten Ordner *Shares*.
7. Wollen Sie auch automatisch erkannte Drucker neu erkennen lassen, dann löschen Sie auch den Schlüssel *Printers*.
8. Öffnen Sie nun die *Netzwerkumgebung*. Windows XP ist bereits dabei, die Liste der freigegebenen Ordner zu restaurieren.

Den WorkgroupCrawler ein- und ausschalten

Der zuvorkommende Suchdienst der Netzwerkumgebung kann auf Benutzerbasis ein- und ausgeschaltet werden. Jeder Benutzer kann sich also selbst aussuchen, ob er den Suchdienst verwenden und automatisch neu im Netzwerk freigegebene Ressourcen in der Netzwerkumgebung angezeigt bekommen möchte oder nicht:

1. Öffnen Sie die Netzwerkumgebung, und wählen Sie *Extras/Ordneroptionen*. Das Fenster *Ordneroptionen* öffnet sich.
2. Aktivieren Sie die Registerkarte *Ansicht*. In der Liste *Erweiterte Einstellungen*: wählen Sie die Option *Automatisch nach Netzwerkordnern und Druckern suchen*, wenn Sie den Crawler verwenden wollen. Klicken Sie dann auf *OK*.

Wichtige Netzwerkordner besser erreichbar machen

Haben Sie immer wieder mit denselben Netzwerkordnern zu tun, dann können Sie diese Orte leichter erreichbar machen:

- Legen Sie eine Verknüpfung auf den freigegebenen Ordner an. Diese Verknüpfung können Sie dann auf dem Desktop, in der Schnellstartleiste oder im Startmenü anzeigen lassen.

- Weisen Sie der Freigabe einen Laufwerksbuchstaben zu. Der freigegebene Ordner verhält sich jetzt wie ein normales Laufwerk, erscheint im Arbeitsplatz und kann auch von älteren Programmen aus angesprochen werden, die keine UNC-Netzwerkpfadnamen akzeptieren.

Verknüpfungen auf wichtige Netzwerkfreigaben

So legen Sie eine Verknüpfung auf einen wichtigen freigegebenen Ordner an:

1. Verbinden Sie sich mit dem Computer, der den Ordner freigibt. Wie Sie das tun – ob mit Hilfe der *Netzwerkumgebung* oder über den Befehl *Ausführen* im Startmenü und Angabe eines Rechnernamens wie zum Beispiel `\\RECHNER12` Eingabe – spielt keine Rolle.
2. Klicken Sie den freigegebenen Ordner mit der rechten Maustaste an, und wählen Sie im Kontextmenü *Verknüpfung erstellen*.
3. Ein Fenster meldet, dass an dieser Stelle keine Verknüpfung erstellt werden kann. Klicken Sie auf *Ja*, damit die Verknüpfung auf dem Desktop angelegt wird.

Die neue Verknüpfung kann jetzt an einen besseren Ort gezogen werden. Ziehen Sie sie zum Beispiel ins Fenster der Netzwerkumgebung oder in die Schnellstartleiste der Taskleiste.

Wollen Sie die Verknüpfung direkt ins Startmenü einbauen, dann klicken Sie die *Start*-Schaltfläche mit der rechten Maustaste an und wählen *Öffnen*. Ziehen Sie die Verknüpfung dann ins Fenster *Startmenü*.

Die Verknüpfung erscheint jetzt oben im Programm-Menü, das ausklappt, wenn Sie im Startmenü *Alle Programme* wählen.

Netzlaufwerke verwenden

Freigaben können sich auf Wunsch als normales Laufwerk verkleiden und erscheinen dann neben Festplatte, CD-ROM & Co wie gewöhnliche Laufwerke im *Arbeitsplatz*-Fenster. Dort ist der freigegebene Ordner nicht nur gut zu erreichen. Weil ihm nun auch ein Laufwerksbuchstabe zugewiesen ist, können Programme auf die Netzwerkfreigabe genauso zugreifen wie auf jedes lokale Laufwerk.

1. Klicken Sie die Netzwerkumgebung mit der rechten Maustaste an, und wählen Sie *Computer suchen*. Geben Sie dann den Computernamen oder die IP-Adresse des Computers an, der den Ordner freigibt. Öffnen Sie den Computer im Suchen-Fenster.

2. Alternativ können Sie auch im Startmenü *Ausführen* wählen und sich direkt mit dem Computer verbinden, zum Beispiel über `\\Computername` Eingabe.
3. Klicken Sie die Freigabe, die Sie als Laufwerk verwenden wollen, mit der rechten Maustaste an, und wählen Sie *Netzlaufwerk verbinden*. Das Fenster *Netzwerklaufwerk verbinden* öffnet sich.
4. Wählen Sie aus der Liste *Laufwerk*: den Laufwerksbuchstaben aus, den Sie dem freigegebenen Ordner zuweisen wollen.
5. Aktivieren Sie die Option *Verbindung bei Anmeldung wiederherstellen*, damit das Netzlaufwerk permanent eingerichtet wird und nach einem Neustart weiterhin funktioniert.
6. Klicken Sie auf den Link *anderen Benutzernamen*, wenn Sie sich bei der Freigabe unter einem anderen als dem aktuellen Benutzernamen anmelden wollen. Das Fenster *Verbinden als* öffnet sich, und Sie können einen Benutzernamen und ein Kennwort angeben, das von Ihrem normalen Benutzerkonto abweicht, zum Beispiel, wenn Sie auf freigegebene Ordner innerhalb einer anderen Domäne zugreifen wollen.
7. Klicken Sie auf die Schaltfläche *Fertig stellen*. Windows XP verbindet sich mit dem freigegebenen Ordner und öffnet dann das neue Laufwerk. Drücken Sie Rück, dann sehen Sie das Arbeitsplatz-Fenster. Die Freigabe wird nun als normales Laufwerk geführt.

Möchten Sie ein Netzlaufwerk wieder entfernen, dann öffnen Sie das *Arbeitsplatz*-Fenster und klicken das Netzlaufwerk mit der rechten Maustaste an. Im Kontextmenü wählen Sie *Verbindung trennen*.

Mit Netzwerkdruckern arbeiten

Damit Sie einen Netzwerkdrucker verwenden können, muss der Netzwerkdrucker an dem Computer, an dem er angeschlossen ist, freigegeben und anschließend auf allen Computern, die den Drucker benutzen wollen, installiert werden. Dazu gehört die Angabe der Netzwerkadresse und die Installation des Druckertreibers.

Glücklicherweise automatisiert Windows XP diese Installation bei normalen Netzwerkdruckern weitestgehend, und Sie können in vielen Fällen ohne weitere Handgriffe freigegebene Netzwerkdrucker im ganzen Netzwerk nutzen.

Allerdings sollten Sie bedenken, dass Drucker wie alle Geräte Gerätetreiber benötigen, um funktionieren zu können. Die Installation der passenden Druckertreiber ist nicht schwierig, aber möglicherweise verboten: nur Administratoren dürfen Gerätetreiber installieren und deinstallieren. Können Sie also freigegebene Netzwerkdrucker nicht installieren, dann melden Sie sich mit einem Benutzerkonto bei Windows XP an, das über Administrator-Rechte verfügt.

Es gibt zwei verschiedene Sorten von Netzwerkdruckern:

- Normale Drucker, die über Windows im Netzwerk freigegeben wurden: Sie funktionieren nur, wenn sowohl der Drucker als auch der Computer, an den der Drucker angeschlossen ist, eingeschaltet und online sind. Jeder beliebige Drucker kann so über das Netzwerk gemeinsam genutzt werden. Wer den Drucker verwenden darf, entscheidet der Computer, an den der Drucker angeschlossen ist. Windows XP installiert freigegebene Netzwerkdrucker automatisch, sobald es solche Drucker im Netzwerk entdeckt.
- Spezielle Netzwerkdrucker: Solche Drucker enthalten einen eigenen Netzwerkanschluss. Der Drucker funktioniert, sobald er eingeschaltet wird, und benötigt keinen Computer, an den er angeschlossen sein muss. Meist werden spezielle Netzwerkdrucker mit eigener Netzwerkkarte nicht in der Netzwerkumgebung angezeigt und auch nicht automatisch installiert. Sie müssen einen speziellen TCP/IP-Druckerport einrichten, um solche Drucker nutzen zu können.

Einen freigegebenen Netzwerkdrucker finden und installieren

Windows XP präsentiert Ihnen auf Wunsch alle Drucker, die im Netzwerk freigegeben sind. So gehen Sie vor, um die Liste der verfügbaren Drucker zu sehen und einen Drucker zu installieren:

1. Öffnen Sie die *Netzwerkumgebung*. Klicken Sie links in der Liste *Andere Orte* auf *Drucker und Faxgeräte*. Das Fenster *Drucker und Faxgeräte* öffnet sich.
2. Überprüfen Sie, ob der gewünschte Drucker nicht möglicherweise bereits installiert ist. Windows XP installiert neue Netzwerkdrucker automatisch. Der Druckername beginnt dann mit »Automatisch ...«.
3. Netzwerkdrucker, die bereits einsatzbereit sind, werden mit einem Druckersymbol samt Netzwerkleitung angezeigt. Wählen Sie *Ansicht/Kacheln*, um mehr Informationen zu erhalten. Sie sehen jetzt, ob die installierten Drucker bereit sind oder nicht. Bei Netzwerkdruckern, die zur Zeit offline sind, steht nun der Zusatz Drucker nicht gefunden, keine Verbindung.
4. Um einen neuen Netzwerkdrucker zu installieren, klicken Sie links in der Aufgabenliste auf Drucker hinzufügen. Das Fenster *Drucker-*

installations-Assistent öffnet sich. Klicken Sie auf die Schaltfläche *Weiter* >.

5. Aktivieren Sie die Option *Netzwerkdrucker oder Drucker, der an einen anderen Computer angeschlossen ist*, denn Sie wollen einen Netzwerkdrucker und keinen direkt an Ihren Computer angeschlossenen Drucker installieren. Klicken Sie auf *Weiter* >.
6. Aktivieren Sie die Option *Drucker suchen*. Klicken Sie auf *Weiter* >. Windows XP zeigt nun alle im Netzwerk freigegebenen Drucker in der Liste *Freigegebene Drucker*: an. Klicken Sie auf den Drucker, den Sie verwenden wollen, und klicken Sie dann auf die Schaltfläche *Weiter* >.
7. Wenn Sie möchten, dass dieser Drucker zum Standarddrucker wird und verwendet wird, wenn Sie keinen besonderen Drucker auswählen, dann aktivieren Sie die Option *Ja*. Klicken Sie auf die Schaltfläche *Weiter* >.
8. Damit der Drucker eingerichtet wird, klicken Sie auf die Schaltfläche *Fertig stellen*. Der neue Drucker ist jetzt einsatzbereit.

Sollte der neue Netzwerkdrucker Ihre Druckaufträge nicht akzeptieren und stattdessen melden, Ihnen würden Berechtigungen fehlen, dann ist der Netzwerkdrucker zwar freigegeben worden, aber durch besondere Berechtigungen gesperrt. Nur bestimmte Benutzer dürfen auf dem Drucker drucken.

Verwenden Sie das Heimnetzwerk mit der Gast-Anmeldung, dann liegt die Ursache vermutlich in einer fehlerhaften Druckerfreigabe. Entfernen Sie die Druckerfreigabe, und geben Sie den Drucker anschließend neu frei.

Netzwerkdrucker mit eigener Netzwerkkarte installieren

Für professionelle Anwender empfehlen sich Drucker mit eingebauter Netzwerkkarte, die selbst als Druckserver arbeiten können. Solche Drucker brauchen keinen Computer, an den sie angeschlossen werden, sondern besitzen eine eigene IP-Adresse, über die der Drucker direkt erreichbar ist.

Je nach Druckermodell geben sich solche Drucker über die Netzwerkumgebung als freigegebener Drucker zu erkennen, oder der Zugang zum Drucker muss zuvor festgelegt werden. Hierfür benötigen Sie die IP-Adresse des Druckers.

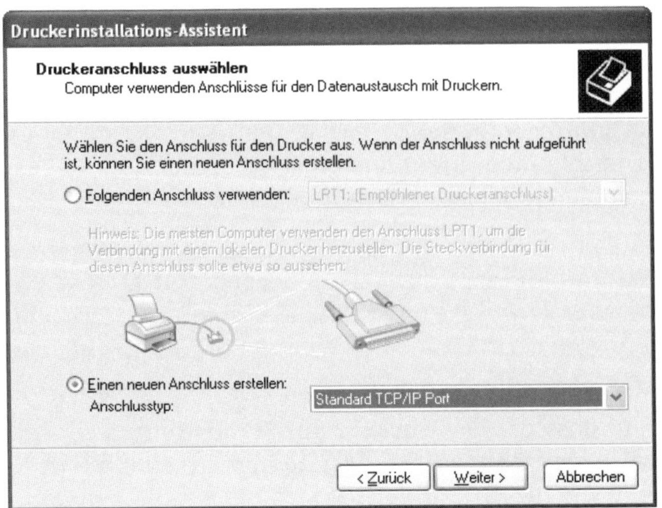

Abbildung 14.3: *Echte Netzwerkdrucker werden über einen Standard-TCP/IP-Port angesprochen*

TIPP

Netzwerkdrucker mit eingebauter Netzwerkkarte verhalten sich im Netzwerk wie Netzwerkcomputer. Um also auf solch einen Drucker zugreifen zu können, müssen Drucker und Computer die passenden IP-Adressen und Subnetzmasken verwenden. Details lesen Sie im ▶ Kapitel 13.

So richten Sie einen Netzwerkdrucker mit eigener Netzwerkkarte ein:

1. Wählen Sie im Startmenü *Systemsteuerung*, und öffnen Sie *Drucker und Faxgeräte*.
2. Klicken Sie in der Liste *Druckeraufgaben* auf *Drucker hinzufügen*. Das Fenster *Druckerinstallations-Assistent* öffnet sich. Klicken Sie auf *Weiter >*.
3. Aktivieren Sie die Option *Lokaler Drucker, der an den Computer angeschlossen ist*. Verwenden Sie nicht die Option *Plug + Play-Drucker automatisch ermitteln und installieren*. Klicken Sie auf die Schaltfläche *Weiter >*.
4. Aktivieren Sie die Option *Einen neuen Anschluss erstellen:*. In der Liste dahinter stellen Sie ein: *Standard TCP/IP Port erstellen*. Klicken Sie auf *Weiter >*.
5. Das Fenster *Assistent zum Hinzufügen eines Standard-TCP/IP-Druckeranschlusses* öffnet sich. Klicken Sie auf *Weiter >*.
6. Geben Sie ins Feld *Druckername oder -IP-Adresse*: die IP-Adresse des Druckers ein. Im Feld *Anschlussname*: wird ein Anschlussname vorgeschlagen, den Sie aber ändern können, wenn er Ihnen nicht gefällt. Klicken Sie auf die Schaltfläche *Weiter >*.

7. Der Assistent fasst die Angaben zusammen. Klicken Sie auf *Fertig stellen*, um den Druckerport einzurichten.
8. Nun versucht der Assistent, die IP-Adresse zu erreichen. Anschließend können Sie Druckerhersteller und Druckertyp aus dem Fenster aussuchen. Wird der passende Druckertreiber nicht gelistet, dann klicken Sie auf *Windows Update*, um zu prüfen, ob der Treiber über das Internet nachgeladen werden kann. Dazu benötigen Sie allerdings eine funktionierende Internetverbindung.
9. Klicken Sie auf die Schaltfläche *Weiter* >. Geben Sie dem Drucker nun im Feld *Druckername*: einen Namen, und entscheiden Sie, ob der Drucker künftig als Standarddrucker verwendet werden soll. Windows XP druckt dann alle Aufträge auf diesem Drucker, wenn Sie keinen anderen auswählen. Klicken Sie auf die Schaltfläche *Weiter* >.
10. Wenn Sie mögen, können Sie den Drucker sofort im Netzwerk für andere freigeben. Das sollten Sie allerdings nicht tun, denn es handelt sich ja bereits um einen Netzwerkdrucker, wenn auch mit speziellem Anschluss. Aktivieren Sie die Option *Drucker nicht freigeben*. Klicken Sie auf die Schaltfläche *Weiter* >.
11. Lassen Sie zum Schluss eine Testseite ausgeben. Aktivieren Sie die Option *Weiter* >. Der Assistent fasst die Einstellungen zusammen. Klicken Sie auf *Fertig stellen*. Nun installiert Windows XP die Druckertreiber und gibt die Testseite aus, wenn Sie eine gewünscht haben. Windows fragt nach, ob die Testseite gedruckt wurde und das Ergebnis Sie überzeugt. Falls nicht, dann klicken Sie auf die Schaltfläche *Problembehandlung*. Sie werden direkt mit dem Problemassistenten für Drucker verbunden, der Ihnen bei der Lösung weiterhilft.

Eigene Drucker im Netzwerk freigeben

Möchten Sie Ihren eigenen Drucker mit anderen Benutzern teilen, dann brauchen Sie ihn lediglich im Netzwerk freizugeben. Voraussetzung ist lediglich, dass Sie den Drucker bereits lokal installiert haben und damit selbst bereits erfolgreich drucken können.

So geben Sie einen Drucker im Netzwerk frei, damit andere ihn benutzen können:

1. Wählen Sie im Startmenü *Systemsteuerung*, und öffnen Sie *Drucker und Faxgeräte*. Das Fenster *Drucker und Faxgeräte* öffnet sich. Darin sehen Sie alle installierten Drucker. Drucker, die bereits im Netzwerk freigegeben sind, werden mit einer servierenden Hand

gekennzeichnet. Fremde Drucker, auf die Sie über das Netzwerk zugreifen, werden mit einem symbolischen Netzwerkkabel angezeigt.

2. Wenn Sie das Heimnetzwerk verwenden, kontrollieren Sie zuerst, ob Sie die einfache Dateifreigabe verwenden. Nur damit lassen sich Drucker im Heimnetzwerk korrekt freigeben. Wählen Sie *Extras/Ordneroptionen*. Aktivieren Sie die Registerkarte *Ansicht*. Stellen Sie sicher, dass die Option *Einfache Dateifreigabe verwenden* markiert ist. Klicken Sie dann auf *OK*.

3. Klicken Sie jetzt den Drucker, den Sie freigeben wollen, mit der rechten Maustaste an. Wählen Sie im Kontextmenü *Freigabe*. Das Eigenschaften-Fenster des Druckers öffnet sich, und die Registerkarte *Freigabe* ist bereits vorgewählt.

4. Aktivieren Sie die Option *Drucker freigeben*, und geben Sie hinter *Freigabename*: einen Namen an. Unter diesem Namen erscheint der Drucker später im Netzwerk.

5. Gibt es in Ihrem Netzwerk neben Windows XP Computer, die andere Windows-Versionen einsetzen, dann können Sie die Druckertreiber für diese Betriebssysteme bereithalten lassen. Versucht später der Benutzer einer älteren Windows-Version, Ihren Drucker über das Netzwerk zu nutzen, dann werden die passenden Druckertreiber für sein Betriebssystem automatisch von Ihrem Computer bereitgestellt. Damit das klappt, brauchen Sie die Druckertreiber für die gewünschten Ziel-Betriebssysteme. Windows XP bringt diese Treiber nicht mit. Wollen Sie zusätzliche Druckertreiber installieren, dann klicken Sie auf die Schaltfläche *Zusätzliche Treiber*, wählen die zusätzlichen Betriebssysteme aus und geben dann an, wo sich die passenden Druckertreiber für diese Betriebssysteme befinden.

6. Klicken Sie auf *OK*. Der Drucker ist freigegeben und sein Symbol wird jetzt von einer Hand serviert.

Freigegebene Drucker und der WorkgroupCrawler

Sobald Sie einen Drucker im Netzwerk freigeben, wird dieser Drucker bei allen Windows XP-Computern im Netzwerk automatisch installiert, die den WorkgroupCrawler-Dienst ausführen. Solche automatisch installierten Netzwerkdrucker befinden sich im Ordner *Drucker und Faxgeräte* der Systemsteuerung. Ihr Name beginnt immer mit *Automatisch*. Dahinter folgt nicht der Freigabename, den Sie dem freigegebenen Drucker zugewiesen haben, sondern der Name des Druckers, so wie er bei Ihnen lokal angezeigt wird.

Auf Netzwerkdruckern ausdrucken

Ist ein Netzwerkdrucker einmal installiert, dann unterscheidet er sich in der Handhabung nicht von Druckern, die lokal an Ihren eigenen Computer angeschlossen sind. Gedruckt werden kann allerdings nur, wenn der verwendete Netzwerkdrucker und der Computer, an den der Drucker angeschlossen ist, eingeschaltet und online sind.

Wollen Sie prüfen, wie weit ein Druckauftrag gediehen ist, dann öffnen Sie in der Systemsteuerung das Modul *Drucker und Faxgeräte*. Wählen Sie *Ansicht/Details*. Jetzt werden die ausstehenden Druckaufträge für jeden Drucker angezeigt.

Doppelklicken Sie auf einen Drucker, der noch ausstehende Druckaufträge anzeigt, dann sehen Sie die Druckerwarteschlange. In ihr werden alle Aufträge angezeigt, die Sie an den Drucker gesendet haben und die noch nicht komplett bearbeitet wurden.

Möchten Sie einen Druckauftrag nicht zu Ende drucken lassen, dann klicken Sie ihn in der Liste mit der rechten Maustaste an und wählen *Abbrechen*. Er wird aus der Liste gestrichen.

Webfreigaben einrichten

Windows XP Professional enthält einen integrierten Webserver, über den sich ebenfalls Ordner und Dateien im Netzwerk veröffentlichen lassen. Voraussetzung dafür ist, dass Sie den Webserver bereits installiert und aktiviert haben.

Webfreigaben verstehen

Webfreigaben sind Ordner, die vom Webserver als Webseite veröffentlicht werden. Jeder herkömmliche Browser kann dann den Inhalt dieses Ordners anzeigen und Dateien entweder öffnen oder herunterladen. Anders als bei normalen freigegebenen Ordnern spielt das Betriebssystem dabei keine Rolle, weil der Webserver zum Datenaustausch das plattformunabhängige HTTP-Protokoll einsetzt.

Abbildung 14.4: *Webfreigaben machen Ordner auch auf Nicht-Windows-Systemen zugänglich*

Mit Webfreigaben lassen sich Daten also auch in vollkommen heterogenen Netzwerken teilen, die aus Computern der unterschiedlichsten Betriebssysteme bestehen. Lediglich das TCP/IP-Protokoll muss auf allen beteiligten Computern vorhanden und korrekt konfiguriert sein.

Ordner über die Webfreigabe veröffentlichen

So gehen Sie vor, um den Inhalt eines Ordners über den Webserver netzwerkweit zugänglich zu machen:

1. Klicken Sie den Ordner, dessen Inhalt Sie veröffentlichen wollen, mit der rechten Maustaste an, und wählen Sie im Kontextmenü *Freigabe und Sicherheit*.
2. Aktivieren Sie die Registerkarte *Webfreigabe*. Diese ist nur vorhanden, wenn der Webserver auf Ihrem Rechner installiert worden ist.
3. Aktivieren Sie die Option *Diesen Ordner freigeben*. Das Fenster *Alias bearbeiten* öffnet sich. Geben Sie hinter *Alias*: einen Namen an. Unter diesem Namen wird der Ordner später im Intranet erreichbar sein.
4. Legen Sie jetzt fest, was im freigegebenen Ordner erlaubt sein soll. Damit andere Netzwerkbenutzer den Ordnerinhalt lesen können, aktivieren Sie im Bereich *Zugriffsberechtigungen* die Optionen *Lesen* und Verzeichnis durchsuchen.

5. Aktivieren Sie im Bereich *Anwendungsberechtigungen* die Option *Keine*. Weil der Ordner keine Website, sondern nur Dateien anzeigen soll, wäre es ein unnötiges Sicherheitsrisiko, Programm- und Skriptausführungen im Ordner zu erlauben.
6. Klicken Sie auf die Schaltfläche *OK*. Der Ordner ist jetzt über den Webserver Ihres Rechners erreichbar.

Das Ergebnis können Sie sofort ausprobieren. Verbinden Sie sich dazu von einem anderen Netzwerkrechner aus mit dem freigegebenen Ordner:

1. Wählen Sie im Startmenü *Ausführen* und geben Sie ein: `http://Rechnername/Aliasname` Eingabe. Wollen Sie auf dem Rechner *Comp12* den Ordner mit dem Aliasnamen *Daten* ansprechen, dann geben Sie also ein: `http://comp12/briefe` Eingabe.
2. Der Internet Explorer (oder ein anderer Internetbrowser) öffnet sich. Er zeigt nun den Inhalt der Webfreigabe als Webseite an. Sie können direkt im Browser Unterordner öffnen oder Dateien auf Ihren Rechner herunterladen, ganz so, als seien Sie mit einer normalen Website im Internet verbunden.

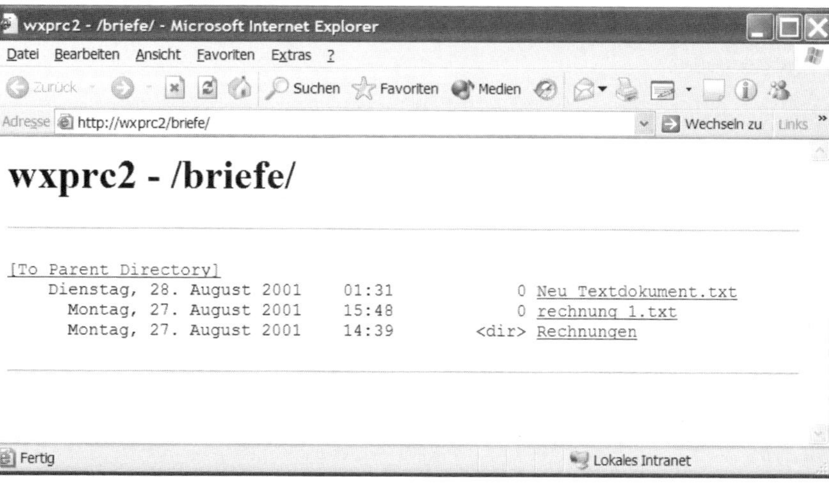

Abbildung 14.5: *Der freigegebene Webordner wird über jeden üblichen Webbrowser sichtbar*

TIPP Weil Sie bei der Freigabe des Ordners *Verzeichnis durchsuchen* erlaubt haben, generiert der Webserver automatisch eine spezielle Webseite, die den Ordnerinhalt anzeigt. Sie können natürlich ebenso gut mit Web-Entwicklungswerkzeugen wie FrontPage eigene Webseiten anlegen und diese dann anzeigen lassen.

Feststellen, welche Ordner im Intranet freigegeben sind

Webfreigaben werden nicht mit einer servierenden Hand markiert und auch nicht als normale Freigaben im Verwaltungsfenster von Windows XP angezeigt.

Wollen Sie sich einen Überblick verschaffen, welche Webfreigaben auf Ihrem Rechner eingerichtet und öffentlich sind, dann gehen Sie so vor:

1. Wählen Sie im Startmenü *Systemsteuerung*, und öffnen Sie *Verwaltung/Internet Informationsdienste*. Das Fenster *Internet-Informationsdienste* öffnet sich. Fehlt der Eintrag, dann ist der Webserver vermutlich auf Ihrem System noch nicht installiert.
2. Expandieren Sie den Zweig links, bis Sie den Knoten *Websites* sehen. Anfangs existiert nur eine Website namens *Standardwebsite*, und alle Webfreigaben werden von dieser Site verwaltet. Klicken Sie auf *Standardwebsite*.
3. Darunter sehen Sie nun alle Ordner, die von der Website veröffentlicht werden. Webfreigaben sind mit einem besonderen Symbol markiert, das wie ein geöffnetes Paket aussieht. Nicht alle Webfreigaben stammen von Ihnen. Der Webserver hat einige Freigaben selbst eingerichtet.
4. Wollen Sie sich zum Beispiel über die Möglichkeiten des Webservers informieren, dann nutzen Sie die Webfreigabe *IISHelp*. Wählen Sie im Startmenü *Ausführen*, und geben Sie ein: `http://localhost/IISHelp` Eingabe.
5. Um eine Webfreigabe wieder aufzuheben, klicken Sie sie im Fenster *Internet-Informationsdienste* mit der rechten Maustaste an und wählen *Löschen*. Alternativ können Sie auch den Ordner, der im Web freigegeben wird, mit der rechten Maustaste anklicken, *Freigabe und Sicherheit* wählen und die Registerkarte *Webfreigabe* aktivieren. Wählen Sie hier *Diesen Ordner nicht freigeben*, und klicken Sie auf *OK*.

Windows XP ferngesteuert – ein Überblick

Beinahe alle Tools zur Analyse und Konfiguration des Systems sind netzwerktauglich. Administratoren können so zum Beispiel die Lokale Sicherheitsrichtlinie, eine Netzwerkanalyse oder einen Inventarbericht nicht nur vom eigenen System anfordern, sondern mit nur wenigen

Extraklicks ebenso gut ein ganz anderes System warten. Lediglich eine Netzwerkverbindung muss vorhanden sein.

Bildschirminhalte übertragen

Doch die Supportmöglichkeiten gehen noch weit darüber hinaus. Auf Wunsch kann sich der Administrator direkt auf den Bildschirm des Anwenders aufschalten und sofort sehen, wo das Problem liegt. Erteilt der Anwender die Erlaubnis, dann kann der Administrator sogar Maus und Tastatur ferngesteuert übernehmen und die fehlerhaften Einstellungen sofort korrigieren.

Dieses Prinzip funktioniert in beide Richtungen: der Administrator kann sich aus eigenem Wunsch mit einer laufenden Sitzung verbinden, oder ein in Bedrängnis geratener Anwender sendet – zum Beispiel per E-Mail – eine Hilfsanfrage. Der Empfänger der E-Mail braucht diese nur zu öffnen und kann dann sofort dem Anwender helfen, dessen Bildschirm einsehen und aktiv ins Geschehen eingreifen.

Besonders dieser letzte Punkt ist auch für Heimanwender interessant, denn diese Form der Hilfe funktioniert sogar über das Internet. Selbst ohne teure EDV-Support-Abteilung kann so jeder Privatanwender einen versierten Bekannten anmailen und dann gemeinsam mit ihm das Problem beheben. Teure Hotlines, die oft im Trüben fischen und den Anwender zunächst ausführlich um Problembeschreibungen bitten müssen, sind damit ein für allemal vorbei.

Remotedesktop: Heimarbeit leicht gemacht

Neben diesen neuen Support-Möglichkeiten können sich Anwender ab sofort auch ferngesteuert mit ihrer eigenen Windows XP Sitzung verbinden. Erforderlich ist dazu lediglich ein beliebiges Windows-Betriebssystem. Von diesem aus kann dann via Netzwerk oder Internet auf Windows XP zugegriffen werden. Bildschirminhalt, Tastatur, Maus und auch lokale Laufwerke, Geräte und Sound werden über diese Verbindung übertragen, sodass der Anwender von beinahe jedem beliebigen Punkt der Erde aus auf seine heimische Windows XP Sitzung zugreifen und damit arbeiten kann.

Etwas realistischere Szenarien wären Administratoren, die sich firmenintern auf Systemen anmelden, um dort ferngesteuert Software zu installieren, oder Anwender, die Heimarbeit verrichten und dazu zu Hause nur einen leistungsschwachen alten Windows 95-Computer brauchen. Gearbeitet wird auf dem Firmenrechner, wo auch alle Daten und Programme sicher und zuverlässig konfiguriert sind.

Voraussetzungen für die neuen Funktionen

Voraussetzung für die Fernwartungstools ist lediglich eine Windows-Version, auf der WMI installiert ist. WMI ist fester Bestandteil von Windows 2000 und Windows XP, kann aber kostenfrei auch für Windows 9x, Millennium und NT nachgerüstet werden.

Voraussetzung für die Bildschirmaufschaltung ist ein Windows XP-System auf beiden Seiten.

Andere Anwender um Unterstützung bitten

Falls Sie ein Windows-Problem haben, das Sie selbst nicht lösen können, dann laden Sie doch einfach versierte Bekannte ein, Ihnen zu helfen! Dazu brauchen Sie lediglich ein funktionierendes E-Mail-Konto, und die Person, die Sie um Hilfe bitten, muss ebenfalls Windows XP verwenden.

Remoteunterstützung aktivieren

Bevor Sie einen Hilferuf absetzen, sollten Sie sicherstellen, dass andere Anwender auch tatsächlich auf Ihren Hilferuf reagieren dürfen:

1. Öffnen Sie das Startmenü und klicken Sie mit der rechten Maustaste auf *Arbeitsplatz*. Wählen Sie im Kontextmenü *Eigenschaften*. Sie können auch das Modul *System* der Systemsteuerung öffnen.
2. Das Fenster *Systemeigenschaften* öffnet sich. Aktivieren Sie die Registerkarte *Remote*. Wählen Sie dann im Bereich *Remoteunterstützung* die Option *Ermöglicht das Senden von Remoteunterstützungsanforderungen*. Damit erlauben Sie anderen Benutzern, auf Ihre per E-Mail versendeten Hilfeanforderungen zu reagieren und sich mit Ihrem Desktop zu verbinden.
3. Klicken Sie dann im Bereich *Remoteunterstützung* auf die Schaltfläche *Erweitert*. Das Fenster *Remoteunterstützungseinstellungen* öffnet sich.
4. Aktivieren Sie im Bereich *Remotesteuerung* die Option *Remotesteuern dieses Computers zulassen*. Im Bereich *Legen Sie die maximal zugelassene Zeitdauer fest, für die die Aufforderungen gelten*. legen Sie fest, wie lange Ihre ausgesendeten Hilfeanforderungen gültig sein sollen. Klicken Sie auf *OK*.

TIPP Im gleichen Dialogfeld werden auch die Einstellungen für den Remotedesktop aktiviert. Beide sind miteinander verwandt, Während Sie sich bei der Remoteunterstützung auf den Bildschirm und die Sitzung eines anderen Benutzers aufschalten, bekommen Sie mit dem Remotedesktop eine ganz normale eigene Sitzung, zum Beispiel für Heimarbeiter. Mehr zum Remotedesktop lesen Sie gleich. Hinter beiden Technologien steckt der Terminaldienst.

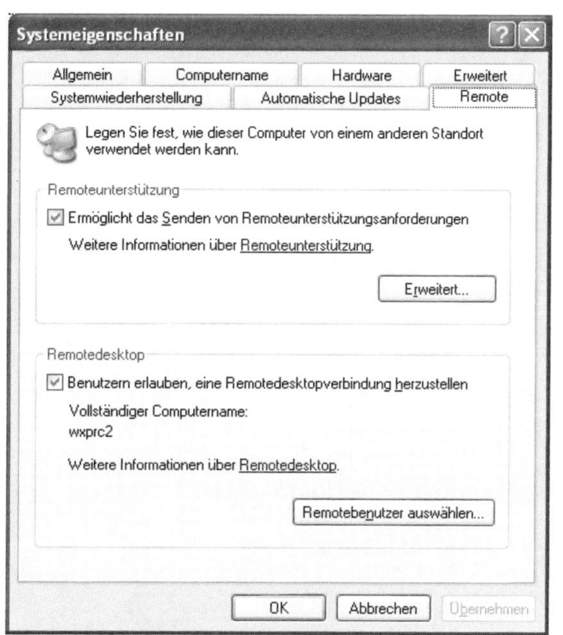

Abbildung 14.6: *Remoteunterstützung und Remotedesktop aktivieren*

Einen Hilferuf absetzen

Ab sofort können Sie andere Anwender einladen, Ihnen bei der Lösung von Problemen behilflich zu sein. Um andere Anwender per E-Mail oder Windows Messenger Dienst einzuladen, Ihnen zu helfen, gehen Sie so vor:

1. Öffnen Sie das Startmenü und wählen Sie *Hilfe und Support*. Das Fenster *Hilfe- und Supportcenter* öffnet sich.
2. In der Kategorie *Support* erhalten wählen Sie die Option *Einen Bekannten auffordern, eine Verbindung über Remoteunterstützung zu Ihrem Computer herzustellen*.
3. Klicken Sie dann auf *Jemanden einladen, Ihnen zu helfen*. Sie haben nun zwei Möglichkeiten, um Hilfe zu bitten: ist derjenige, der Ihnen helfen soll, online, dann können Sie den Instant Messenger-

Dienst verwenden, um ihn sofort einzuladen. Oder Sie versenden eine E-Mail und warten, bis der Adressat die E-Mail empfangen hat.

4. Um Hilfe über Instant Messaging zu erhalten, klicken Sie auf die Schaltfläche *Anmelden* im Bereich *Windows Messenger*, wenn der Windows Messenger noch nicht läuft. Oder aber Sie geben die E-Mail-Adresse des Empfängers ins Textfeld im unteren Bereich an. Im eigenen Netzwerk können Sie die Einladung auch direkt auf einem Netzwerkshare speichern. Klicken Sie dann auf *Diese Person einladen*.
5. Jetzt erhalten Sie die Möglichkeit, eine E-Mail zusammenzustellen. Geben Sie ins obere Textfeld die Überschrift und darunter den Text Ihrer Hilfeanforderung ein. Dann klicken Sie auf *Fortsetzen*.
6. Legen Sie nun die Gültigkeitsdauer der Einladung fest. Der Adressat wird nur dann mit Ihrem Desktop verbunden, wenn er innerhalb dieser Frist antwortet. Außerdem sollten Sie die Einladung mit einem Kennwort versehen. Das hat allerdings nur dann einen Sinn, wenn Sie Ihrem Gesprächspartner das Kennwort vorher verraten haben. Er braucht das Kennwort, um sich mit Ihrem Computer zu verbinden. Geben Sie kein Kennwort ein, dann kann sich jeder, der Ihre E-Mail abfängt, ebenfalls mit Ihrem Computer verbinden. Klicken Sie auf *Einladung senden*, um die E-Mail abzusenden.
7. Klicken Sie auf *Einladungsstatus* zeigen. Jetzt sehen Sie alle Einladungen, die Sie versendet haben. Im Feld *Status* sehen Sie, ob die Einladung noch aktiv oder bereits verfallen ist.

Nun heißt es warten, bis sich Ihr Gesprächspartner meldet. Dazu müssen Sie natürlich weiterhin online bleiben. Ihr Partner kann Sie nur erreichen, wenn Ihre Internetverbindung nicht seit der Absendung der Einladung unterbrochen wurde.

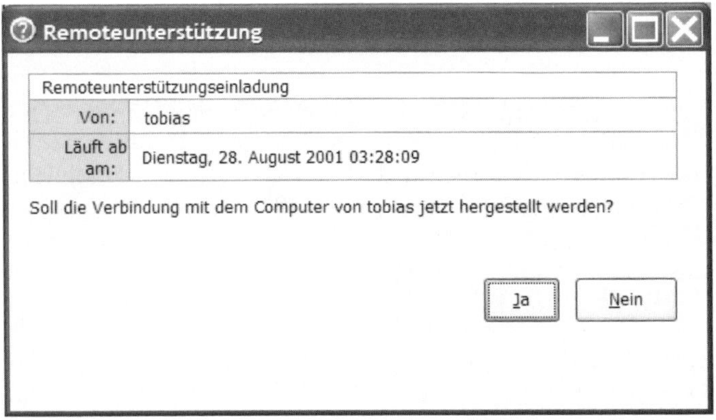

Abbildung 14.7: *Eine Remoteunterstützung beginnen*

TIPP Eine Verbindung über das Internet setzt voraus, dass der Helfer Ihre IP-Adresse kennt. Diese IP-Adresse wird im Hilfegesuch an ihn übermittelt. Wählen Sie sich ins Internet ein, dann erhalten Sie in aller Regel von Ihrem Internetanbieter für diese Sitzung eine dynamische IP-Adresse zugewiesen. Unterbrechen Sie die Internetsitzung und wählen sich später erneut ein, dann erhalten Sie eine andere IP-Adresse, und der Helfer kann Sie nicht mehr erreichen. Bei Nutzern einer Flatrate ist das meist kein Problem. Müssen Sie die Internetverbindung dagegen minutengenau bezahlen, dann sollten Sie sich besser mit dem Helfer telefonisch verabreden, bevor Sie die Hilfe-E-Mail absenden. Noch schneller klappt die Verbindungsaufnahme, wenn sowohl Hilfesuchender als auch Helfer beim Windows Messenger angemeldet sind.

Aus Sicht des Helfers sieht Ihre Unterstützungsanfrage so aus:

1. Ihr Gesprächspartner prüft seine E-Mail-Eingangsbox. Darin findet er Ihre E-Mail. Über einen Link kann er sich nun mit einer Website verbinden lassen, die ihm erklärt, wie er Ihnen helfen kann. Um die Remoteunterstützung zu aktivieren, muss er die E-Mail per Doppelklick öffnen, dann den Anhang per Doppelklick öffnen und Öffnen wählen.

2. Das Fenster *Remoteunterstützung* öffnet sich. Sie werden gefragt, ob die Person, die Sie eingeladen haben, Ihnen helfen soll. Klicken Sie auf Ja.

3. Ihr Gegenüber kann nun Ihren Desktop sehen, allerdings noch nicht eingreifen. Über das Feld *Nachrichteneingabe* können Sie sich gegenseitig Textnachrichten senden.

4. Möchte Ihr Gegenüber aktiv ins Geschehen eingreifen, also Ihren Mauszeiger übernehmen und so Ihren Computer bedienen, dann klickt Ihr Gegenüber auf *Steuerung übernehmen*. Bei Ihnen erscheint ein Fenster und fragt, ob Sie zulassen wollen, dass die fremde Person Ihren Computer steuert. Wenn Sie der Person trauen, klicken Sie auf *Ja*.

5. Ihr Partner erhält jetzt eine Nachricht, dass Sie die Kontrolle freigegeben haben. Jetzt kann Ihr Partner die Maus übernehmen. Auch all seine Tastatureingaben werden nun auf Ihren Computer umgeleitet, und er kann jetzt den Computer steuern, als säße er davor.

6. Hat Ihr Partner Ihnen Hilfestellung gegeben, dann kann er die Steuerung per Klick auf Steuerung freigeben wieder abgeben. Sie selbst können die Fernsteuerung jederzeit über einen Druck auf Esc beenden. Sie können auch auf *Steuerung beenden* klicken.

7. Ist die Unterstützung beendet, dann klicken Sie auf *Verbindung trennen*. Die Verbindung wird wieder abgebaut.

Kernstück des Hilfegesuchs ist eine Datei mit der Extension *msrcincident*. Diese Datei können Sie auch direkt als Datei abspeichern und auf einem anderen Weg dem Helfer zukommen lassen. In einem LAN-Netzwerk könnten Sie die Datei anschließend beispielsweise in einen freigegebenen Ordner kopieren. Wichtig ist nur, dass sich die IP-Adresse Ihres Rechners zwischenzeitlich nicht ändert.

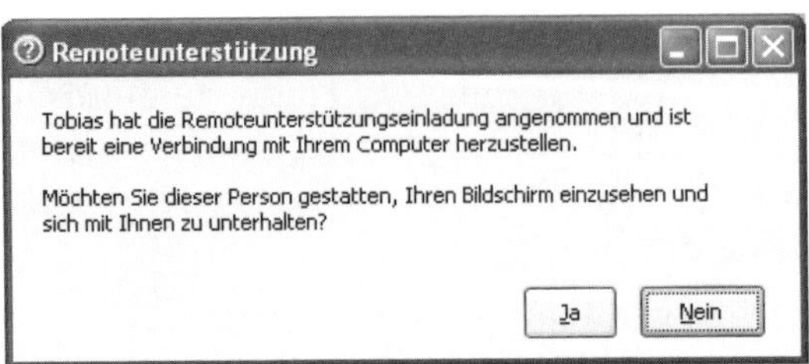

Abbildung 14.8: *Remoteunterstützung setzt immer voraus, dass der Hilfesuchende den Helfer auch einlässt. Eine unbemerkte Fernüberwachung ist so nicht möglich.*

Der Helfer braucht die Datei nun nur noch zu öffnen, um den Hilfeprozess in Gang zu setzen. E-Mail und Windows Messenger Dienst sind also nur zwei Transportwege für diese Datei. Prinzipiell können Sie die Datei aber auch auf anderem Wege zum Helfer transportieren, notfalls per Hand und Diskette.

Geschwindigkeit – und wie man sie erhöhen kann

Werden ganze Bildschirminhalte übertragen, dann handelt es sich dabei um immense Datenmengen. Die werden zwar komprimiert und gepuffert, aber dennoch kann eine Supportsitzung unerträglich schwerfällig werden, wenn Helfer oder Hilfesuchender nur über ein Modem mit dem Internet verbunden ist. Am besten funktioniert die Hilfe bei internen Netzwerken und xDSL-Breitband-Internetzugängen.

Sind Sie auf Modem oder ISDN-Karte angewiesen, dann sorgen Sie zumindest dafür, dass die übertragenen Datenmengen reduziert werden. Verwenden Sie zum Beispiel mehr als einen Monitor, dann deaktivieren Sie den Desktop auf allen zusätzlichen Monitoren. Ansonsten würden die Bildinformationen aller aktiven Monitore übertragen.

Reduzieren Sie auch die Bildauflösung. Ein Bildschirm der Größe 1.280 ´ 1.024 benötigt mehr als viermal so viel Daten wie einer der Größe 640 ´ 480.

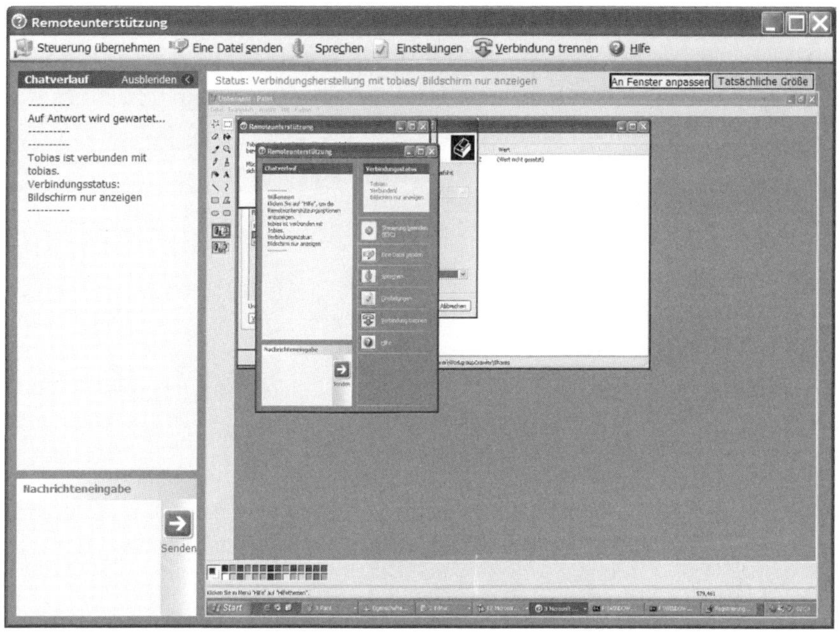

Abbildung 14.9: Der Bildschirm des Hilfesuchenden wird angezeigt und kann über Steuerung übernehmen auch bedient werden

Den Bildschirm anderer Anwender aktiv übernehmen

Bei der eben vorgestellten Methode musste ein Anwender zuerst eine Einladungs-E-Mail versenden, damit ein anderer Anwender sich auf seinen Bildschirm aufschalten konnte, oder auf andere Weise die Einladungsdatei zum Helfer schaffen.

Das ist nicht immer praktisch. Besonders bei Support innerhalb eines geschlossenen Firmennetzwerks oder innerhalb eines privaten Netzwerks wird dafür ein interner E-Mail-Server wie zum Beispiel Exchange 2000 gebraucht.

Deshalb gibt es speziell für interne Netzwerke eine weitere Option: Personen können ihre Hilfe anbieten, ohne zuvor per E-Mail dazu aufgefordert worden zu sein. Diese Lösung ist richtig, wenn Sie Support auch auf der Basis eines Telefonanrufs leisten wollen, oder wenn Sie als Administrator selbst entscheiden möchten, wann Sie sich auf den Bildschirm eines Mitarbeiters aufschalten.

TIPP In beiden Fällen können Sie den Bildschirm eines anderen Mitarbeiters nur dann einsehen, wenn der zustimmt. Es ist nicht möglich, den Zugriff zu erzwingen oder auf Bildschirme zuzugreifen, die zur Zeit nicht besetzt sind. In jedem Fall erscheint beim Remotesystem vor dem Zugriff eine Warnmeldung, dass eine andere Person im Begriff ist, den Desktop einzusehen, und der Anwender muss dem zuerst zustimmen.

Aktive Support-Unterstützung aktivieren

Die aktive Form der Hilfeleistung – das Anbieten der Unterstützung ohne Einladung – ist anfangs deaktiviert. Um diese Option zu nutzen, muss die Funktion zuerst von einem Administrator freigeschaltet werden.

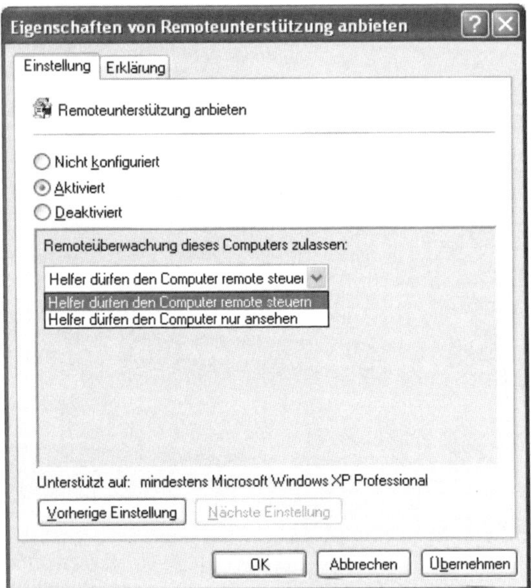

Abbildung 14.10: *Aktive Unterstützung setzt die Erlaubnis der Gruppenrichtlinie voraus*

Und das funktioniert so:

1. Wählen Sie im Startmenü *Ausführen*, und geben Sie ein: `gpedit.msc` Eingabe. Das Fenster *Gruppenrichtlinie* erscheint.
2. Expandieren Sie links den Zweig *Richtlinien für Lokaler Computer/Computerkonfiguration/Administrative Vorlagen/System*, und klicken Sie auf *Remoteunterstützung*. Rechts sehen Sie nun alle Richtlinien, die für die Remoteunterstützung zuständig sind.
3. Doppelklicken Sie rechts auf die Richtlinie *Remoteunterstützung anbieten*. Das Fenster *Eigenschaften von Remoteunterstützung anbieten* öffnet sich.
4. Aktivieren Sie die Option *Aktiviert*. In der Ausklappliste wählen Sie *Helfer dürfen den Computer remote steuern*. Klicken Sie dann auf die Schaltfläche *Anzeigen*, und tragen Sie die Benutzernamen der Helfer ein, die aktiv Unterstützung auf Ihrem Rechner anbieten dürfen. Klicken Sie auf *OK*, um die Dialogfelder zu schließen.

TIPP

Im *Eigenschaften*-Fenster der Richtlinie können Sie jederzeit die Registerkarte *Erklärung* aktivieren, um eine genaue Beschreibung der Einstellmöglichkeiten und ihrer Auswirkungen zu lesen.

Aktiv Unterstützung anbieten

Möchten Sie aktiv einem Benutzer Unterstützung anbieten, zum Beispiel, weil er sie gerade telefonisch um Hilfe gebeten hat, oder weil Sie als Administrator in Ihren Verwaltungstools Unregelmäßigkeiten festgestellt haben und sich nun auf die Sitzung des Benutzers aufschalten wollen, dann gehen Sie so vor:

1. Wählen Sie im Startmenü *Hilfe und Support*. Das Fenster *Hilfe- und Supportcenter* öffnet sich.
2. Klicken Sie in der Aufgabenliste auf *Tools zum Anzeigen von Computerinformationen und Ermitteln von Fehlerursachen verwenden*. Links sehen Sie nun eine Spalte mit den gebräuchlichsten Administrator-Tools.
3. Wählen Sie in der Liste das Tool *Anbieten von Remoteunterstützung* aus. Geben Sie dann rechts die IP-Adresse oder den Computernamen des Computers ein, dessen Steuerung Sie übernehmen wollen, und klicken Sie auf Verbinden.
4. Kann die Verbindung zu diesem Computer hergestellt werden, dann sehen Sie eine Ausklappliste der gerade angemeldeten Benutzer. Wählen Sie den Benutzer aus, auf dessen Bildschirm Sie sich aufschalten wollen, und klicken Sie auf Remoteunterstützung starten.
5. Das Fenster *Remoteunterstützung* öffnet sich und informiert Sie über den Stand der Verbindungsaufnahme. Anschließend sehen Sie einen leeren Desktop und den Hinweis Auf Antwort wird gewartet. Auf dem Bildschirm des Mitarbeiters erscheint jetzt ein Hinweis, dass Sie versuchen, seinen Bildschirm einzusehen. Sobald der Mitarbeiter dem mit einem Klick auf *Ja* zustimmt, sehen Sie den Desktop des Mitarbeiters auf Ihrem Bildschirm.

Die weitere Kommunikation läuft nun genauso ab, als hätte der Benutzer Sie eingeladen, und Sie können mit dem Benutzer chatten, sprechen und die Steuerung übernehmen.

Weitere Informationen

Den Computernamen eines anderen Systems finden Sie heraus, indem Sie im Startmenü Arbeitsplatz mit der rechten Maustaste anklicken, *Eigenschaften* wählen und die Registerkarte *Computername* aktivieren.

Wollen Sie lieber die IP-Adresse des Rechners angeben, dann wählen Sie im Startmenü *Systemsteuerung* und öffnen das Modul *Netzwerkverbindung*. Doppelklicken Sie auf *LAN-Verbindung*. Das Fenster *Status von LAN-Verbindung* öffnet sich. Aktivieren Sie dann die Registerkarte *Netzwerkunterstützung*. Jetzt lesen Sie die IP-Adresse. Denken

Sie daran, dass sich die IP-Adresse ändern kann, wenn Sie DHCP und keine festen IP-Adressen verwenden. Der Computername dagegen ändert sich nicht.

Terminaldienste: Windows XP fernbedienen

Eben haben Sie bereits eine Form der Fernbedienung kennen gelernt: Mit *Remoteunterstützung* bedienen Sie das Windows XP eines anderen Mitarbeiters gemeinsam mit ihm, um seine Probleme zu lösen.

Remotedesktop ist ein weiteres Verfahren. Hier schalten Sie sich nicht auf die Sitzung eines anderen Mitarbeiters auf, sondern können sich ferngesteuert an Windows XP anmelden, so als säßen Sie gerade davor:

- Als Administrator könnten Sie sich so mit dem Administrator-Konto eines beliebigen Windows XP-Systems verbinden und Verwaltungsarbeiten durchführen oder Software installieren.
- Selbstverständlich können Sie auch als gewöhnlicher Anwender *Remotedesktop* einsetzen, um sich zum Beispiel von zu Hause aus mit dem Rechner in der Firma zu verbinden und dringende Arbeiten oder Heimarbeit zu erledigen.
- Allerdings kann immer nur ein Benutzer gleichzeitig mit Windows XP arbeiten. Verwenden Sie *Remotedesktop*, dann kann in dieser Zeit kein Benutzer lokal mit dem Rechner arbeiten.

Remotedesktop setzt diese Dinge voraus:

- Das Zielsystem, auf das Sie zugreifen wollen, setzt Windows XP ein, und *Remotedesktop* ist auf diesem System freigeschaltet worden.
- Ihr System, von dem aus Sie zugreifen wollen, ist entweder ebenfalls Windows XP. In diesem Fall brauchen Sie keine besonderen Vorkehrungen zu treffen. Oder es handelt sich um eine ältere Windows-Version. Dann müssen Sie zuerst von der Windows XP-CD die Remotedesktop-Software installieren. Auf der CD befinden sich Versionen für Windows 3.1, Windows 95, 98, Me, NT und 2000.
- Zwischen beiden Rechnern besteht eine Netzwerkverbindung. Wollen Sie über das Internet auf einen Windows XP Rechner zugreifen, dann müssen Sie zuerst eine VPN-Verbindung einrichten.

Remotedesktop freischalten

Bevor Sie Remotedesktop einsetzen können, muss dieser Dienst zuerst freigeschaltet werden:

1. Öffnen Sie das Startmenü und klicken Sie *Arbeitsplatz* mit der rechten Maustaste an. Wählen Sie im Kontextmenü *Eigenschaften*. Das Fenster *Systemeigenschaften* öffnet sich.
2. Aktivieren Sie die Registerkarte *Remote*. Wählen Sie dann im Bereich *Remotedesktop* die Option *Benutzern erlauben, eine Remotedesktopverbindung herzustellen*.
3. Als Vorgabe haben alle Benutzer in der Gruppe der *Administratoren* jetzt die Berechtigung, Remotedesktop zu verwenden. Ob Sie selbst bereits Zugriff haben, wird ebenfalls im Fenster angezeigt.
4. Wollen Sie diesen Dienst auch für normale Benutzer freischalten, damit diese zum Beispiel Heimarbeit durchführen können, dann klicken Sie im Bereich *Remotedesktop* auf die Schaltfläche *Remotebenutzer auswählen*. Das Fenster *Remotedesktopbenutzer* öffnet sich. Sie sehen jetzt alle Benutzer, denen Sie explizit erlaubt haben, Remotedesktop zu verwenden. Weil Mitglieder der *Administratoren*-Gruppe ohnehin dazu gehören, werden diese nicht extra aufgeführt.
5. Um normalen Benutzern *Remotedesktop* zu ermöglichen, klicken Sie auf *Hinzufügen*. Das Fenster *Benutzer wählen* öffnet sich. Geben Sie nun entweder den Benutzernamen ein, zum Beispiel *Jeder*, oder suchen Sie sich den gewünschten Benutzer oder eine Gruppe aus.
6. Klicken Sie auf *OK*, um die Dialogfelder zu schließen. *Remotedesktop* ist nun einsatzbereit.

Das Recht, den Remotedesktop zu verwenden, wird über das Benutzerrecht *Anmeldung über Terminal Dienste zulassen* aus den *Lokalen Sicherheitseinstellungen* verwaltet. Dieses Recht wird als Vorgabe zwei Gruppen gewährt: den *Administratoren*, und der Gruppe der *Remotedesktopbenutzer*.

Administratoren haben also automatisch Zugriff auf den Remotedesktop. Alle übrigen Benutzer dagegen nicht. Fügen Sie wie eben beschrieben weitere Benutzer in die Berechtigungsliste ein, dann werden diese Benutzer in Wirklichkeit einfach nur zu Mitgliedern der Gruppe *Remotedesktopbenutzer*. Möchten Sie die Zuordnung automatisieren, dann bräuchten Sie berechtigte Benutzer lediglich manuell oder per Skript in die Gruppe *Remotedesktopbenutzer* einzufügen.

Zugangssoftware für Remotedesktop installieren

Jeder, der von einem anderen Computer aus auf Windows XP Bildschirme zugreifen möchte, benötigt dafür die passende Software. Früher hieß diese Software *Terminal Service Client*, heute heißt sie *Remotedesktop*.

Bei Windows XP ist diese Software bereits vorinstalliert. Sie finden sie, wenn Sie im Startmenü *Alle Programme/Zubehör/Kommunikation* öffnen und dann *Remotedesktopverbindung* wählen.

Bei allen anderen Windows-Betriebssystemen muss die Software nachinstalliert werden. Dazu benötigen Sie lediglich die Windows XP-CD. Darauf finden Sie den Remotedesktop-Client für 16-Bit- und 32-Bit-Windows-Betriebssysteme.

Ferngesteuert an einem Windows XP-System arbeiten

Haben Sie die Grundvoraussetzungen erfüllt, dann wird es künftig einfach, sich ferngesteuert mit einem Windows XP-System zu verbinden und damit so zu arbeiten, als säßen Sie direkt davor:

1. Wählen Sie im Programme-Menü *Alle Programme/Zubehör/Kommunikation/Remotedesktopverbindung*. Das Fenster *Remotedesktopverbindung* öffnet sich.
2. Geben Sie den Namen oder die IP-Adresse des Windows XP-Rechners an, mit dem Sie sich verbinden wollen. Sie können in der Liste auch Nach weiteren Computern suchen wählen. Einige Sekunden später wird der Inhalt der Netzwerkumgebung angezeigt, sodass Sie nachschauen können, welche Rechner in Ihrem Netzwerk zur Zeit online sind.
3. Klicken Sie dann auf *Verbinden*. Der Bildschirm färbt sich schwarz, und das Anmeldeformular erscheint. Melden Sie sich wie gewohnt an, aber denken Sie daran: Sie benötigen ein Benutzerkonto auf dem Rechner, mit dem Sie sich verbinden. Benutzerkonten, die Sie auf Ihrem eigenen Rechner einsetzen, funktionieren nicht, es sei denn, Sie verwenden ein Domänenkonto oder haben auf allen Rechnern manuell dieselben Konten eingerichtet.

4. Nach der Anmeldung erscheint der Bildschirm des ferngesteuerten Computers, und Sie können nun damit wie gewohnt arbeiten.

5. Eine Änderung sehen Sie nur, wenn Sie das Startmenü Ausklappen. Hier fehlt die Option *Ausschalten*, an deren Stelle die Option *Trennen* gerückt ist. Wenn Sie also mit der Arbeit fertig sind, haben Sie die Wahl zwischen *Abmelden* und *Trennen*. Melden Sie sich ab, dann wird die Sitzung beendet. Trennen Sie sich, dann bleibt die laufende Sitzung erhalten, und wenn Sie sich später erneut verbinden, sind noch alle Fenster und Programme an Ort und Stelle.

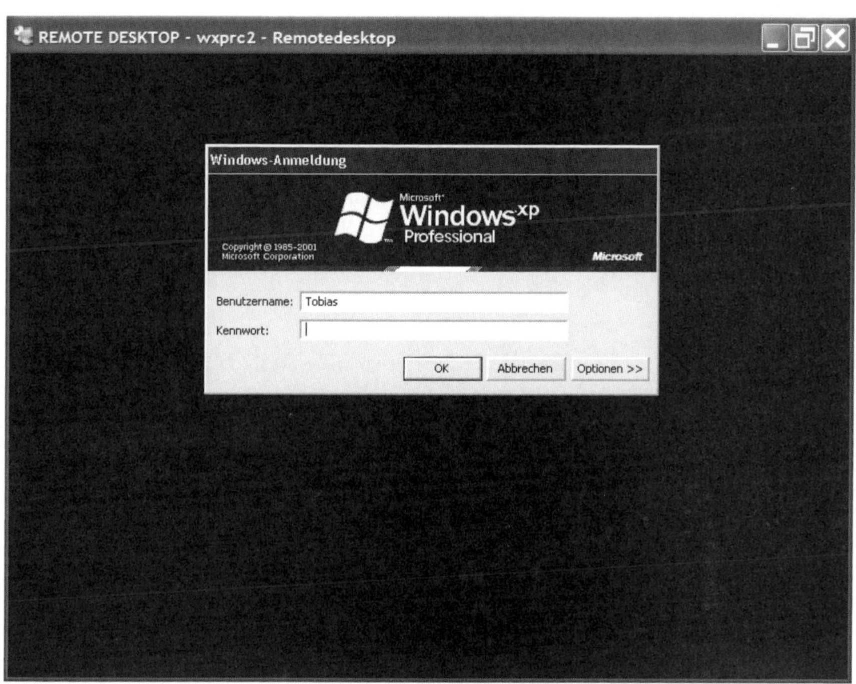

Abbildung 14.11: *Ferngesteuert an fremden Systemen arbeiten – zum Beispiel als Heimarbeiter*

Remotedesktopverbindungen feinjustieren und speichern

Das Remotedesktopverbindung-Tool kann nicht nur Verbindungen zu entfernten Windows XP-Systemen herstellen, sondern solche Verbindungen auch speichern. Das Ergebnis ist ein handliches Icon. Wird es geöffnet, dann stellt Windows die Remotedesktopverbindung her.

Abbildung 14.12: *Vielfältige Feineinstellungen sorgen für höhere Geschwindigkeit und Programm-Autostarts*

So legen Sie Schnellverbindungen zu Ihrem Remotedesktop an:

1. Wählen Sie im Startmenü *Alle Programme/Zubehör/Kommunikation/Remotedesktopverbindung*. Das Fenster *Remotedesktopverbindung* öffnet sich.
2. Klicken Sie auf die Schaltfläche *Optionen* >>. Aktivieren Sie die Registerkarte *Allgemein*. Geben Sie nun wie oben beschrieben die Verbindungsdetails an. Wählen Sie im Bereich *Anmeldeeinstellungen* die Option *Kennwort speichern*, wenn Sie das Kennwort bei der späteren Verbindung nicht jedes Mal eingeben wollen.
3. Aktivieren Sie die Registerkarte *Anzeige*. Legen Sie fest, ob der Computerbildschirm als Vollbild oder als Fenster angezeigt werden soll. Bestimmen Sie, wie viel Farben angezeigt werden. Je mehr Farben Sie auswählen, desto größere Datenmengen müssen transportiert werden. Bei langsamen Verbindungen wählen Sie deshalb am besten *256 Farben*.
4. Aktivieren Sie die Registerkarte *Lokale Ressourcen*. Bestimmen Sie, ob Klänge ebenfalls übertragen werden sollen, und ob spezielle Tastenkombinationen wirksam sein sollen. Legen Sie fest, auf welche Anschlüsse Ihres eigenen Computers der ferngesteuerte Computer

zugreifen darf. Haben Sie zum Beispiel einen Drucker angeschlossen und wählen Sie hier Drucker aus, dann können die Programme des fremden Computers Ihren Drucker für Ausdrucke verwenden.

5. Aktivieren Sie die Registerkarte *Programm*. Wollen Sie keine allgemeine Sitzung starten, sondern immer nur ein besonderes Programm, dann tragen Sie hier den Pfadnamen des Programms ein, das gestartet werden soll. Kein anderes Programm kann dann in der Terminalserver-Session genutzt werden.
6. Aktivieren Sie die Registerkarte *Erweitert*. Diese Registerkarte ist besonders wichtig, denn sie legt fest, wie viel Daten transportiert werden sollen. Wählen Sie entweder in der Ausklappliste eins der Beispiele. Sie sehen dann unten, welche Optionen in diesem Szenario wirksam sind. Oder wählen Sie die Optionen direkt aus. In der Liste steht dann *Benutzerdefiniert*.
7. Aktivieren Sie noch einmal die Registerkarte *Allgemein*. Speichern Sie die Einstellungen nun als Verbindungsicon. Dazu klicken Sie auf *Speichern unter*. Klicken Sie links in der Symbolleiste auf Desktop, und geben Sie als Name ein: `Remote Desktop` **Eingabe**. Schließen Sie das Fenster dann.

Auf dem Desktop liegt nun ein neues Symbol, und wenn Sie es doppelklicken, wird die Verbindung genau so hergestellt, wie Sie das vorgegeben haben.

Geräte des Terminalserver-Clients nutzen

Wenn Sie über Remotedesktop mit einem entfernten Windows XP-System arbeiten, dann stehen Ihnen natürlich alle Geräte zur Verfügung, die an diesen Rechner angeschlossen sind. Sie könnten also ferngesteuert Ihre Textverarbeitung satteln und dann auf dem heimischen Drucker eine Nachricht ausdrucken.

Was aber, wenn Sie den Ausdruck selbst benötigen? Was nützt Ihnen der schöne Ausdruck im Drucker des ferngesteuerten Systems, wenn dieses System kilometerweit entfernt in der Firma steht?

Werfen Sie mal einen unauffälligen Blick in den Ordner Drucker und Faxgeräte der Systemsteuerung. Nicht in Ihren eigenen, sondern in den des ferngesteuerten Systems. Wenn Sie genau hinsehen, dann entdecken Sie, dass hier nicht nur die Drucker aufgeführt werden, die das entfernte System normalerweise benutzt. Ihre eigenen Drucker sind ebenfalls mit aufgeführt!

Sie können also mit der Textverarbeitung eines ferngesteuerten Windows XP Systems Ergebnisse auf Ihrem eigenen Drucker ausdrucken. Auch die übrigen Schnittstellen werden auf Wunsch vom Terminalserver-Client umgeleitet. Wie Sie dies feinjustieren, haben Sie im vorangegangenen Abschnitt bereits gesehen.

Wichtige Details zu Remotedesktop

Remotedesktop verwendet zwar Terminal Service Technologie, aber dennoch ist es nicht möglich, Windows XP als vollwertigen Terminal Server einzusetzen, den sich mehrere Benutzer gleichzeitig teilen. Dies ist nur mit Windows 2000 Servern und den künftigen Windows .NET Servern möglich.

An Windows XP kann immer nur ein Benutzer zur Zeit arbeiten, egal ob lokal oder über Remotedesktop.

In der Praxis bedeutet dies:

- Ist ein anderer Benutzer lokal mit dem Zielsystem verbunden und arbeitet damit, dann erhalten Sie eine Warnmeldung, wenn Sie versuchen, sich über Remotedesktop ebenfalls mit dem System zu verbinden. Setzen Sie sich darüber hinweg, dann wird die Sitzung des lokal angemeldeten Benutzers regelrecht abgeschossen, und dieser verliert alle ungesicherten Daten. Nur ein Benutzer kann zur Zeit mit Windows XP arbeiten – lokal oder remote.
- Ist jemand lokal unter dem gleichen Benutzerkonto angemeldet wie Sie, dann übernehmen Sie dessen Sitzung. Der lokale Anwender wird also abgemeldet, und Sie übernehmen die laufende Sitzung. Meldet sich der lokale Benutzer wieder an, dann übernimmt dieser wieder die Sitzung, und Sie verlieren den Zugriff. So wird gewährleistet, dass Sie sich jederzeit lokal und remote mit Ihrer eigenen Sitzung verbinden können.

Empfehlungen

Verwenden nur Sie den Windows XP Rechner, dann ist der Remotezugriff problemlos: Sie übernehmen höchstens Ihre eigene Sitzung, ohne dabei Daten in Gefahr zu bringen.

Wollen Sie die Fernsteuerung zur Administration einsetzen, dann kann es durchaus passieren, dass ein anderer Benutzer angemeldet ist, wenn Sie eigentlich gern eine Fernwartung durchführen würden.

In diesem Fall haben Sie zum Beispiel die Möglichkeit, sich über Remoteunterstützung mit dem Anwender zu verbinden, der den Rechner verwendet (und damit für Sie blockiert). Reagiert der Anwender nicht auf Ihre Anforderung, können Sie seine Sitzung immer noch abschießen und die Remotedesktopverbindung trotz Warnung herstellen.

Oder aber Sie senden dem Anwender eine gepflegte Warnung mit dem Hinweis, dass seine Sitzung in den nächsten fünf Minuten heruntergefahren wird und er bitte alles sichern möge, was ihm lieb und teuer ist. Das geschieht so:

1. Versuchen Sie, eine Remotedesktopverbindung herzustellen. Blockiert ein lokal angemeldeter Benutzer die Verbindungsaufnahme, dann erscheint in der Warnung der Computername und der Benutzername. Merken Sie sich den Computernamen, und brechen Sie die Verbindungsaufnahme ab.
2. Wählen Sie im Startmenü *Ausführen*, und geben Sie ein: `cmd` **Eingabe**. Ein Konsolenfenster öffnet sich. Geben Sie ein: `net send Computername Nachricht` **Eingabe**, also zum Beispiel `net send Com335XP Bitte melden Sie sich umgehend ab, bevor es zu spät ist!` **Eingabe**.
3. Sie können das Versenden von Netzwerknachrichten ausprobieren, indem Sie Nachrichten an sich selbst senden. Geben Sie dazu einfach Ihren eigenen Computernamen an.

TIPP Meldet sich ein Benutzer partout nicht ab und blockiert so den Fernzugriff auf das System, dann können Sie den Benutzer als Administrator ferngesteuert zwangsabmelden. Der Benutzer verliert dabei allerdings alle ungesicherten Daten.

Mit Management Console und Remotebefehlen fernwarten

Für viele administrative Aufgaben ist es gar nicht nötig, den Bildschirminhalt des Zielrechners zu übertragen. Es würde vollauf genügen, die Befehle der Microsoft Management Console Snap-Ins auf fremde Rechner anwenden zu können. Und genau das ist möglich.

Fast alle MMC-Snap-Ins unterstützen Remoteverbindungen. Dazu sind nur wenige zusätzliche Klicks nötig. Erinnern Sie sich, wie Sie viele Aspekte des lokalen Computers verwalten?

1. Öffnen Sie das Startmenü, und klicken Sie mit der rechten Maustaste auf *Arbeitsplatz*. Im Kontextmenü wählen Sie *Verwalten*. Das Fenster *Computerverwaltung* öffnet sich.

2. In der linken Spalte finden Sie alle wichtigen Funktionen, um neue Netzwerkfreigaben einzurichten, Benutzer und Gruppen zu verwalten oder die Datenträger zu warten.

Genau diese Funktionen können Sie auch dazu nutzen, um ein entferntes System zu verwalten:

1. Klicken Sie den obersten Eintrag in der linken Spalte mit der rechten Maustaste an. Im Kontextmenü wählen Sie *Verbindung mit anderem Computer herstellen*. Das Fenster *Computer auswählen* öffnet sich.
2. Aktivieren Sie im Bereich *Dieses Snap-In verwaltet:* die Option *Anderen Computer:*. Geben Sie dann den Namen des Computers ein, den Sie fernverwalten wollen.
3. Die Verbindung wird hergestellt. Sofern Sie über die nötigen Berechtigungen auf dem Zielsystem verfügen, und sofern das Zielsystem nicht die Gast-Anmeldung verwendet (▶ Kapitel 12), können Sie jetzt die Funktionen der MMC auf den Zielrechner anwenden.

Bis auf die Defragmentierung unterstützen alle Snap-Ins die Fernverwaltung. Um zum Beispiel eine neue Netzwerkfreigabe auf dem Zielsystem einzurichten, könnten Sie so vorgehen:

1. Expandieren Sie in der linken Spalte den Knoten *System/Freigegebene Ordner/Freigaben,* und klicken Sie auf *Freigaben*. Rechts sehen Sie jetzt alle freigegebenen Ordner des Zielsystems.
2. Klicken Sie mit der rechten Maustaste in der linken Spalte auf *Freigaben*, und wählen Sie im Kontextmenü *Neue Dateifreigabe*. Das Fenster *Freigabe erstellen* öffnet sich. Das Feld Computer macht deutlich: Sie sind im Begriff, ferngesteuert eine Freigabe auf einem anderen Rechner anzulegen.

Ferngesteuert Systeme neu starten

Hin und wieder müssen Systeme neu gestartet oder heruntergefahren werden. Anstatt nun alle Rechner vor Ort manuell zu steuern, gibt es hierfür den neuen Befehl *Shutdown*. Mit ihm können Sie den eigenen oder auch fremde Rechner neu starten, herunterfahren, oder Benutzer abmelden.

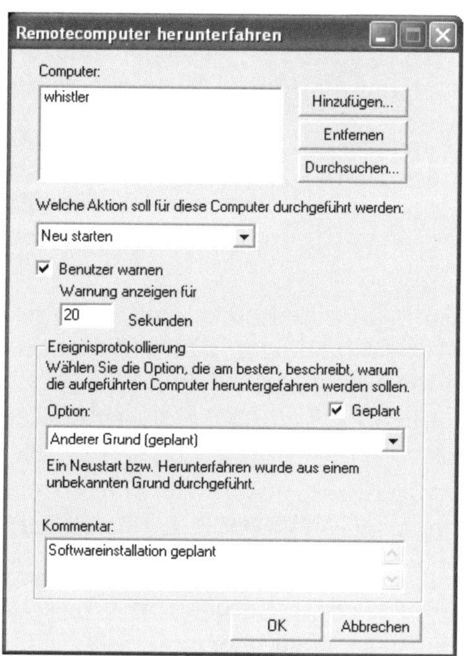

Abbildung 14.13: *Ferngesteuert Systeme herunterfahren oder neu starten*

E

Umgang mit Netzwerken

TIPP *Shutdown* gab es schon bei Windows 2000, allerdings nur als Teil des Resource Kits. Die *Shutdown*-Variante von Windows XP vereinigt die Kommandozeilen-Option des alten *Shutdown* und die grafische Benutzeroberfläche des früher separat verwendeten *Shutgui*.

1. Wählen Sie im Startmenü *Ausführen*, und geben Sie ein: `shutdown -i` Eingabe. Das Fenster *Remotecomputer herunterfahren* öffnet sich.
2. Legen Sie zuerst fest, welche Rechner Sie steuern wollen. Klicken Sie auf die Schaltfläche *Hinzufügen*. Das Fenster *Computer hinzufügen* öffnet sich. Geben Sie den oder die Rechnernamen ein, die Sie steuern wollen. Dann klicken Sie auf die Schaltfläche *OK*.
3. Im Feld *Welche Aktion soll für diese Computer durchgeführt werden* bestimmen Sie nun, was mit den Rechnern geschehen soll. Möchten Sie ein System neu starten, dann wählen Sie Neu starten.
4. Aktivieren Sie die Option *Benutzer warnen*, damit angemeldete Benutzer der Zielsysteme eine Warnmeldung sehen und noch schnell ungesicherte Arbeiten abspeichern können. Legen Sie fest, wie viel Vorwarnzeit Sie den Benutzern geben wollen.
5. Weil Ihre Aktion im Ereignisprotokoll vermerkt wird, sollten Sie im Feld *Option* einen Grund für die Aktion auswählen. So wird es später einfacher, den Eintrag im Ereignisprotokoll nachzuvollziehen.

6. Im Feld *Kommentar* haben Sie die Gelegenheit, eine Nachricht einzugeben. Diese Nachricht wird den Benutzern zusammen mit der Vorwarnung angezeigt. Starten Sie dann die Aktion mit einem Klick auf *OK*.

Auf dem Zielsystem erscheint nun die Vorwarnmeldung, in der auch gleich eine Uhr tickt. Ist sie abgelaufen, dann beendet Windows XP alle laufenden Programme und führt die Aktion durch, die Sie befohlen haben.

TIPP

Es gibt auch ein Gegengift für die Fernwartungsaktion. Sind Sie Administrator, und begegnet Ihnen eine Vorwarnmeldung, dann können Sie den Neustart oder das Herunterfahren verhindern, wenn Sie schnell genug reagieren. Wählen Sie im Startmenü *Ausführen*, und geben Sie ein: `shutdown -a` **Eingabe**.

Unschöne Nebeneffekte – und weitere Lösungen

Leider kann *Shutdown* Systeme nur herunterfahren, aber nicht automatisch ausschalten. Das ist schade, denn dazu müsste eigentlich nur ein einziges weiteres Flag gesetzt werden. Dies jedoch haben die Entwickler nicht vorgesehen. Wird ein System über *Shutdown* heruntergefahren, dann erscheint zum Schluss stets der Bildschirm »Sie können den Computer jetzt ausschalten«. Nicht besonders praktisch bei einem Tool, das der Fernwartung dient.

Als Alternative können Sie deshalb auch über WMI-Skriptbefehle Systeme ferngesteuert herunterfahren. Hier haben Sie Kontrolle über die Abschalt-Flags und können deshalb Systeme auch komplett abschalten. Dummerweise fehlen Ihnen bei der WMI-Variante allerdings die praktischen Vorwarnmeldungen. WMI-Befehle greifen sofort.

Listing 14.1: *Ferngesteuert Computer per Skript herunterfahren*

```
' Diese Konstanten regeln, was passieren soll
Const abmelden = 0
Const herunterfahren = 1
Const neustart = 2
Const abschalten = 8
Const forciert = 4
Const kill = 16
Const reserved = 0

' Welchen Computer steuern?
' Leer lassen, wenn lokaler Computer
' gesteuert werden soll
cname = InputBox("Welchen Computer wollen " _
   & "Sie abschalten?")

' Aktion erfolgreich?
If RemoteShutdown(cname)then
```

```
MsgBox "System wird abgeschaltet.", _
    vbInformation
else
    MsgBox "Aktion misslungen.", _
    vbExclamation
End If

' Computer abschalten
Function RemoteShutdown(comp)
    ' Computername angegeben?
    If comp<>"" then
    ' Dann remote aufrufen
        Set inst = GetObject("winmgmts:\\" & _
    comp).InstancesOf("win32_operatingsystem")
    else
        ' Sonst lokales System
        Set inst = GetObject("winmgmts:{(Shutdown)}") _
            .InstancesOf("win32_operatingsystem")
    End If

    For each os in inst
        On Error Resume Next
        result = -1
        result = os.Win32Shutdown(abschalten+kill,reserved)
        'result = os.Shutdown
        On Error Goto 0

        RemoteShutdown = (result = 0)
        exit For
    Next
End Function
```

WICHTIG Dieses Skript schaltet das angegebene System sofort und ohne Rückfragen ab. Ungespeicherte Arbeiten gehen unweigerlich verloren.

Die eigentliche Arbeit wird von *Win32Shutdown* erledigt. Dieser Funktion übergibt man die Konstanten der gewünschten Aktion.

Hierbei kommt es auf die Feinheiten an, denn ungültige Kombinationen führen zu Fehlern. Wollen Sie ein System herunterfahren und abschalten, dann kombinieren Sie nicht die Konstanten für Herunterfahren und Abschalten, sondern verwenden Sie lediglich Abschalten. Abschalten impliziert schließlich, dass das System dabei auch heruntergefahren werden soll.

Die Konstanten *Forciert* und *Kill* können zusätzlich angegeben werden, allerdings wiederum nur entweder *Forciert* oder *Kill*. Forciert sorgt dafür, dass wartende Programme abgeschossen werden, und *Kill* beendet sogar Programme, die auf normales Bitten nicht mehr reagieren.

TIPP

WMI und DCOM bieten weit mehr Möglichkeiten. Sie könnten zum Beispiel per Skript auch Warnmeldungen an andere Netzwerkcomputer ausgeben, auf Antwort warten und sogar Einträge ins Ereignisprotokoll schreiben. Weil diese Dinge den Rahmen dieses Buches aber sprengen, sei auf die Beispiele im Buch »Scripting für Administratoren« (erschienen bei Microsoft Press) verwiesen.

Über die MMC Systeme herunterfahren

Eine besonders komfortable Fernsteuerung verbirgt sich in der Computerverwaltung. Mit ihr können Sie andere Systeme ähnlich wie mit dem WMI-Skript nicht nur herunterfahren, sondern auch abschalten. Im Grunde handelt es sich um eine grafische Benutzeroberfläche für das Skript von eben.

1. Öffnen Sie das Startmenü, und klicken Sie mit der rechten Maustaste auf *Arbeitsplatz*. Wählen Sie *Verwalten*. Die Computerverwaltung öffnet sich.
2. Klicken Sie in der linken Spalte mit der rechten Maustaste auf den obersten Eintrag: *Computerverwaltung (Lokal)*. Wählen Sie *Verbindung mit anderem Computer herstellen*, und verbinden Sie sich mit dem Computer, den Sie abschalten wollen.
3. Klicken Sie nochmals mit der rechten Maustaste auf *Computerverwaltung*, und wählen Sie *Alle Tasks/Konsolenmeldung senden*. Das Fenster *Konsolenmeldung senden* öffnet sich. Geben Sie als Nachricht ein: `Das System wird gleich heruntergefahren. Speichern Sie alle ungesicherten Daten!` Schicken Sie die Warnung per Klick auf *Senden* ab.
4. Klicken Sie ein drittes Mal mit der rechten Maustaste auf *Computerverwaltung*, und wählen Sie *Eigenschaften*. Ein Fenster öffnet sich. Aktivieren Sie die Registerkarte *Erweitert*.
5. Klicken Sie im Bereich *Starten und Wiederherstellen* auf die Schaltfläche *Einstellungen*. Das Fenster *Starten und Wiederherstellen* öffnet sich.
6. Klicken Sie auf die Schaltfläche *Herunterfahren*. Das Fenster *Herunterfahren* öffnet sich. Aktivieren Sie im Bereich *Aktion* die Option *Abschalten (falls unterstützt)*.
7. Aktivieren Sie im Bereich *Abbruch von Anwendungen erzwingen:* die Option *Falls keine Reaktion (nur Windows 2000 oder höher)*.
8. Aktivieren Sie die Option *OK*. Das fremde System wird heruntergefahren und abgeschaltet.

Abbildung 14.14: Ferngesteuert Systeme abschalten

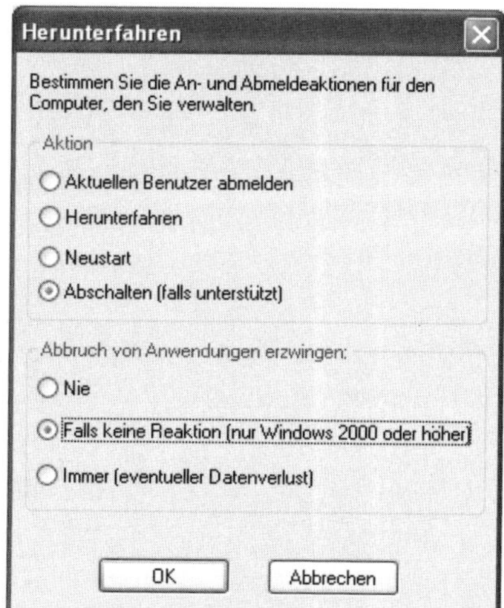

Noch komfortabler funktioniert diese Technik, wenn Sie die Taskpad-Ansicht konfigurieren und die Befehle zum Verbinden mit einem anderen Computer, zum Senden einer Konsolenmeldung und zum Herunterfahren über große Symbole direkt anklickbar machen (▶ Kapitel 22).

15 Windows XP auf Notebooks einsetzen

Windows XP ist ein ideales Betriebssystem für Notebooks, denn es unterstützt neben den normalen Computerfunktionen auch all die speziellen Notebook-Funktionen wie Batteriekontrolle, Energiesparoptionen, Dockingstationen und Offlinedateien.

Offlinedateien verwenden

Offlinedateien machen Netzwerkdaten auch dann verfügbar, wenn das Netzwerk gerade nicht online ist. Das betrifft zum Beispiel Notebooks auf Reisen, aber auch normale PCs in Netzwerken, die häufiger überlastet sind oder nur zeitweise mit dem Firmennetzwerk verbunden sein können.

Der Trick ist einfach: Sie wählen die Netzwerkdaten aus, die für Sie unverzichtbar sind, und Windows kopiert die Daten in einen Pufferbereich Ihrer Festplatte. Ist das Netzwerk online, dann verwendet Windows die Netzwerk-Originaldaten und hält den Puffer auf aktuellem Stand. Ist das Netzwerk dagegen offline, dann arbeiten Sie mit den Pufferdaten. Änderungen an diesen Daten werden automatisch mit den Originalen synchronisiert, sobald das Netzwerk wieder online ist.

Sie selbst bemerken von dieser Technik nichts. Netzwerkdaten sind für Sie immer am selben Ort zu finden, nämlich unter der betreffenden Netzwerkadresse. Ob Windows die Daten tatsächlich von dieser Adresse beziehen kann oder momentan die Pufferdaten verwendet, ist aus Anwendersicht völlig egal.

HINWEIS

Probieren Sie in diesem Kapitel die Möglichkeiten der Offlinedateien in Ruhe aus, damit Sie wissen, was Offlinedateien leisten können. Dauerhaft aktivieren sollten Sie Offlinedateien aber nur, wenn Sie auch wirklich davon profitieren, zum Beispiel als Notebook-Benutzer. Offlinedateien haben nämlich auch eine Reihe von unerwünschten Nebenwirkungen. Die »Schnelle Benutzerumschaltung« kann zum Beispiel nicht verwendet werden, wenn Offlinedateien aktiviert sind. Außerdem kann die Verbindung zu anderen Rechnern im Netzwerk leiden: Sind Offlinedateien dieser Rechner noch nicht synchronisiert worden, dann bleiben diese Verbindungen im Offlinemodus, selbst wenn der Netzwerkrechner längst wieder online ist. Vergessen Sie diese Tatsache und synchronisieren die Offlinedateien nicht, dann können Sie solche Rechner nicht fernwarten oder Verbindungen zu anderen Ressourcen dieses Rechners herstellen.

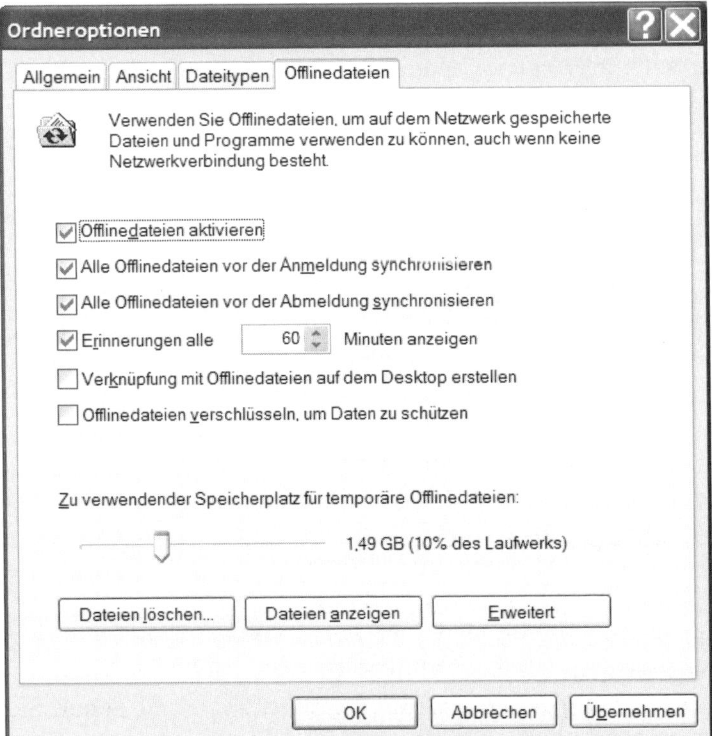

Abbildung 15.1: *Offlinedateien müssen vor der Verwendung zuerst aktiviert werden*

Offlinedateien aktivieren

Bevor Sie Offlinedateien nutzen können, muss zuerst der Hauptschalter umgelegt werden. So aktivieren Sie Offlinedateien:

1. Wählen Sie im Startmenü *Systemsteuerung* und dann *Ordneroptionen*. Das Fenster *Ordneroptionen* öffnet sich.

2. Klicken Sie auf das Register *Offlinedateien*. Dieses Register enthält nur dann Schaltelemente, wenn Ihr Computer nicht die Schnelle Benutzerumschaltung verwendet. Offlinedateien können nicht genutzt werden, wenn mehrere Benutzer gleichzeitig angemeldet sind. Bekommen Sie also einen entsprechenden Hinweis, dann schalten Sie die Schnelle Benutzerumschaltung wie in ▶ Kapitel 3 beschrieben aus.
3. Aktivieren Sie die Option *Offlinedateien aktivieren*. Damit legen Sie den Hauptschalter um und können künftig Netzwerkordner offline verfügbar machen.
4. Aktivieren Sie die Optionen *Alle Offlinedateien vor der Anmeldung synchronisieren* und *Alle Offlinedateien vor der Abmeldung synchronisieren*. Windows synchronisiert Originale und gepufferte Kopien dann bei der An- und Abmeldung, sofern das Netzwerk verfügbar ist, damit garantiert wird, dass Sie jeweils mit den aktuellsten Versionen arbeiten.
5. Im Feld *Zu verwendender Speicherplatz für temporäre Offlinedateien*: legen Sie mit dem Schieberegler fest, wie viel Platz Offlinedateien auf Ihrem Computer maximal belegen dürfen. Klicken Sie dann auf *Erweitert*. Das Fenster *Erweiterte Einstellungen für Offlinedateien* öffnet sich.
6. Aktivieren Sie im Bereich *Bei unterbrochener Netzwerkverbindung* die Option *Vor dem Offlinebetrieb benachrichtigen*. Windows blendet dann eine Sprechblase ein und informiert Sie, falls das Netzwerk nicht verfügbar ist, damit Sie wissen, dass Sie mit den gepufferten Kopien arbeiten und nicht mit den Originalen. Klicken Sie auf *OK*, bis alle Dialogfenster geschlossen sind.

Netzwerkordner offline verfügbar machen

Nachdem Sie den Offlinedateien-Mechanismus aktiviert haben, können Sie nun Netzwerkordner mit wichtigen Daten offline verfügbar machen. Dabei kommt es darauf an, nicht wahllos riesige Datenmengen auszusuchen, sondern möglichst genau die Ordner auszuwählen, mit denen Sie auch tatsächlich zu tun haben.

Öffnen Sie einen Netzwerkordner, zum Beispiel über die *Netzwerkumgebung* (▶ Kapitel 14). Sie können nun einzelne Dateien oder beliebige Ordner offline verfügbar machen.

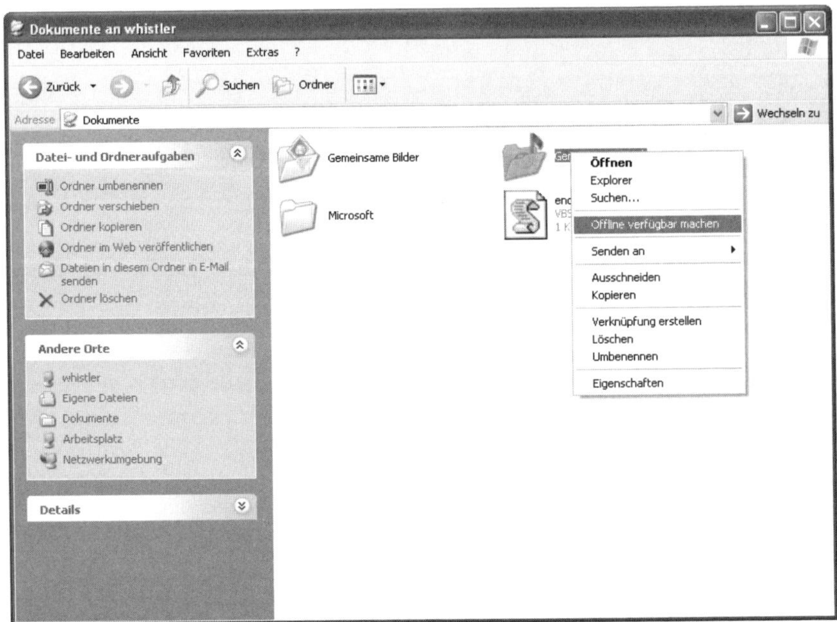

Abbildung 15.2: *Ordner per Rechtsklick und* Offline verfügbar machen *auch ohne Netzwerk nutzen*

1. Klicken Sie die Datei oder den Ordner mit der rechten Maustaste an, und wählen Sie *Offline verfügbar machen*. Das Fenster *Offlinedateien-Assistent* öffnet sich, denn Sie verwenden Offlinedateien zum ersten Mal.
2. Klicken Sie auf die Schaltfläche *Weiter* >. Aktivieren Sie die Option *Offlinedateien bei der An- und Abmeldung automatisch synchronisieren*. Klicken Sie auf *Weiter* >. Aktivieren Sie die Option *Erinnerungen aktivieren*. Klicken Sie auf *Fertig stellen*. Prinzipiell nehmen Sie hier also dieselben Einstellungen vor wie eben. Allerdings erscheint der Assistent nur bei der ersten Verwendung der Offlinedateien. Wollen Sie die eben getroffenen Einstellungen später ändern, dann gehen Sie vor wie im vorangegangenen Beispiel, um die Offlinedateien-Feineinstellungen zu öffnen.
3. Das Fenster *Synchronisieren* öffnet sich. Windows synchronisiert jetzt die ausgewählten Dateien und speichert sie als Kopie auf Ihrer Festplatte. Der offline verfügbar gemachte Netzwerkordner wird mit einem Doppelpfeil gekennzeichnet.

Offlinedateien testen

Testen Sie die Offlinedateien, sobald der Synchronisationsprozess abgeschlossen ist. Dazu entfernen Sie das Netzwerkkabel. Weil das Netzwerk jetzt »ausgefallen« ist, erscheint ein Computersymbol im Infobereich der Taskleiste. Doppelklicken Sie darauf, dann öffnet sich das

Fenster *Offlinedateistatus* und meldet, dass Sie nun offline arbeiten können.

Probieren Sie es aus! In der Netzwerkumgebung klicken Sie zum Beispiel auf Arbeitsgruppencomputer anzeigen. Normalerweise würde das Fenster nun leer bleiben müssen, denn kein Computer ist verfügbar. Der Computer, auf dem Sie Daten offline verfügbar gemacht haben, wird aber dennoch angezeigt. Öffnen Sie ihn, dann sehen Sie nicht alle freigegebenen Daten, sondern nur noch die, die Sie offline verfügbar gemacht haben. Mit diesen Daten können Sie jetzt weiterarbeiten, als sei das Netzwerk vorhanden.

Legen Sie zum Beispiel eine neue Datei in einem Ordner an, den Sie offline verfügbar gemacht haben.

Stecken Sie nun das Netzwerkkabel wieder ein. Um die Daten sofort zu synchronisieren und wieder online zu arbeiten, klicken Sie das Symbol im Infobereich der Taskleiste mit der rechten Maustaste an und wählen *Synchronisieren*.

Das Symbol im Infobereich der Taskleiste verschwindet wieder, denn nun arbeiten Sie online. Schauen Sie in den freigegebenen Ordner, dann liegt darin nun auch die Datei, die Sie eben ohne Netzwerkzugriff angelegt haben. Dank Offlinedateien konnten Sie also Ihre normale Arbeit fortsetzen, obwohl das Netzwerk »ausgefallen« war.

Offlinedateien synchronisieren

Normalerweise erledigt Windows die Synchronisierung der Originale und gepufferten Kopien automatisch. Geänderte Dateien überschreiben dabei unveränderte. Die Synchronisation geschieht entweder automatisch, wenn das Netzwerk wieder verfügbar ist, über das eingeblendete Symbol im Infobereich der Taskleiste oder per Rechtsklick auf den Originalordner und *Synchronisieren*. Allerdings wird nicht immer automatisch synchronisiert. Die Automatik hängt unter anderem davon ab, über welche Netzwerkverbindung Sie den Netzzugriff wiederherstellen. Melden Sie sich zum Beispiel via Notebook und Modem aus dem Hotelzimmer über eine VPN-Verbindung am Firmennetzwerk an, dann erkennt Windows XP die langsame Verbindung und synchronisiert die Offlinedateien nicht automatisch. Das wäre auch nicht sinnvoll, weil so die teure Einwahlverbindung über Stunden blockiert wäre.

Alle Offlinedaten lassen sich auch insgesamt synchronisieren. Dazu wählen Sie in einem Explorerfenster *Extras/Synchronisieren* und aktivieren dann das Kontrollkästchen vor den Offlinedaten, die Sie abgleichen wollen. Dazu zählen neben Offlinedateien auch Websites, die Sie im Internet Explorer offline verfügbar gemacht haben.

Abbildung 15.3: *Windows XP synchronisiert die Pufferdateien mit den Originalen im Netzwerk*

Über die Schaltfläche *Setup* lässt sich die Synchronisation sogar noch feiner regeln: Sie können jetzt festlegen, welche offline verfügbar gemachten Objekte beim An- und/oder Abmelden synchronisiert werden sollen. Über das Register *Leerlauf* aktivieren Sie die automatische Synchronisation, die künftig stattfindet, sobald der Rechner eine zeitlang nichts zu tun hat. Und über das Register *Geplante Tasks* können Synchronisationen auch zu bestimmten Zeiten automatisch durchgeführt werden.

Was aber geschieht während der Synchronisation, wenn sich sowohl Original als auch Kopie verändert haben? Möglicherweise haben nicht nur Sie offline an einer Datei weitergearbeitet, sondern andere Benutzer haben diese Datei ebenfalls geändert.

In diesem Fall erscheint das Fenster *Dateikonflikte beheben*. Jetzt können Sie entscheiden, wie vorgegangen werden soll:

Tabelle 15.1: *Optionen bei Dateikonflikten*

Option	Wirkung
Beide Versionen behalten. Lokale Version im Netzwerk speichern	Die Originaldatei im Netzwerk bleibt, wie sie ist, und Ihre geänderte Kopie wird zusätzlich unter einem neuen Namen gespeichert. Die Datei existiert jetzt in zwei unterschiedlichen Versionen
Nur die lokale Version behalten. Die Netzwerkversion wird ersetzt.	Ihre eigene Datei ersetzt die Originaldatei auf der Netzwerkfreigabe. Die Änderungen in der Originaldatei gehen verloren.
Nur die Netzwerkversion behalten. Die lokale Version wird ersetzt.	Die Originaldatei bleibt erhalten, und Ihre Kopie wird verworfen. Jetzt gehen Ihre Änderungen verloren.

Sind Sie sich unschlüssig, welche Version die wichtigeren Änderungen enthält, dann können Sie beide Versionen über die Schaltfläche Anzeigen sichtbar machen und anschließend entscheiden, welche Version Sie behalten wollen.

Aktivieren Sie die Option *Dies gilt für alle Dateikonflikte* nur mit Vorsicht: Bei künftigen Konflikten würde der Assistent nicht mehr nachfragen, sondern automatisch die getroffenen Optionen verwenden. Das kann zu höchst unerwünschten Resultaten führen.

Denken Sie daran: Befindet sich der Computer im Offline-Modus, dann ist die Netzwerkverbindung zum Server nicht möglich. Der Offline-Modus bleibt aktiv, solange Offlinedateien nicht synchronisiert wurden. Die Netzwerkverbindung kann also längst wieder verfügbar sein, und trotzdem bleibt der Zugriff auf den Server unmöglich. Achten Sie also darauf, in solch einem Fall die Offlinedateien manuell zu synchronisieren, um die Verbindung zu reaktivieren!

Festlegen, wie Ordner offline verfügbar gemacht werden

Eben haben Sie einen Ordner über den Befehl *Offline verfügbar machen* für Offlinedateien aktiviert. Das war nur möglich, weil der freigegebene Ordner dies zugelassen hat. Als Voreinstellung lassen alle Freigaben Offlinedateien zu. Das muss aber nicht so bleiben.

Abbildung 15.4: Die serverseitigen Einstellungen stehen nur ohne einfache Dateifreigabe zur Verfügung

Wollen Sie verhindern, dass ein freigegebener Ordner offline verfügbar gemacht wird, zum Beispiel, weil er sicherheitsrelevante Daten enthält oder weil Sie den Netzwerktraffic einschränken wollen, dann gehen Sie so vor:

Klicken Sie einen freigegebenen Ordner mit der rechten Maustaste an und wählen Sie *Freigabe und Sicherheit*. Erscheint nun das einfache Freigabeformular, dann verwenden Sie derzeit die Einfache Dateifreigabe und die *Gast*-Anmeldung. In diesem Formular können Sie die Offlineoptionen nicht einstellen. Schalten Sie also zuerst die Einfache Dateifreigabe ab (▶ Kapitel 3).

4. Klicken Sie auf die Schaltfläche *Zwischenspeichern*. Das Fenster *Einstellungen für die Zwischenspeicherung* öffnet sich.

5. Als Voreinstellung ist die Option *Zwischenspeichern der Dateien in diesem freigegebenen Ordner zulassen* aktiviert. Wollen Sie verhindern, dass dieser Ordner offline verfügbar gemacht wird, dann schalten Sie die Option ab und klicken auf *OK*.

6. Der Ordner kann jetzt nicht mehr offline verfügbar gemacht werden. Er taucht weder im Synchronisationsfenster des Explorers auf, noch ist der Befehl *Offline verfügbar machen* in seinem Kontextmenü enthalten.

TIPP

Haben Sie verboten, einen Ordner offline verfügbar zu machen, und dann diese Einstellung wieder aufgehoben? Dann bleibt der Ordner möglicherweise noch einige Zeit gesperrt. Schließen Sie alle laufenden Netzwerksitzungen in der Computerverwaltung, um den Prozess zu beschleunigen.

Automatisch Offlinedateien verwenden

Freigegebene Ordner, die Offlinedateien erlauben, verwenden als Vorgabe die Option *Manuelles Zwischenspeichern von Dokumenten*. Benutzer können sich also Dateien aus dem Ordner auswählen und diese oder den ganzen Ordner offline verfügbar machen. Offlinedateien werden aber nur verwendet, wenn der Benutzer den Ordnerinhalt auch wirklich offline verfügbar macht, und niemand klopft dem Benutzer auf die Finger, wenn er versuchen sollte, einen mehrere Gigabyte großen Ordner offline verfügbar zu machen.

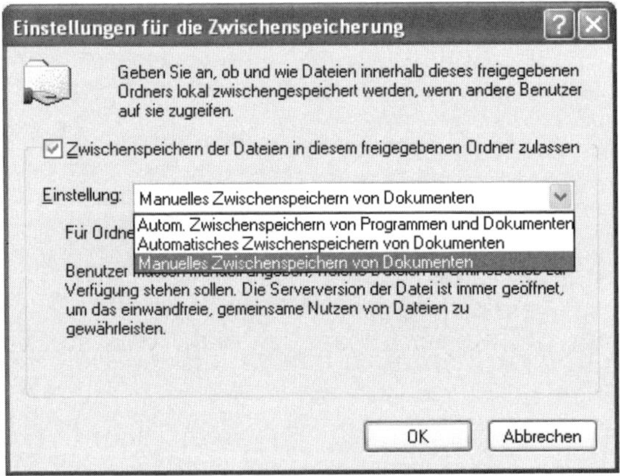

Abbildung 15.5: *Serverseitig festlegen, wie ein Netzwerkordner synchronisiert wird*

Etwas anders funktioniert die Option *Automatisches Zwischenspeichern von Dokumenten*. Hier werden automatisch genau die Dokumente offline verfügbar gemacht, die der Anwender gerade über das

Netzwerk nutzt. Fällt das Netzwerk aus, dann arbeitet er mit den gepufferten Versionen weiter, ohne den Ausfall überhaupt zu bemerken oder selbst jemals aktiv Dateien offline verfügbar gemacht zu haben.

Noch etwas anders funktioniert die Option *Autom. Zwischenspeichern von Programmen und Dokumenten*. Sie ist richtig, wenn der Anwender zum Beispiel Programme nutzt, die in einem freigegebenen Netzwerkordner lagern. Die Programmdateien werden automatisch offline verfügbar gemacht, sodass der Anwender diese Dateien ohne Netzwerk nutzen kann. Die Dateien werden aber niemals zurücksynchronisiert.

Szenario: Automatische Offlinedateien verwenden

Probieren Sie automatische Offlinedateien aus. Dazu geben Sie zuerst auf einem Netzwerkrechner einen Ordner frei und schalten diesen Ordner in den Modus »Automatisches Zwischenspeichern von Dokumenten«.

Greifen Sie dann von einem anderen Computer, bei dem Offlinedateien aktiviert sind, auf den freigegebenen Ordner zu. Öffnen Sie ein Dokument im freigegebenen Ordner.

Wählen Sie jetzt bei dem Computer, der auf den freigegebenen Ordner zugreift, *Extras/Ordneroptionen*, und klicken Sie auf das Register *Offlinedateien*. Klicken Sie dann auf die Schaltfläche *Dateien anzeigen*.

Sie sehen, die Datei, mit der Sie gerade gearbeitet haben, ist automatisch offline verfügbar gemacht worden. Sie könnten mit dieser Datei auch dann nahtlos weiterarbeiten, wenn Sie testweise den Netzwerkstecker ziehen. Automatisch arbeitet Windows jetzt mit der Offlineversion der Datei, und wenn das Netzwerk später wieder verfügbar ist, kann die Offlineversion wie eben beschrieben mit den Originalen synchronisiert werden.

Vorübergehend und immer offline verfügbare Dateien verstehen

Offlinedateien gibt es in zwei Versionen: als vorübergehend offline verfügbare Dateien und als immer offline verfügbare Dateien. Was steckt dahinter?

Dateien, die Windows automatisch offline verfügbar macht, so wie im Beispiel eben gerade, werden nur vorübergehend offline verfügbar gemacht. Schließen Sie die Datei, dann entfernt Windows die automatisch angelegte Pufferkopie irgendwann, spätestens, wenn der Platz im Pufferspeicher knapp wird.

Anders ist das bei Dateien, die Sie per Rechtsklick und *Offline verfügbar machen* explizit ausgewählt haben. Weil Sie diese Entscheidung getroffen haben, mischt sich Windows hier nicht ein und behält die Pufferungskopie solange, bis Sie die Datei nicht länger offline verfügbar machen.

Schauen Sie sich dieses Konzept am besten zusammen mit dem wichtigen Thema an, wie Sie Ordnung halten zwischen all den Pufferdateien.

Pufferdateien löschen

Sie können sich jederzeit einen Überblick verschaffen, welche Dateien Windows auf Ihrem System lokal puffert. Dazu wählen Sie in einem Ordnerfenster *Extras/Ordneroptionen* oder öffnen das gleichnamige Modul in der Systemsteuerung. Klicken Sie dann auf das Register *Offlinedateien*. Klicken Sie jetzt auf die Schaltfläche *Dateien anzeigen*.

Um wirklich alle Informationen zu sehen, wählen Sie *Ansicht/Details* und vergrößern das Fenster, zum Beispiel per Doppelklick auf die Titelleiste.

Entscheidend sind die Spalten *Synchronisierung*, *Verfügbarkeit* und *Serverstatus*.

Synchronisierung verrät, ob die lokal gepufferte Datei mit dem Original synchronisiert ist. Falls nicht, dann wissen Sie, dass Ihre lokale Kopie Änderungen enthält, die noch nicht ans Original weitergegeben wurden. Löschen Sie eine noch nicht synchronisierte Pufferdatei, dann gehen diese Änderungen und womöglich die ganze Arbeit Ihrer Offlinesitzung verloren.

Verfügbarkeit meldet den Typ der Pufferdatei. *Vorübergehend offline verfügbar* kennzeichnet dabei eine Pufferdatei, die von Windows automatisch angelegt wurde. Pufferdateien, die mit *Immer offline verfügbar* markiert sind, haben Sie selbst offline verfügbar gemacht.

Serverstatus schließlich gibt Aufschluss, ob Sie sich gerade im Online- oder Offlinemodus befinden.

Möchten Sie Offline-Pufferdateien löschen, um Speicherplatz zurückzugewinnen, dann klicken Sie im Dialogfenster auf *Dateien löschen*. Das Fenster *Löschen von Dateien bestätigen* öffnet sich.

Legen Sie fest, welche Offlinedaten Sie löschen wollen. Aktivieren Sie die Option *Nur temporäre Offlineversionen löschen*, wenn Sie nur solche Pufferdateien löschen wollen, die Windows automatisch angelegt hat.

Aktivieren Sie die Option *Beide Offlineversionen löschen*, dann werden alle Pufferdateien gelöscht. Diese Option sollten Sie nur mit Vorsicht einsetzen. Dateien und Ordner, die Sie selbst offline verfügbar gemacht haben, sollten Sie auf gleichem Wege wieder entpuffern: Rechtsklick auf Datei oder Ordner mit dem Recycling-Symbol, und dann Option *Offline verfügbar machen* abschalten.

TIPP Sollten Sie sonderbare Fehlermeldungen bei dem Versuch erhalten, sich mit einem Netzwerkordner zu verbinden, die zum Beispiel von fehlender Transaktionsunterstützung sprechen, dann schalten Sie Offlinedateien insgesamt auf Ihrem System kurz aus und wieder ein.

Probleme mit Offlinedateien

Offlinedateien sollten nur aktiviert werden, wenn Sie ihre Vorteile auch wirklich nutzen. Insbesondere die folgenden beiden Problembereiche sollten Sie kennen:

- Synchronisation: In den Voreinstellungen versucht Windows XP, bei jedem An- und Abmelden Offlinedateien zu synchronisieren. Ist ein Server oder Netzwerkcomputer häufiger ausgeschaltet, dann können die Synchronisationsversuche Nerven kosten, insbesondere dann, wenn Sie Offlinedateien nur aus Neugier aktiviert haben, aber eigentlich gar nichts zu synchronisieren haben.
- Netzwerk: Normalerweise schaltet Windows XP sofort wieder in den Onlinebetrieb, wenn ein Partnerrechner wieder online ist. Dies geschieht allerdings nicht, wenn sich die Offlinekopien verändert haben oder wenn es sich um eine langsame Verbindung handelt. Langsame Verbindung sind per Definition Verbindungen, bei denen ein PING mehr als 2 Sekunden für die Antwort braucht. So wird verhindert, dass Windows XP Offlinedateien synchronisiert, wenn Sie sich über ein langsames Modem in die Firma einwählen, und so die ganze Leitung blockiert. Schaltet Windows XP aus einem dieser Gründe nicht in den Online-Modus, dann kann es zu groben Missverständnissen kommen: Sie glauben oder wissen, dass ein bestimmter Rechner online ist, und trotzdem zeigt Windows XP in der Netzwerkumgebung nur die offline verfügbar gemachten Daten an. Die Verbindungsaufnahme über das Netzwerk scheitert, und der Rechner mit den offline verfügbar gemachten Daten ist auch nicht fernverwaltbar. Er wird erst dann wieder online über das Netzwerk erreichbar, wenn Sie die Offlinedateien von Hand synchronisieren lassen.

Notebooks richtig konfigurieren

Viele Windows-Einstellungen wurden bereits in anderen Kapiteln angesprochen, haben aber eine ganz besondere Bedeutung für Notebook-Benutzer. Die wichtigsten Einstellungen sind in diesem Abschnitt noch einmal zum Nachschlagen zusammengefasst.

Ergonomische Einstellungen

Die folgenden Funktionen helfen dabei, angenehmer mit dem Notebook arbeiten zu können und werden in ▶ Kapitel 4 beschrieben:

- Erhöhen Sie die Darstellungsqualität des TFT-Panels und setzen Sie ClearType ein.
- Machen Sie den Mauszeiger besser sichtbar, insbesondere, wenn Sie ein LCD-Display nutzen.
- Dehnen Sie den Desktop auf zwei Monitore aus: Verwenden Sie den Monitorausgang, der normalerweise dazu dient, den Bildschirm auf einen Projektor oder externe Bildschirm auszugeben, als vollwertigen zweiten Bildschirm, der die Arbeitsfläche so verdoppelt, anstatt dasselbe Bild wie der eingebaute Monitor anzuzeigen.

Datenschutz verbessern

Machen Sie Ihr Notebook einbruchsicher:

- Sorgen Sie dafür, dass das Notebook nach dem Kennwort fragt, wenn es aus dem Standby-Modus oder dem Ruhezustand zurückkehrt: ▶ Kapitel 18
- Sorgen Sie dafür, dass der Bildschirmschoner gleichzeitig einen Kennwortschutz aktiviert: ▶ Kapitel 18
- Speichern Sie sensible Daten mit dem »Verschlüsselnden Dateisystem«, damit nur Sie die Daten lesen können: ▶ Kapitel 19

Akkuleistung erhöhen

Sparen Sie Akkuleistung durch die Energieoptionen, die in ▶ Kapitel 16 beschrieben werden:

- Aktivieren Sie den Ruhezustand, und verwenden Sie diesen Modus, wenn Sie das Notebook vorübergehend nicht benötigen. So wird kein Akkustrom verbraucht.
- Sorgen Sie dafür, dass das Notebook automatisch in den Ruhezustand wechselt und sich ausschaltet, wenn es längere Zeit nicht benutzt wird.

Aktivieren Sie die Batteriewarnung, damit Sie rechtzeitig informiert werden, wenn der Akkustrom zur Neige geht.

Teil F Performance und Sicherheit

Vernünftige Grundeinstellungen sind bei Windows XP wichtiger denn je. Sie bestimmen nicht nur, wie leistungsfähig Ihr System ist, sondern betreffen auch die Sicherheit.

- In ▶ Kapitel 16 lernen Sie alle wichtigen allgemeinen Windows XP-Grundeinstellungen kennen. So sorgen Sie dafür, dass Windows XP ökonomisch mit Festplattenspeicher umgeht und die Auslagerungsdateien in höchstmöglicher Geschwindigkeit funktionieren.
- Das ▶ Kapitel 17 gibt Ihnen einen umfassenden Überblick über die Sicherheitsfunktionen von Windows XP und erklärt, wie die einzelnen Sicherheitskonzepte ineinander greifen.
- Die Verwaltung von Benutzerkonten ist Thema im ▶ Kapitel 18. Hier wird gezeigt, wie neue Konten eingerichtet und abgesichert werden. Insbesondere wird die Verwendung von Sicherheitsgruppen, das Zuweisen von Grund-Benutzerrechten (zum Beispiel für die Gerätetreiber-Installation) und der Unterschied zwischen der einfachen und der professionellen Benutzerkontenverwaltung gezeigt.
- Wie Sie den Zugriff auf Dateien und Ordner beschränken und zuverlässig dafür sorgen, dass private und sensible Daten auch geheim bleiben, ist Thema in ▶ Kapitel 19. Hier wird an einzelnen Exkursen gezeigt, wie NTFS-Zugriffsrechte vergeben und kontrolliert werden. Auch das Verschlüsselnde Dateisystem (EFS) wird vorgestellt. Hier

liegt ein Schwerpunkt auf dem sicheren Einsatz des EFS, seinen Risiken und sinnvollen Zertifikat-Backup-Strategien.

- Die Bedeutung der Gruppenrichtlinien, die POLEDIT und ADM-Dateien älterer Windows-Versionen ablösen, wird in ▶ Kapitel 20 erläutert. Exkurse zeigen, wie Sie mit den Gruppenrichtlinien-Tools den Rechner absichern, Gruppenrichtlinien im Zusammenhang mit Domänen einsetzen und verschiedene Richtlinien auf unterschiedliche Benutzer anwenden.
- Ist Ihr System sicher und wasserdicht? In ▶ Kapitel 21 erfahren Sie die Antwort. Mit den neuen Tools zur Sicherheitsanalyse finden Sie nicht nur schnell übersehene Sicherheitslücken, sondern können diese auch gleich beheben. Lesen Sie außerdem, wie Sie eigene Sicherheitsvorlagen definieren und damit automatisiert hunderte von Rechnern sichern.

16 Windows XP-Grundeinstellungen

Nach der Installation nutzt Windows XP die allgemeinen Vorgaben und Einstellungen. Für viele Fälle genügt das, aber wenn Sie etwas Zeit haben, sollten Sie sich die Grundeinstellungen von Windows genauer ansehen.

Häufig lassen sich unsinnige Vorgaben mit nur wenigen Klicks ändern. Das System bedankt sich dafür mit besserer Leistung und zusätzlichen Funktionen.

Prozessorleistung zuteilen

Als Multitasking-Betriebssystem nutzen viele Programme gleichzeitig die Rechenleistung des Prozessors. Das ist in Ordnung, solange nicht Hintergrunddienste so viel Rechenzeit belegen, dass die normalen Anwendungen nur noch hakelig ausgeführt werden können.

Windows XP erlaubt Ihnen deshalb einerseits, die Rechenzeit-Zuteilung für Hintergrunddienste festzulegen. Andererseits lassen sich bei leistungsschwachen Rechnern alle nicht lebenswichtigen visuellen Effekte der Benutzeroberfläche abschalten.

Prozessor-Priorität einstellen

In aller Regel wird Windows XP Professional als Arbeitsplatz konfiguriert: die meiste Rechenleistung soll den Anwendungen zugute kommen, die ein Anwender am PC ausführt. Alternativ kann aber auch Windows

XP Professional als Server eingesetzt werden und anderen Rechnern im Netzwerk Dienstleistungen anbieten. In diesem Fall sollten Hintergrundanwendungen die höhere Priorität erhalten.

So legen Sie fest, ob Anwendungsprogramme oder Hintergrunddienste Priorität genießen:

1. Öffnen Sie das Startmenü, und klicken Sie mit der rechten Maustaste auf *Arbeitsplatz*. Wählen Sie *Eigenschaften*. Das Fenster *Systemeigenschaften* öffnet sich.
2. Aktivieren Sie die Registerkarte *Erweitert*. Klicken Sie im Bereich *Systemleistung* auf *Einstellungen*. Das Fenster *Leistungsoptionen* öffnet sich. Aktivieren Sie die Registerkarte *Erweitert*.
3. Aktivieren Sie im Bereich *Prozessorzeitplanung* die Option *Programme*, wenn Sie Windows XP als Arbeitsstation nutzen. Wählen Sie die Option *Hintergrunddienste*, wenn der Rechner vor allen Dingen Dienstleistungen anbietet, beispielsweise als Webserver eingesetzt wird.
4. Aktivieren Sie im Bereich *Speichernutzung* die Option *Programme*, wenn der Rechner als Arbeitsstation verwendet wird. Wählen Sie die Option *Systemcache*, wenn der Rechner als Server eingesetzt wird.

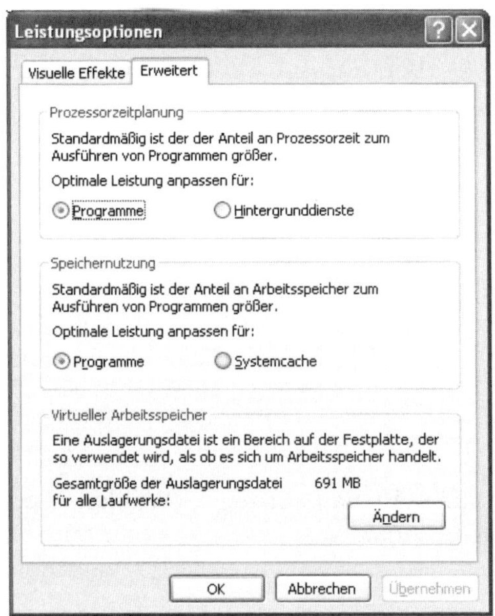

Abbildung 16.1: *Für schnelles und hakelfreies Arbeiten die Option* Programme wählen

Visuelle Effekte optimieren

Windows XP unterstützt den Anwender durch zahlreiche visuelle Effekte, die die Arbeit intuitiver machen, mitunter aber einfach nur gut aussehen. Alle visuellen Effekte verbrauchen Rechenzeit. Auf schnellen Systemen ist das in Ordnung, aber wenn der Rechner zu langsam für flüssige Arbeit ist, dann kann an dieser Stelle Rechenzeit eingespart werden.

Abbildung 16.2: *Zentral alle visuellen Effekte verwalten und überflüssige Effekte einsparen*

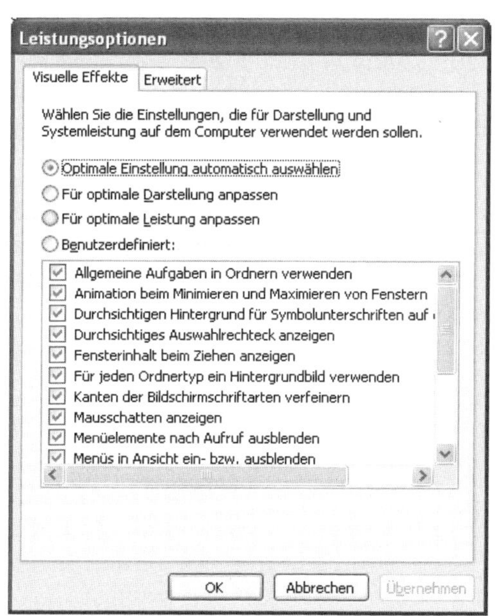

So legen Sie fest, wie viel Rechenzeit die visuellen Effekte verwenden dürfen:

1. Öffnen Sie das Startmenü, und klicken Sie mit der rechten Maustaste auf *Arbeitsplatz*. Wählen Sie *Eigenschaften*. Das Fenster *Systemeigenschaften* öffnet sich.

2. Aktivieren Sie die Registerkarte *Erweitert*. Klicken Sie im Bereich *Systemleistung* auf die Schaltfläche *Einstellungen*.

3. Aktivieren Sie die Registerkarte *Visuelle Effekte*. Wählen Sie die Option *Für optimale Leistung anpassen*. In der Liste unten sehen Sie alle Einzel-Einstellungen. Automatisch hat Windows XP alle visuellen Effekte abgeschaltet.

Virtueller Arbeitsspeicher

Der virtuelle Arbeitsspeicher wird immer dann wichtig, wenn der physikalisch vorhandene Speicher ausgeschöpft ist. Bei Systemen mit 64 MB RAM passiert das natürlich sehr viel schneller als bei Systemen mit 256 oder mehr MB RAM, aber auch die Art der Anwendungen und die Anzahl der gleichzeitig geöffneten Programme spielen eine Rolle.

Durch den virtuellen Arbeitsspeicher kann Windows XP nie der Speicher ganz ausgehen. Fordert eine Anwendung eine neue Speicherseite an, obwohl keine mehr zur Verfügung steht, dann lagert Windows XP eine Speicherseite eines anderen Programms in den virtuellen Arbeitsspeicher auf der Festplatte in der Datei *PAGEFILE.SYS* aus und schafft so neuen Raum.

Greift ein Programm auf eine seiner Speicherseiten zu und muss feststellen, dass diese gar nicht mehr im RAM liegt, sondern inzwischen in der Auslagerungsdatei zwischenlagert, dann kommt es zum so genannten »Hard Page Fault«, und Windows XP muss die angeforderte Speicherseite aus dem virtuellen Arbeitsspeicher zurück in den RAM-Speicher schaffen – und dabei andere Speicherseiten auslagern, um wieder neuen Platz zu schaffen.

Dieser Datentourismus kostet natürlich Rechenzeit, und ist ein System mit sehr wenig RAM ausgerüstet oder werden speicherintensive Anwendungen wie Bildbearbeitung ausgeführt, dann verlangsamt sich die Rechengeschwindigkeit erheblich. Erstes Indiz für diese Situation ist eine ständig rumorende Festplatte.

Die einzige wirkungsvolle Gegenmaßnahme besteht im Nachrüsten von mehr RAM-Speicher. Der virtuelle Arbeitsspeicher selbst sorgt nur dafür, dass der wertvolle und knappe RAM-Speicher bestmöglich von den Anwendungen ausgenutzt wird, mit denen gerade aktiv gearbeitet wird.

TIPP

Sind die Festplatten in Ihrem System ständig in hektischer Aktivität? Dann ist ein möglicher Grund akuter oder chronischer RAM-Speicher-Mangel, und Windows muss fortwährend Speicherseiten hin und her transferieren. Ein anderer wichtiger Grund ist der aktivierte Indexdienst, der gerade sein Stichwortverzeichnis auf den neuesten Stand bringt.

Gerade weil der virtuelle Arbeitsspeicher eine so wichtige Systembremse ist, kommt es darauf an, ihn richtig zu konfigurieren. Dazu zählt, die optimale Festplatte für die Auslagerungsdatei auszuwählen und zu verhindern, dass die Auslagerungsdatei in mehrere Teile zerfällt. Wie jede Datei kann nämlich auch die Auslagerungsdatei fragmentiert werden.

Die Rolle der Auslagerungsdatei

Die Auslagerungsdatei besteht aus der versteckten Datei *Pagefile.sys* auf dem Systemdrive-Laufwerk. Windows XP legt diese Datei automatisch an, falls sie beim Start fehlen sollte. Damit Windows XP Daten möglichst schnell in die Auslagerungsdatei transferieren kann, gibt es einige Tricks:

- Verfügen Sie über mehrere Festplatten, dann legen Sie die Auslagerungsdatei auf die schnellste Festplatte.
- Haben Sie mehrere Festplatten an verschiedene Festplattencontroller angeschlossen, dann legen Sie die Auslagerungsdatei auf die Platte, die nicht an den Controller angeschlossen ist, der auch die Platte mit der Windows-Installation versorgt. Verwenden Sie mehrere Auslagerungsdateien auf mehreren Festplatten, um die Belastung zu verteilen.

Und damit die Auslagerungsdatei nicht in mehrere Bruchstücke zerfällt, gibt es ebenfalls einige sinnvolle Einstellmöglichkeiten:

- Windows XP vergrößert die Auslagerungsdatei automatisch, wenn sie zu klein sein sollte. Durch nachträgliche Vergrößerungen und Verkleinerungen kann die Auslagerungsdatei aber fragmentiert werden, also in mehreren Teilen an unterschiedlichen Orten auf der Festplatte gespeichert sein. Stellen Sie deshalb von vornherein eine realistische Ausgangsgröße für die Auslagerungsdatei ein.

Optimale Größe der Auslagerungsdatei ermitteln

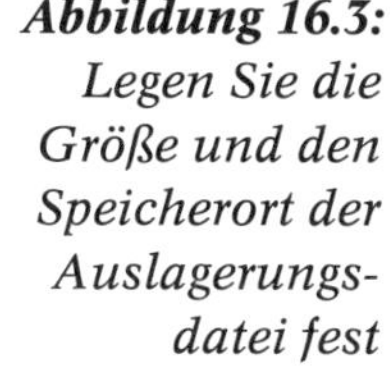

Abbildung 16.3: Legen Sie die Größe und den Speicherort der Auslagerungsdatei fest

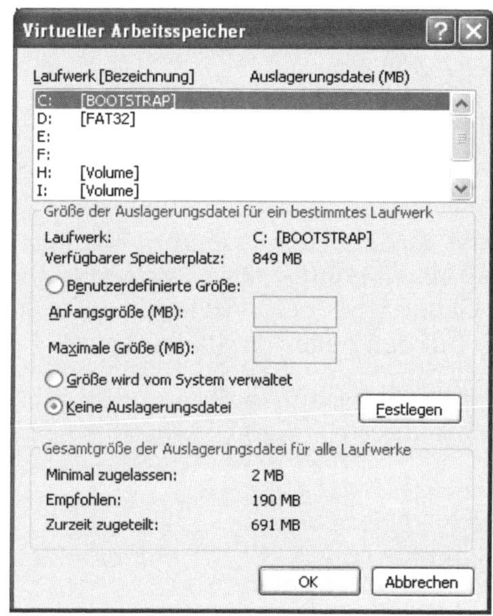

Bevor Sie die Größe der Auslagerungsdatei ändern, sollten Sie zuerst ein Gefühl dafür entwickeln, wie viel Auslagerungsplatz Ihr System im alltäglichen Betrieb eigentlich braucht.

Die einfachste Möglichkeit, dies herauszufinden, ist ein Praxistest. Starten Sie alle Programme, mit denen Sie typischerweise gleichzeitig arbeiten, und laden Sie repräsentative Dokumente.

Anschließend schauen Sie, auf welche Größe die Auslagerungsdatei angeschwollen ist, und legen diesen Wert plus einen Sicherheitszuschlag als neue Mindestgröße fest:

1. Klicken Sie im Startmenü mit der rechten Maustaste auf *Arbeitsplatz*, und wählen Sie *Eigenschaften*. Das Fenster *Systemeigenschaften* öffnet sich.
2. Aktivieren Sie die Registerkarte *Erweitert*. Klicken Sie im Bereich *Systemleistung* auf die Schaltfläche *Einstellungen*. Das Fenster *Leistungsoptionen* öffnet sich.
3. Aktivieren Sie die Registerkarte *Erweitert*. Klicken Sie im Bereich *Virtueller Arbeitsspeicher* auf die Schaltfläche *Ändern*.
4. Unten im Bereich *Gesamtgröße der Auslagerungsdatei für alle Laufwerke* sehen Sie die aktuelle Größe der Auslagerungsdatei. Die optimale Größe der Auslagerungsdatei errechnet sich aus der Angabe *Empfohlen* multipliziert mit dem Faktor 1,5. Wird bei *Empfohlen* also beispielsweise eine Größe von 382 MB angegeben, dann sollten Sie bei genügend freiem Festplattenspeicher die Minimalgröße der Auslagerungsdatei auf rund 570 MB einstellen.

Sie können aber auch den Systemmonitor öffnen und sich grafisch die Nutzung der Auslagerungsdatei anzeigen lassen:

1. Wählen Sie im Startmenü *Systemsteuerung*, und öffnen Sie den Ordner *Verwaltung*. Öffnen Sie dann *Leistung*. Das Fenster *Leistung* öffnet sich.
2. Sie sehen rechts nun eine grafische Anzeige ausgewählter Leistungsparameter. Welche Parameter der Systemmonitor überwacht, entnehmen Sie der Liste darunter.
3. Um die Auslagerungsdatei zu überwachen, klicken Sie mit der rechten Maustaste in die Liste mit den Leistungsindikatoren und wählen *Eigenschaften*. Das Fenster *Eigenschaften von Systemmonitor* öffnet sich.
4. Klicken Sie auf *Entfernen*, bis die Liste der Leistungsindikatoren leer ist. Nun fügen Sie genau die Indikatoren hinzu, die Sie interessieren.

Dazu klicken Sie auf *Hinzufügen*. Das Fenster *Leistungsindikatoren hinzufügen* öffnet sich.

5. Aktivieren Sie die Option *Lokale Leistungsindikatoren verwenden*. Im Feld *Datenobjekt*: stellen Sie ein: *Auslagerungsdatei*. Aktivieren Sie die Option *Alle Leistungsindikatoren*. Aktivieren Sie die Option *Alle Instanzen*. Klicken Sie auf *Hinzufügen*.
6. Stellen Sie nun in der Liste *Datenobjekt* ein: *Speicher*. Aktivieren Sie die Option *Alle Leistungsindikatoren*. Klicken Sie auf *Hinzufügen*. Klicken Sie auf die Schaltfläche *Schließen*.
7. Jetzt müssen Sie nur noch dafür sorgen, dass die vielen Einzelinformationen übersichtlich angezeigt werden. Aktivieren Sie die Registerkarte *Allgemein*. Wählen Sie im Bereich *Ansicht* die Option *Bericht*. Klicken Sie auf die Schaltfläche *OK*.

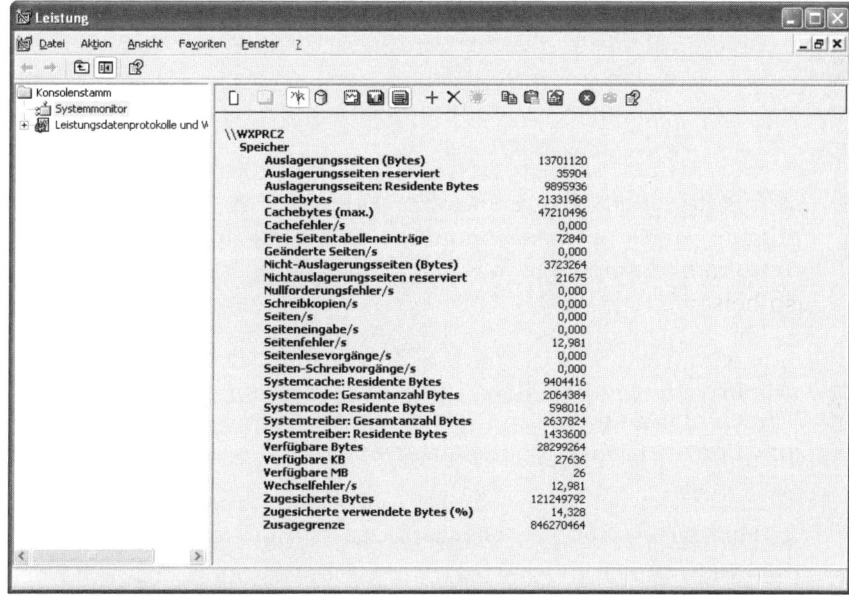

Abbildung 16.4: *Alle Eckdaten der Auslagerungsdatei und des Speichermanagements*

Sie sehen jetzt übersichtlich und geordnet einen aktuellen Bericht der Systemwerte für Ihren Speicher. Der Parameter *Seitenfehler / s* gibt an, wie oft pro Sekunde auf Speicherseiten zugegriffen wird, die erst aus der Auslagerungsdatei beschafft werden müssen.

Liegen die Werte hier permanent über 100, dann verfügt das System über zu wenig RAM-Speicher. Wechseln Sie dagegen von einem Programmfenster in ein anderes, dann sind vorübergehend höhere Werte normal, weil die Seiten umgeschichtet werden.

Größe der Auslagerungsdatei neu festlegen

Normalerweise verwaltet Windows den Ort und die Größe der Auslagerungsdatei selbst. Besonders, wenn Sie mehr als eine physikalische Festplatte eingebaut haben, lohnt es sich aber, diese Einstellungen von Hand anzupassen. Legen Sie die Auslagerungsdatei auf die Festplatte, die am meisten Platz bietet.

Optimalerweise wählen Sie die Festplatte aus, auf der nicht Windows XP installiert ist und sorgen dafür, dass die Festplatten an unterschiedlichen Festplattencontrollern angeschlossen sind.

Defragmentieren Sie die Festplatte, auf der Sie die Auslagerungsdatei anlegen wollen, damit die Auslagerungsdatei nicht womöglich von Beginn an fragmentiert ist. Durch die Defragmentierung sorgen Sie dafür, dass Windows XP der Auslagerungsdatei ein möglichst großes zusammenhängendes Speicherareal zuweisen kann.

Legen Sie die Mindestgröße der Auslagerungsdatei auf den eben ermittelten Wert fest, um zu verhindern, dass die Größe ständig angepasst werden muss. Nebenbei verhindern Sie so auch, dass die Auslagerungsdatei mit der Zeit fragmentiert wird.

So legen Sie Ort und Größe der Auslagerungsdatei fest:

1. Öffnen Sie das Startmenü, und klicken Sie mit der rechten Maustaste auf *Arbeitsplatz*. Wählen Sie *Eigenschaften*. Das Fenster *Systemeigenschaften* öffnet sich.

2. Aktivieren Sie die Registerkarte *Erweitert*. Klicken Sie im Bereich *Systemleistung* auf die Schaltfläche *Einstellungen*. Das Fenster *Leistungsoptionen* öffnet sich. Aktivieren Sie die Registerkarte *Erweitert*. Klicken Sie im Bereich *Virtueller Arbeitsspeicher* auf die Schaltfläche *Ändern*.

3. Das Fenster *Virtueller Arbeitsspeicher* öffnet sich. Oben sehen Sie eine Liste mit allen Festplattenlaufwerken und den Auslagerungsdateien darauf.

4. In der Spalte *Auslagerungsdatei* wird die minimale und maximale Größe der Auslagerungsdatei angegeben. Allerdings ist die Spalte leer, wenn die Größe der Auslagerungsdatei vom System verwaltet wird. Um also herauszufinden, ob auf einem Laufwerk eine Auslagerungsdatei existiert, müssen Sie alle Laufwerke in der oberen Liste nacheinander anklicken und dann im Bereich darunter kontrollieren, ob eine Auslagerungsdatei aktiviert wurde.

5. Um eine neue Auslagerungsdatei auf einer Festplatte anzulegen, wählen Sie diese in der oberen Liste aus und aktivieren im Bereich *Größe*

der Auslagerungsdatei für ein bestimmtes Laufwerk die Option *Benutzerdefinierte Größe:*. Geben Sie dann Mindest- und Maximalgröße an, und klicken Sie auf *Festlegen*.

6. Wollen Sie eine vorhandene Auslagerungsdatei entfernen, zum Beispiel, weil Sie eine neue Auslagerungsdatei auf einem anderen Laufwerk angelegt haben, dann wählen Sie das Laufwerk aus und aktivieren im Bereich *Größe der Auslagerungsdatei für ein bestimmtes Laufwerk* die Option *Keine Auslagerungsdatei*. Klicken Sie auf *Festlegen*.

Die Einstellungen werden erst nach einem System-Neustart wirksam.

Die Auslagerungsdatei kann nicht komplett abgeschaltet werden. Selbst auf einem System mit ausreichend RAM-Speicher wird die Auslagerungsdatei von einigen Betriebssystem-Bestandteilen genutzt.

Löschen Sie eine alte Auslagerungsdatei mit der Option Keine Auslagerungsdatei, dann sollten Sie nach einem Neustart prüfen, ob die Auslagerungsdatei *PAGEFILE.SYS* vom betreffenden Laufwerk auch tatsächlich gelöscht worden ist. Andernfalls werden hier hunderte von Megabyte nutzlos belegt.

Systemauslastung und Auslagerungsdatei beobachten

Der Task-Manager überwacht auf Wunsch die Systemauslastung und den Zustand der Auslagerungsdatei. So können Sie anschließend testweise Ihre wichtigsten Anwendungsprogramme starten und dabei zusehen, wie sich das System verhält und wann es in die Knie geht.

1. Öffnen Sie den Task-Manager: drücken Sie Strg+Umschalt+Esc. Das Fenster *Windows Task-Manager* öffnet sich.
2. Aktivieren Sie die Registerkarte *Systemleistung*. Wählen Sie *Ansicht/Aktualisierungsgeschwindigkeit/Hoch*. Wählen Sie außerdem *Ansicht/Kernel-Zeiten anzeigen*. Jetzt sehen Sie die Prozessorauslastung. In rot wird der Anteil angezeigt, den die Windows-Grundfunktionen verursachen.
3. In den Feldern darunter wird die Auslagerungsdatei beobachtet. Hier sehen Sie die derzeitige Auslastung als Bargraph und in der Übersicht.
4. Doppelklicken Sie ins Fenster, dann werden nur noch die Überwachungsdaten angezeigt. Ein weiterer Doppelklick zeigt wieder das normale Fenster an.

5. Wählen Sie *Ansicht/Immer im Vordergrund*, wenn Sie verhindern wollen, dass andere Fenster das Überwachungsfenster verdecken.

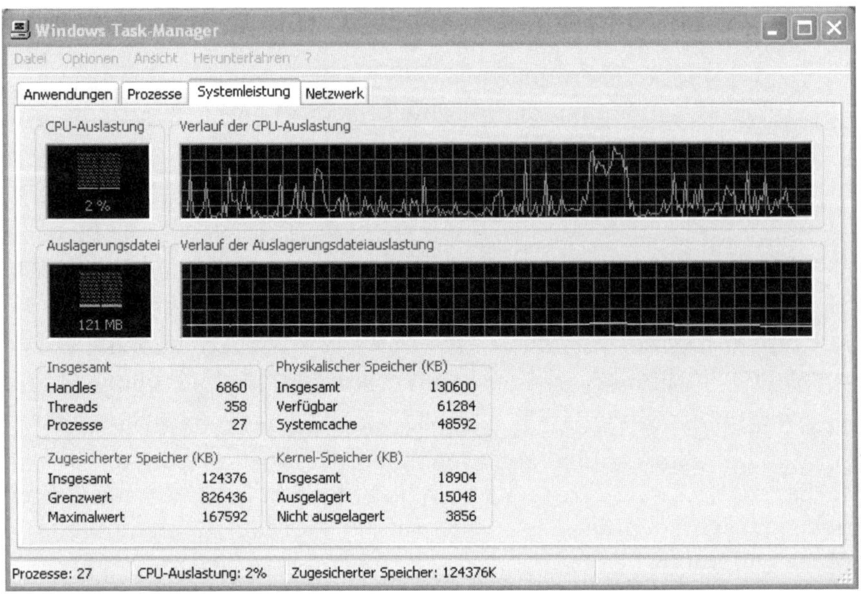

Abbildung 16.5: *Speicherauslastung und Größe der Auslagerungsdatei laufend überwachen*

TIPP

Minimieren Sie den Task-Manager, dann sehen Sie weiterhin im Infofeld der Taskleiste einen grünen Balken, der die Prozessorauslastung anzeigt.

Umgebungsvariablen

Umgebungsvariablen sind globale Variablen für das gesamte System. Hier werden Informationen hinterlegt, die für alle Programme wichtig sind – und die auch Ihnen dabei helfen können, wichtige Systemordner schnell zu finden.

Eine dieser Umgebungsvariablen heißt beispielsweise *WINDIR* und gibt den Ordnernamen an, in dem Windows installiert ist. Wählen Sie im Startmenü *Ausführen* und geben `%windir%` **Eingabe** ein, dann öffnet sich der Windows-Ordner, ganz gleich, in welchem Ordner Sie Windows installiert haben. Die Prozentzeichen markieren *windir* dabei als Umgebungsvariable.

Eine andere Umgebungsvariable heißt *userprofile*. Geben Sie in der Befehlszeile `%userprofile%` **Eingabe** ein, dann öffnet sich der Ordner mit Ihrem privaten Benutzerprofil, und Sie sehen, wo Windows Ihre *Eigenen Dateien* und *Desktop*-Ordner in Wirklichkeit aufbewahrt.

Alle Umgebungsvariablen in der Übersicht

Um alle Umgebungsvariablen zu sehen, die es gibt, gehen Sie so vor:

1. Wählen Sie im Startmenü *Ausführen*. Starten Sie die Konsole, indem Sie `cmd` Eingabe eingeben. Sie könnten dazu auch eine Umgebungsvariable einsetzen: `%comspec%` Eingabe.
2. Im Konsolenfenster geben Sie ein: `set` Eingabe. Jetzt listet die Konsole alle definierten Umgebungsvariablen auf.
3. Sie können auch eigene Umgebungsvariablen ins Leben rufen. Geben Sie zum Beispiel ein: `set test=1` Eingabe. Geben Sie dann ein: `set` Eingabe. Ihre neue Variable namens *test* erscheint nun ebenfalls in der Liste.
4. Neue Umgebungsvariablen, die Sie anlegen, sind allerdings nicht global. Andere Programme können sie nicht lesen. Öffnen Sie als Test ein weiteres Konsolenfenster, und geben Sie darin ein: `set` Eingabe. Tatsächlich wird hier Ihre Umgebungsvariable test nicht mehr genannt.

Tabelle 16.1: *Liste der vordefinierten Umgebungsvariablen*

Variable	Typ	Beschreibung
%ALLUSERSPROFILE%	lokal	Gibt den Pfad des Profils *All Users* zurück.
%APPDATA%	lokal	Gibt den Pfad zurück, in dem Anwendungen Daten standardmäßig speichern.
%CD%	lokal	Gibt die Zeichenfolge des aktuellen Verzeichnisses zurück.
%CMDCMDLINE%	lokal	Gibt die exakte Befehlszeile zurück, die zum Starten der aktuellen *Cmd.exe* verwendet wird.
%CMDEXTVERSION%	System	Gibt die Versionsnummer der aktuellen Befehlserweiterungen zurück.
%COMPUTERNAME%	System	Gibt den Namen des Computers zurück.
%COMSPEC%	System	Gibt den exakten Pfad zur ausführbaren Datei der Befehlsshell zurück.
%DATE%	System	Gibt das aktuelle Datum zurück. Verwendet dasselbe Format wie der Befehl *date /t*. Generiert durch *Cmd.exe*. Weitere Informationen zum Befehl *date* finden Sie unter *Date*. ▶

Variable	Typ	Beschreibung
%ERRORLEVEL%	System	Gibt den Fehlercode des zuletzt verwendeten Befehls zurück. Ein Wert ungleich Null weist in der Regel auf einen Fehler hin.
%HOMEDRIVE%	System	Gibt den Laufwerkbuchstaben der lokalen Arbeitsstation zurück, die mit dem Basisverzeichnis des Benutzers verbunden ist. Festgelegt basierend auf dem Wert des Basisverzeichnisses. Das Basisverzeichnis des Benutzers wird in *Lokale Benutzer und Gruppen* festgelegt.
%HOMEPATH%	System	Gibt den vollständigen Pfad des Basisverzeichnisses des Benutzers zurück. Festgelegt basierend auf dem Wert des Basisverzeichnisses. Das Basisverzeichnis des Benutzers wird in *Lokale Benutzer und Gruppen* festgelegt.
%HOMESHARE%	System	Gibt den Netzwerkpfad zum freigegebenen Basisverzeichnis des Benutzers zurück. Festgelegt basierend auf dem Wert des Basisverzeichnisses. Das Basisverzeichnis des Benutzers wird in *Lokale Benutzer und Gruppen* festgelegt.
%LOGONSEVER%	lokal	Gibt den Namen des Domänencontrollers zurück, der die aktuelle Anmeldesitzung bestätigt hat.
%NUMBER_OF_PROCESSORS%	System	Gibt die Anzahl der im Computer installierten Prozessoren an.
%OS%	System	Gibt den Namen des Betriebssystems zurück. Windows 2000 zeigt als Betriebssystem *Windows_NT* an.
%PATH%	System	Gibt den Suchpfad für ausführbare Dateien an.
%PATHEXT%	System	Gibt eine Liste der Dateierweiterungen zurück, die vom Betriebssystem als ausführbar angesehen werden.
%PROCESSOR_ARCHITECTURE%	System	Gibt die Chiparchitektur des Prozessors zurück. Werte: x86, IA64. ▶

Variable	Typ	Beschreibung
%PROCESSOR_IDENTFIER%	System	Gibt eine Beschreibung des Prozessors zurück.
%PROCESSOR_LEVEL%	System	Gibt die Modellnummer des im Computer installierten Prozessors zurück.
%PROCESSOR_REVISION%	System	Gibt die Revisionsnummer des Prozessors zurück.
%PROMPT%	lokal	Gibt die Einstellungen der Eingabeaufforderung für den aktuellen Interpreter zurück. Generiert durch *Cmd.exe.*
%RANDOM%	System	Gibt eine zufällige Dezimalzahl zwischen 0 und 32767 zurück. Generiert durch *Cmd.exe.*
%SYSTEMDRIVE%	System	Gibt das Laufwerk zurück, das das Windows XP-Stammverzeichnis enthält (d. h., den Systemstamm).
%SYSTEMROOT%	System	Gibt den Pfad des Windows XP-Stammverzeichnisses zurück.
%TEMP%, %TMP%	System und Benutzer	Gibt die standardmäßigen temporären Verzeichnisse zurück, die von Anwendungen verwendet werden, die aktuell angemeldeten Benutzern zur Verfügung stehen. Bei einigen Anwendungen muss *TEMP*, bei anderen *TMP* verwendet werden.
%TIME%	System	Gibt die aktuelle Uhrzeit zurück. Verwendet dasselbe Format wie der Befehl *time /t.* Generiert durch *Cmd.exe*. Weitere Informationen zum Befehl *time* finden Sie unter *Time*.
%USERDOMAIN%	lokal	Gibt den Namen der Domäne zurück, die das Konto des Benutzers enthält.
%USERNAME%	lokal	Gibt den Namen des Benutzers zurück, der aktuell angemeldet ist.
%USERPROFILE%	lokal	Gibt den Pfad des Profils für den aktuellen Benutzer zurück.
%WINDIR%	System	Gibt den Pfad des Betriebssystemverzeichnisses zurück.

Umgebungsvariablen in Skripten einsetzen

Skripte können alle Umgebungsvariablen lesen und auch verändern. Veränderungen haben aber keine permanenten Auswirkungen und wirken sich auch nicht auf andere Programme aus.

Das folgende Skript zeigt, wie Umgebungsvariablen ausgelesen werden. Geben Sie dazu den Namen einer Umgebungsvariable an. Das Skript liefert den Inhalt der Variablen zurück:

Listing 16.1: Per Skript auf Umgebungsvariablen zugreifen

```
' Windows Script Host Runtime Library
Set wshshell = CreateObject("WScript.Shell")

vorgabe = "WINDIR"

Do
  ' Name der Variable erfragen
  varname = InputBox("Bitte geben Sie den Namen der Variablen an!" _
               ,,vorgabe)

  ' Abbrechen geklickt? Keine Angabe? Beenden!
  If varname="" or IsEmpty(varname) then exit Do

  ' Prozentzeichen kontrollieren
  varname = Replace(varname, "%", "")
  varname = "%" & varname & "%"
  ' Ergebnis anzeigen
  varinhalt = wshshell.ExpandEnvironmentStrings(varname)
  If varinhalt = varname then
       text1 = "Die Variable " & varname & " ist nicht definiert!" & vbCr
  else
             text1 = "Inhalt der Umgebungsvariablen " & varname & ":" & vbCr _
                    & vbCr & varinhalt
  End If

  text2 = vbCr & vbCr & "Nochmal?"

  antwort = MsgBox(text1 & text2, vbQuestion+vbYesNo+vbSystemModal)

Loop until antwort = vbNo

MsgBox "Tschau ..."
```

Systemweite Umgebungsvariablen einsetzen

Müssen Sie eigene Umgebungsvariablen anlegen, die systemweit in allen Programmen lesbar sind, oder wollen Sie vorhandene Umgebungsvariablen dauerhaft umdefinieren, dann funktioniert das so:

1. Öffnen Sie das Startmenü, und klicken Sie *Arbeitsplatz* mit der rechten Maustaste an. Wählen Sie *Eigenschaften*.

2. Das Fenster *Systemeigenschaften* öffnet sich. Aktivieren Sie die Registerkarte *Erweitert*. Klicken Sie auf die Schaltfläche *Umgebungsvariablen*. Das Fenster *Umgebungsvariablen* öffnet sich.
3. Sie sehen nun im oberen Teil eine Liste mit den Benutzervariablen. Diese Variablen gelten, wenn Sie sich anmelden, aber nicht bei anderen Benutzern. Darunter findet sich die Liste der Umgebungsvariablen, die systemweit bei allen Benutzern gelten.
4. Um Umgebungsvariablen zu ändern, wählen Sie die gewünschte Variable in der Liste aus und klicken auf *Bearbeiten*.

WICHTIG Ändern Sie Umgebungsvariablen nicht leichtfertig! Das System ist auf die korrekten Angaben angewiesen. Die Umgebungsvariable *PATH* beispielsweise listet alle Ordner auf, in denen Windows automatisch nachsieht, wenn Sie den Namen eines Programms angeben. So bleibt es Ihnen erspart, stets den kompletten Pfadnamen angeben zu müssen. Wollen Sie die *PATH*-Variable um weitere Ordner ergänzen, dann fügen Sie die zusätzlichen Ordnernamen durch Semikola getrennt an die Variable an. Ähnlich wichtig ist die Variable *PATHEXT*. Sie legt fest, bei welchen Dateitypen Windows die *PATH*-Ordnerliste durchsucht. Hier finden Sie also die Extensionen aller ausführbaren Programmdateien.

Wollen Sie Umgebungsvariablen per Skript (zum Beispiel als Logon-Skript) systemweit setzen, dann kann dazu das Tool *Putinenv* aus dem Resource Kit für Windows 2000/XP verwendet werden.

F

Umgebungsvariablen der *Autoexec.bat*

Ältere Windows-Programme verwendeten die Datei *Autoexec.bat*, um eigene systemweite Umgebungsvariablen mit dem *Set*-Befehl anzulegen. Weil die *Autoexec.bat* bei älteren Windows-Versionen noch vor Windows aus der reinen DOS-Ebene heraus gestartet wurde, waren die Umgebungsvariablen definiert, bevor Windows startete, und Windows übernahm sie als eigene Umgebungsvariablen.

Bei Windows XP spielt die Datei *Autoexec.bat* keine Rolle mehr, denn eine DOS-Grundlage gibt es nicht. Setzen Sie allerdings ältere Programme ein, dann kann es sein, dass diese auf Umgebungsvariablen angewiesen sind, die in *Autoexec.bat* definiert werden.

Ob Ihre *Autoexec.bat* solche Variablen definiert, finden Sie leicht heraus: Wählen Sie im Startmenü *Ausführen*, und geben Sie ein: `notepad c:\autoexec.bat` Eingabe. Schauen Sie nun, ob in der Datei mit dem *Set*-Befehl Variablen deklariert werden. Alle Umgebungsvariablen, die nicht zu einer früheren Windows-Version gehören, könnten dann von Hand, wie eben gezeigt, als systemweite Umgebungsvariablen in Windows XP aktiviert werden.

Energiespar-Optionen aktivieren

In der Vergangenheit ließen viele Anwender den Rechner Tag und Nacht in Betrieb, weil der Startvorgang von Windows sehr lange dauerte und anschließend erst wieder alle notwendigen Programme und Dateien geöffnet werden mussten. Diese Angewohnheit kostete nicht nur erhebliche Mengen an Energie, sie war auch riskant. Ein Stromausfall oder eine übereifrige Reinigungskraft konnten dazu führen, dass alle laufenden Arbeiten verloren gingen und das System in Mitleidenschaft gezogen wurde.

Bei Windows XP ist das anders. Das Betriebssystem unterstützt alle modernen Stromspar-Standards und macht es so möglich, das System nicht nur in einen energiesparenden Standby-Modus zu versetzen, sondern sogar komplett einzufrieren: Im Ruhezustand konserviert Windows alle laufenden Programme und Sitzungen auf der Festplatte und schaltet anschließend den Rechner aus.

Wird der Rechner später wieder eingeschaltet, startet Windows nicht bei null, sondern restauriert einfach das konservierte Speicherabbild. Innerhalb weniger Sekunden befindet sich das System wieder in genau demselben Zustand, in dem es verlassen wurde.

Voraussetzungen für die Energiesparoptionen

Damit Standby-Modus und Ruhezustand funktionieren, sind zwei Grundvoraussetzungen nötig:

- Ihr Computer muss modern genug sein, die Stromsparmechanismen des ACPI- oder APM-Standards zu unterstützen. Dies trifft auf alle halbwegs modernen Computer zu.
- Alle geladenen Treiber und laufenden Programme müssen den Stromsparmodus unterstützen. Verwenden Sie beispielsweise einen alten Treiber, der die Stromsparmechanismen nicht unterstützt, oder läuft ein solches Programm, dann ignoriert Windows XP Ihre Anforderung einfach. Schließen Sie in diesem Fall nach und nach alle laufenden Programme, und versuchen Sie dazwischen jedes Mal, den Energiemodus zu aktivieren. So ermitteln Sie das schuldige Programm. Auch Gerätetreiber können den Ruhezustand unmöglich machen. Hat Windows XP zum Beispiel Ihre Grafikkarte nicht erkannt, dann wird ein Nottreiber verwendet, und der Ruhezustand steht nicht zur Auswahl. Öffnen Sie in diesem Fall den Gerätemanager, und schauen Sie nach, ob darin Geräte mit einem gelben Warnsymbol markiert sind. Installieren Sie dann für betroffene Geräte die nötigen Treiber.

- Sollte Windows XP aus dem Standby-Modus oder Ruhezustand mehrere Male nicht mehr korrekt »erwachen«, dann werden diese Modi ebenfalls sicherheitshalber deaktiviert.

Standby-Modus aktivieren

Der Standby-Modus schaltet den gesamten Rechner in den Energiesparmodus. Die Festplatten werden heruntergefahren. Sobald Sie eine Taste der Tastatur drücken, wacht das System wieder auf.

Die größten Vorzüge des Standby-Modus sind:

- Das System wird in kürzester Zeit in den Schlafmodus versetzt und wacht in ebenso kurzer Zeit wieder auf. Wartezeiten gibt es nicht.
- Das System kann auf Ereignisse reagieren. Hierzu zählen nicht nur das Drücken einer Taste oder das Bewegen der Maus, um das System wieder aufzuwecken. Auch geeignete Wake-On-LAN-Netzwerkkarten können das System wieder reaktivieren, sobald versucht wird, über das Netzwerk auf den Rechner zuzugreifen.

Nachteile des Standby-Modus sind:

- Der Standby-Modus ist empfindlich und funktioniert nur, wenn Computerhardware und alle laufenden Programme und Treiber ihn unterstützen. Je nach Hardwarekonfiguration kann es vorkommen, dass sich der Rechner nicht mehr aus dem Standby-Modus erwecken lässt, weil Maus und Tastatur deaktiviert wurden und das System also nicht mehr bemerkt, dass Sie weiterarbeiten wollen.
- Auch im Standby-Modus benötigt der Rechner ein Mindestmaß an Strom, um den Speicherinhalt zu sichern. Fällt der Strom aus, ist der Akku des Notebooks erschöpft oder schaltet jemand den Rechner aus, dann sind alle ungesicherten Daten verloren.

Windows XP aktiviert den Standby-Modus automatisch, wenn die Hardware-Voraussetzungen gegeben sind.

Ruhezustand aktivieren

Der Ruhezustand kopiert alle Daten aus dem empfindlichen Hauptspeicher auf die Festplatte und schaltet dann den Rechner aus. Wird das System später wieder eingeschaltet, kopiert Windows die gesicherten Daten zurück in den Hauptspeicher und arbeitet nahtlos weiter.

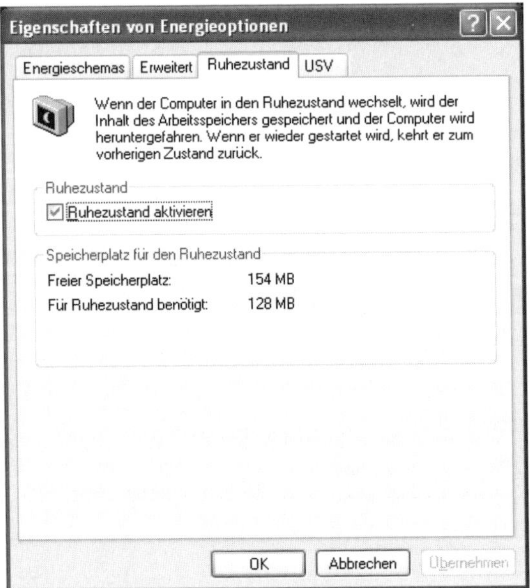

Abbildung 16.6: *Ruhezustand muss vor erster Verwendung aktiviert werden*

Die größten Vorzüge des Ruhezustands sind:

- Das System benötigt keinerlei Strom mehr und wird unempfindlich gegenüber Stromausfällen.
- Weil das System komplett ausgeschaltet wird, ist die Reaktivierung unproblematisch: das System wird einfach wieder eingeschaltet. Anders als beim Standby-Modus muss das System also nicht Maus- oder Tastatureingaben überwachen.

Seine Nachteile sind:

- Die Sicherung der Daten auf der Festplatte und das Reaktivieren dauern länger als beim Standby-Modus. Die Reaktivierung des Systems kann ein paar Sekunden dauern.
- Auf der Festplatte muss ausreichend freier Speicherplatz vorhanden sein, um den RAM-Speicher darauf auszulagern. Dieser Speicher bleibt so lange blockiert, wie der Ruhezustand aktiviert ist.
- Weil das System komplett abgeschaltet ist, kann es nicht mehr auf Ereignisse wie Wake-On-LAN reagieren, lässt sich also auch nicht mehr fernwarten, solange es sich im Ruhezustand befindet.

Der Ruhezustand kann manuell ein- und ausgeschaltet werden. Schalten Sie den Ruhezustand ein, dann blockiert Windows XP einen ausreichend großen Festplattenbereich, um darin den RAM-Speicher bei Bedarf auszulagern. Schalten Sie den Ruhezustand ab, dann wird dieser Festplattenbereich wieder freigegeben.

1. Wählen Sie im Startmenü *Einstellungen* und öffnen Sie das Modul *Energieoptionen*. Das Fenster *Eigenschaften von Energieoptionen* öffnet sich.
2. Aktivieren Sie die Registerkarte *Ruhezustand*. Wählen Sie im Bereich *Ruhezustand* die Option *Ruhezustand aktivieren*, um den Ruhezustand generell zu aktivieren. Im Bereich *Speicherplatz für den Ruhezustand* sehen Sie, wie viel Speicher Windows XP nun auf der Festplatte reserviert. Dieser Bereich bleibt solange reserviert, wie die Option *Ruhezustand aktivieren* gewählt ist.
3. Klicken Sie auf *OK*. Der Ruhezustand ist nun betriebsbereit.

Standby-Modus oder Ruhezustand verwenden

Sie haben gleich mehrere Möglichkeiten, Standby-Modus und Ruhezustand auszulösen:

- Manuell: Wählen Sie im Startmenü *Ausschalten*, dann können Sie den Standby-Modus oder den Ruhezustand wählen. Verwenden Sie die vereinfachten Dialogfelder, dann sehen Sie zunächst nur die Schaltfläche für Standby-Modus. Halten Sie Umschalt fest, damit diese Schaltfläche den Ruhezustand auslöst.
- Automatisch: Legen Sie fest, wann der Computer von allein in den Standby-Modus oder den Ruhezustand wechseln soll. Auf diese Weise kann sich Ihr Computer zum Beispiel selbst ausschalten, wenn Sie längere Zeit abwesend sind oder ganz einfach vergessen haben, den Rechner auszuschalten.
- Per Netzschalter: Bestimmen Sie, was passieren soll, wenn Sie den Netzschalter am Computer drücken. Auf Wunsch schaltet er den Rechner in den Standby-Modus oder Ruhezustand, anstatt ihm sofort den Strom abzudrehen. Halten Sie den Netzschalter länger als 4 Sekunden gedrückt, wird aber unabhängig von Ihren Energieoptionen der Computer sofort abgeschaltet.

Szenario 1: Computer schrittweise automatisch abschalten

Im folgenden Szenario soll Windows XP sich schrittweise selbst herunterfahren. Nach 10 Minuten soll zunächst der Bildschirmschoner anspringen. Nach 20 Minuten soll sich das System in den Standby-Modus begeben und damit beginnen, Strom zu sparen. Nach einer Stunde schließlich soll sich Windows XP einfrieren und den Rechner komplett abschalten.

1. Um den Bildschirmschoner zu konfigurieren, klicken Sie mit der rechten Maustaste auf eine freie Stelle des Desktops und wählen *Eigenschaften*. Das Fenster *Eigenschaften von Anzeige* öffnet sich.
2. Aktivieren Sie die Registerkarte *Bildschirmschoner*. Im Feld *Wartezeit*: stellen Sie 10 Minuten ein. Wählen Sie im Bereich *Bildschirmschoner* die Option *Willkommenseite, bei Wiederaufnahme*, damit eine Kennwortabfrage erscheint, bevor der Bildschirmschoner sein Feld räumt.
3. Klicken Sie nun im Bereich *Energieverbrauch überwachen* auf die Schaltfläche *Energieverwaltung*. Das Fenster *Eigenschaften von Energieoptionen* öffnet sich.
4. Aktivieren Sie die Registerkarte *Energieschemas*. In der Liste *Standby*: stellen Sie ein: *20 Minuten*. In der Liste *Ruhezustand*: stellen Sie ein: *1 Stunde*.
5. Aktivieren Sie die Registerkarte *Erweitert*. Wählen Sie im Bereich *Optionen* die Option *Kennwort beim Reaktivieren aus dem Standbymodus anfordern*. So wacht Windows XP nicht einfach aus dem Standby-Modus auf, sondern verlangt zuerst wieder Ihr Anmeldekennwort. Klicken Sie zum Schluss auf *OK*.

Ihr Rechner übernimmt jetzt die Energieverwaltung komplett selbst. Nach Ablauf von 20 Minuten werden Festplatte und System in den Energiesparmodus geschaltet. Nach Ablauf einer Stunde wacht das System wie von Geisterhand wieder auf, die Festplatte läuft wieder an, allerdings nur kurz, um den Speicherinhalt zu sichern. Danach schaltet sich der Computer aus.

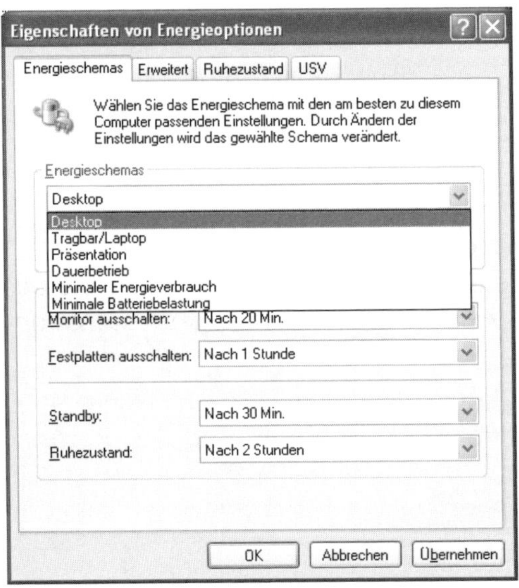

Abbildung 16.7: *Festlegen, wann der Computer sich automatisch ausschalten soll*

TIPP Bei älteren Computern schaltet sich Windows XP nicht komplett aus. Stattdessen erscheint der Hinweis, dass der Computer nun abgeschaltet werden kann. Kontaktieren Sie in diesem Fall den Hardware-Hersteller und fragen Sie nach einem BIOS-Update.

Szenario 2: Computer mit dem Netzschalter abschalten

Bislang war es geradezu eine Todsünde, den Rechner mit dem Netzschalter abzuschalten, weil Windows und alle laufenden Programme so keine Zeit mehr hatten, ungesicherte Daten in Sicherheit zu bringen. Dabei wäre es intuitiv und eigentlich auch selbstverständlich, den Computer wie jedes andere Gerät auch mit dem Netzschalter abzuschalten.

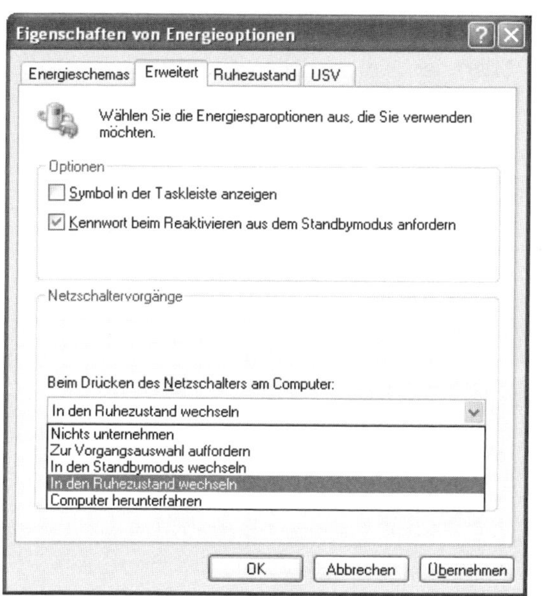

Abbildung 16.8: Den Netzschalter des Computers umprogrammieren

Und genau dies ist künftig möglich. Windows XP kann den Netzschalter moderner Computer nämlich so umprogrammieren, dass er nicht den Rechner einfach vom Stromnetz trennt, sondern den Standby-Modus oder den Ruhezustand aktiviert.

1. Wählen Sie im Startmenü die *Systemsteuerung* und öffnen Sie das Modul *Energieoptionen*. Das Fenster *Eigenschaften von Energieoptionen* öffnet sich.
2. Aktivieren Sie die Registerkarte Register *Erweitert*. Im Bereich *Vorgänge* suchen Sie sich nun in der Liste *Beim Drücken des Netzschalters am Computer*: aus, was passieren soll, wenn der Netzschalter gedrückt wird. Die Tabelle 16.2 listet die zur Verfügung stehenden Optionen auf.

Sollte die Registerkarte *Erweitert* oder die Liste *Beim Drücken des Netzschalters am Computer* bei Ihnen fehlen, dann kann Windows XP den Netzschalter Ihres Rechners nicht umprogrammieren.

Ein BIOS-Update kann helfen, diese Funktion doch noch zu aktivieren. Bei Rechnern, die keinen Druckschalter als Netzschalter verwenden, sondern einen klassischen Umschalter, kann der Netzschalter dagegen in keinem Fall umprogrammiert werden.

Auswahl	Erklärung
Nichts unternehmen	Rechner wird ausgeschaltet
Zur Vorgangsauswahl auffordern	Ein Dialogfeld erscheint und bietet die Optionen *Standby, Ruhezustand* und *Herunterfahren* an
In den Standby-Modus wechseln	Rechner wird in den Standby-Modus versetzt, kann aber je nach Hardware-Konfiguration noch auf ankommende Netzwerk- und Modem-Ereignisse reagieren
In den Ruhezustand wechseln	Beste Wahl: Rechner wird auf der Festplatte konserviert und dann abgeschaltet
Computer herunterfahren	Windows XP wird beendet und regulär heruntergefahren

Tabelle 16.2: *Aufgaben, die der Netzschalter des Computers übernehmen kann*

Grundeinstellungen für den Speicherbedarf

Eben haben Sie bereits eine wichtige Einstellung kennen gelernt, die Pufferspeicher betraf: die Größe der Auslagerungsdatei für den virtuellen Speicher. Daneben gibt es weitere Pufferspeicher, die Windows XP einrichtet.

Dabei setzt Windows XP traditionell Speichergrößen fest, die völlig unsinnig sind und enorme Speichermengen vergeuden. Feinjustierungen sind in diesem Bereich besonders sinnvoll.

Papierkorbgröße begrenzen

Als Vorgabe verwendet Windows XP für jedes lokale Festplattenlaufwerk einen elektronischen Mülleimer namens *Recycler*, in dem alle gelöschten Dateien noch eine zeitlang aufbewahrt werden. So können versehentliche Löschaktionen schnell und unkompliziert rückgängig gemacht werden.

Alle Laufwerks-Papierkörbe werden gemeinsam über das *Papierkorb*-Symbol auf dem Desktop verwaltet. Öffnen Sie dieses, dann sehen Sie alle gelöschten Dinge und können Dateien per Rechtsklick und *Wiederherstellen* retten. Endgültig gelöscht wird der Papierkorb erst, wenn Sie ihn mit der rechten Maustaste anklicken und *Papierkorb leeren* wählen.

Abbildung 16.9: *Ohne Anpassung kann der Papierkorb monströse Ausmaße annehmen*

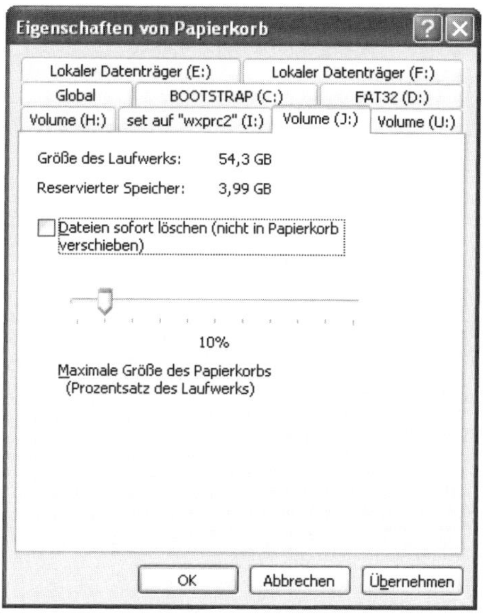

Der Papierkorb an sich funktioniert ausgezeichnet, doch setzt Windows XP wie schon alle übrigen Windows-Vorgänger die maximale Größe des Papierkorbs auf 10% der Festplattenkapazität.

Was früher vielleicht noch in Ordnung war, ist spätestens bei Festplattengrößen im Gigabyte-Bereich Unsinn. Auf einer 20 GB Festplatte richtet Windows XP so nämlich einen Papierkorb mit der astronomischen Größe von 2 Gigabyte ein. Das ist nicht nur Platzverschwendung, in einem so großen Papierkorb findet man auch nichts mehr wieder.

So wird die Papierkorbgröße auf ein vernünftiges Maß zurechtgestutzt:

1. Klicken Sie das Papierkorbsymbol auf dem Desktop mit der rechten Maustaste an, und wählen Sie *Eigenschaften*. Das Fenster *Eigenschaften von Papierkorb* öffnet sich.
2. Aktivieren Sie die Option *Laufwerke unabhängig konfigurieren*. Klicken Sie dann die Registerkarten Ihrer Festplatten nacheinander an, und ziehen Sie den Schieberegler so weit nach links, bis *Reservierter Speicher* einen vernünftigen Wert anzeigt. Im Normalfall genügen 200 MB für den Papierkorb. Arbeiten Sie mit großen Multimediadateien, kann auch mehr Speicher nötig sein.

Internetpuffer beschränken

Der Internet Explorer verwendet ebenfalls einen internen Pufferspeicher. In diesem Speicher merkt sich das Programm kürzlich besuchte Internetseiten und puffert Bilder und andere Webseitenelemente. Besuchen Sie Webseiten später noch einmal, und liegen die Elemente der Seiten noch im Puffer, dann braucht der Internet Explorer diese Elemente nicht mehr aus dem Internet zu laden, und der Seitenaufbau geht erheblich schneller.

Leider reserviert sich der Internet Explorer einen enorm großen Puffer. Der ist zudem meist gar nicht mehr nötig, denn bei schnellen ISDN- oder gar xDSL-Verbindungen verliert der Puffer seinen Geschwindigkeitsvorteil. Der Puffer stammt eher noch aus Modem-Zeiten.

So weisen Sie dem Internet Explorer eine vernünftige Puffergröße zu:

1. Wählen Sie im Startmenü *Systemsteuerung*, und öffnen Sie *Internetoptionen*. Das Fenster *Eigenschaften von Internet* öffnet sich.
2. Aktivieren Sie die Registerkarte *Allgemein*. Klicken Sie im Bereich *Temporäre Internetdateien* auf die Schaltfläche *Einstellungen*.
3. Passen Sie die Größe des Puffers nun über Schieberegler oder Textfeld an. Ein Puffer von 20 MB sollte genügen.

Platz für die Systemwiederherstellung reservieren

Die Systemwiederherstellung legt in regelmäßigen Intervallen Schnappschüsse des Systems an. Diese automatische Vorbeugemaßnahme kann zum Retter werden, wenn das System nicht mehr richtig funktioniert. Dann nämlich kann das System zu einem der Prüfpunkte zurückgespult werden, und schon werden Fehler an den Einstellungen oder an wichtigen Systemdateien repariert (▶ Kapitel 23).

Damit dieser Dienst auch wirklich wie geplant funktioniert, braucht er genügend Festplattenspeicher. Stehen weniger als 200 MB zur Verfügung, wird die Systemwiederherstellung klammheimlich abgeschaltet. Und genau hier liegt das große Risiko der Systemwiederherstellung: ein falsches Gefühl der Sicherheit.

Damit die Systemwiederherstellung wirklich zum Retter in der Not wird, ist es nötig, den Speicherhaushalt der Festplatten schon vorher regelmäßig zu kontrollieren und die Festplatten von Zeit zu Zeit aufzuräumen (▶ Kapitel 11).

Abbildung 16.10: Festlegen, welche Laufwerke überwacht werden

Wie viel Platz die Systemwiederherstellung auf den Festplatten für die Prüfpunkte nutzen darf, wird so geregelt:

1. Öffnen Sie das Startmenü, und klicken Sie mit der rechten Maustaste auf *Arbeitsplatz*. Wählen Sie *Eigenschaften*. Sie können auch Win+Pause drücken. Das Fenster *Systemeigenschaften* öffnet sich.

2. Aktivieren Sie die Registerkarte *Systemwiederherstellung*. In der Liste *Verfügbare Laufwerke*: sehen Sie alle Festplattenlaufwerke, und dahinter steht, ob dieses Laufwerk überwacht wird. Das erste Laufwerk in der Liste ist das Systemlaufwerk. Wird die Überwachung dieses Laufwerks abgeschaltet oder ist auf diesem Laufwerk weniger als 200 MB Speicherplatz frei, dann wird die Systemwiederherstellung komplett abgeschaltet.

3. Suchen Sie in der Liste per Klick ein Laufwerk aus, und klicken Sie auf Einstellungen. Als Vorgabe erlaubt Windows XP der Systemwiederherstellung, 12% des Festplattenspeichers für Prüfpunkte zu verwenden.

Die Speichereinstellungen der Systemwiederherstellung funktionieren ähnlich wie die der Papierkorbgröße: es handelt sich nur um maximale Obergrenzen, aber nicht um eine Speicherreservierung.

Haben Sie also der Systemwiederherstellung 1 GB Platz eingeräumt, dann bedeutet das noch lange nicht, dass die Systemwiederherstellung diesen Speicherplatz auch nutzen kann oder überhaupt funktioniert. Ist

weniger Speicherplatz auf dem Laufwerk frei, dann kann die Systemwiederherstellung auch nur weniger Speicher für Prüfpunkte nutzen.

Platz für Offlinedateien

Auch der maximale Speicherplatz, der Offlinedateien zur Verfügung steht, kann begrenzt werden. Dazu öffnen Sie in der Systemsteuerung das Modul *Ordneroptionen* und aktivieren die Registerkarte *Offlinedateien*. Sie sehen jetzt einen Schieberegler, mit dem der maximal verwendbare Speicherplatz beschränkt wird.

17 Windows XP-Sicherheitskonzepte

Windows XP ist ein sicheres Betriebssystem. Und das bedeutet: mehrere Personen können sich den Computer teilen und dabei sensible Daten wirkungsvoll schützen. Ob als Anwaltskanzlei, Arztpraxis oder Familie mit sensiblen Anwendungen wie Homebanking oder Fondsverwaltung – mit Windows XP bleiben sensible Daten privat.

Dies ist eine Neuerung für alle Anwender, die von Windows 95/98/Me auf Windows XP gewechselt sind. Hier gab es solche Sicherheit nicht. Bei Windows NT und Windows 2000 hingegen sind Dateizugriffsberechtigungen immer enthalten gewesen.

Allerdings hat sich das Sicherheitsmodell von Windows XP in einigen Bereichen wie zum Beispiel dem Netzwerkzugriff von außen grundlegend geändert.

In diesem Kapitel lesen Sie, wie die Windows XP-Sicherheit funktioniert. Im folgenden Kapitel finden Sie Lösungen, um eigene Daten zu schützen.

Die Bestandteile des Sicherheitssystems

Windows XP verwendet sechs Grundbausteine für den Aufbau von Sicherheit:

- Benutzerkonten identifizieren Benutzer eindeutig.
- Grundrechte eines Benutzerkontos regeln, welche Windows-Funktionen der Benutzer verwenden darf.

- Ressourcen wie Dateien, Ordner und Geräte können mit Zugriffsberechtigungen versehen werden, die regeln, ob ein bestimmter Benutzer die Ressource verwenden darf und ob es Einschränkungen gibt.
- Gruppen fassen beliebig viele Benutzer zusammen. So können allgemeine Berechtigungen der Gruppe übertragen werden. Jeder Benutzer, der Mitglied in der Gruppe ist, erhält automatisch diese Rechte und muss nicht mühselig und fehlerträchtig einzeln konfiguriert werden.
- Netzwerkfreigaben machen Ressourcen wie Ordner und Drucker öffentlich, sodass andere Benutzer ferngesteuert über das Netzwerk darauf zugreifen können.
- Gruppenrichtlinien fassen Sets von Registry-Einstellungen zusammen, die genau festlegen, welche Bildschirmelemente und sonstigen Einstellungen für diesen Benutzer gelten sollen.

Die Rolle der Benutzerkonten

Das erste Benutzerkonto wird bereits während der Installation angelegt und heißt *Administrator*. Dieses besondere Benutzerkonto wird sofort mit einem Kennwort geschützt. Das *Administrator*-Konto verfügt über sämtliche Berechtigungen. Es ist nicht für den normalen Alltagsbetrieb gedacht, sondern kommt zum Einsatz, wenn das System grundlegend umkonfiguriert werden muss. Das Kennwort dieses Kontos sollte an einer sicheren Stelle hinterlegt werden. Wird auf noch mehr Sicherheit Wert gelegt, dann kann das *Administrator*-Konto außerdem umbenannt werden.

TIPP

Wo ist das *Administrator*-Konto geblieben?

Das *Administrator*-Konto erscheint auf der Anmeldeseite nur dann, wenn Sie Windows XP entweder im *Abgesicherten Modus* starten oder falls es kein anderes Benutzerkonto gibt, das *Computeradministrator*-Rechte hat.

Am Ende der Installation muss mindestens ein weiteres Benutzerkonto angelegt werden. Benutzerkonten, die hier angelegt werden, sind zunächst ungeschützt: es wird kein Kennwort vereinbart. Hier haben Sie die Gelegenheit, allen Personen ein erstes Benutzerkonto anzulegen, die sich später den Rechner teilen sollen.

Diese und viele weitere Themen werden in ▶ Kapitel 18 besprochen:

- Verschaffen Sie sich einen Überblick, welche Benutzerkonten es auf Ihrem System gibt.
- Legen Sie für neue Benutzer weitere Konten an.
- Entfernen oder sperren Sie Benutzerkonten, die dauerhaft oder vorübergehend nicht mehr benötigt werden.

Die Rolle der Anmeldung

Damit keine unbefugten Personen Windows XP verwenden und die Daten des Rechners missbrauchen können, steht vor der Benutzung eine zwingende Anmeldung. Benutzer müssen sich also beim System anmelden.

Wirkliche Sicherheit entsteht allerdings erst dann, wenn alle Benutzerkonten mit einem geheimen Kennwort ausgerüstet sind. Die anfangs angelegten Benutzerkonten sind nicht kennwortgeschützt, sodass jeder diese Konten verwenden kann. Deshalb sollte eine der ersten Aufgaben nach der Windows XP Installation die Einrichtung des Kennwortschutzes sein.

Die Windows XP-Anmeldung gibt es in zwei Varianten:

- Für den Heimgebrauch und kleinere Firmen ohne große Sicherheitsanforderungen erscheint eine Willkommensseite. Alle Benutzer werden hier aufgeführt, und per Klick kann das gewünschte Benutzerkonto ausgesucht werden. Windows XP Rechner, die an eine Domäne angeschlossen sind, können diese einfache Anmeldevariante nicht verwenden.
- Größere Firmen und sensible Bereiche können demgegenüber auch das klassische Anmeldeformular verwenden. Hier müssen Benutzername und Kennwort eingegeben werden, und Sicherheitsrichtlinien gestatten, die Sicherheit noch weiter hochzuschrauben (▶ Kapitel 3).

TIPP Die Wahl der Anmeldung hat auch Einfluss auf das Abmelde-Formular, das erscheint, wenn Sie Windows XP beenden oder Ihre Sitzung abmelden.

Und wieso gibt es diese zwei Varianten überhaupt? Weil Microsoft mit Windows XP ein ganz unterschiedliches Zielpublikum anspricht.

Größere Firmen, die bereits traditionell Windows XP, 2000 oder Unix verwenden, benötigen oft komplexe Sicherheitsstrukturen und beschäftigen hierfür speziell ausgebildete IT-Ingenieure. Diese Klientel verwendet die klassische Anmeldung und kann so sehr feingliedrig die Zugriffssicherheit regeln.

Privatanwender und Kleinbetriebe dagegen können sich spezialisierte Systemadministratoren meist gar nicht erlauben und benötigen ausgeklügelte Sicherheitskonzepte für tausende von Mitarbeitern in aller Regel auch nicht. Hier kommt es darauf an, auf einfache Weise eine Grundsicherheit zu implementieren, die dafür sorgt, dass jeder Benutzer geschützte Datenbereiche nutzen kann.

Diese und weitere Themen werden in den ▶ Kapiteln 3 und 18 besprochen:

- Legen Sie fest, ob bei der Anmeldung das Willkommen-Fenster oder ein klassischer Anmeldedialog erscheint.
- Bestimmen Sie, ob Benutzer Kennwörter verwenden müssen, und welchen Anforderungen die Kennwörter genügen müssen.
- Legen Sie fest, was passieren soll, wenn Benutzer falsche Kennwörter eingeben, und lassen Sie fehlgeschlagene Anmeldungsversuche im Sicherheitslogbuch protokollieren.
- Schalten Sie die Anmeldung ganz ab, wenn Sie den Rechner allein benutzen und keine Sicherheit benötigen.

Die Rolle der Windows-Grundrechte

Ein sicheres Computersystem kann Anarchie nicht gebrauchen. Wäre jeder Benutzer in der Lage, nach Gutdünken Systemeinstellungen zu ändern, dann wäre ein gesicherter Betrieb unmöglich. Deshalb sind alle Windows-Funktionen, die Einfluss auf andere Benutzer haben, speziell geschützt.

Dieser Schutz wird über Gruppenmitgliedschaften erreicht. Setzen Sie die einfache Sicherheitsverwaltung ein, dann können Benutzerkonten entweder die Rolle eines Systemadministrators oder die Rolle eines Eingeschränkten Benutzers einnehmen. Entscheiden Sie sich für die komplexe Sicherheitsverwaltung, dann stehen zusätzliche Gruppen zur Verfügung, und Benutzerkonten können in mehr als nur einer Gruppe Mitglied sein.

Für viele Anwender genügen die beiden simplen Benutzerkonto-Typen allerdings vollauf:

- Systemadministratoren werden zu Mitgliedern in der Gruppe der *Administratoren*. Sie verfügen über uneingeschränkte Macht. Solche Konten sollten nicht für die tägliche Arbeit verwendet werden, sondern nur dazu, um Verwaltungsarbeiten am System zu erledigen. Viele Systemeinstellungen und das Anlegen oder Verändern von Benutzerkonten sind Administratoren vorbehalten.
- Eingeschränkte Benutzer können den Computer für ihre Arbeiten verwenden, haben aber kaum Möglichkeiten, die Systemeinstellungen zu verändern. Sie gehören zur Gruppe der *Benutzer*. Eingeschränkte Benutzer können weder die Systemuhr verstellen noch neue Software installieren – weder absichtlich noch versehentlich. Damit werden viele klassische Fehlerquellen ausgeschaltet, weil reguläre Benutzer keine Fehleinstellungen mehr vornehmen können.

Dieser Kontotyp ist für die tägliche Arbeit mit dem Rechner gedacht, bei der es nicht darauf ankommt, das System selbst zu verändern.

Die ▶ Kapitel 18 und 19 beschäftigen sich mit diesen weiteren Themen:

- Finden Sie heraus, wieso einige Benutzer mehr Dinge tun dürfen als andere, und schauen Sie in den Sicherheitsrichtlinien nach, welche Grundfunktionen geschützt werden können. Schauen Sie nach, welche Gruppen diese Grundfunktionen nutzen dürfen.
- Legen Sie eigene Gruppen an, und weisen Sie diesen Gruppen Windows-Grundrechte zu.
- Stellen Sie fest, in welchen Gruppen ein Benutzerkonto Mitglied ist, und fügen Sie Benutzerkonten in neue Gruppen ein oder nehmen Sie Konten aus Gruppen heraus.

Die Rolle der Zugriffsberechtigungen

Zugriffsberechtigungen funktionieren wie Vorhängeschlösser, die den Zugriff auf sensible Daten regeln. Zugriffsberechtigungen prüfen also, ob ein bestimmter Benutzer berechtigt ist, in einen Ordner hineinzusehen oder eine Datei zu öffnen.

Direkt nach der Windows XP Installation ist noch kein Zugriffsschutz aktiv. Er wird erst dann aktiviert, wenn die Festplatte das sichere NTFS-Dateisystem verwendet und wenn den Benutzerkonten Kennwörter zugewiesen werden. Ohne kennwortgeschützte Benutzerkonten wäre eine Zugriffsberechtigung ohnehin sinnlos.

Auch bei den Zugriffsberechtigungen gibt es ein einfaches und ein fortgeschrittenes Konzept:

- Im einfachen Konzept werden die persönlichen Benutzerprofile, die Ordner wie Eigene Dateien und den Desktop enthalten, vor anderen Benutzern abgeschottet. Alles, was ein Benutzer an diesen Orten speichert, bleibt privat. Möchte ein Benutzer Daten mit anderen Benutzern teilen, dann speichert er sie im besonderen Ordner Gemeinsame Dokumente. Er funktioniert wie ein allgemeiner Marktplatz, auf den alle Benutzer zugreifen können.
- Im komplexen Konzept werden die Zugriffsrechte für Ordner, Dateien und Geräte explizit angegeben. Dieses Konzept funktioniert genauso wie bei Windows NT und 2000.

Das einfache Konzept genügt sehr häufig im Privatbereich und bei Kleinbetrieben. Es bewahrt die Benutzer davor, sich tiefer mit den Sicherheitskonzepten auseinandersetzen zu müssen. Allerdings ist es wesentlich unflexibler als das komplexe Konzept: im einfachen Konzept gibt es nur »mich« und »die anderen«. Im komplexen Konzept dagegen kann jeder Benutzer einzeln angesprochen und mit unterschiedlichen Rechten ausgestattet werden.

Mehr Informationen finden Sie in den ▶ Kapiteln 11 und 19:

- Lesen Sie mehr über die Vor- und die Nachteile der beiden Sicherheitsmodi.
- Schauen Sie sich an, wie Sie den Zugriff auf einen Ordner nur bestimmten Personen gestatten.
- Lernen Sie kennen, wie Sie verhindern, dass Dateien von unbefugten Personen geändert oder gelöscht werden.

Die Rolle der Netzwerkfreigaben

Ist Ihr Rechner in ein Computernetzwerk eingebunden, dann können Sie über das Netzwerk auf freigegebene Ressourcen anderer Rechner zugreifen und auch selbst eigene Ressourcen für andere freigeben. Ein häufiges Beispiel ist die Freigabe eines Ordners, um Daten gemeinsam im Netzwerk zu nutzen.

Hierbei gibt es zwei ganz unterschiedliche Sicherheits-Modi:

- Im klassischen Modell funktioniert der Zugriff auf freigegebene Ressourcen wie schon bei Windows NT und Windows 2000. Jeder, der sich mit einer freigegebenen Ressource verbinden möchte, muss sich mit einem Benutzerkonto und Kennwort ausweisen. Sofern er Zugriffsberechtigung auf die Ressource hat, wird der Zugriff ermöglicht.
- Im neuen Modell steht einfache Bedienung und Sicherheit auch ohne ausgeklügelte Konzeption im Vordergrund. Hier werden alle Benutzer, die sich über das Netzwerk an Windows XP anmelden, dem Benutzerkonto Gast zugeordnet. Hier findet sich also wieder das Konzept »ich« und »die anderen«, das zwar einfach zu implementieren ist, aber alle Netzwerkzugriffe in einen Topf wirft und keine Differenzierung zwischen einzelnen Benutzern ermöglicht. Die Vorteile sind allerdings nicht von der Hand zu weisen: Hacker und andere unauthorisierte Eindringlinge können maximal im Kontext des Gast-Kontos Unheil stiften, und weil dessen Berechtigungen stark eingeschränkt sind, ergibt sich daraus ein sehr wirkungsvoller Schutz.

Eine Kombination beider Konzepte ist nicht möglich, was allein schon aus der Tatsache resultiert, dass im neuen Modell jede Anmeldung automatisch auf den Gast-Account umgeleitet wird und anschließend überhaupt keine differenzierte Zugriffsberechtigung mehr stattfinden kann.

In der Praxis werden größere Firmen mit IT-Abteilung das klassische Modell weiterverwenden, was ihnen vertraut ist und größtmögliche Flexibilität ermöglicht.

Kleine Firmen ohne IT-Abteilung und Privatpersonen fahren dagegen mit dem neuen Modell erheblich besser, weil es einfach zu bedienen ist und dabei maximal mögliche Sicherheit bietet. Zudem funktioniert das neue Modell auch mit Windows 95/98/Me-Rechnern im Netzwerk. Beim klassischen Modell konnten diese älteren Windows-Versionen nur über Tricks auf geschützte Freigaben zugreifen.

Diese und weitere Themen werden in den ▶ Kapiteln 12 und 13 behandelt:

- Lesen Sie, wie Sie Ordner für andere freigeben.
- Finden Sie heraus, wie Windows XP Ordner für alle Benutzer zugänglich macht.
- Bestimmen Sie die Zugriffsrechte selbst, und legen Sie detailliert fest, welche Dinge Benutzer tun dürfen und welche nicht.
- Verwenden Sie die eingebauten Verwaltungstools, um sich einen Überblick über alle freigegebenen Ordner zu verschaffen und deren Nutzung zu überwachen.

Die Rolle der Gruppenrichtlinien

Welche Befehle Windows im Startmenü anzeigt, welche Register und Module in der Systemsteuerung angezeigt werden, welche Programme ein Benutzer ausführen darf (und welche nicht) – dies sind alles Beispiele für Einschränkungen, die in der internen Windows Registry-Datenbank vermerkt werden.

Ein Administrator kann so ganz genau festlegen, wie Windows XP funktioniert. Dabei werden zwei Arten von Registry-Eintragungen unterschieden: Alle Einstellungen, die für sämtliche Benutzer gelten sollen, speichert Windows XP in der allgemeinen Registry. Einstellungen, die nur für bestimmte Benutzer gelten sollen, werden in der Registry des jeweiligen Benutzers eingetragen.

Die möglichen Registry-Einstellungen können über ein Gruppenrichtlinien-Werkzeug namens *Gpedit.msc* bequem vorgenommen werden. Manuelle Eingriffe in die Registry sind dazu nicht nötig.

▶ Kapitel 20 hat diese Informationen für Sie:

- Lesen Sie, wie Sie Gruppenrichtlinien-Einstellungen sichtbar machen und ändern.

- Lernen Sie die Tools *Gpupdate* und *Gpresult* kennen, mit denen Sie Änderungen aktivieren und deren Auswirkungen beobachten können.
- Schauen Sie sich an, wie Sie Gruppenrichtlinien fremder Computer ferngesteuert einsehen und verändern.
- Weisen Sie unterschiedliche Gruppenrichtlinien für individuelle Benutzer zu, und lesen Sie, wie die Gruppenrichtlinien hinter den Kulissen funktionieren.
- Schauen Sie sich an, wie die lokalen Gruppenrichtlinien durch einen Domänencontroller erweitert werden können.

Zwischen einfacher und erweiterter Sicherheit umschalten

Direkt nach der Installation arbeitet Windows XP mit den vereinfachten *Sicherheit*-Dialogfeldern. Dennoch haben Sie jederzeit Zugriff auf die vollen Sicherheitseinstellungen:

Zugriffsberechtigungen für Dateien und Ordner

Um wie bei Windows NT und 2000 die NTFS-Berechtigungen für Dateien und Ordner verwalten zu können, gehen Sie so vor:

1. Wählen Sie in einem beliebigen Explorer-Fenster *Extras/Ordneroptionen*, oder öffnen Sie das Modul *Ordneroptionen* in der *Systemsteuerung*.
2. Aktivieren Sie die Registerkarte *Ansicht*, und schalten Sie die Option *Einfache Dateifreigabe verwenden* aus. Klicken Sie auf *OK*.

Ab sofort können Sie die Zugriffsrechte jeder einzelnen Datei und jedes Ordners sichtbar machen und einzeln verwalten:

1. Klicken Sie einen Ordner oder eine Datei mit der rechten Maustaste an, und wählen Sie *Eigenschaften*.
2. Aktivieren Sie die Registerkarte *Sicherheit*. Fehlt diese, dann befindet sich die Datei oder der Ordner entweder nicht auf einem NTFS-Laufwerk, oder Sie haben die Umschaltung auf die komplexe Zugriffsverwaltung nicht wie oben beschrieben durchgeführt.
3. Ein Fenster öffnet sich und meldet, welche Benutzer und Gruppen für dieses Objekt Berechtigungen oder Einschränkungen besitzen. In der Liste darunter finden Sie die Detailangaben für den markierten Eintrag der oberen Liste.

Gruppenmitgliedschaften

In der einfachen Verwaltung gibt es nur die beiden Benutzergruppen *Computeradministrator* und *Eingeschränkt*. Dahinter stecken Gruppenmitgliedschaften in den Sicherheitsgruppen *Administratoren* und *Benutzer*.

Die Gruppenmitgliedschaften lassen sich auf folgende Weise uneingeschränkt verwalten:

1. Öffnen Sie das Startmenü und klicken Sie mit der rechten Maustaste auf *Arbeitsplatz*. Wählen Sie *Verwalten*. Ein Dialogfeld öffnet sich.
2. Expandieren Sie den Zweig *System/Lokale Benutzer und Gruppen/ Benutzer*. Rechts sehen Sie nun eine Liste aller lokalen Benutzer.
3. Öffnen Sie ein Benutzerkonto per Doppelklick. Über die Registerkarte *Mitgliedschaft* sehen Sie, in welchen Sicherheitsgruppen dieser Benutzer Mitglied ist.
4. Über die Schaltfläche *Hinzufügen* können Sie dieses Benutzerkonto zum Mitglied weiterer Gruppen machen. Klicken Sie dazu auf *Erweitert* und dann auf *Jetzt suchen*. Die Liste der verfügbaren Gruppen erscheint. Suchen Sie eine Gruppe aus, und klicken Sie auf *OK*.
5. Klicken Sie auf *OK*. Das Benutzerkonto ist nun Mitglied in einer weiteren Sicherheitsgruppe und verfügt damit automatisch auch über die Rechte dieser Gruppe.

Abbildung 17.1: *Alle Mitglieder der Administratoren-Gruppe sehen*

Freigabeberechtigungen

In der vereinfachten Sicherheitsverwaltung können Ordner und Ressourcen nur für alle oder für niemanden im Netzwerk freigegeben werden. Möchten Sie differenzierte Freigaben verwenden, dann schalten Sie zuerst wie oben auf Seite X beschrieben die Einfache Dateifreigabe ab.

Klicken Sie dann einen Ordner mit der rechten Maustaste an und wählen Freigabe und Sicherheit, so steht auf der Registerkarte *Freigabe* das von Windows NT und 2000 gewohnte ausführliche Freigabe-Formular zur Verfügung.

Freigaben sind aber zusätzlich über einen weiteren Weg verwaltbar, der auch dann offen steht, wenn Sie die einfachen Dialogfelder verwenden:

1. Öffnen Sie das Startmenü und klicken Sie mit der rechten Maustaste auf *Arbeitsplatz*. Wählen Sie *Verwalten*. Ein Dialogfeld öffnet sich.
2. Expandieren Sie den Zweig *System/Freigegebene Ordner/Freigaben*. Rechts sehen Sie alle im Netzwerk freigegebenen Ordner.
3. Freigaben mit einem *$*-Zeichen am Namensende sind administrative Freigaben, die sich nicht weiter konfigurieren lassen. Alle übrigen Freigaben können per Doppelklick konfiguriert werden.
4. Über einen Rechtsklick auf *Freigaben* in der linken Spalte erreichen Sie den Befehl *Neue Datenfreigabe*. Mit diesem Befehl kann eine neue Freigabe eingerichtet werden. Hier stehen Ihnen wieder sämtliche Zugriffsberechtigungen zur Verfügung.

Freigaben, die auf diese Weise eingerichtet werden, funktionieren nur dann wie geplant, wenn das klassische Netzwerk-Zugriffsmodell aktiv ist. Beim neuen Zugriffsmodell werden alle Netzwerkzugriffe auf den Gast-Account umgelenkt, sodass hier die differenzierten Benutzerberechtigungen gar nicht mehr ausgewertet werden können.

18 Benutzerkonten anlegen und verwalten

Jeder Benutzer Ihres Systems muss sich anmelden, bevor er mit der Arbeit beginnen kann. Aus diesem Grund benötigt jeder Benutzer ein eigenes Benutzerkonto. Neue Benutzerkonten können nur von Benutzern angelegt werden, die Mitglied in der Gruppe der Administratoren sind.

Übersicht über vorhandene Benutzerkonten

Sofern Sie als Administrator angemeldet sind, können Sie sich jederzeit einen Überblick darüber verschaffen, welche Benutzerkonten es auf Ihrem System gibt:

1. Wählen Sie im Startmenü *Systemsteuerung* und öffnen Sie das Modul *Benutzerkonten*.
2. Im unteren Teil des Fensters sehen Sie alle regulären Benutzerkonten. Jedes Konto wird über eine Grafik, den Namen, den Status und die Angabe, ob das Konto kennwortgeschützt ist, angezeigt.

Szenario: Administratoren-Konten sichern und begrenzen

Konten des Typs *Computeradministrator* sind gefährlich, weil sie so mächtig sind. Eine Ihrer ersten Aufgaben sollte deshalb sein, solche Benutzerkonten zu finden und zwei Dinge zu prüfen:

- Braucht der Nutzer dieses Kontos wirklich Administrator-Rechte, oder wäre es nicht sinnvoller, ihm nur ein eingeschränktes Konto zuzuweisen? Nutzer von eingeschränkten Konten können den Computer problemlos nutzen, aber sie können den Computer weder grundlegend umkonfigurieren noch die Daten anderer Benutzer sehen.
- Falls das Konto tatsächlich die Macht des Administrator-Status benötigt, dann stellen Sie sicher, dass diesem Konto ein Kennwort zugewiesen ist. Andernfalls könnte jeder sich unter diesem Konto anmelden und das gesamte System in Gefahr bringen.

1. Haben Sie ein Konto mit *Computeradministrator*-Status entdeckt (zumindest Ihr eigenes sollte darunter sein), dann prüfen Sie, ob dieses Konto kennwortgeschützt ist. Windows XP legt bei der Installation auf Wunsch Konten an, die aber nicht kennwortgeschützt sind. Alle Konten des Typs *Computeradministrator* müssen kennwortgeschützt sein, um das System abzusichern.
2. Haben Sie ein *Computeradministrator*-Konto gefunden, das nicht kennwortgeschützt ist, dann klicken Sie es an und wählen *Kennwort erstellen*. Geben Sie dann ein Kennwort ein, bestätigen Sie es in der Zeile darunter, und geben Sie optional eine geheime Frage ein, mit der Sie an das Kennwort erinnert werden. Aufpassen: Diese Frage ist für alle Benutzer sichtbar und sollte als mögliches Sicherheitsrisiko leer gelassen werden.
3. Wenn Sie den Kennwortschutz zum ersten Mal für ein Konto einrichten, werden Sie gefragt, ob die persönlichen Ordner der Benutzer vor anderen Benutzern abgeschottet werden sollen. Gehen Sie auf dieses Angebot ein, damit Benutzerdaten privat bleiben.

Haben Sie Konten vom Typ *Computeradministrator* entdeckt, die eigentlich für gewöhnliche Aufgaben gedacht sind, dann wandeln Sie solche Konten unbedingt in ein Eingeschränktes Konto um. Benutzer solcher eingeschränkten Konten können ihre normale Arbeit erledigen, aber keine Computereinstellungen ändern, die Einfluss auf andere Benutzer haben.

Um den Typ eines Kontos zu ändern, wählen Sie es im Dialogfeld per Klick aus und klicken dann auf *Kontotyp ändern*.

TIPP Wird ein Konto als *Unbekannter Kontotyp* gekennzeichnet, dann wissen Sie, dass dieses Konto nicht Mitglied in der Gruppe der *Administratoren* oder *Benutzer* ist, sondern manuell in eine oder mehrere andere Gruppen eingefügt wurde. Konten, die gar keiner Gruppe angehören, werden nicht angezeigt.

Ein neues Benutzerkonto anlegen

Jeder, der Windows XP nutzen soll, braucht ein eigenes Benutzerkonto. Neue Benutzerkonten können jederzeit angelegt werden. Allerdings darf diese Aufgabe nur ein Administrator tun, also ein Benutzer, dessen Konto vom Typ Computeradministrator ist.

So entsteht ein neues Benutzerkonto:

1. Melden Sie sich unter einem Konto an, das Administrator-Rechte besitzt. Wählen Sie im Startmenü *Systemsteuerung*, und öffnen Sie das Modul *Benutzerkonten*.
2. Klicken Sie auf *Neues Konto erstellen*, und geben Sie dem neuen Konto einen Namen. Dieser Name wird später zum Benutzernamen. Klicken Sie auf *Weiter*.
3. Wählen Sie die Berechtigungen des Kontos aus. Für normale Anwender wählen Sie die Option *Eingeschränkt*. Klicken Sie dann auf *Konto erstellen*.

F

Performance und Sicherheit

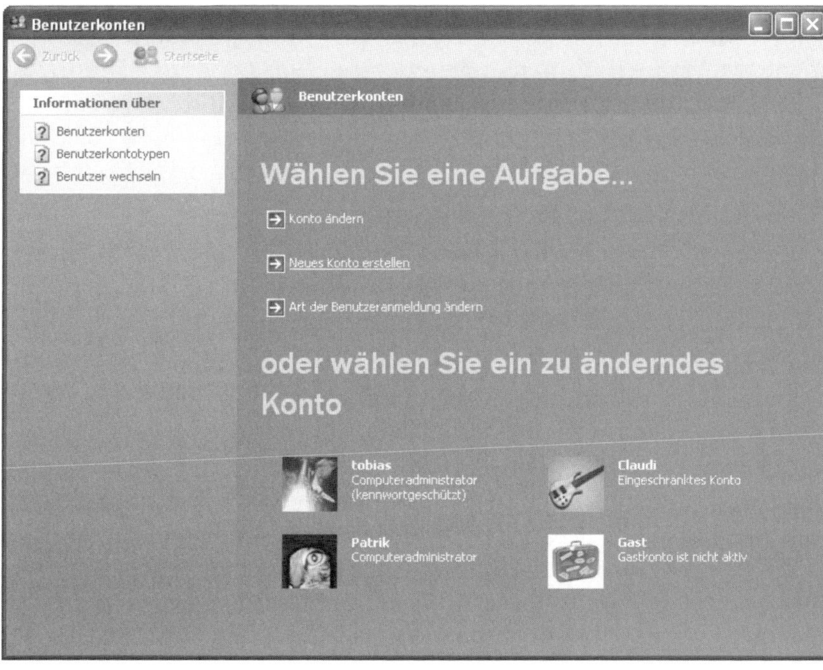

Abbildung 18.1: *Administratoren verwalten über Benutzerkonten-Modul alle Benutzerkonten in der einfachen Ansicht*

Das neue Konto ist einsatzbereit, allerdings noch nicht mit einem Kennwort geschützt. Sie haben jetzt mehrere Möglichkeiten:

- Informieren Sie den neuen Benutzer, dass sein Benutzerkonto zur Verfügung steht, und empfehlen Sie ihm, sich umgehend anzumelden und selbst ein Kennwort zu vereinbaren.
- Legen Sie selbst ein Kennwort für das neue Konto fest. Dazu klicken Sie das neue Konto im unteren Bereich des Fensters an und wählen dann *Kennwort erstellen*. Teilen Sie dem künftigen Benutzer dann Kontoname und Kennwort mit. Bei Konten der Berechtigungsstufe Computeradministrator sollten Sie unbedingt so vorgehen und das Konto nicht ohne Kennwort belassen. Die Missbrauchsgefahr wäre viel zu groß.

TIPP

Manchmal ist es sinnvoll, mehr als ein Benutzerkonto pro Person anzulegen. Auch als Systemverantwortlicher sollten Sie nämlich Ihre alltägliche Arbeit nicht über Ihr Computeradministrator-Konto erledigen. Das Risiko wäre viel zu groß, denn jemand könnte in Ihrer Abwesenheit Ihre angemeldete Sitzung missbrauchen, und von Ihnen versehentlich eingeschleppte Viren könnten sich dank Ihrer Administrator-Rechte im ganzen System ausbreiten. Legen Sie deshalb für jeden Administrator ein weiteres eingeschränktes Konto an, dass für die alltägliche Arbeit genutzt wird.

Benutzerkennwörter verwalten

Benutzerkennwörter sind eine zweischneidige Angelegenheit, zwar sind sie wie ein Haustürschlüssel unverzichtbar, um unbefugte Eindringlinge fernzuhalten, aber dafür kann das Kennwort natürlich auch in falsche Hände geraten oder einfach verloren gehen. Was tun Benutzer, die ihr Kennwort vergessen haben? Wo kann man Kennwörter ändern, wenn man sich verplaudert hat?

Jeder Benutzer kann sein eigenes Kennwort jederzeit ändern. Das ist unbedingt ratsam, wenn das Kennwort nicht mehr so geheim ist, wie es sein sollte. Ist das eigene Kennwort verraten, dann könnten andere Benutzer die privaten Daten dieses Benutzers lesen oder einfach ihrerseits das Kennwort ändern – und so den Benutzer aus seinem eigenen Konto aussperren.

Darüber hinaus können Administratoren auch die Kennwörter anderer Benutzer ändern. Damit ist jeder Administrator in der Lage, Schlüsseldienst zu spielen: er kann Benutzern ein neues Kennwort geben, wenn sie ihr eigenes Kennwort vergessen haben. Ratsam ist das aber nur im absoluten Notfall, denn diese Art des Kennwortwechsels hat erhebliche Nebenwirkungen, über die Sie im ▶ Kapitel 19 mehr erfahren.

Das eigene Kennwort ändern

Möchten Sie Ihr eigenes Kennwort ändern, dann haben Sie dazu zwei Möglichkeiten. Die einfache Variante verwendet die Tastenkombination Strg+Alt+Entf. Das Fenster Windows-Sicherheit erscheint.

Klicken Sie auf *Kennwort ändern*. Geben Sie nun das alte Kennwort ein. Anschließend können Sie ein neues Kennwort vereinbaren und brauchen es nur noch einmal zu bestätigen. Sobald Sie auf *OK* klicken, ist das neue Kennwort aktiv.

Diese Variante funktioniert allerdings nicht immer: ist die Schnelle Benutzerumschaltung aktiv (▶ Kapitel 3), dann erscheint das Fenster *Windows-Sicherheit* nicht. Hier gehen Sie diesen Weg:

1. Wählen Sie im Startmenü *Systemsteuerung*, und öffnen Sie das Modul *Benutzerkonten*. Das Fenster *Benutzerkonten* öffnet sich.
2. Sind Sie Administrator, dann klicken Sie auf *Konto ändern* und suchen sich dann Ihr eigenes Konto aus. Eingeschränkte Benutzer sehen ohnehin nur die Einstellmöglichkeiten für ihr eigenes Konto.
3. Klicken Sie auf *Eigenes Kennwort ändern*. Sie müssen nun das alte Kennwort eingeben, um sich als Kontoeigentümer auszuweisen. Klicken Sie auf *Kennworthinweis einblenden*, dann erscheint als Eselsbrücke Ihre geheime Frage, die Sie bei der Einrichtung des Kennworts angegeben haben.
4. Geben Sie anschließend zweimal das neue Kennwort ein. Im letzten Feld können Sie wieder eine Eselsbrücke für das neue Kennwort eintragen. Dann klicken Sie auf *Kennwort ändern*.

TIPP In der Spalte *Informationen über* finden Sie Informationen, wie Sie sich ein gutes – also möglichst schwer zu erratendes – Kennwort aussuchen. Sehr schwer zu knackende Kennwörter bestehen aus den Anfangsbuchstaben eines einprägsamen Satzes. Verwenden Sie zum Beispiel den Satz »Die sieben Zwerge hinter den sieben Bergen«, dann leitet sich daraus das Kennwort *D7Zhd7B* ab. Achten Sie darauf, dass Windows XP Klein- und Großschreibung in Kennwörtern unterscheidet!

Vergessene Kennwörter reparieren

Haben Sie Ihr eigenes Kennwort vergessen, dann gibt es drei Lösungen:

- Lassen Sie sich Ihren Kennworthinweis anzeigen. Vielleicht hilft er Ihnen, sich doch noch an das Kennwort zu erinnern.
- Verwenden Sie die Kennwortrücksetzungsdiskette, wenn Sie eine angelegt haben.

- Bitten Sie einen Computeradministrator, Ihnen ein neues Kennwort zuzuweisen.

Am sichersten ist es, rechtzeitig eine Kennwortrücksetzungsdiskette anzulegen. Die Diskette wird damit zu Ihrem physischen Haustürschlüssel, den Sie anschließend natürlich an einem sicheren Ort aufbewahren müssen. Jeder, der die Diskette in die Hände bekommt, kann sich mit ihr unter Ihrem Namen anmelden.

So legen Sie die Kennwortrücksetzungsdiskette an:

1. Öffnen Sie in der Systemsteuerung das Modul *Benutzerkonten*. Wenn Sie Administrator sind, klicken Sie auf *Konto ändern* und dann auf Ihr Konto.
2. Klicken Sie links in der Spalte *Verwandte Aufgaben* auf *Vergessen von Kennwörtern verhindern*. Das Fenster *Assistent für vergessene Kennwörter* öffnet sich.
3. Aktivieren Sie die Option *Weiter >*. Suchen Sie dann das Laufwerk aus, auf dem die Rücksetzungsinformationen gespeichert werden sollen. Verwenden Sie zum Beispiel das Diskettenlaufwerk, dann legen Sie eine leere Diskette ein. Klicken Sie auf die Schaltfläche *Weiter >*.
4. Geben Sie jetzt Ihr aktuelles Kennwort ein, um sich auszuweisen. Dann klicken Sie auf *Weiter*.
5. Die Rücksetzungsdiskette wird jetzt angelegt. Klicken Sie auf *Weiter* und *Fertig stellen*. Nehmen Sie dann die Diskette heraus und verwahren Sie sie an einem sicheren Ort.

Vielleicht fragen Sie sich, warum Sie überhaupt eine Rücksetzungsdiskette anlegen sollten. Ebenso gut könnten Sie Ihr Kennwort doch auch auf ein Stück Papier schreiben und dieses Papier sicher aufbewahren.

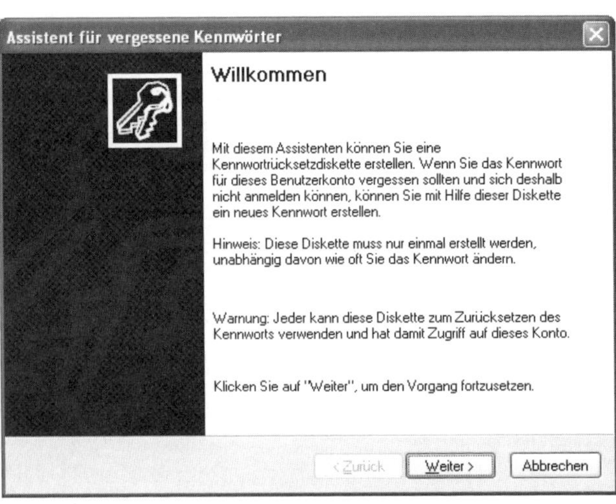

Abbildung 18.2: *Kennwortrücksetzungsdisketten sind Ihr Notschlüssel bei vergessenen Kennwörtern*

Das stimmt zwar, aber das Papier würde nutzlos, sobald Sie später Ihr Kennwort ändern. Die Kennwortrücksetzungsdiskette ist unabhängig vom gerade ausgewählten Kennwort und funktioniert immer.

Jedenfalls solange, bis Sie eine neue Kennwortrücksetzungsdiskette anlegen. Wenn Sie das tun, werden alle alten Disketten, die Sie früher angelegt haben, ungültig. Können Sie also Ihre Rücksetzungsdiskette nicht mehr wiederfinden, oder ist sie abhanden gekommen, dann legen Sie umgehend eine neue an. Selbst wenn die alte Diskette in falsche Hände geraten sein sollte, wird sie dadurch unbrauchbar.

Kennwortrücksetzungsdiskette einsetzen

Und wie verwenden Sie die Kennwortrücksetzungsdiskette, wenn Sie Ihr Kennwort tatsächlich vergessen haben?

Dazu schauen Sie sich das Willkommen-Fenster genauer an. Wenn Sie hier ein Benutzerkonto anklicken, das kennwortgeschützt ist, dann erscheint ein Textfeld, in das das Kennwort eingegeben werden kann.

Rechts neben dem Textfeld sehen Sie zwei Schaltflächen:

- Die Schaltfläche mit dem grünen Pfeil liefert einen allgemeinen Hinweis, wenn es für dieses Konto keine Rücksetzungsdiskette gibt. Haben Sie dagegen für das Konto eine Diskette erstellt, dann klicken Sie in der Sprechblase auf den Link *hier, um die Diskette einzusetzen*. Sie können sich dann ein neues Kennwort aussuchen und mit diesem Kennwort anmelden.
- Die Schaltfläche mit dem blauen Fragezeichen erscheint nur, wenn Sie einen Kennworthinweis angegeben haben. Ihre Eselsbrücke wird dann eingeblendet und soll Ihnen helfen, sich an das Kennwort zu erinnern.

Vergessene Kennwörter neu vergeben

Sie haben keine Kennwortrücksetzungsdiskette zur Hand? Und können sich auch nicht mehr an das eigene Kennwort erinnern? Dann ist nur noch ein Computeradministrator in der Lage, Ihnen zu helfen. Er kann Ihnen ein neues Kennwort zuweisen.

Allerdings drohen dabei zwei ernsthafte Nebenwirkungen, die Sie kennen müssen:

- Alle Dateien, die Sie mit dem Verschlüsselnden Dateisystem geschützt haben, gehen verloren. Sie können diese Dateien nicht mehr entschlüsseln. Mehr dazu lesen Sie in ▶ Kapitel 19
- Alle Netzwerkkennwörter, die Sie haben speichern lassen, gehen ebenfalls verloren. Sie müssen also damit rechnen, beim Zugriff auf

kennwortgeschützte Netzwerkressourcen wieder alle Kennwörter mindestens einmal von Hand eingeben zu müssen.

So wird ein Kennwort neu zugewiesen:

1. Melden Sie sich mit einem Konto an, das zur Gruppe der *Administratoren* gehört.
2. Wählen Sie im Startmenü *Systemsteuerung*, und öffnen Sie das Modul *Benutzerkonten*. Klicken Sie auf *Konto ändern*, und klicken Sie dann auf das Konto, dem Sie ein neues Kennwort zuweisen wollen.
3. Klicken Sie auf *Kennwort ändern*. Sie können dem Konto jetzt ein neues Kennwort zuweisen, ohne das alte Kennwort kennen zu müssen.

Das System automatisch sperren

Solange Sie angemeldet sind, ist Windows XP relativ ungeschützt, und es liegt in Ihrer Verantwortung, dafür zu sorgen, dass sich niemand an den Computer schleicht und in Ihrem Namen Unsinn anstellt, während Sie sich einen Kaffee holen.

Was aber, wenn Sie wirklich einmal kurz weg müssen? Was, wenn ein kurzer Besuch in die Kaffeeküche sich ungeplant in die Länge zieht?

Wissen Sie von vornherein, dass Sie längere Zeit abwesend sein müssen, dann haben Sie die folgenden Möglichkeiten:

- Melden Sie sich ab. Dazu wird Ihre Sitzung geschlossen, und Sie müssen wie vor dem Ausschalten alle Programme schließen.
- Ist die schnelle Benutzerumschaltung aktiv, dann wählen Sie im Startmenü *Abmelden* und dann *Benutzer wechseln*. Ihre Sitzung bleibt so aktiv, aber in der Zwischenzeit können sich andere Benutzer anmelden und den Computer mit ihren Konten weiternutzen.
- Ist die schnelle Benutzerumschaltung nicht aktiv, und verwenden Sie auch nicht die Willkommensseite zur Anmeldung, dann können Sie den Computer sperren. Ihre Sitzung bleibt ebenfalls aktiv, aber niemand kann den Computer in der Zwischenzeit nutzen. Um den Computer zu sperren, drücken Sie Strg+Alt+Entf und klicken dann auf Computer sperren.

Kennwortschutz über Bildschirmschoner

Um auch bei ungeplanten Abwesenheiten geschützt zu sein, können Sie außerdem den Bildschirmschoner aktivieren. Er springt dann spätestens nach der eingestellten Wartezeit auf den Bildschirm. Konfigurieren Sie ihn richtig, dann wird er zum Wachhund und lässt andere Benutzer nur noch an den Rechner, wenn sie sich mit dem richtigen Kennwort ausweisen können.

So wird der Bildschirmschoner aktiviert:

1. Klicken Sie mit der rechten Maustaste auf eine freie Stelle des Desktops, und wählen Sie *Eigenschaften*. Das Fenster *Eigenschaften von Anzeige* öffnet sich.
2. Aktivieren Sie die Registerkarte *Bildschirmschoner*. Suchen Sie sich in der Ausklappliste einen Bildschirmschoner aus. Über *Einstellungen* lassen sich viele Bildschirmschoner feinjustieren, und per Klick auf *Vorschau* macht der Bildschirmschoner einen Testlauf.
3. Legen Sie die Wartezeit fest, die verstreichen soll, bevor der Bildschirmschoner aktiv wird. 10 Minuten sind ein guter Wert. Verwenden Sie die schnelle Benutzerumschaltung, dann aktivieren Sie zusätzlich die Option *Willkommenseite, bei Wiederaufnahme*, ansonsten aktivieren Sie die Option *Kennworteingabe, bei Wiederaufnahme*.
4. Klicken Sie auf *OK*. Der Schutz ist aktiv.

Der Bildschirmschoner verhält sich unterschiedlich, je nachdem, welche Anmeldeform Sie verwenden. Haben Sie die schnelle Benutzerumschaltung aktiviert, dann aktiviert der Bildschirmschoner die Funktion *Benutzer wechseln*. Sobald also jemand den Computer verwendet, erscheint das Willkommensfenster, und der Benutzer kann sich anmelden. Ihre eigene Sitzung läuft geschützt im Hintergrund weiter.

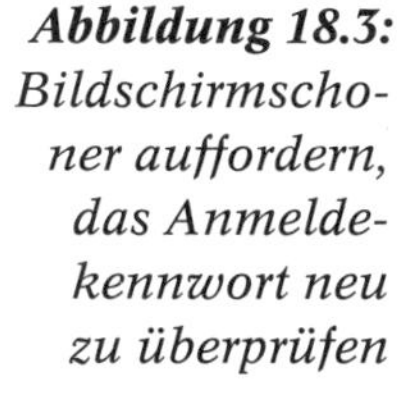
Abbildung 18.3: *Bildschirmschoner auffordern, das Anmeldekennwort neu zu überprüfen*

Verwenden Sie dagegen die schnelle Benutzerumschaltung nicht, dann sperrt der Bildschirmschoner den Rechner und gewährt Zutritt nur, wenn Sie sich mit Ihrem Kennwort ausweisen. Andere Benutzer können den Computer nicht nutzen.

Kennwortlisten verwalten

Ihr eigenes Windows XP ist nicht der einzige, der nach Benutzernamen und Kennwort fragt. Greifen Sie zum Beispiel über ein Netzwerk auf einen fremden Computer zu, dann ist es sehr wahrscheinlich, dass auch dieser Rechner zuerst wissen will, wer Sie sind, um dann zu entscheiden, was Sie tun dürfen und was nicht.

Windows XP meldet Sie deshalb bei fremden Computern zuerst unter genau dem Benutzernamen und mit dem Kennwort an, das Sie bereits zur Anmeldung verwendet haben. Akzeptiert der fremde Computer dieses Benutzerkonto, dann erscheint keine weitere Kennwortabfrage.

TIPP

Betreiben Sie ein Netzwerk und sind Sie der Administrator, dann richten Sie sich auf jedem Computer ein *Computeradministrator*-Konto ein und verwenden Sie auf jedem Computer denselben Kontonamen und dasselbe Kennwort.

Kennt der fremde Computer dagegen Ihr Benutzerkonto nicht, dann erscheint ein Anmeldedialog, und Sie müssen sich mit einem Benutzernamen und Kennwort eines Kontos ausweisen, das es auf dem fremden Rechner gibt, und das die nötigen Berechtigungen besitzt.

Geben Sie hier Benutzername und Kennwort an, dann meldet Windows XP Sie unter diesem Konto beim fremden System an. Gleichzeitig erhalten Sie die Möglichkeit, diese Angaben zu speichern. Windows XP merkt sich dann Ihre Angaben, und sollten Sie später noch einmal auf denselben fremden Computer zugreifen, dann meldet Windows XP Sie automatisch unter dem von Ihnen angegebenen fremden Benutzerkonto an.

Die Kennwortspeicherung funktioniert also wie ein Generalschlüssel: Ihr Generalschlüssel ist das Anmeldekonto von Windows XP. Haben Sie sich erfolgreich bei Windows XP angemeldet, dann werden alle übrigen Kennwörter freigeschaltet, die Sie irgendwann einmal gespeichert haben.

Wie Benutzerkonten und Kennwörter gespeichert werden

Alle Kontonamen und Kennwörter, die Sie jemals eingegeben und gespeichert haben, werden in einer besonderen verschlüsselten Liste gespeichert. Diese Liste steht nur Ihnen persönlich offen. Niemand sonst – auch kein Administrator – kommt an diese Liste heran.

Nur Sie selbst können die Liste in Augenschein nehmen und sich zum Beispiel informieren, welche Angaben darin zurzeit gespeichert sind:

So gehen Sie vor, um zu sehen, welche Anmeldeinformationen Windows XP in Ihrem Namen gespeichert hat:

1. Wählen Sie im Startmenü *Systemsteuerung*, und öffnen Sie das Modul *Benutzerkonten*. Das Fenster *Benutzerkonten* öffnet sich.
2. Wenn Sie Administrator sind, wählen Sie *Konto ändern* und suchen sich dann Ihr Konto aus. Als normaler Benutzer können Sie ohnehin nur auf Ihr eigenes Konto zugreifen.
3. Links in der Spalte *Verwandte Aufgaben* klicken Sie auf *Eigene Netzwerkkennwörter verwalten*. Das Fenster *Gespeicherte Benutzernamen und Kennwörter* öffnet sich. In der Liste sehen Sie alle gespeicherten Anmeldeinformationen.
4. Klicken Sie auf die Schaltfläche *Eigenschaften*. Das Fenster *Anmeldeinformationen* öffnet sich. Hier sehen Sie drei Textfelder: *Server*, *Benutzername* und *Kennwort*. *Benutzername* und *Kennwort* sind selbsterklärend, nämlich die gespeicherten Anmeldeinformationen. Das Kennwort bleibt unsichtbar. Wollen Sie es ändern, dann klicken Sie auf die Schaltfläche *Ändern*.
5. Interessanter ist das Feld *Server*. Hier wird festgelegt, wann diese gespeicherten Anmeldeinformationen zum Einsatz kommen.

Wollen Sie ursprünglich gespeicherte Anmeldeinformationen wieder löschen, weil Sie sich doch lieber wieder interaktiv anmelden möchten, dann entfernen Sie die Anmeldeinformationen aus der Liste im Fenster *Gespeicherte Benutzernamen und Kennwörter*.

Gefahren, die Ihrer Kennwortliste drohen

Ihre Kennwortliste wird normalerweise von Windows XP sorgfältig geschützt. Sie kann nur durch einen Umstand verloren gehen: Vergessen Sie Ihr Benutzerkennwort und müssen Sie sich von einem Administrator ein neues Kennwort einrichten lassen, dann geht der Inhalt Ihrer Kennwortliste verloren.

Und zwar aus gutem Grund. Die Kennwortliste wird über Zertifikate verschlüsselt. Die Verschlüsselung kann nur mit Ihrem aktuellen Benutzerkennwort aufgehoben werden. Ändern Sie Ihr Kennwort selbst, dann geben Sie dabei Ihr altes Kennwort ein. Die Liste kann damit entschlüsselt und dann mit dem neuen Kennwort wieder verschlüsselt werden.

Muss dagegen ein Administrator ein neues Kennwort zuweisen, ohne das alte zu kennen, dann kann die Liste nicht unverschlüsselt werden und wird unbrauchbar. Windows XP legt in diesem Fall automatisch eine neue leere Kennwortliste an.

Was zunächst wie ein technisches Manko aussieht, ist Absicht. Durch dieses Verfahren wird nämlich verhindert, dass Ihre gespeicherten Kennwörter Unbefugten in die Hände fallen können. Schließlich könnte ein Administrator auch ohne Ihr Wissen Ihr Kennwort ändern, sich dann mit dem neuen Kennwort anmelden, und hätte anschließend Zugriff auf all Ihre gespeicherten Anmeldeinformationen. Durch die Verschlüsselung ist das nicht möglich, die feindliche Übernahme Ihres Kennwortes würde die Liste sofort unbrauchbar machen.

Woher Windows weiß, wann welche Anmeldeinformationen gebraucht werden

Die Liste im Fenster *Gespeicherte Benutzernamen und Kennwörter* ist zwar anfangs noch leer, kann sich mit der Zeit aber mit zahlreichen gespeicherten Anmeldeinformationen füllen. Woher weiß Windows, welche Anmeldeinformation für welche Verbindung nötig ist?

Diese Information entnimmt Windows dem Feld *Server*, das Sie gerade kennen gelernt haben. Haben Sie sich zum Beispiel an einem freigegebenen Ordner der Domäne *wininfo.de* angemeldet und die Anmeldeinformationen gespeichert, dann steht in diesem Feld **.wininfo.de*. Die Anmeldeinformation wird also künftig für alle Verbindungen verwendet, die auf *.wininfo.de* enden.

Treffen Sie dabei auf einen geschützten Unterbereich namens *secure.wininfo.de*, dann scheitert die Anmeldung womöglich, weil hier andere Anmeldeinformationen nötig sind. Windows XP stellt dann wieder sein Anmeldedialogfeld zur Verfügung, damit Sie sich neu anmelden können. Speichern Sie auch diese Anmeldung, dann wird sie unter einem neuen Eintrag in die Liste aufgenommen. Im Server-Feld finden Sie **.secure.wininfo.de*. Alle Ressourcen, die auf *.secure.wininfo.de* enden, werden nun mit dieser Anmeldeinformation angesprochen und nicht mehr mit der Information aus **.wininfo.de*.

Das Ergebnis: Mit nur sehr wenigen gespeicherten Anmeldeinformationen kann Windows XP Sie selbst in komplexen Domänenstrukturen richtig anmelden:

Benutzerkonten löschen

Natürlich wird irgendwann der Zeitpunkt kommen, wo Sie Benutzerkonten nicht mehr brauchen. Ein Mitarbeiter ist zum Beispiel ausgeschieden, oder Sie haben Testkonten eingerichtet, die nun überflüssig sind.

Bevor Sie Benutzerkonten löschen, sollten Sie aber unbedingt über die Konsequenzen Bescheid wissen:

- Intern werden Benutzerkonten über eine *Sicherheits-ID* (*SID*) repräsentiert. Diese SID wird vergeben, wenn ein neues Konto ins Leben gerufen wird. Löschen Sie ein Konto, dann geht die SID des Kontos verloren, und selbst wenn Sie das Konto unter gleichem Namen neu anlegen, bekommt es nicht die alte SID, sondern eine neue. Das ist nicht weiter schlimm, kann aber Konsequenzen haben, wenn Sie umfangreiche Zugriffsberechtigungen auf Dateien, Ordner oder Objekte gesetzt haben. Hatte das alte Benutzerkonto zum Beispiel Zugriff auf einen bestimmten Ordner, dann war dieser Zugriff an die SID des Kontos gekoppelt. Das neue Konto – obwohl es genauso heißen mag wie das alte – kann aufgrund seiner neuen SID den Ordner nun nicht mehr verwenden. Sie müssten also sämtliche Berechtigungen für das neue Benutzerkonto neu einrichten. Löschen Sie deshalb Konten nur, wenn Sie sie wirklich nie mehr brauchen.
- Jedem Benutzerkonto ist ein Benutzerprofil zugeordnet. Dieses Profil besteht aus einem Ordner, in dem die privaten Dinge des Benutzers gespeichert werden. Dazu gehören zum Beispiel der Ordner Eigene Dateien und der Desktop. Bevor Sie ein Konto löschen, stellen Sie unbedingt sicher, dass in diesem Benutzerprofil keine wertvollen Firmendokumente oder andere wichtige Dateien mehr lagern. Diese würden sonst mitsamt dem Konto gelöscht. Windows XP bietet Ihnen allerdings beim Löschen an, eine Sicherungskopie dieser Daten anzulegen.

So löschen Sie ein überflüssig gewordenes Benutzerkonto:

1. Melden Sie sich mit Administrator-Rechten an. Wählen Sie im Startmenü *Systemsteuerung*, und öffnen Sie das Modul *Benutzerkonten*.
2. Suchen Sie im unteren Fensterbereich das Konto aus, das Sie löschen wollen, und klicken Sie darauf.
3. Klicken Sie auf *Konto löschen*. Nun haben Sie die Möglichkeit, die persönlichen Daten dieses Kontos zu sichern. Wollen Sie dies, dann klicken Sie auf *Dateien behalten*. Klicken Sie auf *Dateien löschen*, dann gehen alle persönlichen Dateien des Benutzerkontos verloren.

4. Klicken Sie auf *Konto löschen*, um die Löschung durchzuführen.
5. Wenn Sie sich dazu entschlossen hatten, die Daten des Kontos zu sichern, dann finden Sie nun auf Ihrem Desktop einen Ordner mit dem Namen des gelöschten Benutzerkontos. Darin befinden sich die Dateien, die Windows XP vom ehemaligen Desktop und aus dem privaten *Eigene Dateien*-Ordner des Benutzers gerettet hat.

Benutzerkonto-Verwaltung für Profis

Das Modul *Benutzerkonten* der Systemsteuerung stellt übersichtlich die wichtigsten Funktionen zur Verfügung, um Benutzerkonten zu verwalten. Damit Anfänger nicht überfordert werden, finden sich hier aber längst nicht alle Optionen.

Möchten Sie zum Beispiel ein Benutzerkonto sperren, weil es vorübergehend nicht gebraucht wird, oder wollen Sie Benutzer zwingen, ihre Kennwörter beim nächsten Anmelden zu ändern, dann brauchen Sie mehr Kontrolle.

Benutzerkonten mit der Computerverwaltung managen

Um wirklich alle Optionen und Möglichkeiten rund um Benutzerkonten zu sehen, gehen Sie so vor:

1. Öffnen Sie das Startmenü, und klicken Sie mit der rechten Maustaste auf *Arbeitsplatz*. Im Kontextmenü wählen Sie *Verwalten*. Das Fenster *Computerverwaltung* öffnet sich.
2. Expandieren Sie in der linken Spalte den Knoten *System/Lokale Benutzer und Gruppen/Benutzer*, und klicken Sie auf Benutzer. Rechts sehen Sie jetzt alle Benutzerkonten, die es auf Ihrem System gibt.
3. Doppelklicken Sie auf ein Benutzerkonto. Ein Fenster öffnet sich und zeigt Ihnen nun die vollständigen Optionen an.

Abbildung 18.4: Auch die klassische Benutzerverwaltung steht nach wie vor zur Verfügung

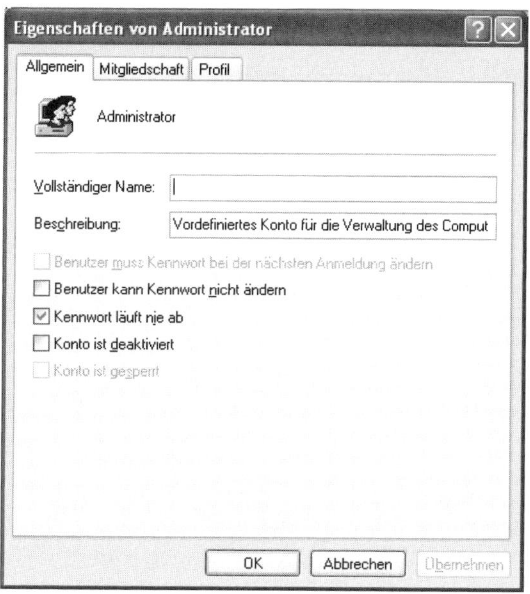

Ein Benutzerkonto vorübergehend sperren

Gerade haben Sie gelesen, dass es keine gute Idee ist, Benutzerkonten zu löschen, die später irgendwann noch einmal gebraucht werden. Was also tun, wenn Mitarbeiter wegen Urlaubs oder Schwangerschaft längere Zeit ausfallen?

In solch einem Fall sollte das Mitarbeiterkonto gesperrt werden. Es wird so unbenutzbar, lässt sich aber jederzeit wieder reaktivieren.

Um ein Konto zu sperren, aktivieren Sie die Option *Konto ist deaktiviert*. Das Konto wird nun in der Kontenliste mit einem roten Warnsymbol als gesperrt markiert. Brauchen Sie später das Konto wieder, dann schalten Sie die Option wieder ab.

- Das *Gast*-Konto ist ein vordefiniertes Konto, das als Vorgabe gesperrt ist. Es wird vom System automatisch entsperrt, sobald Sie ein Heimnetzwerk einrichten, weil Windows XP das Gast-Konto jetzt braucht, um darüber Netzwerkzugriffe abzuwickeln (▶ Kapitel 12).
- Die Option *Konto ist gesperrt* kann nicht von Ihnen gesetzt werden. Die Option erscheint abgeblendet. Sie wird vom System verwaltet, um Einbruchsversuche abzuwehren. Meldet sich ein Benutzer mehrfach mit einem falschen Kennwort an, dann sperrt Windows das Konto für eine festgelegte Zeit. Administratoren können nun die Option *Konto ist gesperrt* entfernen, um die Systemsperrung wieder aufzuheben. Wie dieser Schutz genau funktioniert, lesen Sie auf ▶ Seite 587.

Kennwörter und Kennwortwechsel vorschreiben

Normalerweise verwalten Benutzer ihre Kennworte selbst. Jeder Benutzer kann sich entscheiden, ob er ein Kennwort verwenden möchte und wann er es durch ein neues ersetzt.

Ist das nicht gewollt, dann greifen Sie mit den erweiterten Optionen ein:

- Aktivieren Sie die Option *Benutzer kann Kennwort nicht ändern*, dann behalten Sie die Kontrolle über das Benutzerkennwort. Diese Einstellung ist richtig, wenn Administratoren die Möglichkeit garantieren wollen, sich im Namen des Benutzers anzumelden. Der Benutzer verliert so allerdings erheblich an Sicherheit, weil nun Administratoren in der Lage sind, seine Kennwortlisten und alle verschlüsselten Dateien einzusehen.
- Aktivieren Sie die Option *Kennwort läuft nie ab*, dann wird der Benutzer nie dazu gezwungen, sein Kennwort zu ändern. Dieser Zwang ist als Vorgabe ohnehin abgeschaltet. Es ist allerdings eine gute Idee, ihn wie auf ▶ Seite 596 beschrieben einzuschalten, um zu gewährleisten, dass Benutzer ihre Kennwörter regelmäßig ändern. Nur so bleiben Kennwörter geheim. Konten, bei denen die Option *Kennwort läuft nie ab* aktiviert ist, sind immer von solchen Zwangsmaßnahmen befreit. Wenden Sie diese Option also mit äußerster Zurückhaltung an.
- Aktivieren Sie die Option *Benutzer muss Kennwort bei der nächsten Anmeldung ändern*, dann wird der Benutzer dazu gezwungen, bei der nächsten Anmeldung sein Kennwort zu ändern. In der Praxis richten Administratoren Benutzern Konten ein und vergeben ein vorläufiges Kennwort. Anschließend aktivieren sie diese Option, um zu gewährleisten, dass sich der Benutzer bei seiner ersten Anmeldung ein eigenes Kennwort aussucht. Die Option ist nur wählbar, wenn die Option *Kennwort läuft nie ab* nicht gewählt ist.

Gruppen und Mitgliedschaften

Wenn Sie über das Systemsteuerungs-Modul *Benutzerkonten* neue Konten ins Leben rufen, dann haben Sie die Auswahl zwischen Konten vom Typ *Computeradministrator* und Konten vom Typ *Eingeschränkt*. Die Auswirkungen sind immens: Computeradministratoren dürfen alles, während eingeschränkte Benutzer sehr viele Windows-Funktionen nicht benutzen dürfen.

Das *Benutzerkonten*-Modul schirmt Sie mit diesen beiden Auswahlmöglichkeiten wirkungsvoll vor einem weiteren großen Thema ab: den Gruppenmitgliedschaften. Genügt Ihnen die Differenzierung in *Compu-*

teradministratoren und *eingeschränkten Benutzern*, dann können Sie dieses weitere Kapitel getrost überspringen.

Allerdings ist es ausgesprochen nützlich herauszufinden, wieso manche Konten eigentlich mehr tun dürfen als andere. Zur Belohnung können Sie mit diesem Wissen die Grundrechte von Benutzerkonten wesentlich feingliedriger steuern, als das mit dem Benutzerkonten-Modul möglich ist.

Gruppen kennen lernen

Was in Wirklichkeit hinter den beiden Konto-Typen *Computeradministrator* und *Eingeschränkt* steckt, können Sie leicht herausfinden:

1. Öffnen Sie das Startmenü und klicken Sie mit der rechten Maustaste auf *Arbeitsplatz*. Wählen Sie *Verwalten*. Ein Fenster öffnet sich.
2. Expandieren Sie den Zweig *System/Lokale Benutzer und Gruppen/ Benutzer*. In der rechten Spalte des Fensters sehen Sie nun alle Benutzerkonten.
3. Doppelklicken Sie ein Konto, und aktivieren Sie die Registerkarte *Mitgliedschaft*. Jetzt sehen Sie, in welcher Gruppe das Konto Mitglied ist.

Sie werden feststellen, dass alle Konten des Typs *Computeradministrator* Mitglied in der Gruppe der *Administratoren* sind. Alle Konten vom Typ *Eingeschränkt* sind Mitglied in der Gruppe *Benutzer*.

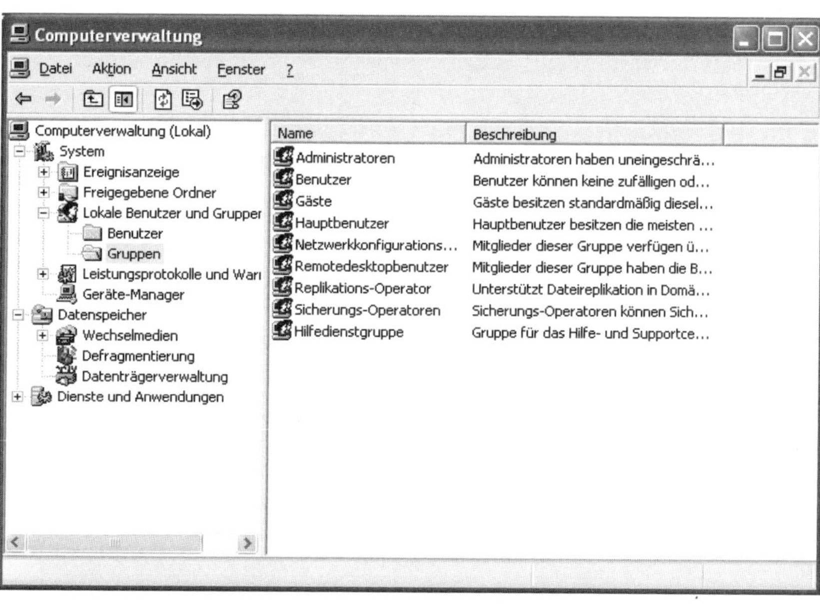

Abbildung 18.5: *Gruppen regeln Sicherheitseinstellungen, die sie an ihre Mitglieder weitergeben*

Und woher stammen die Gruppen? Gibt es auch noch andere Gruppen?

Dazu expandieren Sie den Zweig *System/Lokale Benutzer und Gruppen/Gruppen*, und klicken auf *Gruppen*. Jetzt sehen Sie alle Gruppen, die auf Ihrem System vorhanden sind. Sie sehen sofort: es sind weit mehr als nur *Administratoren* und *Benutzer.*

Möchten Sie herausfinden, welche Konten Administrator-Rechte haben, dann öffnen Sie per Doppelklick die Gruppe *Administratoren*. Schon sehen Sie alle Benutzerkonten, die in dieser Gruppe Mitglied sind.

Durch die Mitgliedschaft in einer Gruppe gewinnt ein Benutzerkonto alle Rechte, die der Gruppe zugewiesen sind. Das ist ein praktisches Konzept: Durch die Gruppen bleibt es Ihnen erspart, für jedes einzelne Konto in mühsamer Handarbeit die Berechtigungen festzulegen. Machen Sie das Konto einfach zum Mitglied in der passenden Gruppe, und schon ist es konfiguriert.

Woher Gruppen ihre Macht beziehen

Bleibt die Frage, warum die Gruppe *Administratoren* so vielfältige Macht verleihen kann, während die Gruppe *Benutzer* sehr viel weniger Rechte verleiht. Um dieses Rätsel zu lüften, öffnen Sie in der Systemsteuerung den Ordner *Verwaltung* und öffnen dann das Modul *Lokale Sicherheitsrichtlinie*.

TIPP

Der Ordner *Verwaltung* ist nur zu sehen, wenn Sie die klassische Ansicht der Systemsteuerung verwenden. Sehen Sie *Verwaltung* nicht, dann klicken Sie links in der Spalte Systemsteuerung auf *Zur klassischen Ansicht wechseln*.

1. Das Fenster *Lokale Sicherheitseinstellungen* öffnet sich. In der linken Spalte expandieren Sie den Zweig *Sicherheitseinstellungen/Lokale Richtlinien/Zuweisen von Benutzerrechten*.

2. Rechts sehen Sie nun alle geschützten Windows-Funktionen. Hinter den Funktionen steht, welche Benutzer und Gruppen darauf Zugriff haben. Hier wird sofort klar: der Gruppe *Administratoren* sind sehr viel mehr Rechte zugeordnet worden als der Gruppe *Benutzer.*

Abbildung 18.6: In den lokalen Sicherheitsrichtlinien werden die Grundrechte der Gruppen und Konten festgelegt

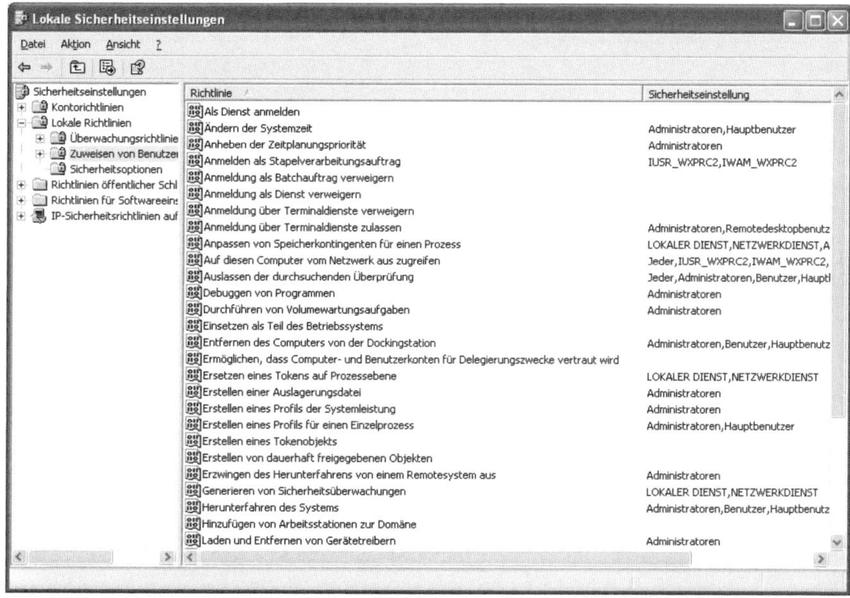

Ändern Sie diese Grundeinstellungen möglichst nicht. Wenn Sie Benutzern Rechte zuweisen wollen, dann machen Sie sie zu Mitgliedern in den entsprechenden Gruppen.

Wofür die vordefinierten Gruppen eingesetzt werden

Die vordefinierten Gruppen sind das Ergebnis bewährter Praxiserfahrung. Sie repräsentieren typische Benutzer einer typischen Firma:

Tabelle 18.1: Vordefinierte Sicherheitsgruppen von Windows XP

Gruppe	Bedeutung
Administratoren	Systemverwalter, die Zugriff auf alle Windows-Funktionen haben müssen
Hauptbenutzer	Erfahrene Anwender, die weitgehend uneingeschränkt mit dem System arbeiten sollen und zum Beispiel in der Lage sind, neue Benutzerkonten anzulegen (jedoch keine Administrator-Konten)
Benutzer	Normale Anwender, die den Computer nur als Werkzeug einsetzen, aber keine Systemverwaltung durchführen ▶

Gruppe	Bedeutung
Gäste	Extrem eingeschränkte Benutzer, denen lediglich Netzwerkzugriff auf freigegebene Daten gewährt werden soll
Remotedesktopbenutzer	Konten in dieser Gruppe dürfen sich über Remotedesktop auf den Bildschirm aufschalten und ferngesteuert auf anderen Computern Windows XP-Sitzungen bedienen. Administratoren verfügen ohnehin über dieses Recht und brauchen nicht extra in diese Gruppe aufgenommen zu werden. Mehr zum Remotedesktop lesen Sie im ▶ Kapitel 14.

Die übrigen vordefinierten Gruppen sind für Stand-Alone-Systeme und kleine Netzwerke überflüssig. Sie werden nur gebraucht, wenn der Computer Teil einer Domäne ist und zentrale Verwalter sich um Datensicherung oder Netzwerkkonfiguration kümmern sollen, oder wenn Sie den Internet Information Server als Webserver einsetzen.

Benutzerkonten zusätzliche Rechte einräumen

Benutzerkonten übernehmen automatisch die Rechte der Gruppen, in denen sie Mitglied sind. Das Systemsteuerungs-Modul *Benutzerkonten* kann Konten nur zum Mitglied in der Gruppe *Administratoren* oder in der Gruppe *Benutzer* machen. Mit der Computerverwaltung ist mehr möglich:

- Soll ein Benutzer weitergehende Rechte haben als ein einfacher Benutzer, aber weniger Rechte als ein Administrator, dann machen Sie ihn zum Mitglied in der Gruppe der *Hauptbenutzer*.
- Konten können in mehr als einer Gruppe Mitglied sein. Die Rechte werden dann addiert. Wollen Sie zum Beispiel Konten erlauben, sich ferngesteuert über *Remotedesktop* auf eine Windows XP Sitzung aufzuschalten, dann machen Sie sie zusätzlich zum Mitglied in der Gruppe der *Remotedesktopbenutzer*.

Wollen Sie zum Beispiel ein Benutzerkonto mit den Rechten der Gruppe *Hauptbenutzer* ausstatten, dann gehen Sie so vor:

1. Öffnen Sie das Startmenü und klicken Sie mit der rechten Maustaste auf *Arbeitsplatz*. Wählen Sie *Verwalten*. Das Fenster *Computerverwaltung* öffnet sich.
2. Expandieren Sie den Zweig *System/Benutzer und Gruppen/Benutzer*, und doppelklicken Sie rechts auf das Benutzerkonto, dessen Grundrechte Sie ändern wollen.
3. Aktivieren Sie die Registerkarte *Mitgliedschaft*. Klicken Sie auf *Hinzufügen*. Das Fenster *Gruppen wählen* öffnet sich.

4. Klicken Sie auf die Schaltfläche *Erweitert*. Klicken Sie auf die Schaltfläche *Jetzt suchen*. Nun erscheinen im unteren Teil des Fensters alle Gruppen.
5. Klicken Sie auf die Gruppe *Hauptbenutzer*. Klicken Sie dann auf *OK*. Das Fenster schließt sich, und der gewählte Gruppenname erscheint in der Liste Geben Sie die zu verwendenden Objektnamen ein. Klicken Sie auf *OK*.
6. Der Benutzer ist nun Mitglied in der Gruppe der *Hauptbenutzer*. Die alte Mitgliedschaft in der Gruppe der *Benutzer* existiert noch. Sie sollte gelöscht werden. Klicken Sie *Benutzer* in der Liste *Mitglied von* an, und klicken Sie auf die Schaltfläche *Entfernen*.
7. Klicken Sie auf die Schaltfläche *OK*. Das Benutzerkonto verfügt nun über die Rechte der Gruppe der *Hauptbenutzer*.

Szenario: Gerätetreiber installieren

Windows XP wird sicher nicht nur im größeren Firmenumfeld Fuß fassen, sondern auch in Kleinunternehmen und Privathaushalten. Hier gibt es selten einen dezidierten Administrator, dem man die tägliche Computerwartung aufbürden kann. Deshalb kann es gerade in diesem Umfeld sinnvoll sein, die Grundrechte etwas anzupassen.

Besonders die Installation von Gerätetreibern wird von Windows XP strikt geschützt und ist nur Administratoren erlaubt. Das hat gute Gründe, denn Gerätetreiber greifen tief ins System ein. Treiberinstallationen sind deshalb ein wesentliches Sicherheitsrisiko.

Im Alltag wird das natürlich oft anders beurteilt: Jedes Familienmitglied möchte in der Lage sein, bei Bedarf Gerätetreiber für neu erworbene Gerätschaften installieren zu können, ohne deshalb jedes Mal das Familienoberhaupt zu bemühen. Die offensichtlichste Lösung wäre, alle Familienmitglieder zu Computeradministratoren zu machen. Und genau das wäre grundlegend falsch.

Computeradministratoren haben so weitreichende Rechte, dass sie auch auf die normalerweise geschützten Daten anderer Benutzer zugreifen können. Würde also jeder zum Administrator, dann wäre der Datenschutz effektiv ausgehebelt, und dies nur, um jedem die Möglichkeit zu geben, Gerätetreiber installieren zu dürfen. Ein teurer Preis.

Dabei gibt es zwei wesentlich bessere Alternativen:

- Weisen Sie in den Lokalen Sicherheitsrichtlinien der Richtlinie *Laden und Entfernen von Gerätetreibern* weitere Benutzergruppen zu, zum Beispiel die Benutzergruppe Benutzer. Schon darf jeder Gerätetreiber installieren, ohne deshalb gleich Administratorrechte zu erhalten. Nachteil dieser Lösung: Jetzt wird es schwierig, bestimmten Personen doch noch das Recht zu verweigern, Gerätetreiber zu installieren.

- Legen Sie eine neue Gruppe namens *Geräteinstallation* an, und weisen Sie dieser neuen Gruppe das Grundrecht *Laden und Entfernen von Gerätetreibern* zu. Dies ist der empfohlene Weg, denn jetzt sind Sie völlig frei in der Entscheidung, wer Gerätetreiber installieren darf und wer nicht.

Gerätetreiber-Installation: selbst entscheiden, wer so was darf

So entsteht eine neue Gruppe, mit der das Grundrecht der Gerätetreiber-Installation freigeschaltet werden kann:

1. Öffnen Sie das Startmenü und klicken Sie mit der rechten Maustaste auf *Arbeitsplatz*. Wählen Sie *Verwalten*. Das Fenster *Computerverwaltung* öffnet sich.
2. Expandieren Sie links den Zweig *System/Lokale Benutzer und Gruppen/Gruppen*. Rechts sehen Sie alle Gruppen, die es bisher gibt.
3. Klicken Sie mit der rechten Maustaste in der linken Spalte auf Gruppen, und wählen Sie *Neue Gruppe*. Das Fenster *Neue Gruppe* öffnet sich.
4. Tragen Sie ins Feld Gruppenname ein: `Geräteinstallateure`. Ins Feld *Beschreibung* tragen Sie ein: `Mitglieder dürfen Gerätetreiber installieren und deinstallieren`. Drücken Sie nicht Eingabe, weil sich sonst das Fenster schließt!
5. Fügen Sie zuerst Mitglieder in die neue Gruppe ein: Klicken Sie auf die Schaltfläche *Hinzufügen*. Klicken Sie auf die Schaltfläche *Erweitert*. Klicken Sie auf die Schaltfläche *Jetzt suchen*.
6. Im unteren Teil erscheinen alle Gruppen und Mitgliedskonten. Wenn Sie wollten, könnten Sie die Gruppe *Benutzer* aussuchen und so alle Mitglieder dieser Gruppe mit dem neuen Recht ausstatten. Oder aber Sie wählen einzelne Benutzerkonten aus, weil Sie nur bestimmten Personen das neue Recht zuweisen wollen. Halten Sie Strg fest, um mehrere Gruppen und Personen auf einmal auszuwählen. Dann klicken Sie auf die Schaltfläche *OK*.
7. Die ausgewählten Gruppen und Benutzer werden ins Dialogfeld eingetragen. Klicken Sie auf *OK*. Klicken Sie dann noch einmal auf die Schaltfläche *OK*. Die Gruppe ist angelegt und mit Mitgliedern gefüllt.

8. Allerdings ist die neue Gruppe bisher noch ein zahnloser Tiger. Sie verspricht zwar, das Recht der Gerätetreiberinstallation zu gewähren, aber noch tut sie das gar nicht. Zuerst müssen Sie der Gruppe noch dieses Recht gewähren. Schließen Sie zunächst alle Fenster.
9. Öffnen Sie das Startmenü und wählen Sie *Systemsteuerung*. Öffnen Sie das Modul *Lokale Sicherheitsrichtlinie*, und expandieren Sie links den Zweig *Sicherheitseinstellungen/Lokale Sicherheitsrichtlinie/Zuweisen von Benutzerrechten*.
10. Doppelklicken Sie rechts auf das Grundrecht *Laden und Entfernen von Gerätetreibern*. Das Fenster *Eigenschaften von Laden und Entfernen von Gerätetreibern* öffnet sich. Es zeigt, wem dieses Grundrecht bisher gewährt wird: nur der Gruppe der *Administratoren*.
11. Fügen Sie Ihre neue Gruppe ein. Dazu klicken Sie auf die Schaltfläche *Benutzer oder Gruppe hinzufügen*. Das Fenster *Benutzer oder Gruppen wählen* öffnet sich.
12. Klicken Sie darin wieder auf die Schaltfläche *Erweitert*. Diesmal legen Sie genau fest, wonach Sie suchen: Klicken Sie auf die Schaltfläche *Objekttypen*. Das Fenster *Objekttypen* öffnet sich. Aktivieren Sie ausschließlich die Option Gruppen, denn Sie wollen ja nur Ihre Gruppe finden. Klicken Sie auf *OK*.
13. Klicken Sie jetzt auf die Schaltfläche *Jetzt suchen*, und suchen Sie unten in der Liste Ihre neue Gruppe *Geräteinstallateure* aus. Klicken Sie auf *OK*.
14. Klicken Sie nochmals auf *OK*. Die neue Gruppe wird nun ebenfalls im Fenster *Eigenschaften von Laden und Entfernen von Gerätetreibern* geführt. Klicken Sie auf die Schaltfläche *OK*.
15. Alle Mitglieder Ihrer neuen Gruppe verfügen jetzt über das Recht, Gerätetreiber zu installieren und zu deinstallieren. Sie können nun jederzeit und ohne weiteren Aufwand über die Gruppenmitglieder frei bestimmen, welchen Personen das Recht gewährt werden soll und welchen nicht.

Sicherheitseinstellungen für Benutzerkennwörter und Anmeldung

Benutzerkennwörter sind bei Windows XP keine Pflicht. Jedenfalls nicht in den Voreinstellungen. Jeder Benutzer kann sich selbst entscheiden, ob er sein Konto mit einem Kennwort sichern will oder nicht. Er kann außerdem frei bestimmen, welches Kennwort er verwenden möchte, und wenn er mag, dieses Kennwort fünf Jahre lang beibehalten.

All das hören Sicherheitsexperten natürlich nicht gern. Kommt es darauf an, Windows XP abzusichern, dann müssen diese laxen Bestimmungen verschärft werden.

Kennwortrichtlinien: sichere Kennwörter erzwingen

Administratoren können dazu Kennwortrichtlinien festlegen. Kennwortrichtlinien bestimmen zum Beispiel, dass Kennwörter zwingend vorgeschrieben sind, mindestens 8 Zeichen umfassen und spätestens alle 30 Tage erneuert werden müssen.

Die Kennwortrichtlinien bestehen aus einem Set von Regeln. So erreichen Sie die Kennwortrichtlinien:

1. Öffnen Sie das Startmenü und wählen Sie *Systemsteuerung*. Öffnen Sie *Verwaltung* und darin das Modul *Lokale Sicherheitsrichtlinie*.
2. Das Fenster *Lokale Sicherheitseinstellungen* öffnet sich. Expandieren Sie den Zweig *Sicherheitseinstellungen/Kontorichtlinien/Kennwortrichtlinien*. Rechts sehen Sie jetzt die Regeln, die für Kennwörter gelten.
3. Doppelklicken Sie auf eine Richtlinie, wenn Sie die Einstellung ändern wollen. Ein Fenster erscheint, in dem Sie die Richtlinie ändern können. Klicken Sie dann auf *OK*.

TIPP

Einige Änderungen wirken sich erst dann aus, wenn neue Kennwörter vereinbart werden. Legen Sie zum Beispiel fest, dass Kennwörter mindestens aus acht Zeichen bestehen müssen, dann werden schon vorhandene Kennwörter, die aus weniger Zeichen bestehen, nicht etwa automatisch ungültig.

Tabelle 18.2: Regeln für sichere Kennwörter

Regel	Bedeutung
Kennwort muss Komplexitätsvoraussetzungen entsprechen	Kennwort muss aus einer Mischung von Zeichen und Zahlen bestehen
Kennwortchronik erzwingen	Windows XP merkt sich die letzten Kennwörter des Benutzers und verhindert, dass sich der Benutzer immer wieder dieselben Kennwörter aussucht. Stellen Sie die Chronik auf 10 Kennwörter ein, dann muss der Benutzer zehn verschiedene Kennwörter verwenden, bevor er das erste wieder einsetzen darf.
Maximales Kennwortalter	Spätestens nach Ablauf dieser Frist muss ein Kennwort geändert werden. ▶

Regel	Bedeutung
Minimales Kennwortalter	Kennwörter dürfen frühestens nach Ablauf dieser Frist geändert werden. Damit wird verhindert, dass Benutzer die Kennwortchronik aushebeln, indem sie ihr Kennwort zehnmal hintereinander ändern und dann doch wieder das altgewohnte Kennwort einsetzen.
Minimale Kennwortlänge	Kennwort muss mindestens aus der hier angegebenen Zahl von Zeichen bestehen. Geben Sie hier einen Mindestwert von zum Beispiel 4 ein, dann sind damit automatisch leere Kennwörter nicht mehr erlaubt. Benutzer müssen ihre Konten dadurch mit einem Kennwort schützen, ob sie wollen oder nicht.

Kennwortsperrungen: Einbruchsversuche unterbinden

Als Administrator oder Sicherheitsexperte einer Firma mag die Vorstellung nicht eben verlockend sein, dass Mitarbeiter im Nachtdienst oder während der Mittagspause sich einen Spaß daraus machen, Kennwortratespiele zu veranstalten.

Dazu versuchen sich die Mitarbeiter bei einem fremden Konto anzumelden und das geheime Kennwort des Kontos durch Ausprobieren zu erraten. Die Kennwortrichtlinien helfen zwar dabei, schwer erratbare Kennwörter vorzuschreiben, aber Glückstreffer sind dennoch denkbar.

Aber auch hier bietet Windows XP dem Administrator zwei wirkungsvolle Waffen:

- Über *Kennwortsperrungsrichtlinien* wird festgelegt, was passieren soll, wenn wiederholt versucht wird, sich mit einem falschen Kennwort anzumelden. Das Konto kann dann für eine gewisse Zeit gesperrt werden, um es dem Angreifer unmöglich zu machen, mehr als eine handvoll Kennwörter auszuprobieren. Besonders Braute Force Attacke, bei denen spezielle Hackerprogramme ganze Kennwortbibliotheken mit tausenden gebräuchlicher Kennwörter in Sekundenschnelle absenden, werden so wirkungsvoll ausgehebelt.
- Über *Überwachungsrichtlinien* kann Windows XP beauftragt werden, alle fehlgeschlagenen Anmeldeversuche zu protokollieren. Der Administrator wird also rechtzeitig gewarnt und kann recherchieren, wer zum fraglichen Zeitpunkt in der Nähe des angegriffenen Rechners zu tun hatte.

So schalten Sie Kennwortsperrungsrichtlinien ein:

1. Expandieren Sie in der linken Spalte des Fensters *Lokale Sicherheitseinstellungen* den Zweig *Sicherheitseinstellungen/Kontorichtlinien/Kontosperrungsrichtlinien.*
2. Doppelklicken Sie rechts auf die Richtlinie *Kontosperrungsschwelle.* Das Fenster *Eigenschaften von Kontensperrungsschwelle* öffnet sich.
3. Legen Sie fest, nach wie viel ungültigen Anmeldeversuchen Windows XP das Konto sperrt. Klicken Sie auf *OK*.
4. Das Fenster *Empfohlene Werteänderungen* öffnet sich. Windows XP setzt die übrigen Parameter auf die Vorgabe *30 Minuten*. Klicken Sie auf *OK*.
5. Möchten Sie die übrigen Parameter feinjustieren, dann doppelklicken Sie darauf und legen Sie abweichende Werte fest. Klicken Sie dann auf OK.

Die Kontosperrdauer legt fest, für wie lange das Konto gesperrt wird. Windows XP entsperrt das Konto nach Ablauf dieser Frist automatisch wieder, sodass kein Administrator einzugreifen braucht. Wählen Sie hier den Wert 0, dann wird das Konto nicht automatisch entsperrt. Es bleibt so lange gesperrt, bis der Administrator es von Hand entsperrt.

Zurücksetzungsdauer des Kontosperrungszählers legt fest, wann Windows XP die falsch eingegebenen Kennwörter »vergisst« und seinen Countdown von vorn beginnt.

Gehen Sie mit den Kontosperrungsrichtlinien extrem vorsichtig um, denn ansonsten besteht die Gefahr, dass Sie sich unfreiwillig selbst ausschließen. Denken Sie daran, dass prinzipiell jedes Konto Opfer der Sperrung sein kann, die sich ja nur danach richtet, in welches Konto versucht wurde, einzubrechen. Der Besitzer des Kontos hat darüber schließlich keinen Einfluss.

Stellen Sie sich vor, Sie haben nur ein einziges Administrator-Konto eingerichtet, und dieses wird attackiert. Haben Sie jetzt auch noch die Kontosperrdauer auf 0 eingestellt, dann wird das Konto nicht mehr automatisch entsperrt. Manuell geht es aber auch nicht mehr, denn das einzige Administrator-Konto ist ja Opfer der Sperrung geworden. Als Ausweg ist die Sperrung des eingebauten Spezialkontos *Administrator* nicht möglich. Sie erreichen dieses Konto, wenn Sie Windows XP im *Abgesicherten Modus* starten.

Als Empfehlung sollten Sie mindestens 10 ungültige Kennworteingaben einstellen, bevor die Falle zuschnappt, und die Kontosperrdauer auf einen Wert zwischen 10 und 30 Minuten einstellen.

Gesperrte Konten von Hand aufschließen

Haben Sie die Kontosperrdauer auf 0 gesetzt, dann müssen gesperrte Konten von einem Administrator manuell entriegelt werden, bevor sie wieder einsetzbar sind. Aber auch wenn Sie die Kontosperrdauer auf einen Wert größer als 0 eingestellt haben, ist die manuelle Entsperrung wichtig.

Vielleicht ist nämlich ein Mitarbeiter während seiner Mittagspause Opfer einer Attacke geworden, und sein Konto nun gesperrt. Damit der Mitarbeiter nun nicht Däumchen zu drehen braucht, bis Windows XP sein Konto nach Ablauf der Kontosperrdauer wieder aufschließt, muss ein Administrator in der Lage sein, das Konto sofort freizuschalten.

Das geschieht so:

1. Öffnen Sie das Startmenü und klicken Sie *Arbeitsplatz* mit der rechten Maustaste an. Wählen Sie im Kontextmenü *Verwalten.*
2. Das Fenster *Computerverwaltung* öffnet sich. Expandieren Sie den Zweig *System/Lokale Benutzer und Gruppen/Benutzer.* Rechts sehen Sie die Benutzerkonten. Gesperrte Konten sind mit einem roten Warnsignal markiert.
3. Doppelklicken Sie das gesperrte Konto. Wenn das Konto vom System gesperrt wurde, dann ist die Option *Konto ist gesperrt* aktiv. Diese Option kann nicht von Hand gesetzt werden, sondern nur automatisch vom System. Um das Konto freizuschalten, deaktivieren Sie diese Option und klicken auf *OK.*

TIPP Verwechseln Sie nicht die Optionen *Konto ist deaktiviert* und *Konto ist gesperrt. Konto ist deaktiviert* ist Ihre Möglichkeit, Konten vorübergehend abzuschalten. *Konto ist gesperrt* ist die Möglichkeit des Systems, Konten wegen Kennwortmissbrauchs vorübergehend abzuschalten.

Einbruchsversuche protokollieren

Die Kontosperrung ist zwar ein wirkungsvolles Mittel, um Gelegenheitseinbrecher abzuschrecken, aber darüber hinaus wäre es wünschenswert, Mitteilungen zu bekommen, wann und wie oft versucht wurde, sich mit einem falschen Kennwort anzumelden.

Genau dies ist möglich. Windows XP kann zahlreiche Systemereignisse überwachen, so auch fehlgeschlagene Anmeldeversuche. So wird die Überwachung aktiviert:

1. Öffnen Sie das Startmenü und wählen Sie *Systemsteuerung.* Öffnen Sie *Verwaltung* und darin das Modul *Lokale Sicherheitsrichtlinie.* Das Fenster *Lokale Sicherheitseinstellungen* öffnet sich.

2. Expandieren Sie den Zweig *Lokale Richtlinien/Überwachungsrichtlinien*. Rechts sehen Sie die Kategorien, die Windows XP überwachen kann.
3. Doppelklicken Sie auf *Anmeldeversuche überwachen*. Das Fenster *Eigenschaften von Anmeldeversuche überwachen* öffnet sich. Aktivieren Sie die Option *Fehlgeschlagen*. Klicken Sie auf *OK*.
4. Doppelklicken Sie dann auf *Anmeldeereignisse überwachen*. Das Fenster *Eigenschaften von Anmeldeereignisse überwachen* öffnet sich. Aktivieren Sie die Option *Fehlgeschlagen*. Klicken Sie auf *OK*.

Das System überwacht nun die Windows-Anmeldung und protokolliert, wenn Anmeldungen fehlschlagen.

Szenario: Sichere Windows XP-Anmeldung

Schauen Sie sich an, wie die einzelnen Sicherheitskonzepte ineinander greifen. Für das nächste Beispiel sollten Sie die folgenden Dinge bereits erledigt haben:

- Legen Sie ein Beispielkonto an und vereinbaren Sie ein Kennwort für dieses Konto.
- Konfigurieren Sie die Kontosperrungsrichtlinien, sodass das Konto nach drei vergeblichen Anmeldeversuchen für 30 Minuten gesperrt wird.
- Konfigurieren Sie die Überwachungsrichtlinien, sodass fehlgeschlagene Anmeldeversuche protokolliert werden.

Jetzt können Sie sich das Sicherheitssystem selbst vor Augen führen:

1. Melden Sie sich ab, und melden Sie sich unter dem Testkonto an. Geben Sie absichtlich dreimal hintereinander ein falsches Kennwort ein.
2. Windows XP gibt jedes Mal Hilfestellung. Geben Sie weiter falsche Kennwörter ein. Als potenzieller Eindringling erkennen Sie keinen Unterschied, das System akzeptiert fleißig weiter falsche Kennwörter, obwohl das Konto längst gesperrt ist. Dies bemerkt der Eindringling nicht.
3. Geben Sie jetzt zur Kontrolle das richtige Kennwort an. Das Kennwort wird nicht akzeptiert, weil das Konto bereits gesperrt ist. Der Eindringling kann dies nicht sehen und muss selbst dann annehmen, das falsche Kennwort erraten zu haben, wenn er in Wirklichkeit längst das richtige Kennwort erraten hat.
4. Melden Sie sich nun mit Ihrem Konto und Administratorrechten an. Schauen Sie, welche Informationen Windows XP für Sie gesammelt

hat. Dazu öffnen Sie das Startmenü und wählen *Systemsteuerung*. Öffnen Sie *Verwaltung* und dann die *Ereignisanzeige*. Das Fenster *Ereignisanzeige* öffnet sich.

5. Klicken Sie links auf das Protokoll *Sicherheit*. Rechts sehen Sie die Einträge. Doppelklicken Sie auf den obersten Eintrag.
6. Hier lesen Sie: *Fehlgeschlagene Anmeldung: Konto ist gesperrt*. Klicken Sie auf den abwärtsgerichteten Pfeil und schauen Sie sich die früheren Einträge an. Nach einigen Einträgen wegen des gesperrten Kontos kommen Sie zu den zugelassenen drei Anmeldungen. Hier steht als Fehlerursache: *Unbekannter Benutzername oder falsches Kennwort*.

Windows XP hat hier einen typischen Einbruchsversuch erfolgreich abgewehrt, indem es nach drei falschen Anmeldekennworten einfach nicht mehr »hinhört« und den Eindringling ins Leere laufen lässt. Sie als Administrator finden die Spuren dieses Einbruchsversuches später im Ereignisprotokoll und können entsprechende Maßnahmen ergreifen – zum Beispiel feststellen, wer zum Zeitpunkt der Einbruchsversuche in der Nähe des Rechners zu tun hatte.

Besondere Benutzerkonten sichern

Zwei Benutzerkonten spielen bei Windows XP eine ganz besondere Rolle: Gast und Administrator.

Das *Gast*-Konto ist normalerweise deaktiviert und wird erst dann gebraucht, wenn Sie Netzwerkfreigaben mit dem neuen Windows XP Authentifizierungsmodus verwenden (▶ Kapitel 12).

Das *Administrator*-Konto ist das erste Konto, das Windows XP anlegt: es wird bereits während der Installation geschaffen.

Beide Konten haben eine Sicherheitslücke: die Namen dieser Konten, *Gast* und *Administrator*, sind allgemein bekannt. Hacker könnten also mit guten Chancen annehmen, dass es auf Ihrem System ein *Administrator*-Konto gibt und bräuchten »nur« noch dessen Kennwort auszuspionieren.

TIPP Windows XP lässt die Anmeldung an den beiden Konten Gast und Administrator nicht zu, wenn Sie die Willkommens-Anmeldeseite verwenden.

Deshalb haben Sie zwei Möglichkeiten, Abhilfe zu schaffen:

- Benennen Sie diese speziellen Benutzerkonten um und geben Sie ihnen also andere Namen
- Deaktivieren Sie die Benutzerkonten (nicht empfohlen)

Beide Aktionen sind nicht über die normale Benutzerverwaltung möglich. Stattdessen wenden Sie die Lokale Sicherheitsrichtlinie an:

1. Öffnen Sie das Startmenü und wählen Sie *Systemsteuerung*. Öffnen Sie dann das Modul *Verwaltung* und darin das Modul *Lokale Sicherheitsrichtlinie*. Das Fenster *Lokale Sicherheitseinstellungen* öffnet sich.
2. Expandieren Sie links den Zweig *Lokale Richtlinien/Sicherheitsoptionen*.
3. Öffnen Sie rechts per Doppelklick die Richtlinie *Konten: Administrator umbenennen* bzw. *Konten: Gastkonto umbenennen*. Sie können nun diesen Konten andere Namen geben.
4. Wollen Sie die Konten abschalten, dann wählen Sie die Richtlinie *Konten: Administratorkontostatus* bzw. *Konten: Gastkontenstatus*.
5. Schließen Sie das Fenster, wenn Sie fertig sind. Ihre Änderungen werden nach kurzer Zeit wirksam.

Wo ist das Konto *Administrator* geblieben?

Bei der Installation von Windows XP wurden bereits mindestens zwei Benutzerkonten automatisch angelegt: *Administrator* und beliebige weitere Konten mit Administrator-Status.

Das Konto *Administrator* ist alten Windows NT- und -2000-Hasen wohlbekannt. Dieses Ur-Konto, das sehr früh im Installationsprozess angelegt wird, ist das erste Benutzerkonto überhaupt und erhält alle verfügbaren Rechte. Es ist ganz besonders geschützt und kann zum Beispiel nie gelöscht werden.

Allerdings erscheint dieses Konto nicht auf dem Willkommens-Schirm, und damit ist es auch unmöglich, sich unter diesem Kontonamen anzumelden. Dies ist ein besonderer Schutz, denn das *Administrator*-Konto ist nicht für den Alltagsgebrauch bestimmt, sondern nur als letzter Notnagel, wenn Sie sich auf keine andere Art mehr Zugriff auf den Rechner verschaffen können. Es erscheint nur dann auf der Anmeldeseite, wenn Sie Windows XP entweder im *Abgesicherten Modus* starten oder falls es keine anderen Konten mit Administrator-Status (mehr) gibt.

Verwenden Sie anstelle des *Administrator*-Kontos andere Konten, die über Administratorrechte verfügen. Wie Konten diese Rechte erhalten, lesen Sie auf den folgenden Seiten.

Was genau hier hinter den Kulissen passiert ist, sehen Sie, wenn Sie folgendermaßen vorgehen:

1. Öffnen Sie das Startmenü, und klicken Sie mit der rechten Maustaste auf *Arbeitsplatz*. Wählen Sie im Kontextmenü *Verwalten*. Das Fenster *Computerverwaltung* öffnet sich.
2. Expandieren Sie links den Zweig *System/Lokale Benutzer und Gruppen/Benutzer*. Rechts sehen Sie nun alle Benutzerkonten.
3. Schauen Sie sich die Liste genau an: Auch das von Ihnen eben geänderte Benutzerkonto erscheint in der Liste, allerdings nicht unter dem Namen des Anzeigenamens, den Sie gerade geändert haben. Windows XP verwendet weiterhin den ursprünglichen Benutzerkonto-Namen.
4. Öffnen Sie die Kontoeigenschaften über einen Doppelklick. Im Feld *Vollständiger Name* erscheint nun der Anzeigename, so wie Sie ihn gerade geändert haben.
5. Öffnen Sie ein anderes Konto, bei dem Sie den Anzeigenamen noch nicht geändert haben, dann sehen Sie: hier verwendet Windows XP als vollständigen Namen den Namen des Benutzerkontos. Nur deshalb erscheint der Benutzername des Kennworts auf der Willkommensseite.

Ändern Sie das Feld *Vollständiger Name*. Klicken Sie auf *OK*, und melden Sie sich wieder ab. Jetzt wird das Benutzerkonto mit dem Namen angezeigt, den Sie gerade eingetragen haben.

19 Daten vor unbefugtem Zugriff sichern

Computer sind längst keine Spielekonsolen oder Schreibmaschinenersatz mehr. Auf Computern werden sensible Geschäftsunterlagen gespeichert, Konten geführt, und Firmen erledigen damit Lohnbuchhaltung und Auftragsabwicklung. Aber auch im privaten Umfeld lagern auf Computern private Briefe und Emails oder E-Banking-Programme. Alles Dinge also, die nicht für jedermann bestimmt sind.

Ältere Windows-Versionen wie Windows 95, 98 und Millennium hatten keine besonderen Schutzmechanismen zu bieten: jeder, der den Computer einschalten konnte, hatte automatisch Zugriff auf alle Dinge, die auf dem Computer gespeichert waren. Die Folgen waren meist noch nicht einmal Resultat böswilliger Spionage: Kinder löschten beim Spielen wertvolle Daten, Schüler machten sich einen Spaß daraus, die Schulungsrechner lahm zu legen, und Anwaltskanzleien und Arztpraxen konnten solche Computer aus datenschutzrechtlichen Gründen meist nur mit Bedenken einsetzen.

Mit Windows XP wird das anders: Windows XP verwendet auf Wunsch das Industriestandard-Dateisystem NTFS, das sich bei Windows NT und

Windows 2000 bereits im kommerziellen Umfeld bestens bewährt hat. Mit diesem Dateisystem wird es möglich, private Dinge privat zu lassen und den Zugriff auf sensible Daten zu unterbinden, einzuschränken oder zu protokollieren.

Zusätzlich steht das Verschlüsselnde Dateisystem zur Verfügung. Damit lassen sich besonders sensible Daten nochmals verschlüsseln. Auf solche Daten hat anschließend noch nicht einmal ein Computeradministrator Zugriff.

Automatische Schutzmechanismen verstehen

Windows XP bringt endlich das professionelle NTFS-Dateisystem mit. Sie werden gleich kennenlernen, wie Sie damit auf Datei- oder Ordnerebene genau festlegen, welcher Benutzer Zugriffsrechte auf die Daten erhält. Mit NTFS wird es also möglich, Dateien und Ordner für bestimmte Benutzer zu sperren oder die Verwendung einzuschränken.

Allerdings ist die NTFS-Konfiguration nicht gerade trivial. Besonders Anwender, die bisher mit den „unsicheren" Betriebssystemen Windows 9x und Me gearbeitet haben, betreten hier Neuland. Aus diesem Grund bietet Windows XP eine besondere Betriebsart, bei der die NTFS-Sicherheit zwar eingesetzt wird, aber nicht durch den Benutzer konfiguriert zu werden braucht. Diese Betriebsart, die *Einfache Dateifreigabe*, sorgt automatisch für eine Grundsicherung, wie sie für die meisten Stand-Alone-Systeme und einfachen Peer-to-Peer-Netzwerke vollkommen ausreichend ist.

Die *Einfache Dateifreigabe* hat zwei wesentliche Aufgaben:

- Die privaten Daten der Benutzer im Benutzerprofil – also alle Daten auf dem Desktop und im Ordner *Eigene Dateien* – werden automatisch per NTFS geschützt. Die privaten Daten des Benutzers bleiben also privat, und andere Benutzer können nicht in den Datenbeständen fremder Benutzer wildern. Damit der Datenaustausch zwischen Benutzern trotzdem funktioniert, richtet Windows XP zusätzlich im *Arbeitsplatz*-Fenster den besonderen Ordner *Gemeinsame Dokumente* ein. Der ist für alle Benutzer sichtbar, und hier können Dateien mit anderen Benutzern ausgetauscht und gemeinsam genutzt werden.
- Anmeldungen über das Netzwerk werden immer dem *Gast*-Konto zugeordnet. Jeder Anwender, der sich über das Netzwerk bei Windows XP anmeldet, kann also nur mit *Gast*-Rechten darauf zugreifen. Mißbrauchsmöglichkeiten sind so sehr stark eingeschränkt.

Die Einfache Dateifreigabe ein- und ausschalten

Während bei Windows XP Home die *Einfache Dateifreigabe* immer aktiv ist, kann Windows XP Professional wahlweise auch in den Classic Mode geschaltet werden. Die Idee ist also klar: zunächst verwendet Windows XP als Basisschutz die *Einfache Dateifreigabe*.

Wenn Sie selbst der Meinung sind, dass dieser Basisschutz Sie zu sehr einschränkt, dann können Sie die *Einfache Dateifreigabe* abschalten und so dafür sorgen, dass sich Windows XP wieder wie Windows NT/ 2000-Rechner verhält: NTFS-Zugriffsberechtigungen müssen Sie nun selbst setzen, was einerseits mehr Verantwortung für Sie bedeutet, andererseits aber auch größere Flexibilität mit sich bringt.

Bei Stand-Alone-Systemen kontrollieren Sie die Einfache Dateifreigabe so:

1. Wählen Sie in der Systemsteuerung das Modul *Ordneroptionen*. Klicken Sie auf das Register *Ansicht*.
2. Schalten Sie die Option *Einfache Dateifreigabe verwenden* aus, und klicken Sie auf *OK*.

In größeren domänenbasierten Netzwerken kann die *Einfache Dateifreigabe* auch über die Gruppenrichtlinie konfiguriert werden. Dazu öffnen Sie entweder im Active Directory für die betreffende Organisationseinheit die Gruppenrichtlinie, oder Sie wählen lokal am System im Startmenü *Ausführen* und geben ein: `GPEDIT.MSC` Eingabe.

Expandieren Sie nun in der linken Spalte im Zweig *Computerkonfiguration* die Positionen *Windows-Einstellungen*, *Sicherheitseinstellungen*, *Lokale Richtlinien*, *Sicherheitsoptionen*.

In der rechten Spalte wählen Sie nun die Richtlinie *Netzwerkzugriff: Modell für gemeinsame Nutzung und Sicherheitsmodell für lokale Konten*. Doppelklicken Sie auf die Richtlinie, und entscheiden Sie sich für die Gast-Authentifizierung (*Einfache Dateifreigabe*) oder die klassische Anmeldung, bei der sich Netzwerkbenutzer als sie selbst authentifizieren.

Die Änderungen wirken sich sofort aus, allerdings gelten die Änderungen nicht für bereits bestehende Netzwerkverbindungen. Die bestehenden Netzwerkverbindungen sehen Sie so ein:

1. Klicken Sie im Startmenü mit der rechten Maustaste auf *Arbeitsplatz*, und wählen Sie *Verwalten*. Die *Computerverwaltung* öffnet sich.

2. Doppelklicken Sie in der linken Spalte auf *Freigegebene Ordner* und dann auf *Sitzungen*. Nun sehen Sie rechts alle aktuellen Netzwerkverbindungen.
3. In der Spalte *Gast* sehen Sie, ob diese Verbindung die *Einfache Dateifreigabe* verwendet und der Benutzer als *Gast* angemeldet ist oder nicht. Trennen Sie die Verbindung per Rechtsklick, wenn Sie den Anmeldemodus geändert haben.

Wie die automatische Profilsicherung funktioniert ...

Wie stellt Windows XP sicher, dass Ihre persönlichen Daten auf dem Desktop und im Ordner *Eigene Dateien* vor unbefugtem Zugriff gesichert werden?

Möglich ist solch ein Schutz nur, wenn Sie die Grundvoraussetzungen geschaffen haben, also auf Ihren Festplatten das NTFS-Dateisystem einsetzen. Prüfen Sie also zuerst, ob das NTFS-Dateisystem schon aktiv ist, und falls nicht, machen Sie es einsatzbereit.

Zweite Voraussetzung ist, dass Ihr Benutzerkonto mit einem Kennwort geschützt ist. Direkt nach der Installation sind alle Benutzerkonten noch ungeschützt. Die nächste Aufgabe sollte also sein, den Kennwortschutz zu überprüfen und falls nötig ein Kennwort einzurichten.

Sobald Sie das erste Benutzerkonto mit einem Kennwort schützen, und vorausgesetzt, Ihre Festplatte verwendet NTFS, dann bietet Windows XP automatisch an, Ihre Benutzerprofile zu schützen. Gehen Sie auf dieses Angebot ein, dann werden alle Benutzerprofile geschützt, also nicht nur Ihr eigenes.

Windows XP setzt dabei die NTFS-Berechtigungen automatisch so, dass alle Dateien und Ordner in Ihrem Benutzerprofil nur noch vom System selbst und vom Eigentümer des Profils verwendet werden dürfen. Missbrauch durch andere Benutzer wird so ausgeschlossen, ohne dass Sie die NTFS-Rechte selbst in irgendeiner Weise hätten konfigurieren müssen.

Der Schutz der Benutzerprofile kann auch nachträglich und individuell für jedes Benutzerkonto ein- und ausgeschaltet werden:

1. Wählen Sie im Startmenü *Ausführen*, und geben Sie ein: `%USERPROFILE%` Eingabe. Ihr eigenes Benutzerprofil öffnet sich. Darin befinden sich unter anderem Ihr Desktop- und Ihr *Eigene Dateien*-Ordner. Drücken Sie Rück.

2. Der Ordner mit allen lokalen Benutzerprofilen öffnet sich. In diesem Ordner finden Sie für jedes lokale Benutzerkonto einen Ordner, der den Namen des Benutzers trägt. Klicken Sie Ihr Profil mit der rechten Maustaste an, und wählen Sie *Freigabe und Sicherheit*.

3. Sollte das Dialogfenster nicht die Option *Diesen Ordner nicht freigeben* zeigen, dann ist die *Einfache Dateifreigabe* nicht aktiv. Schalten Sie die *Einfache Dateifreigabe* in diesem Fall zuerst ein, und wiederholen Sie dann die Schritte.

4. Um das Profil zu sichern, aktivieren Sie die Option *Diesen Ordner nicht freigeben* und klicken auf *Übernehmen*. Windows setzt nun automatisch die NTFS-Berechtigungen und schützt so den gesamten Desktop- und *Eigene Dateien*-Ordner Ihres Profils. Sollte die Option *Diesen Ordner nicht freigeben* abgeblendet sein, dann haben Sie die Eigenschaften eines fremden Profils geöffnet. Sie können den Schutzmechanismus nur für Ihr eigenes Profil ändern. Fremde Profile sind tabu, selbst dann, wenn Sie *Computeradministrator* sind.

Weil der automatische Profilschutz den Zugriff nur noch für den Eigentümer des Profils erlaubt, hat er eine entscheidende Nebenwirkung:

Bei eingeschaltetem Schutz und eingeschalteter *Einfacher Dateifreigabe* können auf dem Desktop und im Ordner *Eigene Dateien* keine Netzwerkfreigaben mehr eingerichtet werden. Desktop und *Eigene Dateien* bleiben privat.

Wie der eingebaute Netzwerkschutz funktioniert …

Ist die *Einfache Dateifreigabe* aktiv, dann wird der Netzwerkzugriff auf Windows XP auf das degradiert, was die meisten Benutzer mit dem Netzwerk erreichen wollen: ein reiner Datenaustausch ist noch möglich, aber jede Form der qualifizierten Anmeldung ist unmöglich. Egal, ob Sie sich als *Müller*, *Meier* oder *Admin* anmelden, Windows XP behandelt alle Netzwerkanmelder gleich, nämlich als *Gast*.

So ist ausgeschlossen, dass Windows XP über das Netzwerk fernverwaltet wird, und auch der Zugriff auf administrative Freigaben wie *C$* wird unmöglich gemacht.

Über das Netzwerk zugänglich sind nur noch Netzwerkfreigaben, die mit der *Einfachen Dateifreigabe* eingerichtet wurden. Netzwerkfreigaben, die bei ausgeschalteter *Einfacher Dateifreigabe* eingerichtet wurden, sind bei später eingeschalteter *Einfacher Dateifreigabe* meist nicht mehr verwendbar und führen zu „Zugriff verweigert“-Meldungen oder Meldungen über fehlende Rechte.

Und warum?

Weil alle Netzwerkzugriffe nun dem *Gast*-Konto zugeordnet sind, können nur noch solche Daten gelesen werden, bei denen die NTFS-Berechtigung für die Gruppe *Jeder* gesetzt ist. Normalerweise ist das nicht der Fall, so dass der Zugriff scheitert.

Nur wenn Sie eine Freigabe bei eingeschalteter *Einfacher Dateifreigabe* einrichten, dann legt Windows XP nicht nur die eigentliche Freigabe an, sondern setzt gleichzeitig automatisch die nötigen NTFS-Zugriffsberechtigungen für die Jeder-Gruppe.

NTFS-Dateisystem: Vorhängeschloss für Dateien und Ordner

Bei eingeschalteter *Einfacher Dateifreigabe* blendet Windows XP sämtliche NTFS-Dialogfenster und –Register einfach aus. Es macht die NTFS-Einstellungen also unsichtbar und kümmert sich stattdessen wie eben skizziert selbst um die korrekten NTFS-Einstellungen.

Schalten Sie die *Einfache Dateifreigabe* dagegen ab, was nur bei Windows XP Professional möglich ist, dann kümmert sich Windows XP nicht mehr selbst um die NTFS-Konfiguration, sondern zeigt wie in früheren Windows-Versionen stattdessen wieder die vollwertigen NTFS-Register und –Einstellmöglichkeiten an. Nun obliegt es Ihnen, die NTFS-Sicherheit richtig zu konfigurieren.

Das NTFS-Dateisystem funktioniert wie ein ausgeklügeltes elektronisches Schließsystem. Jede Datei und jeder Ordner kann mit einem Vorhängeschloss gesichert werden, in dem genau angegeben wird, welchen Benutzern welche Berechtigungen zugeordnet sind. Und Sie bestimmen, wer welche Schlüssel bekommt.

Wie der Zugriffsschutz wirklich funktioniert

Schauen Sie sich in Ruhe an, wie der Zugriffsschutz tatsächlich funktioniert, und Sie werden entdecken, wie viel genauer sich die Sicherheit regeln lässt, wenn Sie dies manuell tun.

Um die Kindersicherung abzuschalten und wirklich alle Berechtigungsmöglichkeiten sehen zu können, gehen Sie so vor:

1. Öffnen Sie ein beliebiges Explorer-Fenster, und wählen Sie *Ansicht/Ordneroptionen*, oder öffnen Sie das Modul *Ordneroptionen* in der Systemsteuerung. Das Fenster *Ordneroptionen* öffnet sich.

2. Aktivieren Sie die Registerkarte *Ansicht*. Schalten Sie dann die Option *Einfache Dateifreigabe verwenden* ab, und klicken Sie auf *OK*.

Wenn Sie nun eine Datei oder einen Ordner mit der rechten Maustaste anklicken und *Freigabe und Sicherheit* wählen, dann öffnet sich das *Eigenschaften*-Fenster und zeigt Ihnen unter anderem die neue Registerkarte *Sicherheit*.

Abbildung 19.1: *Die Zugriffsberechtigungen eines Ordners einsehen*

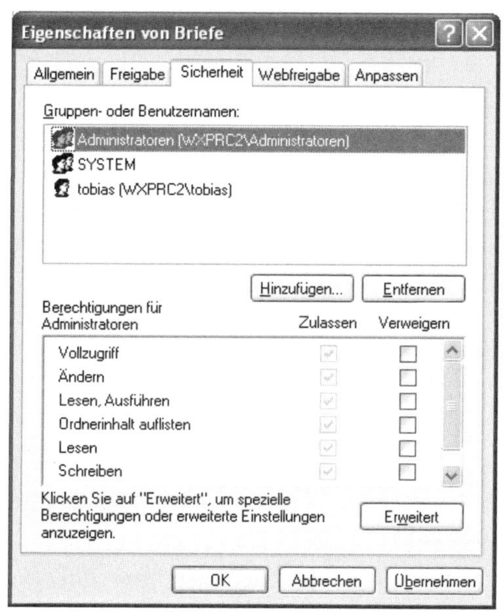

So gehen Sie vor, um sich einen Überblick über die Sicherheitseinstellungen eines Ordners oder einer Datei zu verschaffen:

1. Klicken Sie die Datei oder den Ordner mit der rechten Maustaste an und wählen Sie im Kontextmenü *Eigenschaften*. Wählen Sie *Freigabe und Sicherheit*. Ein Fenster öffnet sich.
2. Aktivieren Sie die Registerkarte *Sicherheit*. Fehlt diese, dann verwenden Sie entweder noch die *Einfache Dateifreigabe*, oder die Datei/der Ordner liegt auf einem Laufwerk, das nicht das NTFS-Dateisystem verwendet (▶ Kapitel 11).
3. In der Liste *Gruppen- oder Benutzernamen*: sehen Sie alle Benutzer und Gruppen, die im Schließsystem berücksichtigt werden. Ist die Liste leer, dann gibt es weder Verbote noch Zugriffsrechte. In diesem Fall haben alle Benutzer vollen Zugriff.
4. In der Liste darunter sehen Sie, welche Rechte und Verbote vereinbart wurden. Klicken Sie dazu zuerst in der oberen Liste den Eintrag

an, der Sie interessiert, um dann in der unteren Liste die Einstellungen dafür zu sehen.

5. Häkchen in der Spalte *Zulassen* bedeuten: Der Eintrag in der oberen Liste genießt dieses Recht. Häkchen in der Spalte *Verweigern* bedeuten: Der Eintrag in der oberen Liste kann dieses Recht auf keinen Fall anwenden, und zwar auch dann nicht, wenn er über andere Gruppenmitgliedschaften das Recht gewährt bekam. Verbote gelten immer vor Rechten.

TIPP

Prima, denken Sie nun vielleicht: um zu verhindern, dass andere meine Dateien lesen, füge ich doch einfach die Gruppe *Jeder* hinzu und verbiete ihr Lesezugriff! Was einleuchtend klingt, funktioniert leider besser als geplant: die Datei wäre anschließend zwar tatsächlich gesichert, aber auch Sie selbst hätten keinen Lesezugriff mehr. Sie gehören schließlich ebenfalls zur Gruppe *Jeder*, und Verbote sind mächtiger als Berechtigungen. Auf den folgenden Seiten finden Sie einige Beispiele, die zeigen, wie Dateien und Ordner korrekt geschützt werden.

Zugriffsschutz, der von Ordnern geerbt wird

Vielleicht ist Ihnen aufgefallen, dass die Optionskästchen in der unteren Liste sämtlich deaktiviert sind. Das ist in aller Regel ein Indiz für Vererbung.

Vererbung ist eine enorm praktische Einrichtung, nicht nur im biologischen Umfeld: Natürlich wollen Sie nicht für tausende von Dateien einzeln Berechtigungen setzen und außerdem die Zugriffsrechte einigermaßen übersichtlich verwalten.

Deshalb werden Zugriffsrechte in aller Regel nur einem bestimmten Ordner gewährt, der diese Rechte dann an seine Unterordner und Dateien vererbt. Der Vorteil: Alle Unterordner und Dateien lassen sich zentral über den Ausgangsordner verwalten, und wenn Sie die Rechte dieses Ordners später ändern, dann ändern sich automatisch auch die Rechte der gesamten Unterordner und Dateien.

Als Vorgabe verwendet Windows XP vererbte Rechte im gesamten Bereich Ihres Benutzerprofils, also auch auf dem Desktop und im Ordner Eigene Dateien. Wollen Sie eigene Rechte festlegen, dann muss die Vererbung abgeschaltet werden. Schließlich wollen Sie nun selbst festlegen, welche Rechte zugelassen sind und welche nicht.

Ihr so veränderter Ordner kann anschließend die von Ihnen neu definierten Rechte an seine Unterordner und Dateien weitervererben. Die

Optionskästchen werden also erst dann aktiv, wenn Sie die Vererbung über die Schaltfläche Erweitert abschalten.

Szenario: Einem Ordner ganz bestimmte Rechte zuweisen

Im folgenden Beispiel soll ein neuer Ordner namens *Buchführung* im Laufwerk C:\ so gesichert werden, dass sein Inhalt von allen Benutzern gelesen werden kann, aber nur Mitglieder der neuen Gruppe *Buchhaltung* seinen Inhalt ändern können.

Legen Sie zunächst im Laufwerk C:\ (oder an einer anderen Stelle, die alle Benutzer des Computers gut erreichen können) den neuen Testordner an. Voraussetzung ist allerdings, dass der Ordner auf einem NTFS-Dateisystem angelegt wird und dass Sie wie oben beschrieben die erweiterte Sicherheitsverwaltung aktiviert haben (▶ Kapitel 12).

Abbildung 19.2: *Eine neue Gruppe anlegen, die den Zugriff auf Ordner regeln soll*

Nun brauchen Sie noch eine neue Benutzer-Gruppe namens *Buchhaltung*. Die legen Sie zum Beispiel so an:

1. Klicken Sie im Startmenü mit der rechten Maustaste auf *Arbeitsplatz*, und wählen Sie im Kontextmenü *Verwalten*. Das Fenster *Computerverwaltung* öffnet sich.
2. Expandieren Sie in der linken Spalte den Zweig *Lokale Benutzer und Gruppen*, und klicken Sie mit der rechten Maustaste auf Gruppen. Im Kontextmenü wählen Sie *Neue Gruppe*. Das Fenster *Neue Gruppe* öffnet sich.
3. Geben Sie ins Feld *Gruppenname* ein: `Buchhaltung`. Ins *Beschreibung*-Feld tragen Sie eine treffende Beschreibung ein, zum Beispiel

`Diese Gruppe kontrolliert den Zugriff auf Ordner der Buchhaltung.` Dann klicken Sie auf *Erstellen*. Die neue Gruppe ist angelegt.

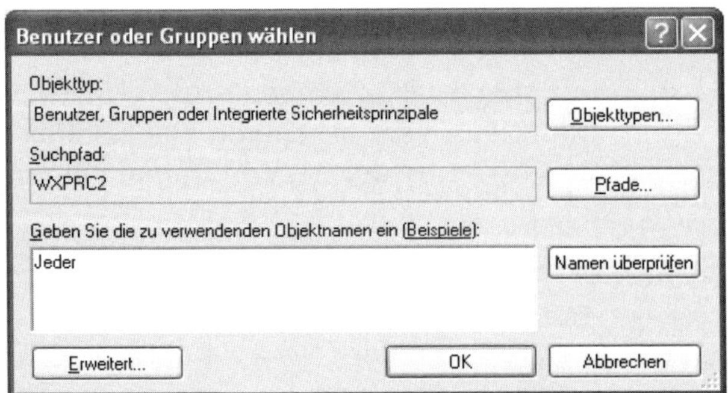

Abbildung 19.3: *Fügen Sie Gruppen oder Benutzer in die Liste der berechtigten Objekte ein*

Jetzt können Sie die Zugriffsrechte des Ordners konfigurieren:

1. Klicken Sie den neuen Ordner mit der rechten Maustaste an, und wählen Sie *Eigenschaften*. Das Fenster *Eigenschaften von Buchführung* öffnet sich.

2. Aktivieren Sie die Registerkarte *Sicherheit*. Jetzt sehen Sie die Standardberechtigungen, die Windows XP dem Ordner zugewiesen hat. Klicken Sie auf *Erweitert*. Das Fenster *Erweiterte Sicherheitseinstellungen für ...* öffnet sich. Schalten Sie die Option *Berechtigungen übergeordneter Objekte auf untergeordnete Objekte, sofern anwendbar, vererben* aus. Ein Fenster erscheint. Wählen Sie darin *Entfernen*, um alle Zugriffsberechtigungen auf diesen Ordner zu streichen. Sie wollen schließlich bei definierten Verhältnissen anfangen. Klicken Sie auf *OK*. Eine Warnung erscheint, dass nun niemand mehr Zugriffsrechte hat. Klicken Sie auf *Ja*.

3. Die Liste der Berechtigungen ist nun leer. Klicken Sie auf *Hinzufügen*. Das Fenster *Benutzer oder Gruppen wählen* öffnet sich. Geben Sie ins Textfeld den Namen der Gruppe ein, die Sie hinzufügen wollen. Geben Sie *Jeder* ein, um die Zugriffsberechtigung für alle Benutzer zu konfigurieren. Klicken Sie dann auf *OK*.

4. In der oberen Liste taucht die neue Gruppe *Jeder* auf. Ihr sind schon die richtigen Rechte zugewiesen, nämlich reines Leserecht.

5. Sorgen Sie nun dafür, dass die Mitglieder der Gruppe *Buchhaltung* volle Rechte erhalten. Dazu klicken Sie erneut auf *Hinzufügen*. Das Fenster *Benutzer oder Gruppen wählen* öffnet sich.

6. Klicken Sie auf die Schaltfläche *Objekttypen*. Das Fenster *Objekttypen* öffnet sich. Wählen Sie in der Liste nur den Eintrag *Gruppen*, und klicken Sie auf *OK*.

7. Klicken Sie auf die Schaltfläche *Erweitert*. Klicken Sie dann auf die Schaltfläche *Jetzt suchen*. Alle Gruppen des lokalen Systems werden aufgelistet. Klicken Sie auf die Gruppe *Buchhaltung*, oder wählen Sie eine andere Gruppe aus, wenn Sie diese Gruppe nicht angelegt haben.

8. Klicken Sie auf die Schaltfläche *OK*. Ihre Auswahl erscheint im Dialogfeld. Klicken Sie auch in diesem Fenster auf die Schaltfläche *OK*. Die neue Gruppe erscheint in der Liste der Objekte.

9. Aktivieren Sie in der Liste der Berechtigungen die Option *Vollzugriff* in der Spalte *Zulassen*.

10. Nun müssen die anfangs bereits vorhandenen Einträge aus der Objektliste gelöscht werden. Dies ist aber gar nicht so einfach, denn selbst wenn Sie einen der anfangs bereits vorhandenen Objekteinträge anklicken und auf Entfernen klicken, wird das Objekt nicht entfernt.

11. Das ist nicht verwunderlich, denn diese alten Objekteinträge existieren eigentlich gar nicht im Vorhängeschloss des Ordners. Sie wurden vom übergeordneten Ordner vererbt. Um die Vererbung von übergeordneten Ordnern abzuschalten, klicken Sie auf die Schaltfläche *Erweitert*.

12. Das Fenster *Erweiterte Sicherheitseinstellungen für Buchführung* öffnet sich. Deaktivieren Sie die Option *Berechtigungen übergeordneter Objekte auf untergeordnete Objekte, sofern anwendbar, vererben. Diese mit den hier definierten Einträgen mit einbeziehen*. Das Fenster *Sicherheit* öffnet sich.

13. Klicken Sie auf die Schaltfläche *Entfernen*. Klicken Sie auf *OK*. Wie von Geisterhand sind die ursprünglichen Einträge aus der Liste entfernt, und Sie sehen nur noch die Einträge, die Sie selbst angelegt haben. Klicken Sie auf *OK*.

Die neuen Zugriffsberechtigungen sind sofort aktiv. Das können Sie auf der Stelle ausprobieren, indem Sie den neuen Ordner öffnen und versuchen, darin per Rechtsklick/*Neu* eine Datei anzulegen.

Weil Sie allen Benutzern (*Jeder*) nur Leseberechtigung erteilt haben, wird dies misslingen. Erst wenn Sie Ihr Benutzerkonto zum Mitglied in der Gruppe *Buchhaltung* (oder der Gruppe, die Sie stattdessen eben eingefügt haben) machen, erhalten Sie Vollzugriff und dürfen Dateien anlegen.

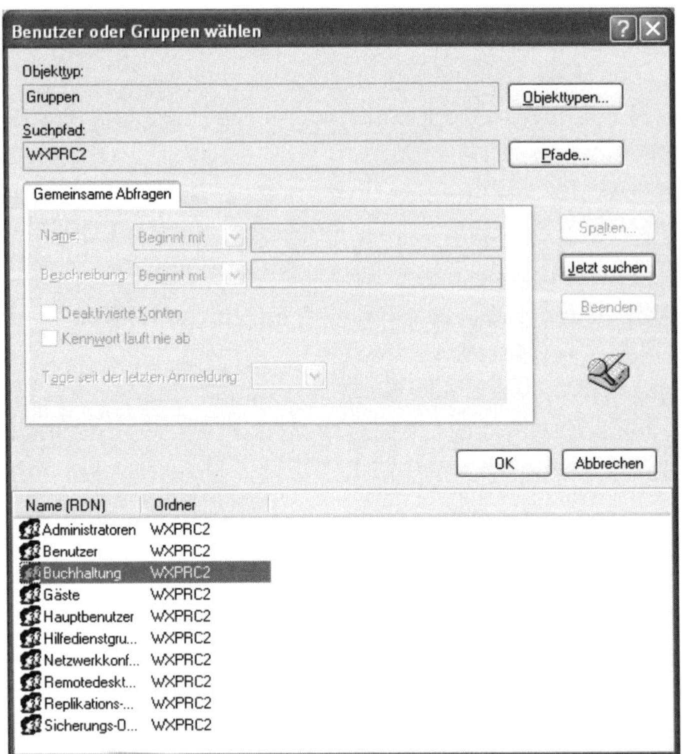

Abbildung 19.4: *Lassen Sie sich alle Gruppen anzeigen, die es gibt, und wählen Sie die neue Gruppe »Buchhaltung« aus*

Abbildung 19.5: *Die Gruppe »Buchhaltung« erhält Vollzugriff, jeder andere kann den Ordner nur lesen*

TIPP Verliert ein Benutzerkonto Rechte, zum Beispiel, weil Sie es aus einer Gruppe herausnehmen, so dauert es einige Minuten, bis die Rechte auch tatsächlich nicht mehr gewährt werden.

Benutzer in die Gruppe Buchhaltung aufnehmen

Und so gehen Sie vor, um ein Benutzerkonto in die neue Gruppe *Buchhaltung* aufzunehmen, damit dieser Benutzer anschließend Vollzugriff auf den Ordner erhält:

1. Klicken Sie im Startmenü mit der rechten Maustaste auf *Arbeitsplatz*, und wählen Sie Verwalten. Das Fenster *Computerverwaltung* öffnet sich.
2. Expandieren Sie in der linken Spalte *Lokale Benutzer und Gruppen*, und klicken Sie auf *Benutzer*. Rechts sehen Sie nun alle Benutzerkonten.
3. Doppelklicken Sie auf das Benutzerkonto, das zum Mitglied in der Gruppe werden soll. Aktivieren Sie die Registerkarte *Mitgliedschaft*. Jetzt sehen Sie alle Gruppen, in denen das Konto bereits Mitglied ist. Klicken Sie auf *Hinzufügen*.
4. Geben Sie den Gruppennamen ein, zum Beispiel `Buchhaltung`. Klicken Sie auf *Namen überprüfen*. Wenn es die Gruppe tatsächlich gibt, dann ersetzt Windows XP den eingegebenen Namen durch den eindeutigen Gruppennamen. Klicken Sie auf *OK*.
5. Der Benutzer ist nun Mitglied in der neuen Gruppe und genießt all ihre Rechte. Haben Sie das Beispiel eben nachvollzogen, dann kann der Benutzer jetzt mit vollen Rechten auf den Buchhaltungs-Ordner zugreifen.

TIPP Sie können auch zuerst eine Gruppe öffnen und dann über *Hinzufügen* einzelne Benutzer in die Gruppe einfügen.

Vererbte Berechtigungen ändern

Bei der Sicherheitskonfiguration des Ordners im vorangegangenen Beispiel haben Sie die Zugriffsrechte ganz neu geregelt. Dazu war es nötig, die Vererbung abzuschalten: Der Ordner wurde so konfiguriert, dass die Zugriffsrechte der übergeordneten Ordner nicht berücksichtigt wurden.

Natürlich hat die Vererbung ihren Sinn und hilft dabei, nicht für jeden Ordner separat Zugriffsrechte festlegen zu müssen. Würden Sie zum Beispiel im Szenario von eben einen Unterordner im Buchhaltungsordner anlegen, dann wäre dieser aufgrund der Vererbung ebenso geschützt wie sein übergeordneter Ordner.

Schauen Sie sich deshalb an, was es genau mit der Vererbung von Zugriffsrechten auf sich hat und was zu tun ist, wenn Sie vererbte Zugriffsrechte für einen untergeordneten Ordner ändern wollen. Hier ein paar bewährte Praxisrezepte:

- Versuchen Sie, die Rechte zu verändern. Gelingt dies auf Anhieb, dann wissen Sie, dass diese Objekte nicht vom übergeordneten Ordner ererbt wurden, sondern in diesem Ordner zum ersten Mal festgelegt sind.
- Lassen sich die Rechte nicht ändern, und erscheinen die Rechte in der Liste abgeblendet, dann wurde dieses Objekt ererbt. Schalten Sie in diesem Fall die Vererbung von übergeordneten Objekten aus: Klicken Sie auf die Schaltfläche *Erweitert*. Aktivieren Sie die Option *Berechtigungen übergeordneter Objekte auf untergeordnete Objekte, sofern anwendbar, vererben. Diese mit den hier definierten Einträgen mit einbeziehen.* Das Fenster *Sicherheit* öffnet sich. Aktivieren Sie die Option *Kopieren*. Jetzt werden die ehemals vererbten Objekte in eigene Objekte des Ordners verwandelt. Anschließend können Sie die Sicherheitseinstellungen verändern.

TIPP

Denken Sie daran: Wenn Sie die Vererbung abschalten, dann können Sie die Eigenschaften der ererbten Objekte zwar verändern, aber Änderungen an den Sicherheitsbestimmungen der übergeordneten Ordner werden jetzt nicht mehr automatisch weitergegeben. Ihre neuen Rechte werden an alle untergeordneten Ordner weitergegeben.

Wo vererbte Rechte herkommen

Vielleicht möchten Sie wissen, in welchem übergeordneten Ordner die vererbten Rechte eigentlich zum ersten Mal definiert wurden. Sie könnten dann nämlich überlegen, die Vererbung aktiviert zu lassen und – sofern diese Struktur für Ihre Zwecke passt – die Rechte direkt in dem Ordner zu ändern, wo diese Objekte zum ersten Mal konfiguriert wurden.

So gehen Sie vor:

1. Aktivieren Sie die Option *Erweitert*. Das Fenster *Erweiterte Sicherheitseinstellungen für <Ordnername>* öffnet sich.
2. In der Liste *Berechtigungseinträge*: sehen Sie alle einzelnen Berechtigungen, die Access Control Entries (ACEs). In der Spalte *Geerbt von* sehen Sie, von wem diese Rechte geerbt wurden.
3. Sehr aufschlussreich ist die Spalte *Übernehmen für*, denn sie sagt aus, wie die Berechtigungen an Unterordner und Dateien weitervererbt werden. Ihre neu definierten Rechte aus dem vorangegangenen

Szenario werden im Modus *Diesen Ordner, Unterordner und Dateien weitergegeben*, also an alles, was sich im Ordner befindet.

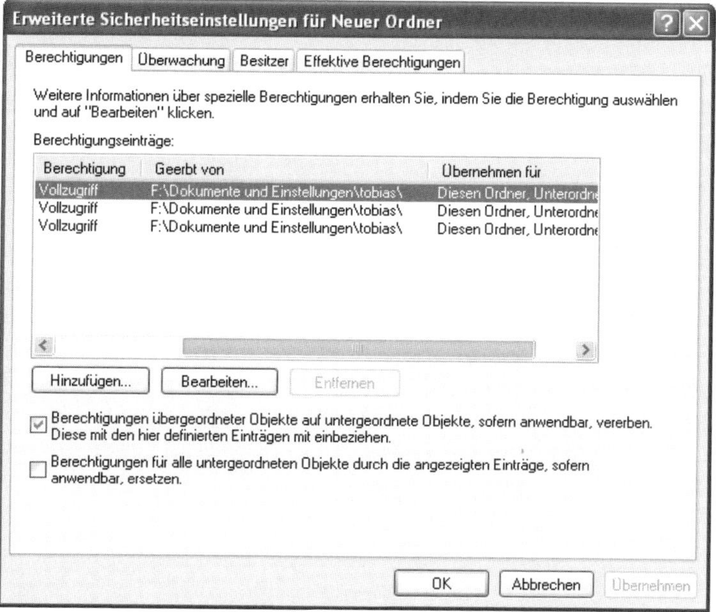

Abbildung 19.6: *Alle Ordner auf dem Desktop und im Ordner* Eigene Dateien *erben die Berechtigungen vom Benutzerprofil-Ordner, in dem sie lagern*

Festlegen, was mit neuen Berechtigungen passiert

Wann immer Sie Zugriffsberechtigungen festlegen, sollten Sie auch darüber nachdenken, wie sich diese Rechte auf untergeordnete Objekte auswirken sollen. Wenn Sie also einem Ordner Rechte zuweisen, dann ist es von entscheidender Frage, ob und wie diese Rechte auch für Unterordner und Dateien wirksam sein sollen.

Wenn Sie Zugriffsrechte neu anlegen, dann gelten diese als Vorgabe für alle Ordner, Unterordner und Dateien, bei denen die Vererbung »von oben« nicht abgeschaltet wurde. Werden später neue Unterordner und Dateien angelegt, dann übernehmen diese automatisch Ihre Rechte vom übergeordneten Ordner.

- Vielleicht wollen Sie, dass die Vererbung anders funktioniert und sich nur auf die direkten Unterordner bezieht, aber nicht auf deren Unterordner.

1. Aktivieren Sie die Option *Erweitert*. Wählen Sie in der Liste *Berechtigungseinträge*: den Eintrag aus, dessen Vererbung Sie modifizieren wollen.

2. Klicken Sie dann auf die Schaltfläche *Bearbeiten*. Das Fenster *Berechtigungseintrag für <Ordnername>* öffnet sich. Suchen Sie sich in der Liste *Übernehmen für*: die gewünschte Vererbungsmethode aus.
3. Wollen Sie nicht, dass Unterordner die Berechtigungen übernehmen, dann aktivieren Sie die Option *Berechtigungen nur für Objekte und/oder Container in diesem Container übernehmen*.

- Sie können aber auch dafür sorgen, dass Ihre Rechte an untergeordnete Ordner und Dateien nicht vererbt werden, sondern direkt zugewiesen. Die Unterordner und Dateien bekommen also in ihre jeweiligen Access Control Lists Kopien Ihrer neuen Access Control Entries. Untergeordnete Ordner und Dateien können sich dagegen nicht wehren, indem sie die Vererbung »von oben« abschalten. Allerdings neigt dieses Konzept zur Inkonsistenz, weil die kopierten Rechte in jedem Unterordner und in jeder Datei angepasst werden können, und vor allen Dingen weil später hinzukommende Ordner und Dateien diese Rechte nicht erhalten.

4. Möchten Sie Rechte kopieren, anstatt sie zu vererben, dann klicken Sie auf *Erweitert*.
5. Aktivieren Sie die Option *Berechtigungen für alle untergeordneten Objekte durch die angezeigten Einträge, sofern anwendbar, ersetzen*.

Effektive Zugriffsrechte ermitteln

Windows XP macht es nicht unbedingt leicht, um herauszufinden, welche Rechte ein Benutzer denn nun wirklich auf einen Ordner oder eine Datei hat: Rechte können aus verschiedenen Gruppenmitgliedschaften abgeleitet werden und auch noch von übergeordneten Objekten ererbt sein.

Trotzdem gibt es eine verblüffend einfache Methode, um die effektiven Rechte herauszufinden, die ein Benutzer oder eine Gruppe tatsächlich auf eine Ressource hat. Sie können so leicht kontrollieren, ob sich Ihr neues Vorhängeschloss auch tatsächlich so verhält, wie Sie geplant hatten, und ob Benutzer und Gruppen wie gewünscht aus- oder eingeschlossen werden.

So testen Sie die effektiven Berechtigungen eines Ordners oder einer Datei:

1. Klicken Sie die Datei oder den Ordner mit der rechten Maustaste an, und wählen Sie *Eigenschaften*. Das Fenster *Eigenschaften von Buchführung* öffnet sich.

2. Klicken Sie auf *Erweitert*. Das Fenster *Erweiterte Sicherheitseinstellungen für <Ordnername>* öffnet sich. Aktivieren Sie die Registerkarte *Effektive Berechtigungen*.
3. Sie können nun den Benutzernamen oder Gruppennamen direkt ins Textfeld eintragen. Oder Sie lassen danach suchen. Das funktioniert so: Klicken Sie auf *Auswählen*. Das Fenster *Benutzer oder Gruppe wählen* öffnet sich. Klicken Sie auf die Schaltfläche *Objekttypen*. In der Liste *Wählen Sie den Objekttyp, den Sie finden möchten*. wählen Sie den Objekttyp, den Sie suchen. Bestätigen Sie über *OK*.
4. Klicken Sie auf die Schaltfläche *Erweitert*. Klicken Sie dann auf die Schaltfläche *Jetzt suchen*. Suchen Sie sich die Person oder Gruppe per Klick in der Liste aus, dessen effektive Berechtigungen Sie prüfen wollen. Klicken Sie auf *OK*.
5. Klicken Sie auf die Schaltfläche *OK*. In der Liste *Effektive Berechtigungen*: sehen Sie jetzt die effektiven Berechtigungen.

Der Test auf effektive Berechtigungen ist ein ausgezeichnetes Training, um sich mit der Wirkung der einzelnen Zugriffsrechte vertraut zu machen. Sie werden nämlich unter Umständen kleinere Überraschungen erleben.

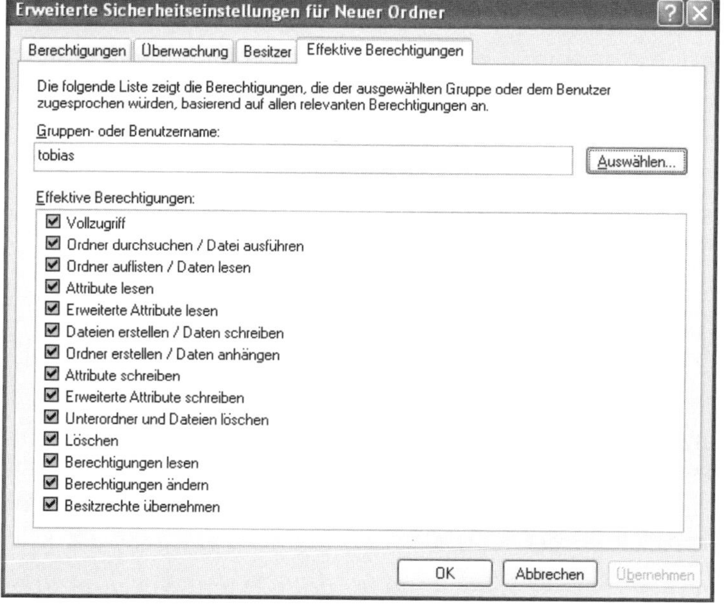

Abbildung 19.7: *Feststellen, welche effektiven Zugriffsrechte ein Benutzer wirklich hat*

Sind Sie dem Szenario von oben gefolgt, dann bemerken Sie vielleicht, dass Ihr eigenes Konto immer das Zugriffsrecht auf Berechtigungen ändern besitzt, während selbst andere Administratoren nur das Recht haben, Berechtigungen zu lesen. Das ist kein Zufall, sondern ein wichtiger Schutz, über den Sie gleich mehr erfahren.

CACLS: NTFS-Berechtigungen per Konsolenbefehl setzen

Mit dem Konsolenbefehl *CACLS* können die NTFS-Berechtigungen auch von der Konsole aus verwaltet werden. So etwas wird nützlich, wenn Sie ganze Ordnerhierarchien konfigurieren oder die eingestellten Rechte auslesen wollen.

Geben Sie zum Beispiel `CACLS C:\BOOT.INI` **Eingabe** ein, dann werden die aktuellen Berechtigungen der Datei *C:\BOOT.INI* aufgelistet. Ebenso können Sie Rechte hinzufügen oder entfernen, und dies nicht nur für einzelne Dateien, sondern für ganze Ordnergruppen.

Weil Fehler bei solch einer Automation weitreichende Auswirkungen haben, ist *CACLS* nur für erfahrene Systemadministratoren gedacht.

Dateien in Besitz nehmen: Noteingang für Administratoren

Haben Sie sich schon einmal ausgeschlossen? Dasselbe kann auch mit Dateien und Ordnern passieren, die über Zugriffsrechte gesichert sind. Einfachstes Beispiel: Sie verbieten der Gruppe Jeder den Zugriff. Weil Verbote vor Rechten geprüft werden, würde allen Benutzern der Zugriff verweigert.

In diesem Fall könnten selbst Administratoren nicht mehr auf den Inhalt zugreifen. Und nun?

Hier kommt das besondere Privileg des Besitzers einer Datei oder eines Ordners zum Zuge. Der Besitzer ist die Person, die den Ordner oder die Datei angelegt hat, aber der Besitz kann auch auf andere Personen übertragen werden.

Der Besitzer hat stets ein Recht, das ihm nicht genommen werden kann: er hat das Recht, die Zugriffsrechte der Datei zu ändern. Und zwar auch dann, wenn er selbst gar kein Zugriffsrecht auf die Datei besitzt. Daraus folgen zwei wesentliche Erkenntnisse:

- Der Besitzer einer Datei oder eines Ordners kann ausgesperrten Benutzern – einschließlich sich selbst – den Zugriff wieder erlauben
- Möchten Sie verhindern, dass ein Benutzer auf eine Datei zugreifen kann, dann darf dieser Benutzer auf keinen Fall Besitzer der Datei

sein, weil er sich sonst die nötigen Berechtigungen einfach wieder selbst zuweisen kann.

Weil dieses Thema wichtig ist, folgen einige Szenarien, die Sie sofort nachvollziehen können.

Eine Datei verschließen und den Schlüssel wegwerfen ...

Das Szenario beginnt mit einem typischen Administrationsunfall: Eine Datei wird so gut gesperrt, dass niemand mehr an ihren Inhalt herankommt:

1. Legen Sie auf dem Desktop eine Testdatei an, zum Beispiel per Rechtsklick/*Neu/Textdatei*.
2. Öffnen Sie die Testdatei, schreiben Sie etwas Text hinein, und speichern Sie die Datei mit *Datei/Speichern*. Schließen Sie dann das Editorfenster.
3. Nun sichern Sie die Datei: Klicken Sie mit der rechten Maustaste auf die Datei und wählen Sie *Eigenschaften*. Das Fenster *Eigenschaften von Neu Textdokument* öffnet sich.
4. Aktivieren Sie die Registerkarte *Sicherheit*. Klicken Sie auf die Schaltfläche *Hinzufügen*. Das Fenster *Benutzer oder Gruppen wählen* öffnet sich. Geben Sie ins Textfeld ein: *Jeder*. Klicken Sie dann auf *OK*.
5. In der Spalte *Verweigern* aktivieren Sie die Option *Vollzugriff*. Klicken Sie auf *OK*.
6. Das Fenster *Sicherheitseinstellungen* öffnet sich, und Windows XP weist darauf hin, dass nun niemand mehr Zugriff auf die Datei hat. Klicken Sie auf *OK*.
7. Versuchen Sie nun, die Testdatei zu öffnen. Es funktioniert nicht mehr. Da auch Sie Mitglied der Gruppe *Jeder* sind, ist Ihnen wie allen anderen Benutzern der Zugriff verwehrt.

... verschlossene Dateien wieder aufsperren

Und was nun? Niemand hat mehr Zugriffsrechte auf die Datei – ist sie nun unwiederbringlich verloren?

Sie könnten die Datei zumindest löschen. Wieso das möglich ist, obwohl Sie keinen Zugriff auf die Datei haben, lesen Sie im nächsten Abschnitt. Doch wie kommt man an den Inhalt der Datei heran, und wie kann man das Missgeschick bei der Konfiguration der Zugriffsrechte reparieren?

So gehen Sie vor:

1. Klicken Sie die Datei erneut mit der rechten Maustaste an, und wählen Sie im Kontextmenü *Eigenschaften*. Aktivieren Sie die Registerkarte *Sicherheit*.
2. Wählen Sie in der Liste *Gruppen- oder Benutzernamen*: den Eintrag Jeder aus. Schalten Sie dann in der Spalte Verweigern das Häkchen bei *Vollzugriff* wieder ab. Auch die übrigen Häkchen der Spalte sollten Sie entfernen. Klicken Sie dann auf *OK*.
3. Öffnen Sie die Datei. Jetzt funktioniert der Zugriff wieder, denn die Zugriffsbeschränkung ist aufgehoben.

TIPP

Öffnen Sie noch einmal das Eigenschaften-Fenster der Datei und aktivieren Sie die Registerkarte *Sicherheit*, dann erleben Sie eine weitere Überraschung: der Eintrag *Jeder* ist aus dem Fenster verschwunden. Die Erklärung ist einfach: Weisen Sie einem Objekt weder Verbote noch Rechte zu, dann streicht Windows XP das Objekt stillschweigend aus der Liste, weil es ganz offensichtlich nicht mehr benötigt wurde.

Sind Sie etwas konsterniert? Wofür sind Zugriffsbeschränkungen gut, wenn man diese einfach wieder ausknipsen kann?

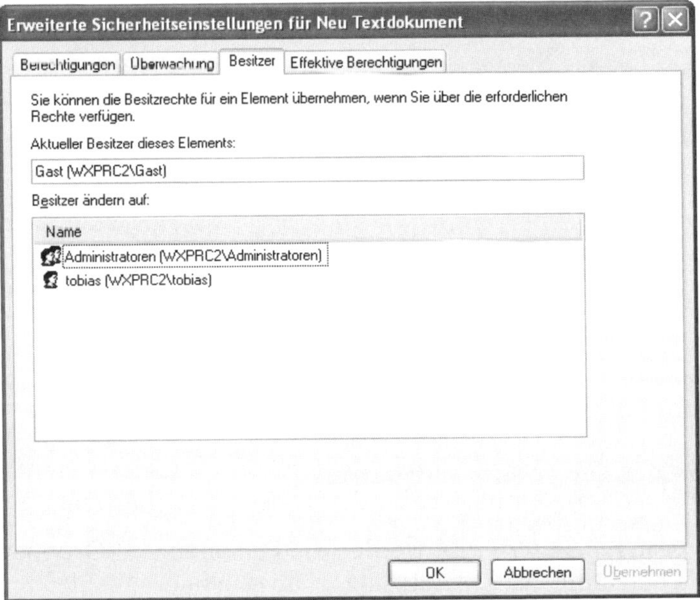

Abbildung 19.8: *Administratoren können den Besitz fremder Dateien und Ordner übernehmen*

Natürlich sind die Zugriffsrechte normalerweise streng geschützt. Zugriffsrechte dürfen nur geändert werden, wenn das Recht Berechtigungen ändern gewährt wurde. Die Reparatur der Zugriffsrechte hat nur deshalb so reibungslos funktioniert, weil Sie der Besitzer der Datei waren – also derjenige, der die Datei angelegt hat. Besitzer verfügen immer über das Recht Berechtigungen ändern, behalten also immer einen letzten Notschlüssel in der Hinterhand.

TIPP Sie können das Recht *Berechtigungen ändern* auch explizit weiteren Personen zuweisen. Allerdings funktioniert das nur, wenn Sie über einen Klick auf *Erweitert* die erweiterte Rechteansicht öffnen. Suchen Sie sich dann den Benutzer oder die Gruppe aus, und klicken Sie auf *Bearbeiten*. Jetzt sehen Sie wirklich alle Rechte, auch die normalerweise versteckten Systemrechte.

... Administratoren übernehmen den Besitz

Gerade haben Sie gesehen, wie mächtig der Besitzer einer Datei oder eines Ordners ist. Er kann immer und jederzeit die Zugriffsrechte ändern. Allerdings ist der Besitzer einer Datei in aller Regel ein normaler Anwender, nicht der Administrator.

Müssen Sie als Administrator die Zugriffsrechte einer fremden Datei neu konfigurieren, dann funktioniert dies nur, wenn Ihnen der Besitzer der Datei das Recht Berechtigungen ändern gewährt hat. Das ist natürlich in aller Regel nicht der Fall.

Deshalb gibt es zusätzlich eine elektronische Brechstange: Berechtigte Personen können kurzerhand den Besitz einer Datei oder eines Ordners übernehmen. Wenn sie das tun, verliert der ursprüngliche Besitzer seine besonderen Rechte und gilt nicht mehr als Besitzer. Nur eine Person oder Gruppe kann Besitzer sein.

Brauchen Sie als Administrator also Zugriff auf ein geschütztes Objekt, dann übernehmen Sie zuerst den Besitz und ändern danach die Zugriffsrechte, damit Sie auf die Datei zugreifen können.

So übernehmen Sie den Besitz an einer Datei (oder einem Ordner):

1. Klicken Sie die Datei oder den Ordner mit der rechten Maustaste an, und wählen Sie *Eigenschaften*. Das *Eigenschaften*-Fenster öffnet sich.
2. Aktivieren Sie die Registerkarte *Sicherheit*. Klicken Sie dann auf die Schaltfläche *Erweitert*. Aktivieren Sie die Registerkarte *Besitzer*.
3. In der Liste *Besitzer ändern auf*: werden die Personen und Gruppen angezeigt, die berechtigt sind, den Besitz zu übernehmen. Wählen Sie einen neuen Besitzer aus, zum Beispiel die Gruppe der Administratoren, und klicken Sie dann auf *OK*.
4. Nun haben alle Mitglieder der Gruppe der Administratoren das Recht, die Zugriffsberechtigungen zu ändern. Klicken Sie zum Schluss auf die Schaltfläche *OK*.

Spionage – und wie sie aufgedeckt wird …

Das, was Sie eben gelesen haben, hat ausgesprochen weitreichende Konsequenzen für Ihren Datenschutz und Ihre Privatsphäre.

Normalerweise kann jeder Anwender sicher sein, dass nur er selbst auf seine Daten zugreifen kann. Es genügt, sensible Daten in einem Ordner zu speichern, auf die nur der Anwender selbst Zugriffsrechte besitzt.

Selbst die allmächtigen Administratoren kommen normalerweise an solche Daten nicht heran. Auch für sie gilt der Zugriffsschutz. Allerdings haben Sie eben gesehen, dass Administratoren jederzeit den Besitz übernehmen und dann die Zugriffsrechte ändern können. Es muss klar gesagt werden: Administratoren können sich auf jeden Fall Zugriff auf geschützte Dateien verschaffen. Es bleibt höchstens die Frage, ob sie dies ungestraft tun dürfen.

Sie können nämlich die Einbruchsspuren entdecken. Derjenige, der sich verbotenerweise Zugriff auf Ihre Daten verschafft hat, musste dazu den Besitz übernehmen, und genau daran erkennen Sie, dass jemand an geschützten Daten herumspioniert hat. Sie brauchen nämlich bloß die Eigenschaften-Seite der Datei zu öffnen, die Registerkarte *Sicherheit* anzuklicken und dann über *Erweitert* den Besitzer der Datei zu überprüfen. Sind das nicht mehr Sie selbst, dann hat ein Administrator sich Zugang zu Ihrer Datei verschafft.

Vielleicht wenden Sie nun ein, dass der Administrator ja – wenn er clever ist – nach seinem Einbruch und Datenklau den ursprünglichen Besitzer wieder einsetzen könnte. So wären alle Spuren beseitigt. Das stimmt zwar, aber dazu ist der Administrator nicht in der Lage. Der Besitz kann nur von berechtigten Personen persönlich übernommen werden. Oder anders gesagt: Administratoren können sich zwar den Besitz sichern, aber nicht mehr an andere Personen weitergeben. Dadurch sitzt der Administrator in der Falle. Seine Spuren lassen sich nicht mehr verwischen.

TIPP Wo wird eigentlich festgelegt, wer das Recht hat, den Besitz von Objekten zu übernehmen? Dieses Recht wird in den *Lokalen Sicherheitsrichtlinien* im Zweig *Zuweisen von Benutzerrechten* geregelt. Die Richtlinie heißt *Übernehmen des Besitzes von Dateien und Objekten*.

Spionage – und wie sie verhindert wird …

Natürlich ist das Kind bereits in den Brunnen gefallen, wenn Sie Einbruchsspuren entdecken, und natürlich werden Sie keine Lust haben, den Besitzer Ihrer sensiblen Daten jeden Tag aufs Neue zu prüfen.

Deshalb bietet Windows XP eine zusätzliche Möglichkeit, Daten zu sichern: das verschlüsselnde Dateisystem (*Encrypting File System*, EFS). Daten, die Sie in solch gesicherten Ordnern speichern, sind für niemanden sonst erreichbar, auch nicht für Administratoren, und auch nicht über feindliche Übernahmen.

Allerdings ist der Einsatz des EFS ohne entsprechende Sicherheitsmaßnahmen riskant: Die Daten sind hier nämlich so gut geschützt, dass ernster Datenverlust droht, wenn die Verschlüsselungs-Keys verloren gehen. Kein Administrator und kein Support kann verschlüsselte Daten mehr retten, wenn Sie nicht zuvor einen Notschlüssel angelegt haben.

Zugriffsrechte – Verzwickte Szenarien

Die Zugriffsrechte, die Sie bisher kennen gelernt haben, sind nicht immer ganz so selbsterklärend, wie es zunächst scheint. Wenn Sie dem vorangegangenen Szenario gefolgt sind, dann haben Sie sich vielleicht gefragt, wieso es möglich war, eine maximal geschützte Datei einfach zu löschen.

Hier liegt ein Missverständnis vor. So gut Sie eine Datei auch schützen, die Zugriffsrechte beziehen sich stets nur auf den Inhalt der Datei. Die Datei selbst gehört zum Inhalt des Ordners, in dem sie gespeichert ist. Betrachtet man Ordner mit ein wenig Wohlwollen wie eine Datei, dann sind die Dateien im Ordner sozusagen der Dateiinhalt.

Oder anders gesagt: Wenn Sie verhindern wollen, dass eine Datei gelöscht wird, dann müssen Sie die Rechte des Ordners ändern, in dem die Datei liegt.

Verhindern, dass Dateien gelöscht werden

Schauen Sie sich das einfach in der Praxis an. Auf dem Desktop soll ein Ordner entstehen, in dem zwar frei Dateien und Unterordner angelegt werden dürfen, aus dem aber nichts gelöscht werden kann. So gehen Sie vor:

1. Legen Sie auf dem Desktop einen Testordner an, zum Beispiel über Rechtsklick/*Neu/Ordner*. Das Fenster *Eigenschaften von Neuer Ordner* öffnet sich.
2. Aktivieren Sie die Registerkarte *Sicherheit*. Klicken Sie auf die Schaltfläche *Erweitert*. Das Fenster *Erweiterte Sicherheitseinstellungen für Neuer Ordner* öffnet sich.

3. Alle übergeordneten geerbten Einstellungen müssen nun entfernt werden. Dazu deaktivieren Sie die Option *Berechtigungen übergeordneter Objekte auf untergeordnete Objekte, sofern anwendbar, vererben. Diese mit den hier definierten Einträgen mit einbeziehen.* Das Fenster *Sicherheit* öffnet sich.

4. Klicken Sie auf die Schaltfläche *Entfernen*. Die ererbten Rechte werden entfernt.

5. Klicken Sie auf *OK*. Das Fenster *Sicherheitseinstellungen* öffnet sich. Windows XP informiert Sie, dass nun gar keine Zugriffsberechtigungen mehr vorhanden sind. Klicken Sie auf Ja, um die Änderungen trotzdem durchzuführen.

6. Fügen Sie nun die Gruppe Jeder ein. Dazu klicken Sie auf die Schaltfläche *Hinzufügen*. Das Fenster *Benutzer oder Gruppen wählen* öffnet sich. Geben Sie ins Textfeld ein: Jeder. Klicken Sie dann auf *OK*. Die neue Gruppe erscheint in der Liste.

7. Weisen Sie nun der Gruppe *Jeder* die folgenden Rechte zu: *Lesen, Ausführen, Ordnerinhalt auflisten, Lesen und Schreiben*. Klicken Sie dann auf *OK*.

8. Öffnen Sie Ihren Testordner nun. Er öffnet sich wie gewohnt. Legen Sie darin über *Datei/Neu/Textdatei* eine Testdatei an. Auch dies gelingt. Öffnen Sie die Testdatei, schreiben Sie etwas Text hinein, und speichern Sie die Datei mit *Datei/Speichern*. All dies funktioniert ohne Probleme.

9. Versuchen Sie nun, die Datei wieder zu löschen. Nach einer kurzen Schrecksekunde meldet Windows XP: *Zugriff verweigert*. Dateien, die Sie in diesem Ordner anlegen, bleiben vor Löschversuchen geschützt.

10. Versuchen Sie nun, den Testordner insgesamt zu löschen. Auch dies wird verweigert, denn dazu müsste ja die geschützte Datei im Ordner gelöscht werden, und das ist verboten.

Um den Ordner trotzdem wieder loszuwerden, müssen Sie die Sicherheitseinstellungen wieder lockern. Schauen Sie sich bei dieser Gelegenheit an, wie die Sicherheitsberechtigungen wirklich funktionieren:

1. Klicken Sie den Ordner nochmals mit der rechten Maustaste an, wählen Sie *Eigenschaften*, und aktivieren Sie die Registerkarte *Sicherheit*.

2. Klicken Sie auf die Schaltfläche *Erweitert*. Das Fenster *Erweiterte Sicherheitseinstellungen für Neuer Ordner* öffnet sich. Aktivieren Sie die Registerkarte *Berechtigungen*.

3. In der Liste *Berechtigungseinträge*: sehen Sie nun alle Zugriffsrechte, die Access Control Entries. In diesem Fall existiert nur ein Eintrag. Klicken Sie auf die Schaltfläche *Bearbeiten*.

4. Das Fenster *Berechtigungseintrag für Neuer Ordner* öffnet sich. Jetzt sehen Sie die echten Zugriffsrechte, die viel feingliedriger sind als die Rechte, mit denen Sie bisher zu tun hatten. Sie sehen, dass die Rechte *Löschen* und *Unterordner und Dateien löschen* nicht gewährt sind. Aktivieren Sie das Recht *Löschen*, dann können Ordnerinhalte wieder gelöscht werden.

Dateizugriffe protokollieren

Zugriffsrechte schützen Daten nicht nur. Sie dienen auch dazu, die Nutzung und den Missbrauch von Daten aufzudecken. Auf Wunsch protokolliert Windows nämlich, wer welche Daten wann zum letzten Mal verwendet hat – oder es zumindest versuchen wollte.

- Vielleicht möchten Sie herausfinden, ob jemand versucht, auf besonders sensible Daten zuzugreifen, obwohl er dazu nicht berechtigt ist. Sie könnten sich so rechtzeitig warnen lassen, dass ein Einbruchsversuch geschehen ist, und entsprechende Gegenmaßnahmen ergreifen.
- Oder Sie möchten herausfinden, welche Personen berechtigt sind, auf sensible Daten zuzugreifen. Sie könnten zum Beispiel ermitteln, welche Personen wann und wie häufig eine bestimmte Lieferliste einsehen.
- Vielleicht wollen Sie auch wissen, welche Personen die Lieferliste geändert haben. Personen, die die Lieferliste nur lesen, interessieren Sie dagegen nicht.
- Oder aber Sie haben eine externe Firma beauftragt, Ihr Computersystem zu warten, und möchten wissen, ob bei dieser Wartung nicht vielleicht noch ganz andere Dinge geschehen, zum Beispiel Einblicknahme in die Lohnbuchhaltung.

All diese Informationen und sehr viel mehr darüber hinaus lassen sich mit Hilfe von Überwachungen ermitteln. Dabei beauftragen Sie Windows XP, auf bestimmte Ereignisse zu lauern, und wenn die Ereignisse eintreten, einen Eintrag ins Sicherheitslogbuch zu schreiben. Überwachungsfunktionen stehen nur Administratoren zur Verfügung, denn sie bedeuten einen erheblichen Eingriff in die Privatsphäre der Benutzer.

Szenario: Unberechtigten Dateizugriff protokollieren

Im folgenden Szenario konfigurieren Sie Windows XP so, dass alle Versuche protokolliert werden, auf geschützte Dateien zuzugreifen, obwohl der Zugriff verboten ist:

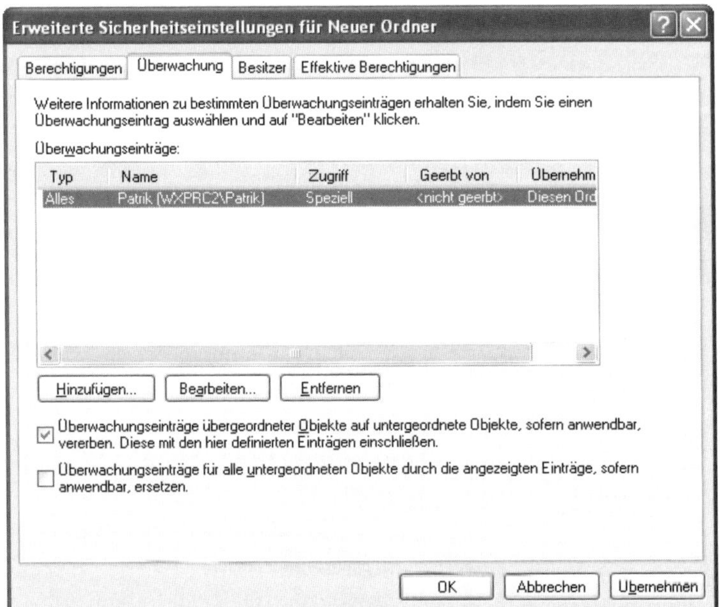

Abbildung 19.9: *Benutzer »Patrik« soll speziell überwacht werden*

1. Legen Sie zuerst fest, welche Dateien Sie überwachen wollen. Sie sollten diese Auswahl so eng wie möglich fassen, denn Überwachungen sind aufwändig und kosten Rechenzeit. In diesem Szenario legen Sie deshalb einen Testordner auf Ihrem Desktop an: Rechtsklick/*Neu/Ordner*.
2. Aktivieren Sie nun die Überwachung für diesen Ordner. Dazu klicken Sie den Ordner mit der rechten Maustaste an und wählen *Eigenschaften*. Das Fenster *Eigenschaften von Neuer Ordner* öffnet sich.
3. Aktivieren Sie die Registerkarte *Sicherheit*. Klicken Sie auf die Schaltfläche *Erweitert*. Das Fenster *Erweiterte Sicherheitseinstellungen für Neuer Ordner* öffnet sich.
4. Aktivieren Sie die Registerkarte *Überwachung*. Wählen Sie die Option *Überwachungseinträge übergeordneter Objekte auf untergeordnete Objekte, sofern anwendbar, vererben. Diese mit den hier definierten Einträgen einschließen.*, damit auch alle Unterordner in diesem Ordner überwacht werden.

5. Klicken Sie auf die Schaltfläche *Hinzufügen*. Das Fenster *Benutzer oder Gruppe wählen* öffnet sich. Geben Sie ins Textfeld ein: *Jeder*. So wird jeder Benutzer überwacht. Ebenso gut könnten Sie auch bestimmte Benutzer oder Gruppen überwachen und andere nicht. Klicken Sie auf *OK*.
6. Das Fenster *Überwachungseintrag für Neuer Ordner* öffnet sich. Legen Sie nun fest, was Sie überwachen wollen. Um unberechtigte Leseversuche aufzuspüren, wählen Sie in der Spalte *Fehlgeschlagen* die Option *Ordner auflisten / Daten lesen*.
7. Klicken Sie auf die Schaltfläche *OK*. Eine neue Überwachungsrichtlinie ist angelegt. Klicken Sie auf die Schaltfläche *OK*. Ab sofort werden alle Zugriffsversuche protokolliert, bei denen der Zugriff von Windows XP verweigert wird.
8. Damit Sie dies gleich ausprobieren können, Klicken Sie auf die Schaltfläche *Hinzufügen*.
9. Das Fenster *Benutzer oder Gruppen wählen* öffnet sich. Klicken Sie zweimal auf *OK*. Das Fenster *Sicherheitseinstellungen* öffnet sich und informiert Sie, dass nun niemand mehr Zugriff auf den Ordner hat. Genau das ist Ziel der Aktion. Klicken Sie auf *Ja*.
10. Schießen Sie die Dialogfelder per Klick auf *OK*, und versuchen Sie, den Testordner zu öffnen. Es geht nicht: Windows XP meldet »Zugriff verweigert«.

Zwar könnten Sie nun in die Ereignisanzeige schauen, doch würden Sie darin keine Protokolleinträge finden. Sie haben bis jetzt nur eine Überwachungsrichtlinie in den Ordner eingefügt. Damit die wirksam wird, muss die Überwachung zuerst noch eingeschaltet werden.

Das ist durchaus sinnvoll: Überwachungen kosten wie alle zusätzlichen Funktionen Rechenzeit. Sie könnten deshalb in allen kritischen Ordnern Überwachungsrichtlinien anlegen, die eigentliche Überwachung aber nur im Bedarfsfall aktivieren. So wird die Überwachung aktiviert:

1. Wählen Sie im Startmenü *Systemsteuerung* und öffnen Sie das Modul Verwaltung. Öffnen Sie darin die *Lokale Sicherheitsrichtlinie*. Das Fenster *Lokale Sicherheitseinstellungen* öffnet sich.
2. Expandieren Sie den Zweig *Lokale Richtlinien/Überwachungsrichtlinien*. Rechts sehen Sie nun alle Kategorien, die überwacht werden können. In der Voreinstellung sind alle Kategorien auf *Keine Überwachung* eingestellt.
3. Öffnen Sie die Richtlinie *Objektzugriffsversuche überwachen* per Doppelklick. Das Fenster *Eigenschaften von Objektzugriffsversuche überwachen* öffnet sich. Aktivieren Sie die Option *Fehlgeschla-*

gen, denn Sie sind nur an Ereignissen interessiert, die nicht erfolgreich verliefen – nämlich der zurückgewiesene Zugriff auf Ihren Ordner.

4. Klicken Sie auf *OK*. Windows XP protokolliert nun alle fehlgeschlagenen Ereignisse, die beim Zugriff auf Objekte passieren. Allerdings nur bei den Objekten, bei denen Sie wie oben gezeigt eine Überwachungsaufgabe eingefügt haben.

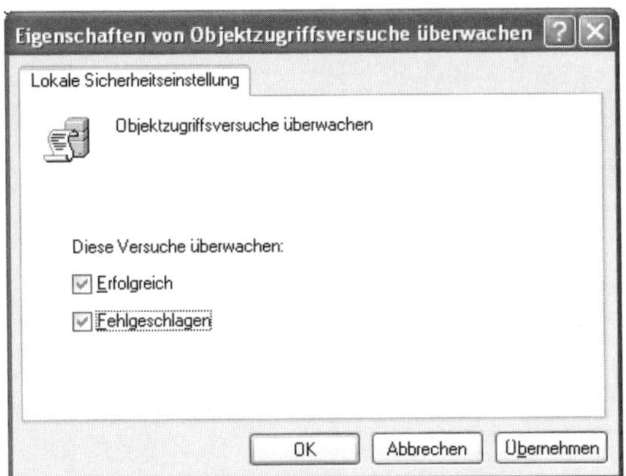

***Abbildung 19.10:** Die Überwachung beginnt erst, wenn die Überwachungskategorie aktiviert ist*

Greifen Sie nun ein paar Mal auf Ihren geschützten Ordner zu, um einige Protokolleinträge zu generieren. Dann schauen Sie sich das Ergebnis an:

1. Wählen Sie im Startmenü *Systemsteuerung*, und öffnen Sie das Modul *Verwaltung*. Öffnen Sie dann die *Ereignisanzeige*. Das Fenster *Ereignisanzeige* öffnet sich.
2. Klicken Sie links auf die Protokolldatei *Sicherheit*. Rechts sehen Sie jetzt alle Ereignisse rund um das Thema Sicherheit. Ganz oben sollten Sie Einträge finden, die sich auf Ihre misslungenen Zugriffsversuche beziehen.
3. Doppelklicken Sie auf den Eintrag. Sie lesen jetzt, welcher Benutzer bei welcher Aktion von Windows XP ertappt wurde und ein »Zugriff verweigert«-Ereignis ausgelöst hat.

TIPP

Vergessen Sie nicht, die Objektüberwachung wieder abzuschalten, wenn Sie sie nicht länger brauchen.

Spielen Sie ein wenig mit den Überwachungsrichtlinien herum! Erinnern Sie sich? Sobald Sie in der Lokalen Sicherheitsrichtlinie die Objektüberwachung aktiviert haben, erwachen die Überwachungsrichtlinien in den Sicherheitseinstellungen Ihrer Ordner und Dateien zum Leben und produzieren Einträge im Sicherheits-Protokoll. Um die volle Objektüberwachung nutzen zu können, sollten Sie allerdings die Überwachung nicht nur bei fehlgeschlagenen Aktionen aktivieren, sondern auch bei erfolgreichen.

Dann nämlich ist es leicht, auch die übrigen Szenarien in die Praxis umzusetzen. Wollen Sie zum Beispiel nur eine ganz bestimmte Datei überwachen, dann legen Sie die Überwachungsrichtlinie nicht im Ordner an, sondern in dieser Datei.

Und wenn Sie feststellen wollen, wann jemand eine Datei ändert, dann aktivieren Sie die Überwachung in der Spalte *Erfolgreich* für das Ereignis *Dateien erstellen / Daten schreiben*.

Verschlüsselndes Dateisystem (EFS) nutzen

Die klassische NTFS-Dateisicherheit bildet die Grundlage für sicheren Zugriff. Zusätzlich gibt es das *Verschlüsselnde Dateisystem* (*Encrypting File System*, *EFS*). Das EFS ist nicht als Konkurrenz zu NTFS gedacht. Es erweitert vielmehr den Schutz für Fälle, in denen NTFS allein nicht ausreicht.

Hierfür zwei Beispiele:

- Außendienstmitarbeiter, die Firmendaten auf dem Notebook speichern, sollten diese Daten mit EFS sichern, wenn es sich um sensible Daten handelt. Notebooks können leichter abhanden kommen als ein Firmenrechner. Sobald Fremde physischen Zugriff auf einen Rechner haben, können sie die NTFS-Dateisicherheit mit Leichtigkeit aushebeln. Dazu genügt es, Windows XP neu zu installieren. Hierdurch wird der Eindringling zum Administrator der neuen Windows XP Version und kann so den Besitz aller Dateien übernehmen, also auch von ehemals geschützten Dateien der alten Windows XP Version. Mit EFS verschlüsselte Dateien bleiben dagegen verschlüsselt.
- Besonders sensible Daten, die auf keinen Fall anderen Personen zugänglich sein sollen, sollten ebenfalls mit EFS gesichert werden. Sie haben gesehen, dass Administratoren immer die Möglichkeit haben, mit NTFS geschützte Daten einzusehen. Mit EFS verschlüsselte Daten sind allerdings auch für Administratoren tabu.

EFS einsetzen: Daten verschlüsseln

Das EFS ist aus Anwendersicht einfach anzuwenden. Nur zwei Grundvoraussetzungen müssen erfüllt sein:

- Das EFS funktioniert nur bei Ordnern, die auf einem NTFS-Laufwerk gespeichert sind.
- EFS kann nur dann aktiviert werden, wenn der Ordner oder die Datei nicht bereits komprimiert ist. Komprimierte Dateien und Ordner können nicht verschlüsselt werden.

1. Legen Sie auf dem Laufwerk C:\ einen Testordner an. Klicken Sie dann den Ordner mit der rechten Maustaste an, und wählen Sie *Eigenschaften*. Das Fenster *Eigenschaften von Neuer Ordner* öffnet sich.
2. Aktivieren Sie die Registerkarte *Allgemein*. Klicken Sie auf die Schaltfläche *Erweitert*. Das Fenster *Erweiterte Attribute* öffnet sich.
3. Aktivieren Sie im Bereich *Komprimierung oder Verschlüsselung* die Option *Inhalt verschlüsseln, um Daten zu schützen*. Klicken Sie auf *OK*.
4. Das Fenster *Änderungen der Attribute bestätigen* öffnet sich, wenn der Ordner nicht leer war. Aktivieren Sie die Option *Änderungen für diesen Ordner, Unterordner und Dateien übernehmen*. Klicken Sie auf *OK*.

Der Ordner wird nun mit dem EFS geschützt. Sie als Anwender bemerken davon nichts, denn der Ordner verhält sich auch weiterhin wie ein ganz gewöhnlicher Ordner. Einzig die Farbe der Ordner- und Dateinamen ändert sich von schwarz nach grün.

Machen Sie die Probe aufs Exempel:

1. Öffnen Sie den EFS-geschützten Ordner, und legen Sie darin eine Datei an, zum Beispiel über *Datei/Neu/Textdatei*.
2. Öffnen Sie die Datei, tippen Sie Text ein, und speichern Sie die Datei mit *Datei/Speichern*.
3. Melden Sie sich ab, und melden Sie sich als ein anderer Benutzer an. Dies kann auch ein Benutzer mit Administrator-Rechten sein.
4. Versuchen Sie, die Textdatei erneut zu öffnen. Windows XP meldet, dass der Zugriff nicht möglich ist. Unabhängig von den NTFS-Benutzerrechten gewährt EFS nur demjenigen den Zugriff, der die Daten ursprünglich verschlüsselt hat.

EFS: Ein Blick hinter die Kulissen

EFS verwendet ein Public-Private-Key-Verfahren, um die Daten zu verschlüsseln. Windows XP kümmert sich dabei vollautomatisch um die Verwaltung der beiden Schlüssel.

Den Private Key benötigen Sie, um Dateien mit dem EFS zu verschlüsseln. Den Public Key benötigen Sie, um die Dateien wieder zu entschlüsseln. Beide Schlüssel werden von Windows XP automatisch angelegt, wenn Sie zum ersten Mal eine Datei mit EFS verschlüsseln. Windows XP speichert die Schlüssel in Ihrem persönlichen Zertifikatsspeicher. Der ist über die klassische NTFS-Sicherheit geschützt.

Beisst sich hier die Katze nicht in den Schwanz? Wenn sich das NTFS-Dateisystem aushebeln lässt, dann ist damit doch auch das EFS geknackt, wenn seine Schlüssel über NTFS gesichert werden.

Glücklicherweise ist das nicht so. Um EFS-Daten entschlüsseln zu können, ist das Benutzerkennwort des Benutzers notwendig. Dieses Kennwort kennt der Eindringling natürlich nicht. Er könnte nun zwar dank seiner Administrator-Macht dem fremden Benutzerkonto ein neues Kennwort zuweisen. EFS wäre das aber herzlich egal. Es erwartet nach wie vor das alte Benutzerkennwort und gibt die verschlüsselten Daten mit dem neuen Kennwort nicht frei.

Gefahren des EFS ...

Und genau in diesem Schutz liegt auch eine der größten Gefahren des EFS. Der größte Feind des EFS ist ein Kennwortwechsel:

- Geben Sie sich selbst ein neues Kennwort, dann ist alles gut: Weil Sie hierbei Ihr altes Kennwort angeben, kann der EFS-Schlüssel mit diesem alten Kennwort entschlüsselt und dann mit dem neuen Kennwort sofort wieder verschlüsselt werden.
- Verwenden Sie eine Kennwortrücksetzungsdiskette, dann ist ebenfalls alles gut. Die Informationen auf dieser Diskette reichen ebenfalls aus, um den EFS-Schlüssel zu entschlüsseln und dann mit dem neuen Kennwort wieder zu verschlüsseln.

EFS verwendet als Geheimschlüssel für die Ver- und Entschlüsselung ein Zertifikat. Sobald Sie die erste Datei oder den ersten Ordner verschlüsseln, legt Windows XP für Sie persönlich ein EFS-Zertifikat an und speichert es in Ihrem persönlichen Zertifikat-Store.

Aus Anwendersicht bemerken Sie davon nichts. Windows XP kümmert sich automatisch darum und verwendet dieses Zertifikat später, wenn Sie verschlüsselte Dateien lesen oder neue Dateien verschlüsseln wollen.

Weil andere Benutzer Ihr EFS-Zertifikat nicht kennen und auch nicht einsehen können, bleiben Ihre verschlüsselten Dateien in Sicherheit. Andere Benutzer können Ihre verschlüsselten Dateien nicht entschlüsseln.

Allerdings funktioniert diese schöne neue Verschlüsselungswelt nur so lange reibungslos, wie die Grundvoraussetzung erfüllt ist: Sie selbst – und nur Sie selbst – verfügen über Ihr eigenes EFS-Zertifikat.

- Sollte Ihr EFS-Zertifikat verloren gehen, dann kann niemand mehr Ihre verschlüsselten Dateien entschlüsseln. Sie sind für immer verloren. Deshalb ist es wichtig, sich vor dem Einsatz von EFS Gedanken darüber zu machen, wann das EFS-Zertifikat verloren gehen könnte und wie man es rechtzeitig sichert.
- Bekommt ein Dritter Ihr EFS-Zertifikat in seine Hände, dann kann er plötzlich Ihre geschützten Dateien entschlüsseln. Deshalb ist es wichtig, sich Gedanken zu machen, wie gut Ihr EFS-Zertifikat eigentlich vor Dritten geschützt ist und wie Sie diesen Schutz möglicherweise verbessern können.

Wie EFS-Zertifikate abhanden kommen ...

EFS-Zertifikate sind in Ihrem persönlichen Zertifikat-Store gespeichert. Dieser Speicher wird durch Ihr Benutzerkennwort gesichert. Ihr EFS-Zertifikat kann also verloren gehen, wenn beispielsweise die Systempartition Ihrer Festplatte durch einen Hardware-Fehler ausfällt. Eine sehr viel häufigere Ursache setzt so viel Pech aber gar nicht voraus.

Jeder Administrator kann Kraft seines Amtes das Kennwort anderer Benutzer neu setzen, und zwar, ohne das alte Kennwort zu kennen. So etwas ist nötig, wenn Benutzer ihre eigenen Kennwörter vergessen. Wird einem Benutzerkonto auf diese Weise aber ein neues Kennwort zugewiesen, dann kann der Zertifikat-Store des Benutzers nicht mehr geöffnet werden. Hierzu ist das alte Kennwort nötig, und das ist ja verschollen. Die Folge: das EFS-Zertifikat ist verloren, und damit auch der Zugriff auf alle verschlüsselten Daten.

... und Möglichkeiten, sich zu schützen

Die eben skizzierten Gefahren drohen nur denjenigen Anwendern, die das EFS unkritisch und vor allen Dingen ohne entsprechende Vorbereitung einsetzen. Es gibt nämlich zwei Schutzmechanismen:

- Administratoren oder andere vertrauenswürdige Personen können zum Wiederherstellungsagenten werden. Das Prinzip: Die Personen, die über ein spezielles EFS-Entschlüsselungszertifikat verfügen müssen, fügen dieses Zertifikat ins EFS-System ein. Werden Dateien anschließend verschlüsselt, dann wird auf der Basis des Entschlüsselungszertifikats ein Notschlüssel generiert, den nur die Person verwenden kann, die über den privaten Schlüssel des Entschlüsselungszertifikats verfügt. Im Klartext: Personen Ihrer Wahl können in die Lage versetzt werden, Ihre verschlüsselten EFS-Daten im Notfall zu entschlüsseln (aber nicht neu zu verschlüsseln). Dies ist die Lösung der Wahl für größere Unternehmen.

- Sie selbst können Ihre EFS-Schlüssel auf einer Diskette speichern und diese an einem sicheren Ort aufbewahren. Sollten Ihre EFS-Schlüssel tatsächlich verloren gehen, dann kann ein Administrator Ihre exportierten Schlüssel wieder importieren und anschließend Ihre EFS-verschlüsselten Daten entschlüsseln. Dies ist die Lösung für Stand-Alone-Systeme.

EFS Schritt für Schritt verstehen ...

Bevor Sie auch nur ansatzweise darüber nachdenken, EFS einzusetzen, sollten Sie sich die Beispiele der nächsten Seiten genauer ansehen und verstehen. Nur so ist sichergestellt, dass EFS Ihnen hilft, ohne eines Tages womöglich Ihre Daten zu vernichten.

WICHTIG Legen Sie ein Test-Benutzerkonto an, um die folgenden Szenarien nachzuspielen. Einige Schritte werden Einfluss auf die EFS-Zertifikate haben und diese zerstören. Setzen Sie kein normales Benutzerkonto für diese Tests ein, weil hier möglicherweise wertvolle Daten bereits mit EFS verschlüsselt worden sind und im Verlauf des Tests verloren gehen würden.

Performance und Sicherheit

Das EFS-Zertifikat einsehen

Schauen Sie sich zunächst an, wie die Ver- und Entschlüsselung mit EFS funktioniert. Dazu melden Sie sich mit Ihrem Testkonto an und gehen dann so vor:

Statten Sie als erstes Ihrem persönlichen Zertifikatspeicher einen Besuch ab. In ihm werden still und heimlich alle Sicherheitszertifikate aufbewahrt, die Sie besitzen.

1. Wählen Sie dazu im Startmenü *Ausführen*, und geben Sie ein: `mmc` Eingabe. Die Microsoft Management Console öffnet sich, das Cockpit für Systemadministratoren. Noch ist sie allerdings leer.

2. Wählen Sie *Datei/Snap-In hinzufügen/Entfernen* (oder drücken Sie Strg+M). Das Fenster *Snap-In hinzufügen/entfernen* öffnet sich.

3. Aktivieren Sie die Registerkarte *Eigenständig*. Klicken Sie dann auf *Hinzufügen*. Das Fenster *Eigenständiges Snap-In hinzufügen* öffnet sich.

4. Geben Sie Z ein. In der Liste wird der erste Eintrag markiert, der mit *Z* beginnt. Markieren Sie das Snap-In *Zertifikate*, und klicken Sie auf *Hinzufügen*. Klicken Sie dann auf *Schließen*.
5. Wenn Sie Administrator sind, können Sie sich jetzt aussuchen, welchen Zertifikatspeicher Sie sehen wollen. Der richtige heißt *Aktueller Benutzer*.
6. Klicken Sie auf *OK*. Das Snap-In wird in die Konsole eingefügt.
7. Expandieren Sie links nun den Zweig *Zertifikate/Aktueller Benutzer/Eigene Zertifikate*. Klicken Sie auf *Eigene Zertifikate*.

Abbildung 19.11: *Das EFS-Zertifikat im zentralen Zertifikatspeicher ist lebenswichtig*

Jetzt sehen Sie rechts all Ihre persönlichen Zertifikate. Seien Sie nicht enttäuscht, wenn die Liste noch leer sein sollte. Sie wird sich gleich füllen. Lassen Sie das MMC-Fenster einstweilen geöffnet und minimieren Sie es höchstens.

Legen Sie jetzt einen Testordner auf dem Desktop an und verschlüsseln Sie ihn mit EFS, so wie auf ▶ Seite 633 beschrieben. Legen Sie eine Testdatei hinein. Wechseln Sie nun zurück ins Fenster der MMC und schauen Sie, was sich hier getan hat.

Damit Sie die Neuerungen auch wirklich sehen, klicken Sie in die rechte Spalte des Fensters und aktualisieren den Inhalt mit einem Druck auf F5.

Ein neuer Ordner namens *Zertifikate* ist aufgetaucht. Öffnen Sie ihn, dann findet sich darin ein selbstsigniertes Zertifikat, es ist also von Ihnen selbst ausgestellt und nur für Sie selbst bestimmt. In der Spalte *Beabsichtigte Zwecke* steht *Verschlüsselndes Dateisystem*.

TIPP

Das Zertifikat hat auch ein Haltbarkeitsdatum. Dieses Zertifikat läuft in 100 Jahren aus. Offenbar ist das die maximale Lebenserwartung, die Microsoft Computeradministratoren zubilligt, denn nach Ablauf dieser Zeit verfällt das Zertifikat und damit auch der Zugriff auf EFS-verschlüsselte Dateien.

Zertifikate sichern – lebenswichtig …

Wie wichtig das Zertifikat ist, bemerken Sie meist erst dann, wenn es abhanden gekommen ist. Bevor Sie das Zertifikat löschen, exportieren Sie es zuerst in eine Datei. So geht es nicht wirklich verloren:

1. Klicken Sie im Fenster *Zertifikate [Konsolenstamm\Zertifikate/Aktueller Benutzer\Eigene Zertifikate\Zertifikate]* in der rechten Spalte mit der rechten Maustaste auf das EFS-Zertifikat.
2. Bevor Sie das Zertifikat löschen, exportieren Sie es zuerst. Damit legen Sie sich eine Kopie des Zertifikats an, damit Sie es später wieder restaurieren können. Dazu wählen Sie im Kontextmenü *Alle Tasks/Exportieren*.
3. Das Fenster *Zertifikatsexport-Assistent* öffnet sich. Klicken Sie auf *Weiter.*
4. Wählen Sie die Option *Ja, privaten Schlüssel exportieren*, und klicken Sie auf *Weiter.*
5. Wählen Sie die Option *Privater Informationsaustausch*. Aktivieren Sie die Optionen *Wenn möglich, alle Zertifikate im Zertifizierungspfad einbeziehen* und *Verstärkte Sicherheit aktivieren*. Aktivieren Sie auf keinen Fall *Privaten Schlüssel nach erfolgreichem Export löschen*. Dann klicken Sie auf *Weiter.*
6. Weil das Zertifikat sensible Informationen enthält, geben Sie nun ein Kennwort ein und bestätigen es im Feld darunter. Klicken Sie dann auf *Weiter.*
7. Geben Sie nun einen Dateinamen an, in dem das Zertifikat gespeichert werden soll, oder klicken Sie auf *Durchsuchen*, um einen Ordner zu wählen. Klicken Sie dann auf *Weiter.*
8. Der Assistent fasst noch mal alle Angaben zusammen, und wenn Sie auf Fertig stellen klicken, wird das Zertifikat in der von Ihnen angegebenen Datei gesichert. Der Assistent meldet zum Schluss: Der Exportvorgang wurde erfolgreich abgeschlossen.

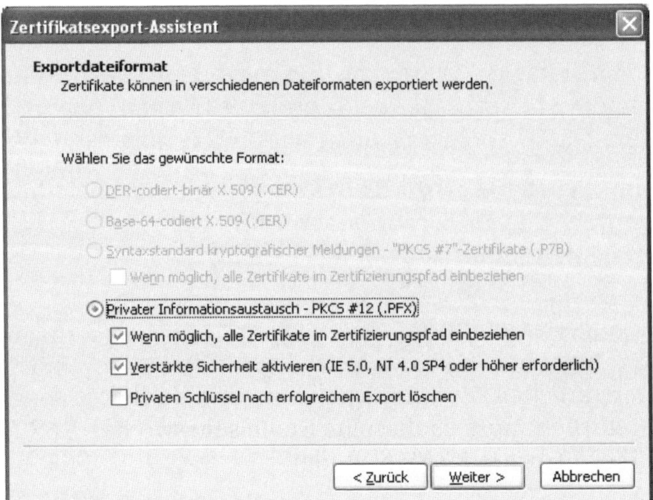

Abbildung 19.12: *EFS-Zertifikate sollten immer exportiert und gesichert werden*

EFS als Datenfalle – live begutachtet

Jetzt können Sie sich in Ruhe die Konsequenzen anschauen, die ein verlorengegangenes Zertifikat auslöst. Dazu löschen Sie Ihr Zertifikat: Klicken Sie es im Konsolenfenster in der rechten Spalte mit der rechten Maustaste an, und wählen Sie Löschen.

Das Fenster *Zertifikate* öffnet sich, und Windows XP warnt Sie eindringlich, dass Sie anschließend nicht mehr in der Lage sein werden, Daten zu lesen, die mit diesem Zertifikat verschlüsselt wurden. Klicken Sie auf Ja. Das Zertifikat wird aus der Liste des Zertifikatspeichers gestrichen. Sonst scheint nicht viel passiert zu sein.

Die dramatischen Konsequenzen bemerken Sie erst, wenn Sie versuchen, Ihren mit EFS verschlüsselten Ordner zu öffnen. Allerdings nicht sofort. Ihre laufende Sitzung verfügt noch über den EFS-Schlüssel im Speicher. Sobald Sie sich aber ab- und wieder anmelden (nicht die schnelle Benutzerumschaltung verwenden), sind im Speicher gepufferte Zertifikate verschwunden, und da sich nun das EFS-Zertifikat nicht mehr im Zertifikatspeicher befindet, können Sie Ihren verschlüsselten Ordner nicht mehr entschlüsseln – die Daten sind unwiderruflich verloren. Oder?

Die Rettung: Sicherheitskopie Ihres Zertifikats aktivieren

Zum Glück nicht. Nicht bei Ihnen jedenfalls, denn Sie haben rechtzeitig das EFS-Zertifikat exportiert. Dieses liegt jetzt als *.pfx*-Datei auf Ihrer Festplatte. Um das Zertifikat wiederherzustellen, gehen Sie so vor:

1. Öffnen Sie die *.pfx*-Datei. Das Fenster *Zertifikatsimport-Assistent* öffnet sich.

2. Klicken Sie auf *Weiter*. Der Name Ihrer Exportdatei ist bereits ins Feld *Dateiname* eingetragen. Klicken Sie noch einmal auf *Weiter*.
3. Nun werden Sie nach dem Kennwort gefragt, das Sie beim Export angegeben haben. Tragen Sie es ein, und wählen Sie nicht die Option *Hohe Sicherheit*. EFS muss auch ohne Kennwortabfragen Ihr Zertifikat nutzen dürfen. Aktivieren Sie aber die Option *Schlüssel als exportierbar markieren*, damit das wiederhergestellte Zertifikat genauso wie das ursprüngliche Original bei Bedarf exportiert werden kann. Klicken Sie dann auf *Weiter*.
4. Wählen Sie nun *Alle Zertifikate in folgendem Speicher speichern*, und klicken Sie auf *Durchsuchen*. Jetzt legen Sie fest, in welchem Zweig Ihres persönlichen Zertifikatspeichers das Zertifikat abgelegt werden soll. Natürlich muss es dieselbe Stelle sein, wo das EFS-Zertifikat auch früher lag, damit EFS es findet.
5. Das Fenster *Zertifikatspeicher auswählen* öffnet sich. Wählen Sie in der Liste *Eigene Zertifikate*, und klicken Sie auf *OK*. Klicken Sie dann auf *Weiter*.
6. Der Assistent zeigt die Angaben in der Zusammenfassung an. Klicken Sie auf *Fertig stellen*, damit das Zertifikat wiederhergestellt wird. Der Assistent verabschiedet sich mit der Meldung: Der Importvorgang war erfolgreich.

Versuchen Sie nun erneut, Ihre verschlüsselten Daten zu öffnen. Es gelingt! Weil Ihr Zertifikat nun wieder vorhanden ist, kann EFS die Daten wieder lesen.

Wie Zertifikate verloren gehen können ...

Natürlich wird in den seltensten Fällen jemand sein EFS-Zertifikat in der Management Konsole löschen und sich dabei über die ausdrückliche Warnung von Windows XP hinwegsetzen. Ein sehr viel subtilerer Weg funktioniert auf andere Art, die Sie sich unbedingt näher ansehen sollten.

Stellen Sie sich vor, ein armer Anwender kommt zu Ihnen als Administrator, weil er sein Kennwort vergessen hat. An sich kein Malheur, denn Sie können dem Benutzer dank Ihrer Administrator-Macht einfach ein neues Kennwort ausstellen. Wussten Sie aber auch, welche katastrophalen Nebenwirkungen das haben kann? Schauen Sie sich das mal an:

1. Stellen Sie sicher, dass Sie mit Ihrem Testkonto angemeldet sind, einen mit EFS verschlüsselten Ordner angelegt haben und auf die verschlüsselten Daten auch zugreifen können. Dann melden Sie sich ab (nicht die schnelle Benutzerumschaltung verwenden) und melden sich als Benutzer mit Administrator-Berechtigung neu an.

2. Klicken Sie im Startmenü mit der rechten Maustaste auf *Arbeitsplatz*, und wählen Sie *Verwalten*. Eine Management Konsole öffnet sich.
3. Expandieren Sie in der linken Spalte den Zweig *System/Lokale Benutzer und Computer/Benutzer*. Rechts sehen Sie nun alle Benutzerkonten.
4. Klicken Sie das Testbenutzerkonto, mit dem Sie Ihre EFS-Experimente durchführen, mit der rechten Maustaste an. Wählen Sie im Kontextmenü *Kennwort festlegen*.
5. Eine Warnung erscheint, die Datenverlust ankündigt. Was genau das bedeutet, werden Sie gleich erleben. Klicken Sie auf Fortsetzen.
6. Geben Sie nun das neue Kennwort an und bestätigen Sie es im Feld darunter. Klicken Sie auf *OK*. In dieser Sekunde ist das Kind in den Brunnen gefallen. Was genau das bedeutet, sehen Sie, wenn Sie sich nun wieder Abmelden und mit Ihrem Testkonto und dem neuen Kennwort anmelden. Es funktioniert wie erwartet einwandfrei, der ausgesperrte Benutzer ist wieder in seinem System.
7. Versuchen Sie nun, auf mit dem EFS verschlüsselte Daten zuzugreifen. Es funktioniert nicht mehr: Zugriff verweigert! Sie haben dem armen Benutzer also zwar Zugang zu seinem System verschafft, dabei aber seine wichtigsten Daten vernichtet. Das kann arbeitsrechtliche Konsequenzen haben ...

Was ist hier passiert ...?

Ein Blick in den Zertifikatspeicher des Benutzers zeigt: sein EFS-Zertifikat wurde überhaupt nicht gelöscht. Es ist nach wie vor an Ort und Stelle. Und warum kann EFS es dann nicht mehr verwenden?

Weil sich das Kennwort geändert hat! Das Zertifikat ist mit dem alten, ursprünglichen Kennwort des Benutzers gesichert worden. Weil Sie das Kennwort als Administrator geändert haben, ohne dazu das alte Kennwort anzugeben, konnte das Kennwort nicht im Zertifikat aktualisiert werden. Damit ist es unbrauchbar geworden.

TIPP

Wenn Sie dies nicht glauben wollen, dann wiederholen Sie das Beispiel und geben bei der Kennwortänderung als neues Kennwort das alte Kennwort ein. Windows ist das egal, das Kennwort wird auf jeden Fall geändert. Weil das neue Kennwort aber dem alten entspricht, funktioniert EFS weiterhin einwandfrei. Anderes Beispiel: Haben Sie das Kennwort durch ein anderes ersetzt und nun keinen Zugriff auf EFS mehr, dann versuchen Sie, das Zertifikat wie oben beschrieben zu exportieren. Es funktioniert nicht mehr, weil Sie keinen Zugriff mehr auf den privaten Schlüssel haben.

Und wie können Sie dem Benutzer helfen, seine Daten wiederherzustellen? Ganz einfach:

1. Löschen Sie das unbrauchbar gewordene Zertifikat aus dem Zertifikatspeicher.
2. Importieren Sie nun das zuvor gesicherte Zertifikat. Geben Sie das Kennwort ein, das Sie beim Export vereinbart hatten. Das Zertifikat wird wiederhergestellt, und EFS funktioniert wieder.

Einen Wiederherstellungsagenten einrichten

Bei einzelnen Benutzern ist der Export persönlicher EFS-Zertifikate noch eine zumutbare Lösung, aber spätestens in Unternehmen mit vielen Mitarbeitern braucht man andere Schutzmechanismen.

Deshalb unterstützt Windows XP so genannte Datenwiederherstellungs-Agenten. Das sind Personen, die im Notfall die verschlüsselten Daten anderer Benutzer wiederherstellen können.

Anders als in der Online-Hilfe beschrieben legt Windows XP von sich aus keine Datenwiederherstellungsagenten an. Bei Windows 2000 war dies noch der Fall. Hier konnte EFS ohne einen Datenwiederherstellungsagenten erst gar nicht verwendet werden.

TIPP Der Grund für diese Änderung sind Sicherheitserwägungen. Ist auf einem lokalen System ein vollwertiger Wiederherstellungsagent präsent, und gelingt es einem Hacker, als Administrator in dieses System einzudringen, dann wären sämtliche EFS-verschlüsselte Daten in Gefahr. Bei Windows XP muss der Wiederherstellungsagent manuell eingerichtet werden. Hierbei kann der private Schlüssel des Wiederherstellungsagenten anschließend vom System entfernt werden, so dass bei einem Einbruch keine Daten entschlüsselt werden. Erst im Falle eines Falles wird der private Schlüssel wieder hinzugefügt und ermöglicht dann – und nur dann – dem Wiederherstellungsagenten, seine Arbeit zu tun und Daten zu entschlüsseln.

Um einer Person diese Macht zu geben, braucht die Person ein Wiederherstellungszertifikat. Dieses Zertifikat muss bei EFS hinterlegt werden. Alle Dateien, die EFS von diesem Zeitpunkt an verschlüsselt, werden unter Berücksichtigung der hinterlegten Datenwiederherstellungszertifikate so verschlüsselt, dass die Wiederherstellungsagenten die Entschlüsselung ebenfalls durchführen können.

Setzen Sie das Active Directory in einer Domänenstruktur ein, dann kann das Active Directory die nötigen Wiederherstellungszertifikate ausstellen. Bei einem Stand-Alone-System ist das über den Befehl *CIPHER* möglich.

Ein Wiederherstellungszertifikat erstellen

So gehen Sie vor, um ein Wiederherstellungszertifikat einzurichten:

1. Melden Sie sich als die Person an, die künftig in der Lage sein soll, verschlüsselte Dateien anderer Benutzer zu entschlüsseln. Diese Person muss natürlich ganz besonders vertrauenswürdig sein.
2. Wählen Sie im Startmenü *Ausführen*, und geben Sie ein: `CMD` Eingabe. Die Konsole öffnet sich.
3. Geben Sie nun ein: `CIPHER /R:C:\EFS` Eingabe. Der Befehl fordert Sie auf, ein Kennwort einzugeben. Geben Sie das Kennwort dann zur Bestätigung noch einmal ein.
4. *CIPHER* legt nun zwei Dateien an: *C:\EFS.CER* und *C:\EFS.PFX*. *EFS.CER* ist das Wiederherstellungszertifikat, das bei EFS hinterlegt werden muss. *EFS.PFX* ist der private Schlüssel, der die Wiederherstellung ermöglicht. Diese Datei ist sicherheitssensibel. Verschieben Sie diese Datei auf eine Diskette, und löschen Sie die Datei dann von der Festplatte. Die Diskette halten Sie unter Verschluss. Schließen Sie sie im Firmenszenario beispielsweise in einen Tresor, zu dem nur mehrere Personen gemeinsam Zugang haben, so dass ausgeschlossen wird, dass die EFS-Wiederherstellung missbräuchlich eingesetzt wird.
5. Damit EFS künftig Dateien so verschlüsselt, dass der Wiederherstellungsagent sie entschlüsseln kann, hinterlegen Sie *EFS.CER* nun bei EFS. Dazu wählen Sie im Startmenü *Ausführen* und geben ein: `SECPOL.MSC` Eingabe. Die Sicherheitsrichtlinien öffnen sich.
6. Doppelklicken Sie in der linken Spalte auf *Richtlinien öffentlicher Schlüssel*, und klicken Sie mit der rechten Maustaste auf *Dateisystem wird verschlüsselt*. Wählen Sie *Datenwiederherstellungs-Agenten hinzufügen*, und klicken Sie auf *Weiter*.
7. Klicken Sie auf Ordner durchsuchen, und geben Sie die Datei *EFS.CER* an. Sie wird importiert.

Im Notfall mit dem Wiederherstellungsagenten arbeiten

Ist der Notfall eingetreten, und müssen Sie als Wiederherstellungsagent die verschlüsselten Daten eines anderen Benutzers wieder lesbar machen, dann gehen Sie so vor:

1. Melden Sie sich als der Benutzer an, dem die Aufgabe des Wiederherstellungsagenten zugeteilt wurde und dessen Wiederherstellungszertifikat bei EFS hinterlegt wurde.

2. Nehmen Sie die Diskette mit der *EFS.PFX*-Datei zur Hand, und legen Sie sie ins Diskettenlaufwerk. Öffnen Sie das Diskettenlaufwerk, und öffnen Sie die *PFX*-Datei.
3. Windows bietet an, die Datei in den Zertifikatspeicher zu importieren. Gehen Sie darauf ein. Sobald die Datei importiert ist, haben Sie die Möglichkeit, EFS-verschlüsselte Dateien zu entschlüsseln.

Nachdem die Problemdateien entschlüsselt wurden, sollten Sie das Zertifikat aus Sicherheitsgründen sofort wieder aus Ihrem Zertifikatspeicher entfernen.

Sicherheitslimitationen

Allerdings gibt es dennoch Lücken im Schutz, besonders dann, wenn Sie EFS auf einem Stand-Alone-System betreiben, das also nicht Mitglied einer Domäne ist. Hier wird das Zugangskennwort zum Computer in der lokalen SAM-Datenbank gespeichert, und die kann über Hackertools geknackt werden.

Geschieht dies, dann kann der Eindringling das Kennwort eines Benutzerkontos zurücksetzen und sich so doch noch Zugriff auch auf EFS-geschützte Daten verschaffen. Drei Lösungswege sind denkbar, um dieses Problem zu entschärfen:

- Entweder verwenden Sie das System nicht als Stand-Alone-System, sondern binden es an eine Domäne an. In diesem Fall werden die Benutzerkennwörter nicht mehr in einer lokalen SAM-Datenbank gespeichert, sondern im Domänencontroller.
- Oder aber Sie setzen den Befehl *SYSKEY* ein, um die SAM-Datenbank zu verschlüsseln. Hierzu muss dann aber eine Bootdiskette oder ein Verschlüsselungskennwort eingerichtet werden, ohne die der Rechnerstart unmöglich wird. Diese Lösung eignet sich nur für Rechner, die von einer einzelnen Person genutzt werden.
- Beste Alternative ist der Einsatz von SmartCards. Auf ihnen kann dann der EFS-Schlüssel gespeichert werden. Der Schlüssel steht dem System also nur so lange zur Verfügung, wie der Benutzer mit seiner SmartCard angemeldet ist.

EFS: An diese Dinge sollten Sie denken

Sie haben auf den vorangegangenen Seiten einige eigene Experimente rund um das EFS und seine Zertifikate gemacht. Hier nun die Zusammenfassung der Ergebnisse und die sich daraus ableitenden Empfehlungen:

- Das EFS verwendet ein Zertifikat, um Daten zu ver- und entschlüsseln. Auf dieses Zertifikat kann nur dessen Besitzer zugreifen. Ohne das Zertifikat können EFS-verschlüsselte Daten nicht mehr gelesen werden. Empfehlung: Exportieren Sie Ihr EFS-Zertifikat und speichern Sie es an einem sicheren Ort.
- Weisen Sie Windows XP an, einen Ordner mit EFS zu verschlüsseln, dann schaut Windows XP in Ihren Zertifikatspeicher. Gibt es dort ein EFS-Zertifikat, dann wird dieses Zertifikat verwendet. Gibt es dort kein EFS-Zertifikat, dann wird ein neues Zertifikat automatisch angelegt. Dieses neue Zertifikat ist mit früheren Zertifikaten nicht identisch. Empfehlung: Exportieren Sie Ihr Zertifikat jedes Mal, wenn ein neues Zertifikat angelegt wird, und zwar unter einem neuen Namen.
- Möchten Sie einen EFS-Ordner öffnen, dann versucht Windows XP, mit den Zertifikaten Ihres Zertifikatspeichers den Inhalt zu entschlüsseln. Ist kein Zertifikat vorhanden, das den Inhalt entschlüsseln kann, dann erhalten Sie die Meldung Zugriff verweigert. Empfehlung: Importieren Sie das Zertifikat, mit dem Sie diesen Ordner ursprünglich verschlüsselt haben.
- Sie können mehrere EFS-Zertifikate parallel verwenden. Dann sind Sie in der Lage, alle Dateien zu öffnen, die mit einem der Zertifikate verschlüsselt wurden. Ein Administrator, dem Sie Ihr Zertifikat zugänglich gemacht haben, kann dann also ebenfalls auf Ihre verschlüsselten Daten zugreifen. Empfehlung: Hüten Sie exportierte EFS-Zertifikate wie Ihre Scheckkarte.
- Aktive Zertifikate im Zertifikatspeicher sind kennwortgeschützt und verwenden Ihr Benutzerkennwort. Wird Ihr Benutzerkennwort durch einen Administrator zurückgesetzt, ohne dass das alte Kennwort eingegeben wird, dann werden alle EFS-Zertifikate unbrauchbar. Empfehlung: Vermeiden Sie die Kennwortrücksetzung, indem Sie sich eine Kennwortrücksetzungsdiskette anlegen. Ist die Kennwortrücksetzung durch den Administrator unvermeidlich, dann löschen Sie anschließend Ihre EFS-Zertifikate aus dem Zertifikatspeicher und importieren die Sicherheitskopien neu.
- Haben Sie Ihre EFS-Zertifikate anderen Benutzern zugänglich gemacht, dann können diese zwar Ihre geschützten Daten öffnen. Allerdings werden die Daten dabei automatisch sofort wieder mit dem EFS-Zertifikat dieses Benutzers neu verschlüsselt. Sie selbst verlieren dadurch also den Zugriff auf die Dateien, es sei denn, Sie hätten zufällig das EFS-Zertifikat dieses Benutzers bei sich selbst importiert. Empfehlung: Geben Sie Ihre EFS-Schlüssel nicht an andere Personen weiter. EFS ist nicht mehrbenutzerfähig.

Viele Dinge, die es zu bedenken gibt. Allerdings sieht die Sache übersichtlicher aus, wenn Sie EFS mit einem Geräteschuppen vergleichen:

Wollen Sie einen Ordner mit EFS verschlüsseln, dann schaut Windows zuerst in Ihrem Schlüsselkasten nach, ob darin vielleicht schon ein Schlüssel für EFS hängt. Ihr persönlicher Zertifikatspeicher ist dieser Schlüsselkasten.

Gibt es schon einen EFS-Schlüssel, dann baut Windows in den Ordner ein Vorhängeschloss ein, in das dieser Schlüssel passt. Gibt es noch keinen EFS-Schlüssel, dann legt EFS einen für Sie an und hängt diesen Schlüssel dann in Ihren Schlüsselkasten, den Zertifikatspeicher.

Sollte der EFS-Schlüssel abhanden kommen, dann können Sie die Vorhängeschlösser der geschützten Ordner nicht mehr aufschließen. Deshalb sollten Sie die EFS-Schlüssel rechtzeitig exportieren, sozusagen eine Kopie des Schlüssels beim Nachbarn abgeben – für alle Fälle.

Die Schlüssel im Schlüsselkasten – dem Zertifikatspeicher – sind nämlich verletzlich. Sie können gelöscht werden. Das System kann crashen. Oder ein Administrator ändert hinterrücks Ihr Kennwort, sodass Sie den Schlüssel zu Ihrem Schlüsselkasten verlieren.

In all diesen Fällen helfen die Nachschlüssel, also die exportieren Zertifikate. Sie restaurieren die Schlüssel in Ihrem Schlüsselkasten, damit EFS wieder funktioniert.

Zwei besondere Fälle verdienen Aufmerksamkeit:

Hatten Sie ursprünglich schon mal einen EFS-Schlüssel und ihn dann verloren, zum Beispiel durch eine Kennwortänderung des Administrators, dann legt EFS bei der nächsten anstehenden Verschlüsselung einen neuen EFS-Schlüssel an. Der passt dann für alle künftig verschlüsselten EFS-Dateien, aber nicht für die alten. Sie erhalten jetzt mehr oder minder unfreiwillig mehrere EFS-Schließsysteme.

Wollen Sie das vermeiden, dann restaurieren Sie Ihren EFS-Schlüssel sofort, wenn er verloren geht. Verschlüsseln Sie auf keinen Fall weitere Ordner, bevor nicht der alte Schlüssel wieder funktioniert.

Andernfalls müssten Sie mehrere EFS-Schlüssel verwenden. Ihr Schlüsselkasten – der Zertifikatspeicher – kann mehr als einen EFS-Schlüssel speichern.

Der zweite Fall: Sie haben Ihren EFS-Schlüssel exportiert und an einen anderen Benutzer weitergegeben, vielleicht mit der Absicht, dass dieser nun ebenfalls auf Ihre verschlüsselten Daten zugreifen darf.

Das kann er auch tatsächlich: Sobald er Ihren Schlüssel in seinen Schlüsselkasten importiert, hat er wirklich Zugriff auf Ihre EFS-verschlüsselten Daten. Allerdings mit einer wesentlichen Nebenwirkung: sein EFS kann mit Ihrem Schlüssel nur entschlüsseln, aber nicht verschlüsseln. Sobald sich der andere Benutzer also eine Ihrer EFS-verschlüsselten Dateien ansieht, wird diese automatisch kurzerhand von seinem EFS zurückverschlüsselt, und Sie verlieren den Zugriff: Ihr EFS-Schlüssel, den Sie so großzügig aus der Hand gegeben haben, passt nun nicht mehr, weil inzwischen ein fremdes Vorhängeschloss die Datei schützt, für das Sie keinen Schlüssel haben.

Wichtige EFS-Bedienhinweise

EFS verschlüsselt nur die Daten, die direkt in einem EFS-Ordner angelegt werden. Verschieben Sie neue Daten per Drag & Drop in einen EFS-Ordner, dann werden diese Daten nicht unbedingt EFS-verschlüsselt. Ob dies geschieht, hängt vom Dateityp ab.

Generell sollte EFS möglichst nur auf Ordnerebene aktiviert werden und nicht etwa für einzelne Dateien. Häufig entstehen beim Öffnen von Dateien nämlich temporäre Dateien, in denen das öffnende Programm Dokumentteile zwischenspeichert. Ist nicht der gesamte Ordner geschützt, sondern nur eine einzelne Datei, dann würden Dokumentteile eventuell in ungesicherten temporären Dateien sichtbar sein.

Das gilt auch für den *%TEMP%*-Ordner. Legen Sie Wert auf größte Sicherheit, dann sollte auch dieser Ordner verschlüsselt werden.

EFS-verschlüsselte Daten werden automatisch entschlüsselt, wenn Sie sie an einen Ort verschieben, wo EFS unmöglich ist. Ziehen Sie zum Beispiel eine EFS-verschlüsselte Datei von einem NTFS-Laufwerk auf ein FAT-Laufwerk, dann wird die Datei dabei entschlüsselt. FAT-Laufwerke unterstützen keine Verschlüsselung.

Ähnliches passiert, wenn Sie verschlüsselte Daten über das Netzwerk versenden. Ist das Ziel ein NTFS-Laufwerk, dann wird die Datei am Ziel zwar wieder verschlüsselt, aber während des Transports reisen die Datenpakete entschlüsselt. Wollen Sie diese Sicherheitslücke ausschließen, dann setzen Sie zusätzlich IPSec ein. Dadurch werden Datenpakete in Ihrem Netzwerk ebenfalls verschlüsselt, und Sie erhalten eine nahtlose Sicherheit.

TIPP

Damit EFS auch auf Netzwerkfreigaben funktioniert, müssen beide Rechner in derselben Domäne verwaltet werden.

Bei Daten-Backups sind die Verhältnisse dagegen klar: EFS-verschlüsselte Daten werden in verschlüsselter Form gesichert und bleiben also auch im Backup geschützt. Die Daten lassen sich anschließend nur auf einem NTFS-Laufwerk wiederherstellen.

EFS schützt nur den Inhalt von Dateien. Es schützt nicht davor, dass die Dateien selbst für andere Benutzer sichtbar sind. Andere Benutzer können EFS-verschlüsselte Dateien sogar löschen. Verwenden Sie deshalb EFS nie allein, sondern immer nur als Sahnehäubchen für besonders sensible Daten auf der Grundlage der klassischen NTFS-Zugriffssicherheit.

CIPHER – EFS mit der Kommandozeile steuern

EFS kann auch über das Kommandozeilen-Tool *CIPHER* gesteuert werden. Öffnen Sie hierzu ein Kommandozeilen-Konsolenfenster, zum Beispiel im Startmenü über *Ausführen*/`cmd` Eingabe. Geben Sie dann ein: `cipher /? | more` Eingabe. Das |-Zeichen erhalten Sie über gleichzeitiges Drücken von AltGr rechts neben der Leertaste und <.

Wollen Sie zum Beispiel alle verschlüsselten Dateien des aktuell angemeldeten Benutzers auflisten lassen, dann verwenden Sie den Befehl `CIPHER /U /N` Eingabe. Haben Sie dagegen den Wiederherstellungsagenten verändert, dann würde `CIPHER /U` die verschlüsselten Dateien des angemeldeten Benutzers aktualisieren und die Änderungen beim Wiederherstellungsagenten berücksichtigen.

EFS in größeren Unternehmen einsetzen

Für einzelne Computer und Kleinbetriebe ist EFS übersichtlich: Jeder Benutzer muss nur darauf achten, sein EFS-Zertifikat rechtzeitig zu sichern – am besten sofort, nachdem der erste Ordner mit EFS verschlüsselt und das Zertifikat damit angelegt wurde.

In größeren Unternehmen sieht das anders aus. EFS-Zertifikate können nur vom jeweiligen Benutzer gesichert werden. Es ist kaum vorstellbar, dass Administratoren hunderte von Benutzern instruieren, ihre Zertifikate selbst zu sichern und sich bei Problemen selbst zu helfen.

Stattdessen muss es Wege geben, wie Administratoren zentral EFS-verschlüsselte Daten aller Benutzer im Unternehmen notfalls retten können.

Und diesen Weg gibt es natürlich auch. Das Kernelement ist ein weiteres besonderes Zertifikat: ein EFS-Wiederherstellungszertifikat. Besitzt ein Administrator solch ein Zertifikat, dann kann er dieses Zertifikat bei EFS eintragen. Alle Daten, die nun verschlüsselt werden, erhalten einen Hintereingang: Der Besitzer des EFS-Wiederherstellungszertifikats kann diese Daten dann über den Hintereingang wieder entschlüsseln. Und zwar zentral für alle Benutzer, die EFS nutzen.

Tatsächlich wurde EFS bei Windows 2000 automatisch abgeschaltet, wenn kein Wiederherstellungszertifikat installiert war. Bei Windows XP hat sich dies geändert: hier ist EFS auch dann aktiv, wenn es keine zentrale Datenwiederherstellungsmöglichkeit gibt. Das ist durchaus sinnvoll, denn Sie haben ja bereits gesehen, dass jeder Anwender selbst durch Export seines EFS-Zertifikats für die nötige Sicherheit sorgen kann.

TIPP

So wird ein solches Wiederherstellungszertifikat aktiviert:

1. Der Besitzer des Wiederherstellungszertifikats findet dieses in seinem eigenen Zertifikatspeicher. Als Verwendungszweck ist *Dateiwiederherstellung* im Zertifikat vermerkt. Das Zertifikat muss zuerst exportiert werden. Dies funktioniert genauso wie beim Export der normalen EFS-Zertifikate.

2. Anschließend muss das Zertifikat bei EFS importiert werden. Dazu wählen Sie im Startmenü die *Systemsteuerung* und öffnen *Verwaltung/Lokale Sicherheitsrichtlinie*. Das Fenster *Lokale Sicherheitseinstellungen* öffnet sich.

3. Expandieren Sie in der linken Spalte den Zweig *Lokale Richtlinien/Richtlinien öffentlicher Schlüssel/Dateisystem wird verschlüsselt*, und klicken Sie mit der rechten Maustaste auf *Dateisystem wird verschlüsselt*.

4. Im Kontextmenü wählen Sie *Datenwiederherstellungs-Agenten hinzufügen*. Das Fenster *Assistent für das Hinzufügen eines Wiederherstellungs-Agenten* öffnet sich. Klicken Sie auf *Weiter*.

5. Nun müssen die Benutzer angegeben werden, die als Notschließdienst für EFS fungieren sollen. Ist der Rechner in eine Windows 2000 Domäne integriert, dann können Sie das Active Directory durchsuchen. Andernfalls klicken Sie auf *Durchsuchen* und geben manuell das Dateiwiederherstellungs-Zertifikat an.

6. Das Zertifikat wird gelesen. Klicken Sie auf *Weiter*, um das Zertifikat einzulesen. Es erscheint anschließend in der rechten Spalte des Konsolenfensters.

Und wo bekommt man Wiederherstellungszertifikate her?

Windows XP legt automatisch ein solches Zertifikat für den ersten Administrator an, der sich nach der Installation anmeldet. Das Zertifikat findet sich anschließend also im Zertifikatspeicher dieses Benutzers.

In größeren Unternehmen lässt sich dieses Konzept flexibel ausbauen:

- Verwenden Sie domänenweite Sicherheitsrichtlinien, um für alle Computer im Unternehmen zentral an einer Stelle die EFS-Einstellungen zu verwalten.
- Installieren Sie den Certificate Server, der Teil jedes Windows 2000 Servers ist. Er kann als Certificate Authority (CA) neue Zertifikate ausstellen. So wird es leicht, so viele Datenwiederherstellungs-Zertifikate zu generieren, wie es Bedarf dafür gibt.

EFS konfigurieren oder abschalten

Es gibt durchaus gute und auch ein paar weniger gute, aber verständliche Gründe, auf EFS zu verzichten. Hier eine Auswahl:

- Der Administrator eines Systems kennt sich mit EFS nicht aus und möchte unerwarteten Risiken aus dem Weg gehen.
- Benutzer sollen nicht in der Lage sein, Daten vor den Augen der Administratoren zu verstecken, und das Unternehmen scheut den Aufwand, einen Certificate Server und Datenwiederherstellungs-Zertifikate für Administratoren einzusetzen.
- Die Verhältnismäßigkeit ist nicht gegeben: Die Benutzer arbeiten ohnehin nur mit wenig schützenswerten Daten, sodass die Vorteile von EFS den damit verbundenen Aufwand nicht rechtfertigen.

So wird EFS abgeschaltet:

1. Öffnen Sie im Startmenü die *Systemsteuerung* und wählen Sie dann *Verwaltung/Lokale Sicherheitsrichtlinie*.
2. Expandieren Sie in der linken Spalte den Zweig *Richtlinien öffentlicher Schlüssel*, und klicken Sie mit der rechten Maustaste auf *Dateisystem wird verschlüsselt*. Wählen Sie dann im Kontextmenü *Eigenschaften*.
3. Das Fenster *Eigenschaften von Dateisystem wird verschlüsselt* öffnet sich. Deaktivieren Sie die Option *Benutzer dürfen das verschlüsselnde Dateisystem verwenden*. Klicken Sie dann auf die Schaltfläche *OK*.

EFS kann nur für alle Benutzer gemeinsam ein- oder ausgeschaltet werden.

EFS feinjustieren

EFS kann zusätzlich über Gruppenrichtlinien konfiguriert werden, allerdings betrifft dies nur die Frage, wie sich EFS verhält, wenn neue Dateien und Ordner in einen vorhandenen EFS-Ordner verschoben werden.

Wie Sie die Gruppenrichtlinien öffnen, lesen Sie in ▶ Kapitel 20. Dort wird auch der Unterschied zwischen Stand-alone-Systemen und Domänen beschrieben.

Im Zweig *Computerkonfiguration/Administrative Vorlagen/System* finden Sie die Richtlinie *Dateien, die in verschlüsselte Ordner verschoben werden, nicht automatisch verschlüsseln.*

Dateien spurlos löschen

Werden Dateien gelöscht, dann speichert Windows XP sie zunächst im Papierkorb zwischen. Von dort können die Dateien wiederhergestellt werden, falls versehentlich wichtige Daten gelöscht wurden.

Papierkorb leeren

Um sensible Daten sicher zu löschen, sollte also im ersten Schritt der Papierkorb geleert werden. Ein Rechtsklick auf den Papierkorb und *Papierkorb leeren* erledigt diese Aufgabe. Alternativ können Sie schon beim Löschen der Datei UMSCHALT festhalten und so dafür sorgen, dass die Datei erst gar nicht in den Papierkorb gelangt, sondern sofort gelöscht wird.

Aber auch dann bleiben die Daten der Datei noch auf der Festplatte erhalten. Nur der Dateieintrag selbst wird entfernt. Entsprechende Rettungstools können also Dateien selbst dann noch wiederherstellen, wenn der Papierkorb gelöscht wurde. Die Daten sind erst dann wirklich endgültig gelöscht, wenn neue Dateien den freigegebenen Speicherplatz auf der Festplatte überschreiben.

Gelöschte Datenbereiche ausnullen

Wollen Sie dafür sorgen, dass gelöschte Dateien auf keinen Fall wiederhergestellt werden können, dann beauftragen Sie Windows, alle auf der Festplatte freigegebenen Datenbereiche aktiv mit Nullwerten zu beschreiben. Dieser Vorgang kann allerdings geraume Zeit in Anspruch nehmen. So gehen Sie vor:

1. Wählen Sie im Startmenü *Ausführen*, und geben Sie ein: `CMD` Eingabe. Die Konsole öffnet sich.
2. Geben Sie nun diesen Befehl ein: `CIPHER /W:C` Eingabe. Alle freigegebenen Speicherareale des Laufwerks C: werden nun mit Nullwerten überschrieben.

20 Gruppenrichtlinien verwenden

Windows XP Professional kann mit verschiedenen Werkzeugen gesichert werden. Einige davon haben Sie bereits kennen gelernt: Kontorichtlinien regeln, welche Grundfunktionen ein Benutzer verwenden darf (▶ Kapitel 18). Das NTFS-Dateisystem schützt Dateien und Ordner vor unkontrolliertem Zugriff und funktioniert wie ein elektronisches Vorhängeschloss (▶ Kapitel 19). Und das »Verschlüsselnde Dateisystem« stellt sicher, dass nur Sie selbst besonders sensible Daten sehen können (▶ Kapitel 19).

Viele Feineinstellungen lassen sich darüber hinaus über die Windows Registry regeln. Die Registry ist eine interne Datenbank, in der Windows XP alle wesentlichen Einstellungen speichert.

Die Registry wird von Windows XP beinahe ständig gelesen. Öffnen Sie das Startmenü, dann schaut Windows in der Registry nach, welche Befehle darin auftauchen sollen – und welche nicht. Öffnen Sie Dialogfelder, dann schaut Windows in der Registry nach, welche Schaltflächen und Registerkarten zu sehen sein sollen und welche aus Sicherheitsgründen unsichtbar bleiben. In der Registry wird auch bestimmt, ob Anwender das Verschlüsselnde Dateisystem verwenden dürfen und welche Sicherheitseinstellungen für den Internetzugang gelten sollen.

Administratoren können mit Hilfe der Registry also weitreichende Beschränkungen und Vorkonfigurierungen vornehmen. Weil diese Registry-Einstellungen in einem besonderen Bereich der Registry gespeichert werden, und weil dieser Bereich nur Administratoren offen steht, können selbst versierte Normalanwender die Beschränkungen nicht aushebeln.

Gruppenrichtlinien verstehen

Es wäre nicht nur unzumutbar, sondern aufgrund der Fülle der Einstellmöglichkeiten auch gar nicht überblickbar, die Windows-Feineinstellungen direkt in der Registry von Hand einzutragen. Deshalb gibt es Tools dafür.

Kernelement ist die Management-Konsole *Gruppenrichtlinien*. Sie ist das Steuerpult, über die alle Einstellungen zu sehen sind und verändert werden können.

Gefüttert wird dieses Tool mit *.adm*-Dateien. Solche *.adm*-Dateien sind spezielle Textdateien, die die vielen geheimen Registry-Schlüssel auflisten, die Windows XP nutzt. Das Tool liest also diese *.adm*-Dateien und stellt dann bequeme Bedienmöglichkeiten zur Verfügung, um die Registry-Schlüssel zu verändern.

Das Ergebnis ist eine *.pol*-Datei, die die gesamten Feineinstellungen enthält. Beim Start – und auf Wunsch auch später in regelmäßigen Intervallen – liest Windows die *.pol*-Datei ein und schreibt die Einschränkungen in die Registry. Dieses Verfahren gewährleistet, dass immer die aktuellen Einschränkungen gelten – und nur diese. Einschränkungen älterer *.pol*-Dateien, die in der neuen nicht mehr enthalten sind, werden automatisch entfernt.

TIPP

Anwender mit Windows NT-Erfahrungen werden das Prinzip der Gruppenrichtlinien bereits kennen, auch wenn es sich seit Einführung von Windows 2000 grundlegend geändert hat. Bei Windows NT gab es neben dem Tool *Poledit* ebenfalls bereits *.adm*-Dateien. Die *.adm*-Dateien von NT-Systemen sind mit Windows 2000 und XP inkompatibel und sollten auf keinen Fall eingesetzt werden.

Systeme mit Gruppenrichtlinien verwalten

Auf jedem Windows XP Professional System gibt es mindestens eine Gruppenrichtlinie, die lokale Gruppenrichtlinie. Sie gilt für alle, die den Computer verwenden, und unterscheidet nicht zwischen einzelnen Personen oder Berechtigungen.

Die Einschränkungen, die die lokale Gruppenrichtlinie vornimmt, betreffen also Normalanwender ebenso wie Administratoren.

Gruppenrichtlinien in Domänen verwenden

In größeren Netzwerken und Unternehmen wird die Konfiguration von Systemen auf diese Weise kaum möglich sein. Schließlich müssen hier einzelne Benutzer unterschiedliche Einschränkungen erhalten können, und außerdem können Administratoren Änderungen nicht bei jedem Firmen-PC einzeln vornehmen.

Die Gruppenrichtlinien werden deshalb eigentlich erst im Zusammenspiel mit einer Domäne und einem Windows 2000 Domänencontroller (Server) wirklich sinnvoll einsetzbar.

Administratoren legen auf dem Domänencontroller Container an, die Organisationseinheiten. Jede Abteilung könnte so einen eigenen Container bekommen, und Container lassen sich ähnlich wie Ordner in einem Dateisystem auch hierarchisch verschachteln.

Jeder Organisationseinheit kann anschließend eine (oder mehrere) Gruppenrichtlinien zugewiesen werden. Administratoren könnten so auf höchster Firmenebene allgemeine Einstellungen festlegen und anschließend den einzelnen Abteilungen maßgeschneiderte weitere Einstellungen zuweisen, die für jede Abteilung anders sein können.

Selbst individuellen Nutzern und Gruppen können Gruppenrichtlinien zugewiesen werden. So würde der Praktikant in der Buchhaltung nicht nur die allgemeinen Einstellungen der Firma, die Richtlinien seiner Abteilung, sondern zusätzlich eine spezielle Praktikantenrichtlinie zugewiesen bekommen, sobald er sich an einem beliebigen System anmeldet.

Bei der Anmeldung an der Domäne nämlich wird der Anwender eindeutig identifiziert. Der Domänencontroller stellt dann die für diesen Anwender maßgeblichen Richtlinien zusammen und sendet sie an Windows XP. Windows XP integriert noch die Einstellungen der lokalen Gruppenrichtlinie und wendet dann das Resultat an.

Die lokale Gruppenrichtlinie bearbeiten

Jedes Windows XP System verfügt zumindest über lokale Gruppenrichtlinien. Die lokalen Gruppenrichtlinien stehen also immer zur Verfügung und können nur in einem Domänenumfeld von zentralen Gruppenrichtlinien eines Domänencontrollers überschrieben werden.

Ohne Domänencontroller findet die Sicherheitskonfiguration also in den lokalen Gruppenrichtlinien des betreffenden Computers statt, mit Domänencontrollern zentral in den Organisationseinheiten des Active Directory.

Schauen Sie sich die aktuelle lokale Gruppenrichtlinie Ihres Computers an. Dazu benötigen Sie Administrator-Rechte. Die lokalen Gruppenrichtlinien werden über ein spezielles MMC-Snap-In verwaltet, das Sie folgendermaßen aufrufen:

1. Wählen Sie im Startmenü *Ausführen*, und geben Sie ein: `mmc` Eingabe. Ein leeres Konsolenfenster öffnet sich.
2. Wählen Sie *Datei/Snap-In hinzufügen/entfernen*, oder drücken Sie Strg+M. Das Fenster *Snap-In hinzufügen/entfernen* öffnet sich.
3. Klicken Sie auf die Schaltfläche *Hinzufügen*. Das Fenster *Eigenständiges Snap-In hinzufügen* öffnet sich. Jetzt sehen Sie alle Verwaltungsmodule, die zur Auswahl bereitstehen.
4. Suchen Sie in der Liste das Snap-In *Gruppenrichtlinie*, und klicken Sie darauf. Klicken Sie auf die Schaltfläche *Hinzufügen*.
5. Ein weiteres Fenster öffnet sich und möchte wissen, auf welchem Computer Sie die lokalen Gruppenrichtlinien kontrollieren wollen. *Lokaler Computer* ist bereits vorgewählt, sodass Sie nur noch auf *Fertig stellen* zu klicken brauchen.
6. Klicken Sie dann auf *Schließen* und *OK*. Das Snap-In ist in die Konsole integriert. Expandieren Sie nun in der linken Spalte den Zweig *Richtlinien für Lokaler Computer.*

TIPP

Ein noch schnellerer Weg, zu den Gruppenrichtlinien zu gelangen, funktioniert so: wählen Sie im Startmenü *Ausführen*, und geben Sie ein: `gpedit.msc` Eingabe.

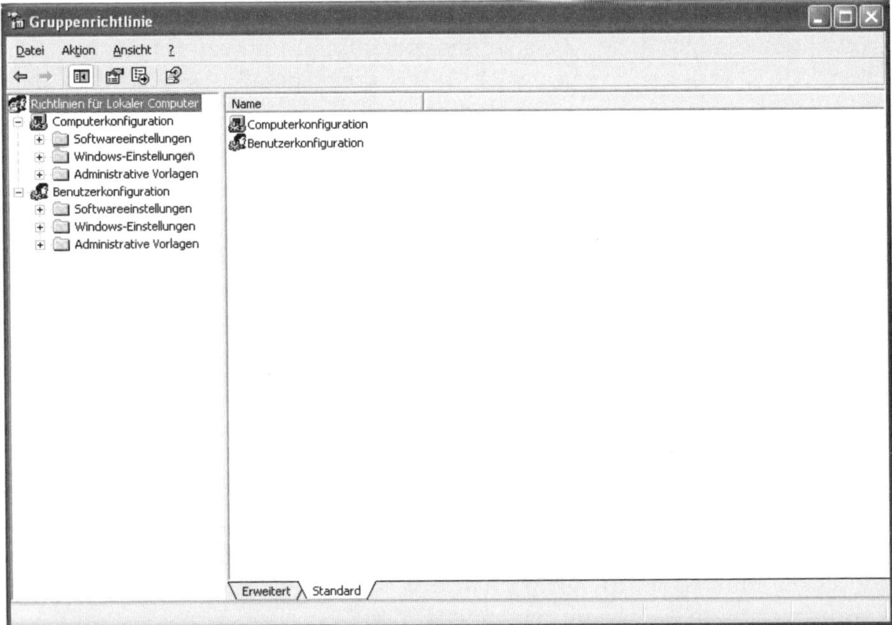

Abbildung 20.1: *Die lokale Gruppenrichtlinie regelt feinstufig Einschränkungen und Rechte*

Gruppenrichtlinien sind immer zweigeteilt und bestehen aus einem allgemeinen Teil, der für den Computer (und damit für alle Benutzer) gilt, sowie einem benutzerspezifischen Teil. Dies entspricht den beiden Knoten *Computerkonfiguration* und *Benutzerkonfiguration*. Diese Zweiteilung bezieht sich allerdings nur darauf, wo die Registry-Keys eingetragen werden: computerspezifische Einstellungen werden im Zweig *HKEY_LOCAL_MACHINE* eingetragen, benutzerspezifische Einstellungen im Zweig *HKEY_CURRENT_USER*.

Für die lokale Gruppenrichtlinie ist dieser Unterschied beinahe unwesentlich, denn auch die Einstellungen im Knoten Benutzerkonfiguration gelten für alle Benutzer des Computers. Der Grund: die lokale Gruppenrichtlinie kann nicht einzelnen Benutzern zugewiesen werden. Es gibt immer nur eine lokale Gruppenrichtlinie, und diese wird bei der Anmeldung jedem Benutzer in gleicher Weise zugewiesen.

Wie Gruppenrichtlinien aufgebaut sind

Sowohl im Knoten *Computerkonfiguration* als auch im Knoten *Benutzerkonfiguration* finden Sie drei Unterordner:

Tabelle 20.1: *Grundsätzlicher Aufbau aller Gruppenrichtlinien*

Kategorie	Bedeutung
Softwareeinstellungen	Hier können Installationspakete, die im MSI-Format (Microsoft Installer) vorliegen, hinterlegt werden. Die Software wird dann beim Computerstart bzw. bei der Anmeldung des Benutzers installiert.
Windows-Einstellungen	Die Sicherheitseinstellungen entsprechen dem Snap-In *Lokale Sicherheitsrichtlinie*. Hier wird unter anderem bestimmt, welchen Sicherheitsanforderungen Kennwörter genügen müssen und welche Grundfunktionen Benutzer und Gruppen einsetzen dürfen. Diese Bereiche wurden bereits im ▶ Kapitel 18 behandelt.
Administrative Vorlagen	Die administrativen Vorlagen sind der eigentliche neue Teil. Hinter ihnen verbergen sich die *.adm*-Dateien mit den Registry-Schlüsseln.

Administrative Vorlagen erforschen

Öffnen Sie links den Zweig *Benutzerkonfiguration/Administrative Vorlagen/Startmenü und Taskleiste*.

In der rechten Spalte werden nun unzählige Fein-Konfigurationsmöglichkeiten angeboten. Sie können so einzelne Befehle aus dem Startmenü entfernen, das klassische Startmenü erzwingen, die Uhr aus dem Infobereich der Taskleiste ausblenden oder den ganzen Info-Bereich unsichtbar machen.

Hinter den Richtlinien wird in der Spalte *Status* gemeldet, wie die Richtlinien zur Zeit konfiguriert sind. In den meisten Fällen steht hier

Nicht konfiguriert, denn noch haben Sie ja keine Richtlinien konfiguriert.

Doppelklicken Sie auf eine Richtlinie, die Sie interessiert, dann öffnet sich ein Fenster, mit dem Sie diese Richtlinie konfigurieren können. In den meisten Fällen haben Sie dabei die Auswahl zwischen *Nicht konfiguriert* (Richtlinie wird nicht angewendet) sowie *Aktiviert* und *Deaktiviert*. Eine ausführliche Beschreibung über die Auswirkungen der Richtlinie sehen Sie, wenn Sie die Registerkarte *Erklärung* öffnen.

Abbildung 20.2: *Auf anderem Wege unmöglich: Hilfe-Befehl aus dem Startmenü entfernen*

Exkurs: Papierkorb-Symbol auf dem Desktop ausblenden

Ein praktisches Beispiel wäre das Ausblenden des *Papierkorb*-Symbols vom Desktop. Hierfür gibt es keine Schaltelemente in den offiziellen Windows-Dialogfeldern. Trotzdem lässt sich der Papierkorb unsichtbar machen:

1. Öffnen Sie die *Lokale Gruppenrichtlinie*, und expandieren Sie links den Zweig *Benutzerkonfiguration/Administrative Vorlagen/Desktop*.
2. Doppelklicken Sie rechts auf die Richtlinie *Papierkorbsymbol vom Desktop entfernen*. Wählen Sie die Option *Aktiviert*, und klicken Sie auf *OK*.
3. Schließen Sie das Fenster. Noch ist der Papierkorb auf dem Desktop vorhanden. Sobald Windows XP jedoch das nächste Mal die Gruppenrichtlinie einliest, verschwindet er. Windows XP aktualisiert Gruppenrichtlinien-Änderungen alle 90 Minuten, spätestens aber,

wenn Sie sich ab- und wieder anmelden (nicht die schnelle Benutzerumschaltung verwenden).

Festlegen, wann Gruppenrichtlinien-Änderungen wirksam werden

Am vorangegangenen Exkurs haben Sie gesehen, dass sich Änderungen an den Gruppenrichtlinien nicht sofort auswirken. In den Voreinstellungen kann es bis zu 90 Minuten dauern, bis die Änderungen Wirkung zeigen. Verwalten Sie nur ein Einzelsystem, dann ist das kein Problem: Nach den Änderungen an den Richtlinien werden Sie sich in aller Regel ohnehin abmelden, und der erste neue Benutzer, der sich anmeldet, erhält durch die Neuanmeldung ohnehin die neuen Gruppenrichtlinien zugewiesen.

Anders ist das bei Rechnern, die zentral von einer Domäne verwaltet werden, oder auch, wenn Sie fremde Rechner in Ihrem Netzwerk über die lokale Gruppenrichtlinie verwalten wollen. Je nachdem, wie häufig Sie Änderungen vornehmen wollen, taucht hier vielleicht der Wunsch auf, die automatische Aktualisierung in kürzeren Intervallen durchzuführen.

Die Aktualisierung kann in weitem Rahmen zwischen 7 Sekunden und 45 Tagen eingestellt oder auch ganz abgeschaltet werden. Eine komplette Abschaltung ist sinnvoll, wenn die Gruppenrichtlinien nur sehr selten verändert werden. In diesem Fall werden die Gruppenrichtlinien nur bei der Anmeldung eingelesen. Sehr kurze Aktualisierungsintervalle sind nur dann sinnvoll, wenn Gruppenrichtlinien zur täglichen Verwaltung wie zum Beispiel der Softwareverteilung eingesetzt werden. Bedenken Sie, dass jede Aktualisierung einen gewissen Aufwand darstellt. In einer Domäne kommt der zusätzliche Netzwerktraffic hinzu.

So legen Sie fest, wie oft die Einstellungen im Knoten *Computerkonfiguration* aktualisiert werden:

1. Öffnen Sie die Gruppenrichtlinien, zum Beispiel, indem Sie im Startmenü *Ausführen* wählen und `gpedit.msc` Eingabe eingeben.
2. Öffnen Sie in der linken Spalte den Knoten *Computerkonfiguration/Administrative Vorlagen/System/Gruppenrichtlinien*.
3. Öffnen Sie per Doppelklick die Richtlinie *Gruppenrichtlinien-Aktualisierungsintervall für Computer*. Stellen Sie dann das gewünschte Intervall ein.
4. Alternativ öffnen Sie die Richtlinie *Hintergrundaktualisierung der Gruppenrichtlinie deaktivieren*. Nun können Sie die Aktualisierung ganz abschalten. Änderungen werden dann erst bei einem Systemstart oder einer neuen Benutzeranmeldung wirksam.

Die Aktualisierung der Einstellungen im Knoten *Benutzerkonfiguration* wird separat festgelegt. Gehen Sie genauso vor, aber öffnen Sie diesmal den Knoten *Benutzerkonfiguration/Administrative Vorlagen/System/Gruppenrichtlinien*.

Richtlinien sofort anwenden

Gruppenrichtlinien-Änderungen können von Administratoren unabhängig von den Aktualisierungs-Einstellungen sofort aktiviert werden. Möchten Sie also, dass Änderungen augenblicklich umgesetzt werden, dann nehmen Sie zuerst die Änderungen an den Gruppenrichtlinien vor. Danach gehen Sie so vor:

1. Wählen Sie im Startmenü *Ausführen*, und geben Sie ein: `cmd` Eingabe. Das Konsolenfenster öffnet sich.
2. Geben Sie ein: `gpupdate` Eingabe. Die Richtlinien werden neu eingelesen und alle Änderungen umgesetzt.

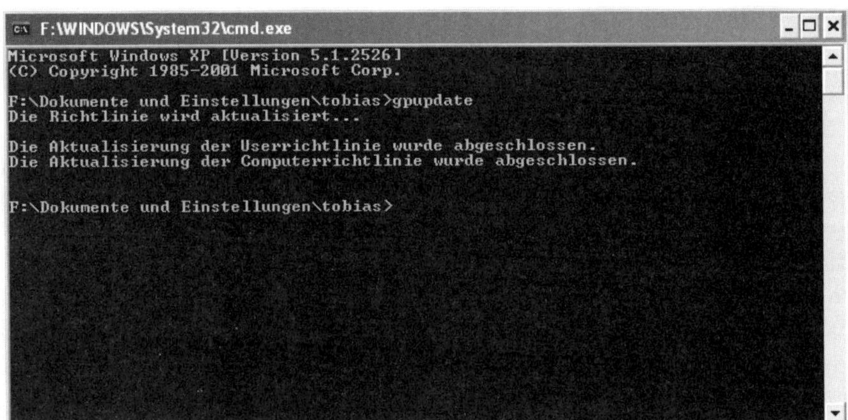

Abbildung 20.3: *Änderungen an den Gruppenrichtlinien sofort wirksam werden lassen*

TIPP

Gpupdate ist neu bei Windows XP. Auf Windows 2000 Systemen wurden Gruppenrichtlinien über *Secedit /Refreshpolicy* manuell aktualisiert.

Haben Sie zum Beispiel im vorangegangenen Exkurs dafür gesorgt, dass das Papierkorbsymbol vom Desktop verschwindet, dann rufen Sie anschließend *Gpupdate* auf. Die Änderung wird aktiviert, die entsprechenden Registry-Keys also sofort geschrieben. Trotzdem bleibt das Papierkorbsymbol noch sichtbar. Es verschwindet aber sofort, wenn der Desktopinhalt das nächste Mal aktualisiert wird, denn jetzt kontrolliert Windows die entsprechenden Registry-Keys: Klicken Sie auf eine freie Stelle des Desktops, und drücken Sie F5.

Aktuelle Gruppenrichtlinien-Einstellungen analysieren

Haben Sie ausgiebig mit den Gruppenrichtlinien experimentiert, dann kann es unübersichtlich werden: welche Richtlinien wurden aktiviert? Ähnliches gilt innerhalb von Domänen: von welchen Orten wurden Richtlinien heruntergeladen? Welche Richtlinien sind augenblicklich aktiv?

In diesem Fall hilft der Befehl *Gpresult*. Er zeigt übersichtlich an, welche Richtlinien derzeit das Verhalten von Windows XP bestimmen. Mit Hilfe des Reports erfahren Sie außerdem, welche Registry-Keys tatsächlich hinter den gewählten Richtlinien stecken.

So wenden Sie *Gpresult* an:

1. Wählen Sie im Startmenü *Ausführen*, und geben Sie ein: `cmd` Eingabe. Ein Konsolenfenster öffnet sich.
2. Geben Sie ein: `gpresult /v` Eingabe. Ein Report wird zusammengestellt.
3. Schauen Sie sich die Sektionen *Administrative Vorlagen* an. Diese Sektion erscheint zweimal, einmal für *Computerkonfiguration* und einmal für *Benutzerkonfiguration*. Wurden in den *Administrativen Vorlagen* Änderungen vorgenommen, dann meldet der Report den Registry-Schlüssel, der hierdurch angelegt wurde. Steht unter Administrative Vorlagen nur *Nicht zutreffend*, dann wurden keine Richtlinien konfiguriert.

TIPP Möchten Sie den Report als Datei erhalten, dann leiten Sie das Resultat um: `gpresult /v > ergebnis.txt` Eingabe. Anschließend öffnen Sie die Datei: `notepad ergebnis.txt` Eingabe.

Analysen als HTML-Report

Gpresult kann auch auf anderem Wege ausgeführt werden. Das Ergebnis ist dann ein HTML-formatierter übersichtlicher Report, der sofort ausgedruckt werden kann:

1. Wählen Sie im Startmenü *Hilfe und Support*. Das Fenster *Hilfe- und Supportcenter* öffnet sich.
2. Klicken Sie in der rechten Spalte auf *Tools*. Klicken Sie links in der Tools-Liste auf *Erweiterte Systeminformation*.
3. Wählen Sie dann rechts per Klick *Angewendete Gruppenrichtlinieneinstellungen anzeigen*. Das Ergebnis ist ein ausführlicher Report, der alle Veränderungen an den Gruppenrichtlinien detailliert aufführt.

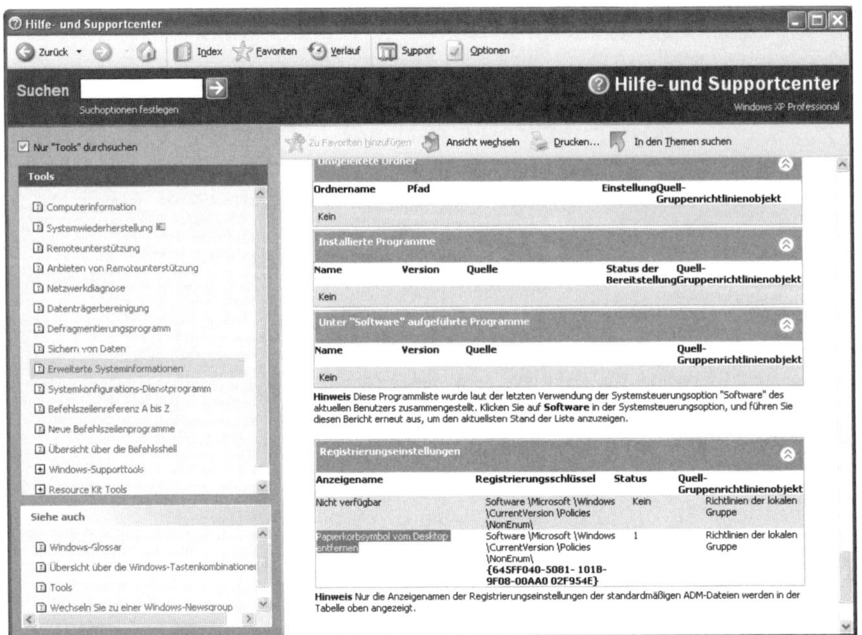

Abbildung 20.4: *Tatsächlich entdeckt: der Papierkorb wird in den Gruppenrichtlinien abgeschaltet*

Nicht konfigurierte Einstellungen ausblenden

Das Gruppenrichtlinien-Snap-In zeigt stets alle Konfigurationsmöglichkeiten an, die Ihnen zur Verfügung stehen. Im Bereich der Administrativen Vorlagen sind das hunderte von Einstellmöglichkeiten, und nur die wenigsten davon werden überhaupt verwendet.

Schöner wäre es, wenn das Snap-In nur die Einstellungen anzeigen könnte, die auch tatsächlich konfiguriert sind. Alle übrigen nicht konfigurierten Einstellungen sollten zumindest während der Analyse ausgeblendet werden. Ist das möglich?

Allerdings. So bereinigen Sie die Anzeige und sorgen dafür, dass nur noch konfigurierte Einstellungen angezeigt werden:

1. Wählen Sie im Startmenü *Ausführen*. Geben Sie dann ein: `rsop.msc` Eingabe.
2. Das Fenster *Richtlinienergebnissatz wird verarbeitet* öffnet sich. Windows analysiert nun alle Einstellungen. Danach erscheint das Fenster *Richtlinienergebnissatz*. Es ähnelt den Gruppenrichtlinien frappant.
3. Allerdings werden Sie schnell feststellen, dass dieses Fenster nur noch diejenigen Einstellungen anzeigt, die konfiguriert wurden. Haben Sie im Zweig *Benutzerkonfiguration/Administrative Vorla-*

gen keine Änderungen vorgenommen, dann wird zum Beispiel dieser ganze Zweig ausgeblendet.

4. Umgekehrt kann es vorkommen, dass der Ergebnissatz Konfigurationen gefunden hat, die gar nicht über *.adm*-Dateien definiert waren und für die es also in den Gruppenrichtlinien keine Einstellmöglichkeiten gab. Solche Einstellungen finden Sie unter Administrative Vorlagen im Ordner *Zusätzliche Registrierungseinstellungen*. In der rechten Spalte zeigt der Richtlinienergebnissatz dann die Registrierungsschlüssel und deren Einstellungen an.

Richtlinien auf anderen Computern anwenden

Alle Tools, die Sie inzwischen kennen gelernt haben, sind netzwerkfähig und deshalb auch dazu geeignet, die Gruppenrichtlinien anderer Computer im Netzwerk zu verwalten. Einzige Voraussetzung ist, dass Sie auf dem Zielsystem über Administrator-Rechte verfügen.

Sie können so auch ohne einen Domänencontroller die Feineinstellungen zentral regeln. In einem Schulungsraum hat der Schulungsleiter die Möglichkeit, ferngesteuert die Schülerrechner einzuschränken.

Allerdings gilt auch hier die Einschränkung: die getroffenen Einstellungen gelten für alle Benutzer, die sich am Zielsystem anmelden.

Im folgenden Szenario soll ein fremder Computer so eingeschränkt werden, dass die Anwendung *Notepad.exe* (der Texteditor) nicht mehr ausgeführt werden darf.

Auf die Gruppenrichtlinien eines anderen Computers zugreifen

So verschaffen Sie sich Zugang zu den Gruppenrichtlinien eines anderen Netzwerkcomputers:

1. Wählen Sie im Startmenü *Ausführen*, und geben Sie ein: `mmc` Eingabe. Die Management Konsole öffnet sich. Wählen Sie *Datei/Snap-In hinzufügen/entfernen*.

2. Das Fenster *Snap-In hinzufügen/entfernen* öffnet sich. Klicken Sie auf die Schaltfläche *Hinzufügen*. Das Fenster *Eigenständiges Snap-In hinzufügen* öffnet sich. Wählen Sie in der Liste das Snap-In Gruppenrichtlinie aus. Klicken Sie auf Hinzufügen.

3. Das Fenster *Gruppenrichtlinienobjekt auswählen* öffnet sich. Klicken Sie auf die Schaltfläche *Durchsuchen*. Das Fenster *Gruppen-*

richtlinienobjekt suchen öffnet sich. Aktivieren Sie die Option *Anderer Computer:*.

4. Geben Sie den Computernamen des Computers ein, den Sie fernsteuern wollen. Wissen Sie diesen Namen nicht, dann wechseln Sie zum Zielcomputer und drücken dort Win+Pause. Aktivieren Sie die Registerkarte *Computername*. Der Name wird hinter Computername angegeben. Der abschließende Punkt gehört nicht zum Computernamen.

5. Klicken Sie auf die Schaltfläche *Fertig stellen*. Klicken Sie auf die Schaltfläche *Schließen*. Klicken Sie auf die Schaltfläche *OK*. Die Konsole zeigt nun die Richtlinien des Zielcomputers an.

TIPP

Falls Ihr Rechner keine Netzwerkverbindung zum Zielcomputer herstellen konnte, dann kontrollieren Sie die Netzwerkverbindungen. Eine häufige Fehlerursache sind auch noch nicht synchronisierte Offlinedateiverbindungen. Wenn Sie Offlinedateien verwenden, lesen Sie in ▶ Kapitel 13, wie Sie sicherstellen, dass Sie mit dem Zielcomputer wieder online arbeiten.

Ausführung von Programmen verbieten

Sie können jetzt die Gruppenrichtlinien des fremden Computers steuern.

1. Um die Ausführung von Programmen einzuschränken, expandieren Sie den Zweig *Benutzerkonfiguration/Administrative Vorlagen/System*. Klicken Sie auf *System*.

2. In der rechten Spalte öffnen Sie jetzt per Doppelklick die Richtlinie *Angegebene Windows-Anwendungen nicht ausführen*.

3. Aktivieren Sie die Option *Aktiviert*. Klicken Sie auf die Schaltfläche *Anzeigen*. Klicken Sie auf die Schaltfläche *Hinzufügen*. Das Fenster *Element hinzufügen* öffnet sich.

4. Geben Sie ein: `notepad.exe`. Drücken Sie Eingabe. Die Anwendung wird in die Liste aufgenommen. Klicken Sie zweimal auf die Schaltfläche *OK*.

Versuchen Sie nun, auf dem Zielsystem *Notepad* auszuführen (beispielsweise über *Ausführen* im Startmenü), dann gelingt dies nach wie vor. Erinnern Sie sich? Die Gruppenrichtlinien werden nicht sofort aktualisiert, sondern erst nach einem festen Intervall.

Um den Effekt sofort zu sehen, wählen Sie auf dem Zielsystem im Startmenü Ausführen und geben ein: `gpupdate` Eingabe.

Versuchen Sie jetzt erneut, *Notepad* aufzurufen. Eine Meldung erscheint und weist darauf hin, dass dieser Vorgang aufgrund von Einschränkungen verboten ist.

Einbruchsmöglichkeiten und Sicherheitslücken

Bevor Sie nun in Champagnerlaune verfallen, schieben Sie diesen Test hinterher:

1. Wählen Sie im Startmenü des Zielrechners *Ausführen*, und geben Sie ein: `cmd` Eingabe. Ein Konsolenfenster öffnet sich.
2. Geben Sie ein: `notepad` Eingabe. Der Editor öffnet sich – trotz Ihres Verbots!

Dies ist ein gutes Beispiel dafür, dass es bei der Sicherung von Systemen darauf ankommt, genau über die Funktionsweise der Richtlinien Bescheid zu wissen. Die Richtlinie, die Sie eben konfiguriert haben, wirkt sich nur auf Programme aus, die über den Explorer gestartet werden.

Das Konsolenfenster unterliegt diesen Einschränkungen also nicht. Sie müssten also zumindest noch die Richtlinie Zugriff auf Eingabeaufforderung verhindern konfigurieren.

Aber auch dann ist das System noch immer nicht wasserdicht. Die Richtlinie überwacht nämlich nur den Namen der ausführbaren Datei, in diesem Falle also *Notepad.exe*. Jeder findige Nutzer könnte also *Notepad.exe* einfach umbenennen in *Myprog.exe*, und weil *Myprog.exe* nicht gesperrt ist, würde das Programm trotz Verbot problemlos ausgeführt.

1. Wählen Sie im Startmenü *Ausführen* und geben Sie ein: `%windir%` Eingabe. Der Windows-Ordner öffnet sich. Klicken Sie höchstens noch auf *Ordnerinhalte anzeigen*, um den Ordnerinhalt zu sehen.
2. Suchen Sie nach *Notepad.exe*. Wenn Sie die Datei gefunden haben, dann klicken Sie mit der rechten Maustaste auf die Datei und ziehen Sie auf den Desktop. Dort wählen Sie *Hierher kopieren*.
3. Öffnen Sie die original *Notepad.exe* im Windows-Ordner. Eine Verbotsmeldung erscheint.
4. Öffnen Sie die Kopie auf dem Desktop. Sie wird ebenfalls nicht ausgeführt.
5. Klicken Sie die Kopie mit der rechten Maustaste an, wählen Sie *Umbenennen*, und geben Sie ihr einen beliebigen anderen Namen. Dann drücken Sie Eingabe. Jetzt kann die Datei problemlos ausgeführt werden.

Ultimative Lösungen

In diesem Kapitel ging es lediglich darum, Richtlinien auf fremden Computern in Kraft zu setzen, und dies ist auch gelungen. Die letzten Beispiele haben aber gezeigt, dass jede Richtlinie vom Administrator genau verstanden werden muss, damit auch wirklich der gewünschte Schutz aktiviert wird.

Das Ausführungsverbot für Programme ist ein gutes Beispiel einer veralteten Technik. Sie ist in Windows XP eigentlich nur noch aus Gründen der Abwärtskompatibilität vorhanden.

Wollen Sie wirklich zuverlässig die Ausführung von unerwünschten Programmen verhindern, dann ist dazu eine wesentlich intelligentere Technologie nötig. Sie ist ebenfalls in Windows XP integriert und identifiziert Programme nicht mehr anhand ihres Dateinamens, sondern wahlweise über einen Hash (eine eindeutige Kennziffer, die aus dem Programmcode ermittelt wird) oder über den Ort, von wo die Datei ausgeführt wird.

So kann beispielsweise verhindert werden, dass ein Anwender Programme startet, die er in einen seiner Ordner heruntergeladen hat. Mehr zu dieser Technik lesen Sie im ▶ Kapitel 5.

Gruppenrichtlinien hinter den Kulissen

Lernen Sie abschließend kennen, wie Gruppenrichtlinien hinter den Kulissen funktionieren. Hier erfahren Sie unter anderem, wie Sie Gruppenrichtlinien auch ohne Domänencontroller individuell auf verschiedene Benutzer anwenden und Gruppenrichtlinien-Einstellungen auf mehrere Computer übertragen.

Die Lokalen Gruppenrichtlinien werden im Ordner *%Windir%\System32\GroupPolicy* verwaltet. Schauen Sie in diesen Ordner hinein:

1. Wählen Sie im Startmenü *Ausführen*, und geben Sie ein: `%Windir%\System32\GroupPolicy` **Eingabe**. Ein Ordner öffnet sich.
2. Der Unterordner *Adm* enthält die Administrativen Vorlagen, also *.adm*-Dateien, die festlegen, welche Registry-Schlüssel mit dem Gruppenrichtlinien-Snap-In verwaltet werden können. Öffnen Sie *.adm*-Dateien im Editor, dann sehen Sie die Definitionen dieser Schlüssel. Fügen Sie weitere *.adm*-Dateien in diesen Ordner ein, dann können zusätzliche Feineinstellungen mit dem Gruppenrichtlinien-Snap-In verwaltet werden. Zusätzliche *.adm*-Dateien müssen

dafür in die Sektion *[FileList]* der Datei *Admfiles.inf* eingetragen werden. Wesentlich einfacher geht dies, wenn Sie im Gruppenrichtlinien-Snap-In mit der rechten Maustaste auf *Administrative Vorlagen* klicken und *Alle Tasks/Vorlagen hinzufügen/entfernen* wählen.

3. Der Ordner *Machine* speichert die Einstellungen, die im Zweig *Computerverwaltung* getroffen wurden. Wurden hier Einstellungen festgelegt, dann befindet sich im Ordner die Datei *Registry.pol.*
4. Der Ordner *User* speichert die Einstellungen, die im Zweig Benutzerkonfiguration getroffen wurden. Auch hier findet sich dann eine Datei namens *Registry.pol.*

Abbildung 20.5: *Gruppenrichtlinien werden in diesem Ordner verwaltet*

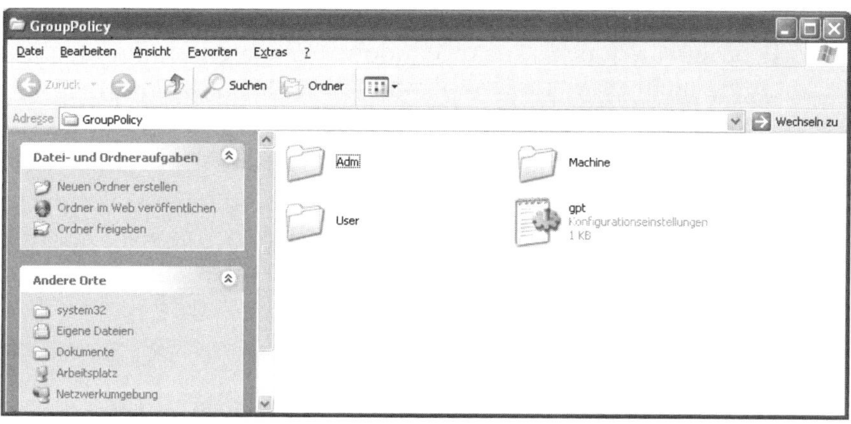

Für die Standard-*.adm*-Dateien existieren ausführliche Hilfe-Dateien, die die einzelnen Einstellmöglichkeiten genau erklären:

Tabelle 20.2: .adm-*Dateien, die Windows XP mitliefert*

.adm-Datei	Hilfedatei (im Ordner *%WINDIR%\Help*)
SYSTEM.ADM Systemeinstellungen Windows XP	SYSTEM.CHM
INETRES.ADM Einstellungen des Internet Explorers	INETRES.CHM
WMPLAYER.ADM Windows Media Player Feineinstellungen	WMPLAY.CHM
CONF.ADM NetMeeting Feineinstellungen	CONF1.CHM

Die Bedeutung von *Registry.pol*

Registry.pol speichert die Einstellungen, die Sie mit dem Gruppenrichtlinien-Snap-In getroffen haben. Wird das System gestartet, meldet sich ein Benutzer an, oder werden die Gruppenrichtlinien automatisch oder manuell aktualisiert, dann liest Windows XP diese Datei und schreibt die darin gespeicherten Einstellungen in die Registry.

Die Datei existiert zweimal, einmal im Ordner *Machine* und einmal im Ordner *User*. Der Ordner *Machine* regelt die Einstellungen im Bereich Computerkonfiguration, der Ordner *User* die im Bereich Benutzerkonfiguration.

Wurden keine Einstellungen getroffen, dann gibt es die korrespondierende *Registry.pol*-Datei nicht.

Daraus leiten sich eine ganze Reihe wesentlicher Erkenntnisse ab:

- Löschen Sie die Datei *Registry.pol*, dann werden die darin enthaltenen Einstellungen nicht länger in die Registry geschrieben. Weil die Einstellungen aber aufgrund früherer Anmeldungen noch in der Registy vorhanden sind, bleiben alle Einstellungen weiterhin aktiv.
- Kopieren Sie die Datei *Registry.pol* von einem Computer auf einen anderen, dann werden die Einstellungen der kopierten *Registry.pol* vom anderen Computer übernommen. Einschränkungen auf diesem Computer, die früher vorhanden waren und nicht in der neu kopierten *Registry.pol* umdefiniert werden, bleiben aber erhalten.
- Wollen Sie die Einstellungen einer neu auf das System kopierten *Registry.pol* einlesen, ohne dabei alte Einstellungen zu verändern, dann rufen Sie im Startmenü *Ausführen* auf und geben ein: `gpupdate` Eingabe.
- Möchten Sie, dass nur die Einstellungen der neu auf das System kopierten *Registry.pol* wirksam werden und alle früheren Einstellungen nicht mehr wirksam sind, dann verwenden Sie stattdessen den Befehl `gpupdate /force`.
- Öffnen Sie das Gruppenrichtlinien-Snap-In, dann prüft es zuerst, ob *Registry.pol*-Dateien vorhanden sind. Falls ja, dann zeigt es die Einstellungen an, die in *Registry.pol* gespeichert sind. Ist *Registry.pol* nicht vorhanden, dann liest das Snap-In die Registry und zeigt die aktuellen Einstellungen an. Haben Sie also eine *Registry.pol*-Datei durch eine andere ersetzt, dann zeigt das Snap-In die Einstellungen der alten *Registry.pol*-Datei nicht mehr an, obwohl diese nach wie vor in der Registry vermerkt und wirksam sind.

Alle Registry-Einstellungen auf den Ausgangszustand setzen

Besonders nach umfangreichen Experimenten mit den Gruppenrichtlinien kann es passieren, dass das System durch unzählige Richtlinien konfiguriert ist. Wie bekommt man all diese Richtlinien auf einen Schlag wieder aus der Registry heraus? Besonders, wenn Sie selbst an *Registry.pol*-Dateien Veränderungen vorgenommen haben, werden die Einstellungen unter Umständen gar nicht mehr im Gruppenrichtlinien-Snap-In angezeigt.

Falls Sie *Registry.pol*-Dateien eines fabrikneuen Systems zur Hand haben, können Sie diese auf den Zielrechner kopieren und dann mit `gpupdate /force` dafür sorgen, dass nur diese und keine anderen Einstellungen in die Registry eingetragen werden. Was aber, wenn Sie keine jungfräulichen *Registry.pol*-Dateien zur Hand haben?

In diesem Fall können Sie sich einen Trick zunutze machen: Stößt das Gruppenrichtlinien-Snap-In beim Start auf eine ungültige *Registry.pol*, dann entfernt es alle Einstellungen aus der Registry. So gehen Sie vor, um alle Konfigurationen zu löschen:

1. Klicken Sie mit der rechten Maustaste auf eine freie Stelle des Desktops, und wählen Sie im Kontextmenü *Neu/Verknüpfung*.
2. Geben Sie als Ziel ein: *Notepad.exe*. Dann klicken Sie auf *Weiter*. Geben Sie als Name ein: *Editor*. Klicken Sie auf *Fertig stellen*. Auf dem Desktop liegt jetzt eine Verknüpfung, die den Editor startet.
3. Wählen Sie im Startmenü *Ausführen*, und geben Sie ein: `%Windir%\System32\GroupPolicy` Eingabe. Der Explorer öffnet das Hinterstübchen der Gruppenrichtlinien.
4. Öffnen Sie den Ordner *Machine*. Wenn darin eine *Registry.pol*-Datei liegt, dann legen Sie sich zuerst eine Sicherheitskopie dieser Datei an und ziehen sie dann aus dem Fenster auf Ihre Editor-Verknüpfung. Der Inhalt wird im Editor angezeigt.
5. Markieren Sie den ganzen Inhalt über Strg+A, und ersetzen Sie ihn durch `willibald`. Wählen Sie *Datei/Speichern*, und schließen Sie den Editor.
6. Wechseln Sie zurück ins Explorerfenster, und drücken Sie Rück, um einen Ordner nach oben zu gelangen. Wiederholen Sie das Verfahren jetzt für den Ordner *User*.
7. Nun wählen Sie im Startmenü *Ausführen* und geben ein: `gpedit.msc` Eingabe. Das Fenster Gruppenrichtlinienfehler öffnet sich und meldet, dass es einen unbekannten Fehler gegeben habe. Dieser Fehler heißt in Wirklichkeit *willibald* und ist der völlig sinnlose Inhalt der *Registry.pol*-Dateien. Klicken Sie auf *Schließen*.
8. Das Fenster *Gruppenrichtlinie* öffnet sich und zeigt allerhand Warnsymbole an. Schließen Sie es wieder.

9. Wechseln Sie zurück in den Explorer und statten Sie den Ordnern *Machine* und *User* noch einmal einen Besuch ab. Löschen Sie Ihre *Registry.pol*-Dateien, denn sie haben ihren Zweck bereits erfüllt.
10. Rufen Sie jetzt noch einmal *Gpedit.msc* auf. Weil die verdächtigen *Registry.pol*-Dateien inzwischen wieder verschwunden sind, startet das Snap-In anstandslos.
11. Schauen Sie sich nun die Einstellungen an, dann sehen Sie, dass alle Einstellungen auf Nicht konfiguriert eingestellt sind. Alle Sicherheitseinträge aus der Registry – gleich woher auch immer sie gestammt haben mögen – sind gelöscht worden.

WICHTIG

Sie müssen diese radikale Putzaktion nicht für alle Bereiche durchführen. Häufig genügt es, nur die *Registry.pol*-Datei des *User*-Ordners zu manipulieren. Im Bereich der Computerkonfiguration lagern wichtige weitere Einstellungen, die verloren gehen, wenn Sie auch die *Registry.pol*-Datei des *Machine*-Ordners kurzschließen. Dazu zählen insbesondere die Richtlinien öffentlicher Schlüssel und hier die Dateiwiederherstellungs-Agenten des »Verschlüsselnden Dateisystems«.

Gruppenrichtlinien auf mehrere Computer anwenden

Verwenden Sie keinen Domänencontroller und müssen trotzdem zahlreiche Windows XP-Systeme verwalten, dann haben Sie sicher wenig Lust, auf allen Computern einzeln die Gruppenrichtlinien zu definieren. Das brauchen Sie auch nicht, denn gerade haben Sie gesehen, wie Sie vorgehen können:

1. Legen Sie auf einem Computer die Gruppenrichtlinien fest. Kopieren Sie dann die resultierenden *Registry.pol*-Dateien auf die anderen Computer.
2. Aktivieren Sie die kopierten *Registry.pol*-Dateien mit dem Befehl `gpupdate /force`.

Gruppenrichtlinien für unterschiedliche Benutzer

Vielleicht möchten Sie manchen Benutzern strengere Gruppenrichtlinien zuweisen als anderen. Ohne Domänencontroller ist das zunächst aussichtslos, weil es auf jedem Windows XP System ja nur eine Gruppenrichtlinie gibt.

Sie haben inzwischen aber gesehen, dass die Gruppenrichtlinie in Wirklichkeit aus zwei separaten *Registry.pol*-Dateien besteht. Die *Regis-*

try.pol-Datei aus dem Ordner *Machine*, die die Einstellungen im Bereich *Computerkonfiguration* speichert, gilt immer für alle Benutzer des Computers. Die andere *Registry.pol*-Datei aus dem Ordner *User* allerdings nicht.

Jedes Mal, wenn sich ein Benutzer anmeldet, wird die *Registry.pol*-Datei aus dem Ordner *USER* in dessen persönliche Registry eingetragen. Sie ahnen sicher schon, wie Sie damit doch noch individuelle Richtlinien für Benutzer implementieren können:

1. Legen Sie sich mehrere *Registry.pol*-Dateien an. Dazu definieren Sie in Ruhe im Gruppenrichtlinien-Snap-In die Einstellungen im Knoten *Benutzerkonfiguration*, speichern dann die *Registry.pol* aus dem *User*-Ordner an einer anderen Stelle, und legen dann auf gleiche Weise weitere *Registry.pol*-Dateien an. So viele, wie Sie brauchen, mit so unterschiedlichen Inhalten, wie Sie es wünschen.
2. Kopieren Sie dann die *Registry.pol*-Datei, die Sie einem Benutzer zuweisen wollen, in den *User*-Ordner. Melden Sie sich ab, und lassen Sie den Benutzer sich anmelden. Die Einstellungen der *Registry.pol*-Datei werden in seine Registry eingetragen.
3. Melden Sie sich wieder als Administrator an, und kopieren Sie nun die nächste *Registry.pol*-Datei in den *User*-Ordner. Sorgen Sie dann dafür, dass sich nun die Benutzer anmelden, für die diese *Registry.pol* gelten soll.
4. Wenn Sie alle Benutzer mit Gruppenrichtlinien-Einstellungen versorgt haben, dann melden Sie sich wieder als Administrator an, entfernen alle Einschränkungen, unter denen Sie nicht selbst leiden wollen, und wählen im Startmenü *Ausführen*. Geben Sie ein: `gpupdate /Force` **Eingabe**, um Ihre letzten Änderungen für Ihr Konto wirksam werden zu lassen.
5. Jetzt brauchen Sie nur noch die *Registry.pol*-Datei aus dem Ordner *User* zu löschen. Damit verhindern Sie, dass Windows bei der Anmeldung anderer Benutzer Ihre Arbeit zunichte macht. Weil jetzt keine *Registry.pol*-Datei mehr im Ordner *User* vorhanden ist, werden auch keine neuen Sicherheitseinstellungen in die Registry sich anmeldender Benutzer geschrieben – allerdings auch nicht entfernt. Die von Ihnen eingerichteten Einstellungen bleiben also dauerhaft wirksam und sind für jeden Benutzer unterschiedlich.

21 Sicherheitsanalyse: Sicherheitslücken entdecken

In den vorangegangen Kapiteln haben Sie alle wesentlichen Sicherheitskonzepte von Windows XP kennen gelernt. Richtig konfiguriert wird aus Windows XP ein Fort Knox und genügt dann auch den scharfen amerikanischen Sicherheitsbedingungen der C-Klassifikation.

Windows XP wirklich schottendicht zu machen ist aber gar nicht so leicht: als modernes Kommunikationssystem sind scheinbar unendlich viele Einstellungen zu bedenken. Fehlkonfigurationen können leicht dazu führen, dass doch noch das entscheidende Hintertürchen offen bleibt, oder dass umgekehrt wichtige sinnvolle Funktionen plötzlich an den Sicherheitsbarrieren scheitern.

Deshalb enthält Windows XP ein eigenes *Sicherheits-Konfigurations- und -analyse*-Tool. Mit diesem Tool lässt sich feststellen, ob Windows XP in allen Aspekten der gewünschten Sicherheitsstufe entspricht. Das Tool kann verlorengegangene oder falsch eingestellte Konfigurationen sogar automatisch korrigieren.

Das Prinzip dabei ist relativ simpel: Vorlagedateien legen genau fest, auf welche Sicherheitseinstellungen es ankommt. Das Tool vergleicht dann automatisch die tausenden von Richtlinien, Datei- und Registry-Berechtigungen, und gibt einen Report aus, falls aktuelle Einstellungen nicht den Vorlagen entsprechen.

Microsoft liefert eine Reihe von Vorlagen mit. Sie selbst können diese Vorlagen natürlich weiter anpassen.

Sicherheits-Check: Ist Ihr System wirklich sicher?

Schauen Sie sich das Tool zuerst in Aktion an, und lassen Sie die aktuellen Sicherheitseinstellungen testen. So sehen Sie sofort, ob und falls ja, wo Sie Sicherheitslücken übersehen haben.

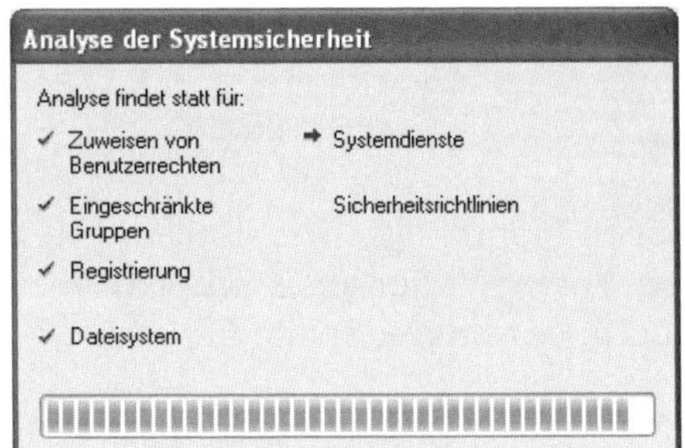

Abbildung 21.1: *Das Sicherheitstool scannt automatisch alle Sicherheitseinstellungen*

Das Analyse-Tool einsatzbereit machen

Das Analyse-Tool ist ein Snap-In für die Microsoft Management Konsole. So wird es betriebsbereit gemacht:

1. Wählen Sie im Startmenü *Ausführen*, und geben Sie ein: mmc Eingabe. Das Fenster *Konsole1* öffnet sich.
2. Wählen Sie *Datei/Snap-In hinzufügen/entfernen*, oder drücken Sie Strg+M. Das Fenster *Snap-In hinzufügen/entfernen* öffnet sich.
3. Klicken Sie auf die Schaltfläche *Hinzufügen*. Das Fenster *Eigenständiges Snap-In hinzufügen* öffnet sich.
4. Wählen Sie in der Liste der angebotenen Snap-Ins *Sicherheitskonfiguration und -analyse* aus. Klicken Sie auf die Schaltfläche *Hinzufügen*.
5. Klicken Sie auf die Schaltfläche *Schließen*. Klicken Sie auf die Schaltfläche *OK*. Das Snap-In ist betriebsbereit.

Das System auf Sicherheitslücken überprüfen

Nun können Sie das Snap-In einsetzen, um vorhandene Sicherheitslücken zu entdecken. So gehen Sie vor:

1. Klicken Sie mit der rechten Maustaste auf das Snap-In *Sicherheitskonfiguration und -analyse* in der linken Spalte der Management Konsole, und wählen Sie im Kontextmenü *Datenbank öffnen*. Das Fenster *Datenbank öffnen* öffnet sich.

2. Geben Sie den Namen einer neuen Datenbank ein, zum Beispiel `c:\testdb` Eingabe. Das Fenster *Vorlage importieren* öffnet sich.
3. Wählen Sie nun die Vorlage aus, gegen die Ihr System getestet werden soll. Die Vorlage *securews* entspricht den Empfehlungen für eine sichere Workstation. Aktivieren Sie die Option *Öffnen*.
4. Klicken Sie nun noch einmal mit der rechten Maustaste auf *Sicherheitskonfiguration und -analyse*, und wählen Sie diesmal im Kontextmenü *Computer jetzt analysieren*. Das Fenster *Analyse durchführen* öffnet sich und schlägt den Namen der Protokolldatei vor. Klicken Sie auf die Schaltfläche *OK*.
5. Windows analysiert jetzt die aktuellen Sicherheitseinstellungen Ihres Systems und vergleicht sie mit den Vorgaben der ausgewählten Vorlage. Expandieren Sie anschließend in der linken Spalte *Sicherheitskonfiguration und -analyse*.
6. Sie sehen nun die einzelnen Sicherheitskategorien, die überprüft wurden. Um zum Beispiel festzustellen, ob die Anforderungen an Benutzerkennwörter wirklich sicher sind, öffnen Sie die Kategorie *Kontorichtlinien* und klicken auf *Kennwortrichtlinien*. Rechts sehen Sie das Ergebnis der Analyse.
7. Alle Einstellungen, die nicht der Vorlage entsprechen, sind rot markiert. In der Spalte Datenbankeinstellung sehen Sie, wie die Einstellungen laut Vorlage konfiguriert sein müssten, um Sicherheit zu gewährleisten. In der Spalte *Computereinstellung* sehen Sie die tatsächlich auf Ihrem System aktive Einstellung.
8. Einstellungen, die der Vorlage entsprechen, sind mit einem grünen Häkchen markiert. Einstellungen ohne spezielle Markierung werden nicht in der Vorlage definiert, sind also aus Sicht der Vorlage für die Sicherheit unerheblich.

Um Sicherheitslücken zu schließen, können Sie sich die Ergebnisse der Analyse entweder notieren und die Änderungen dann in den Gruppenrichtlinien von Hand eintragen. Oder Sie lassen das System automatisch konfigurieren. Dazu klicken Sie *Sicherheitskonfiguration und -analyse* mit der rechten Maustaste an und wählen *Computer jetzt konfigurieren*.

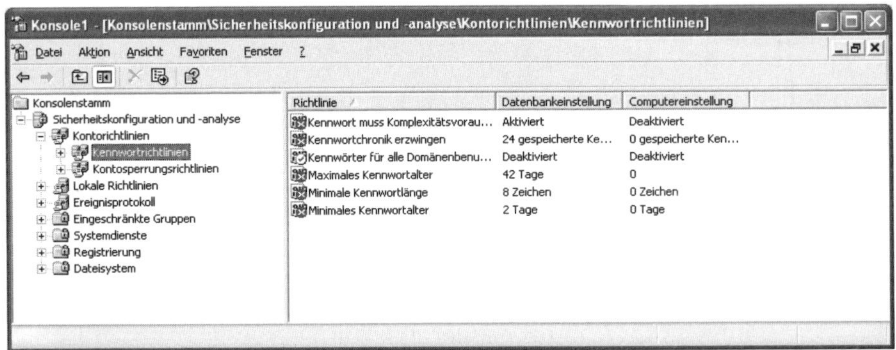

Abbildung 21.2: *Rote Markierungen bedeuten: hier gibt es Sicherheitslücken*

WICHTIG

Auf diese Weise werden alle Sicherheitseinstellungen der Vorlage sofort auf das System angewendet. Dabei kann es sich um hunderte von Einstellungen einschließlich der Zugriffsberechtigungen für Systemdateien und Registry-Einstellungen handeln. Die automatische Konfiguration eines Systems ist ein optimaler Weg, um Einzelsysteme schnell und konsistent wasserdicht zu machen.

Allerdings setzt dieser Weg unbedingt voraus, dass Sie sich zuvor genau angesehen haben, welche Sicherheitseinstellungen dabei gesetzt werden und ob diese Einstellungen auch tatsächlich das sind, was Sie wollen.

Insbesondere kann der unkritische Einsatz der Vorlagen dazu führen, dass alle Benutzerkonten ihre Gruppenmitgliedschaften verlieren. Sie bemerken das beim nächsten Anmeldeversuch: die Anmeldeseite zeigt nur noch das Administrator-Konto an.

Um das Malheur zu reparieren, müssten Sie sich also als Administrator anmelden, im Startmenü *Ausführen* wählen und `compmgmt.msc` Eingabe eingeben. Im Zweig *System/Lokale Benutzer und Gruppen/Benutzer* könnten Sie den Benutzerkonten dann per Doppelklick und Auswahl der Registerkarte *Mitgliedschaft* wieder die ursprünglichen Gruppenmitgliedschaften zurückgeben.

Die Moral von dieser Geschichte: Setzen Sie Sicherheitsvorlagen nur mit der gebotenen Vorsicht und Kenntnis ein, um Ihr System zu konfigurieren!

Eigene Sicherheitsvorlagen herstellen

In fast allen Fällen sind die mitgelieferten Sicherheitsvorlagen bloß Denkanstöße und Vorgaben, die noch an die besonderen Verhältnisse in Ihrem Unternehmen angepasst werden sollten. Das Ergebnis ist dann eine angepasste Vorlage, die anschließend auf alle Rechner angewendet werden kann.

Tabelle 21.1: Sicherheitsvorlagen, die Windows XP mitbringt

Sicherheitsvorlage	Richtet sich an
Compatws	Einfachste Sicherheit für Netzwerke mit gemischten Windows-Versionen ohne Domänencontroller
Securedc	Sicherer Rechner in einer Domäne
Securews	Sicherer Rechner in einem Peer-to-Peer-Netzwerk
Hisecdc	Hochsicherheitsrechner in einer Domäne
Hisecws	Hochsicherheitsrechner in einem Peer-to-Peer-Netzwerk

Der einfachste Weg zu eigenen Sicherheitsvorlagen ist die Auswahl einer der mitgelieferten Sicherheitsvorlagen, die dann von Ihnen angepasst wird.

TIPP Die Vorlagen befinden sich als *.inf*-Dateien im Ordner *Security/Templates* im Windows-Ordner und können auch mit dem Editor geöffnet werden. Wählen Sie zum Beispiel im Startmenü *Ausführen*, und geben Sie ein: `notepad %windir%\security\templates\hisecws.inf` **Eingabe**.

Lassen Sie ein Beispielsystem wie eben beschrieben damit analysieren. Schauen Sie sich anschließend das Ergebnis an.

Haben Sie zum Beispiel herausgefunden, dass die Vorlage securews im Knoten *Kontorichtlinien/Kennwortrichtlinien* eine Kennwortchronik der letzten 24 Kennwörter erfordert, dann sollten Sie sich jetzt überlegen, ob diese Einstellung für Ihr Unternehmen sinnvoll ist. Vielleicht wollen Sie lieber eine Kennwortchronik nur der letzten 10 Kennwörter vorschreiben.

Doppelklicken Sie dazu in der rechten Spalte auf *Kennwortchronik erzwingen*. Mit der Option *Diese Richtlinie in der Datenbank definieren* bestimmen Sie, ob diese Sicherheitseinstellung in Ihrer zukünftigen Vorlage geprüft wird. Darunter können Sie dann den Schwellenwert festlegen, der von Ihrer Vorlage gefordert wird. Klicken Sie dann auf *OK*.

Haben Sie auf gleiche Weise auch alle übrigen Einstellungen überprüft und angepasst, dann erstellen Sie daraus eine eigene Vorlage.

1. Lassen Sie die Vorlage testweise anwenden: Klicken Sie mit der rechten Maustaste in der linken Spalte auf *Sicherheitskonfiguration und -analyse*, und wählen Sie *Computer jetzt analysieren*.
2. Klicken Sie mit der rechten Maustaste in der linken Spalte auf *Sicherheitskonfiguration und -analyse*. Wählen Sie *Speichern*. Ihre neuen Vorgaben werden so in der Datenbank eingetragen. Ist *Speichern* abgeblendet, dann ist der Datenbankinhalt bereits aktuell.

3. Klicken Sie noch einmal mit der rechten Maustaste auf *Sicherheitskonfiguration und -analyse,* und wählen Sie diesmal *Vorlage exportieren*. Nun können Sie Ihre eigene Sicherheitsvorlage unter einem neuen Namen speichern.

Probieren Sie die neue Sicherheitsvorlage gleich aus:

1. Klicken Sie *Sicherheitskonfiguration und -analyse* mit der rechten Maustaste an, und wählen Sie *Vorlage importieren*. Ist dieser Befehl abgeblendet, dann müssen Sie zuerst eine vorhandene Datenbankdatei angeben oder eine neue Datenbankdatei anlegen lassen.
2. Das Fenster *Vorlage importieren* erscheint. Aktivieren Sie darin die Option *Datenbank vor dem Importieren aufräumen*, damit anschließend nur noch die Einstellungen Ihrer Vorlage darin eine Rolle spielen. Danach wählen Sie Ihre neue Vorlage aus und klicken auf *Öffnen*.
3. Klicken Sie noch einmal mit der rechten Maustaste auf Sich*erheitskonfiguration und -analyse*, und wählen Sie *Computer jetzt analysieren*. Bestätigen Sie den Pfad für die Protokolldatei. Jetzt vergleicht Windows die aktuellen Sicherheitseinstellungen mit den Angaben aus Ihrer neuen Vorlagedatei.
4. Schauen Sie sich das Ergebnis an, und expandieren Sie dazu den Zweig *Sicherheitskonfiguration und -analyse*. Vergleichsmaßstab sind nun die Schwellenwerte, die Sie in Ihrer Vorlage festgelegt haben.

Mit *Secedit* Systeme wasserdicht machen

Das Sicherheitskonfigurations- und -analyse-Werkzeug ist zwar einfach zu bedienen, genügt aber nicht immer. Mit diesem Tool lassen sich nur alle Vorgaben einer Vorlage auf einmal konfigurieren. Vielleicht möchten Sie lieber nur einen Teilbereich der Sicherheitseinstellungen wirksam werden lassen.

Ein typisches Beispiel sind Systeme, auf denen zunächst das alte FAT32-Dateisystem eingesetzt wurde – beispielsweise, weil vorher Windows 9x/Millennium darauf eingesetzt wurden. Das FAT32-Dateisystem kennt keine Dateizugriffsberechtigungen. Wird Windows XP auf solch einem System installiert, ohne dabei von FAT32 auf NTFS zu wechseln, dann funktioniert das zwar, aber Windows XP kann seine Systemdateien nicht adäquat schützen. Daran ändert dann auch ein späterer Umstieg auf NTFS nichts mehr.

Mit *Secedit* können Sie diese Sicherheitseinstellungen nachträglich reparieren. Das schauen Sie sich am besten an einem Beispiel an.

Exkurs: Sicherheitslücken durch ungeschützte Systemdateien

Die Systemdatei *Autoexec.bat* wird zwar von Windows XP nicht mehr gebraucht, aber wenn Sie ältere Windows-Versionen parallel verwenden, dann kommt ihr nach wie vor enorme Bedeutung zu: Alles, was in dieser Datei vermerkt ist, wird beim Windows-Start mitgestartet.

Deshalb sollte diese Datei speziell gesichert sein. Nur Administratoren dürfen den Inhalt der Datei verändern. Solange Sie das FAT32-Dateisystem einsetzen, hat Windows XP aber keine Kontrolle darüber, wer die Datei in welcher Weise verwendet.

Stellen Sie das Startlaufwerk zu einem späteren Zeitpunkt auf das sichere NTFS-Dateisystem um, dann ist die notwendige Sicherheitstechnik zwar nun vorhanden. Trotzdem ist die *Autoexec.bat*-Datei nach wie vor ungeschützt. Der Schutz wird nur bei der Windows XP Installation aktiviert, und dies war wegen des FAT32-Dateisystems nicht möglich.

Schauen Sie sich zuerst die aktuellen Sicherheitseinstellungen Ihrer *Autoexec.bat*-Datei an, und bauen Sie künstlich wenn nötig eine Sicherheitslücke ein. Anschließend können Sie sich dann davon überzeugen, wie *Secedit* diese Lücke nachträglich findet und schließt.

Dazu sorgen Sie zuerst dafür, dass versteckte und System-Dateien im Explorer angezeigt werden, und dass Sie die NTFS-Zugriffsberechtigungen der Dateien sehen können:

1. Wählen Sie im Startmenü *Systemsteuerung*, und öffnen Sie das Modul *Ordneroptionen*. Das Fenster *Ordneroptionen* öffnet sich.
2. Aktivieren Sie die Registerkarte *Ansicht*. Schalten Sie die Option *Geschützte Systemdateien ausblenden* aus. Wählen Sie die Option *Alle Dateien und Ordner anzeigen*. Schalten Sie die Option *Einfache Dateifreigaben verwenden* aus. Dann klicken Sie auf *OK*.

Windows gewährt Ihnen nun maximalen Einblick in seine Karten. Öffnen Sie das Startlaufwerk, also zum Beispiel die Festplatte C:. Dazu wählen Sie im Startmenü *Ausführen* und geben ein: `c:` Eingabe.

Suchen Sie die Datei *Autoexec.bat*. Klicken Sie sie mit der rechten Maustaste an, und wählen Sie *Eigenschaften*. Ein Fenster öffnet sich.

Als Systemdatei sollte die Datei mit dem Attribut *Versteckt* versehen sein. Entfernen Sie dieses Attribut.

Aktivieren Sie die Registerkarte *Sicherheit*. Jetzt sehen Sie, wer die Datei verwenden darf.

In den korrekten Sicherheitseinstellungen sollten einfache Benutzer die Datei nur lesen und ausführen dürfen. Ändern sollte einfachen Benutzern nicht erlaubt sein. Bauen Sie eine künstliche Sicherheitslücke ein, indem Sie oben auf *Benutzer* klicken und unten dann die Berechtigung für *Ändern* erteilen. Klicken Sie auf *OK*.

Die Datei *Autoexec.bat* steht in diesem Exkurs selbstverständlich nur stellvertretend für die tausenden von Systemdateien. Von Hand wäre es kaum möglich, alle wichtigen Sicherheitseinstellungen einzeln zu kontrollieren. Deshalb lassen Sie nun *Secedit* die Arbeit machen.

1. Wählen Sie im Startmenü *Ausführen*, und geben Sie ein: `cmd` **Eingabe**. Das Konsolenfenster öffnet sich.
2. Geben Sie nun diesen Befehl ein: `secedit /configure /db testdb.sdb /cfg "%windir%\security\templates\setup security.inf" /log seclog.txt /verbose /areas filestore` **Eingabe**.
3. Die Dateiberechtigungen werden nun in den Zustand versetzt, in dem sie sich auch direkt nach einer Windows XP Installation auf einem NTFS-Laufwerk befunden hätten. Kontrollieren Sie anschließend die Berechtigungen der Datei *Autoexec.bat*, dann stellen Sie fest, dass die Änderung-Berechtigung für normale Benutzer wieder verschwunden ist. Alle Systemdateien sind nun automatisch richtig konfiguriert.

Mit der Option */areas* legen Sie also fest, welche Teile der Vorlage angewendet werden sollen:

Bereich	Bedeutung
SECURITYPOLICY	Lokale Sicherheitsrichtlinien
GROUP_MGMT	Eingeschränkte Gruppeneinstellungen
USER_RIGHTS	Anmelde- und Zugriffsberechtigungen für Benutzer
REGKEYS	Sicherheit für Registry-Schlüssel
FILESTORE	Sicherheit für Dateien und Ordner
SERVICES	Sicherheit für Dienste

Tabelle 21.2: *Sicherheitsbereiche, die Sicherheitsvorlagen abdecken können*

Deutlich ist aber auch geworden, dass Vorlagen häufig kombiniert werden müssen, wenn Sie ein System komplett konfigurieren wollen. Die Vorlage *securews* zum Beispiel enthält nur die allgemeinen Sicherheitseinstellungen für sichere Arbeitsstationen und setzt dabei voraus, dass Windows XP auf einem NTFS-Dateisystem installiert wurde. Die Grundberechtigungen werden also nicht erneut geprüft. Das leistet dafür die Vorlage *setup security*.

TIPP Wollen Sie mehr über die Befehle von *Secedit* erfahren, dann geben Sie ein: `secedit` **Eingabe**. Die Hilfedatei öffnet sich.

Universale Sicherheitsvorlage schaffen

Müssen Sie sicherstellen, dass ein System in allen Grundzügen sicher konfiguriert wird, dann erstellen Sie sich am besten aus den mitgelieferten Vorlagen eine Generalvorlage, die alle Einstellungen kombiniert. Das geschieht so:

1. Öffnen Sie wie eben beschrieben das Snap-In *Sicherheitskonfiguration- und -analyse*. Klicken Sie mit der rechten Maustaste auf *Sicherheitskonfiguration und -analyse*, und wählen Sie *Datenbank öffnen*.

2. Geben Sie den Namen einer vorhandenen Datenbank ein, oder wählen Sie einen neuen Namen aus. Haben Sie eine neue Datenbank angelegt, dann öffnet sich automatisch das Fenster, um die erste Vorlage zu importieren. Haben Sie eine bestehende Datenbank angegeben, dann müssen Sie zuerst *Sicherheitskonfiguration und -analyse* ein weiteres Mal mit der rechten Maustaste anklicken und *Vorlage importieren* wählen.

3. Wenn Sie die erste Vorlage importieren, dann aktivieren Sie die Option *Datenbank vor dem Importieren aufräumen*, damit klargestellt ist, dass keine älteren Einstellungen einer schon einmal verwendeten Datenbank unerwünschte Einflüsse haben. Suchen Sie sich dann als erste zu importierende Vorlage aus: *securews*. Klicken Sie auf *Öffnen*.

4. Fügen Sie nun alle weiteren wichtigen Vorlagen in die Datenbank ein. Dazu klicken Sie *Sicherheitskonfiguration und -analyse* jeweils mit der rechten Maustaste an und wählen Vorlage importieren. Achten Sie darauf, dass diesmal die Option *Datenbank vor dem Importieren aufräumen* nicht gewählt ist, und wählen Sie die Vorlagen *setup security* und dann *compatws* aus.

5. Um aus den drei Vorlagen eine gemeinsame neue Vorlage zu erstellen, klicken Sie wieder mit der rechten Maustaste auf *Sicherheitskonfiguration und -analyse* und wählen *Computer jetzt analysieren*. Ein Testlauf beginnt. Nachdem die Analyse abgeschlossen ist, klicken Sie noch einmal mit der rechten Maustaste auf *Sicherheitskonfiguration und -analyse* und wählen *Vorlage exportieren*. Erscheint Vorlage exportieren abgeblendet, dann expandieren Sie zuerst den Zweig *Sicherheitskonfiguration und -analyse*.

6. Speichern Sie die Vorlage unter einem neuen Namen, zum Beispiel `allsec`. Verwenden Sie künftig diese Vorlage, um Systeme von Grund

auf zu konfigurieren: `secedit /configure /db testdb.sdb /cfg %windir%\security\templates\allsec.inf /log seclog.txt` **Eingabe**

TIPP

Meldet *Secedit* Fehler bei der Anwendung einer Vorlage, dann sind meist harmlose Ursachen Schuld: *Secedit* konnte auf bestimmte Dateien wie die Auslagerungsdatei nicht zugreifen, weil diese Dateien in Benutzung waren. Die genauen Fehlerursachen verrät die Protokolldatei, die im Beispiel von eben *Seclog.txt* heißt.

Windows-Grundsicherheit rekonfigurieren

Bei der Installation von Windows XP wird eine weitere Sicherheitsvorlage dynamisch angelegt und im *INF*-Ordner des Windows-Ordners gespeichert: *Defltwk.inf*. Diese Datei enthält alle Sicherheitseinstellungen, die Windows XP auf die speziell bei dieser Installation relevanten Dateien anwendet.

Wollen Sie also die Grundsicherheit wieder in genau den Zustand zurückversetzen, in dem diese Sicherheit nach der Installation eingestellt war, dann verwenden Sie diesen Befehl:

`secedit /configure /db testdb.sdb /cfg %windir%\inf\defltwk.inf /log seclog.txt` **Eingabe**

Teil G Werkzeuge und Notfalloptionen

Windows XP liefert zahlreiche Tools und Werkzeuge mit, die Ihnen dabei helfen, den Betriebszustand von Windows XP zu überwachen und Probleme schnell zu lösen.

- Das ▶ Kapitel 22 zeigt Ihnen übersichtlich, welche neuen (und alten) Administrationstools Windows XP zur Verfügung stellt. Lernen Sie den Umgang mit der Microsoft Management Console (MMC) kennen und sorgen Sie dafür, dass wichtige Funktionen mit der Taskpad-Ansicht als Icon zur Verfügung stehen. Am Beispiel der Ereignisanzeige wird demonstriert, wie Sie Systemereignisse und Sicherheitsmeldungen überwachen. Lesen Sie außerdem, welche zusätzlichen Werkzeuge auf der Windows XP-CD lagern und wie diese installiert und verwendet werden.
- Windows XP läuft nicht so, wie Sie es sich wünschen, oder es sind Probleme aufgetreten? In ▶ Kapitel 23 lernen Sie alle Notfalloptionen kennen. Setzen Sie die Systemwiederherstellung ein, lernen Sie die File Protection kennen und erfahren Sie, wie Sie mit dem Boot-Notfallmenü, Abgesichertem Modus oder der Wiederherstellungskonsole beinahe jeden Windows XP-Notfall schnell und überlegt in den Griff bekommen.
- Anstatt mühsam zur Maus zu greifen und Aufgaben selbst durchzuführen, beauftragen Sie einfach Windows XP, dies automatisch zu tun. Wie Sie Windows XP über Skripte Ihre Wünsche verständlich machen können, zeigt Ihnen das ▶ Kapitel 24.

22 Administrator-Werkzeuge nutzen

Jede neue Windows-Version, die den Markt erreicht, übertrifft seinen Vorgänger mit noch mehr Möglichkeiten und Funktionen. Damit diese vielen Funktionen den Bildschirm nicht mit noch mehr Schaltelementen, Auswahlmöglichkeiten und Dialogfeldern zupflastern, gibt es die *Microsoft Management Console* (MMC).

Die MMC ist ein universelles Armaturenbrett, das anfangs leer ist. Über Snap-Ins lassen sich die gewünschten Funktionen in die MMC integrieren und anschließend über die so genannte *Taskpad-Ansicht* übersichtlich gestalten. Die Funktionen der MMC können dann entweder per Maus oder automatisiert per Skript bedient werden.

Daneben gibt es zahlreiche Befehle, die nur über das Konsolenfenster erreichbar sind. Das Konsolenfenster funktioniert ähnlich wie die früheren DOS-Fenster als reine Texteingabekonsole.

Die Management Console – ein Überblick

In früheren Windows-Versionen gab es zahllose Extra-Tools, mit denen die verschiedenen fortgeschrittenen Funktionen verwaltet wurden. Jedes Tool sah anders aus und wurde auch auf eigene Weise bedient.

Seit Windows 2000 ist dafür die einheitliche Microsoft Management Console zuständig. Sie sorgt einerseits für konsistente Bedienung und erlaubt Ihnen andererseits, genau die Einstellmöglichkeiten und Funktionen in ihr zusammenzufassen, die Sie für die tägliche Arbeit brauchen.

Eine besondere Instanz der MMC haben Sie sicher schon häufiger verwendet: Öffnen Sie das Startmenü, und klicken Sie mit der rechten Maustaste auf *Arbeitsplatz*. Dann wählen Sie im Kontextmenü *Verwalten*.

Die MMC namens *Computerverwaltung* springt hervor. In Wirklichkeit steckt hinter diesem Fenster eine reguläre MMC-Datei mit der Extension *.msc*. Probieren Sie es aus: Schließen Sie das Fenster Computerverwaltung wieder, und wählen Sie diesmal im Startmenü *Ausführen*. Geben Sie ein: `compmgmt.msc` Eingabe. Schon springt die *Computerverwaltung* wieder hervor.

Tatsächlich demonstriert die Computerverwaltung noch ein weiteres interessantes Detail: Bei dieser Konsole handelt es sich bereits um eine kombinierte Konsole, die mehrere wichtige Einzelkonsolen vereinigt. Probieren Sie es aus!

Wählen Sie im Startmenü *Ausführen*, und geben Sie ein: `devmgmt.msc` Eingabe. Eine neue Konsole öffnet sich und zeigt nur noch den Geräte-Manager an. Werfen Sie einen Blick in die *Computerverwaltung*-Konsole, dann sehen Sie, dass der Geräte-Manager dort ebenfalls an Bord ist und im Zweig *System* aufgeführt wird.

Vordefinierte Konsolen kennen lernen

Windows XP bringt eine ganze Reihe vordefinierter Konsolen mit. Sie alle befinden sich im Ordner *System32*. Um alle vordefinierten Konsolen zu sehen, gehen Sie so vor:

1. Wählen Sie im Startmenü *Suchen*. Das Fenster *Suchergebnisse* öffnet sich.
2. Klicken Sie auf die Option *Allen Dateien und Ordnern*. Ins obere Feld tragen Sie ein: `*.MSC`. Ins untere Feld tragen Sie ein: `%windir%\system32`.
3. Klicken Sie auf *Weitere erweiterte Optionen*. Aktivieren Sie die Optionen *Systemordner durchsuchen*, *Versteckte Elemente durchsuchen* und *Unterordner durchsuchen*. Dann klicken Sie auf *Suchen*.

Windows XP sucht Ihnen nun alle vordefinierten Konsolen heraus. Öffnen Sie die Konsolen der Reihe nach, um herauszufinden, wofür sie da sind.

Fremde Computer fernverwalten

Die meisten Konsolen können nicht nur Ihren eigenen Computer verwalten, sondern auch andere Netzwerkcomputer. Dazu klicken Sie in der linken Spalte der Konsole den obersten Knotenpunkt mit der rechten Maustaste an und wählen Verbindung mit anderem Computer herstellen.

Das Fenster *Computer auswählen* öffnet sich.

Aktivieren Sie im Bereich *Dieses Snap-In verwaltet:* die Option *Anderen Computer:*, und geben Sie den Namen des Computers an, den Sie verwalten wollen. Dann klicken Sie auf *OK*.

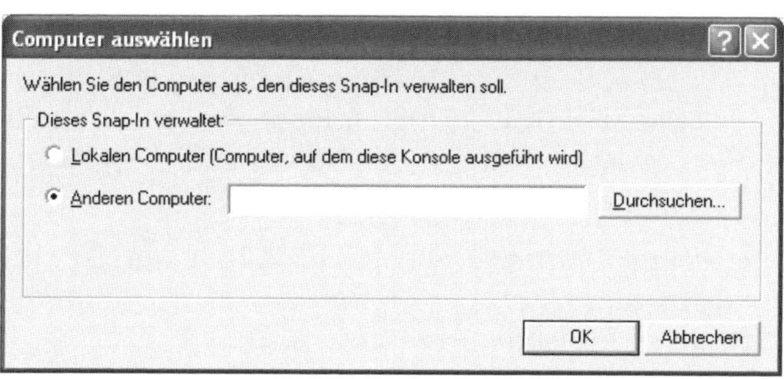

Abbildung 22.1: *Die meisten MMC-Snap-Ins erlauben die Fernverwaltung anderer Rechner über das Netz*

Die Fernverwaltung funktioniert nur, wenn die folgenden Bedingungen erfüllt sind:

- Das Zielsystem ist ein Windows 2000- oder Windows XP-System.
- Sie haben die notwendigen Berechtigungen auf dem Zielsystem. Verwendet das Zielsystem die *Gast*-Anmeldung, dann kann das System nicht fernverwaltet werden (▶ Kapitel 12).
- Sie verfügen über eine Netzwerkverbindung zum Zielrechner, und der Zielrechner ist nicht offline. Erhalten Sie beispielsweise die Meldung, der Zielrechner sei nicht für Transaktionen konfiguriert, dann verwenden Sie möglicherweise Offline Dateien und haben die Verbindung zum Zielrechner noch nicht synchronisiert. Trotz Netzwerkverbindung arbeitet Ihr Rechner dann nicht online mit dem Zielrechner zusammen (▶ Kapitel 15).

TIPP Bietet die Konsole, die Sie verwenden wollen, keinen Verbindung mit anderem »Computer herstellen«-Befehl an, dann gibt es vielleicht dennoch einen Weg. Lesen Sie gleich, wie Sie neue Snap-Ins in eine leere MMC einfügen. Spätestens dabei fragt die MMC nach, ob Sie den eigenen oder lieber einen anderen Computer verwalten möchten.

Eigene Konsolen anlegen

Die vordefinierten Konsolen sind nur Anwendungsbeispiele für die am häufigsten benötigten Snap-Ins. Möchten Sie weitere Snap-Ins nutzen oder Snap-Ins selbst zusammenstellen, dann legen Sie sich einfach eine eigene neue Konsole an.

So gehen Sie vor:

1. Wählen Sie im Startmenü *Ausführen*, und geben Sie ein: `mmc` Eingabe. Das Fenster *Konsole1* öffnet sich.
2. Wählen Sie *Datei/Snap-In hinzufügen/entfernen*. Das Fenster *Snap-In hinzufügen/entfernen* öffnet sich.
3. Klicken Sie auf die Schaltfläche *Hinzufügen*. Das Fenster *Eigenständiges Snap-In hinzufügen* öffnet sich. Suchen Sie sich das Snap-In aus der Liste aus, das Sie in Ihre Konsole einfügen wollen. Wählen Sie zum Beispiel *Freigegebene Ordner*. Aktivieren Sie die Option *Hinzufügen*.
4. Das Fenster *Freigegebene Ordner* öffnet sich. Aktivieren Sie im Bereich *Dieses Snap-In verwaltet:* die Option *Lokalen Computer (Computer, auf dem diese Konsole ausgeführt wird)*.
5. Aktivieren Sie die Option *Fertig stellen*. Klicken Sie auf die Schaltfläche *Schließen*.
6. Klicken Sie auf die Schaltfläche *OK*. Das Snap-In wird nun in Ihrer Konsole angezeigt. Wählen Sie *Datei/Speichern* unter. Das Fenster *Speichern unter* öffnet sich.
7. Speichern Sie die neue Konsole als Freigaben. Als Vorgabe werden alle neuen Konsolen in der Programmgruppe *Verwaltung* gespeichert.
8. Wählen Sie jetzt *Datei/Optionen*. Das Fenster *Optionen* öffnet sich. Im Feld *Konsolenmodus*: stellen Sie ein: *Benutzermodus/ beschränkter Zugriff, Einzelfenster*. Klicken Sie auf *OK*. Wählen Sie *Datei/Speichern*.

Abbildung 22.2: *Viele MMC-Snap-Ins warten nur darauf, von Ihnen entdeckt zu werden*

Die Taskpad-Ansicht verwenden

Jedes MMC-Snap-In liefert nicht nur aufschlussreiche Informationen, sondern auch spezifische Funktionen. Das Snap-In *Lokale Benutzer und Gruppen* (*Lusrmgr.msc*) bietet zum Beispiel Befehle an, um neue Benutzer oder Gruppen anzulegen. Das Snap-In *Dienste* (*Services.msc*) kann Dienste anhalten und starten, und das Snap-In *Freigegebene Ordner* (*Fsmgmt.msc*) legt unter anderem neue freigegebene Ordner im Netzwerk an.

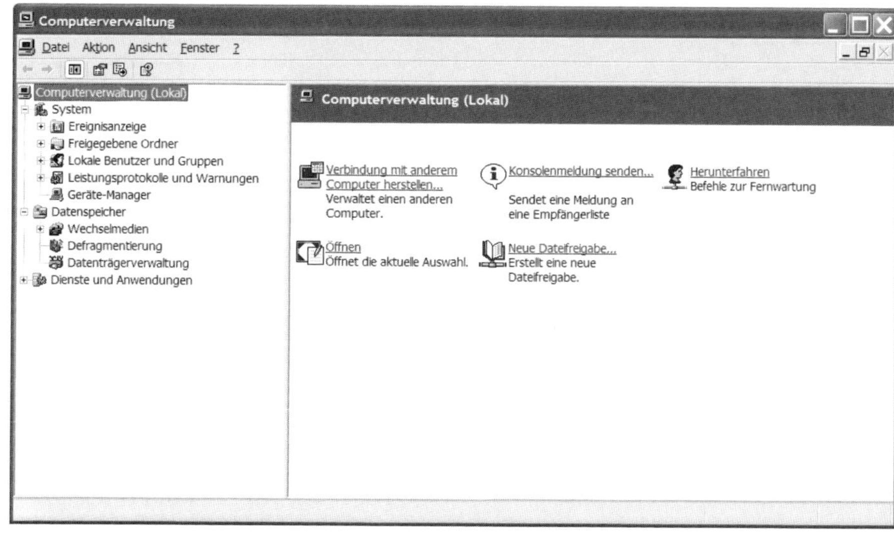

Abbildung 22.3: *Mit der Taskpad-Ansicht lassen sich wichtige MMC-Befehle besser erreichbar machen*

Die Befehle des Snap-Ins sind normalerweise über seine Kontextmenüs erreichbar. Einfacher geht es, wenn Sie die Taskpad-Ansicht verwenden. Jetzt haben Sie nämlich die Möglichkeit, alle wichtigen Befehle mit selbstdefinierten Icons direkt im Fenster anzuzeigen.

Das nächste Beispiel aktiviert eine Taskpad-Ansicht, mit der Sie neue freigegebene Ordner, Benutzer und Gruppen auf dem eigenen Rechner oder jedem anderen Netzwerkrechner anlegen können, auf dem Sie die nötigen Berechtigungen dazu haben.

1. Wählen Sie im Startmenü *Ausführen*, und geben Sie ein: `mmc` Eingabe. Eine neue leere Konsole erscheint.

2. Wählen Sie *Datei/Snap-In hinzufügen/Entfernen*. Das Fenster *Snap-In hinzufügen/entfernen* öffnet sich.

3. Klicken Sie auf die Schaltfläche *Hinzufügen*. Das Fenster *Eigenständiges Snap-In hinzufügen* öffnet sich. Wählen Sie in der Liste das Snap-In *Freigegebene Ordner* aus, und klicken Sie auf *Hinzufügen*. Aktivieren Sie im Bereich *Dieses Snap-In verwaltet:* die Option *Lokalen Computer (Computer, auf dem diese Konsole ausgeführt wird)*.

4. Aktivieren Sie die Option *Fertig stellen*. Wählen Sie nun in der Liste das Snap-In *Lokale Benutzer und Gruppen* aus, und klicken Sie auf *Hinzufügen*. Aktivieren Sie im Bereich *Dieses Snap In verwaltet:* die Option *Lokalen Computer: (Computer, auf dem diese Konsole ausgeführt wird)*.

5. Aktivieren Sie die Option *Fertig stellen*. Klicken Sie auf die Schaltfläche *Schließen*.

6. Klicken Sie auf die Schaltfläche *OK*. Die beiden Snap-Ins erscheinen in Ihrer Konsole.

Jetzt können Sie alle Befehle, die diese beiden Snap-Ins anbieten, über die Taskpad-Ansicht leichter erreichbar machen.

1. Doppelklicken Sie in der linken Spalte auf *Freigegebene Order (Lokal)*. Klicken Sie diesen Eintrag dann mit der rechten Maustaste an, und wählen Sie *Neue Taskpadansicht*. Das Fenster *Assistent für neue Taskpadansicht* öffnet sich.

2. Klicken Sie auf die Schaltfläche *Weiter >*. Unter *Format für Detailfenster* legen Sie fest, wie die Taskpad-Ansicht aussehen soll. Weil in diesem Fall nur die Befehle angezeigt werden sollen, die Sie häufig benötigen, wählen Sie die Option *Keine Liste* und klicken auf *Weiter*.

3. Aktivieren Sie die Option *Alle Strukturelemente, die denselben Typ wie das ausgewählte Strukturelement aufweisen.*

4. Aktivieren Sie die Option *Weiter* >. Geben Sie der Taskpad-Ansicht einen treffenden Namen. Ins Feld *Name* tragen Sie ein: `Netzwerkaufgaben`. Ins Feld *Beschreibung* tragen Sie ein: `Wichtige Befehle rund um Ordner, Benutzer und Gruppen`. Dann klicken Sie auf *Weiter* >.

5. Klicken Sie auf *Fertig stellen*. Das Fenster *Assistent für neuen Task* öffnet sich. Aktivieren Sie die Option *Weiter* >.

6. Aktivieren Sie die Option *Menübefehl*. Aktivieren Sie die Option *Weiter* >. Im Feld *Befehlsquelle* stellen Sie ein: *Strukturelementtask*. Wählen Sie in der Liste *Verfügbare Befehle* den Befehl *Verbindung mit anderem Computer herstellen*, und klicken Sie auf *Weiter* >.

7. Passen Sie die Beschreibung des Befehls gegebenenfalls an, und klicken Sie auf *Weiter* >. Suchen Sie sich ein Symbol für den neuen Befehl aus. Klicken Sie auf *Weiter* >.

8. Aktivieren Sie die Option *Assistenten erneut ausführen*, denn es sollen weitere Befehle eingefügt werden. Klicken Sie auf *Fertig stellen*.

9. Der Assistent startet erneut. Gehen Sie vor wie eben. Wählen Sie als Befehlsquelle wieder *Strukturelementtask* aus, und expandieren Sie diesmal links in der Liste Konsolenstruktur den Knoten *Freigegebene Ordner (Lokal)*. Klicken Sie auf *Freigaben*. Jetzt sehen Sie alle Befehle, die dieser Knoten anbietet. Wählen Sie *Neue Dateifreigabe*, und weisen Sie auch diesem Befehl ein passendes Symbol zu.

10. Aktivieren Sie die Option *Assistenten erneut ausführen*. Klicken Sie wieder auf *Fertig stellen*, und gehen Sie vor wie eben. Diesmal expandieren Sie den Knoten *Lokale Benutzer und Gruppen (lokal)* und klicken auf *Benutzer*. Wählen Sie den Befehl *Neuer Benutzer*, und gehen Sie vor wie eben, um dem Befehl ein Symbol zuzuweisen.

11. Wiederholen Sie das Verfahren noch einmal. Diesmal markieren Sie den Knoten *Gruppen*. Wählen Sie den Befehl *Neue Gruppe*, und weisen Sie auch ihr ein Symbol zu.

Die Management Konsole zeigt jetzt alle ausgewählten Befehle mit den Symbolen an, die Sie den Befehlen zugeordnet haben. Und so einfach legen Sie künftig neue freigegebene Ordner quer im Netzwerk an:

1. Möchten Sie einen freigegebenen Ordner auf einem anderen Netzwerkrechner anlegen, dann klicken Sie auf Verbindung mit anderem Computer herstellen. Das Fenster *Computer auswählen* öffnet sich.
2. Aktivieren Sie im Bereich *Dieses Snap-In verwaltet:* die Option *Anderen Computer:*, und geben Sie den Namen des gewünschten Computers an. Die Konsole verbindet sich mit ihm.
3. Um eine neue Freigabe einzurichten, klicken Sie auf *Neue Dateifreigabe*. Das Fenster *Freigabe erstellen* öffnet sich. Im Feld *Computer* erscheint der Name des Computers, den Sie eben ausgesucht haben.
4. Geben Sie den Ordnerpfad ein, den Sie freigeben wollen, oder klicken Sie auf *Durchsuchen*. Sie sehen jetzt über die administrativen Freigaben alle Laufwerke und Ordner des Computers, mit dem Sie sich verbunden haben.
5. Geben Sie einen Freigabenamen und eine Beschreibung an, und klicken Sie auf *Weiter >*. Das Fenster *Freigabe erstellen* öffnet sich. Wählen Sie zum Beispiel die Option *Administratoren haben Vollzugriff, andere Benutzer haben schreibgeschützten Zugriff*, und klicken Sie auf *Fertig stellen*.
6. Die Freigabe wird angelegt, und die Konsole fragt nach, ob Sie weitere Freigaben erstellen wollen. Klicken Sie auf *Nein*.

Sie können den Erfolg sofort testen: Wählen Sie im Startmenü *Ausführen*, und geben Sie den Rechnernamen ein, zum Beispiel `\\com34wxp` Eingabe. Die neue Freigabe wird angezeigt und kann sofort verwendet werden.

Natürlich sind die übrigen Knoten der Konsole ebenfalls aktiv, und wenn Sie in der linken Spalte *Freigebene Ordner/Freigaben* wählen, dann sehen Sie nach wie vor die Liste der vorhandenen Freigaben und können dort Freigaben auch wieder entfernen.

TIPP

Die Taskpad-Ansicht kann für jeden Knoten der Konsole separat eingerichtet werden. Bei der Auswahl der Befehle muss unbedingt zwischen allgemeinen Befehlen unterschieden werden, die immer funktionieren und deshalb auch in einer reinen Taskpad-Ansicht ohne Liste erscheinen, und solchen, die nur sichtbar sind, wenn das zugehörige Element in der Liste ausgewählt ist. Eigenständige Befehle sehen Sie, wenn Sie im Taskpad-Assistenten als Befehlsquelle die Strukturansicht wählen.

Möchten Sie die Taskpad-Ansicht nachträglich ändern oder wieder abschalten, dann klicken Sie mit der rechten Maustaste auf den Knoten in der linken Spalte, dem Sie die Taskpad-Ansicht zugewiesen haben. Mit *Taskpad-Ansicht bearbeiten* können weitere Befehle hinzugefügt oder entfernt werden. Neben den Befehlen, die das Snap-In bereitstellt, lassen sich auch Befehlssymbole für separate Programme (Shell-Kommandos) einrichten. Über die könnte beispielsweise der Registrierungseditor aufgerufen werden.

TIPP Erscheinen die Befehle zur Taskpad-Ansicht nicht im Kontextmenü eines Knotens, dann doppelklicken Sie den Knoten zuerst, um ihn auszuwählen. Klicken Sie dann noch einmal mit der rechten Maustaste auf den Knoten.

Spätestens jetzt sollten die Taskpad-Befehle erscheinen. Falls nicht, dann befindet sich die Konsole möglicherweise nicht mehr im Authoring Mode. Änderungen sind dann nicht mehr erlaubt. Sie können *.msc*-Dateien aber auch nachträglich wieder im Authoring Mode öffnen: `MMC Pfadname der MSC-Datei /A`.

Um beispielsweise die Konsole mit einer Taskpad-Ansicht auszurüsten, die erscheint, wenn Sie im Startmenü *Arbeitsplatz* mit der rechten Maustaste anklicken und *Verwalten* wählen, öffnen Sie im Startmenü *Ausführen* und geben ein: `mmc %windir%\system32\compmgmt.msc /a` Eingabe. Nehmen Sie die Änderungen an der Konsole vor, und speichern Sie sie mit *Datei/Speichern*.

Management Konsolen automatisieren

Windows XP verwendet als einziges Windows-Betriebssystem bereits die neue Microsoft Management Console der Version 2.0. Ihr Hauptvorteil gegenüber älteren MMCs ist die volle Automatisierbarkeit.

Damit lassen sich MMC-Snap-Ins ab sofort nicht nur manuell einsetzen, sondern auch automatisiert per Skript. Ein Skript kann über das Objektmodell der MMC und die ProgID *MMC20.Application* auf alle Informationen zugreifen, die die Konsole anzeigt, und auch Kontextmenü-Befehle aufrufen, die die einzelnen Snap-Ins anbieten.

Leider ist das Objektmodell der MMC ein wenig komplex. Ich habe deshalb für Sie ein Skript-Rahmengerüst konzipiert, das es leicht macht, einen Knoten der Konsole auszuwählen und dann den Inhalt der rechten Informationsspalte auszugeben oder Kontextmenü-Befehle aufzurufen.

Listing 22.1: *Befehle der MMC skriptgesteuert verwenden*

```
' Verbindung mit MMC aufnehmen
Set objmmc = CreateObject("MMC20.Application")


' Eine MMC laden
nm = InputBox("Name des Snap-Ins?", , "compmgmt.msc")

' Konsole anzeigen, damit Fehlermeldungen
' beim Laden der Datei nicht verschluckt werden
```

```
objmmc.Show
objmmc.Load nm
objmmc.Hide

' Wichtige Objektreferenzen speichern
' Kontrolliert die Auswahl in der linken Baum-Ansicht:
Set objsn = objmmc.document.ScopeNamespace
' Oberster Knoten in der Baumansicht:
Set node = objmmc.document.RootNode

' Automatisch einen Zweig der Baumansicht auswählen:
branch = InputBox("Welchen Zweig wollen Sie verwenden?",,"Benutzer")
Set zweig = FindNode(branch)

' Informationen als Textdatei ausgeben
' Zugriff auf Dateibefehle herstellen:
Set fs = CreateObject("Scripting.FileSystemObject")
' TEMP-Ordner öffnen:
Set temp = fs.GetSpecialFolder(2)
' im TEMP-Ordner eine Textdatei anlegen:
Set file = temp.CreateTextFile("ausgabe.txt", true)
' Inhalt der MMC-Ansicht in Textdatei speichern:
file.WriteLine ListContent(zweig)
' Textdatei schließen:
file.close

' Befehle zum Ausführen von externen Programmen:
Set wshshell = CreateObject("WScript.Shell")

' Ausgabedatei öffnen:
wshshell.Run """" & fs.BuildPath(temp.path, "ausgabe.txt")& """"

' Alle Kontextmenü-Befehle des gewählten Zweiges anbieten:
ctxt = InputBox("Welchen Kontextbefehl wollen Sie ausführen?" & vbCr & _
       ListContextMenus(zweig))
If not ctxt="" then
    ' Alle Fenster minimieren
    Set shell = CreateObject("Shell.Application")
    shell.MinimizeAll

    ' MMC-Konsole sichtbar machen (wichtig!)
    objmmc.Show
    ' Ausgewählten Kontextmenü-Befehl aufrufen:
    ExecuteKontext ctxt, zweig
    ' MMC-Konsole wieder unsichtbar machen
    objmmc.Hide
    ' Minimierte Fenster wieder anzeigen
    shell.UndoMinimizeALL
End If

MsgBox "Skript abgeschlossen"

Function FindNode(nodename)
```

```
    ' Findet einen Zweig in der Baumansicht der MMC-
    ' Konsole und liefert das Node-Objekt zurück
    Set FindNode = FindNodeInt(objmmc.document.RootNode, LCase(nodename))
End Function

Function FindNodeInt(node, nodename)
    Set newnode = node
    On Error Resume Next

    Do
        ' Aktuellen Knoten markieren
    objmmc.document.activeview.ActiveScopeNode = newnode
        ' Gibt es Unterknoten?
        Set childnode = objsn.GetChild(newnode)

        If Err.Number = 0 Then
            ' ja. Ist es der gesuchte Knoten?
            If LCase(childnode.Name)= nodename Then
                ' Ja, fertig
                Set FindNodeInt = childnode
                Exit Function
            End If

            ' Nein, diesen Knoten rekursiv ebenfalls durchsuchen
            Set erg = FindNodeInt(childnode, nodename)

            ' Wurde gesuchter Knoten gefunden?
            If Not erg Is Nothing Then
                ' Ja, fertig!
                Set FindNodeInt = erg
                Exit Function
            End If

        Else
            ' Keine Unterknoten, Fehler zurücksetzen
            Err.Clear
        End If

        ' Gibt es weitere Knoten auf gleicher Ebene?
        Set newnode = objsn.GetNext(newnode)
        If Err.Number <> 0 Then
            ' Nein, abbrechen
            Exit Do
        End If

        ' Ist es der gesuchte Knoten?
        If LCase(newnode.Name)= nodename Then
            ' Ja, fertig!
            Set FindNodeInt = newnode
            Exit Function
        End If
    Loop
    On Error Goto 0
```

```
    Set FindNodeInt = Nothing
End Function

Sub ExecuteKontext(befehl, node)
    On Error Resume Next
    ' Kontextmenü-Befehl für angegebenen Knoten ausführen
    objmmc.document.activeview.ExecuteScopeNodeMenuItem befehl
    If err.number<>0 then
        ' Hat nicht geklappt, Befehl ist unbekannt!
        MsgBox "Der Kontextmenü-Befehl """ & befehl _
               & """ wird nicht unterstützt!", vbExclamation
    End If
    err.clear
    On Error Goto 0
End Sub

Function ListContent(node)
    ' Den angegebenen Knoten expandieren, damit er
    ' in der rechten Spalte seinen Inhalt anzeigt
    objsn.Expand (node)
    ' Knoten markieren
    objmmc.document.activeview.ActiveScopeNode = node

    ' Auf die Ergebnisliste in der rechten Spalte
    ' der Konsole zugreifen
    Set li = objmmc.document.activeview.listitems

    ' Jede Zeile ausgeben
    For Each litem In li
        ' Jede Spalte ausgeben
        For x = 1 To objmmc.document.activeview.Columns.Count
            ListContent = ListContent & objmmc.document.activeview _
              .CellContents(litem, x)& vbCrLf
        Next
        ListContent = ListContent & string(40, "-")& vbCrLf
    Next
End Function

Function ListContextMenus(node)
    ' Auf das Kontextmenü eines Knotens zugreifen
    Set cm = objmmc.document.activeview.scopenodecontextmenu(node)
    ' Alle Befehle auslesen, die es gibt
    For Each citem In cm
        ' In Klammern auch den Klartextnamen angeben
        ListContextMenus = ListContextMenus & citem.LanguageIndependentPath & _
            " (" & citem.DisplayName & ")" & vbCr
    Next
End Function
```

Speichern Sie dieses Skript als Textdatei mit der Extension *.vbs*, und rufen Sie es auf. Das Skript möchte zunächst wissen, welche Konsole

Sie verwenden wollen. Als Vorgabe verwendet es die Computerverwaltung, also *Compmgmt.msc*.

TIPP Wählen Sie im Startmenü *Ausführen* und öffnen Sie ebenfalls die Konsole, die das Skript verwendet. So können Sie parallel mitverfolgen, was das Skript gerade tut.

Das Skript lädt die angegebene Konsole. Die Konsole selbst bleibt unsichtbar. Nun möchte es wissen, welchen Zweig Sie verwenden wollen. Geben Sie den Namen eines beliebigen Zweiges aus der linken Spalte der verwendeten Konsole an. Haben Sie die Computerverwaltung verwendet, dann suchen Sie sich zum Beispiel den Zweig *Benutzer* aus, der alle lokalen Benutzerkonten auflistet.

Das Skript liest nun die Informationen dieses Zweiges aus und stellt sie in einer Textdatei dar. Ebenso gut ließe sich das Skript anpassen, um einen HTML-Report zu generieren oder nur bestimmte Informationen auszuwählen.

Ein weiteres Fenster erscheint und zeigt alle Kontextmenü-Befehle an, die der ausgewählte Knoten anzubieten hat. Haben Sie sich für den Knoten *Benutzer* entschieden, dann steht unter anderem der Befehl *Neuer Benutzer* zur Verfügung. Geben Sie ins Textfeld `Neuer Benutzer` ein, dann öffnet sich das entsprechende Dialogfeld der Management Konsole. Die Konsole wird nun sichtbar. Dies ist unbedingt erforderlich, weil der Kontextmenü-Befehl sonst ein unsichtbares Dialogfeld öffnen würde, auf das das Skript dann ewig wartet.

Ereignislog auslesen

Wie flexibel dieses Skript tatsächlich ist, zeigt ein weiteres Beispiel. Diesmal lassen Sie sich den Inhalt des System-Ereignislogbuches ausgeben.

Starten Sie das Skript, und geben Sie als Konsole ein: `eventvwr.msc` Eingabe.

Geben Sie als Zweig ein: `system` Eingabe. Nun wird der gesamte Inhalt des System-Fehlerlogbuchs in eine Textdatei geschrieben. Weil dieser Vorgang wegen der Menge der Daten sehr lange dauern kann, ist jetzt die passende Zeit, sich einen Kaffee zu gönnen.

Mit dem Konsolenfenster arbeiten

Neben der grafischen Benutzeroberfläche steht Administratoren das textbasierte Konsolenfenster zur Verfügung. Darin geht es zu wie in alten DOS-Tagen oder auf UNIX-Rechnern, zumindest, was den Bedienkomfort angeht:

1. Wählen Sie im Startmenü *Ausführen*, und geben Sie ein: `cmd` Eingabe. Die Konsole erscheint.
2. Klicken Sie auf das Symbol ganz links in der Titelleiste des Konsolenfensters, und wählen Sie *Eigenschaften*, um die Konsole feinzujustieren. Hier können Sie zum Beispiel angeben, wie viel Zeilen die Konsole »hoch« sein soll, also wie viel Textzeilen sich die Konsole merkt. Mit dem rechten Verschiebebalken holen Sie so Textergebnisse in den sichtbaren Bereich zurück, die viel zu schnell vorbeigesaust sind.
3. Geben Sie `help` Eingabe ein, um eine Übersicht der Konsolenbefehle zu sehen. Detailinformationen zu den Befehlen erhalten Sie wiederum mit `help`. Möchten Sie zum Beispiel wissen, wie Ordnerinhalte angezeigt werden, dann geben Sie ein: `help dir` Eingabe.
4. Über Alt+Eingabe wird das Konsolenfenster in den Vollbildmodus geschaltet und nimmt jetzt den ganzen Bildschirm ein. Von der grafischen Benutzeroberfläche ist nun nichts mehr zu sehen. Dieselbe Tastenkombination schaltet auch wieder zurück.
5. Mit `exit` Eingabe verlassen Sie das Konsolenfenster wieder.

Wichtige Admin-Befehle

Die Befehle, die `help` in der Konsole anzeigt, sind nur die Brot-und-Butter-Befehle, die die Konsole selbst mitbringt. Wirklich interessant sind die vielen zusätzlichen Befehle, die von Windows XP stammen.

Möchten Sie sich zum Beispiel einen Überblick über die aktuelle Netzwerkkonfiguration verschaffen, dann geben Sie ein: `ipconfig` Eingabe. Mit `ping Rechnername` Eingabe »pingen« Sie andere Netzwerkrechner an, um festzustellen, ob die Netzwerkverbindung steht. Und der *Net*-Befehl liefert gleich eine ganze Armada an Netzwerkbefehlen. Mit `net send Rechnername Nachricht` Eingabe senden Sie zum Beispiel Sofortmeldungen an Rechner.

So finden Sie heraus, welche Admin-Befehle Ihnen Windows XP zu bieten hat und wie die Befehle eingesetzt werden:

1. Wählen Sie im Startmenü *Hilfe und Support*. Das Fenster *Hilfe- und Supportcenter* öffnet sich.
2. Klicken Sie rechts im Bereich *Eine Aufgabe auswählen* auf *Tools zum Anzeigen von Computerinformationen und Ermitteln von Fehlerursachen verwenden*.
3. Klicken Sie dann in der linken Spalte auf *Befehlszeilenreferenz von A bis Z*. Rechts sehen Sie jetzt die alphabetische Befehlsreferenz,

und wenn Sie einen Befehl anklicken, lesen Sie dessen Bedienungsanleitung.

4. Kennen Sie sich mit Befehlszeilen-Kommandos bereits von früheren Windows-Versionen her aus, dann klicken Sie in der linken Spalte auf *Neue Befehlszeilenprogramme*. So werden Sie schnell und ohne Ballast über alle neuen Befehle informiert, die Windows XP mitbringt und die es in früheren Windows-Versionen noch nicht gegeben hat.

Windows Support Tools installieren

Auf der Windows XP-CD finden Sie weitere Tools, die für Microsoft Support und erfahrene Anwender gedacht sind. Bevor Sie diese Tools nutzen können, müssen Sie sie zuerst installieren:

1. Legen Sie die Windows XP-CD ins Laufwerk. Sobald der Willkommens-Bildschirm erscheint, klicken Sie auf CD durchsuchen. Sie können auch den Explorer über Win+E öffnen und das CD-ROM-Laufwerk mit der rechten Maustaste anklicken. Wählen Sie *Öffnen*.
2. Die Support-Tools befinden sich im Unterordner *Support*. Starten Sie den Installationsprozess, indem Sie die Datei *Suptools.msi* doppelklicken. Wählen Sie als Installationsvariante *Complete*.
3. Nach der Installation finden Sie eine neue Programmgruppe: Öffnen Sie das Startmenü, wählen Sie *Alle Programme* und öffnen Sie *Windows Support Tools*. Klicken Sie auf *Release Notes*. Sie sehen nun eine Übersicht über die Support Tools. Eine Reihe von Befehlen sind undokumentiert und werden nur namentlich genannt.

G

Doppelte Dateien finden

Hin und wieder landen Dateien gleich mehrfach auf der Festplatte und belegen unnötig Speicherplatz. Haben Sie die Support Tools installiert, dann finden Sie solche Duplikate spielend einfach:

1. Wählen Sie im Startmenü *Ausführen* und geben Sie ein: `cmd` Eingabe. Ein Konsolenfenster öffnet sich.
2. Geben Sie ein: `dupfinder` Eingabe. Ein Fenster öffnet sich. Sie können nun die Ordner oder das Laufwerk angeben, das auf Duplikate untersucht werden soll. Klicken Sie auf *Start Search*, um die Suche zu beginnen.
3. Das Fenster listet jetzt alle Dateien auf, die es mindestens doppelt gibt. Ob es sich tatsächlich um identische Kopien handelt, oder ob Dateien einfach nur zufällig denselben Namen verwenden, erkennen Sie mit Hilfe der Spalten *Size*, *Modified* und *Version*.

4. Ein Rechtsklick auf eine der gefundenen Dateien öffnet ein Kontextmenü, mit dessen Hilfe Sie die Datei löschen, verschieben oder umbenennen können. Sind Sie im Zweifel, dann wählen Sie *Info*, um alle verfügbaren Informationen über die Datei zu sehen.

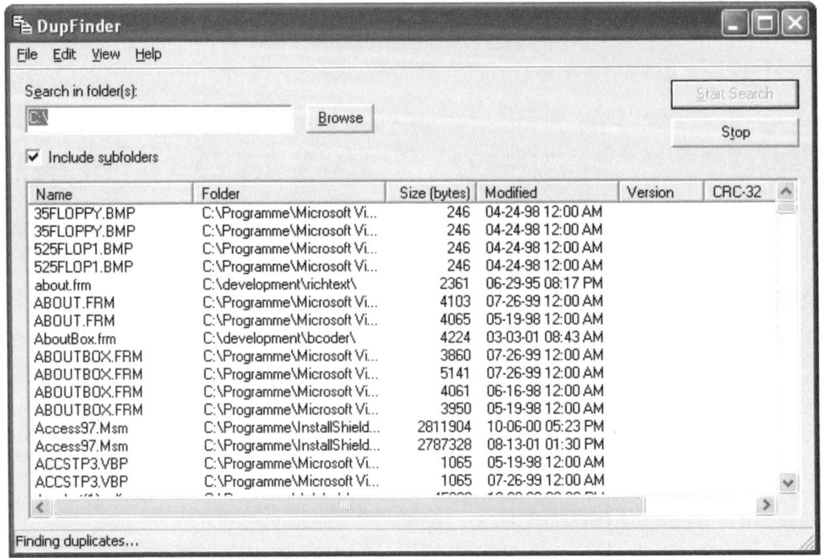

Abbildung 22.4: Dupfinder *findet Dateiduplikate*

Spezialinformationen über Dateien

Betriebssystemdateien wie DLLs und andere Programmbestandteile werden nicht nur über Dateiname und -größe definiert, sondern enthalten zahlreiche weitere Informationen. Dazu zählen Versionsinformationen, Art des Zielbetriebssystems und Sprache.

Diese Informationen, die normalerweise nicht im Explorer angezeigt werden, können über das Tool *Vfi.exe* sichtbar gemacht werden:

1. Wählen Sie im Startmenü *Ausführen*, und geben Sie ein: `cmd` Eingabe. Die Konsole öffnet sich. Geben Sie nun ein: `vfi` Eingabe.

2. Ein Fenster öffnet sich. Wählen Sie *File/Add a Folder*. Suchen Sie sich im *Ordner suchen*-Fenster nun zum Beispiel den *System32*-Ordner innerhalb Ihres Windows-Ordners heraus.

3. Das Tool scannt alle Dateien in diesem Ordner und listet danach sämtliche internen Informationen der Dateien auf. Ein Klick auf eine Spaltenüberschrift sortiert die Liste nach diesem Kriterium. Ein zweiter Klick sortiert in umgekehrter Reihenfolge.

TIPP Über *View/SmartFit Columns* werden die Spaltenbreiten automatisch so angepasst, dass keine Informationen abgeschnitten werden.

Einzelbestandteile von Programmen analysieren

Programme bestehen beinahe immer aus vielen Einzelkomponenten, den DLLs. Welche DLLs für den Betrieb eines Programms nötig sind, findet *Apimon* für Sie heraus:

1. Wählen Sie im Startmenü *Ausführen*, und geben Sie ein: `cmd` **Eingabe**. Geben Sie dann ein: `apimon -g notpad` **Eingabe**.
2. *Apimon* startet und ruft sofort das Programm auf, das Sie angegeben haben, in diesem Fall also den Editor. In den Fenstern *DLLs In Use* und *Api Counters* sehen Sie jetzt, welche DLL-Dateien vom Programm augenblicklich verwendet werden.

Versionsvergleich: Unterschiede in Dateien entdecken

Windiff.exe kann zwei Dateien miteinander vergleichen und zeigt dann die Unterschiede farblich an. Auf diese Weise könnten Sie zum Beispiel herausfinden, an welcher Stelle in der Windows Registry bestimmte Änderungen vorgenommen worden sind.

Das Prinzip ist einfach: Über den Registrierungseditor *Regedit.exe* exportieren Sie den gesamten Inhalt der Registry in einer Textdatei. Anschließend nehmen Sie die Änderung am System vor, die Sie später in der Registry wiederfinden wollen. Nun brauchen Sie nur noch einen zweiten Registry-Schnappschuss anzulegen und die beiden mit *Regedit* zu vergleichen. Schon wissen Sie, an welcher Stelle die Änderungen in der Registry gespeichert werden und könnten diese Einstellungen künftig selbst von Hand in der Registry vornehmen oder über Skripte automatisieren.

TIPP *Windiff* gab es auch schon in früheren Windows-Versionen. Die XP-Version unterstützt nun endlich auch Unicode-Dateien, also Textdateien, die zwei Bytes pro Zeichen speichern. Das ist auch dringend nötig, denn Registry Exports verwenden seit Windows 2000 das Unicode-Format. Mit älteren *Windiff*-Versionen funktioniert der Registry-Vergleich deshalb nicht.

So gehen Sie vor:

1. Starten Sie den Registrierungseditor: Im Startmenü wählen Sie *Ausführen* und geben ein: `regedit` **Eingabe**.
2. Legen Sie den ersten Schnappschuss an: Wählen Sie *Datei/Exportieren*. Das Fenster *Registrierungsdatei exportieren* öffnet sich.
3. Aktivieren Sie im Bereich *Exportbereich* die Option *Alles*. Geben Sie ins Feld *Dateiname* den Dateinamen ein, zum Beispiel `C:\alles1`

Eingabe. Der Exportvorgang kann einige Sekunden dauern, denn es werden zig Megabyte Daten geschrieben.

4. Schließen Sie den Registrierungseditor wieder, und nehmen Sie die Änderung am System vor. Sie könnten zum Beispiel per Rechtsklick auf den Desktop und Eigenschaften ein anderes Hintergrundbild einstellen.

5. Starten Sie nun erneut den Registrierungseditor, und legen Sie einen zweiten Schnappschuss auf gleiche Weise an, den Sie als `c:\alles2` Eingabe speichern. Schließen Sie auch hier nach erfolgreichem Export wieder den Registrierungseditor.

6. Um festzustellen, wo die Änderungen liegen, wählen Sie im Startmenü *Ausführen* und geben ein: `cmd` Eingabe. Geben Sie dann ein: `windiff` Eingabe. Das Tool startet.

7. Wählen Sie *File/Compare Files*. Geben Sie dann als erste Vergleichsdatei ein: *C:\Alles1.reg*. Klicken Sie auf Öffnen. Geben Sie nun als zweite Vergleichsdatei *C:\Alles2.reg* ein, und klicken Sie erneut auf *Öffnen*.

8. *Windiff* meldet, dass die beiden Dateien unterschiedlich sind. Klicken Sie auf die rote Textzeile, um sie zu markieren. Klicken Sie dann rechts oben auf *Expand*. Nun beginnt der eigentliche Inhaltsvergleich, der aufgrund der Datenmengen einige Minuten dauern kann.

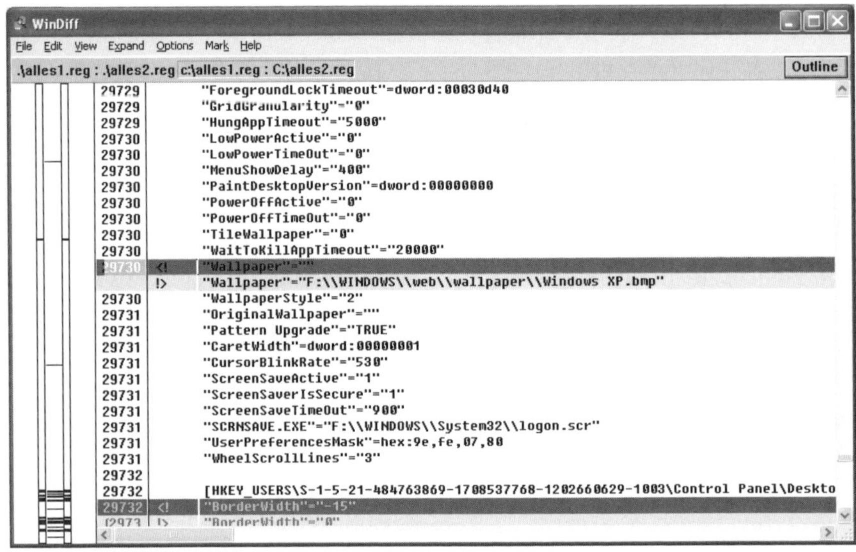

Abbildung 22.5: Windiff *verrät, wo Windows XP in der Registry Änderungen vorgenommen hat*

9. Anschließend zeigt *Windiff* die Änderungen zwischen beiden Dateien an. Mit F8 springen Sie zur nächsten Änderung. Nicht alle angezeigten Änderungen sind wirklich relevant, denn Windows protokolliert fortlaufend Dinge in der Registry. Sie werden aber schnell auf die Einstellungen stoßen, die die Systemänderungen betreffen, die Sie vorgenommen haben.

Die Ereignisanzeige verwenden

Ein besonderes Tool ist die Ereignisanzeige, die wie alle Standard-Tools als Microsoft Management Console Snap-In zur Verfügung steht.

Die Ereignisanzeige vermerkt alle wichtigen Systemereignisse und kann deshalb bei der Fehlersuche wertvolle Hilfestellung leisten. Öffnen Sie die Ereignisanzeige zum Beispiel, indem Sie im Startmenü *Ausführen* wählen und eingeben: `eventvwr.msc` Eingabe.

Mindestens drei Logbücher werden von der Ereignisanzeige geführt:

- *Anwendung*: Alle Meldungen, die Anwendungsprogramme generieren, landen in diesem Logbuch.
- *Sicherheit*: Hier finden Sie die Ergebnisse des Auditings (der Datei- oder Objektüberwachung, ▶ Kapitel 19), sowie alle weiteren sicherheitsrelevanten Meldungen wie zum Beispiel das Löschen von Ereignis-Logbüchern.
- *System*: Hier finden sich alle Meldungen, die Windows XP selbst betreffen.

Die Informationen gliedern sich in drei Schweregrade:

- *Information*: Reine Informationen, die vom Administrator gelesen werden können, um bestimmte Vorgänge besser zu verstehen, die aber keinen Handlungsbedarf bedeuten.
- *Warnung*: Informationen, die zwar keinen Fehler melden, aber dennoch wesentlich sind, weil ernste Konsequenzen drohen könnten. Ist ein Gerät oder DFÜ-Anschluss nicht mehr verfügbar, wäre dies ein guter Grund für eine Warnung.
- *Fehler*: Meldet einen ungeplanten Zustand, der schwere Konsequenzen für das System hat und deshalb sofort behoben werden sollte. Nicht immer allerdings sind Fehler wirklich kritisch. Windows XP meldet zum Beispiel auch dann einen Fehler, wenn der normale Tastaturtreiber nicht geladen werden konnte, weil die Tastatur über USB angeschlossen ist.

Daneben gibt es zwei weitere Kategorien, die Ereignisse betreffen, die vom Auditing stammen:

- *Erfolgsüberwachung*: Ein überwachtes Ereignis, das erfolgreich verlaufen ist.
- *Fehlerüberwachung*: Ein überwachtes Ereignis, das fehlgeschlagen ist.

Größe der Logbücher festlegen

Natürlich würden die Logbücher der Ereignisanzeige irgendwann monströse Ausmaße annehmen, wenn sie nicht gelöscht werden. Deshalb können Sie Logbücher entweder manuell oder automatisch löschen lassen.

Ein Rechtsklick auf eine der Protokolldateien öffnet ein Kontextmenü, und über Alle Ereignisse löschen wird das Logbuch komplett geleert. Zuvor erhalten Sie allerdings die Gelegenheit, das Logbuch zu speichern.

Bequemer funktioniert die Automatik, die Sie nur einmal einzurichten brauchen. Fortan kümmert sie sich von allein darum, Logbücher rechtzeitig zu beschneiden.

Dazu klicken Sie ebenfalls mit der rechten Maustaste auf eines der Logbücher und wählen Eigenschaften. Jetzt können Sie die maximale Protokollgröße bestimmen und festlegen, was passieren soll, wenn die Größe erreicht ist.

Protokolle filtern

Die Protokolle der Ereignisanzeige enthalten mitunter so viele Informationen, dass es schwierig wird, die wirklich entscheidenden Einträge zu finden. Deshalb kann das Ereignisprotokoll gefiltert werden:

1. Klicken Sie das Protokoll, das Sie filtern wollen, mit der rechten Maustaste an, und wählen Sie *Eigenschaften*. Aktivieren Sie die Registerkarte *Filter*.
2. Legen Sie jetzt fest, welche Informationen Sie sehen wollen. Interessieren Sie sich nur für ernste Fehler, dann aktivieren Sie lediglich die Option *Fehler im Bereich Ereignistyp*.
3. Wollen Sie nur Ereignisse aus einer bestimmten Quelle sehen, dann suchen Sie sich die Quelle in der Liste *Ereignisquelle* aus. Sie könnten so dafür sorgen, dass nur noch die Meldungen eines bestimmten Programms oder Dienstes angezeigt werden.

4. Auch das Zeitintervall lässt sich festlegen, aus dem die Meldungen stammen müssen, um angezeigt zu werden. Vielleicht interessieren Sie sich ja nur für Ereignisse, die gestern Nachmittag passiert sind, als der Rechner Netzwerkprobleme hatte.

Über *Wiederherstellen* werden die Vorgaben reaktiviert. Alle Ereignisse erscheinen nun wieder ungefiltert im Protokoll.

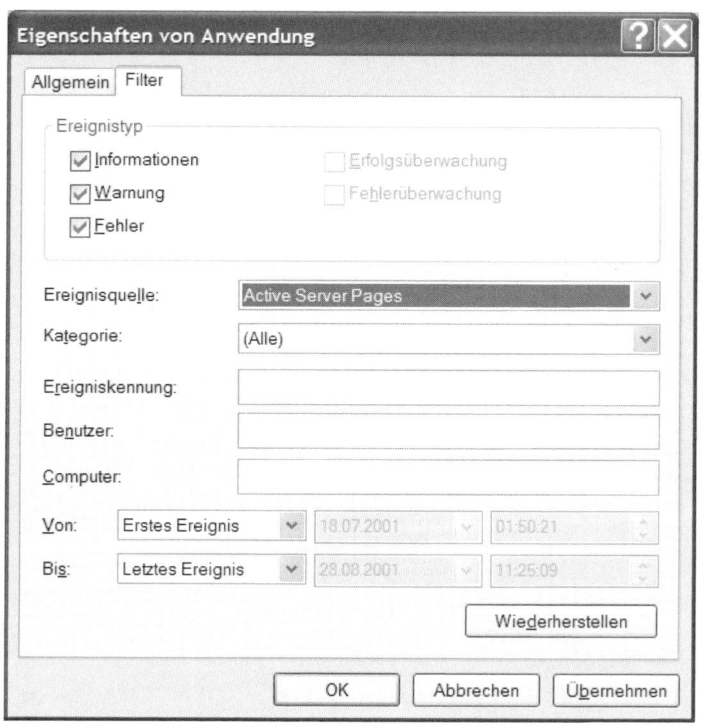

Abbildung 22.6: *Nur bestimmte Ereignisse in den Protokollen anzeigen*

Eigene Hinweise in die Logbücher eintragen

Das Anwendungen-Logbuch steht allen Anwendungen zur Verfügung, also auch eigenen Skripts. Skripte können deshalb Meldungen in das Anwendungs-Logbuch sowohl des eigenen als auch eines anderen Computers schreiben. Verwenden Sie Skripte zur Windows-Automation, dann sollten Sie davon Gebrauch machen.

Versucht ein Skript zum Beispiel, eine bestimmte Aufgabe zu erledigen, und misslingt dies, dann könnte ein entsprechender Hinweis im Anwendungen-Protokoll angebracht sein: Der Fehler wird nicht einfach vergessen und unter den Tisch gekehrt, und der Systemadministrator sieht bei der Routinekontrolle, dass hier möglicherweise ein Problem besteht.

Natürlich sollten Skripte nicht allzu redselig werden und nur dann ins Anwendungen-Logbuch schreiben, wenn es tatsächlich systemweit wichtige Mitteilungen sind.

So schreiben Sie einen Eintrag ins Anwendungen-Logbuch:

***Listing 22.2:** Einträge per Skript ins Anwendungen-Logbuch einfügen*

```
Const Erfolg = 0
Const Info = 4
Const Warnung = 2
Const Fehler = 1


Set wshshell = CreateObject("WScript.Shell")
' Meldung ins Anwendungen Logbuch des
' lokalen Computers schreiben
wshshell.LogEvent Info, "WSH Hinweis"

' Meldung ins Anwendungen-Logbuch des
' Computers \\WXPRC2 schreiben
wshshell.LogEvent Warnung, "WSH was here!", "wxprc2"
```

TIPP

Wie Sie sehen, kann *LogEvent* ganz einfach Meldungen auch in fremde Ereignisprotokolle schreiben – sofern jedenfalls die Netzwerkverbindung zum Zielrechner online ist und der Aufrufer über die nötigen Berechtigungen verfügt.

23 Notfalloptionen und Windows-Reparatur

Windows XP enthält zahlreiche neue Funktionen, die dabei helfen, das System stabiler zu machen und Systemabstürze zu vermeiden oder wenigstens ihre Folgen zu mildern:

- Der *Windows Datei-Schutz* (*Windows File Protection*) ist einer der wesentlichen Gründe dafür, warum Windows 2000 und Windows XP um Dimensionen stabiler laufen als ihre Vorgänger. Das Prinzip ist einfach: Bei der Neuinstallation von Programmen werden Systemdateien, die zum Fundament von Windows gehören, besonders geschützt. Windows erlaubt fremden Programmen nicht mehr, diese Dateien anzurühren, und sorgt so dafür, dass das Fundament, auf dem das Betriebssystem ruht, stabil und definiert bleibt.
- Die Windows *Systemwiederherstellung* legt automatisch Wiederherstellungspunkte an, bevor das System in wesentlichen Aspekten verändert wird. Auch manuell können weitere Wiederherstellungspunkte angelegt werden. Kommt es zu Problemen, zum Beispiel nach der Installation neuer Hardware oder aus völlig ungeklärten Gründen, dann kann das System »zurückgespult« werden zu einem Zeitpunkt, an dem noch kein Schaden eingetreten war. Dieses einfache Schutzsystem ist ausgesprochen mächtig, weil es nicht nötig ist, die eigentliche Fehlerursache zu ermitteln. Persönliche Dateien, E-Mails

und andere Anwenderdaten sind von der Rückspulaktion nicht betroffen.

- Über das eingebaute *Windows-Update* profitieren Sie schnell und unkompliziert von Verbesserungen und Fehlerbereinigungen, die sich nach dem Release von Windows XP ergeben haben. So halten Sie das Betriebssystem stets auf aktuellstem Stand. Das Update erfordert lediglich einen funktionierenden Internetzugang.
- Treibersignierung macht Sie darauf aufmerksam, wenn Sie im Begriff sind, Gerätetreiber zu installieren, die nicht mit Windows XP getestet sind und deshalb möglicherweise Fehler verursachen. Sie können solche Treiber testen, und sollte es zu unerwünschten Nebenwirkungen kommen, wieder entfernen lassen.
- Eine Management Konsole steht dem Administrator auch dann zur Verfügung, wenn Windows XP überhaupt nicht mehr gestartet werden kann.

Windows Dateisicherung (File Protection)

Die Windows Dateisicherung (WFP) ist immer aktiv und lauert im Hintergrund. Sobald sich ein Verzeichnisinhalt eines geschützten Ordners ändert, erhält WFP eine Benachrichtigung.

Daraufhin prüft WFP, ob sich eine geschützte Datei geändert hat. Falls ja, schlägt es die Dateisignatur in einem Katalog nach, um festzustellen, ob die vorhandene Datei die korrekte Version ist. Wurde die geschützte Datei durch eine falsche Version ersetzt, dann versucht WFP zuerst, die Datei aus seinem Pufferspeicher im Verzeichnis *Dllcache* wiederherzustellen.

Ist die Datei nicht in diesem Cache vorhanden, dann fordert WFP Sie auf, die Windows-CD einzulegen, und kopiert dann die überschriebene Systemdatei zurück.

Dieser Schutzmechanismus läuft normalerweise vollkommen transparent im Hintergrund ab, und Sie bemerken ihn höchstens dann, wenn Dateien wiederhergestellt werden müssen, die nicht im *Dllcache*-Verzeichnis lagern: In diesem Fall werden Sie aufgefordert, die Windows-CD einzulegen.

Der einzige Weg, geschützte Dateien durch neue Versionen zu ersetzen, sind die offiziellen Wege *Update*, *Hotfix* und *Service Pack*.

Wie wichtig Microsoft diesen Dateischutz nimmt, zeigt, wie schwierig es ist, ihn abzuschalten. Alle Feineinstellungen des Dateischutzes werden in einem geschützten Registry-Bereich gespeichert, der nur Administratoren zugänglich ist: *HKEY_LOCAL_MACHINE\SOFTWARE\Microsoft\Windows NT\CurrentVersion\Winlogon*. Ist hier ein *DWORD*-Wert namens *SFCDisable* vorhanden, dem der Wert *1* zugeordnet ist, dann wird der Dateischutz beim nächsten Neustart abgeschaltet. Allerdings nur dann, wenn Sie einen Kerneldebugger über die serielle Schnittstelle angeschlossen haben. Normale Anwender werden damit den Dateischutz in der Praxis nicht umgehen können.

Über den Kommandozeilen-Befehl *SFC* lässt sich der Dateischutz nicht abschalten, sondern lediglich eine neue Überprüfung starten. Mit der Option */Purgecache* sorgen Sie dafür, dass der Pufferspeicher im Ordner *Dllcache* gelöscht und neu angelegt wird.

Systemwiederherstellung nutzen

Die Systemwiederherstellung ist ein intelligentes Überwachungssystem, das von selbst bemerkt, wann wesentliche Systemänderungen vorgenommen werden. Das Prinzip ist einfach: Immer, wenn das System in wesentlichen Aspekten verändert werden soll, wird ein Schnappschuss aller Einstellungen und aller wesentlichen Dateien angelegt. Mit diesen Informationen kann der Ausgangszustand jederzeit wiederhergestellt werden.

Systemwiederherstellung aktivieren

Die Systemwiederherstellung benötigt erheblichen Speicherplatz, um diese Informationsmenge zu speichern. Allerdings ist dies auf Festplatten der heutigen Größenordnungen kein Problem mehr. Ab einem freien Festplattenspeicher von rund 200 MB kann die Systemwiederherstellung eingesetzt werden. Je mehr Speicherplatz Sie ihr zuweisen, desto weiter zurück in die Vergangenheit können Sie ein System im Notfall zurückspulen.

Ob die Systemwiederherstellung bei Ihnen aktiv ist und wie viel Festplattenspeicher ihr zur Verfügung steht, finden Sie so heraus:

1. Öffnen Sie das Startmenü und klicken Sie *Arbeitsplatz* mit der rechten Maustaste an. Im Kontextmenü wählen Sie *Eigenschaften*. Das Fenster *Systemeigenschaften* öffnet sich.
2. Aktivieren Sie die Registerkarte *Systemwiederherstellung*. Ist die Option *Systemwiederherstellung auf allen Laufwerken deaktivieren* gewählt, dann ist die Systemwiederherstellung abgeschaltet. Andernfalls sehen Sie in einer Liste alle Festplattenlaufwerke und dahinter den *Überwachungsstatus*. Laufwerke, die überwacht werden, sind mit wird überwacht gekennzeichnet.

3. Wählen Sie ein Laufwerk in der Liste aus. Klicken Sie im Bereich *Laufwerkeinstellungen* auf die Schaltfläche *Einstellungen*. Aktivieren Sie die Option *Systemwiederherstellung auf diesem Laufwerk deaktivieren*, dann wird dieses Laufwerk nicht länger überwacht. Andernfalls legen Sie mit dem Schieberegler *Zu verwendender Speicherplatz*: den Speicherplatz fest, der der Systemwiederherstellung auf diesem Rechner zur Verfügung steht.
4. In den Vorgaben weist Windows XP jeder Festplatte ein Systemwiederherstellungsareal von 12% zu. Das kann bei den heute üblichen großen Festplattenkapazitäten zu enormen Speichermengen führen. Reduzieren Sie den Speicherbedarf mit dem Schieberegler, wenn der Platz auf Ihrer Festplatte knapp zu werden droht.

Systemwiederherstellung löschen

Manchmal ist die Systemwiederherstellung unerwünscht, weil Sie verhindern wollen, dass das System zu einem früheren Zeitpunkt zurückgesetzt werden kann. Schalten Sie die Systemwiederherstellung dann kurz aus und wieder ein. Dadurch werden alle Prüfpunkte gelöscht, und die Systemwiederherstellung beginnt bei null.

Wiederherstellungspunkte aussuchen

Die Systemwiederherstellung wartet nicht darauf, dass Sie manuell Wiederherstellungspunkte setzen, sondern wird selbst aktiv. Die folgenden Wiederherstellungspunkt-Arten gibt es:

Tabelle 23.1: Wiederherstellungspunkte, die die Systemwiederherstellung anlegen kann

Art des Wiederherstellungspunktes	Beschreibung
Systemprüfpunkt	Windows XP legt automatisch spätestens nach 24 Stunden einen neuen Wiederherstellungspunkt an
Installations-Punkte	Wurde Software mit dem Windows Installer oder einem anderen modernen Installationsprogramm installiert, dann legt Windows XP einen Wiederherstellungspunkt an, um die Folgen der Installation rückgängig machen zu können.
Updates	Haben Sie Windows XP erlaubt, sich über das Internet zu aktualisieren, dann wird vor jeder Installation eines Updates ebenfalls ein Wiederherstellungspunkt gesetzt.
Manuell	Sie selbst können jederzeit eigene Wiederherstellungspunkte setzen, zum Beispiel, wenn Sie anschließend größere Experimente mit dem System vor haben. ▶

Art des Wiederherstellungspunktes	Beschreibung
Wiederherstellung	Haben Sie Ihr System zu einem früheren Wiederherstellungspunkt zurückgespult, dann wird auch vor dieser Aktion ein neuer Prüfpunkt angelegt, um zur Ausgangssituation zurückkehren zu können.
Unsignierte Treiber	Installieren Sie einen Gerätetreiber, der nicht für Windows XP entwickelt und zertifiziert wurde, dann legt Windows vor der Treiberinstallation einen Prüfpunkt an. Sollte der Treiber Probleme verursachen, dann kann das System in den Ausgangszustand zurückversetzt werden.
Backup	Spielen Sie Systemdaten aus einem Backup zurück, dann wird ein Prüfpunkt angelegt, bevor die Backup-Dateien auf Ihr System kopiert werden.

1. Wählen Sie im Startmenü *Hilfe und Support*, und wählen Sie dann rechts die Aufgabe *Computeränderungen mit der Systemwiederherstellung rückgängig machen*. Sie können auch im Startmenü *Alle Programme/Zubehör/Systemprogramme/Systemwiederherstellung* wählen.
2. Das Fenster *Systemwiederherstellung* öffnet sich. Wählen Sie die Option *Computer zu einem früheren Zeitpunkt wiederherstellen*, und klicken Sie auf *Weiter*.
3. Ein Kalenderblatt erscheint. Daten, die fettgedruckt erscheinen, enthalten Prüfpunkte. Wählen Sie einen solchen Tag per Klick aus, dann sehen Sie rechts die Prüfpunkte, die für diesen Tag verfügbar sind, sowie den Typ der Prüfpunkte.

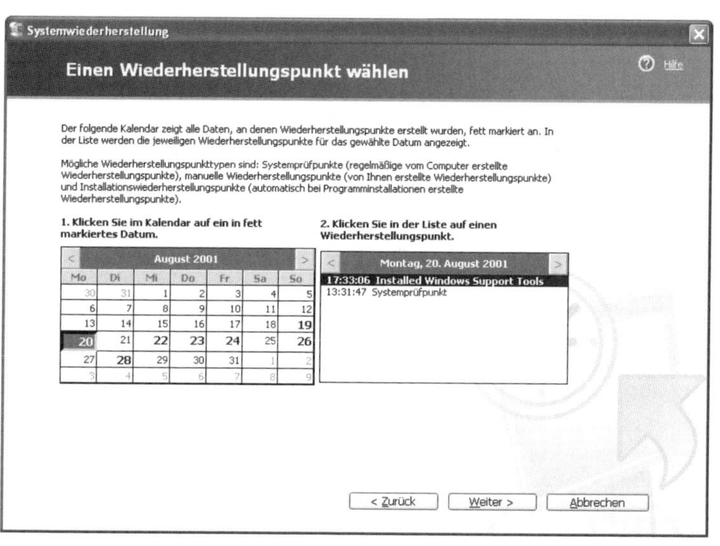

Abbildung 23.1: *Ein Kalenderblatt vermerkt fett alle Tage, an denen es Prüfpunkte gibt*

Das System zu einem früheren Prüfpunkt zurückspulen

Gerade haben Sie gesehen, wie Sie die verfügbaren Prüfpunkte einsehen und aussuchen können. Benimmt sich Ihr System seit kurzem sonderbar, aber Sie wissen nicht, warum? Dann spulen Sie es zum nächstgelegenen Prüfpunkt zurück, an dem das System noch wie gewünscht funktioniert hat. Bevor Sie das tun, schauen Sie sich kurz die Nebenwirkungen der Systemwiederherstellung an:

- Alle Änderungen am System, die seit dem Prüfpunkt vorgenommen worden sind, zu dem Sie zurückspulen, werden ungeschehen gemacht. Alle Programme zum Beispiel, die Sie zwischen Prüfpunkterstellung und augenblicklichem Zeitpunkt installiert haben, gehen verloren und müssen neu installiert werden.
- Sämtliche Dateien, die im Ordner *Eigene Dateien* oder auf dem Desktop liegen, werden nicht verändert, Ihre persönlichen Daten bleiben also sicher. Darüber hinaus werden Dateien, die einem gebräuchlichen Dokumenttyp entsprechen, ebenfalls nicht wiederhergestellt.

1. Wollen Sie das System zurückspulen, dann suchen Sie sich wie eben beschrieben den gewünschten Prüfpunkt aus und klicken auf *Weiter*.
2. Schließen Sie alle laufenden Programme, und speichern Sie dabei Ihre ungesicherten Arbeiten. Dann klicken Sie auf *Weiter*. Das System wird heruntergefahren und neu gestartet. Während des Neustarts ändert Windows seine Konfiguration und bringt sich auf den Stand des ausgewählten Prüfpunktes.

TIPP

Sind Sie mit dem Ergebnis nicht zufrieden, dann wiederholen Sie den Vorgang. Windows XP hat vor dem Rückspulen einen weiteren aktuellen Prüfpunkt angelegt, sodass Sie auf Wunsch das System auch wieder auf den Ausgangszustand »vorspulen« können.

Gefahren der Systemwiederherstellung

Die Systemwiederherstellung lässt bei einem Rückspul-Prozess Ihre eigenen Dateien unverändert. Nur Systemdateien werden auf den Zustand des Prüfpunktes zurückversetzt. Und genau das kann für böse Überraschungen sorgen.

Wirklich sicher sind nämlich nur die Daten, die in Ihrem Benutzerprofil lagern, also in den Ordnern *Eigene Dateien* und *Desktop*. Hat ein Programm einen eigenen Ordner angelegt, in dem es zum Beispiel Ihre Arbeitsergebnisse speichert, und liegt dieser Ordner nicht in Ihrem Benutzerprofil, dann wird es heikel.

Die Systemwiederherstellung kann jetzt nämlich nicht mehr entscheiden, ob dieser Sonderordner private Dokumente enthält oder wichtige Systembestandteile des Programms, die vielleicht für einen Fehler verantwortlich sind. Deshalb werden solche Ordner von der Systemwiederherstellung ebenfalls auf den Zeitpunkt des Prüfpunktes zurückgespult, und Sie verlieren alle Dokumente in dem Ordner, die Sie darin seither angelegt haben.

Ist Ihnen solch ein Fall passiert, dann haben Sie zumindest die Möglichkeit, die letzte Rückspulaktion rückgängig zu machen. Das setzt allerdings voraus, dass Sie das Malheur rechtzeitig erkannt haben.

Als Empfehlung sollten Sie deshalb kritisch prüfen, wo Ihre Arbeiten abgespeichert werden. Liegt der Speicherort nicht in Ihrem Benutzerprofil, dann ist Vorsicht angebracht.

Und außerdem sollte die Systemwiederherstellung nicht unkritisch eingesetzt werden, sondern nur dann, wenn es keinen anderen Ausweg gibt. Verwenden Sie die Systemwiederherstellung zum Beispiel auf keinen Fall dazu, um Programme zu deinstallieren, die Sie doch nicht so gut finden. Hierfür ist das Modul *Software* aus der Systemsteuerung da.

Systemwiederherstellung hinter den Kulissen

Alle Prüfpunkte werden in der Datenbank *%systemroot%\PCHealth \Helpctr\Database\Hctata.edb* geschrieben. Die Systemwiederherstellung überwacht fortlaufend das System, um missglückte Starts und Abstürze automatisch zu entdecken. Zusätzlich sammelt es in regelmäßigen Intervallen Informationen über das System.

Fehler-Berichtserstattung einsetzen

Sie verfügen über einen Internet-Anschluss? Dann können Sie mithelfen, Windows und Windows-Anwendungen noch besser zu machen und Fehler schneller zu finden. Von den Verbesserungen profitieren Sie anschließend kostenlos über Windows-Update.

Microsoft hat mit Windows XP nämlich zum ersten Mal eine ausführliche Fehlerberichtserstattung integriert, die es jedem Anwender ermöglicht, qualifizierte Informationen und Gründe für obskure Abstürze an die betroffenen Firmen weiterzugeben – ohne selbst unbequeme Fragen beantworten zu müssen.

So kann man sich lange Warteschlangen in teuren Hotlines sparen. Gehen Fehlerberichte ein, dann setzen die betroffenen Firmen alles daran, die Gründe zu analysieren und umgehend Service Packs oder Berichtigungen herauszubringen. Fehlerberichtigungen für Windows XP finden Sie anschließend kostenlos beim Windows Update Service.

Festlegen, ob Ihr Computer Fehler meldet

Ob Ihr Rechner bei der Fehlerberichtserstattung mitmachen darf und bei Abstürzen und Programmfehlern Beschwerdeberichte sendet, legen Sie so fest:

1. Öffnen Sie das Startmenü, und klicken Sie mit der rechten Maustaste auf *Arbeitsplatz*. Wählen Sie *Eigenschaften*. Das Fenster *Systemeigenschaften* öffnet sich.
2. Aktivieren Sie die Registerkarte *Erweitert*. Klicken Sie auf die Schaltfläche *Fehlerberichterstattung*. Das Fenster *Fehlerberichterstattung* öffnet sich.
3. Aktivieren Sie die Option *Fehlerberichterstattung aktivieren für*, wenn Sie mithelfen wollen, Fehler zu beheben. Legen Sie dann fest, wann Fehlerberichte gesendet werden sollen. Aktivieren Sie die Option *Windows-Betriebssystem*, wenn Windows-Fehler gemeldet werden sollen. Aktivieren Sie die Option *Programme*, wenn auch normale Programmfehler gemeldet werden sollen.
4. Um festzulegen, welche Programme Fehlermeldungen senden sollen, klicken Sie auf die Schaltfläche *Programme auswählen*. Das Fenster *Programme auswählen* öffnet sich. Hier können Sie auf Wunsch ganz genau bestimmen, welche Programme Meldungen ausspucken und welche nicht.

Die Fehlerberichtserstattung sendet keine Informationen, ohne Sie vorher zu fragen. Kommt es zu einem Absturz oder schweren Programmfehlern, dann öffnet sich immer zuerst das Fehlerberichtserstattungs-Fenster und kündigt an, dass nun ein Fehlerbericht gesendet werden soll. Passt Ihnen das gerade nicht, weil Sie keine Internetverbindung haben und auch nicht aufbauen wollen, dann lehnen Sie eben einfach ab.

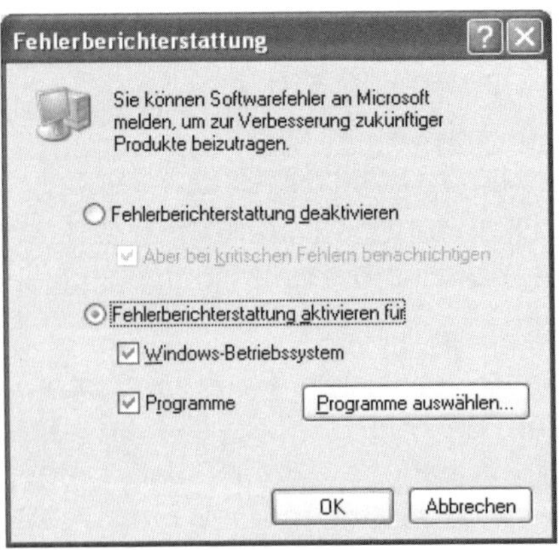

Abbildung 23.2: *Programmfehler direkt an Microsoft melden*

Microsoft kümmert sich bei internen Windows-Fehlern selbst um die Fehlerkorrektur. Sie erhalten dann eine Tracking-ID, mit der Sie via Internet weiterverfolgen können, was aus Ihrer Fehlermeldung geworden ist und wie Microsoft das Problem löst.

Fehlermeldungen anderer Programme werden von Microsoft an die betroffenen Firmen weitergeleitet. Hier kann Microsoft nichts weiter unternehmen.

Absturzliste zur Kontrolle der Systemstabilität einsehen

Windows XP speichert alle Fehlerberichte, sodass Sie sich jederzeit einen Überblick darüber verschaffen können, wann auf Ihrem System etwas schiefgelaufen ist. Und auch als Administrator ist diese Liste eine wertvolle Hilfe, denn ähnlich wie in der Bordelektronik eines Opel Kadetts können Sie nun auch bei einem problematischen Anwendersystem nachschauen, welche Probleme im Vorfeld aufgetreten sind.

So schauen Sie in die Black Box hinein:

1. Wählen Sie im Startmenü *Ausführen*, und geben Sie ein: `msinfo32` Eingabe. Das Fenster *Systeminformationen* öffnet sich.
2. Expandieren Sie in der linken Spalte den Zweig *Softwareumgebung/ Windows-Fehlerberichtserstattung*. Rechts sehen Sie jetzt eine Liste der aufgetretenen Fehler, die einen Fehlerbericht zur Folge hatten.

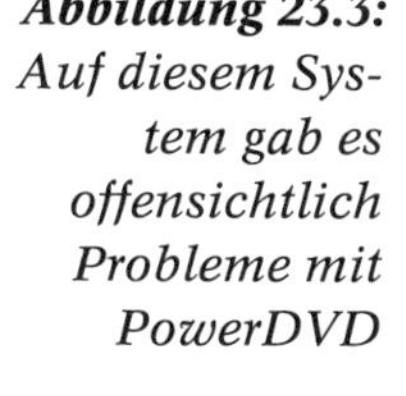
Abbildung 23.3: *Auf diesem System gab es offensichtlich Probleme mit PowerDVD*

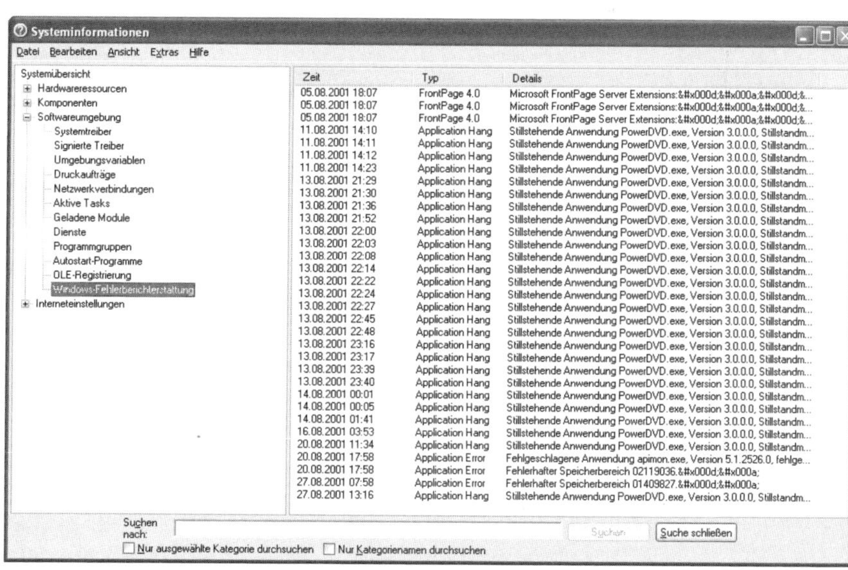

TIPP

Im Ordner *%windir%\LogFiles\Watchdog* liegen *.wdl*-Dateien, die mit dem Editor geöffnet werden. Diese Dateien enthalten Fehlerberichte im Zusammenhang mit Gerätetreibern.

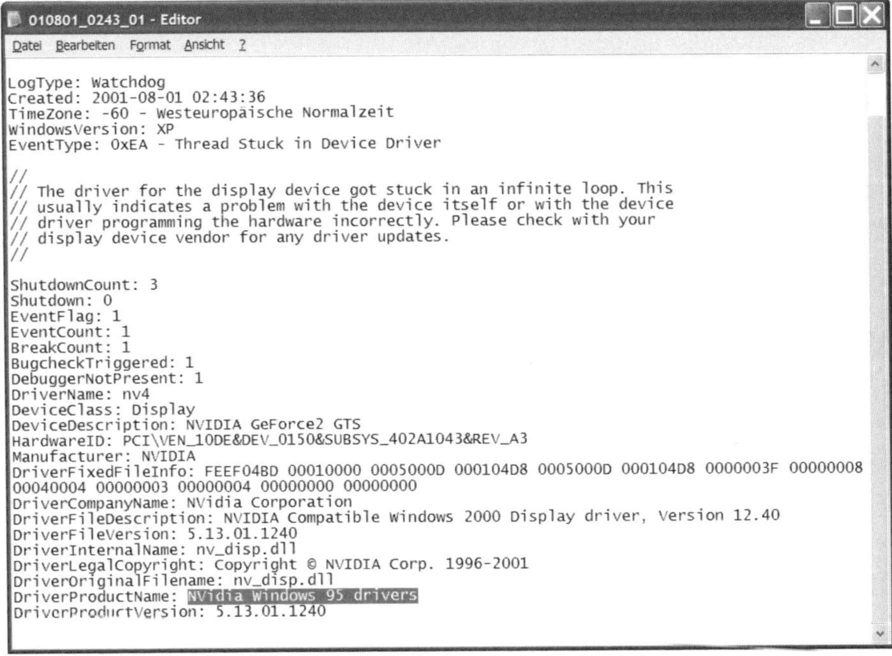

***Abbildung 23.4:** Hier hat ein NVIDIA-Grafikkartentreiber für Windows 95 einen Fehler verursacht*

Windows Update

Computerhardware und Programme werden ständig und in rasanter Geschwindigkeit weiterentwickelt und verbessert. Microsoft hat in Windows XP ein neues Konzept integriert, das es Ihnen leicht macht, mit dieser Entwicklung Schritt zu halten und ohne großes Kopfzerbrechen die jeweils neueste, zuverlässigste und leistungsfähigste Technik einzusetzen.

Eben haben Sie die Fehlerberichterstattung kennen gelernt. Darüber empfängt Microsoft weltweit detaillierte Fehlerberichte just in dem Moment, wo die Fehler passieren, und kann schnellstmöglich reagieren. Die Ergebnisse, nämlich die korrigierten oder verbesserten Windows-Komponenten, werden anschließend auf einer Update-Website kostenfrei zur Verfügung gestellt.

Das ist aber noch nicht alles: Weil sich auch die Hardware rasant weiterentwickelt und beinahe täglich neue Geräte auf den Markt kommen, prüft Microsoft neue Gerätetreiber intensiv auf Fehlerfreiheit und macht auch solche neuen Treiber über die Update-Seite verfügbar.

Halten Sie Ihr System mit Windows Update auf neuestem Stand, dann stellen Sie nicht nur sicher, dass es fehlerfrei läuft, sondern können auch stets auf die aktuellsten Gerätetreiber zugreifen. So sorgen Sie dafür, dass auch brandneue Geräte von Windows XP automatisch erkannt und installiert werden, die erst nach Erscheinen von Windows XP auf den Markt gekommen sind.

Windows Update gibt es in zwei Fassungen: Einzelcomputer, die mit dem Internet verbunden sind, können sich selbst alle wichtigen Updates beschaffen, wahlweise automatisch oder bei Bedarf.

Firmen und größere Netzwerke können die Updates auch als Paket herunterladen und dann selbst im eigenen Netzwerk verteilen.

Windows Update aktivieren

Wenn Sie wollen, dann prüft Windows XP von allein, ob wichtige Neuerungen für Ihr System bereitstehen. Jedes Mal, wenn Sie mit dem Internet verbunden sind, nutzt Windows XP die Chance.

Ist Ihnen solch eine Automatik unangenehm, dann können Sie sie natürlich auch abschalten oder zumindest so konfigurieren, dass Windows XP zuerst nachfragt, ob Sie neue Updates auch wirklich installieren wollen. In jedem Fall haben Sie zusätzlich die Möglichkeit, installierte Updates in einer Liste anzusehen und Updates auch wieder zu entfernen.

So wird die Update-Automatik konfiguriert:

1. Öffnen Sie das Startmenü, und klicken Sie mit der rechten Maustaste auf *Arbeitsplatz*. Wählen Sie *Eigenschaften*. Sie können auch Win+Pause drücken. Das Fenster *Systemeigenschaften* öffnet sich.
2. Aktivieren Sie die Registerkarte *Automatische Updates*. Wählen Sie im Bereich *Benachrichtigungseinstellungen* die Option *Updates automatisch downloaden und über installierbare Updates benachrichtigen* aus, wenn Sie Updates automatisch empfangen wollen.
3. Aktivieren Sie im Bereich *Benachrichtigungseinstellungen* die Option *Vor dem Download von Updates benachrichtigen und vor deren Installation erneut benachrichtigen*, wenn Sie vorher um Erlaubnis gefragt werden wollen. Windows XP bietet Updates also zunächst nur an.
4. Aktivieren Sie im Bereich *Benachrichtigungseinstellungen* die Option *Automatische Updates deaktivieren (Updates manuell durchführen)*, um die Automatik abzuschalten. Updates landen nun nur noch dann auf dem System, wenn Sie das Update manuell anfordern.

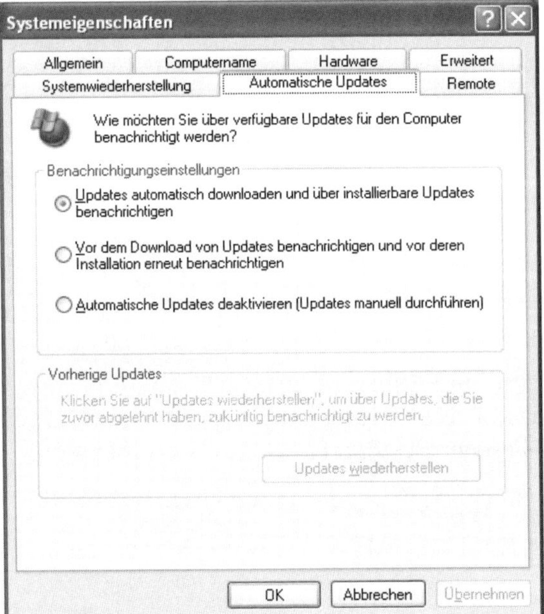

Abbildung 23.5: *Automatisch und kostenlos Updates von Microsoft empfangen*

Ein Update manuell anfordern

Wollen Sie selbst nachschauen, ob es vielleicht Updates für Ihr Windows XP gibt, dann gehen Sie so vor:

1. Wählen Sie im Startmenü *Alle Programme*. Das Programme-Menü klappt auf. Klicken Sie auf *Windows Update*.
2. Eine Internetverbindung wird hergestellt, und der Internet Explorer zeigt die Update-Seite an. Die können Sie auch direkt ansurfen, falls bei Ihnen der Programmpunkt Windows Update entfernt worden ist: *http://windowsupdate.microsoft.com/*
3. Folgen Sie nun den Anweisungen der Update-Seite. Um nach neuen Updates zu suchen, klicken Sie beispielsweise auf Updates suchen. Dabei kann es sein, dass Plug-Ins auf Ihrem Computer installiert werden sollen. Dem müssen Sie zustimmen, denn sonst ist die Update-Seite nicht in der Lage, festzustellen, welche Updates auf Ihrem System schon vorhanden sind und welche noch gebraucht werden.
4. Das Ergebnis ist eine Liste der verfügbaren Updates. Suchen Sie sich aus der Liste die Updates heraus, die Sie installieren lassen wollen, und folgen Sie den weiteren Anweisungen der Update-Seite.

Abgelehnte Updates nachträglich installieren

Die Update-Seite bietet Ihnen je nach Verfügbarkeit zahlreiche Updates an. Manche davon werden Sie vielleicht nicht installieren, weil Sie vom beschriebenen Problem vielleicht nicht betroffen sind oder die Downloadzeit abkürzen wollen.

Updates, die Sie einmal abgelehnt haben, werden Ihnen nicht erneut angeboten. Was aber, wenn Sie diese Updates später doch noch installieren möchten?

So wird's gemacht:

1. Öffnen Sie das Startmenü, und klicken Sie mit der rechten Maustaste auf *Arbeitsplatz*. Wählen Sie *Eigenschaften*. Sie können auch Win+Pause drücken. Das Fenster *Systemeigenschaften* öffnet sich.
2. Aktivieren Sie die Registerkarte *Automatische Updates*. Im Bereich *Vorherige Updates* klicken Sie auf die Schaltfläche *Updates wiederherstellen*. Windows XP »vergisst« nun alle Updates, die Sie abgelehnt haben, und wenn Sie das nächste Mal die Update-Seite besuchen, werden Ihnen wieder alle Updates angeboten, die bei Ihnen noch nicht installiert sind.

Spezielle Wege, Windows Update zu erreichen

Windows Update ist über viele Wege erreichbar. Auch über das Software-Modul der Systemsteuerung können Sie zur Update-Seite Verbindung aufnehmen und zum Beispiel neue Windows-Komponenten nachinstallieren:

1. Wählen Sie im Startmenü *Systemsteuerung*, und öffnen Sie das Modul *Software*. Das Fenster *Software* öffnet sich.
2. Klicken Sie in der linken Spalte auf *Neue Programme hinzufügen*. Klicken Sie dann auf die Schaltfläche *Windows Update*.
3. Wieder baut Windows eine Internetverbindung zur Update-Seite auf und prüft, ob dort neue Programme bereitgestellt wurden.

Windows Update in größeren Unternehmen

In größeren Unternehmen ist es unpraktikabel und auch unwirtschaftlich, jeden Computer einzeln über das Internet mit Updates zu versorgen. Deshalb stehen alle Updates auf Wunsch auch als Installationspaket zur Verfügung.

Das Paket braucht so nur einmal heruntergeladen zu werden, kann anschließend von der firmeninternen EDV-Abteilung auf Testsystemen erprobt und dann im gesamten Unternehmen verteilt werden.

Wie Sie Updates als Installationspaket herunterladen, verrät die Update-Site, wenn Sie auf den Info-Link klicken.

Treibersignierung – problematische Treiber identifizieren

Windows XP kann mit Gerätetreibern älterer Windows-Versionen weiterarbeiten, und das ist gut so: Besonders ältere Geräte verfügen noch über keine speziellen Windows XP-Treiber, und manchen Geräten liegen nur Treiber für Windows 98 bei.

Allerdings ist keineswegs garantiert, dass Windows XP mit Treibern anderer Versionen korrekt funktioniert. Ob dies wirklich klappt, hängt von der Art des Gerätes und Treibers ab und muss ausprobiert werden.

Auf Systemen, die kritisch für ein Unternehmen sind, dürfen solche Tests natürlich nicht ausgeführt werden. Zwar sichert Windows XP das System mit Wiederherstellungspunkten ab, bevor Fremdtreiber installiert werden, aber dennoch kann ein ungeeigneter Treiber zunächst zu einem Blue Screen und damit zu einer Arbeitsunterbrechung führen.

Deshalb gibt es die Möglichkeit, die Installation von ungeprüften Treibern generell zu verbieten oder doch zumindest vor der Installation solcher Treiber zu warnen. Wie Sie diese Optionen einstellen und Gerätetreiber testweise einsetzen, wird in ▶ Kapitel 10 beschrieben.

Not-Optionen beim Totalausfall

Sollte Windows aufgrund eines schweren Fehlers überhaupt nicht mehr gestartet werden können, gibt es einen Rettungsanker für Sie: das Notfallmenü.

Das Notfallmenü ist für kurze Zeit anwählbar, während das Boot-Menü angezeigt wird. Drücken Sie F8, um das Notfallmenü anzuzeigen.

Haben Sie das Bootmenü abgeschaltet, dann wird die Sache schwieriger. In diesem Fall müssen Sie das System von der Windows XP-CD aus starten und erhalten so Zugriff auf die Reparaturoptionen.

Die Windows-Sicherheitskopie aktivieren

Ein besonders effektiver Rettungsmechanismus ist die Option *Letzte als funktionierend bekannte Konfiguration*. Wählen Sie diese Option, dann startet Windows mit genau den Einstellungen, Diensten und Treibern, mit denen es zum letzten Mal erfolgreich starten konnte. Alle Änderungen an den Systemeinstellungen, die Sie seither vorgenommen haben, werden rückgängig gemacht.

Diese Option ist fast immer die Lösung, wenn Windows nach der Installation neuer Software oder Geräte nicht mehr starten will. Allerdings funktioniert der Rettungsanker nur dann gut, wenn Sie die folgenden Dinge wissen:

- Wenn Sie das System grundlegend umkonfiguriert haben, also Programme und/oder Geräte hinzugefügt oder entfernt wurden, dann starten Sie Windows XP sofort neu. Nur so stellt sich sofort heraus, ob alle Umbaumaßnahmen funktioniert haben, und Sie können die Rettungsoption nutzen, falls etwas schiefgegangen ist. Arbeiten Sie dagegen zunächst ungestört weiter, dann könnten sich in der Zwischenzeit andere Benutzer anmelden und mit Windows weiterarbeiten. Startet einer dieser Benutzer das System neu, dann legt Windows eine neue Sicherungskonserve an, und Ihre eigene geht verloren. Liegt der Fehler ausgerechnet in benutzerdefinierten Einstellungen, dann können Sie Windows anschließend womöglich nicht mehr verwenden, und auch die Sicherungskopie hilft dann nicht mehr weiter.
- Starten Sie das System nach größeren Umbaumaßnahmen neu, dann melden Sie sich nicht sofort an. Warten Sie lieber einige Minuten ab und gönnen Sie sich einen Kaffee. Die Anmeldung ist nämlich für Windows XP das Signal, dass der Start geklappt hat, und genau in diesem Moment wird die alte Sicherungskopie durch eine neue ersetzt. Einige Gerätetreiber oder Dienste brauchen etwas Zeit, um aktiv zu werden. Stellt sich der Fehler erst heraus, nachdem Sie sich angemeldet haben, dann nützt Ihnen die Sicherungskopie nichts mehr.
- Windows konserviert nur die Registry-Einstellungen, aber nicht die dazugehörigen Treiber- und Programmdateien. Wurde also ein Gerätetreiber komplett ersetzt, dann hilft Ihnen die Rettungsoption nicht weiter.

Im abgesicherten Modus arbeiten

Kann das System nicht mit der letzten funktionierenden Konfiguration gestartet werden, weil seither möglicherweise Systemdateien ausgetauscht wurden, dann verwenden Sie einen der abgesicherten Modi.

In diesen Modi startet Windows XP nur mit den nötigsten Diensten, Treibern und Zusatzfunktionen. Arbeiten kann man in diesem Modus nicht, und dafür ist er auch gar nicht gedacht. Er erlaubt Ihnen aber, Windows in den allermeisten Fällen zu starten, sodass Sie anschließend die Systemwiederherstellung aktivieren und das System auf einen früheren Zeitpunkt zurückspulen können. Weil die Systemwiederherstellung nicht nur die Einstellungen sichert, sondern auch alle wichtigen Systemdateien, kann das System so auch dann repariert werden, wenn Systemdateien beschädigt wurden.

Natürlich können Sie den abgesicherten Modus auch dazu benutzen, von Hand kürzlich installierte Treiber, Programme oder Dienste wieder zu entfernen. Werfen Sie bei dieser Gelegenheit auch einen Blick in die Ereignisanzeige, die Sie im Ordner Verwaltung innerhalb der Systemsteuerung finden. Die Ereignisanzeige kann häufig wertvolle Hinweise liefern, wo Probleme aufgetreten sind.

Der abgesicherte Modus scheitert, wenn wesentliche Grundbestandteile von Windows beschädigt wurden.

TIPP

Wählen Sie den abgesicherten Modus, dann erscheint auf der Anmeldeseite das besondere Benutzerkonto *Administrator*, das ganz am Anfang der Installation angelegt wurde. Der abgesicherte Modus ist also auch dann die Rettung, wenn Sie sich über Ihr reguläres Konto nicht mehr anmelden können, zum Beispiel, weil es aufgrund der Kontosperrungsrichtlinien wegen mehrmals falsch eingegebenem Kennwort gesperrt wurde.

Startprotokollierung – dem Problem auf der Spur

Wurden wesentliche Windows-Systemdateien beschädigt, dann kann der abgesicherte Modus Windows XP noch nicht einmal in der Minimalkonfiguration starten. Um herauszufinden, wo das Problem liegt und welche Datei in Mitleidenschaft gezogen wurde oder fehlt, wählen Sie die Option *Startprotokollierung*.

Das Ergebnis ist eine Datei namens *Ntntlog.txt*, die im Windows-Ordner gespeichert wird. Sie listet detailliert auf, was während des Startvorgangs passiert ist und an welcher Stelle er abbrach. Sie können diese Datei anschließend nutzen, um in der Wiederherstellungskonsole die defekten Dateien von Hand zu ersetzen.

Oder Sie machen es sich einfacher und booten das System von der Windows XP-CD. Starten Sie den Installationsprozess, dann stellt Ihnen der Assistent zur Auswahl, Windows XP neu zu installieren oder eine vorhandene Installation zu reparieren. Wählen Sie die Reparaturoption, dann ermittelt der Assistent automatisch, welche integralen Windows-Komponenten beschädigt sind, und ersetzt die Dateien von der CD.

Die Wiederherstellungskonsole verwenden

Kann Windows überhaupt nicht mehr gestartet werden, dann haben Sie als letzte Möglichkeit der Rettung die Wiederherstellungskonsole. Sie funktioniert ähnlich wie ein Konsolenfenster, ist also textbasiert und muss nicht die grafische Benutzeroberfläche von Windows XP starten.

Die Wiederherstellungskonsole verfügt über alle wesentlichen Rettungsmittel und kann zum Beispiel wichtige Konfigurationsdateien wie *Boot.ini* reparieren, Dateien ersetzen und Dienste oder Treiber abschalten.

Wiederherstellungskonsole installieren

Bevor Sie die Wiederherstellungskonsole nutzen können, muss diese allerdings zuerst rechtzeitig installiert worden sein. Ohne vorherige Installation kann die Wiederherstellungskonsole zwar auch von der Windows-CD aus gestartet werden, allerdings muss dazu das System von der CD booten können.

So wird die Wiederherstellungskonsole installiert:

1. Legen Sie die Windows XP-CD ins Laufwerk. Wählen Sie dann im Startmenü *Ausführen*.
2. Geben Sie ins Befehlsfeld diesen Befehl ein: `d:\i386\winnt32.exe /cmdcons` Eingabe. Ersetzen Sie den Laufwerksbuchstaben *d:* durch den Laufwerksbuchstaben Ihres CD-ROM-Laufwerks.
3. Ein Fenster öffnet sich und fragt, ob Sie die Wiederherstellungskonsole installieren wollen. Klicken Sie auf *Ja*.
4. Die Software wird installiert. Verfügen Sie über eine Internetverbindung, dann wird dabei gleich geprüft, ob es inzwischen online eine neuere Version dieser Software gibt. Drücken Sie Esc, wenn Sie das dynamische Update überspringen wollen.
5. Eine abschließende Erfolgsmeldung erscheint. Die Konsole ist betriebsbereit.

Sicherheits-Einschränkungen der Konsole lockern

Die Installation der Wiederherstellungskonsole ist nur der erste Schritt. Sie ist nämlich aus Sicherheitsgründen zunächst stark eingeschränkt.

In den Voreinstellungen kann die Wiederherstellungskonsole weder Daten auf Disketten speichern (also dem System stehlen) noch auf

Dateien und Ordner zugreifen, die nicht im Systemordner von Windows XP liegen. So wird verhindert, dass ein Administrator sich die Konsole zunutze macht, um firmeninterne Dokumente auf eigene Disketten zu kopieren oder Daten sichtbar macht, die anderen Benutzern gehören.

Wollen Sie diese Einschränkungen lockern, dann machen Sie das so:

1. Wählen Sie im Startmenü *Systemsteuerung* und öffnen Sie den Ordner *Verwaltung*. Öffnen Sie dann die *Lokale Sicherheitsrichtlinie*.
2. Expandieren Sie in der linken Spalte den Zweig *Lokale Richtlinien/ Sicherheitsoptionen*.
3. Öffnen Sie die Richtlinie *Wiederherstellungskonsole/Automatische administrative Anmeldungen zulassen*. Stellen Sie sicher, dass diese Richtlinie auf *Deaktiviert* eingestellt ist. Wird die Richtlinie aktiviert, dann braucht sich der Benutzer der Wiederherstellungskonsole nicht mehr als Administrator auszuweisen. Jeder, der Zugriff auf das Windows XP-Bootmenü oder eine Windows XP-CD hat, könnte sonst das System entern.
4. Öffnen Sie dann die Richtlinie *Wiederherstellungskonsole: Kopieren von Disketten und Zugriff auf alle Laufwerke und alle Ordner zulassen*. Schalten Sie diese Richtlinie auf *Aktiviert*, wenn Sie die Einschränkungen der Konsole lockern möchten.

Mit der Wiederherstellungskonsole arbeiten

Haben Sie die Wiederherstellungskonsole installiert, dann erscheint im Bootmenü von Windows XP der zusätzliche Eintrag *Microsoft Windows XP-Wiederherstellungskonsole*. Wählen Sie diese Startoption.

Die Konsole überprüft zuerst die essentielle Hardware und startet dann. Der Start kann einige Sekunden dauern. Bis dahin wird nur ein schwarzer Bildschirm angezeigt. Haben Sie etwas Geduld. In dieser Zeit sucht die Konsole nach Windows XP-Versionen, die auf einer der Festplatten installiert sind.

Anschließend zeigt die Konsole die Liste der gefundenen Windows XP-Installationen an. Geben Sie die Kennziffer der Installation an, auf die Sie zugreifen wollen.

Nun verlangt die Konsole, dass Sie sich mit dem Kennwort des Ur-Kontos Administrator ausweisen. Die Abfrage erscheint nur dann nicht, wenn Sie die Kennwortabfrage in der lokalen Sicherheitsrichtlinie wie oben beschrieben abgeschaltet haben.

Sie finden sich anschließend im Windows-Ordner wieder. Die Konsole versteht die gängigsten DOS-Befehle. Möchten Sie sich den Inhalt des Ordners auflisten lassen, dann geben Sie zum Beispiel ein: `dir` Eingabe.

Versuchen Sie mit dem CD-Befehl in ein Verzeichnis zu wechseln, das nicht zum Systemordner gehört, dann wird Ihnen der Zugriff verweigert. Und zwar auch dann, wenn Sie den Zugriff auf fremde Ordner in der lokalen Sicherheitsrichtlinie wie eben beschrieben eigentlich aktiviert haben.

Und warum? Weil diese Richtlinie eigentlich vollkommen irreführend ist. Sie gewährt nicht den Zugriff auf fremde Dateien, sondern den Zugriff auf den *Set*-Befehl. Mit dem *Set*-Befehl können Sie die Umgebungsvariablen verändern, und erst so erhalten Sie uneingeschränkten Zugriff.

Dazu geben Sie ein: `set` **Eingabe**. Jetzt sehen Sie die vordefinierten Umgebungsvariablen:

***Tabelle 23.2:** Spezielle Umgebungsvariablen der Wiederherstellungskonsole, die die Sicherheit regeln*

Variable	Bedeutung
AllowWildCards	Jokerzeichen wie * und ? sind in Pfadnamen erlaubt
AllowAllPaths	Zugriff auf fremde Ordner sind erlaubt
AllowRemovableMedia	Zugriff auf Diskettenlaufwerke und andere Laufwerke mit auswechselbarem Datenträger sind erlaubt
NoCopyPrompt	Beim Kopieren von Dateien erscheint keine Rückfrage

Wollen Sie also tatsächlich Ordner anzeigen, die nicht Teil des Systemordners sind, dann schalten Sie *AllowAllPaths* zuerst frei. Geben Sie ein: `set AllowAllPaths = True` **Eingabe**.

Jetzt können Sie sich mit CD wirklich frei bewegen. Um zum Beispiel die Benutzerprofile der einzelnen Benutzer zu sehen, könnten Sie so vorgehen:

`cd \` **Eingabe**

`cd "Dokumente und Einstellungen"` **Eingabe**

`dir` **Eingabe**

Werkzeuge und Notfalloptionen

Hilfe zu den verfügbaren Befehlen bekommen

Welche Befehle versteht die Wiederherstellungskonsole? Geben Sie `help` **Eingabe** ein, dann wissen Sie es. Das Ergebnis ist eine lange Liste aller erlaubten Befehle.

Wie die Befehle eingesetzt werden und was sie tun, erfahren Sie, wenn Sie detaillierte Hilfe anfordern, zum Beispiel so: `help dir` **Eingabe**.

Wie weitreichend die Reparaturbefehle sind, zeigt folgendes Beispiel: geben Sie `map` **Eingabe** ein. Schon werden Ihnen alle Partitionen und der dazugehörige interne *Arc*-Name angegeben. Sie könnten mit dieser Information zum Beispiel eine defekte *Boot.ini*-Datei reparieren und dafür sorgen, dass das Bootmenü wieder die richtige Windows-Installation startet. *Bootcfg* ist der passende Befehl dazu. Mit der Option */add* fügen Sie weitere Installationen in die *Boot.ini* und damit ins Bootmenü ein, und mit der Option */scan* sucht der Befehl nach allen Windows-Installationen, die er finden kann. Mit */rebuild* wird die *Boot.ini* komplett neu aufgebaut, und Sie können sich aus einer Liste die Installationen auswählen, die im Bootmenü angezeigt werden sollen.

Mit `chkdsk /p /r` Eingabe prüfen Sie die Festplattenintegrität und können Dateifehler reparieren lassen. *Diskpart* erlaubt Ihnen, Partitionen zu ändern und funktioniert im Grunde wie die Datenträgerverwaltung. Mit *Listsvc* sehen Sie alle Dienste und können problematische Dienste oder Treiber mit *Disable* abschalten.

Daneben stehen Ihnen alle wesentlichen Dateibefehle zur Verfügung: mit *Copy* werden Dateien kopiert, *Erase* löscht Dateien. *Mkdir* und *Rmdir* legen neue Ordner an oder löschen Ordner. *Rename* benennt Dateien um, *Attrib* setzt oder löscht Dateiattribute, und *Expand* extrahiert Dateien aus einem *.cab*-Archiv.

Mit *Exit* verlassen Sie die Wiederherstellungskonsole wieder. Das System startet neu.

TIPP

Klar ist, dass die Befehle der Wiederherstellungskonsole große Erfahrung voraussetzen und nur für den versierten Administrator gedacht sind. Wollen Sie mehr Hilfestellung, dann wählen Sie im Startmenü *Hilfe und Support* und suchen nach dem Stichwort *Wiederherstellungskonsole*. Das funktioniert natürlich nur auf einem lauffähigen System.

Besondere Optionen des Notfallmenüs

Einige weitere Startoptionen werden ebenfalls im Notfallmenü angeboten. Nur eine davon ist für Stand-Alone-Systeme hilfreich: *VGA-Modus aktivieren*.

Haben Sie eine neue Grafikkarte installiert, die beim anschließenden Neustart keine Bilder liefert, dann wird es recht schwierig, im Blindflug Einstellfehler zu korrigieren. Wählen Sie VGA-Modus aktivieren, dann wird die Grafikkarte angewiesen, im einfachsten Bildformat (640x480 Punkte) zu arbeiten. Dieses Format wird von allen Grafikkarten unterstützt und funktioniert auch ohne besondere Grafiktreiber.

Verzeichnisdienstwiederherstellung ist für Windows XP Professional eine sinnlose Option. Diese Option wird nur auf Servern gebraucht, die als *Domänencontroller* eingesetzt werden und deshalb das *Active Directory* ausführen. Über diese Option wird das Active Directory deaktiviert und kann dann durch ein Backup ersetzt werden.

Der *Debugmodus* sendet Informationen an die serielle Schnittstelle. Ist hier ein spezieller Debug-Monitor angeschlossen, dann kann der Speicher des Windows XP-Systems während des Starts genau analysiert werden. Diese Option ist nur für Spezialisten auf der Suche nach verzwickten Fehlern richtig.

Daten-Backups anlegen

Für Ihre persönlichen Daten sind Sie allein verantwortlich. Ordner mit wertvollen Arbeitsergebnissen sollten deshalb regelmäßig auf einem Backup-Medium gesichert werden. Entscheidend ist dabei, dass das Backup-Medium ein physikalisch anderer Datenträger ist, weil sonst bei einem Ausfall nichts gewonnen wäre.

Sie könnten als Backup-Medium also durchaus eine andere Festplatte einsetzen, solange sichergestellt ist, dass es sich wirklich um eine andere physikalische Festplatte und nicht etwa nur um eine Partition oder ein Volume der aktuellen Festplatte handelt.

Ein Backup anlegen

Um ein Backup anzulegen, öffnen Sie im Startmenü *Arbeitsplatz* und klicken eine der Festplatten mit der rechten Maustaste an. Wählen Sie *Eigenschaften*, und aktivieren Sie die Registerkarte *Extras*. Klicken Sie auf *Jetzt sichern*. Der Sicherungs- oder Wiederherstellungs-Assistent öffnet sich.

Er bietet Ihnen zwei grundsätzliche Modi an: Daten sichern oder Daten wiederherstellen.

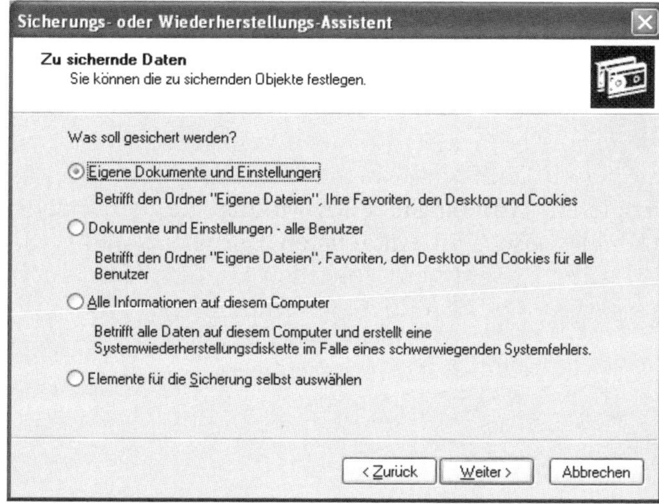

Abbildung 23.6: *Schnell und bequem alle persönlichen Daten sichern*

Möchten Sie Daten sichern, dann haben Sie wiederum einige Auswahlmöglichkeiten:

- *Eigene Dokumente und Einstellungen*: Legt ein Backup Ihres Benutzerprofils an. Das Benutzerprofil enthält all Ihre persönlichen Daten.
- *Dokumente und Einstellungen – alle Benutzer*: Legt ein Backup der Benutzerprofile aller Benutzer an.
- *Alle Informationen auf diesem Computer*: Sichert den gesamten Inhalt der Festplatte(n). Dauert sehr lange und benötigt extrem viel Speicherplatz.
- *Elemente für die Sicherung selbst auswählen*: Öffnet den Expertenmodus, sodass Sie sich die zu sichernden Ordner selbst aussuchen können.

TIPP

Sind Sie normaler Benutzer, dann können Sie Ihre persönlichen Dinge am leichtesten über *Eigene Dokumente* und *Einstellungen* sichern. Sind Sie Administrator, dann sollten Sie in regelmäßigen Abständen die Benutzerprofile aller Benutzer sichern.

Die Sicherungskopie kann entweder auf einem echten Backup-Datenträger wie einem Bandlaufwerk (Streamer) gespeichert werden. Oder Sie verwenden dazu einen normalen Dateiordner. Die Wahl wird in der Liste *Wählen Sie den Sicherungstyp* getroffen. Haben Sie sich für Datei entschieden, dann wird in der Liste darunter das Diskettenlaufwerk eingestellt. Das ist natürlich Unsinn, denn auf Disketten ist überhaupt kein Platz für die meist Mega- bis Gigabyte-großen Backups. Klicken Sie auf *Durchsuchen*, und stellen Sie einen Ordner ein, in dem die Daten sicher gespeichert werden sollen.

Danach beginnt der Sicherungsprozess, der je nach Datenmenge stundenlang dauern kann.

Abbildung 23.7: *Automatisch konfigurierte Backups umfassen in der Regel sehr große Datenmengen*

Gesicherte Daten wiederherstellen

Wollen Sie eine Sicherheitskopie wieder reaktivieren, dann gehen Sie ebenso vor, wählen aber die Dateiwiederherstellung. Jetzt bekommen Sie Gelegenheit, den Backup-Satz auszusuchen. Sollte der Backup-Satz in der Liste nicht geführt sein, dann klicken Sie auf *Suchen*, um den Satz wieder in die Liste einzufügen. Geben Sie dann den Dateinamen des Backup-Satzes ein.

Wählen Sie in der linken Seite den gewünschten Backup-Satz aus. In der rechten Spalte können Sie dann die Bestandteile des Backup-Satzes auswählen, die wiederhergestellt werden sollen.

Klicken Sie auf *Weiter*. In den Vorgaben werden vorhandene Dateien nicht durch das Backup ersetzt, sondern nur gelöschte oder verlorengegangene Dateien. Wollen Sie dies ändern, dann klicken Sie auf *Erweitert*. Mit *Fertig stellen* beginnt die Datenwiederherstellung.

24 Windows-Automation

Automation heißt: Anstatt mühsam zur Maus zu greifen und Aufgaben persönlich durchzuführen, beauftragen Sie Windows XP, dies automatisch zu tun. Das kann unendlich viel Zeit sparen.

Allein die Aufgabe, einen Ordner mit hunderten von Bilddateien so umzubenennen, dass alle Bilder ein einheitliches Prefix und eine laufende Seriennummer bekommen, würde auf konventionellem Wege Stunden stoischer Arbeit bedeuten. Ein Skript erledigt dieselbe Aufgabe in weniger als fünf Sekunden.

Wie aber kann man Windows XP seine Wünsche verständlich machen? Skripte sind eine Möglichkeit und lösen die von DOS und früheren Windows-Versionen her bekannten Batch-Dateien ab.

Skripte – eine Übersicht

Skripte sind nichts weiter als einfache Textdateien, die also mit jedem beliebigen Texteditor verfasst werden können – zum Beispiel dem mitgelieferten *Notepad*-Editor.

Damit Skripte auch tatsächlich automatisch Aufgaben erledigen, müssen sie in einer Sprache verfasst sein, die Windows XP versteht. Zur Auswahl stehen *JScript* (ein JavaScript-Dialekt) und *VBScript* (eine Untermenge des bekannten Visual Basics).

Eigene Skripte erstellen

Wie einfach sich Skripte erstellen lassen, zeigt das folgende Beispiel:

1. Wählen Sie im Startmenü *Ausführen*, und geben Sie ein: `notepad` Eingabe. Der Editor startet.

2. Geben Sie den Skriptcode aus Listing 1 ein. Dann wählen Sie *Datei/ Speichern*. Damit aus dem einfachen Text ein ausführbares Skript wird, speichern Sie den Scriptcode zum Beispiel auf dem Desktop als `test.vbs` Eingabe.

3. Auf dem Desktop erscheint eine neue Datei, die nicht mehr das normale Textsymbol zeigt. Durch die Dateiextension *VBS* haben Sie Windows XP angewiesen, den Inhalt der Datei als VBScript zu interpretieren.

4. Öffnen Sie die Datei, dann verfüttert Windows XP den Inhalt der Skriptdatei an den eingebauten *Windows Script Host* (WSH). Er liest den Scriptcode, führt ihn aus oder meldet Fehler.

Listing 24.1: *Einfaches Skript zur Berechnung eines Wochentages*

```
eingabe = InputBox("Wann sind Sie geboren?", "Datum", "18.3.1968")
If not IsDate(eingabe) then
      MsgBox "Sie haben kein Datum eingegeben!", vbInformation
else
      wochentag = Weekday(eingabe)
      tagname = WeekdayName(wochentag)
      MsgBox "Der " & eingabe & " fällt auf einen " & tagname, vbInformation
End If
```

Die Macht der Skripte kennen lernen

Skriptsprachen wie *VBScript* oder *JScript* sind sehr einfach gehalten und unterstützen überhaupt keine plattformabhängigen Spezialbefehle. Weder der Zugriff auf das Dateisystem noch die Benutzerverwaltung oder Konfiguration der Registry sind damit möglich.

Das ist auch gar nicht gewollt. Skriptsprachen bilden nur den Software-Klebstoff, um die Funktionen anderer Programme miteinander zu verbinden. Im Kernpunkt des Interesses liegen hier die COM-Objekte. COM steht für *Component Object Model* und legt fest, wie Programm-Einzelteile in Form von DLLs oder Steuerelementen miteinander kommunizieren.

Skripte können COM-Objekte ebenfalls ansprechen, jedenfalls dann, wenn die COM-Objekte das Standard-Interface *IDispatch* verwenden. Was das bedeutet, zeigt das Beispiel im nächsten Abschnitt. Mit Hilfe des *CreateObject*-Befehls klinkt sich dort das Skript in ein COM-Objekt namens *Scripting.FileSystemObject* ein, hinter dem die Datei *Scrrun.dll* steckt.

Dieses neue Objekt funktioniert wie eine Befehlserweiterung und beschert dem Skript alle nur denkbaren Befehle, um auf Festplatte & Co. Daten zu lesen, zu löschen oder umher zu transportieren.

Neben *CreateObject* gibt es noch einen zweiten magischen Befehl, der das Einsatzspektrum der Skripte wachsen lässt: *GetObject*. Während *CreateObject* neue Objekte anlegt, die so vorher noch nicht im Speicher liefen, greift *GetObject* auf Objekte zu, die bereits sowieso schon ausgeführt werden.

Bei Windows XP sind dies vor allem das *WinNT:*-Objekt des ADSI-Providers, das die komplette Benutzerverwaltung möglich macht, sowie die vielfältigen Klassen der *Windows Management Instrumentation* (WMI). Zu beiden hören Sie gleich mehr.

Skript-Entwicklungsumgebung

Leider enthält Windows XP weder einen "Makrorekorder", um Arbeitsschritte aufzuzeichnen, noch eine Entwicklungsumgebung für Skripte. Wer also nicht die magischen Skriptbefehle und Objekte kennt, in die sich Skripte via *CreateObject* einklinken können, der kann Skripte auch nicht zu seinem Vorteil einsetzen.

Aus dieser Not heraus habe ich ein Entwicklungssystem programmiert, das die Erstellung von Skripten auf allen Windows-Plattformen stark vereinfacht. Eine Basisversion dieses Entwicklungssystems finden Sie auf der Buch-CD. Diese Basisversion ist an Sie als Leser dieses Buches gebunden und nicht zeitlich limitiert. Die Lizenzbestimmungen verbieten die Weitergabe an andere Personen.

Die jeweils aktuellen Versionen des Programms finden Sie bei *www.scriptinternals.de*, wo Sie bei Gefallen auch die Profi-Edition des Werkzeugs kaufen können.

Mit dem Scripting Spy arbeiten

Nach der Installation des Scripting Spys scannt dieser zunächst einige Minuten lang das System und verschafft sich so das Wissen, welche Objekte auf Ihrem System installiert sind und von Skripten angesprochen werden können.

Anschließend kann die Skriptarbeit beginnen. Sobald Sie die erste Taste drücken, öffnet sich ein Kontextmenü und liefert Ihnen typische VBScript-Anfangsbefehle. Vielleicht wollen Sie auf ein COM-Objekt zugreifen, wissen aber noch nicht, welches infrage kommt. Geben Sie ein:

```
SET objekt = CreateObject("
```

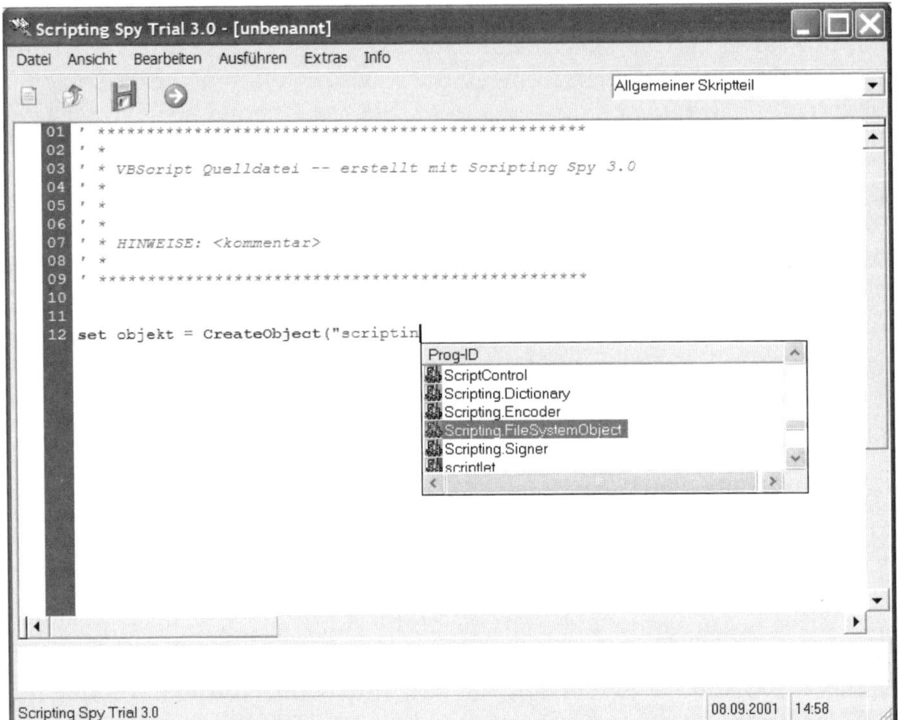

Abbildung 24.1: *Die Skript-Entwicklungsumgebung befindet sich auf der Buch-CD-ROM*

Spätestens an dieser Stelle öffnet sich erneut ein Kontextmenü und listet alle potenziell nützlichen Objekte auf, die auf Ihrem Computer bereit stehen. Geben Sie zum Beispiel *Scripting.FileSystemObject* ein, oder wählen Sie dieses Objekt aus der Liste aus.

TIPP Drücken Sie `Tab`, um den Eintrag aus dem Kontextmenü zu übernehmen!

Schließen Sie die Zeile ab, damit sie so aussieht:

```
set objekt = CreateObject("Scripting.FileSystemObject")
```

Sie haben soeben erfolgreich auf ein fremdes Objekt zugegriffen.

Welche neuen Befehle darin schlummern, zeigt Ihnen der Spy bei der weiteren Arbeit. Wollen Sie zum Beispiel den Inhalt der Datei *C:\Boot.ini* auslesen, dann schreiben Sie:

```
set file = objekt.
```

Sobald Sie den Punkt angeben, öffnet sich ein Kontextmenü und zeigt, welche Befehle das neu eingebundene Objekt anzubieten hat. Wählen Sie *OpenTextFile* aus, sodass die Zeile dann so aussieht:

```
set file = objekt.OpenTextFile("C:\boot.ini")
```

Nun soll der Inhalt der Datei ausgelesen werden. Dazu geben Sie ein:

```
MsgBox file.
```

Wieder erscheint ein Kontextmenü, das Ihnen zuvorkommend die Funktionen des Objekts offen legt. Wählen Sie aus: *ReadAll*. Die Zeile lautet:

```
MsgBox file.ReadAll
```

Als ordentlicher Mensch schließen Sie die Datei anschließend wieder:

```
file.close
```

Um Ihr Skript in Aktion zu erleben, drücken Sie auf F8. Es wird ausgeführt, und tatsächlich zeigt ein Dialogfeld nun den Inhalt der Datei *Boot.ini* an.

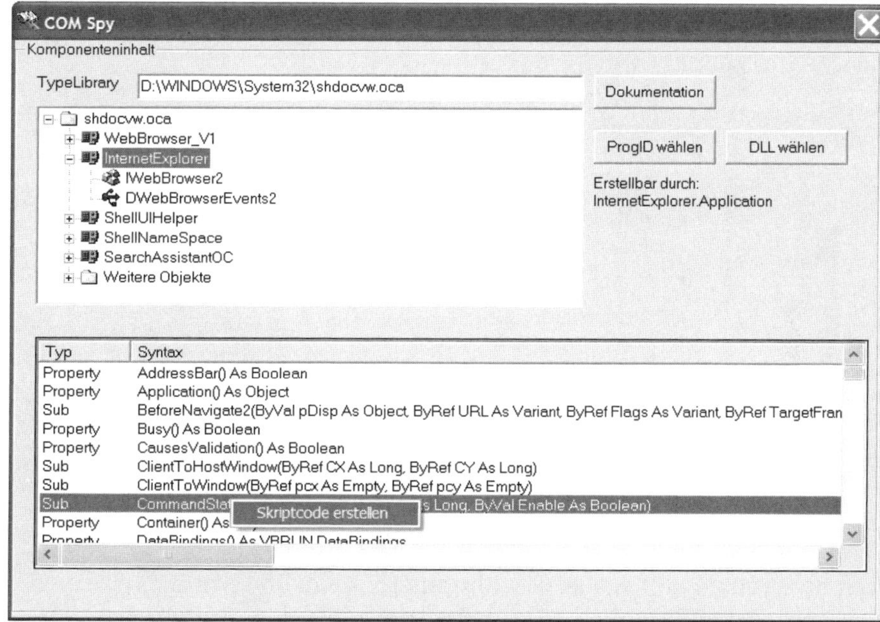

Abbildung 24.2: *Professional-Edition: DLLs analysieren und Skriptcode automatisch generieren*

Mehr Informationen zu Skriptautomation

Natürlich kann die Basisversion des Scripting Spy Entwicklungssystems nur eine Arbeitserleichterung für gelegentliche Skripterstellungen sein.

Eine Einführung in Windows Skripte und deren Programmierung finden Sie im Buch *Scripting für Administratoren*, erschienen bei Microsoft Press.

Daneben finden Sie auf der Buch-CD die englischsprachigen Hilfedateien für die Skript-Programmiersprache *VBScript* und den zugrundeliegenden *Windows Script Host* (WSH).

Wer tiefer in die Skriptprogrammierung einsteigen möchte, findet im *Scripting Spy Professional* ein umfangreiches Entwicklungssystem, das Einblicke in DLLs, in die ADSI-Benutzerverwaltung und die betriebssysteminterne WMI (*Windows Management Instrumentation*) gewährt.

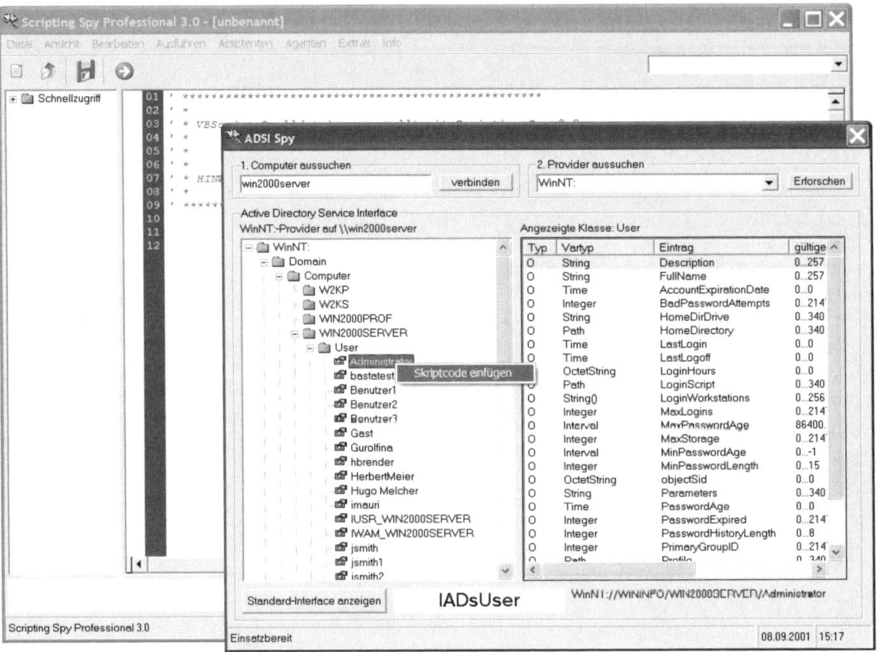

Abbildung 24.3: *Automatisch Administrations-Skripte für WinNT:- und LDAP-Benutzerverwaltung*

Teil H
Anhang

PowerToys

Auch für Windows XP hat Microsoft ein zusätzliches kleines Softwarepaket mit Hilfsprogrammen geschnürt: die PowerToys. Dabei handelt es sich um Verbesserungen und Hilfsmittel, die nicht in Windows XP integriert wurden, von Ihnen aber nachgerüstet werden können, wenn Sie an den Zusatzmöglichkeiten Interesse haben.

Sie finden die Powertoys für Windows XP auf der Buch-CD. In den folgenden Abschnitten lernen Sie kennen, was die PowerToys für Sie tun können und wie Sie sie installieren müssen.

Alle Erweiterungen, die speziell installiert werden, lassen sich später jederzeit über das *Software*-Modul der Systemsteuerung auch wieder entfernen.

TweakUI – noch mehr Feineinstellungen

TweakUI ist beinahe ein Klassiker, denn dieses Tool gibt es seit Windows 95 für jede Windows-Version. Hier finden Sie Schalter und Einstellmöglichkeiten, die in die offizielle Benutzeroberfläche nicht eingebaut wurden.

Um TweakUI zu verwenden, starten Sie *TWEAKUI.EXE*. Ein Fenster öffnet sich und zeigt links in einer Baumdarstellung alle Bereiche, die mit diesem Tool angepasst werden können.

Sicherheitseinstellungen und Effekte

About - Policy liefert eine Schaltfläche, über die Sie die lokalen Gruppenrichtlinien bequem erreichen. Welche Möglichkeiten die Gruppenrichtlinien bieten und wie Sie sie bedienen, ist bereits ausführlich Thema in ▶ Kapitel 20 gewesen.

General liefert eine Liste, um die vielfältigen visuellen Effekte der Benutzeroberfläche zu steuern. Hier können Sie zentral an einer Stelle bestimmen, wie spielerisch oder starr die Benutzeroberfläche auf öffnende Menüs reagiert und ob Tooltipps erscheinen, wenn sich die Maus über geeigneten Elementen befindet. Markieren Sie eine Option, dann lesen Sie im Feld darunter, was diese Einstellung für eine Aufgabe hat.

General - Focus bestimmt, wie sich Fenster verhalten, wenn sie aktiviert werden. Normalerweise verwendet Windows XP den so genannten Focus Lock: sobald Sie mit einem Fenster arbeiten, verbietet Windows XP anderen Fenstern, in den Vordergrund zu springen, damit Sie nicht gestört werden. Stattdessen beginnen die Schaltflächen solcher Fenster hektisch in der Taskleiste zu blinken. TweakUI erlaubt Ihnen, sowohl den Blinkeffekt zu verändern, als auch den Focus Lock ganz abzuschalten. Das kann für Skripte wichtig sein, die mit dem *AppActivate*-Befehl andere Fenster zu Automationszwecken in den Vordergrund schalten müssen.

Mouse bestimmt, wie sich Ihre Maus verhält. Mit *Hover* legen Sie zum Beispiel fest, wie schnell Objekte unter der Maus aktiviert werden. Über *Wheel* legen Sie fest, wie das Mausrad funktionieren soll, wenn Ihre Maus ein Mausrad besitzt. Und *X-Mouse* bringt automatisch und ohne Klick das Fenster in den Vordergrund, über dem sich die Maus gerade befindet.

Command Prompt legt die Tasten fest, die Sie im Konsolenfenster dazu verwenden können, Ordner- und Dateinamen automatisch zu vervollständigen.

WIN-Taste freischalten

Explorer fasst einige wichtige Richtlinien für Startmenü und Desktop zusammen. So können Sie schnell und ohne aufwändige Richtlinien bestimmen, ob der Active Desktop mit Webinhalten erlaubt ist oder nicht, und ob die WIN-Taste spezielle Befehle ausführt.

Eigene Symbole im Öffnen-Fenster

Besonders interessant ist *Common Dialogs*: hier können Sie nämlich endlich bestimmen, welche wichtigen Ordner in der linken Spalte der

Öffnen- und *Speichern unter*-Dialoge erscheinen sollen. Möchten Sie eigene wichtige Ordner dort einbauen, dann wählen Sie die Option *Custom places bar* und legen den Ort fest. Die Ausklapplisten zeigen alle Systemordner, allerdings können Sie eigene Ordnerpfade wie zum Beispiel *C:* oder `C:\Bilder` auch direkt in das Textfeld hineinschreiben.

Leider beziehen sich diese Einstellungen nur auf die Windows-eigenen Dialoge. Produkte wie Microsoft Office und andere verwenden häufig eigene Dialoge, die von diesen Einstellungen nicht betroffen sind.

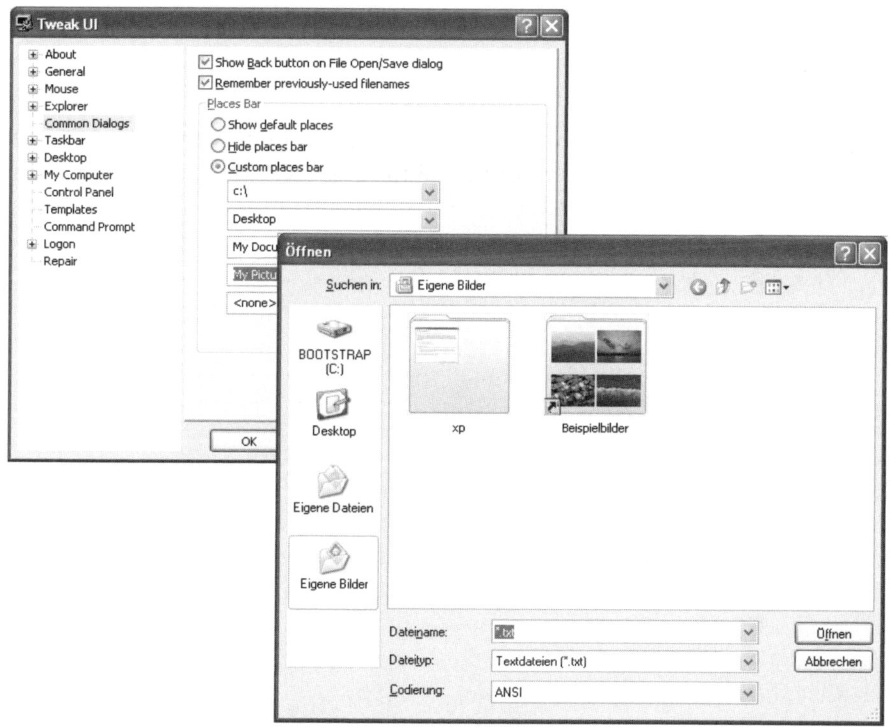

Abbildung A.1: *Legen Sie selbst fest, welche Ordner in der linken Öffnen-Spalte erscheinen*

Taskbar-Gruppierung justieren

Taskbar - Grouping ist ebenfalls eine sehr wichtige Einstellmöglichkeit: hier nämlich legen Sie fest, wann die Taskleiste gleichartige Programme in Gruppen anzeigen soll. Normalerweise passiert das erst, wenn der Platz knapp wird, aber wenn Sie möchten, kann Windows XP gleichartige Programme auch immer gruppiert anzeigen: *Group any application with at least 2 windows*.

Symbole auf dem Desktop und im Explorer

Über *Desktop* lassen sich die klassischen Systemsymbole auf dem Desktop einblenden. Hier kann auch bestimmt werden, welches Symbol zuerst auf dem Desktop erscheint, also die Rolle des früheren *Arbeitsplatz* einnimmt.

Ähnliches funktioniert mit *My Computer*: auch in das *Arbeitsplatz*-Fenster lassen sich Systemsymbole wie zum Beispiel die *Systemsteuerung* einblenden. Mit *My Computer – Drives* lassen sich zusätzlich bestimmte Laufwerkssymbole aus dem Explorer ausblenden und unsichtbar machen, zum Beispiel Datenpartitionen, die Sie sowieso nie direkt besuchen.

Control Panel hilft dabei, Module aus dem *Systemsteuerung*-Fenster auszublenden oder versteckte Symbole wieder sichtbar zu machen.

Templates kontrolliert das *Neu*-Menü, das Sie sehen, wenn Sie mit der rechten Maustaste auf eine freie Stelle des Desktops oder in einen Ordner klicken. Anders als bei früheren Versionen von TweakUI können Sie hier nur die vorhandenen Einträge sehen und abschalten, aber keine neuen Elemente ins *Neu*-Menü hineinziehen.

Systemordner verschieben

Mit extremer Vorsicht ist *My Computer – Special Folders* einzusetzen, denn hier können Sie über eine Ausklappliste alle speziellen Windows-Ordner aussuchen und ihnen andere Aufenthaltsorte zuweisen. Ist zum Beispiel auf Ihrer Hauptfestplatte der Speicherplatz so knapp, dass keine CD-ROMs mehr gebrannt werden können und verfügen Sie über eine Ausweichplatte mit mehr Platz, dann könnten Sie den Spezialordner *CD Burning* auf die Ausweichplatte legen.

Automatische Anmeldung

Logon ist wieder eine Einstellung für Experten. Hier bestimmen Sie, ob die von früheren DOS-basierten Windows-Versionen vielleicht noch vorhandene Start-Datei *AUTOEXEC.BAT* gelesen und ausgewertet wird. Falls ja, dann übernimmt Windows XP alle darin definierten Umgebungsvariablen. Hier legen Sie außerdem fest, ob das spezielle *Administrator*-Konto auf dem Willkommens-Anmeldeschirm erscheinen soll oder nicht. Normalerweise erscheint es dort nur, wenn es keine anderen Administratorenkonten gibt oder wenn Sie Windows XP im abgesicherten Modus starten.

Logon - Autologon meldet Sie automatisch unter einem bestimmten Namen und mit einem gespeicherten Kennwort an, wenn Windows XP startet. Und mit *Unread Email* bestimmen Sie, ob Windows XP auf dem Willkommensschirm melden soll, wie viel ungelesene E-Mails auf die einzelnen Benutzer warten.

Reparatur-Werkzeuge

Repair schließlich legt verschiedene Systemeinstellungen neu an. Erscheinen zum Beispiel Icons schwarz oder unleserlich, dann wählen Sie *Repair Icons* und klicken auf *Repair Now.* Der interne Icon-Puffer wird daraufhin geleert und frisch aufgebaut.

Erweiterungen für Kontextmenüs

Einige der Tools fügen sich nahtlos in die Kontextmenüs bestimmter Dateitypen oder Ordner ein und leisten dort zusätzliche Arbeit.

Fotos verkleinern

Windows XP ist eine Multimedia-Maschine, und wenn Sie sich mit Digitalkamera oder -Video ausgerüstet haben, dann entstehen schnell riesige Bilderarchive der letzten Urlaubsreisen.

Damit solche Bilder auch an Freunde und Bekannte per E-Mail weitergegeben, auf Webseiten platziert oder platzsparender untergebracht werden können, kann *Bulk Resize* ganze Bilderordner konvertieren: die Originale bleiben erhalten, und zusätzlich legt das Tool kleinere Vorschau- oder Anzeigeversionen an, die sehr viel weniger Speicherplatz benötigen.

Um diese Erweiterung zu installieren, rufen Sie *PHOTOTOYS.EXE* auf. Anschließend können Sie jedes Bild (oder auch ganze Bildergruppen, mit STRG+A markieren Sie zum Beispiel einen ganzen Bilderordner) per Rechtsklick und *Resize Pictures* verkleinern. Ein Dialogfenster fragt nur noch nach, welche Größe Sie wünschen. Die verkleinerten Bilder werden dann in demselben Ordner abgelegt wie die Originale.

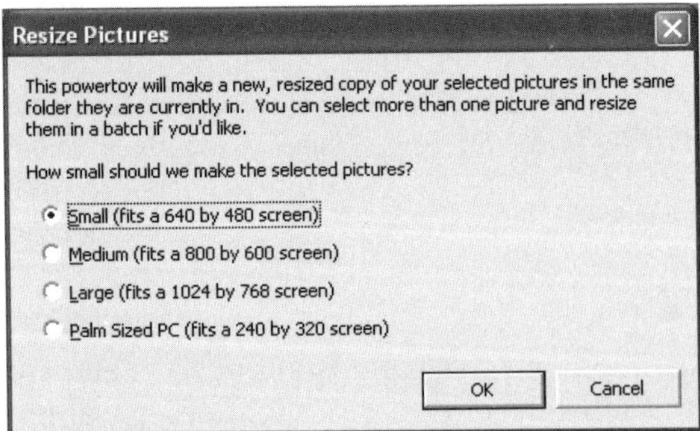

Abbildung A.2: *Automatisch Bilder verkleinern (z.B. für eigene Webseiten)*

Konsolenfenster bequem öffnen

Über den Befehl *CMD* öffnet sich auch im normalen Windows XP stets ein Konsolenfenster. Bequemer geht es mit der Erweiterung *Open New Window Here*. Dazu installieren Sie *CMDINSTALL.EXE*.

Fortan genügt ein Rechtsklick auf einen beliebigen Ordner und *Open Command Window Here*, um die Konsole nicht nur zu öffnen, sondern auch gleich den ausgewählten Ordner anzuzeigen.

Erweiterungen der Oberfläche

Einige Tools fügen sich direkt in die Windows-Oberfläche ein und verbessern darin enthaltene Funktionen.

Noch schnellere Benutzerumschaltung

Haben Sie die *Schnelle Benutzerumschaltung* aktiviert, dann können Sie sich abmelden, ohne Ihre Sitzung wirklich zu beenden. Ein anderer Benutzer kann Ihre Mittagspause nutzen, um mit dem Rechner zu arbeiten, und wenn Sie sich später wieder anmelden, ist alles noch so, wie Sie es verlassen hatten. Wie Sie die *Schnelle Benutzerumschaltung* aktivieren, haben Sie bereits in den vorangegangenen Kapiteln gelesen. Zuständig ist das Modul *Benutzerkonten* der Systemsteuerung.

Noch schneller geht die Umschaltung, wenn Sie *FASTINSTALL.EXE* installiert haben. Jetzt nämlich brauchen Sie nur noch WIN+Q festzuhalten, mit Q den gewünschten Benutzer auszusuchen und dann beide Tasten loszulassen. Schon wird umgeschaltet.

Programmumschaltung mit Vorschau

Die Tastenkombination ALT+TAB ist schon seit Jahren sehr beliebt, um zwischen laufenden Programmen umzuschalten. Halten Sie ALT fest und drücken Sie so oft TAB, bis das gewünschte Programm markiert ist. Sobald alle Tasten losgelassen werden, wird das Programmfenster in den Vordergrund geschaltet.

Noch mehr Komfort erleben Sie, wenn Sie *TASKINSTALL.EXE* installieren. Jetzt nämlich zeigt das Umschaltfenster nicht nur den Namen und das Icon der Fenster, zu denen Sie umschalten können, sondern eine Miniaturansicht des Fensterinhaltes zusätzlich. So wird es leicht, das gewünschte Fenster zu finden. Allerdings macht diese Funktion nur auf sehr schnellen Rechnern Spaß.

Musik aus der Taskleiste

Installieren Sie *SHPLAYERINSTALL.EXE*, dann fügt die Erweiterung eine neue Symbolleiste hinzu, mit der Sie Musik abspielen können.

Ein Rechtsklick auf die Uhr in der Taskleiste und *Symbolleisten/Audio Player* genügt, um Songs aus Ihrem Media Player Archiv aufzurufen und abzuspielen. Doppelklicken Sie auf *Audio Player*, wenn Sie nicht alle Schaltelemente sehen können.

Bessere Internetsuche

Eine Erweiterung für den Internet Explorer bietet *IEFINDINSTALL.EXE*. Ab sofort können Sie nach Stichworten innerhalb einer angezeigten Webseite suchen, ohne dazu *Bearbeiten/Suchen* aufrufen zu müssen.

Ansicht/Symbolleisten/Find blendet die neue Suchfunktion als Symbolleisten-Erweiterung ein. Wählen Sie *Ansicht/Symbolleisten/Symbolleisten fixieren*, um die Feststellbremse abzuschalten und ziehen Sie dann die neue Find-Symbolleiste auf eine sinnvolle Breite.

Der grafische Taschenrechner

Sicher genügt *CALC.EXE* den meisten Ansprüchen: über *Ausführen* im Startmenü geben Sie CALC ENTER ein, um den einfachen Taschenrechner zu starten. Mit *Ansicht/Wissenschaftlich* entlockt man ihm sogar mathematische Sonderfunktionen.

Eins aber kann *CALC.EXE* nicht: Kurvendiskussion und grafische Darstellungen. Wollen Sie mit solchen Funktionen die Mathematikhausaufgaben perfektionieren, dann installieren Sie *POWERCALCINSTALL.EXE*.

Künftig verwenden Sie anstelle von `CALC` den neuen Befehl `POWERCALC` und erhalten einen Grafikrechner erster Güte. Bei der Installation wird das Programm-Symbol übrigens leider in der vorliegenden Version nicht in die Programmgruppe *Zubehör* installiert, sondern in die (englischsprachig bedingte) Gruppe *Accessoires*.

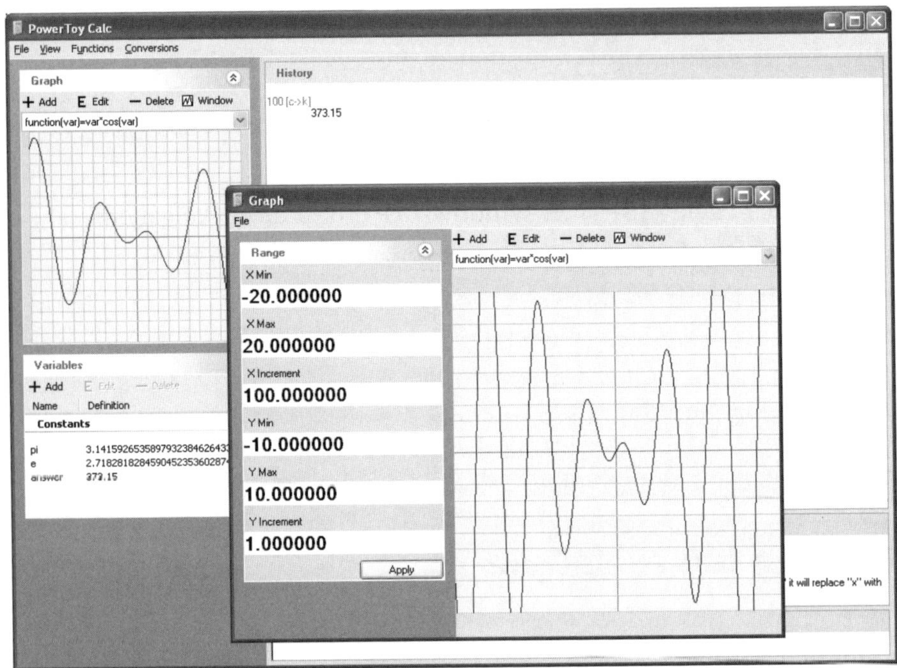

***Abbildung A.3:** Ein phantastischer Grafikrechner ist Teil der PowerToys*

Maßeinheiten umrechnen

Sehr nützlich ist zum Beispiel das neue Menü *Conversions*, mit dem sich verschiedene Maßeinheiten ineinander überführen lassen. Wählen Sie zum Beispiel *Conversions/Temperature/Celsius/Kelvin* aus, dann schreibt der Rechner in die Eingabezeile rechts unten die Funktion `[c->k]`. Klicken Sie vor die linke eckige Klammer, und geben Sie ein: `100`. In der Zeile steht nun `100[c->k]`. Drücken Sie ENTER.

Schon wissen Sie, dass 100 Grad Celsius 373,15 Grad Kelvin entsprechen.

B Service Pack 1

748 MS-Middleware deaktivieren

Das Service Pack 1 (SP1) zu Windows XP erfüllt diese Aufgaben:

- Aktualisierung der Technologie wie zum Beispiel USB 2.0- und Tablet-PC-Unterstützung.
- Zusätzlich sämtliche Sicherheitsaktualisierungen, die seit Erscheinen von Windows XP herausgegeben wurden
- Microsoft Java-VM für JavaApplets sind wieder integriert worden. Zusätzlich .NET Framework Unterstützung
- Entfernungsmöglichkeit für Microsoft-Middleware, also Internet Explorer, Messenger

Hinter den Kulissen führt SP1 allerdings auch Änderungen bei der Lizensierungsprüfung durch, und zwar im Wesentlichen:

- Das Service Pack überprüft die Lizenznummer und vergleicht sie mit einer Liste von Lizenznummern, von denen bekannt ist, dass sie für Raubkopien eingesetzt werden. Solche Produkte können das Service Pack nicht installieren.
- Windows XP erfordert die erneute Registrierung des Produkts, sobald sich seine Hardwareausstattung wesentlich verändert. Bei solch einer Hardwareänderung fordert Windows XP die Registrierung sofort. Das Service Pack gewährt dazu eine Frist von 3 Tagen.
- Damit Unternehmensregistrierungsschlüssel nicht mehr in falsche Hände fallen und missbraucht werden können, führt das Service Pack eine Möglichkeit ein, Lizenzschlüssel verschlüsselt in unbeaufsichtigten Installationen zu nutzen.

MS-Middleware deaktivieren

Das *Windows XP Service Pack 1* enthält eine einfache Möglichkeit, Microsoft-Middleware wie den Internet Explorer ebenso wie Outlook Express, Windows Media Player, Windows Messenger und Microsoft Virtual Machine aus dem System entfernen.

Um Teile der Internet-Standardsoftware zu sperren, gehen Sie so vor:

1. Wählen Sie in der Systemsteuerung das Modul *Software*. Klicken Sie darin links auf *Programmzugriff und -standards festlegen*. Diese Schaltfläche ist erst ab Windows XP SP 1 verfügbar.

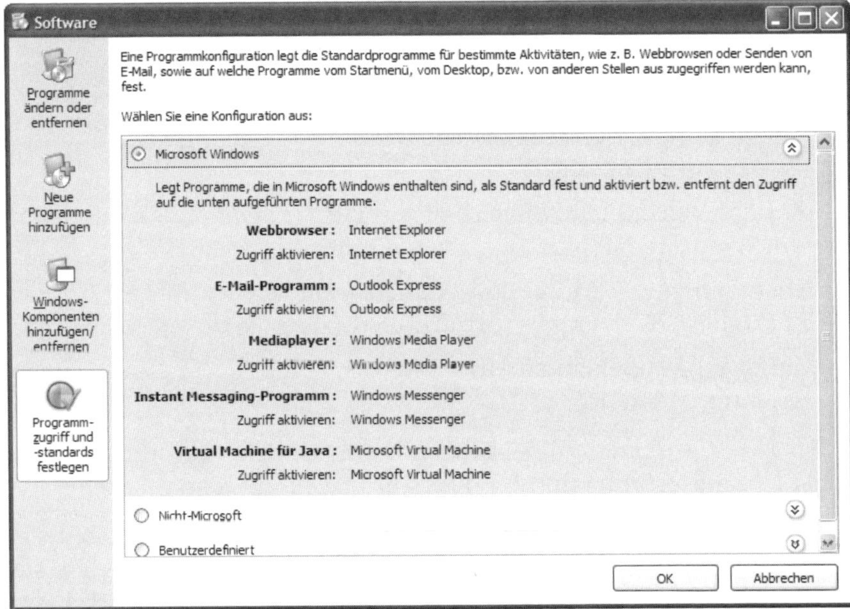

Abbildung B.1: *Internet-Standardsoftware sperren*

2. Sie haben drei Auswahlmöglichkeiten:
   - *Microsoft Windows*: die gesamte Suite der Internet-Standardsoftware ist aktiviert
   - *Nicht-Microsoft*: die gesamte Suite der Internet-Standardsoftware ist deaktiviert, und Windows verwendet entsprechende Drittanbietersoftware als Standard für Web und Email, falls solche installiert ist
   - *Benutzerdefiniert*: Sie selbst wählen aus, welche Internet-Standardsoftware aktiviert sein soll und welche gesperrt ist. So könnte beispielsweise der Windows Messenger oder der Internet Explorer isoliert aus dem System entfernt werden.

Abbildung B.2: *Bestimmen Sie selbst, welche Internetsoftware auf dem System verfügbar ist*

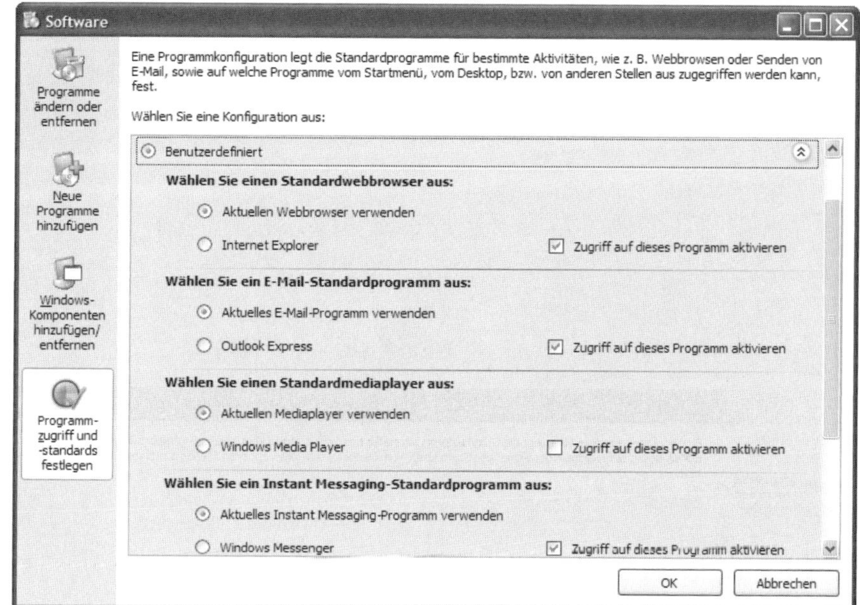

Stichwortverzeichnis

A

B

C

D

E

F

G

H

I

J

K

L

M

N

O

P

R

S

T

U

V

W

X

Z

MICROSOFT-LIZENZVERTRAG

Begleit-CD zum Buch

WICHTIG - BITTE SORGFÄLTIG LESEN: Dieser Microsoft-Endbenutzer-Lizenzvertrag („EULA") ist ein rechtsgültiger Vertrag zwischen Ihnen (entweder als natürlicher oder als juristischer Person) und Microsoft Corporation für das oben bezeichnete Microsoft-Produkt, das Computersoftware sowie möglicherweise dazugehörige Medien, gedruckte Materialien und Dokumentation im „Online"- oder elektronischen Format umfasst („SOFTWAREPRODUKT"). Jede im SOFTWAREPRODUKT enthaltene Komponente, der ein separater Endbenutzer-Lizenzvertrag beiliegt, wird von einem solchen Vertrag und nicht durch die unten aufgeführten Bestimmungen geregelt. Indem Sie das SOFTWAREPRODUKT installieren, kopieren oder anderweitig verwenden, erklären Sie sich damit einverstanden, durch die Bestimmungen dieses EULAs gebunden zu sein. Falls Sie den Bestimmungen dieses EULAs nicht zustimmen, sind Sie nicht berechtigt, das SOFTWAREPRODUKT zu installieren, zu kopieren oder anderweitig zu verwenden. Sie können jedoch das SOFTWAREPRODUKT zusammen mit allen gedruckten Materialien und anderen Elementen, die Teil des Microsoft-Produkts sind, das das SOFTWAREPRODUKT enthält, gegen eine volle Rückerstattung des Kaufpreises der Stelle zurückgeben, von der Sie es erhalten haben.

SOFTWAREPRODUKTLIZENZ

Das SOFTWAREPRODUKT ist sowohl durch US-amerikanische Urheberrechtsgesetze und internationale Urheberrechtsverträge als auch durch andere Gesetze und Vereinbarungen über geistiges Eigentum geschützt. Das SOFTWAREPRODUKT wird lizenziert, nicht verkauft.

1. LIZENZEINRÄUMUNG. Durch dieses EULA werden Ihnen die folgenden Rechte eingeräumt:

a. **Softwareprodukt.** Sie sind berechtigt, eine Kopie des SOFTWAREPRODUKTS auf einem einzigen Computer zu installieren und zu verwenden. Die Hauptbenutzerin oder der Hauptbenutzer des Computers, auf dem das SOFTWAREPRODUKT installiert ist, ist berechtigt, eine zweite Kopie für die ausschließliche Verwendung durch sie oder ihn selbst auf einem tragbaren Computer anzufertigen.

b. **Speicherung/Netzwerkverwendung.** Sie sind außerdem berechtigt, eine Kopie des SOFTWAREPRODUKTS auf einer Speichervorrichtung, wie z.B. einem Netzwerkserver, zu speichern oder zu installieren, wenn diese Kopie ausschließlich dazu verwendet wird, das SOFTWAREPRODUKT über ein internes Netzwerk auf Ihren anderen Computern zu installieren oder auszuführen. Sie sind jedoch verpflichtet, für jeden einzelnen Computer, auf dem das SOFTWAREPRODUKT von der Speichervorrichtung aus installiert oder ausgeführt wird, eine Lizenz zu erwerben, die speziell für die Verwendung auf diesem Computer gilt. Eine Lizenz für das SOFTWAREPRODUKT darf nicht geteilt oder auf mehreren Computern gleichzeitig verwendet werden.

c. **Lizenzpaket.** Wenn Sie dieses EULA in einem Lizenzpaket von Microsoft erworben haben, sind Sie berechtigt, die auf der gedruckten Kopie dieses EULAs angegebene Anzahl zusätzlicher Kopien des Computersoftwareanteils des SOFTWAREPRODUKTS anzufertigen und in der oben angegebenen Weise zu verwenden. Sie sind außerdem berechtigt, wie oben beschrieben eine entsprechende Anzahl zweiter Kopien für die Verwendung auf tragbaren Computern anzufertigen.

d. **Beispielcode.** Einzig und allein in Bezug auf Teile des SOFTWAREPRODUKTS (sofern vorhanden), die innerhalb des SOFTWAREPRODUKTS als Beispielcode („BEISPIELCODE") gekennzeichnet sind:

i. **Verwendung und Änderung.** Microsoft räumt Ihnen das Recht ein, die Quellcodeversion des BEISPIELCODES zu verwenden und zu ändern, *vorausgesetzt*, Sie halten Unterabschnitt (d)(iii) weiter unten ein. Sie dürfen den BEISPIELCODE oder eine geänderte Version davon nicht in Quellcodeform vertreiben.

ii. **Weitervertreibbare Dateien.** Unter der Voraussetzung, dass Sie Unterabschnitt (d)(iii) weiter unten einhalten, räumt Ihnen Microsoft ein nicht ausschließliches, lizenzgebührenfreies Recht ein, die Objektcodeversion des BEISPIELCODES und von geändertem BEISPIELCODE zu vervielfältigen und zu vertreiben, sofern es sich nicht um BEISPIELCODE oder eine geänderte Version von BEISPIELCODE handelt, der in der Info.txt-Datei, die Teil des SOFTWAREPRODUKTS ist, als nicht für den Weitervertrieb bestimmt bezeichnet ist (der „Nicht weitervertreibbare Beispielcode"). Jeder andere BEISPIELCODE als der Nicht weitervertreibbare Beispielcode wird zusammengefasst als die „WEITERVERTREIBBAREN DATEIEN" bezeichnet.

iii. **Weitervertriebsbedingungen.** Wenn Sie die Weitervertreibbaren Dateien weitervertreiben, erklären Sie sich mit Folgendem einverstanden: (i) Sie vertreiben die WEITERVERTREIBBAREN DATEIEN in Objektcodeform einzig und allein in Verbindung mit und als Teil Ihres Softwareanwendungsprodukts; (ii) Sie verwenden weder den Namen, noch das Logo oder die Marken von Microsoft, um Ihr Softwareanwendungsprodukt zu vermarkten; (iii) Sie nehmen einen gültigen Copyright-Vermerk in Ihr Softwareanwendungsprodukt auf; (iv) Sie stellen Microsoft frei und entschädigen und schützen Microsoft von und vor allen Ansprüchen oder Rechtsstreitigkeiten, inklusive Anwaltsgebühren, zu denen es aufgrund der Verwendung oder dem Vertrieb Ihres Softwareanwendungsprodukts kommt; (v) Sie lassen keinen weiteren Vertrieb der WEITERVERTREIBBAREN DATEIEN durch Ihre Endbenutzer/innen zu. Fragen Sie Microsoft nach den anwendbaren Lizenzgebühren und sonstigen Lizenzbedingungen, falls Sie die WEITERVERTREIBBAREN DATEIEN anders einsetzen und/oder vertreiben.

2. **BESCHREIBUNG ANDERER RECHTE UND EINSCHRÄNKUNGEN.**

- **Einschränkungen im Hinblick auf Zurückentwicklung (Reverse Engineering), Dekompilierung und Disassemblierung.** Sie sind nicht berechtigt, das SOFTWAREPRODUKT zurückzuentwickeln, zu dekompilieren oder zu disassemblieren, es sei denn, dass und nur insoweit, wie das anwendbare Recht, ungeachtet dieser Beschränkung, dies ausdrücklich gestattet.
- **Trennung von Komponenten.** Das SOFTWAREPRODUKT wird als einheitliches Produkt lizenziert. Sie sind nicht berechtigt, seine Komponenten für die Verwendung auf mehr als einem Computer zu trennen.
- **Vermietung.** Sie sind nicht berechtigt, das SOFTWAREPRODUKT zu vermieten, zu verleasen oder zu verleihen.
- **Supportleistungen.** Microsoft bietet Ihnen möglicherweise Supportleistungen in Verbindung mit dem SOFTWAREPRODUKT („Supportleistungen"), ist aber nicht dazu verpflichtet. Die Supportleistungen können entsprechend den Microsoft-Bestimmungen und -Programmen, die im Benutzerhandbuch, der Dokumentation im „Online"-Format und/oder anderen von Microsoft zur Verfügung gestellten Materialien beschrieben sind, genutzt werden. Jeder ergänzende Softwarecode, der Ihnen als Teil der Supportleistungen zur Verfügung gestellt wird, wird als Bestandteil des SOFTWAREPRODUKTS betrachtet und unterliegt den Bestimmungen dieses EULAs. Microsoft ist berechtigt, die technischen Daten, die Sie Microsoft als Teil der Supportleistungen zur Verfügung stellen, für geschäftliche Zwecke, einschließlich der Produktunterstützung und -entwicklung, zu verwenden. Microsoft verpflichtet sich, solche technischen Daten ausschließlich anonym zu verwenden.
- **Softwareübertragung.** Sie sind berechtigt, alle Ihre Rechte aus diesem EULA dauerhaft zu übertragen, vorausgesetzt, Sie behalten keine Kopien zurück, Sie übertragen das vollständige SOFTWAREPRODUKT (einschließlich aller Komponenten, der Medien und der gedruckten Materialien, aller Updates, dieses EULAs und, sofern anwendbar, des Certificates of Authenticity (Echtheitsbescheinigung)), **und** die/der Empfänger/in stimmt den Bedingungen dieses EULAs zu.
- **Kündigung.** Unbeschadet sonstiger Rechte ist Microsoft berechtigt, dieses EULA zu kündigen, sofern Sie gegen die Bestimmungen dieses EULAs verstoßen. In einem solchen Fall sind Sie verpflichtet, sämtliche Kopien des SOFTWAREPRODUKTS und alle seine Komponenten zu vernichten.

3. **URHEBERRECHT.** Alle Rechte und Urheberrechte an dem SOFTWAREPRODUKT (einschließlich, aber nicht beschränkt auf Bilder, Fotografien, Animationen, Video, Audio, Musik, Text, BEISPIELCODE, WEITERVERTREIBBARE DATEIEN und „Applets", die in dem SOFTWAREPRODUKT enthalten sind) und jeder Kopie des SOFTWAREPRODUKTS liegen bei Microsoft oder deren Lieferanten. Das SOFTWAREPRODUKT ist durch Urheberrechtsgesetze und Bestimmungen internationaler Verträge geschützt. Aus diesem Grund sind Sie verpflichtet, das SOFTWAREPRODUKT wie jedes andere durch das Urheberrecht geschützte Material zu behandeln, **mit der Ausnahme**, dass Sie berechtigt sind, das SOFTWAREPRODUKT auf einem einzigen Computer zu installieren, vorausgesetzt, Sie bewahren das Original ausschließlich für Sicherungs- und Archivierungszwecke auf. Sie sind nicht berechtigt, die das SOFTWAREPRODUKT begleitenden gedruckten Materialien zu vervielfältigen.

4. **AUSFUHRBESCHRÄNKUNGEN.** Hiermit versichern Sie, dass Sie das SOFTWAREPRODUKT, einen Teil davon oder einen Prozess oder Dienst, der das direkte Ergebnis des SOFTWAREPRODUKTS ist (Vorgenanntes zusammen als „beschränkte Komponenten" bezeichnet) in kein Land exportieren oder reexportieren und keiner Person, juristischen Person oder Endbenutzern durch Export oder Reexport zukommen lassen werden, das/die den US-Ausfuhrbeschränkungen unterliegt/unterliegen. Sie stimmen insbesondere zu, dass Sie keine der beschränkten Komponenten (i) in eines der Länder, die den US-Exportbeschränkungen und -Exportembargos für Waren oder Dienstleistungen unterliegen (zur Zeit einschließlich, aber nicht notwendigerweise beschränkt auf Kuba, Iran, Irak, Libyen, Nordkorea, Sudan und Syrien) oder einem wo auch immer sich aufhaltenden Bürger eines dieser Länder, der beabsichtigt, die Produkte in ein solches Land zurück zu übertragen oder zu befördern, (ii) an Endbenutzer, von denen Sie wissen oder vermuten, dass sie die beschränkten Komponenten zum Entwurf, zur Entwicklung oder zur Produktion nuklearer, chemischer oder biologischer Waffen verwenden, oder (iii) an Endbenutzer, denen von einer Bundesdienststelle der US-Regierung die Beteiligung an US-Ausfuhrtransaktionen verboten wurde, exportieren oder reexportieren werden. Sie sichern hiermit zu, dass weder das BXA noch eine andere US-Bundesbehörde Ihre Exportrechte ausgesetzt, widerrufen oder abgelehnt hat.

AUSSCHLUSS DER GEWÄHRLEISTUNG

KEINE GEWÄHRLEISTUNG ODER BEDINGUNGEN. MICROSOFT LEHNT AUSDRÜCKLICH JEDE GEWÄHRLEISTUNG oder Bedingung FÜR DAS SOFTWAREPRODUKT AB. DAS SOFTWAREPRODUKT UND DIE DAZUGEHÖRIGE DOKUMENTATION WIRD „WIE BESEHEN“ ZUR VERFÜGUNG GESTELLT, OHNE GEWÄHRLEISTUNG ODER BEDINGUNG JEGLICHER ART, SEI SIE AUSDRÜCKLICH ODER KONKLUDENT, EINSCHLIESSLICH, OHNE EINSCHRÄNKUNG, JEDE KONKLUDENTE GEWÄHRLEISTUNG IM HINBLICK AUF HANDELSÜBLICHKEIT, EIGNUNG FÜR EINEN BESTIMMTEN ZWECK ODER NICHTVERLETZUNG DER RECHTE DRITTER. DAS GESAMTE RISIKO, DAS BEI DER VERWENDUNG ODER LEISTUNG DES SOFTWAREPRODUKTS ENTSTEHT, VERBLEIBT BEI IHNEN.

HAFTUNGSBESCHRÄNKUNG. IM GRÖSSTMÖGLICHEN DURCH DAS ANWENDBARE RECHT GESTATTETEN UMFANG SIND MICROSOFT ODER DEREN LIEFERANTEN IN KEINEM FALL HAFTBAR FÜR IRGENDWELCHE FOLGE-, ZUFÄLLIGEN, INDIREKTEN ODER ANDEREN SCHÄDEN WELCHER ART AUCH IMMER (EINSCHLIESSLICH, ABER NICHT BESCHRÄNKT AUF SCHÄDEN AUS ENTGANGENEN GEWINN, GESCHÄFTSUNTERBRECHUNG, VERLUST VON GESCHÄFTLICHEN INFORMATIONEN ODER SONSTIGE VERMÖGENSSCHÄDEN), DIE AUS DER VERWENDUNG DES SOFTWAREPRODUKTS ODER DER TATSACHE, DASS ES NICHT VERWENDET WERDEN KANN, ODER AUS DER BEREITSTELLUNG VON SUPPORTLEISTUNGEN ODER DER TATSACHE, DASS SIE NICHT BEREIT GESTELLT WURDEN, RESULTIEREN, SELBST WENN MICROSOFT AUF DIE MÖGLICHKEIT SOLCHER SCHÄDEN HINGEWIESEN WURDE. IN ALLEN FÄLLEN IST MICROSOFTS GESAMTE HAFTUNG UNTER ALLEN BESTIMMUNGEN DIESES EULAS BESCHRÄNKT AUF DEN HÖHEREN DER BEIDEN BETRÄGE: DEN TATSÄCHLICH FÜR DAS SOFTWAREPRODUKT GEZAHLTEN BETRAG ODER US-$ 5,00. FALLS SIE JEDOCH EINEN MICROSOFT-SUPPORTLEISTUNGSVERTRAG ABGESCHLOSSEN HABEN, WIRD MICROSOFTS GESAMTE HAFTUNG IN BEZUG AUF SUPPORTLEISTUNGEN DURCH DIE BESTIMMUNGEN DIESES VERTRAGS GEREGELT. WEIL IN EINIGEN STAATEN/RECHTSORDNUNGEN DER AUSSCHLUSS ODER DIE BEGRENZUNG DER HAFTUNG NICHT GESTATTET IST, GILT DIE OBIGE EINSCHRÄNKUNG MÖGLICHERWEISE NICHT FÜR SIE.

VERSCHIEDENES

Dieses EULA unterliegt den Gesetzen des Staates Washington, USA, es sei denn, dass und nur insoweit, wie anwendbares Recht die Anwendung von Gesetzen einer anderen Rechtsprechung verlangt.

Falls Sie Fragen zu diesem EULA haben oder aus irgendeinem sonstigen Grund mit Microsoft Kontakt aufnehmen möchten, wenden Sie sich bitte an eine Microsoft-Niederlassung in Ihrem Land, oder schreiben Sie an: Microsoft Sales Information Center, One Microsoft Way, Redmond, WA 98052-6399, USA.

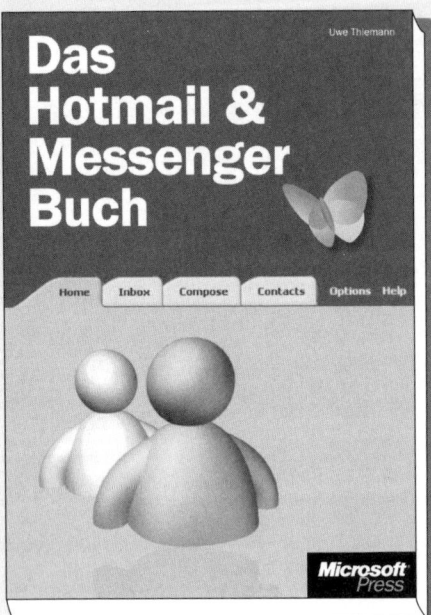